福建经济普查年鉴 2018

Fujian Economic Census Yearbook

综 | 合 | 卷

福建省第四次全国经济普查领导小组办公室　编著

中国统计出版社
China Statistics Press

图书在版编目（CIP）数据

福建经济普查年鉴. 2018. 综合卷 / 福建省第四次全国经济普查领导小组办公室编著. -- 北京 : 中国统计出版社, 2020.11
ISBN 978-7-5037-9352-3

Ⅰ. ①福… Ⅱ. ①福… Ⅲ. ①经济－普查－福建－2018－年鉴 Ⅳ. ①F127.45-54

中国版本图书馆 CIP 数据核字(2020)第 211867 号

福建经济普查年鉴—2018/综合卷

作　　者/福建省第四次全国经济普查领导小组办公室
责任编辑/冯诗萌
封面设计/黄俊杰　李雪燕
出版发行/中国统计出版社
通信地址/北京市丰台区西三环南路甲 6 号　邮政编码/100073
电　　话/邮购（010）63376909　书店（010）68783171
网　　址/http://www.zgtjcbs.com/
印　　刷/河北鑫兆源印刷有限公司
经　　销/新华书店
开　　本/880mm×1230mm　1/16
字　　数/556 千字
印　　张/17.5
版　　别/2020 年 11 月第 1 版
版　　次/2020 年 11 月第 1 次印刷
定　　价/680.00 元（全四册附光盘）

本书附同版本 CD-ROM 一张，光盘内容以书面文字为准。
如有印装差错，由本社发行部调换。

编辑委员会

编者说明

为便于社会各界共同分享福建省第四次全国经济普查成果，更方便地开发利用普查资料，我们将经济普查资料编辑整理，汇编成《福建经济普查年鉴—2018》一书。全书共三卷四册，即综合卷、第二产业卷和第三产业卷，并随书配送同版本光盘一张。《综合卷》分三篇：第一篇为“综合篇”，第二篇为“企业篇”，第三篇为“文化及相关产业篇”。《第二产业卷》按内容分为上、下两册。上册两篇：第一篇为“工业企业生产经营及财务状况篇”，第二篇为“主要工业产品产量篇”。下册两篇：第一篇为“规模以上工业企业科技情况篇”，第二篇为“建筑业企业生产经营及财务状况篇”。《第三产业卷》分六篇：第一篇为“批发和零售业企业基本情况及财务状况篇”，第二篇为“住宿和餐饮业企业基本情况及财务状况篇”，第三篇为“房地产开发经营业生产经营及财务状况篇”，第四篇为“服务业企业财务状况篇”，第五篇为“服务业行政事业及非企业法人单位篇”，第六篇为“企业信息化和电子商务交易情况篇”。为使读者能够更好地使用本资料，现对有关问题做如下说明：

一、第四次全国经济普查的标准时点为2018年12月31日，时期资料为2018年度；

二、综合卷中综合篇和企业篇汇总表，均不包含少量无分组标识的单位数据，其中单位数包含兼营二、三产业的农、林、牧、渔业法人单位，从业人员数不包含兼营二、三产业的农、林、牧、渔业法人单位，不包含人民银行、银保监会、证监会监管的金融业以及铁路运输部门单位数据；

三、本资料建筑业按法人单位注册地，其他行业按法人单位经营地进行汇总；

四、本资料对部分数据由于计量单位取舍不同或四舍五入而产生的误差数均未作机械调整；

五、表中空格表示该项统计指标数值为零、不足最小单位、数据不详或无该项数据，“#”表示其中的主要项，NA表示单位个数小于等于2；

六、为了更准确地使用本年鉴，每卷后附有该卷详细的指标解释。

我们希望此书的面世，能使社会各界对我省第四次全国经济普查有一个全面的了解，更愿本书的内容，能为社会经济研究工作者提供有价值的参考。

福建省第四次全国经济普查资料是全省普查工作者共同辛勤工作的成果，也是广大普查对象积极支持配合的结果。在此，我们向全省所有普查工作者、普查对象和所有参与和支持普查工作的人员致以崇高的敬意和衷心的感谢！

福建省第四次全国经济普查领导小组办公室

2020年10月

综合卷　目录

第一篇　综合篇

第二篇　企业篇

第三篇 文化及相关产业篇

A.概况

附　录

第1篇

综合篇

1-01 按县(市、区)、行业门类

地区	法人单位数(个)	农、林、牧、渔业	采矿业	制造业	电力、热力、燃气及水生产和供应业	建筑业	批发和零售业	交通运输、仓储和邮政业	住宿和餐饮业
全　省	**702826**	**4332**	**1567**	**116023**	**6582**	**32300**	**236338**	**16714**	**12861**
福州市	**131501**	**562**	**29**	**12185**	**604**	**7489**	**40614**	**3370**	**2919**
鼓楼区	17807	3		117	4	773	4648	285	530
台江区	12941			129	4	611	5358	200	313
仓山区	17686	7	1	2111	8	727	5718	386	348
马尾区	10910	16	1	646	14	973	4026	399	115
晋安区	19466	52	3	852	25	1449	7963	559	559
长乐区	8291	56	2	2217	35	267	2143	224	149
闽侯县	10938	62	2	2537	44	476	3205	319	164
连江县	3920	35	1	556	51	239	512	102	87
罗源县	2255	17	4	295	50	111	385	88	24
闽清县	3277	10	2	536	189	256	515	50	37
永泰县	3811	221		248	105	315	675	54	50
平潭县	5800	20	4	133	15	679	1375	350	155
福清市	14399	63	9	1808	60	613	4091	354	388
厦门市	**146551**	**46**	**4**	**19197**	**143**	**7046**	**51335**	**4421**	**3431**
思明区	59022			612	24	2185	21404	755	1987
海沧区	13418		2	2229	22	953	4294	510	284
湖里区	37845			3074	32	2395	16154	2274	639
集美区	18311	4		5358	22	784	5430	367	280
同安区	12651	32	1	6247	28	415	2974	324	156
翔安区	5304	10	1	1677	15	314	1079	191	85
莆田市	**45025**	**25**	**17**	**6466**	**170**	**1928**	**20350**	**642**	**848**
城厢区	8960	1		708	20	502	4340	99	170
涵江区	4988	2	2	1163	23	221	1564	117	50
荔城区	13684	17	1	1663	15	439	7874	126	174
秀屿区	7016	1	4	944	34	361	2557	135	212
仙游县	10377	4	10	1988	78	405	4015	165	242
三明市	**36442**	**1421**	**546**	**4943**	**1345**	**1607**	**9201**	**1003**	**420**
梅列区	4506	8	11	336	30	300	1523	96	53
三元区	2845	33	18	459	53	146	1040	144	36
明溪县	1705	142	30	206	70	63	286	53	6
清流县	2040	73	23	240	63	91	567	47	25
宁化县	2960	92	25	401	88	141	727	74	73
大田县	3295	69	220	536	185	128	763	110	40
尤溪县	3530	157	40	695	184	138	704	62	32
沙　县	3993	144	19	577	161	159	942	121	46
将乐县	2421	57	57	394	125	77	428	51	19
泰宁县	1872	255	2	195	80	59	272	40	39
建宁县	2342	325	9	262	60	81	475	39	13
永安市	4933	66	92	642	246	224	1474	166	38
泉州市	**169712**	**745**	**213**	**44565**	**860**	**6232**	**64696**	**2969**	**2430**
鲤城区	14190	1	1	2437	10	415	6376	189	256
丰泽区	23931	5	1	1819	21	1524	9878	362	539
洛江区	5365	24		1155	5	278	2463	60	46
泉港区	3535	6	2	392	19	256	926	135	43
惠安县	11073	31	11	3480	32	852	2490	161	177

分组的法人单位数

信息传输、软件和信息技术服务业	金融业	房地产业	租赁和商务服务业	科学研究和技术服务业	水利、环境和公共设施管理业	居民服务、修理和其他服务业	教育	卫生和社会工作	文化、体育和娱乐业	公共管理、社会保障和社会组织
32791	**3347**	**18144**	**69411**	**27310**	**4849**	**15468**	**20876**	**6262**	**19022**	**58629**
8968	**1106**	**3886**	**18138**	**6983**	**813**	**3530**	**3781**	**1661**	**4071**	**10792**
2519	244	738	3787	1277	72	466	495	230	625	994
1404	141	481	2022	800	47	326	247	134	407	317
1298	105	396	2609	1072	82	641	542	364	586	685
1008	412	209	1533	577	51	131	120	70	243	366
1214	85	596	2608	1197	112	693	398	161	467	473
214	14	229	686	196	75	180	214	168	205	1017
455	17	231	1025	567	66	215	321	66	277	889
37	5	213	334	115	65	110	237	76	123	1022
49	3	79	217	95	45	64	111	37	101	480
73	4	51	444	91	29	53	92	56	109	680
141	3	90	392	217	68	65	122	116	273	656
193	46	163	957	158	28	147	183	62	154	978
363	27	410	1524	621	73	439	699	121	501	2235
12005	**1106**	**4162**	**19469**	**7412**	**661**	**4586**	**3709**	**589**	**4667**	**2562**
7182	741	2023	10926	3851	228	1819	1474	274	2652	885
726	39	360	1583	893	80	424	354	65	381	219
2548	301	996	4620	1375	140	1268	780	139	775	335
1249	12	381	1390	792	86	563	633	55	625	280
146	8	236	557	231	86	326	299	34	136	415
154	5	166	393	270	41	186	169	22	98	428
1303	**82**	**929**	**2959**	**1224**	**250**	**800**	**1552**	**296**	**834**	**4350**
353	42	256	695	230	54	165	184	53	216	872
44	4	137	216	95	51	48	185	64	111	891
447	25	244	814	315	40	228	366	61	244	591
60	4	87	688	391	40	127	322	44	85	920
399	7	205	546	193	65	232	495	74	178	1076
926	**153**	**1005**	**2505**	**1462**	**547**	**510**	**1115**	**565**	**859**	**6309**
225	60	182	461	229	26	103	104	50	146	563
60	7	63	134	78	20	48	92	46	57	311
14	7	30	98	117	44	16	45	28	38	412
31	3	37	101	69	40	28	49	43	56	454
42	9	86	160	125	52	29	104	52	80	600
49	6	90	182	64	58	36	114	38	71	536
79	12	96	208	145	53	28	113	56	59	669
160	12	108	448	154	41	58	140	50	76	577
84	9	56	146	132	44	26	68	51	83	514
19	4	40	83	71	39	16	67	33	46	512
35	11	37	148	97	51	28	61	31	67	512
128	13	180	336	181	79	94	158	87	80	649
4779	**381**	**3460**	**11645**	**4700**	**716**	**2837**	**4123**	**970**	**4037**	**9354**
604	38	380	1238	479	47	299	322	118	433	547
1650	136	766	3250	1064	68	625	423	125	878	797
88	6	137	249	165	52	59	136	37	76	329
81	2	191	327	156	45	77	169	33	86	589
230	10	347	765	337	47	204	538	59	269	1033

1-01 续表

地 区	法 人 单位数 (个)	农、林、牧、渔业	采矿业	制造业	电力、热力、燃气及水生产和供应业	建筑业	批发和零售业	交通运输、仓储和邮政业	住宿和餐饮业
安溪县	15697	533	29	3266	275	270	6960	173	114
永春县	6195	11	48	915	152	145	2307	129	37
德化县	8786	31	91	3282	148	152	3330	84	90
石狮市	15777	5		3071	21	352	8455	302	266
晋江市	40614	35	3	14344	47	1284	14456	853	604
南安市	24549	63	27	10404	130	704	7055	521	258
漳州市	**60325**	**376**	**120**	**11130**	**781**	**2811**	**18331**	**1665**	**1028**
芗城区	13762	1	1	1407	15	756	5199	324	245
龙文区	6240	1		773	15	419	2385	206	82
云霄县	3592	12	9	690	36	91	873	85	86
漳浦县	7044	53	34	1449	93	345	1873	244	134
诏安县	2493	21	14	414	31	80	549	32	29
长泰县	4423	6	14	1798	88	113	908	103	49
东山县	2911	201	8	388	15	121	581	69	113
南靖县	4109	39	4	839	189	108	1013	108	93
平和县	4002	6	8	360	72	63	1937	79	56
华安县	1915	6	19	357	169	41	530	52	26
龙海市	9834	30	9	2655	58	674	2483	363	115
南平市	**39280**	**618**	**150**	**5792**	**871**	**1863**	**10409**	**955**	**529**
延平区	7095	20	18	818	109	499	1434	171	106
建阳区	5382	99	17	966	87	380	1325	117	55
顺昌县	2023	23	9	273	86	89	353	72	16
浦城县	3167	202	28	447	104	146	540	95	39
光泽县	1495	22	6	195	60	69	221	58	17
松溪县	2047	47	7	345	53	78	428	45	20
政和县	2956	62	17	485	52	82	1015	45	21
邵武市	4342	60	39	724	112	205	1032	133	40
武夷山市	6270	80	4	809	41	117	2737	68	173
建瓯市	4503	3	5	730	167	198	1324	151	42
龙岩市	**37454**	**355**	**415**	**4413**	**1129**	**1761**	**11934**	**868**	**665**
新罗区	14694	19	117	1503	178	821	5259	446	265
永定区	3110	30	44	329	155	132	760	70	101
长汀县	3542	43	13	644	90	137	906	57	57
上杭县	5295	60	60	638	223	314	1311	87	67
武平县	3466	111	37	342	175	154	1031	50	54
连城县	3834	68	70	450	162	103	1587	64	65
漳平市	3513	24	74	507	146	100	1080	94	56
宁德市	**36536**	**184**	**73**	**7332**	**679**	**1563**	**9468**	**821**	**591**
蕉城区	8939	43	18	698	89	704	2592	259	155
霞浦县	4598	43	9	1113	45	163	997	109	142
古田县	2810	19	7	456	165	73	785	49	44
屏南县	1429		7	162	72	41	202	30	18
寿宁县	1830	8	4	341	65	69	248	34	23
周宁县	1231	7	2	114	31	39	196	13	33
柘荣县	1656		6	351	37	59	346	32	13
福安市	7608	28	12	2166	87	233	2323	157	65
福鼎市	6435	36	8	1931	88	182	1779	138	98

信息传输、软件和信息技术服务业	金融业	房地产业	租赁和商务服务业	科学研究和技术服务业	水利、环境和公共设施管理业	居民服务、修理和其他服务业	教育	卫生和社会工作	文化、体育和娱乐业	公共管理、社会保障和社会组织
274	13	233	737	346	78	149	341	46	722	1138
87	14	72	559	202	88	82	237	69	120	921
97	9	144	254	126	38	64	122	48	128	548
358	16	176	743	358	31	202	319	103	276	723
990	98	654	2452	1031	104	597	887	202	636	1337
320	39	360	1071	436	118	479	629	130	413	1392
1692	**137**	**1719**	**5148**	**1998**	**641**	**1196**	**2742**	**591**	**1507**	**6712**
642	62	374	1738	711	81	381	402	116	414	893
381	33	205	620	249	43	145	151	30	147	355
73	5	115	271	111	47	59	187	40	104	698
150	7	198	623	171	85	150	452	74	114	795
39	2	43	174	76	32	39	206	47	78	587
47	4	98	271	131	67	38	70	36	105	477
34	9	158	255	54	39	54	188	39	101	484
91	3	79	344	125	55	67	207	50	116	579
37	3	45	171	67	34	53	149	55	68	739
22	2	42	104	34	27	17	68	24	40	335
176	7	362	577	269	131	193	662	80	220	770
991	**106**	**1005**	**3584**	**1325**	**455**	**677**	**1346**	**680**	**1156**	**6768**
190	46	188	1193	233	49	186	228	86	166	1355
157	19	205	495	190	44	98	132	62	206	728
22	1	52	142	88	36	22	92	77	55	515
60	2	83	192	140	34	41	135	59	103	717
23	4	46	105	73	21	31	60	38	58	388
43	5	32	103	100	31	25	90	54	49	492
80	9	35	173	66	37	42	121	46	54	514
134	6	151	341	120	65	81	148	73	113	765
191	9	113	572	158	62	75	149	67	251	594
91	5	100	268	157	76	76	191	118	101	700
1318	**158**	**1048**	**3049**	**1241**	**428**	**654**	**1373**	**500**	**1026**	**5119**
840	110	520	1473	633	109	319	397	131	473	1081
50	4	39	178	74	52	45	250	82	89	626
48	5	93	275	98	35	74	166	56	94	651
155	13	131	378	175	98	90	182	98	123	1092
42	4	114	170	82	49	34	173	55	105	684
45	7	65	218	87	46	51	97	37	88	524
138	15	86	357	92	39	41	108	41	54	461
809	**118**	**930**	**2914**	**965**	**338**	**678**	**1135**	**410**	**865**	**6663**
386	63	366	1099	345	68	258	242	81	236	1237
86	6	88	419	64	33	81	165	35	96	904
21	3	84	145	63	27	42	92	53	81	601
20	5	46	111	55	22	26	50	45	53	464
41	9	38	174	65	33	33	60	39	66	480
5	4	22	77	26	24	19	60	23	45	491
19	2	45	92	28	28	22	64	25	48	439
141	19	126	460	189	41	113	208	50	110	1080
90	7	115	337	130	62	84	194	59	130	967

1-02 按县(市、区)分组的法人单位数及从业人员数

地 区	法人单位数(个)	单产业法人单位	多产业法人单位	从业人员数(人)	#女性
全 省	**702826**	**684847**	**17979**	**16790336**	**6044005**
福州市	**131501**	**127952**	**3549**	**4121075**	**1326653**
鼓楼区	17807	17093	714	812394	263870
台江区	12941	12668	273	244820	82293
仓山区	17686	17078	608	419080	182712
马尾区	10910	10718	192	255725	71151
晋安区	19466	19159	307	432131	151989
长乐区	8291	8117	174	261756	101898
闽侯县	10938	10715	223	287223	101198
连江县	3920	3734	186	173090	42875
罗源县	2255	2103	152	57411	18990
闽清县	3277	3138	139	350545	72328
永泰县	3811	3636	175	273061	61065
平潭县	5800	5617	183	106301	34623
福清市	14399	14176	223	447538	141661
厦门市	**146551**	**142918**	**3633**	**3321794**	**1140967**
思明区	59022	57384	1638	1097821	363213
海沧区	13418	13194	224	383250	115267
湖里区	37845	36711	1134	814054	270101
集美区	18311	18024	287	464638	174618
同安区	12651	12415	236	311720	134113
翔安区	5304	5190	114	250311	83655
莆田市	**45025**	**44350**	**675**	**1052691**	**439502**
城厢区	8960	8791	169	219454	76147
涵江区	4988	4907	81	176839	74009
荔城区	13684	13505	179	298685	137879
秀屿区	7016	6931	85	121329	46790
仙游县	10377	10216	161	236384	104677
三明市	**36442**	**35240**	**1202**	**722569**	**246803**
梅列区	4506	4298	208	91377	30368
三元区	2845	2759	86	90386	24257
明溪县	1705	1653	52	22943	8212
清流县	2040	1973	67	52683	15097
宁化县	2960	2861	99	48487	19556
大田县	3295	3153	142	58771	20146
尤溪县	3530	3441	89	62340	26675
沙 县	3993	3889	104	79939	26972
将乐县	2421	2347	74	40281	13528
泰宁县	1872	1794	78	33472	10943
建宁县	2342	2303	39	49983	14909
永安市	4933	4769	164	91907	36140
泉州市	**169712**	**167060**	**2652**	**3887610**	**1513170**
鲤城区	14190	13946	244	288068	103392
丰泽区	23931	23442	489	309845	117033
洛江区	5365	5297	68	142377	42489
泉港区	3535	3484	51	87479	37523
惠安县	11073	10626	447	506691	165483

1-02 续表

地 区	法人单位数(个)	单产业法人单位	多产业法人单位	从业人员数(人)	#女性
安溪县	15697	15513	184	291610	102524
永春县	6195	6048	147	182692	81399
德化县	8786	8725	61	142456	68461
石狮市	15777	15652	125	334899	139440
晋江市	40614	40015	599	1089879	460726
南安市	24549	24312	237	511614	194700
漳州市	**60325**	**58918**	**1407**	**1438269**	**574155**
芗城区	13762	13396	366	303604	110736
龙文区	6240	6080	160	118670	44587
云霄县	3592	3494	98	81400	38522
漳浦县	7044	6889	155	135503	62227
诏安县	2493	2400	93	66210	29292
长泰县	4423	4345	78	118344	36802
东山县	2911	2867	44	80364	41565
南靖县	4109	4052	57	77566	33098
平和县	4002	3921	81	86882	37087
华安县	1915	1827	88	40733	14831
龙海市	9834	9647	187	328993	125408
南平市	**39280**	**37916**	**1364**	**595581**	**242382**
延平区	7095	6653	442	140472	49752
建阳区	5382	5262	120	71674	28803
顺昌县	2023	1881	142	34617	13969
浦城县	3167	3065	102	41184	16008
光泽县	1495	1434	61	32886	14668
松溪县	2047	1992	55	28175	10834
政和县	2956	2868	88	33848	14472
邵武市	4342	4225	117	82626	36932
武夷山市	6270	6177	93	57457	25460
建瓯市	4503	4359	144	72642	31484
龙岩市	**37454**	**35769**	**1685**	**984885**	**317856**
新罗区	14694	14253	441	356099	109658
永定区	3110	2988	122	76154	25973
长汀县	3542	3377	165	92700	40167
上杭县	5295	4752	543	224534	54773
武平县	3466	3308	158	77639	28863
连城县	3834	3713	121	76110	33947
漳平市	3513	3378	135	81649	24475
宁德市	**36536**	**34724**	**1812**	**665862**	**242517**
蕉城区	8939	8379	560	190549	60176
霞浦县	4598	4434	164	62512	27694
古田县	2810	2518	292	45872	21239
屏南县	1429	1328	101	22226	9620
寿宁县	1830	1688	142	32428	10000
周宁县	1231	1183	48	17337	7096
柘荣县	1656	1605	51	22071	8683
福安市	7608	7361	247	138047	46608
福鼎市	6435	6228	207	134820	51401

1-03 按行业(中类)分组的法人单位数及从业人员数

行业中类	代码	法人单位数(个)	单产业法人单位	多产业法人单位	从业人员数(人)	#女性
总　计	**00**	**702826**	**684847**	**17979**	**16790336**	**6044005**
农、林、牧、渔业	**A**	**4332**	**4301**	**31**	**28684**	**10389**
农业	01	10		10		
谷物种植	011	2		2		
豆类、油料和薯类种植	012					
棉、麻、糖、烟草种植	013					
蔬菜、食用菌及园艺作物种植	014	3		3		
水果种植	015	2		2		
坚果、含油果、香料和饮料作物种植	016	1		1		
中药材种植	017					
草种植及割草	018					
其他农业	019	2		2		
林业	02	5		5		
林木育种和育苗	021	2		2		
造林和更新	022					
森林经营、管护和改培	023	1		1		
木材和竹材采运	024	2		2		
林产品采集	025					
畜牧业	03	1		1		
牲畜饲养	031	1		1		
家禽饲养	032					
狩猎和捕捉动物	033					
其他畜牧业	039					
渔业	04	3		3		
水产养殖	041	3		3		
水产捕捞	042					
农、林、牧、渔专业及辅助性活动	05	4313	4301	12	28684	10389
农业专业及辅助性活动	051	2973	2967	6	19155	6681
林业专业及辅助性活动	052	768	765	3	4090	1126
畜牧专业及辅助性活动	053	132	131	1	979	314
渔业专业及辅助性活动	054	440	438	2	4460	2268
采矿业	**B**	**1567**	**1533**	**34**	**67110**	**11065**
煤炭开采和洗选业	06	142	135	7	23914	2697
烟煤和无烟煤开采洗选	061	135	128	7	23813	2682
褐煤开采洗选	062					
其他煤炭采选	069	7	7		101	15
石油和天然气开采业	07					
石油开采	071					
天然气开采	072					
黑色金属矿采选业	08	227	215	12	10455	1441
铁矿采选	081	212	201	11	9667	1307
锰矿、铬矿采选	082	12	11	1	766	131
其他黑色金属矿采选	089	3	3		22	3
有色金属矿采选业	09	173	169	4	5968	1014
常用有色金属矿采选	091	114	111	3	3615	517

1-03　续表 1

行业中类	代码	法人单位数（个）	单产业法人单位	多产业法人单位	从业人员数（人）	#女性
贵金属矿采选	092	31	30	1	1196	240
稀有稀土金属矿采选	093	28	28		1157	257
非金属矿采选业	10	977	966	11	26451	5877
土砂石开采	101	838	829	9	19608	3582
化学矿开采	102	16	15	1	786	289
采盐	103	8	7	1	1966	1139
石棉及其他非金属矿采选	109	115	115		4091	867
开采专业及辅助性活动	11	37	37		243	21
煤炭开采和洗选专业及辅助性活动	111	34	34		218	17
石油和天然气开采专业及辅助性活动	112	2	2		15	3
其他开采专业及辅助性活动	119	1	1		10	1
其他采矿业	12	11	11		79	15
其他采矿业	120	11	11		79	15
制造业	**C**	**116023**	**114771**	**1252**	**5289282**	**2397102**
农副食品加工业	13	4988	4904	84	242378	140837
谷物磨制	131	376	370	6	7869	2729
饲料加工	132	398	391	7	21452	5931
植物油加工	133	240	237	3	7063	2653
制糖业	134	29	29		973	304
屠宰及肉类加工	135	576	548	28	42097	20681
水产品加工	136	1619	1609	10	96378	65650
蔬菜、菌类、水果和坚果加工	137	1100	1074	26	51782	34151
其他农副食品加工	139	650	646	4	14764	8738
食品制造业	14	3462	3390	72	189039	112798
焙烤食品制造	141	950	921	29	59449	37330
糖果、巧克力及蜜饯制造	142	517	511	6	38736	22755
方便食品制造	143	539	533	6	23062	12774
乳制品制造	144	25	25		1900	898
罐头食品制造	145	311	301	10	33336	23600
调味品、发酵制品制造	146	284	277	7	10189	5028
其他食品制造	149	836	822	14	22367	10413
酒、饮料和精制茶制造业	15	4458	4373	85	133963	61217
酒的制造	151	410	404	6	13128	5260
饮料制造	152	538	525	13	28536	11944
精制茶加工	153	3510	3444	66	92299	44013
烟草制品业	16	10	9	1	6032	2808
烟叶复烤	161	4	4		2457	1656
卷烟制造	162	4	3	1	3251	1068
其他烟草制品制造	169	2	2		324	84
纺织业	17	4570	4533	37	285501	159222
棉纺织及印染精加工	171	1243	1230	13	155175	90415
毛纺织及染整精加工	172	58	58		3714	2068
麻纺织及染整精加工	173	9	9		403	243
丝绢纺织及印染精加工	174	25	24	1	527	281
化纤织造及印染精加工	175	272	270	2	12706	5880
针织或钩针编织物及其制品制造	176	1717	1709	8	59561	31955

1-03 续表 2

行业中类	代码	法人单位数(个)	单产业法人单位	多产业法人单位	从业人员数(人)	#女性
家用纺织制成品制造	177	434	430	4	15210	8905
产业用纺织制成品制造	178	812	803	9	38205	19475
纺织服装、服饰业	18	8683	8566	117	504814	312201
机织服装制造	181	3518	3461	57	295635	180366
针织或钩针编织服装制造	182	1252	1220	32	121185	81867
服饰制造	183	3913	3885	28	87994	49968
皮革、毛皮、羽毛及其制品和制鞋业	19	9291	9226	65	682484	372422
皮革鞣制加工	191	313	313		16790	7441
皮革制品制造	192	1384	1364	20	77388	50962
毛皮鞣制及制品加工	193	25	25		630	208
羽毛(绒)加工及制品制造	194	48	48		1469	652
制鞋业	195	7521	7476	45	586207	313159
木材加工和木、竹、藤、棕、草制品业	20	4556	4516	40	143263	62454
木材加工	201	1421	1415	6	28336	10410
人造板制造	202	592	584	8	41851	16194
木质制品制造	203	987	977	10	27463	12320
竹、藤、棕、草等制品制造	204	1556	1540	16	45613	23530
家具制造业	21	3303	3266	37	96818	35418
木质家具制造	211	1988	1968	20	56965	19725
竹、藤家具制造	212	114	114		2354	1264
金属家具制造	213	392	385	7	21603	7876
塑料家具制造	214	36	36		1640	761
其他家具制造	219	773	763	10	14256	5792
造纸和纸制品业	22	3233	3210	23	121241	52417
纸浆制造	221	10	10		509	219
造纸	222	560	554	6	31456	11539
纸制品制造	223	2663	2646	17	89276	40659
印刷和记录媒介复制业	23	2802	2763	39	73362	30203
印刷	231	2502	2466	36	69503	28684
装订及印刷相关服务	232	295	292	3	3782	1494
记录媒介复制	233	5	5		77	25
文教、工美、体育和娱乐用品制造业	24	7473	7402	71	306885	142095
文教办公用品制造	241	243	241	2	9890	4960
乐器制造	242	60	59	1	2394	1363
工艺美术及礼仪用品制造	243	6123	6067	56	221378	98041
体育用品制造	244	731	722	9	43249	20182
玩具制造	245	262	260	2	26056	15785
游艺器材及娱乐用品制造	246	54	53	1	3918	1764
石油、煤炭及其他燃料加工业	25	236	230	6	12570	2770
精炼石油产品制造	251	97	95	2	8572	1784
煤炭加工	252	51	49	2	2714	616
核燃料加工	253					
生物质燃料加工	254	88	86	2	1284	370
化学原料和化学制品制造业	26	3265	3209	56	126459	43750
基础化学原料制造	261	381	370	11	24118	6144
肥料制造	262	283	272	11	8684	2186

1-03　续表 3

行业中类	代码	法　人 单位数 (个)	单产业 法人单位	多产业 法人单位	从　业 人员数 (人)	#女性
农药制造	263	31	30	1	1367	510
涂料、油墨、颜料及类似产品制造	264	640	626	14	22141	7231
合成材料制造	265	462	460	2	17349	4832
专用化学产品制造	266	849	843	6	28031	9021
炸药、火工及焰火产品制造	267	10	7	3	562	186
日用化学产品制造	268	609	601	8	24207	13640
医药制造业	27	600	582	18	39039	18270
化学药品原料药制造	271	59	57	2	4343	1340
化学药品制剂制造	272	57	56	1	6874	3657
中药饮片加工	273	90	89	1	3949	1820
中成药生产	274	85	78	7	7592	4089
兽用药品制造	275	20	20		2213	748
生物药品制品制造	276	145	141	4	9618	4386
卫生材料及医药用品制造	277	133	130	3	3741	1935
药用辅料及包装材料	278	11	11		709	295
化学纤维制造业	28	226	225	1	41585	15711
纤维素纤维原料及纤维制造	281	30	30		3007	1077
合成纤维制造	282	175	174	1	38130	14484
生物基材料制造	283	21	21		448	150
橡胶和塑料制品业	29	6044	6013	31	233026	95025
橡胶制品业	291	995	987	8	43312	15653
塑料制品业	292	5049	5026	23	189714	79372
非金属矿物制品业	30	13527	13423	104	466798	167442
水泥、石灰和石膏制造	301	350	338	12	19443	4351
石膏、水泥制品及类似制品制造	302	1240	1204	36	52304	11437
砖瓦、石材等建筑材料制造	303	6521	6485	36	161664	41481
玻璃制造	304	181	179	2	14198	3470
玻璃制品制造	305	313	309	4	11060	4337
玻璃纤维和玻璃纤维增强塑料制品制造	306	79	78	1	2151	739
陶瓷制品制造	307	4351	4344	7	192182	97606
耐火材料制品制造	308	99	98	1	3463	1049
石墨及其他非金属矿物制品制造	309	393	388	5	10333	2972
黑色金属冶炼和压延加工业	31	468	461	7	71637	16317
炼铁	311	16	16		1111	397
炼钢	312	19	18	1	5586	1192
钢压延加工	313	395	389	6	62633	14226
铁合金冶炼	314	38	38		2307	502
有色金属冶炼和压延加工业	32	600	585	15	62922	14624
常用有色金属冶炼	321	61	59	2	19780	3034
贵金属冶炼	322	7	5	2	3826	547
稀有稀土金属冶炼	323	17	16	1	5595	1655
有色金属合金制造	324	232	228	4	6420	2195
有色金属压延加工	325	283	277	6	27301	7193
金属制品业	33	8859	8796	63	228918	74513
结构性金属制品制造	331	3080	3061	19	64318	18039
金属工具制造	332	474	473	1	10586	3666

1-03 续表 4

行业中类	代码	法人单位数(个)	单产业法人单位	多产业法人单位	从业人员数(人)	#女性
集装箱及金属包装容器制造	333	184	180	4	11880	3761
金属丝绳及其制品制造	334	70	70		1823	576
建筑、安全用金属制品制造	335	1893	1881	12	53064	19377
金属表面处理及热处理加工	336	314	309	5	12707	4574
搪瓷制品制造	337	460	460		3818	1696
金属制日用品制造	338	686	678	8	16748	6491
铸造及其他金属制品制造	339	1698	1684	14	53974	16333
通用设备制造业	34	6306	6267	39	186793	60963
锅炉及原动设备制造	341	85	85		4034	1103
金属加工机械制造	342	1192	1184	8	22533	5703
物料搬运设备制造	343	165	161	4	7284	1572
泵、阀门、压缩机及类似机械制造	344	1167	1159	8	47065	16457
轴承、齿轮和传动部件制造	345	225	224	1	18268	6254
烘炉、风机、包装等设备制造	346	440	437	3	12828	4346
文化、办公用机械制造	347	106	103	3	26419	11555
通用零部件制造	348	2513	2505	8	40780	12083
其他通用设备制造业	349	413	409	4	7582	1890
专用设备制造业	35	5652	5606	46	161292	49419
采矿、冶金、建筑专用设备制造	351	630	624	6	30260	5851
化工、木材、非金属加工专用设备制造	352	2051	2044	7	41981	11691
食品、饮料、烟草及饲料生产专用设备制造	353	164	161	3	3754	939
印刷、制药、日化及日用品生产专用设备制造	354	164	161	3	4959	1349
纺织、服装和皮革加工专用设备制造	355	369	369		11863	3454
电子和电工机械专用设备制造	356	249	246	3	6659	2400
农、林、牧、渔专用机械制造	357	275	273	2	7442	2564
医疗仪器设备及器械制造	358	471	462	9	26991	13953
环保、邮政、社会公共服务及其他专用设备制造	359	1279	1266	13	27383	7218
汽车制造业	36	1634	1619	15	122196	34753
汽车整车制造	361	39	37	2	19488	2349
汽车用发动机制造	362	6	6		137	53
改装汽车制造	363	21	19	2	3481	848
低速汽车制造	364	3	3		5	3
电车制造	365	6	6		224	48
汽车车身、挂车制造	366	67	67		2975	653
汽车零部件及配件制造	367	1492	1481	11	95886	30799
铁路、船舶、航空航天和其他运输设备制造业	37	769	766	3	40477	14067
铁路运输设备制造	371	16	16		963	198
城市轨道交通设备制造	372	2	2		64	16
船舶及相关装置制造	373	379	376	3	16619	2955
航空、航天器及设备制造	374	9	9		166	56
摩托车制造	375	277	277		18834	9226
自行车和残疾人座车制造	376	40	40		2971	1326
助动车制造	377	29	29		470	128
非公路休闲车及零配件制造	378	7	7		86	38
潜水救捞及其他未列明运输设备制造	379	10	10		304	124
电气机械和器材制造业	38	3951	3894	57	242528	99380

1-03　续表 5

行业中类	代码	法　人单位数（个）	单产业法人单位	多产业法人单位	从　业人员数（人）	#女性
电机制造	381	1184	1172	12	30343	11534
输配电及控制设备制造	382	992	975	17	54994	23410
电线、电缆、光缆及电工器材制造	383	287	283	4	15847	6474
电池制造	384	152	149	3	70580	24238
家用电力器具制造	385	447	442	5	25726	11480
非电力家用器具制造	386	77	76	1	1758	676
照明器具制造	387	590	580	10	38569	19692
其他电气机械及器材制造	389	222	217	5	4711	1876
计算机、通信和其他电子设备制造业	39	3173	3101	72	332990	143675
计算机制造	391	136	128	8	39931	16305
通信设备制造	392	310	300	10	18311	7239
广播电视设备制造	393	45	42	3	16831	6836
雷达及配套设备制造	394	4	4		238	136
非专业视听设备制造	395	86	81	5	17804	9005
智能消费设备制造	396	130	127	3	8018	4092
电子器件制造	397	650	633	17	143147	55777
电子元件及电子专用材料制造	398	1388	1370	18	75747	39044
其他电子设备制造	399	424	416	8	12963	5241
仪器仪表制造业	40	885	868	17	37700	18000
通用仪器仪表制造	401	475	467	8	13960	5484
专用仪器仪表制造	402	86	83	3	2684	1059
钟表与计时仪器制造	403	193	190	3	13006	7463
光学仪器制造	404	64	64		5123	2781
衡器制造	405	28	27	1	1217	475
其他仪器仪表制造业	409	39	37	2	1710	738
其他制造业	41	1526	1513	13	67805	36826
日用杂品制造	411	1026	1015	11	60465	33958
核辐射加工	412	2	2		30	12
其他未列明制造业	419	498	496	2	7310	2856
废弃资源综合利用业	42	498	493	5	9348	3007
金属废料和碎屑加工处理	421	164	162	2	2858	722
非金属废料和碎屑加工处理	422	334	331	3	6490	2285
金属制品、机械和设备修理业	43	975	962	13	19419	4498
金属制品修理	431	22	22		348	77
通用设备修理	432	133	129	4	1433	299
专用设备修理	433	125	123	2	1422	413
铁路、船舶、航空航天等运输设备修理	434	281	278	3	11024	2298
电气设备修理	435	99	97	2	2539	687
仪器仪表修理	436	13	13		55	23
其他机械和设备修理业	439	302	300	2	2598	701
电力、热力、燃气及水生产和供应业	**D**	**6582**	**6393**	**189**	**172844**	**44342**
电力、热力生产和供应业	44	5398	5272	126	138466	32899
电力生产	441	5164	5046	118	63094	14764
电力供应	442	171	163	8	73607	17756
热力生产和供应	443	63	63		1765	379

1-03 续表 6

行业中类	代码	法人单位数（个）	单产业法人单位	多产业法人单位	从业人员数（人）	#女性
燃气生产和供应业	45	153	119	34	8100	2298
燃气生产和供应业	451	140	106	34	7998	2279
生物质燃气生产和供应业	452	13	13		102	19
水的生产和供应业	46	1031	1002	29	26278	9145
自来水生产和供应	461	699	678	21	20193	7395
污水处理及其再生利用	462	320	312	8	5961	1713
海水淡化处理	463	2	2		17	13
其他水的处理、利用与分配	469	10	10		107	24
建筑业	E	**32300**	**29871**	**2429**	**4492433**	**695785**
房屋建筑业	47	9131	7858	1273	2815583	441146
住宅房屋建筑	471	8281	7103	1178	2679863	423017
体育场馆建筑	472	27	21	6	31305	2346
其他房屋建筑业	479	823	734	89	104415	15783
土木工程建筑业	48	6641	5946	695	815846	120704
铁路、道路、隧道和桥梁工程建筑	481	2793	2353	440	582966	80536
水利和水运工程建筑	482	528	393	135	104122	12536
海洋工程建筑	483	17	17		203	41
工矿工程建筑	484	84	73	11	19106	2142
架线和管道工程建筑	485	405	376	29	29216	6516
节能环保工程施工	486	199	195	4	2312	772
电力工程施工	487	241	224	17	11207	2464
其他土木工程建筑	489	2374	2315	59	66714	15697
建筑安装业	49	3148	2966	182	109945	21933
电气安装	491	1115	1032	83	48161	10494
管道和设备安装	492	755	721	34	23308	3868
其他建筑安装业	499	1278	1213	65	38476	7571
建筑装饰、装修和其他建筑业	50	13380	13101	279	751059	112002
建筑装饰和装修业	501	10982	10776	206	203813	46790
建筑物拆除和场地准备活动	502	438	412	26	36884	2402
提供施工设备服务	503	277	268	9	124435	8356
其他未列明建筑业	509	1683	1645	38	385927	54454
批发和零售业	F	**236338**	**232360**	**3978**	**1874011**	**812567**
批发业	51	132933	131284	1649	1089940	438824
农、林、牧、渔产品批发	511	4799	4724	75	37023	14299
食品、饮料及烟草制品批发	512	22347	22057	290	206339	89625
纺织、服装及家庭用品批发	513	32834	32615	219	262892	117799
文化、体育用品及器材批发	514	5813	5756	57	42195	18311
医药及医疗器材批发	515	2927	2823	104	38543	17849
矿产品、建材及化工产品批发	516	27767	27229	538	236391	82528
机械设备、五金产品及电子产品批发	517	23238	23007	231	173203	63017
贸易经纪与代理	518	5898	5847	51	43218	16950
其他批发业	519	7310	7226	84	50136	18446
零售业	52	103405	101076	2329	784071	373743
综合零售	521	4300	3915	385	102090	61750
食品、饮料及烟草制品专门零售	522	15057	14770	287	103438	52796

1-03　续表 7

行业中类	代码	法　人单位数（个）	单产业法人单位	多产业法人单位	从　业人员数（人）	#女性
纺织、服装及日用品专门零售	523	16593	16312	281	106882	55800
文化、体育用品及器材专门零售	524	6660	6555	105	40597	19408
医药及医疗器材专门零售	525	5544	5119	425	44487	28028
汽车、摩托车、零配件和燃料及其他动力销售	526	9610	9245	365	105693	39451
家用电器及电子产品专门零售	527	8047	7871	176	58405	25214
五金、家具及室内装饰材料专门零售	528	12590	12499	91	75639	29317
货摊、无店铺及其他零售业	529	25004	24790	214	146840	61979
交通运输、仓储和邮政业	**G**	**16714**	**15974**	**740**	**447501**	**108785**
铁路运输业	53	14	14		68	10
铁路旅客运输	531	2	2			
铁路货物运输	532	11	11			
铁路运输辅助活动	533	1	1		68	10
道路运输业	54	9664	9416	248	254546	52145
城市公共交通运输	541	357	328	29	54641	9951
公路旅客运输	542	378	334	44	30507	5861
道路货物运输	543	8185	8045	140	148980	30229
道路运输辅助活动	544	744	709	35	20418	6104
水上运输业	55	977	937	40	32612	5405
水上旅客运输	551	49	44	5	2124	669
水上货物运输	552	582	561	21	18203	2465
水上运输辅助活动	553	346	332	14	12285	2271
航空运输业	56	92	86	6	28995	10000
航空客货运输	561	43	41	2	21434	7298
通用航空服务	562	27	25	2	563	71
航空运输辅助活动	563	22	20	2	6998	2631
管道运输业	57	7	7		147	39
海底管道运输	571					
陆地管道运输	572	7	7		147	39
多式联运和运输代理业	58	3457	3316	141	49803	16626
多式联运	581	27	27		514	102
运输代理业	582	3430	3289	141	49289	16524
装卸搬运和仓储业	59	1551	1510	41	34463	8186
装卸搬运	591	718	708	10	20241	4122
通用仓储	592	299	288	11	5573	1717
低温仓储	593	61	60	1	1150	331
危险品仓储	594	29	27	2	816	168
谷物、棉花等农产品仓储	595	172	160	12	2157	613
中药材仓储	596	1	1		8	2
其他仓储业	599	271	266	5	4518	1233
邮政业	60	952	688	264	46867	16374
邮政基本服务	601	64	55	9	17427	9359
快递服务	602	871	619	252	28731	6798
其他寄递服务	609	17	14	3	709	217
住宿和餐饮业	**H**	**12861**	**12313**	**548**	**257111**	**144599**
住宿业	61	4587	4456	131	122400	71354

1-03 续表 8

行业中类	代码	法人单位数(个)	单产业法人单位	多产业法人单位	从业人员数(人)	#女性
旅游饭店	611	1394	1339	55	81100	46642
一般旅馆	612	2709	2638	71	36662	21965
民宿服务	613	215	214	1	1283	741
露营地服务	614	2	2		8	4
其他住宿业	619	267	263	4	3347	2002
餐饮业	62	8274	7857	417	134711	73245
正餐服务	621	6402	6100	302	91480	50179
快餐服务	622	452	401	51	30914	16785
饮料及冷饮服务	623	399	380	19	3333	1706
餐饮配送及外卖送餐服务	624	252	243	9	2653	1155
其他餐饮业	629	769	733	36	6331	3420
信息传输、软件和信息技术服务业	**I**	**32791**	**32431**	**360**	**400120**	**148266**
电信、广播电视和卫星传输服务	63	745	676	69	57022	23072
电信	631	501	447	54	43225	18402
广播电视传输服务	632	232	219	13	13654	4611
卫星传输服务	633	12	10	2	143	59
互联网和相关服务	64	6241	6187	54	71267	27215
互联网接入及相关服务	641	544	539	5	4794	1739
互联网信息服务	642	3071	3046	25	31949	12177
互联网平台	643	515	504	11	16882	6813
互联网安全服务	644	57	56	1	431	159
互联网数据服务	645	129	127	2	1693	579
其他互联网服务	649	1925	1915	10	15518	5748
软件和信息技术服务业	65	25805	25568	237	271831	97979
软件开发	651	14004	13881	123	154379	53908
集成电路设计	652	216	214	2	1844	614
信息系统集成和物联网技术服务	653	2115	2076	39	29792	9981
运行维护服务	654	198	195	3	3474	1373
信息处理和存储支持服务	655	224	221	3	2701	992
信息技术咨询服务	656	7054	7009	45	56256	21533
数字内容服务	657	458	448	10	7698	2753
其他信息技术服务业	659	1536	1524	12	15687	6825
金融业	**J**	**3347**	**2747**	**600**	**14618**	**5529**
货币金融服务	66	1178	903	275	6793	2563
中央银行服务	661	9	1	8		
货币银行服务	662	384	135	249		
非货币银行服务	663	785	767	18	6793	2563
银行理财服务	664					
银行监管服务	665					
资本市场服务	67	1192	1158	34	3100	1133
证券市场服务	671	8	5	3	13	5
公开募集证券投资基金	672					
非公开募集证券投资基金	673	585	563	22		
期货市场服务	674	5		5		
证券期货监管服务	675	2	2			

1-03 续表 9

行业中类	代码	法人单位数（个）	单产业法人单位	多产业法人单位	从业人员数（人）	#女性
资本投资服务	676	419	418	1	1962	757
其他资本市场服务	679	173	170	3	1125	371
保险业	68	479	202	277	223	112
人身保险	681	157	42	115		
财产保险	682	190	59	131		
再保险	683					
商业养老金	684	11	11			
保险中介服务	685	86	56	30		
保险资产管理	686					
保险监管服务	687					
其他保险活动	689	35	34	1	223	112
其他金融业	69	498	484	14	4502	1721
金融信托与管理服务	691	48	46	2	454	161
控股公司服务	692	14	14		342	126
非金融机构支付服务	693	9	6	3		
金融信息服务	694	180	175	5	887	351
金融资产管理公司	695	4	4		58	10
其他未列明金融业	699	243	239	4	2761	1073
房地产业	**K**	**18144**	**17112**	**1032**	**381374**	**149857**
房地产业	70	18144	17112	1032	381374	149857
房地产开发经营	701	5727	5561	166	124962	47212
物业管理	702	5164	4756	408	176413	69426
房地产中介服务	703	4469	4137	332	50585	22182
房地产租赁经营	704	2413	2302	111	22999	8675
其他房地产业	709	371	356	15	6415	2362
租赁和商务服务业	**L**	**69411**	**68296**	**1115**	**821895**	**299919**
租赁业	71	5081	5011	70	52019	13834
机械设备经营租赁	711	4836	4768	68	49944	13114
文体设备和用品出租	712	204	202	2	1657	548
日用品出租	713	41	41		418	172
商务服务业	72	64330	63285	1045	769876	286085
组织管理服务	721	15896	15702	194	116592	44791
综合管理服务	722	1558	1524	34	19644	7243
法律服务	723	1483	1471	12	19971	8524
咨询与调查	724	18320	18077	243	146645	67548
广告业	725	13502	13390	112	118999	46189
人力资源服务	726	3434	3336	98	155753	55480
安全保护服务	727	1052	996	56	95992	13334
会议、展览及相关服务	728	1402	1395	7	13353	5987
其他商务服务业	729	7683	7394	289	82927	36989
科学研究和技术服务业	**M**	**27310**	**26634**	**676**	**311447**	**103970**
研究和试验发展	73	3100	3084	16	28319	10597
自然科学研究和试验发展	731	249	249		2624	1016
工程和技术研究和试验发展	732	2004	1997	7	16997	5956
农业科学研究和试验发展	733	379	376	3	4164	1552

1-03 续表 10

行业中类	代码	法人单位数(个)	单产业法人单位	多产业法人单位	从业人员数(人)	#女性
医学研究和试验发展	734	357	354	3	3801	1753
社会人文科学研究	735	111	108	3	733	320
专业技术服务业	74	14519	13938	581	212407	67236
气象服务	741	129	120	9	1843	733
地震服务	742	71	71		516	131
海洋服务	743	65	61	4	778	251
测绘地理信息服务	744	367	319	48	5899	1774
质检技术服务	745	1449	1381	68	26714	8615
环境与生态监测检测服务	746	391	381	10	4876	1946
地质勘查	747	160	148	12	6258	1435
工程技术与设计服务	748	7548	7162	386	128522	38545
工业与专业设计及其他专业技术服务	749	4339	4295	44	37001	13806
科技推广和应用服务业	75	9691	9612	79	70721	26137
技术推广服务	751	7384	7313	71	55865	20255
知识产权服务	752	719	715	4	5727	2416
科技中介服务	753	271	270	1	1661	601
创业空间服务	754	124	124		856	381
其他科技推广服务业	759	1193	1190	3	6612	2484
水利、环境和公共设施管理业	**N**	**4849**	**4744**	**105**	**107657**	**44406**
水利管理业	76	607	590	17	6349	1573
防洪除涝设施管理	761	124	123	1	1336	314
水资源管理	762	168	166	2	1409	331
天然水收集与分配	763	115	111	4	1725	394
水文服务	764	25	21	4	312	92
其他水利管理业	769	175	169	6	1567	442
生态保护和环境治理业	77	679	665	14	8747	2545
生态保护	771	172	168	4	2462	724
环境治理业	772	507	497	10	6285	1821
公共设施管理业	78	3361	3291	70	90510	39446
市政设施管理	781	314	308	6	10520	3436
环境卫生管理	782	754	728	26	43349	21387
城乡市容管理	783	48	46	2	918	285
绿化管理	784	1032	1022	10	15209	6001
城市公园管理	785	78	75	3	2034	738
游览景区管理	786	1135	1112	23	18480	7599
土地管理业	79	202	198	4	2051	842
土地整治服务	791	31	31		531	211
土地调查评估服务	792	13	10	3	202	94
土地登记服务	793	24	24		464	262
土地登记代理服务	794	5	5		79	30
其他土地管理服务	799	129	128	1	775	245
居民服务、修理和其他服务业	**O**	**15468**	**15141**	**327**	**208740**	**107328**
居民服务业	80	6811	6638	173	95552	59756
家庭服务	801	1935	1901	34	41580	30545
托儿所服务	802	168	166	2	1075	737

1-03 续表 11

行业中类	代码	法人单位数（个）	单产业法人单位	多产业法人单位	从业人员数（人）	#女性
洗染服务	803	193	182	11	3130	1597
理发及美容服务	804	1120	1061	59	9828	6312
洗浴和保健养生服务	805	1204	1169	35	16669	10674
摄影扩印服务	806	702	693	9	8596	4259
婚姻服务	807	448	444	4	3757	1922
殡葬服务	808	492	484	8	6353	1775
其他居民服务业	809	549	538	11	4564	1935
机动车、电子产品和日用产品修理业	81	6370	6261	109	56109	14782
汽车、摩托车等修理与维护	811	4988	4892	96	45510	11558
计算机和办公设备维修	812	620	612	8	4384	1449
家用电器修理	813	654	652	2	5361	1540
其他日用产品修理业	819	108	105	3	854	235
其他服务业	82	2287	2242	45	57079	32790
清洁服务	821	1881	1845	36	43411	25648
宠物服务	822	95	90	5	547	233
其他未列明服务业	829	311	307	4	13121	6909
教育	**P**	**20876**	**19950**	**926**	**710774**	**449394**
教育	83	20876	19950	926	710774	449394
学前教育	831	7136	7099	37	147681	129700
初等教育	832	3928	3370	558	204362	139790
中等教育	833	1995	1886	109	207125	101842
高等教育	834	160	148	12	66389	33963
特殊教育	835	117	115	2	3486	2518
技能培训、教育辅助及其他教育	839	7540	7332	208	81731	41581
卫生和社会工作	**Q**	**6262**	**6134**	**128**	**290045**	**193090**
卫生	84	4775	4652	123	275123	184319
医院	841	690	662	28	177838	121346
基层医疗卫生服务	842	3016	2949	67	68390	43286
专业公共卫生服务	843	903	895	8	23742	16544
其他卫生活动	849	166	146	20	5153	3143
社会工作	85	1487	1482	5	14922	8771
提供住宿社会工作	851	1022	1018	4	11535	6929
不提供住宿社会工作	852	465	464	1	3387	1842
文化、体育和娱乐业	**R**	**19022**	**18792**	**230**	**184378**	**82482**
新闻和出版业	86	261	254	7	7017	3003
新闻业	861	90	89	1	775	331
出版业	862	171	165	6	6242	2672
广播、电视、电影和录音制作业	87	1591	1550	41	23594	9932
广播	871	49	45	4	1223	503
电视	872	45	39	6	2936	1244
影视节目制作	873	1055	1048	7	11742	4848
广播电视集成播控	874	9	7	2	454	128
电影和广播电视节目发行	875	51	51		648	277
电影放映	876	329	307	22	6225	2784
录音制作	877	53	53		366	148

1-03 续表 12

行业中类	代码	法人单位数（个）	单产业法人单位	多产业法人单位	从业人员数（人）	#女性
文化艺术业	88	5837	5791	46	50169	23481
文艺创作与表演	881	1455	1449	6	17887	8334
艺术表演场馆	882	38	36	2	1309	563
图书馆与档案馆	883	351	342	9	3403	2063
文物及非物质文化遗产保护	884	256	253	3	2171	864
博物馆	885	174	172	2	2431	1252
烈士陵园、纪念馆	886	50	50		382	189
群众文体活动	887	1078	1071	7	6975	3302
其他文化艺术业	889	2435	2418	17	15611	6914
体育	89	2313	2248	65	20638	7980
体育组织	891	493	488	5	4917	1671
体育场地设施管理	892	195	185	10	2469	886
健身休闲活动	893	1562	1512	50	12810	5242
其他体育	899	63	63		442	181
娱乐业	90	9020	8949	71	82960	38086
室内娱乐活动	901	3155	3127	28	38453	19131
游乐园	902	171	168	3	3707	1614
休闲观光活动	903	1073	1069	4	9769	4007
彩票活动	904	15	15		401	202
文化体育娱乐活动与经纪代理服务	905	4538	4502	36	30066	12928
其他娱乐业	909	68	68		564	204
公共管理、社会保障和社会组织	**S**	**58629**	**55350**	**3279**	**730312**	**235130**
中国共产党机关	91	1566	1429	137	28148	9930
中国共产党机关	910	1566	1429	137	28148	9930
国家机构	92	14734	13020	1714	453915	139784
国家权力机构	921	254	234	20	4762	1418
国家行政机构	922	14174	12532	1642	418144	126711
人民法院和人民检察院	923	215	167	48	27388	11144
其他国家机构	929	91	87	4	3621	511
人民政协、民主党派	93	274	263	11	3392	1124
人民政协	931	136	126	10	2702	816
民主党派	932	138	137	1	690	308
社会保障	94	248	243	5	3629	2062
基本保险	941	207	202	5	3444	1966
补充保险	942					
其他社会保障	949	41	41		185	96
群众团体、社会团体和其他成员组织	95	24546	24483	63	98214	36494
群众团体	951	828	806	22	5726	3049
社会团体	952	14725	14702	23	45722	13219
基金会	953	255	255		856	320
宗教组织	954	8738	8720	18	45910	19906
基层群众自治组织	96	17261	15912	1349	143014	45736
社区居民自治组织	961	2567	2428	139	28095	17348
村民自治组织	962	14694	13484	1210	114919	28388

1-04　按机构类型、从业人员组距分组的法人单位数及从业人员数

分　组	法人单位数(个)	单产业法人单位	多产业法人单位	从业人员数(人)	#女性
总　计	**702826**	**684847**	**17979**	**16790336**	**6044005**
按机构类型分组					
企业	605529	591807	13722	14961312	5141416
事业单位	26595	25520	1075	909704	521794
机关	7610	5875	1735	403908	122921
社会团体	15953	15904	49	53978	17297
民办非企业单位	9933	9921	12	185014	137211
基金会	255	255		856	320
居委会	2566	2427	139	28091	17346
村委会	14694	13484	1210	114919	28388
其他法人	19691	19654	37	132554	57312
按从业人员组距分组					
7人及以下	421416	417951	3465	1279523	492988
8-19人	170878	166922	3956	2026273	792755
20-49人	69177	65758	3419	2019248	844411
50-99人	21114	18439	2675	1442033	618439
100-299人	13552	11048	2504	2230219	959599
300-499人	3001	2345	656	1114306	473861
500-999人	2101	1518	583	1387329	553251
1000-4999人	1327	776	551	2551595	804113
5000-9999人	170	74	96	1113977	245087
10000人及以上	90	16	74	1625833	259501

1-05 按开业(成立)时间分组的法人单位数及从业人员数

开业(成立)时间	法人单位数(个)	单产业法人单位	多产业法人单位	从业人员数(人)	#女性
总 计	**702826**	**684847**	**17979**	**16790336**	**6044005**
1949年以前	2275	2019	256	186782	100576
1950-1977年	7423	6521	902	768032	207123
1978-1991年	23428	21281	2147	853564	309072
1992-2000年	33926	31671	2255	2534263	909003
2001年	6747	6289	458	451309	161250
2002年	9165	8571	594	555483	195303
2003年	11067	10407	660	700260	245779
2004年	10840	10288	552	614395	235554
2005年	11434	10875	559	747900	230887
2006年	13184	12467	717	688481	224829
2007年	14612	13988	624	569723	202284
2008年	13661	13141	520	614704	193661
2009年	16491	15958	533	499798	185554
2010年	22842	22210	632	591377	234608
2011年	26217	25485	732	717553	251740
2012年	28592	27815	777	670720	243796
2013年	33059	32382	677	595450	230651
2014年	52822	51901	921	769944	281227
2015年	67767	66760	1007	791681	309030
2016年	84636	83570	1066	981505	368178
2017年	100684	99726	958	1069295	400025
2018年	110960	110529	431	817191	323575
无开业年份	994	993	1	926	300

1-06　按登记注册类型分组的法人单位数及从业人员数

登记注册类型	法人单位数(个)	单产业法人单位	多产业法人单位	从业人员数(人)	#女性
总　计	**702826**	**684847**	**17979**	**16790336**	**6044005**
内资	**692105**	**674648**	**17457**	**15167183**	**5252410**
国有	36093	33030	3063	1348943	619946
集体	7165	6553	612	121016	50476
股份合作	328	272	56	37401	10850
联营	425	409	16	7402	2201
国有联营	43	41	2	1220	653
集体联营	166	158	8	4385	687
国有与集体联营	34	34		248	118
其他联营	182	176	6	1549	743
有限责任公司	48037	45558	2479	3323109	892832
国有独资公司	2170	1943	227	381189	73994
其他有限责任公司	45867	43615	2252	2941920	818838
股份有限公司	5064	4424	640	427721	131562
私营	540225	531113	9112	9430779	3325103
私营独资	38472	38115	357	360036	184440
私营合伙	8643	8597	46	80072	38430
私营有限责任公司	488001	479475	8526	8774735	3027907
私营股份有限公司	5109	4926	183	215936	74326
其他	54768	53289	1479	470812	219440
港、澳、台商投资	**7183**	**6872**	**311**	**1029621**	**513211**
合资经营企业(港或澳、台资)	1676	1585	91	221827	98045
合作经营企业(港或澳、台资)	80	78	2	7126	4122
港、澳、台商独资经营	5179	4992	187	747411	384841
港、澳、台商投资股份有限公司	140	115	25	41233	18972
其他港、澳、台商投资	108	102	6	12024	7231
外商投资	**3538**	**3327**	**211**	**593532**	**278384**
中外合资经营	1010	934	76	157530	62695
中外合作经营	39	37	2	6304	2601
外资企业	2261	2148	113	385726	191391
外商投资股份有限公司	88	80	8	22042	10455
其他外商投资	140	128	12	21930	11242

1-07 按行业(大类)、地区

行业大类	代码	法人单位数(个)	福州	#平潭	厦门
总　计	00	**702826**	**131501**	**5800**	**146551**
农、林、牧、渔业	A	**4332**	**562**	**20**	**46**
农业	01	10	4	1	
林业	02	5	1		
畜牧业	03	1			
渔业	04	3	1		
农、林、牧、渔专业及辅助性活动	05	4313	556	19	46
采矿业	B	**1567**	**29**	**4**	**4**
煤炭开采和洗选业	06	142			
石油和天然气开采业	07				
黑色金属矿采选业	08	227	1		
有色金属矿采选业	09	173			
非金属矿采选业	10	977	27	4	4
开采专业及辅助性活动	11	37	1		
其他采矿业	12	11			
制造业	C	**116023**	**12185**	**133**	**19197**
农副食品加工业	13	4988	701	21	267
食品制造业	14	3462	416	4	415
酒、饮料和精制茶制造业	15	4458	224	7	109
烟草制品业	16	10	2		1
纺织业	17	4570	1527	3	522
纺织服装、服饰业	18	8683	495	5	1089
皮革、毛皮、羽毛及其制品和制鞋业	19	9291	507		389
木材加工和木、竹、藤、棕、草制品业	20	4556	305	4	330
家具制造业	21	3303	374	6	621
造纸和纸制品业	22	3233	314		860
印刷和记录媒介复制业	23	2802	419	2	684
文教、工美、体育和娱乐用品制造业	24	7473	1031	3	835
石油、煤炭及其他燃料加工业	25	236	24		23
化学原料和化学制品制造业	26	3265	330	4	613
医药制造业	27	600	92	3	94
化学纤维制造业	28	226	54		31
橡胶和塑料制品业	29	6044	667	5	1972
非金属矿物制品业	30	13527	967	15	640
黑色金属冶炼和压延加工业	31	468	68	1	58
有色金属冶炼和压延加工业	32	600	53	2	117
金属制品业	33	8859	664	5	2312
通用设备制造业	34	6306	637	5	1698
专用设备制造业	35	5652	549	5	1996

分组的法人单位数

莆田	三明	泉州	漳州	南平	龙岩	宁德	代码
45025	**36442**	**169712**	**60325**	**39280**	**37454**	**36536**	**00**
25	**1421**	**745**	**376**	**618**	**355**	**184**	**A**
	1	1	1		1	2	01
	2	1			1		02
	1						03
	1					1	04
25	1416	743	375	618	353	181	05
17	**546**	**213**	**120**	**150**	**415**	**73**	**B**
	62	12		4	64		06
							07
1	117	29	2	14	61	2	08
	76	19	1	26	43	8	09
16	255	150	117	104	244	60	10
	33	1		1	1		11
	3	2		1	2	3	12
6466	**4943**	**44565**	**11130**	**5792**	**4413**	**7332**	**C**
221	371	518	1199	324	351	1036	13
142	171	937	861	181	177	162	14
45	239	774	304	1142	212	1409	15
	3			1	3		16
159	261	1708	146	107	83	57	17
292	167	5758	278	177	329	98	18
1533	71	6519	149	32	46	45	19
274	762	598	558	1186	335	208	20
270	129	1110	490	118	116	75	21
122	127	1155	382	92	103	78	22
92	103	984	269	85	104	62	23
1584	110	2961	444	255	98	155	24
9	33	43	43	31	26	4	25
90	368	760	382	372	254	96	26
20	71	125	46	61	31	60	27
6	12	100	12	6	3	2	28
197	158	1953	616	123	120	238	29
245	680	7508	1643	594	617	633	30
45	31	61	66	18	31	90	31
37	47	124	78	33	63	48	32
326	270	3527	999	164	249	348	33
195	258	2348	424	184	220	342	34
161	163	1838	359	149	288	149	35

1-07 续表 1

行业大类	代码	法人单位数（个）	福州	#平潭	厦门
汽车制造业	36	1634	297		302
铁路、船舶、航空航天和其他运输设备制造业	37	769	74	4	97
电气机械和器材制造业	38	3951	468	6	1005
计算机、通信和其他电子设备制造业	39	3173	397	4	1205
仪器仪表制造业	40	885	170	1	291
其他制造业	41	1526	106		315
废弃资源综合利用业	42	498	57	2	19
金属制品、机械和设备修理业	43	975	196	16	287
电力、热力、燃气及水生产和供应业	**D**	**6582**	**604**	**15**	**143**
电力、热力生产和供应业	44	5398	423	9	82
燃气生产和供应业	45	153	22	1	5
水的生产和供应业	46	1031	159	5	56
建筑业	**E**	**32300**	**7489**	**679**	**7046**
房屋建筑业	47	9131	2720	228	902
土木工程建筑业	48	6641	1502	198	1214
建筑安装业	49	3148	650	19	1139
建筑装饰、装修和其他建筑业	50	13380	2617	234	3791
批发和零售业	**F**	**236338**	**40614**	**1375**	**51335**
批发业	51	132933	28569	885	36981
零售业	52	103405	12045	490	14354
交通运输、仓储和邮政业	**G**	**16714**	**3370**	**350**	**4421**
铁路运输业	53	14	4		1
道路运输业	54	9664	1948	83	1948
水上运输业	55	977	380	204	264
航空运输业	56	92	12		52
管道运输业	57	7	1		3
多式联运和运输代理业	58	3457	549	42	1628
装卸搬运和仓储业	59	1551	307	11	338
邮政业	60	952	169	10	187
住宿和餐饮业	**H**	**12861**	**2919**	**155**	**3431**
住宿业	61	4587	1025	95	1209
餐饮业	62	8274	1894	60	2222
信息传输、软件和信息技术服务业	**I**	**32791**	**8968**	**193**	**12005**
电信、广播电视和卫星传输服务	63	745	127	3	185
互联网和相关服务	64	6241	1081	49	2157
软件和信息技术服务业	65	25805	7760	141	9663
金融业	**J**	**3347**	**1106**	**46**	**1106**
货币金融服务	66	1178	457	27	227
资本市场服务	67	1192	399	7	624
保险业	68	479	126	5	82
其他金融业	69	498	124	7	173

莆田	三明	泉州	漳州	南平	龙岩	宁德	代码
37	55	555	123	44	108	113	36
13	9	76	99	11	9	381	37
51	66	533	384	134	137	1173	38
159	53	756	308	53	168	74	39
49	23	121	168	21	17	25	40
21	27	793	172	35	31	26	41
34	61	152	57	20	56	42	42
37	44	170	71	39	28	103	43
170	**1345**	**860**	**781**	**871**	**1129**	**679**	**D**
102	1208	668	602	767	991	555	44
3	18	33	28	14	18	12	45
65	119	159	151	90	120	112	46
1928	**1607**	**6232**	**2811**	**1863**	**1761**	**1563**	**E**
736	601	1633	755	602	634	548	47
451	369	1111	579	482	517	416	48
65	131	521	249	181	131	81	49
676	506	2967	1228	598	479	518	50
20350	**9201**	**64696**	**18331**	**10409**	**11934**	**9468**	**F**
7451	5046	28453	10124	4985	6857	4467	51
12899	4155	36243	8207	5424	5077	5001	52
642	**1003**	**2969**	**1665**	**955**	**868**	**821**	**G**
		4	1	1	3		53
400	771	1584	1131	723	645	514	54
40	9	143	60	7	2	72	55
	5	8	3	3	5	4	56
		2	1				57
89	39	773	203	55	58	63	58
73	105	266	167	92	97	106	59
40	74	189	99	74	58	62	60
848	**420**	**2430**	**1028**	**529**	**665**	**591**	**H**
229	196	810	380	317	155	266	61
619	224	1620	648	212	510	325	62
1303	**926**	**4779**	**1692**	**991**	**1318**	**809**	**I**
44	29	110	85	58	71	36	63
246	248	1134	356	367	386	266	64
1013	649	3535	1251	566	861	507	65
82	**153**	**381**	**137**	**106**	**158**	**118**	**J**
34	72	133	76	50	73	56	66
5	10	102	4	10	27	11	67
37	32	71	39	26	34	32	68
6	39	75	18	20	24	19	69

1-07 续表 2

行业大类	代码	法人单位数(个)	福州	#平潭	厦门
房地产业	K	**18144**	**3886**	**163**	**4162**
房地产业	70	18144	3886	163	4162
租赁和商务服务业	L	**69411**	**18138**	**957**	**19469**
租赁业	71	5081	1365	137	1374
商务服务业	72	64330	16773	820	18095
科学研究和技术服务业	M	**27310**	**6983**	**158**	**7412**
研究和试验发展	73	3100	810	7	1290
专业技术服务业	74	14519	4007	88	3643
科技推广和应用服务业	75	9691	2166	63	2479
水利、环境和公共设施管理业	N	**4849**	**813**	**28**	**661**
水利管理业	76	607	104	4	33
生态保护和环境治理业	77	679	103	4	212
公共设施管理业	78	3361	557	19	413
土地管理业	79	202	49	1	3
居民服务、修理和其他服务业	O	**15468**	**3530**	**147**	**4586**
居民服务业	80	6811	1616	59	1937
机动车、电子产品和日用产品修理业	81	6370	1355	46	2153
其他服务业	82	2287	559	42	496
教育	P	**20876**	**3781**	**183**	**3709**
教育	83	20876	3781	183	3709
卫生和社会工作	Q	**6262**	**1661**	**62**	**589**
卫生	84	4775	1296	36	440
社会工作	85	1487	365	26	149
文化、体育和娱乐业	R	**19022**	**4071**	**154**	**4667**
新闻和出版业	86	261	95	1	61
广播、电视、电影和录音制作业	87	1591	305	12	538
文化艺术业	88	5837	1062	62	1089
体育	89	2313	433	16	494
娱乐业	90	9020	2176	63	2485
公共管理、社会保障和社会组织	S	**58629**	**10792**	**978**	**2562**
中国共产党机关	91	1566	232	12	95
国家机构	92	14734	1841	122	698
人民政协、民主党派	93	274	46	2	20
社会保障	94	248	38		4
群众团体、社会团体和其他成员组织	95	24546	5646	629	1225
基层群众自治组织	96	17261	2989	213	520

莆田	三明	泉州	漳州	南平	龙岩	宁德	代码
929	**1005**	**3460**	**1719**	**1005**	**1048**	**930**	K
929	1005	3460	1719	1005	1048	930	70
2959	**2505**	**11645**	**5148**	**3584**	**3049**	**2914**	L
269	164	776	434	187	233	279	71
2690	2341	10869	4714	3397	2816	2635	72
1224	**1462**	**4700**	**1998**	**1325**	**1241**	**965**	M
59	32	504	204	57	95	49	73
599	745	2293	1201	753	683	595	74
566	685	1903	593	515	463	321	75
250	**547**	**716**	**641**	**455**	**428**	**338**	N
40	67	66	98	70	75	54	76
17	58	80	58	55	55	41	77
186	394	557	446	318	254	236	78
7	28	13	39	12	44	7	79
800	**510**	**2837**	**1196**	**677**	**654**	**678**	O
396	190	1319	532	252	281	288	80
314	230	1097	476	274	206	265	81
90	90	421	188	151	167	125	82
1552	**1115**	**4123**	**2742**	**1346**	**1373**	**1135**	P
1552	1115	4123	2742	1346	1373	1135	83
296	**565**	**970**	**591**	**680**	**500**	**410**	Q
196	420	772	469	480	380	322	84
100	145	198	122	200	120	88	85
834	**859**	**4037**	**1507**	**1156**	**1026**	**865**	R
13	6	35	13	15	10	13	86
44	64	359	64	104	56	57	87
304	306	1373	481	499	439	284	88
81	85	831	116	89	105	79	89
392	398	1439	833	449	416	432	90
4350	**6309**	**9354**	**6712**	**6768**	**5119**	**6663**	S
117	220	185	228	197	128	164	91
1089	1715	1985	2435	2330	1061	1580	92
26	27	61	18	37	16	23	93
16	40	22	37	34	24	33	94
2128	2370	4537	1963	2193	1954	2530	95
974	1937	2564	2031	1977	1936	2333	96

1-08 按行业(大类)、地区

行业大类	代码	从业人员数(人)	福州	#平潭	厦门
总　计	00	**16790336**	**4121075**	**106301**	**3321794**
农、林、牧、渔业	A	**28684**	**4674**	**120**	**275**
农业	01				
林业	02				
畜牧业	03				
渔业	04				
农、林、牧、渔专业及辅助性活动	05	28684	4674	120	275
采矿业	B	**67110**	**1110**	**37**	**71**
煤炭开采和洗选业	06	23914			
石油和天然气开采业	07				
黑色金属矿采选业	08	10455			
有色金属矿采选业	09	5968			
非金属矿采选业	10	26451	1110	37	71
开采专业及辅助性活动	11	243			
其他采矿业	12	79			
制造业	C	**5289282**	**766061**	**2471**	**861777**
农副食品加工业	13	242378	42020	372	14308
食品制造业	14	189039	17488	79	17007
酒、饮料和精制茶制造业	15	133963	12745	69	15975
烟草制品业	16	6032	324		1430
纺织业	17	285501	86678	17	20178
纺织服装、服饰业	18	504814	35712	82	49197
皮革、毛皮、羽毛及其制品和制鞋业	19	682484	81693		18832
木材加工和木、竹、藤、棕、草制品业	20	143263	9036	19	3649
家具制造业	21	96818	19475	22	18298
造纸和纸制品业	22	121241	11166		17031
印刷和记录媒介复制业	23	73362	14552	8	16655
文教、工美、体育和娱乐用品制造业	24	306885	64602	84	36080
石油、煤炭及其他燃料加工业	25	12570	987		591
化学原料和化学制品制造业	26	126459	16249	19	17169
医药制造业	27	39039	8374	8	9080
化学纤维制造业	28	41585	17926		3405
橡胶和塑料制品业	29	233026	27537	86	75430
非金属矿物制品业	30	466798	51367	550	19272
黑色金属冶炼和压延加工业	31	71637	15269	8	5380
有色金属冶炼和压延加工业	32	62922	6639	18	10382
金属制品业	33	228918	21628	14	76916
通用设备制造业	34	186793	29042	51	45820
专用设备制造业	35	161292	19432	51	51905

分组的法人单位从业人员数

莆田	三明	泉州	漳州	南平	龙岩	宁德	代码
1052691	**722569**	**3887610**	**1438269**	**595581**	**984885**	**665862**	**00**
220	**7369**	**5207**	**3730**	**3637**	**2547**	**1025**	**A**
							01
							02
							03
							04
220	7369	5207	3730	3637	2547	1025	05
1127	**25062**	**10680**	**2526**	**4200**	**21363**	**971**	**B**
	7443	2982		392	13097		06
							07
5	4823	2091	32	846	2650	8	08
	3525	574	5	617	1053	194	09
1122	9037	5009	2489	2328	4548	737	10
	204	10		14	15		11
	30	14		3		32	12
380752	**223339**	**1893953**	**537862**	**216058**	**167757**	**241723**	**C**
10285	11641	16934	79468	29777	9912	28033	13
7299	7638	60250	56383	8475	10246	4253	14
4655	6500	40113	12641	16259	4011	21064	15
	907			1247	2124		16
13152	25646	113608	8679	7412	7423	2725	17
24980	8111	347076	10617	8165	16245	4711	18
166772	3212	396515	10323	1484	1985	1668	19
8126	34187	8378	17950	47340	11756	2841	20
6918	3495	20471	21178	3040	2959	984	21
7315	8020	46774	22081	3732	3347	1775	22
2527	2300	25832	6183	2596	1972	745	23
50069	4404	100959	26054	16668	3959	4090	24
99	694	7272	1743	347	734	103	25
5230	17785	25122	17915	15013	9122	2854	26
1071	3239	7770	2649	3365	1450	2041	27
1104	2075	16111	315	296	329	24	28
11258	7964	61664	20241	6544	4595	17793	29
9652	22783	276666	48833	10255	19710	8260	30
1484	10111	6812	23873	1025	1332	6351	31
833	1178	7278	2146	4834	7632	22000	32
7590	12537	58856	31545	4852	6217	8777	33
9565	8001	61935	13875	3129	6320	9106	34
4951	7438	51707	7866	3138	10917	3938	35

1-08 续表 1

行业大类	代码	从业人员数(人)	福州	#平潭	厦门
汽车制造业	36	122196	33432		30374
铁路、船舶、航空航天和其他运输设备制造业	37	40477	5341	30	7483
电气机械和器材制造业	38	242528	37037	31	77292
计算机、通信和其他电子设备制造业	39	332990	57188	551	175404
仪器仪表制造业	40	37700	12053	3	8418
其他制造业	41	67805	5225		10207
废弃资源综合利用业	42	9348	1200	1	440
金属制品、机械和设备修理业	43	19419	4644	298	8169
电力、热力、燃气及水生产和供应业	D	**172844**	**84910**	**546**	**6157**
电力、热力生产和供应业	44	138466	77203	234	2382
燃气生产和供应业	45	8100	1963	40	1074
水的生产和供应业	46	26278	5744	272	2701
建筑业	E	**4492433**	**1533811**	**41969**	**1026209**
房屋建筑业	47	2815583	1127200	14877	352400
土木工程建筑业	48	815846	223981	16681	170396
建筑安装业	49	109945	39770	1924	30966
建筑装饰、装修和其他建筑业	50	751059	142860	8487	472447
批发和零售业	F	**1874011**	**395374**	**6300**	**370898**
批发业	51	1089940	250816	3203	249447
零售业	52	784071	144558	3097	121451
交通运输、仓储和邮政业	G	**447501**	**102172**	**6990**	**130529**
铁路运输业	53	68			
道路运输业	54	254546	62226	2038	54073
水上运输业	55	32612	11190	4067	11437
航空运输业	56	28995	3237		23994
管道运输业	57	147	31		59
多式联运和运输代理业	58	49803	7790	516	23618
装卸搬运和仓储业	59	34463	6785	102	9771
邮政业	60	46867	10913	267	7577
住宿和餐饮业	H	**257111**	**69296**	**2561**	**76860**
住宿业	61	122400	28820	1749	32889
餐饮业	62	134711	40476	812	43971
信息传输、软件和信息技术服务业	I	**400120**	**152098**	**1675**	**134105**
电信、广播电视和卫星传输服务	63	57022	29209	158	5365
互联网和相关服务	64	71267	13932	734	31135
软件和信息技术服务业	65	271831	108957	783	97605
金融业	J	**14618**	**4701**	**137**	**4730**
货币金融服务	66	6793	2193	108	2348
资本市场服务	67	3100	1106	2	869
保险业	68	223	69		37
其他金融业	69	4502	1333	27	1476

莆田	三明	泉州	漳州	南平	龙岩	宁德	代码
2870	3706	20001	18470	3104	6256	3983	36
2342	380	3504	4751	123	287	16266	37
2125	3717	26191	21074	8412	3694	62986	38
13939	1864	35245	35233	2257	10545	1315	39
2095	1795	3951	8028	459	220	681	40
346	561	43003	5839	560	1634	430	41
1061	1147	2305	1193	575	658	769	42
1039	303	1650	716	1575	166	1157	43
5364	**13739**	**15321**	**11557**	**9774**	**12289**	**13733**	D
2617	11270	9051	7497	7805	10018	10623	44
786	678	1336	1118	331	478	336	45
1961	1791	4934	2942	1638	1793	2774	46
236532	**166613**	**676772**	**278202**	**80782**	**404057**	**89455**	E
164365	131509	512454	180522	44941	256767	42425	47
61496	24248	85279	62068	21331	132100	34947	48
1120	3169	12303	9508	7644	4512	953	49
9551	4687	66736	26104	6866	10678	11130	50
178400	**59395**	**489537**	**173061**	**54829**	**90029**	**62488**	F
81582	32818	258664	106349	27929	52456	29879	51
96818	26577	230873	66712	26900	37573	32609	52
15259	**20863**	**81896**	**34850**	**18137**	**24844**	**18951**	G
					68		53
8807	16866	45494	23373	11760	19643	12304	54
1289	118	6369	1020	172	14	1003	55
	256	1077	47	257	121	6	56
		41	16				57
1771	345	11884	2537	271	1055	532	58
1583	1341	7440	3178	1546	1534	1285	59
1809	1937	9591	4679	4131	2409	3821	60
12699	**7589**	**41308**	**16845**	**10088**	**12546**	**9880**	H
4850	4909	24725	8813	7294	5207	4893	61
7849	2680	16583	8032	2794	7339	4987	62
15275	**7415**	**51687**	**17319**	**5979**	**9758**	**6484**	I
2670	2343	6109	4259	2527	2053	2487	63
2333	2142	12557	3212	1622	2695	1639	64
10272	2930	33021	9848	1830	5010	2358	65
196	**448**	**2635**	**487**	**264**	**789**	**368**	J
109	225	883	279	127	422	207	66
29	25	859		42	139	31	67
		104				13	68
58	198	789	208	95	228	117	69

1-08 续表 2

行业大类	代码	从业人员数(人)	福州	#平潭	厦门
房地产业	K	**381374**	**102134**	**3051**	**103716**
房地产业	70	381374	102134	3051	103716
租赁和商务服务业	L	**821895**	**275834**	**9409**	**205677**
租赁业	71	52019	16941	1213	13384
商务服务业	72	769876	258893	8196	192293
科学研究和技术服务业	M	**311447**	**113311**	**1090**	**77903**
研究和试验发展	73	28319	9558	26	10297
专业技术服务业	74	212407	82466	755	54764
科技推广和应用服务业	75	70721	21287	309	12842
水利、环境和公共设施管理业	N	**107657**	**22580**	**859**	**27099**
水利管理业	76	6349	1205	46	520
生态保护和环境治理业	77	8747	2561	31	2566
公共设施管理业	78	90510	18579	774	23894
土地管理业	79	2051	235	8	119
居民服务、修理和其他服务业	O	**208740**	**68733**	**11510**	**60004**
居民服务业	80	95552	27758	317	30015
机动车、电子产品和日用产品修理业	81	56109	14342	250	15053
其他服务业	82	57079	26633	10943	14936
教育	P	**710774**	**152940**	**5956**	**96072**
教育	83	710774	152940	5956	96072
卫生和社会工作	Q	**290045**	**73633**	**2444**	**38598**
卫生	84	275123	69513	2163	36481
社会工作	85	14922	4120	281	2117
文化、体育和娱乐业	R	**184378**	**51101**	**987**	**36181**
新闻和出版业	86	7017	2889	50	1955
广播、电视、电影和录音制作业	87	23594	7393	85	6516
文化艺术业	88	50169	12038	361	7909
体育	89	20638	6081	52	4394
娱乐业	90	82960	22700	439	15407
公共管理、社会保障和社会组织	S	**730312**	**146602**	**8189**	**64933**
中国共产党机关	91	28148	8716	233	2198
国家机构	92	453915	82856	4807	48988
人民政协、民主党派	93	3392	882	19	296
社会保障	94	3629	828		143
群众团体、社会团体和其他成员组织	95	98214	26975	1267	5424
基层群众自治组织	96	143014	26345	1863	7884

莆田	三明	泉州	漳州	南平	龙岩	宁德	代码
15840	**16390**	**56959**	**37277**	**16294**	**16997**	**15767**	K
15840	16390	56959	37277	16294	16997	15767	70
39863	**18251**	**131524**	**62216**	**19487**	**39115**	**29928**	L
2856	716	8507	3951	1045	2457	2162	71
37007	17535	123017	58265	18442	36658	27766	72
12448	**10696**	**49483**	**20851**	**7380**	**11593**	**7782**	M
591	297	4553	1767	289	602	365	73
6623	7004	27781	14553	5322	8321	5573	74
5234	3395	17149	4531	1769	2670	1844	75
7454	**7342**	**11431**	**11583**	**6104**	**7817**	**6247**	N
700	458	876	1145	367	548	530	76
141	694	855	448	389	822	271	77
6553	5893	9558	9456	5152	6129	5296	78
60	297	142	534	196	318	150	79
8033	**5118**	**30065**	**15096**	**6216**	**7675**	**7800**	O
4077	2188	14394	7687	2530	3878	3025	80
2680	1868	10782	5168	2004	2054	2158	81
1276	1062	4889	2241	1682	1743	2617	82
48410	**44131**	**141560**	**82098**	**43003**	**52042**	**50518**	P
48410	44131	141560	82098	43003	52042	50518	83
16647	**19106**	**45197**	**30399**	**21201**	**24046**	**21218**	Q
15858	18156	42912	29339	19784	22700	20380	84
789	950	2285	1060	1417	1346	838	85
8914	**6581**	**35674**	**18034**	**7674**	**11867**	**8352**	R
242	102	1181	215	97	192	144	86
1044	1029	3660	1162	884	988	918	87
2884	1789	11626	4722	2923	4022	2256	88
949	495	4780	1407	783	1169	580	89
3795	3166	14427	10528	2987	5496	4454	90
49258	**63122**	**116721**	**84276**	**64474**	**67754**	**73172**	S
1315	2241	3285	3029	2399	2459	2506	91
27107	41389	69223	53763	40535	45466	44588	92
155	313	513	304	283	320	326	93
126	274	206	544	476	504	528	94
10868	6937	17360	8492	6607	5512	10039	95
9687	11968	26134	18144	14174	13493	15185	96

1-09 按地区、机构类型分组的法人单位数

地区	法人单位数（个）	企业	事业单位	机关	社会团体	民办非企业单位	基金会	居委会	村委会	其他法人
全省	**702826**	**605529**	**26595**	**7610**	**15953**	**9933**	**255**	**2566**	**14694**	**19691**
福州	131501	113763	4229	1175	3716	2283	55	498	2491	3291
#平潭	5800	4551	197	70	290	117		21	192	362
厦门	146551	141735	1227	425	1094	1088	38	374	146	424
莆田	45025	38667	2126	483	899	513	16	123	851	1347
三明	36442	26159	2960	999	1658	449	13	187	1750	2267
泉州	169712	153116	4237	1062	3420	2040	80	460	2104	3193
漳州	60325	47812	3984	1071	1247	1675	21	339	1691	2485
南平	39280	28263	3651	875	1368	757	1	255	1722	2388
龙岩	37454	28714	1985	659	1461	615	18	139	1797	2066
宁德	36536	27300	2196	861	1090	513	13	191	2142	2230

1-10　按地区、机构类型分组的法人单位从业人员数

地　区	从　业人员数（人）	企业	事业单位	机关	社会团体	民办非企业单位	基金会	居委会	村委会	其他法人
全　省	**16790336**	**14961312**	**909704**	**403908**	**53978**	**185014**	**856**	**28091**	**114919**	**132554**
福　州	4121075	3726855	208406	79591	16109	42984	206	5444	20901	20579
#平潭	106301	89544	7012	4204	624	2287		196	1667	767
厦　门	3321794	3127749	108200	38556	3637	28718	111	6412	1472	6939
莆　田	1052691	937913	59789	21401	3780	11787	40	1502	8185	8294
三　明	722569	581469	70548	36718	4190	6465	49	1216	10752	11162
泉　州	3887610	3574053	156266	61465	11577	37038	286	5965	20169	20791
漳　州	1438269	1214839	97870	49377	4710	26873	74	2960	15180	26386
南　平	595581	452614	65878	34956	3014	10228	4	1299	12875	14713
龙　岩	984885	831449	74021	41658	3751	9444	53	1506	11987	11016
宁　德	665862	514371	68726	40186	3210	11477	33	1787	13398	12674

1-11 按地区、开业(成立)时间

地区	法人单位数(个)	1949年以前	1950-1977年	1978-1991年	1992-2000年	2001年	2002年	2003年	2004年	2005年	2006年
全省	**702826**	**2275**	**7423**	**23428**	**33926**	**6747**	**9165**	**11067**	**10840**	**11434**	**13184**
福州	131501	437	1697	5378	6950	1210	1513	2075	2133	2370	2365
#平潭	5800	57	163	309	301	30	39	38	40	38	28
厦门	146551	82	189	883	4965	1217	1616	2219	2603	2747	3259
莆田	45025	219	525	1201	1713	234	748	492	330	454	497
三明	36442	159	870	2512	2376	529	745	807	687	710	836
泉州	169712	499	1059	3362	8603	1781	2207	2500	2328	2286	2755
漳州	60325	285	838	2466	3434	547	706	885	1026	1077	1194
南平	39280	190	793	3049	2114	454	640	877	665	584	727
龙岩	37454	212	697	2323	1802	305	476	638	610	681	714
宁德	36536	192	755	2254	1969	470	514	574	458	525	837

1-12 按地区、开业(成立)时间

地区	从业人员数(人)	1949年以前	1950-1977年	1978-1991年	1992-2000年	2001年	2002年	2003年	2004年	2005年	2006年
全省	**16790336**	**186782**	**768032**	**853564**	**2534263**	**451309**	**555483**	**700260**	**614395**	**747900**	**688481**
福州	4121075	42978	267909	221813	754921	108202	157361	157925	163236	206742	137327
#平潭	106301	1463	5541	2999	3484	723	1228	611	1373	450	1330
厦门	3321794	29336	45380	166744	504813	102216	87473	136031	131459	159108	213483
莆田	1052691	8681	15908	45902	102701	15223	30496	35401	34891	56946	44703
三明	722569	13070	61188	51392	64204	17093	34756	20304	24238	32877	24780
泉州	3887610	29636	233948	152011	639375	116296	155287	197932	149064	136077	145248
漳州	1438269	16835	35537	76443	221110	31680	36076	48059	36679	74910	38776
南平	595581	14503	30582	46515	51566	14956	20342	38930	27163	15955	19850
龙岩	984885	19107	49438	46286	133373	32658	18200	51992	31396	45510	40237
宁德	665862	12636	28142	46458	62200	12985	15492	13686	16269	19775	24077

分组的法人单位数

2007年	2008年	2009年	2010年	2011年	2012年	2013年	2014年	2015年	2016年	2017年	2018年	无开业年份
14612	**13661**	**16491**	**22842**	**26217**	**28592**	**33059**	**52822**	**67767**	**84636**	**100684**	**110960**	**994**
2883	2538	3029	4143	4681	5105	6080	9470	12165	15161	18167	21657	294
40	53	46	116	217	257	313	576	646	807	784	894	8
3302	3279	4221	5865	6590	6704	7532	14292	16533	18850	21267	18324	12
713	668	759	1198	1188	1381	1638	2418	3945	5037	6187	13476	4
988	1073	990	1303	1416	1658	1560	2090	2731	3399	4250	4643	110
2447	2309	2845	4387	5538	6495	7969	13033	18038	23158	28176	27811	126
1696	1291	1700	2070	2316	2519	3016	4297	5044	6835	8482	8534	67
758	763	1039	1274	1631	1615	1710	2389	3190	4548	4564	5504	202
869	986	1045	1231	1364	1531	1799	2468	3046	4021	5077	5489	70
956	754	863	1371	1493	1584	1755	2365	3075	3627	4514	5522	109

分组的法人单位从业人员数

2007年	2008年	2009年	2010年	2011年	2012年	2013年	2014年	2015年	2016年	2017年	2018年	无开业年份
569723	**614704**	**499798**	**591377**	**717553**	**670720**	**595450**	**769944**	**791681**	**981505**	**1069295**	**817191**	**926**
115210	155650	131383	111894	167051	137211	139301	172399	159540	207240	231388	174328	66
6950	1128	3438	1833	4534	4527	4878	8751	10231	13355	11756	15718	
150045	126481	98172	142284	160956	130575	118480	165232	162610	211297	181949	97646	24
32153	70223	45309	37315	43668	38287	43248	39653	54619	65593	76653	115118	
26444	32194	22925	33672	37095	38297	25177	29832	30231	31679	44062	26964	95
102931	68754	80625	116654	122076	138702	128360	199766	196102	244064	303271	231314	117
51890	48156	49133	67250	61220	82770	58666	66339	77481	86589	101311	71306	53
21994	13176	20745	19780	28315	30822	22673	27249	30405	38019	34601	27164	276
50152	51003	35750	37283	38071	46284	35093	37286	42129	54019	51827	37728	63
18904	49067	15756	25245	59101	27772	24452	32188	38564	43005	44233	35623	232

1-13 按行业(大类)、开业(成立)

行业大类	代码	法人单位数(个)	1949年以前	1950-1977年	1978-1991年	1992-2000年
总　计	00	**702826**	**2275**	**7423**	**23428**	**33926**
农、林、牧、渔业	A	**4332**	**1**	**19**	**34**	**76**
农业	01	10		2	1	
林业	02	5			1	1
畜牧业	03	1				1
渔业	04	3		1		1
农、林、牧、渔专业及辅助性活动	05	4313	1	16	32	73
采矿业	B	**1567**		**6**	**47**	**143**
煤炭开采和洗选业	06	142		3	3	9
石油和天然气开采业	07					
黑色金属矿采选业	08	227		2	11	25
有色金属矿采选业	09	173			6	22
非金属矿采选业	10	977		1	27	87
开采专业及辅助性活动	11	37				
其他采矿业	12	11				
制造业	C	**116023**	**3**	**68**	**1544**	**8817**
农副食品加工业	13	4988	2	5	82	434
食品制造业	14	3462		3	49	345
酒、饮料和精制茶制造业	15	4458		6	47	277
烟草制品业	16	10			2	3
纺织业	17	4570		2	73	465
纺织服装、服饰业	18	8683		2	113	630
皮革、毛皮、羽毛及其制品和制鞋业	19	9291		1	170	832
木材加工和木、竹、藤、棕、草制品业	20	4556			57	214
家具制造业	21	3303		2	14	103
造纸和纸制品业	22	3233			40	296
印刷和记录媒介复制业	23	2802	1	5	102	401
文教、工美、体育和娱乐用品制造业	24	7473		4	93	581
石油、煤炭及其他燃料加工业	25	236				12
化学原料和化学制品制造业	26	3265		5	48	301
医药制造业	27	600		3	11	48
化学纤维制造业	28	226			4	42
橡胶和塑料制品业	29	6044		5	86	455
非金属矿物制品业	30	13527		5	163	1301
黑色金属冶炼和压延加工业	31	468			6	45
有色金属冶炼和压延加工业	32	600		1	10	41
金属制品业	33	8859			55	394
通用设备制造业	34	6306		5	82	356
专用设备制造业	35	5652		5	49	283

时间分组的法人单位数

2001年	2002年	2003年	2004年	2005年	2006年	2007年	代码
6747	**9165**	**11067**	**10840**	**11434**	**13184**	**14612**	00
12	**19**	**38**	**15**	**30**	**34**	**39**	A
1							01
1							02
							03
				1			04
10	19	38	15	29	34	39	05
47	**32**	**62**	**94**	**99**	**92**	**76**	B
	3	16	36	21	5	3	06
							07
12	5	8	18	16	13	10	08
8	8	5	12	13	22	16	09
27	16	32	28	48	52	46	10
		1		1			11
						1	12
2098	**2520**	**3058**	**3325**	**3068**	**3623**	**3193**	C
85	82	133	120	124	117	159	13
59	85	72	79	67	99	68	14
60	70	67	83	75	108	111	15
		2					16
96	143	194	145	147	211	128	17
164	186	264	257	239	276	189	18
196	252	284	271	241	236	232	19
74	76	131	139	151	178	160	20
34	34	52	60	66	68	74	21
64	92	97	102	113	116	92	22
88	92	130	179	142	122	78	23
125	166	155	201	169	212	201	24
2	1	6	3	5	10	11	25
98	96	112	103	126	150	134	26
15	9	17	22	16	18	15	27
6	7	16	9	8	8	8	28
142	175	164	214	217	216	188	29
217	282	350	382	320	388	370	30
6	13	16	12	17	21	14	31
14	15	11	12	12	14	19	32
112	99	164	203	177	247	210	33
113	139	159	186	141	200	170	34
85	97	141	147	135	164	155	35

1-13 续表 1

行业大类	代码	法人单位数(个)	1949年以前	1950-1977年	1978-1991年	1992-2000年
汽车制造业	36	1634			36	175
铁路、船舶、航空航天和其他运输设备制造业	37	769		3	13	56
电气机械和器材制造业	38	3951		4	42	265
计算机、通信和其他电子设备制造业	39	3173			31	218
仪器仪表制造业	40	885		1	13	72
其他制造业	41	1526			34	110
废弃资源综合利用业	42	498				17
金属制品、机械和设备修理业	43	975		1	19	45
电力、热力、燃气及水生产和供应业	**D**	**6582**	**2**	**58**	**377**	**1117**
电力、热力生产和供应业	44	5398	1	54	300	952
燃气生产和供应业	45	153			5	9
水的生产和供应业	46	1031	1	4	72	156
建筑业	**E**	**32300**		**121**	**222**	**1124**
房屋建筑业	47	9131		95	119	250
土木工程建筑业	48	6641		22	40	251
建筑安装业	49	3148		2	20	205
建筑装饰、装修和其他建筑业	50	13380		2	43	418
批发和零售业	**F**	**236338**	**6**	**181**	**1208**	**5150**
批发业	51	132933	5	81	736	3242
零售业	52	103405	1	100	472	1908
交通运输、仓储和邮政业	**G**	**16714**	**6**	**47**	**222**	**739**
铁路运输业	53	14				3
道路运输业	54	9664	4	26	108	379
水上运输业	55	977		4	34	77
航空运输业	56	92			4	6
管道运输业	57	7				
多式联运和运输代理业	58	3457			13	91
装卸搬运和仓储业	59	1551	1	14	60	137
邮政业	60	952	1	3	3	46
住宿和餐饮业	**H**	**12861**		**14**	**133**	**364**
住宿业	61	4587		12	106	247
餐饮业	62	8274		2	27	117
信息传输、软件和信息技术服务业	**I**	**32791**		**15**	**69**	**393**
电信、广播电视和卫星传输服务	63	745		14	56	90
互联网和相关服务	64	6241			1	29
软件和信息技术服务业	65	25805		1	12	274
金融业	**J**	**3347**	**7**	**5**	**60**	**115**
货币金融服务	66	1178	7	5	53	56
资本市场服务	67	1192			4	20
保险业	68	479			1	30
其他金融业	69	498			2	9

2001年	2002年	2003年	2004年	2005年	2006年	2007年	代码
52	53	56	67	49	61	55	36
11	16	23	17	29	32	19	37
66	88	85	117	90	130	134	38
47	60	66	86	90	117	119	39
28	28	31	33	33	23	27	40
31	41	37	45	46	46	21	41
5	7	5	10	6	8	13	42
3	16	18	21	17	27	19	43
279	**439**	**712**	**574**	**374**	**273**	**170**	D
262	413	664	551	337	241	137	44
5	4	9	1	2	8	4	45
12	22	39	22	35	24	29	46
210	**296**	**321**	**371**	**416**	**404**	**433**	E
52	102	77	86	119	91	113	47
53	68	85	95	96	85	94	48
44	55	57	71	65	71	70	49
61	71	102	119	136	157	156	50
1366	**1607**	**2124**	**2394**	**2753**	**3030**	**3293**	F
883	1043	1469	1599	1804	2053	2309	51
483	564	655	795	949	977	984	52
183	**207**	**284**	**340**	**329**	**380**	**334**	G
			1	1			53
97	113	143	158	157	203	179	54
21	21	23	25	42	28	22	55
1	1	6	6	3		4	56
		1					57
42	49	55	95	85	87	78	58
19	20	46	46	29	49	35	59
3	3	10	9	12	13	16	60
69	**72**	**107**	**111**	**157**	**161**	**185**	H
37	37	66	72	107	95	113	61
32	35	41	39	50	66	72	62
128	**130**	**202**	**225**	**269**	**336**	**326**	I
12	11	28	13	15	12	14	63
13	11	16	27	27	40	32	64
103	108	158	185	227	284	280	65
11	**49**	**50**	**47**	**61**	**86**	**93**	J
4	18	8	13	19	43	19	66
2	2	8	10	4	5	16	67
4	26	31	18	34	30	47	68
1	3	3	6	4	8	11	69

1-13 续表 2

行业大类	代码	法人单位数(个)	1949年以前	1950-1977年	1978-1991年	1992-2000年
房地产业	**K**	**18144**		**57**	**647**	**1790**
房地产业	70	18144		57	647	1790
租赁和商务服务业	**L**	**69411**	**30**	**125**	**889**	**1795**
租赁业	71	5081			4	56
商务服务业	72	64330	30	125	885	1739
科学研究和技术服务业	**M**	**27310**	**18**	**240**	**705**	**905**
研究和试验发展	73	3100		33	59	33
专业技术服务业	74	14519	15	134	354	625
科技推广和应用服务业	75	9691	3	73	292	247
水利、环境和公共设施管理业	**N**	**4849**	**10**	**118**	**287**	**338**
水利管理业	76	607	5	72	132	75
生态保护和环境治理业	77	679		17	30	36
公共设施管理业	78	3361	5	27	102	188
土地管理业	79	202		2	23	39
居民服务、修理和其他服务业	**O**	**15468**		**17**	**78**	**401**
居民服务业	80	6811		11	34	168
机动车、电子产品和日用产品修理业	81	6370		1	32	196
其他服务业	82	2287		5	12	37
教育	**P**	**20876**	**799**	**1699**	**1568**	**1573**
教育	83	20876	799	1699	1568	1573
卫生和社会工作	**Q**	**6262**	**70**	**667**	**690**	**555**
卫生	84	4775	67	640	549	425
社会工作	85	1487	3	27	141	130
文化、体育和娱乐业	**R**	**19022**	**23**	**189**	**467**	**482**
新闻和出版业	86	261	2	9	34	45
广播、电视、电影和录音制作业	87	1591	1	17	65	47
文化艺术业	88	5837	20	157	347	240
体育	89	2313		1	13	37
娱乐业	90	9020		5	8	113
公共管理、社会保障和社会组织	**S**	**58629**	**1300**	**3777**	**14181**	**8049**
中国共产党机关	91	1566	77	197	477	248
国家机构	92	14734	258	1004	3125	2305
人民政协、民主党派	93	274	5	37	89	54
社会保障	94	248	1	2	45	107
群众团体、社会团体和其他成员组织	95	24546	719	1125	3975	4218
基层群众自治组织	96	17261	240	1412	6470	1117

2001年	2002年	2003年	2004年	2005年	2006年	2007年	代码
263	**293**	**421**	**414**	**474**	**518**	**528**	K
263	293	421	414	474	518	528	70
431	**390**	**604**	**687**	**746**	**959**	**1016**	L
12	10	23	35	42	53	70	71
419	380	581	652	704	906	946	72
179	**292**	**329**	**317**	**423**	**366**	**369**	M
7	20	14	16	29	31	32	73
128	189	261	239	313	253	255	74
44	83	54	62	81	82	82	75
53	**74**	**101**	**69**	**78**	**87**	**73**	N
17	12	15	12	11	18	8	76
7	6	12	11	15	8	6	77
26	40	51	42	44	56	53	78
3	16	23	4	8	5	6	79
113	**149**	**171**	**175**	**217**	**218**	**221**	O
44	56	72	73	83	75	82	80
58	81	82	86	107	121	98	81
11	12	17	16	27	22	41	82
181	**324**	**498**	**341**	**444**	**406**	**366**	P
181	324	498	341	444	406	366	83
78	**119**	**174**	**115**	**161**	**128**	**103**	Q
52	100	151	106	136	115	87	84
26	19	23	9	25	13	16	85
113	**312**	**292**	**257**	**249**	**339**	**294**	R
6	6	8	9	6	9	6	86
4	6	3	9	7	13	18	87
39	61	74	67	42	56	44	88
5	10	16	21	12	17	17	89
59	229	191	151	182	244	209	90
933	**1841**	**1519**	**969**	**1086**	**1744**	**3500**	S
11	161	51	25	11	17	16	91
242	845	559	323	315	380	337	92
4	5	9	3	3	5	5	93
1	3	7	11	7	5	4	94
418	520	572	477	594	550	690	95
257	307	321	130	156	787	2448	96

1-13 续表 3

行业大类	代码	2008年	2009年	2010年	2011年
总　　计	00	**13661**	**16491**	**22842**	**26217**
农、林、牧、渔业	A	**147**	**202**	**202**	**188**
农业	01	1	1	1	
林业	02				1
畜牧业	03				
渔业	04				
农、林、牧、渔专业及辅助性活动	05	146	201	201	187
采矿业	B	**72**	**83**	**71**	**71**
煤炭开采和洗选业	06	6	3	5	5
石油和天然气开采业	07				
黑色金属矿采选业	08	20	14	6	14
有色金属矿采选业	09	10	7	5	4
非金属矿采选业	10	35	55	54	44
开采专业及辅助性活动	11		4	1	2
其他采矿业	12	1			2
制造业	C	**3192**	**3672**	**5293**	**5729**
农副食品加工业	13	155	175	189	256
食品制造业	14	81	92	117	159
酒、饮料和精制茶制造业	15	149	172	226	215
烟草制品业	16				
纺织业	17	104	123	210	243
纺织服装、服饰业	18	163	220	308	364
皮革、毛皮、羽毛及其制品和制鞋业	19	195	222	371	389
木材加工和木、竹、藤、棕、草制品业	20	165	153	203	185
家具制造业	21	64	72	129	136
造纸和纸制品业	22	94	112	170	164
印刷和记录媒介复制业	23	77	77	110	90
文教、工美、体育和娱乐用品制造业	24	156	218	354	342
石油、煤炭及其他燃料加工业	25	7	3	9	18
化学原料和化学制品制造业	26	136	105	142	129
医药制造业	27	16	14	24	22
化学纤维制造业	28	8	4	16	8
橡胶和塑料制品业	29	181	237	297	335
非金属矿物制品业	30	391	521	681	795
黑色金属冶炼和压延加工业	31	27	13	19	18
有色金属冶炼和压延加工业	32	18	17	20	28
金属制品业	33	220	268	417	466
通用设备制造业	34	175	187	297	352
专用设备制造业	35	147	186	271	279

2012年	2013年	2014年	2015年	2016年	2017年	2018年	无开业年份	代码
28592	**33059**	**52822**	**67767**	**84636**	**100684**	**110960**	**994**	**00**
282	**506**	**373**	**380**	**463**	**781**	**480**	**11**	**A**
		1	1	1				01
1								02
								03
								04
281	506	372	379	462	781	480	11	05
84	**68**	**95**	**68**	**86**	**82**	**88**	**1**	**B**
8	1	6	4	4		1		06
								07
13	8	8	7	7	2	8		08
5	2	9	5	7	6	1		09
44	53	68	52	64	71	72	1	10
12	4	3		2	3	4		11
2		1		2		2		12
5448	**6343**	**8831**	**9327**	**10938**	**13232**	**12539**	**162**	**C**
304	387	495	411	400	437	428	8	13
152	214	403	297	301	349	365	6	14
217	375	437	378	406	491	478	10	15
		1		1	1			16
245	328	257	291	338	400	422	5	17
414	432	548	782	993	1092	1045	2	18
340	416	640	725	880	1036	1358	4	19
165	173	310	355	448	575	635	9	20
133	144	248	267	445	647	508	3	21
139	159	232	237	251	347	315	1	22
102	86	169	158	183	223	187		23
350	395	494	732	775	926	824		24
16	8	17	17	20	27	44		25
139	163	216	246	264	265	280	7	26
23	26	45	42	68	81	62	3	27
13	9	5	15	13	12	15		28
281	348	459	408	492	654	486	4	29
662	794	980	962	1159	1480	1311	13	30
22	28	29	23	36	45	56	2	31
32	24	45	36	58	86	85	2	32
437	488	850	872	1018	1169	988	5	33
318	322	496	517	571	711	769	40	34
285	294	496	468	601	740	617	7	35

1-13 续表 4

行业大类	代码	2008年	2009年	2010年	2011年
汽车制造业	36	72	65	81	91
铁路、船舶、航空航天和其他运输设备制造业	37	43	46	70	34
电气机械和器材制造业	38	169	160	249	244
计算机、通信和其他电子设备制造业	39	104	110	159	182
仪器仪表制造业	40	25	26	40	38
其他制造业	41	20	36	52	72
废弃资源综合利用业	42	14	15	19	22
金属制品、机械和设备修理业	43	16	23	43	53
电力、热力、燃气及水生产和供应业	D	**136**	**149**	**168**	**126**
电力、热力生产和供应业	44	104	90	117	75
燃气生产和供应业	45	3	7	10	9
水的生产和供应业	46	29	52	41	42
建筑业	E	**516**	**606**	**753**	**1177**
房屋建筑业	47	152	150	166	321
土木工程建筑业	48	120	164	204	278
建筑安装业	49	63	76	99	135
建筑装饰、装修和其他建筑业	50	181	216	284	443
批发和零售业	F	**3831**	**5261**	**7794**	**9207**
批发业	51	2572	3562	5330	5969
零售业	52	1259	1699	2464	3238
交通运输、仓储和邮政业	G	**383**	**474**	**713**	**627**
铁路运输业	53	2	2	2	1
道路运输业	54	206	257	372	369
水上运输业	55	25	28	44	23
航空运输业	56	3	2	7	5
管道运输业	57	2			2
多式联运和运输代理业	58	81	125	158	140
装卸搬运和仓储业	59	48	36	61	54
邮政业	60	16	24	69	33
住宿和餐饮业	H	**272**	**337**	**465**	**564**
住宿业	61	155	193	270	326
餐饮业	62	117	144	195	238
信息传输、软件和信息技术服务业	I	**360**	**410**	**653**	**742**
电信、广播电视和卫星传输服务	63	16	15	16	22
互联网和相关服务	64	40	62	80	110
软件和信息技术服务业	65	304	333	557	610
金融业	J	**114**	**97**	**105**	**152**
货币金融服务	66	39	26	39	68
资本市场服务	67	7	16	37	48
保险业	68	58	29	10	17
其他金融业	69	10	26	19	19

2012年	2013年	2014年	2015年	2016年	2017年	2018年	无开业年份	代码
56	71	113	106	111	131	130	3	36
22	53	65	57	46	62	50	2	37
218	226	285	315	311	393	346	14	38
146	171	216	259	331	344	311	6	39
43	50	57	65	84	95	73		40
81	71	115	130	192	197	147	2	41
40	24	34	54	45	89	71		42
53	64	74	102	97	127	133	4	43
149	**142**	**181**	**186**	**324**	**378**	**262**	**6**	**D**
81	88	108	109	241	301	169	3	44
10	8	8	10	12	13	15	1	45
58	46	65	67	71	64	78	2	46
1409	**1547**	**2571**	**2817**	**4453**	**6232**	**6251**	**50**	**E**
431	421	547	606	1201	1925	2092	15	47
392	421	559	523	830	1150	1100	11	48
141	148	258	285	377	468	436	2	49
445	557	1207	1403	2045	2689	2623	22	50
9529	**11979**	**20737**	**28074**	**33986**	**38581**	**43909**	**338**	**F**
6151	7456	12206	14412	17018	20462	22367	204	51
3378	4523	8531	13662	16968	18119	21542	134	52
678	**935**	**1438**	**1606**	**1880**	**2405**	**2477**	**27**	**G**
1	1							53
402	530	791	904	1160	1562	1532	12	54
29	37	89	64	91	107	140	3	55
4	2	5	5	4	14	10		56
1		1						57
144	202	307	360	373	450	514	8	58
66	93	115	121	153	164	180	4	59
31	70	130	152	99	108	101		60
555	**587**	**1216**	**1193**	**1609**	**2081**	**2586**	**23**	**H**
300	266	508	326	386	468	491	6	61
255	321	708	867	1223	1613	2095	17	62
828	**1196**	**2605**	**3830**	**4800**	**6368**	**8837**	**69**	**I**
28	31	40	69	82	65	96		63
113	181	419	784	1089	1375	1775	17	64
687	984	2146	2977	3629	4928	6966	52	65
144	**197**	**269**	**460**	**455**	**419**	**351**		**J**
60	90	91	92	130	115	183		66
45	75	120	249	230	174	120		67
26	20	14	12	18	36	18		68
13	12	44	107	77	94	30		69

1-13 续表 5

行业大类	代码	2008年	2009年	2010年	2011年
房地产业	K	**391**	**551**	**876**	**876**
房地产业	70	391	551	876	876
租赁和商务服务业	L	**1118**	**1440**	**1974**	**2339**
租赁业	71	86	100	138	207
商务服务业	72	1032	1340	1836	2132
科学研究和技术服务业	M	**410**	**497**	**716**	**904**
研究和试验发展	73	47	52	71	93
专业技术服务业	74	265	303	454	564
科技推广和应用服务业	75	98	142	191	247
水利、环境和公共设施管理业	N	**105**	**112**	**133**	**156**
水利管理业	76	10	8	10	19
生态保护和环境治理业	77	8	16	15	11
公共设施管理业	78	82	81	103	118
土地管理业	79	5	7	5	8
居民服务、修理和其他服务业	O	**283**	**336**	**441**	**500**
居民服务业	80	103	132	174	187
机动车、电子产品和日用产品修理业	81	130	160	195	213
其他服务业	82	50	44	72	100
教育	P	**469**	**576**	**647**	**747**
教育	83	469	576	647	747
卫生和社会工作	Q	**158**	**158**	**171**	**194**
卫生	84	127	126	140	143
社会工作	85	31	32	31	51
文化、体育和娱乐业	R	**225**	**300**	**419**	**466**
新闻和出版业	86	5	6	10	11
广播、电视、电影和录音制作业	87	23	16	36	32
文化艺术业	88	70	67	112	146
体育	89	23	46	35	53
娱乐业	90	104	165	226	224
公共管理、社会保障和社会组织	S	**1479**	**1230**	**1248**	**1452**
中国共产党机关	91	15	12	17	14
国家机构	92	352	333	361	518
人民政协、民主党派	93	3	3	1	5
社会保障	94	4	5	6	10
群众团体、社会团体和其他成员组织	95	957	546	800	828
基层群众自治组织	96	148	331	63	77

2012年	2013年	2014年	2015年	2016年	2017年	2018年	无开业年份	代码
767	**1044**	**1024**	**1033**	**1407**	**2224**	**2522**	**24**	K
767	1044	1024	1033	1407	2224	2522	24	70
2761	**3294**	**5978**	**7905**	**10497**	**11580**	**12736**	**117**	L
203	225	455	560	664	944	1181	13	71
2558	3069	5523	7345	9833	10636	11555	104	72
963	**1195**	**1962**	**2524**	**3653**	**4965**	**5327**	**51**	M
107	137	233	344	520	599	615	8	73
573	733	1094	1318	1789	2177	2460	23	74
283	325	635	862	1344	2189	2252	20	75
204	**240**	**275**	**350**	**551**	**711**	**714**	**10**	N
31	29	12	20	29	32	30		76
26	27	36	46	92	127	125	2	77
143	176	218	276	418	550	554	8	78
4	8	9	8	12	2	5		79
512	**596**	**1375**	**1664**	**2318**	**2667**	**2997**	**19**	O
229	224	564	694	982	1260	1556	8	80
197	270	611	734	982	1013	995	8	81
86	102	200	236	354	394	446	3	82
1055	**811**	**941**	**1202**	**1730**	**2168**	**2315**	**16**	P
1055	811	941	1202	1730	2168	2315	16	83
246	**159**	**171**	**304**	**564**	**655**	**620**	**2**	Q
177	104	102	204	398	431	393	2	84
69	55	69	100	166	224	227		85
664	**676**	**1550**	**1971**	**2677**	**3337**	**3686**	**34**	R
15	6	14	8	16	15	15		86
47	48	135	174	232	335	320	3	87
210	188	346	495	806	1070	1172	8	88
48	50	254	263	352	528	509	3	89
344	384	801	1031	1271	1389	1670	20	90
2314	**1544**	**1230**	**2873**	**2245**	**1818**	**2263**	**34**	S
26	24	7	11	83	45	20	1	91
726	344	193	595	738	482	380	19	92
8	1		1	19	10	4		93
7	4	3	5	7	4			94
1011	994	917	969	1278	1078	1297	13	95
536	177	110	1292	120	199	562	1	96

1-14 按行业(大类)、开业(成立)

行业大类	代码	从业人员数(人)				
			1949年以前	1950-1977年	1978-1991年	1992-2000年
总计	**00**	**16790336**	**186782**	**768032**	**853564**	**2534263**
农、林、牧、渔业	**A**	**28684**	**2**	**155**	**173**	**739**
农业	01					
林业	02					
畜牧业	03					
渔业	04					
农、林、牧、渔专业及辅助性活动	05	28684	2	155	173	739
采矿业	**B**	**67110**		**3156**	**4754**	**10731**
煤炭开采和洗选业	06	23914		2489	410	3248
石油和天然气开采业	07					
黑色金属矿采选业	08	10455		607	1528	2545
有色金属矿采选业	09	5968			165	1371
非金属矿采选业	10	26451		60	2651	3567
开采专业及辅助性活动	11	243				
其他采矿业	12	79				
制造业	**C**	**5289282**	**181**	**14724**	**209916**	**1086114**
农副食品加工业	13	242378	6	112	3767	48961
食品制造业	14	189039		1154	5848	52001
酒、饮料和精制茶制造业	15	133963		558	9448	41829
烟草制品业	16	6032			3168	2071
纺织业	17	285501		1745	5656	67636
纺织服装、服饰业	18	504814		6	10337	80850
皮革、毛皮、羽毛及其制品和制鞋业	19	682484		35	37811	153750
木材加工和木、竹、藤、棕、草制品业	20	143263			1442	10396
家具制造业	21	96818		6	302	13373
造纸和纸制品业	22	121241			4026	25844
印刷和记录媒介复制业	23	73362	175	451	1675	21242
文教、工美、体育和娱乐用品制造业	24	306885		37	19192	59254
石油、煤炭及其他燃料加工业	25	12570				728
化学原料和化学制品制造业	26	126459		564	3533	18405
医药制造业	27	39039		1358	3400	11642
化学纤维制造业	28	41585			1919	5440
橡胶和塑料制品业	29	233026		105	16894	42666
非金属矿物制品业	30	466798		66	9413	123350
黑色金属冶炼和压延加工业	31	71637			8338	16719
有色金属冶炼和压延加工业	32	62922		2729	5020	15369
金属制品业	33	228918			6472	30705
通用设备制造业	34	186793		635	5912	42520
专用设备制造业	35	161292		2946	5808	25161

时间分组的法人单位从业人员数

2001年	2002年	2003年	2004年	2005年	2006年	2007年	代码
451309	**555483**	**700260**	**614395**	**747900**	**688481**	**569723**	00
101	**91**	**230**	**170**	**234**	**213**	**287**	A
							01
							02
							03
							04
101	91	230	170	234	213	287	05
2507	**1295**	**8161**	**6424**	**4029**	**3722**	**2757**	B
	74	6445	3661	1939	1044	596	06
							07
493	162	308	725	402	628	424	08
443	315	81	1056	357	685	263	09
1571	744	1308	982	1331	1365	1466	10
		19					11
						8	12
192353	**244461**	**303618**	**275561**	**241518**	**278470**	**213683**	C
9485	7238	27121	10194	9884	9556	14563	13
9971	9418	4045	10927	6450	8463	7466	14
3663	4113	3372	4740	3052	4616	5609	15
		708					16
8895	21012	23099	15180	11334	18670	7083	17
27356	22204	30928	28074	23331	46323	16218	18
24869	36453	50310	47141	34660	25223	28618	19
3832	5142	7963	9822	8397	8731	9171	20
4207	2592	5947	3518	3716	3786	5037	21
2754	4502	5696	5807	7240	9287	4946	22
2134	3288	7591	3742	3373	3226	1746	23
10966	11285	10753	19006	17512	14031	16435	24
269	2436	146	131	1144	391	2687	25
9509	7006	6269	5343	5709	9386	7169	26
2632	2085	1604	1967	1094	813	1239	27
923	1099	8702	1029	2705	3193	2053	28
9664	11089	9026	12789	11372	11982	7924	29
10973	18906	18950	20559	16060	21837	19575	30
3201	1448	4346	616	12202	3370	2494	31
947	1689	1809	1196	1130	866	1261	32
5979	6495	13750	13850	7445	15147	6952	33
7456	6458	7070	8871	6279	7368	7637	34
6169	6183	7024	11267	6286	6919	6050	35

1-14 续表 1

行业大类	代码	从业人员数（人）	1949年以前	1950-1977年	1978-1991年	1992-2000年
汽车制造业	36	122196			9192	31726
铁路、船舶、航空航天和其他运输设备制造业	37	40477		346	3151	7664
电气机械和器材制造业	38	242528		1796	8433	48772
计算机、通信和其他电子设备制造业	39	332990			13230	63739
仪器仪表制造业	40	37700		59	285	6359
其他制造业	41	67805			6069	11032
废弃资源综合利用业	42	9348				496
金属制品、机械和设备修理业	43	19419		16	175	6414
电力、热力、燃气及水生产和供应业	D	**172844**	**334**	**3003**	**8742**	**89159**
电力、热力生产和供应业	44	138466	4	980	4975	84524
燃气生产和供应业	45	8100			785	169
水的生产和供应业	46	26278	330	2023	2982	4466
建筑业	E	**4492433**		**459159**	**164353**	**777623**
房屋建筑业	47	2815583		419788	123447	540341
土木工程建筑业	48	815846		38912	28632	144610
建筑安装业	49	109945		435	4270	37764
建筑装饰、装修和其他建筑业	50	751059		24	8004	54908
批发和零售业	F	**1874011**	**50**	**4348**	**28508**	**89876**
批发业	51	1089940	35	2295	23098	57218
零售业	52	784071	15	2053	5410	32658
交通运输、仓储和邮政业	G	**447501**	**1097**	**9530**	**42639**	**51983**
铁路运输业	53	68				
道路运输业	54	254546	98	3760	19502	21984
水上运输业	55	32612		1644	1859	4474
航空运输业	56	28995			19918	319
管道运输业	57	147				
多式联运和运输代理业	58	49803			232	5195
装卸搬运和仓储业	59	34463	8	772	1108	4059
邮政业	60	46867	991	3354	20	15952
住宿和餐饮业	H	**257111**		**2029**	**7189**	**39931**
住宿业	61	122400		2005	6656	12857
餐饮业	62	134711		24	533	27074
信息传输、软件和信息技术服务业	I	**400120**		**208**	**6030**	**31999**
电信、广播电视和卫星传输服务	63	57022		200	3613	15566
互联网和相关服务	64	71267			84	1394
软件和信息技术服务业	65	271831		8	2333	15039
金融业	J	**14618**			**68**	**732**
货币金融服务	66	6793			12	279
资本市场服务	67	3100			3	38
保险业	68	223				
其他金融业	69	4502			53	415

2001年	2002年	2003年	2004年	2005年	2006年	2007年	代码
3101	4582	13324	7803	5879	6300	8674	36
726	2799	1052	1046	4736	2361	1571	37
7485	15205	8403	8906	6708	8030	7746	38
10148	18514	14216	17314	16394	23201	10773	39
2568	2984	5395	1088	2452	2261	904	40
2020	7698	4715	2684	4098	2186	1094	41
319	176	49	277	168	539	326	42
132	362	235	674	708	408	662	43
2903	**5472**	**10819**	**4758**	**5270**	**3941**	**4004**	**D**
2400	4419	7581	4227	2780	3184	2237	44
378	309	1113	36	397	453	1116	45
125	744	2125	495	2093	304	651	46
139901	**169768**	**206625**	**168579**	**345584**	**243479**	**171924**	**E**
82008	137262	126080	118221	198666	85655	100447	47
32945	12455	37606	28149	95890	24058	25713	48
4685	8523	4662	4563	3167	2478	1746	49
20263	11528	38277	17646	47861	131288	44018	50
31678	**29906**	**31013**	**34895**	**38876**	**40691**	**48065**	**F**
12498	14475	18963	21344	20517	23922	26738	51
19180	15431	12050	13551	18359	16769	21327	52
14984	**10468**	**21970**	**10467**	**18519**	**18024**	**12854**	**G**
			68				53
9320	5872	11853	6395	8678	13447	6469	54
1287	2091	841	951	2898	797	744	55
148	245	5259	36	201		32	56
		27					57
1283	1508	1864	1858	1693	1550	2318	58
1504	716	1997	1027	1564	1893	2032	59
1442	36	129	132	3485	337	1259	60
2977	**3093**	**5229**	**6007**	**6764**	**6894**	**6239**	**H**
2378	2203	4145	4420	5404	4764	4132	61
599	890	1084	1587	1360	2130	2107	62
7742	**7491**	**14313**	**4352**	**8490**	**14780**	**6536**	**I**
1429	813	8582	209	252	8659	256	63
338	1630	358	760	729	1005	899	64
5975	5048	5373	3383	7509	5116	5381	65
189	**222**	**83**	**138**	**152**	**197**	**266**	**J**
103	165	46	37	121	115	94	66
23	17	8	20	9	7	57	67
					36		68
63	40	29	81	22	39	115	69

1-14 续表 2

行业大类	代码	从业人员数(人)	1949年以前	1950-1977年	1978-1991年	1992-2000年
房地产业	K	**381374**		**751**	**8373**	**71408**
房地产业	70	381374		751	8373	71408
租赁和商务服务业	L	**821895**	**366**	**1879**	**30377**	**38336**
租赁业	71	52019			66	791
商务服务业	72	769876	366	1879	30311	37545
科学研究和技术服务业	M	**311447**	**199**	**10315**	**11272**	**31962**
研究和试验发展	73	28319		1989	1116	1297
专业技术服务业	74	212407	179	6240	9208	29044
科技推广和应用服务业	75	70721	20	2086	948	1621
水利、环境和公共设施管理业	N	**107657**	**414**	**3786**	**6796**	**10151**
水利管理业	76	6349	72	1210	1563	533
生态保护和环境治理业	77	8747		701	274	1157
公共设施管理业	78	90510	342	1875	4863	7961
土地管理业	79	2051			96	500
居民服务、修理和其他服务业	O	**208740**		**788**	**1655**	**14095**
居民服务业	80	95552		394	955	5793
机动车、电子产品和日用产品修理业	81	56109		20	590	2417
其他服务业	82	57079		374	110	5885
教育	P	**710774**	**84833**	**105743**	**82257**	**70502**
教育	83	710774	84833	105743	82257	70502
卫生和社会工作	Q	**290045**	**54655**	**53595**	**47808**	**17021**
卫生	84	275123	54628	53046	46619	16145
社会工作	85	14922	27	549	1189	876
文化、体育和娱乐业	R	**184378**	**1645**	**3867**	**7387**	**7700**
新闻和出版业	86	7017	944	69	1764	1689
广播、电视、电影和录音制作业	87	23594	24	257	1680	1006
文化艺术业	88	50169	677	3399	3170	2484
体育	89	20638			725	982
娱乐业	90	82960		142	48	1539
公共管理、社会保障和社会组织	S	**730312**	**43006**	**90996**	**185267**	**94201**
中国共产党机关	91	28148	1817	8723	7148	3103
国家机构	92	453915	34438	64008	107004	60004
人民政协、民主党派	93	3392	264	822	1096	513
社会保障	94	3629	15	36	599	1224
群众团体、社会团体和其他成员组织	95	98214	4472	6119	18942	19268
基层群众自治组织	96	143014	2000	11288	50478	10089

2001年	2002年	2003年	2004年	2005年	2006年	2007年	代码
11527	**7461**	**14868**	**11385**	**19218**	**14243**	**15430**	K
11527	7461	14868	11385	19218	14243	15430	70
10608	**9355**	**16342**	**43975**	**14629**	**12870**	**24407**	L
242	126	244	408	447	599	1946	71
10366	9229	16098	43567	14182	12271	22461	72
7277	**6589**	**8529**	**8570**	**7430**	**6744**	**5247**	M
40	248	92	228	242	327	224	73
6925	5715	8166	7767	6538	5777	4314	74
312	626	271	575	650	640	709	75
1923	**2977**	**1691**	**2162**	**2516**	**2836**	**1292**	N
92	41	93	85	244	352	58	76
70	181	252	156	114	145	50	77
1721	2712	1303	1773	2024	2219	1150	78
40	43	43	148	134	120	34	79
2000	**3822**	**4443**	**2403**	**2431**	**3769**	**5409**	O
649	2132	899	1495	988	1537	1237	80
1165	1122	950	792	1059	1365	899	81
186	568	2594	116	384	867	3273	82
9864	**19182**	**24959**	**15652**	**17157**	**14302**	**13739**	P
9864	19182	24959	15652	17157	14302	13739	83
1863	**4085**	**7392**	**3831**	**4604**	**4358**	**3241**	Q
1738	3973	7163	3773	4427	4233	3025	84
125	112	229	58	177	125	216	85
1310	**1997**	**1946**	**4883**	**2138**	**3815**	**4552**	R
88	36	73	72	145	519	58	86
54	92	30	2758	83	324	696	87
438	537	393	565	198	445	315	88
131	72	168	263	155	92	634	89
599	1260	1282	1225	1557	2435	2849	90
9602	**27748**	**18029**	**10183**	**8341**	**15133**	**29791**	S
303	2761	466	152	93	57	96	91
5234	19661	11554	6661	4201	6015	7629	92
13	26	64	3	3	7	20	93
31	74	58	161	274	10	31	94
1955	1951	2124	1766	2319	1874	2049	95
2066	3275	3763	1440	1451	7170	19966	96

1-14 续表 3

行业大类	代码	2008年	2009年	2010年	2011年
总　　计	00	**614704**	**499798**	**591377**	**717553**
农、林、牧、渔业	A	**1092**	**1506**	**1460**	**1327**
农业	01				
林业	02				
畜牧业	03				
渔业	04				
农、林、牧、渔专业及辅助性活动	05	1092	1506	1460	1327
采矿业	B	**3496**	**2063**	**3549**	**1672**
煤炭开采和洗选业	06	1486	6	1367	198
石油和天然气开采业	07				
黑色金属矿采选业	08	842	648	184	338
有色金属矿采选业	09	225	118	142	124
非金属矿采选业	10	943	1257	1850	985
开采专业及辅助性活动	11		34	6	2
其他采矿业	12				25
制造业	C	**189012**	**178376**	**256359**	**263726**
农副食品加工业	13	10016	8056	11593	11969
食品制造业	14	4283	8888	5401	6019
酒、饮料和精制茶制造业	15	3728	4287	7058	5129
烟草制品业	16				
纺织业	17	9295	6256	15153	13697
纺织服装、服饰业	18	13145	16081	18507	19067
皮革、毛皮、羽毛及其制品和制鞋业	19	13302	19262	27397	17725
木材加工和木、竹、藤、棕、草制品业	20	9095	8028	8408	4200
家具制造业	21	3659	3922	6237	5277
造纸和纸制品业	22	3620	2719	9835	4705
印刷和记录媒介复制业	23	2447	1591	3110	1646
文教、工美、体育和娱乐用品制造业	24	7695	13273	18010	13264
石油、煤炭及其他燃料加工业	25	281	16	62	399
化学原料和化学制品制造业	26	8371	5622	5987	4412
医药制造业	27	1177	301	902	1588
化学纤维制造业	28	891	58	7354	1665
橡胶和塑料制品业	29	8357	9737	11068	11853
非金属矿物制品业	30	13929	15825	36620	26721
黑色金属冶炼和压延加工业	31	1074	4962	1001	834
有色金属冶炼和压延加工业	32	5267	1671	803	11779
金属制品业	33	6966	9285	12475	10199
通用设备制造业	34	5250	9381	6184	10214
专用设备制造业	35	5132	5802	9439	6840

2012年	2013年	2014年	2015年	2016年	2017年	2018年	无开业年份	代码
670720	**595450**	**769944**	**791681**	**981505**	**1069295**	**817191**	**926**	00
2224	**3855**	**2361**	**2501**	**2862**	**4247**	**2849**	**5**	A
								01
								02
								03
								04
2224	3855	2361	2501	2862	4247	2849	5	05
2319	**936**	**2074**	**911**	**1096**	**915**	**543**		B
478	41	322	34	75		1		06
								07
160	251	99	31	20	22	38		08
57	17	268	78	108	35	60		09
1550	598	1338	768	862	841	414		10
62	29	27		18	17	29		11
12		20		13		1		12
186487	**169412**	**214595**	**207106**	**209728**	**212040**	**141578**	**264**	C
14014	9297	8742	8442	7882	6885	4590	5	13
10370	5229	11802	5692	5420	6064	4118	10	14
6814	6445	5126	4291	4017	3539	2518	11	15
		83		2				16
12042	7792	9674	8138	8487	8213	6439	5	17
18293	17291	17776	23272	29805	28143	17807		18
16520	16118	24016	25247	24866	33306	25847	8	19
3951	4807	7347	8505	8183	9166	6668	9	20
4318	2578	5672	3872	6128	7210	5460	1	21
3440	5086	4296	5304	3776	5110	3248		22
3000	2175	2260	1670	2351	2509	1960		23
13500	10372	11295	10619	11980	10163	8243		24
377	74	2315	265	344	186	319		25
4248	3582	4424	4463	5047	4929	2473	8	26
1147	1301	1091	935	931	1406	426		27
903	768	106	964	285	1186	342		28
7553	10911	9974	8424	7315	8785	5528	10	29
18683	20585	17659	15263	14202	17741	9877	4	30
412	1289	3248	2890	1471	863	859		31
761	336	4324	2109	1392	1501	963		32
11686	8375	13887	12106	14807	13834	8493	10	33
7338	6643	7873	8627	10457	8213	6324	83	34
5223	6022	7581	7174	9758	9333	5167	8	35

1-14 续表 4

行业大类	代码	2008年	2009年	2010年	2011年
汽车制造业	36	4422	3591	6156	3426
铁路、船舶、航空航天和其他运输设备制造业	37	2109	1886	2643	1055
电气机械和器材制造业	38	33017	6155	6529	27223
计算机、通信和其他电子设备制造业	39	10339	8939	12998	36741
仪器仪表制造业	40	707	856	1429	1987
其他制造业	41	597	1135	2893	3212
废弃资源综合利用业	42	517	157	710	362
金属制品、机械和设备修理业	43	324	634	397	518
电力、热力、燃气及水生产和供应业	**D**	**2500**	**2755**	**2671**	**2199**
电力、热力生产和供应业	44	1537	990	1066	808
燃气生产和供应业	45	57	794	346	461
水的生产和供应业	46	906	971	1259	930
建筑业	**E**	**263989**	**138522**	**104967**	**202441**
房屋建筑业	47	162107	89179	37948	115675
土木工程建筑业	48	35389	29647	35566	45994
建筑安装业	49	1540	2907	2128	3365
建筑装饰、装修和其他建筑业	50	64953	16789	29325	37407
批发和零售业	**F**	**45378**	**56610**	**74069**	**84275**
批发业	51	27679	35936	46586	48927
零售业	52	17699	20674	27483	35348
交通运输、仓储和邮政业	**G**	**13372**	**14725**	**18539**	**16667**
铁路运输业	53				
道路运输业	54	6570	9916	11105	11374
水上运输业	55	1617	1205	1121	861
航空运输业	56	53	39	87	62
管道运输业	57	57			47
多式联运和运输代理业	58	1256	1932	2819	1965
装卸搬运和仓储业	59	1858	951	1331	1233
邮政业	60	1961	682	2076	1125
住宿和餐饮业	**H**	**10503**	**12958**	**12592**	**14292**
住宿业	61	3796	8757	7625	9192
餐饮业	62	6707	4201	4967	5100
信息传输、软件和信息技术服务业	**I**	**7227**	**5270**	**10402**	**22011**
电信、广播电视和卫星传输服务	63	1132	349	204	10459
互联网和相关服务	64	347	744	1772	1428
软件和信息技术服务业	65	5748	4177	8426	10124
金融业	**J**	**332**	**538**	**842**	**713**
货币金融服务	66	239	234	473	399
资本市场服务	67	13	76	132	132
保险业	68				
其他金融业	69	80	228	237	182

2012年	2013年	2014年	2015年	2016年	2017年	2018年	无开业年份	代码
1543	1384	2731	3589	2200	1515	1053	5	36
1558	1090	1200	990	1662	446	382	4	37
6447	5589	8481	9727	6043	7136	4647	50	38
5540	8729	16660	18681	15082	7817	3905	30	39
1293	1349	1288	1557	1051	1160	668		40
2577	2899	2061	2728	3230	2957	1917	3	41
607	408	674	595	815	1607	546		42
2329	888	929	967	739	1117	791		43
6917	**2502**	**3785**	**3571**	**3302**	**2705**	**1530**	**2**	**D**
5663	1035	3006	2199	1831	2051	969		44
242	205	161	412	480	107	77	2	45
1012	1262	618	960	991	547	484		46
193669	**122407**	**133932**	**92226**	**163053**	**165311**	**64866**	**55**	**E**
96208	67119	87450	40728	80107	78549	28593	5	47
55782	26704	20498	25043	23624	38685	9943	1	48
2321	3631	4121	2883	3856	7240	3660		49
39358	24953	21863	23572	55466	40837	22670	49	50
86184	**103801**	**153548**	**180713**	**223723**	**257520**	**229969**	**315**	**F**
53448	58408	90771	101868	125097	152822	127126	169	51
32736	45393	62777	78845	98626	104698	102843	146	52
15144	**18608**	**25994**	**23036**	**31124**	**31789**	**25936**	**32**	**G**
								53
9524	11571	14565	14206	19803	21180	17327	27	54
1503	1255	1342	1110	1201	1709	2102		55
1017	32	1305	103	12	105	22		56
6		10						57
1433	2278	3490	3500	4580	5231	3818		58
807	1465	2242	1598	2677	1902	1714	5	59
854	2007	3040	2519	2851	1662	953		60
13451	**11655**	**20383**	**15773**	**17841**	**21593**	**19671**	**47**	**H**
6631	5193	9638	6064	5614	6760	4158	8	61
6820	6462	10745	9709	12227	14833	15513	39	62
14755	**17485**	**33135**	**36300**	**45056**	**52673**	**53807**	**58**	**I**
441	888	547	1212	770	691	750		63
2082	2885	11018	8065	12577	10810	12293	49	64
12232	13712	21570	27023	31709	41172	40764	9	65
467	**1136**	**1422**	**2044**	**1291**	**2073**	**1713**		**J**
288	647	691	696	458	1049	647		66
95	347	371	522	326	466	438		67
7	1			74	50	55		68
77	141	360	826	433	508	573		69

1-14 续表 5

行业大类	代码	2008年	2009年	2010年	2011年
房地产业	K	**10060**	**13729**	**18512**	**21290**
房地产业	70	10060	13729	18512	21290
租赁和商务服务业	L	**20799**	**25702**	**22156**	**24173**
租赁业	71	976	1097	1737	2053
商务服务业	72	19823	24605	20419	22120
科学研究和技术服务业	M	**6252**	**6757**	**9029**	**9593**
研究和试验发展	73	370	930	1111	790
专业技术服务业	74	4839	4511	6536	6972
科技推广和应用服务业	75	1043	1316	1382	1831
水利、环境和公共设施管理业	N	**3716**	**2191**	**2484**	**3245**
水利管理业	76	163	74	57	55
生态保护和环境治理业	77	173	297	313	111
公共设施管理业	78	3355	1750	2093	2920
土地管理业	79	25	70	21	159
居民服务、修理和其他服务业	O	**5280**	**4449**	**15224**	**9942**
居民服务业	80	1896	1872	12053	3198
机动车、电子产品和日用产品修理业	81	1320	1654	1771	2302
其他服务业	82	2064	923	1400	4442
教育	P	**14211**	**17126**	**16813**	**16968**
教育	83	14211	17126	16813	16968
卫生和社会工作	Q	**5583**	**3973**	**6299**	**4013**
卫生	84	5340	3420	5939	3487
社会工作	85	243	553	360	526
文化、体育和娱乐业	R	**2441**	**3870**	**5643**	**6102**
新闻和出版业	86	47	105	145	175
广播、电视、电影和录音制作业	87	274	450	619	397
文化艺术业	88	529	1095	732	1953
体育	89	323	362	250	1054
娱乐业	90	1268	1858	3897	2523
公共管理、社会保障和社会组织	S	**9461**	**8678**	**9767**	**12904**
中国共产党机关	91	219	24	392	104
国家机构	92	5467	3961	6237	8885
人民政协、民主党派	93	2	37	1	32
社会保障	94	26	30	56	119
群众团体、社会团体和其他成员组织	95	2439	1657	2556	3094
基层群众自治组织	96	1308	2969	525	670

2012年	2013年	2014年	2015年	2016年	2017年	2018年	无开业年份	代码
16081	**24148**	**17922**	**17116**	**19024**	**27791**	**21033**	**4**	K
16081	24148	17922	17116	19024	27791	21033	4	70
33255	**39627**	**70105**	**81162**	**94765**	**117312**	**89647**	**48**	L
2296	2598	4174	6928	6432	9019	9829	11	71
30959	37029	65931	74234	88333	108293	79818	37	72
12309	**12095**	**18300**	**22710**	**32205**	**41287**	**36766**	**10**	M
1254	1577	2076	2766	3851	4326	3461	4	73
8807	8099	11383	13396	18077	20172	19741	1	74
2248	2419	4841	6548	10277	16789	13564	5	75
3567	**12234**	**3754**	**5937**	**10348**	**14868**	**8755**	**14**	N
227	157	179	257	338	287	212		76
371	254	339	340	1243	1460	744	2	77
2918	11734	3166	5244	8485	13109	7781	12	78
51	89	70	96	282	12	18		79
7270	**8826**	**17983**	**17089**	**24846**	**24446**	**32561**	**9**	O
3665	3437	9499	7216	12570	12424	11643		80
1973	2399	5789	6463	8130	7753	6171	5	81
1632	2990	2695	3410	4146	4269	14747	4	82
33057	**19817**	**18931**	**24117**	**37171**	**31605**	**22754**	**14**	P
33057	19817	18931	24117	37171	31605	22754	14	83
10387	**6866**	**5475**	**8873**	**11346**	**15927**	**8850**		Q
9908	5964	4280	7660	9501	13604	7250		84
479	902	1195	1213	1845	2323	1600		85
8050	**8154**	**15901**	**18499**	**24435**	**27921**	**22103**	**19**	R
170	109	308	55	231	149	66		86
864	538	2491	2923	2909	3063	2062		87
1851	1719	3287	4470	6603	8423	6883	3	88
951	657	1277	1950	3205	4257	3127	3	89
4214	5131	8538	9101	11487	12029	9965	13	90
25127	**11886**	**10344**	**31997**	**28289**	**17272**	**32260**	**30**	S
151	347	187	76	1204	435	290		91
16872	6794	5957	19078	21584	11033	21631	7	92
67	2			256	144	20		93
34	17	39	40	64	691			94
3605	3051	3066	2838	4113	3464	5474	18	95
4398	1675	1095	9965	1068	1505	4845	5	96

1-15 按地区、从业人员组距分组的法人单位数

地 区	法人单位数(个)	7人及以下	8-19人	20-49人	50-99人	100-299人	300-499人	500-999人	1000-4999人	5000-9999人	10000人及以上
全 省	**702826**	**421416**	**170878**	**69177**	**21114**	**13552**	**3001**	**2101**	**1327**	**170**	**90**
福 州	131501	74610	33289	15290	3974	2708	640	522	385	51	32
#平潭	5800	4287	819	333	193	128	18	12	9		1
厦 门	146551	100802	27597	11067	3577	2243	524	368	293	58	22
莆 田	45025	22698	15314	4809	1098	695	163	146	86	13	3
三 明	36442	24774	6084	2857	1570	886	131	87	48	3	2
泉 州	169712	93537	47760	18790	4748	3237	824	500	276	23	17
漳 州	60325	30170	19407	6795	1937	1400	321	200	83	9	3
南 平	39280	28069	6159	2705	1301	810	125	79	30	1	1
龙 岩	37454	23143	7886	3663	1550	836	140	133	85	10	8
宁 德	36536	23613	7382	3201	1359	737	133	66	41	2	2

1-16 按地区、从业人员组距分组的法人单位从业人员数

地区	从业人员数(人)	7人及以下	8-19人	20-49人	50-99人	100-299人	300-499人	500-999人	1000-4999人	5000-9999人	10000人及以上
全省	**16790336**	**1279523**	**2026273**	**2019248**	**1442033**	**2230219**	**1114306**	**1387329**	**2551595**	**1113977**	**1625833**
福州	4121075	206852	400064	444610	269611	446851	234611	346375	762000	327733	682368
#平潭	106301	9134	9385	10255	13197	20977	5822	7748	19295		10488
厦门	3321794	278782	322379	325838	245562	363738	197488	249129	614220	401118	323540
莆田	1052691	83163	179629	135064	73942	116805	61378	92867	171851	87589	50403
三明	722569	73137	70820	88095	107766	146071	46876	54456	79222	18074	38052
泉州	3887610	319571	574024	540303	324457	545279	310860	337959	507217	155207	272733
漳州	1438269	106879	229875	195950	133921	234317	119100	129226	136371	64831	87799
南平	595581	70669	70799	82118	89034	130313	43888	49030	49542		10188
龙岩	984885	71927	92460	111328	105076	131447	51397	86796	161373	52655	120426
宁德	665862	68543	86223	95942	92664	115398	48708	41491	69799	6770	40324

1-17 按行业(大类)、从业人员

行业大类	代码	法人单位数(个)	7人及以下	8-19人	20-49人
总　计	00	**702826**	**421416**	**170878**	**69177**
农、林、牧、渔业	A	**4332**	**3158**	**991**	**149**
农业	01	10	10		
林业	02	5	5		
畜牧业	03	1	1		
渔业	04	3	3		
农、林、牧、渔专业及辅助性活动	05	4313	3139	991	149
采矿业	B	**1567**	**660**	**358**	**264**
煤炭开采和洗选业	06	142	40	18	14
石油和天然气开采业	07				
黑色金属矿采选业	08	227	92	39	46
有色金属矿采选业	09	173	71	38	26
非金属矿采选业	10	977	428	248	174
开采专业及辅助性活动	11	37	23	12	2
其他采矿业	12	11	6	3	2
制造业	C	**116023**	**44641**	**33772**	**20540**
农副食品加工业	13	4988	2005	1290	774
食品制造业	14	3462	1273	1001	565
酒、饮料和精制茶制造业	15	4458	2574	1049	430
烟草制品业	16	10	3		
纺织业	17	4570	1435	1295	925
纺织服装、服饰业	18	8683	2250	2451	2123
皮革、毛皮、羽毛及其制品和制鞋业	19	9291	1994	3077	2543
木材加工和木、竹、藤、棕、草制品业	20	4556	1725	1298	856
家具制造业	21	3303	1543	933	471
造纸和纸制品业	22	3233	1163	1061	588
印刷和记录媒介复制业	23	2802	1118	929	477
文教、工美、体育和娱乐用品制造业	24	7473	2986	2079	1359
石油、煤炭及其他燃料加工业	25	236	110	71	30
化学原料和化学制品制造业	26	3265	1262	872	596
医药制造业	27	600	231	126	91
化学纤维制造业	28	226	50	36	42
橡胶和塑料制品业	29	6044	2185	1960	1097
非金属矿物制品业	30	13527	6136	3718	1996
黑色金属冶炼和压延加工业	31	468	188	107	72
有色金属冶炼和压延加工业	32	600	234	159	97
金属制品业	33	8859	3739	2932	1350
通用设备制造业	34	6306	2659	2065	974
专用设备制造业	35	5652	2361	1773	932

组距分组的法人单位数

50-99人	100-299人	300-499人	500-999人	1000-4999人	5000-9999人	10000人及以上	代码
21114	**13552**	**3001**	**2101**	**1327**	**170**	**90**	**00**
26	**7**	**1**					**A**
							01
							02
							03
							04
26	7	1					05
139	**112**	**19**	**10**	**5**			**B**
10	45	7	4	4			06
							07
25	20	2	3				08
26	9	2	1				09
78	38	8	2	1			10
							11
							12
7738	**6193**	**1598**	**1036**	**468**	**31**	**6**	**C**
401	362	82	54	19		1	13
238	253	70	45	16	1		14
175	145	44	31	9	1		15
1		2	1	3			16
376	323	112	71	33			17
926	636	140	105	50	2		18
617	569	222	177	87	4	1	19
374	244	44	12	3			20
169	131	33	17	6			21
193	153	45	21	9			22
152	97	15	9	5			23
431	427	105	61	24	1		24
12	8		1	4			25
276	189	36	27	7			26
62	59	13	17	1			27
27	36	17	10	8			28
379	295	76	43	7	1	1	29
824	565	178	81	26	3		30
41	29	11	7	10	3		31
46	34	5	8	16	1		32
458	290	59	22	8	1		33
299	228	39	28	13	1		34
285	235	36	20	10			35

1-17 续表 1

行业大类	代码	法人单位数（个）	7人及以下	8-19人	20-49人
汽车制造业	36	1634	583	400	271
铁路、船舶、航空航天和其他运输设备制造业	37	769	304	193	99
电气机械和器材制造业	38	3951	1698	1014	608
计算机、通信和其他电子设备制造业	39	3173	1180	797	500
仪器仪表制造业	40	885	324	244	154
其他制造业	41	1526	472	470	359
废弃资源综合利用业	42	498	224	148	82
金属制品、机械和设备修理业	43	975	632	224	79
电力、热力、燃气及水生产和供应业	**D**	**6582**	**4338**	**1333**	**569**
电力、热力生产和供应业	44	5398	3798	1021	384
燃气生产和供应业	45	153	45	41	32
水的生产和供应业	46	1031	495	271	153
建筑业	**E**	**32300**	**15359**	**7411**	**4721**
房屋建筑业	47	9131	3500	1877	1412
土木工程建筑业	48	6641	2758	1542	1059
建筑安装业	49	3148	1614	729	487
建筑装饰、装修和其他建筑业	50	13380	7487	3263	1763
批发和零售业	**F**	**236338**	**168627**	**53453**	**11458**
批发业	51	132933	89289	34307	7870
零售业	52	103405	79338	19146	3588
交通运输、仓储和邮政业	**G**	**16714**	**7486**	**4947**	**2966**
铁路运输业	53	14	3	2	3
道路运输业	54	9664	4136	2965	1810
水上运输业	55	977	442	208	159
航空运输业	56	92	49	17	12
管道运输业	57	7	1	2	4
多式联运和运输代理业	58	3457	1809	1026	483
装卸搬运和仓储业	59	1551	688	462	268
邮政业	60	952	358	265	227
住宿和餐饮业	**H**	**12861**	**6873**	**3679**	**1420**
住宿业	61	4587	2207	1243	615
餐饮业	62	8274	4666	2436	805
信息传输、软件和信息技术服务业	**I**	**32791**	**21850**	**7315**	**2758**
电信、广播电视和卫星传输服务	63	745	424	163	77
互联网和相关服务	64	6241	4205	1332	519
软件和信息技术服务业	65	25805	17221	5820	2162
金融业	**J**	**3347**	**1866**	**558**	**333**
货币金融服务	66	1178	507	215	189
资本市场服务	67	1192	941	186	47
保险业	68	479	89	46	59
其他金融业	69	498	329	111	38

50-99人	100-299人	300-499人	500-999人	1000-4999人	5000-9999人	10000人及以上	代码
146	163	32	23	14	2		36
82	62	16	10	3			37
278	221	59	49	21	1	2	38
231	274	72	66	43	9	1	39
77	62	16	6	2			40
118	71	15	12	9			41
25	19						42
19	13	4	2	2			43
180	**123**	**16**	**14**	**8**		**1**	**D**
98	75	7	8	6		1	44
18	11	2	3	1			45
64	37	7	3	1			46
1709	**1495**	**483**	**443**	**491**	**112**	**76**	**E**
713	697	262	244	300	68	58	47
460	445	138	107	104	18	10	48
160	96	26	19	17			49
376	257	57	73	70	26	8	50
1923	**671**	**102**	**64**	**36**	**4**		**F**
1059	316	44	31	16	1		51
864	355	58	33	20	3		52
782	**378**	**65**	**51**	**36**	**2**	**1**	**G**
6							53
457	201	37	36	20	2		54
89	67	7	4	1			55
3	4	2	1	3		1	56
							57
87	42	7	2	1			58
80	40	8	4	1			59
60	24	4	4	10			60
464	**335**	**73**	**11**	**4**	**2**		**H**
229	228	59	6				61
235	107	14	5	4	2		62
530	**233**	**41**	**38**	**24**	**2**		**I**
33	17	5	15	9	2		63
126	43	8	6	2			64
371	173	28	17	13			65
127	**194**	**87**	**89**	**76**	**13**	**4**	**J**
56	96	42	45	27	1		66
7	6	2	1	1	1		67
50	89	42	41	48	11	4	68
14	3	1	2				69

1-17 续表 2

行业大类	代码	法人单位数（个）			
			7人及以下	8-19人	20-49人
房地产业	**K**	**18144**	**8815**	**4925**	**3067**
房地产业	70	18144	8815	4925	3067
租赁和商务服务业	**L**	**69411**	**45862**	**15997**	**6051**
租赁业	71	5081	3162	1285	529
商务服务业	72	64330	42700	14712	5522
科学研究和技术服务业	**M**	**27310**	**16843**	**6984**	**2685**
研究和试验发展	73	3100	2071	712	253
专业技术服务业	74	14519	8074	4049	1768
科技推广和应用服务业	75	9691	6698	2223	664
水利、环境和公共设施管理业	**N**	**4849**	**2649**	**1186**	**638**
水利管理业	76	607	384	125	74
生态保护和环境治理业	77	679	397	174	71
公共设施管理业	78	3361	1732	858	467
土地管理业	79	202	136	29	26
居民服务、修理和其他服务业	**O**	**15468**	**9324**	**4155**	**1543**
居民服务业	80	6811	4128	1709	714
机动车、电子产品和日用产品修理业	81	6370	3912	1835	558
其他服务业	82	2287	1284	611	271
教育	**P**	**20876**	**7839**	**5265**	**4123**
教育	83	20876	7839	5265	4123
卫生和社会工作	**Q**	**6262**	**3018**	**1148**	**1091**
卫生	84	4775	2057	828	942
社会工作	85	1487	961	320	149
文化、体育和娱乐业	**R**	**19022**	**12419**	**4428**	**1706**
新闻和出版业	86	261	134	57	37
广播、电视、电影和录音制作业	87	1591	901	426	192
文化艺术业	88	5837	4003	1233	476
体育	89	2313	1618	475	159
娱乐业	90	9020	5763	2237	842
公共管理、社会保障和社会组织	**S**	**58629**	**39789**	**12973**	**3095**
中国共产党机关	91	1566	736	465	258
国家机构	92	14734	7933	2161	2060
人民政协、民主党派	93	274	155	51	59
社会保障	94	248	88	136	18
群众团体、社会团体和其他成员组织	95	24546	21035	3109	355
基层群众自治组织	96	17261	9842	7051	345

50-99人	100-299人	300-499人	500-999人	1000-4999人	5000-9999人	10000人及以上	代码
866	**347**	**55**	**48**	**21**			K
866	347	55	48	21			70
1019	**279**	**79**	**69**	**52**	**2**	**1**	L
81	18	2	4				71
938	261	77	65	52	2	1	72
512	**223**	**36**	**22**	**5**			M
46	16	1		1			73
374	195	34	21	4			74
92	12	1	1				75
202	**123**	**28**	**17**	**6**			N
18	6						76
24	13						77
151	102	28	17	6			78
9	2						79
307	**98**	**21**	**10**	**8**	**1**	**1**	O
189	57	8	1	4	1		80
53	10	2					81
65	31	11	9	4		1	82
1975	**1468**	**147**	**38**	**20**	**1**		P
1975	1468	147	38	20	1		83
577	**253**	**64**	**68**	**43**			Q
530	243	64	68	43			84
47	10						85
364	**85**	**12**	**7**	**1**			R
18	11	2	2				86
52	15	2	2	1			87
104	17	3	1				88
40	19	2					89
150	23	3	2				90
1674	**935**	**74**	**66**	**23**			S
91	13	2		1			91
1521	903	69	66	21			92
8	1						93
	6						94
33	10	3		1			95
21	2						96

1-18 按行业(大类)、从业人员

行业大类	代码	从业人员数(人)			
			7人及以下	8-19人	20-49人
总　计	00	**16790336**	**1279523**	**2026273**	**2019248**
农、林、牧、渔业	A	**28684**	**10067**	**11610**	**4056**
农业	01				
林业	02				
畜牧业	03				
渔业	04				
农、林、牧、渔专业及辅助性活动	05	28684	10067	11610	4056
采矿业	B	**67110**	**1481**	**4363**	**7933**
煤炭开采和洗选业	06	23914	55	270	427
石油和天然气开采业	07				
黑色金属矿采选业	08	10455	190	451	1460
有色金属矿采选业	09	5968	154	447	818
非金属矿采选业	10	26451	1019	3019	5145
开采专业及辅助性活动	11	243	59	143	41
其他采矿业	12	79	4	33	42
制造业	C	**5289282**	**149707**	**418946**	**609427**
农副食品加工业	13	242378	6657	15513	23161
食品制造业	14	189039	4322	12270	16683
酒、饮料和精制茶制造业	15	133963	8725	12349	12842
烟草制品业	16	6032	2		
纺织业	17	285501	4285	16257	27840
纺织服装、服饰业	18	504814	6821	31653	64484
皮革、毛皮、羽毛及其制品和制鞋业	19	682484	5520	42262	73607
木材加工和木、竹、藤、棕、草制品业	20	143263	5357	16015	25837
家具制造业	21	96818	5479	11279	13752
造纸和纸制品业	22	121241	4122	13040	17294
印刷和记录媒介复制业	23	73362	4267	11496	13894
文教、工美、体育和娱乐用品制造业	24	306885	10920	25648	40379
石油、煤炭及其他燃料加工业	25	12570	337	881	804
化学原料和化学制品制造业	26	126459	3770	10743	18366
医药制造业	27	39039	539	1503	2804
化学纤维制造业	28	41585	138	431	1303
橡胶和塑料制品业	29	233026	7824	24266	31836
非金属矿物制品业	30	466798	20908	44928	59220
黑色金属冶炼和压延加工业	31	71637	533	1310	2264
有色金属冶炼和压延加工业	32	62922	756	1959	2982
金属制品业	33	228918	13526	35399	39086
通用设备制造业	34	186793	9291	25219	28275
专用设备制造业	35	161292	8392	21794	27488

组距分组的法人单位从业人员数

50-99人	100-299人	300-499人	500-999人	1000-4999人	5000-9999人	10000人及以上	代码
1442033	**2230219**	**1114306**	**1387329**	**2551595**	**1113977**	**1625833**	00
1661	**893**	**397**					A
							01
							02
							03
							04
1661	893	397					05
10118	**18841**	**6540**	**6596**	**11238**			B
725	7314	2308	2682	10133			06
							07
1853	3728	855	1918				08
1904	1494	616	535				09
5636	6305	2761	1461	1105			10
							11
							12
543461	**1063750**	**610928**	**711754**	**869431**	**218119**	**93759**	C
28798	62107	30220	37325	28409		10188	13
16802	44381	26543	30843	30637	6558		14
12251	25344	17247	21228	14061	9916		15
83		708	824	4415			16
26493	56970	43490	47952	62214			17
64947	106591	54014	74224	87588	14492		18
42230	98748	85529	122481	179766	21791	10550	19
26655	40380	16568	7599	4852			20
12276	22018	12546	11445	8023			21
13552	27145	17701	13664	14723			22
10564	15935	5407	5538	6261			23
30238	74079	39869	41272	38455	6025		24
870	1523		577	7578			25
19527	31943	14333	18997	8780			26
4392	10042	5064	12334	2361			27
1876	6465	6324	7547	17501			28
25986	50985	28182	29974	15935	5001	13037	29
57298	100453	68329	53502	42701	19459		30
2868	5215	4000	4154	24507	26786		31
3140	5833	1805	5356	34321	6770		32
31936	47832	22473	14738	18155	5773		33
21063	37628	15620	19032	23591	7074		34
20280	40079	13717	13436	16106			35

1-18 续表 1

行业大类	代码	从业人员数（人）	7人及以下	8-19人	20-49人
汽车制造业	36	122196	1724	4896	8212
铁路、船舶、航空航天和其他运输设备制造业	37	40477	1011	2205	3198
电气机械和器材制造业	38	242528	5219	12364	18439
计算机、通信和其他电子设备制造业	39	332990	3765	9877	14947
仪器仪表制造业	40	37700	1130	2992	4779
其他制造业	41	67805	1577	5897	11011
废弃资源综合利用业	42	9348	636	1867	2296
金属制品、机械和设备修理业	43	19419	2154	2633	2344
电力、热力、燃气及水生产和供应业	**D**	**172844**	**14309**	**15537**	**16547**
电力、热力生产和供应业	44	138466	12609	11665	11040
燃气生产和供应业	45	8100	104	487	1089
水的生产和供应业	46	26278	1596	3385	4418
建筑业	**E**	**4492433**	**45489**	**91098**	**138968**
房屋建筑业	47	2815583	9196	23361	42867
土木工程建筑业	48	815846	7663	18975	31295
建筑安装业	49	109945	5397	8902	14211
建筑装饰、装修和其他建筑业	50	751059	23233	39860	50595
批发和零售业	**F**	**1874011**	**538449**	**610912**	**315953**
批发业	51	1089940	280129	399127	216011
零售业	52	784071	258320	211785	99942
交通运输、仓储和邮政业	**G**	**447501**	**23646**	**60853**	**87819**
铁路运输业	53	68			
道路运输业	54	254546	13079	36879	53631
水上运输业	55	32612	1201	2527	4616
航空运输业	56	28995	135	199	380
管道运输业	57	147	6	26	115
多式联运和运输代理业	58	49803	6018	12214	14201
装卸搬运和仓储业	59	34463	1978	5777	8188
邮政业	60	46867	1229	3231	6688
住宿和餐饮业	**H**	**257111**	**22956**	**43276**	**41522**
住宿业	61	122400	7822	14817	18302
餐饮业	62	134711	15134	28459	23220
信息传输、软件和信息技术服务业	**I**	**400120**	**58049**	**87476**	**80533**
电信、广播电视和卫星传输服务	63	57022	925	2008	2275
互联网和相关服务	64	71267	11155	16150	15572
软件和信息技术服务业	65	271831	45969	69318	62686
金融业	**J**	**14618**	**2515**	**4509**	**4244**
货币金融服务	66	6793	991	2292	2161
资本市场服务	67	3100	759	796	1019
保险业	68	223	53	99	71
其他金融业	69	4502	712	1322	993

50-99人	100-299人	300-499人	500-999人	1000-4999人	5000-9999人	10000人及以上	代码
10453	29021	11951	14960	25852	15127		36
5747	10887	5636	7833	3960			37
19934	37921	23233	33498	46316	5280	40324	38
16251	46766	27101	47029	79527	68067	19660	39
5725	10151	5951	4386	2586			40
8229	12350	5812	8596	14333			41
1717	2832						42
1280	2126	1555	1410	5917			43
12311	**19142**	**6062**	**9349**	**12411**		**67176**	**D**
6606	11841	2676	5228	9625		67176	44
1163	1574	735	1893	1055			45
4542	5727	2651	2228	1731			46
119989	**256229**	**186960**	**310906**	**1135647**	**797389**	**1409758**	**E**
50863	118814	102324	171864	708126	466445	1121723	47
32652	78847	52916	73115	225307	125707	169369	48
10940	15555	9591	13915	31434			49
25534	43013	22129	52012	170780	205237	118666	50
128976	**107025**	**38432**	**43774**	**64375**	**26115**		**F**
70248	49554	16352	21398	31776	5345		51
58728	57471	22080	22376	32599	20770		52
52361	**61796**	**24779**	**35340**	**71219**	**10259**	**19429**	**G**
68							53
30618	32459	13895	25125	38601	10259		54
6371	11184	2859	2732	1122			55
220	836	826	980	5990		19429	56
							57
5836	6814	2435	1139	1146			58
5399	6716	2964	2410	1031			59
3849	3787	1800	2954	23329			60
32085	**56477**	**27881**	**7493**	**10621**	**14800**		**H**
15889	38789	22639	4142				61
16196	17688	5242	3351	10621	14800		62
35238	**37311**	**15350**	**27978**	**39717**	**18468**		**I**
2223	2704	2063	12251	14105	18468		63
8321	7187	2938	4570	5374			64
24694	27420	10349	11157	20238			65
1595	**1126**	**629**					**J**
366	683	300					66
405	121						67
							68
824	322	329					69

1-18 续表 2

行业大类	代码	从业人员数（人）	7人及以下	8-19人	20-49人
房地产业	K	**381374**	**25883**	**60690**	**91086**
房地产业	70	381374	25883	60690	91086
租赁和商务服务业	L	**821895**	**125050**	**190484**	**174297**
租赁业	71	52019	9275	15334	15409
商务服务业	72	769876	115775	175150	158888
科学研究和技术服务业	M	**311447**	**45939**	**83438**	**76122**
研究和试验发展	73	28319	5336	8610	7268
专业技术服务业	74	212407	23421	48517	50713
科技推广和应用服务业	75	70721	17182	26311	18141
水利、环境和公共设施管理业	N	**107657**	**6584**	**14323**	**18990**
水利管理业	76	6349	651	1625	2190
生态保护和环境治理业	77	8747	1059	2085	2008
公共设施管理业	78	90510	4754	10280	14015
土地管理业	79	2051	120	333	777
居民服务、修理和其他服务业	O	**208740**	**30167**	**48397**	**44187**
居民服务业	80	95552	12102	20362	20652
机动车、电子产品和日用产品修理业	81	56109	14126	20954	15561
其他服务业	82	57079	3939	7081	7974
教育	P	**710774**	**21461**	**65919**	**129258**
教育	83	710774	21461	65919	129258
卫生和社会工作	Q	**290045**	**7304**	**14229**	**34178**
卫生	84	275123	5123	10371	29846
社会工作	85	14922	2181	3858	4332
文化、体育和娱乐业	R	**184378**	**35459**	**53053**	**49133**
新闻和出版业	86	7017	350	693	1104
广播、电视、电影和录音制作业	87	23594	2869	5086	5547
文化艺术业	88	50169	11034	14549	13869
体育	89	20638	4332	5572	4475
娱乐业	90	82960	16874	27153	24138
公共管理、社会保障和社会组织	S	**730312**	**115008**	**147160**	**94995**
中国共产党机关	91	28148	1568	5550	7719
国家机构	92	453915	10270	26834	66472
人民政协、民主党派	93	3392	268	738	1613
社会保障	94	3629	224	1587	542
群众团体、社会团体和其他成员组织	95	98214	47770	34656	9816
基层群众自治组织	96	143014	54908	77795	8833

50-99人	100-299人	300-499人	500-999人	1000-4999人	5000-9999人	10000人及以上	代码
58360	**54647**	**21321**	**32697**	**36690**			K
58360	54647	21321	32697	36690			70
65611	**45748**	**30528**	**47546**	**103699**	**13709**	**25223**	L
5264	2950	904	2883				71
60347	42798	29624	44663	103699	13709	25223	72
34222	**34958**	**14145**	**14351**	**8272**			M
3219	2313	443		1130			73
24987	30843	13365	13419	7142			74
6016	1802	337	932				75
13136	**19776**	**10246**	**12589**	**12013**			N
1107	776						76
1537	2058						77
9933	16680	10246	12589	12013			78
559	262						79
19132	**16364**	**7949**	**6828**	**16650**	**8578**	**10488**	O
11888	9281	3012	508	9169	8578		80
3008	1685	775					81
4236	5398	4162	6320	7481		10488	82
135517	**237995**	**53850**	**25524**	**34710**	**6540**		P
135517	237995	53850	25524	34710	6540		83
39094	**41278**	**24638**	**46721**	**82603**			Q
36014	39807	24638	46721	82603			84
3080	1471						85
22467	**12699**	**4684**	**4627**	**2256**			R
1265	1615	944	1046				86
3115	2225	807	1689	2256			87
6440	2670	1083	524				88
2657	2867	735					89
8990	3322	1115	1368				90
116699	**144164**	**28987**	**43256**	**40043**			S
6184	1768	709		4650			91
106591	139096	27081	43256	34315			92
573	200						93
	1276						94
2095	1602	1197		1078			95
1256	222						96

1-19 按县(市、区)、行业门类

地　区	从业人员数(个)	农、林、牧、渔业	采矿业	制造业	电力、热力、燃气及水生产和供应业	建筑业	批发和零售业	交通运输、仓储和邮政业	住宿和餐饮业
全　省	**16790336**	**28684**	**67110**	**5289282**	**172844**	**4492433**	**1874011**	**447501**	**257111**
福州市	**4121075**	**4674**	**1110**	**766061**	**84910**	**1533811**	**395374**	**102172**	**69296**
鼓楼区	812394	35		12674	69016	270785	88025	9854	27217
台江区	244820			2781	46	80146	45656	14444	3937
仓山区	419080	96	16	151411	120	37248	65147	8176	5863
马尾区	255725	48		56994	346	128557	14932	9090	1020
晋安区	432131	556	775	64809	1486	110946	75341	19564	9931
长乐区	261756	330	6	123382	1620	65025	14857	6002	3120
闽侯县	287223	305	90	119412	1094	55072	24158	6872	2436
连江县	173090	251	13	28528	2020	93143	4247	7957	2779
罗源县	57411	122	46	16035	1044	9642	3140	2110	1104
闽清县	350545	241	40	30202	2604	262715	20482	1489	720
永泰县	273061	1111		9207	1246	228136	3921	1145	1286
平潭县	106301	120	37	2471	546	41969	6300	6990	2561
福清市	447538	1459	87	148155	3722	150427	29168	8479	7322
厦门市	**3321794**	**275**	**71**	**861777**	**6157**	**1026209**	**370898**	**130529**	**76860**
思明区	1097821			28178	2538	433295	156890	26014	47130
海沧区	383250		12	157108	771	114550	28354	15683	3967
湖里区	814054			125617	1705	302765	113714	70351	14167
集美区	464638	75		204786	463	88109	41331	8385	6906
同安区	311720	141	5	209750	419	23257	22978	4762	2131
翔安区	250311	59	54	136338	261	64233	7631	5334	2559
莆田市	**1052691**	**220**	**1127**	**380752**	**5364**	**236532**	**178400**	**15259**	**12699**
城厢区	219454	16		44002	719	70154	43583	2079	4201
涵江区	176839	27	71	95809	550	34229	17081	1869	892
荔城区	298685	144	25	109482	249	66028	61007	5669	2911
秀屿区	121329	3	780	40775	2029	29133	13820	2449	1334
仙游县	236384	30	251	90684	1817	36988	42909	3193	3361
三明市	**722569**	**7369**	**25062**	**223339**	**13739**	**166613**	**59395**	**20863**	**7589**
梅列区	91377	14	237	20741	1856	19706	12654	5137	1138
三元区	90386	134	1093	25867	1239	37502	7487	2658	536
明溪县	22943	515	928	6395	443	2875	1790	910	81
清流县	52683	425	1520	12507	567	22446	3747	545	485
宁化县	48487	610	1244	14609	630	5247	4234	1175	1427
大田县	58771	330	9732	16050	1010	6269	4160	1568	667
尤溪县	62340	540	525	27216	1300	5951	3749	1242	448
沙　县	79939	821	391	29029	1247	21154	5260	1818	548
将乐县	40281	357	1865	13535	1025	8547	1791	597	487
泰宁县	33472	1218	28	7015	806	12312	1643	597	690
建宁县	49983	2170	770	12695	742	19555	4348	281	273
永安市	91907	235	6729	37680	2874	5049	8532	4335	809
泉州市	**3887610**	**5207**	**10680**	**1893953**	**15321**	**676772**	**489537**	**81896**	**41308**
鲤城区	288068	12	10	97741	231	64866	47361	12906	3860
丰泽区	309845	16	12	46985	1288	64331	59657	8897	8264
洛江区	142377	24		48574	43	74953	4259	455	299
泉港区	87479	45	1140	34290	843	11795	8425	4584	572
惠安县	506691	316	138	171127	1085	242035	28232	3141	3473

分组的法人单从业人员数

信息传输、软件和信息技术服务业	金融业	房地产业	租赁和商务服务业	科学研究和技术服务业	水利、环境和公共设施管理业	居民服务、修理和其他服务业	教育	卫生和社会工作	文化、体育和娱乐业	公共管理、社会保障和社会组织
400120	**14618**	**381374**	**821895**	**311447**	**107657**	**208740**	**710774**	**290045**	**184378**	**730312**
152098	**4701**	**102134**	**275834**	**113311**	**22580**	**68733**	**152940**	**73633**	**51101**	**146602**
64031	1036	30654	96242	35728	3328	21094	18574	22281	12108	29712
19684	329	14928	21640	8273	2438	3081	6219	10166	5950	5102
18935	664	11440	39905	17134	3062	9299	21497	8612	7021	13434
10389	1466	4579	5440	7287	938	908	5349	1329	913	6140
17633	705	16243	42174	23184	4059	9899	11058	6432	6973	10363
5117	109	3576	4533	1389	654	1219	10925	4722	1854	13316
5146	59	5146	12146	7418	1383	1963	27736	3190	1910	11687
512	27	3036	4015	981	1078	1150	8945	2841	1733	9834
1028	2	1573	5511	325	1163	1428	4043	1437	1878	5780
4090	9	730	9318	1708	643	398	4446	2027	942	7741
1701	19	1423	7234	1404	1054	947	3942	1488	1852	5945
1675	137	3051	9409	1090	859	11510	5956	2444	987	8189
2157	139	5755	18267	7390	1921	5837	24250	6664	6980	19359
134105	**4730**	**103716**	**205677**	**77903**	**27099**	**60004**	**96072**	**38598**	**36181**	**64933**
86376	2794	61439	87578	36812	8118	18310	32341	16897	19372	33739
5420	256	6726	19009	9034	1045	3431	7294	3528	2353	4709
22758	1527	20897	63691	18312	5592	14413	14685	9774	5233	8853
16945	61	8153	23485	7151	5616	14202	23863	3648	5981	5478
1180	66	3938	5982	3784	4369	4797	11230	3056	2617	7258
1426	26	2563	5932	2810	2359	4851	6659	1695	625	4896
15275	**196**	**15840**	**39863**	**12448**	**7454**	**8033**	**48410**	**16647**	**8914**	**49258**
4388	53	4642	11642	2687	1511	2111	10351	3605	2223	11487
474	6	1866	3758	648	606	494	6365	2357	888	8849
5042	43	4549	12030	3124	2773	2134	9178	4965	2590	6742
475	22	949	5026	3374	1204	545	7643	1260	707	9801
4896	72	3834	7407	2615	1360	2749	14873	4460	2506	12379
7415	**448**	**16390**	**18251**	**10696**	**7342**	**5118**	**44131**	**19106**	**6581**	**63122**
3278	76	3078	4793	1821	479	1019	3562	3214	1278	7296
1438	21	1057	911	1171	240	560	3553	1826	310	2783
165	25	514	778	665	687	119	1626	779	195	3453
109	6	515	644	347	411	274	2183	923	270	4759
304	99	1836	1997	1039	920	564	4278	1269	1009	5996
181	15	1095	939	652	653	300	6316	1560	656	6618
309	56	2194	1041	770	761	285	5854	2228	417	7454
679	31	1657	2415	1128	875	454	5020	1585	623	5204
222	23	905	504	761	339	455	2434	1090	327	5017
55	5	331	1210	464	721	60	1830	695	354	3438
76	44	602	653	312	454	281	1845	718	366	3798
599	47	2606	2366	1566	802	747	5630	3219	776	7306
51687	**2635**	**56959**	**131524**	**49483**	**11431**	**30065**	**141560**	**45197**	**35674**	**116721**
4665	176	4894	13309	4271	1264	2183	10042	9778	3192	7307
16729	251	15071	23522	10235	1208	5656	15779	6120	7112	18712
253	6	1203	1124	1304	378	363	4971	793	441	2934
852	17	2381	4648	1221	654	774	6202	1595	615	6826
1787	44	5314	8282	3256	795	1632	15968	4405	2492	13169

1-19 续表

地 区	从业人员数(个)	农、林、牧、渔业	采矿业	制造业	电力、热力、燃气及水生产和供应业	建筑业	批发和零售业	交通运输、仓储和邮政业	住宿和餐饮业
安溪县	291610	3590	1259	112290	3471	61978	56627	1953	2087
永春县	182692	99	5090	101206	906	27951	14731	3928	877
德化县	142456	49	2668	96829	1416	10461	11039	1109	1447
石狮市	334899	24		168019	1815	34585	73560	7926	4511
晋江市	1089879	398	55	700901	2123	32221	140611	26852	11643
南安市	511614	634	308	315991	2100	51596	45035	10145	4275
漳州市	**1438269**	**3730**	**2526**	**537862**	**11557**	**278202**	**173061**	**34850**	**16845**
芗城区	303604	15	12	74363	2843	63192	41268	8325	4727
龙文区	118670	2		32476	244	19387	22218	6401	1304
云霄县	81400	91	96	40203	954	4916	9089	967	1789
漳浦县	135503	456	458	52866	1071	10410	16250	5079	2135
诏安县	66210	359	603	31821	718	5644	4477	436	646
长泰县	118344	71	385	63825	588	29709	6296	1492	568
东山县	80364	2108	142	31484	474	20626	3483	1484	1355
南靖县	77566	328	50	38781	1470	5759	7447	2096	984
平和县	86882	53	222	20861	657	4533	36407	1622	828
华安县	40733	23	357	23172	872	4096	2838	342	335
龙海市	328993	224	201	128010	1666	109930	23288	6606	2174
南平市	**595581**	**3637**	**4200**	**216058**	**9774**	**80782**	**54829**	**18137**	**10088**
延平区	140472	115	141	33904	1578	37091	11518	7924	1867
建阳区	71674	563	177	28881	1295	11003	5321	937	825
顺昌县	34617	266	149	13066	995	2409	2309	1499	485
浦城县	41184	948	673	16227	979	3078	1909	697	585
光泽县	32886	95	53	19185	729	1693	1194	758	266
松溪县	28175	428	326	9862	360	3086	2372	536	269
政和县	33848	509	528	13800	545	2437	4178	329	198
邵武市	82626	277	1857	44009	1351	6934	4911	2308	881
武夷山市	57457	421	53	10391	656	5065	10903	1164	3714
建瓯市	72642	15	243	26733	1286	7986	10214	1985	998
龙岩市	**984885**	**2547**	**21363**	**167757**	**12289**	**404057**	**90029**	**24844**	**12546**
新罗区	356099	133	11307	52742	4432	136822	40488	12323	5652
永定区	76154	146	2871	12906	1123	21558	5129	3432	1584
长汀县	92700	266	201	29140	709	27746	6736	1251	1076
上杭县	224534	403	460	17486	1507	157006	10410	3349	1390
武平县	77639	742	1541	17730	959	23542	9356	1372	710
连城县	76110	543	2401	22025	1553	10595	9188	1136	1079
漳平市	81649	314	2582	15728	2006	26788	8722	1981	1055
宁德市	**665862**	**1025**	**971**	**241723**	**13733**	**89455**	**62488**	**18951**	**9880**
蕉城区	190549	157	95	60852	3101	43045	13827	7379	2633
霞浦县	62512	244	68	21007	1083	4572	6189	1482	1556
古田县	45872	137	156	13096	1409	3709	7606	708	844
屏南县	22226		149	3787	996	1530	1516	679	333
寿宁县	32428	43	81	8497	1029	4551	1883	535	333
周宁县	17337	24	35	2858	464	1445	1393	149	468
柘荣县	22071		91	8809	434	1369	2187	324	148
福安市	138047	302	94	58883	2043	12435	16255	5224	1347
福鼎市	134820	118	202	63934	3174	16799	11632	2471	2218

信息传输、软件和信息技术服务业	金融业	房地产业	租赁和商务服务业	科学研究和技术服务业	水利、环境和公共设施管理业	居民服务、修理和其他服务业	教育	卫生和社会工作	文化、体育和娱乐业	公共管理、社会保障和社会组织
1526	46	3340	5291	2237	764	1101	16316	3719	3171	10844
731	107	1440	4349	1553	680	994	6874	1728	988	8460
209	27	1168	1467	581	477	370	5142	1514	697	5786
2778	62	3160	7668	3054	935	1949	12332	2686	2244	7591
18291	1663	12986	46918	16292	2098	10559	27508	8332	10759	19669
3866	236	6002	14946	5479	2178	4484	20426	4527	3963	15423
17319	**487**	**37277**	**62216**	**20851**	**11583**	**15096**	**82098**	**30399**	**18034**	**84276**
7991	257	9120	28279	9707	1375	5059	16546	10754	5246	14525
4310	54	7018	6280	3440	1255	1610	4090	1949	2161	4471
402	7	1657	1870	574	510	773	6401	1979	1502	7620
1865	52	3655	9059	1039	1728	1912	12231	3688	843	10706
242		909	1408	605	369	353	6459	2304	881	7976
198	27	1454	1729	755	1279	537	2874	989	906	4662
220	68	3016	2639	297	648	709	3676	1272	1480	5183
327	3	1302	1911	1116	941	534	5257	1443	1250	6567
310	8	1092	2231	534	656	1132	6593	1631	707	6805
31	3	571	534	65	108	226	2269	639	344	3908
1423	8	7483	6276	2719	2714	2251	15702	3751	2714	11853
5979	**264**	**16294**	**19487**	**7380**	**6104**	**6216**	**43003**	**21201**	**7674**	**64474**
3144	85	4161	6153	2065	1114	1130	8084	4837	1218	14343
372	45	2338	1846	721	455	1204	4911	2901	760	7119
229		838	1410	582	265	410	2997	1365	457	4886
90		886	1011	516	169	232	4349	1613	650	6572
138	13	527	602	246	271	262	2227	930	289	3408
174	35	759	548	290	220	370	2176	1127	162	5075
246	24	657	702	236	218	145	2999	1220	303	4574
349	26	1933	1130	914	552	1201	4214	2548	955	6276
725	25	2168	4506	822	2007	687	4706	1575	2138	5731
512	11	2027	1579	988	833	575	6340	3085	742	6490
9758	**789**	**16997**	**39115**	**11593**	**7817**	**7675**	**52042**	**24046**	**11867**	**67754**
6130	434	9822	14575	6557	2841	2923	14492	9857	5303	19266
94	15	843	4836	434	1000	473	7323	2270	964	9153
318	21	677	2192	604	368	986	7877	3156	976	8400
1145	27	1309	5704	1178	1006	1084	7835	2802	1385	9048
345	13	1615	2470	658	589	561	5387	2232	1288	6529
362	135	1342	6091	1467	1388	1054	4858	1944	1500	7449
1364	144	1389	3247	695	625	594	4270	1785	451	7909
6484	**368**	**15767**	**29928**	**7782**	**6247**	**7800**	**50518**	**21218**	**8352**	**73172**
3751	79	6161	8618	2971	1280	1448	10515	5570	1760	17307
380	37	1505	3054	371	576	1051	7120	2473	1181	8563
135	4	1113	1673	516	325	438	4660	1977	1027	6339
174	62	1021	2073	336	580	472	2512	1015	421	4570
203	41	525	2654	423	425	436	2857	1121	593	6198
18	6	325	727	315	465	368	2451	814	425	4587
100		453	722	154	246	288	1969	694	365	3718
1319	104	2234	7235	1959	879	1561	9383	3734	1472	11584
404	35	2430	3172	737	1471	1738	9051	3820	1108	10306

1-20 按行业门类分组的个体经营户数和从业人员数

行业	个体经营户数（万个）	从业人员数（万人）
总计	**230.08**	**683.87**
采矿业	0.14	0.62
制造业	20.28	92.44
电力、热力、燃气及水生产和供应业	0.13	0.39
建筑业	16.33	52.85
批发和零售业	121.38	323.78
交通运输、仓储和邮政业	13.91	28.20
住宿和餐饮业	26.17	89.93
信息传输、软件和信息技术服务业	0.68	1.89
金融业		
房地产业	1.84	6.25
租赁和商务服务业	3.02	9.32
科学研究和技术服务业	0.54	1.73
水利、环境和公共设施管理业	0.16	0.49
居民服务、修理和其他服务业	19.06	54.07
教育	1.27	5.37
卫生和社会工作	2.09	5.01
文化、体育和娱乐业	1.95	7.62
公共管理、社会保障和社会组织		

注：本表合计数含从事农、林、牧、渔专业及辅助性活动的个体经营户数据。

第2篇

企业篇

2-01　按县(市、区)分组的企业法人单位数及从业人员数

地　区	法人单位数(个)	单产业法人单位	多产业法人单位	从业人员数(人)	#女性
全　省	**605529**	**591807**	**13722**	**14961312**	**5141416**
福州市	**113763**	**110817**	**2946**	**3726855**	**1123533**
鼓楼区	15852	15175	677	730071	220921
台江区	12262	11990	272	218963	66964
仓山区	16380	15879	501	378105	159075
马尾区	10324	10157	167	242646	64403
晋安区	18441	18144	297	402984	136286
长乐区	6677	6557	120	232773	88104
闽侯县	9399	9237	162	243125	78979
连江县	2419	2272	147	151012	32246
罗源县	1480	1426	54	45748	13401
闽清县	2157	2063	94	334098	64729
永泰县	2559	2441	118	260289	55776
平潭县	4551	4404	147	89544	26001
福清市	11262	11072	190	397497	116648
厦门市	**141735**	**138175**	**3560**	**3127749**	**1031377**
思明区	57361	55756	1605	1013932	317797
海沧区	12965	12750	215	369845	106925
湖里区	37126	36001	1125	784665	252265
集美区	17684	17407	277	431952	155285
同安区	11923	11697	226	290321	122078
翔安区	4676	4564	112	237034	77027
莆田市	**38667**	**38130**	**537**	**937913**	**383750**
城厢区	7748	7599	149	193129	63723
涵江区	3778	3717	61	159038	65698
荔城区	12732	12588	144	278315	127333
秀屿区	5684	5621	63	102373	38372
仙游县	8725	8605	120	205058	88624
三明市	**26159**	**25326**	**833**	**581469**	**184314**
梅列区	3696	3498	198	76017	22651
三元区	2337	2265	72	81669	19733
明溪县	1020	997	23	16360	5440
清流县	1383	1353	30	44286	11748
宁化县	2013	1958	55	35886	14926
大田县	2493	2413	80	43293	13561
尤溪县	2440	2393	47	45497	19428
沙　县	2980	2878	102	66359	20400
将乐县	1637	1599	38	30870	9546
泰宁县	989	954	35	26067	7922
建宁县	1312	1290	22	41043	11540
永安市	3859	3728	131	74122	27419
泉州市	**153116**	**151128**	**1988**	**3574053**	**1356305**
鲤城区	13228	12990	238	261506	88610
丰泽区	22613	22131	482	267171	95488
洛江区	4822	4759	63	134024	38231
泉港区	2709	2659	50	72792	30433
惠安县	9401	9155	246	473224	146955

2-01 续表

地 区	法人单位数(个)	单产业法人单位	多产业法人单位	从业人员数(人)	#女性
安溪县	13101	12951	150	254365	86249
永春县	4253	4157	96	162378	72748
德化县	7958	7927	31	129406	63257
石狮市	14551	14431	120	311820	126624
晋江市	38271	37902	369	1035882	432327
南安市	22209	22066	143	471485	175383
漳州市	**47812**	**46724**	**1088**	**1214839**	**467168**
芗城区	12207	11858	349	260208	87824
龙文区	5661	5509	152	107694	38432
云霄县	2519	2442	77	64002	30788
漳浦县	5453	5343	110	106051	48483
诏安县	1491	1459	32	48286	22058
长泰县	3646	3588	58	108883	32522
东山县	2105	2069	36	69444	36709
南靖县	3062	3021	41	62912	26593
平和县	2299	2252	47	58787	23795
华安县	1306	1271	35	33456	11872
龙海市	8063	7912	151	295116	108092
南平市	**28263**	**27247**	**1016**	**452614**	**176058**
延平区	5330	4961	369	112330	36298
建阳区	4347	4252	95	56090	20953
顺昌县	1175	1127	48	23868	9154
浦城县	2015	1940	75	27632	10167
光泽县	881	837	44	25982	11520
松溪县	1162	1130	32	18170	6829
政和县	2051	2000	51	23743	9991
邵武市	3232	3129	103	68464	30160
武夷山市	5234	5158	76	44304	19355
建瓯市	2836	2713	123	52031	21631
龙岩市	**28714**	**27871**	**843**	**831449**	**247347**
新罗区	13069	12664	405	312321	87012
永定区	1966	1915	51	56721	17349
长汀县	2538	2462	76	72326	31024
上杭县	3687	3548	139	203257	45171
武平县	2299	2242	57	61756	21914
连城县	2560	2513	47	59404	26887
漳平市	2595	2527	68	65664	17990
宁德市	**27300**	**26389**	**911**	**514371**	**171564**
蕉城区	7277	6922	355	156904	44421
霞浦县	3371	3294	77	43303	18073
古田县	1882	1794	88	30925	14083
屏南县	821	792	29	13838	5770
寿宁县	1172	1117	55	21802	6065
周宁县	585	557	28	9008	3387
柘荣县	1085	1064	21	15509	5850
福安市	6224	6085	139	113144	34448
福鼎市	4883	4764	119	109938	39467

2-02　按控股情况、运营状态、开业(成立)时间分组的企业法人单位数及从业人员数

分　组	法人单位数(个)	单产业法人单位	多产业法人单位	从业人员数(人)	#女性
总　计	**605529**	**591807**	**13722**	**14961312**	**5141416**
按企业控股情况分组					
国有控股	8110	6825	1285	1155428	279372
集体控股	4867	4191	676	178690	49441
私人控股	574354	563492	10862	11823145	3941066
港澳台商控股	6601	6317	284	980708	493044
外商控股	2857	2708	149	504013	244776
其他	8740	8274	466	319328	133717
按运营状态分组					
正常运营	528410	515059	13351	14782609	5077897
停业(歇业)	33356	33105	251	73908	27594
筹建	29663	29618	45	54134	17677
当年关闭	6708	6670	38	22698	8521
当年破产	215	214	1	668	306
当年注销	3948	3934	14	9595	3190
当年吊销	440	438	2	511	247
其他	2789	2769	20	17189	5984
按开业(成立)时间分组					
1949年以前	28	19	9	1903	971
1950-1977年	599	378	221	499865	78012
1978-1991年	4974	4215	759	514628	161998
1992-2000年	22212	20360	1852	2333620	814880
2001年	5331	4939	392	427016	149065
2002年	6577	6145	432	500961	169937
2003年	8571	8022	549	649065	219142
2004年	9243	8709	534	582072	219221
2005年	9666	9145	521	720086	215265
2006年	10755	10284	471	655097	208695
2007年	10383	9937	446	522369	182199
2008年	11105	10625	480	583963	177133
2009年	13851	13356	495	465160	165965
2010年	20039	19436	603	553677	213683
2011年	23030	22350	680	678312	229376
2012年	23880	23197	683	595257	204105
2013年	29332	28701	631	547985	203008
2014年	49763	48876	887	730149	258967
2015年	62771	61911	860	722290	275262
2016年	79515	78566	949	903547	327530
2017年	96204	95308	896	1011642	368642
2018年	106761	106390	371	761761	298067
无开业年份	939	938	1	887	293

2-03 按行业(中类)分组的企业法人单位数及从业人员数

行业中类	代码	法人单位数(个)			从业人员数(人)	
			单产业法人单位	多产业法人单位		#女性
总　计	**00**	**605529**	**591807**	**13722**	**14961312**	**5141416**
农、林、牧、渔业	**A**	**1405**	**1377**	**28**	**11628**	**4888**
农业	01	8		8		
谷物种植	011	2		2		
豆类、油料和薯类种植	012					
棉、麻、糖、烟草种植	013					
蔬菜、食用菌及园艺作物种植	014	1		1		
水果种植	015	2		2		
坚果、含油果、香料和饮料作物种植	016	1		1		
中药材种植	017					
草种植及割草	018					
其他农业	019	2		2		
林业	02	5		5		
林木育种和育苗	021	2		2		
造林和更新	022					
森林经营、管护和改培	023	1		1		
木材和竹材采运	024	2		2		
林产品采集	025					
畜牧业	03	1		1		
牲畜饲养	031	1		1		
家禽饲养	032					
狩猎和捕捉动物	033					
其他畜牧业	039					
渔业	04	3		3		
水产养殖	041	3		3		
水产捕捞	042					
农、林、牧、渔专业及辅助性活动	05	1388	1377	11	11628	4888
农业专业及辅助性活动	051	739	734	5	5248	1978
林业专业及辅助性活动	052	239	236	3	1713	557
畜牧专业及辅助性活动	053	64	63	1	712	243
渔业专业及辅助性活动	054	346	344	2	3955	2110
采矿业	**B**	**1567**	**1533**	**34**	**67110**	**11065**
煤炭开采和洗选业	06	142	135	7	23914	2697
烟煤和无烟煤开采洗选	061	135	128	7	23813	2682
褐煤开采洗选	062					
其他煤炭采选	069	7	7		101	15
石油和天然气开采业	07					
石油开采	071					
天然气开采	072					
黑色金属矿采选业	08	227	215	12	10455	1441
铁矿采选	081	212	201	11	9667	1307
锰矿、铬矿采选	082	12	11	1	766	131
其他黑色金属矿采选	089	3	3		22	3
有色金属矿采选业	09	173	169	4	5968	1014
常用有色金属矿采选	091	114	111	3	3615	517
贵金属矿采选	092	31	30	1	1196	240
稀有稀土金属矿采选	093	28	28		1157	257

2-03　续表 1

行业中类	代码	法人单位数(个)	单产业法人单位	多产业法人单位	从业人员数(人)	#女性
非金属矿采选业	10	977	966	11	26451	5877
土砂石开采	101	838	829	9	19608	3582
化学矿开采	102	16	15	1	786	289
采盐	103	8	7	1	1966	1139
石棉及其他非金属矿采选	109	115	115		4091	867
开采专业及辅助性活动	11	37	37		243	21
煤炭开采和洗选专业及辅助性活动	111	34	34		218	17
石油和天然气开采专业及辅助性活动	112	2	2		15	3
其他开采专业及辅助性活动	119	1	1		10	1
其他采矿业	12	11	11		79	15
其他采矿业	120	11	11		79	15
制造业	**C**	**115234**	**113984**	**1250**	**5281648**	**2393441**
农副食品加工业	13	4690	4607	83	238232	138525
谷物磨制	131	366	360	6	7834	2710
饲料加工	132	398	391	7	21452	5931
植物油加工	133	217	214	3	6928	2602
制糖业	134	25	25		745	237
屠宰及肉类加工	135	576	548	28	42097	20681
水产品加工	136	1539	1529	10	95346	64979
蔬菜、菌类、水果和坚果加工	137	939	914	25	49178	32680
其他农副食品加工	139	630	626	4	14652	8705
食品制造业	14	3448	3376	72	188768	112682
焙烤食品制造	141	950	921	29	59449	37330
糖果、巧克力及蜜饯制造	142	516	510	6	38726	22748
方便食品制造	143	532	526	6	23019	12752
乳制品制造	144	25	25		1900	898
罐头食品制造	145	307	297	10	33259	23577
调味品、发酵制品制造	146	283	276	7	10063	4972
其他食品制造	149	835	821	14	22352	10405
酒、饮料和精制茶制造业	15	4046	3962	84	131125	60124
酒的制造	151	408	402	6	13118	5257
饮料制造	152	534	521	13	28523	11939
精制茶加工	153	3104	3039	65	89484	42928
烟草制品业	16	9	8	1	6030	2808
烟叶复烤	161	3	3		2455	1656
卷烟制造	162	4	3	1	3251	1068
其他烟草制品制造	169	2	2		324	84
纺织业	17	4570	4533	37	285501	159222
棉纺织及印染精加工	171	1243	1230	13	155175	90415
毛纺织及染整精加工	172	58	58		3714	2068
麻纺织及染整精加工	173	9	9		403	243
丝绢纺织及印染精加工	174	25	24	1	527	281
化纤织造及印染精加工	175	272	270	2	12706	5880
针织或钩针编织物及其制品制造	176	1717	1709	8	59561	31955
家用纺织制成品制造	177	434	430	4	15210	8905
产业用纺织制成品制造	178	812	803	9	38205	19475
纺织服装、服饰业	18	8683	8566	117	504814	312201
机织服装制造	181	3518	3461	57	295635	180366

2-03 续表 2

行业中类	代码	法人单位数(个)	单产业法人单位	多产业法人单位	从业人员数(人)	#女性
针织或钩针编织服装制造	182	1252	1220	32	121185	81867
服饰制造	183	3913	3885	28	87994	49968
皮革、毛皮、羽毛及其制品和制鞋业	19	9291	9226	65	682484	372422
皮革鞣制加工	191	313	313		16790	7441
皮革制品制造	192	1384	1364	20	77388	50962
毛皮鞣制及制品加工	193	25	25		630	208
羽毛(绒)加工及制品制造	194	48	48		1469	652
制鞋业	195	7521	7476	45	586207	313159
木材加工和木、竹、藤、棕、草制品业	20	4535	4495	40	143082	62380
木材加工	201	1415	1409	6	28285	10394
人造板制造	202	592	584	8	41851	16194
木质制品制造	203	987	977	10	27463	12320
竹、藤、棕、草等制品制造	204	1541	1525	16	45483	23472
家具制造业	21	3303	3266	37	96818	35418
木质家具制造	211	1988	1968	20	56965	19725
竹、藤家具制造	212	114	114		2354	1264
金属家具制造	213	392	385	7	21603	7876
塑料家具制造	214	36	36		1640	761
其他家具制造	219	773	763	10	14256	5792
造纸和纸制品业	22	3231	3208	23	121226	52411
纸浆制造	221	10	10		509	219
造纸	222	560	554	6	31456	11539
纸制品制造	223	2661	2644	17	89261	40653
印刷和记录媒介复制业	23	2802	2763	39	73362	30203
印刷	231	2502	2466	36	69503	28684
装订及印刷相关服务	232	295	292	3	3782	1494
记录媒介复制	233	5	5		77	25
文教、工美、体育和娱乐用品制造业	24	7469	7398	71	306867	142084
文教办公用品制造	241	243	241	2	9890	4960
乐器制造	242	60	59	1	2394	1363
工艺美术及礼仪用品制造	243	6119	6063	56	221360	98030
体育用品制造	244	731	722	9	43249	20182
玩具制造	245	262	260	2	26056	15785
游艺器材及娱乐用品制造	246	54	53	1	3918	1764
石油、煤炭及其他燃料加工业	25	236	230	6	12570	2770
精炼石油产品制造	251	97	95	2	8572	1784
煤炭加工	252	51	49	2	2714	616
核燃料加工	253					
生物质燃料加工	254	88	86	2	1284	370
化学原料和化学制品制造业	26	3262	3206	56	126445	43741
基础化学原料制造	261	381	370	11	24118	6144
肥料制造	262	283	272	11	8684	2186
农药制造	263	31	30	1	1367	510
涂料、油墨、颜料及类似产品制造	264	639	625	14	22131	7223
合成材料制造	265	462	460	2	17349	4832
专用化学产品制造	266	847	841	6	28027	9020
炸药、火工及焰火产品制造	267	10	7	3	562	186
日用化学产品制造	268	609	601	8	24207	13640

2-03 续表 3

行业中类	代码	法人单位数(个)	单产业法人单位	多产业法人单位	从业人员数(人)	#女性
医药制造业	27	574	556	18	38946	18249
化学药品原料药制造	271	59	57	2	4343	1340
化学药品制剂制造	272	57	56	1	6874	3657
中药饮片加工	273	66	65	1	3880	1807
中成药生产	274	83	76	7	7568	4081
兽用药品制造	275	20	20		2213	748
生物药品制品制造	276	145	141	4	9618	4386
卫生材料及医药用品制造	277	133	130	3	3741	1935
药用辅料及包装材料	278	11	11		709	295
化学纤维制造业	28	226	225	1	41585	15711
纤维素纤维原料及纤维制造	281	30	30		3007	1077
合成纤维制造	282	175	174	1	38130	14484
生物基材料制造	283	21	21		448	150
橡胶和塑料制品业	29	6044	6013	31	233026	95025
橡胶制品业	291	995	987	8	43312	15653
塑料制品业	292	5049	5026	23	189714	79372
非金属矿物制品业	30	13526	13422	104	466792	167441
水泥、石灰和石膏制造	301	350	338	12	19443	4351
石膏、水泥制品及类似制品制造	302	1240	1204	36	52304	11437
砖瓦、石材等建筑材料制造	303	6520	6484	36	161658	41480
玻璃制造	304	181	179	2	14198	3470
玻璃制品制造	305	313	309	4	11060	4337
玻璃纤维和玻璃纤维增强塑料制品制造	306	79	78	1	2151	739
陶瓷制品制造	307	4351	4344	7	192182	97606
耐火材料制品制造	308	99	98	1	3463	1049
石墨及其他非金属矿物制品制造	309	393	388	5	10333	2972
黑色金属冶炼和压延加工业	31	468	461	7	71637	16317
炼铁	311	16	16		1111	397
炼钢	312	19	18	1	5586	1192
钢压延加工	313	395	389	6	62633	14226
铁合金冶炼	314	38	38		2307	502
有色金属冶炼和压延加工业	32	600	585	15	62922	14624
常用有色金属冶炼	321	61	59	2	19780	3034
贵金属冶炼	322	7	5	2	3826	547
稀有稀土金属冶炼	323	17	16	1	5595	1655
有色金属合金制造	324	232	228	4	6420	2195
有色金属压延加工	325	283	277	6	27301	7193
金属制品业	33	8859	8796	63	228918	74513
结构性金属制品制造	331	3080	3061	19	64318	18039
金属工具制造	332	474	473	1	10586	3666
集装箱及金属包装容器制造	333	184	180	4	11880	3761
金属丝绳及其制品制造	334	70	70		1823	576
建筑、安全用金属制品制造	335	1893	1881	12	53064	19377
金属表面处理及热处理加工	336	314	309	5	12707	4574
搪瓷制品制造	337	460	460		3818	1696
金属制日用品制造	338	686	678	8	16748	6491
铸造及其他金属制品制造	339	1698	1684	14	53974	16333

2-03 续表 4

行业中类	代码	法人单位数(个)	单产业法人单位	多产业法人单位	从业人员数(人)	#女性
通用设备制造业	34	6306	6267	39	186793	60963
锅炉及原动设备制造	341	85	85		4034	1103
金属加工机械制造	342	1192	1184	8	22533	5703
物料搬运设备制造	343	165	161	4	7284	1572
泵、阀门、压缩机及类似机械制造	344	1167	1159	8	47065	16457
轴承、齿轮和传动部件制造	345	225	224	1	18268	6254
烘炉、风机、包装等设备制造	346	440	437	3	12828	4346
文化、办公用机械制造	347	106	103	3	26419	11555
通用零部件制造	348	2513	2505	8	40780	12083
其他通用设备制造业	349	413	409	4	7582	1890
专用设备制造业	35	5650	5604	46	161279	49416
采矿、冶金、建筑专用设备制造	351	630	624	6	30260	5851
化工、木材、非金属加工专用设备制造	352	2050	2043	7	41975	11688
食品、饮料、烟草及饲料生产专用设备制造	353	163	160	3	3747	939
印刷、制药、日化及日用品生产专用设备制造	354	164	161	3	4959	1349
纺织、服装和皮革加工专用设备制造	355	369	369		11863	3454
电子和电工机械专用设备制造	356	249	246	3	6659	2400
农、林、牧、渔专用机械制造	357	275	273	2	7442	2564
医疗仪器设备及器械制造	358	471	462	9	26991	13953
环保、邮政、社会公共服务及其他专用设备制造	359	1279	1266	13	27383	7218
汽车制造业	36	1634	1619	15	122196	34753
汽车整车制造	361	39	37	2	19488	2349
汽车用发动机制造	362	6	6		137	53
改装汽车制造	363	21	19	2	3481	848
低速汽车制造	364	3	3		5	3
电车制造	365	6	6		224	48
汽车车身、挂车制造	366	67	67		2975	653
汽车零部件及配件制造	367	1492	1481	11	95886	30799
铁路、船舶、航空航天和其他运输设备制造业	37	769	766	3	40477	14067
铁路运输设备制造	371	16	16		963	198
城市轨道交通设备制造	372	2	2		64	16
船舶及相关装置制造	373	379	376	3	16619	2955
航空、航天器及设备制造	374	9	9		166	56
摩托车制造	375	277	277		18834	9226
自行车和残疾人座车制造	376	40	40		2971	1326
助动车制造	377	29	29		470	128
非公路休闲车及零配件制造	378	7	7		86	38
潜水救捞及其他未列明运输设备制造	379	10	10		304	124
电气机械和器材制造业	38	3951	3894	57	242528	99380
电机制造	381	1184	1172	12	30343	11534
输配电及控制设备制造	382	992	975	17	54994	23410
电线、电缆、光缆及电工器材制造	383	287	283	4	15847	6474
电池制造	384	152	149	3	70580	24238
家用电力器具制造	385	447	442	5	25726	11480
非电力家用器具制造	386	77	76	1	1758	676
照明器具制造	387	590	580	10	38569	19692
其他电气机械及器材制造	389	222	217	5	4711	1876

2-03　续表 5

行业中类	代码	法人单位数（个）	单产业法人单位	多产业法人单位	从业人员数（人）	#女性
计算机、通信和其他电子设备制造业	39	3173	3101	72	332990	143675
计算机制造	391	136	128	8	39931	16305
通信设备制造	392	310	300	10	18311	7239
广播电视设备制造	393	45	42	3	16831	6836
雷达及配套设备制造	394	4	4		238	136
非专业视听设备制造	395	86	81	5	17804	9005
智能消费设备制造	396	130	127	3	8018	4092
电子器件制造	397	650	633	17	143147	55777
电子元件及电子专用材料制造	398	1388	1370	18	75747	39044
其他电子设备制造	399	424	416	8	12963	5241
仪器仪表制造业	40	885	868	17	37700	18000
通用仪器仪表制造	401	475	467	8	13960	5484
专用仪器仪表制造	402	86	83	3	2684	1059
钟表与计时仪器制造	403	193	190	3	13006	7463
光学仪器制造	404	64	64		5123	2781
衡器制造	405	28	27	1	1217	475
其他仪器仪表制造业	409	39	37	2	1710	738
其他制造业	41	1525	1512	13	67787	36817
日用杂品制造	411	1026	1015	11	60465	33958
核辐射加工	412	2	2		30	12
其他未列明制造业	419	497	495	2	7292	2847
废弃资源综合利用业	42	498	493	5	9348	3007
金属废料和碎屑加工处理	421	164	162	2	2858	722
非金属废料和碎屑加工处理	422	334	331	3	6490	2285
金属制品、机械和设备修理业	43	971	958	13	19400	4492
金属制品修理	431	22	22		348	77
通用设备修理	432	133	129	4	1433	299
专用设备修理	433	121	119	2	1403	407
铁路、船舶、航空航天等运输设备修理	434	281	278	3	11024	2298
电气设备修理	435	99	97	2	2539	687
仪器仪表修理	436	13	13		55	23
其他机械和设备修理业	439	302	300	2	2598	701
电力、热力、燃气及水生产和供应业	D	**6576**	**6387**	**189**	**172830**	**44338**
电力、热力生产和供应业	44	5392	5266	126	138452	32895
电力生产	441	5160	5042	118	63088	14763
电力供应	442	169	161	8	73599	17753
热力生产和供应	443	63	63		1765	379
燃气生产和供应业	45	153	119	34	8100	2298
燃气生产和供应业	451	140	106	34	7998	2279
生物质燃气生产和供应业	452	13	13		102	19
水的生产和供应业	46	1031	1002	29	26278	9145
自来水生产和供应	461	699	678	21	20193	7395
污水处理及其再生利用	462	320	312	8	5961	1713
海水淡化处理	463	2	2		17	13
其他水的处理、利用与分配	469	10	10		107	24
建筑业	E	**32300**	**29871**	**2429**	**4492433**	**695785**
房屋建筑业	47	9131	7858	1273	2815583	441146

2-03 续表 6

行业中类	代码	法人单位数(个)	单产业法人单位	多产业法人单位	从业人员数(人)	#女性
住宅房屋建筑	471	8281	7103	1178	2679863	423017
体育场馆建筑	472	27	21	6	31305	2346
其他房屋建筑业	479	823	734	89	104415	15783
土木工程建筑业	48	6641	5946	695	815846	120704
铁路、道路、隧道和桥梁工程建筑	481	2793	2353	440	582966	80536
水利和水运工程建筑	482	528	393	135	104122	12536
海洋工程建筑	483	17	17		203	41
工矿工程建筑	484	84	73	11	19106	2142
架线和管道工程建筑	485	405	376	29	29216	6516
节能环保工程施工	486	199	195	4	2312	772
电力工程施工	487	241	224	17	11207	2464
其他土木工程建筑	489	2374	2315	59	66714	15697
建筑安装业	49	3148	2966	182	109945	21933
电气安装	491	1115	1032	83	48161	10494
管道和设备安装	492	755	721	34	23308	3868
其他建筑安装业	499	1278	1213	65	38476	7571
建筑装饰、装修和其他建筑业	50	13380	13101	279	751059	112002
建筑装饰和装修业	501	10982	10776	206	203813	46790
建筑物拆除和场地准备活动	502	438	412	26	36884	2402
提供施工设备服务	503	277	268	9	124435	8356
其他未列明建筑业	509	1683	1645	38	385927	54454
批发和零售业	**F**	**231847**	**227873**	**3974**	**1835712**	**794137**
批发业	51	129587	127942	1645	1058873	423594
农、林、牧、渔产品批发	511	3913	3839	74	32036	12401
食品、饮料及烟草制品批发	512	20042	19755	287	181428	76822
纺织、服装及家庭用品批发	513	32831	32612	219	262805	117727
文化、体育用品及器材批发	514	5813	5756	57	42195	18311
医药及医疗器材批发	515	2896	2792	104	38319	17732
矿产品、建材及化工产品批发	516	27721	27183	538	236015	82399
机械设备、五金产品及电子产品批发	517	23199	22968	231	172988	62945
贸易经纪与代理	518	5888	5837	51	43162	16933
其他批发业	519	7284	7200	84	49925	18324
零售业	52	102260	99931	2329	776839	370543
综合零售	521	4292	3907	385	102052	61730
食品、饮料及烟草制品专门零售	522	14036	13749	287	96913	49882
纺织、服装及日用品专门零售	523	16560	16279	281	106733	55756
文化、体育用品及器材专门零售	524	6659	6554	105	40594	19407
医药及医疗器材专门零售	525	5528	5103	425	44429	28003
汽车、摩托车、零配件和燃料及其他动力销售	526	9609	9244	365	105691	39450
家用电器及电子产品专门零售	527	8046	7870	176	58403	25214
五金、家具及室内装饰材料专门零售	528	12583	12492	91	75612	29309
货摊、无店铺及其他零售业	529	24947	24733	214	146412	61792
交通运输、仓储和邮政业	**G**	**16491**	**15764**	**727**	**442415**	**107624**
铁路运输业	53	14	14		68	10
铁路旅客运输	531	2	2			
铁路货物运输	532	11	11			
铁路运输辅助活动	533	1	1		68	10

2-03　续表 7

行业中类	代码	法人单位数（个）	单产业法人单位	多产业法人单位	从业人员数（人）	#女性
道路运输业	54	9497	9262	235	250829	51306
城市公共交通运输	541	353	324	29	54516	9935
公路旅客运输	542	378	334	44	30507	5861
道路货物运输	543	8175	8035	140	148924	30206
道路运输辅助活动	544	591	569	22	16882	5304
水上运输业	55	952	912	40	31967	5305
水上旅客运输	551	48	43	5	2112	662
水上货物运输	552	580	559	21	18081	2457
水上运输辅助活动	553	324	310	14	11774	2186
航空运输业	56	90	84	6	28539	9875
航空客货运输	561	43	41	2	21434	7298
通用航空服务	562	26	24	2	562	70
航空运输辅助活动	563	21	19	2	6543	2507
管道运输业	57	7	7		147	39
海底管道运输	571					
陆地管道运输	572	7	7		147	39
多式联运和运输代理业	58	3454	3313	141	49741	16608
多式联运	581	27	27		514	102
运输代理业	582	3427	3286	141	49227	16506
装卸搬运和仓储业	59	1533	1492	41	34304	8130
装卸搬运	591	717	707	10	20233	4122
通用仓储	592	297	286	11	5561	1716
低温仓储	593	57	56	1	1111	313
危险品仓储	594	29	27	2	816	168
谷物、棉花等农产品仓储	595	163	151	12	2100	589
中药材仓储	596	1	1		8	2
其他仓储业	599	269	264	5	4475	1220
邮政业	60	944	680	264	46820	16351
邮政基本服务	601	56	47	9	17380	9336
快递服务	602	871	619	252	28731	6798
其他寄递服务	609	17	14	3	709	217
住宿和餐饮业	**H**	**12831**	**12283**	**548**	**255885**	**143924**
住宿业	61	4574	4443	131	121751	71013
旅游饭店	611	1391	1336	55	80562	46354
一般旅馆	612	2704	2633	71	36569	21916
民宿服务	613	211	210	1	1269	738
露营地服务	614	2	2		8	4
其他住宿业	619	266	262	4	3343	2001
餐饮业	62	8257	7840	417	134134	72911
正餐服务	621	6392	6090	302	90937	49865
快餐服务	622	452	401	51	30914	16785
饮料及冷饮服务	623	399	380	19	3333	1706
餐饮配送及外卖送餐服务	624	252	243	9	2653	1155
其他餐饮业	629	762	726	36	6297	3400
信息传输、软件和信息技术服务业	**I**	**32511**	**32160**	**351**	**396151**	**146942**
电信、广播电视和卫星传输服务	63	563	503	60	53913	22064
电信	631	497	443	54	43150	18372

2-03 续表 8

行业中类	代码	法人单位数(个)	单产业法人单位	多产业法人单位	从业人员数(人)	#女性
广播电视传输服务	632	56	52	4	10635	3635
卫星传输服务	633	10	8	2	128	57
互联网和相关服务	64	6205	6151	54	70966	27099
互联网接入及相关服务	641	539	534	5	4793	1738
互联网信息服务	642	3054	3029	25	31732	12108
互联网平台	643	510	499	11	16814	6775
互联网安全服务	644	55	54	1	428	157
互联网数据服务	645	126	124	2	1692	578
其他互联网服务	649	1921	1911	10	15507	5743
软件和信息技术服务业	65	25743	25506	237	271272	97779
软件开发	651	13994	13871	123	154220	53862
集成电路设计	652	216	214	2	1844	614
信息系统集成和物联网技术服务	653	2114	2075	39	29785	9976
运行维护服务	654	193	190	3	3427	1350
信息处理和存储支持服务	655	218	215	3	2696	989
信息技术咨询服务	656	7021	6976	45	55960	21427
数字内容服务	657	456	446	10	7668	2742
其他信息技术服务业	659	1531	1519	12	15672	6819
金融业	**J**	**3335**	**2743**	**592**	**14618**	**5529**
货币金融服务	66	1168	901	267	6793	2563
中央银行服务	661					
货币银行服务	662	384	135	249		
非货币银行服务	663	784	766	18	6793	2563
银行理财服务	664					
银行监管服务	665					
资本市场服务	67	1190	1156	34	3100	1133
证券市场服务	671	8	5	3	13	5
公开募集证券投资基金	672					
非公开募集证券投资基金	673	585	563	22		
期货市场服务	674	5		5		
证券期货监管服务	675					
资本投资服务	676	419	418	1	1962	757
其他资本市场服务	679	173	170	3	1125	371
保险业	68	479	202	277	223	112
人身保险	681	157	42	115		
财产保险	682	190	59	131		
再保险	683					
商业养老金	684	11	11			
保险中介服务	685	86	56	30		
保险资产管理	686					
保险监管服务	687					
其他保险活动	689	35	34	1	223	112
其他金融业	69	498	484	14	4502	1721
金融信托与管理服务	691	48	46	2	454	161
控股公司服务	692	14	14		342	126
非金融机构支付服务	693	9	6	3		
金融信息服务	694	180	175	5	887	351
金融资产管理公司	695	4	4		58	10
其他未列明金融业	699	243	239	4	2761	1073

2-03　续表 9

行业中类	代码	法人单位数(个)	单产业法人单位	多产业法人单位	从业人员数(人)	#女性
房地产业	K	**18016**	**16987**	**1029**	**379026**	**148613**
房地产业	70	18016	16987	1029	379026	148613
房地产开发经营	701	5727	5561	166	124962	47212
物业管理	702	5136	4728	408	176018	69281
房地产中介服务	703	4462	4130	332	50539	22166
房地产租赁经营	704	2366	2255	111	22307	8323
其他房地产业	709	325	313	12	5200	1631
租赁和商务服务业	L	**65433**	**64346**	**1087**	**787329**	**285206**
租赁业	71	5052	4982	70	51844	13794
机械设备经营租赁	711	4809	4741	68	49781	13078
文体设备和用品出租	712	202	200	2	1645	544
日用品出租	713	41	41		418	172
商务服务业	72	60381	59364	1017	735485	271412
组织管理服务	721	13929	13755	174	105256	40089
综合管理服务	722	1432	1402	30	17775	6595
法律服务	723	316	306	10	4249	1773
咨询与调查	724	18054	17811	243	144913	66641
广告业	725	13493	13381	112	118965	46173
人力资源服务	726	3191	3094	97	153476	54386
安全保护服务	727	1035	979	56	95881	13318
会议、展览及相关服务	728	1356	1349	7	13094	5879
其他商务服务业	729	7575	7287	288	81876	36558
科学研究和技术服务业	M	**24556**	**23918**	**638**	**281494**	**93892**
研究和试验发展	73	2842	2828	14	23244	8726
自然科学研究和试验发展	731	227	227		1470	586
工程和技术研究和试验发展	732	1955	1948	7	15928	5633
农业科学研究和试验发展	733	297	294	3	2108	807
医学研究和试验发展	734	336	333	3	3532	1608
社会人文科学研究	735	27	26	1	206	92
专业技术服务业	74	13073	12513	560	193541	61051
气象服务	741	20	18	2	174	77
地震服务	742	3	3		19	2
海洋服务	743	54	50	4	464	147
测绘地理信息服务	744	321	273	48	5193	1533
质检技术服务	745	1096	1033	63	21521	6504
环境与生态监测检测服务	746	278	269	9	3357	1316
地质勘查	747	121	112	9	1875	523
工程技术与设计服务	748	7039	6655	384	124769	37397
工业与专业设计及其他专业技术服务	749	4141	4100	41	36169	13552
科技推广和应用服务业	75	8641	8577	64	64709	24115
技术推广服务	751	6448	6391	57	50448	18506
知识产权服务	752	709	705	4	5627	2374
科技中介服务	753	237	236	1	1529	543
创业空间服务	754	111	111		773	337
其他科技推广服务业	759	1136	1134	2	6332	2355

2-03 续表 10

行业中类	代码	法人单位数(个)	单产业法人单位	多产业法人单位	从业人员数(人)	#女性
水利、环境和公共设施管理业	N	**3766**	**3683**	**83**	**86592**	**36985**
水利管理业	76	196	187	9	2088	607
防洪除涝设施管理	761	47	46	1	476	130
水资源管理	762	41	41		476	139
天然水收集与分配	763	33	31	2	371	122
水文服务	764	7	6	1	54	19
其他水利管理业	769	68	63	5	711	197
生态保护和环境治理业	77	564	552	12	6773	2131
生态保护	771	69	67	2	1013	411
环境治理业	772	495	485	10	5760	1720
公共设施管理业	78	2941	2883	58	76422	33768
市政设施管理	781	247	241	6	8722	2984
环境卫生管理	782	638	614	24	36411	18010
城乡市容管理	783	39	39		480	188
绿化管理	784	976	968	8	13717	5493
城市公园管理	785	35	34	1	455	171
游览景区管理	786	1006	987	19	16637	6922
土地管理业	79	65	61	4	1309	479
土地整治服务	791	16	16		483	197
土地调查评估服务	792	9	6	3	142	65
土地登记服务	793	3	3		3	1
土地登记代理服务	794	4	4		50	15
其他土地管理服务	799	33	32	1	631	201
居民服务、修理和其他服务业	O	**15059**	**14733**	**326**	**204960**	**105838**
居民服务业	80	6446	6274	172	92604	58650
家庭服务	801	1925	1891	34	41373	30383
托儿所服务	802	158	156	2	1010	680
洗染服务	803	193	182	11	3130	1597
理发及美容服务	804	1113	1054	59	9736	6245
洗浴和保健养生服务	805	1189	1154	35	16542	10607
摄影扩印服务	806	695	686	9	8588	4254
婚姻服务	807	442	438	4	3726	1900
殡葬服务	808	283	276	7	4527	1384
其他居民服务业	809	448	437	11	3972	1600
机动车、电子产品和日用产品修理业	81	6359	6250	109	55868	14724
汽车、摩托车等修理与维护	811	4979	4883	96	45283	11503
计算机和办公设备维修	812	619	611	8	4372	1446
家用电器修理	813	653	651	2	5359	1540
其他日用产品修理业	819	108	105	3	854	235
其他服务业	82	2254	2209	45	56488	32464
清洁服务	821	1868	1832	36	42976	25386
宠物服务	822	90	85	5	532	227
其他未列明服务业	829	296	292	4	12980	6851
教育	P	**6112**	**5907**	**205**	**59375**	**30348**
教育	83	6112	5907	205	59375	30348
学前教育	831	521	518	3	7037	5758
初等教育	832	32	32		215	102

2-03　续表 11

行业中类	代码	法人单位数(个)	单产业法人单位	多产业法人单位	从业人员数(人)	#女性
中等教育	833	16	16		452	236
高等教育	834					
特殊教育	835	10	9	1	67	31
技能培训、教育辅助及其他教育	839	5533	5332	201	51604	24221
卫生和社会工作	**Q**	**1933**	**1895**	**38**	**40671**	**25317**
卫生	84	1540	1504	36	36500	22988
医院	841	285	277	8	19918	13360
基层医疗卫生服务	842	1074	1067	7	11602	6533
专业公共卫生服务	843	50	49	1	530	385
其他卫生活动	849	131	111	20	4450	2710
社会工作	85	393	391	2	4171	2329
提供住宿社会工作	851	341	339	2	3749	2079
不提供住宿社会工作	852	52	52		422	250
文化、体育和娱乐业	**R**	**16557**	**16363**	**194**	**151435**	**67544**
新闻和出版业	86	119	116	3	2425	1106
新闻业	861	13	12	1	92	41
出版业	862	106	104	2	2333	1065
广播、电视、电影和录音制作业	87	1478	1449	29	16293	6841
广播	871	22	22		153	65
电视	872	12	12		111	52
影视节目制作	873	1049	1042	7	9115	3580
广播电视集成播控	874	5	5		262	90
电影和广播电视节目发行	875	49	49		629	270
电影放映	876	288	266	22	5657	2636
录音制作	877	53	53		366	148
文化艺术业	88	4094	4066	28	33890	15307
文艺创作与表演	881	1272	1266	6	14185	6576
艺术表演场馆	882	24	24		1014	439
图书馆与档案馆	883	112	109	3	830	411
文物及非物质文化遗产保护	884	61	61		635	253
博物馆	885	16	16		240	106
烈士陵园、纪念馆	886	4	4		16	6
群众文体活动	887	325	323	2	2276	998
其他文化艺术业	889	2280	2263	17	14694	6518
体育	89	2031	1967	64	17384	6859
体育组织	891	329	325	4	2755	920
体育场地设施管理	892	167	157	10	1773	649
健身休闲活动	893	1475	1425	50	12420	5111
其他体育	899	60	60		436	179
娱乐业	90	8835	8765	70	81443	37431
室内娱乐活动	901	3140	3112	28	38419	19117
游乐园	902	170	167	3	3704	1613
休闲观光活动	903	988	984	4	9100	3737
彩票活动	904	3	3		57	37
文化体育娱乐活动与经纪代理服务	905	4470	4435	35	29632	12733
其他娱乐业	909	64	64		531	194

2-04 按行业(大类)、地区

行业大类	代码	法人单位数(个)	福州	#平潭	厦门
总　　计	00	**605529**	**113763**	**4551**	**141735**
农、林、牧、渔业	A	**1405**	**284**	**17**	**19**
农业	01	8	2	1	
林业	02	5	1		
畜牧业	03	1			
渔业	04	3	1		
农、林、牧、渔专业及辅助性活动	05	1388	280	16	19
采矿业	B	**1567**	**29**	**4**	**4**
煤炭开采和洗选业	06	142			
石油和天然气开采业	07				
黑色金属矿采选业	08	227	1		
有色金属矿采选业	09	173			
非金属矿采选业	10	977	27	4	4
开采专业及辅助性活动	11	37	1		
其他采矿业	12	11			
制造业	C	**115234**	**12179**	**132**	**19190**
农副食品加工业	13	4690	696	20	260
食品制造业	14	3448	416	4	415
酒、饮料和精制茶制造业	15	4046	224	7	109
烟草制品业	16	9	2		1
纺织业	17	4570	1527	3	522
纺织服装、服饰业	18	8683	495	5	1089
皮革、毛皮、羽毛及其制品和制鞋业	19	9291	507		389
木材加工和木、竹、藤、棕、草制品业	20	4535	305	4	330
家具制造业	21	3303	374	6	621
造纸和纸制品业	22	3231	314		860
印刷和记录媒介复制业	23	2802	419	2	684
文教、工美、体育和娱乐用品制造业	24	7469	1031	3	835
石油、煤炭及其他燃料加工业	25	236	24		23
化学原料和化学制品制造业	26	3262	329	4	613
医药制造业	27	574	92	3	94
化学纤维制造业	28	226	54		31
橡胶和塑料制品业	29	6044	667	5	1972
非金属矿物制品业	30	13526	967	15	640
黑色金属冶炼和压延加工业	31	468	68	1	58
有色金属冶炼和压延加工业	32	600	53	2	117
金属制品业	33	8859	664	5	2312
通用设备制造业	34	6306	637	5	1698
专用设备制造业	35	5650	549	5	1996
汽车制造业	36	1634	297		302
铁路、船舶、航空航天和其他运输设备制造业	37	769	74	4	97
电气机械和器材制造业	38	3951	468	6	1005
计算机、通信和其他电子设备制造业	39	3173	397	4	1205
仪器仪表制造业	40	885	170	1	291
其他制造业	41	1525	106		315
废弃资源综合利用业	42	498	57	2	19
金属制品、机械和设备修理业	43	971	196	16	287
电力、热力、燃气及水生产和供应业	D	**6576**	**604**	**15**	**143**
电力、热力生产和供应业	44	5392	423	9	82
燃气生产和供应业	45	153	22	1	5
水的生产和供应业	46	1031	159	5	56
建筑业	E	**32300**	**7489**	**679**	**7046**
房屋建筑业	47	9131	2720	228	902
土木工程建筑业	48	6641	1502	198	1214
建筑安装业	49	3148	650	19	1139
建筑装饰、装修和其他建筑业	50	13380	2617	234	3791

分组的企业法人单位数

莆田	三明	泉州	漳州	南平	龙岩	宁德	代码
38667	**26159**	**153116**	**47812**	**28263**	**28714**	**27300**	00
2	**144**	**178**	**319**	**188**	**149**	**122**	A
	1	1	1		1	2	01
	2	1			1		02
	1						03
	1					1	04
2	139	176	318	188	147	119	05
17	**546**	**213**	**120**	**150**	**415**	**73**	B
	62	12		4	64		06
							07
1	117	29	2	14	61	2	08
	76	19	1	26	43	8	09
16	255	150	117	104	244	60	10
	33	1		1	1		11
	3	2		1	2	3	12
6463	**4876**	**44451**	**11067**	**5694**	**4353**	**6961**	C
219	340	500	1142	292	322	919	13
142	168	934	860	177	175	161	14
44	213	688	300	1087	191	1190	15
	3			1	2		16
159	261	1708	146	107	83	57	17
292	167	5758	278	177	329	98	18
1533	71	6519	149	32	46	45	19
274	758	595	558	1181	329	205	20
270	129	1110	490	118	116	75	21
122	127	1154	381	92	103	78	22
92	103	984	269	85	104	62	23
1584	109	2961	444	255	98	152	24
9	33	43	43	31	26	4	25
90	368	759	382	371	254	96	26
20	71	125	46	61	30	35	27
6	12	100	12	6	3	2	28
197	158	1953	616	123	120	238	29
245	680	7508	1643	594	617	632	30
45	31	61	66	18	31	90	31
37	47	124	78	33	63	48	32
326	270	3527	999	164	249	348	33
195	258	2348	424	184	220	342	34
161	163	1837	359	149	288	148	35
37	55	555	123	44	108	113	36
13	9	76	99	11	9	381	37
51	66	533	384	134	137	1173	38
159	53	756	308	53	168	74	39
49	23	121	168	21	17	25	40
21	26	793	172	35	31	26	41
34	61	152	57	20	56	42	42
37	43	169	71	38	28	102	43
170	**1345**	**857**	**780**	**869**	**1129**	**679**	D
102	1208	665	601	765	991	555	44
3	18	33	28	14	18	12	45
65	119	159	151	90	120	112	46
1928	**1607**	**6232**	**2811**	**1863**	**1761**	**1563**	E
736	601	1633	755	602	634	548	47
451	369	1111	579	482	517	416	48
65	131	521	249	181	131	81	49
676	506	2967	1228	598	479	518	50

2-04 续表

行业大类	代码	法人单位数(个)	福州	#平潭	厦门
批发和零售业	F	**231847**	**40532**	**1371**	**51259**
批发业	51	129587	28519	883	36919
零售业	52	102260	12013	488	14340
交通运输、仓储和邮政业	G	**16491**	**3334**	**349**	**4412**
铁路运输业	53	14	4		1
道路运输业	54	9497	1923	82	1946
水上运输业	55	952	373	204	259
航空运输业	56	90	12		51
管道运输业	57	7	1		3
多式联运和运输代理业	58	3454	549	42	1628
装卸搬运和仓储业	59	1533	304	11	337
邮政业	60	944	168	10	187
住宿和餐饮业	H	**12831**	**2919**	**155**	**3419**
住宿业	61	4574	1025	95	1205
餐饮业	62	8257	1894	60	2214
信息传输、软件和信息技术服务业	I	**32511**	**8910**	**190**	**11991**
电信、广播电视和卫星传输服务	63	563	97	1	180
互联网和相关服务	64	6205	1070	48	2155
软件和信息技术服务业	65	25743	7743	141	9656
金融业	J	**3335**	**1104**	**46**	**1104**
货币金融服务	66	1168	456	27	226
资本市场服务	67	1190	398	7	623
保险业	68	479	126	5	82
其他金融业	69	498	124	7	173
房地产业	K	**18016**	**3822**	**163**	**4160**
房地产业	70	18016	3822	163	4160
租赁和商务服务业	L	**65433**	**16760**	**938**	**19167**
租赁业	71	5052	1362	135	1374
商务服务业	72	60381	15398	803	17793
科学研究和技术服务业	M	**24556**	**6482**	**142**	**7302**
研究和试验发展	73	2842	721	5	1266
专业技术服务业	74	13073	3678	76	3581
科技推广和应用服务业	75	8641	2083	61	2455
水利、环境和公共设施管理业	N	**3766**	**604**	**22**	**617**
水利管理业	76	196	33	1	22
生态保护和环境治理业	77	564	92	4	209
公共设施管理业	78	2941	471	17	384
土地管理业	79	65	8		2
居民服务、修理和其他服务业	O	**15059**	**3448**	**145**	**4552**
居民服务业	80	6446	1544	57	1907
机动车、电子产品和日用产品修理业	81	6359	1351	46	2153
其他服务业	82	2254	553	42	492
教育	P	**6112**	**940**	**33**	**2543**
教育	83	6112	940	33	2543
卫生和社会工作	Q	**1933**	**814**	**14**	**332**
卫生	84	1540	694	9	301
社会工作	85	393	120	5	31
文化、体育和娱乐业	R	**16557**	**3509**	**136**	**4475**
新闻和出版业	86	119	42		48
广播、电视、电影和录音制作业	87	1478	292	12	534
文化艺术业	88	4094	686	52	967
体育	89	2031	356	11	466
娱乐业	90	8835	2133	61	2460

莆田	三明	泉州	漳州	南平	龙岩	宁德	代码
20317	**9152**	**63896**	**16813**	**9591**	**11069**	**9218**	F
7428	5007	28099	8875	4290	6138	4312	51
12889	4145	35797	7938	5301	4931	4906	52
621	**968**	**2952**	**1616**	**923**	**859**	**806**	G
		4	1	1	3		53
383	740	1576	1092	695	637	505	54
39	8	140	54	6	2	71	55
	5	7	3	3	5	4	56
		2	1				57
89	39	772	203	54	58	62	58
71	104	265	163	90	97	102	59
39	72	186	99	74	57	62	60
847	**419**	**2430**	**1024**	**526**	**661**	**586**	H
229	196	810	377	315	155	262	61
618	223	1620	647	211	506	324	62
1296	**909**	**4738**	**1629**	**964**	**1281**	**793**	I
41	19	84	42	39	36	25	63
246	245	1129	347	365	385	263	64
1009	645	3525	1240	560	860	505	65
81	**151**	**380**	**136**	**105**	**157**	**117**	J
33	70	132	75	49	72	55	66
5	10	102	4	10	27	11	67
37	32	71	39	26	34	32	68
6	39	75	18	20	24	19	69
924	**995**	**3449**	**1707**	**989**	**1047**	**923**	K
924	995	3449	1707	989	1047	923	70
2802	**2228**	**11004**	**4835**	**3316**	**2588**	**2733**	L
266	158	772	433	184	227	276	71
2536	2070	10232	4402	3132	2361	2457	72
1085	**976**	**4351**	**1606**	**902**	**1053**	**799**	M
41	22	472	177	39	72	32	73
513	539	2154	941	551	601	515	74
531	415	1725	488	312	380	252	75
174	**416**	**588**	**468**	**347**	**302**	**250**	N
8	19	28	13	32	24	17	76
14	39	65	44	28	45	28	77
150	349	490	394	278	222	203	78
2	9	5	17	9	11	2	79
783	**484**	**2692**	**1160**	**647**	**636**	**657**	O
380	171	1183	498	224	268	271	80
313	230	1096	476	273	203	264	81
90	83	413	186	150	165	122	82
408	**208**	**876**	**341**	**228**	**310**	**258**	P
408	208	876	341	228	310	258	83
73	**67**	**290**	**100**	**97**	**88**	**72**	Q
50	39	227	76	45	60	48	84
23	28	63	24	52	28	24	85
676	**668**	**3539**	**1280**	**864**	**856**	**690**	R
1	1	16	6		2	3	86
40	51	343	54	75	45	44	87
176	174	1000	293	295	335	168	88
76	66	760	106	60	78	63	89
383	376	1420	821	434	396	412	90

2-05 按行业(大类)、地区分组的

行业大类	代码	从业人员数(人)	福州	#平潭	厦门
总　计	00	**14961312**	**3726855**	**89544**	**3127749**
农、林、牧、渔业	A	**11628**	**3035**	**98**	**174**
农业	01				
林业	02				
畜牧业	03				
渔业	04				
农、林、牧、渔专业及辅助性活动	05	11628	3035	98	174
采矿业	B	**67110**	**1110**	**37**	**71**
煤炭开采和洗选业	06	23914			
石油和天然气开采业	07				
黑色金属矿采选业	08	10455			
有色金属矿采选业	09	5968			
非金属矿采选业	10	26451	1110	37	71
开采专业及辅助性活动	11	243			
其他采矿业	12	79			
制造业	C	**5281648**	**766020**	**2451**	**861730**
农副食品加工业	13	238232	41981	352	14261
食品制造业	14	188768	17488	79	17007
酒、饮料和精制茶制造业	15	131125	12745	69	15975
烟草制品业	16	6030	324		1430
纺织业	17	285501	86678	17	20178
纺织服装、服饰业	18	504814	35712	82	49197
皮革、毛皮、羽毛及其制品和制鞋业	19	682484	81693		18832
木材加工和木、竹、藤、棕、草制品业	20	143082	9036	19	3649
家具制造业	21	96818	19475	22	18298
造纸和纸制品业	22	121226	11166		17031
印刷和记录媒介复制业	23	73362	14552	8	16655
文教、工美、体育和娱乐用品制造业	24	306867	64602	84	36080
石油、煤炭及其他燃料加工业	25	12570	987		591
化学原料和化学制品制造业	26	126445	16247	19	17169
医药制造业	27	38946	8374	8	9080
化学纤维制造业	28	41585	17926		3405
橡胶和塑料制品业	29	233026	27537	86	75430
非金属矿物制品业	30	466792	51367	550	19272
黑色金属冶炼和压延加工业	31	71637	15269	8	5380
有色金属冶炼和压延加工业	32	62922	6639	18	10382
金属制品业	33	228918	21628	14	76916
通用设备制造业	34	186793	29042	51	45820
专用设备制造业	35	161279	19432	51	51905
汽车制造业	36	122196	33432		30374
铁路、船舶、航空航天和其他运输设备制造业	37	40477	5341	30	7483
电气机械和器材制造业	38	242528	37037	31	77292
计算机、通信和其他电子设备制造业	39	332990	57188	551	175404
仪器仪表制造业	40	37700	12053	3	8418
其他制造业	41	67787	5225		10207
废弃资源综合利用业	42	9348	1200	1	440
金属制品、机械和设备修理业	43	19400	4644	298	8169
电力、热力、燃气及水生产和供应业	D	**172830**	**84910**	**546**	**6157**
电力、热力生产和供应业	44	138452	77203	234	2382
燃气生产和供应业	45	8100	1963	40	1074
水的生产和供应业	46	26278	5744	272	2701
建筑业	E	**4492433**	**1533811**	**41969**	**1026209**
房屋建筑业	47	2815583	1127200	14877	352400
土木工程建筑业	48	815846	223981	16681	170396
建筑安装业	49	109945	39770	1924	30966
建筑装饰、装修和其他建筑业	50	751059	142860	8487	472447

企业法人单位从业人员数

莆田	三明	泉州	漳州	南平	龙岩	宁德	代码
937913	**581469**	**3574053**	**1214839**	**452614**	**831449**	**514371**	00
15	**802**	**1623**	**3228**	**926**	**1062**	**763**	A
							01
							02
							03
							04
15	802	1623	3228	926	1062	763	05
1127	**25062**	**10680**	**2526**	**4200**	**21363**	**971**	B
	7443	2982		392	13097		06
							07
5	4823	2091	32	846	2650	8	08
	3525	574	5	617	1053	194	09
1122	9037	5009	2489	2328	4548	737	10
	204	10		14	15		11
	30	14		3		32	12
380715	**222619**	**1892978**	**537252**	**214514**	**167295**	**238525**	C
10255	11324	16786	78893	28860	9630	26242	13
7299	7497	60235	56378	8388	10229	4247	14
4648	6312	39336	12615	15800	3891	19803	15
	907			1247	2122		16
13152	25646	113608	8679	7412	7423	2725	17
24980	8111	347076	10617	8165	16245	4711	18
166772	3212	396515	10323	1484	1985	1668	19
8126	34152	8367	17950	47271	11717	2814	20
6918	3495	20471	21178	3040	2959	984	21
7315	8020	46763	22077	3732	3347	1775	22
2527	2300	25832	6183	2596	1972	745	23
50069	4388	100959	26054	16668	3959	4088	24
99	694	7272	1743	347	734	103	25
5230	17785	25120	17915	15003	9122	2854	26
1071	3239	7770	2649	3365	1448	1950	27
1104	2075	16111	315	296	329	24	28
11258	7964	61664	20241	6544	4595	17793	29
9652	22783	276666	48833	10255	19710	8254	30
1484	10111	6812	23873	1025	1332	6351	31
833	1178	7278	2146	4834	7632	22000	32
7590	12537	58856	31545	4852	6217	8777	33
9565	8001	61935	13875	3129	6320	9106	34
4951	7438	51701	7866	3138	10917	3931	35
2870	3706	20001	18470	3104	6256	3983	36
2342	380	3504	4751	123	287	16266	37
2125	3717	26191	21074	8412	3694	62986	38
13939	1864	35245	35233	2257	10545	1315	39
2095	1795	3951	8028	459	220	681	40
346	543	43003	5839	560	1634	430	41
1061	1147	2305	1193	575	658	769	42
1039	298	1645	716	1573	166	1150	43
5364	**13739**	**15310**	**11557**	**9771**	**12289**	**13733**	D
2617	11270	9040	7497	7802	10018	10623	44
786	678	1336	1118	331	478	336	45
1961	1791	4934	2942	1638	1793	2774	46
236532	**166613**	**676772**	**278202**	**80782**	**404057**	**89455**	E
164365	134509	512454	180522	44941	256767	42425	47
61496	24248	85279	62068	21331	132100	34947	48
1120	3169	12303	9508	7644	4512	953	49
9551	4687	66736	26104	6866	10678	11130	50

2-05 续表

行业大类	代码	从业人员数（人）	福州	#平潭	厦门
批发和零售业	F	**1835712**	**394853**	**6276**	**370586**
批发业	51	1058873	250499	3192	249179
零售业	52	776839	144354	3084	121407
交通运输、仓储和邮政业	G	**442415**	**100990**	**6990**	**129778**
铁路运输业	53	68			
道路运输业	54	250829	61276	2038	54049
水上运输业	55	31967	10989	4067	11167
航空运输业	56	28539	3237		23539
管道运输业	57	147	31		59
多式联运和运输代理业	58	49741	7790	516	23618
装卸搬运和仓储业	59	34304	6755	102	9769
邮政业	60	46820	10912	267	7577
住宿和餐饮业	H	**255885**	**69296**	**2561**	**75882**
住宿业	61	121751	28820	1749	32416
餐饮业	62	134134	40476	812	43466
信息传输、软件和信息技术服务业	I	**396151**	**150417**	**1516**	**133756**
电信、广播电视和卫星传输服务	63	53913	27834		5283
互联网和相关服务	64	70966	13776	733	31051
软件和信息技术服务业	65	271272	108807	783	97422
金融业	J	**14618**	**4701**	**137**	**4730**
货币金融服务	66	6793	2193	108	2348
资本市场服务	67	3100	1106	2	869
保险业	68	223	69		37
其他金融业	69	4502	1333	27	1476
房地产业	K	**379026**	**100763**	**3051**	**103673**
房地产业	70	379026	100763	3051	103673
租赁和商务服务业	L	**787329**	**264841**	**9260**	**199107**
租赁业	71	51844	16912	1203	13384
商务服务业	72	735485	247929	8057	185723
科学研究和技术服务业	M	**281494**	**101153**	**937**	**74098**
研究和试验发展	73	23244	7211	14	9054
专业技术服务业	74	193541	74752	656	52467
科技推广和应用服务业	75	64709	19190	267	12577
水利、环境和公共设施管理业	N	**86592**	**17754**	**758**	**24602**
水利管理业	76	2088	369	2	257
生态保护和环境治理业	77	6773	1896	31	2530
公共设施管理业	78	76422	15408	725	21711
土地管理业	79	1309	81		104
居民服务、修理和其他服务业	O	**204960**	**67948**	**11506**	**59421**
居民服务业	80	92604	27187	313	29558
机动车、电子产品和日用产品修理业	81	55868	14156	250	15053
其他服务业	82	56488	26605	10943	14810
教育	P	**59375**	**11503**	**412**	**16641**
教育	83	59375	11503	412	16641
卫生和社会工作	Q	**40671**	**14902**	**184**	**9512**
卫生	84	36500	13448	154	9313
社会工作	85	4171	1454	30	199
文化、体育和娱乐业	R	**151435**	**38848**	**855**	**31622**
新闻和出版业	86	2425	939		1019
广播、电视、电影和录音制作业	87	16293	3975	85	5557
文化艺术业	88	33890	7307	306	5894
体育	89	17384	4579	31	3864
娱乐业	90	81443	22048	433	15288

莆田	三明	泉州	漳州	南平	龙岩	宁德	代码
178156	**59004**	**484226**	**152871**	**49055**	**86013**	**60948**	F
81403	32468	256272	88333	22860	49084	28775	51
96753	26536	227954	64538	26195	36929	32173	52
14887	**20270**	**81460**	**33941**	**17723**	**24815**	**18551**	G
					68		53
8457	16325	45192	22562	11377	19615	11976	54
1271	106	6301	947	172	14	1000	55
	256	1076	47	257	121	6	56
		41	16				57
1771	345	11857	2537	271	1055	497	58
1579	1308	7440	3153	1515	1534	1251	59
1809	1930	9553	4679	4131	2408	3821	60
12682	**7579**	**41308**	**16695**	**10079**	**12513**	**9851**	H
4850	4909	24725	8669	7288	5207	4867	61
7832	2670	16583	8026	2791	7306	4984	62
15186	**7304**	**51169**	**16715**	**5797**	**9530**	**6277**	I
2592	2250	5762	3702	2357	1842	2291	63
2333	2131	12544	3204	1621	2678	1628	64
10261	2923	32863	9809	1819	5010	2358	65
196	**448**	**2635**	**487**	**264**	**789**	**368**	J
109	225	883	279	127	422	207	66
29	25	859		42	139	31	67
		104				13	68
58	198	789	208	95	228	117	69
15670	**16115**	**56895**	**37059**	**16231**	**16950**	**15670**	K
15670	16115	56895	37059	16231	16950	15670	70
38384	**16886**	**126374**	**59979**	**17982**	**35354**	**28422**	L
2826	689	8477	3948	1039	2421	2148	71
35558	16197	117897	56031	16943	32933	26274	72
11620	**7778**	**46499**	**18477**	**5443**	**9445**	**6981**	M
400	161	4125	1414	147	413	319	73
6069	5301	26101	12809	4149	6736	5157	74
5151	2316	16273	4254	1147	2296	1505	75
6339	**4646**	**8555**	**8548**	**5040**	**6313**	**4795**	N
126	139	382	163	215	320	117	76
141	275	740	388	209	428	166	77
6051	4058	7341	7566	4479	5342	4466	78
21	174	92	431	137	223	46	79
7900	**4856**	**29425**	**14596**	**6094**	**7103**	**7617**	O
3956	1943	13820	7193	2414	3682	2851	80
2668	1868	10780	5168	2000	2025	2150	81
1276	1045	4825	2235	1680	1396	2616	82
4547	**1887**	**10618**	**5290**	**1907**	**4045**	**2937**	P
4547	1887	10618	5290	1907	4045	2937	83
1291	**968**	**6938**	**1570**	**979**	**2835**	**1676**	Q
1023	736	6177	1360	630	2433	1380	84
268	232	761	210	349	402	296	85
7302	**4893**	**30588**	**15846**	**5827**	**9678**	**6831**	R
26	16	336	52		10	27	86
625	528	3405	699	465	520	519	87
1990	929	8262	3372	1762	2922	1452	88
906	403	4227	1315	678	922	490	89
3755	3017	14358	10408	2922	5304	4343	90

2-06 按地区、登记注册类型

地区	法人单位数(个)	内资企业	国有企业	集体企业	股份合作企业	联营企业	国有联营企业
全 省	**605529**	**594810**	**2289**	**3700**	**300**	**224**	**26**
福 州	113763	111727	494	974	42	66	8
#平潭	4551	4356	21	98	2	4	
厦 门	141735	138003	160	171	11	28	3
莆 田	38667	38342	71	183	21	14	1
三 明	26159	25981	231	415	30	12	1
泉 州	153116	150305	355	547	48	49	5
漳 州	47812	46651	303	430	68	14	2
南 平	28263	28123	318	431	23	20	2
龙 岩	28714	28465	144	295	36	14	2
宁 德	27300	27213	213	254	21	7	2

2-06 续表

地区	私营合伙企业	私营有限责任公司	私营股份有限公司	其他企业	港、澳、台商投资企业	合资经营企业(港或澳、台资)	合作经营企业(港或澳、台资)
全 省	**7529**	**487238**	**5068**	**9**	**7181**	**1676**	**79**
福 州	1400	90746	960	3	1282	410	23
#平潭	144	2426	45		183	72	5
厦 门	1040	119864	1199	6	2354	538	24
莆 田	155	25912	256		225	41	4
三 明	1014	19892	303		124	64	
泉 州	1059	127926	1028		2098	325	14
漳 州	450	38181	360		792	202	9
南 平	1147	21872	276		85	38	2
龙 岩	725	21461	420		176	48	2
宁 德	539	21384	266		45	10	1

分组的企业法人单位数

集体联营企业	国有与集体联营企业	其他联营企业	有限责任公司	国有独资公司	其他有限责任公司	股份有限公司	私营企业	私营独资企业
111	**17**	**70**	**47975**	**2170**	**45805**	**5055**	**535258**	**35423**
31	6	21	10013	345	9668	1287	98848	5742
4			1421	29	1392	90	2720	105
11	3	11	13779	348	13431	744	123104	1001
7		6	4886	221	4665	302	32865	6542
6	2	3	1928	221	1707	431	22934	1725
30	2	12	7448	268	7180	862	140996	10983
8	1	3	3135	288	2847	489	42212	3221
9	2	7	1789	174	1615	307	25235	1940
5	1	6	2807	196	2611	371	24798	2192
4		1	2190	109	2081	262	24266	2077

港、澳、台商独资经营企业	港、澳、台商投资股份有限公司	其他港、澳、台商投资企业	外商投资企业	中外合资经营企业	中外合作经营企业	外资企业	外商投资股份有限公司	其他外商投资
5178	**140**	**108**	**3538**	**1010**	**39**	**2261**	**88**	**140**
799	31	19	754	248	12	460	14	20
101	1	4	12	2		9	1	
1708	41	43	1378	374	15	899	37	53
171	4	5	100	29	1	55	3	12
56	3	1	54	31	1	15	5	2
1705	32	22	713	179	7	482	16	29
550	19	12	369	87	3	259	7	13
40	2	3	55	22		28	2	3
116	7	3	73	27		38	2	6
33	1		42	13		25	2	2

2-07 按地区、登记注册类型

地区	从业人员数(人)	内资企业	国有企业	集体企业	股份合作企业	联营企业	国有联营企业
全省	**14961312**	**13338314**	**136111**	**69930**	**36597**	**5618**	**740**
福州	3726855	3407720	37515	33578	30902	728	75
#平潭	89544	88017	337	299	11		
厦门	3127749	2664343	13952	3135	61	3456	491
莆田	937913	854665	2883	3553	805	321	20
三明	581469	569362	7352	6201	278	100	50
泉州	3574053	3042504	40154	7083	1773	511	45
漳州	1214839	1075885	11111	6474	1201	164	9
南平	452614	432110	8706	3779	702	139	5
龙岩	831449	806760	5760	3252	777	115	20
宁德	514371	484965	8678	2875	98	84	25

2-07 续表

地区	私营合伙企业	私营有限责任公司	私营股份有限公司	其他企业	港、澳、台商投资企业	合资经营企业(港或澳、台资)	合作经营企业(港或澳、台资)
全省	**58709**	**8762895**	**214852**		**1029466**	**221827**	**6976**
福州	11946	2111070	44382		168876	51427	1934
#平潭	493	39139	411		1299	419	66
厦门	3065	1786699	38841		240238	63557	1727
莆田	2124	479888	4802		51288	9899	139
三明	7516	412103	9753		8092	2644	
泉州	15304	2098005	51993		412998	52487	2202
漳州	3311	727061	12469		96712	30589	857
南平	4827	274667	6301		10300	7604	38
龙岩	6065	569911	21792		14939	2862	50
宁德	4551	303491	24519		26023	758	29

分组的企业法人单位从业人员数

集体联营企　业	国有与集体联营企业	其他联营企　业	有限责任公　司	国有独资公　司	其他有限责任公司	股份有限公　司	私营企业	私营独资企　业
4005	**163**	**710**	**3318777**	**381189**	**2937588**	**427535**	**9343746**	**307290**
317	76	260	947414	120841	826573	140133	2217450	50052
			42889	1566	41323	3759	40722	679
2847	50	68	736836	116943	619893	71548	1835355	6750
160		141	278802	11767	267035	22785	545516	58702
32	13	5	99048	37042	62006	13275	443108	13736
328	7	131	637394	37655	599739	92133	2263456	98154
116	14	25	260427	22498	237929	24891	771617	28776
81	2	51	88643	8918	79725	29145	300996	15201
67	1	27	157360	14544	142816	23185	616311	18543
57		2	112853	10981	101872	10440	349937	17376

港、澳、台商独资经营企　业	港、澳、台商投资股份有限公司	其他港、澳、台商投资企业	外商投资企　业	中外合资经营企业	中外合作经营企业	外资企业	外商投资股份有限公　司	其他外商投　资
747406	**41233**	**12024**	**593532**	**157530**	**6304**	**385726**	**22042**	**21930**
104385	10412	718	150259	50267	930	79097	10571	9394
760	2	52	228	71		154	3	
157669	14010	3275	223168	44843	2962	163880	6669	4814
40314	55	881	31960	13126	31	18435	81	287
5323	33	92	4015	1835	134	760	1270	16
339784	12273	6252	118551	23412	2221	85100	1876	5942
61497	3469	300	42242	11508	26	29046	666	996
2006	321	331	10204	7063		2990	87	64
11202	650	175	9750	3973		4975	390	412
25226	10		3383	1503		1443	432	5

2-08 按行业(大类)、登记注册类型

行业大类	代码	法人单位数(个)	内资企业	国有企业	集体企业	股份合作企业	联营企业
总　计	00	**605529**	**594810**	**2289**	**3700**	**300**	**224**
农、林、牧、渔业	A	**1405**	**1392**	**26**	**29**	**2**	**1**
农业	01	8	8	3			
林业	02	5	5	3			
畜牧业	03	1	1				
渔业	04	3	3	2			
农、林、牧、渔专业及辅助性活动	05	1388	1375	18	29	2	1
采矿业	B	**1567**	**1548**	**17**	**67**	**2**	**3**
煤炭开采和洗选业	06	142	141	5	18		
石油和天然气开采业	07						
黑色金属矿采选业	08	227	226	2	11		
有色金属矿采选业	09	173	168	2	4		
非金属矿采选业	10	977	965	8	34	2	3
开采专业及辅助性活动	11	37	37				
其他采矿业	12	11	11				
制造业	C	**115234**	**109476**	**153**	**524**	**108**	**36**
农副食品加工业	13	4690	4472	49	28	4	3
食品制造业	14	3448	3253	3	20	4	
酒、饮料和精制茶制造业	15	4046	3936	13	19	6	
烟草制品业	16	9	9	1			
纺织业	17	4570	4228		19		2
纺织服装、服饰业	18	8683	7962	1	11	2	3
皮革、毛皮、羽毛及其制品和制鞋业	19	9291	8701	2	10	3	1
木材加工和木、竹、藤、棕、草制品业	20	4535	4459	9	33	6	3
家具制造业	21	3303	3210	1	8	1	
造纸和纸制品业	22	3231	3086	1	30	11	1
印刷和记录媒介复制业	23	2802	2756	19	65	2	5
文教、工美、体育和娱乐用品制造业	24	7469	7029	4	25	5	4
石油、煤炭及其他燃料加工业	25	236	229	1			
化学原料和化学制品制造业	26	3262	3029	5	21	10	2
医药制造业	27	574	528		5	1	
化学纤维制造业	28	226	177				
橡胶和塑料制品业	29	6044	5717	5	27	7	2
非金属矿物制品业	30	13526	13254	8	56	22	4
黑色金属冶炼和压延加工业	31	468	441		1	2	
有色金属冶炼和压延加工业	32	600	563		2	2	

分组的企业法人单位数

国有联营企业	集体联营企业	国有与集体联营企业	其他联营企业	有限责任公司	国有独资公司	其他有限责任公司	股份有限公司	私营企业	私营独资企业	代码
26	**111**	**17**	**70**	**47975**	**2170**	**45805**	**5055**	**535258**	**35423**	**00**
			1	**66**	**3**	**63**	**10**	**1258**	**292**	**A**
				1		1	1	3		01
								2		02
								1		03
							1			04
			1	65	3	62	8	1252	292	05
	3			**149**	**20**	**129**	**34**	**1276**	**226**	**B**
				23	5	18	3	92	2	06
										07
				20	2	18	9	184	11	08
				35	4	31	6	121	6	09
	3			68	9	59	16	834	181	10
				1		1		36	25	11
				2		2		9	1	12
2	**18**	**2**	**14**	**7096**	**81**	**7015**	**929**	**100630**	**10537**	**C**
	3			360	4	356	49	3979	779	13
				233	9	224	47	2946	299	14
				226	6	220	34	3638	665	15
				5	2	3	1	2		16
	1		1	219		219	28	3960	231	17
	1		2	340	6	334	35	7570	536	18
			1	467		467	50	8168	1062	19
	3			197	4	193	21	4190	777	20
				169		169	30	3001	270	21
	1			212	1	211	28	2803	196	22
	2	1	2	202	4	198	16	2447	160	23
	1		3	539		539	42	6410	650	24
				21		21	4	203	16	25
			2	254	3	251	41	2696	175	26
				58	1	57	27	437	8	27
				17		17	1	159	2	28
	2			406		406	47	5223	466	29
2			2	874	14	860	98	12192	2103	30
				47	2	45	7	384	39	31
				54	3	51	15	490	46	32

2-08 续表 1

行业大类	代码	法人单位数(个)					
			内资企业				
				国有企业	集体企业	股份合作企业	联营企业
金属制品业	33	8859	8612	1	26	6	
通用设备制造业	34	6306	6072	7	33	4	1
专用设备制造业	35	5650	5396	4	25	2	2
汽车制造业	36	1634	1437	1	3	2	1
铁路、船舶、航空航天和其他运输设备制造业	37	769	727	3	5		
电气机械和器材制造业	38	3951	3710	5	16	3	2
计算机、通信和其他电子设备制造业	39	3173	2855	3	5	1	
仪器仪表制造业	40	885	811	3	6	1	
其他制造业	41	1525	1366		8		
废弃资源综合利用业	42	498	494		1		
金属制品、机械和设备修理业	43	971	957	4	16	1	
电力、热力、燃气及水生产和供应业	**D**	**6576**	**6466**	**125**	**599**	**52**	**25**
电力、热力生产和供应业	44	5392	5330	72	461	49	21
燃气生产和供应业	45	153	133	1	1		
水的生产和供应业	46	1031	1003	52	137	3	4
建筑业	**E**	**32300**	**32225**	**45**	**98**	**9**	**3**
房屋建筑业	47	9131	9108	7	52	6	
土木工程建筑业	48	6641	6630	25	17	1	1
建筑安装业	49	3148	3140	3	10	1	
建筑装饰、装修和其他建筑业	50	13380	13347	10	19	1	2
批发和零售业	**F**	**231847**	**230126**	**530**	**1016**	**27**	**61**
批发业	51	129587	128273	351	560	15	27
零售业	52	102260	101853	179	456	12	34
交通运输、仓储和邮政业	**G**	**16491**	**16292**	**181**	**133**	**6**	**11**
铁路运输业	53	14	14				
道路运输业	54	9497	9456	38	73	3	7
水上运输业	55	952	921	6	21		1
航空运输业	56	90	86				
管道运输业	57	7	7				
多式联运和运输代理业	58	3454	3409	9	3	1	
装卸搬运和仓储业	59	1533	1456	77	35	2	3
邮政业	60	944	943	51	1		
住宿和餐饮业	**H**	**12831**	**12582**	**91**	**72**	**4**	**11**
住宿业	61	4574	4463	75	61	3	10
餐饮业	62	8257	8119	16	11	1	1
信息传输、软件和信息技术服务业	**I**	**32511**	**32167**	**16**	**11**	**1**	**2**
电信、广播电视和卫星传输服务	63	563	553	11	2	1	
互联网和相关服务	64	6205	6170	2	1		
软件和信息技术服务业	65	25743	25444	3	8		2

国有联营企业	集体联营企业	国有与集体联营企业	其他联营企业	有限责任公司	国有独资公司	其他有限责任公司	股份有限公司	私营企业	私营独资企业	代码
				483	1	482	54	8042	824	33
	1			399	1	398	56	5572	470	34
	1		1	402	1	401	35	4926	208	35
		1		121	3	118	22	1287	80	36
				62	2	60	15	642	57	37
	2			222	4	218	41	3421	108	38
				262	5	257	53	2531	80	39
				62		62	10	729	16	40
				74		74	13	1271	69	41
				44	3	41	4	445	64	42
				65	2	63	5	866	81	43
	19	**2**	**4**	**863**	**141**	**722**	**105**	**4697**	**794**	**D**
	17	1	3	543	86	457	77	4107	733	44
				43	2	41	4	84	3	45
	2	1	1	277	53	224	24	506	58	46
1	**2**			**3712**	**142**	**3570**	**300**	**28058**	**161**	**E**
				1281	22	1259	117	7645	21	47
	1			1096	100	996	64	5426	57	48
				310	7	303	35	2781	19	49
1	1			1025	13	1012	84	12206	64	50
10	**25**	**4**	**22**	**14384**	**342**	**14042**	**1274**	**212834**	**13946**	**F**
5	9	3	10	8528	288	8240	705	118087	2816	51
5	16	1	12	5856	54	5802	569	94747	11130	52
2	**6**	**1**	**2**	**1701**	**163**	**1538**	**174**	**14086**	**228**	**G**
				13		13	1			53
	4	1	2	889	81	808	114	8332	150	54
1				204	16	188	20	669	2	55
				18	3	15	4	64		56
				3		3		4		57
				289	10	279	18	3089	29	58
1	2			219	53	166	7	1113	39	59
				66		66	10	815	8	60
3	**4**		**4**	**1027**	**27**	**1000**	**95**	**11282**	**2514**	**H**
3	3		4	445	17	428	49	3820	1284	61
	1			582	10	572	46	7462	1230	62
1			**1**	**2814**	**35**	**2779**	**319**	**29004**	**232**	**I**
				75	12	63	29	435	33	63
				438	6	432	73	5656	106	64
1			1	2301	17	2284	217	22913	93	65

2-08 续表 2

行业大类	代码	法人单位数(个)	内资企业	国有企业	集体企业	股份合作企业	联营企业
金融业	J	**3335**	**3159**	**87**	**1**	**55**	**1**
货币金融服务	66	1168	1064	47		46	
资本市场服务	67	1190	1175	3	1	4	1
保险业	68	479	428	33		5	
其他金融业	69	498	492	4			
房地产业	K	**18016**	**17263**	**349**	**437**	**3**	**16**
房地产业	70	18016	17263	349	437	3	16
租赁和商务服务业	L	**65433**	**64883**	**277**	**434**	**9**	**23**
租赁业	71	5052	5005	4	5		
商务服务业	72	60381	59878	273	429	9	23
科学研究和技术服务业	M	**24556**	**24180**	**214**	**86**	**10**	**7**
研究和试验发展	73	2842	2764	3	1	1	2
专业技术服务业	74	13073	12947	170	44	7	4
科技推广和应用服务业	75	8641	8469	41	41	2	1
水利、环境和公共设施管理业	N	**3766**	**3724**	**48**	**37**	**1**	**1**
水利管理业	76	196	194	13	15		1
生态保护和环境治理业	77	564	552	7	1	1	
公共设施管理业	78	2941	2913	22	20		
土地管理业	79	65	65	6	1		
居民服务、修理和其他服务业	O	**15059**	**14983**	**32**	**86**	**3**	**13**
居民服务业	80	6446	6400	20	50	1	11
机动车、电子产品和日用产品修理业	81	6359	6341	10	28	1	1
其他服务业	82	2254	2242	2	8	1	1
教育	P	**6112**	**6056**	**19**	**14**	**2**	**2**
教育	83	6112	6056	19	14	2	2
卫生和社会工作	Q	**1933**	**1918**	**21**	**14**	**3**	**4**
卫生	84	1540	1529	4	6	3	3
社会工作	85	393	389	17	8		1
文化、体育和娱乐业	R	**16557**	**16370**	**58**	**42**	**3**	**4**
新闻和出版业	86	119	119	6			
广播、电视、电影和录音制作业	87	1478	1461	40	7		
文化艺术业	88	4094	4053	7	21		
体育	89	2031	2005	4	3		1
娱乐业	90	8835	8732	1	11	3	3

国有联营企业	集体联营企业	国有与集体联营企业	其他联营企业	有限责任公司	国有独资公司	其他有限责任公司	股份有限公司	私营企业	私营独资企业	代码
1				**497**	**33**	**464**	**527**	**1982**	**10**	J
				147	2	145	281	543		66
1				170	8	162	7	989		67
				85	7	78	229	67	10	68
				95	16	79	10	383		69
3	**8**	**2**	**3**	**3477**	**279**	**3198**	**196**	**12785**	**280**	K
3	8	2	3	3477	279	3198	196	12785	280	70
1	**16**	**1**	**5**	**6529**	**557**	**5972**	**530**	**57081**	**834**	L
				383	9	374	30	4583	126	71
1	16	1	5	6146	548	5598	500	52498	708	72
1	**3**	**1**	**2**	**2185**	**103**	**2082**	**217**	**21461**	**209**	M
1			1	271	3	268	14	2472	35	73
	2	1	1	1214	85	1129	126	11382	110	74
	1			700	15	685	77	7607	64	75
		1		**683**	**169**	**514**	**58**	**2896**	**46**	N
		1		80	32	48	1	84	3	76
				79	7	72	5	459	7	77
				487	113	374	51	2333	36	78
				37	17	20	1	20		79
1	**3**		**9**	**933**	**13**	**920**	**96**	**13820**	**1350**	O
	2		9	428	4	424	54	5836	622	80
1				360	3	357	32	5909	662	81
	1			145	6	139	10	2075	66	82
		1	**1**	**512**	**7**	**505**	**50**	**5457**	**210**	P
		1	1	512	7	505	50	5457	210	83
	2	**2**		**126**	**7**	**119**	**20**	**1730**	**796**	Q
	2	1		88	4	84	13	1412	778	84
		1		38	3	35	7	318	18	85
	2		**2**	**1221**	**48**	**1173**	**121**	**14921**	**2758**	R
				46	10	36	3	64		86
				161	12	149	20	1233	72	87
				294	18	276	27	3704	256	88
			1	142	4	138	10	1845	474	89
	2		1	578	4	574	61	8075	1956	90

2-08 续表 3

行业大类	代码	私营合伙企业	私营有限责任公司	私营股份有限公司	其他企业	港、澳、台商投资企业	合资经营企业(港或澳、台资)
总　　计	**00**	**7529**	**487238**	**5068**	**9**	**7181**	**1676**
农、林、牧、渔业	**A**	**32**	**921**	**13**		**9**	**3**
农业	01		3				
林业	02		2				
畜牧业	03		1				
渔业	04						
农、林、牧、渔专业及辅助性活动	05	32	915	13		9	3
采矿业	**B**	**100**	**932**	**18**		**12**	**6**
煤炭开采和洗选业	06	1	87	2		1	
石油和天然气开采业	07						
黑色金属矿采选业	08	6	163	4		1	1
有色金属矿采选业	09	4	109	2		3	1
非金属矿采选业	10	82	562	9		7	4
开采专业及辅助性活动	11	6	5				
其他采矿业	12	1	6	1			
制造业	**C**	**1178**	**87699**	**1216**		**3894**	**775**
农副食品加工业	13	86	3061	53		130	39
食品制造业	14	41	2556	50		115	33
酒、饮料和精制茶制造业	15	59	2852	62		72	15
烟草制品业	16		2				
纺织业	17	21	3673	35		278	28
纺织服装、服饰业	18	46	6929	59		573	37
皮革、毛皮、羽毛及其制品和制鞋业	19	38	6997	71		441	74
木材加工和木、竹、藤、棕、草制品业	20	155	3230	28		51	16
家具制造业	21	14	2694	23		59	14
造纸和纸制品业	22	48	2525	34		115	31
印刷和记录媒介复制业	23	34	2227	26		33	9
文教、工美、体育和娱乐用品制造业	24	39	5651	70		301	50
石油、煤炭及其他燃料加工业	25	4	181	2		2	1
化学原料和化学制品制造业	26	34	2433	54		152	42
医药制造业	27		412	17		29	10
化学纤维制造业	28		155	2		43	5
橡胶和塑料制品业	29	35	4651	71		235	57
非金属矿物制品业	30	315	9647	127		180	58
黑色金属冶炼和压延加工业	31	8	330	7		16	3
有色金属冶炼和压延加工业	32	3	432	9		17	4

合作经营企业(港或澳、台资)	港、澳、台商独资经营企业	港、澳、台商投资股份有限公司	其他港、澳、台商投资企业	外商投资企业	中外合资经营企业	中外合作经营企业	外资企业	外商投资股份有限公司	其他外商投资	代码
79	**5178**	**140**	**108**	**3538**	**1010**	**39**	**2261**	**88**	**140**	**00**
	6			**4**	**1**		**2**		**1**	**A**
										01
										02
										03
										04
	6			4	1		2		1	05
	6			**7**	**5**		**1**		**1**	**B**
	1									06
										07
										08
	2			2	2					09
	3			5	3		1		1	10
										11
										12
22	**2971**	**78**	**48**	**1864**	**492**	**18**	**1279**	**30**	**45**	**C**
1	87	3		88	28	2	50	2	6	13
4	72	5	1	80	21		55	1	3	14
2	53	1	1	38	12		23	2	1	15
										16
1	245	4		64	7		54	1	2	17
1	524	5	6	148	18	2	123	2	3	18
1	353	7	6	149	34	2	106	1	6	19
	32	2	1	25	12		12		1	20
	43	1	1	34	11	1	22			21
	82	1	1	30	10		13	3	4	22
	22	1	1	13	2		11			23
1	239	4	7	139	34	2	99	2	2	24
	1			5	2		3			25
1	103	4	2	81	24		55		2	26
	16	1	2	17	10		6		1	27
	34	4		6	2		4			28
1	170	2	5	92	22		68	1	1	29
2	112	3	5	92	34		54	2	2	30
1	12			11	6		4		1	31
	13			20	9		11			32

2-08 续表 4

行业大类	代码	私营合伙企业	私营有限责任公司	私营股份有限公司	其他企业	港、澳、台商投资企业	合资经营企业(港或澳、台资)
金属制品业	33	40	7113	65		155	32
通用设备制造业	34	37	4991	74		141	28
专用设备制造业	35	27	4597	94		150	34
汽车制造业	36	13	1175	19		97	33
铁路、船舶、航空航天和其他运输设备制造业	37	9	569	7		16	4
电气机械和器材制造业	38	29	3233	51		130	36
计算机、通信和其他电子设备制造业	39	8	2383	60		185	52
仪器仪表制造业	40	4	694	15		49	13
其他制造业	41	15	1174	13		117	8
废弃资源综合利用业	42	4	373	4		3	2
金属制品、机械和设备修理业	43	12	759	14		9	7
电力、热力、燃气及水生产和供应业	D	**1748**	**2087**	**68**		**52**	**28**
电力、热力生产和供应业	44	1715	1609	50		30	12
燃气生产和供应业	45		77	4		7	6
水的生产和供应业	46	33	401	14		15	10
建筑业	E	**21**	**27562**	**314**		**60**	**30**
房屋建筑业	47	6	7495	123		18	11
土木工程建筑业	48	8	5304	57		8	1
建筑安装业	49	4	2730	28		7	3
建筑装饰、装修和其他建筑业	50	3	12033	106		27	15
批发和零售业	F	**675**	**196584**	**1629**		**1106**	**241**
批发业	51	210	114163	898		848	180
零售业	52	465	82421	731		258	61
交通运输、仓储和邮政业	G	**52**	**13658**	**148**		**117**	**51**
铁路运输业	53						
道路运输业	54	26	8081	75		25	10
水上运输业	55	5	651	11		15	12
航空运输业	56		64			2	1
管道运输业	57		4				
多式联运和运输代理业	58	4	3022	34		28	8
装卸搬运和仓储业	59	16	1041	17		47	20
邮政业	60	1	795	11			
住宿和餐饮业	H	**251**	**8429**	**88**		**170**	**46**
住宿业	61	132	2374	30		71	22
餐饮业	62	119	6055	58		99	24
信息传输、软件和信息技术服务业	I	**120**	**28369**	**283**		**235**	**71**
电信、广播电视和卫星传输服务	63		399	3		5	
互联网和相关服务	64	14	5475	61		27	5
软件和信息技术服务业	65	106	22495	219		203	66

合作经营企业(港或澳、台资)	港、澳、台商独资经营企业	港、澳、台商投资股份有限公司	其他港、澳、台商投资企业	外商投资企业	中外合资经营企业	中外合作经营企业	外资企业	外商投资股份有限公司	其他外商投资	代码
1	117	5		92	22	3	64	1	2	33
2	106	3	2	93	21	2	68	1	1	34
1	108	4	3	104	27		73	1	3	35
	60	3	1	100	26	1	72	1		36
	11	1		26	9		17			37
1	88	4	1	111	32	2	72	3	2	38
	124	7	2	133	34		97	2		39
	34	2		25	12		13			40
1	107	1		42	8		28	4	2	41
	1			1			1			42
	2			5	3	1	1			43
1	**23**			**58**	**28**	**1**	**24**	**2**	**3**	**D**
1	17			32	16		13	2	1	44
	1			13	7		4		2	45
	5			13	5	1	7			46
2	**27**	**1**		**15**	**4**		**9**		**2**	**E**
1	6			5	2		3			47
	6	1		3	1		2			48
	4			1			1			49
1	11			6	1		3		2	50
11	**811**	**18**	**25**	**615**	**133**	**4**	**427**	**20**	**31**	**F**
6	635	13	14	466	92	4	339	11	20	51
5	176	5	11	149	41		88	9	11	52
7	**58**	**1**		**82**	**36**	**2**	**39**		**5**	**G**
										53
4	11			16	4	2	7		3	54
1	2			16	9		7			55
1				2	2					56
										57
	19	1		17	9		8			58
1	26			30	12		16		2	59
				1			1			60
3	**116**	**2**	**3**	**79**	**23**	**4**	**44**	**3**	**5**	**H**
3	43	1	2	40	12	4	21	2	1	61
	73	1	1	39	11		23	1	4	62
2	**153**	**5**	**4**	**109**	**41**	**2**	**57**	**5**	**4**	**I**
	1	4		5			4	1		63
	21		1	8	3		4	1		64
2	131	1	3	96	38	2	49	3	4	65

2-08 续表 5

行业大类	代码	私营合伙企业	私营有限责任公司	私营股份有限公司	其他企业	港、澳、台商投资企业	合资经营企业(港或澳、台资)
金融业	J	**234**	**1702**	**36**	**9**	**101**	**50**
货币金融服务	66	3	515	25		78	34
资本市场服务	67	223	763	3		4	4
保险业	68		55	2	9	17	11
其他金融业	69	8	369	6		2	1
房地产业	K	**37**	**12262**	**206**		**524**	**149**
房地产业	70	37	12262	206		524	149
租赁和商务服务业	L	**2477**	**53271**	**499**		**368**	**87**
租赁业	71	3	4408	46		19	6
商务服务业	72	2474	48863	453		349	81
科学研究和技术服务业	M	**133**	**20918**	**201**		**254**	**66**
研究和试验发展	73	15	2395	27		46	12
专业技术服务业	74	45	11127	100		79	18
科技推广和应用服务业	75	73	7396	74		129	36
水利、环境和公共设施管理业	N	**9**	**2796**	**45**		**31**	**16**
水利管理业	76	1	79	1		1	1
生态保护和环境治理业	77	1	442	9		8	5
公共设施管理业	78	7	2256	34		22	10
土地管理业	79		19	1			
居民服务、修理和其他服务业	O	**130**	**12227**	**113**		**51**	**13**
居民服务业	80	61	5100	53		34	11
机动车、电子产品和日用产品修理业	81	59	5146	42		9	1
其他服务业	82	10	1981	18		8	1
教育	P	**61**	**5117**	**69**		**43**	**10**
教育	83	61	5117	69		43	10
卫生和社会工作	Q	**65**	**855**	**14**		**12**	**7**
卫生	84	62	562	10		9	7
社会工作	85	3	293	4		3	
文化、体育和娱乐业	R	**206**	**11849**	**108**		**142**	**27**
新闻和出版业	86		64				
广播、电视、电影和录音制作业	87	2	1149	10		12	5
文化艺术业	88	29	3386	33		33	4
体育	89	6	1359	6		15	3
娱乐业	90	169	5891	59		82	15

合作经营企业(港或澳、台资)	港、澳、台商独资经营企业	港、澳、台商投资股份有限公司	其他港、澳、台商投资企业	外商投资企业	中外合资经营企业	中外合作经营企业	外资企业	外商投资股份有限公司	其他外商投资	代码
1	**39**	**2**	**9**	**75**	**51**		**21**	**2**	**1**	**J**
1	38	2	3	26	11		14	1		66
				11	6		4		1	67
			6	34	32		1	1		68
	1			4	2		2			69
13	**351**	**9**	**2**	**229**	**66**	**2**	**142**	**11**	**8**	**K**
13	351	9	2	229	66	2	142	11	8	70
7	**256**	**10**	**8**	**182**	**48**	**1**	**113**	**5**	**15**	**L**
	12	1		28	1		25		2	71
7	244	9	8	154	47	1	88	5	13	72
2	**182**	**3**	**1**	**122**	**52**	**1**	**58**	**6**	**5**	**M**
	34			32	16		14	1	1	73
	60		1	47	18	1	23	3	2	74
2	88	3		43	18		21	2	2	75
1	**14**			**11**	**4**	**1**	**6**			**N**
				1	1					76
	3			4	1	1	2			77
1	11			6	2		4			78
										79
2	**34**	**1**	**1**	**25**	**4**	**1**	**15**	**2**	**3**	**O**
2	21			12	2	1	6	2	1	80
	7	1		9	1		7		1	81
	6		1	4	1		2		1	82
2	**29**	**2**		**13**	**5**	**1**	**7**			**P**
2	29	2		13	5	1	7			83
	5			**3**	**1**	**1**	**1**			**Q**
	2			2		1	1			84
	3			1	1					85
3	**97**	**8**	**7**	**45**	**16**		**16**	**2**	**11**	**R**
										86
	5		2	5			1		4	87
	27		2	8	4		1		3	88
1	6	4	1	11	3		5		3	89
2	59	4	2	21	9		9	2	1	90

2-09　按行业(大类)、登记注册类型

行业大类	代码	从业人员数(人)	内资企业	国有企业	集体企业	股份合作企业	联营企业
总　　计	**00**	**14961312**	**13338314**	**136111**	**69930**	**36597**	**5618**
农、林、牧、渔业	**A**	**11628**	**11530**	**145**	**102**	**26**	**5**
农业	01						
林业	02						
畜牧业	03						
渔业	04						
农、林、牧、渔专业及辅助性活动	05	11628	11530	145	102	26	5
采矿业	**B**	**67110**	**65195**	**2457**	**4037**	**54**	**77**
煤炭开采和洗选业	06	23914	23324	985	1251		
石油和天然气开采业	07						
黑色金属矿采选业	08	10455	10408	143	988		
有色金属矿采选业	09	5968	5782	84	294		
非金属矿采选业	10	26451	25359	1245	1504	54	77
开采专业及辅助性活动	11	243	243				
其他采矿业	12	79	79				
制造业	**C**	**5281648**	**3878100**	**5710**	**14755**	**6156**	**617**
农副食品加工业	13	238232	205086	844	671	214	13
食品制造业	14	188768	144594	799	321	20	
酒、饮料和精制茶制造业	15	131125	105545	381	1998	82	
烟草制品业	16	6030	6030				
纺织业	17	285501	215571		1803		102
纺织服装、服饰业	18	504814	333431	5	115	6	10
皮革、毛皮、羽毛及其制品和制鞋业	19	682484	453961	16	238	153	92
木材加工和木、竹、藤、棕、草制品业	20	143082	135026	51	736	1635	33
家具制造业	21	96818	79395	2	73	2	
造纸和纸制品业	22	121226	92000	1	1352	597	31
印刷和记录媒介复制业	23	73362	65746	602	607	34	68
文教、工美、体育和娱乐用品制造业	24	306867	217021	11	270	38	134
石油、煤炭及其他燃料加工业	25	12570	10096	19			
化学原料和化学制品制造业	26	126445	108389	1202	457	342	20
医药制造业	27	38946	28621		78	10	
化学纤维制造业	28	41585	23214				
橡胶和塑料制品业	29	233026	163511	138	237	240	18
非金属矿物制品业	30	466792	418339	73	1521	529	16
黑色金属冶炼和压延加工业	31	71637	60484			94	
有色金属冶炼和压延加工业	32	62922	51258		9	72	

分组的企业法人单位从业人员数

国有联营企业	集体联营企业	国有与集体联营企业	其他联营企业	有限责任公司	国有独资公司	其他有限责任公司	股份有限公司	私营企业	私营独资企业	代码
740	**4005**	**163**	**710**	**3318777**	**381189**	**2937588**	**427535**	**9343746**	**307290**	00
			5	**662**	**23**	**639**	**96**	**10494**	**2557**	A
										01
										02
										03
										04
			5	662	23	639	96	10494	2557	05
	77			**15351**	**7935**	**7416**	**7244**	**35975**	**2394**	B
				8274	5698	2576	4906	7908	11	06
										07
				2123	825	1298	991	6163	99	08
				1805	240	1565	284	3315	76	09
	77			3122	1172	1950	1063	18294	2047	10
				15		15		228	153	11
				12		12		67	8	12
12	**275**	**33**	**297**	**650544**	**15935**	**634609**	**166562**	**3033756**	**139817**	C
	13			41091	61	41030	17712	144541	8352	13
				25694	780	24914	8471	109289	5121	14
				20439	195	20244	2341	80304	11463	15
				4700	3168	1532	1247	83		16
	72		30	27572		27572	7115	178979	3049	17
	3		7	36639	4861	31778	6031	290625	8295	18
			92	89230		89230	5555	358677	21536	19
	33			7004	105	6899	756	124811	11559	20
				9819		9819	3186	66313	4054	21
	31			14878	3	14875	3941	71200	3634	22
	23	30	15	10293	329	9964	1291	52851	1332	23
	20		114	32187		32187	3703	180678	9870	24
				3631		3631	349	6097	63	25
			20	19123	1674	17449	6381	80864	2111	26
				5950	446	5504	5347	17236	42	27
				3742		3742	427	19045	20	28
	18			18929		18929	5137	138812	5561	29
12			4	55743	762	54981	16623	343834	20312	30
				43965	79	43886	989	15436	257	31
				12840	712	12128	13038	25299	468	32

2-09 续表 1

行业大类	代码	从业人员数（人）					
			内资企业	国有企业	集体企业	股份合作企业	联营企业
金属制品业	33	228918	181596	3	1946	261	
通用设备制造业	34	186793	141267	202	1228	977	8
专用设备制造业	35	161279	124489	77	280	28	21
汽车制造业	36	122196	56146	64	29	546	3
铁路、船舶、航空航天和其他运输设备制造业	37	40477	33673	945	195		
电气机械和器材制造业	38	242528	152837	3	171	148	48
计算机、通信和其他电子设备制造业	39	332990	187122	170	113	99	
仪器仪表制造业	40	37700	27499	44	82	21	
其他制造业	41	67787	33910		92		
废弃资源综合利用业	42	9348	9168		10		
金属制品、机械和设备修理业	43	19400	13075	58	123	8	
电力、热力、燃气及水生产和供应业	**D**	**172830**	**164252**	**5043**	**4277**	**420**	**217**
电力、热力生产和供应业	44	138452	135226	2922	3084	386	122
燃气生产和供应业	45	8100	5095				
水的生产和供应业	46	26278	23931	2121	1193	34	95
建筑业	**E**	**4492433**	**4480912**	**38658**	**18467**	**28878**	**2705**
房屋建筑业	47	2815583	2811203	31912	17653	28548	
土木工程建筑业	48	815846	815519	5248	394	90	13
建筑安装业	49	109945	109488	501	254	218	
建筑装饰、装修和其他建筑业	50	751059	744702	997	166	22	2692
批发和零售业	**F**	**1835712**	**1758730**	**17690**	**12714**	**165**	**597**
批发业	51	1058873	1031781	15313	7206	106	247
零售业	52	776839	726949	2377	5508	59	350
交通运输、仓储和邮政业	**G**	**442415**	**430449**	**23864**	**2702**	**175**	**115**
铁路运输业	53	68	68				
道路运输业	54	250829	248355	4471	1218	131	57
水上运输业	55	31967	28208	771	562		25
航空运输业	56	28539	28361				
管道运输业	57	147	147				
多式联运和运输代理业	58	49741	47969	164	25	4	
装卸搬运和仓储业	59	34304	30556	1049	876	40	33
邮政业	60	46820	46785	17409	21		
住宿和餐饮业	**H**	**255885**	**210044**	**5017**	**686**	**135**	**602**
住宿业	61	121751	106256	4473	525	70	593
餐饮业	62	134134	103788	544	161	65	9
信息传输、软件和信息技术服务业	**I**	**396151**	**378996**	**628**	**179**	**21**	**11**
电信、广播电视和卫星传输服务	63	53913	50878	596	9	21	
互联网和相关服务	64	70966	66649	6	3		
软件和信息技术服务业	65	271272	261469	26	167		11

国有联营企业	集体联营企业	国有与集体联营企业	其他联营企业	有限责任公司	国有独资公司	其他有限责任公司	股份有限公司	私营企业	私营独资企业	代码
				18854	69	18785	3652	156880	8413	33
	8			17841	317	17524	6778	114233	5461	34
	6		15	14847	18	14829	6873	102363	2486	35
		3		10651	229	10422	4738	40115	720	36
				4792	18	4774	3277	24464	690	37
	48			22533	691	21842	12997	116937	1439	38
				68002	1360	66642	17149	101589	1131	39
				3718		3718	1172	22462	230	40
				1845		1845	165	31808	985	41
				1333	25	1308	75	7750	685	42
				2659	33	2626	46	10181	478	43
	161	**12**	**44**	**112406**	**76944**	**35462**	**5693**	**36196**	**3253**	**D**
	103	2	17	95636	73181	22455	4054	29022	2965	44
				3368	18	3350	299	1428	12	45
	58	10	27	13402	3745	9657	1340	5746	276	46
2	**2703**			**1644025**	**135209**	**1508816**	**127909**	**2620270**	**1196**	**E**
				1143452	51003	1092449	104595	1485043	186	47
	13			279861	82421	197440	12174	517739	421	48
				37485	1063	36422	5273	65757	96	49
2	2690			183227	722	182505	5867	551731	493	50
61	**329**	**21**	**186**	**201784**	**11577**	**190207**	**29742**	**1496038**	**67271**	**F**
33	122	17	75	105451	9116	96335	18196	885262	17202	51
28	207	4	111	96333	2461	93872	11546	610776	50069	52
48	**54**	**1**	**12**	**135675**	**33780**	**101895**	**17657**	**250261**	**2069**	**G**
				68		68				53
	44	1	12	79167	25336	53831	12361	150950	1478	54
25				11101	2776	8325	722	15027	4	55
				23856	2144	21712	3830	675		56
				57		57		90		57
				8748	869	7879	213	38815	246	58
23	10			9510	2655	6855	145	18903	309	59
				3168		3168	386	25801	32	60
525	**29**		**48**	**42876**	**3364**	**39512**	**3112**	**157616**	**26272**	**H**
525	20		48	30798	3098	27700	2560	67237	10657	61
	9			12078	266	11812	552	90379	15615	62
6			**5**	**70177**	**5279**	**64898**	**42303**	**265677**	**1600**	**I**
				19871	2313	17558	25035	5346	245	63
				8306	335	7971	2160	56174	819	64
6			5	42000	2631	39369	15108	204157	536	65

2-09 续表 2

行业大类	代码	从业人员数（人）	内资企业	国有企业	集体企业	股份合作企业	联营企业
金融业	J	**14618**	**13545**	**192**		**29**	
货币金融服务	66	6793	5838				
资本市场服务	67	3100	3081			29	
保险业	68	223	223				
其他金融业	69	4502	4403	192			
房地产业	K	**379026**	**356001**	**6570**	**4035**	**40**	**137**
房地产业	70	379026	356001	6570	4035	40	137
租赁和商务服务业	L	**787329**	**780789**	**18731**	**5250**	**87**	**160**
租赁业	71	51844	51545	19	58		
商务服务业	72	735485	729244	18712	5192	87	160
科学研究和技术服务业	M	**281494**	**276645**	**8563**	**1028**	**232**	**75**
研究和试验发展	73	23244	21283	4	12	5	6
专业技术服务业	74	193541	191800	8307	814	194	68
科技推广和应用服务业	75	64709	63562	252	202	33	1
水利、环境和公共设施管理业	N	**86592**	**84187**	**1074**	**214**	**5**	**32**
水利管理业	76	2088	2020	245	54		32
生态保护和环境治理业	77	6773	6533	56	6	5	
公共设施管理业	78	76422	74325	512	148		
土地管理业	79	1309	1309	261	6		
居民服务、修理和其他服务业	O	**204960**	**203373**	**664**	**726**	**30**	**93**
居民服务业	80	92604	91751	530	367	2	40
机动车、电子产品和日用产品修理业	81	55868	55234	126	284	14	52
其他服务业	82	56488	56388	8	75	14	1
教育	P	**59375**	**58652**	**364**	**209**	**61**	
教育	83	59375	58652	364	209	61	
卫生和社会工作	Q	**40671**	**38806**	**66**	**87**	**21**	**158**
卫生	84	36500	34660	4	63	21	157
社会工作	85	4171	4146	62	24		1
文化、体育和娱乐业	R	**151435**	**148108**	**675**	**462**	**62**	**17**
新闻和出版业	86	2425	2425	61			
广播、电视、电影和录音制作业	87	16293	15963	508	107		
文化艺术业	88	33890	33638	88	184		
体育	89	17384	15828	18	27		2
娱乐业	90	81443	80254		144	62	15

国有联营企业	集体联营企业	国有与集体联营企业	其他联营企业	有限责任公司	国有独资公司	其他有限责任公司	股份有限公司	私营企业	私营独资企业	代码
				3012	**521**	**2491**	**677**	**9635**	**70**	J
				1156	5	1151	619	4063		66
				551	216	335	5	2496		67
				14		14		209	70	68
				1291	300	991	53	2867		69
27	**61**	**19**	**30**	**135555**	**21960**	**113595**	**4169**	**205495**	**1372**	K
27	61	19	30	135555	21960	113595	4169	205495	1372	70
1	**122**	**1**	**36**	**173717**	**47112**	**126605**	**8157**	**574687**	**6674**	L
				4975	59	4916	265	46228	1062	71
1	122	1	36	168742	47053	121689	7892	528459	5612	72
6	**39**	**20**	**10**	**46909**	**8778**	**38131**	**5753**	**214085**	**1439**	M
6				2451	298	2153	217	18588	199	73
	38	20	10	38905	8255	30650	4803	138709	878	74
	1			5553	225	5328	733	56788	362	75
		32		**34605**	**9958**	**24647**	**4526**	**43731**	**436**	N
		32		922	301	621	11	756	17	76
				1451	131	1320	213	4802	25	77
				31399	9193	22206	4260	38006	394	78
				833	333	500	42	167		79
52	**6**		**35**	**23948**	**640**	**23308**	**1316**	**176596**	**12772**	O
	5		35	17772	139	17633	905	72135	6529	80
52				3936	439	3497	336	50486	5655	81
	1			2240	62	2178	75	53975	588	82
				6043	**174**	**5869**	**597**	**51378**	**3301**	P
				6043	174	5869	597	51378	3301	83
	134	**24**		**5372**	**270**	**5102**	**306**	**32796**	**9196**	Q
	134	23		4925	122	4803	260	29230	9063	84
		1		447	148	299	46	3566	133	85
	15		**2**	**16116**	**1730**	**14386**	**1716**	**129060**	**25601**	R
				1764	476	1288	15	585		86
				2948	133	2815	294	12106	513	87
				3041	592	2449	612	29713	5106	88
			2	2255	418	1837	131	13395	1443	89
	15			6108	111	5997	664	73261	18539	90

2-09 续表 3

行业大类	代码	私营合伙企业	私营有限责任公司	私营股份有限公司	其他企业	港、澳、台商投资企业	合资经营企业(港或澳、台资)
总　计	00	**58709**	**8762895**	**214852**		**1029466**	**221827**
农、林、牧、渔业	A	**232**	**7533**	**172**		**63**	**9**
农业	01						
林业	02						
畜牧业	03						
渔业	04						
农、林、牧、渔专业及辅助性活动	05	232	7533	172		63	9
采矿业	B	**1371**	**31262**	**948**		**1655**	**972**
煤炭开采和洗选业	06	35	7731	131		590	
石油和天然气开采业	07						
黑色金属矿采选业	08	65	5706	293		47	47
有色金属矿采选业	09	39	3166	34		68	5
非金属矿采选业	10	1206	14551	490		950	920
开采专业及辅助性活动	11	26	49				
其他采矿业	12		59				
制造业	C	**20455**	**2759923**	**113561**		**905040**	**178638**
农副食品加工业	13	1117	128453	6619		16344	6214
食品制造业	14	862	99631	3675		32297	11091
酒、饮料和精制茶制造业	15	663	64865	3313		7279	2855
烟草制品业	16		83				
纺织业	17	210	173112	2608		56247	3793
纺织服装、服饰业	18	902	277531	3897		144654	9039
皮革、毛皮、羽毛及其制品和制鞋业	19	1191	327124	8826		153388	23500
木材加工和木、竹、藤、棕、草制品业	20	2933	108357	1962		6257	3684
家具制造业	21	160	61556	543		12752	2045
造纸和纸制品业	22	1924	63966	1676		23576	8167
印刷和记录媒介复制业	23	599	49697	1223		6803	2263
文教、工美、体育和娱乐用品制造业	24	693	167594	2521		55630	10588
石油、煤炭及其他燃料加工业	25	23	6002	9		118	25
化学原料和化学制品制造业	26	289	73563	4901		12058	3705
医药制造业	27		15958	1236		6500	3201
化学纤维制造业	28		18500	525		17979	995
橡胶和塑料制品业	29	382	128303	4566		35518	8381
非金属矿物制品业	30	5027	308118	10377		32037	13242
黑色金属冶炼和压延加工业	31	72	14983	124		3510	107
有色金属冶炼和压延加工业	32	73	23500	1258		3846	323

合作经营企业(港或澳、台资)	港、澳、台商独资经营企业	港、澳、台商投资股份有限公司	其他港、澳、台商投资企业	外商投资企业	中外合资经营企业	中外合作经营企业	外资企业	外商投资股份有限公司	其他外商投资	代码
6976	**747406**	**41233**	**12024**	**593532**	**157530**	**6304**	**385726**	**22042**	**21930**	00
	54			**35**	**6**		**17**		**12**	A
										01
										02
										03
										04
	54			35	6		17		12	05
	683			**260**	**168**		**67**		**25**	B
	590									06
										07
										08
	63			118	118					09
	30			142	50		67		25	10
										11
										12
5012	**674907**	**36451**	**10032**	**498508**	**134947**	**4832**	**338855**	**11212**	**8662**	C
4	9809	317		16802	4999	168	10686	402	547	13
1646	16690	2790	80	11877	1917		9291	32	637	14
55	4342	5	22	18301	1597		16190	10	504	15
										16
21	50918	1515		13683	657		11265	1628	133	17
300	126216	7564	1535	26729	3043	602	22595	310	179	18
66	118171	6427	5224	75135	17791	725	51721	116	4782	19
	2450	31	92	1799	1362		427		10	20
	9465	1195	47	4671	823	601	3247			21
	15090	313	6	5650	2343		1208	1722	377	22
	4370	42	128	813	1		812			23
200	43453	881	508	34216	11183	276	22725	18	14	24
	93			2356	1935		421			25
88	7930	225	110	5998	2018		3937		43	26
	3048	129	122	3825	1167		2411		247	27
	10729	6255		392	57		335			28
46	26281	351	459	33997	8660		22163	3120	54	29
65	18476	120	134	16416	3234		11993	974	215	30
73	3330			7643	7508		133		2	31
	3523			7818	5609		2209			32

2-09 续表 4

行业大类	代码	私营合伙企业	私营有限责任公司	私营股份有限公司	其他企业	港、澳、台商投资企业	合资经营企业(港或澳、台资)
金属制品业	33	580	143509	4378		26761	4290
通用设备制造业	34	1180	100174	7418		17239	2004
专用设备制造业	35	264	94568	5045		19471	5907
汽车制造业	36	241	37623	1531		31349	11738
铁路、船舶、航空航天和其他运输设备制造业	37	131	23145	498		1990	623
电气机械和器材制造业	38	254	92962	22282		69234	13769
计算机、通信和其他电子设备制造业	39	93	91059	9306		73287	19447
仪器仪表制造业	40	64	20382	1786		6889	1187
其他制造业	41	392	30237	194		25885	435
废弃资源综合利用业	42	30	6722	313		167	124
金属制品、机械和设备修理业	43	106	8646	951		5975	5896
电力、热力、燃气及水生产和供应业	**D**	**8631**	**23828**	**484**		**4754**	**3348**
电力、热力生产和供应业	44	8447	17264	346		1604	364
燃气生产和供应业	45		1367	49		1992	1952
水的生产和供应业	46	184	5197	89		1158	1032
建筑业	**E**	**371**	**2568025**	**50678**		**11027**	**9879**
房屋建筑业	47	72	1460621	24164		4208	3846
土木工程建筑业	48	224	495624	21470		152	1
建筑安装业	49	57	62512	3092		406	42
建筑装饰、装修和其他建筑业	50	18	549268	1952		6261	5990
批发和零售业	**F**	**4403**	**1408869**	**15495**		**37601**	**7271**
批发业	51	1348	858007	8705		14995	3232
零售业	52	3055	550862	6790		22606	4039
交通运输、仓储和邮政业	**G**	**762**	**242871**	**4559**		**7981**	**5436**
铁路运输业	53						
道路运输业	54	532	147116	1824		1910	1490
水上运输业	55	16	13780	1227		2392	2164
航空运输业	56		675			13	7
管道运输业	57		90				
多式联运和运输代理业	58	30	37904	635		1072	278
装卸搬运和仓储业	59	184	18035	375		2594	1497
邮政业	60		25271	498			
住宿和餐饮业	**H**	**5197**	**124779**	**1368**		**22401**	**4408**
住宿业	61	2814	53319	447		9948	3712
餐饮业	62	2383	71460	921		12453	696
信息传输、软件和信息技术服务业	**I**	**577**	**254971**	**8529**		**11254**	**899**
电信、广播电视和卫星传输服务	63		5086	15		2356	
互联网和相关服务	64	81	52510	2764		4216	21
软件和信息技术服务业	65	496	197375	5750		4682	878

合作经营企业(港或澳、台资)	港、澳、台商独资经营企业	港、澳、台商投资股份有限公司	其他港、澳、台商投资企业	外商投资企业	中外合资经营企业	中外合作经营企业	外资企业	外商投资股份有限公司	其他外商投资	代码
20	18296	4155		20561	7480	185	12558	51	287	33
76	14224	907	28	28287	5663	1735	19684	1205		34
1298	11980	158	128	17319	3081		13984	148	106	35
	18330	716	565	34701	16890	275	17412	124		36
	1180	187		4814	2315		2499			37
29	54267	1137	32	20457	7127	265	12072	591	402	38
	52269	759	812	72581	13663		58392	526		39
	5695	7		3312	849		2463			40
1025	24160	265		7992	1677		5957	235	123	41
	43			13			13			42
	79			350	298		52			43
34	**1372**			**3824**	**2331**	**106**	**1300**	**53**	**34**	**D**
34	1206			1622	946		609	53	14	44
	40			1013	570		423		20	45
	126			1189	815	106	268			46
25	**998**	**125**		**494**	**178**		**243**		**73**	**E**
10	352			172	145		27			47
	26	125		175	25		150			48
	364			51			51			49
15	256			96	8		15		73	50
267	**28251**	**422**	**1390**	**39381**	**8891**	**14**	**19127**	**9036**	**2313**	**F**
90	11114	277	282	12097	5057	14	6610	127	289	51
177	17137	145	1108	27284	3834		12517	8909	2024	52
284	**2190**	**71**		**3985**	**2422**	**9**	**1513**		**41**	**G**
										53
105	315			564	257	9	271		27	54
33	195			1367	1068		299			55
6				165	165					56
										57
	723	71		700	308		392			58
140	957			1154	624		516		14	59
				35			35			60
947	**16690**	**314**	**42**	**23440**	**2792**	**979**	**9795**	**4**	**9870**	**H**
947	4953	297	39	5547	2357	979	2168	4	39	61
	11737	17	3	17893	435		7627		9831	62
2	**8847**	**1497**	**9**	**5901**	**1276**	**38**	**4433**	**117**	**37**	**I**
	868	1488		679			610	69		63
	4191		4	101	79		20	2		64
2	3788	9	5	5121	1197	38	3803	46	37	65

2-09 续表 5

行业大类	代码	私营合伙企业	私营有限责任公司	私营股份有限公司	其他企业	港、澳、台商投资企业	合资经营企业(港或澳、台资)
金融业	J	**662**	**8492**	**411**		**826**	**501**
货币金融服务	66	6	3696	361		763	438
资本市场服务	67	624	1870	2		5	5
保险业	68		135	4			
其他金融业	69	32	2791	44		58	58
房地产业	K	**95**	**199630**	**4398**		**17314**	**7801**
房地产业	70	95	199630	4398		17314	7801
租赁和商务服务业	L	**8672**	**554046**	**5295**		**3223**	**1110**
租赁业	71	8	43904	1254		256	100
商务服务业	72	8664	510142	4041		2967	1010
科学研究和技术服务业	M	**1218**	**207677**	**3751**		**2183**	**611**
研究和试验发展	73	60	18184	145		308	96
专业技术服务业	74	345	134551	2935		1043	243
科技推广和应用服务业	75	813	54942	671		832	272
水利、环境和公共设施管理业	N	**26**	**42480**	**789**		**517**	**248**
水利管理业	76	5	733	1		20	20
生态保护和环境治理业	77	6	4459	312		107	55
公共设施管理业	78	15	37124	473		390	173
土地管理业	79		164	3			
居民服务、修理和其他服务业	O	**1602**	**160213**	**2009**		**756**	**252**
居民服务业	80	904	63467	1235		551	229
机动车、电子产品和日用产品修理业	81	620	43620	591		136	10
其他服务业	82	78	53126	183		69	13
教育	P	**596**	**46660**	**821**		**437**	**81**
教育	83	596	46660	821		437	81
卫生和社会工作	Q	**1401**	**21852**	**347**		**212**	**131**
卫生	84	1332	18611	224		199	131
社会工作	85	69	3241	123		13	
文化、体育和娱乐业	R	**2438**	**99784**	**1237**		**2222**	**232**
新闻和出版业	86		585				
广播、电视、电影和录音制作业	87	30	11464	99		170	9
文化艺术业	88	295	24048	264		166	18
体育	89	14	11901	37		1060	89
娱乐业	90	2099	51786	837		826	116

合作经营企业(港或澳、台资)	港、澳、台商独资经营企业	港、澳、台商投资股份有限公司	其他港、澳、台商投资企业	外商投资企业	中外合资经营企业	中外合作经营企业	外资企业	外商投资股份有限公司	其他外商投资	代码
2	**292**	**27**	**4**	**247**	**147**		**95**	**5**		**J**
2	292	27	4	192	117		70	5		66
				14			14			67
										68
				41	30		11			69
195	**7690**	**1579**	**49**	**5711**	**1869**	**11**	**3282**	**352**	**197**	**K**
195	7690	1579	49	5711	1869	11	3282	352	197	70
91	**1808**	**168**	**46**	**3317**	**616**	**2**	**2504**	**55**	**140**	**L**
	93	63		43			11		32	71
91	1715	105	46	3274	616	2	2493	55	108	72
11	**1405**	**149**	**7**	**2666**	**827**	**4**	**629**	**1186**	**20**	**M**
	212			1653	207		309	1130	7	73
	793		7	698	381	4	258	55		74
11	400	149		315	239		62	1	13	75
	269			**1888**	**563**	**111**	**1214**			**N**
				48	48					76
	52			133	14	111	8			77
	217			1707	501		1206			78
										79
30	**423**	**51**		**831**	**86**	**66**	**507**	**2**	**170**	**O**
30	292			302	70	66	104	2	60	80
	75	51		498	1		387		110	81
	56			31	15		16			82
43	**267**	**46**		**286**	**80**	**42**	**164**			**P**
43	267	46		286	80	42	164			83
	81			**1653**	**12**	**90**	**1551**			**Q**
	68			1641		90	1551			84
	13			12	12					85
33	**1179**	**333**	**445**	**1105**	**319**		**430**	**20**	**336**	**R**
										86
	153		8	160			34		126	87
	134		14	86	22		4		60	88
15	275	263	418	496	127		222		147	89
18	617	70	5	363	170		170	20	3	90

2-10 按地区、控股情况分组的企业法人单位数

地 区	法人单位数(个)						
		国有控股	集体控股	私人控股	港澳台商控股	外商控股	其他
全 省	**605529**	**8110**	**4867**	**574354**	**6601**	**2857**	**8740**
福 州	113763	1602	1216	107114	1116	579	2136
#平潭	4551	85	144	3831	163	15	313
厦 门	141735	1514	336	134687	2178	1152	1868
莆 田	38667	445	271	36966	209	73	703
三 明	26159	754	560	24252	98	31	464
泉 州	153116	1006	721	147036	2016	587	1750
漳 州	47812	897	540	44702	714	307	652
南 平	28263	725	533	26518	66	42	379
龙 岩	28714	647	372	27193	160	56	286
宁 德	27300	520	318	25886	44	30	502

2-11　按地区、控股情况分组的企业法人单位从业人员数

地　区	从业人员数(人)	国有控股	集体控股	私人控股	港澳台商控股	外商控股	其他
全　省	**14961312**	**1155428**	**178690**	**11823145**	**980708**	**504013**	**319328**
福　州	3726855	371849	78553	2926769	157178	110831	81675
#平潭	89544	3105	1163	78984	1525	278	4489
厦　门	3127749	351139	20908	2273287	219726	203666	59023
莆　田	937913	28186	10408	787120	46743	26843	38613
三　明	581469	76769	12068	475140	7218	2549	7725
泉　州	3574053	118494	19016	2830518	415037	111113	79875
漳　州	1214839	75573	9540	980370	88740	33415	27201
南　平	452614	41690	9549	378021	4806	4581	13967
龙　岩	831449	53888	14545	736705	14314	8962	3035
宁　德	514371	37840	4103	435215	26946	2053	8214

2-12 按行业(大类)、控股情况分组的企业法人单位数

行业大类	代码	法人单位数(个)	国有控股	集体控股	私人控股	港澳台商控股	外商控股	其他
总　计	00	**605529**	**8110**	**4867**	**574354**	**6601**	**2857**	**8740**
农、林、牧、渔业	A	**1405**	**33**	**31**	**1312**	**7**	**2**	**20**
农业	01	8	4		4			
林业	02	5	3		2			
畜牧业	03	1			1			
渔业	04	3	2		1			
农、林、牧、渔专业及辅助性活动	05	1388	24	31	1304	7	2	20
采矿业	B	**1567**	**70**	**78**	**1384**	**9**	**3**	**23**
煤炭开采和洗选业	06	142	16	19	106	1		
石油和天然气开采业	07							
黑色金属矿采选业	08	227	10	12	200	1		4
有色金属矿采选业	09	173	16	4	141	3	2	7
非金属矿采选业	10	977	28	43	890	4	1	11
开采专业及辅助性活动	11	37			37			
其他采矿业	12	11			10			1
制造业	C	**115234**	**549**	**713**	**107215**	**3625**	**1584**	**1548**
农副食品加工业	13	4690	72	44	4291	118	75	90
食品制造业	14	3448	22	28	3185	99	65	49
酒、饮料和精制茶制造业	15	4046	27	27	3838	69	32	53
烟草制品业	16	9	7		2			
纺织业	17	4570	3	20	4164	267	63	53
纺织服装、服饰业	18	8683	9	16	7878	562	138	80
皮革、毛皮、羽毛及其制品和制鞋业	19	9291	3	15	8625	428	126	94
木材加工和木、竹、藤、棕、草制品业	20	4535	19	41	4374	42	15	44
家具制造业	21	3303	3	10	3169	55	30	36
造纸和纸制品业	22	3231	7	41	3011	110	23	39
印刷和记录媒介复制业	23	2802	32	72	2620	28	12	38
文教、工美、体育和娱乐用品制造业	24	7469	5	30	6938	284	121	91
石油、煤炭及其他燃料加工业	25	236	5	1	220	2	3	5
化学原料和化学制品制造业	26	3262	34	33	2959	134	64	38
医药制造业	27	574	11	7	505	23	10	18
化学纤维制造业	28	226	4		173	41	5	3
橡胶和塑料制品业	29	6044	7	40	5632	214	83	68
非金属矿物制品业	30	13526	74	84	12868	157	75	268
黑色金属冶炼和压延加工业	31	468	11	4	424	15	7	7
有色金属冶炼和压延加工业	32	600	19	3	538	16	11	13
金属制品业	33	8859	9	34	8497	145	80	94
通用设备制造业	34	6306	24	40	5934	131	82	95
专用设备制造业	35	5650	19	32	5280	136	91	92
汽车制造业	36	1634	20	8	1403	82	87	34
铁路、船舶、航空航天和其他运输设备制造业	37	769	13	7	697	17	23	12
电气机械和器材制造业	38	3951	21	33	3655	111	91	40
计算机、通信和其他电子设备制造业	39	3173	40	5	2799	165	114	50
仪器仪表制造业	40	885	6	8	798	45	19	9
其他制造业	41	1525	1	8	1347	116	35	18
废弃资源综合利用业	42	498	10	3	475	3	1	6
金属制品、机械和设备修理业	43	971	12	19	916	10	3	11
电力、热力、燃气及水生产和供应业	D	**6576**	**496**	**740**	**5090**	**47**	**39**	**164**
电力、热力生产和供应业	44	5392	290	580	4377	26	21	98
燃气生产和供应业	45	153	14	3	111	5	9	11
水的生产和供应业	46	1031	192	157	602	16	9	55
建筑业	E	**32300**	**388**	**205**	**31262**	**47**	**11**	**387**
房屋建筑业	47	9131	86	86	8849	14	3	93
土木工程建筑业	48	6641	227	58	6238	9	2	107
建筑安装业	49	3148	25	26	3046	6	2	43
建筑装饰、装修和其他建筑业	50	13380	50	35	13129	18	4	144

2-12　续表

行业大类	代码	法人单位数（个）	国有控股	集体控股	私人控股	港澳台商控股	外商控股	其他
批发和零售业	F	**231847**	**1427**	**1205**	**225067**	**1027**	**500**	**2621**
批发业	51	129587	991	675	125292	788	390	1451
零售业	52	102260	436	530	99775	239	110	1170
交通运输、仓储和邮政业	G	**16491**	**683**	**186**	**15192**	**88**	**48**	**294**
铁路运输业	53	14	14					
道路运输业	54	9497	274	104	8934	19	8	158
水上运输业	55	952	85	27	777	6	9	48
航空运输业	56	90	12	2	73	1		2
管道运输业	57	7			6			1
多式联运和运输代理业	58	3454	69	9	3292	24	12	48
装卸搬运和仓储业	59	1533	176	42	1235	38	18	24
邮政业	60	944	53	2	875		1	13
住宿和餐饮业	H	**12831**	**194**	**89**	**12127**	**151**	**61**	**209**
住宿业	61	4574	158	75	4133	63	31	114
餐饮业	62	8257	36	14	7994	88	30	95
信息传输、软件和信息技术服务业	I	**32511**	**136**	**35**	**31623**	**215**	**83**	**419**
电信、广播电视和卫星传输服务	63	563	59	4	476	5	6	13
互联网和相关服务	64	6205	18	6	6092	24	7	58
软件和信息技术服务业	65	25743	59	25	25055	186	70	348
金融业	J	**3335**	**567**	**32**	**2323**	**68**	**28**	**317**
货币金融服务	66	1168	230	23	692	55	18	150
资本市场服务	67	1190	73	5	1074	1	5	32
保险业	68	479	219	4	120	10	3	123
其他金融业	69	498	45		437	2	2	12
房地产业	K	**18016**	**1038**	**542**	**15139**	**486**	**202**	**609**
房地产业	70	18016	1038	542	15139	486	202	609
租赁和商务服务业	L	**65433**	**1403**	**609**	**61851**	**344**	**147**	**1079**
租赁业	71	5052	46	10	4893	16	27	60
商务服务业	72	60381	1357	599	56958	328	120	1019
科学研究和技术服务业	M	**24556**	**462**	**129**	**23245**	**235**	**79**	**406**
研究和试验发展	73	2842	12	2	2718	43	19	48
专业技术服务业	74	13073	377	73	12311	74	32	206
科技推广和应用服务业	75	8641	73	54	8216	118	28	152
水利、环境和公共设施管理业	N	**3766**	**340**	**64**	**3221**	**25**	**11**	**105**
水利管理业	76	196	66	19	102		2	7
生态保护和环境治理业	77	564	20	5	510	6	3	20
公共设施管理业	78	2941	218	38	2582	19	6	78
土地管理业	79	65	36	2	27			
居民服务、修理和其他服务业	O	**15059**	**68**	**112**	**14622**	**46**	**22**	**189**
居民服务业	80	6446	37	63	6226	29	10	81
机动车、电子产品和日用产品修理业	81	6359	20	33	6217	10	8	71
其他服务业	82	2254	11	16	2179	7	4	37
教育	P	**6112**	**37**	**16**	**5900**	**38**	**7**	**114**
教育	83	6112	37	16	5900	38	7	114
卫生和社会工作	Q	**1933**	**32**	**23**	**1843**	**6**	**3**	**26**
卫生	84	1540	10	13	1492	3	3	19
社会工作	85	393	22	10	351	3		7
文化、体育和娱乐业	R	**16557**	**187**	**58**	**15938**	**137**	**27**	**210**
新闻和出版业	86	119	38	1	77			3
广播、电视、电影和录音制作业	87	1478	71	8	1362	11	2	24
文化艺术业	88	4094	42	21	3945	32	2	52
体育	89	2031	15	5	1964	15	7	25
娱乐业	90	8835	21	23	8590	79	16	106

2-13 按行业(大类)、控股情况分组的企业法人单位从业人员数

行业大类	代码	从业人员数(人)	国有控股	集体控股	私人控股	港澳台商控股	外商控股	其他
总　　计	00	**14961312**	**1155428**	**178690**	**11823145**	**980708**	**504013**	**319328**
农、林、牧、渔业	A	**11628**	**178**	**128**	**11065**	**58**	**17**	**182**
农业	01							
林业	02							
畜牧业	03							
渔业	04							
农、林、牧、渔专业及辅助性活动	05	11628	178	128	11065	58	17	182
采矿业	B	**67110**	**18958**	**4915**	**40743**	**1510**	**185**	**799**
煤炭开采和洗选业	06	23914	11695	1399	10230	590		
石油和天然气开采业	07							
黑色金属矿采选业	08	10455	2574	1009	6812	47		13
有色金属矿采选业	09	5968	1648	294	3782	68	118	58
非金属矿采选业	10	26451	3041	2213	19609	805	67	716
开采专业及辅助性活动	11	243			243			
其他采矿业	12	79			67			12
制造业	C	**5281648**	**161090**	**34407**	**3644952**	**873089**	**437216**	**130894**
农副食品加工业	13	238232	2429	4807	190832	14791	15250	10123
食品制造业	14	188768	5168	414	140391	29699	11160	1936
酒、饮料和精制茶制造业	15	131125	2425	3157	95174	9526	17456	3387
烟草制品业	16	6030	5947		83			
纺织业	17	285501	1902	1875	209369	56184	14440	1731
纺织服装、服饰业	18	504814	4911	131	322750	143363	24929	8730
皮革、毛皮、羽毛及其制品和制鞋业	19	682484	4202	1242	437467	152654	69821	17098
木材加工和木、竹、藤、棕、草制品业	20	143082	1042	786	136017	3814	751	672
家具制造业	21	96818	101	247	78677	11815	4488	1490
造纸和纸制品业	22	121226	2931	1906	86315	23196	4296	2582
印刷和记录媒介复制业	23	73362	2543	706	63021	5194	813	1085
文教、工美、体育和娱乐用品制造业	24	306867	186	328	213095	52559	32151	8548
石油、煤炭及其他燃料加工业	25	12570	2276	23	7760	118	421	1972
化学原料和化学制品制造业	26	126445	8788	709	97473	11000	4567	3908
医药制造业	27	38946	3429	984	24583	4633	3303	2014
化学纤维制造业	28	41585	1181		21952	17744	352	356
橡胶和塑料制品业	29	233026	164	815	163987	34368	28896	4796
非金属矿物制品业	30	466792	6626	2859	386417	31128	15816	23946
黑色金属冶炼和压延加工业	31	71637	16054	1167	46391	5425	2487	113
有色金属冶炼和压延加工业	32	62922	14574	21	37513	3810	2209	4795
金属制品业	33	228918	780	2339	175193	26595	19370	4641
通用设备制造业	34	186793	4599	1370	133398	17718	25534	4174
专用设备制造业	35	161279	3355	455	118301	19849	15864	3455
汽车制造业	36	122196	14652	1570	50878	22004	30011	3081
铁路、船舶、航空航天和其他运输设备制造业	37	40477	5308	257	28646	2013	3513	740
电气机械和器材制造业	38	242528	3918	4858	149746	62646	17259	4101
计算机、通信和其他电子设备制造业	39	332990	39299	113	150217	70930	62490	9941
仪器仪表制造业	40	37700	221	118	26672	6947	2801	941
其他制造业	41	67787	4	92	33589	27224	6497	381
废弃资源综合利用业	42	9348	269	341	8445	167	13	113
金属制品、机械和设备修理业	43	19400	1806	717	10600	5975	258	44
电力、热力、燃气及水生产和供应业	D	**172830**	**109551**	**10426**	**44279**	**2710**	**1948**	**3916**
电力、热力生产和供应业	44	138452	91839	8893	33837	1367	919	1597
燃气生产和供应业	45	8100	3061	59	3063	183	641	1093
水的生产和供应业	46	26278	14651	1474	7379	1160	388	1226
建筑业	E	**4492433**	**330662**	**82584**	**4037314**	**6103**	**256**	**35514**
房屋建筑业	47	2815583	177549	65343	2540761	4610	27	27293
土木工程建筑业	48	815846	126380	9658	676184	164	150	3310
建筑安装业	49	109945	14583	3884	90483	370	56	569
建筑装饰、装修和其他建筑业	50	751059	12150	3699	729886	959	23	4342

2-13　续表

行业大类	代码	从业人员数(人)	国有控股	集体控股	私人控股	港澳台商控股	外商控股	其他
批发和零售业	F	**1835712**	**75806**	**15742**	**1633797**	**33800**	**28218**	**48349**
批发业	51	1058873	50516	9345	956659	13419	7542	21392
零售业	52	776839	25290	6397	677138	20381	20676	26957
交通运输、仓储和邮政业	G	**442415**	**142824**	**5614**	**276686**	**4031**	**2127**	**11133**
铁路运输业	53	68	68					
道路运输业	54	250829	75645	3474	165146	419	280	5865
水上运输业	55	31967	10508	639	17270	632	767	2151
航空运输业	56	28539	26204	279	778	7		1271
管道运输业	57	147			131			16
多式联运和运输代理业	58	49741	5430	77	42114	912	499	709
装卸搬运和仓储业	59	34304	7560	988	22384	2061	546	765
邮政业	60	46820	17409	157	28863		35	356
住宿和餐饮业	H	**255885**	**22691**	**1357**	**178763**	**20881**	**12435**	**19758**
住宿业	61	121751	20149	1183	80166	8014	3873	8366
餐饮业	62	134134	2542	174	98597	12867	8562	11392
信息传输、软件和信息技术服务业	I	**396151**	**53329**	**3456**	**314156**	**11247**	**5333**	**8630**
电信、广播电视和卫星传输服务	63	53913	44749	30	5862	2356	679	237
互联网和相关服务	64	70966	732	26	63909	4203	96	2000
软件和信息技术服务业	65	271272	7848	3400	244385	4688	4558	6393
金融业	J	**14618**	**1833**	**88**	**11675**	**619**	**109**	**294**
货币金融服务	66	6793	654	59	5214	560	84	222
资本市场服务	67	3100	319	29	2698	1	14	39
保险业	68	223			223			
其他金融业	69	4502	860		3540	58	11	33
房地产业	K	**379026**	**60542**	**6356**	**264998**	**16615**	**5094**	**25421**
房地产业	70	379026	60542	6356	264998	16615	5094	25421
租赁和商务服务业	L	**787329**	**122520**	**7780**	**633219**	**2809**	**3540**	**17461**
租赁业	71	51844	398	88	50471	169	15	703
商务服务业	72	735485	122122	7692	582748	2640	3525	16758
科学研究和技术服务业	M	**281494**	**25940**	**2989**	**241627**	**2020**	**2051**	**6867**
研究和试验发展	73	23244	389	17	20394	324	1564	556
专业技术服务业	74	193541	24803	2667	159757	881	414	5019
科技推广和应用服务业	75	64709	748	305	61476	815	73	1292
水利、环境和公共设施管理业	N	**86592**	**21002**	**679**	**58781**	**1653**	**2176**	**2301**
水利管理业	76	2088	765	81	1096		68	78
生态保护和环境治理业	77	6773	415	308	5221	92	119	618
公共设施管理业	78	76422	18909	281	52077	1561	1989	1605
土地管理业	79	1309	913	9	387			
居民服务、修理和其他服务业	O	**204960**	**2171**	**1070**	**198083**	**682**	**718**	**2236**
居民服务业	80	92604	1262	546	89063	485	190	1058
机动车、电子产品和日用产品修理业	81	55868	799	392	53335	141	497	704
其他服务业	82	56488	110	132	55685	56	31	474
教育	P	**59375**	**741**	**244**	**56508**	**390**	**164**	**1328**
教育	83	59375	741	244	56508	390	164	1328
卫生和社会工作	Q	**40671**	**536**	**301**	**36728**	**94**	**1675**	**1337**
卫生	84	36500	315	271	32883	81	1675	1275
社会工作	85	4171	221	30	3845	13		62
文化、体育和娱乐业	R	**151435**	**5054**	**554**	**139771**	**2397**	**751**	**2908**
新闻和出版业	86	2425	1694	6	682			43
广播、电视、电影和录音制作业	87	16293	1122	115	14121	250	48	637
文化艺术业	88	33890	1141	184	31609	153	55	748
体育	89	17384	762	44	14865	1165	363	185
娱乐业	90	81443	335	205	78494	829	285	1295

2-14 按地区、开业(成立)

地区	法人单位数(个)	1949年以前	1950-1977年	1978-1991年	1992-2000年	2001年	2002年	2003年	2004年	2005年	2006年
全省	**605529**	**28**	**599**	**4974**	**22212**	**5331**	**6577**	**8571**	**9243**	**9666**	**10755**
福州	113763	7	145	1145	4457	942	1198	1648	1810	1936	2023
#平潭	4551	2	12	24	82	11	22	19	28	20	18
厦门	141735	2	30	540	4551	1152	1519	1965	2412	2623	3123
莆田	38667	3	18	177	795	161	194	236	253	322	389
三明	26159	2	56	368	1246	370	426	578	559	522	568
泉州	153116	3	125	1186	6382	1529	1802	2109	2024	2001	2107
漳州	47812	5	71	553	1872	401	453	624	788	898	994
南平	28263	2	50	501	984	299	369	564	497	438	512
龙岩	28714	3	51	266	995	250	335	486	539	513	576
宁德	27300	1	53	238	930	227	281	361	361	413	463

2-15 按地区、开业(成立)

地区	从业人员数(人)	1949年以前	1950-1977年	1978-1991年	1992-2000年	2001年	2002年	2003年	2004年	2005年	2006年
全省	**14961312**	**1903**	**499865**	**514628**	**2333620**	**427016**	**500961**	**649065**	**582072**	**720086**	**655097**
福州	3726855	289	197484	144468	709067	102645	148305	147000	153575	199077	131087
#平潭	89544	2	3034	382	2174	531	1030	567	844	278	1274
厦门	3127749	87	30736	150102	487008	99633	81078	124842	124040	155172	207705
莆田	937913	1003	1969	28950	88853	13926	18163	30238	33903	55617	43705
三明	581469	36	35398	18153	50908	15913	31696	18249	22311	30316	22671
泉州	3574053	82	195678	104543	591409	111586	147228	192438	143467	131839	135877
漳州	1214839	60	6271	35590	199717	27929	31972	44179	34443	71646	35405
南平	452614	332	7559	12924	37294	13212	17192	33952	25208	14362	18429
龙岩	831449	11	19959	8802	120865	31741	15061	48214	29998	43912	39235
宁德	514371	3	4811	11096	48499	10431	10266	9953	15127	18145	20983

时间分组的企业法人单位数

2007年	2008年	2009年	2010年	2011年	2012年	2013年	2014年	2015年	2016年	2017年	2018年	无开业年份
10383	**11105**	**13851**	**20039**	**23030**	**23880**	**29332**	**49763**	**62771**	**79515**	**96204**	**106761**	**939**
2015	2167	2685	3738	4231	4520	5599	9073	11539	14422	17505	20674	284
30	34	35	81	193	233	285	543	591	739	713	828	8
3116	3165	4070	5726	6413	6374	7310	14068	16178	18406	20939	18042	11
386	527	668	1017	1069	1109	1446	2247	3751	4712	5942	13241	4
542	627	729	1065	1116	1164	1245	1824	2186	2986	3543	4333	104
1986	1883	2337	3817	4955	5395	7101	12378	17034	22206	27412	27219	125
914	992	1274	1651	1832	1853	2400	3807	4438	6090	7912	7927	63
476	547	690	970	1095	1174	1329	2028	2516	3955	4055	5033	179
559	620	734	941	1076	1051	1410	2187	2565	3565	4729	5196	67
389	577	664	1114	1243	1240	1492	2151	2564	3173	4167	5096	102

时间分组的企业法人单位从业人员数

2007年	2008年	2009年	2010年	2011年	2012年	2013年	2014年	2015年	2016年	2017年	2018年	无开业年份
522369	**583963**	**465160**	**553677**	**678312**	**595257**	**547985**	**730149**	**722290**	**903547**	**1011642**	**761761**	**887**
106982	149325	125670	104505	159727	125210	133241	165943	147689	193972	219570	161976	48
6760	908	3302	1245	3852	3237	4556	7562	9881	11823	11139	15163	
140694	123285	93807	139045	155843	126199	112438	158982	153548	199598	174963	88920	24
29193	68590	43777	34955	42045	32401	39670	36845	52132	57748	72018	112212	
23261	29504	20955	31805	34378	31648	22966	27702	24696	27599	37516	23693	95
96869	64074	73744	109605	114705	118554	116882	191898	182984	231255	295172	224047	117
42349	41644	42301	63128	54432	69637	51399	60084	68077	76633	93949	63943	51
19818	11284	18308	17523	25188	26314	19412	24595	24324	31905	30397	22815	267
48271	48808	32945	34188	35557	41235	30289	34434	36611	48280	48970	34006	57
14932	47449	13653	18923	56437	24059	21688	29666	32229	36557	39087	30149	228

2-16 按行业(大类)、运营状态分组的企业法人单位数

行业大类	代码	法人单位数(个)	正常运营	停业(歇业)	筹建	当年关闭	当年破产	当年注销	当年吊销	其他
总　　计	**00**	**605529**	**528410**	**33356**	**29663**	**6708**	**215**	**3948**	**440**	**2789**
农、林、牧、渔业	**A**	**1405**	**1120**	**120**	**133**	**21**		**8**		**3**
农业	01	8	5	1	1	1				
林业	02	5	5							
畜牧业	03	1	1							
渔业	04	3	3							
农、林、牧、渔专业及辅助性活动	05	1388	1106	119	132	20		8		3
采矿业	**B**	**1567**	**1097**	**287**	**70**	**83**	**2**	**15**	**3**	**10**
煤炭开采和洗选业	06	142	106	14	3	16		3		
石油和天然气开采业	07									
黑色金属矿采选业	08	227	159	51	10	5		1		1
有色金属矿采选业	09	173	112	50	1	10				
非金属矿采选业	10	977	689	160	54	49	2	11	3	9
开采专业及辅助性活动	11	37	26	8	2	1				
其他采矿业	12	11	5	4		2				
制造业	**C**	**115234**	**102696**	**5445**	**4117**	**1927**	**75**	**409**	**52**	**513**
农副食品加工业	13	4690	4061	279	232	75	4	20	3	16
食品制造业	14	3448	3055	152	169	39		13	1	19
酒、饮料和精制茶制造业	15	4046	3561	215	184	55	3	13	4	11
烟草制品业	16	9	7	1	1					
纺织业	17	4570	4055	208	181	84	1	14	4	23
纺织服装、服饰业	18	8683	7985	350	149	140	9	23	6	21
皮革、毛皮、羽毛及其制品和制鞋业	19	9291	8289	495	194	161	10	43	2	97
木材加工和木、竹、藤、棕、草制品业	20	4535	3869	325	203	91	1	32	2	12
家具制造业	21	3303	2984	135	112	47	2	12	1	10
造纸和纸制品业	22	3231	2941	127	77	62	3	7		14
印刷和记录媒介复制业	23	2802	2656	76	32	24	1	3	4	6
文教、工美、体育和娱乐用品制造业	24	7469	6650	303	396	72	4	21	2	21
石油、煤炭及其他燃料加工业	25	236	191	24	13	3	2		1	2
化学原料和化学制品制造业	26	3262	2787	188	200	57	2	11	4	13
医药制造业	27	574	480	31	56	4		1		2
化学纤维制造业	28	226	205	7	6	5		3		
橡胶和塑料制品业	29	6044	5567	218	136	94	2	8		19
非金属矿物制品业	30	13526	11555	776	531	510	10	67	2	75
黑色金属冶炼和压延加工业	31	468	386	35	29	9	2	4		3
有色金属冶炼和压延加工业	32	600	526	40	25	5	2	1		1
金属制品业	33	8859	8057	352	227	124	3	35	5	56
通用设备制造业	34	6306	5707	223	252	81	4	16	2	21
专用设备制造业	35	5650	5203	178	180	42	1	17	2	27
汽车制造业	36	1634	1446	75	76	21		5	2	9
铁路、船舶、航空航天和其他运输设备制造业	37	769	678	46	36	4	1	3		1
电气机械和器材制造业	38	3951	3403	307	181	38	3	8	1	10
计算机、通信和其他电子设备制造业	39	3173	2872	115	119	36	2	18	2	9
仪器仪表制造业	40	885	829	20	20	8		2		6
其他制造业	41	1525	1404	52	40	15	3	5	1	5
废弃资源综合利用业	42	498	402	43	35	15		2		1
金属制品、机械和设备修理业	43	971	885	49	25	6		2	1	3
电力、热力、燃气及水生产和供应业	**D**	**6576**	**6069**	**216**	**164**	**68**	**1**	**37**	**1**	**20**
电力、热力生产和供应业	44	5392	4997	179	111	58	1	30	1	15
燃气生产和供应业	45	153	128	6	11	2		5		1
水的生产和供应业	46	1031	944	31	42	8		2		4
建筑业	**E**	**32300**	**28352**	**1569**	**1853**	**213**	**9**	**188**	**16**	**100**
房屋建筑业	47	9131	7837	443	724	46	2	48	3	28
土木工程建筑业	48	6641	5820	322	383	52		44	3	17
建筑安装业	49	3148	2889	114	98	19	2	17	3	6
建筑装饰、装修和其他建筑业	50	13380	11806	690	648	96	5	79	7	49

2-16 续表

行业大类	代码	法人单位数(个)	正常运营	停业(歇业)	筹建	当年关闭	当年破产	当年注销	当年吊销	其他
批发和零售业	**F**	**231847**	**203268**	**13312**	**9962**	**2457**	**75**	**1568**	**211**	**994**
批发业	51	129587	112649	8183	5861	1356	37	853	151	497
零售业	52	102260	90619	5129	4101	1101	38	715	60	497
交通运输、仓储和邮政业	**G**	**16491**	**14767**	**676**	**717**	**157**	**5**	**97**	**12**	**60**
铁路运输业	53	14	14							
道路运输业	54	9497	8491	384	417	96	4	54	9	42
水上运输业	55	952	837	52	48	5		5	1	4
航空运输业	56	90	74	4	11			1		
管道运输业	57	7	7							
多式联运和运输代理业	58	3454	3136	139	134	22		14	2	7
装卸搬运和仓储业	59	1533	1338	68	89	24	1	12		1
邮政业	60	944	870	29	18	10		11		6
住宿和餐饮业	**H**	**12831**	**11241**	**615**	**612**	**204**	**3**	**101**	**15**	**40**
住宿业	61	4574	4181	136	170	52	1	17	4	13
餐饮业	62	8257	7060	479	442	152	2	84	11	27
信息传输、软件和信息技术服务业	**I**	**32511**	**27138**	**2012**	**2689**	**237**	**2**	**297**	**11**	**125**
电信、广播电视和卫星传输服务	63	563	512	31	11	5		4		
互联网和相关服务	64	6205	5067	451	534	65	1	64		23
软件和信息技术服务业	65	25743	21559	1530	2144	167	1	229	11	102
金融业	**J**	**3335**	**2725**	**271**	**272**	**21**		**29**	**2**	**15**
货币金融服务	66	1168	908	90	146	9		12		3
资本市场服务	67	1190	973	93	98	5		11		10
保险业	68	479	471	4	4					
其他金融业	69	498	373	84	24	7		6	2	2
房地产业	**K**	**18016**	**15640**	**1131**	**795**	**124**	**2**	**110**	**19**	**195**
房地产业	70	18016	15640	1131	795	124	2	110	19	195
租赁和商务服务业	**L**	**65433**	**55409**	**4283**	**4003**	**582**	**21**	**638**	**59**	**438**
租赁业	71	5052	4376	260	257	65	1	47	8	38
商务服务业	72	60381	51033	4023	3746	517	20	591	51	400
科学研究和技术服务业	**M**	**24556**	**20933**	**1336**	**1760**	**215**	**7**	**175**	**15**	**115**
研究和试验发展	73	2842	2283	177	320	26		22		14
专业技术服务业	74	13073	11621	576	633	103	6	75	9	50
科技推广和应用服务业	75	8641	7029	583	807	86	1	78	6	51
水利、环境和公共设施管理业	**N**	**3766**	**3115**	**240**	**347**	**29**	**1**	**21**	**2**	**11**
水利管理业	76	196	172	11	7	3	1			2
生态保护和环境治理业	77	564	481	31	48	2		2		
公共设施管理业	78	2941	2405	195	287	24		19	2	9
土地管理业	79	65	57	3	5					
居民服务、修理和其他服务业	**O**	**15059**	**13567**	**613**	**583**	**135**	**2**	**101**	**12**	**46**
居民服务业	80	6446	5659	315	312	68	2	61	4	25
机动车、电子产品和日用产品修理业	81	6359	5898	204	170	45		24	6	12
其他服务业	82	2254	2010	94	101	22		16	2	9
教育	**P**	**6112**	**5427**	**240**	**352**	**30**		**43**	**1**	**19**
教育	83	6112	5427	240	352	30		43	1	19
卫生和社会工作	**Q**	**1933**	**1671**	**60**	**160**	**18**	**2**	**13**	**2**	**7**
卫生	84	1540	1396	33	80	13	1	10	2	5
社会工作	85	393	275	27	80	5	1	3		2
文化、体育和娱乐业	**R**	**16557**	**14175**	**930**	**1074**	**187**	**8**	**98**	**7**	**78**
新闻和出版业	86	119	115	2	2					
广播、电视、电影和录音制作业	87	1478	1316	76	65	7		4	1	9
文化艺术业	88	4094	3485	217	310	41	1	19	3	18
体育	89	2031	1784	100	95	29		8	2	13
娱乐业	90	8835	7475	535	602	110	7	67	1	38

2-17 按行业(大类)、运营状态分组的企业法人单位从业人员数

行业大类	代码	从业人员数(人)	正常运营	停业(歇业)	筹建	当年关闭	当年破产	当年注销	当年吊销	其他
总　计	00	**14961312**	**14782609**	**73908**	**54134**	**22698**	**668**	**9595**	**511**	**17189**
农、林、牧、渔业	A	**11628**	**11149**	**214**	**189**	**38**		**36**		**2**
农业	01									
林业	02									
畜牧业	03									
渔业	04									
农、林、牧、渔专业及辅助性活动	05	11628	11149	214	189	38		36		2
采矿业	B	**67110**	**63638**	**2464**	**306**	**666**		**3**		**33**
煤炭开采和洗选业	06	23914	23530	71	133	180				
石油和天然气开采业	07									
黑色金属矿采选业	08	10455	9784	382	7	282				
有色金属矿采选业	09	5968	5355	560		53				
非金属矿采选业	10	26451	24697	1442	166	110		3		33
开采专业及辅助性活动	11	243	218	6		19				
其他采矿业	12	79	54	3		22				
制造业	C	**5281648**	**5225057**	**23699**	**16281**	**9921**	**311**	**1319**	**43**	**5017**
农副食品加工业	13	238232	235660	1502	548	375	42	13		92
食品制造业	14	188768	186686	507	1029	298				248
酒、饮料和精制茶制造业	15	131125	129866	669	297	177	9	31		76
烟草制品业	16	6030	6030							
纺织业	17	285501	282760	1304	456	793		45		143
纺织服装、服饰业	18	504814	501948	1382	500	615	5	106	8	250
皮革、毛皮、羽毛及其制品和制鞋业	19	682484	675203	1951	1602	1072		425		2231
木材加工和木、竹、藤、棕、草制品业	20	143082	139208	2317	490	875	25	128	1	38
家具制造业	21	96818	95095	1254	172	129		119		49
造纸和纸制品业	22	121226	119606	1126	263	133		20		78
印刷和记录媒介复制业	23	73362	72825	290	103	36		6	5	97
文教、工美、体育和娱乐用品制造业	24	306867	302966	2113	1176	443	25	28		116
石油、煤炭及其他燃料加工业	25	12570	12409	120	30		3			8
化学原料和化学制品制造业	26	126445	122912	607	1923	957		6		40
医药制造业	27	38946	38382	137	426	1				
化学纤维制造业	28	41585	41505	8	27	45				
橡胶和塑料制品业	29	233026	231488	476	520	335	29	77		101
非金属矿物制品业	30	466792	459710	2185	1719	2717		90	21	350
黑色金属冶炼和压延加工业	31	71637	70975	346	115	3	159	39		
有色金属冶炼和压延加工业	32	62922	62471	359	83	9				
金属制品业	33	228918	226408	1361	626	205		30	3	285
通用设备制造业	34	186793	185346	571	613	93	7	37		126
专用设备制造业	35	161279	159449	733	741	169	2	35	5	145
汽车制造业	36	122196	121284	532	200	15				165
铁路、船舶、航空航天和其他运输设备制造业	37	40477	40265	150	45	17				
电气机械和器材制造业	38	242528	240879	706	475	136		35		297
计算机、通信和其他电子设备制造业	39	332990	330642	323	1822	139		41		23
仪器仪表制造业	40	37700	37551	56	66	11		2		14
其他制造业	41	67787	67317	254	63	108	5			40
废弃资源综合利用业	42	9348	8944	248	141	9		6		
金属制品、机械和设备修理业	43	19400	19267	112	10	6				5
电力、热力、燃气及水生产和供应业	D	**172830**	**170695**	**416**	**1252**	**335**		**91**		**41**
电力、热力生产和供应业	44	138452	136689	385	1111	154		91		22
燃气生产和供应业	45	8100	7970	12	78	40				
水的生产和供应业	46	26278	26036	19	63	141				19
建筑业	E	**4492433**	**4478036**	**5267**	**3971**	**1004**	**4**	**2604**		**1547**
房屋建筑业	47	2815583	2810994	1715	1427	179		147		1121
土木工程建筑业	48	815846	812066	776	596	388		1881		139
建筑安装业	49	109945	108130	964	273	68		498		12
建筑装饰、装修和其他建筑业	50	751059	746846	1812	1675	369	4	78		275

2-17 续表

行业大类	代码	从业人员数(人)	正常运营	停业(歇业)	筹建	当年关闭	当年破产	当年注销	当年吊销	其他
批发和零售业	F	**1835712**	**1793197**	**20106**	**11215**	**5142**	**211**	**2478**	**267**	**3096**
批发业	51	1058873	1034813	11659	6175	2854	91	1503	73	1705
零售业	52	776839	758384	8447	5040	2288	120	975	194	1391
交通运输、仓储和邮政业	G	**442415**	**437620**	**1773**	**1836**	**609**		**199**	**3**	**375**
铁路运输业	53	68	68							
道路运输业	54	250829	248409	862	727	437		116	3	275
水上运输业	55	31967	31604	86	253	12		12		
航空运输业	56	28539	28514	3	22					
管道运输业	57	147	147							
多式联运和运输代理业	58	49741	48745	665	255	35		15		26
装卸搬运和仓储业	59	34304	33535	113	545	102		6		3
邮政业	60	46820	46598	44	34	23		50		71
住宿和餐饮业	H	**255885**	**251790**	**1613**	**1508**	**697**	**34**	**112**	**2**	**129**
住宿业	61	121751	120373	391	703	217	26	23		18
餐饮业	62	134134	131417	1222	805	480	8	89	2	111
信息传输、软件和信息技术服务业	I	**396151**	**388857**	**2484**	**3088**	**593**	**1**	**473**	**1**	**654**
电信、广播电视和卫星传输服务	63	53913	53875	25	10	2		1		
互联网和相关服务	64	70966	68916	617	933	219	1	95		185
软件和信息技术服务业	65	271272	266066	1842	2145	372		377	1	469
金融业	J	**14618**	**13873**	**163**	**482**	**52**		**20**	**4**	**24**
货币金融服务	66	6793	6374	64	316	15		7		17
资本市场服务	67	3100	2974	39	72			8		7
保险业	68	223	221	2						
其他金融业	69	4502	4304	58	94	37		5	4	
房地产业	K	**379026**	**370798**	**3133**	**1384**	**337**	**17**	**438**	**43**	**2876**
房地产业	70	379026	370798	3133	1384	337	17	438	43	2876
租赁和商务服务业	L	**787329**	**770584**	**6504**	**5457**	**1529**	**52**	**933**	**117**	**2153**
租赁业	71	51844	50514	573	198	264		111		184
商务服务业	72	735485	720070	5931	5259	1265	52	822	117	1969
科学研究和技术服务业	M	**281494**	**275012**	**2386**	**2725**	**513**	**3**	**336**	**6**	**513**
研究和试验发展	73	23244	22506	190	423	46		41		38
专业技术服务业	74	193541	190572	1219	1032	322	3	189	6	198
科技推广和应用服务业	75	64709	61934	977	1270	145		106		277
水利、环境和公共设施管理业	N	**86592**	**84815**	**464**	**1136**	**62**		**21**		**94**
水利管理业	76	2088	2038	4	30					16
生态保护和环境治理业	77	6773	6566	31	175			1		
公共设施管理业	78	76422	75009	429	824	62		20		78
土地管理业	79	1309	1202		107					
居民服务、修理和其他服务业	O	**204960**	**202090**	**1186**	**816**	**484**		**166**	**1**	**217**
居民服务业	80	92604	90835	751	522	261		129		106
机动车、电子产品和日用产品修理业	81	55868	55109	298	204	159		27	1	70
其他服务业	82	56488	56146	137	90	64		10		41
教育	P	**59375**	**58177**	**406**	**562**	**84**		**124**		**22**
教育	83	59375	58177	406	562	84		124		22
卫生和社会工作	Q	**40671**	**39884**	**162**	**450**	**81**	**12**	**29**	**17**	**36**
卫生	84	36500	35941	110	323	33	12	29	17	35
社会工作	85	4171	3943	52	127	48				1
文化、体育和娱乐业	R	**151435**	**147337**	**1468**	**1476**	**551**	**23**	**213**	**7**	**360**
新闻和出版业	86	2425	2421	2	2					
广播、电视、电影和录音制作业	87	16293	15912	146	161	25		2		47
文化艺术业	88	33890	32913	340	372	81	7	79	7	91
体育	89	17384	16967	133	146	95		1		42
娱乐业	90	81443	79124	847	795	350	16	131		180

2-18 按地区、运营状态分组的企业法人单位数

地区	法人单位数(个)	正常运营	停业(歇业)	筹建	当年关闭	当年破产	当年注销	当年吊销	其他
全省	**605529**	**528410**	**33356**	**29663**	**6708**	**215**	**3948**	**440**	**2789**
福州	113763	95206	6072	9504	1109	38	1113	201	520
#平潭	4551	3828	312	294	43	1	33	7	33
厦门	141735	127614	7717	5144	114	6	421	25	694
莆田	38667	35042	1132	2053	202	19	201	5	13
三明	26159	21567	2288	1494	468	28	212	12	90
泉州	153116	139473	5863	3420	2364	61	877	64	994
漳州	47812	41090	3067	2468	610	21	400	31	125
南平	28263	22243	2956	2280	360	15	253	19	137
龙岩	28714	24210	1860	1345	813	19	332	13	122
宁德	27300	21965	2401	1955	668	8	139	70	94

2-19 按地区、运营状态分组的企业法人单位从业人员数

地区	从业人员数(人)	正常运营	停业(歇业)	筹建	当年关闭	当年破产	当年注销	当年吊销	其他
全省	**14961312**	**14782609**	**73908**	**54134**	**22698**	**668**	**9595**	**511**	**17189**
福州	3726855	3695429	9787	10348	5329	251	1814	135	3762
#平潭	89544	87913	601	849	79		22	2	78
厦门	3127749	3109179	9449	7565	184	11	275	44	1042
莆田	937913	921268	8572	4086	2232	159	1487	3	106
三明	581469	568877	7131	2463	1711	49	815	143	280
泉州	3574053	3541849	4747	14772	1021	3	2201		9460
漳州	1214839	1187800	14447	6490	3696	60	1653	84	609
南平	452614	439597	8152	2766	712	43	145	7	1192
龙岩	831449	816774	6801	2911	4017	45	719	54	128
宁德	514371	501836	4822	2733	3796	47	486	41	610

2-20　按地区、单位规模分组的企业法人单位数

地　区	法人单位数（个）	大型	中型	小型	微型
全　省	**595565**	**1212**	**10331**	**125390**	**458632**
福　州	111537	366	2441	27340	81390
#平潭	4499	8	56	541	3894
厦　门	138270	347	2070	19844	116009
莆　田	38116	74	644	9905	27493
三　明	25782	25	458	4506	20793
泉　州	151662	234	2327	37354	111747
漳　州	47231	76	950	11531	34674
南　平	27824	28	402	3925	23469
龙　岩	28261	34	618	6410	21199
宁　德	26882	28	421	4575	21858

注：本表不含无单位规模标识的单位数据。

2-21　按地区、单位规模分组的企业法人单位从业人员数

地　区	从业人员数（人）	大型	中型	小型	微型
全　省	**14856807**	**2627820**	**4409749**	**5171488**	**2647750**
福　州	3699480	848048	1252455	1103342	495635
#平潭	88857	15869	16361	37750	18877
厦　门	3099546	668487	853861	995787	581411
莆　田	931729	177127	257901	304025	192676
三　明	578001	50236	159402	262002	106361
泉　州	3556224	561607	960593	1355729	678295
漳　州	1207159	155769	351695	443891	255804
南　平	449308	43621	95243	205082	105362
龙　岩	825842	50403	364789	294118	116532
宁　德	509518	72522	113810	207512	115674

注：本表不含无单位规模标识的单位数据。

2-22 按行业(大类)、单位规模分组的企业法人单位数

行业大类	代码	法人单位数(个)				
			大型	中型	小型	微型
总　计	00	**595565**	**1212**	**10331**	**125390**	**458632**
农、林、牧、渔业	A	**1405**		**124**	**747**	**534**
农业	01	8				8
林业	02	5				5
畜牧业	03	1				1
渔业	04	3				3
农、林、牧、渔专业及辅助性活动	05	1388		124	747	517
采矿业	B	**1567**	**3**	**28**	**483**	**1053**
煤炭开采和洗选业	06	142	3	12	64	63
石油和天然气开采业	07					
黑色金属矿采选业	08	227		5	86	136
有色金属矿采选业	09	173		2	56	115
非金属矿采选业	10	977		9	275	693
开采专业及辅助性活动	11	37			1	36
其他采矿业	12	11			1	10
制造业	C	**115234**	**444**	**2660**	**32898**	**79232**
农副食品加工业	13	4690	20	135	1432	3103
食品制造业	14	3448	16	113	1010	2309
酒、饮料和精制茶制造业	15	4046	8	77	680	3281
烟草制品业	16	9	2	4	1	2
纺织业	17	4570	31	182	1568	2789
纺织服装、服饰业	18	8683	42	255	3472	4914
皮革、毛皮、羽毛及其制品和制鞋业	19	9291	79	408	3621	5183
木材加工和木、竹、藤、棕、草制品业	20	4535	3	55	1371	3106
家具制造业	21	3303	6	50	742	2505
造纸和纸制品业	22	3231	9	64	910	2248
印刷和记录媒介复制业	23	2802	4	25	695	2078
文教、工美、体育和娱乐用品制造业	24	7469	20	168	2126	5155
石油、煤炭及其他燃料加工业	25	236	4	1	48	183
化学原料和化学制品制造业	26	3262	7	59	1017	2179
医药制造业	27	574	1	29	196	348
化学纤维制造业	28	226	8	27	103	88
橡胶和塑料制品业	29	6044	8	120	1711	4205
非金属矿物制品业	30	13526	20	266	3245	9995
黑色金属冶炼和压延加工业	31	468	12	18	137	301
有色金属冶炼和压延加工业	32	600	17	13	167	403
金属制品业	33	8859	9	80	2012	6758
通用设备制造业	34	6306	12	68	1452	4774
专用设备制造业	35	5650	9	55	1375	4211
汽车制造业	36	1634	16	55	566	997
铁路、船舶、航空航天和其他运输设备制造业	37	769	2	27	230	510
电气机械和器材制造业	38	3951	22	109	1060	2760
计算机、通信和其他电子设备制造业	39	3173	46	141	937	2049
仪器仪表制造业	40	885	1	22	285	577
其他制造业	41	1525	8	28	521	968
废弃资源综合利用业	42	498			120	378
金属制品、机械和设备修理业	43	971	2	6	88	875
电力、热力、燃气及水生产和供应业	D	**6576**	**5**	**34**	**731**	**5806**
电力、热力生产和供应业	44	5392	3	19	436	4934
燃气生产和供应业	45	153	1	5	58	89
水的生产和供应业	46	1031	1	10	237	783
建筑业	E	**32300**	**91**	**1300**	**7273**	**23636**
房屋建筑业	47	9131	64	716	2735	5616
土木工程建筑业	48	6641	24	363	1845	4409
建筑安装业	49	3148	3	77	662	2406
建筑装饰、装修和其他建筑业	50	13380		144	2031	11205

注：本表不含无单位规模标识的单位数据。

2-22　续表

行业大类	代码	法人单位数（个）	大型	中型	小型	微型
批发和零售业	F	**231847**	**167**	**3218**	**34543**	**193919**
批发业	51	129587	87	2031	20361	107108
零售业	52	102260	80	1187	14182	86811
交通运输、仓储和邮政业	G	**16477**	**24**	**143**	**3842**	**12468**
铁路运输业	53					
道路运输业	54	9497	7	75	2312	7103
水上运输业	55	952	1	11	289	651
航空运输业	56	90	4	2	18	66
管道运输业	57	7			3	4
多式联运和运输代理业	58	3454		10	588	2856
装卸搬运和仓储业	59	1533	3	36	336	1158
邮政业	60	944	9	9	296	630
住宿和餐饮业	H	**12831**	**41**	**285**	**4006**	**8499**
住宿业	61	4574	31	194	1605	2744
餐饮业	62	8257	10	91	2401	5755
信息传输、软件和信息技术服务业	I	**32511**	**45**	**255**	**7530**	**24681**
电信、广播电视和卫星传输服务	63	563	5	36	146	376
互联网和相关服务	64	6205	1	50	1336	4818
软件和信息技术服务业	65	25743	39	169	6048	19487
金融业	J	**3319**	**166**	**43**	**138**	**2972**
货币金融服务	66	1168	165	40	101	862
资本市场服务	67	1177		3	7	1167
保险业	68	476			24	452
其他金融业	69	498	1		6	491
房地产业	K	**15650**	**60**	**1729**	**2395**	**11466**
房地产业	70	15650	60	1729	2395	11466
租赁和商务服务业	L	**65433**	**6**	**65**	**12528**	**52834**
租赁业	71	5052	1	5	1185	3861
商务服务业	72	60381	5	60	11343	48973
科学研究和技术服务业	M	**24556**	**56**	**182**	**7573**	**16745**
研究和试验发展	73	2842	1	8	733	2100
专业技术服务业	74	13073	55	165	4643	8210
科技推广和应用服务业	75	8641		9	2197	6435
水利、环境和公共设施管理业	N	**3766**	**45**	**82**	**1364**	**2275**
水利管理业	76	196			74	122
生态保护和环境治理业	77	564		10	184	370
公共设施管理业	78	2941	45	70	1075	1751
土地管理业	79	65		2	31	32
居民服务、修理和其他服务业	O	**15059**	**40**	**95**	**4577**	**10347**
居民服务业	80	6446	14	55	2041	4336
机动车、电子产品和日用产品修理业	81	6359	2	9	1792	4556
其他服务业	82	2254	24	31	744	1455
教育	P					
教育	83					
卫生和社会工作	Q	**477**	**9**	**38**	**162**	**268**
卫生	84	84	9	34	40	1
社会工作	85	393		4	122	267
文化、体育和娱乐业	R	**16557**	**10**	**50**	**4600**	**11897**
新闻和出版业	86	119		4	45	70
广播、电视、电影和录音制作业	87	1478	1	8	493	976
文化艺术业	88	4094	3	2	1020	3069
体育	89	2031	1	15	472	1543
娱乐业	90	8835	5	21	2570	6239

2-23 按行业(大类)、单位规模分组的企业法人单位从业人员数

行业大类	代码	从业人员数(人)	大型	中型	小型	微型
总　计	00	**14856807**	**2627820**	**4409749**	**5171488**	**2647750**
农、林、牧、渔业	A	**11628**		**3732**	**6846**	**1050**
农业	01					
林业	02					
畜牧业	03					
渔业	04					
农、林、牧、渔专业及辅助性活动	05	11628		3732	6846	1050
采矿业	B	**67110**	**8225**	**15033**	**35328**	**8524**
煤炭开采和洗选业	06	23914	8225	6898	8213	578
石油和天然气开采业	07					
黑色金属矿采选业	08	10455		2773	6465	1217
有色金属矿采选业	09	5968		838	4053	1077
非金属矿采选业	10	26451		4524	16556	5371
开采专业及辅助性活动	11	243			21	222
其他采矿业	12	79			20	59
制造业	C	**5281648**	**1097840**	**1389305**	**2166930**	**627573**
农副食品加工业	13	238232	38597	67172	110108	22355
食品制造业	14	188768	35836	57231	77140	18561
酒、饮料和精制茶制造业	15	131125	21652	40800	47975	20698
烟草制品业	16	6030	3168	2779	83	
纺织业	17	285501	59675	92685	109884	23257
纺织服装、服饰业	18	504814	86781	143537	228353	46143
皮革、毛皮、羽毛及其制品和制鞋业	19	682484	195031	223141	211281	53031
木材加工和木、竹、藤、棕、草制品业	20	143082	4852	23772	88324	26134
家具制造业	21	96818	8023	23991	47090	17714
造纸和纸制品业	22	121226	14723	30131	58495	17877
印刷和记录媒介复制业	23	73362	5057	12149	39600	16556
文教、工美、体育和娱乐用品制造业	24	306867	38516	85719	141209	41423
石油、煤炭及其他燃料加工业	25	12570	7578	577	3021	1394
化学原料和化学制品制造业	26	126445	8780	30954	68431	18280
医药制造业	27	38946	2361	17063	16793	2729
化学纤维制造业	28	41585	17501	13871	9580	633
橡胶和塑料制品业	29	233026	31135	60994	107034	33863
非金属矿物制品业	30	466792	50862	132171	211977	71782
黑色金属冶炼和压延加工业	31	71637	47180	11953	10207	2297
有色金属冶炼和压延加工业	32	62922	41091	7161	11426	3244
金属制品业	33	228918	23928	36896	116867	51227
通用设备制造业	34	186793	28054	36913	86007	35819
专用设备制造业	35	161279	15054	27330	85455	33440
汽车制造业	36	122196	40979	26911	47190	7116
铁路、船舶、航空航天和其他运输设备制造业	37	40477	2765	14664	19044	4004
电气机械和器材制造业	38	242528	89897	58337	75354	18940
计算机、通信和其他电子设备制造业	39	332990	158833	80096	76100	17961
仪器仪表制造业	40	37700	1181	11434	20467	4618
其他制造业	41	67787	12833	15908	30763	8283
废弃资源综合利用业	42	9348			6499	2849
金属制品、机械和设备修理业	43	19400	5917	2965	5173	5345
电力、热力、燃气及水生产和供应业	D	**172830**	**73287**	**21711**	**43500**	**34332**
电力、热力生产和供应业	44	138452	70501	14204	25565	28182
燃气生产和供应业	45	8100	1055	2628	3731	686
水的生产和供应业	46	26278	1731	4879	14204	5464
建筑业	E	**4492433**	**945810**	**2278394**	**963947**	**304282**
房屋建筑业	47	2815583	767840	1554286	388375	105082
土木工程建筑业	48	815846	172729	424891	166897	51329
建筑安装业	49	109945	5241	42193	40916	21595
建筑装饰、装修和其他建筑业	50	751059		257024	367759	126276

注：本表不含无单位规模标识的单位数据。

2-23 续表

行业大类	代码	从业人员数(人)	大型	中型	小型	微型
批发和零售业	F	**1835712**	**145421**	**243223**	**543838**	**903230**
批发业	51	1058873	64740	119131	307022	567980
零售业	52	776839	80681	124092	236816	335250
交通运输、仓储和邮政业	G	**442347**	**72868**	**84376**	**191813**	**93290**
铁路运输业	53					
道路运输业	54	250829	23128	57016	114302	56383
水上运输业	55	31967	1122	5591	21077	4177
航空运输业	56	28539	25419	1351	1407	362
管道运输业	57	147			89	58
多式联运和运输代理业	58	49741		4720	26050	18971
装卸搬运和仓储业	59	34304	1007	9807	14974	8516
邮政业	60	46820	22192	5891	13914	4823
住宿和餐饮业	H	**255885**	**42186**	**60531**	**112010**	**41158**
住宿业	61	121751	14078	41964	51593	14116
餐饮业	62	134134	28108	18567	60417	27042
信息传输、软件和信息技术服务业	I	**396151**	**61932**	**68376**	**174788**	**91055**
电信、广播电视和卫星传输服务	63	53913	25119	21176	5839	1779
互联网和相关服务	64	70966	3981	14806	32872	19307
软件和信息技术服务业	65	271272	32832	32394	136077	69969
金融业	J	**14618**		**182**	**646**	**13790**
货币金融服务	66	6793			247	6546
资本市场服务	67	3100		182	39	2879
保险业	68	223				223
其他金融业	69	4502			360	4142
房地产业	K	**356719**	**43251**	**110061**	**74243**	**129164**
房地产业	70	356719	43251	110061	74243	129164
租赁和商务服务业	L	**787329**	**11340**	**63891**	**461313**	**250785**
租赁业	71	51844	938	1572	30548	18786
商务服务业	72	735485	10402	62319	430765	231999
科学研究和技术服务业	M	**281494**	**33011**	**28370**	**160949**	**59164**
研究和试验发展	73	23244	1130	1260	14417	6437
专业技术服务业	74	193541	31881	25670	104210	31780
科技推广和应用服务业	75	64709		1440	42322	20947
水利、环境和公共设施管理业	N	**86592**	**32827**	**12822**	**33187**	**7756**
水利管理业	76	2088			1738	350
生态保护和环境治理业	77	6773		1439	4027	1307
公共设施管理业	78	76422	32827	11121	26475	5999
土地管理业	79	1309		262	947	100
居民服务、修理和其他服务业	O	**204960**	**50168**	**15911**	**98296**	**40585**
居民服务业	80	92604	21267	9009	46846	15482
机动车、电子产品和日用产品修理业	81	55868	775	1504	34019	19570
其他服务业	82	56488	28126	5398	17431	5533
教育	P					
教育	83					
卫生和社会工作	Q	**17916**	**5258**	**6626**	**5285**	**747**
卫生	84	13745	5258	5920	2561	6
社会工作	85	4171		706	2724	741
文化、体育和娱乐业	R	**151435**	**4396**	**7205**	**98569**	**41265**
新闻和出版业	86	2425		676	1456	293
广播、电视、电影和录音制作业	87	16293	412	1124	10972	3785
文化艺术业	88	33890	1083	254	21948	10605
体育	89	17384	418	2208	9780	4978
娱乐业	90	81443	2483	2943	54413	21604

2-24 按地区、营业收入组距分组的企业法人单位数

地区	法人单位数(个)	100万元及以下	100-200万元	200-500万元	500-1000万元	1000-2000万元	2000-5000万元	5000万元-1亿元	1亿元以上
全省	**605529**	**255843**	**69684**	**124274**	**77172**	**35952**	**16950**	**9417**	**16237**
福州	113763	49960	13082	20683	15221	6256	3383	1863	3315
#平潭	4551	3359	248	322	168	148	149	69	88
厦门	141735	91210	13640	15200	7742	5195	4268	1899	2581
莆田	38667	8839	5088	11975	7770	2160	1139	637	1059
三明	26159	14573	3394	3164	1550	733	687	655	1403
泉州	153116	39203	19699	43311	26731	15238	3102	1845	3987
漳州	47812	8188	3783	16719	12228	3046	1438	838	1572
南平	28263	16743	4067	3592	1234	763	730	422	712
龙岩	28714	12931	3407	4708	2863	1594	1311	866	1034
宁德	27300	14196	3524	4922	1833	967	892	392	574

2-25 按地区、营业收入组距分组的企业法人单位从业人员数

地 区	从 业 人员数 (人)	100万元 及以下	100- 200万元	200- 500万元	500- 1000万元	1000- 2000万元	2000- 5000万元	5000万元- 1亿元	1亿元 以上
全 省	**14961312**	**875996**	**508069**	**1361016**	**1392875**	**998089**	**1086677**	**1036347**	**7702243**
福 州	3726855	155429	110335	269974	316782	179841	240690	247438	2206366
#平潭	89544	10535	7345	6712	6024	7048	12143	19774	19963
厦 门	3127749	332916	121459	204126	164546	171371	274094	243750	1615487
莆 田	937913	40220	32278	119915	122010	53892	50268	49743	469587
三 明	581469	51226	26008	42096	34836	27502	33757	52148	313896
泉 州	3574053	124888	116801	403395	442546	366309	218914	217056	1684144
漳 州	1214839	27556	20828	153327	179977	82747	86001	87559	576844
南 平	452614	50357	27999	46519	32367	31740	52168	39514	171950
龙 岩	831449	46874	24165	57226	58390	49976	69783	61508	463527
宁 德	514371	46530	28196	64438	41421	34711	61002	37631	200442

2-26 按行业(大类)、营业收入

行业大类	代码	法人单位数(个)	100万元及以下	100-200万元
总　计	00	**605529**	**255843**	**69684**
农、林、牧、渔业	A	**1405**	**740**	**211**
农业	01	8	8	
林业	02	5	5	
畜牧业	03	1	1	
渔业	04	3	3	
农、林、牧、渔专业及辅助性活动	05	1388	723	211
采矿业	B	**1567**	**537**	**94**
煤炭开采和洗选业	06	142	32	1
石油和天然气开采业	07			
黑色金属矿采选业	08	227	86	9
有色金属矿采选业	09	173	61	8
非金属矿采选业	10	977	330	65
开采专业及辅助性活动	11	37	20	11
其他采矿业	12	11	8	
制造业	C	**115234**	**26935**	**12270**
农副食品加工业	13	4690	1173	471
食品制造业	14	3448	820	290
酒、饮料和精制茶制造业	15	4046	1438	655
烟草制品业	16	9	2	
纺织业	17	4570	834	409
纺织服装、服饰业	18	8683	1541	727
皮革、毛皮、羽毛及其制品和制鞋业	19	9291	1032	527
木材加工和木、竹、藤、棕、草制品业	20	4535	1178	543
家具制造业	21	3303	900	408
造纸和纸制品业	22	3231	702	354
印刷和记录媒介复制业	23	2802	692	393
文教、工美、体育和娱乐用品制造业	24	7469	1706	854
石油、煤炭及其他燃料加工业	25	236	76	19
化学原料和化学制品制造业	26	3262	877	312
医药制造业	27	574	189	35
化学纤维制造业	28	226	37	9
橡胶和塑料制品业	29	6044	1242	659
非金属矿物制品业	30	13526	3419	1648
黑色金属冶炼和压延加工业	31	468	137	37
有色金属冶炼和压延加工业	32	600	160	39
金属制品业	33	8859	1900	967
通用设备制造业	34	6306	1597	737
专用设备制造业	35	5650	1596	716
汽车制造业	36	1634	376	144
铁路、船舶、航空航天和其他运输设备制造业	37	769	177	77
电气机械和器材制造业	38	3951	1189	457
计算机、通信和其他电子设备制造业	39	3173	844	363
仪器仪表制造业	40	885	214	108
其他制造业	41	1525	284	136
废弃资源综合利用业	42	498	134	47
金属制品、机械和设备修理业	43	971	469	129
电力、热力、燃气及水生产和供应业	D	**6576**	**3567**	**872**
电力、热力生产和供应业	44	5392	3138	744
燃气生产和供应业	45	153	37	10
水的生产和供应业	46	1031	392	118
建筑业	E	**32300**	**13019**	**3624**
房屋建筑业	47	9131	2974	853
土木工程建筑业	48	6641	2365	676
建筑安装业	49	3148	1344	410
建筑装饰、装修和其他建筑业	50	13380	6336	1685

组距分组的企业法人单位数

200-500万元	500-1000万元	1000-2000万元	2000-5000万元	5000万元-1亿元	1亿元以上	代码
124274	**77172**	**35952**	**16950**	**9417**	**16237**	00
331	**88**	**22**	**8**	**3**	**2**	A
						01
						02
						03
						04
331	88	22	8	3	2	05
237	**237**	**122**	**66**	**99**	**175**	B
13	15	12	16	23	30	06
						07
21	26	13	3	20	49	08
20	27	14	14	6	23	09
175	169	82	33	50	73	10
5		1				11
3						12
23056	**23261**	**12326**	**5371**	**3816**	**8199**	C
900	635	371	263	251	626	13
619	687	403	157	131	341	14
874	350	152	174	164	239	15
					7	16
800	1039	525	267	184	512	17
1775	2022	1235	562	320	501	18
1750	3308	1369	375	279	651	19
910	748	349	209	201	397	20
773	588	261	145	81	147	21
652	686	369	155	86	227	22
615	585	250	106	53	108	23
1730	1443	722	257	237	520	24
50	31	16	17	5	22	25
519	496	303	187	173	395	26
68	78	49	44	30	81	27
17	34	23	18	12	76	28
1307	1289	691	313	175	368	29
2546	2572	1579	393	418	951	30
55	68	34	28	30	79	31
100	91	66	34	23	87	32
1936	2136	1049	346	197	328	33
1265	1320	734	252	143	258	34
1176	1002	535	247	141	237	35
271	288	168	122	83	182	36
202	86	57	58	35	77	37
778	487	334	270	142	294	38
549	476	293	203	126	319	39
159	152	74	80	37	61	40
354	360	228	70	28	65	41
106	104	49	12	21	25	42
200	100	38	7	10	18	43
1022	**481**	**259**	**169**	**82**	**124**	D
820	313	148	98	54	77	44
23	20	10	18	4	31	45
179	148	101	53	24	16	46
5790	**4053**	**1968**	**1597**	**796**	**1453**	E
1474	1172	743	705	374	836	47
1187	857	496	459	228	373	48
567	393	190	128	51	65	49
2562	1631	539	305	143	179	50

2-26 续表

行业大类	代码	法人单位数(个)	100万元及以下	100-200万元
批发和零售业	F	**231847**	**95323**	**27821**
批发业	51	129587	51984	13487
零售业	52	102260	43339	14334
交通运输、仓储和邮政业	G	**16491**	**5542**	**1804**
铁路运输业	53	14	1	
道路运输业	54	9497	3000	1073
水上运输业	55	952	339	59
航空运输业	56	90	44	3
管道运输业	57	7	1	1
多式联运和运输代理业	58	3454	1225	391
装卸搬运和仓储业	59	1533	599	157
邮政业	60	944	333	120
住宿和餐饮业	H	**12831**	**6067**	**3169**
住宿业	61	4574	1991	1058
餐饮业	62	8257	4076	2111
信息传输、软件和信息技术服务业	I	**32511**	**19443**	**3320**
电信、广播电视和卫星传输服务	63	563	273	63
互联网和相关服务	64	6205	3715	641
软件和信息技术服务业	65	25743	15455	2616
金融业	J	**3335**	**1645**	**197**
货币金融服务	66	1168	422	59
资本市场服务	67	1190	872	85
保险业	68	479	50	16
其他金融业	69	498	301	37
房地产业	K	**18016**	**8525**	**1856**
房地产业	70	18016	8525	1856
租赁和商务服务业	L	**65433**	**37398**	**6554**
租赁业	71	5052	2466	640
商务服务业	72	60381	34932	5914
科学研究和技术服务业	M	**24556**	**12616**	**2968**
研究和试验发展	73	2842	1637	322
专业技术服务业	74	13073	6138	1676
科技推广和应用服务业	75	8641	4841	970
水利、环境和公共设施管理业	N	**3766**	**1858**	**393**
水利管理业	76	196	104	21
生态保护和环境治理业	77	564	307	57
公共设施管理业	78	2941	1419	311
土地管理业	79	65	28	4
居民服务、修理和其他服务业	O	**15059**	**8371**	**1741**
居民服务业	80	6446	3779	640
机动车、电子产品和日用产品修理业	81	6359	3400	842
其他服务业	82	2254	1192	259
教育	P	**6112**	**3883**	**671**
教育	83	6112	3883	671
卫生和社会工作	Q	**1933**	**1006**	**178**
卫生	84	1540	748	144
社会工作	85	393	258	34
文化、体育和娱乐业	R	**16557**	**9368**	**1941**
新闻和出版业	86	119	49	11
广播、电视、电影和录音制作业	87	1478	711	207
文化艺术业	88	4094	2339	503
体育	89	2031	1281	215
娱乐业	90	8835	4988	1005

200-500万元	500-1000万元	1000-2000万元	2000-5000万元	5000万元-1亿元	1亿元以上	代码
52289	**25561**	**17041**	**6495**	**3148**	**4169**	F
19726	19723	14675	4649	2289	3054	51
32563	5838	2366	1846	859	1115	52
3348	**3765**	**801**	**673**	**275**	**283**	G
	1	1		2	9	53
2077	2360	434	340	121	92	54
132	148	59	86	60	69	55
11	14	6	4	2	6	56
1		2	1		1	57
621	735	200	155	64	63	58
292	313	65	64	19	24	59
214	194	34	23	7	19	60
1800	**785**	**457**	**352**	**133**	**68**	H
664	357	203	176	76	49	61
1136	428	254	176	57	19	62
4959	**3580**	**540**	**340**	**136**	**193**	I
103	61	9	9	7	38	63
1001	619	87	61	37	44	64
3855	2900	444	270	92	111	65
371	**251**	**162**	**183**	**115**	**411**	J
139	102	72	93	50	231	66
115	72	11	11	8	16	67
34	31	70	72	52	154	68
83	46	9	7	5	10	69
3144	**1995**	**604**	**639**	**391**	**862**	K
3144	1995	604	639	391	862	70
11777	**7987**	**779**	**533**	**238**	**167**	L
1062	729	75	55	20	5	71
10715	7258	704	478	218	162	72
5354	**2887**	**356**	**243**	**80**	**52**	M
539	275	43	18	6	2	73
3046	1677	231	191	68	46	74
1769	935	82	34	6	4	75
708	**584**	**84**	**80**	**27**	**32**	N
32	30	2	5	1	1	76
98	73	11	11	4	3	77
567	475	67	62	20	20	78
11	6	4	2	2	8	79
4275	**412**	**153**	**62**	**28**	**17**	O
1720	177	70	34	17	9	80
1881	166	52	10	2	6	81
674	69	31	18	9	2	82
1007	**494**	**38**	**15**	**3**	**1**	P
1007	494	38	15	3	1	83
389	**244**	**53**	**37**	**16**	**10**	Q
329	207	50	36	16	10	84
60	37	3	1			85
4417	**507**	**187**	**87**	**31**	**19**	R
31	9	4	8	3	4	86
398	73	49	25	8	7	87
1146	82	14	4	3	3	88
454	42	23	14		2	89
2388	301	97	36	17	3	90

2-27 按行业(大类)、营业收入

行业大类	代码	从业人员数(人)	100万元及以下	100-200万元
总　　计	00	**14961312**	**875996**	**508069**
农、林、牧、渔业	A	**11628**	**2142**	**1485**
农业	01			
林业	02			
畜牧业	03			
渔业	04			
农、林、牧、渔专业及辅助性活动	05	11628	2142	1485
采矿业	B	**67110**	**3364**	**786**
煤炭开采和洗选业	06	23914	230	21
石油和天然气开采业	07			
黑色金属矿采选业	08	10455	713	82
有色金属矿采选业	09	5968	507	93
非金属矿采选业	10	26451	1819	500
开采专业及辅助性活动	11	243	57	90
其他采矿业	12	79	38	
制造业	C	**5281648**	**115501**	**89362**
农副食品加工业	13	238232	4145	3384
食品制造业	14	188768	3635	2026
酒、饮料和精制茶制造业	15	131125	5101	4087
烟草制品业	16	6030		
纺织业	17	285501	3810	2800
纺织服装、服饰业	18	504814	8105	6464
皮革、毛皮、羽毛及其制品和制鞋业	19	682484	6512	4382
木材加工和木、竹、藤、棕、草制品业	20	143082	6402	4647
家具制造业	21	96818	3459	2553
造纸和纸制品业	22	121226	2535	2628
印刷和记录媒介复制业	23	73362	2927	2854
文教、工美、体育和娱乐用品制造业	24	306867	8472	5808
石油、煤炭及其他燃料加工业	25	12570	419	100
化学原料和化学制品制造业	26	126445	4356	2136
医药制造业	27	38946	1137	269
化学纤维制造业	28	41585	96	61
橡胶和塑料制品业	29	233026	4497	4962
非金属矿物制品业	30	466792	12178	11443
黑色金属冶炼和压延加工业	31	71637	710	268
有色金属冶炼和压延加工业	32	62922	919	249
金属制品业	33	228918	7031	6831
通用设备制造业	34	186793	5265	5184
专用设备制造业	35	161279	7492	5404
汽车制造业	36	122196	1132	961
铁路、船舶、航空航天和其他运输设备制造业	37	40477	898	529
电气机械和器材制造业	38	242528	3723	3336
计算机、通信和其他电子设备制造业	39	332990	5843	3003
仪器仪表制造业	40	37700	1081	745
其他制造业	41	67787	1202	1028
废弃资源综合利用业	42	9348	647	238
金属制品、机械和设备修理业	43	19400	1772	982
电力、热力、燃气及水生产和供应业	D	**172830**	**13946**	**6766**
电力、热力生产和供应业	44	138452	12316	5750
燃气生产和供应业	45	8100	178	90
水的生产和供应业	46	26278	1452	926
建筑业	E	**4492433**	**54691**	**35857**
房屋建筑业	47	2815583	13707	10322
土木工程建筑业	48	815846	9958	7210
建筑安装业	49	109945	5823	3851
建筑装饰、装修和其他建筑业	50	751059	25203	14474

组距分组的企业法人单位从业人员数

200-500万元	500-1000万元	1000-2000万元	2000-5000万元	5000万元-1亿元	1亿元以上	代码
1361016	**1392875**	**998089**	**1086677**	**1036347**	**7702243**	00
4282	**1751**	**786**	**469**	**498**	**215**	A
						01
						02
						03
						04
4282	1751	786	469	498	215	05
2996	**4400**	**4281**	**6940**	**9272**	**35071**	B
222	343	924	2384	3689	16101	06
						07
218	400	456	180	1686	6720	08
227	495	390	799	620	2837	09
2207	3162	2496	3577	3277	9413	10
81		15				11
41						12
262197	**429830**	**418459**	**423052**	**454979**	**3088268**	C
9656	10159	11576	14998	20073	164241	13
7155	11892	14679	13808	15432	120141	14
8719	5497	3851	9256	14184	80430	15
					6030	16
8750	19216	19701	18911	23004	189309	17
26220	47229	56222	58622	58120	243832	18
23450	69963	52109	44600	59037	422431	19
11493	14391	10563	12451	15848	67287	20
7227	10492	8250	11953	9861	43023	21
7413	11556	12069	10497	8258	66270	22
6957	10607	8877	8307	5259	27574	23
18767	28266	26631	24862	31908	162153	24
544	368	363	405	366	10005	25
5665	8734	9640	9158	12565	74191	26
994	2037	2002	3402	2470	26635	27
270	706	780	906	1309	37457	28
14351	22267	20722	21166	20508	124553	29
25281	39941	45593	28667	38821	264868	30
504	1393	900	1282	1516	65064	31
1055	1465	1814	1452	1956	54012	32
19657	31694	28485	25129	20092	89999	33
13207	21008	20818	17167	16319	87825	34
13702	18004	16868	18951	15413	65445	35
3064	5514	5752	9580	10781	85412	36
2426	2018	2447	4692	3811	23656	37
8923	9742	11846	17728	17909	169321	38
7080	11061	12397	19942	17872	255792	39
1978	2872	2494	7143	5205	16182	40
4817	8023	8569	7032	4676	32440	41
895	1757	1252	581	1490	2488	42
1977	1958	1189	404	916	10202	43
11474	**9447**	**9418**	**10442**	**7992**	**103345**	D
8954	5785	5121	5920	3838	90768	44
292	340	298	842	322	5738	45
2228	3322	3999	3680	3832	6839	46
95118	**120024**	**120383**	**237462**	**246162**	**3582736**	E
30182	40379	53374	105519	111503	2450597	47
19268	25628	28574	56758	59830	608620	48
8262	10388	9308	11412	12235	48666	49
37406	43629	29127	63773	62594	474853	50

2-27 续表

行业大类	代码	从业人员数（人）	100万元及以下	100-200万元
批发和零售业	F	**1835712**	**248444**	**143346**
批发业	51	1058873	129715	73774
零售业	52	776839	118729	69572
交通运输、仓储和邮政业	G	**442415**	**24541**	**16284**
铁路运输业	53	68		
道路运输业	54	250829	14277	9677
水上运输业	55	31967	1258	565
航空运输业	56	28539	168	19
管道运输业	57	147	6	26
多式联运和运输代理业	58	49741	4351	2852
装卸搬运和仓储业	59	34304	2646	1747
邮政业	60	46820	1835	1398
住宿和餐饮业	H	**255885**	**26920**	**30039**
住宿业	61	121751	9557	10645
餐饮业	62	134134	17363	19394
信息传输、软件和信息技术服务业	I	**396151**	**66520**	**29371**
电信、广播电视和卫星传输服务	63	53913	1207	1573
互联网和相关服务	64	70966	13369	5039
软件和信息技术服务业	65	271272	51944	22759
金融业	J	**14618**	**2522**	**1218**
货币金融服务	66	6793	828	568
资本市场服务	67	3100	822	342
保险业	68	223	56	7
其他金融业	69	4502	816	301
房地产业	K	**379026**	**56327**	**22342**
房地产业	70	379026	56327	22342
租赁和商务服务业	L	**787329**	**120484**	**57842**
租赁业	71	51844	7996	4770
商务服务业	72	735485	112488	53072
科学研究和技术服务业	M	**281494**	**43841**	**25807**
研究和试验发展	73	23244	5023	2533
专业技术服务业	74	193541	24981	15591
科技推广和应用服务业	75	64709	13837	7683
水利、环境和公共设施管理业	N	**86592**	**8341**	**4639**
水利管理业	76	2088	405	214
生态保护和环境治理业	77	6773	1223	478
公共设施管理业	78	76422	6512	3920
土地管理业	79	1309	201	27
居民服务、修理和其他服务业	O	**204960**	**35236**	**16986**
居民服务业	80	92604	15733	7160
机动车、电子产品和日用产品修理业	81	55868	14062	6794
其他服务业	82	56488	5441	3032
教育	P	**59375**	**16074**	**7491**
教育	83	59375	16074	7491
卫生和社会工作	Q	**40671**	**4958**	**1992**
卫生	84	36500	3898	1601
社会工作	85	4171	1060	391
文化、体育和娱乐业	R	**151435**	**32144**	**16456**
新闻和出版业	86	2425	203	68
广播、电视、电影和录音制作业	87	16293	2655	1860
文化艺术业	88	33890	7788	4329
体育	89	17384	4536	1620
娱乐业	90	81443	16962	8579

200-500万元	500-1000万元	1000-2000万元	2000-5000万元	5000万元-1亿元	1亿元以上	代码
378410	**283502**	**243289**	**128556**	**88941**	**321224**	F
146640	212875	198408	82458	53621	161382	51
231770	70627	44881	46098	35320	159842	52
45655	**88619**	**32025**	**46191**	**35573**	**153527**	G
				68		53
28643	56471	20645	28557	21400	71159	54
1459	3429	2211	4368	5978	12699	55
147	340	357	325	519	26664	56
27		26	31		31	57
6523	13776	3966	5271	3039	9963	58
4784	8288	2902	5541	3496	4900	59
4072	6315	1918	2098	1073	28111	60
32490	**25072**	**27522**	**39551**	**28211**	**46080**	H
13571	12993	14702	23690	19368	17225	61
18919	12079	12820	15861	8843	28855	62
64035	**73050**	**19905**	**27142**	**15960**	**100168**	I
2780	1118	478	1410	556	44791	63
13488	13154	3778	4860	3389	13889	64
47767	58778	15649	20872	12015	41488	65
3466	**3354**	**777**	**1019**	**1014**	**1248**	J
1588	1602	417	335	773	682	66
788	731	117	20	42	238	67
124		36				68
966	1021	207	664	199	328	69
57909	**52250**	**30692**	**47976**	**35155**	**76375**	K
57909	52250	30692	47976	35155	76375	70
155452	**173443**	**40196**	**56974**	**57844**	**125094**	L
14198	15895	2939	2240	1291	2515	71
141254	157548	37257	54734	56553	122579	72
73111	**61684**	**16716**	**21901**	**14940**	**23494**	M
7787	5044	1193	604	716	344	73
43916	39047	13564	19714	13851	22877	74
21408	17593	1959	1583	373	273	75
12275	**15125**	**7640**	**13169**	**11353**	**14050**	N
485	737	59	133	55		76
1386	1618	473	777	389	429	77
10259	12614	6991	12173	10822	13131	78
145	156	117	86	87	490	79
69672	**15798**	**12673**	**12113**	**21381**	**21101**	O
30619	7665	6437	3971	4389	16630	80
26340	4684	1814	718	383	1073	81
12713	3449	4422	7424	16609	3398	82
17586	**13366**	**2043**	**1949**	**420**	**446**	P
17586	13366	2043	1949	420	446	83
7689	**7217**	**4115**	**5550**	**3331**	**5819**	Q
6308	6169	3825	5549	3331	5819	84
1381	1048	290	1			85
67199	**14943**	**7169**	**6221**	**3321**	**3982**	R
515	257	68	414	466	434	86
5839	1747	1477	1233	426	1056	87
17405	2272	565	164	533	834	88
6823	1444	926	1850		185	89
36617	9223	4133	2560	1896	1473	90

2-28 按地区、资产总计组距分组的企业法人单位数

地 区	法 人 单位数 (个)	50万元及以下	50-100万元	100-500万元	500-1000万元	1000-5000万元	5000万元-1亿元	1亿元以上
全 省	**605529**	**233239**	**79304**	**172481**	**49722**	**46376**	**9660**	**14747**
福 州	113763	43877	13725	31769	8830	10140	2072	3350
#平潭	4551	2708	373	700	192	332	88	158
厦 门	141735	70392	16092	29753	9340	10587	2156	3415
莆 田	38667	10628	5831	14343	3958	2635	521	751
三 明	26159	11707	3239	5663	1760	2354	651	785
泉 州	153116	47409	21277	53194	15546	10773	1929	2988
漳 州	47812	11014	8632	17684	4583	3593	904	1402
南 平	28263	14264	3467	5965	1470	2008	458	631
龙 岩	28714	11271	3378	7622	2625	2471	549	798
宁 德	27300	12677	3663	6488	1610	1815	420	627

2-29　按地区、资产总计组距分组的企业法人单位从业人员数

地　区	从业人员数(人)	50万元及以下	50-100万元	100-500万元	500-1000万元	1000-5000万元	5000万元-1亿元	1亿元以上
全　省	**14961312**	**921840**	**634299**	**2203516**	**1062666**	**2594793**	**1386394**	**6157804**
福　州	3726855	164585	124920	472638	219810	617136	315585	1812181
#平潭	89544	8272	2598	23407	5684	21466	6999	21118
厦　门	3127749	268380	114145	350000	213740	582165	287962	1311357
莆　田	937913	64438	54059	167437	65844	144644	82325	359166
三　明	581469	40876	22166	65053	42610	133059	77579	200126
泉　州	3574053	203076	162137	689130	300434	574167	301980	1343129
漳　州	1214839	50030	81733	206366	85225	184466	118267	488752
南　平	452614	43824	21460	64998	34421	111639	47083	129189
龙　岩	831449	42909	24331	100326	59456	151255	100225	352947
宁　德	514371	43722	29348	87568	41126	96262	55388	160957

2-30 按行业(大类)、资产总计

行业大类	代码	法人单位数(个)		
			50万元及以下	50-100万元
总　计	00	**605529**	**233239**	**79304**
农、林、牧、渔业	A	**1405**	**585**	**195**
农业	01	8	8	
林业	02	5	5	
畜牧业	03	1	1	
渔业	04	3	3	
农、林、牧、渔专业及辅助性活动	05	1388	568	195
采矿业	B	**1567**	**387**	**122**
煤炭开采和洗选业	06	142	19	6
石油和天然气开采业	07			
黑色金属矿采选业	08	227	52	14
有色金属矿采选业	09	173	39	8
非金属矿采选业	10	977	242	91
开采专业及辅助性活动	11	37	31	2
其他采矿业	12	11	4	1
制造业	C	**115234**	**23687**	**12582**
农副食品加工业	13	4690	1002	459
食品制造业	14	3448	625	344
酒、饮料和精制茶制造业	15	4046	918	568
烟草制品业	16	9	2	
纺织业	17	4570	664	373
纺织服装、服饰业	18	8683	1532	817
皮革、毛皮、羽毛及其制品和制鞋业	19	9291	1360	859
木材加工和木、竹、藤、棕、草制品业	20	4535	1078	525
家具制造业	21	3303	940	446
造纸和纸制品业	22	3231	622	313
印刷和记录媒介复制业	23	2802	553	354
文教、工美、体育和娱乐用品制造业	24	7469	1793	1043
石油、煤炭及其他燃料加工业	25	236	49	22
化学原料和化学制品制造业	26	3262	641	264
医药制造业	27	574	130	53
化学纤维制造业	28	226	26	13
橡胶和塑料制品业	29	6044	1010	670
非金属矿物制品业	30	13526	3112	1569
黑色金属冶炼和压延加工业	31	468	108	46
有色金属冶炼和压延加工业	32	600	121	48
金属制品业	33	8859	1735	1022
通用设备制造业	34	6306	1308	694
专用设备制造业	35	5650	1289	668
汽车制造业	36	1634	297	136
铁路、船舶、航空航天和其他运输设备制造业	37	769	160	74
电气机械和器材制造业	38	3951	952	392
计算机、通信和其他电子设备制造业	39	3173	676	317
仪器仪表制造业	40	885	162	94
其他制造业	41	1525	277	185
废弃资源综合利用业	42	498	124	66
金属制品、机械和设备修理业	43	971	421	148
电力、热力、燃气及水生产和供应业	D	**6576**	**1146**	**923**
电力、热力生产和供应业	44	5392	924	828
燃气生产和供应业	45	153	25	8
水的生产和供应业	46	1031	197	87
建筑业	E	**32300**	**11729**	**4002**
房屋建筑业	47	9131	2748	832
土木工程建筑业	48	6641	2013	732
建筑安装业	49	3148	1108	421
建筑装饰、装修和其他建筑业	50	13380	5860	2017

组距分组的企业法人单位数

100-500万元	500-1000万元	1000-5000万元	5000万元-1亿元	1亿元以上	代码
172481	**49722**	**46376**	**9660**	**14747**	**00**
463	**85**	**68**	**5**	**4**	**A**
					01
					02
					03
					04
463	85	68	5	4	05
367	**180**	**338**	**90**	**83**	**B**
21	12	41	16	27	06
					07
43	26	57	16	19	08
26	23	50	15	12	09
270	119	187	43	25	10
3		1			11
4		2			12
39765	**14222**	**16559**	**3868**	**4551**	**C**
1344	542	768	256	319	13
1063	465	613	162	176	14
1452	374	505	120	109	15
				7	16
1380	686	873	244	350	17
3191	1373	1323	232	215	18
4524	916	1085	240	307	19
1472	559	705	124	72	20
1023	337	409	84	64	21
1205	399	467	99	126	22
1122	317	346	53	57	23
2568	748	902	215	200	24
84	22	34	6	19	25
941	377	606	199	234	26
117	54	91	57	72	27
34	28	41	18	66	28
2338	757	883	187	199	29
4099	2036	1743	480	487	30
100	49	79	21	65	31
184	60	102	23	62	32
3104	1236	1387	191	184	33
2319	803	853	161	168	34
1985	683	703	154	168	35
499	165	297	87	153	36
234	77	144	38	42	37
1166	410	620	182	229	38
930	313	496	144	297	39
284	110	161	39	35	40
581	193	219	34	36	41
158	62	58	12	18	42
264	71	46	6	15	43
2696	**635**	**623**	**175**	**378**	**D**
2354	515	432	105	234	44
37	8	27	16	32	45
305	112	164	54	112	46
7972	**2483**	**3878**	**1051**	**1185**	**E**
2105	709	1577	524	636	47
1567	584	1052	313	380	48
853	288	345	61	72	49
3447	902	904	153	97	50

2-30 续表

行业大类	代码	法人单位数（个）		
			50万元及以下	50-100万元
批发和零售业	F	**231847**	**96594**	**32925**
批发业	51	129587	47949	17084
零售业	52	102260	48645	15841
交通运输、仓储和邮政业	G	**16491**	**4724**	**1962**
铁路运输业	53	14		
道路运输业	54	9497	2436	1164
水上运输业	55	952	255	80
航空运输业	56	90	34	5
管道运输业	57	7		1
多式联运和运输代理业	58	3454	1167	390
装卸搬运和仓储业	59	1533	495	169
邮政业	60	944	337	153
住宿和餐饮业	H	**12831**	**5729**	**1857**
住宿业	61	4574	1502	685
餐饮业	62	8257	4227	1172
信息传输、软件和信息技术服务业	I	**32511**	**17098**	**4187**
电信、广播电视和卫星传输服务	63	563	251	81
互联网和相关服务	64	6205	3413	815
软件和信息技术服务业	65	25743	13434	3291
金融业	J	**3335**	**950**	**134**
货币金融服务	66	1168	329	49
资本市场服务	67	1190	321	35
保险业	68	479	52	15
其他金融业	69	498	248	35
房地产业	K	**18016**	**5691**	**1771**
房地产业	70	18016	5691	1771
租赁和商务服务业	L	**65433**	**31976**	**8886**
租赁业	71	5052	1968	761
商务服务业	72	60381	30008	8125
科学研究和技术服务业	M	**24556**	**10937**	**3445**
研究和试验发展	73	2842	1348	344
专业技术服务业	74	13073	5320	1955
科技推广和应用服务业	75	8641	4269	1146
水利、环境和公共设施管理业	N	**3766**	**1385**	**436**
水利管理业	76	196	57	15
生态保护和环境治理业	77	564	240	65
公共设施管理业	78	2941	1072	353
土地管理业	79	65	16	3
居民服务、修理和其他服务业	O	**15059**	**7759**	**2394**
居民服务业	80	6446	3573	932
机动车、电子产品和日用产品修理业	81	6359	3052	1100
其他服务业	82	2254	1134	362
教育	P	**6112**	**3622**	**765**
教育	83	6112	3622	765
卫生和社会工作	Q	**1933**	**851**	**285**
卫生	84	1540	660	244
社会工作	85	393	191	41
文化、体育和娱乐业	R	**16557**	**8389**	**2433**
新闻和出版业	86	119	44	17
广播、电视、电影和录音制作业	87	1478	635	198
文化艺术业	88	4094	2210	605
体育	89	2031	1185	247
娱乐业	90	8835	4315	1366

100-500万元	500-1000万元	1000-5000万元	5000万元-1亿元	1亿元以上	代码
66908	**18273**	**13109**	**1967**	**2071**	F
39034	12227	10116	1491	1686	51
27874	6046	2993	476	385	52
5303	**2182**	**1525**	**302**	**493**	G
				14	53
3366	1313	934	128	156	54
185	104	129	70	129	55
19	14	4	2	12	56
1		3		2	57
993	540	265	42	57	58
414	142	155	48	110	59
325	69	35	12	13	60
3594	**694**	**682**	**118**	**157**	H
1363	363	424	102	135	61
2231	331	258	16	22	62
7350	**1883**	**1529**	**197**	**267**	I
121	32	35	3	40	63
1399	276	210	43	49	64
5830	1575	1284	151	178	65
522	**315**	**500**	**111**	**803**	J
87	57	112	26	508	66
260	201	245	43	85	67
95	36	107	30	144	68
80	21	36	12	66	69
3682	**1248**	**1749**	**809**	**3066**	K
3682	1248	1749	809	3066	70
15892	**3733**	**3201**	**582**	**1163**	L
1619	362	244	33	65	71
14273	3371	2957	549	1098	72
6989	**1646**	**1208**	**161**	**170**	M
784	183	141	25	17	73
3935	932	714	104	113	74
2270	531	353	32	40	75
1029	**288**	**327**	**75**	**226**	N
54	16	16	5	33	76
136	39	50	9	25	77
829	232	255	60	140	78
10	1	6	1	28	79
3902	**641**	**301**	**33**	**29**	O
1500	249	149	25	18	80
1796	302	96	5	8	81
606	90	56	3	3	82
1318	**258**	**125**	**16**	**8**	P
1318	258	125	16	8	83
498	**122**	**127**	**29**	**21**	Q
395	101	100	24	16	84
103	21	27	5	5	85
4231	**834**	**527**	**71**	**72**	R
22	6	16	5	9	86
396	115	107	16	11	87
1003	181	74	7	14	88
435	85	57	11	11	89
2375	447	273	32	27	90

2-31 按行业(大类)、资产总计

行业大类	代码	从业人员数(人)	50万元及以下	50-100万元
总　计	00	**14961312**	**921840**	**634299**
农、林、牧、渔业	A	**11628**	**1756**	**1274**
农业	01			
林业	02			
畜牧业	03			
渔业	04			
农、林、牧、渔专业及辅助性活动	05	11628	1756	1274
采矿业	B	**67110**	**2681**	**901**
煤炭开采和洗选业	06	23914	116	63
石油和天然气开采业	07			
黑色金属矿采选业	08	10455	588	104
有色金属矿采选业	09	5968	418	77
非金属矿采选业	10	26451	1353	640
开采专业及辅助性活动	11	243	176	16
其他采矿业	12	79	30	1
制造业	C	**5281648**	**123171**	**108090**
农副食品加工业	13	238232	4466	3439
食品制造业	14	188768	2497	2570
酒、饮料和精制茶制造业	15	131125	2713	3115
烟草制品业	16	6030		
纺织业	17	285501	3705	3115
纺织服装、服饰业	18	504814	11153	11042
皮革、毛皮、羽毛及其制品和制鞋业	19	682484	14182	12481
木材加工和木、竹、藤、棕、草制品业	20	143082	6227	4752
家具制造业	21	96818	4254	3117
造纸和纸制品业	22	121226	3686	2433
印刷和记录媒介复制业	23	73362	2795	2879
文教、工美、体育和娱乐用品制造业	24	306867	11616	8413
石油、煤炭及其他燃料加工业	25	12570	254	169
化学原料和化学制品制造业	26	126445	2567	1850
医药制造业	27	38946	408	366
化学纤维制造业	28	41585	48	155
橡胶和塑料制品业	29	233026	4494	5177
非金属矿物制品业	30	466792	12329	11493
黑色金属冶炼和压延加工业	31	71637	579	341
有色金属冶炼和压延加工业	32	62922	656	411
金属制品业	33	228918	8170	8238
通用设备制造业	34	186793	5707	5378
专用设备制造业	35	161279	6649	5246
汽车制造业	36	122196	964	997
铁路、船舶、航空航天和其他运输设备制造业	37	40477	759	684
电气机械和器材制造业	38	242528	3256	3062
计算机、通信和其他电子设备制造业	39	332990	3882	2861
仪器仪表制造业	40	37700	986	757
其他制造业	41	67787	1851	2009
废弃资源综合利用业	42	9348	493	423
金属制品、机械和设备修理业	43	19400	1825	1117
电力、热力、燃气及水生产和供应业	D	**172830**	**2951**	**3790**
电力、热力生产和供应业	44	138452	2362	3249
燃气生产和供应业	45	8100	49	40
水的生产和供应业	46	26278	540	501
建筑业	E	**4492433**	**89828**	**52086**
房屋建筑业	47	2815583	31389	10919
土木工程建筑业	48	815846	12366	8349
建筑安装业	49	109945	5849	4183
建筑装饰、装修和其他建筑业	50	751059	40224	28635

组距分组的企业法人单位从业人员数

100-500万元	500-1000万元	1000-5000万元	5000万元-1亿元	1亿元以上	代码
2203516	**1062666**	**2594793**	**1386394**	**6157804**	00
4898	**1341**	**1846**	**253**	**260**	A
					01
					02
					03
					04
4898	1341	1846	253	260	05
4694	**4452**	**18952**	**8844**	**26586**	B
294	273	4155	2590	16423	06
					07
491	451	3534	1538	3749	08
283	444	1704	872	2170	09
3545	3284	9541	3844	4244	10
36		15			11
45		3			12
601911	**365370**	**1117520**	**645463**	**2320123**	C
16036	12716	46830	34716	120029	13
14413	11422	41822	29849	86195	14
13463	7689	31807	18204	54134	15
				6030	16
20925	14401	44712	37918	160725	17
70648	51581	131192	72486	156712	18
97449	39230	142380	78188	298574	19
23637	17971	48735	20757	21003	20
13928	8340	26912	14909	25358	21
16311	9147	28272	14066	47311	22
14259	7233	21953	6364	17879	23
42854	23548	81774	40270	98392	24
856	260	930	358	9743	25
11121	7575	29446	17707	56179	26
1802	1404	5006	5537	24423	27
470	900	1775	2416	35821	28
31213	17564	51657	28993	93928	29
53886	42865	109128	72143	164948	30
1110	891	3811	2076	62829	31
2500	1038	4326	1549	52442	32
39720	24327	56070	23161	69232	33
29413	15064	40326	20335	70570	34
26275	14324	35108	21374	52303	35
6649	4386	18726	11610	78864	36
3361	3030	9928	6065	16650	37
15642	10005	34732	24120	151711	38
14120	7835	35960	24257	244075	39
3814	2478	12466	4889	12310	40
10701	5776	16150	9544	21756	41
2034	1308	2021	1235	1834	42
3301	1062	3565	367	8163	43
18546	**7134**	**17223**	**8813**	**114373**	D
15049	5426	13063	5473	93830	44
466	138	714	682	6011	45
3031	1570	3446	2658	14532	46
195220	**149977**	**673781**	**479972**	**2851569**	E
67082	50781	272514	263017	2119881	47
31743	20965	113336	91149	537938	48
12392	8299	27791	11659	39772	49
84003	69932	260140	114147	153978	50

2-31 续表

行业大类	代码	从业人员数(人)		
			50万元及以下	50-100万元
批发和零售业	F	**1835712**	**305222**	**194810**
批发业	51	1058873	140778	106468
零售业	52	776839	164444	88342
交通运输、仓储和邮政业	G	**442415**	**20788**	**20820**
铁路运输业	53	68		
道路运输业	54	250829	9479	11714
水上运输业	55	31967	798	652
航空运输业	56	28539	115	51
管道运输业	57	147		26
多式联运和运输代理业	58	49741	4897	3564
装卸搬运和仓储业	59	34304	2923	2457
邮政业	60	46820	2576	2356
住宿和餐饮业	H	**255885**	**31056**	**18164**
住宿业	61	121751	7896	6249
餐饮业	62	134134	23160	11915
信息传输、软件和信息技术服务业	I	**396151**	**60730**	**36500**
电信、广播电视和卫星传输服务	63	53913	1177	1040
互联网和相关服务	64	70966	12654	7694
软件和信息技术服务业	65	271272	46899	27766
金融业	J	**14618**	**1657**	**950**
货币金融服务	66	6793	510	462
资本市场服务	67	3100	425	125
保险业	68	223	121	11
其他金融业	69	4502	601	352
房地产业	K	**379026**	**30697**	**21977**
房地产业	70	379026	30697	21977
租赁和商务服务业	L	**787329**	**115961**	**82210**
租赁业	71	51844	7167	6312
商务服务业	72	735485	108794	75898
科学研究和技术服务业	M	**281494**	**40298**	**28687**
研究和试验发展	73	23244	3571	2452
专业技术服务业	74	193541	23242	17371
科技推广和应用服务业	75	64709	13485	8864
水利、环境和公共设施管理业	N	**86592**	**5730**	**4279**
水利管理业	76	2088	170	112
生态保护和环境治理业	77	6773	783	552
公共设施管理业	78	76422	4742	3577
土地管理业	79	1309	35	38
居民服务、修理和其他服务业	O	**204960**	**37322**	**26833**
居民服务业	80	92604	17863	12032
机动车、电子产品和日用产品修理业	81	55868	13395	10037
其他服务业	82	56488	6064	4764
教育	P	**59375**	**15726**	**8032**
教育	83	59375	15726	8032
卫生和社会工作	Q	**40671**	**3798**	**2807**
卫生	84	36500	3189	2388
社会工作	85	4171	609	419
文化、体育和娱乐业	R	**151435**	**32468**	**22089**
新闻和出版业	86	2425	188	160
广播、电视、电影和录音制作业	87	16293	2718	1652
文化艺术业	88	33890	9050	5945
体育	89	17384	3957	1954
娱乐业	90	81443	16555	12378

100-500万元	500-1000万元	1000-5000万元	5000万元-1亿元	1亿元以上	代码
560710	**217539**	**258387**	**81773**	**217271**	F
342679	142458	167412	41260	117818	51
218031	75081	90975	40513	99453	52
83293	**51033**	**69765**	**32255**	**164461**	G
				68	53
50881	32757	49221	16116	80661	54
2324	1877	3946	5053	17317	55
299	230	79	470	27295	56
27		32		62	57
12975	9190	8097	4077	6941	58
8261	3927	6206	2239	8291	59
8526	3052	2184	4300	23826	60
54125	**24051**	**52817**	**14791**	**60881**	H
19728	13487	27934	12686	33771	61
34397	10564	24883	2105	27110	62
92295	**32924**	**51281**	**16206**	**106215**	I
1797	365	1617	709	47208	63
20449	5379	7449	4189	13152	64
70049	27180	42215	11308	45855	65
3470	**1514**	**2298**	**408**	**4321**	J
1097	694	1184	193	2653	66
1218	567	236	91	438	67
90			1		68
1065	253	878	123	1230	69
66513	**32896**	**69333**	**27218**	**130392**	K
66513	32896	69333	27218	130392	70
239233	**90291**	**137170**	**33460**	**89004**	L
19374	6881	7019	1981	3110	71
219859	83410	130151	31479	85894	72
94193	**31000**	**47620**	**14775**	**24921**	M
9368	2414	2737	780	1922	73
58195	21292	38153	13248	22040	74
26630	7294	6730	747	959	75
17118	**6359**	**26176**	**7483**	**19447**	N
563	213	409	109	512	76
1568	713	1185	342	1630	77
14843	5421	24513	7026	16300	78
144	12	69	6	1005	79
75687	**21315**	**23190**	**6329**	**14284**	O
27442	9872	8816	3245	13334	80
22970	5323	2750	466	927	81
25275	6120	11624	2618	23	82
23102	**6067**	**4657**	**950**	**841**	P
23102	6067	4657	950	841	83
10760	**4429**	**8246**	**4747**	**5884**	Q
8692	3990	7824	4579	5838	84
2068	439	422	168	46	85
57748	**14974**	**14531**	**2654**	**6971**	R
257	96	495	324	905	86
5095	2074	2660	892	1202	87
12990	3007	1233	108	1557	88
5739	1562	2501	649	1022	89
33667	8235	7642	681	2285	90

2-32 按行业(大类)、地区分组的

行业大类	代码	法人单位数(个)	福州	#平潭	厦门
总　计	00	**8110**	**1602**	**85**	**1514**
农、林、牧、渔业	A	**33**	**10**	**1**	
农业	01	4	2	1	
林业	02	3			
畜牧业	03				
渔业	04	2			
农、林、牧、渔专业及辅助性活动	05	24	8		
采矿业	B	**70**	**4**	**1**	**1**
煤炭开采和洗选业	06	16			
石油和天然气开采业	07				
黑色金属矿采选业	08	10			
有色金属矿采选业	09	16			
非金属矿采选业	10	28	4	1	1
开采专业及辅助性活动	11				
其他采矿业	12				
制造业	C	**549**	**95**	**1**	**101**
农副食品加工业	13	72	11		7
食品制造业	14	22	5		3
酒、饮料和精制茶制造业	15	27	3		3
烟草制品业	16	7	2		1
纺织业	17	3			1
纺织服装、服饰业	18	9			2
皮革、毛皮、羽毛及其制品和制鞋业	19	3	1		1
木材加工和木、竹、藤、棕、草制品业	20	19	2		
家具制造业	21	3	2		
造纸和纸制品业	22	7			2
印刷和记录媒介复制业	23	32	9		8
文教、工美、体育和娱乐用品制造业	24	5			
石油、煤炭及其他燃料加工业	25	5	1		1
化学原料和化学制品制造业	26	34	4		3
医药制造业	27	11	2		2
化学纤维制造业	28	4			2
橡胶和塑料制品业	29	7	1		2
非金属矿物制品业	30	74	10	1	9
黑色金属冶炼和压延加工业	31	11	3		
有色金属冶炼和压延加工业	32	19	1		5
金属制品业	33	9	2		2
通用设备制造业	34	24	1		3
专用设备制造业	35	19	3		5
汽车制造业	36	20	5		7
铁路、船舶、航空航天和其他运输设备制造业	37	13	4		3
电气机械和器材制造业	38	21	3		8
计算机、通信和其他电子设备制造业	39	40	13		15
仪器仪表制造业	40	6	4		1
其他制造业	41	1			1
废弃资源综合利用业	42	10	1		
金属制品、机械和设备修理业	43	12	2		4
电力、热力、燃气及水生产和供应业	D	**496**	**71**	**6**	**15**
电力、热力生产和供应业	44	290	40	4	11
燃气生产和供应业	45	14	7		1
水的生产和供应业	46	192	24	2	3
建筑业	E	**388**	**90**	**3**	**66**
房屋建筑业	47	86	26	1	14
土木工程建筑业	48	227	43	1	33
建筑安装业	49	25	7		3
建筑装饰、装修和其他建筑业	50	50	14	1	16

国有控股企业法人单位数

莆田	三明	泉州	漳州	南平	龙岩	宁德	代码
445	**754**	**1006**	**897**	**725**	**647**	**520**	00
	8	**4**		**6**	**2**	**3**	A
	1	1					01
	1	1			1		02
							03
	1					1	04
	5	2		6	1	2	05
1	**18**	**5**	**5**	**6**	**28**	**2**	B
	6	2		1	7		06
							07
	1	2			7		08
	4			5	7		09
1	7	1	5		7	2	10
							11
							12
24	**57**	**65**	**79**	**48**	**45**	**35**	C
3	5	8	14	7	3	14	13
4	1	6	3				14
		3	4	6	1	7	15
	1			1	2		16
				2			17
	2	2	1		1	1	18
1							19
4	6		2	3	1	1	20
	1						21
	4			1			22
1	2	2	2	2	4	2	23
			3	2			24
		1	1			1	25
1	4	5	7	3	7		26
		1	3	2	1		27
	1	1					28
1		2			1		29
2	9	17	15	4	8		30
1	2	1	3		1		31
				5	7	1	32
	1	1		1	1	1	33
	4	3	9	2	1	1	34
	4	2	3	1	1		35
1	2	1	2	1	1		36
1		2	1			2	37
1		3		3		3	38
1	2	3	1	1	4		39
						1	40
							41
1	5	1	2				42
1	1		3	1			43
40	**73**	**78**	**49**	**63**	**46**	**61**	D
26	45	48	22	35	26	37	44
1	3		1	1			45
13	25	30	26	27	20	24	46
22	**47**	**37**	**42**	**44**	**19**	**21**	E
2	11	8	9	9	3	4	47
17	30	23	23	31	12	15	48
	2	2	8	2		1	49
3	4	4	2	2	4	1	50

2-32 续表

行业大类	代码	法人单位数(个)	福州	#平潭	厦门
批发和零售业	F	**1427**	**284**	**7**	**301**
批发业	51	991	204	6	223
零售业	52	436	80	1	78
交通运输、仓储和邮政业	G	**683**	**127**	**9**	**141**
铁路运输业	53	14	4		1
道路运输业	54	274	47	2	34
水上运输业	55	85	23	5	33
航空运输业	56	12	1		7
管道运输业	57				
多式联运和运输代理业	58	69	13		37
装卸搬运和仓储业	59	176	31	1	28
邮政业	60	53	8	1	1
住宿和餐饮业	H	**194**	**34**	**3**	**51**
住宿业	61	158	31	2	40
餐饮业	62	36	3	1	11
信息传输、软件和信息技术服务业	I	**136**	**45**	**1**	**30**
电信、广播电视和卫星传输服务	63	59	15	1	3
互联网和相关服务	64	18	4		6
软件和信息技术服务业	65	59	26		21
金融业	J	**567**	**148**	**9**	**124**
货币金融服务	66	230	60	4	51
资本市场服务	67	73	25	1	35
保险业	68	219	56	3	24
其他金融业	69	45	7	1	14
房地产业	K	**1038**	**226**	**11**	**261**
房地产业	70	1038	226	11	261
租赁和商务服务业	L	**1403**	**224**	**19**	**261**
租赁业	71	46	1	1	25
商务服务业	72	1357	223	18	236
科学研究和技术服务业	M	**462**	**133**	**5**	**62**
研究和试验发展	73	12	3		4
专业技术服务业	74	377	118	4	48
科技推广和应用服务业	75	73	12	1	10
水利、环境和公共设施管理业	N	**340**	**37**	**6**	**31**
水利管理业	76	66	11		1
生态保护和环境治理业	77	20	2		2
公共设施管理业	78	218	24	6	27
土地管理业	79	36			1
居民服务、修理和其他服务业	O	**68**	**13**	**2**	**14**
居民服务业	80	37	5	1	7
机动车、电子产品和日用产品修理业	81	20	7	1	3
其他服务业	82	11	1		4
教育	P	**37**	**10**		**7**
教育	83	37	10		7
卫生和社会工作	Q	**32**	**5**		**2**
卫生	84	10	3		1
社会工作	85	22	2		1
文化、体育和娱乐业	R	**187**	**46**	**1**	**46**
新闻和出版业	86	38	22		9
广播、电视、电影和录音制作业	87	71	17	1	9
文化艺术业	88	42	4		10
体育	89	15	2		7
娱乐业	90	21	1		11

莆田	三明	泉州	漳州	南平	龙岩	宁德	代码
92	**106**	**207**	**180**	**89**	**94**	**74**	**F**
70	70	120	122	64	71	47	51
22	36	87	58	25	23	27	52
29	**52**	**115**	**72**	**39**	**64**	**44**	**G**
		4	1	1	3		53
10	34	33	35	23	37	21	54
7		8	10		1	3	55
	2	1			1		56
							57
1	2	5	5	1	3	2	58
9	12	34	17	13	15	17	59
2	2	30	4	1	4	1	60
4	**12**	**19**	**26**	**26**	**10**	**12**	**H**
2	11	14	18	22	9	11	61
2	1	5	8	4	1	1	62
6	**13**	**13**	**8**	**6**	**10**	**5**	**I**
5	8	10	4	4	6	4	63
1	2	2	1	1	1		64
	3	1	3	1	3	1	65
38	**38**	**70**	**41**	**29**	**49**	**30**	**J**
15	16	30	17	10	20	11	66
		5		1	6	1	67
23	17	28	21	15	21	14	68
	5	7	3	3	2	4	69
27	**75**	**114**	**116**	**80**	**80**	**59**	**K**
27	75	114	116	80	80	59	70
95	**135**	**151**	**165**	**163**	**102**	**107**	**L**
	3	6	3	2	2	4	71
95	132	145	162	161	100	103	72
19	**56**	**37**	**40**	**56**	**33**	**26**	**M**
	1	1	2	1			73
14	39	30	28	50	27	23	74
5	16	6	10	5	6	3	75
27	**36**	**47**	**49**	**50**	**41**	**22**	**N**
3	6	10	6	15	9	5	76
	2	4	3	4	3		77
22	23	30	30	26	21	15	78
2	5	3	10	5	8	2	79
6	**6**	**11**	**8**	**3**	**4**	**3**	**O**
3	2	8	4	2	4	2	80
1	4	1	3	1			81
2		2	1			1	82
1	**1**	**4**	**2**	**2**	**3**	**7**	**P**
1	1	4	2	2	3	7	83
6	**5**	**1**	**4**	**4**	**3**	**2**	**Q**
2	1	1			1	1	84
4	4		4	4	2	1	85
8	**16**	**28**	**11**	**11**	**14**	**7**	**R**
1	1	4				1	86
2	10	13	6	5	5	4	87
3	4	8	4	3	5	1	88
1				1	3	1	89
1	1	3	1	2	1		90

2-33 按行业(大类)、地区分组的

行业大类	代码	从业人员数(人)	福州	#平潭	厦门
总　计	00	**1155428**	**371849**	**3105**	**351139**
农、林、牧、渔业	A	**178**	**98**		
农业	01				
林业	02				
畜牧业	03				
渔业	04				
农、林、牧、渔专业及辅助性活动	05	178	98		
采矿业	B	**18958**	**86**		**54**
煤炭开采和洗选业	06	11695			
石油和天然气开采业	07				
黑色金属矿采选业	08	2574			
有色金属矿采选业	09	1648			
非金属矿采选业	10	3041	86		54
开采专业及辅助性活动	11				
其他采矿业	12				
制造业	C	**161090**	**37434**	**6**	**48231**
农副食品加工业	13	2429	260		578
食品制造业	14	5168	1325		1580
酒、饮料和精制茶制造业	15	2425	308		1053
烟草制品业	16	5947	324		1430
纺织业	17	1902			5
纺织服装、服饰业	18	4911			5
皮革、毛皮、羽毛及其制品和制鞋业	19	4202	15		1
木材加工和木、竹、藤、棕、草制品业	20	1042	238		
家具制造业	21	101	99		
造纸和纸制品业	22	2931			149
印刷和记录媒介复制业	23	2543	1059		718
文教、工美、体育和娱乐用品制造业	24	186			
石油、煤炭及其他燃料加工业	25	2276	15		101
化学原料和化学制品制造业	26	8788	3722		207
医药制造业	27	3429	683		1134
化学纤维制造业	28	1181			524
橡胶和塑料制品业	29	164	11		26
非金属矿物制品业	30	6626	526	6	1401
黑色金属冶炼和压延加工业	31	16054	4042		
有色金属冶炼和压延加工业	32	14574	1490		2338
金属制品业	33	780	164		297
通用设备制造业	34	4599	13		562
专用设备制造业	35	3355	121		1715
汽车制造业	36	14652	6517		5571
铁路、船舶、航空航天和其他运输设备制造业	37	5308	2462		1381
电气机械和器材制造业	38	3918	461		2839
计算机、通信和其他电子设备制造业	39	39299	13344		24443
仪器仪表制造业	40	221	195		9
其他制造业	41	4			4
废弃资源综合利用业	42	269	8		
金属制品、机械和设备修理业	43	1806	32		160
电力、热力、燃气及水生产和供应业	D	**109551**	**78007**	**330**	**3868**
电力、热力生产和供应业	44	91839	73183	112	1246
燃气生产和供应业	45	3061	1147		1055
水的生产和供应业	46	14651	3677	218	1567
建筑业	E	**330662**	**90740**	**36**	**119662**
房屋建筑业	47	177549	55276	9	34299
土木工程建筑业	48	126380	24132	11	75816
建筑安装业	49	14583	9613		563
建筑装饰、装修和其他建筑业	50	12150	1719	16	8984

国有控股企业法人单位从业人员数

莆田	三明	泉州	漳州	南平	龙岩	宁德	代码
28186	**76769**	**118494**	**75573**	**41690**	**53888**	**37840**	00
	43	**3**		**18**		**16**	A
							01
							02
							03
							04
	43	3		18		16	05
686	**4225**	**3921**	**103**	**633**	**9119**	**131**	B
	2944	1914		388	6449		06
							07
	97	902			1575		08
	864			245	539		09
686	320	1105	103		556	131	10
							11
							12
6709	**19912**	**10058**	**9991**	**12075**	**10542**	**6138**	C
85	65	163	427	184	110	557	13
93	874	424	872				14
		139	290	144	13	478	15
	824			1247	2122		16
				1897			17
	1620	116	258		112	2800	18
4186							19
179	478		8	130	9		20
	2						21
	1953			829			22
37	77	171	57	25	378	21	23
			183	3			24
		2141				19	25
26	702	1198	1490	487	956		26
		4	1161	408	39		27
	427	230					28
47		47			33		29
82	1403	1058	1033	690	433		30
221	8294	2884	609		4		31
				3924	5925	897	32
	59	95		3	62	100	33
	580	120	2985	148	6	185	34
	1086	24	322	26	61		35
1103	1026	64	15	239	117		36
		236	166			1063	37
146		173		298		1	38
348	227	762	3	10	162		39
						17	40
							41
6	147	9	99				42
150	68		13	1383			43
2973	**3991**	**5102**	**2812**	**3137**	**2384**	**7277**	D
1575	2577	2862	1088	2031	1667	5610	44
547	255		47	10			45
851	1159	2240	1677	1096	717	1667	46
4049	**29210**	**50606**	**23217**	**3070**	**5593**	**4515**	E
3520	27543	40117	15118	311	18	1347	47
481	825	9138	4934	2671	5445	2938	48
	810	422	3112	63			49
48	32	929	53	25	130	230	50

2-33 续表

行业大类	代码	从业人员数（人）			
			福州	#平潭	厦门
批发和零售业	F	**75806**	**18727**	**240**	**23543**
批发业	51	50516	13418	167	15370
零售业	52	25290	5309	73	8173
交通运输、仓储和邮政业	G	**142824**	**28225**	**456**	**61035**
铁路运输业	53	68			
道路运输业	54	75645	16828	297	24050
水上运输业	55	10508	2903	116	5483
航空运输业	56	26204	1879		23061
管道运输业	57				
多式联运和运输代理业	58	5430	1124		3736
装卸搬运和仓储业	59	7560	1957	43	2948
邮政业	60	17409	3534		1757
住宿和餐饮业	H	**22691**	**4786**	**199**	**9503**
住宿业	61	20149	4626	195	8070
餐饮业	62	2542	160	4	1433
信息传输、软件和信息技术服务业	I	**53329**	**31579**		**4985**
电信、广播电视和卫星传输服务	63	44749	25982		2251
互联网和相关服务	64	732	267		295
软件和信息技术服务业	65	7848	5330		2439
金融业	J	**1833**	**647**	**11**	**760**
货币金融服务	66	654	146		452
资本市场服务	67	319	121		101
保险业	68				
其他金融业	69	860	380	11	207
房地产业	K	**60542**	**10896**	**566**	**34667**
房地产业	70	60542	10896	566	34667
租赁和商务服务业	L	**122520**	**50112**	**506**	**27949**
租赁业	71	398	75	75	59
商务服务业	72	122122	50037	431	27890
科学研究和技术服务业	M	**25940**	**16427**	**62**	**4022**
研究和试验发展	73	389	56		30
专业技术服务业	74	24803	16188	53	3842
科技推广和应用服务业	75	748	183	9	150
水利、环境和公共设施管理业	N	**21002**	**1621**	**587**	**9690**
水利管理业	76	765	125		
生态保护和环境治理业	77	415	3		251
公共设施管理业	78	18909	1493	587	9377
土地管理业	79	913			62
居民服务、修理和其他服务业	O	**2171**	**603**	**93**	**1033**
居民服务业	80	1262	371	39	476
机动车、电子产品和日用产品修理业	81	799	225	54	498
其他服务业	82	110	7		59
教育	P	**741**	**312**		**148**
教育	83	741	312		148
卫生和社会工作	Q	**536**	**171**		**58**
卫生	84	315	167		58
社会工作	85	221	4		
文化、体育和娱乐业	R	**5054**	**1378**	**13**	**1931**
新闻和出版业	86	1694	671		769
广播、电视、电影和录音制作业	87	1122	362	13	213
文化艺术业	88	1141	153		488
体育	89	762	171		290
娱乐业	90	335	21		171

莆田	三明	泉州	漳州	南平	龙岩	宁德	代码
2577	**4118**	**8343**	**6510**	**4755**	**4539**	**2694**	F
1481	3141	5142	3652	3604	2972	1736	51
1096	977	3201	2858	1151	1567	958	52
4184	**6768**	**17134**	**6979**	**6474**	**5670**	**6355**	G
					68		53
1882	5928	10241	4132	3847	4563	4174	54
662		870	412		6	172	55
	185	980			99		56
							57
44	30	288	140	7	23	38	58
603	152	475	322	377	382	344	59
993	473	4280	1973	2243	529	1627	60
603	**698**	**1065**	**2703**	**1067**	**1365**	**901**	H
266	676	966	2379	954	1326	886	61
337	22	99	324	113	39	15	62
2284	**2222**	**4334**	**2454**	**1915**	**1513**	**2043**	I
2278	2204	4197	2413	1913	1470	2041	63
6	11	112	15	2	24		64
	7	25	26		19	2	65
	22	**118**	**87**	**67**	**84**	**48**	J
	4	35	9	6		2	66
		20		4	73		67
							68
	18	63	78	57	11	46	69
381	**1414**	**3791**	**4932**	**1525**	**1854**	**1082**	K
381	1414	3791	4932	1525	1854	1082	70
1822	**2132**	**10607**	**12262**	**3868**	**8400**	**5368**	L
	6	125	49		27	57	71
1822	2126	10482	12213	3868	8373	5311	72
219	**885**	**1715**	**860**	**785**	**607**	**420**	M
	58	227	16	2			73
190	732	1439	717	758	518	419	74
29	95	49	127	25	89	1	75
1328	**909**	**930**	**2446**	**1862**	**1751**	**465**	N
51	71	189	57	78	161	33	76
	6	32	12	47	64		77
1256	670	628	2106	1663	1330	386	78
21	162	81	271	74	196	46	79
39	**31**	**199**	**85**	**53**	**83**	**45**	O
23	12	160	60	44	83	33	80
16	19	10	22	9			81
		29	3			12	82
12	**21**	**9**	**28**	**17**	**48**	**146**	P
12	21	9	28	17	48	146	83
54	**1**	**3**	**15**	**21**	**64**	**149**	Q
30		3			56	1	84
24	1		15	21	8	148	85
266	**167**	**556**	**89**	**348**	**272**	**47**	R
26	16	212					86
57	94	196	59	41	60	40	87
117	53	82	16	111	116	5	88
59				182	58	2	89
7	4	66	14	14	38		90

2-34 按行业(大类)、地区分组的

行业大类	代码	法人单位数(个)	福州	#平潭	厦门
总　　计	00	**584022**	**108730**	**4435**	**135853**
农、林、牧、渔业	A	**1281**	**247**	**16**	**15**
农业	01	8	2	1	
林业	02	5	1		
畜牧业	03	1			
渔业	04	3	1		
农、林、牧、渔专业及辅助性活动	05	1264	243	15	15
采矿业	B	**1536**	**28**	**4**	**4**
煤炭开采和洗选业	06	127			
石油和天然气开采业	07				
黑色金属矿采选业	08	222	1		
有色金属矿采选业	09	171			
非金属矿采选业	10	968	26	4	4
开采专业及辅助性活动	11	37	1		
其他采矿业	12	11			
制造业	C	**112130**	**11640**	**131**	**18783**
农副食品加工业	13	4535	656	20	251
食品制造业	14	3319	404	4	402
酒、饮料和精制茶制造业	15	3961	213	7	102
烟草制品业	16	3	1		
纺织业	17	4357	1467	3	508
纺织服装、服饰业	18	8386	471	5	1068
皮革、毛皮、羽毛及其制品和制鞋业	19	8804	451		377
木材加工和木、竹、藤、棕、草制品业	20	4477	300	4	330
家具制造业	21	3247	358	6	610
造纸和纸制品业	22	3158	307		858
印刷和记录媒介复制业	23	2773	411	2	679
文教、工美、体育和娱乐用品制造业	24	7281	989	3	816
石油、煤炭及其他燃料加工业	25	231	23		23
化学原料和化学制品制造业	26	3196	314	4	608
医药制造业	27	544	84	3	86
化学纤维制造业	28	191	39		28
橡胶和塑料制品业	29	5916	650	5	1946
非金属矿物制品业	30	13240	926	15	631
黑色金属冶炼和压延加工业	31	438	59	1	57
有色金属冶炼和压延加工业	32	570	49	2	111
金属制品业	33	8770	652	5	2285
通用设备制造业	34	6226	622	5	1683
专用设备制造业	35	5586	540	5	1973
汽车制造业	36	1563	274		283
铁路、船舶、航空航天和其他运输设备制造业	37	740	69	4	93
电气机械和器材制造业	38	3820	437	6	955
计算机、通信和其他电子设备制造业	39	2986	360	3	1119
仪器仪表制造业	40	862	162	1	286
其他制造业	41	1489	103		311
废弃资源综合利用业	42	498	57	2	19
金属制品、机械和设备修理业	43	963	192	16	285
电力、热力、燃气及水生产和供应业	D	**6537**	**595**	**15**	**137**
电力、热力生产和供应业	44	5370	418	9	80
燃气生产和供应业	45	147	20	1	4
水的生产和供应业	46	1020	157	5	53
建筑业	E	**30909**	**7032**	**660**	**6771**
房屋建筑业	47	8351	2449	217	792
土木工程建筑业	48	6254	1382	190	1147
建筑安装业	49	3068	622	19	1116
建筑装饰、装修和其他建筑业	50	13236	2579	234	3716

小微企业法人单位数

莆田	三明	泉州	漳州	南平	龙岩	宁德	代码
37398	**25299**	**149101**	**46205**	**27394**	**27609**	**26433**	00
1	**140**	**151**	**284**	**184**	**144**	**115**	A
	1	1	1		1	2	01
	2	1			1		02
	1						03
	1					1	04
1	135	149	283	184	142	112	05
16	**538**	**204**	**120**	**148**	**405**	**73**	B
	57	9		3	58		06
							07
1	116	28	2	13	59	2	08
	75	19	1	26	42	8	09
15	254	145	117	104	243	60	10
	33	1		1	1		11
	3	2		1	2	3	12
6223	**4789**	**43272**	**10701**	**5589**	**4271**	**6862**	C
214	338	489	1077	282	318	910	13
137	164	897	815	172	168	160	14
42	212	648	290	1080	191	1183	15
	2						16
150	244	1620	137	101	76	54	17
280	165	5534	274	173	324	97	18
1399	70	6247	140	31	45	44	19
271	746	593	550	1157	325	205	20
267	129	1100	477	116	115	75	21
115	124	1121	362	91	102	78	22
92	103	973	266	84	103	62	23
1563	107	2891	423	245	97	150	24
9	33	40	42	31	26	4	25
88	361	749	369	363	249	95	26
20	70	120	42	59	30	33	27
5	9	87	12	6	3	2	28
192	152	1922	604	118	118	214	29
241	670	7335	1614	590	603	630	30
44	28	58	61	17	30	84	31
37	47	119	76	30	59	42	32
323	268	3508	978	162	247	347	33
189	257	2318	417	184	217	339	34
160	161	1819	356	149	282	146	35
34	53	547	113	42	106	111	36
10	9	74	96	11	9	369	37
50	62	517	371	130	137	1161	38
152	53	738	279	52	160	73	39
48	22	119	163	21	17	24	40
21	26	768	169	35	30	26	41
34	61	152	57	20	56	42	42
36	43	169	71	37	28	102	43
168	**1341**	**853**	**776**	**866**	**1127**	**674**	D
101	1205	664	599	763	989	551	44
2	18	32	27	14	18	12	45
65	118	157	150	89	120	111	46
1865	**1516**	**6028**	**2727**	**1818**	**1635**	**1517**	E
690	538	1514	705	578	557	528	47
435	347	1057	549	467	477	393	48
65	127	511	246	175	125	81	49
675	504	2946	1227	598	476	515	50

2-34 续表

行业大类	代码	法人单位数(个)	福州	#平潭	厦门
批发和零售业	F	**228462**	**39686**	**1358**	**50350**
批发业	51	127469	27988	877	36305
零售业	52	100993	11698	481	14045
交通运输、仓储和邮政业	G	**16310**	**3287**	**348**	**4361**
铁路运输业	53				
道路运输业	54	9415	1898	81	1928
水上运输业	55	940	371	204	251
航空运输业	56	84	10		48
管道运输业	57	7	1		3
多式联运和运输代理业	58	3444	548	42	1621
装卸搬运和仓储业	59	1494	294	11	325
邮政业	60	926	165	10	185
住宿和餐饮业	H	**12505**	**2834**	**152**	**3313**
住宿业	61	4349	966	93	1143
餐饮业	62	8156	1868	59	2170
信息传输、软件和信息技术服务业	I	**32211**	**8800**	**187**	**11842**
电信、广播电视和卫星传输服务	63	522	88	1	173
互联网和相关服务	64	6154	1059	47	2121
软件和信息技术服务业	65	25535	7653	139	9548
金融业	J	**3110**	**1038**	**43**	**1056**
货币金融服务	66	963	399	24	187
资本市场服务	67	1174	390	7	617
保险业	68	476	126	5	79
其他金融业	69	497	123	7	173
房地产业	K	**13861**	**2862**	**143**	**3283**
房地产业	70	13861	2862	143	3283
租赁和商务服务业	L	**65362**	**16731**	**936**	**19142**
租赁业	71	5046	1359	135	1372
商务服务业	72	60316	15372	801	17770
科学研究和技术服务业	M	**24318**	**6363**	**140**	**7223**
研究和试验发展	73	2833	717	5	1262
专业技术服务业	74	12853	3570	74	3507
科技推广和应用服务业	75	8632	2076	61	2454
水利、环境和公共设施管理业	N	**3639**	**569**	**18**	**582**
水利管理业	76	196	33	1	22
生态保护和环境治理业	77	554	87	4	204
公共设施管理业	78	2826	441	13	354
土地管理业	79	63	8		2
居民服务、修理和其他服务业	O	**14924**	**3396**	**142**	**4503**
居民服务业	80	6377	1520	57	1884
机动车、电子产品和日用产品修理业	81	6348	1347	46	2146
其他服务业	82	2199	529	39	473
教育	P				
教育	83				
卫生和社会工作	Q	**430**	**132**	**6**	**34**
卫生	84	41	13	1	3
社会工作	85	389	119	5	31
文化、体育和娱乐业	R	**16497**	**3490**	**136**	**4454**
新闻和出版业	86	115	41		46
广播、电视、电影和录音制作业	87	1469	289	12	530
文化艺术业	88	4089	685	52	964
体育	89	2015	350	11	461
娱乐业	90	8809	2125	61	2453

莆田	三明	泉州	漳州	南平	龙岩	宁德	代码
20078	**9011**	**63300**	**16606**	**9504**	**10824**	**9103**	F
7267	4918	27759	8759	4246	5960	4267	51
12811	4093	35541	7847	5258	4864	4836	52
613	**960**	**2921**	**1606**	**917**	**849**	**796**	G
							53
380	734	1566	1087	692	632	498	54
39	8	138	54	6	2	71	55
	5	6	3	3	5	4	56
		2	1				57
88	39	771	203	54	58	62	58
68	104	255	161	90	96	101	59
38	70	183	97	72	56	60	60
829	**415**	**2374**	**1009**	**517**	**645**	**569**	H
220	192	763	365	306	145	249	61
609	223	1611	644	211	500	320	62
1291	**905**	**4722**	**1626**	**959**	**1277**	**789**	I
37	16	79	39	35	33	22	63
245	244	1128	347	364	384	262	64
1009	645	3515	1240	560	860	505	65
65	**139**	**353**	**119**	**96**	**138**	**106**	J
17	58	105	58	40	55	44	66
5	10	102	4	10	25	11	67
37	32	71	39	26	34	32	68
6	39	75	18	20	24	19	69
720	**757**	**2729**	**1286**	**686**	**844**	**694**	K
720	757	2729	1286	686	844	694	70
2799	**2226**	**10999**	**4834**	**3315**	**2585**	**2731**	L
266	158	771	433	184	227	276	71
2533	2068	10228	4401	3131	2358	2455	72
1082	**974**	**4332**	**1599**	**900**	**1050**	**795**	M
41	22	471	177	39	72	32	73
510	537	2137	934	549	598	511	74
531	415	1724	488	312	380	252	75
166	**410**	**582**	**452**	**343**	**294**	**241**	N
8	19	28	13	32	24	17	76
14	39	65	44	28	45	28	77
142	343	484	380	274	214	194	78
2	9	5	15	9	11	2	79
781	**482**	**2681**	**1156**	**640**	**635**	**650**	O
379	170	1173	494	220	267	270	80
313	230	1096	476	273	203	264	81
89	82	412	186	147	165	116	82
							P
							83
26	**28**	**68**	**26**	**52**	**36**	**28**	Q
3		7	2		8	5	84
23	28	61	24	52	28	23	85
675	**668**	**3532**	**1278**	**860**	**850**	**690**	R
1	1	15	6		2	3	86
40	51	341	54	75	45	44	87
176	174	1000	293	294	335	168	88
75	66	760	105	58	77	63	89
383	376	1416	820	433	391	412	90

2-35 按行业(大类)、地区分组的

行业大类	代码	从业人员数(人)	福州	#平潭	厦门
总 计	00	**7819238**	**1598977**	**56627**	**1577198**
农、林、牧、渔业	A	**7896**	**1613**	**62**	**113**
农业	01				
林业	02				
畜牧业	03				
渔业	04				
农、林、牧、渔专业及辅助性活动	05	7896	1613	62	113
采矿业	B	**43852**	**335**	**37**	**71**
煤炭开采和洗选业	06	8791			
石油和天然气开采业	07				
黑色金属矿采选业	08	7682			
有色金属矿采选业	09	5130			
非金属矿采选业	10	21927	335	37	71
开采专业及辅助性活动	11	243			
其他采矿业	12	79			
制造业	C	**2794503**	**325238**	**2096**	**418980**
农副食品加工业	13	132463	19932	352	8430
食品制造业	14	95701	10032	79	9617
酒、饮料和精制茶制造业	15	68673	3998	69	1864
烟草制品业	16	83			
纺织业	17	133141	34665	17	10919
纺织服装、服饰业	18	274496	13953	82	28678
皮革、毛皮、羽毛及其制品和制鞋业	19	264312	16997		10960
木材加工和木、竹、藤、棕、草制品业	20	114458	5491	19	3649
家具制造业	21	64804	10344	22	10421
造纸和纸制品业	22	76372	7627		15921
印刷和记录媒介复制业	23	56156	8224	8	14231
文教、工美、体育和娱乐用品制造业	24	182632	30991	84	18754
石油、煤炭及其他燃料加工业	25	4415	410		591
化学原料和化学制品制造业	26	86711	6531	19	14263
医药制造业	27	19522	3105	8	3668
化学纤维制造业	28	10213	2504		862
橡胶和塑料制品业	29	140897	18460	86	39052
非金属矿物制品业	30	283759	28747	550	15065
黑色金属冶炼和压延加工业	31	12504	2055	8	1267
有色金属冶炼和压延加工业	32	14670	1865	18	2529
金属制品业	33	168094	14884	14	45347
通用设备制造业	34	121826	15242	51	27706
专用设备制造业	35	118895	14042	51	35304
汽车制造业	36	54306	13180		10816
铁路、船舶、航空航天和其他运输设备制造业	37	23048	1683	30	4021
电气机械和器材制造业	38	94294	14633	31	30193
计算机、通信和其他电子设备制造业	39	94061	13484	196	36258
仪器仪表制造业	40	25085	6517	3	6313
其他制造业	41	39046	1801		8594
废弃资源综合利用业	42	9348	1200	1	440
金属制品、机械和设备修理业	43	10518	2641	298	3247
电力、热力、燃气及水生产和供应业	D	**77832**	**10329**	**546**	**2010**
电力、热力生产和供应业	44	53747	5939	234	1518
燃气生产和供应业	45	4417	830	40	19
水的生产和供应业	46	19668	3560	272	473
建筑业	E	**1268229**	**380058**	**30035**	**351401**
房屋建筑业	47	493457	192215	8189	37374
土木工程建筑业	48	218226	56884	11435	32134
建筑安装业	49	62511	17361	1924	21693
建筑装饰、装修和其他建筑业	50	494035	113598	8487	260200

小微企业法人单位从业人员数

莆田	三明	泉州	漳州	南平	龙岩	宁德	代码
496701	**368363**	**2034024**	**699695**	**310444**	**410650**	**323186**	00
3	**625**	**946**	**2421**	**811**	**957**	**407**	A
							01
							02
							03
							04
3	625	946	2421	811	957	407	05
441	**19166**	**4989**	**2526**	**3420**	**11933**	**971**	B
	2849	434		4	5504		06
							07
5	4360	1406	32	454	1417	8	08
	2990	574	5	617	750	194	09
436	8733	2551	2489	2328	4247	737	10
	204	10		14	15		11
	30	14		3		32	12
177525	**166933**	**1029647**	**291823**	**133761**	**116621**	**133975**	C
6874	10387	10934	39152	6854	7217	22683	13
3786	5474	22685	28802	5276	6082	3947	14
1197	5973	14563	7837	13132	3891	16218	15
	83						16
4717	15320	53684	4733	3669	3925	1509	17
7328	5785	190862	8400	5088	12491	1911	18
46515	2232	178467	5857	948	1322	1014	19
5887	29012	7297	14081	36577	9650	2814	20
5501	3495	14597	14984	2037	2441	984	21
4338	3925	25353	11146	3333	2954	1775	22
2527	2300	19711	4902	1878	1638	745	23
37604	3676	61729	14988	8387	3339	3164	24
99	694	775	662	347	734	103	25
3432	14702	16552	11441	10350	7037	2403	26
1071	2924	3013	928	2299	1448	1066	27
182	838	4863	315	296	329	24	28
5488	5390	43978	13485	4186	3435	7423	29
7624	17795	154169	30977	8522	13421	7439	30
1119	670	1128	2043	645	994	2583	31
833	1178	2087	1461	1189	1917	1611	32
6273	11634	51197	21957	3394	5127	8281	33
6259	7612	39625	9103	3129	5203	7947	34
4451	6582	40935	6631	3138	5300	2512	35
1032	2282	14944	2856	1728	4336	3132	36
341	380	2632	3154	123	287	10427	37
1794	1939	10808	8928	3727	3694	18578	38
7608	1864	15298	10523	1725	6333	968	39
1773	799	2715	5924	459	220	365	40
346	543	21096	4644	560	1032	430	41
1061	1147	2305	1193	575	658	769	42
465	298	1645	716	190	166	1150	43
4395	**10957**	**13870**	**8472**	**8606**	**10050**	**9143**	D
2195	8814	8722	5418	6967	7779	6395	44
239	678	980	526	331	478	336	45
1961	1465	4168	2528	1308	1793	2412	46
52471	**51063**	**159984**	**85233**	**54918**	**88384**	**44717**	E
29661	34103	69724	34164	26963	48059	21194	47
12196	10896	28358	18786	16685	29174	13113	48
1120	1576	7562	6275	4404	1567	953	49
9494	4488	54340	26008	6866	9584	9457	50

2-35 续表

行业大类	代码	从业人员数（人）	福州	#平潭	厦门
批发和零售业	F	**1447068**	**273929**	**4969**	**260051**
批发业	51	875002	199030	2866	194377
零售业	52	572066	74899	2103	65674
交通运输、仓储和邮政业	G	**285103**	**63864**	**6175**	**66076**
铁路运输业	53				
道路运输业	54	170685	38275	1223	29138
水上运输业	55	25254	9496	4067	7130
航空运输业	56	1769	89		897
管道运输业	57	147	31		59
多式联运和运输代理业	58	45021	7435	516	20291
装卸搬运和仓储业	59	23490	4550	102	5740
邮政业	60	18737	3988	267	2821
住宿和餐饮业	H	**153168**	**36233**	**2022**	**36719**
住宿业	61	65709	14339	1340	15180
餐饮业	62	87459	21894	682	21539
信息传输、软件和信息技术服务业	I	**265843**	**89442**	**772**	**86455**
电信、广播电视和卫星传输服务	63	7618	3165		1900
互联网和相关服务	64	52179	10304	210	17644
软件和信息技术服务业	65	206046	75973	562	66911
金融业	J	**14436**	**4580**	**137**	**4730**
货币金融服务	66	6793	2193	108	2348
资本市场服务	67	2918	985	2	869
保险业	68	223	69		37
其他金融业	69	4502	1333	27	1476
房地产业	K	**203407**	**49522**	**2611**	**44122**
房地产业	70	203407	49522	2611	44122
租赁和商务服务业	L	**712098**	**213131**	**4707**	**189853**
租赁业	71	49334	14826	1203	13107
商务服务业	72	662764	198305	3504	176746
科学研究和技术服务业	M	**220113**	**68611**	**632**	**52758**
研究和试验发展	73	20854	5641	14	8461
专业技术服务业	74	135990	44844	351	31991
科技推广和应用服务业	75	63269	18126	267	12306
水利、环境和公共设施管理业	N	**40943**	**7013**	**140**	**6321**
水利管理业	76	2088	369	2	257
生态保护和环境治理业	77	5334	1145	31	1842
公共设施管理业	78	32474	5418	107	4118
土地管理业	79	1047	81		104
居民服务、修理和其他服务业	O	**138881**	**37282**	**743**	**30932**
居民服务业	80	62328	17152	313	13243
机动车、电子产品和日用产品修理业	81	53589	13450	250	13480
其他服务业	82	22964	6680	180	4209
教育	P				
教育	83				
卫生和社会工作	Q	**6032**	**2117**	**88**	**430**
卫生	84	2567	932	58	231
社会工作	85	3465	1185	30	199
文化、体育和娱乐业	R	**139834**	**35680**	**855**	**26176**
新闻和出版业	86	1749	827		572
广播、电视、电影和录音制作业	87	14757	3589	85	4681
文化艺术业	88	32553	7194	306	5004
体育	89	14758	3605	31	2916
娱乐业	90	76017	20465	433	13003

莆田	三明	泉州	漳州	南平	龙岩	宁德	代码
151809	**45493**	**425134**	**130273**	**40126**	**69355**	**50898**	F
64976	25027	230649	78187	18490	39693	24573	51
86833	20466	194485	52086	21636	29662	26325	52
10606	**14729**	**58557**	**27018**	**12445**	**20368**	**11440**	G
							53
6001	11609	34402	19253	8942	15927	7138	54
1271	106	5118	947	172	14	1000	55
	256	96	47	257	121	6	56
		41	16				57
1361	345	11229	2537	271	1055	497	58
1155	1308	4137	2639	1515	1354	1092	59
818	1105	3534	1579	1288	1897	1707	60
9128	**6859**	**27337**	**12503**	**8505**	**9057**	**6827**	H
3205	4189	12375	5104	5714	2869	2734	61
5923	2670	14962	7399	2791	6188	4093	62
12847	**4242**	**44254**	**13455**	**3412**	**7755**	**3981**	I
370	98	937	442	192	261	253	63
2216	1221	12335	3204	1401	2484	1370	64
10261	2923	30982	9809	1819	5010	2358	65
196	**448**	**2635**	**487**	**264**	**728**	**368**	J
109	225	883	279	127	422	207	66
29	25	859		42	78	31	67
		104				13	68
58	198	789	208	95	228	117	69
10815	**10558**	**35633**	**22480**	**8351**	**12270**	**9656**	K
10815	10558	35633	22480	8351	12270	9656	70
37853	**16553**	**123494**	**51472**	**17850**	**33718**	**28174**	L
2826	689	8330	3948	1039	2421	2148	71
35027	15864	115164	47524	16811	31297	26026	72
11276	**7467**	**42686**	**16576**	**5240**	**9026**	**6473**	M
400	161	3898	1414	147	413	319	73
5725	4990	22620	10908	3946	6317	4649	74
5151	2316	16168	4254	1147	2296	1505	75
2091	**3855**	**7006**	**5248**	**2637**	**3838**	**2934**	N
126	139	382	163	215	320	117	76
141	275	740	388	209	428	166	77
1803	3267	5792	4528	2076	2867	2605	78
21	174	92	169	137	223	46	79
7675	**4290**	**27187**	**13822**	**4717**	**6982**	**5994**	O
3831	1718	11847	6419	1810	3561	2747	80
2668	1868	10780	5168	2000	2025	2150	81
1176	704	4560	2235	907	1396	1097	82
							P
							83
403	**232**	**901**	**295**	**349**	**908**	**397**	Q
135		429	85		506	249	84
268	232	472	210	349	402	148	85
7167	**4893**	**29764**	**15591**	**5032**	**8700**	**6831**	R
26	16	219	52		10	27	86
625	528	3131	699	465	520	519	87
1990	929	8262	3372	1428	2922	1452	88
771	403	4227	1168	361	817	490	89
3755	3017	13925	10300	2778	4431	4343	90

2-36 按县(市、区)、行业门类

地区	法人单位数(个)	农、林、牧、渔业	采矿业	制造业	电力、热力、燃气及水生产和供应业	建筑业	批发和零售业	交通运输、仓储和邮政业	住宿和餐饮业	信息传输、软件和信息技术服务业
全　省	**605529**	**1405**	**1567**	**115234**	**6576**	**32300**	**231847**	**16491**	**12831**	**32511**
福州市	**113763**	**284**	**29**	**12179**	**604**	**7489**	**40532**	**3334**	**2919**	**8910**
鼓楼区	15852	1		117	4	773	4648	279	530	2498
台江区	12262			129	4	611	5358	198	313	1401
仓山区	16380	6	1	2111	8	727	5717	383	348	1293
马尾区	10324	10	1	646	14	973	4026	395	115	1005
晋安区	18441	43	3	850	25	1449	7952	556	559	1213
长乐区	6677	32	2	2217	35	267	2127	222	149	212
闽侯县	9399	54	2	2537	44	476	3185	317	164	452
连江县	2419	35	1	555	51	239	510	98	87	32
罗源县	1480	7	4	295	50	111	367	85	24	44
闽清县	2157	2	2	536	189	256	514	49	37	72
永泰县	2559	23		247	105	315	673	51	50	139
平潭县	4551	17	4	132	15	679	1371	349	155	190
福清市	11262	54	9	1807	60	613	4084	352	388	359
厦门市	**141735**	**19**	**4**	**19190**	**143**	**7046**	**51259**	**4412**	**3419**	**11991**
思明区	57361			612	24	2185	21403	755	1987	7173
海沧区	12965		2	2228	22	953	4289	508	283	725
湖里区	37126			3074	32	2395	16154	2270	638	2545
集美区	17684	4		5358	22	784	5420	366	278	1249
同安区	11923	9	1	6247	28	415	2943	323	148	145
翔安区	4676	6	1	1671	15	314	1050	190	85	154
莆田市	**38667**	**2**	**17**	**6463**	**170**	**1928**	**20317**	**621**	**847**	**1296**
城厢区	7748			707	20	502	4330	94	170	349
涵江区	3778		2	1161	23	221	1558	113	50	43
荔城区	12732	1	1	1663	15	439	7868	121	174	446
秀屿区	5684	1	4	944	34	361	2554	130	212	60
仙游县	8725		10	1988	78	405	4007	163	241	398
三明市	**26159**	**144**	**546**	**4876**	**1345**	**1607**	**9152**	**968**	**419**	**909**
梅列区	3696	6	11	336	30	300	1523	95	53	221
三元区	2337	4	18	457	53	146	1040	140	36	59
明溪县	1020	10	30	205	70	63	285	51	6	13
清流县	1383	8	23	239	63	91	566	46	25	30
宁化县	2013	9	25	399	88	141	723	72	73	40
大田县	2493	19	220	506	185	128	758	109	40	49
尤溪县	2440	20	40	691	184	138	696	58	31	78
沙　县	2980	13	19	577	161	159	941	117	46	159
将乐县	1637	10	57	394	125	77	428	50	19	82
泰宁县	989	29	2	191	80	59	267	35	39	19
建宁县	1312	4	9	239	60	81	474	34	13	33
永安市	3859	12	92	642	246	224	1451	161	38	126
泉州市	**153116**	**178**	**213**	**44451**	**857**	**6232**	**63896**	**2952**	**2430**	**4738**
鲤城区	13228	1	1	2437	10	415	6371	189	256	601
丰泽区	22613	1	1	1819	21	1524	9877	359	539	1646
洛江区	4822	20		1153	5	278	2457	60	46	88
泉港区	2709	2	2	389	19	256	923	135	43	80
惠安县	9401	17	11	3478	31	852	2478	159	177	224

分组的企业法人单位数

金融业	房地产业	租赁和商务服务业	科学研究和技术服务业	水利、环境和公共设施管理业	居民服务、修理和其他服务业	教育	卫生和社会工作	文化、体育和娱乐业	公共管理、社会保障和社会组织
3335	**18016**	**65433**	**24556**	**3766**	**15059**	**6112**	**1933**	**16557**	
1104	**3822**	**16760**	**6482**	**604**	**3448**	**940**	**814**	**3509**	
242	727	3601	1124	49	454	196	117	492	
141	471	1961	782	35	321	103	56	378	
105	395	2548	1049	64	634	161	297	533	
412	207	1483	561	38	129	34	45	230	
85	567	2540	1155	98	688	155	69	434	
14	229	449	178	54	164	42	104	180	
17	229	785	551	55	205	55	24	247	
5	210	244	86	30	105	35	14	82	
3	77	192	30	31	63	9	6	82	
4	50	189	82	21	49	7	6	92	
3	89	353	165	51	64	21	19	191	
46	163	938	142	22	145	33	14	136	
27	408	1477	577	56	427	89	43	432	
1104	**4160**	**19167**	**7302**	**617**	**4552**	**2543**	**332**	**4475**	
739	2023	10755	3795	215	1809	1140	186	2560	
39	360	1566	884	75	415	241	18	357	
301	996	4559	1356	130	1266	567	93	750	
12	381	1370	781	78	556	396	24	605	
8	235	537	223	82	323	130	10	116	
5	165	380	263	37	183	69	1	87	
81	**924**	**2802**	**1085**	**174**	**783**	**408**	**73**	**676**	
41	252	650	184	39	161	59	12	178	
4	137	192	62	25	46	56	8	77	
25	244	774	286	26	222	196	20	211	
4	86	667	373	31	125	31	17	50	
7	205	519	180	53	229	66	16	160	
151	**995**	**2228**	**976**	**416**	**484**	**208**	**67**	**668**	
58	181	421	184	21	101	25	12	118	
7	63	123	54	15	47	20	8	47	
7	28	79	81	39	15	10	1	27	
3	36	90	52	32	28	5	8	38	
9	86	137	61	39	27	16	2	66	
6	88	169	39	53	33	27	4	60	
12	94	184	73	42	27	23	3	46	
12	108	394	119	21	54	15	8	57	
9	56	127	63	33	25	10	6	66	
4	40	76	62	26	16	8	4	32	
11	35	130	66	37	23	11	1	51	
13	180	298	122	58	88	38	10	60	
380	**3449**	**11004**	**4351**	**588**	**2692**	**876**	**290**	**3539**	
38	380	1209	468	36	289	105	39	383	
135	765	3159	1026	56	613	182	77	813	
6	137	235	145	38	58	21	11	64	
2	190	311	144	41	74	25	6	67	
10	345	730	313	34	194	124	7	217	

2-36 续表

地 区	法 人单位数（个）	农、林、牧、渔业	采矿业	制造业	电力、热力、燃气及水生产和供应业	建筑业	批发和零售业	交通运输、仓储和邮政业	住宿和餐饮业	信息传输、软件和信息技术服务业
安溪县	13101	46	29	3251	275	270	6539	173	114	264
永春县	4253	7	48	832	151	145	2082	129	37	80
德化县	7958	19	91	3275	147	152	3276	82	90	96
石狮市	14551	3		3071	21	352	8425	299	266	355
晋江市	38271	22	3	14343	47	1284	14437	851	604	987
南安市	22209	40	27	10403	130	704	7031	516	258	317
漳州市	**47812**	**319**	**120**	**11067**	**780**	**2811**	**16813**	**1616**	**1024**	**1629**
芗城区	12207		1	1405	15	756	5165	316	245	631
龙文区	5661	1		772	15	419	2362	204	82	381
云霄县	2519	5	9	687	36	91	822	81	86	66
漳浦县	5453	43	34	1412	92	345	1709	240	133	147
诏安县	1491	12	14	409	31	80	480	30	28	36
长泰县	3646	6	14	1797	88	113	793	98	49	41
东山县	2105	192	8	388	15	121	572	65	113	30
南靖县	3062	27	4	838	189	108	901	105	91	90
平和县	2299	5	8	358	72	63	1269	70	56	26
华安县	1306	5	19	357	169	41	416	48	26	12
龙海市	8063	23	9	2644	58	674	2324	359	115	169
南平市	**28263**	**188**	**150**	**5694**	**869**	**1863**	**9591**	**923**	**526**	**964**
延平区	5330	12	18	812	109	499	1425	171	105	190
建阳区	4347	33	17	959	87	380	1291	116	54	157
顺昌县	1175	8	9	250	86	89	330	64	16	20
浦城县	2015	69	28	442	104	146	522	95	38	60
光泽县	881	2	6	193	60	69	219	55	17	13
松溪县	1162	6	7	332	53	78	325	40	20	41
政和县	2051	9	17	480	52	82	916	44	21	75
邵武市	3232	13	39	724	112	205	1026	132	40	132
武夷山市	5234	34	4	800	40	117	2673	64	173	189
建瓯市	2836	2	5	702	166	198	864	142	42	87
龙岩市	**28714**	**149**	**415**	**4353**	**1129**	**1761**	**11069**	**859**	**661**	**1281**
新罗区	13069	17	117	1496	178	821	5237	446	265	837
永定区	1966	12	44	326	155	132	730	69	101	26
长汀县	2538	23	13	640	90	137	903	53	57	45
上杭县	3687	25	60	634	223	314	1193	86	65	150
武平县	2299	10	37	342	175	154	938	50	53	41
连城县	2560	41	70	447	162	103	1057	63	64	44
漳平市	2595	21	74	468	146	100	1011	92	56	138
宁德市	**27300**	**122**	**73**	**6961**	**679**	**1563**	**9218**	**806**	**586**	**793**
蕉城区	7277	40	18	680	89	704	2563	256	155	382
霞浦县	3371	25	9	1028	45	163	975	108	142	85
古田县	1882	13	7	405	165	73	711	47	44	20
屏南县	821		7	162	72	41	197	28	17	17
寿宁县	1172	5	4	333	65	69	244	30	22	40
周宁县	585	3	2	98	31	39	189	13	33	4
柘荣县	1085		6	350	37	59	344	32	13	19
福安市	6224	15	12	2164	87	233	2299	155	64	140
福鼎市	4883	21	8	1741	88	182	1696	137	96	86

金融业	房地产业	租赁和商务服务业	科学研究和技术服务业	水利、环境和公共设施管理业	居民服务、修理和其他服务业	教育	卫生和社会工作	文化、体育和娱乐业	公共管理、社会保障和社会组织
13	231	711	258	66	145	37	9	670	
14	71	258	133	62	80	21	8	95	
9	144	241	116	34	62	19	4	101	
16	175	717	332	26	199	53	16	225	
98	652	2402	1006	90	587	175	80	603	
39	359	1031	410	105	391	114	33	301	
136	**1707**	**4835**	**1606**	**468**	**1160**	**341**	**100**	**1280**	
61	367	1661	637	62	372	103	34	376	
33	205	600	231	41	142	31	6	136	
5	115	245	77	32	54	29	6	73	
7	195	593	142	69	147	37	15	93	
2	43	150	42	23	38	10	6	57	
4	98	251	88	55	37	23	10	81	
9	158	229	27	23	52	18	4	81	
3	79	311	95	35	64	22	5	95	
3	44	150	39	26	50	6	1	53	
2	42	94	13	8	16	5	3	30	
7	361	551	215	94	188	57	10	205	
105	**989**	**3316**	**902**	**347**	**647**	**228**	**97**	**864**	
45	188	1160	188	49	182	42	9	126	
19	205	481	177	44	96	31	19	181	
1	51	116	36	18	21	20	11	29	
2	82	176	77	28	41	27	8	70	
4	41	80	34	13	27	8	3	37	
5	31	91	42	19	25	10	9	28	
9	35	145	61	27	37	7	1	33	
6	151	319	92	55	78	21	6	81	
9	111	540	109	46	71	36	12	206	
5	94	208	86	48	69	26	19	73	
157	**1047**	**2588**	**1053**	**302**	**636**	**310**	**88**	**856**	
109	520	1401	570	92	315	180	38	430	
4	39	143	38	24	44	12	14	53	
5	93	201	80	22	72	21	7	76	
13	131	344	149	61	86	43	13	97	
4	113	148	60	35	32	19	3	85	
7	65	185	78	37	47	16	5	69	
15	86	166	78	31	40	19	8	46	
117	**923**	**2733**	**799**	**250**	**657**	**258**	**72**	**690**	
62	364	1058	310	48	254	75	24	195	
6	88	396	60	27	79	46	10	79	
3	79	132	42	18	41	10	8	64	
5	46	103	40	17	25	4	2	38	
9	38	153	43	25	30	8	3	51	
4	22	61	13	18	17	11		27	
2	45	78	18	18	20	11	1	32	
19	126	439	162	28	109	64	14	94	
7	115	313	111	51	82	29	10	110	

2-37 按县(市、区)、行业门类分组的

地 区	从业人员数(人)	农、林、牧、渔业	采矿业	制造业	电力、热力、燃气及水生产和供应业	建筑业	批发和零售业	交通运输、仓储和邮政业	住宿和餐饮业	信息传输、软件和信息技术服务业
全 省	**14961312**	**11628**	**67110**	**5281648**	**172830**	**4492433**	**1835712**	**442415**	**255885**	**396151**
福州市	**3726855**	**3035**	**1110**	**766020**	**84910**	**1533811**	**394853**	**100990**	**69296**	**150417**
鼓楼区	730071			12674	69016	270785	88025	9643	27217	62891
台江区	218963			2781	46	80146	45656	14100	3937	19659
仓山区	378105	85	16	151411	120	37248	65147	8133	5863	18770
马尾区	242646	48		56994	346	128557	14932	8972	1020	10389
晋安区	402984	492	775	64800	1486	110946	75226	19537	9931	17609
长乐区	232773	161	6	123382	1620	65025	14765	6002	3120	5108
闽侯县	243125	219	90	119412	1094	55072	24055	6853	2436	5141
连江县	151012	251	13	28518	2020	93143	4240	7852	2779	451
罗源县	45748	71	46	16035	1044	9642	3030	2078	1104	1028
闽清县	334098	20	40	30202	2604	262715	20461	1401	720	4031
永泰县	260289	226		9207	1246	228136	3915	956	1286	1701
平潭县	89544	98	37	2451	546	41969	6276	6990	2561	1516
福清市	397497	1364	87	148153	3722	150427	29125	8473	7322	2123
厦门市	**3127749**	**174**	**71**	**861730**	**6157**	**1026209**	**370586**	**129778**	**75882**	**133756**
思明区	1013932			28178	2538	433295	156867	26014	47130	86204
海沧区	369845		12	157106	771	114550	28338	15554	3962	5418
湖里区	784665			125617	1705	302765	113714	69748	14103	22631
集美区	431952	75		204786	463	88109	41291	8374	6033	16945
同安区	290321	71	5	209750	419	23257	22854	4760	2095	1132
翔安区	237034	28	54	136293	261	64233	7522	5328	2559	1426
莆田市	**937913**	**15**	**1127**	**380715**	**5364**	**236532**	**178156**	**14887**	**12682**	**15186**
城厢区	193129			43985	719	70154	43498	1963	4201	4380
涵江区	159038		71	95789	550	34229	17041	1796	892	396
荔城区	278315	12	25	109482	249	66028	60970	5553	2911	5042
秀屿区	102373	3	780	40775	2029	29133	13806	2386	1334	475
仙游县	205058		251	90684	1817	36988	42841	3189	3344	4893
三明市	**581469**	**802**	**25062**	**222619**	**13739**	**166613**	**59004**	**20270**	**7579**	**7304**
梅列区	76017	10	237	20741	1856	19706	12654	5104	1138	3234
三元区	81669	10	1093	25861	1239	37502	7487	2556	536	1433
明溪县	16360	44	928	6383	443	2875	1788	868	81	143
清流县	44286	29	1520	12494	567	22446	3739	545	485	89
宁化县	35886	73	1244	14599	630	5247	4216	1068	1427	304
大田县	43293	93	9732	15712	1010	6269	4142	1475	667	181
尤溪县	45497	92	525	27163	1300	5951	3549	1241	438	309
沙 县	66359	95	391	29029	1247	21154	5259	1746	548	679
将乐县	30870	11	1865	13535	1025	8547	1791	597	487	217
泰宁县	26067	284	28	6974	806	12312	1619	535	690	55
建宁县	41043	18	770	12448	742	19555	4343	281	273	76
永安市	74122	43	6729	37680	2874	5049	8417	4254	809	584
泉州市	**3574053**	**1623**	**10680**	**1892978**	**15310**	**676772**	**484226**	**81460**	**41308**	**51169**
鲤城区	261506	12	10	97741	231	64866	47336	12906	3860	4665
丰泽区	267171	3	12	46985	1288	64331	59652	8770	8264	16616
洛江区	134024	23		48570	43	74953	4254	455	299	253
泉港区	72792	17	1140	34251	843	11795	8405	4584	572	852
惠安县	473224	230	138	171107	1077	242035	28073	3111	3473	1721

企业法人单位从业人员数

金融业	房地产业	租赁和商务服务业	科学研究和技术服务业	水利、环境和公共设施管理业	居民服务、修理和其他服务业	教育	卫生和社会工作	文化、体育和娱乐业	公共管理、社会保障和社会组织
14618	**379026**	**787329**	**281494**	**86592**	**204960**	**59375**	**40671**	**151435**	
4701	**100763**	**264841**	**101153**	**17754**	**67948**	**11503**	**14902**	**38848**	
1036	30229	92742	29515	2524	20957	2281	4010	6326	
329	14458	20293	7827	1461	3057	936	1066	3211	
664	11417	39018	16230	2739	8967	2210	3504	6563	
1466	4566	5110	7167	791	895	404	292	697	
705	15939	41412	20749	2985	9890	2295	2422	5785	
109	3576	3940	1305	458	1120	393	1182	1501	
59	5134	11360	6158	1202	1916	725	623	1576	
27	2952	3798	918	636	1095	283	409	1627	
2	1558	5360	281	1079	1422	112	73	1783	
9	705	7634	1663	501	370	122	61	839	
19	1423	7100	1310	1018	942	221	129	1454	
137	3051	9260	937	758	11506	412	184	855	
139	5755	17814	7093	1602	5811	1109	947	6431	
4730	**103673**	**199107**	**74098**	**24602**	**59421**	**16641**	**9512**	**31622**	
2794	61439	82516	34605	6947	18019	7439	4123	15824	
256	6726	18800	8790	1026	3384	1346	1642	2164	
1527	20897	62992	17762	4936	14335	3589	3178	5166	
61	8153	23278	6521	5184	14128	2750	246	5555	
66	3914	5707	3693	4183	4746	951	315	2403	
26	2544	5814	2727	2326	4809	566	8	510	
196	**15670**	**38384**	**11620**	**6339**	**7900**	**4547**	**1291**	**7302**	
53	4474	11254	2265	1356	2071	701	280	1775	
6	1866	3548	590	281	488	616	75	804	
43	4549	11522	2871	2496	2104	1962	548	1948	
22	947	4910	3335	1064	536	252	181	405	
72	3834	7150	2559	1142	2701	1016	207	2370	
448	**16115**	**16886**	**7778**	**4646**	**4856**	**1887**	**968**	**4893**	
76	2876	4402	1428	237	1003	205	270	840	
21	1057	870	714	90	529	143	279	249	
25	514	718	594	568	104	69	53	162	
6	507	606	317	359	274	41	38	224	
99	1836	1865	866	650	539	258	30	935	
15	1069	856	404	507	280	310	21	550	
56	2155	957	617	487	250	150	42	215	
31	1657	2267	720	286	434	166	135	515	
23	905	437	389	217	441	86	49	248	
5	331	1162	432	437	60	103	9	225	
44	602	602	294	349	260	94		292	
47	2606	2144	1003	459	682	262	42	438	
2635	**56895**	**126374**	**46499**	**8555**	**29425**	**10618**	**6938**	**30588**	
176	4894	13084	4138	969	2106	734	1080	2698	
251	15066	21996	9161	631	5591	1079	2278	5197	
6	1203	985	1174	335	359	423	266	423	
17	2363	4548	1165	613	758	323	44	502	
44	5302	8053	3075	477	1625	1465	101	2117	

2-37 续表

地 区	从业人员数（人）	农、林、牧、渔业	采矿业	制造业	电力、热力、燃气及水生产和供应业	建筑业	批发和零售业	交通运输、仓储和邮政业	住宿和餐饮业	信息传输、软件和信息技术服务业
安溪县	254365	413	1259	111981	3471	61978	53628	1953	2087	1526
永春县	162378	81	5090	100651	904	27951	13438	3928	877	636
德化县	129406	44	2668	96802	1415	10461	10833	1101	1447	208
石狮市	311820	20		168019	1815	34585	73323	7833	4511	2647
晋江市	1035882	267	55	700891	2123	32221	140379	26817	11643	18250
南安市	471485	513	308	315980	2100	51596	44905	10002	4275	3795
漳州市	**1214839**	**3228**	**2526**	**537252**	**11557**	**278202**	**152871**	**33941**	**16695**	**16715**
芗城区	260208		12	74344	2843	63192	41070	8141	4727	7935
龙文区	107694	2		32468	244	19387	22017	6385	1304	4310
云霄县	64002	33	96	40162	954	4916	8174	939	1789	270
漳浦县	106051	368	458	52450	1071	10410	14471	4883	2129	1782
诏安县	48286	244	603	31786	718	5644	3974	365	566	242
长泰县	108883	71	385	63823	588	29709	5344	1492	568	195
东山县	69444	2057	142	31484	474	20626	3431	1427	1355	159
南靖县	62912	214	50	38781	1470	5759	6509	2007	920	273
平和县	58787	48	222	20846	657	4533	23721	1534	828	310
华安县	33456	20	357	23172	872	4096	2461	252	335	31
龙海市	295116	171	201	127936	1666	109930	21699	6516	2174	1208
南平市	**452614**	**926**	**4200**	**214514**	**9771**	**80782**	**49055**	**17723**	**10079**	**5797**
延平区	112330	98	141	33827	1578	37091	11331	7924	1864	3144
建阳区	56090	157	177	28826	1295	11003	5076	937	822	372
顺昌县	23868	70	149	12293	995	2409	2086	1414	485	229
浦城县	27632	368	673	16216	979	3078	1789	697	582	90
光泽县	25982	2	53	19182	729	1693	1172	706	266	95
松溪县	18170	22	326	9611	360	3086	1575	454	269	170
政和县	23743	28	528	13764	545	2437	3597	329	198	232
邵武市	68464	15	1857	44009	1351	6934	4897	2308	881	337
武夷山市	44304	157	53	10358	656	5065	10624	1164	3714	723
建瓯市	52031	9	243	26428	1283	7986	6908	1790	998	405
龙岩市	**831449**	**1062**	**21363**	**167295**	**12289**	**404057**	**86013**	**24815**	**12513**	**9530**
新罗区	312321	131	11307	52690	4432	136822	40416	12323	5652	6000
永定区	56721	44	2871	12890	1123	21558	4982	3430	1584	73
长汀县	72326	149	201	29123	709	27746	6729	1232	1076	260
上杭县	203257	110	460	17460	1507	157006	9561	3348	1367	1127
武平县	61756	55	1541	17730	959	23542	8522	1372	706	345
连城县	59404	420	2401	22017	1553	10595	7521	1133	1073	361
漳平市	65664	153	2582	15385	2006	26788	8282	1977	1055	1364
宁德市	**514371**	**763**	**971**	**238525**	**13733**	**89455**	**60948**	**18551**	**9851**	**6277**
蕉城区	156904	146	95	60775	3101	43045	13789	7285	2633	3731
霞浦县	43303	189	68	20156	1083	4572	6083	1467	1556	380
古田县	30925	119	156	12050	1409	3709	7083	700	844	60
屏南县	13838		149	3787	996	1530	1452	625	329	163
寿宁县	21802	30	81	8433	1029	4551	1864	458	331	203
周宁县	9008	9	35	2698	464	1445	1359	149	468	18
柘荣县	15509		91	8800	434	1369	2178	324	148	100
福安市	113144	226	94	58877	2043	12435	15979	5147	1342	1317
福鼎市	109938	44	202	62949	3174	16799	11161	2396	2200	305

金融业	房地产业	租赁和商务服务业	科学研究和技术服务业	水利、环境和公共设施管理业	居民服务、修理和其他服务业	教育	卫生和社会工作	文化、体育和娱乐业	公共管理、社会保障和社会组织
46	3332	5183	1801	396	1100	744	583	2884	
107	1440	2962	1285	566	986	521	105	850	
27	1168	1416	525	218	355	153	8	557	
62	3150	7508	2833	646	1924	724	238	1962	
1663	12975	46050	15981	1702	10392	2575	1694	10204	
236	6002	14589	5361	2002	4229	1877	521	3194	
487	**37059**	**59979**	**18477**	**8548**	**14596**	**5290**	**1570**	**15846**	
257	8926	27275	8622	928	4920	1841	682	4493	
54	7018	6167	3195	1220	1604	333	57	1929	
7	1657	1751	492	194	717	468	48	1335	
52	3631	8808	917	1350	1846	350	407	668	
	909	1295	459	225	313	151	43	749	
27	1454	1699	687	1152	513	265	83	828	
68	3016	2487	188	245	678	308	19	1280	
3	1302	1843	925	736	506	444	118	1052	
8	1092	2117	479	568	1100	82		642	
3	571	509	46	108	210	53	16	344	
8	7483	6028	2467	1822	2189	995	97	2526	
264	**16231**	**17982**	**5443**	**5040**	**6094**	**1907**	**979**	**5827**	
85	4161	5915	1750	1114	1129	346	170	662	
45	2338	1770	609	455	1196	106	244	662	
	834	1281	390	167	405	215	93	353	
	882	934	314	140	232	154	43	461	
13	506	551	192	236	247	97	7	235	
35	756	503	202	153	370	66	99	113	
24	657	581	221	179	136	32	5	250	
26	1933	1024	550	336	1171	239	18	578	
25	2147	4183	699	1757	681	326	83	1889	
11	2017	1240	516	503	527	326	217	624	
789	**16950**	**35354**	**9445**	**6313**	**7103**	**4045**	**2835**	**9678**	
434	9822	13867	5060	2557	2889	1633	1964	4322	
15	843	4625	332	877	414	147	227	686	
21	677	1704	476	244	624	427	107	821	
27	1309	5380	1049	811	1039	478	158	1060	
13	1568	2283	540	454	558	445	11	1112	
135	1342	5518	1417	1053	991	458	152	1264	
144	1389	1977	571	317	588	457	216	413	
368	**15670**	**28422**	**6981**	**4795**	**7617**	**2937**	**1676**	**6831**	
79	6161	8315	2746	954	1415	697	676	1261	
37	1505	2774	354	445	1045	378	147	1064	
4	1016	1613	444	200	427	134	95	862	
62	1021	2025	311	544	457	61	4	322	
41	525	2487	364	368	414	80	56	487	
6	325	682	256	272	360	107		355	
	453	668	135	147	283	79	7	293	
104	2234	7015	1720	637	1533	833	289	1319	
35	2430	2843	651	1228	1683	568	402	868	

第3篇

文化及相关产业篇

A.概况

3-A-01　文化及相关产业法人单位基本情况

分　组	法人单位数(个)	从业人员期末人数(人)	资产总计(万元)	营业收入(万元)
总　计	**74856**	**1061201**	**52266481**	**59398862**
按单位性质分组				
经营性	68593	1018435	49700119	59398862
公益性	6263	42766	2566362	
按产业类型分组				
文化制造业	11855	474104	17945272	35142807
文化批发和零售业	11512	76676	5912969	9858942
文化服务业	51489	510421	28408239	14397114
按领域分组				
文化核心领域	53717	767997	37012328	38308353
文化相关领域	21139	293204	15254152	21090508

3-A-02 按县(市、区)分文化及相关产业法人单位分布情况

地 区	法人单位数(个)	文化服务业	文化制造业	文化批发和零售业
全 省	**74856**	**51489**	**11855**	**11512**
福州市	**16341**	**12489**	**1495**	**2357**
鼓楼区	2880	2482	11	387
台江区	1616	1236	12	368
仓山区	2426	1878	225	323
马尾区	1008	828	51	129
晋安区	2492	1880	132	480
长乐区	636	524	47	65
闽侯县	1748	662	743	343
连江县	351	308	23	20
罗源县	263	243	14	6
闽清县	274	206	57	11
永泰县	543	468	40	35
平潭县	427	396	5	26
福清市	1677	1378	135	164
厦门市	**17629**	**13563**	**1433**	**2633**
思明区	8764	7273	109	1382
海沧区	1337	958	155	224
湖里区	3943	2988	322	633
集美区	2076	1579	270	227
同安区	1024	442	456	126
翔安区	485	323	121	41
莆田市	**5521**	**2067**	**1671**	**1783**
城厢区	760	543	35	182
涵江区	339	195	81	63
荔城区	1750	601	399	750
秀屿区	554	237	180	137
仙游县	2118	491	976	651
三明市	**2919**	**2444**	**245**	**230**
梅列区	475	409	22	44
三元区	187	144	23	20
明溪县	121	102	12	7
清流县	155	129	13	13
宁化县	276	238	20	18
大田县	242	210	15	17
尤溪县	263	203	40	20
沙 县	301	247	26	28
将乐县	243	198	32	13
泰宁县	133	124	6	3
建宁县	181	157	16	8
永安市	342	283	20	39
泉州市	**17342**	**8928**	**5310**	**3104**
鲤城区	1382	921	213	248
丰泽区	3422	2454	469	499
洛江区	362	211	114	37
泉港区	287	242	20	25
惠安县	1149	577	485	87

3-A-02 续表

地 区	法人单位数(个)	文化服务业	文化制造业	文化批发和零售业
安溪县	2818	688	1147	983
永春县	444	352	47	45
德化县	2634	334	1663	637
石狮市	852	599	150	103
晋江市	2676	1695	679	302
南安市	1316	855	323	138
漳州市	**5206**	**3953**	**706**	**547**
芗城区	1672	1248	152	272
龙文区	547	436	49	62
云霄县	315	242	55	18
漳浦县	516	397	81	38
诏安县	260	204	44	12
长泰县	297	210	66	21
东山县	281	245	19	17
南靖县	310	235	55	20
平和县	229	194	19	16
华安县	142	94	23	25
龙海市	637	448	143	46
南平市	**3763**	**2865**	**566**	**332**
延平区	654	551	40	63
建阳区	831	452	252	127
顺昌县	159	140	10	9
浦城县	251	209	24	18
光泽县	164	125	33	6
松溪县	168	106	52	10
政和县	194	161	20	13
邵武市	461	377	53	31
武夷山市	568	526	11	31
建瓯市	313	218	71	24
龙岩市	**3270**	**2742**	**207**	**321**
新罗区	1540	1292	60	188
永定区	239	215	9	15
长汀县	261	221	24	16
上杭县	380	324	30	26
武平县	301	247	28	26
连城县	263	204	34	25
漳平市	286	239	22	25
宁德市	**2865**	**2438**	**222**	**205**
蕉城区	934	801	44	89
霞浦县	344	303	26	15
古田县	192	161	21	10
屏南县	126	113	7	6
寿宁县	181	146	26	9
周宁县	125	116	5	4
柘荣县	136	108	22	6
福安市	425	354	33	38
福鼎市	402	336	38	28

3-A-03 按县(市、区)分文化及相关产业法人单位基本情况

地区	法人单位数(个)	从业人员期末人数(人)	资产总计(万元)	营业收入(万元)
全省	**74856**	**1061201**	**52266481**	**59398862**
福州市	**16341**	**276355**	**14845623**	**13643976**
鼓楼区	2880	58450	5905171	3246230
台江区	1616	14541	590136	555075
仓山区	2426	42393	1221618	1853048
马尾区	1008	11639	1406451	1160409
晋安区	2492	38637	1304384	2110183
长乐区	636	8791	526854	391333
闽侯县	1748	44725	874012	1992278
连江县	351	5126	987514	309484
罗源县	263	5120	206457	107970
闽清县	274	8215	209364	334542
永泰县	543	5767	370748	171058
平潭县	427	2600	237374	36162
福清市	1677	30351	1005540	1376205
厦门市	**17629**	**189133**	**12497605**	**9803355**
思明区	8764	71100	5125782	2713729
海沧区	1337	15885	1358468	695172
湖里区	3943	41431	1958810	1865729
集美区	2076	23508	1215627	998850
同安区	1024	19448	1563835	1190575
翔安区	485	17761	1275084	2339299
莆田市	**5521**	**87582**	**3820251**	**7151220**
城厢区	760	8836	408726	497750
涵江区	339	5312	189858	458392
荔城区	1750	16106	973137	1366808
秀屿区	554	10408	490809	1162284
仙游县	2118	46920	1757721	3665985
三明市	**2919**	**28914**	**1581442**	**1944792**
梅列区	475	2852	95384	81975
三元区	187	1564	220520	57801
明溪县	121	1056	24069	45618
清流县	155	1470	120689	66184
宁化县	276	3112	81750	69831
大田县	242	2943	89854	169530
尤溪县	263	3758	118157	365108
沙县	301	2916	179396	458579
将乐县	243	2207	127579	182031
泰宁县	133	1338	273930	55345
建宁县	181	3294	100631	247078
永安市	342	2404	149485	145713
泉州市	**17342**	**295998**	**10181020**	**17391337**
鲤城区	1382	15718	597657	796652
丰泽区	3422	28940	722867	958972
洛江区	362	7340	495908	1441870
泉港区	287	3546	171217	460335
惠安县	1149	26952	1224866	2459842

3-A-03 续表

地 区	法人单位数（个）	从业人员期末人数（人）	资产总计（万元）	营业收入（万元）
安溪县	2818	38312	1058249	2000557
永春县	444	10477	214466	519365
德化县	2634	68095	1295498	1972962
石狮市	852	23731	499728	1510779
晋江市	2676	52061	3048032	3779010
南安市	1316	20826	852531	1490993
漳州市	**5206**	**84309**	**4419215**	**5337121**
芗城区	1672	19643	818115	755761
龙文区	547	7138	244408	482787
云霄县	315	5756	191159	212065
漳浦县	516	7976	427754	421930
诏安县	260	6899	224626	468542
长泰县	297	5535	260424	418487
东山县	281	3721	131429	120892
南靖县	310	7076	1012408	919040
平和县	229	4137	180894	193450
华安县	142	2814	93136	219210
龙海市	637	13614	834864	1124957
南平市	**3763**	**39204**	**1730063**	**1830222**
延平区	654	4510	373288	74173
建阳区	831	4334	255887	293550
顺昌县	159	2066	39942	90741
浦城县	251	1760	104779	38909
光泽县	164	1081	44844	17751
松溪县	168	1939	63700	115636
政和县	194	2121	76168	109241
邵武市	461	11372	297728	600536
武夷山市	568	5136	347603	124106
建瓯市	313	4885	126124	365578
龙岩市	**3270**	**35012**	**2410047**	**1678280**
新罗区	1540	12833	629724	450519
永定区	239	2470	431707	69917
长汀县	261	2055	147927	46027
上杭县	380	4518	486145	216556
武平县	301	3942	177398	202259
连城县	263	5465	424494	488530
漳平市	286	3729	112654	204473
宁德市	**2865**	**24694**	**781214**	**618558**
蕉城区	934	4883	125176	92010
霞浦县	344	2899	77252	51257
古田县	192	2009	60480	65283
屏南县	126	1244	61106	26628
寿宁县	181	1937	45640	39947
周宁县	125	1394	35624	13504
柘荣县	136	1080	26277	22754
福安市	425	4457	110513	75627
福鼎市	402	4791	239148	231548

3-A-04 按类型分文化及相关产业法人单位基本情况

分 组	法人单位数(个)	从业人员期末人数(人)	营业收入(万元)	资产总计(万元)
总 计	**74856**	**1061201**	**59398862**	**52266481**
按单位规模分				
规模以上	3332	467335	43706653	30327469
规模以下	71524	593866	15692208	21939012
按登记注册类型分				
内资企业	73960	934080	48415615	45050685
港、澳、台商投资企业	638	77390	8117428	4942878
外商投资企业	258	49731	2865819	2272918
按控股情况分				
国有控股	602	40444	2914306	9060794
集体控股	264	3043	101771	217251
私人控股	65512	824399	43725416	31023531
港澳台商控股	605	72989	7780726	4661979
外商控股	203	46247	2669888	2114882
其他	1407	31313	2206755	2621681
按产业类型分				
文化制造业	11855	474104	35142807	17945272
文化批发和零售业	11512	76676	9858942	5912969
文化服务业	51489	510421	14397114	28408239
按核心及相关领域分				
新闻信息服务	3134	36764	1187690	2152299
内容创作生产	17041	393294	23522354	15163992
创意设计服务	19426	186853	5472798	4903577
文化传播渠道	7925	72177	6491590	4927911
文化投资运营	484	5090	147217	3427956
文化娱乐休闲服务	5707	73819	1486704	6436593
文化辅助生产和中介服务	16060	169836	8900113	8051908
文化装备生产	672	51550	4236877	2717671
文化消费终端生产	4407	71818	7953518	4484573

3-A-05　按领域分文化及相关产业法人单位基本情况

分　组	法人单位数(个)	从业人员期末人数(人)	营业收入(万元)	资产总计(万元)
总　计	**74856**	**1061201**	**59398862**	**52266481**
文化核心领域	**53717**	**767997**	**38308353**	**37012328**
新闻信息服务	3134	36764	1187690	2152299
新闻服务	90	775	2991	35982
报纸信息服务	54	4486	105398	505896
广播电视信息服务	103	4613	51744	317469
互联网信息服务	2887	26890	1027557	1292952
内容创作生产	17041	393294	23522354	15163992
出版服务	117	1756	94630	409262
广播影视节目制作	1107	12108	371308	600829
创作表演服务	4964	40468	654295	1333485
数字内容服务	2069	39901	2380134	3311112
内容保存服务	829	8376	42014	1223644
工艺美术品制造	6121	221328	17676585	7443863
艺术陶瓷制造	1834	69357	2303388	841798
创意设计服务	19426	186853	5472798	4903577
广告服务	13500	118991	3556500	2982502
设计服务	5926	67862	1916298	1921075
文化传播渠道	7925	72177	6491590	4927911
出版物发行	454	5401	661998	812698
广播电视节目传输	233	13669	410625	983468
广播影视发行放映	380	6873	249201	376231
艺术表演	38	1309	20315	102972
互联网文化娱乐平台	34	1212	156656	61642
艺术品拍卖及代理	53	365	12194	30244
工艺美术品销售	6733	43348	4980602	2560656
文化投资运营	484	5090	147217	3427956
投资与资产管理	436	3923	107219	2096190
运营管理	48	1167	39999	1331766
文化娱乐休闲服务	5707	73819	1486704	6436593
娱乐服务	3393	42713	908338	1919838
景区游览服务	1237	21290	385382	3762272
休闲观光游览服务	1077	9816	192984	754483
文化相关领域	**21139**	**293204**	**21090508**	**15254152**
文化辅助生产和中介服务	16060	169836	8900113	8051908
文化服务用品制造	195	14644	1859618	1793871
印刷复制服务	3503	80754	5353455	3203317
版权服务	475	3447	77003	125402
会议展览服务	1402	13353	527516	1531894
文化经纪代理服务	4912	33312	882511	870829
文化设备(用品)出租服务	159	1313	28614	34928
文化科研培训服务	5414	23013	171396	491666
文化装备生产	672	51550	4236877	2717671
印刷设备制造	82	2955	196638	176723
广播电视电影设备制造及销售	113	17182	1606031	570998
摄录设备制造及销售	98	21045	1636455	1418197
演艺设备制造及销售	29	2683	440834	197817
游乐游艺设备制造	53	3731	207066	219460
乐器制造及销售	297	3954	149853	134477
文化消费终端生产	4407	71818	7953518	4484573
文具制造及销售	2881	23185	2635162	1476004
笔墨制造	25	1275	82388	33846
玩具制造	262	26056	1275211	760351
节庆用品制造	7	58	1919	1069
信息服务终端制造及销售	1232	21244	3958839	2213303

3-A-06 按行业分文化及相关产业法人单位基本情况

行业	法人单位数(个)	从业人员期末人数(人)	营业收入(万元)	资产总计(万元)
总计	**74856**	**1061201**	**59398862**	**52266481**
按行业大类分				
新闻服务	90	775	2991	35982
报纸信息服务	54	4486	105398	505896
广播电视信息服务	103	4613	51744	317469
互联网信息服务	2887	26890	1027557	1292952
出版服务	117	1756	94630	409262
广播影视节目制作	1107	12108	371308	600829
创作表演服务	4964	40468	654295	1333485
数字内容服务	2069	39901	2380134	3311112
内容保存服务	829	8376	42014	1223644
工艺美术品制造	6121	221328	17676585	7443863
艺术陶瓷制造	1834	69357	2303388	841798
广告服务	13500	118991	3556501	2982502
设计服务	5926	67862	1916298	1921075
出版物发行	454	5401	661998	812698
广播电视节目传输	233	13669	410625	983468
广播影视发行放映	380	6873	249201	376231
艺术表演	38	1309	20315	102972
互联网文化娱乐平台	34	1212	156656	61642
艺术品拍卖及代理	53	365	12194	30244
工艺美术品销售	6733	43348	4980602	2560656
投资与资产管理	436	3923	107219	2096190
运营管理	48	1167	39999	1331766
娱乐服务	3393	42713	908338	1919838
景区游览服务	1237	21290	385382	3762272
休闲观光游览服务	1077	9816	192984	754483
文化辅助用品制造	195	14644	1859618	1793871
印刷复制服务	3503	80754	5353455	3203317
版权服务	475	3447	77003	125402
会议展览服务	1402	13353	527516	1531894
文化经纪代理服务	4912	33312	882511	870829
文化设备(用品)出租服务	159	1313	28614	34928
文化科研培训服务	5414	23013	171396	491666
印刷设备制造	82	2955	196638	176723
广播电视电影设备制造及销售	113	17182	1606031	570998
摄录设备制造及销售	98	21045	1636455	1418197
演艺设备制造及销售	29	2683	440834	197817
游乐游艺设备制造	53	3731	207066	219460
乐器制造及销售	297	3954	149853	134477
文具制造及销售	2881	23185	2635162	1476004
笔墨制造	25	1275	82388	33847
玩具制造	262	26056	1275211	760351
节庆用品制造	7	58	1919	1069
信息服务终端制造及销售	1232	21244	3958839	2213303
按行业中类分				
雕塑工艺品制造	2204	86439	7609089	3241694
金属工艺品制造	1080	46336	2645444	923984
漆器工艺品制造	123	7815	768963	301371
花画工艺品制造	119	4420	236365	97801

3-A-06 续表 1

行业	法人单位数(个)	从业人员期末人数(人)	营业收入(万元)	资产总计(万元)
天然植物纤维编织工艺品制造	172	8926	434794	262933
抽纱刺绣工艺品制造	145	2739	100693	118313
地毯、挂毯制造	14	2360	194647	165402
珠宝首饰及有关物品制造	453	9508	2395702	989628
其他工艺美术及礼仪用品制造	1811	52785	3290889	1342738
陈设艺术陶瓷制造	1808	66680	2122539	770736
园艺陶瓷制造	26	2677	180850	71062
文化用机制纸及纸板制造	81	9788	1319660	1083620
手工纸制造	36	489	26513	24297
油墨及类似产品制造	47	1822	267823	115472
工艺美术颜料制造	16	829	74895	172064
文化用信息化学品制造	15	1716	170727	398418
书、报刊印刷	234	5919	335847	285829
本册印制	118	2341	194571	77578
包装装潢及其他印刷	2149	60039	4518456	2620999
装订及印刷相关服务	295	3782	122105	105021
记录媒介复制	5	77	1932	1472
印刷专用设备制造	67	2054	139792	143825
复印和胶印设备制造	15	901	56847	32898
广播电视节目制作及发射设备制造	1	131	1287	245
广播电视接收设备制造	17	13306	1076941	269682
广播电视专用配件制造	6	232	5051	6321
专业音响设备制造	3	30	1279	3056
应用电视设备及其他广播电视设备制造	17	2985	356012	266992
电影机械制造	1	35	1092	1452
娱乐用智能无人飞行器制造	1	9	687	327
幻灯及投影设备制造	12	1257	193972	93047
照相机及器材制造	23	12471	501207	461605
舞台及场地用灯制造	21	2588	353213	134257
音响设备制造	50	2186	68855	76363
露天游乐场所游乐设备制造	14	2310	171127	198772
游艺用品及室内游艺器材制造	19	1247	29195	15375
其他娱乐用品制造	20	174	6744	5313
中乐器制造	12	137	5398	8865
西乐器制造	27	1443	43494	35441
电子乐器制造	9	612	12180	17483
其他乐器及零件制造	12	202	4345	5725
文具制造	144	7386	689435	308721
笔的制造	18	1163	77340	30819
墨水、墨汁制造	7	112	5048	3028
电玩具制造	29	3741	285719	234970
塑胶玩具制造	62	12917	496614	279360
金属玩具制造	3	1168	97202	34647
弹射玩具制造	2	541	40463	3062
娃娃玩具制造	8	97	1833	1493
儿童乘骑玩耍的童车类产品制造	20	2308	146307	73004
其他玩具制造	138	5284	207073	133814
焰火、鞭炮产品制造	7	58	1919	1069
电视机制造	13	7768	1703733	829668
影视录放设备制造	22	7050	922198	852468
可穿戴智能文化设备制造	2	114	1442	4890

3-A-06 续表 2

行 业	法人单位数（个）	从业人员期末人数（人）	营业收入（万元）	资产总计（万元）
其他智能文化消费设备制造	82	2600	425259	206788
图书批发	169	2313	181202	260778
报刊批发	7	316	4948	3403
音像制品、电子和数字出版物批发	28	226	15337	19169
图书、报刊零售	213	2368	456491	526020
音像制品、电子和数字出版物零售	23	100	3347	2639
首饰、工艺品及收藏品批发	2437	18004	2621268	1296594
珠宝首饰零售	1049	6568	886777	400461
工艺美术品及收藏品零售	3247	18776	1472557	863601
艺术品、收藏品拍卖	34	281	6862	26997
艺术品代理	19	84	5332	3247
文化贸易代理服务	111	889	144729	82658
广播影视设备批发	68	463	164367	23250
照相器材零售	40	258	18391	10751
舞台照明设备批发	8	95	87621	63560
乐器批发	67	468	37333	26804
乐器零售	170	1092	47102	40158
文具用品批发	1859	11213	1697458	1025513
文具用品零售	878	4586	248269	141770
家用视听设备批发	168	1308	157393	69393
家用视听设备零售	224	2029	298136	78363
其他文化用品批发	366	3474	1065553	898813
其他文化用品零售	327	1765	238469	49027
新闻业	90	775	2991	35982
报纸出版	54	4486	105398	505896
广播	49	1223	4643	81937
电视	45	2936	2716	205111
广播电视集成播控	9	454	44385	30421
互联网搜索服务	58	797	83251	35290
互联网其他信息服务	2829	26093	944306	1257662
图书出版	39	910	72826	332598
期刊出版	44	446	11773	29911
音像制品出版	11	246	7311	34401
电子出版物出版	5	49	492	5041
数字出版	10	65	1678	4748
其他出版业	8	40	551	2563
影视节目制作	1054	11742	365916	593414
录音制作	53	366	5391	7414
文艺创作与表演	1455	17887	285265	493219
群众文体活动	1076	6975	49696	462281
其他文化艺术业	2433	15606	319335	377985
动漫、游戏数字内容服务	377	6100	372664	688622
互联网游戏服务	180	5021	354293	271481
多媒体、游戏动漫和数字出版软件开发	1464	27907	1615143	2304434
增值电信文化服务	20	333	26651	21825
其他文化数字内容服务	28	540	11383	24749
图书馆	104	1717	1272	134264
档案馆	247	1686	16504	65294
文物及非物质文化遗产保护	255	2170	12987	654984
博物馆	173	2421	10646	348656
烈士陵园、纪念馆	50	382	605	20446

3-A-06 续表 3

行　业	法人单位数(个)	从业人员期末人数(人)	营业收入(万元)	资产总计(万元)
互联网广告服务	1028	10177	358501	293652
其他广告服务	12472	108814	3198000	2688850
建筑设计服务	2965	42579	1285725	1283654
工业设计服务	401	4361	121182	87495
专业设计服务	2560	20922	509390	549926
图书出租	11	57	597	461
音像制品出租	3	21	75	227
有线广播电视传输服务	190	12413	409625	957881
无线广播电视传输服务	41	1241	1000	25199
广播电视卫星传输服务	2	15		388
电影和广播电视节目发行	51	648	28116	88973
电影放映	329	6225	221085	287258
艺术表演场馆	38	1309	20315	102972
互联网文化娱乐平台	34	1212	156656	61642
文化投资与资产管理	436	3923	107219	2096190
文化企业总部管理	26	682	17497	1226116
文化产业园区管理	22	485	22502	105650
歌舞厅娱乐活动	1138	24248	473695	373483
电子游艺厅娱乐活动	92	796	23897	21334
网吧活动	1756	11906	272470	219868
其他室内娱乐活动	168	1492	34597	47120
游乐园	171	3707	93544	1192480
其他娱乐业	68	564	10136	65553
城市公园管理	78	2034	12078	160122
名胜风景区管理	255	7428	126256	1348557
森林公园管理	26	775	3819	118004
其他游览景区管理	852	10274	230124	1997933
自然遗迹保护管理	1			
动物园、水族馆管理服务	18	771	13029	114211
植物园管理服务	7	8	76	23446
休闲观光活动	1073	9769	192164	738469
观光游览航空服务	4	47	820	16014
摄影扩印服务	702	8596	180543	112419
版权和文化软件服务	475	3447	77003	125402
科技会展服务	31	881	35064	30390
旅游会展服务	59	994	45193	440419
体育会展服务	14	156	9133	11682
文化会展服务	344	3794	217468	631818
其他会议、展览及相关服务	954	7528	220657	417585
文化活动服务	4254	27745	595886	679314
文化娱乐经纪人	23	434	32156	8233
其他文化艺术经纪代理	59	459	23597	44758
婚庆典礼服务	434	3547	67302	46662
票务代理服务	31	238	18842	9205
休闲娱乐用品设备出租	70	492	15495	23923
文化用品设备出租	89	821	13120	11005
社会人文科学研究	111	733	6737	13085
学术理论社会(文化)团体	3652	11160		264958
文化艺术培训	1413	9387	138360	190838
文化艺术辅导	238	1733	26300	22786

3-A-07 按地区分文化及相关产业单位基本情况

地 区	法人单位数(个)	从业人员期末人数(人)	资产总计(万元)	营业收入(万元)	非企业单位支出(费用)(万元)
全 省	**74856**	**1061201**	**52266481**	**59398862**	**966148**
福 州	16341	276355	14845623	13643976	285383
#平潭	427	2600	237374	36162	5759
厦 门	17629	189133	12497605	9803355	223544
莆 田	5521	87582	3820252	7151220	91102
三 明	2919	28914	1581442	1944792	39931
泉 州	17342	295998	10181020	17391337	133612
漳 州	5206	84309	4419216	5337121	66911
南 平	3763	39204	1730063	1830222	29351
龙 岩	3270	35012	2410047	1678281	54915
宁 德	2865	24694	781214	618558	41400

3-A-08 按地区分经营性文化及相关产业法人单位基本情况

地 区	法人单位数(个)	从业人员期末人数(人)	资产总计(万元)	营业收入(万元)
全 省	**68593**	**1018435**	**49700119**	**59398862**
福 州	15024	263406	14204132	13643976
#平潭	376	2203	230973	36162
厦 门	17093	183808	12056742	9803355
莆 田	5165	85039	3654712	7151220
三 明	2384	26364	1475845	1944792
泉 州	16126	288767	9696940	17391337
漳 州	4550	80366	4272793	5337121
南 平	3090	36473	1653370	1830222
龙 岩	2796	31862	1997253	1678281
宁 德	2365	22350	688331	618558

3-A-09 按地区分公益性文化及相关产业法人单位基本情况

地 区	法人单位数(个)	从业人员期末人数(人)	资产总计(万元)	非企业单位支出(费用)(万元)
全 省	**6263**	**42766**	**2566362**	**966148**
福 州	1317	12949	641491	285383
#平潭	51	397	6401	5759
厦 门	536	5325	440863	223544
莆 田	356	2543	165540	91102
三 明	535	2550	105597	39931
泉 州	1216	7231	484080	133612
漳 州	656	3943	146422	66911
南 平	673	2731	76692	29351
龙 岩	474	3150	412794	54915
宁 德	500	2344	92882	41400

3-A-10　按县(市、区)分文化及相关产业企业法人单位基本情况

地　区	法人单位数(个)	从业人员期末人数(人)	资产总计(万元)	营业收入(万元)
全　省	**68593**	**1018435**	**49700119**	**59398862**
福州市	**15024**	**263406**	**14204132**	**13643976**
鼓楼区	2540	53598	5546463	3246230
台江区	1560	13864	550832	555075
仓山区	2314	41499	1171268	1853048
马尾区	971	11333	1400799	1160409
晋安区	2400	36430	1247677	2110183
长乐区	542	7999	482539	391333
闽侯县	1676	44035	850522	1992278
连江县	253	4727	977047	309484
罗源县	208	4958	203097	107970
闽清县	242	7980	202004	334542
永泰县	420	5312	354727	171058
平潭县	376	2203	230973	36162
福清市	1522	29468	986183	1376205
厦门市	**17093**	**183808**	**12056742**	**9803355**
思明区	8498	67581	4755483	2713729
海沧区	1296	15717	1351225	695172
湖里区	3886	41063	1951287	1865729
集美区	2022	22904	1171539	998850
同安区	961	19041	1556492	1190575
翔安区	430	17502	1270716	2339299
莆田市	**5165**	**85039**	**3654712**	**7151220**
城厢区	683	8247	333214	497750
涵江区	282	5080	177059	458392
荔城区	1687	15317	913791	1366808
秀屿区	506	10079	488163	1162284
仙游县	2007	46316	1742485	3665985
三明市	**2384**	**26364**	**1475845**	**1944792**
梅列区	387	2285	80131	81975
三元区	153	1466	216134	57801
明溪县	103	997	23073	45618
清流县	108	1328	111661	66184
宁化县	225	2909	76846	69831
大田县	201	2740	83391	169530
尤溪县	213	3456	109669	365108
沙　县	247	2707	176352	458579
将乐县	201	2077	112494	182031
泰宁县	103	1188	259958	55345
建宁县	147	3197	96540	247078
永安市	296	2014	129597	145713
泉州市	**16126**	**288767**	**9696940**	**17391337**
鲤城区	1266	15070	566517	796652
丰泽区	3236	26587	615213	958972
洛江区	337	7302	495716	1441870
泉港区	236	3396	167944	460335
惠安县	1050	26442	1214984	2459842

3-A-10 续表

地　区	法人单位数(个)	从业人员期末人数(人)	资产总计(万元)	营业收入(万元)
安溪县	2674	37973	1011738	2000557
永春县	328	9914	186395	519365
德化县	2577	67927	1288292	1972962
石狮市	750	23444	483194	1510779
晋江市	2526	50989	2993950	3779010
南安市	1146	19723	672998	1490993
漳州市	**4550**	**80366**	**4272793**	**5337121**
芗城区	1525	18629	779544	755761
龙文区	513	6812	235875	482787
云霄县	245	5320	176045	212065
漳浦县	470	7600	415612	421930
诏安县	196	6561	215255	468542
长泰县	246	5403	258497	418487
东山县	223	3300	116150	120892
南靖县	273	6831	996428	919040
平和县	182	3922	173642	193450
华安县	106	2811	92788	219210
龙海市	571	13177	812957	1124957
南平市	**3090**	**36473**	**1653370**	**1830222**
延平区	505	3741	342413	74173
建阳区	760	4162	253019	293550
顺昌县	106	1888	36438	90741
浦城县	184	1533	98667	38909
光泽县	114	955	30604	17751
松溪县	125	1854	62386	115636
政和县	143	1967	73780	109241
邵武市	393	10945	293199	600536
武夷山市	495	4846	342063	124106
建瓯市	265	4582	120802	365578
龙岩市	**2796**	**31862**	**1997253**	**1678280**
新罗区	1431	11461	587760	450519
永定区	150	2100	418573	69917
长汀县	223	1763	140756	46027
上杭县	308	4024	172938	216556
武平县	243	3782	172379	202259
连城县	206	5170	394977	488530
漳平市	235	3562	109870	204473
宁德市	**2365**	**22350**	**688331**	**618558**
蕉城区	801	4207	104810	92010
霞浦县	283	2642	49384	51257
古田县	150	1752	54107	65283
屏南县	86	1099	45962	26628
寿宁县	146	1811	44064	39947
周宁县	88	1339	30897	13504
柘荣县	95	934	22396	22754
福安市	370	4147	103750	75627
福鼎市	346	4419	232962	231548

3-A-11　按县(市、区)分文化及相关产业事业(社团)法人单位基本情况

地　区	法人单位数	从业人员期末人数(人)	事业团体资产总计(万元)	本年支出(费用)合计(万元)
全　省	**6263**	**42766**	**2566362**	**966148**
福州市	**1317**	**12949**	**641491**	**285383**
鼓楼区	340	4852	358708	128646
台江区	56	677	39304	21684
仓山区	112	894	50349	23584
马尾区	37	306	5652	9401
晋安区	92	2207	56707	37943
长乐区	94	792	44315	12616
闽侯县	72	690	23490	10095
连江县	98	399	10467	16722
罗源县	55	162	3360	2209
闽清县	32	235	7360	2397
永泰县	123	455	16021	5376
平潭县	51	397	6401	5759
福清市	155	883	19358	8951
厦门市	**536**	**5325**	**440863**	**223544**
思明区	266	3519	370299	158695
海沧区	41	168	7243	20418
湖里区	57	368	7523	11726
集美区	54	604	44088	21087
同安区	63	407	7342	6535
翔安区	55	259	4367	5083
莆田市	**356**	**2543**	**165539**	**91102**
城厢区	77	589	75512	11043
涵江区	57	232	12799	4900
荔城区	63	789	59346	15204
秀屿区	48	329	2646	1059
仙游县	111	604	15237	58896
三明市	**535**	**2550**	**105597**	**39931**
梅列区	88	567	15252	10161
三元区	34	98	4385	1461
明溪县	18	59	997	782
清流县	47	142	9029	1600
宁化县	51	203	4904	2639
大田县	41	203	6463	1623
尤溪县	50	302	8489	3160
沙　县	54	209	3044	2707
将乐县	42	130	15084	2493
泰宁县	30	150	13972	4465
建宁县	34	97	4092	1030
永安市	46	390	19887	7811
泉州市	**1216**	**7231**	**484080**	**133612**
鲤城区	116	648	31140	10247
丰泽区	186	2353	107654	48573
洛江区	25	38	192	543
泉港区	51	150	3273	1528
惠安县	99	510	9882	4442

3-A-11 续表

地 区	法人单位数	从业人员期末人数(人)	事业团体资产总计(万元)	本年支出(费用)合计(万元)
安溪县	144	339	46511	5680
永春县	116	563	28072	8269
德化县	57	168	7206	4376
石狮市	102	287	16535	8899
晋江市	150	1072	54082	27081
南安市	170	1103	179533	13974
漳州市	**656**	**3943**	**146422**	**66911**
芗城区	147	1014	38571	18444
龙文区	34	326	8534	5904
云霄县	70	436	15113	5740
漳浦县	46	376	12142	5860
诏安县	64	338	9371	3211
长泰县	51	132	1926	4106
东山县	58	421	15279	8482
南靖县	37	245	15979	5712
平和县	47	215	7252	2077
华安县	36	3	349	78
龙海市	66	437	21906	7298
南平市	**673**	**2731**	**76692**	**29351**
延平区	149	769	30875	9996
建阳区	71	172	2868	1595
顺昌县	53	178	3504	1273
浦城县	67	227	6112	3141
光泽县	50	126	14240	2893
松溪县	43	85	1315	778
政和县	51	154	2388	1306
邵武市	68	427	4529	2640
武夷山市	73	290	5540	3297
建瓯市	48	303	5322	2432
龙岩市	**474**	**3150**	**412794**	**54915**
新罗区	109	1372	41964	25741
永定区	89	370	13133	4470
长汀县	38	292	7171	2559
上杭县	72	494	313207	8684
武平县	58	160	5019	4549
连城县	57	295	29517	7541
漳平市	51	167	2784	1372
宁德市	**500**	**2344**	**92882**	**41399**
蕉城区	133	676	20366	10465
霞浦县	61	257	27868	6436
古田县	42	257	6373	2886
屏南县	40	145	15145	6194
寿宁县	35	126	1575	1626
周宁县	37	55	4727	2639
柘荣县	41	146	3881	1268
福安市	55	310	6763	3779
福鼎市	56	372	6186	6106

3-A-12　规模以上按类型分文化及相关产业法人单位基本情况

分　组	法人单位数（个）	从业人员期末人数（人）	资产总计（万元）	营业收入（万元）
总　计	**3332**	**467335**	**30327469**	**43706653**
按登记注册类型分				
内资企业	3029	349450	23728983	32950530
港、澳、台商投资企业	199	71314	4482605	7965380
外商投资企业	104	46571	2115881	2790744
按控股情况分				
国有控股	187	32418	6726735	2668753
集体控股	10	541	13607	35172
私人控股	2738	304324	15490735	28832257
港澳台商控股	184	67070	4204749	7635542
外商控股	94	43747	1986016	2613429
其他	119	19235	1905626	1921501
按产业类型分				
文化制造业	1442	342782	14356487	30978291
文化批发和零售业	487	11788	3279345	6594037
文化服务业	1403	112765	12691638	6134325
按核心及相关领域分				
新闻信息服务	77	8402	741244	647122
内容创作生产	1215	236678	9906675	19659051
创意设计服务	393	24959	1189068	1344364
文化传播渠道	395	22975	2919253	4420745
文化投资运营	19	1332	1693845	40334
文化娱乐休闲服务	355	21188	2999881	492177
文化辅助生产和中介服务	459	61464	4984776	6461985
文化装备生产	116	46155	2493605	4051875
文化消费终端生产	303	44182	3399123	6589001

3-A-13 规模以上按行业分文化及相关产业法人单位基本情况

行业	从业人员期末人数(人)	资产总计(万元)	营业收入(万元)
总 计	**467335**	**30327469**	**43706653**
按行业大类分			
新闻服务	32	552	2172
报纸信息服务	2391	188226	79249
广播电视信息服务	264	28647	47627
互联网信息服务	5715	523818	518075
出版服务	837	345207	81365
广播影视节目制作	3541	317654	161778
创作表演服务	3073	174732	95852
数字内容服务	23768	2768377	1992057
内容保存服务	271	109263	10728
工艺美术品制造	152291	5669154	15319568
艺术陶瓷制造	52897	522287	1997705
广告服务	12634	640240	765047
设计服务	12325	548828	579317
出版物发行	1719	672473	508060
广播电视节目传输	9963	802695	392581
广播影视发行放映	3957	254366	182916
艺术表演	812	82473	16435
互联网文化娱乐平台	1135	60045	154085
工艺美术品销售	5389	1047201	3166668
投资与资产管理	568	404001	15514
运营管理	764	1289844	24820
娱乐服务	11350	1196600	282926
景区游览服务	8519	1763134	193230
休闲观光游览服务	1319	40147	16021
文化辅助用品制造	12900	1717104	1802103
印刷复制服务	42574	2109371	4160288
版权服务	57	1170	3473
会议展览服务	3501	1018170	296046
文化经纪代理服务	2029	134697	190858
文化设备(用品)出租服务	103	2670	3391
文化科研培训服务	300	1595	5826
印刷设备制造	1849	133333	161779
广播电视电影设备制造及销售	16173	527870	1564562
摄录设备制造及销售	20485	1367034	1618395
演艺设备制造及销售	2585	192049	436247
游乐游艺设备制造	3001	205668	188472
乐器制造及销售	2062	67652	82421
文具制造及销售	7284	792054	1749397
笔墨制造	1053	27718	74727
玩具制造	22572	639407	1168638
信息服务终端制造及销售	13273	1939944	3596239

3-A-13　续表 1

行　　业	从业人员期末人数（人）	资产总计（万元）	营业收入（万元）
按行业中类分			
雕塑工艺品制造	58291	2525442	6545994
金属工艺品制造	37038	745858	2319670
漆器工艺品制造	6624	265414	734941
花画工艺品制造	3066	66650	201652
天然植物纤维编织工艺品制造	7027	184173	381611
抽纱刺绣工艺品制造	681	29025	32995
地毯、挂毯制造	2154	109375	188784
珠宝首饰及有关物品制造	6968	876376	2331495
其他工艺美术及礼仪用品制造	30442	866842	2582425
陈设艺术陶瓷制造	50437	458165	1820536
园艺陶瓷制造	2460	64122	177169
文化用机制纸及纸板制造	9021	1060929	1299812
手工纸制造	155	11540	14523
油墨及类似产品制造	1387	93265	253118
工艺美术颜料制造	751	164720	70684
文化用信息化学品制造	1586	386650	163967
书、报刊印刷	3305	201377	264090
本册印制	1308	53285	161258
包装装潢及其他印刷	34170	1810700	3622537
装订及印刷相关服务	109	2740	6736
印刷专用设备制造	1020	105377	106995
复印和胶印设备制造	829	27956	54785
广播电视接收设备制造	13249	266430	1075474
应用电视设备及其他广播电视设备制造	2886	251935	353078
幻灯及投影设备制造	1096	86626	190069
照相机及器材制造	12344	457153	496804
舞台及场地用灯制造	2545	131052	350635
音响设备制造	1256	54972	46678
露天游乐场所游乐设备制造	1959	194524	166881
游艺用品及室内游艺器材制造	1042	11144	21591
中乐器制造	60	2274	2774
西乐器制造	1276	24138	35699
电子乐器制造	536	12884	8909
文具制造	5762	264456	633814
笔的制造	973	26097	71906
墨水、墨汁制造	80	1621	2821
电玩具制造	3490	225422	276587
塑胶玩具制造	12201	243145	469567
金属玩具制造	1168	34647	97202
弹射玩具制造	536	2976	40397

3-A-13 续表 2

行　业	从业人员期末人数(人)	资产总计(万元)	营业收入(万元)
儿童乘骑玩耍的童车类产品制造	2083	69370	142585
其他玩具制造	3094	63846	142300
电视机制造	7717	828958	1701750
影视录放设备制造	6966	817820	918703
可穿戴智能文化设备制造	114	4890	1442
其他智能文化消费设备制造	1520	170127	394852
图书批发	875	199138	117176
图书、报刊零售	844	473334	390884
首饰、工艺品及收藏品批发	2512	546659	1710706
珠宝首饰零售	1674	163820	713428
工艺美术品及收藏品零售	1203	336722	742534
文化贸易代理服务	145	46783	82728
广播影视设备批发	38	9506	136010
照相器材零售	79	5434	12818
舞台照明设备批发	40	60997	85612
乐器批发	28	13138	13920
乐器零售	162	15218	21119
文具用品批发	1016	492758	1026424
文具用品零售	506	34840	89159
家用视听设备批发	471	26321	81664
家用视听设备零售	1073	51972	257618
其他文化用品批发	971	792758	937102
其他文化用品零售	151	9946	175134
新闻业	32	552	2172
报纸出版	2391	188226	79249
广播	10	2977	2360
电视	8	452	1015
广播电视集成播控	246	25218	44252
互联网搜索服务	450	26352	67390
互联网其他信息服务	5265	497466	450685
图书出版	609	305014	67615
期刊出版	142	20208	8235
音像制品出版	86	19985	5516
影视节目制作	3541	317654	161778
文艺创作与表演	2676	166266	87917
群众文体活动	197	2421	4833
其他文化艺术业	200	6045	3102
动漫、游戏数字内容服务	2946	617928	317258
互联网游戏服务	3453	226645	310643
多媒体、游戏动漫和数字出版软件开发	16864	1886809	1338554
增值电信文化服务	184	15550	18665
其他文化数字内容服务	321	21445	6937

3-A-13　续表 3

行　业	从业人员期末人数(人)	资产总计(万元)	营业收入(万元)
文物及非物质文化遗产保护	102	7294	3346
博物馆	169	101969	7382
互联网广告服务	2199	115066	145245
其他广告服务	10435	525173	619802
建筑设计服务	10562	480055	475402
工业设计服务	956	10717	34449
专业设计服务	807	58056	69467
有线广播电视传输服务	9963	802695	392581
电影和广播电视节目发行	260	68816	19599
电影放映	3697	185550	163317
艺术表演场馆	812	82473	16435
互联网文化娱乐平台	1135	60045	154085
文化投资与资产管理	568	404001	15514
文化企业总部管理	402	1196685	6812
文化产业园区管理	362	93159	18008
歌舞厅娱乐活动	8473	92257	198562
电子游艺厅娱乐活动	162	4129	7911
网吧活动	113	1270	3543
其他室内娱乐活动	118	1143	2532
游乐园	2484	1097800	70378
城市公园管理	58	1431	207
名胜风景区管理	4884	920287	93207
森林公园管理	176	61726	2816
其他游览景区管理	3229	748826	88090
动物园、水族馆管理服务	172	30864	8909
休闲观光活动	1319	40147	16021
摄影扩印服务	3682	41269	105667
版权和文化软件服务	57	1170	3473
科技会展服务	707	24205	31763
旅游会展服务	663	395611	39238
体育会展服务	73	11200	8080
文化会展服务	1601	538430	163454
其他会议、展览及相关服务	457	48725	53511
文化活动服务	1150	59533	56774
文化娱乐经纪人	233	3058	23766
其他文化艺术经纪代理	58	19525	14099
婚庆典礼服务	417	4904	6146
票务代理服务	26	895	7345
休闲娱乐用品设备出租	103	2670	3391
文化艺术培训	247	1213	4444
文化艺术辅导	53	382	1383

3-A-14 规模以下按类型分文化及相关产业法人单位基本情况

分 组	从业人员期末人数(人)	资产总计(万元)	营业收入(万元)	非企业单位支出(费用)万元
总 计	**593866**	**21939012**	**15692208**	**966148**
按登记注册类型分				
内资企业	541864	18755341	15465085	966148
港、澳、台商投资企业	6076	460272	152048	
外商投资企业	3160	157037	75075	
按控股情况分				
国有控股	8026	2334059	245553	
集体控股	2502	203644	66599	
私人控股	520075	15532796	14893159	
港澳台商控股	5919	457230	145184	
外商控股	2500	128867	56460	
其他	12078	716055	285254	966148
按产业类型分				
文化制造业	131322	3588785	4164516	
文化批发和零售业	64888	2633625	3264904	
文化服务业	397656	15716602	8262789	966148
按核心及相关领域分				
新闻信息服务	28362	1411056	540568	170433
内容创作生产	156616	5257317	3863304	329776
创意设计服务	161894	3714510	4128434	3947
文化传播渠道	49202	2008658	2070846	80090
文化投资运营	3758	1734111	106883	22
文化娱乐休闲服务	52631	3436712	994527	204961
文化辅助生产和中介服务	108372	3067132	2438128	176920
文化装备生产	5395	224066	185002	
文化消费终端生产	27636	1085450	1364517	

3-A-15　规模以下按行业分文化及相关产业法人单位基本情况

行　业	从业人员期末人数(人)	资产总计(万元)	营业收入(万元)	非企业单位支出(费用)万元
总　计	**593866**	**21939012**	**15692208**	**966148**
雕塑工艺品制造	28148	716252	1063095	
金属工艺品制造	9298	178126	325774	
漆器工艺品制造	1191	35958	34022	
花画工艺品制造	1354	31151	34713	
天然植物纤维编织工艺品制造	1899	78760	53182	
抽纱刺绣工艺品制造	2058	89288	67697	
地毯、挂毯制造	206	56027	5863	
珠宝首饰及有关物品制造	2540	113251	64207	
其他工艺美术及礼仪用品制造	22343	475897	708464	
陈设艺术陶瓷制造	16243	312571	302003	
园艺陶瓷制造	217	6940	3681	
文化用机制纸及纸板制造	767	22690	19848	
手工纸制造	334	12758	11991	
油墨及类似产品制造	435	22207	14705	
工艺美术颜料制造	78	7345	4211	
文化用信息化学品制造	130	11768	6760	
书、报刊印刷	2614	84452	71757	
本册印制	1033	24293	33313	
包装装潢及其他印刷	25869	810299	895919	
装订及印刷相关服务	3673	102281	115370	
记录媒介复制	77	1472	1932	
印刷专用设备制造	1034	38448	32797	
复印和胶印设备制造	72	4942	2062	
广播电视节目制作及发射设备制造	131	245	1287	
广播电视接收设备制造	57	3253	1467	
广播电视专用配件制造	232	6321	5051	
专业音响设备制造	30	3056	1279	
应用电视设备及其他广播电视设备制造	99	15057	2935	
电影机械制造	35	1452	1092	
娱乐用智能无人飞行器制造	9	327	687	
幻灯及投影设备制造	161	6421	3903	
照相机及器材制造	127	4452	4403	
舞台及场地用灯制造	43	3205	2578	
音响设备制造	930	21390	22178	
露天游乐场所游乐设备制造	351	4247	4246	
游艺用品及室内游艺器材制造	205	4232	7604	
其他娱乐用品制造	174	5313	6744	
中乐器制造	77	6591	2625	
西乐器制造	167	11304	7796	
电子乐器制造	76	4599	3272	
其他乐器及零件制造	202	5725	4345	
文具制造	1624	44264	55621	
笔的制造	190	4722	5434	
墨水、墨汁制造	32	1406	2228	
电玩具制造	251	9548	9132	
塑胶玩具制造	716	36215	27047	
弹射玩具制造	5	86	67	
娃娃玩具制造	97	1493	1833	
儿童乘骑玩耍的童车类产品制造	225	3634	3721	
其他玩具制造	2190	69968	64773	
焰火、鞭炮产品制造	58	1069	1919	

3-A-15 续表 1

行 业	从业人员期末人数(人)	资产总计(万元)	营业收入(万元)	非企业单位支出(费用)万元
电视机制造	51	710	1983	
影视录放设备制造	84	34648	3494	
可穿戴智能文化设备制造				
其他智能文化消费设备制造	1080	36661	30407	
图书批发	1438	61640	64027	
报刊批发	316	3403	4948	
音像制品、电子和数字出版物批发	226	19169	15337	
图书、报刊零售	1524	52686	65607	
音像制品、电子和数字出版物零售	100	2639	3347	
首饰、工艺品及收藏品批发	15492	749935	910562	
珠宝首饰零售	4894	236641	173349	
工艺美术品及收藏品零售	17573	526878	730023	
艺术品、收藏品拍卖	281	26997	6862	
艺术品代理	84	3247	5332	
文化贸易代理服务	744	35875	62001	
广播影视设备批发	425	13744	28357	
照相器材零售	179	5317	5574	
舞台照明设备批发	55	2563	2009	
乐器批发	440	13667	23413	
乐器零售	930	24940	25983	
文具用品批发	10197	532755	671033	
文具用品零售	4080	106931	159110	
家用视听设备批发	837	43072	75729	
家用视听设备零售	956	26391	40518	
其他文化用品批发	2503	106055	128451	
其他文化用品零售	1614	39081	63335	
新闻业	743	35430	819	37365
报纸出版	2095	317670	26149	39778
广播	1213	78961	2284	20265
电视	2928	204659	1702	58279
广播电视集成播控	208	5203	133	2835
互联网搜索服务	347	8937	15861	
互联网其他信息服务	20828	760196	493622	11913
图书出版	301	27583	5211	1325
期刊出版	304	9703	3539	3125
音像制品出版	160	14416	1796	3800
电子出版物出版	49	5041	492	
数字出版	65	4748	1678	
其他出版业	40	2563	551	155
影视节目制作	8201	275760	204139	8141
录音制作	366	7414	5391	
文艺创作与表演	15211	326953	197348	64528
群众文体活动	6778	459860	44863	57991
其他文化艺术业	15406	371939	316233	19051
动漫、游戏数字内容服务	3154	70694	55407	
互联网游戏服务	1568	44836	43650	
多媒体、游戏动漫和数字出版软件开发	11043	417625	276589	
增值电信文化服务	149	6276	7986	
其他文化数字内容服务	219	3305	4446	
图书馆	1717	134264	1272	52707
档案馆	1686	65294	16504	38804
文物及非物质文化遗产保护	2068	647691	9641	22569
博物馆	2252	246686	3264	51906

3-A-15　续表 2

行　　业	从业人员期末人数(人)	资产总计(万元)	营业收入(万元)	非企业单位支出(费用)万元
烈士陵园、纪念馆	382	20446	605	5674
互联网广告服务	7978	178586	213256	
其他广告服务	98379	2163677	2578197	2138
建筑设计服务	32017	803599	810324	563
工业设计服务	3405	76778	86734	
专业设计服务	20115	491870	439923	1246
图书出租	57	461	597	34
音像制品出租	21	227	75	
有线广播电视传输服务	2450	155186	17044	43114
无线广播电视传输服务	1241	25199	1000	26337
广播电视卫星传输服务	15	388		308
电影和广播电视节目发行	388	20157	8517	36
电影放映	2528	101709	57768	5344
艺术表演场馆	497	20500	3881	4917
互联网文化娱乐平台	77	1597	2572	
文化投资与资产管理	3355	1692189	91705	22
文化企业总部管理	280	29431	10685	
文化产业园区管理	123	12491	4494	
歌舞厅娱乐活动	15775	281226	275133	29
电子游艺厅娱乐活动	634	17205	15986	
网吧活动	11793	218598	268927	8
其他室内娱乐活动	1374	45977	32065	391
游乐园	1223	94680	23165	23
其他娱乐业	564	65553	10136	726
城市公园管理	1976	158691	11871	115633
名胜风景区管理	2544	428270	33049	56598
森林公园管理	599	56278	1003	10712
其他游览景区管理	7045	1249107	142034	14944
自然遗迹保护管理				
动物园、水族馆管理服务	599	83347	4119	3717
植物园管理服务	8	23446	76	
休闲观光活动	8450	698322	176143	2180
观光游览航空服务	47	16014	820	
摄影扩印服务	4914	71150	74876	66
版权和文化软件服务	3390	124232	73530	5391
科技会展服务	174	6185	3301	384
旅游会展服务	331	44809	5956	21
体育会展服务	83	483	1053	
文化会展服务	2193	93388	54015	1176
其他会议、展览及相关服务	7071	368860	167146	3408
文化活动服务	26595	619781	539112	6857
文化娱乐经纪人	201	5175	8390	
其他文化艺术经纪代理	401	25233	9498	17
婚庆典礼服务	3130	41759	61155	292
票务代理服务	212	8310	11497	507
休闲娱乐用品设备出租	389	21254	12103	
文化用品设备出租	821	11005	13120	
社会人文科学研究	733	13085	6737	13338
学术理论社会(文化)团体	11160	264958		127573
文化艺术培训	9140	189625	133916	16919
文化艺术辅导	1680	22404	24917	971

B.文化制造业

3-B-01　按县(市、区)分文化制造业法人单位情况

地　区	法人单位数(个)	从业人员期末人数(人)
全　省	**11855**	**474104**
福州市	**1495**	**85871**
鼓楼区	11	1770
台江区	12	255
仓山区	225	14775
马尾区	51	2192
晋安区	132	6745
长乐区	47	1685
闽侯县	743	37273
连江县	23	2013
罗源县	14	612
闽清县	57	4910
永泰县	40	678
平潭县	5	92
福清市	135	12871
厦门市	**1433**	**55639**
思明区	109	1099
海沧区	155	7239
湖里区	322	14718
集美区	270	6804
同安区	456	14047
翔安区	121	11732
莆田市	**1671**	**52497**
城厢区	35	1404
涵江区	81	3222
荔城区	399	5772
秀屿区	180	7898
仙游县	976	34201
三明市	**245**	**11376**
梅列区	22	223
三元区	23	432
明溪县	12	146
清流县	13	622
宁化县	20	439
大田县	15	1383
尤溪县	40	2300
沙　县	26	1228
将乐县	32	1355
泰宁县	6	299
建宁县	16	2524
永安市	20	425
泉州市	**5310**	**196691**
鲤城区	213	7066
丰泽区	469	9641
洛江区	114	6313
泉港区	20	1516
惠安县	485	21253

3-B-01 续表

地区	法人单位数（个）	从业人员期末人数（人）
安溪县	1147	28298
永春县	47	7651
德化县	1663	64629
石狮市	150	18305
晋江市	679	21335
南安市	323	10684
漳州市	**706**	**37843**
芗城区	152	4593
龙文区	49	1981
云霄县	55	3028
漳浦县	81	3016
诏安县	44	5145
长泰县	66	3422
东山县	19	833
南靖县	55	4775
平和县	19	1374
华安县	23	2002
龙海市	143	7674
南平市	**566**	**22170**
延平区	40	1407
建阳区	252	2592
顺昌县	10	1021
浦城县	24	796
光泽县	33	509
松溪县	52	1577
政和县	20	1385
邵武市	53	9511
武夷山市	11	223
建瓯市	71	3149
龙岩市	**207**	**6868**
新罗区	60	1153
永定区	9	209
长汀县	24	331
上杭县	30	1127
武平县	28	1064
连城县	34	1680
漳平市	22	1304
宁德市	**222**	**5149**
蕉城区	44	410
霞浦县	26	455
古田县	21	481
屏南县	7	140
寿宁县	26	840
周宁县	5	38
柘荣县	22	372
福安市	33	286
福鼎市	38	2127

3-B-02 按注册类型和控股情况分规模以上

分组	法人单位数（个）	从业人员期末人数（人）	#女性	资产总计（万元）	营业收入（万元）
总计	**1442**	**342782**	**163543**	**14356487**	**30978291**
按注册类型分组					
内资企业	1181	231447	111397	8726006	20681460
#国有企业	2	205	96	6794	8611
私营企业	932	186981	92234	6351513	16527534
港、澳、台商投资企业	174	67991	31017	4037303	7786703
外商投资企业	87	43344	21129	1593178	2510129
按控股情况分组					
国有控股	16	4124	1528	437250	159123
集体控股	3	164	60	4854	21435
私人控股	1147	224648	108567	8322071	20262748
港澳台商控股	161	63455	28695	3764432	7459131
外商控股	82	41116	20518	1543961	2368739
其他	33	9275	4175	283920	707116

3-B-03 按注册类型和控股情况分规模以下

分组	法人单位数（个）	从业人员期末人数（人）	#女性	资产总计（万元）
总计	**10413**	**131322**	**56609**	**3588785**
按注册类型分组				
内资企业	10203	125607	53539	3355898
港、澳、台商投资企业	145	3766	1910	173664
外商投资企业	65	1949	1160	59223
按控股情况分组				
国有控股	30	724	348	29634
集体控股	106	991	474	24992
私人控股	9921	122107	51914	3272805
港澳台商控股	132	3583	1845	165724
外商控股	49	1633	936	51671
其他	175	2284	1092	43960

文化制造业企业主要财务指标

营业成本（万元）	税金及附加（万元）	营业利润（万元）	应付职工薪酬（万元）	应交增值税（万元）
26135797	**185009**	**2459694**	**3004102**	**537660**
17297544	132157	1731570	2101323	368899
7521	95	-303	1403	377
13847571	101045	1372172	1706464	287209
6731750	38435	566437	566453	99538
2106504	14418	161686	336327	69222
104869	2995	20848	42065	5374
19943	223	506	789	374
16978301	126355	1698104	2062936	357943
6443100	37351	546563	509378	92647
2000661	14165	145801	315673	65344
588923	3921	47872	73260	15977

文化制造业企业主要财务指标

营业收入（万元）	营业成本（万元）	税金及附加（万元）	营业利润（万元）	投资收益（万元）	应付职工薪酬（万元）	应交增值税（万元）
4164515	**3172878**	**34486**	**393806**	**5546**	**711027**	**96808**
4027248	3068240	32983	383671	5116	680359	92836
92478	70809	995	6956	430	20433	2269
44789	33829	509	3179		10235	1703
15457	11957	201	355	8	4847	706
27438	18520	248	3449	4	5260	834
3943027	3007123	32343	374657	5040	661606	90403
85561	65482	891	6424	410	19353	1942
36233	27773	452	2376		8548	1598
56799	42023	350	6545	85	11414	1325

3-B-04 按县(市、区)分规模以上文化制造业企业主要财务指标

地区	从业人员期末人数(人)	#女性	资产总计(万元)	营业收入(万元)	营业成本(万元)	税金及附加(万元)	营业利润(万元)	投资收益(万元)	应付职工薪酬(万元)	应交增值税(万元)
全省	**342782**	**163543**	**14356487**	**30978291**	**26135797**	**185009**	**2459694**	**-39789**	**3004102**	**537660**
福州市	**65272**	**32073**	**2201140**	**4305149**	**3714565**	**24561**	**216501**	**14774**	**587118**	**115998**
鼓楼区	1766	726	172131	117775	74705	1047	24337	1131	25331	1443
台江区	164	96	8791	3315	2394	1	245	30	758	14
仓山区	11992	5388	562420	838558	752178	6871	24478	9821	103254	19138
马尾区	1606	894	100129	250468	217698	1154	16403	1698	13681	5464
晋安区	5207	2792	167553	495545	445990	1314	12592		81313	10256
长乐区	1368	849	75928	132791	117934	101	10749		8897	940
闽侯县	25179	12373	341340	1304651	1099351	8377	51775	998	211071	50088
连江县	1714	898	84607	152000	120705	657	19665		13793	1972
罗源县	510	465	11526	7775	6595	67	398		2333	
闽清县	4364	2215	81018	243707	201775	1755	26482		32890	8125
永泰县	198	92	4056	18316	17065	34	354		1469	550
平潭县										
福清市	11204	5285	591640	740250	658176	3182	29021	1096	92329	18009
厦门市	**37283**	**16300**	**2713401**	**3628522**	**3244166**	**11404**	**107342**	**6785**	**300783**	**45667**
思明区	269	111	15076	17021	11954	135	-793		2286	36
海沧区	5776	2556	649662	424317	354595	2551	22472	5800	54125	16694
湖里区	11371	5577	573170	598170	489095	3657	33410	1063	88910	21825
集美区	2601	1224	161790	145610	120145	615	5751	-1310	18186	1897
同安区	7051	3357	285250	301478	244752	2197	12193	1	50762	6994
翔安区	10215	3475	1028453	2141928	2023624	2248	34309	1231	86514	-1779
莆田市	**33632**	**14500**	**1533290**	**4204818**	**3446052**	**33390**	**400465**	**-63760**	**425778**	**66890**
城厢区	1080	508	63156	225467	169388	389	43362		24492	1524
涵江区	1961	828	100718	297699	269597	1402	13084	-55036	7509	5440
荔城区	3157	1879	131884	272868	240777	1848	14145	-2	34369	2561
秀屿区	7018	3462	200097	855223	637673	10735	65447	-7865	49350	22561
仙游县	20416	7823	1037436	2553562	2128618	19015	264427	-857	310057	34803
三明市	**9356**	**4580**	**300138**	**1469978**	**1348159**	**3300**	**66560**		**148989**	**8682**
梅列区	74	30	10276	31953	30120	43	372		786	34
三元区	147	88	6971	13611	12414	49	389		478	28
明溪县	95	59	1376	22910	21019	345	480		307	313
清流县	521	362	12596	43499	36472	122	4298		3407	751
宁化县	299	129	8677	17661	13361	87	1073		1803	276
大田县	1335	844	25711	144873	142636	98	558		20708	745
尤溪县	1891	1012	37790	263304	248296	758	6454		47590	3282
沙县	1074	364	58837	432970	374242	455	43752		24972	533
将乐县	912	455	26796	129052	114933	878	4697		17015	909
泰宁县	283	145	25044	18095	17309	17	215		2158	166
建宁县	2484	1005	66197	232477	224625	136	2487		25928	1079
永安市	241	87	19866	119573	112732	313	1784		3837	567
泉州市	**139066**	**66382**	**4482233**	**11672351**	**9761316**	**85002**	**1015002**	**-1156**	**1001281**	**192330**
鲤城区	5301	2639	221520	408845	325807	2942	34943		37694	10693
丰泽区	3620	2041	60300	163104	132202	893	8979		22155	1707
洛江区	5261	2446	313181	1402575	1145977	2902	166628		36438	13521
泉港区	1263	672	100276	377603	322085	3194	40920		6900	8485
惠安县	13204	5011	893914	1977768	1672476	18102	187986		140388	45276

3-B-04　续表

地　　区	从业人员期末人数(人)		资产总计(万元)	营业收入(万元)	营业成本(万元)	税金及附　加(万元)	营业利润(万元)	投资收益(万元)	应付职工薪酬(万元)	应　交增值税(万元)
		#女性								
安溪县	21182	8670	607587	1385603	1059858	9774	184582		122130	15454
永春县	7223	3658	123395	444363	315803	3305	58545		73792	2691
德化县	48903	27969	381475	1572251	1326383	14424	70487	45	276538	43396
石狮市	16137	6340	252656	1167103	988225	14623	109923		109973	15990
晋江市	10367	4283	1239716	1941926	1800863	7106	55829	-1201	105888	21878
南安市	6605	2653	288214	831212	671638	7738	96182		69387	13239
漳州市	**31415**	**15964**	**2081137**	**3377111**	**2662566**	**13641**	**481840**	**328**	**311157**	**58607**
芗城区	3271	1539	144316	111201	95355	674	1685	97	21528	1724
龙文区	1543	815	93988	196999	165566	304	26360	154	16928	1595
云霄县	2237	1406	52002	142887	110284	393	16273		20606	2432
漳浦县	2303	1098	121423	229282	184329	1097	31522	2	16987	8854
诏安县	4704	2837	149491	379239	299768	3007	48461		48497	9203
长泰县	3065	1301	169978	344257	266283	1330	45500		26594	2307
东山县	722	500	20636	32864	27859	126	2804		4518	341
南靖县	4408	2581	747491	820534	638752	2738	134714	6	49210	13830
平和县	1189	679	24895	109552	91206	337	12149		13789	1753
华安县	1855	433	66354	181071	142750	1162	23257		21057	939
龙海市	6118	2775	490564	829226	640414	2473	139117	69	71443	15631
南平市	**18380**	**9022**	**601829**	**1417954**	**1203893**	**9823**	**92806**	**-57**	**143094**	**36107**
延平区	895	208	98336	8477	6903	957	-9826	-69	7361	179
建阳区	1819	816	94893	243220	214159	607	19050	12	23115	5296
顺昌县	868	439	20207	66431	59707	111	700		3746	1849
浦城县	651	326	21677	27280	19919	172	1801		2983	1019
光泽县	178	64	8868	9196	7284	33	767		842	288
松溪县	815	401	33281	97177	83976	691	7650		4819	1815
政和县	1240	768	42436	91593	74778	293	6682		12025	1637
邵武市	9305	4853	198565	572863	481587	5088	45905		48326	20125
武夷山市	121	82	1564	11076	10156	37	270		363	895
建瓯市	2488	1065	82003	290641	245425	1834	19807		39515	3005
龙岩市	**5331**	**3497**	**334050**	**662974**	**550531**	**2380**	**65781**	**3294**	**68196**	**8700**
新罗区	738	368	117740	38016	29816	364	7315	3051	5412	1383
永定区	157	123	11010	13512	11558	126	752		617	242
长汀县	168	79	10436	4651	4163	2	154		605	58
上杭县	987	770	18741	28993	25064	192	969		4342	714
武平县	707	396	18560	99792	83466	340	10729		4742	1264
连城县	1367	914	109171	334428	287630	416	22667	244	46953	2901
漳平市	1207	847	48392	143582	108835	939	23195		5526	2138
宁德市	**3047**	**1225**	**109270**	**239433**	**204550**	**1510**	**13398**	**2**	**17706**	**4679**
蕉城区	165	23	4540	4259	3084	1	595		482	54
霞浦县	245	143	12953	14213	12498	22	575	2	2052	176
古田县	316	101	5389	23259	20362	138	1873		2156	219
屏南县	56	21	4130	3260	2890	9	86		232	157
寿宁县	314	122	2582	11666	9801	184	523		1354	503
周宁县	18	4	468	2654	2287	13	19		96	6
柘荣县	26	2	1215	2455	2304	8	11		123	79
福安市										
福鼎市	1907	809	77994	177667	151324	1134	9715		11213	3487

3-B-05 按县(市、区)分规模以下文化制造业企业主要财务指标

地区	从业人员期末人数(人)	#女性	资产总计(万元)	营业收入(万元)	营业成本(万元)	税金及附加(万元)	营业利润(万元)	投资收益(万元)	应付职工薪酬(万元)	应交增值税(万元)
全省	**131322**	**56609**	**3588785**	**4164515**	**3172878**	**34486**	**393806**	**5546**	**711027**	**96808**
福州市	**20599**	**8020**	**531355**	**676881**	**479385**	**6304**	**60570**	**220**	**116662**	**12683**
鼓楼区	4	2	227	196	149	1	-9		40	12
台江区	91	32	2527	1587	776	19	180		407	26
仓山区	2783	1141	55525	69249	47427	923	5520	21	14309	2125
马尾区	586	228	20838	13970	11660	124	251		3531	397
晋安区	1538	559	37187	43997	32393	250	5318	6	7567	1187
长乐区	317	148	14613	11499	9664	39	858	33	1888	242
闽侯县	12094	4438	307118	437314	305133	4173	37827	155	73931	5581
连江县	299	157	8576	5663	4665	52	442		1533	480
罗源县	102	36	3734	1521	1026	18	66	5	339	24
闽清县	546	270	10331	14400	12136	145	1334		2279	500
永泰县	480	286	5922	10331	6192	52	2121		2076	245
平潭县	92	44	3143	1234	775	13	116		279	43
福清市	1667	679	61614	65919	47388	494	6545	1	8483	1819
厦门市	**18356**	**8358**	**659599**	**447006**	**364727**	**2791**	**6167**	**2795**	**94477**	**12621**
思明区	830	358	43179	16147	12988	68	-922		4310	524
海沧区	1463	704	104185	32829	27699	251	1862	757	7643	1329
湖里区	3347	1502	111452	81012	66204	420	904		14352	2318
集美区	4203	1788	109365	102070	79827	592	1305	22	25551	2848
同安区	6996	3219	191116	173575	145382	1053	-322	289	33502	4762
翔安区	1517	787	100302	41373	32626	407	3340	1727	9120	840
莆田市	**18865**	**8565**	**578240**	**705003**	**565121**	**4172**	**83689**	**705**	**109535**	**20722**
城厢区	324	126	12791	12811	8304	39	1957		1610	96
涵江区	1261	566	29285	44943	34865	334	5022		6496	1047
荔城区	2615	1332	113867	79880	58087	709	13626	422	14680	1071
秀屿区	880	488	68951	29096	24134	219	3046		4270	410
仙游县	13785	6053	353346	538273	439731	2871	60037	283	82479	18098
三明市	**2020**	**945**	**53035**	**47505**	**37535**	**263**	**4251**	**3**	**8264**	**938**
梅列区	149	63	4233	3047	2584	29	52	1	545	62
三元区	285	122	15239	4963	3650	31	213	2	1115	209
明溪县	51	30	1599	994	634	6	150		231	49
清流县	101	63	2353	2522	1918	20	227		419	88
宁化县	140	63	2985	10313	7824	1	1441		710	13
大田县	48	31	684	678	475	1	60		149	12
尤溪县	409	229	4677	5964	4692	45	490		1312	172
沙县	154	45	3311	3739	2666	27	368		777	56
将乐县	443	166	10402	9664	8547	30	937		2038	104
泰宁县	16	7	170	363	253	1	41		51	10
建宁县	40	13	173	873	590	7	146		156	10
永安市	184	113	7209	4385	3702	65	126		760	153
泉州市	**57625**	**24510**	**1242553**	**1828387**	**1380017**	**17832**	**184897**	**1059**	**308166**	**38488**
鲤城区	1765	806	31035	47637	37536	480	4085	13	9228	1082
丰泽区	6021	2872	81048	128526	108394	1155	11977	82	28413	3769
洛江区	1052	430	30006	23621	19786	260	694	3	5139	421
泉港区	253	120	9486	10468	8671	54	903		1222	200
惠安县	8049	2711	181109	342364	257492	3432	31882	140	52899	9280

3-B-05　续表

地　区	从业人员期末人数（人）	#女性	资产总计（万元）	营业收入（万元）	营业成本（万元）	税金及附加（万元）	营业利润（万元）	投资收益（万元）	应付职工薪酬（万元）	应交增值税（万元）
安溪县	7116	2882	110613	256599	188357	1251	43628	67	37931	1340
永春县	428	225	9389	11587	6693	129	1423		1671	536
德化县	15726	8176	273217	281186	218531	3714	30578	341	70684	9533
石狮市	2168	901	53003	62770	47782	564	4380		13024	1015
晋江市	10968	3652	328018	436178	345289	5470	33824	413	58829	9540
南安市	4079	1735	135631	227452	141486	1323	21522		29125	1771
漳州市	**6428**	**2861**	**276219**	**277860**	**206112**	**1894**	**31246**		**42373**	**7650**
芗城区	1322	495	51566	61119	47966	575	4945		9012	1431
龙文区	438	130	12144	27531	19790	98	3119		3551	874
云霄县	791	478	26430	17028	14075	145	1358		3841	429
漳浦县	713	296	16602	28535	20698	268	3441		4215	861
诏安县	441	281	23964	15363	10495	48	2033		2525	760
长泰县	357	147	13502	17277	11734	84	2363		2500	159
东山县	111	57	7166	4312	3338	4	488		741	26
南靖县	367	142	48505	16395	11820	73	1810		2248	445
平和县	185	82	8334	8240	7011	9	607		1270	105
华安县	147	54	4051	5964	4335	16	1265		882	127
龙海市	1556	699	63955	76096	54851	574	9818		11589	2432
南平市	**3790**	**1821**	**121160**	**81084**	**62631**	**581**	**10090**	**304**	**15274**	**1277**
延平区	512	282	14248	10087	8491	144	535		1912	292
建阳区	773	246	43315	19870	13125	47	3678	183	3707	139
顺昌县	153	77	5254	4259	3668	19	145		1067	11
浦城县	145	90	1557	1418	985	37	170		442	43
光泽县	331	161	5539	3198	2835	50	170	17	900	150
松溪县	762	336	22792	14636	12292	136	1668	102	2817	138
政和县	145	60	4474	4620	3784	61	609		573	47
邵武市	206	113	4313	3540	3246	22	121		664	92
武夷山市	102	47	10309	2487	662	21	808	2	544	125
建瓯市	661	409	9359	16967	13543	44	2186		2649	239
龙岩市	**1537**	**730**	**58774**	**45827**	**36406**	**316**	**5189**	**443**	**6873**	**1051**
新罗区	415	205	13042	9411	6964	75	1038	27	1860	198
永定区	52	32	4935	1204	940	9	107	3	157	23
长汀县	163	80	4957	3492	2566	13	348		681	114
上杭县	140	84	8820	8705	6870	76	917	8	569	114
武平县	357	155	11151	6961	5537	27	912		1666	113
连城县	313	128	13808	10939	9369	66	1327	405	1369	351
漳平市	97	46	2061	5114	4159	50	541		571	139
宁德市	**2102**	**799**	**67848**	**54963**	**40944**	**333**	**7706**	**17**	**9404**	**1378**
蕉城区	245	86	9575	4813	3616	32	557		869	163
霞浦县	210	108	2910	3493	2555	17	922		776	59
古田县	165	78	7289	7102	5372	33	1079		700	105
屏南县	84	49	1583	4165	3264	14	501		522	153
寿宁县	526	153	8907	9464	6426	102	1240	15	2627	376
周宁县	20	6	2624	778	618	1	154		112	1
柘荣县	346	147	5415	10138	7291	40	1266		1474	241
福安市	286	118	23062	8800	6844	66	940		1349	180
福鼎市	220	54	6481	6210	4958	29	1049	2	975	100

C.文化批零业

3-C-01 按县(市、区)分文化批零业法人单位情况

地　区	法人单位数(个)	从业人员期末人数(人)
全　省	**11512**	**76676**
福州市	**2357**	**18920**
鼓楼区	387	5506
台江区	368	1895
仓山区	323	3503
马尾区	129	459
晋安区	480	3748
长乐区	65	568
闽侯县	343	1613
连江县	20	255
罗源县	6	16
闽清县	11	72
永泰县	35	133
平潭县	26	75
福清市	164	1077
厦门市	**2633**	**15090**
思明区	1382	6729
海沧区	224	1579
湖里区	633	4018
集美区	227	1406
同安区	126	1187
翔安区	41	171
莆田市	**1783**	**14637**
城厢区	182	1465
涵江区	63	555
荔城区	750	4666
秀屿区	137	848
仙游县	651	7103
三明市	**230**	**1200**
梅列区	44	197
三元区	20	108
明溪县	7	35
清流县	13	91
宁化县	18	72
大田县	17	75
尤溪县	20	135
沙　县	28	128
将乐县	13	53
泰宁县	3	87
建宁县	8	34
永安市	39	185
泉州市	**3104**	**18262**
鲤城区	248	1618
丰泽区	499	2795
洛江区	37	89
泉港区	25	225
惠安县	87	745

3-C-01　续表

地　区	法人单位数（个）	从业人员期末人数（人）
安溪县	983	6121
永春县	45	274
德化县	637	2014
石狮市	103	910
晋江市	302	2594
南安市	138	877
漳州市	**547**	**4039**
芗城区	272	1783
龙文区	62	457
云霄县	18	161
漳浦县	38	263
诏安县	12	123
长泰县	21	181
东山县	17	86
南靖县	20	140
平和县	16	232
华安县	25	181
龙海市	46	432
南平市	**332**	**1225**
延平区	63	298
建阳区	127	282
顺昌县	9	40
浦城县	18	40
光泽县	6	44
松溪县	10	27
政和县	13	69
邵武市	31	92
武夷山市	31	151
建瓯市	24	182
龙岩市	**321**	**2209**
新罗区	188	1182
永定区	15	120
长汀县	16	101
上杭县	26	204
武平县	26	169
连城县	25	182
漳平市	25	251
宁德市	**205**	**1094**
蕉城区	89	265
霞浦县	15	77
古田县	10	76
屏南县	6	70
寿宁县	9	70
周宁县	4	11
柘荣县	6	47
福安市	38	274
福鼎市	28	204

3-C-02 按注册类型和控股情况分限额以上文化批零业企业主要财务指标

分组	法人单位数（个）	从业人员期末人数（人）	#女性	资产总计（万元）	营业收入（万元）	营业成本（万元）	税金及附加（万元）	营业利润（万元）	应付职工薪酬（万元）	应交增值税（万元）
总计	**487**	**11788**	**6092**	**3279345**	**6594037**	**5920821**	**30117**	**282411**	**127740**	**53158**
按注册类型分组										
内资企业	477	11334	5885	3116873	6432168	5771397	29847	281042	122394	52684
#国有企业	3	47	23	33482	50040	48956	120	1104	794	
私营企业	377	7878	4089	1369860	3683499	3245795	21303	180778	53087	38322
港、澳、台商投资企业	7	329	154	121112	72785	63625	197	1243	3883	253
外商投资企业	3	125	53	41359	89084	85799	73	126	1463	221
按控股情况分组										
国有控股	17	1487	698	882128	1168569	1060704	4571	37334	55983	4330
集体控股	2	56	30	954	3190	2553	17	39	392	73
私人控股	439	9332	4908	1602341	4592834	4066582	24236	226391	61296	41176
港澳台商控股	6	221	104	75168	56366	49808	172	1017	1933	305
外商控股	3	125	53	41359	89084	85799	73	126	1463	221
其他	20	567	299	677395	683994	655376	1048	17504	6672	7053

3-C-03　按县(市、区)分限额以上文化批零业企业主要财务指标

地　区	从业人员期末人数(人)	#女性	资产总计(万元)	营业收入(万元)	营业成本(万元)	税金及附加(万元)	营业利润(万元)	投资收益(万元)	应付职工薪酬(万元)	应交增值税(万元)
全　省	**11788**	**6092**	**3279345**	**6594037**	**5920821**	**30117**	**282411**	**21037**	**127740**	**53158**
福州市	**4017**	**2074**	**1225859**	**2099075**	**1785433**	**13867**	**126128**	**656**	**66733**	**26485**
鼓楼区	2643	1421	748419	966963	814713	5071	67350	1000	57620	13763
台江区	136	94	11182	20989	19045	119	-453		707	219
仓山区	469	252	70321	76167	60230	117	497	10	3273	296
马尾区	206	66	125712	132248	127999	1288	486	18	1632	3843
晋安区	264	94	261415	665128	570423	1144	42774	-371	2195	5551
长乐区	13	5	1414	3771	3356	55	141		59	75
闽侯县	14	8	1207	676	548	2	-268		80	2
连江县	204	96	3549	100981	89098	95	11236		751	232
罗源县										
闽清县										
永泰县	15	12	700	9009	8007	11	642		43	90
平潭县										
福清市	53	26	1941	123142	92015	5966	3724		373	2415
厦门市	**2891**	**1485**	**1277690**	**1671750**	**1585731**	**3103**	**22672**	**19228**	**30401**	**6835**
思明区	1028	522	317438	481073	447358	1755	9090	7060	13242	3058
海沧区	579	340	57665	76321	65839	39	400		3583	115
湖里区	591	271	240670	489718	473276	444	-951	740	6246	912
集美区	99	51	13819	21273	18810	17	666		692	86
同安区	593	300	644883	600268	577440	843	13339	11428	6633	2680
翔安区	1	1	3216	3096	3008	5	128		5	-16
莆田市	**1251**	**668**	**150584**	**970219**	**896274**	**3911**	**33486**	**19**	**6503**	**2555**
城厢区	29	15	916	7455	6676	54	410		223	40
涵江区	141	69	6580	37485	33352	100	1400		584	391
荔城区	497	277	96203	649240	595582	3404	23647	19	2747	1064
秀屿区	359	218	18633	198094	189624	159	4302		1874	599
仙游县	225	89	28252	77945	71040	194	3728		1076	461
三明市	**315**	**185**	**33675**	**150193**	**135611**	**556**	**6785**		**1306**	**631**
梅列区	30	19	1353	8800	7604	24	689		129	77
三元区	47	26	5841	18977	15958	52	1853		198	210
明溪县										
清流县	54	26	8200	4994	4251	40	405		149	132
宁化县										
大田县										
尤溪县	65	35	12218	83635	78700	10	2014		369	24
沙　县	13	8	846	1696	1467	4	18		30	2
将乐县	19	10	4161	10787	9825	108	47		65	90
泰宁县	87	61	1056	21304	17807	319	1759		367	97
建宁县										
永安市										
泉州市	**1432**	**598**	**428654**	**1110823**	**1017702**	**5641**	**48638**	**1158**	**11828**	**6944**
鲤城区	111	52	68194	114438	102329	65	9656		740	317
丰泽区	284	140	95280	265272	252716	1585	2893	1150	2354	1299
洛江区										
泉港区	40	5	5588	4277	1284	5	454		299	22
惠安县										

3-C-03 续表

地区	从业人员期末人数(人)		资产总计(万元)	营业收入(万元)	营业成本(万元)	税金及附加(万元)	营业利润(万元)	投资收益(万元)	应付职工薪酬(万元)	应交增值税(万元)
		#女性								
安溪县	189	95	11504	18945	13072	341	3148		1106	244
永春县	52	13	136	733	385	10	302		269	53
德化县	191	64	72683	35349	31301	275	789		965	99
石狮市	116	58	31852	104962	93849	1152	5331		1324	1177
晋江市	436	166	142417	563864	520639	2177	25770	8	4671	3717
南安市	13	5	1000	2983	2127	32	295		100	15
漳州市	**671**	**338**	**81872**	**171220**	**150612**	**636**	**7126**		**3979**	**3338**
芗城区	151	87	11938	34203	32440	2	272		608	4
龙文区	38	21	3329	17988	16235	35	165		573	528
云霄县	49	15	2031	5405	3234	161	744		163	767
漳浦县	5	4	111	547	414	11	102		36	
诏安县	49	16	2521	20200	16286	90	2311		187	748
长泰县	97	43	2487	5566	4738	105	205		480	310
东山县	29	19	4571	4252	3013	40	712		180	44
南靖县	63	43	1946	4691	4028	4	211		291	105
平和县	76	42	5507	13556	12639	17	456		241	407
华安县	39	12	914	14257	10126	49	930		174	138
龙海市	75	36	46518	50556	47461	123	1018		1046	288
南平市	**214**	**111**	**14073**	**36296**	**31904**	**199**	**1501**	**8**	**1469**	**273**
延平区	56	29	1314	3007	2576	17	77		263	25
建阳区	79	39	6218	8772	6781	146	797		506	144
顺昌县										
浦城县										
光泽县	18	18	342	987	917	12	38		130	2
松溪县										
政和县										
邵武市	4	2	184	61	58		-17		13	5
武夷山市										
建瓯市	57	23	6015	23469	21573	24	607	8	557	98
龙岩市	**876**	**557**	**50455**	**357742**	**292607**	**1877**	**35412**	**-31**	**5000**	**6000**
新罗区	409	297	26968	162198	134358	598	14272		2206	3751
永定区	37	23	661	2845	2051	9	436		184	62
长汀县	46	22	4319	8456	7132	33	584		148	118
上杭县	107	52	6939	72385	61273	951	7876	-31	1019	1193
武平县	136	88	5189	30820	25824	57	1914		740	357
连城县	86	42	4887	75144	57217	198	9943		421	371
漳平市	55	33	1492	5894	4752	31	387		283	150
宁德市	**121**	**76**	**16482**	**26720**	**24947**	**328**	**664**		**521**	**97**
蕉城区	4	1	8850	5745	5660	8	-7		52	16
霞浦县										
古田县	62	42	6553	18418	17146	299	518		186	52
屏南县										
寿宁县										
周宁县										
柘荣县	16	8	132	597	533	6	17		52	24
福安市										
福鼎市	39	25	946	1960	1607	14	137		231	5

3-C-04 按注册类型和控股情况分限额以下文化批零业企业主要财务指标

分组	法人单位数（个）	从业人员期末人数（人）	#女性	资产总计（万元）	营业收入（万元）	营业成本（万元）
总计	**11025**	**64888**	**28887**	**2633625**	**3264904**	**2465196**
按注册类型分组						
内资企业	10967	64270	28569	2604752	3244007	2449026
#国有企业	44	601	277	33969	41177	31148
私营企业	10117	58313	25988	2304637	2955629	2217918
港、澳、台商投资企业	38	309	132	14868	11426	8787
外商投资企业	20	309	186	14004	9471	7383
按控股情况分组						
国有控股	66	1034	419	60220	51115	38363
集体控股	40	377	180	19565	20990	16589
私人控股	10752	62279	27707	2497406	3141961	2370670
港澳台商控股	36	304	129	11421	11576	8807
外商控股	14	262	156	13023	8377	7060
其他	117	632	296	31990	30885	23706

3-C-04 续表

分组	税金及附加（万元）	营业利润（万元）	投资收益（万元）	应付职工薪酬（万元）	应交增值税（万元）
总计	**18340**	**289287**	**469**	**345450**	**55577**
按注册类型分组					
内资企业	18266	289904	502	341623	55127
#国有企业	220	4334		4256	849
私营企业	16899	270023	457	307825	50159
港、澳、台商投资企业	62	-128		1726	273
外商投资企业	13	-488	-32	2100	177
按控股情况分组					
国有控股	316	4958	16	6715	1470
集体控股	87	383		2920	311
私人控股	17656	282949	477	329166	52940
港澳台商控股	63	-189		1802	281
外商控股	11	-452	-32	1788	155
其他	207	1637	9	3059	420

3-C-05 按县(市、区)分限额以下文化批零业企业主要财务指标

地　区	从业人员期末人数(人)	#女性	资产总计(万元)	营业收入(万元)	营业成本(万元)	税金及附加(万元)	营业利润(万元)	投资收益(万元)	应付职工薪酬(万元)	应交增值税(万元)
全　省	**64888**	**28887**	**2633625**	**3264904**	**2465196**	**18340**	**289287**	**469**	**345450**	**55577**
福州市	**14903**	**6224**	**696607**	**826739**	**606320**	**3858**	**72789**	**161**	**85950**	**18162**
鼓楼区	2863	1362	243041	155751	115478	692	15789	84	18719	4321
台江区	1759	727	63248	76658	51611	240	8406	16	9697	1224
仓山区	3034	1259	99423	138145	96596	1428	10556	4	16812	5079
马尾区	253	103	14940	40871	38908	108	842		1007	447
晋安区	3484	1314	171261	208868	147849	642	21207	19	19067	4180
长乐区	555	285	41344	35805	27555	79	3185		2975	624
闽侯县	1599	572	32585	101299	76679	349	5974	33	10689	822
连江县	51	24	516	1910	1518	1	91		203	1
罗源县	16	7	3548	117	88		20		32	1
闽清县	72	48	1291	3506	2824	9	594		492	27
永泰县	118	60	3437	2749	1117	21	476		553	37
平潭县	75	26	889	832	640	4	5	3	198	26
福清市	1024	437	21084	60227	45458	285	5644		5506	1373
厦门市	**12199**	**6001**	**607391**	**513541**	**433108**	**1553**	**-2448**	**79**	**57873**	**7366**
思明区	5701	2928	294155	222963	190365	886	-4689	7	24809	2628
海沧区	1000	498	29189	24042	18878	85	2236	39	5044	476
湖里区	3427	1754	221837	181889	157229	350	-3117	33	16836	2862
集美区	1307	508	35303	54480	41057	114	2248		7593	1055
同安区	594	252	20595	26044	22699	103	369	1	2294	277
翔安区	170	61	6311	4124	2880	14	505		1297	68
莆田市	**13386**	**6259**	**575418**	**675884**	**502329**	**3566**	**97351**		**74846**	**14709**
城厢区	1436	555	22213	66115	42045	30	6779		6415	74
涵江区	414	157	15198	31753	22728	198	2558		2179	662
荔城区	4169	1995	334990	213077	120679	1091	50373		24061	3822
秀屿区	489	246	20643	13398	10034	33	1911		2127	127
仙游县	6878	3306	182375	351542	306844	2214	35730		40064	10025
三明市	**885**	**448**	**35359**	**41471**	**33769**	**133**	**3439**		**3399**	**481**
梅列区	167	101	3414	4159	3476	20	169		526	58
三元区	61	31	965	1731	1337	9	162		221	20
明溪县	35	10	246	441	300	3	98		143	16
清流县	37	11	260	876	673	16	77		137	5
宁化县	72	33	1058	3514	2072	6	505		395	116
大田县	75	41	3718	2906	2299	24	337		264	37
尤溪县	70	31	1452	1794	1198	3	371		249	15
沙　县	115	64	3869	3142	2419	12	315		460	50
将乐县	34	16	16489	17289	16178	10	537		158	36
泰宁县										
建宁县	34	18	1342	1344	980	9	215		158	12
永安市	185	92	2546	4275	2838	22	652		687	115
泉州市	**16830**	**7044**	**380927**	**798254**	**574757**	**8130**	**91322**	**129**	**88713**	**9334**
鲤城区	1507	487	43704	68214	47436	377	9120		9021	697
丰泽区	2511	1013	59747	83527	68304	458	8087		11287	1123
洛江区	89	35	2215	2021	1741	19	108		329	83
泉港区	185	82	7494	7677	6388	37	900		925	213
惠安县	745	318	21713	33650	24853	431	3736	4	3524	1072

3-C-05　续表

地　区	从业人员期末人数（人）	#女性	资产总计（万元）	营业收入（万元）	营业成本（万元）	税金及附加（万元）	营业利润（万元）	投资收益（万元）	应付职工薪酬（万元）	应交增值税（万元）
安溪县	5932	2536	80009	228382	154481	3395	38679		31429	1917
永春县	222	117	8767	11714	8692	132	2055	8	952	262
德化县	1823	852	15718	52079	40368	352	7431	55	8662	332
石狮市	794	380	26724	42782	29888	357	2606		4588	406
晋江市	2158	847	85883	158988	123892	2173	13312	61	11848	3080
南安市	864	377	28954	109219	68714	399	5288	1	6147	146
漳州市	**3368**	**1428**	**129796**	**278638**	**212782**	**363**	**15229**	**183**	**18117**	**3542**
芗城区	1632	694	58671	141301	122224	127	3373		7327	1142
龙文区	419	134	14770	49097	33948	60	2213	183	2199	518
云霄县	112	59	5005	5114	3289	11	468		639	70
漳浦县	258	138	6365	20241	12362	60	2249		1370	585
诏安县	74	21	3215	7800	5649	22	746		504	306
长泰县	84	32	1875	5876	3327	4	1007		509	27
东山县	57	19	3963	4901	3743	1	400		352	10
南靖县	77	40	16781	9261	6428	16	1164		498	269
平和县	156	79	5756	8903	5839		911		1319	4
华安县	142	68	4377	4401	2617	11	423		815	122
龙海市	357	144	9019	21742	13356	51	2276		2585	489
南平市	**1011**	**460**	**34860**	**34242**	**27120**	**185**	**4302**	**19**	**4884**	**372**
延平区	242	121	8910	12291	9866	63	729		1451	131
建阳区	203	73	6406	2874	2128	17	498	11	619	47
顺昌县	40	20	289	3032	2461	1	287		355	4
浦城县	40	16	5621	838	539	4	116		131	6
光泽县	26	12	1287	904	577	23	65		173	7
松溪县	27	14	328	259	192	4	53		81	1
政和县	69	29	4775	1869	2088	6	642	1	346	11
邵武市	88	41	1097	2663	2252	6	462		326	7
武夷山市	151	63	4497	4501	3053	54	949	7	837	94
建瓯市	125	71	1651	5011	3964	6	501		565	66
龙岩市	**1333**	**583**	**142793**	**60981**	**48191**	**310**	**3161**	**-101**	**6574**	**872**
新罗区	773	316	119668	34003	27279	85	-903	-127	3716	206
永定区	83	38	4691	2825	2072	45	206	7	359	31
长汀县	55	33	2804	2998	1919	8	513		251	76
上杭县	97	31	2761	4391	3089	39	795	1	485	77
武平县	33	8	3679	857	732		120		106	7
连城县	96	46	4041	5386	4330	10	487	17	436	87
漳平市	196	111	5148	10520	8771	121	1943		1220	388
宁德市	**973**	**440**	**30475**	**35155**	**26819**	**243**	**4141**		**5095**	**739**
蕉城区	261	113	14021	5906	4377	26	470		1065	52
霞浦县	77	44	1090	1703	1010	4	689		292	1
古田县	14	6	507	406	292	1	92		67	8
屏南县	70	51	3321	4743	3271	14	571		642	185
寿宁县	70	23	2484	2091	1455	11	229		325	6
周宁县	11	9	179	64	59		5		17	1
柘荣县	31	15	381	841	509	24	123		379	32
福安市	274	126	6514	10588	8437	118	1130		1434	176
福鼎市	165	53	1977	8813	7410	46	831		875	278

D.文化服务业

3-D-01 按县(市、区)分文化服务业法人单位情况

地区	法人单位数 (个)	从业人员期末人数 (人)
全　省	**51489**	**510421**
福州市	**12489**	**171564**
鼓楼区	2482	51174
台江区	1236	12391
仓山区	1878	24115
马尾区	828	8988
晋安区	1880	28144
长乐区	524	6538
闽侯县	662	5839
连江县	308	2858
罗源县	243	4492
闽清县	206	3233
永泰县	468	4956
平潭县	396	2433
福清市	1378	16403
厦门市	**13563**	**118404**
思明区	7273	63272
海沧区	958	7067
湖里区	2988	22695
集美区	1579	15298
同安区	442	4214
翔安区	323	5858
莆田市	**2067**	**20448**
城厢区	543	5967
涵江区	195	1535
荔城区	601	5668
秀屿区	237	1662
仙游县	491	5616
三明市	**2444**	**16338**
梅列区	409	2432
三元区	144	1024
明溪县	102	875
清流县	129	757
宁化县	238	2601
大田县	210	1485
尤溪县	203	1323
沙　县	247	1560
将乐县	198	799
泰宁县	124	952
建宁县	157	736
永安市	283	1794
泉州市	**8928**	**81045**
鲤城区	921	7034
丰泽区	2454	16504
洛江区	211	938
泉港区	242	1805
惠安县	577	4954

3-D-01　续表

地　区	法人单位数（个）	从业人员期末人数（人）
安溪县	688	3893
永春县	352	2552
德化县	334	1452
石狮市	599	4516
晋江市	1695	28132
南安市	855	9265
漳州市	**3953**	**42427**
芗城区	1248	13267
龙文区	436	4700
云霄县	242	2567
漳浦县	397	4697
诏安县	204	1631
长泰县	210	1932
东山县	245	2802
南靖县	235	2161
平和县	194	2531
华安县	94	631
龙海市	448	5508
南平市	**2865**	**15809**
延平区	551	2805
建阳区	452	1460
顺昌县	140	1005
浦城县	209	924
光泽县	125	528
松溪县	106	335
政和县	161	667
邵武市	377	1769
武夷山市	526	4762
建瓯市	218	1554
龙岩市	**2742**	**25935**
新罗区	1292	10498
永定区	215	2141
长汀县	221	1623
上杭县	324	3187
武平县	247	2709
连城县	204	3603
漳平市	239	2174
宁德市	**2438**	**18451**
蕉城区	801	4208
霞浦县	303	2367
古田县	161	1452
屏南县	113	1034
寿宁县	146	1027
周宁县	116	1345
柘荣县	108	661
福安市	354	3897
福鼎市	336	2460

3-D-02 按注册类型和控股情况分规模以上文化服务业企业主要财务指标

分组	法人单位数(个)	从业人员期末人数(人)	#女性	资产总计(万元)	营业收入(万元)	营业成本(万元)
总计	**1403**	**112765**	**47595**	**12691638**	**6134325**	**3830122**
按注册类型分组						
内资企业	1371	106669	45358	11886104	5836902	3780532
#国有企业	36	6595	2624	504406	270516	184160
私营企业	955	53299	23756	3651647	3000178	1932732
港、澳、台商投资企业	18	2994	889	324190	105891	27047
外商投资企业	14	3102	1348	481343	191531	22543
按控股情况分组						
国有控股	154	26807	9974	5407358	1341062	927924
集体控股	5	321	92	7800	10547	6501
私人控股	1152	70344	31474	5566323	3976675	2479632
港澳台商控股	17	3394	1073	365150	120045	23833
外商控股	9	2506	1011	400696	155606	6080
其他	66	9393	3971	944312	530392	386153

3-D-02 续表

分组	税金及附加(万元)	营业利润(万元)	投资收益(万元)	应付职工薪酬(万元)	应交增值税(万元)
总计	**55127**	**767197**	**138507**	**1254897**	**136825**
按注册类型分组					
内资企业	52304	652125	136464	1147848	124326
#国有企业	4608	24945	194	104091	8775
私营企业	25132	361822	46179	476181	59691
港、澳、台商投资企业	1321	27843	2043	48229	4061
外商投资企业	1502	87229		58820	8438
按控股情况分组					
国有控股	12815	122272	24201	347830	31105
集体控股	113	258		4364	390
私人控股	34041	532120	92010	662238	84196
港澳台商控股	1033	30998	2043	49974	4508
外商控股	1105	83006		54549	7784
其他	6020	-1457	20253	135943	8842

3-D-03　按县(市、区)分规模以上文化服务业企业主要财务指标

分　组	从业人员期末人数(人)	#女性	资产总计(万元)	营业收入(万元)	营业成本(万元)	税金及附　加(万元)	营业利润(万元)	投资收益(万元)	应付职工薪酬(万元)	应　交增值税(万元)
全　省	**112765**	**47595**	**12691638**	**6134325**	**3830122**	**55127**	**767197**	**138507**	**1254897**	**136825**
福州市	**51312**	**19599**	**5565662**	**3054991**	**2016516**	**22057**	**280564**	**25327**	**659634**	**64727**
鼓楼区	24479	8973	3071881	1362283	913918	8836	127393	25284	319051	31308
台江区	4655	2071	299673	264999	219634	3057	-12423	99	59666	2888
仓山区	3544	1577	124640	279275	204555	2889	29826	-46	30649	5693
马尾区	6639	2401	681559	674899	387159	2168	112996	-81	113149	13592
晋安区	3221	1124	128190	161614	119720	1403	11740	74	40392	4714
长乐区	2692	741	228213	106393	42674	786	-3452	-110	48421	3288
闽侯县	28	13	1574	793	299	37	196		59	49
连江县	957	410	701123	24398	20033	167	-7082		9022	395
罗源县	1019	362	79168	23782	17279	514	2604	1	4926	303
闽清县	100	76	1743	843	611	24	-3		315	
永泰县	1342	591	112774	60692	28097	1136	5895		17117	1035
平潭县	202	110	55678	3793	1691	22	39		1495	43
福清市	2434	1150	79449	91228	60846	1018	12835	106	15374	1421
厦门市	**30670**	**13406**	**4334107**	**2241680**	**1303708**	**20192**	**401252**	**110787**	**418067**	**53865**
思明区	18280	7814	2690205	1381424	727331	13334	274102	65810	270571	37727
海沧区	1136	390	415965	44619	34012	710	1358	-220	12439	1624
湖里区	2151	872	244379	218337	135526	1630	90358	44898	34283	4342
集美区	4011	1761	619210	428783	323237	2272	20512	298	59471	4455
同安区	1715	696	324473	64117	25968	1878	4753	2	14564	3314
翔安区	3377	1873	39875	104400	57635	368	10169		26740	2403
莆田市	**3519**	**1462**	**297170**	**147469**	**97566**	**2668**	**17998**	**149**	**21709**	**2754**
城厢区	1300	572	166632	48106	31447	888	3864	5	9070	1127
涵江区	191	92	4757	8968	7131	47	690		918	5
荔城区	1026	454	77008	26961	19626	585	952	145	5163	450
秀屿区	499	195	18332	46986	28104	914	11530		3601	892
仙游县	503	149	30441	16449	11257	234	963		2956	280
三明市	**3669**	**1864**	**372062**	**70661**	**38582**	**680**	**12721**	**85**	**18201**	**1992**
梅列区	154	110	1555	2645	1435	30	376		566	71
三元区	341	128	6658	8302	6512	50	673		1922	206
明溪县	493	220	13033	15612	7483	80	6661		2742	374
清流县	217	154	75728	4797	2898	41	729		804	63
宁化县	613	373	7157	9598	5687	138	1803		3185	212
大田县	193	103	6108	7879	5577	110	1316		1431	562
尤溪县	314	105	21791	4482	1938	9	-80	58	1237	97
沙　县	300	158	11329	3579	2669	14	198		1363	32
将乐县	240	113	39160	3974	1113	6	1165	16	1543	61
泰宁县	326	125	157001	4364	653	15	-474	10	1364	137
建宁县	137	73	11718	2403	1372	123	220		995	57
永安市	341	202	20823	3027	1244	64	133		1048	120
泉州市	**5448**	**2682**	**708796**	**182689**	**126796**	**2561**	**12162**	**576**	**30817**	**3817**
鲤城区	870	437	37977	15286	8940	226	1787	-88	4682	457
丰泽区	1218	634	84084	58009	41093	571	4006	6	7035	1374
洛江区	164	59	12987	3282	1979	107	375		589	72
泉港区	39	23	1687	14628	13997	37	285		112	45
惠安县	539	326	20665	11775	4037	291	2436	9	3587	423

3-D-03 续表

分组	从业人员期末人数（人）	#女性	资产总计（万元）	营业收入（万元）	营业成本（万元）	税金及附加（万元）	营业利润（万元）	投资收益（万元）	应付职工薪酬（万元）	应交增值税（万元）
安溪县	230	133	2271	4596	2666	77	527		1149	29
永春县	151	59	3039	2840	2074	32	221		587	60
德化县	423	179	457921	15275	11331	271	1028	882	2251	109
石狮市	391	199	25593	16022	12534	193	-943	-265	2962	228
晋江市	873	381	23783	24020	15701	373	1551	31	4761	771
南安市	550	252	38790	16957	12444	384	889		3102	249
漳州市	**5497**	**2731**	**466213**	**123495**	**65599**	**1891**	**12662**	**19**	**33204**	**2472**
芗城区	225	129	12872	5992	3866	59	41		1091	105
龙文区	733	362	7626	28221	20500	626	2093		3351	434
云霄县	690	436	9516	5332	3127	46	458		3196	113
漳浦县	624	283	213620	15257	6375	298	1029		4243	321
诏安县	256	169	4387	10128	6048	144	2046		3161	177
长泰县	379	235	23412	2366	717	4	-370		2033	43
东山县	488	340	32074	11347	5230	177	1626		2637	152
南靖县	361	168	40344	18002	6981	55	2653		3785	529
平和县	254	90	35636	6757	853	104	2308	12	2569	122
华安县	462	177	5605	7003	3409	87	1057		2154	92
龙海市	1025	342	81119	13092	8494	290	-279	6	4983	385
南平市	**3560**	**1461**	**164388**	**81462**	**38845**	**789**	**6424**	**1351**	**29107**	**2669**
延平区	215	95	6138	7278	3823	247	1041	2	1684	237
建阳区	312	162	5979	7240	5184	72	514		1348	83
顺昌县	52	11	2123	90	110		-44		46	3
浦城县	144	89	3078	1784	944	34	-5		387	61
光泽县	26	16	475	778	725	4	41		103	4
松溪县	30	12	18	575	362	2	202		60	17
政和县	66	44	1392	1684	1263	28	110		392	92
邵武市	260	140	8934	8407	5006	111	901		1112	157
武夷山市	2173	759	133430	50338	19461	269	3279	1349	23126	1970
建瓯市	282	133	2821	3288	1967	22	386		850	45
龙岩市	**4656**	**2444**	**548396**	**127727**	**79478**	**3144**	**11412**	**73**	**22526**	**2821**
新罗区	687	296	41741	22580	15384	298	1624	1	3557	493
永定区	1149	574	245050	40797	21216	1555	4836		5257	763
长汀县	261	156	4092	10104	7285	61	671		1106	119
上杭县	431	198	49724	8517	4722	122	-1371		2778	160
武平县	857	526	13768	28998	20645	880	3325	72	5124	925
连城县	466	200	188717	7902	4139	160	1316		2432	123
漳平市	805	494	5303	8830	6086	70	1011		2272	237
宁德市	**4434**	**1946**	**234845**	**104151**	**63034**	**1145**	**12003**	**140**	**21633**	**1709**
蕉城区	781	277	18183	44282	36555	498	1677	138	5708	783
霞浦县	819	465	7267	13881	6854	183	3902		5043	232
古田县	348	186	4559	8346	3650	67	2095		1840	114
屏南县	135	51	27880	4109	1667	50	475		695	122
寿宁县	64	40	446	1570	440		889		196	
周宁县	958	366	15318	6999	3956	51	621		2684	69
柘荣县	65	10	384	907	549	18	204		262	16
福安市	755	328	53502	13479	5638	64	1537		2694	109
福鼎市	509	223	107306	10579	3725	214	603	2	2511	265

3-D-04　按注册类型和控股情况分规模以下文化服务业企业主要财务指标

分　组	法人单位数(个)	从业人员期末人数(人)	#女性	资产总计(万元)	营业收入(万元)	营业成本(万元)
总　计	**43823**	**354890**	**142501**	**13150240**	**8262789**	**5296504**
按注册类型分组						
内资企业	43498	351987	141298	12794690	8193829	5255256
#国有企业	129	2494	827	275149	59346	40524
私营企业	39555	316110	127022	8364413	7357177	4691169
港、澳、台商投资企业	256	2001	845	271741	48144	29710
外商投资企业	69	902	358	83810	20816	11539
按控股情况分组						
国有控股	**319**	**6268**	**2426**	**2244205**	**178980**	**138173**
集体控股	108	1134	427	159087	18171	9876
私人控股	42101	335689	134667	9762586	7808171	4983988
港澳台商控股	253	2032	831	280085	48047	29283
外商控股	46	605	261	64173	11849	7509
其他	996	9162	3889	640105	197570	127675

3-D-04　续表

分　组	税金及附加(万元)	营业利润(万元)	投资收益(万元)	应付职工薪酬(万元)	应交增值税(万元)
总　计	**77095**	**1124657**	**12575**	**2107097**	**235432**
按注册类型分组					
内资企业	76469	1118814	12577	2088179	233128
#国有企业	1258	941	398	24683	2253
私营企业	67853	1044579	10138	1850608	210104
港、澳、台商投资企业	319	3508	-21	13276	1620
外商投资企业	307	2336	18	5642	684
按控股情况分组					
国有控股	**2383**	**13163**	**1283**	**56604**	**5549**
集体控股	284	1346	3	4995	365
私人控股	71588	1086529	10818	1965053	221511
港澳台商控股	296	3751	-20	13346	1584
外商控股	266	454	18	3615	338
其他	2280	19415	473	63485	6086

3-D-05 按县(市、区)分规模以下文化服务业企业主要财务指标

地区	从业人员期末人数(人)	#女性	资产总计(万元)	营业收入(万元)	营业成本(万元)	税金及附加(万元)	营业利润(万元)	投资收益(万元)	应付职工薪酬(万元)	应交增值税(万元)
全省	**354890**	**142501**	**13150240**	**8262789**	**5296504**	**77095**	**1124657**	**12575**	**2107097**	**235432**
福州市	**107303**	**41591**	**3983508**	**2681141**	**1659987**	**23586**	**435871**	**4813**	**665971**	**84448**
鼓楼区	21843	9459	1310765	643262	384631	4434	124868	2459	166568	20177
台江区	7059	2490	165412	187528	111291	1074	24764	109	38804	4215
仓山区	19677	7872	258939	451654	279512	7267	54765	77	111756	18643
马尾区	2043	684	457621	47953	37836	243	-917	293	10497	959
晋安区	22716	8226	482072	535031	310333	4344	120776	421	138033	17910
长乐区	3054	1151	121027	101074	69313	637	12098	743	17514	3184
闽侯县	5121	1724	166698	147543	106492	1299	15604	260	46949	3735
连江县	1502	606	178675	24532	17341	137	3613	8	7729	280
罗源县	3311	1007	105121	74776	51487	572	11783	126	18139	3057
闽清县	2898	1276	107621	72085	60789	630	7536	88	11770	2868
永泰县	3159	1326	227838	69961	39951	450	11969		16861	1937
平潭县	1834	752	171264	30302	28335	304	-1439	147	8270	1066
福清市	13086	5018	230455	295440	162677	2194	50451	82	73082	6417
厦门市	**82409**	**34753**	**2464554**	**1300856**	**802951**	**7329**	**-6489**	**2676**	**454984**	**33366**
思明区	41473	17969	1395429	595102	369217	3383	-44490	1730	233393	14585
海沧区	5763	2252	94561	93044	59689	1021	18499	306	33165	3336
湖里区	20176	8787	559779	296604	181195	1612	-11957	-125	101568	6783
集美区	10683	3925	232051	246634	141497	715	27302	703	61887	7080
同安区	2092	812	90174	25094	18668	404	-73	60	8441	671
翔安区	2222	1008	92560	44378	32685	194	4231	2	16530	912
莆田市	**14386**	**6100**	**520011**	**447827**	**292413**	**2600**	**87952**	**679**	**75331**	**7569**
城厢区	4078	1548	67507	137797	74115	75	37708	76	19575	70
涵江区	1112	410	20522	37544	23082	204	7304		5436	453
荔城区	3853	1728	159839	124783	80702	1277	24033	348	23039	3124
秀屿区	834	376	161508	19488	13758	220	3041	11	4062	295
仙游县	4509	2038	110635	128215	100755	824	15866	244	23218	3627
三明市	**10119**	**4230**	**681578**	**164984**	**108142**	**1951**	**27835**	**383**	**41823**	**3705**
梅列区	1711	842	59300	31371	24728	897	2267	66	6678	881
三元区	585	253	180459	10217	5645	100	1316	8	2819	356
明溪县	323	96	6818	5660	3403	40	1438		1392	241
清流县	398	148	12524	9496	6784	132	1308		1596	256
宁化县	1785	628	56969	28746	18642	11	5379		10252	122
大田县	1089	489	47170	13196	8032	76	1512	142	3180	201
尤溪县	707	283	31741	5930	3361	35	1217	67	2363	112
沙县	1051	373	98160	13452	7989	185	1994	1	4116	351
将乐县	429	201	15486	11263	6488	36	4261	6	1743	185
泰宁县	476	177	76687	11220	6426	169	2401		2155	371
建宁县	502	212	17110	9980	6845	100	2078	38	1724	83
永安市	1063	528	79153	14453	9800	168	2664	54	3805	545
泉州市	**68366**	**26097**	**2453776**	**1798834**	**1245024**	**21302**	**240719**	**1220**	**389631**	**42805**
鲤城区	5516	1799	164088	142232	98312	946	23860	61	33080	1517
丰泽区	12933	4899	234754	260534	194731	3214	36622	265	66083	5289
洛江区	736	246	137327	10372	9541	88	2063	8	2927	133
泉港区	1616	660	43412	45683	32555	218	6221		7906	1805
惠安县	3905	1754	97583	94286	59970	1354	12962		21431	2188

3-D-05　续表

地　　区	从业人员期末人数(人)	#女性	资产总计(万元)	营业收入(万元)	营业成本(万元)	税金及附加(万元)	营业利润(万元)	投资收益(万元)	应付职工薪酬(万元)	应交增值税(万元)
安溪县	3324	1471	199756	106431	71687	1370	16369	160	16581	1034
永春县	1838	816	41669	48129	36309	818	7003		8791	1942
德化县	861	372	87278	16821	11889	233	2487	250	4024	206
石狮市	3838	1674	93365	117140	73979	1123	12746		23341	1394
晋江市	26187	9272	1174133	654035	456512	11514	83248	476	136800	26663
南安市	7612	3134	180410	303171	199538	424	37139		68669	633
漳州市	**32987**	**12722**	**1237557**	**1108797**	**679470**	**14172**	**185749**	**189**	**281006**	**49384**
芗城区	12028	4798	500181	401944	242449	7776	57859	4	98793	25803
龙文区	3641	1352	104017	162951	90650	2615	38120	52	41296	8950
云霄县	1441	600	81060	36300	25560	348	6887		9188	968
漳浦县	3697	1303	57490	128068	58620	1501	23614	1	31564	4510
诏安县	1037	327	31678	35812	24988	218	4955	5	7260	1466
长泰县	1421	600	47244	43145	26802	75	7327	111	9511	356
东山县	1893	739	47739	63216	42904	161	11075	3	15887	362
南靖县	1555	700	141362	50157	35015	329	8735	2	13925	2727
平和县	2062	705	93515	46442	38577	150	7074	10	16082	197
华安县	166	83	11487	6515	4859	12	826		838	76
龙海市	4046	1515	121783	134245	89046	987	19277		36662	3968
南平市	**9518**	**4036**	**717060**	**179185**	**127563**	**1830**	**34646**	**1432**	**50324**	**3760**
延平区	1821	771	213467	33032	25653	649	5350	918	9836	674
建阳区	976	427	96207	11574	9169	95	1827	61	3540	179
顺昌县	775	199	8564	16929	12734	58	2504	-62	6639	40
浦城县	553	277	66735	7589	5209	80	1266		2347	75
光泽县	376	182	14094	2687	1830	36	58	24	1101	33
松溪县	220	85	5968	2990	2417	68	586	32	1033	43
政和县	447	182	20704	9476	7338	81	1974	16	1651	47
邵武市	1082	460	80105	13002	9474	73	3066	364	4529	119
武夷山市	2299	993	192263	55704	36509	657	12211	80	14279	1487
建瓯市	969	460	18953	26202	17231	32	5803		5368	1064
龙岩市	**18129**	**8146**	**862785**	**423030**	**269155**	**3055**	**91324**	**861**	**93351**	**7605**
新罗区	8439	3740	268600	184311	115227	1142	32559	422	43311	1798
永定区	622	288	152226	8734	5332	109	935	120	2444	200
长汀县	1070	474	114149	16325	10935	31	2377	5	4175	251
上杭县	2262	1101	85951	93564	54229	1009	27291	278	13221	2207
武平县	1692	692	120033	34832	23220	52	8679	17	8826	380
连城县	2842	1501	74353	54730	41415	427	11765	19	16141	2048
漳平市	1202	350	47473	30533	18796	286	7718		5233	722
宁德市	**11673**	**4826**	**229412**	**158135**	**111799**	**1271**	**27050**	**322**	**54676**	**2791**
蕉城区	2751	1109	49641	27005	20022	429	1949	116	10207	635
霞浦县	1291	572	25164	17968	12323	77	5262	7	5169	118
古田县	847	432	29809	7752	5448	61	1726	28	3024	48
屏南县	754	371	9017	10351	7117	50	2093		4559	331
寿宁县	837	340	29645	15156	8225	41	2715	2	3913	281
周宁县	332	135	12307	3009	2080	27	536	36	1122	20
柘荣县	450	183	14869	7815	4470	33	1248	108	2238	194
福安市	2832	1124	20671	42761	32574	383	7187		16861	830
福鼎市	1579	560	38258	26320	19541	170	4335	26	7583	335

3-D-06 按县(市、区)分文化服务业行政事业单位主要财务指标

地　区	法人单位数(个)	从业人员期末人数(人)	#女性	资产总计(万元)	本年收入合计(万元)	本年支出合计(万元)
全　省	**1873**	**26902**	**12283**	**2166963**	**872534**	**834533**
福州市	**386**	**8904**	**3985**	**510682**	**255563**	**250598**
鼓楼区	95	3887	1678	312215	116811	116126
台江区	25	590	295	38241	20806	20730
仓山区	31	507	260	29079	18951	18421
马尾区	17	254	169	5397	5260	9168
晋安区	24	1915	769	53586	37970	36000
长乐区	20	290	160	22797	8706	6385
闽侯县	22	319	145	19047	10062	9225
连江县	46	196	70	8765	16017	15824
罗源县	19	69	40	1406	1978	1599
闽清县	9	126	59	6361	3706	2029
永泰县	41	205	60	4393	3565	3721
平潭县	11	295	152	4017	4823	4775
福清市	26	251	128	5375	6908	6595
厦门市	**93**	**3900**	**1786**	**400413**	**217574**	**205019**
思明区	47	2726	1287	343555	167544	148409
海沧区	7	99	53	2204	4954	17221
湖里区	7	274	67	4267	10374	9715
集美区	16	579	278	43059	24605	20291
同安区	9	156	66	4246	5537	5389
翔安区	7	66	35	3082	4560	3995
莆田市	**114**	**1216**	**538**	**127253**	**86300**	**83134**
城厢区	34	426	201	73528	13850	9865
涵江区	29	139	47	11199	4437	4611
荔城区	13	466	216	35584	11065	11254
秀屿区	19	52	20	447	671	507
仙游县	19	133	54	6496	56276	56898
三明市	**180**	**1688**	**801**	**91626**	**42567**	**34991**
梅列区	24	469	226	14498	9570	9318
三元区	9	54	27	2981	1258	921
明溪县	13	40	25	892	1061	736
清流县	17	52	28	2168	680	778
宁化县	15	117	75	3934	2194	2191
大田县	10	82	39	5794	1359	1194
尤溪县	13	158	52	6968	3035	2556
沙　县	13	92	45	2287	1965	1870
将乐县	22	113	55	14874	3260	2429
泰宁县	12	125	59	13479	5663	4405
建宁县	13	64	26	4005	2925	998
永安市	19	322	144	19748	9598	7595
泉州市	**269**	**3306**	**1535**	**381725**	**96406**	**97121**
鲤城区	33	362	187	23079	11153	7675
丰泽区	50	1350	642	104791	48159	46209
洛江区	9	22	10	184	571	512
泉港区	7	37	15	1241	1048	1042
惠安县	26	240	112	6505	3020	2158

3-D-06 续表

地区	法人单位数（个）	从业人员期末人数（人）	#女性	资产总计（万元）	本年收入合计（万元）	本年支出合计（万元）
安溪县	47	254	106	28569	4206	4574
永春县	16	121	46	14057	2289	2803
德化县	11	56	19	4125	947	2327
石狮市	22	226	95	12768	7411	6517
晋江市	19	395	194	45883	10245	15359
南安市	29	243	109	140522	7357	7946
漳州市	**240**	**2595**	**1229**	**122387**	**57420**	**54760**
芗城区	32	672	302	34938	17356	14924
龙文区	13	265	160	6740	6524	5605
云霄县	24	271	119	8685	4044	4677
漳浦县	17	296	136	11664	4927	5393
诏安县	20	209	117	4702	2695	2732
长泰县	25	59	26	907	1080	1180
东山县	17	248	96	14379	6670	7081
南靖县	21	193	93	15482	6414	5458
平和县	28	116	36	5593	1453	1628
华安县	22	1	1	5	38	43
龙海市	21	265	143	19291	6220	6039
南平市	**264**	**1560**	**677**	**66687**	**29920**	**25579**
延平区	33	454	179	27820	10792	9426
建阳区	22	87	45	1678	1457	1416
顺昌县	26	94	40	3222	1158	1213
浦城县	32	191	91	4064	3869	2654
光泽县	29	101	40	13860	2439	2327
松溪县	21	51	23	1281	781	741
政和县	25	54	28	1663	1223	1111
邵武市	22	173	79	4191	2444	2208
武夷山市	26	149	87	3835	3101	2125
建瓯市	28	206	65	5074	2656	2358
龙岩市	**177**	**2298**	**1110**	**401790**	**50773**	**51231**
新罗区	51	1155	575	41381	24595	25226
永定区	38	156	65	9617	4382	3235
长汀县	13	169	63	6052	2427	2138
上杭县	28	408	194	311904	9275	8383
武平县	19	136	78	3700	2800	4417
连城县	18	229	109	27465	6356	7030
漳平市	10	45	26	1670	938	802
宁德市	**150**	**1435**	**622**	**64401**	**36011**	**32099**
蕉城区	40	463	199	14982	10596	9407
霞浦县	9	69	9	21597	1107	1246
古田县	11	200	96	3840	2445	2537
屏南县	15	79	44	10132	6836	5960
寿宁县	15	50	21	1199	921	1155
周宁县	17	28	14	1961	3332	2552
柘荣县	14	70	27	2559	956	1013
福安市	13	187	97	3209	4320	2559
福鼎市	16	289	115	4923	5498	5671

3-D-07 按县(市、区)分文化服务业其他非营利单位主要财务指标

地区	法人单位数(个)	从业人员期末人数(人)	#女性	资产总计(万元)	本年收入合计(万元)	本年费用合计(万元)
全省	**4390**	**15864**	**6091**	**399399**	**124530**	**131616**
福州市	**931**	**4045**	**1329**	**130809**	**36087**	**34785**
鼓楼区	245	965	433	46492	12188	12520
台江区	31	87	40	1063	1559	954
仓山区	81	387	196	21270	5572	5163
马尾区	20	52	16	255	251	233
晋安区	68	292	111	3121	1632	1942
长乐区	74	502	138	21518	7635	6231
闽侯县	50	371	108	4443	430	870
连江县	52	203	62	1701	814	898
罗源县	36	93	28	1954	674	611
闽清县	23	109	26	998	572	367
永泰县	82	250	48	11627	1765	1655
平潭县	40	102	26	2384	803	985
福清市	129	632	97	13983	2190	2356
厦门市	**443**	**1425**	**669**	**40450**	**17794**	**18526**
思明区	219	793	421	26744	10095	10286
海沧区	34	69	21	5039	3244	3197
湖里区	50	94	58	3256	1994	2011
集美区	38	25	12	1029	717	796
同安区	54	251	124	3097	1223	1146
翔安区	48	193	33	1286	521	1089
莆田市	**242**	**1327**	**409**	**38286**	**9137**	**7968**
城厢区	43	163	62	1984	1519	1178
涵江区	28	93	30	1600	227	289
荔城区	50	323	110	23762	2735	3950
秀屿区	29	277	27	2200	444	553
仙游县	92	471	180	8740	4212	1998
三明市	**355**	**862**	**343**	**13971**	**4005**	**4940**
梅列区	64	98	29	754	563	843
三元区	25	44	19	1405	518	539
明溪县	5	19	9	105	55	46
清流县	30	90	30	6861	878	822
宁化县	36	86	32	970	461	448
大田县	31	121	64	669	480	429
尤溪县	37	144	49	1521	250	605
沙县	41	117	57	756	300	838
将乐县	20	17	7	211	158	64
泰宁县	18	25	3	493	87	60
建宁县	21	33	9	87	44	32
永安市	27	68	35	139	211	215
泉州市	**947**	**3925**	**1790**	**102355**	**32727**	**36491**
鲤城区	83	286	94	8061	2450	2572
丰泽区	136	1003	795	2863	2310	2364
洛江区	16	16	1	8	11	31
泉港区	44	113	34	2032	629	486
惠安县	73	270	134	3377	1263	2283

3-D-07　续表

地　区	法人单位数(个)	从业人员期末人数(人)	#女性	资产总计(万元)	本年收入合计(万元)	本年费用合计(万元)
安溪县	97	85	18	17942	1356	1106
永春县	100	442	154	14015	9490	5466
德化县	46	112	33	3081	950	2049
石狮市	80	61	25	3767	1105	2382
晋江市	131	677	264	8199	10248	11722
南安市	141	860	238	39011	2915	6028
漳州市	**416**	**1348**	**422**	**24035**	**9418**	**12150**
芗城区	115	342	103	3633	2992	3520
龙文区	21	61	15	1794	673	299
云霄县	46	165	58	6428	630	1063
漳浦县	29	80	24	478	444	467
诏安县	44	129	50	4669	209	479
长泰县	26	73	27	1020	808	2926
东山县	41	173	51	900	1705	1401
南靖县	16	52	15	497	333	254
平和县	19	99	27	1659	436	449
华安县	14	2	1	343	127	35
龙海市	45	172	51	2615	1062	1259
南平市	**409**	**1171**	**524**	**10006**	**5085**	**3772**
延平区	116	315	113	3055	1323	570
建阳区	49	85	34	1190	175	179
顺昌县	27	84	26	283	875	60
浦城县	35	36	16	2048	367	487
光泽县	21	25	10	380	550	566
松溪县	22	34	13	34	56	36
政和县	26	100	25	725	174	195
邵武市	46	254	193	338	387	432
武夷山市	47	141	62	1705	1071	1173
建瓯市	20	97	32	248	107	74
龙岩市	**297**	**852**	**345**	**11004**	**4227**	**3684**
新罗区	58	217	83	583	878	516
永定区	51	214	121	3516	1122	1235
长汀县	25	123	23	1118	475	421
上杭县	44	86	31	1303	545	301
武平县	39	24	12	1318	166	132
连城县	39	66	19	2052	538	511
漳平市	41	122	56	1114	502	570
宁德市	**350**	**909**	**260**	**28481**	**6050**	**9300**
蕉城区	93	213	63	5384	1071	1058
霞浦县	52	188	42	6271	2213	5191
古田县	31	57	15	2533	291	350
屏南县	25	66	23	5013	239	234
寿宁县	20	76	18	377	287	471
周宁县	20	27	6	2766	57	87
柘荣县	27	76	20	1322	463	255
福安市	42	123	46	3554	768	1220
福鼎市	40	83	27	1263	661	435

E.文化产业个体经营户

3-E-01 2018年文化产业个体经营户抽样调查基本情况

分　组	个体经营户数（户）	从业人员期末人数（人）	#女性	全年雇员支出（万元）	全年缴纳税费（万元）	全年缴纳房租（万元）	全年与经营相关的总支出（万元）	全年营业收入（万元）	#通过网络实现的销售额（万元）
总　计	**5590**	**27609**	**15386**	**93239**	**3654**	**25885**	**294952**	**411394**	**10778**
按产业类型分组									
文化制造业	1024	6789	3651	25688	700	3158	72106	99299	2476
文化批发和零售业	2585	8439	4843	28655	1411	12116	127633	177248	5278
文化服务业	1981	12381	6892	38897	1543	10611	95214	134847	3024
按设区市分组									
福州市	1117	6276	3586	16784	458	5300	48927	69142	2917
厦门市	591	1441	800	3378	165	2468	12404	15338	216
莆田市	537	3027	1378	11859	627	3416	35286	51932	2855
三明市	550	2117	1155	6234	256	1952	19370	26724	252
泉州市	1104	6111	3305	25284	1044	4638	72348	97967	3534
漳州市	451	2783	1621	13067	104	1911	33238	46802	170
南平市	674	2765	1701	7833	458	2981	35755	52654	354
龙岩市	310	1701	1030	4638	164	1309	20318	26634	153
宁德市	256	1388	810	4162	378	1912	17306	24201	326

说明：根据四经普612表《个体经营户抽样调查表》中标识为文化产业的个体户进行汇总。

附　录

主要指标解释及分类规定

主要指标解释

法人单位 是指有权拥有资产、承担负债，并独立从事社会经济活动（或与其他单位进行交易）的组织。法人单位应同时具备以下条件：

1. 依法成立，有自己的名称、组织机构和场所，能够独立承担民事责任；

2. 独立拥有（或受权使用）资产，有权与其他单位签订合同；

3. 会计上独立核算，能够编制资产负债表等会计报表。

在统计实践中，法人单位包括：企业法人、事业单位法人、机关法人、社会团体法人、民办非企业单位、基金会、居委会、村委会、其他法人。

企业法人 是指依据《中华人民共和国公司登记管理条例》《中华人民共和国企业法人登记管理条例》等国家法律和法规，经各级市场监管机关登记注册，领取《企业法人营业执照》的企业。包括：

1. 公司制企业法人；

2. 非公司制企业法人。

不具有法人资格、但依法成立的个人独资企业、合伙企业在统计上视同法人。

事业单位法人 是指经国务院或地方县级以上机构编制管理部门批准、经国家或地方县级以上事业单位登记管理部门登记或备案，领取《事业单位法人证书》，取得法人资格的事业单位。包括：

1. 各级党委、政府直属事业单位；

2. 中共中央、国务院直属事业单位举办的事业单位；

3. 各级人大、政协机关，监察委员会、人民法院、人民检察院和各民主党派机关举办的事业单位；

4. 各级党委部门和政府部门举办的事业单位；

5. 使用财政性经费的群众团体举办的事业单位；

6. 国有企业及其他组织利用国有资产举办的事业单位；

7. 依照法律或有关规定，应当由各级登记管理机关登记的其他事业单位。

机关法人 是指各级政党机关和国家机关。包括：

1. 县级以上各级中国共产党委员会及其所属各工作部门；

2. 县级以上各级人民代表大会机关；

3. 县级以上各级人民政府及其所属各工作部门，以及地区行政行署；

4. 县级以上各级政治协商会议机关；

5. 县级以上各级监察委员会、人民法院、检察院机关；

6. 县级以上各民主党派和工商联机关；

7. 乡、镇中国共产党委员会和人民政府。

社会团体法人 是指依据《社会团体登记管理条例》，经国家或县级以上民政部门登记注册或备案，领取《社会团体法人登记证书》的各类社会团体，以及由机构编制管理部门管理其编制的群众团体。

民办非企业单位 指企业单位、事业单位、社会团体和其他社会力量以及公民个人利用非国有资产举办的，从事非营利性社会服务的社会组织。民办非企业法人指经各级民政部门核准登记，领取《民办非企业单位登记证书》的民办非企业单位。

基金会 指民政部、省级、地级或市级民政部门核准登记的，颁发《基金会法人登记证书》的基金会。

居委会 由不设区的市、市辖区的人民政府决定设立的社区（居委会）。

村委会 由乡、民族乡、镇的人民政府提出，经村民会议讨论同意后，报县级人民政府批准，设立的村民委员会。

其他法人 是指除上述类型以外的法人。具体是指依据《中华人民共和国农民专业合作社法》及其他法律、法规成立，具备法人条件的单位。

单产业法人 是指仅包含一个产业活动单位的法人单位，称为单产业法人单位，该法人单位同时也是一个产业活动单位。

多产业法人 是指由两个及以上产业活动单位组成的法人单位，称为多产业法人单位，这些产业活动单位接受法人单位的管理和控制。

从业人员期末人数 指报告期最后一日在本单位工作，并取得工资或其他形式劳动报酬的人员数。该指标为时点指标，不包括最后一日当天及以前已经与单位解除劳动合同关系的人员，是在岗职工、劳务派遣人员及其他从业人员之和。从业人员不包括：

1. 离开本单位仍保留劳动关系，并定期领取生活费的人员；

2. 在本单位实习的各类在校学生；

3. 本单位因劳务外包而使用的人员，如：建筑业整建制使用的人员。

营业收入 指企业经营主要业务和其他业务所确认的收入总额。营业收入包括“主营业务收入”和“其他业务收入”。根据会计“利润表”中“营业收入”项目的本年累计数填报。

资产总计 指企业过去的交易或者事项形成的、由企业拥有或者控制的、预期会给企业带来经济利益的资源。资产一般按流动性（资产的变现或耗用时间长短）分为流动资产和非流动资产。其中流动资产可分为货币资金、交易性金融资产、应收票据、应收账款、预付款项、其他应收款、存货等；非流动资产可分为长期股权投资、固定资产、无形资产及其他非流动资产等。

分类规定

登记注册类型 指企业或企业产业活动单位的登记注册类型，市场监管部门对企业（单位）登记注册的类型分为以下几种：

1．国有企业：指企业全部资产归国家所有，并按《中华人民共和国企业法人登记管理条例》规定登记注册的非公司制的经济组织。不包括有限责任公司中的国有独资公司。

2．集体企业：指企业资产归集体所有，并按《中华人民共和国企业法人登记管理条例》规定登记注册的经济组织。

3．股份合作企业：指以合作制为基础，由企业职工共同出资入股，吸收一定比例的社会资产投资组建，实行自主经营，自负盈亏，共同劳动，民主管理，按劳分配与按股分红相结合的一种集体经济组织。

4．联营企业：指两个及两个以上相同或不同所有制性质的企业法人或事业单位法人，按自愿、平等、互利的原则，共同投资组成的经济组织。联营企业包括国有联营企业、集体联营企业、国有与集体联营企业和其他联营企业。

国有联营企业 指所有联营单位均为国有。

集体联营企业 指所有联营单位均为集体。

国有与集体联营企业 指联营单位既有国有也有集体。

其他联营企业 指上述三种联营企业之外的其他联营形式的企业。

5．有限责任公司：指根据《中华人民共和国公司登记管理条例》规定登记注册，由两个以上，五十个以下的股东共同出资，每个股东以其所认缴的出资额对公司承担有限责任，公司以其全部资产对其债务承担责任的经济组织。有限责任公司包括国有独资公司以及其他有限责任公司。

国有独资公司 指国家授权的投资机构或者国家授权的部门单独投资设立的有限责任公司。

其他有限责任公司 指国有独资公司以外的其他有限责任公司。

6．股份有限公司：指根据《中华人民共和国公司登记管理条例》规定登记注册，其全部注册资本由等额股份构成并通过发行股票筹集资本，股东以其认购的股份对公司承担有限责任，公司以其全部资产对其债务承担责任的经济组织。

7．私营企业：指由自然人投资设立或由自然人控股，以雇佣劳动为基础的营利性经济组织。包括按照《公司法》《合伙企业法》《私营企业暂行条例》以及《个人独资企业法》规定登记注册的私营独资企业、私营合伙企业、私营有限责任公司、私营股份有限公司和个人独资企业。

私营独资企业 指按《私营企业暂行条例》的规定，由一名自然人投资经营，以雇佣劳动为基础，投资者对企业债务承担无限责任的企业。

私营合伙企业 指按《合伙企业法》或《私营企业暂行条例》的规定，由两个以上自然人按照协议共同投资、共同经营、共负盈亏，以雇佣劳动为基础，对债务承担无限责任的企业。

私营有限责任公司 指按《公司法》《私营企业暂行条例》的规定，由两个以上自然人投资或由单个自然人控股的有限责任公司。

私营股份有限公司 指按《公司法》的规定，由五个以上自然人投资，或由单个自然人控股的股份有限公司。

8．其他企业：指上述第 1 条至第 7 条之外的其他内资经济组织。

9．合资经营企业（港或澳、台资）：指港澳台地区投资者与内地的企业依照《中华人民共和国中外合资经营企业法》及有关法律的规定，按合同规定的比例投资设立，分享利润和分担风险的企业。

10．合作经营企业（港或澳、台资）：指港澳台地区投资者与内地企业依照《中华人民共和国中外合作经营企业法》及有关法律的规定，依照合作合同的约定进行投资或提供条件设立，分配利润、分担风险和亏损的企业。

11．港、澳、台商独资经营企业：指依照《中华人民共和国外资企业法》及有关法律的规定，在内地由港澳台地区投资者全额投资设立的企业。

12．港、澳、台商投资股份有限公司：指根据国家有关规定，经商务部（原外经贸部）批准设立，并且其中港、澳、台商的股本占公司注册资本的比例达 25%以上的股份有限公司。凡其中港、澳、台商的股本占公司注册资本的比例小于25%的，属于内资中的股份有限公司。

13．其他港、澳、台商投资企业：指在中国境内参照《外国企业或个人在中国境内设立合伙企业管理办法》和《外商投资合伙企业登记管理规定》，依法设立的港、澳、台商投资合伙企业。

14．中外合资经营企业：指外国企业或外国人与中国内地企业依照《中华人民共和国中外合资经营企业法》及有关法律的规定，按合同规定的比例投资设立，分享利润和分担风险的企业。

15．中外合作经营企业：指外国企业或外国人与中国内地企业依照《中华人民共和国中外合作经营企业法》及有关法律的规定，依照合作合同的约定进行投资或提供条件设立，分配利润、分担风险和亏损的企业。

16．外资企业：指依照《中华人民共和国外资企业法》及有关法律的规定，在中国内地由外国投资者全额投资设立的企业。

17. 外商投资股份有限公司：指根据国家有关规定，经商务部（原外经贸部）批准设立，并且其中外资的股本占公司注册资本的比例达25%以上的股份有限公司。凡其中外资股本占公司注册资本的比例小于25%的，属于内资中的股份有限公司。

18. 其他外商投资企业：指在中国境内依照《外国企业或个人在中国境内设立合伙企业管理办法》和《外商投资合伙企业登记管理规定》，依法设立的外商投资合伙企业。

企业控股情况　根据企业实收资本中某种经济成分的出资人的实际投资情况，或出资人对企业资产的实际控制、支配程度进行分类。具体分为国有控股、集体控股、私人控股、港澳台商控股、外商控股和其他六类。

国有控股　包括：（1）在企业的全部实收资本中，国有经济成分的出资人拥有的实收资本（股本）所占企业全部实收资本（股本）的比例大于50%的国有绝对控股。（2）在企业的全部实收资本中，国有经济成分的出资人拥有的实收资本（股本）所占比例虽未大于50%，但相对大于其他任何一方经济成分的出资人所占比例的国有相对控股；或者虽不大于其他经济成分，但根据协议规定拥有企业实际控制权的国有协议控股。（3）投资双方各占50%，且未明确由谁绝对控股的企业，若其中一方为国有经济成分的，一律按国有控股处理。

集体控股　包括：（1）在企业的全部实收资本中，集体经济成分的出资人拥有的实收资本（股本）所占企业全部实收资本（股本）的比例大于50%的集体绝对控股。（2）在企业的全部实收资本中，集体经济成分的出资人拥有的实收资本（股本）所占比例虽未大于50%，但相对大于其他任何一方经济成分的出资人所占比例的集体相对控股；或者虽不大于其他经济成分，但根据协议规定拥有企业实际控制权的集体协议控股。

私人控股　包括：（1）在企业的全部实收资本中，私人经济成分的出资人拥有的实收资本（股本）所占企业全部实收资本（股本）的比例大于50%的私人绝对控股。（2）在企业的全部实收资本中，私人经济成分的出资人拥有的实收资本（股本）所占比例虽未大于50%，但相对大于其他任何一方经济成分的出资人所占比例的私人相对控股；或者虽不大于其他经济成分，但根据协议规定拥有企业实际控制权的私人协议控股。

港澳台商控股　包括：（1）在企业的全部实收资本中，港澳台商经济成分的出资人拥有的实收资本（股本）所占企业全部实收资本（股本）的比例大于50%的港澳台商绝对控股。（2）在企业的全部实收资本中，港澳台商经济成分的出资人拥有的实收资本（股本）所占比例虽未大于50%，但相对大于其他任何一方经济成分的出资人所占比例的港澳台商相对控股；或者虽不大于其他经济成分，但根据协议规定拥有企业实际控制权的港澳台商协议控股。

外商控股　包括：（1）在企业的全部实收资本中，外商经济成分的出资人拥有的实收资本（股本）所占企业全部实收资本（股本）的比例大于50%的外商绝对控股。（2）在企业的全部实收资本中，外商经济成分的出资人拥有的实收资本（股本）所占比例虽未大于50%，但相对大于其他任何一方经济成分的出资人所占比例的外商相对控股；或者虽不大于其他经济成分，但根据协议规定拥有企业实际控制权的外商协议控股。

其他控股情况　除上述五类以外的企业控股情况。

统计上大中小微型企业划分办法

一、根据工业和信息化部、国家统计局、国家发展改革委、财政部《关于印发中小企业划型标准规定的通知》（工信部联企业〔2011〕300号），以《国民经济行业分类》（GB/T4754-2017）为基础，结合统计工作的实际情况，制定本办法。

二、本办法适用对象为在中华人民共和国境内依法设立的各种组织形式的法人企业或单位。个体工商户参照本办法进行划分。

三、本办法适用范围包括：农、林、牧、渔业，采矿业，制造业，电力、热力、燃气及水生产和供应业，建筑业，批发和零售业，交通运输、仓储和邮政业，住宿和餐饮业，信息传输、软件和信息技术服务业，房地产业，租赁和商务服务业，科学研究和技术服务业，水利、环境和公共设施管理业，居民服务、修理和其他服务业，文化、体育和娱乐业等15个行业门类以及社会工作行业大类。

四、本办法按照行业门类、大类、中类和组合类别，依据从业人员、营业收入、资产总额等指标或替代指标，将我国的企业划分为大型、中型、小型、微型等四种类型。具体划分标准见附表。

五、企业划分由政府综合统计部门根据统计年报每年确定一次，定报统计原则上不进行调整。

六、本办法自印发之日起执行，国家统计局2011年印发的《统计上大中小微型企业划分办法》（国统字〔2011〕75号）同时废止。

附表：

统计上大中小微型企业划分标准

行业名称	指标名称	计量单位	大型	中型	小型	微型
农、林、牧、渔业	营业收入(Y)	万元	Y≥20000	500≤Y＜20000	50≤Y＜500	Y＜50
工业*	从业人员(X)	人	X≥1000	300≤X＜1000	20≤X＜300	X＜20
	营业收入(Y)	万元	Y≥40000	2000≤Y＜40000	300≤Y＜2000	Y＜300
建筑业	营业收入(Y)	万元	Y≥80000	6000≤Y＜80000	300≤Y＜6000	Y＜300
	资产总额(Z)	万元	Z≥80000	5000≤Z＜80000	300≤Z＜5000	Z＜300
批发业	从业人员(X)	人	X≥200	20≤X＜200	5≤X＜20	X＜5
	营业收入(Y)	万元	Y≥40000	5000≤Y＜40000	1000≤Y＜5000	Y＜1000
零售业	从业人员(X)	人	X≥300	50≤X＜300	10≤X＜50	X＜10
	营业收入(Y)	万元	Y≥20000	500≤Y＜20000	100≤Y＜500	Y＜100
交通运输业*	从业人员(X)	人	X≥1000	300≤X＜1000	20≤X＜300	X＜20
	营业收入(Y)	万元	Y≥30000	3000≤Y＜30000	200≤Y＜3000	Y＜200
仓储业	从业人员(X)	人	X≥200	100≤X＜200	20≤X＜100	X＜20
	营业收入(Y)	万元	Y≥30000	1000≤Y＜30000	100≤Y＜1000	Y＜100
邮政业	从业人员(X)	人	X≥1000	300≤X＜1000	20≤X＜300	X＜20
	营业收入(Y)	万元	Y≥30000	2000≤Y＜30000	100≤Y＜2000	Y＜100
住宿业	从业人员(X)	人	X≥300	100≤X＜300	10≤X＜100	X＜10
	营业收入(Y)	万元	Y≥10000	2000≤Y＜10000	100≤Y＜2000	Y＜100
餐饮业	从业人员(X)	人	X≥300	100≤X＜300	10≤X＜100	X＜10
	营业收入(Y)	万元	Y≥10000	2000≤Y＜10000	100≤Y＜2000	Y＜100
信息传输业*	从业人员(X)	人	X≥2000	100≤X＜2000	10≤X＜100	X＜10
	营业收入(Y)	万元	Y≥100000	1000≤Y＜100000	100≤Y＜1000	Y＜100
软件和信息技术服务业	从业人员(X)	人	X≥300	100≤X＜300	10≤X＜100	X＜10
	营业收入(Y)	万元	Y≥10000	1000≤Y＜10000	50≤Y＜1000	Y＜50
房地产开发经营	营业收入(Y)	万元	Y≥200000	1000≤Y＜200000	100≤Y＜1000	Y＜100
	资产总额(Z)	万元	Z≥10000	5000≤Z＜10000	2000≤Z＜5000	Z＜2000
物业管理	从业人员(X)	人	X≥1000	300≤X＜1000	100≤X＜300	X＜100
	营业收入(Y)	万元	Y≥5000	1000≤Y＜5000	500≤Y＜1000	Y＜500
租赁和商务服务业	从业人员(X)	人	X≥300	100≤X＜300	10≤X＜100	X＜10
	资产总额(Z)	万元	Z≥120000	8000≤Z＜120000	100≤Z＜8000	Z＜100
其他未列明行业*	从业人员(X)	人	X≥300	100≤X＜300	10≤X＜100	X＜10

说明：

1．大型、中型和小型企业须同时满足所列指标的下限，否则下划一档；微型企业只须满足所列指标中的一项即可。

2．附表中各行业的范围以《国民经济行业分类》（GB/T4754-2017）为准。带*的项为行业组合类别，其中，工业包括采矿业，制造业，电力、热力、燃气及水生产和供应业；交通运输业包括道路运输业，水上运输业，航空运输业，管道运输业，多式联运和运输代理业、装卸搬运，不包括铁路运输业；仓储业包括通用仓储，低温仓储，危险品仓储，谷物、棉花等农产品仓储，中药材仓储和其他仓储业；信息传输业包括电信、广播电视和卫星传输服务，互联网和相关服务；其他未列明行业包括科学研究和技术服务业，水利、环境和公共设施管理业，居民服务、修理和其他服务业，社会工作，文化、体育和娱乐业，以及房地产中介服务，其他房地产业等，不包括自有房地产经营活动。

3. 企业划分指标以现行统计制度为准。(1) 从业人员，是指期末从业人员数，没有期末从业人员数的，采用全年平均人员数代替。(2) 营业收入，工业、建筑业、限额以上批发和零售业、限额以上住宿和餐饮业以及其他设置主营业务收入指标的行业，采用主营业务收入；限额以下批发与零售业企业采用商品销售额代替；限额以下住宿与餐饮业企业采用营业额代替；农、林、牧、渔业企业采用营业总收入代替；其他未设置主营业务收入的行业，采用营业收入指标。(3) 资产总额，采用资产总计代替。

文化及相关产业分类(2018)

一、目的和作用

（一）为深化文化体制改革和持续推进社会主义文化强国建设提供统计保障，建立科学可行的文化及相关产业统计制度，制定本分类。

（二）本分类为反映我国文化及相关产业生产活动提供标准分类依据，为文化及相关产业统计提供统一的定义和范围，为发展文化产业、推进社会主义文化繁荣兴盛提供统计服务。

二、定义和范围

（一）定义

本分类规定的文化及相关产业是指为社会公众提供文化产品和文化相关产品的生产活动的集合。

（二）范围

根据以上定义，我国文化及相关产业的范围包括：

1.以文化为核心内容，为直接满足人们的精神需要而进行的创作、制造、传播、展示等文化产品（包括货物和服务）的生产活动。具体包括新闻信息服务、内容创作生产、创意设计服务、文化传播渠道、文化投资运营和文化娱乐休闲服务等活动。

2.为实现文化产品的生产活动所需的文化辅助生产和中介服务、文化装备生产和文化消费终端生产（包括制造和销售）等活动。

三、分类原则

（一）以《国民经济行业分类》为基础

本分类以《国民经济行业分类》（GB/T 4754-2017）为基础，根据文化生产活动的特点，将行业分类中相关的类别重新组合，是《国民经济行业分类》的派生分类。

（二）兼顾文化管理需要和可操作性

根据我国文化体制改革和发展的实际，本分类在考虑文化生产活动特点的同时，兼顾文化主管部门管理的需要；同时立足于现行统计制度和方法，充分考虑分类的可操作性。

（三）与国际分类标准相衔接

本分类借鉴了联合国教科文组织的《文化统计框架—2009》的分类方法，在定义和覆盖范围上与其衔接。

四、分类方法

本分类采用线分类法和分层次编码方法，将文化及相关产业划分为三层，分别用阿拉伯数字编码表示。第一层为大类，用 01-09 数字表示，共有 9 个大类；第二层为中类，用 3 位数字表示，共有 43 个中类；第三层为小类，用 4 位数字表示，共有 146 个小类。

五、有关说明

（一）本分类建立了与《国民经济行业分类》（GB/T 4754-2017）的对应关系。在本分类中，如国民经济某行业小类仅部分活动属于文化及相关产业，则在行业代码后加“*”做标识，并对属于文化生产活动的内容进行说明；如国民经济某行业小类全部纳入文化及相关产业，则小类类别名称与行业类别名称完全一致。

（二）本分类全部小类对应或包含在《国民经济行业分类》（GB/T 4754-2017）相应的行业小类中，具体范围和说明可参见《2017 国民经济行业分类注释》。

（三）本分类 01-06 大类为文化核心领域，07-09 大类为文化相关领域。

六、文化及相关产业分类表

表 1　文化及相关产业的类别名称和行业代码

类　别　名　称	国民经济行业代码
第一部分　文化核心领域	
一、新闻信息服务	
（一）新闻服务	
新闻业	8610
（二）报纸信息服务	
报纸出版	8622
（三）广播电视信息服务	
广播	8710
电视	8720
广播电视集成播控	8740
（四）互联网信息服务	
互联网搜索服务	6421
互联网其他信息服务	6429
二、内容创作生产	
（一）出版服务	
图书出版	8621
期刊出版	8623
音像制品出版	8624
电子出版物出版	8625
数字出版	8626
其他出版业	8629
（二）广播影视节目制作	
影视节目制作	8730
录音制作	8770
（三）创作表演服务	
文艺创作与表演	8810
群众文体活动	8870
其他文化艺术业	8890
（四）数字内容服务	
动漫、游戏数字内容服务	6572
互联网游戏服务	6422
多媒体、游戏动漫和数字出版软件开发	6513*
增值电信文化服务	6319*
其他文化数字内容服务	6579*
（五）内容保存服务	
图书馆	8831
档案馆	8832
文物及非物质文化遗产保护	8840
博物馆	8850
烈士陵园、纪念馆	8860
（六）工艺美术品制造	
雕塑工艺品制造	2431
金属工艺品制造	2432
漆器工艺品制造	2433
花画工艺品制造	2434

续表 1

类　别　名　称	国民经济行业代码
天然植物纤维编织工艺品制造	2435
抽纱刺绣工艺品制造	2436
地毯、挂毯制造	2437
珠宝首饰及有关物品制造	2438
其他工艺美术及礼仪用品制造	2439
（七）艺术陶瓷制造	
陈设艺术陶瓷制造	3075
园艺陶瓷制造	3076
三、创意设计服务	
（一）广告服务	
互联网广告服务	7251
其他广告服务	7259
（二）设计服务	
建筑设计服务	7484*
工业设计服务	7491
专业设计服务	7492
四、文化传播渠道	
（一）出版物发行	
图书批发	5143
报刊批发	5144
音像制品、电子和数字出版物批发	5145
图书、报刊零售	5243
音像制品、电子和数字出版物零售	5244
图书出租	7124
音像制品出租	7125
（二）广播电视节目传输	
有线广播电视传输服务	6321
无线广播电视传输服务	6322
广播电视卫星传输服务	6331
（三）广播影视发行放映	
电影和广播电视节目发行	8750
电影放映	8760
（四）艺术表演	
艺术表演场馆	8820
（五）互联网文化娱乐平台	
互联网文化娱乐平台	6432*
（六）艺术品拍卖及代理	
艺术品、收藏品拍卖	5183
艺术品代理	5184
（七）工艺美术品销售	
首饰、工艺品及收藏品批发	5146
珠宝首饰零售	5245
工艺美术品及收藏品零售	5246
五、文化投资运营	
（一）投资与资产管理	
文化投资与资产管理	7212*

续表 2

类　别　名　称	国民经济行业代码
（二）运营管理	
文化企业总部管理	7211*
文化产业园区管理	7221*
六、文化娱乐休闲服务	
（一）娱乐服务	
歌舞厅娱乐活动	9011
电子游艺厅娱乐活动	9012
网吧活动	9013
其他室内娱乐活动	9019
游乐园	9020
其他娱乐业	9090
（二）景区游览服务	
城市公园管理	7850
名胜风景区管理	7861
森林公园管理	7862
其他游览景区管理	7869
自然遗迹保护管理	7712
动物园、水族馆管理服务	7715
植物园管理服务	7716
（三）休闲观光游览服务	
休闲观光活动	9030
观光游览航空服务	5622
第二部分　文化相关领域	
七、文化辅助生产和中介服务	
（一）文化辅助用品制造	
文化用机制纸及纸板制造	2221*
手工纸制造	2222
油墨及类似产品制造	2642
工艺美术颜料制造	2644
文化用信息化学品制造	2664
（二）印刷复制服务	
书、报刊印刷	2311
本册印制	2312
包装装潢及其他印刷	2319
装订及印刷相关服务	2320
记录媒介复制	2330
摄影扩印服务	8060
（三）版权服务	
版权和文化软件服务	7520*
（四）会议展览服务	
会议、展览及相关服务	7281-7284 7289
（五）文化经纪代理服务	
文化活动服务	9051
文化娱乐经纪人	9053
其他文化艺术经纪代理	9059
婚庆典礼服务	8070*
文化贸易代理服务	5181*

续表 3

类 别 名 称	国民经济行业代码
票务代理服务	7298
（六）文化设备（用品）出租服务	
休闲娱乐用品设备出租	7121
文化用品设备出租	7123
（七）文化科研培训服务	
社会人文科学研究	7350
学术理论社会（文化 ）团体	9521*
文化艺术培训	8393
文化艺术辅导	8399*
八、文化装备生产	
（一）印刷设备制造	
印刷专用设备制造	3542
复印和胶印设备制造	3474
（二）广播电视电影设备制造及销售	
广播电视节目制作及发射设备制造	3931
广播电视接收设备制造	3932
广播电视专用配件制造	3933
专业音响设备制造	3934
应用电视设备及其他广播电视设备制造	3939
广播影视设备批发	5178
电影机械制造	3471
（三）摄录设备制造及销售	
影视录放设备制造	3953
娱乐用智能无人飞行器制造	3963*
幻灯及投影设备制造	3472
照相机及器材制造	3473
照相器材零售	5248
（四）演艺设备制造及销售	
舞台及场地用灯制造	3873
舞台照明设备批发	5175*
（五）游乐游艺设备制造	
露天游乐场所游乐设备制造	2461
游艺用品及室内游艺器材制造	2462
其他娱乐用品制造	2469
（六）乐器制造及销售	
中乐器制造	2421
西乐器制造	2422
电子乐器制造	2423
其他乐器及零件制造	2429
乐器批发	5147
乐器零售	5247
九、文化消费终端生产	
（一）文具制造及销售	
文具制造	2411
文具用品批发	5141

续表 4

类　别　名　称	国民经济行业代码
文具用品零售	5241
（二）笔墨制造	
笔的制造	2412
墨水、墨汁制造	2414
（三）玩具制造	
玩具制造	2451-2456
	2459
（四）节庆用品制造	
焰火、鞭炮产品制造	2672
（五）信息服务终端制造及销售	
电视机制造	3951
音响设备制造	3952
可穿戴智能文化设备制造	3961*
其他智能文化消费设备制造	3969*
家用视听设备批发	5137
家用视听设备零售	5271
其他文化用品批发	5149
其他文化用品零售	5249

表2 带“*”行业分类文化生产活动内容的说明

序号	国民经济行业分类及代码	文化及相关产业类别名称及小类代码	文化生产活动的内容
1	应用软件开发（6513*）	多媒体、游戏动漫和数字出版软件开发（0243）	包括应用软件开发中的多媒体软件、游戏动漫软件、数字出版软件开发活动。
2	其他电信服务（6319*）	增值电信文化服务（0244）	仅指固定网增值电信、移动网增值电信、其他增值电信中的文化服务，包括手机报、个性化铃音等业务服务。
3	其他数字内容服务（6579*）	其他文化数字内容服务（0245）	仅指文化宣传领域数字内容服务。
4	工程设计活动（7484*）	建筑设计服务（0321）	仅包括房屋建筑工程，体育、休闲娱乐工程，室内装饰和风景园林工程专项设计服务。
5	互联网生活服务平台（6432*）	互联网文化娱乐平台（0450）	仅包括互联网演出购票平台、娱乐应用服务平台、音视频服务平台、读书平台、艺术品鉴定拍卖平台和文化艺术平台。
6	投资与资产管理（7212*）	文化投资与资产管理（0510）	指政府主管部门转变职能后，成立的国有文化资产管理机构和文化行业管理机构的活动；文化投资活动，不包括资本市场的投资。
7	企业总部管理（7211*）	文化企业总部管理（0521）	指不具体从事对外经营业务，只负责文化企业的重大决策、资产管理，协调管理下属各机构和内部日常工作的文化企业总部的活动，其对外经营业务由下属的独立核算单位或单独核算单位承担，还包括派出机构的活动（如办事处等）。
8	园区管理服务（7221*）	文化产业园区管理（0522）	仅指非政府部门的文化产业园区管理服务。
9	机制纸及纸板制造（2221*）	文化用机制纸及纸板制造（0711）	包括未涂布印刷书写用纸制造、涂布类印刷用纸制造、感应纸及纸板制造。
10	知识产权服务（7520*）	版权和文化软件服务（0730）	版权服务包括版权代理服务，版权鉴定服务，版权咨询服务，著作权登记服务，著作权使用报酬收转服务，版权交易、版权贸易服务和其他版权服务。文化软件服务指与文化有关的软件服务，包括软件代理、软件著作权登记、软件鉴定等服务。
11	婚姻服务（8070*）	婚庆典礼服务（0754）	指婚庆礼仪服务。包括婚礼策划、组织服务，婚礼租车服务，婚礼用品出租服务，婚礼摄像服务和其他婚姻服务。
12	贸易代理（5181*）	文化贸易代理服务（0755）	包括文化用品、图书、音像、文化用家用电器和广播电视器材等国际国内贸易代理服务。
13	专业性团体（9521*）	学术理论社会（文化）团体（0772）	学术理论社会团体包括党的理论研究、史学研究、思想工作研究、社会人文科学研究等团体的服务。文化团体包括新闻、图书、报刊、音像、版权、广播、电视、电影、演员、作家、文学艺术、美术家、摄影家、文物、博物馆、图书馆、文化馆、游乐园、公园、文艺理论研究、民族文化等团体的服务。
14	其他未列明教育（8399*）	文化艺术辅导（0774）	包括美术、舞蹈、音乐、书法和武术等辅导服务。
15	智能无人飞行器制造（3963*）	娱乐用智能无人飞行器制造（0832）	指按照国家有关安全规定标准，经允许生产并主要用于娱乐的智能无人飞行器的制造。
16	电气设备批发（5175*）	舞台照明设备批发（0842）	包括各类舞台照明设备的批发。
17	可穿戴智能设备制造（3961*）	可穿戴智能文化设备制造（0953）	指由用户穿戴和控制，并且自然、持续地运行和交互的个人移动计算文化设备产品的制造。
18	其他智能消费设备制造（3969*）	其他智能文化消费设备制造（0954）	仅指虚拟现实设备制造活动。

福建经济普查年鉴 2018

Fujian Economic Census Yearbook

第二产业卷|上

福建省第四次全国经济普查领导小组办公室　编著

中国统计出版社
China Statistics Press

图书在版编目（CIP）数据

福建经济普查年鉴. 2018. 第二产业卷. 上 / 福建省第四次全国经济普查领导小组办公室编著. -- 北京 : 中国统计出版社, 2020.11
ISBN 978-7-5037-9352-3

Ⅰ. ①福… Ⅱ. ①福… Ⅲ. ①经济－普查－福建－2018－年鉴②第二产业－经济－普查－福建－2018－年鉴 Ⅳ. ①F127.45-54②F427.45-54

中国版本图书馆 CIP 数据核字(2020)第 212040 号

福建经济普查年鉴—2018/第二产业卷（上）

作　　者/福建省第四次全国经济普查领导小组办公室
责任编辑/冯诗萌
封面设计/黄俊杰　李雪燕
出版发行/中国统计出版社
通信地址/北京市丰台区西三环南路甲 6 号　邮政编码/100073
电　　话/邮购（010）63376909　书店（010）68783171
网　　址/http://www.zgtjcbs.com/
印　　刷/河北鑫兆源印刷有限公司
经　　销/新华书店
开　　本/880mm×1230mm　1/16
字　　数/608 千字
印　　张/19
版　　别/2020 年 11 月第 1 版
版　　次/2020 年 11 月第 1 次印刷
定　　价/680.00 元（全四册附光盘）

本书附同版本 CD-ROM 一张，光盘内容以书面文字为准。
如有印装差错，由本社发行部调换。

编辑委员会

编者说明

为便于社会各界共同分享福建省第四次全国经济普查成果，更方便地开发利用普查资料，我们将经济普查资料编辑整理，汇编成《福建经济普查年鉴—2018》一书。全书共三卷四册，即综合卷、第二产业卷和第三产业卷，并随书配送同版本光盘一张。《综合卷》分三篇：第一篇为“综合篇”，第二篇为“企业篇”，第三篇为“文化及相关产业篇”。《第二产业卷》按内容分为上、下两册。上册两篇：第一篇为“工业企业生产经营及财务状况篇”，第二篇为“主要工业产品产量篇”。下册两篇：第一篇为“规模以上工业企业科技情况篇”，第二篇为“建筑业企业生产经营及财务状况篇”。《第三产业卷》分六篇：第一篇为“批发和零售业企业基本情况及财务状况篇”，第二篇为“住宿和餐饮业企业基本情况及财务状况篇”，第三篇为“房地产开发经营业生产经营及财务状况篇”，第四篇为“服务业企业财务状况篇”，第五篇为“服务业行政事业及非企业法人单位篇”，第六篇为“企业信息化和电子商务交易情况篇”。为使读者能够更好地使用本资料，现对有关问题做如下说明：

一、第四次全国经济普查的标准时点为2018年12月31日，时期资料为2018年度；

二、综合卷中综合篇和企业篇汇总表，均不包含少量无分组标识的单位数据，其中单位数包含兼营二、三产业的农、林、牧、渔业法人单位，从业人员数不包含兼营二、三产业的农、林、牧、渔业法人单位，不包含人民银行、银保监会、证监会监管的金融业以及铁路运输部门单位数据；

三、本资料建筑业按法人单位注册地，其他行业按法人单位经营地进行汇总；

四、本资料对部分数据由于计量单位取舍不同或四舍五入而产生的误差数均未作机械调整；

五、表中空格表示该项统计指标数值为零、不足最小单位、数据不详或无该项数据，“#”表示其中的主要项，NA表示单位个数小于等于2；

六、为了更准确地使用本年鉴，每卷后附有该卷详细的指标解释。

我们希望此书的面世，能使社会各界对我省第四次全国经济普查有一个全面的了解，更愿本书的内容，能为社会经济研究工作者提供有价值的参考。

福建省第四次全国经济普查资料是全省普查工作者共同辛勤工作的成果，也是广大普查对象积极支持配合的结果。在此，我们向全省所有普查工作者、普查对象和所有参与和支持普查工作的人员致以崇高的敬意和衷心的感谢！

福建省第四次全国经济普查领导小组办公室

2020年10月

第二产业卷（上）　目录

第一篇　工业企业生产经营及财务状况篇

A.行业部分

B. 地区部分

第二篇 主要工业产品产量篇

附 录

第1篇

工业企业生产经营及财务状况篇

A.行业部分

1-A-1　全部工业企业主要经济指标

行　业	企业单位数(个)	资产总计(万元)	负债合计(万元)	营业收入(万元)	从业人员(人)
总　计	**124172**	**432236452**	**214211926**	**564134967**	**5529236**
煤炭开采和洗选业	142	1304641	484745	1070055	23914
石油和天然气开采业					
黑色金属矿采选业	227	1248837	633942	2007315	10455
有色金属矿采选业	173	611223	266920	710806	5968
非金属矿采选业	977	1765407	547213	2887694	26451
开采专业及辅助性活动	37	2973	883	5943	243
其他采矿业	11	4620	2416	894	79
农副食品加工业	4988	17049363	8086044	32563344	242378
食品制造业	3462	11958155	4378163	18018291	189039
酒、饮料和精制茶制造业	4458	7676940	2521668	11394103	133963
烟草制品业	10	2557794	790255	2722916	6032
纺织业	4570	19306484	9143475	33326784	285501
纺织服装，服饰业	8683	16353229	5902496	27671314	504814
皮革、毛皮、羽毛及其制品和制鞋业	9291	19748290	8745657	44090223	682484
木材加工和木、竹、藤、棕、草制品业	4556	5274153	2004673	14067563	143263
家具制造业	3303	3812969	1624830	6934147	96818
造纸和纸制品业	3233	10336108	5715438	13204829	121241
印刷和记录媒介复制业	2802	3116107	1354508	5211542	73362
文教、工美、体育和娱乐用品制造业	7473	10276820	4030930	22277418	306885
石油、煤炭及其他燃料加工业	236	10017264	5391156	14543370	12570
化学原料和化学制品制造业	3265	21426712	12201496	22782708	126459
医药制造业	600	4212646	1331675	3572338	39039
化学纤维制造业	226	8606400	5301778	12902051	41585
橡胶和塑料制品业	6044	13094636	6044282	20433247	233026
非金属矿物制品业	13527	31116534	12913732	43348042	466798
黑色金属冶炼和压延加工业	468	11685076	6406826	19538916	71637
有色金属冶炼和压延加工业	600	18566830	11320935	21589670	62922
金属制品业	8859	12921483	5672477	20265645	228918
通用设备制造业	6306	11963721	5145336	15618871	186793
专用设备制造业	5652	11064921	5664277	12788087	161292
汽车制造业	1634	10389549	5650615	13870166	122196
铁路、船舶、航空航天和其他运输设备制造业	769	3858462	2282377	3179365	40477
电气机械和器材制造业	3951	24946671	12445065	24017647	242528
计算机、通信和其他电子设备制造业	3173	41913671	22839248	42730819	332990
仪器仪表制造业	885	2135899	764877	2712821	37700
其他制造业	1526	2205536	752414	3369111	67805
废弃资源综合利用业	498	731216	365606	1886525	9348
金属制品、机械和设备修理业	975	1345775	473444	2582839	19419
电力、热力生产和供应业	5398	47803000	30058150	19683160	138466
燃气生产和供应业	153	2836451	1657306	3368969	8100
水的生产和供应业	1031	6989887	3294599	1185419	26278

注：1.工业统计调查单位为工业企业单位数，包括机构类型为企业的法人单位，以及执行企业会计制度的事业法人单位、民办非企业法人单位和基金会，农民专业合作社，农村集体经济组织和除宗教活动场所以外的机构类型为其他组织机构的法人单位。

2.“全部工业企业”指规模以上工业企业和规模以下工业企业的总和。“规模以上工业企业”指年主营业务收入在2000万元及以上的工业企业。“规模以下工业企业”指年主营业务收入在2000万元以下的工业企业。

3.表中的合计数和部分计算数据因小数取舍而产生的误差，均未作机械调整。以下相关表均同。

1-A-2　分登记注册类型规模以上

分　组	企业单位数（个）	资产总计	固定资产净额	固定资产原价	累计折旧	流动资产合计	应收账款
总　计	**17347**	**368588084**	**104458452**	**201431303**	**92404305**	**189680904**	**49312586**
一、按登记注册类型分组:							
内资企业	14020	252091189	77628106	142304650	61944518	121603610	30293523
国有企业	26	1612564	979101	1918100	926825	383388	53224
中央企业	3	631323	519918	1301235	781317	100480	37328
地方企业	23	981240	459183	616864	145508	282908	15896
集体企业	62	489859	248566	422184	172497	176818	47049
股份合作企业	30	177490	39171	91197	52026	95973	34920
联营企业	4	40755	4710	6416	1706	23213	1465
国有联营企业							
集体联营企业	3	6665	4443	5503	1060	1262	473
国有与集体联营企业							
其他联营企业	NA	34090	268	913	645	21950	992
有限责任公司	2464	104561864	44910070	76435562	30495582	40110891	10594355
国有独资公司	101	21105263	12319177	24495825	12147062	4222092	559367
其他有限责任公司	2363	83456602	32590892	51939738	18348520	35888800	10034988
股份有限公司	357	38041205	6376227	11637162	4988818	19022434	3730705
私营企业	11067	107150172	25064875	51786239	25304721	61780523	15826681
私营独资企业	246	1005627	301694	777711	444727	317084	106530
私营合伙企业	56	170979	56315	160877	94112	80825	29769
私营有限责任公司	10480	90801937	22209008	46978006	23424940	51395298	13706896
私营股份有限公司	285	15171630	2497857	3869645	1340943	9987316	1983486
其他企业	10	17281	5386	7791	2344	10371	5123
港、澳、台商投资企业	2181	66655553	13840898	31893512	16867527	39972507	11672217
合资经营企业(港或澳、台资)	442	15428684	3425473	7069270	3400207	9836020	3233561
合作经营企业(港或澳、台资)	13	177396	34227	61835	27608	89889	30611
港澳台商独资经营企业	1665	45027335	9486992	22415360	12130004	27178337	7704920
港澳台商投资股份有限公司	44	4824759	847343	2010126	1134244	2378588	595636
其他港澳台商投资企业	17	1197379	46862	336921	175464	489673	107489
外商投资企业	1146	49841341	12989448	27233141	13592260	28104787	7346846
中外合资经营企业	313	23466125	7404502	15055769	7367779	11031268	2062661
中外合作经营企业	13	425374	124275	285081	160694	270555	97487
外资企业	773	24264062	5195157	11415348	5856132	15758439	4914472
外商投资股份有限公司	22	1370369	219385	380594	161132	811296	201419
其他外商投资企业	25	315412	46129	96350	46522	233229	70808
二、在总计中:亏损企业	877	26825645	8259428	16137463	7132974	12576264	3099637
在总计中:国有控股企业	485	93771030	41724743	70510774	28004806	29036756	7095390
在总计中:大型企业	451	147645156	48371866	85256327	35960985	70873260	15518811
中型企业	2699	104107695	27209178	55247458	26532966	56219430	15785562
小型企业	14197	116835233	28877408	60927518	29910354	62588214	18008214

注：本表统计范围为规模以上工业企业(以下各表均同)。

工业企业主要经济指标

单位：万元

存货	产成品	负债合计	流动负债合计	应付账款	所有者权益合计	实收资本	国家资本	集体资本
43796218	**17898462**	**190116057**	**143226756**	**36985725**	**178485541**	**79552182**	**13084508**	**822104**
29099914	11809215	130209751	96073438	22945712	121881168	50459733	12073458	777747
41610	8674	789497	543369	94045	823066	326925	322935	543
21688	675	330259	311738	17847	301064	267877	267877	
19922	7999	459238	231631	76198	522002	59049	55058	543
24112	12484	263851	204275	22977	226008	39395	166	6243
26425	13739	74966	73665	13871	102524	37075		3154
16781	10308	6685	6685	217	34070	2216		100
363	350	1585	1585	217	5080	1716		100
16418	9959	5100	5100		28990	500		
10285999	3027682	60198436	37657643	8643104	44363425	23794507	10296340	328309
1484120	141544	12451502	8001276	785566	8653761	4386627	3402794	4881
8801878	2886138	47746934	29656368	7857538	35709663	19407880	6893546	323428
3883172	1128851	18727779	14490104	2543218	19313426	5872493	1425875	109285
14818020	7605875	50142421	43091582	11624736	57007485	20381581	28143	329613
77789	44623	180245	153681	42782	825381	300769	167	2599
18542	10651	48953	37054	4887	122026	43172		
13232020	6979266	43225043	37133305	9929520	47576630	18070877	21031	237045
1489669	571336	6688180	5767542	1647547	8483448	1966764	6945	89969
3794	1602	6115	6115	3546	11165	5540		500
8300508	3799963	32194411	28059452	7569654	34461133	15198096	448895	23640
1866029	886231	8159411	6968035	2271324	7269273	3683682	436623	10095
30333	9074	86869	77510	8516	90527	36864		
5825047	2566367	20990576	18408874	4750453	24036751	10288317	7855	7228
513266	307945	2597746	2266893	477005	2227013	1049052	4418	6317
65833	30346	359810	338140	62356	837569	140182		
6395797	2289283	27711895	19093866	6470359	22143240	13894353	562155	20718
2787927	907237	14576868	8447582	2165675	8889256	7562728	525054	20578
89630	17240	187799	182014	100383	237574	124886		40
3266942	1212734	12175841	9895148	4067794	12088221	5827773	37101	
207598	135389	633735	437451	114448	750429	255612		100
43700	16683	137652	131671	22059	177761	123353		
3194395	835020	17758525	12623897	2949673	9067115	9549167	1822271	75185
7724519	1392397	57172409	31508041	6776370	36598619	21968140	12660678	71358
16659771	5965519	80852752	56443517	14216577	66806197	27153289	7201333	72391
12696025	5261101	51007349	41365489	10816366	53100340	23419479	3240994	433483
14440422	6671841	58255955	45417750	11952782	58579003	28979414	2642181	316231

1-A-2 续表

分　　组					营业收入	营业成本	销售费用
	法人资本	个人资本	港澳台资本	外商资本			
总　　计	**27539921**	**17287393**	**10949974**	**9827033**	**512643652**	**432755533**	**12218647**
一、按登记注册类型分组:							
内资企业	20970493	16116787	287343	192657	352744766	298501168	7484686
国有企业	421	3026			746998	647812	4105
中央企业					479013	431144	885
地方企业	421	3026			267985	216669	3221
集体企业	25800	7186			1733921	1537892	27922
股份合作企业	7890	26032			495234	434828	10144
联营企业		2116			98324	75011	1503
国有联营企业							
集体联营企业		1616			8890	7346	193
国有与集体联营企业							
其他联营企业		500			89434	67664	1310
有限责任公司	10429715	2505885	141080	88178	109670293	92632240	1754271
国有独资公司	974399	3018		1535	15229405	12901351	97394
其他有限责任公司	9455316	2502867	141080	86643	94440889	79730889	1656876
股份有限公司	2549166	1575054	88405	88465	20537649	16679301	701288
私营企业	7957502	11992448	57857	16014	219411447	186452585	4984048
私营独资企业	35639	254567	7631	167	3275396	2768059	71402
私营合伙企业	19229	23943			748728	631427	25375
私营有限责任公司	7099136	10650441	47371	15847	203458870	173859505	4432355
私营股份有限公司	803498	1063497	2856		11928453	9193594	454916
其他企业		5040			50901	41500	1406
港、澳、台商投资企业	2430699	761733	9903693	1629437	94887221	79565858	3005892
合资经营企业(港或澳、台资)	1522300	330639	1209035	174991	22014379	18388976	742274
合作经营企业(港或澳、台资)	935	18909	17020		414120	331481	27569
港澳台商独资经营企业	654029	331387	7907177	1380640	66637853	56201726	1943301
港澳台商投资股份有限公司	253435	78842	639997	66043	4793651	3938939	200838
其他港澳台商投资企业		1955	130465	7763	1027219	704736	91910
外商投资企业	4138729	408873	758938	8004940	65011665	54688508	1728069
中外合资经营企业	3192310	213524	83660	3527604	24920827	20348261	573995
中外合作经营企业	11503	925	7330	105088	591990	433238	58563
外资企业	755623	121941	662817	4250291	37778193	32497913	1032105
外商投资股份有限公司	133075	58019	158	64259	1163444	958542	30681
其他外商投资企业	46218	14464	4973	57698	557212	450554	32725
二、在总计中:亏损企业	2749392	989347	1609933	2303039	16696394	16217956	409365
在总计中:国有控股企业	8204865	330610	346729	353900	59222730	50107732	820103
在总计中:大型企业	9849206	1970163	3254114	4806081	159327341	131924843	3969254
中型企业	8268888	4293927	4546592	2610595	147256312	124459801	3570667
小型企业	9421826	11023303	3149268	2410357	206059999	176370890	4678726

单位：万元

管理费用	财务费用	利息收入	利息支出	投资收益(损失以“-”号记)	营业利润	利润总额	亏损企业亏损额	平均用工人数(人)
18999017	**3982169**	**483356**	**4026378**	**1572883**	**41412079**	**41802747**	**1313356**	**4453377**
12468530	3058286	296461	2973007	769700	28675664	28827828	715905	2991216
37202	21933	-545	22047	19581	51647	53427	2451	7164
11311	13475	26	13501		19285	20256	419	1672
25891	8458	-571	8546	19581	32362	33171	2032	5492
73754	8863	229	8082	-6314	72800	72902	162	15204
16590	2350	128	2011	-4700	28236	28794		5635
11707	322	8	314		9654	9654		272
281	95	8	87		897	897		183
11426	227		227		8757	8757		89
3307363	1449559	61862	1334643	64646	8580435	8600619	331604	714038
212731	244327	5684	235446	99286	356812	373792	27623	59132
3094631	1205232	56178	1099197	-34639	8223623	8226828	303980	654906
1189370	291239	144767	488780	801313	2306868	2342296	277586	180158
7830730	1283839	90008	1117028	-104829	17620144	17714166	104091	2068034
95893	12276	249	6356	22	288778	288143	9	34294
29285	1863	14	1096	-4002	51775	51634		8675
6887739	1248376	34409	1018009	-181824	15859131	15924119	94658	1925204
817813	21325	55337	91567	80976	1420461	1450270	9424	99861
1815	182	5	104	2	5881	5971	11	711
4000148	481628	59472	587168	679392	8000372	8181784	267880	943293
918212	119435	14872	134258	60219	1755203	1797230	37917	185967
17100	6113	1444	2469		30216	30174		4416
2705162	284054	39601	377728	328199	5522229	5650136	179773	704984
316921	72012	3327	70929	50408	270668	281245	47772	37473
42752	13	228	1784	240566	422057	423000	2418	10453
2530340	442255	127423	466203	123791	4736043	4793136	329572	518868
1019756	287243	47941	318723	36845	1857018	1858930	251930	142243
35776	-1215	2219	806		63581	64009	99	6813
1386233	145122	72497	133504	61585	2647665	2701629	75062	349980
60614	4553	4657	9809	27361	133170	133908	413	12158
27960	6553	108	3362	-2000	34609	34660	2067	7674
832254	433907	7369	399602	-33303	-1324297	-1313356	1313356	175406
1692380	1233304	150771	1307147	378150	3806720	3844327	565186	234529
6107591	1428230	319204	1762930	1577609	14436337	14619577	484995	1177958
5521556	1231163	150300	1171865	93446	11752300	11900105	457432	1501722
7369871	1322776	13852	1091583	-98172	15223442	15283065	370928	1773697

1-A-3 规模以上工业企业

分组	企业单位数（个）	资产总计	固定资产净额	固定资产原价	累计折旧	流动资产合计
总计	**17347**	**368588084**	**104458452**	**201431303**	**92404305**	**189680904**
采矿业	**344**	**4077914**	**1596036**	**3071460**	**1406812**	**1299019**
煤炭开采和洗选业	66	1204605	348491	597416	237928	491852
烟煤和无烟煤开采洗选	66	1204605	348491	597416	237928	491852
烟煤和无烟煤开采洗选	66	1204605	348491	597416	237928	491852
褐煤开采洗选						
褐煤开采洗选						
其他煤炭采选						
其他煤炭采选						
石油和天然气开采业						
石油开采						
陆地石油开采						
海洋石油开采						
天然气开采						
陆地天然气开采						
海洋天然气及可燃冰开采						
黑色金属矿采选业	76	1112116	542910	897484	345768	282167
铁矿采选	72	1093995	538648	863653	316895	271101
铁矿采选	72	1093995	538648	863653	316895	271101
锰矿、铬矿采选	4	18121	4263	33832	28873	11066
锰矿、铬矿采选	4	18121	4263	33832	28873	11066
其他黑色金属矿采选						
其他黑色金属矿采选						
有色金属矿采选业	43	470610	238260	496336	238508	115944
常用有色金属矿采选	28	223150	116025	164774	43044	54129
铜矿采选	NA	199	62	5116	5054	137
铅锌矿采选	25	212827	112705	154756	36345	48080
镍钴矿采选						
锡矿采选						
锑矿采选						
铝矿采选						
镁矿采选						
其他常用有色金属矿采选	NA	10124	3258	4903	1645	5912
贵金属矿采选	8	126497	70552	165413	92535	26357
金矿采选	5	66683	36409	53960	15670	14342
银矿采选	3	59814	34143	111453	76866	12015
其他贵金属矿采选						
稀有稀土金属矿采选	7	120963	51683	166148	102929	35458
钨钼矿采选	4	108956	50998	165199	102665	24200
稀土金属矿采选	3	12007	685	950	264	11258
放射性金属矿采选						
其他稀有金属矿采选						
非金属矿采选业	159	1290582	466375	1080224	584609	409057
土砂石开采	125	747987	284554	727216	429683	305965
石灰石、石膏开采	34	229796	114800	270116	149656	78541

主要经济指标(大、中、小类行业)

单位：万元

应收账款	存货	产成品	负债合计	流动负债合计	应付账款	所有者权益合计	实收资本	国家资本	集体资本
49312586	**43796218**	**17898462**	**190116057**	**143226756**	**36985725**	**178485541**	**79552182**	**13084508**	**822104**
171382	**152423**	**83800**	**1622110**	**1315542**	**231971**	**2455804**	**789641**	**275551**	**11034**
38338	20379	14191	447019	377609	65369	757586	270551	155188	1873
38338	20379	14191	447019	377609	65369	757586	270551	155188	1873
38338	20379	14191	447019	377609	65369	757586	270551	155188	1873
39721	47047	22025	561916	406670	63999	550200	218120	71464	1980
38169	40973	20638	555866	400820	62375	538129	213998	69842	1980
38169	40973	20638	555866	400820	62375	538129	213998	69842	1980
1553	6075	1386	6050	5850	1624	12071	4122	1622	
1553	6075	1386	6050	5850	1624	12071	4122	1622	
29845	17813	9507	214843	191741	53703	255767	84081	14149	3909
10242	6972	3121	99668	92559	31876	123481	28289	4800	3909
83	54	2	102	68		97	97		
9885	6714	3119	90956	83880	30745	121871	25192	4800	3909
274	204		8611	8611	1131	1513	3000		
7098	6776	3702	64133	60307	14998	62364	26634	8992	
6990	2925	740	22581	22535	4949	44102	16090	7867	
108	3851	2963	41552	37772	10049	18262	10544	1125	
12505	4065	2684	51042	38876	6828	69921	29158	358	
4433	2541	1169	48103	35937	6668	60853	28858	358	
8072	1523	1515	2939	2939	160	9068	300		
63478	67184	38077	398332	339522	48901	892251	216890	34750	3272
47749	41978	22946	310754	261900	38501	437233	172183	29750	1247
13755	2223	865	116981	90452	4948	112816	65370	20200	1058

1-A-3 续表 1

分组	企业单位数（个）	资产总计	固定资产净额	固定资产原价	累计折旧	流动资产合计
建筑装饰用石开采	22	85021	27198	60558	33285	41032
耐火土石开采	36	152824	71940	290832	212697	66570
粘土及其他土砂石开采	33	280347	70616	105711	34045	119823
化学矿开采	8	38849	13866	46827	32961	16588
化学矿开采	8	38849	13866	46827	32961	16588
采盐	3	382959	113249	129035	3613	46732
采盐	3	382959	113249	129035	3613	46732
石棉及其他非金属矿采选	23	120788	54706	177146	118351	39772
石棉、云母矿采选						
石墨、滑石采选	10	66298	36825	77355	37699	13021
宝石、玉石采选						
其他未列明非金属矿采选	13	54490	17881	99791	80652	26750
开采专业及辅助性活动						
煤炭开采和洗选专业及辅助性活动						
煤炭开采和洗选专业及辅助性活动						
石油和天然气开采专业及辅助性活动						
石油和天然气开采专业及辅助性活动						
其他开采专业及辅助性活动						
其他开采专业及辅助性活动						
其他采矿业						
其他采矿业						
其他采矿业						
制造业	**16681**	**316979651**	**73241755**	**146154689**	**68758950**	**180696320**
农副食品加工业	1135	15060537	3328970	6198442	2702770	9282196
谷物磨制	85	470820	141625	281718	129905	271831
稻谷加工	69	343695	106563	209716	96801	187306
小麦加工	11	93406	29028	60912	28049	58111
玉米加工	NA	7282	1137	2406	1269	5532
杂粮加工	NA	1288	292	357	65	846
其他谷物磨制	3	25149	4605	8328	3723	20036
饲料加工	169	2602113	465374	773877	289401	1631960
宠物饲料加工	5	30987	8892	16625	7677	14850
其他饲料加工	164	2571126	456483	757251	281724	1617111
植物油加工	45	1895936	233989	474839	196588	1359446
食用植物油加工	43	1869997	213235	451612	194116	1356277
非食用植物油加工	NA	25938	20754	23227	2473	3169
制糖业	3	73594	27793	65944	37524	16228
制糖业	3	73594	27793	65944	37524	16228
屠宰及肉类加工	116	2933657	1161839	1846637	677834	1195514
牲畜屠宰	23	454790	71861	134098	61705	251574
禽类屠宰	8	1628112	760898	1068202	307303	552278
肉制品及副产品加工	85	850755	329080	644336	308826	391661
水产品加工	360	4731918	786913	1565912	760551	3422142
水产品冷冻加工	234	3668526	518833	930404	404436	2787925
鱼糜制品及水产品干腌制加工	108	841742	180277	388602	197598	523971
鱼油提取及制品制造	4	48657	13332	32115	18783	31751
其他水产品加工	14	172993	74470	214790	139735	78496

单位：万元

应收账款	存货	产成品	负债合计	流动负债合计	应付账款	所有者权益合计	实收资本	国家资本	集体资本
8604	11231	7033	29292	26763	4754	55729	28765		
8336	18902	10328	71122	67250	23514	81702	31605	1000	110
17054	9623	4719	93360	77435	5285	186987	46442	8550	79
3306	5865	4428	17630	17554	1587	21219	11174		1495
3306	5865	4428	17630	17554	1587	21219	11174		1495
519	5586	5481	38819	30910	380	344139	5090	5000	90
519	5586	5481	38819	30910	380	344139	5090	5000	90
11905	13754	5222	31128	29158	8434	89660	28444		440
4107	3333	2443	11167	10359	4374	55131	13951		140
7798	10422	2779	19961	18799	4059	34528	14493		300
47912989	**42540224**	**17792475**	**158612993**	**129252240**	**35007128**	**158380174**	**67041370**	**5415712**	**734109**
2343872	2701565	1411887	7541141	6922072	1561296	7519391	2935957	34073	126798
49654	92192	28093	173709	153404	26481	297111	160583	3598	
29651	60086	16259	121825	103347	13080	221870	111338		
14889	17833	6980	39924	38097	12190	53482	38246	3598	
67	2552	985	4694	4694	15	2588	1200		
436	337	200	342	342		946	200		
4611	11385	3669	6924	6924	1196	18225	9600		
355871	350042	115033	1416150	1331660	359894	1185962	545074	23116	116292
3030	7589	3782	9395	9131	2101	21592	11801		
352841	342453	111251	1406754	1322530	357794	1164371	533274	23116	116292
140080	343816	165989	1434380	1314223	121472	461555	235304	2517	
139974	343025	165216	1411293	1303185	119970	458704	221302	2517	
107	791	773	23088	11039	1502	2851	14002		
2978	5310	1596	46566	46565	2035	27029	30158		
2978	5310	1596	46566	46565	2035	27029	30158		
234216	332398	115990	1430039	1312971	201339	1503618	635637	3000	26
85115	55251	21013	170577	143989	12762	284213	177209	3000	26
53357	133048	36353	840574	821839	102488	787538	239580		
95744	144098	58624	418889	347144	86089	431867	218848		
1178691	1247848	821953	2099409	1910617	626787	2632508	696912	1742	5027
984595	1005233	663280	1672578	1517788	494596	1995948	507476	1700	891
173009	195909	133519	337339	321043	113593	504404	139056	41	4136
5230	16618	5102	19157	15901	1716	29500	15365		
15857	30088	20053	70336	55885	16883	102657	35015		

1-A-3 续表 2

分组	企业单位数（个）	资产总计	固定资产净额	固定资产原价	累计折旧	流动资产合计
蔬菜、菌类、水果和坚果加工	290	1983409	403991	887216	426205	1186400
蔬菜加工	118	1067262	170095	394684	209764	631849
食用菌加工	127	649372	167800	377381	179072	400871
水果和坚果加工	45	266775	66096	115151	37369	153680
其他农副食品加工	67	369090	107447	302301	184762	198675
淀粉及淀粉制品制造	12	87821	31795	161619	127313	50431
豆制品制造	19	102841	37461	75280	32651	44538
蛋品加工	5	43362	8201	15582	7137	24702
其他未列明农副食品加工	31	135065	29991	49821	17661	79004
食品制造业	608	10133656	1609990	3245345	1490315	5368579
焙烤食品制造	163	3798418	345911	700789	315770	1867029
糕点、面包制造	73	3197992	162495	398693	197890	1547047
饼干及其他焙烤食品制造	90	600426	183417	302096	117880	319982
糖果、巧克力及蜜饯制造	96	1670369	326622	609512	238232	916762
糖果、巧克力制造	51	1081877	217999	440955	181003	612220
蜜饯制作	45	588491	108623	168557	57229	304542
方便食品制造	88	1080030	253990	522126	232572	530649
米、面制品制造	24	141101	52472	125591	64579	60583
速冻食品制造	51	774898	141725	269918	101192	379070
方便面制造	5	114728	32606	87972	55366	70176
其他方便食品制造	8	49303	27188	38645	11435	20820
乳制品制造	6	80397	14982	32717	14533	57566
液体乳制造	4	61936	14454	26924	12470	40887
乳粉制造	NA	18461	529	5793	2062	16679
其他乳制品制造						
罐头食品制造	121	1549629	258970	634717	359745	1068428
肉、禽类罐头制造	6	110937	20528	36260	15640	79807
水产品罐头制造	13	150045	19724	37728	14278	119025
蔬菜、水果罐头制造	92	1192246	204251	527013	310576	812167
其他罐头食品制造	10	96402	14466	33718	19251	57428
调味品、发酵制品制造	46	894574	111107	261711	148291	328701
味精制造	7	392954	26771	65235	38464	70207
酱油、食醋及类似制品制造	14	236830	35094	52970	17865	110747
其他调味品、发酵制品制造	25	264790	49243	143506	91962	147746
其他食品制造	88	1060240	298408	483773	181172	599444
营养食品制造	5	111402	31416	49602	18186	62334
保健食品制造	15	278271	42943	72685	27473	182837
冷冻饮品及食用冰制造	NA	11264	2136	6674	4538	7208
盐加工	4	30926	15489	19412	3870	11389
食品及饲料添加剂制造	51	468659	134324	226534	90340	264970
其他未列明食品制造	11	159718	72101	108866	36765	70706
酒、饮料和精制茶制造业	577	6003611	1834157	3576921	1679093	3048526
酒的制造	59	1784191	499012	963619	453079	979117
酒精制造						
白酒制造	20	199865	63244	108209	44938	107642

单位：万元

应收账款	存货	产成品	负债合计	流动负债合计	应付账款	所有者权益合计	实收资本	国家资本	集体资本
316059	268581	129695	777523	711449	193378	1205885	537446	100	3560
183403	133728	76425	412979	387632	97792	654282	319725		3359
84251	82858	32973	253380	221080	60805	395992	152811		101
48405	51995	20298	111163	102737	34781	155612	64911	100	100
66323	61380	33538	163367	141183	29910	205723	94842		1892
22140	14477	5984	50327	50027	5415	37494	25008		
10303	19980	11978	42171	25404	4467	60670	20455		
5993	8699	4411	14842	11799	1637	28520	8643		
27887	18225	11164	56027	53954	18392	79038	40736		1892
923904	1004650	482352	3832896	2729825	670376	6300759	1796642	76564	10072
166288	143778	48393	1220510	507709	138621	2577907	589885	1000	2532
102713	63587	15698	1000725	312901	87954	2197267	478896		100
63575	80192	32696	219786	194807	50667	380640	110989	1000	2432
255509	191057	93755	688915	619160	93644	981453	308555		241
156548	123313	61964	449082	430423	72430	632795	229969		1
98961	67743	31791	239833	188737	21214	348657	78586		240
92592	140872	62413	509648	449780	85656	570382	196271		
14777	20561	8642	67504	66597	4327	73597	35162		
64858	106194	46696	366013	313297	48871	408886	108583		
6605	8561	3779	65000	59026	29194	49728	22093		
6352	5556	3297	11131	10859	3264	38172	30433		
10299	8178	1408	32105	27321	9876	48292	21918		
8221	5731	1022	27748	22964	8810	34187	10108		
2078	2447	386	4356	4356	1067	14105	11810		
175445	281779	176009	686883	568828	183156	862746	263857	15000	
8320	24830	9673	65641	64937	7929	45295	23500	15000	
28735	33426	17282	78024	77563	15618	72022	27341		
124257	197292	144514	495116	390985	146810	697131	194551		
14133	26231	4540	48103	35343	12799	48299	18466		
35914	71791	30316	235804	154601	24935	658770	181431	57272	4200
1425	20847	3197	87309	59366	11244	305645	73411	40600	
6991	11927	6913	57045	40511	3585	179786	39312	16672	
27498	39017	20207	91451	54724	10106	173339	68709		4200
187858	167196	70058	459031	402428	134488	601210	234725	3292	3100
-10314	26442	5553	52533	51535	10198	58869	32706		
95951	25763	11417	76560	64065	20934	201711	57110		
2126	1757	692	2675	2675	147	8589	7500		
2403	1897	647	22290	22290	2103	8636	8192	3292	
81828	88290	34383	225996	206810	85586	242664	103781		3100
15863	23047	17367	78977	55052	15521	80741	25436		
573528	750973	410646	2253694	2055374	624135	3749917	1064582	18991	3790
73236	181163	73991	695531	659710	277405	1088660	243097	10000	
13251	44643	20237	82770	73149	10741	117094	51518		

1-A-3 续表 3

分　　组	企　业单位数(个)	资产总计	固定资产净　额	固定资产原　价	累计折旧	流动资产合　计
啤酒制造	8	1236071	382635	669905	281212	667107
黄酒制造	23	225079	45271	153735	104570	121718
葡萄酒制造	NA	1793	98	165	68	1696
其他酒制造	7	121384	7766	31605	22291	80954
饮料制造	82	1667060	504874	1113984	592951	864257
碳酸饮料制造	6	147572	42216	99449	57199	72486
瓶(罐)装饮用水制造	26	169602	86984	139400	51927	69415
果菜汁及果菜汁饮料制造	24	471129	159070	286901	126633	192297
含乳饮料和植物蛋白饮料制造	6	461633	79845	208864	127446	308821
固体饮料制造	3	106774	37422	70996	33575	51962
茶饮料及其他饮料制造	17	310351	99337	308374	196172	169277
精制茶加工	436	2552360	830271	1499318	633063	1205152
精制茶加工	436	2552360	830271	1499318	633063	1205152
烟草制品业	7	2557706	534432	1503082	968634	1784140
烟叶复烤	3	346961	156331	285345	128998	172619
烟叶复烤	3	346961	156331	285345	128998	172619
卷烟制造	3	2151302	343380	1172236	828856	1592515
卷烟制造	3	2151302	343380	1172236	828856	1592515
其他烟草制品制造	NA	59443	34721	45501	10780	19006
其他烟草制品制造	NA	59443	34721	45501	10780	19006
纺织业	927	16810704	4082788	8955240	4683962	9624174
棉纺织及印染精加工	405	10108927	2371470	5831819	3358685	5855707
棉纺纱加工	152	5190507	1438681	3080588	1597855	2831397
棉织造加工	145	2660397	383042	1301515	882490	1798827
棉印染精加工	108	2258023	549746	1449716	878341	1225482
毛纺织及染整精加工	12	112478	21099	59443	35761	39047
毛条和毛纱线加工	6	37579	10050	18951	8901	16456
毛织造加工	4	58274	10472	24705	14233	16921
毛染整精加工	NA	16626	577	15787	12626	5670
麻纺织及染整精加工	NA	10438	1648	2488	840	6305
麻纤维纺前加工和纺纱	NA	10438	1648	2488	840	6305
麻织造加工						
麻染整精加工						
丝绢纺织及印染精加工	NA	15871	661	1705	1044	14370
缫丝加工						
绢纺和丝织加工	NA	15871	661	1705	1044	14370
丝印染精加工						
化纤织造及印染精加工	38	963787	217581	421129	203394	512636
化纤织造加工	32	918782	199187	392051	192864	494788
化纤织物染整精加工	6	45005	18394	29079	10530	17848
针织或钩针编织物及其制品制造	282	3658280	1109006	1959881	777893	1986108
针织或钩针编织物织造	149	1953883	594623	1016555	373282	1087067
针织或钩针编织物印染精加工	9	85284	27192	42897	15705	50510
针织或钩针编织品制造	124	1619113	487192	900430	388906	848531
家用纺织制成品制造	50	406939	57442	118745	60849	289154
床上用品制造	9	218345	25158	58642	33306	163082

单位：万元

应收账款	存货	产成品	负债合计	流动负债合计	应付账款	所有者权益合计	实收资本	国家资本	集体资本
28677	96149	27510	451515	439268	244331	784556	130193	10000	
25081	35467	22501	113916	105776	20409	111163	42178		
612	950	713	1497	1497		297	100		
5615	3953	3030	45833	40021	1924	75551	19109		
187952	178844	102319	930938	827196	198708	736121	385127		83
6025	20277	9157	86969	59748	15039	60603	57737		
13850	13370	8286	73108	62741	10552	96494	45742		
55631	34441	16575	186346	157019	29034	284782	86318		
31656	79682	57063	357110	356686	56763	104523	84956		83
12765	18056	6398	56957	45437	10508	49817	23425		
68026	13019	4840	170449	145565	76811	139902	86949		
312340	390966	234336	627225	568468	148023	1925136	436359	8991	3707
312340	390966	234336	627225	568468	148023	1925136	436359	8991	3707
167276	1320704	97661	790229	789023	401537	1767477	427400	184266	
16657	5399	3328	11253	11253	1932	335708	288900	120578	
16657	5399	3328	11253	11253	1932	335708	288900	120578	
149762	1301766	90366	767761	766555	389111	1383541	120900	63689	
149762	1301766	90366	767761	766555	389111	1383541	120900	63689	
857	13538	3967	11215	11215	10495	48228	17600		
857	13538	3967	11215	11215	10495	48228	17600		
2023704	2278545	1089925	8197756	7127587	1129974	8612945	3731217	1600	31949
1091728	1324744	632238	4827382	4295936	634341	5281544	2184492	1600	19400
370207	645470	287489	2460177	2136696	218454	2730329	965622		19000
396155	483655	260731	1229452	1119740	229558	1430945	667820	1600	400
325366	195619	84017	1137753	1039501	186329	1120270	551050		
10361	12075	5712	42754	32413	3772	69725	25758		
2213	3814	755	19887	12984	1227	17692	10271		
5913	7211	4922	20176	17608	1950	38098	7519		
2235	1050	35	2690	1822	595	13935	7967		
1657	1145	702	1199	1199	307	9239	2100		
1657	1145	702	1199	1199	307	9239	2100		
8000	2066	250	10660	10660	4053	5211	5000		
8000	2066	250	10660	10660	4053	5211	5000		
84186	198221	102013	551249	374727	55058	412539	233197		4851
71924	196423	101348	523295	349717	48872	395487	220885		
12262	1797	665	27954	25011	6187	17051	12312		4851
467282	440107	222707	1775235	1500038	251249	1883044	904469		3010
258459	235817	123513	1011965	801362	109999	941917	549281		10
19036	14232	5711	46815	45363	12161	38469	24952		
189787	190058	93483	716455	653313	129088	902658	330236		3000
120111	69953	39160	199360	190077	65544	207579	69896		
85125	26858	14210	92938	90089	44020	125408	33947		

1-A-3 续表 4

分组	企业单位数（个）	资产总计	固定资产净额	固定资产原价	累计折旧	流动资产合计
毛巾类制品制造	NA	17383	1692	4633	2941	14542
窗帘、布艺类产品制造	10	21399	3688	6906	3189	13093
其他家用纺织制成品制造	30	149812	26904	48564	21414	98437
产业用纺织制成品制造	138	1533983	303881	560028	245497	920848
非织造布制造	61	604551	153270	270175	110551	344909
绳、索、缆制造	4	22741	7672	13957	6285	13763
纺织带和帘子布制造	39	460713	55081	105206	49433	343163
篷、帆布制造	18	123823	9312	20171	7772	106294
其他产业用纺织制成品制造	16	322155	78547	150520	71456	112720
纺织服装、服饰业	1300	12910363	1906092	4568867	2212117	8133786
机织服装制造	880	8609106	1350624	3214398	1528747	5556239
运动机织服装制造	403	4454061	534479	1396172	568238	3084760
其他机织服装制造	477	4155045	816145	1818226	960509	2471479
针织或钩针编织服装制造	366	3908401	505488	1179211	582760	2285028
运动休闲针织服装制造	210	2996383	311170	726080	328691	1755162
其他针织或钩针编织服装制造	156	912018	194319	453132	254069	529865
服饰制造	54	392855	49980	175258	100611	292519
服饰制造	54	392855	49980	175258	100611	292519
皮革、毛皮、羽毛及其制品和制鞋业	1293	16772229	2689581	5945986	2856565	10767174
皮革鞣制加工	49	1040301	159898	343876	153045	708808
皮革鞣制加工	49	1040301	159898	343876	153045	708808
皮革制品制造	212	1552269	364011	782941	345326	765275
皮革服装制造	8	44090	3913	6298	2360	38422
皮箱、包(袋)制造	186	1397719	347762	747422	328847	670099
皮手套及皮装饰制品制造	9	21228	1686	9115	4663	15881
其他皮革制品制造	9	89232	10650	20106	9456	40873
毛皮鞣制及制品加工	NA	22056	996	9632	8636	18562
毛皮鞣制加工						
毛皮服装加工	NA	18155	794	8737	7943	14909
其他毛皮制品加工	NA	3902	202	895	694	3652
羽毛(绒)加工及制品制造	11	137121	7700	17711	10011	93302
羽毛(绒)加工	10	128810	5186	14689	9504	88013
羽毛(绒)制品加工	NA	8310	2515	3022	507	5288
制鞋业	1019	14020482	2156976	4791826	2339548	9181228
纺织面料鞋制造	145	1270674	383486	689356	291317	546585
皮鞋制造	497	10184942	1269605	2982697	1553588	7030841
塑料鞋制造	173	962861	150391	385910	184244	614562
橡胶鞋制造	97	797647	247161	462147	207832	464474
其他制鞋业	107	804359	106334	271717	102567	524765
木材加工和木、竹、藤、棕、草制品业	789	3831721	1062510	3233577	2087865	2020407
木材加工	139	599842	149754	454385	278314	308193
锯材加工	70	290765	100114	248929	142815	156017
木片加工	16	88605	16063	44829	28068	40519
单板加工	38	155005	19837	104431	82144	73128
其他木材加工	15	65467	13741	56195	25288	38529
人造板制造	294	1732440	508745	1454344	923468	905794

单位：万元

应收账款	存货	产成品	负债合计	流动负债合计	应付账款	所有者权益合计	实收资本	国家资本	集体资本
2200	10766	9104	12817	12817	935	4566	1063		
2961	3450	1387	15894	14883	4136	5504	4899		
29824	28880	14459	77711	72287	16455	72101	29987		
240380	230233	87144	789918	722536	115650	744065	306306		4688
128526	84399	31536	304791	280056	42105	299761	162918		360
2093	8946	453	12611	9996	816	10130	7783		3000
44546	58375	17899	330436	293657	13839	130277	66352		450
33027	33923	21103	68067	67354	27848	55757	22997		878
32187	44590	16153	74014	71474	31041	248141	46256		
2378279	2001511	1214278	4975433	4550190	1135500	7934927	1891249	7788	6174
1723508	1424431	847383	3490828	3157153	820765	5118277	1239283	7388	5034
1105727	695646	422208	1774531	1637484	401859	2679531	612189	5337	652
617780	728786	425176	1716297	1519669	418907	2438746	627094	2051	4382
552940	502702	320850	1303134	1224691	242640	2605267	546530	400	1140
373401	373232	261567	905182	858508	175905	2091201	343718		1140
179540	129470	59283	397952	366183	66735	514066	202812	400	
101831	74377	46045	181472	168345	72094	211383	105436		
101831	74377	46045	181472	168345	72094	211383	105436		
3122149	2076724	973271	7938031	6834734	1597522	8834198	2711195	332	63659
156929	251528	84883	448816	414156	122388	591485	211720		10000
156929	251528	84883	448816	414156	122388	591485	211720		10000
183678	161357	45935	862066	800303	216795	690202	142162	1	3354
5840	5737	1163	26938	26859	4111	17152	5490		
162289	133690	40003	779695	719485	199163	618023	113908	1	3354
3457	8351	1318	9174	9174	3339	12054	6469		
12092	13579	3451	46259	44785	10182	42973	16294		
4079	1341	923	15347	15160	399	6709	2755		
3166	822	659	13981	13981		4173	1077		
913	519	264	1366	1179	399	2536	1678		
31634	33820	21755	45494	45494	25469	91626	17158		
29279	33024	20959	43684	43684	24346	85126	10658		
2355	796	796	1810	1810	1122	6500	6500		
2745829	1628679	819776	6566307	5559620	1232472	7454175	2337400	331	50305
164747	118650	59406	628455	533145	101363	642219	162317	36	1150
2008185	1153052	593528	4683250	3978209	810857	5501691	1692944		14163
193723	181341	86827	475362	402023	96112	487498	172701		500
184041	95600	42430	383029	303057	113521	414619	149951	145	1215
195133	80035	37585	396211	343187	110619	408148	159486	150	33277
505303	764473	350750	1571606	1404225	323881	2260113	849963	22954	6385
89093	107691	48096	247591	230145	40919	352251	126828		
47315	56073	24732	148060	137034	15290	142705	88403		
14183	14200	5517	24806	24493	5754	63799	8547		
18700	31034	16341	54957	52547	14121	100048	16484		
8895	6385	1507	19768	16071	5753	45699	13393		
209132	318054	122456	748764	668075	150655	983674	356698	22275	950

1-A-3 续表 5

分 组	企业单位数（个）	资产总计	固定资产净额	固定资产原价	累计折旧	流动资产合计
胶合板制造	188	817462	220394	695760	458713	437227
纤维板制造	12	546075	157106	374328	214746	296940
刨花板制造	13	120252	52941	88396	35265	34616
其他人造板制造	81	248651	78305	295860	214744	137012
木质制品制造	116	623130	139795	436251	287209	386913
建筑用木料及木材组件加工	22	61576	13195	101800	88605	42868
木门窗制造	16	70191	24665	42627	14872	37094
木楼梯制造	3	40553	6989	16123	9134	29915
木地板制造	11	55826	2468	5764	3296	47883
木制容器制造	9	145687	25714	55376	29662	85496
软木制品及其他木制品制造	55	249297	66765	214561	141640	143659
竹、藤、棕、草等制品制造	240	876309	264216	888597	598874	419507
竹制品制造	237	873766	263352	886684	597824	418004
藤制品制造						
棕制品制造	NA	1109	346	1051	705	672
草及其他制品制造	NA	1434	518	863	345	830
家具制造业	344	2726782	556598	1045859	461263	1673699
木质家具制造	214	1548516	360489	683707	306246	894432
木质家具制造	214	1548516	360489	683707	306246	894432
竹、藤家具制造	6	95990	14638	33555	18917	37532
竹、藤家具制造	6	95990	14638	33555	18917	37532
金属家具制造	85	773514	100735	207241	95782	553426
金属家具制造	85	773514	100735	207241	95782	553426
塑料家具制造	4	59887	19453	39391	19938	37991
塑料家具制造	4	59887	19453	39391	19938	37991
其他家具制造	35	248874	61283	81964	20380	150318
其他家具制造	35	248874	61283	81964	20380	150318
造纸和纸制品业	444	8905690	2528534	5274821	2714413	4807155
纸浆制造	3	30182	5709	16959	11250	24474
木竹浆制造	NA	24028	3663	14006	10342	20365
非木竹浆制造	NA	6154	2045	2953	908	4109
造纸	122	4746973	1630931	3503262	1866452	2284722
机制纸及纸板制造	112	4708949	1618315	3482032	1857838	2263437
手工纸制造	3	11540	2912	6387	3475	8246
加工纸制造	7	26484	9704	14843	5139	13039
纸制品制造	319	4128535	891894	1754601	836711	2497960
纸和纸板容器制造	168	1336640	366866	736100	361656	719705
其他纸制品制造	151	2791895	525029	1018501	475055	1778255
印刷和记录媒介复制业	252	2093312	454484	952380	483099	1073362
印刷	251	2090572	453778	951282	482707	1071331
书、报刊印刷	31	201377	37874	108703	69502	113625
本册印制	4	53285	13216	31000	17784	17317
包装装潢及其他印刷	216	1835910	402688	811579	395421	940389
装订及印刷相关服务	NA	2740	707	1098	391	2031
装订及印刷相关服务	NA	2740	707	1098	391	2031
记录媒介复制						
记录媒介复制						

单位：万元

应收账款	存货		负债合计	流动负债合计		所有者权益合计	实收资本		
		产成品			应付账款			国家资本	集体资本
124593	137077	56363	324950	289312	66659	492512	164900	860	
42327	117288	35500	291933	270789	51976	254142	88333	11405	500
9901	13494	6169	39857	34259	10707	80395	36467	10010	
32311	50195	24424	92024	73716	21312	156626	66999		450
77230	203405	104848	236132	218783	47634	386998	167444	679	
9615	18994	8917	27549	26212	4884	34027	14073		
9352	16766	3698	23652	23248	6332	46540	14382	679	
1123	18834	1591	10783	9241	3935	29770	13308		
8141	17758	8290	25549	25024	11258	30277	20116		
7738	70699	66641	35814	35454	6851	109873	56253		
41261	60354	15711	112786	99605	14373	136511	49312		
129848	135323	75349	339119	287222	84673	537190	198992		5435
129270	134615	75133	337440	285985	83709	536326	198422		5435
88	479	32	575	575	451	534	420		
490	229	184	1104	662	514	330	150		
393084	394493	159656	1300509	1179064	301199	1426272	565750	1206	1154
205406	246416	104843	729825	651997	154097	818691	310449	6	154
205406	246416	104843	729825	651997	154097	818691	310449	6	154
9873	9783	7281	31776	31776	16890	64214	11837		
9873	9783	7281	31776	31776	16890	64214	11837		
113640	90005	31486	420282	382458	79143	353232	144144	1200	1000
113640	90005	31486	420282	382458	79143	353232	144144	1200	1000
11917	18390	5663	23599	21753	17862	36289	19044		
11917	18390	5663	23599	21753	17862	36289	19044		
52247	29899	10383	95027	91079	33206	153847	80276		
52247	29899	10383	95027	91079	33206	153847	80276		
1258357	765534	323338	5132350	4495652	1036802	3773339	1667803	232708	21032
6166	2199	339	23740	20837	3035	6442	4080		
5901	1964	236	18301	18301	2679	5727	3580		
265	235	103	5439	2536	356	715	500		
453191	356285	136645	2797104	2350262	298418	1949869	877796	232408	412
444502	349907	133835	2778334	2331492	292248	1930615	865846	232408	412
3890	3096	66	6234	6234	322	5305	3180		
4799	3283	2744	12536	12536	5848	13949	8770		
798999	407050	186354	2311506	2124553	735349	1817028	785928	300	20620
275509	143251	50838	644302	582247	155522	692338	284622	300	
523491	263798	135516	1667205	1542306	579827	1124690	501306		20620
372072	205613	75779	929651	832721	187646	1163660	443652	20489	1904
370449	205486	75652	927900	830970	186377	1162671	442852	20489	1904
40971	18317	7861	88270	73725	13375	113107	47190	12088	443
6386	3707	2104	32551	32551	7194	20734	13406		
323091	183463	65686	807079	724694	165808	1028830	382257	8401	1460
1624	127	127	1751	1751	1269	989	800		
1624	127	127	1751	1751	1269	989	800		

1-A-3 续表 6

分组	企业单位数（个）	资产总计	固定资产净额	固定资产原价	累计折旧	流动资产合计
文教、工美、体育和娱乐用品制造业	1020	7979435	1517770	3399721	1625304	4525689
文教办公用品制造	38	332405	59380	143828	65362	209421
文具制造	25	264456	38326	113920	56549	167479
笔的制造	5	26097	5552	8325	2773	17582
教学用模型及教具制造	NA	6157	2268	3335	1027	3888
墨水、墨汁制造	NA	1621	324	576	253	1297
其他文教办公用品制造	5	34073	12911	17673	4761	19175
乐器制造	8	39296	9376	22544	13168	26372
中乐器制造	NA	2274	112	215	102	1914
西乐器制造	6	24138	6786	13236	6451	14786
电子乐器制造	NA	12884	2478	9094	6615	9672
其他乐器及零件制造						
工艺美术及礼仪用品制造	794	5670510	1082513	2292937	1057168	3122722
雕塑工艺品制造	392	2526797	408383	904042	483506	1322464
金属工艺品制造	119	745858	232057	423566	149239	305037
漆器工艺品制造	40	265414	44392	72267	25471	185807
花画工艺品制造	18	66650	12005	72894	60739	32082
天然植物纤维编织工艺品制造	38	184173	67352	98811	31259	82834
抽纱刺绣工艺品制造	4	29025	12436	18406	5878	7147
地毯、挂毯制造	4	109375	41881	92258	50377	49856
珠宝首饰及有关物品制造	52	876376	68526	118394	49858	717386
其他工艺美术及礼仪用品制造	127	866842	195482	492300	200840	420108
体育用品制造	107	1091007	219676	497231	271342	736293
球类制造	12	87765	12913	31783	18484	63646
专项运动器材及配件制造	38	492592	125777	288188	159615	288824
健身器材制造	36	406119	64865	137482	70302	310328
运动防护用具制造	6	15022	2205	6629	3869	11497
其他体育用品制造	15	89509	13917	33149	19073	61998
玩具制造	63	639407	120290	246563	125716	344115
电玩具制造	15	225422	50128	86837	36152	74456
塑胶玩具制造	21	243145	38703	93243	54540	177485
金属玩具制造	3	34647	2026	2956	930	19571
弹射玩具制造	NA	2976	948	2603	1655	1354
娃娃玩具制造						
儿童乘骑玩耍的童车类产品制造	5	69370	16072	30277	14206	46502
其他玩具制造	18	63846	12413	30648	18234	24748
游艺器材及娱乐用品制造	10	206811	26534	196618	92549	86766
露天游乐场所游乐设备制造	6	194524	19933	188211	90743	82386
游艺用品及室内游艺器材制造	4	12287	6601	8407	1805	4379
其他娱乐用品制造						
石油、煤炭及其他燃料加工业	43	9833507	4406344	8549509	4143046	3890156
精炼石油产品制造	23	9481686	4298194	8363727	4065424	3725473
原油加工及石油制品制造	22	9478605	4297696	8363122	4065316	3723252
其他原油制造	NA	3080	498	605	107	2222
煤炭加工	12	277546	86919	152551	65631	127155

单位：万元

应收账款	存货		负债合计	流动负债合计		所有者权益合计	实收资本		
		产成品			应付账款			国家资本	集体资本
1379159	1417064	628044	3346192	3064771	1033051	4633243	1560221	3930	10529
46516	35576	16379	163925	131546	15030	168480	94263		5373
35003	23507	11211	134834	117644	11609	129622	76283		
3409	6618	3048	11588	7955	1668	14509	3300		
1556	1287	469	3136	2370	125	3021	1013		
103	871	410	487	487	-59	1134	1000		
6444	3294	1240	13880	3090	1687	20194	12667		5373
4261	17066	3839	14843	12793	4515	24452	21503	3750	
987	802	737	1895	1895	715	379	258		
3162	7033	2123	8270	8270	2642	15868	12152	3750	
112	9231	980	4678	2628	1158	8206	9094		
878470	1035265	498580	2287822	2102956	709414	3382688	946292	180	5028
311033	491695	263324	883241	754445	260674	1643556	393575		4136
93404	63710	23931	212202	203251	30827	533657	118539	180	175
30959	97850	45555	62470	55661	16492	202944	76505		317
8061	8312	4279	23497	17030	4485	43153	26970		
22008	20333	9917	55313	51641	10879	128860	34083		
1773	813	219	10702	10675	400	18323	4563		
9602	22366	6653	53892	47564	3655	55483	18374		
297142	203189	99568	624524	622007	306275	251852	71929		
104488	126998	45134	361981	340682	75726	504861	201754		400
288049	181965	65799	478808	448021	194251	612198	290173		
18934	18793	4980	34313	29508	11860	53452	23609		
101112	81171	27832	172465	167355	68861	320127	151070		
130604	63423	29508	227488	206915	99132	178630	86677		
5940	2239	536	6209	6161	2913	8813	6760		
31459	16338	2942	38333	38083	11485	51176	22057		
146026	96491	42115	305069	293442	87251	334338	151856		128
24404	30891	21921	108056	107076	26225	117367	47483		128
88857	42046	9893	133279	128897	43539	109866	55486		
2771	2740	982	5263	4789	3207	29384	4340		
370	335	286	330	143	86	2646	2000		
23641	10533	5303	27879	27827	7823	41491	19233		
5982	9945	3731	30263	24711	6371	33583	23316		
15838	50702	1334	95724	76012	22592	111087	56134		
15150	48537	404	90785	71167	20905	103739	48744		
688	2164	930	4939	4845	1687	7348	7391		
513185	1372047	280130	5271763	2288781	674527	4561744	3786519	1452093	
482979	1308596	253537	5126626	2152757	643821	4355060	3697725	1452093	
482977	1307753	252787	5125353	2151484	643404	4353252	3695917	1452093	
2	843	750	1272	1272	418	1808	1808		
27978	46726	22388	124454	123438	26587	153092	75805		

1-A-3 续表 7

分组	企业单位数(个)	资产总计	固定资产净额	固定资产原价	累计折旧	流动资产合计
炼焦	3	116563	53121	92653	39532	54805
煤制合成气生产	NA	20107	6557	6738	181	8238
煤制液体燃料生产						
煤制品制造	6	91687	15187	27098	11912	41932
其他煤炭加工	NA	49190	12054	26061	14007	22180
核燃料加工						
核燃料加工						
生物质燃料加工	8	74275	21231	33231	11991	37527
生物质液体燃料生产	NA	60239	17992	29021	11029	27217
生物质致密成型燃料加工	7	14036	3238	4210	962	10310
化学原料和化学制品制造业	733	18569489	5077302	10209863	4920405	7766032
基础化学原料制造	134	7177659	2003928	3504550	1402844	2188660
无机酸制造	20	407082	105817	294400	187700	244903
无机碱制造	6	721729	365418	529189	158333	228602
无机盐制造	29	388175	80895	237976	155220	224908
有机化学原料制造	29	4660190	780502	1298668	438307	1256527
其他基础化学原料制造	50	1000484	671296	1144318	463284	233720
肥料制造	53	1053895	327573	606053	276069	406915
氮肥制造	6	515395	78494	233174	154607	191868
磷肥制造	NA	265541	187233	238089	50857	60672
钾肥制造	NA	8196	1286	10452	9166	6493
复混肥料制造	14	75714	12808	30495	16851	52041
有机肥料及微生物肥料制造	30	172773	46492	77643	29649	94975
其他肥料制造	NA	16276	1261	16200	14940	866
农药制造	10	99611	13613	20286	6343	73513
化学农药制造	5	57772	4225	7258	2702	50337
生物化学农药及微生物农药制造	5	41840	9388	13028	3640	23176
涂料、油墨、颜料及类似产品制造	130	1244894	217929	446214	194923	712191
涂料制造	95	783266	137333	304902	150317	429936
油墨及类似产品制造	17	93265	15510	31478	10896	55110
工业颜料制造	6	33713	11481	18726	7245	20134
工艺美术颜料制造	3	164720	48188	63512	15324	83304
染料制造	4	157717	3153	23978	9788	116085
密封用填料及类似品制造	5	12213	2264	3617	1353	7622
合成材料制造	106	5650619	1807725	3955582	2119591	2345008
初级形态塑料及合成树脂制造	74	1669198	437168	974626	526014	783908
合成橡胶制造	10	114965	39579	102613	47439	36963
合成纤维单(聚合)体制造	7	3573201	1313457	2850558	1537100	1484271
其他合成材料制造	15	293255	17522	27785	9038	39866
专用化学产品制造	210	2228524	492588	1216000	684779	1358498
化学试剂和助剂制造	56	516202	142369	288348	112988	288050
专项化学用品制造	25	231678	37983	101541	61674	155910
林产化学产品制造	82	631186	145258	403338	256850	336238
文化用信息化学品制造	9	424279	73999	163343	89345	300461
医学生产用信息化学品制造	3	74652	9414	20207	10793	63132
环境污染处理专用药剂材料制造	5	66986	10259	17967	7707	48102

单位：万元

应收账款	存货	产成品	负债合计	流动负债合计	应付账款	所有者权益合计	实收资本	国家资本	集体资本
4598	26652	12803	39391	38414	3830	77172	40400		
4449	241	91	9186	9186	5243	10921	10000		
13417	19101	8985	55670	55633	15185	36016	20725		
5514	732	509	20206	20206	2329	28983	4680		
2228	16726	4205	20683	12586	4119	53592	12989		
-479	12941	3689	12940	4929	560	47299	9000		
2707	3785	516	7743	7657	3559	6294	3989		
1855739	1670501	658012	11119907	6098509	1351383	7449581	4998057	351275	105244
298404	535175	166400	5236669	2306327	578786	1940990	1639287	25208	1775
89324	41479	15042	190128	185392	49209	216954	70065		
47049	31338	9483	476965	338980	61566	244764	89139	25208	
32934	29912	9263	232661	205787	37941	155513	72940		1775
62518	389991	116020	3777420	1265392	345354	882770	1104124		
66579	42454	16592	559494	310776	84716	440989	303019		
48262	95698	42747	505831	426562	92314	548063	503500	280730	
9133	30853	12243	220361	149546	33032	295034	336221	273900	
13305	18260	7527	182136	176599	20110	83405	81334		
14	3236	2265	2391	2391	58	5805	4976		
6079	20738	12366	33641	33132	7242	42072	23097	6830	
19161	22351	8178	66634	64228	31873	106139	42263		
569	261	167	667	667		15609	15609		
8524	46295	11932	22143	21439	4960	77468	16015		
4023	38904	6140	11596	11596	502	46175	6059		
4501	7391	5792	10547	9843	4458	31293	9956		
286536	144737	63202	488919	451727	154533	755975	287662	5000	49267
165821	79434	33078	331596	304336	120575	451670	188167	5000	467
22142	11612	3926	40264	38982	10792	53000	32249		
6591	4850	2628	16166	13555	2201	17547	8466		
20057	33468	18319	24425	20667	4171	140294	48550		46800
68157	13225	4132	71465	71465	15955	86252	6050		
3768	2150	1121	5002	2723	839	7211	4180		2000
527555	357947	179661	3589867	1805091	237412	2060751	1546997		45026
229346	127528	56482	909450	614669	100798	759748	517946		45026
15864	8993	1767	185170	178604	10528	-70206	67034		
271822	212652	117086	2468947	986898	118811	1104255	717456		
10523	8774	4327	26301	24920	7275	266954	244561		
509472	325408	130142	730803	624180	180536	1497721	731621	11837	7506
113887	59944	30893	244941	194193	58410	271262	110729		
46319	23973	4465	98053	87521	10792	133624	57951	1000	
61071	132401	61890	204625	171057	32171	426561	182397		82
193010	25918	5369	64260	57770	23888	360019	281484	10837	
16498	42157	11558	26073	26072	26616	48579	17636		
23171	13229	5016	31816	27094	9564	35170	15139		

1-A-3 续表 8

分组	企业单位数（个）	资产总计	固定资产净额	固定资产原价	累计折旧	流动资产合计
动物胶制造	NA	1521	85	226	141	1385
其他专用化学产品制造	29	282021	73221	221031	145281	165219
炸药、火工及焰火产品制造	NA	105898	25829	37876	11542	64488
炸药及火工产品制造	NA	105898	25829	37876	11542	64488
焰火、鞭炮产品制造						
日用化学产品制造	88	1008389	188116	423304	224315	616760
肥皂及洗涤剂制造	15	78242	10980	34454	23444	44080
化妆品制造	29	302030	75320	160647	76701	185992
口腔清洁用品制造	3	34896	3847	5393	1546	23909
香料、香精制造	17	229607	49098	143775	94537	153958
其他日用化学产品制造	24	363614	48871	79034	28087	208820
医药制造业	150	3682849	696718	1664989	948866	2125119
化学药品原料药制造	24	518960	161530	574494	409274	254461
化学药品原料药制造	24	518960	161530	574494	409274	254461
化学药品制剂制造	25	627955	109600	223017	107368	384320
化学药品制剂制造	25	627955	109600	223017	107368	384320
中药饮片加工	21	246392	34074	59919	25846	183478
中药饮片加工	21	246392	34074	59919	25846	183478
中成药生产	28	1077880	168878	283031	113420	654446
中成药生产	28	1077880	168878	283031	113420	654446
兽用药品制造	9	203654	60826	206307	143333	87941
兽用药品制造	9	203654	60826	206307	143333	87941
生物药品制品制造	29	907012	132813	263216	123902	496608
生物药品制造	28	715476	112504	223320	104316	397735
基因工程药物和疫苗制造	NA	191536	20309	39896	19587	98873
卫生材料及医药用品制造	7	55010	14356	32853	18212	36716
卫生材料及医药用品制造	7	55010	14356	32853	18212	36716
药用辅料及包装材料	7	45987	14641	22153	7512	27150
药用辅料及包装材料	7	45987	14641	22153	7512	27150
化学纤维制造业	104	8499478	2747311	6146546	3385953	4149224
纤维素纤维原料及纤维制造	16	593183	281736	427784	146048	235622
化纤浆粕制造	NA	30745	1700	8300	6599	5215
人造纤维(纤维素纤维)制造	15	562438	280035	419484	139449	230408
合成纤维制造	87	7901261	2465571	5718616	3239767	3908714
锦纶纤维制造	29	3182755	811638	2185153	1373463	1786150
涤纶纤维制造	45	4454952	1507727	3211184	1701763	2036922
腈纶纤维制造						
维纶纤维制造	3	101597	57505	142336	73302	22925
丙纶纤维制造	NA	26824	16317	29571	13253	10232
氨纶纤维制造	NA	83099	52898	124757	71859	26621
其他合成纤维制造	7	52033	19486	25616	6127	25864
生物基材料制造	NA	5034	5	146	137	4888
生物基化学纤维制造	NA	5034	5	146	137	4888
生物基、淀粉基新材料制造						
橡胶和塑料制品业	780	10843114	2944318	6062720	2942516	5947225
橡胶制品业	101	2843450	1137594	2400829	1251024	1045607

单位：万元

应收账款	存货	产成品	负债合计	流动负债合计	应付账款	所有者权益合计	实收资本	国家资本	集体资本
1100	92	41	1146	1146	607	375	300		
54416	27693	10911	59889	59326	18490	222132	65984		7424
2043	614	237	47925	46845	2675	57973	19600	17600	
2043	614	237	47925	46845	2675	57973	19600	17600	
174944	164627	63691	497750	416338	100168	510639	253376	10900	1670
8700	10748	3655	32808	27505	12226	45435	22281		
54225	40540	17188	121230	111619	18639	180799	101029	10860	1650
3889	5501	1468	22915	19035	1708	11981	23600		
30943	49867	15365	163350	132047	36788	66257	63540		
77187	57971	26016	157447	126132	30807	206167	42926	40	20
506272	515785	170529	1200582	1100809	222929	2482266	742071	58453	2355
63774	72499	31816	214081	199539	32056	304878	99086	1000	2355
63774	72499	31816	214081	199539	32056	304878	99086	1000	2355
68750	57187	23015	326323	291162	34265	301632	129673	9500	
68750	57187	23015	326323	291162	34265	301632	129673	9500	
86087	68666	33498	91887	87603	62178	154504	63011	6962	
86087	68666	33498	91887	87603	62178	154504	63011	6962	
63850	216705	43407	186661	171982	41062	891218	155707	35246	
63850	216705	43407	186661	171982	41062	891218	155707	35246	
19294	17161	6216	26431	21967	5545	177223	45908	5746	
19294	17161	6216	26431	21967	5545	177223	45908	5746	
181188	65603	27429	298433	272005	35571	608578	231710		
145674	62842	26968	247260	222238	34707	468216	218573		
35514	2761	462	51173	49767	864	140363	13137		
13404	10185	1438	23396	23181	5703	31614	8379		
13404	10185	1438	23396	23181	5703	31614	8379		
9925	7779	3709	33371	33371	6549	12617	8598		
9925	7779	3709	33371	33371	6549	12617	8598		
641742	1008930	657976	5256849	4276220	528575	3242629	1835016	29327	10650
38528	81236	19483	377774	271710	61312	215410	150139		
532	4235	3715	18459	7833	2576	12286	5167		
37996	77001	15769	359315	263877	58736	203123	144972		
601747	926526	637774	4875372	4000807	465378	3025889	1684109	29327	10650
318472	467876	367851	1879085	1374610	171530	1303671	397561	2400	10000
270024	438157	260688	2757289	2434859	275553	1697664	1206777		
2086	8197	3909	151181	125802	2987	-49584	43727	26927	
2851			12394	7040	2900	14430			
5151	6743	3431	51581	43652	10983	31518	17594		
3163	5553	1894	23843	14844	1424	28191	18450		650
1467	1169	720	3703	3703	1885	1331	768		
1467	1169	720	3703	3703	1885	1331	768		
1417502	1443426	605729	5086866	4226818	905062	5756247	2466377	913	14189
302911	314144	137727	1149832	718966	175549	1693618	625642	386	100

1-A-3 续表 9

分　　组	企　业单位数（个）	资产总计	固定资产净　　额	固定资产原　　价	累计折旧	流动资产合　　计
轮胎制造	19	2275441	991011	2079437	1076926	705147
橡胶板、管、带制造	15	66642	28180	79692	51468	33981
橡胶零件制造	24	170975	43458	96859	53307	95333
再生橡胶制造	7	75035	12564	31326	18197	46792
日用及医用橡胶制品制造	5	10616	2657	3570	906	5989
运动场地用塑胶制造	4	24130	4209	9360	5151	14728
其他橡胶制品制造	27	220610	55516	100585	45070	143637
塑料制品业	679	7999664	1806724	3661891	1691493	4901618
塑料薄膜制造	76	2198079	603812	1058687	390150	1391510
塑料板、管、型材制造	80	792226	161567	380517	216574	449502
塑料丝、绳及编织品制造	39	148804	39224	69189	25481	81686
泡沫塑料制造	59	477825	52200	104021	43750	347233
塑料人造革、合成革制造	106	1552223	377396	741591	364075	954024
塑料包装箱及容器制造	43	195452	75734	210211	127851	95707
日用塑料制品制造	113	1157164	185270	411975	208585	717795
人造草坪制造	7	47868	8025	14302	6255	32235
塑料零件及其他塑料制品制造	156	1430024	303496	671397	308771	831927
非金属矿物制品业	1730	25289151	5627080	11408628	5524921	13401024
水泥、石灰和石膏制造	90	3146040	1154919	2590558	1400940	1373252
水泥制造	66	3069809	1122704	2479580	1327394	1341165
石灰和石膏制造	24	76232	32215	110978	73546	32087
石膏、水泥制品及类似制品制造	366	3656649	796578	1735892	909506	2245957
水泥制品制造	317	3208046	670486	1535785	839030	2002837
砼结构构件制造	16	252356	64661	94259	28302	153435
石棉水泥制品制造	3	24898	8121	12388	4016	14057
轻质建筑材料制造	16	83036	28715	44748	16028	40876
其他水泥类似制品制造	14	88313	24596	48712	22130	34751
砖瓦、石材等建筑材料制造	687	6400923	1183816	2431164	1155069	3361630
粘土砖瓦及建筑砌块制造	125	538396	193678	418764	215260	217745
建筑用石加工	502	5059345	686673	1547385	787645	2747303
防水建筑材料制造	21	129427	42824	58640	13919	64424
隔热和隔音材料制造	7	57511	19070	51602	30301	28354
其他建筑材料制造	32	616244	241571	354773	107944	303804
玻璃制造	31	4525445	616185	1258391	631608	2616447
平板玻璃制造	6	3726350	390612	795331	398968	2282911
特种玻璃制造	10	717004	200571	413117	207880	289770
其他玻璃制造	15	82092	25003	49943	24759	43766
玻璃制品制造	44	435962	78020	206215	128184	248795
技术玻璃制品制造	13	126957	17864	35065	17202	57756
光学玻璃制造	6	91260	13953	48342	34389	51531
玻璃仪器制造	NA	9100	2588	2937	349	5136
日用玻璃制品制造	10	39941	7821	10761	2930	20844
玻璃包装容器制造	3	94811	21001	81625	60623	62566
玻璃保温容器制造						
制镜及类似品加工						
其他玻璃制品制造	11	73894	14793	27485	12692	50961

单位：万元

应收账款	存货	产成品	负债合计	流动负债合计	应付账款	所有者权益合计	实收资本	国家资本	集体资本
174361	238246	101415	932913	524342	128739	1342528	489700	376	
14708	8452	2948	22414	18513	4417	44228	19092		
36277	20309	6768	57172	52300	18874	113803	40271		
6912	12701	7945	31825	26960	3447	43210	13572		
1426	670	110	6695	5452	953	3922	3040		
4229	1693	769	15016	15016	1297	9114	5390	10	
64998	32073	17772	83797	76383	17823	136814	54578		100
1114591	1129282	468002	3937034	3507852	729513	4062629	1840735	528	14089
153971	176095	76585	1324527	1228176	138894	873552	480694	359	593
136775	126381	64367	325840	289977	70155	466387	278598		5930
28040	25187	11092	44730	36712	13327	104075	58485		1000
132276	109634	52026	144890	136219	30875	332935	62681		186
230076	248181	81163	870512	751691	192610	681711	292040		
31203	19408	13402	83414	77290	23376	112038	58276		
180458	174299	63124	472009	452810	107742	685155	243097	167	4677
8589	5001	3416	24244	9539	952	23624	14470		
213204	245096	102828	646869	525437	151581	783154	352395	1	1703
3576052	2836224	1538122	11356144	10185407	2562680	13933005	5292563	180919	56141
215409	209328	63136	1824966	1642515	395555	1321074	715222	81640	21786
202816	202231	60408	1794092	1611685	381671	1275717	684055	75361	21786
12593	7098	2728	30874	30829	13883	45357	31167	6279	
1074871	255436	94013	1888593	1689919	644585	1768055	865021	75098	8767
998245	223100	81912	1689500	1524286	588216	1518545	728595	24383	8767
52391	11488	5204	138692	111882	39207	113664	86802	44715	
1639	4145	164	8390	8390	1312	16508	7215		
12117	8258	4378	23073	22375	8459	59963	27456	6000	
10480	8446	2354	28938	22987	7392	59375	14953		
873834	983010	536285	2487709	2256388	599488	3913215	1461668	13001	17904
54882	47429	29419	207438	183046	36065	330958	177025	3000	1000
694974	872576	466559	2006333	1819720	485310	3053013	1096845	2001	16904
26226	13113	5306	44340	32476	14324	85088	53867		
12375	6906	2813	22804	17915	4563	34707	9467		
85377	42987	32187	206794	203231	59228	409450	124464	8000	
292696	123917	61833	1974161	1798852	131503	2551284	980904		817
91354	91092	50385	1660598	1500019	33836	2065752	538062		
185957	19870	7724	272600	266540	95466	444403	427307		817
15384	12955	3725	40962	32293	2201	41129	15535		
86700	77186	51606	167739	162451	66183	268223	85074		1713
15746	26043	18936	46720	43567	6928	80237	19263		
20346	10494	4537	18468	18336	8314	72792	12276		800
665	3316	497	4748	4685	4023	4352	4352		
6180	6587	3088	16390	14580	2868	23551	13909		
25372	17693	15127	46088	46029	25815	48723	19500		
18391	13054	9422	35324	35254	18236	38569	15775		913

1-A-3 续表 10

分组	企业单位数（个）	资产总计	固定资产净额	固定资产原价	累计折旧	流动资产合计
玻璃纤维和玻璃纤维增强塑料制品制造	12	258470	55913	68746	12339	123304
玻璃纤维及制品制造	3	958	143	593	65	357
玻璃纤维增强塑料制品制造	9	257512	55769	68153	12275	122947
陶瓷制品制造	416	5878192	1542726	2743362	1113705	2862706
建筑陶瓷制品制造	213	3499150	967771	1876524	841331	1679756
卫生陶瓷制品制造	22	1154405	217945	345189	112304	671542
特种陶瓷制品制造	21	108114	51385	69439	17909	42379
日用陶瓷制品制造	37	573649	115932	164895	48496	193224
陈设艺术陶瓷制造	109	458165	136682	208536	68153	249502
园艺陶瓷制造	6	64122	43994	67133	22884	19381
其他陶瓷制品制造	8	20586	9018	11646	2628	6923
耐火材料制品制造	18	223774	36440	92876	55936	118408
石棉制品制造	5	9756	2888	6578	3689	5886
云母制品制造						
耐火陶瓷制品及其他耐火材料制造	13	214018	33552	86298	52247	112522
石墨及其他非金属矿物制品制造	66	763696	162482	281425	117635	450525
石墨及碳素制品制造	15	327057	78401	116891	38377	184746
其他非金属矿物制品制造	51	436639	84081	164533	79258	265779
黑色金属冶炼和压延加工业	131	11170948	3353897	6548514	2764157	5461978
炼铁	3	59018	11384	31108	19724	45027
炼铁	3	59018	11384	31108	19724	45027
炼钢	4	961168	255270	410849	149784	486525
炼钢	4	961168	255270	410849	149784	486525
钢压延加工	103	9882485	3034551	6000431	2562588	4790319
钢压延加工	103	9882485	3034551	6000431	2562588	4790319
铁合金冶炼	21	268278	52692	106127	32062	140108
铁合金冶炼	21	268278	52692	106127	32062	140108
有色金属冶炼和压延加工业	139	18236058	3321864	5134876	1803402	9251657
常用有色金属冶炼	21	5466003	1303769	1688032	384262	3907300
铜冶炼	3	1624137	486883	653826	166942	1024073
铅锌冶炼	NA	13597	6868	13288	6420	5878
镍钴冶炼	5	3550330	631208	809642	178433	2805797
锡冶炼	NA	818				717
锑冶炼						
铝冶炼	3	15868	3509	10302	6792	11092
镁冶炼						
硅冶炼	4	28190	14702	19595	4893	11218
其他常用有色金属冶炼	3	233062	160599	181380	20781	48524
贵金属冶炼	5	5963698	346106	663769	317663	1673497
金冶炼	4	5959195	345460	662752	317292	1669864
银冶炼						
其他贵金属冶炼	NA	4503	646	1018	371	3633
稀有稀土金属冶炼	7	687905	204580	387512	180513	402459
钨钼冶炼	5	473825	137097	277157	140048	284457
稀土金属冶炼	NA	214080	67483	110354	40464	118003
其他稀有金属冶炼						

单位：万元

应收账款	存货	产成品	负债合计	流动负债合计	应付账款	所有者权益合计	实收资本	国家资本	集体资本
42244	36194	24057	121147	45041	11529	137322	50871		
149	162	111	308	308	15	650	683		
42094	36033	23946	120839	44733	11514	136673	50188		
858065	953480	649281	2454560	2181065	538978	3423632	960803		5154
485958	636467	465017	1085889	971402	317870	2413261	597321		3138
208742	179292	94117	738218	606523	154446	416187	192843		816
14430	17327	10615	34798	33272	8104	73316	26338		
63986	42573	27715	389596	377616	24590	184053	44811		
77847	66388	45638	184167	171064	30587	273999	73103		
5412	8429	6061	17827	17277	2924	46295	17650		1200
1690	3006	118	4065	3913	459	16521	8737		
40602	32161	16825	110109	108073	33019	113665	35273		
1678	3042	218	2207	2207	106	7549	6185		
38924	29119	16608	107902	105867	32912	106116	29088		
91632	165511	41085	327161	301103	141841	436535	137727	11181	
26070	45591	15292	130243	110393	28129	196813	43541	3480	
65562	119921	25793	196918	190709	113713	239722	94186	7701	
331977	1358790	496318	6172233	5702139	1226275	4998715	2715250	536779	19168
8372	8503	1914	46992	46992	13974	12026	6600		
8372	8503	1914	46992	46992	13974	12026	6600		
6573	73668	31249	834543	834543	155518	126625	49172		
6573	73668	31249	834543	834543	155518	126625	49172		
291982	1241443	440487	5174080	4724932	1002163	4708404	2617006	536779	17800
291982	1241443	440487	5174080	4724932	1002163	4708404	2617006	536779	17800
25051	35175	22667	116618	95672	54620	151660	42472		1368
25051	35175	22667	116618	95672	54620	151660	42472		1368
717671	2958055	1337352	11117303	8123068	2218964	7118754	2337535	701260	18560
65644	1637306	566132	4128339	3440610	1618342	1337665	661047	198000	
4301	763100	13572	1128164	890202	383816	495973	418240	196000	
1192	2581	956	6385	4147	1229	7212	600		
42663	854719	543963	2868328	2477503	1200767	682002	166759		
102	387	68	254			564			
7314	2167	372	7299	6530	980	8569	7395		
3040	2076	840	12949	8617	2866	15242	3200		
7033	12276	6361	104959	53613	28683	128104	64853	2000	
120816	29505	192	3097561	1386632	75388	2866138	251820	59607	218
120816	29274	192	3094386	1383670	75388	2864809	250520	59607	218
	231		3174	2962		1329	1300		
112840	194310	123964	255075	234505	48286	432830	247820	197970	4750
75083	138442	90979	201695	186511	34178	272130	78750	36600	4750
37757	55869	32985	53380	47994	14108	160700	169070	161370	

1-A-3 续表 11

分组	企业单位数(个)	资产总计	固定资产净额	固定资产原价	累计折旧	流动资产合计
有色金属合金制造	30	494557	100443	184155	83656	328439
有色金属合金制造	30	494557	100443	184155	83656	328439
有色金属压延加工	76	5623895	1366965	2211409	837308	2939962
铜压延加工	19	211018	52047	112871	57517	134402
铝压延加工	41	2570526	1059202	1677157	617078	987053
贵金属压延加工	NA	26036	10267	13865	2438	14047
稀有稀土金属压延加工	3	2748354	221454	377123	154377	1773415
其他有色金属压延加工	11	67961	23995	30393	5898	31045
金属制品业	811	9153287	2146096	4489076	2216659	5498648
结构性金属制品制造	217	1999935	483336	920476	414101	1210377
金属结构制造	161	1645661	412344	703119	277201	1015895
金属门窗制造	56	354274	70992	217356	136900	194482
金属工具制造	36	301839	52653	179217	78105	190743
切削工具制造	20	234334	36463	146116	63638	153466
手工具制造	NA	5239	1271	1657	386	3374
农用及园林用金属工具制造	NA	2461	517	1075	558	1936
刀剪及类似日用金属工具制造	6	35992	10186	20023	9425	15137
其他金属工具制造	7	23813	4217	10346	4098	16829
集装箱及金属包装容器制造	48	1414539	298926	640257	331971	763157
集装箱制造	5	158826	29465	57075	27610	120022
金属压力容器制造	3	83633	6009	10845	4836	54133
金属包装容器及材料制造	40	1172081	263451	572337	299526	589002
金属丝绳及其制品制造	12	54483	13848	22797	8928	34800
金属丝绳及其制品制造	12	54483	13848	22797	8928	34800
建筑、安全用金属制品制造	123	2425921	425304	777515	341654	1695231
建筑、家具用金属配件制造	31	345504	100334	225634	119851	189953
建筑装饰及水暖管道零件制造	57	1489816	247960	437631	187834	1113232
安全、消防用金属制品制造	22	525273	69637	95877	25042	341497
其他建筑、安全用金属制品制造	13	65328	7374	18373	8928	50549
金属表面处理及热处理加工	45	572661	208968	479718	270468	307526
金属表面处理及热处理加工	45	572661	208968	479718	270468	307526
搪瓷制品制造	NA	3197	572	636	64	2563
生产专用搪瓷制品制造						
建筑装饰搪瓷制品制造						
搪瓷卫生洁具制造	NA	3197	572	636	64	2563
搪瓷日用品及其他搪瓷制品制造						
金属制日用品制造	72	455155	106290	219745	110766	253257
金属制厨房用器具制造	13	73705	22316	44936	22620	29468
金属制餐具和器皿制造	13	84360	16210	44203	27971	38973
金属制卫生器具制造	8	49158	9302	20895	11525	24162
其他金属制日用品制造	38	247933	58461	109711	48651	160654
铸造及其他金属制品制造	257	1925556	556199	1248717	660603	1040994
黑色金属铸造	154	1040942	332044	857537	507991	522346
有色金属铸造	7	87281	24267	34356	10089	45181
锻件及粉末冶金制品制造	27	100390	29672	70949	40334	54443
交通及公共管理用金属标牌制造	NA	11960	554	1247	693	7321
其他未列明金属制品制造	68	684983	169662	284627	101496	411703

单位：万元

应收账款	存货	产成品	负债合计	流动负债合计	应付账款	所有者权益合计	实收资本	国家资本	集体资本
77996	123692	45192	265826	253279	49646	228730	102872	2382	13592
77996	123692	45192	265826	253279	49646	228730	102872	2382	13592
340375	973242	601871	3370503	2808042	427303	2253392	1073976	243300	
43171	44808	20833	139900	139747	74124	71118	92490		
191317	365693	127230	1581158	1225282	103482	989368	738224	228670	
1025	1184		636	636	1	25401	21000		
93286	553249	450298	1613887	1409890	248110	1134466	202231	14630	
11576	8309	3511	34921	32487	1587	33040	20031		
1631877	1271053	501897	4280001	3824413	1036884	4873040	2292411	26578	18244
380547	329701	105805	910600	802732	231574	1089335	570393	8000	
317735	276506	79379	751590	652020	201063	894071	496955	8000	
62813	53195	26426	159010	150713	30511	195264	73438		
58702	55852	20981	105332	93916	32683	196507	55638	40	5698
45729	47678	15360	76345	69626	21575	157989	38335		
462	317	39	1955	1955	1192	3284	1114		
85	220	140	1381	1381	744	1081	600		
5461	3462	2717	14966	10867	4935	21026	9105	40	5698
6965	4175	2726	10687	10088	4238	13127	6484		
274214	155266	56276	758330	681401	128595	656210	436196	2041	4950
57612	23063	13176	101424	100996	25353	57401	40599	2041	
42494	9212	6058	58250	23108	1957	25383	14000		
174109	122991	37041	598656	557297	101285	573425	381598		4950
11104	15190	8200	24721	23323	3499	29763	18987		
11104	15190	8200	24721	23323	3499	29763	18987		
408554	329047	109058	1007032	930967	300302	1418888	473404		6193
84619	52104	18874	125346	117257	45743	220158	91686		6168
205768	215207	49167	605361	561346	204664	884454	239061		26
103621	50267	33661	246755	224864	44244	278519	118965		
14546	11469	7355	29571	27500	5650	35758	23692		
84547	68907	33471	271934	256970	60636	300727	227042	898	899
84547	68907	33471	271934	256970	60636	300727	227042	898	899
164	163	108	83	83	61	3114	1000		
164	163	108	83	83	61	3114	1000		
55374	61567	20117	191481	110530	26187	263429	135676		502
4660	14291	4033	27769	12063	3167	45936	23698		
10917	14523	2847	36378	35058	5687	47982	42717		
7965	5277	1496	19083	17301	3088	30075	24571		
31832	27476	11741	108252	46108	14245	139436	44690		502
358670	255361	147883	1010489	924492	253348	915067	374076	15600	1
169659	107874	64471	609258	549290	101792	431684	183356	15100	1
7709	13605	3096	50401	47988	6417	36880	23584		
18238	16214	10610	48818	43376	20810	51572	28382		
3773	410	199	968	968	786	10992	500	500	
159292	117260	69507	301044	282870	123543	383940	138254		

1-A-3 续表 12

分组	企业单位数（个）	资产总计	固定资产净额	固定资产原价	累计折旧	流动资产合计
通用设备制造业	592	9150012	1576952	3444826	1729508	5791354
锅炉及原动设备制造	18	256827	52905	84541	29249	151564
锅炉及辅助设备制造	6	16597	6469	10728	4259	9324
内燃机及配件制造	5	67774	15615	29557	13942	40479
汽轮机及辅机制造	NA	7237	15	3192	789	7222
水轮机及辅机制造	4	12961	3339	4423	1084	9094
风能原动设备制造	NA	139306	23082	28097	5016	80649
其他原动设备制造	NA	12952	4386	8545	4159	4795
金属加工机械制造	72	726947	107429	417079	208858	496283
金属切削机床制造	20	139504	24448	140846	112615	95979
金属成形机床制造	10	155790	36252	75798	39546	104551
铸造机械制造	15	151255	21997	53525	31368	66089
金属切割及焊接设备制造	NA	32191	1368	2884	1516	30376
机床功能部件及附件制造	6	182897	13396	117699	9820	153602
其他金属加工机械制造	19	65310	9968	26326	13994	45687
物料搬运设备制造	41	669152	167224	385715	217969	432080
轻小型起重设备制造	9	60234	16805	25918	9113	27001
生产专用起重机制造	12	115425	29556	90243	60165	65461
生产专用车辆制造	7	337234	91102	216034	124931	222349
连续搬运设备制造	NA	13193	2680	4531	1851	10351
电梯、自动扶梯及升降机制造	5	63064	10274	16627	6353	49551
客运索道制造	3	43457	9266	13135	3869	29520
机械式停车设备制造						
其他物料搬运设备制造	3	36546	7541	19227	11686	27846
泵、阀门、压缩机及类似机械制造	166	2595475	463679	833069	357074	1747871
泵及真空设备制造	34	220628	43703	104833	59629	135028
气体压缩机械制造	8	190907	89389	158393	69005	95004
阀门和旋塞制造	102	2005204	288977	482345	183778	1420227
液压动力机械及元件制造	19	163063	35894	74043	38148	90682
液力动力机械元件制造						
气压动力机械及元件制造	3	15673	5715	13455	6515	6930
轴承、齿轮和传动部件制造	66	928481	164559	445779	269168	580990
滚动轴承制造	31	574893	80151	213086	121291	334493
滑动轴承制造	4	51330	2702	5377	2520	47607
齿轮及齿轮减、变速箱制造	21	253093	62297	159005	96458	170922
其他传动部件制造	10	49165	19411	68311	48900	27968
烘炉、风机、包装等设备制造	42	988143	217254	330145	112593	459620
烘炉、熔炉及电炉制造	NA	2618	31	125	95	758
风机、风扇制造	6	45340	11810	19133	7323	24368
气体、液体分离及纯净设备制造	7	214506	23291	46015	22451	80392
制冷、空调设备制造	12	589123	156205	197956	41751	259026
风动和电动工具制造	7	71288	14041	51487	37422	51625
喷枪及类似器具制造	NA	700	163	191	28	489
包装专用设备制造	8	64567	11715	15238	3524	42961
文化、办公用机械制造	46	2051982	197433	486563	287955	1276346

单位：万元

应收账款	存货	产成品	负债合计	流动负债合计	应付账款	所有者权益合计	实收资本	国家资本	集体资本
1651256	1417459	616179	3988219	3395046	973114	5175586	1926720	73577	11196
42891	66698	18531	175537	124700	41627	81290	49468	24180	
5168	1574	626	5073	4601	1130	11525	1853		
9750	23601	5700	44196	32416	20346	23578	10180	4380	
5413	948	778	6806	6059		431	431		
3544	4119	2150	4386	2973	1807	8575	3250		
15461	35501	8722	106110	69684	9377	33196	30000	19800	
3555	955	555	8967	8967	8967	3986	3755		
191540	100693	40268	274212	247215	77603	452735	196675	3100	
21874	32802	17186	53077	44802	20116	86427	39572		
27308	30109	8745	43204	35218	8423	112586	65405		
20706	8805	6748	72160	69205	18077	79096	22785		
16366	4225	2032	12943	12672	5911	19247	9219	3100	
84919	16069	2201	61904	55951	16038	120993	40378		
20368	8682	3355	30925	29367	9039	34386	19315		
156881	127613	24513	287248	267635	125669	381905	218571	1955	255
6629	10192	3351	23555	22739	8766	36679	22350		
23952	14329	2299	55958	48407	13884	59467	51945		255
84611	74493	10461	158765	152679	85422	178469	99414		
4616	1597	300	3016	3016	363	10177	3598		
13733	8445	5412	23207	18047	6798	39857	16977	1955	
14171	5918	1237	12644	12644	2980	30812	16734		
9169	12640	1453	10102	10102	7456	26444	7552		
491662	465272	278401	1266178	899047	204374	1343090	494799		
38775	36224	10239	105797	69517	26359	114830	46818		
19894	22457	8318	80309	58758	21494	110599	34260		
405611	383740	250939	1025650	720207	140658	993348	370075		
24584	20561	7630	46850	42998	14402	116213	32014		
2799	2291	1275	7573	7567	1461	8100	11631		
119960	105658	50528	394406	368006	86849	534075	166670	41040	
56641	69064	37953	249231	228966	42549	325662	101319	41040	
18761	4738	2129	20670	20607	13926	30660	4981		
29536	26524	8438	107218	101279	25529	145875	45319		
15022	5332	2009	17286	17154	4845	31879	15052		
150259	103438	27795	406723	378859	134632	581420	211491		8795
85	452	381	1490	1490		1129	89		
10377	5121	1405	23439	22523	4741	21901	12570		
20549	12196	4246	59338	47796	10938	155167	46629		
83215	58750	13318	265643	251411	101748	323480	115702		8795
24926	15849	4974	28837	28394	11529	42451	25637		
330	57		537	537	234	163	100		
10776	11013	3471	27439	26709	5442	37128	10765		
299750	284370	118835	751991	698885	229023	1299991	383217	3200	

1-A-3 续表 13

分　组	企　业单位数（个）	资产总计	固定资产净　额	固定资产原　价	累计折旧	流动资产合　计
电影机械制造						
幻灯及投影设备制造	4	86626	8089	19911	11822	60885
照相机及器材制造	11	457153	132719	338840	206121	249964
复印和胶印设备制造	5	27956	5290	15700	10410	17061
计算器及货币专用设备制造	26	1480247	51337	112113	59602	948436
其他文化、办公用机械制造						
通用零部件制造	108	567486	153719	371578	209691	362223
金属密封件制造	NA	7544	1661	4542	2881	5297
紧固件制造	26	166323	28281	62597	32752	126744
弹簧制造	6	22381	5094	11534	6441	15898
机械零部件加工	46	185674	56630	132889	74734	106257
其他通用零部件制造	28	185565	62055	160017	92884	108028
其他通用设备制造业	33	365519	52749	90358	36951	284378
工业机器人制造	3	40387	140	179	39	38730
特殊作业机器人制造	NA	7057	16	18	2	6900
增材制造装备制造	NA	3599	1612	1878	266	1987
其他未列明通用设备制造业	28	314477	50981	88283	36644	236761
专用设备制造业	563	8807417	1301495	3159113	1707958	5999184
采矿、冶金、建筑专用设备制造	113	2528347	376996	942683	485030	1797780
矿山机械制造	23	70319	20942	57630	35472	43730
石油钻采专用设备制造	NA	33896	11416	14329	2913	4574
深海石油钻探设备制造	NA	13763	1274	3016	1742	6163
建筑工程用机械制造	45	1746885	255228	600766	272882	1347504
建筑材料生产专用机械制造	32	579535	68948	134585	65106	358179
冶金专用设备制造	10	80481	17264	110212	86695	36087
隧道施工专用机械制造	NA	3468	1925	22145	20220	1543
化工、木材、非金属加工专用设备制造	117	1136729	301981	823335	495391	669120
炼油、化工生产专用设备制造	9	181770	50783	287166	216312	79018
橡胶加工专用设备制造	8	217194	30265	155974	123340	170666
塑料加工专用设备制造	6	53961	4007	10526	5671	33604
木竹材加工机械制造	7	14218	3395	9845	6119	8788
模具制造	84	641115	198204	340109	139560	366497
其他非金属加工专用设备制造	3	28472	15326	19715	4389	10547
食品、饮料、烟草及饲料生产专用设备制造	19	107526	34932	69710	33921	49554
食品、酒、饮料及茶生产专用设备制造	10	54696	21806	46972	24451	24068
农副食品加工专用设备制造	7	19074	7315	12298	4840	9344
烟草生产专用设备制造	NA	33756	5810	10440	4631	16143
饲料生产专用设备制造						
印刷、制药、日化及日用品生产专用设备制造	24	331979	67429	216728	143183	165202
制浆和造纸专用设备制造	7	131362	35455	57559	22054	65575
印刷专用设备制造	10	105377	14000	40095	26055	43636
日用化工专用设备制造	NA	8111	585	1184	598	2351
制药专用设备制造	NA	27408	12525	108158	90474	1825
照明器具生产专用设备制造						
玻璃、陶瓷和搪瓷制品生产专用设备制造	NA	24154	2807	3868	1061	19996
其他日用品生产专用设备制造	3	35567	2056	5865	2941	31818

单位：万元

应收账款	存货	产成品	负债合计	流动负债合计	应付账款	所有者权益合计	实收资本	国家资本	集体资本
15145	17748	5913	38144	37636	19440	48482	26700	3200	
70316	79379	40250	207556	180353	68154	249597	145925		
3660	6493	1143	8123	8123	4883	19833	12026		
210629	180750	71529	498168	472773	136546	982079	198566		
125678	95995	41848	220169	202644	53724	347318	145041		20
1512	3606	1211	3233	3158	51	4311	2600		
49238	40157	21104	60234	55699	18267	106089	32985		
5829	3290	1298	11002	9657	1192	11380	5311		
33627	23441	12241	79303	68821	15125	106371	35667		20
35471	25501	5994	66398	65309	19089	119167	68478		
72636	67723	15461	211756	208055	19613	153762	60788	102	2126
1659	1893	32	3814	2910	1210	36573	10700		
	3147	3147	1503	1503	60	5554	1000		
530	1343	818	888	888	523	2711	1000		
70447	61341	11464	205552	202755	17820	108925	48088	102	2126
1599064	1977983	484084	4728131	4353892	887576	4079286	1570009	74729	18752
518388	537923	214481	1443577	1327402	230590	1084770	441846	60362	9888
15720	9417	5796	29082	26101	6939	41237	16273		40
4278	296	202	22458	8857		11438			
685	835	46	6807	6807	2672	6956	3600		
409606	399428	167761	1103157	1026736	190840	643729	289704	60362	3500
79874	116345	37462	244219	221346	25114	335316	104201		6348
7067	11393	3215	36461	36161	4904	44020	26268		
1158	209		1393	1393	120	2075	1800		
229621	234570	41612	537091	509364	115034	599637	182981		4221
15031	45784	5969	117743	110987	8340	64027	10552		
50732	96135	8104	141231	139553	20725	75963	22078		
11444	14776	2434	27857	25062	10281	26104	7681		
2590	3597	1598	7365	7365	1453	6853	3272		
145784	68791	21829	232613	216115	72985	408502	128398		4221
4039	5487	1679	10283	10283	1249	18189	11000		
20069	12639	4870	29810	24405	7325	77715	32317		1345
6686	5843	1796	18424	13057	4434	36272	9877		1345
2010	2407	1006	4979	4940	1457	14095	9940		
11372	4388	2068	6407	6407	1435	27349	12500		
46309	55242	25693	207744	181148	35080	124235	56638		
15027	19712	6663	108749	103385	6466	22613	11417		
12336	12224	9310	50454	32688	17824	54922	34498		
531	400	304	3742	3742	124	4369	2080		
543			11916	11916		15492	1500		
7166	12739	8908	11779	8313	6219	12375	1523		
10707	10167	508	21103	21103	4447	14464	5620		

1-A-3 续表 14

分　　组	企　业 单位数 （个）	资产总计	固定资产 净　　额	固定资产 原　　价	累计折旧	流动资产 合　　计
纺织、服装和皮革加工专用设备制造	62	523772	88189	259882	160245	363278
纺织专用设备制造	49	431738	69677	151664	80493	309519
皮革、毛皮及其制品加工专用设备制造	4	43554	5643	53635	38834	25917
缝制机械制造	9	48481	12868	54583	40918	27842
洗涤机械制造						
电子和电工机械专用设备制造	30	328308	40255	74660	28310	263805
电工机械专用设备制造	7	69849	16479	27692	11213	44075
半导体器件专用设备制造	4	20205	1677	12584	4902	17873
电子元器件与机电组件设备制造	6	29557	2688	6617	3840	25198
其他电子专用设备制造	13	208698	19412	27767	8355	176659
农、林、牧、渔专用机械制造	38	285809	78507	141203	62508	90188
拖拉机制造	5	19576	4333	8917	4485	8251
机械化农业及园艺机具制造	12	67772	11727	47201	35474	38416
营林及木竹采伐机械制造						
畜牧机械制造	NA	5027	910	1755	846	3901
渔业机械制造	NA	76295	20299	22548	2249	11950
农林牧渔机械配件制造	4	10926	1544	3729	2126	9163
棉花加工机械制造						
其他农、林、牧、渔业机械制造	14	106212	39695	57053	17329	18508
医疗仪器设备及器械制造	69	712111	119030	295782	175593	523514
医疗诊断、监护及治疗设备制造	7	37433	3754	6973	3214	27353
口腔科用设备及器具制造	NA	25258	7181	12015	4833	15976
医疗实验室及医用消毒设备和器具制造	NA	3309	893	1474	581	2416
医疗、外科及兽医用器械制造	9	33442	6472	58207	51735	25513
机械治疗及病房护理设备制造	6	49482	4934	8131	3196	30500
康复辅具制造	5	208308	26428	44810	18383	162642
眼镜制造	29	275475	61632	145775	84117	193060
其他医疗设备及器械制造	11	79405	7736	18398	9534	66054
环保、邮政、社会公共服务及其他专用设备制造	91	2852837	194177	335130	123777	2076744
环境保护专用设备制造	53	2503163	100344	180798	73237	1898685
地质勘查专用设备制造						
邮政专用机械及器材制造						
商业、饮食、服务专用设备制造						
社会公共安全设备及器材制造	8	67383	16928	30868	13941	21797
交通安全、管制及类似专用设备制造	3	20198	16894	21182	4289	3175
水资源专用机械制造	3	36531	2889	5798	2909	22858
其他专用设备制造	24	225562	57122	96485	29402	130229
汽车制造业	371	9521056	1846800	4282976	2268784	6166859
汽车整车制造	12	3638768	523972	1352876	768861	2564076
汽柴油车整车制造	9	3382159	453147	1258330	745140	2440518
新能源车整车制造	3	256609	70825	94546	23721	123558
汽车用发动机制造	NA	4900	1633	3368	1735	2580
汽车用发动机制造	NA	4900	1633	3368	1735	2580
改装汽车制造	7	535250	55684	71199	15310	417491
改装汽车制造	7	535250	55684	71199	15310	417491
低速汽车制造	NA	3037				1063
低速汽车制造	NA	3037				1063

单位：万元

应收账款	存货	产成品	负债合计	流动负债合计	应付账款	所有者权益合计	实收资本	国家资本	集体资本
124461	103440	43146	261882	212896	64982	261890	101020		
105196	91671	38111	218526	185470	57876	213212	79501		
7201	4707	1722	26365	10434	2946	17189	4500		
12064	7063	3313	16992	16992	4159	31489	17019		
66127	43729	15277	158486	153960	45082	169822	89193		500
8242	7802	2498	17051	16981	4414	52798	31544		
7130	3859	647	11147	11147	4612	9058	3212		
8558	11196	1056	13015	12477	4812	16541	8245		500
42198	20872	11076	117273	113354	31244	91425	46192		
19796	20687	10505	52157	44559	13555	233652	106682		
2621	1982	1031	3360	2729	905	16217	6560		
3923	9431	4179	30344	24317	8572	37428	20071		
1155	1149	491	1150	1150	737	3878	2060		
3856	4651	3107	6327	5884	1994	69968	67547		
3457	1448	237	3165	3072	684	7761	2934		
4785	2026	1459	7812	7406	665	98400	7510		
144894	140903	52333	217548	200704	97038	494564	208000	342	
4274	7381	1333	13307	13016	3814	24125	11455		
3864	8377	5538	9805	2355	1256	15453	2503		
349	116	61	1602	1602	443	1708	660		
9417	6071	2935	11078	9886	4274	22364	11147		
6806	12559	7134	11768	11768	4339	37714	10169		
28073	29426	9892	39609	36640	14161	168699	45661	342	
74828	58882	20542	106014	101732	50956	169462	95763		
17285	18091	4898	24366	23705	17796	55039	30642		
429400	828851	76168	1819836	1699456	278891	1033001	351333	14026	2798
369265	778190	56767	1645972	1546316	239823	857191	280594	4006	2798
4356	5436	3626	35159	30067	3803	32224	7978		
765	609	402	2581	2266	171	17616	1620		
7153	2307	1672	11583	11335	2341	24948	10551		
47862	42308	13702	124541	109472	32754	101022	50590	10020	
2496478	1308679	613568	5330256	4634220	1563571	4190798	1981297	369310	36862
1189545	408819	200185	2660787	2289767	771544	977980	736379	338369	
1122642	393274	197759	2518425	2173204	699511	863734	614636	296587	
66903	15545	2426	142363	116562	72033	114246	121743	41782	
384	991	115	5221	5221	1384	-321	6658		
384	991	115	5221	5221	1384	-321	6658		
221632	79509	32539	251035	245460	68492	284215	53639		2010
221632	79509	32539	251035	245460	68492	284215	53639		2010
707	172		44			2993			
707	172		44			2993			

1-A-3 续表 15

分　组	企　业单位数（个）	资产总计	固定资产净　额	固定资产原　价	累计折旧	流动资产合　计
电车制造	NA	13197	2183	4011	1828	6298
电车制造	NA	13197	2183	4011	1828	6298
汽车车身、挂车制造	21	253189	73531	154455	80361	143806
汽车车身、挂车制造	21	253189	73531	154455	80361	143806
汽车零部件及配件制造	327	5072715	1189797	2697066	1400689	3031544
汽车零部件及配件制造	327	5072715	1189797	2697066	1400689	3031544
铁路、船舶、航空航天和其他运输设备制造业	166	3449775	718168	1259991	537677	2320266
铁路运输设备制造	4	250856	92571	154667	62096	142844
高铁车组制造						
铁路机车车辆制造						
窄轨机车车辆制造						
高铁设备、配件制造						
铁路机车车辆配件制造	NA	102657	19325	23531	4206	82998
铁路专用设备及器材、配件制造	3	148199	73245	131136	57890	59846
其他铁路运输设备制造						
城市轨道交通设备制造						
城市轨道交通设备制造						
船舶及相关装置制造	58	2383211	475244	714686	238795	1674424
金属船舶制造	40	2211532	428075	599096	170411	1598954
非金属船舶制造						
娱乐船和运动船制造	7	87916	23814	49179	25329	42344
船用配套设备制造	6	62440	14187	29590	15403	22436
船舶改装	5	21322	9168	36821	27653	10690
船舶拆除						
海洋工程装备制造						
航标器材及其他相关装置制造						
航空、航天器及设备制造						
飞机制造						
航天器及运载火箭制造						
航天相关设备制造						
航空相关设备制造						
其他航空航天器制造						
摩托车制造	89	600248	111590	323909	211144	435771
摩托车整车制造	3	146935	19981	56652	35496	109470
摩托车零部件及配件制造	86	453313	91610	267257	175648	326300
自行车和残疾人座车制造	9	56158	16255	36522	17943	31953
自行车制造	4	28154	12015	25452	11114	9586
残疾人座车制造	5	28004	4240	11070	6830	22367
助动车制造	4	17169	683	1052	370	14770
助动车制造	4	17169	683	1052	370	14770
非公路休闲车及零配件制造						
非公路休闲车及零配件制造						
潜水救捞及其他未列明运输设备制造	NA	142133	21826	29155	7329	20504
潜水装备制造						
水下救捞装备制造						
其他未列明运输设备制造	NA	142133	21826	29155	7329	20504

单位：万元

应收账款	存货	产成品	负债合计	流动负债合计	应付账款	所有者权益合计	实收资本	国家资本	集体资本
631	3277	931	5408	2082	466	7789	7789		
631	3277	931	5408	2082	466	7789	7789		
60869	33627	14893	68880	60389	17549	184309	49562		
60869	33627	14893	68880	60389	17549	184309	49562		
1022710	782284	364907	2338881	2031302	704137	2733833	1127269	30942	34852
1022710	782284	364907	2338881	2031302	704137	2733833	1127269	30942	34852
536276	959095	95587	2124207	1680601	333110	1325567	527122	188383	
64019	33235	14870	162472	106686	59201	88384	25412	1707	
32056	19562	14026	51470	39561	30256	51188	20000		
31963	13673	844	111002	67125	28944	37196	5412	1707	
305727	804394	20672	1567008	1226010	160094	816203	328972	154685	
289893	779692	8627	1490177	1171396	152871	721356	272046	154685	
4394	18921	8404	39960	35842	4930	47956	39236		
8315	4183	3301	29598	11499	2192	32842	9281		
3125	1598	340	7273	7273	100	14050	8409		
143990	107670	55230	270996	252536	100048	329251	124863	4092	
29775	32358	19086	93781	88699	23588	53154	25350	4092	
114215	75313	36144	177216	163837	76460	276097	99514		
13324	9088	3446	22526	16748	10307	33632	13792		
3160	3188	1520	7155	3982	1523	20999	7224		
10164	5899	1926	15371	12766	8785	12633	6568		
3690	1232	344	8686	8189	-418	8484	6083		
3690	1232	344	8686	8189	-418	8484	6083		
5526	3475	1026	92519	70432	3879	49613	28000	27900	
5526	3475	1026	92519	70432	3879	49613	28000	27900	

1-A-3 续表 16

分 组	企 业 单位数 (个)	资产总计				
			固定资产 净 额	固定资产 原 价	累计折旧	流动资产 合 计
电气机械和器材制造业	668	22771433	3789046	6543137	2625167	15887937
电机制造	155	1508932	298983	560911	260712	975616
发电机及发电机组制造	75	994453	207143	326023	117770	593428
电动机制造	69	345819	60168	113733	53510	252848
微特电机及组件制造	5	59608	10811	21394	10583	48098
其他电机制造	6	109053	20861	99761	78849	81242
输配电及控制设备制造	201	4264397	526067	1099299	522275	2910193
变压器、整流器和电感器制造	31	519321	94287	138908	42820	350114
电容器及其配套设备制造	6	334219	66707	150038	83146	232738
配电开关控制设备制造	92	1805866	164832	385751	206519	1436418
电力电子元器件制造	35	914213	61820	203980	107699	471408
光伏设备及元器件制造	17	474704	111046	179644	68563	251290
其他输配电及控制设备制造	20	216074	27375	40979	13528	168226
电线、电缆、光缆及电工器材制造	58	1124808	214855	373911	159051	700140
电线、电缆制造	45	917041	189962	326911	136945	595765
光纤制造						
光缆制造	NA	11736	1412	2959	1547	8672
绝缘制品制造	10	188618	21568	40874	19305	92339
其他电工器材制造	NA	7413	1913	3167	1255	3365
电池制造	52	11803777	2296991	3388426	1073587	8334970
锂离子电池制造	30	11266364	2157127	3106442	948684	8003690
镍氢电池制造	NA	28952	1810	7466	5625	23698
铅蓄电池制造	9	220091	71584	101007	29182	136192
锌锰电池制造	NA	127967	29789	89607	51857	85896
其他电池制造	10	160403	36681	83903	38239	85495
家用电力器具制造	51	1490306	118667	301423	178720	1006397
家用制冷电器具制造						
家用空气调节器制造	8	115867	20652	56217	35565	75457
家用通风电器具制造	NA	3708	459	3702	3243	2890
家用厨房电器具制造	7	214605	8423	13804	4078	69151
家用清洁卫生电器具制造	3	13486	3068	12009	8942	8189
家用美容、保健护理电器具制造	22	807771	56669	97933	41131	586489
家用电力器具专用配件制造	5	80260	12356	25057	12701	64099
其他家用电力器具制造	5	254610	17041	92701	73060	200123
非电力家用器具制造	10	1117050	64394	142236	76466	950583
燃气及类似能源家用器具制造	NA	23038	15082	23433	8351	6168
太阳能器具制造	6	1077254	45598	108103	61129	931820
其他非电力家用器具制造	NA	16758	3714	10699	6985	12596
照明器具制造	119	1340349	249495	642653	341185	926448
电光源制造	30	587875	97933	291430	186643	430241
照明灯具制造	58	513467	102956	214967	105955	332337
舞台及场地用灯制造	14	131052	22071	85301	24198	92993
智能照明器具制造	NA	2044	100	260	160	1932
灯用电器附件及其他照明器具制造	16	105912	26435	50694	24229	68945
其他电气机械及器材制造	22	121814	19593	34280	13171	83590

单位：万元

应收账款	存货	产成品	负债合计	流动负债合计	应付账款	所有者权益合计	实收资本	国家资本	集体资本
4957200	2528589	897846	11570058	10312216	3104643	11201371	3171749	127891	80287
344649	229257	79689	858198	757969	243042	650733	275547	6575	310
187894	137613	46240	585937	494952	150321	408516	168551	6575	310
89394	64895	20893	207442	199157	60695	138376	61949		
24686	14607	6157	18768	18361	8007	40840	9768		
42675	12142	6398	46052	45500	24018	63001	35279		
1298313	445101	184390	2179963	1958112	738427	2084432	867588	40291	76637
157029	72098	37556	310486	258675	107248	208834	150003	32791	1425
60078	22546	8643	65122	58625	19454	269097	28450		22500
697681	228579	72159	1026202	965772	354684	779663	405039	7500	22930
241298	51149	23626	373577	278708	120023	540636	118451		3700
74160	35770	19053	267194	260149	64311	207511	111875		21900
68067	34961	23354	137383	136183	72706	78692	53772		4182
316093	177315	100069	541124	486451	143001	583683	321755	2833	
264136	148950	90390	454442	419395	111785	462598	250745	1816	
6535	296	154	4672	4672	3259	7064	2300		
45303	27107	9422	79441	60815	27867	109178	68410	1018	
119	962	104	2569	1569	90	4844	300		
1742329	1216516	372737	6189240	5476310	1415411	5614537	964270	49009	
1667244	1115220	321859	5927424	5238076	1370125	5338940	745470	14500	
5753	6079	5511	13487	11721	263	15464	15200		
23394	35081	15720	109937	101490	17271	110154	94117		
19295	31333	19677	72331	70531	14322	55637	33175		
26643	28804	9970	66061	54492	13431	94342	76308	34509	
313339	184093	67473	595068	573896	273327	895238	313655		2137
25811	18753	9994	55975	38369	15405	59892	19181		
375	448	4	279	279		3429	5463		
17053	36892	9113	28222	26734	6875	186383	13361		2037
1854	2829	440	7372	7334	828	6114	3020		
219731	78607	27988	357262	356399	170445	450509	119710		100
8739	11157	2901	49900	48890	5850	30360	12080		
39775	35406	17033	96057	95890	73924	158553	140839		
563998	48290	13245	572036	486763	40132	545013	75878		
105	4034		19741	16127	636	3297	1100		
560018	37862	13238	540151	458492	38052	537104	70210		
3874	6394	6	12144	12144	1444	4613	4568		
353795	208044	75394	575839	518314	225478	764510	324747	29183	212
159723	75863	27303	264789	248766	97877	323086	165076	29183	
141826	81808	31237	221883	204209	102565	291584	120030		12
30977	23169	9966	36235	21043	9510	94817	17351		
35	280	280	774	774	734	1270	400		
21234	26924	6608	52159	43522	14792	53752	21890		200
24686	19973	4850	58589	54403	25826	63224	28308		992

1-A-3 续表 17

分　　组	企业单位数（个）	资产总计	固定资产净额	固定资产原价	累计折旧	流动资产合计
电气信号设备装置制造	7	39702	4324	8629	2973	24204
其他未列明电气机械及器材制造	15	82112	15269	25651	10198	59386
计算机、通信和其他电子设备制造业	607	37310604	10585877	17527005	6530650	22110100
计算机制造	39	4802871	201186	498136	290460	4241134
计算机整机制造	7	2329834	28850	83193	54314	2146324
计算机零部件制造	11	1376846	98851	259427	160576	1192226
计算机外围设备制造	17	457598	18850	63976	38666	406202
工业控制计算机及系统制造	NA	619609	52641	88812	36171	481301
信息安全设备制造						
其他计算机制造	3	18984	1994	2727	733	15081
通信设备制造	66	4346578	357420	548797	190107	3666893
通信系统设备制造	24	501408	39452	136187	96735	423711
通信终端设备制造	42	3845170	317968	412610	93373	3243181
广播电视设备制造	21	628988	104831	774893	665537	434194
广播电视节目制作及发射设备制造						
广播电视接收设备制造	12	266430	64181	713951	645245	159847
广播电视专用配件制造						
专业音响设备制造						
应用电视设备及其他广播电视设备制造	9	362558	40650	60942	20292	274347
雷达及配套设备制造	NA	3676	337	700	364	3291
雷达及配套设备制造	NA	3676	337	700	364	3291
非专业视听设备制造	29	1726718	164918	401918	208817	1454603
电视机制造	8	828958	79094	217833	138738	729843
音响设备制造	7	79940	28257	55521	27264	43271
影视录放设备制造	14	817820	57567	128564	42814	681489
智能消费设备制造	12	390886	69369	116789	47157	273773
可穿戴智能设备制造	NA	4890	929	3559	2630	3306
智能车载设备制造	NA	121604	15560	30430	14869	97156
智能无人飞行器制造						
服务消费机器人制造	NA	2869	138	373	235	2664
其他智能消费设备制造	8	261523	52742	82428	29423	170647
电子器件制造	215	21710928	8809133	13451504	4318187	9784663
电子真空器件制造	12	915319	133643	326957	192432	367017
半导体分立器件制造	7	499346	12407	24679	12272	471266
集成电路制造	27	3375730	1471008	2063778	592770	1421309
显示器件制造	47	11668007	5787172	8639450	2637694	4668321
半导体照明器件制造	42	2990611	866920	1280902	401292	1402578
光电子器件制造	43	1353033	434198	825329	295380	794091
其他电子器件制造	37	908881	103785	290410	186346	660082
电子元件及电子专用材料制造	187	3172070	810256	1561648	731924	1928866
电阻电容电感元件制造	41	649662	164480	335278	165406	424996
电子电路制造	55	800805	236841	457448	207417	450420
敏感元件及传感器制造	11	104677	21150	39005	17855	61182
电声器件及零件制造	7	25652	5768	14105	8337	18641
电子专用材料制造	11	819035	156266	253973	97547	582500
其他电子元件制造	62	772238	225752	461839	235361	391127

单位：万元

应收账款	存货	产成品	负债合计	流动负债合计	应付账款	所有者权益合计	实收资本	国家资本	集体资本
6143	10921	2083	13160	13140	5402	26542	9455		992
18542	9052	2766	45430	41262	20424	36682	18853		
9243028	3601874	1403320	20407612	15557282	6905449	16902990	10247552	622496	33400
2041395	879901	239973	3391454	3128067	2103219	1411417	287994	20651	2442
936103	408525	83632	2056160	1801761	1330473	273674	40142	2000	
830584	234162	54939	871741	868975	593985	505106	103103	3558	2442
151588	103914	42707	235144	235144	99193	222454	83271		
117552	129275	58360	219919	213908	75641	399690	58328	15093	
5569	4026	335	8491	8280	3926	10493	3151		
2225035	405648	162771	2756282	2450486	951940	1590296	516848	18015	
143545	100842	31738	242918	185755	95078	258490	110935	18015	
2081489	304806	131032	2513364	2264731	856862	1331806	405913		
154074	86132	16463	384265	360537	121762	244722	101695	160	
89995	25205	9975	136461	121033	43492	129969	65268		
64079	60927	6488	247805	239503	78271	114753	36427	160	
2836	325	15	2806	2806	1239	870	310		
2836	325	15	2806	2806	1239	870	310		
854273	293731	184696	1260254	1066433	511317	466464	189105		
522478	101844	30788	625166	624486	360620	203792	114402		
17958	6700	3143	35797	33545	14799	44143	34105		
313837	185187	150766	599292	408402	135898	218529	40599		
128049	85231	49429	187898	154683	71842	202988	71647		836
146	2089		2574	2574	461	2316	4056		
50789	35672	27752	68691	68003	41811	52913	11378		
502	588	24	1986	1986	83	883	1000		
76612	46883	21653	114648	82120	29486	146876	55214		836
3016944	1295591	507279	10563078	6638269	2561149	11147850	8163706	555451	4289
92988	55643	33664	331728	327975	78175	583592	174060		
137609	5869	769	465142	459907	351160	34204	36410		
173783	203308	41505	1819424	690866	181099	1556306	1639506	6477	
1754928	523231	209506	5691817	3156949	1289634	5976191	4787232	333615	
456809	297102	132731	1155290	975113	337791	1835321	1014980	215360	3639
240922	151614	63851	777120	717696	214965	575912	319659		150
159904	58824	25253	322557	309764	108325	586325	191860		500
683860	505252	217926	1607886	1526451	494496	1564182	764066	27807	25800
171666	86547	30505	280691	273689	95599	368971	206602		
185685	93316	33181	412675	387571	128152	388130	174841	2807	
18696	22043	7831	55343	52731	14386	49334	44985	15000	
10594	5071	379	14962	14827	10252	10690	7737		
164469	204051	115124	583609	570687	138279	235426	91431	10000	
132751	94225	30906	260606	226947	107828	511632	238471		25800

1-A-3 续表 18

分 组	企业单位数（个）	资产总计	固定资产净额	固定资产原价	累计折旧	流动资产合计
其他电子设备制造	37	527891	68427	172620	78098	322683
其他电子设备制造	37	527891	68427	172620	78098	322683
仪器仪表制造业	158	1743056	250779	456425	200110	1051612
通用仪器仪表制造	60	825433	71402	121940	49643	502993
工业自动控制系统装置制造	33	285244	36714	65100	27596	209756
电工仪器仪表制造	10	285974	11655	20030	8374	89109
绘图、计算及测量仪器制造	NA	1646	327	660	333	986
实验分析仪器制造	4	24335	1985	4119	2135	16981
试验机制造	NA	5916	894	1882	988	4978
供应用仪器仪表制造	4	114434	15852	19744	3788	89111
其他通用仪器制造	7	107886	3976	10405	6429	92074
专用仪器仪表制造	15	161455	20391	62200	41809	133394
环境监测专用仪器仪表制造	4	28698	2870	8550	5680	23758
运输设备及生产用计数仪表制造	NA	30534	7520	12330	4810	21444
导航、测绘、气象及海洋专用仪器制造						
农林牧渔专用仪器仪表制造	NA	68817	4446	19185	14739	62443
地质勘探和地震专用仪器制造	NA	10820	2532	18476	15943	7428
教学专用仪器制造	NA	465	33	81	48	432
核子及核辐射测量仪器制造						
电子测量仪器制造	3	5407	1002	1317	315	3244
其他专用仪器制造	NA	16715	1990	2263	273	14645
钟表与计时仪器制造	49	349151	68765	125610	53509	178363
钟表与计时仪器制造	49	349151	68765	125610	53509	178363
光学仪器制造	18	276802	64249	99988	35364	145106
光学仪器制造	18	276802	64249	99988	35364	145106
衡器制造	8	45414	8138	14816	6047	33036
衡器制造	8	45414	8138	14816	6047	33036
其他仪器仪表制造业	8	84800	17833	31871	13738	58721
其他仪器仪表制造业	8	84800	17833	31871	13738	58721
其他制造业	152	1584695	212644	449707	175682	955064
日用杂品制造	138	1492292	184542	408220	163758	901642
鬃毛加工、制刷及清扫工具制造	NA	9288	2070	3251	1181	4492
其他日用杂品制造	136	1483004	182472	404969	162577	897150
核辐射加工						
核辐射加工						
其他未列明制造业	14	92403	28102	41487	11924	53421
其他未列明制造业	14	92403	28102	41487	11924	53421
废弃资源综合利用业	58	459484	121032	204139	75354	294001
金属废料和碎屑加工处理	15	272116	54389	89586	33169	199528
金属废料和碎屑加工处理	15	272116	54389	89586	33169	199528
非金属废料和碎屑加工处理	43	187369	66643	114553	42185	94473
非金属废料和碎屑加工处理	43	187369	66643	114553	42185	94473
金属制品、机械和设备修理业	29	1118496	412128	712408	292735	519996
金属制品修理	NA	6751	714	973	259	6036
金属制品修理	NA	6751	714	973	259	6036
通用设备修理						
通用设备修理						

单位：万元

应收账款	存货	产成品	负债合计	流动负债合计	应付账款	所有者权益合计	实收资本	国家资本	集体资本
136564	50063	24768	253689	229550	88485	274202	152180	411	33
136564	50063	24768	253689	229550	88485	274202	152180	411	33
326659	230075	78810	609738	547898	184131	1133318	488241	3100	12200
179026	91579	28428	305726	262786	110772	519706	181721	3100	2200
64461	52917	20949	106536	91234	35749	178708	71509	300	
32762	12345	1803	84530	66060	16781	201444	43175		
506	99	60	739	739	387	907	150		
5302	4821	2090	9902	9837	5827	14432	7970		
1759	313		447	444	72	5469	3120		
28335	6409	1106	34168	25067	4980	80266	27146		
45902	14675	2419	69406	69406	46977	38480	28650	2800	2200
36273	23949	8021	41927	39804	9692	119528	58396		
12170	3962	1965	11450	11398	1301	17249	9928		
7660	10106	970	9363	9363	3920	21171	21131		
7206	8069	4702	7106	7106	1097	61711	17447		
4439	1132	75	3480	2955	871	7340	6000		
211	217	96	126	126	85	339	300		
871	395	205	3473	3473	1535	1934	982		
3716	68	8	6929	5382	883	9785	2608		
40809	48170	13368	115099	109102	24265	234052	119847		
40809	48170	13368	115099	109102	24265	234052	119847		
40295	36471	17555	105801	95898	31234	171001	88305		10000
40295	36471	17555	105801	95898	31234	171001	88305		10000
10016	12243	6183	16667	16092	1814	28747	17667		
10016	12243	6183	16667	16092	1814	28747	17667		
20239	17664	5257	24517	24217	6354	60283	22306		
20239	17664	5257	24517	24217	6354	60283	22306		
234405	224207	95633	537337	433304	102881	1047357	554377	313	8016
223339	215769	91708	499630	396649	93893	992661	530477	313	8016
1139	1904	1654	492	492	444	8796	8187		
222200	213865	90054	499138	396158	93450	983865	522290	313	8016
11066	8439	3925	37707	36655	8988	54696	23900		
11066	8439	3925	37707	36655	8988	54696	23900		
91992	71993	40920	254341	235127	80225	205143	118264	4550	4000
72374	45658	31798	177500	166851	56745	94615	61272		
72374	45658	31798	177500	166851	56745	94615	61272		
19619	26334	9123	76841	68275	23480	110528	56993	4550	4000
19619	26334	9123	76841	68275	23480	110528	56993	4550	4000
143931	103612	2877	391959	291255	142230	726537	344605	8866	1400
2815	1499	250	4757	4757	1957	1994	1567	300	
2815	1499	250	4757	4757	1957	1994	1567	300	

1-A-3 续表 19

分组	企业单位数(个)	资产总计	固定资产净额	固定资产原价	累计折旧	流动资产合计
专用设备修理	NA	21689	3865	5898	1843	17712
专用设备修理	NA	21689	3865	5898	1843	17712
铁路、船舶、航空航天等运输设备修理	23	1086979	407500	705177	290344	493248
铁路运输设备修理						
船舶修理	13	348336	205245	236290	29284	61491
航空航天器修理	10	738643	202255	468887	261061	431757
其他运输设备修理						
电气设备修理	NA	2597	42	127	86	2540
电气设备修理	NA	2597	42	127	86	2540
仪器仪表修理						
仪器仪表修理						
其他机械和设备修理业	NA	480	7	234	203	459
其他机械和设备修理业	NA	480	7	234	203	459
电力、热力、燃气及水生产和供应业	**322**	**47530519**	**29620661**	**52205155**	**22238543**	**7685566**
电力、热力生产和供应业	218	41107473	27379656	48377603	20665510	5959919
电力生产	196	29368885	17995076	29219048	10897194	5459286
火力发电	24	7836173	4407308	10437887	5853331	2326536
热电联产	6	625064	403756	593979	178559	191037
水力发电	106	3623539	1922554	4746963	2739191	819544
核力发电	NA	12673075	9082540	10479499	1396959	1148581
风力发电	37	3754108	1873117	2446379	573262	758350
太阳能发电	5	222256	147509	162847	15338	52553
生物质能发电	10	464445	127096	293167	113426	106576
其他电力生产	6	170224	31197	58328	27130	56108
电力供应	11	11531164	9265504	18926367	9660680	445599
电力供应	11	11531164	9265504	18926367	9660680	445599
热力生产和供应	11	207423	119077	232189	107636	55034
热力生产和供应	11	207423	119077	232189	107636	55034
燃气生产和供应业	39	2526252	915973	1489755	564294	743068
燃气生产和供应业	39	2526252	915973	1489755	564294	743068
天然气生产和供应业	37	2510381	912470	1469865	548968	736277
液化石油气生产和供应业	NA	10406	3503	18609	15106	1326
煤气生产和供应业	NA	5465		1282	220	5465
生物质燃气生产和供应业						
生物质燃气生产和供应业						
水的生产和供应业	65	3896794	1325032	2337796	1008739	982579
自来水生产和供应	51	3581140	1196987	2065929	865488	894908
自来水生产和供应	51	3581140	1196987	2065929	865488	894908
污水处理及其再生利用	14	315655	128045	271867	143251	87671
污水处理及其再生利用	14	315655	128045	271867	143251	87671
海水淡化处理						
海水淡化处理						
其他水的处理、利用与分配						
其他水的处理、利用与分配						

单位：万元

应收账款	存货	产成品	负债合计	流动负债合计	应付账款	所有者权益合计	实收资本	国家资本	集体资本
10690	2901	139	10252	10252	5419	11438	7100		
10690	2901	139	10252	10252	5419	11438	7100		
130391	98863	2488	376148	275445	134809	710831	333938	7966	
10812	39801	1093	178079	85474	33869	170258	90290		
119579	59061	1394	198070	189971	100940	540573	243649	7966	
35			489	489	45	2107	2000	600	1400
35			489	489	45	2107	2000	600	1400
	350		313	313		167			
	350		313	313		167			
1228215	**1103571**	**22186**	**29880954**	**12658974**	**1746627**	**17649563**	**11721171**	**7393246**	**76960**
1029724	987793	4488	26356586	10620370	1315380	14750885	9926033	6092942	72616
981216	975162	4201	18351124	5415958	1277062	11017759	7879130	4146069	65819
427587	184928		4140734	2048308	351746	3695439	2525327	1403684	28878
28276	11885	57	402402	242602	19093	222663	127502	121360	
89621	10377	2624	1634656	631570	63606	1988882	1056025	598268	32060
153512	755337		9658464	1387434	504626	3014611	2610143	1492393	
244057	6238	162	2037193	913338	290232	1716914	1324837	499623	4881
15852	119		159978	77203	18120	62279	49043	23700	
17293	3757	1347	238589	80923	24511	225856	135685		
5018	2522	11	79108	34581	5128	91116	50569	7041	
33536	8203	257	7922579	5152160	29222	3608585	1964807	1944272	1998
33536	8203	257	7922579	5152160	29222	3608585	1964807	1944272	1998
14972	4428	30	82883	52252	9096	124540	82096	2600	4800
14972	4428	30	82883	52252	9096	124540	82096	2600	4800
132447	76451	11984	1517596	1058151	280601	1008656	663362	427613	1750
132447	76451	11984	1517596	1058151	280601	1008656	663362	427613	1750
130821	74804	10337	1510247	1051204	279580	1000134	662362	427613	1750
	889	889	4708	4307	921	5698			
1626	758	758	2641	2641	100	2825	1000		
66044	39328	5715	2006772	980453	150646	1890022	1131776	872691	2594
55214	36328	4752	1872162	911110	133571	1708977	998008	872691	1526
55214	36328	4752	1872162	911110	133571	1708977	998008	872691	1526
10830	3000	963	134610	69343	17075	181045	133768		1068
10830	3000	963	134610	69343	17075	181045	133768		1068

1-A-3 续表 20

分　　组	法人资本	个人资本	港澳台资本	外商资本	营业收入	营业成本
总　　计	**27539921**	**17287393**	**10949974**	**9827033**	**512643652**	**432755533**
采矿业	**206691**	**259904**	**26594**	**9867**	**6176815**	**5111488**
煤炭开采和洗选业	21966	72566	18958		1020278	747098
烟煤和无烟煤开采洗选	21966	72566	18958		1020278	747098
烟煤和无烟煤开采洗选	21966	72566	18958		1020278	747098
褐煤开采洗选						
褐煤开采洗选						
其他煤炭采选						
其他煤炭采选						
石油和天然气开采业						
石油开采						
陆地石油开采						
海洋石油开采						
天然气开采						
陆地天然气开采						
海洋天然气及可燃冰开采						
黑色金属矿采选业	76091	67585	1000		1944565	1752659
铁矿采选	76091	65085	1000		1799435	1618270
铁矿采选	76091	65085	1000		1799435	1618270
锰矿、铬矿采选		2500			145129	134389
锰矿、铬矿采选		2500			145129	134389
其他黑色金属矿采选						
其他黑色金属矿采选						
有色金属矿采选业	20675	44480		867	649177	497293
常用有色金属矿采选	3500	15213		867	316460	267869
铜矿采选		97			5226	4624
铅锌矿采选	500	15116		867	305662	259476
镍钴矿采选						
锡矿采选						
锑矿采选						
铝矿采选						
镁矿采选						
其他常用有色金属矿采选	3000				5573	3769
贵金属矿采选	8875	8767			108344	68540
金矿采选		8223			42139	22279
银矿采选	8875	544			66205	46261
其他贵金属矿采选						
稀有稀土金属矿采选	8300	20500			224374	160885
钨钼矿采选	8000	20500			122922	74758
稀土金属矿采选	300				101452	86126
放射性金属矿采选						
其他稀有金属矿采选						
非金属矿采选业	87960	75273	6636	9000	2562795	2114438
土砂石开采	71274	55149	5763	9000	1699098	1379019
石灰石、石膏开采	36088	8025			560517	459295

单位：万元

销售费用	管理费用	财务费用	利息收入	利息支出	投资收益(损失以“–”号记)	营业利润	利润总额	亏损企业亏损额	平均用工人数(人)
12218647	**18999017**	**3982169**	**483356**	**4026378**	**1572883**	**41412079**	**41802747**	**1313356**	**4453377**
148376	**292455**	**23972**	**4044**	**26415**	**2004**	**516680**	**519640**	**5403**	**59720**
22246	93551	-1277	3233	2861	476	148106	152230	2905	22336
22246	93551	-1277	3233	2861	476	148106	152230	2905	22336
22246	93551	-1277	3233	2861	476	148106	152230	2905	22336
30287	55804	9805	214	9825	791	80614	81239	709	10885
28568	51931	9466	175	9474	990	76488	76846	709	10087
28568	51931	9466	175	9474	990	76488	76846	709	10087
1719	3873	339	40	352	-199	4126	4393		798
1719	3873	339	40	352	-199	4126	4393		798
7989	34426	5284	339	5522	385	80599	80126	959	5641
6403	9699	732	125	744	17	27306	28343	61	3129
106	421	4				47	47		111
6298	8548	735	118	744	17	26748	27785	61	2898
	730	-7	7			511	511		120
322	15090	2148	21	2189	-56	16770	15859	897	1369
4	6304	190	35	224		10705	10609	897	623
318	8786	1958	-14	1965	-56	6065	5250		746
1264	9637	2404	193	2589	425	36523	35924		1143
1245	9232	2276	190	2465	425	25779	25245		1021
19	405	128	3	125		10744	10680		122
87853	108674	10161	258	8207	352	207361	206045	831	20858
57804	76784	6799	202	5928	-11	157401	155656		14819
18168	33495	658	27	683		41000	39388		4741

1-A-3 续表 21

分组					营业收入	营业成本
	法人资本	个人资本	港澳台资本	外商资本		
建筑装饰用石开采	4808	18195	5763		258771	212699
耐火土石开采	16464	14031			398440	335516
粘土及其他土砂石开采	13914	14898		9000	481370	371509
化学矿开采	7432	1374	873		136367	110297
化学矿开采	7432	1374	873		136367	110297
采盐					9511	7598
采盐					9511	7598
石棉及其他非金属矿采选	9254	18750			717820	617524
石棉、云母矿采选						
石墨、滑石采选	8509	5302			425611	365087
宝石、玉石采选						
其他未列明非金属矿采选	745	13448			292209	252438
开采专业及辅助性活动						
煤炭开采和洗选专业及辅助性活动						
煤炭开采和洗选专业及辅助性活动						
石油和天然气开采专业及辅助性活动						
石油和天然气开采专业及辅助性活动						
其他开采专业及辅助性活动						
其他开采专业及辅助性活动						
其他采矿业						
其他采矿业						
其他采矿业						
制造业	**24448651**	**16834571**	**10074016**	**9504305**	**483939400**	**407766442**
农副食品加工业	1100199	1020620	298835	355432	30861813	26906589
谷物磨制	18507	94670	14713	29095	1681223	1501660
稻谷加工	8303	80837		22198	1097566	975442
小麦加工	6504	8033	14713	5397	365596	320145
玉米加工		1200			38326	33287
杂粮加工	200				4557	3483
其他谷物磨制	3500	4600		1500	175180	169304
饲料加工	213464	151583	12040	28579	5883592	5215918
宠物饲料加工	3679	500		7621	66204	55357
其他饲料加工	209785	151083	12040	20958	5817388	5160561
植物油加工	81541	90846	26127	34273	2852221	2603791
食用植物油加工	81541	90646	26127	20471	2849170	2601719
非食用植物油加工		200		13802	3051	2072
制糖业	22158		2640	5360	67169	60206
制糖业	22158		2640	5360	67169	60206
屠宰及肉类加工	350566	125744	89159	67143	3843818	3260493
牲畜屠宰	67130	29341	77713		764417	663795
禽类屠宰	189628	26432		23520	1209975	1006912
肉制品及副产品加工	93808	69971	11447	43623	1869426	1589787
水产品加工	222658	329610	99685	38189	11078258	9637151
水产品冷冻加工	154873	264472	50287	35253	8442062	7427808
鱼糜制品及水产品干腌制加工	67119	48627	17480	1653	2226091	1862438
鱼油提取及制品制造	667	267	14266	165	92200	75738
其他水产品加工		16245	17652	1118	317905	271168

单位：万元

销售费用	管理费用	财务费用			投资收益(损失以“–”号记)	营业利润	利润总额	亏损企业亏损额	平均用工人数(人)
			利息收入	利息支出					
5409	6938	1318	70	1319		30894	30768		2265
15099	13788	1691	43	1267		26232	25938		3083
19128	22563	3132	62	2658	-11	59276	59562		4730
7207	6280	1586	33	1589	363	10835	10824		861
7207	6280	1586	33	1589	363	10835	10824		861
335	1833	52	17	56		-561	-38	774	1868
335	1833	52	17	56		-561	-38	774	1868
22508	23778	1723	5	635		39685	39603	57	3310
11417	13341	1195	2	129		28113	28045		1578
11091	10437	528	3	506		11573	11558	57	1732
11931229	**18391933**	**3152878**	**425616**	**3200232**	**1456259**	**39414648**	**39769505**	**1174687**	**4315270**
619205	743120	204015	8289	198160	-10523	2304190	2290537	22535	232890
28765	40094	6826	505	5865	-1775	94623	96095	1023	8937
18089	24430	4896	36	3893	-1801	67967	69045	31	5134
9231	13554	1444	467	1797		19124	19415	992	1534
8	215	14	2	1	26	4789	4900		315
336	219	1		1		502	502		52
1101	1677	472		174		2241	2233		1902
116674	200145	26828	14528	37219	-6745	313448	316591	9613	24700
3221	2888	704	5	58		3431	3473		923
113453	197257	26123	14524	37161	-6745	310017	313118	9613	23777
30742	34526	40247	-8745	42684	-1246	144666	126148	8673	10798
30429	32568	39544	-8745	42684	-1246	146729	128211	6364	10715
313	1958	703				-2063	-2063	2309	83
764	2836	2571	7	2672	3709	3035	3203		609
764	2836	2571	7	2672	3709	3035	3203		609
123025	94298	37056	901	34756	17496	336193	337077	607	38594
19653	18558	6612	24	6562	97	53433	55221	607	4119
19679	17324	17673	569	18303	1608	148199	147055		16916
83693	58415	12771	308	9891	15791	134560	134802		17559
179212	213151	61523	642	50803	-17638	944910	949768	1811	93901
100640	128098	47181	530	40769	-6990	706968	712025	1195	72883
71157	75161	11011	103	7882	-10648	197062	196764	617	19102
1801	2381	791		788		12715	12817		176
5614	7512	2540	9	1363		28165	28162		1740

1-A-3 续表 22

分组					营业收入	营业成本
	法人资本	个人资本	港澳台资本	外商资本		
蔬菜、菌类、水果和坚果加工	157346	188052	50869	137518	4278032	3611170
蔬菜加工	63362	82745	34043	136216	2430391	2083359
食用菌加工	73347	74006	4724	633	1247345	1057321
水果和坚果加工	20637	31301	12102	670	600296	470490
其他农副食品加工	33958	40115	3602	15275	1177500	1016200
淀粉及淀粉制品制造	12300	10121	2587		319840	286299
豆制品制造	13036	7419			293755	258684
蛋品加工	3403	5240			144014	117594
其他未列明农副食品加工	5219	17335	1015	15275	419890	353623
食品制造业	459485	758240	324306	167976	16502048	13503664
焙烤食品制造	75217	331682	165473	13981	3985576	3215316
糕点、面包制造	18688	300480	159628		1658497	1293801
饼干及其他焙烤食品制造	56529	31202	5844	13981	2327079	1921515
糖果、巧克力及蜜饯制造	69318	151553	60106	27339	3768018	3043967
糖果、巧克力制造	48861	100181	59546	21380	2713758	2203079
蜜饯制作	20456	51372	559	5958	1054259	840888
方便食品制造	59658	58205	41194	37214	2025193	1730030
米、面制品制造	11543	20204	3415		516868	456703
速冻食品制造	44132	34246	20216	9988	835151	691792
方便面制造	783	1760	15825	3726	205913	157255
其他方便食品制造	3200	1995	1738	23500	467262	424280
乳制品制造	10710	11208			147467	104392
液体乳制造	4100	6008			116274	83324
乳粉制造	6610	5200			31193	21069
其他乳制品制造						
罐头食品制造	90125	109784	23159	25789	3346878	2853208
肉、禽类罐头制造		4500	4000		104029	89879
水产品罐头制造	6195	15142	2483	3521	248287	203743
蔬菜、水果罐头制造	76962	82638	12890	22061	2638655	2290854
其他罐头食品制造	6968	7505	3786	207	355908	268732
调味品、发酵制品制造	28868	43105	16003	31983	971742	805349
味精制造	3150	12940		16721	118601	101636
酱油、食醋及类似制品制造		17771		4869	209618	159022
其他调味品、发酵制品制造	25718	12394	16003	10394	643523	544692
其他食品制造	125589	52703	18372	31670	2257175	1751402
营养食品制造	25528	7177			157989	107863
保健食品制造	40447	8720		7944	510776	312596
冷冻饮品及食用冰制造		7500			28032	24962
盐加工	4900				20900	16886
食品及饲料添加剂制造	47979	20678	18372	13653	1314923	1106440
其他未列明食品制造	6735	8628		10073	224554	182655
酒、饮料和精制茶制造业	332599	354522	110105	219576	10382384	8074544
酒的制造	69912	72315		65870	1482282	1041763
酒精制造						
白酒制造	11030	33857		6631	221168	162410

单位：万元

销售费用	管理费用	财务费用			投资收益(损失以"-"号记)	营业利润	利润总额	亏损企业亏损额	平均用工人数(人)
			利息收入	利息支出					
113256	122525	22972	384	18622	620	381837	376357	718	44258
57677	63349	14356	300	12767	1	203958	199203	589	23340
31813	31574	5531	43	4251	334	107338	108534	21	15598
23766	27602	3086	41	1604	285	70541	68621	108	5320
26769	35546	5992	67	5540	-4945	85479	85297	90	11093
4363	8177	2077	25	1861		16160	16129	90	1417
5434	5770	1378	13	1176	-245	20323	20419		3917
4916	5291	731	17	786		14796	15044		1487
12057	16308	1807	12	1717	-4700	34201	33706		4272
701550	612029	45743	-35239	81951	306523	1883906	1889105	5266	151522
222360	160068	-25956	-40004	11674	313717	708195	713106	495	47705
113309	76466	-34162	-40649	4403	308609	507263	510567	315	20560
109051	83602	8207	646	7271	5107	200932	202539	181	27145
188493	132918	29606	1023	30943	374	355179	354069	929	29319
172435	111019	25837	853	27580	372	188230	187918	929	20180
16058	21899	3769	171	3364	2	166949	166151		9139
81123	66351	9544	1108	9364	17549	147278	147206	1453	20044
8520	16189	3151	12	2619	1909	32135	31391	284	5727
32118	33875	6413	585	5714	15640	84193	84632	1169	9854
31562	5028	-756	419	534		12026	12175		2258
8924	11259	736	93	497		18924	19007		2205
17104	6342	-240	447	99	-2000	13485	15407		1349
14271	4365	-339	447	97		10307	10411		1213
2833	1977	99		2	-2000	3178	4996		136
70573	93997	19935	2150	19074	-25523	284813	281998	224	32168
3732	4548	934	1287	1980	-16	4586	4575	68	1776
4911	8377	1945	47	1692	208	28526	29784		3531
45871	63039	13717	797	12804	-9164	218538	214494	156	24396
16059	18033	3340	20	2598	-16550	33162	33146		2465
34575	46789	5714	-397	5332	1347	77258	77127	175	7874
2895	6039	1488	147	1166	1051	8029	7062	129	1259
12237	15688	2112	125	1542	-512	17701	17730		2865
19443	25062	2114	-669	2624	809	51528	52334	45	3750
87322	105565	7140	432	5466	1060	297699	300192	1990	13063
26655	11912	1374	25	1249	898	10770	10790		888
23723	34006	268	-141	471	77	138063	139880		3414
984	1048	172		159		759	749		392
424	2380	-12	6			1002	379	1182	294
32096	41599	4334	524	3112	86	126197	126589	214	6110
3440	14619	1003	18	475		20908	21804	594	1965
654132	473327	34336	-1804	44127	6819	1030440	1043744	14469	112286
90337	82187	647	-10970	9154	2280	206171	227641	5321	11621
10034	13249	3790	15	3386		18074	17421	966	2802

1-A-3 续表 23

分组	法人资本	个人资本	港澳台资本	外商资本	营业收入	营业成本
啤酒制造	35453	500		59239	714881	426101
黄酒制造	12678	29500			420952	367527
葡萄酒制造		100			7446	6901
其他酒制造	10751	8358			117835	78824
饮料制造	110054	73020	52944	149026	2786243	2127272
碳酸饮料制造	8558	4880		44299	256232	164792
瓶(罐)装饮用水制造	19247	18159		8336	343935	265253
果菜汁及果菜汁饮料制造	37672	30168	14279	4200	760304	595389
含乳饮料和植物蛋白饮料制造	29478	5736		49659	893568	681443
固体饮料制造	2500		19045	1880	86929	62983
茶饮料及其他饮料制造	12599	14077	19620	40653	445274	357414
精制茶加工	152633	209187	57161	4680	6113860	4905509
精制茶加工	152633	209187	57161	4680	6113860	4905509
烟草制品业	242984	150			2722864	1022337
烟叶复烤	168322				43419	30554
烟叶复烤	168322				43419	30554
卷烟制造	57062	150			2656601	976450
卷烟制造	57062	150			2656601	976450
其他烟草制品制造	17600				22845	15333
其他烟草制品制造	17600				22845	15333
纺织业	619336	1883798	917494	277039	31186422	27386969
棉纺织及印染精加工	344079	1059458	572088	187867	20551252	18208589
棉纺纱加工	150520	725874	45454	24774	12174783	10746138
棉织造加工	132527	120441	305867	106985	4939885	4416379
棉印染精加工	61031	213144	220767	56107	3436585	3046071
毛纺织及染整精加工	500	4897	20361		252596	212331
毛条和毛纱线加工		2500	7771		65807	58429
毛织造加工	500	1397	5622		130819	106570
毛染整精加工		1000	6967		55970	47332
麻纺织及染整精加工				2100	20076	17904
麻纤维纺前加工和纺纱				2100	20076	17904
麻织造加工						
麻染整精加工						
丝绢纺织及印染精加工		5000			16004	14558
缫丝加工						
绢纺和丝织加工		5000			16004	14558
丝印染精加工						
化纤织造及印染精加工	34730	58298	127477	7841	1186193	1052062
化纤织造加工	31545	57108	127477	4755	1111432	988043
化纤织物染整精加工	3185	1190		3085	74761	64019
针织或钩针编织物及其制品制造	156637	631020	80387	33414	5902443	5060354
针织或钩针编织物织造	114549	337641	76708	20373	3201533	2735412
针织或钩针编织物印染精加工	1183	12843		10927	158065	136170
针织或钩针编织品制造	40905	280537	3680	2114	2542844	2188772
家用纺织制成品制造	34609	13539	795	20953	849255	721627
床上用品制造	11571	2930		19446	362003	303103

单位：万元

销售费用	管理费用	财务费用			投资收益（损失以“–”号记）	营业利润	利润总额	亏损企业亏损额	平均用工人数（人）
			利息收入	利息支出					
60460	51319	-8721	-11096	2613	2274	143606	165798	4188	5628
10638	9566	3072	73	2932	6	27242	27207	166	2281
92	106	3		2		345	345		29
9112	7948	2502	38	222		16904	16871		881
333422	133895	9645	8262	17365	5853	170052	160046	8296	27153
62359	10743	286	420	657	1083	18247	18577		3383
27680	17477	1843	20	1767		25590	25615		2499
43462	41866	3808	1235	4005	4244	75964	76731		5370
167287	37637	-129	6915	6726	520	3760	5161	1522	11236
2922	9255	1204	35	1569		9681	9521	570	997
29713	16917	2635	-364	2641	7	36810	24441	6204	3668
230373	257245	24044	905	17608	-1314	654218	656056	852	73512
230373	257245	24044	905	17608	-1314	654218	656056	852	73512
30066	118313	-2195	1848	236	3019	99960	91603	8944	5323
6611	15329	-2228	1623			-8993	-8692	8944	1520
6611	15329	-2228	1623			-8993	-8692	8944	1520
23023	96322	-163	189	4	3019	108884	100224		3475
23023	96322	-163	189	4	3019	108884	100224		3475
432	6662	196	37	233		70	71		328
432	6662	196	37	233		70	71		328
424068	991517	293117	13490	252944	-23986	1917495	1930971	9624	252931
254539	650249	190166	11023	163914	-11989	1143687	1161326	4792	158581
154393	429171	114534	5025	97332	-4000	685848	694493	1123	80851
59286	141125	44604	4394	38087	2680	268453	275894	2801	43511
40861	79953	31028	1605	28495	-10670	189386	190939	869	34219
4732	9971	2583	56	2202		19900	19982	43	3293
300	2744	749		721		3118	3199	43	925
3390	5186	1766	56	1481		11356	11356		1627
1042	2041	69				5426	5426		741
284	491	27	3	30		1076	1076		160
284	491	27	3	30		1076	1076		160
485	385	437	28	257		71	127		155
485	385	437	28	257		71	127		155
12642	32226	12124	423	11834	37	75463	68547	1325	9048
12469	29696	10919	423	10704	37	69383	62613	1325	7590
173	2530	1205		1130		6080	5934		1458
77481	175010	69365	844	57483	-13923	468446	470446	1375	41274
38640	82127	34573	615	28800	-13912	266511	268089	1375	24694
3315	6439	2631	95	2055		9020	9013		1906
35526	86443	32161	134	26628	-11	192915	193344		14674
24462	32342	1125	229	3416	1711	67410	66645	70	8404
12692	11807	-2189	213	443	1703	36947	37095		2696

1-A-3 续表 24

分 组	法人资本	个人资本	港澳台资本	外商资本	营业收入	营业成本
毛巾类制品制造		1063			9657	7594
窗帘、布艺类产品制造	3489	1410			66555	62289
其他家用纺织制成品制造	19550	8136	795	1506	411041	348641
产业用纺织制成品制造	48780	111586	116386	24865	2408603	2099545
非织造布制造	25293	71148	49002	17116	1078744	942105
绳、索、缆制造		1000	2274	1509	35682	30380
纺织带和帘子布制造	7767	10468	46667	1000	486754	415781
篷、帆布制造	2097	13266	1514	5241	214098	185374
其他产业用纺织制成品制造	13623	15704	16929		593326	525905
纺织服装、服饰业	467057	547267	722842	140118	23194949	19439765
机织服装制造	352416	342661	455982	75799	16339864	13638432
运动机织服装制造	225968	174960	188672	16599	7964841	6671112
其他机织服装制造	126448	167701	267310	59201	8375023	6967320
针织或钩针编织服装制造	102972	168798	214360	58860	6222932	5243797
运动休闲针织服装制造	70929	93042	136843	41764	4094317	3403996
其他针织或钩针编织服装制造	32043	75756	77517	17096	2128616	1839801
服饰制造	11669	35808	52499	5459	632153	557535
服饰制造	11669	35808	52499	5459	632153	557535
皮革、毛皮、羽毛及其制品和制鞋业	806575	586663	878879	375086	38890056	32469946
皮革鞣制加工	32264	96903	47265	25288	1217805	1065131
皮革鞣制加工	32264	96903	47265	25288	1217805	1065131
皮革制品制造	55495	42410	32534	8367	4708147	4096056
皮革服装制造	3050	900	1488	52	89390	78573
皮箱、包(袋)制造	47557	32936	27168	2892	4367194	3794879
皮手套及皮装饰制品制造	588	1588	3878	415	73839	64498
其他皮革制品制造	4300	6986		5008	177723	158106
毛皮鞣制及制品加工	806		872	1077	22070	17209
毛皮鞣制加工						
毛皮服装加工				1077	19304	15467
其他毛皮制品加工	806		872		2766	1742
羽毛(绒)加工及制品制造	500	11150	5508		480811	401960
羽毛(绒)加工	500	4650	5508		439423	365567
羽毛(绒)制品加工		6500			41388	36393
制鞋业	717510	436200	792700	340354	32461223	26889590
纺织面料鞋制造	48736	76114	29493	6788	4204746	3606824
皮鞋制造	531844	195752	635146	316040	20580952	16644064
塑料鞋制造	60281	68410	34940	8570	3344505	2930945
橡胶鞋制造	50318	52796	37947	7530	2256524	1924044
其他制鞋业	26331	43128	55175	1426	2074496	1783715
木材加工和木、竹、藤、棕、草制品业	243553	496981	13298	66793	12454765	10942948
木材加工	29771	96489	268	300	1905190	1671453
锯材加工	13786	74049	268	300	1086333	953891
木片加工	3512	5036			172111	145427
单板加工	3571	12913			488648	428326
其他木材加工	8902	4491			158097	143809
人造板制造	120476	206793	6205		5641771	4997665

单位：万元

销售费用	管理费用	财务费用			投资收益(损失以"–"号记)	营业利润	利润总额	亏损企业亏损额	平均用工人数(人)
			利息收入	利息支出					
999	1153	218	12	219		-353	-68	68	420
861	2336	125	10	100		778	799	2	968
9909	17048	2971	-6	2655	7	30038	28819		4320
49443	90844	17290	885	13808	179	141443	142823	2019	32016
20108	33830	7544	103	5195		70629	71068	1847	13500
947	2070	475	97	459		1621	1618		853
10048	21857	5650	131	3525	179	29901	30353	60	6748
5913	13467	226	193	1413		8342	8808	23	4403
12428	19620	3396	361	3216		30951	30975	89	6512
821141	828434	90171	5798	75362	31143	1904157	1908826	5048	386983
565875	564203	69872	6326	56331	29351	1422989	1428126	3772	267921
213241	275585	33132	2148	27485	30678	757653	761365	2316	113682
352634	288619	36740	4178	28847	-1328	665336	666761	1456	154239
241173	245863	18360	-600	17217	1592	443481	442871	1174	109371
193275	172095	9496	-909	10289	605	299064	298205	505	69693
47898	73768	8864	309	6928	987	144417	144666	669	39678
14093	18368	1939	72	1814	201	37687	37829	102	9691
14093	18368	1939	72	1814	201	37687	37829	102	9691
1197549	1648523	224744	14973	194223	170947	3285996	3330596	65672	614158
13612	38149	5971	3502	7690	-19263	92124	91742	2286	13092
13612	38149	5971	3502	7690	-19263	92124	91742	2286	13092
82601	190950	50171	4418	45058	-7	261553	266289	1694	61263
2256	2561	868		3		4712	4717		1654
74795	179254	48713	4391	44356	-11	244640	249633	1651	55802
1734	3253	-44	2	88	3	4244	4092	43	2038
3816	5881	634	25	610		7956	7847		1769
995	1595	406		371		1773	1773		477
871	1182	393		358		1312	1312		419
124	413	14		13		462	461		58
4846	30291	604	298	899		42338	42065		1128
4676	30154	549	297	846		38028	37758		1013
170	137	55	1	52		4310	4308		115
1095496	1387539	167592	6755	140206	190217	2888209	2928727	61692	538198
66503	144517	15395	276	7778	-21389	321370	321195	7395	62877
870146	944489	106024	5511	100142	218004	2098063	2142156	53139	349500
73009	131657	13229	239	10510	355	175705	171501	382	55654
58014	86388	20957	568	14786	67	139046	139482	521	33896
27823	80487	11987	161	6990	-6821	154026	154394	255	36271
257554	353418	69467	1009	57060	-18613	650793	654141	110674	109986
31010	45291	9790	101	7058	-7455	124804	125161	875	16869
18563	25634	4909	81	2920	-7307	64490	64633	875	9798
2550	4351	967	6	853	-2	17510	17518		1806
7646	13019	3325	14	2745		34370	34549	1	3555
2251	2287	588		540	-147	8434	8461		1710
104316	156764	29678	600	26580	-10013	227656	230523	107430	44049

1-A-3 续表 25

分组					营业收入	营业成本
	法人资本	个人资本	港澳台资本	外商资本		
胶合板制造	38398	122551	3090		3396306	2990440
纤维板制造	52757	23671			490873	426004
刨花板制造	14689	11768			313439	273228
其他人造板制造	14632	48802	3115		1441153	1307994
木质制品制造	28528	72311	428	65498	1623962	1417450
建筑用木料及木材组件加工	2728	10967	303	75	233843	209339
木门窗制造	260	13183		260	189608	158223
木楼梯制造	1183	100		12025	36009	28927
木地板制造	11791	8325			196946	183070
木制容器制造	1050	2506		52697	131777	117019
软木制品及其他木制品制造	11516	37230	125	441	835778	720873
竹、藤、棕、草等制品制造	64779	121387	6396	995	3283842	2856380
竹制品制造	64779	121237	5976	995	3267699	2841278
藤制品制造						
棕制品制造			420		1886	1614
草及其他制品制造		150			14257	13489
家具制造业	118986	273653	106190	64562	5704019	4798248
木质家具制造	73678	170211	45830	20571	3755143	3173094
木质家具制造	73678	170211	45830	20571	3755143	3173094
竹、藤家具制造	8000	3304	533		104376	73268
竹、藤家具制造	8000	3304	533		104376	73268
金属家具制造	22952	76978	33904	8110	1212381	1031276
金属家具制造	22952	76978	33904	8110	1212381	1031276
塑料家具制造		500	18544		143848	129986
塑料家具制造		500	18544		143848	129986
其他家具制造	14357	22659	7380	35881	488271	390623
其他家具制造	14357	22659	7380	35881	488271	390623
造纸和纸制品业	483450	377051	427586	125977	11789015	9879401
纸浆制造		4080			30416	26809
木竹浆制造		3580			21389	18211
非木竹浆制造		500			9027	8598
造纸	282736	147839	184522	29880	4606066	3830012
机制纸及纸板制造	277336	141809	184002	29880	4517410	3753536
手工纸制造		3180			14523	12875
加工纸制造	5400	2850	520		74134	63601
纸制品制造	200714	225132	243065	96097	7152534	6022581
纸和纸板容器制造	114270	97662	50225	22165	3016639	2559311
其他纸制品制造	86444	127470	192840	73932	4135895	3463270
印刷和记录媒介复制业	182742	184508	21047	32963	4093250	3526939
印刷	182342	184108	21047	32963	4086515	3520778
书、报刊印刷	23008	11651			264090	229879
本册印制	11888	1518			161258	138946
包装装潢及其他印刷	147446	170940	21047	32963	3661167	3151953
装订及印刷相关服务	400	400			6736	6161
装订及印刷相关服务	400	400			6736	6161
记录媒介复制						
记录媒介复制						

单位：万元

销售费用	管理费用	财务费用	利息收入	利息支出	投资收益（损失以"-"号记）	营业利润	利润总额	亏损企业亏损额	平均用工人数（人）
60709	96242	16478	159	14817	-5611	215338	215683	797	25794
10606	18314	7109	309	6699	-72	-68959	-66891	106608	3108
11460	11902	794	6	688		15266	15672		3224
21541	30306	5298	126	4376	-4330	66011	66059	26	11923
42250	59265	13010	115	9755	-1223	81259	81079	2026	16634
3443	4324	1392	4	1364		14053	13769	367	2440
4796	12845	1790	5	1775		10642	10194	1503	1975
1421	1543	83		24		3656	3661		956
4395	4162	415	19	449		4615	4615	65	1053
3007	4723	2719	-61	990		3650	4117		1056
25188	31668	6611	149	5153	-1223	44643	44723	91	9154
79978	92099	16989	193	13668	78	217074	217377	342	32434
79822	91891	16963	192	13645	78	216498	216806	342	32255
96	149	1				15	10		66
60	59	25	1	23		561	561		113
187899	232888	23695	606	19475	-11592	430614	431140	4487	73107
124648	143120	14664	-304	11386	-11900	280961	280288	2765	42004
124648	143120	14664	-304	11386	-11900	280961	280288	2765	42004
8714	10739	1795		1791		7709	7765		1430
8714	10739	1795		1791		7709	7765		1430
34496	51774	5043	805	4270	307	84884	85559	212	21909
34496	51774	5043	805	4270	307	84884	85559	212	21909
3373	2625	481	7	145		6633	7086		1383
3373	2625	481	7	145		6633	7086		1383
16668	24632	1713	98	1882		50427	50441	1510	6381
16668	24632	1713	98	1882		50427	50441	1510	6381
318972	409855	111972	-1216	91753	12780	1036819	1049791	18450	92523
475	1236	63		61		1620	1623		373
464	1111	2				1410	1419		267
12	126	61		61		210	204		106
69798	148685	65079	3299	58835	-1876	489904	494872	7978	28024
67942	144921	64482	3298	58385	-1876	484214	489189	7978	27185
203	509	142				743	743		126
1654	3254	455	1	450		4948	4941		713
248699	259934	46829	-4515	32857	14656	545294	553296	10473	64126
85942	111912	22847	558	15949	186	212214	211895	7976	30140
162757	148023	23982	-5073	16908	14469	333080	341401	2497	33986
89409	153404	27938	625	24695	14356	291057	294106	6448	46099
89290	153018	27929	624	24686	14356	290999	294047	6448	45971
6068	12102	1367	327	1321	-1415	12003	12221	1633	3444
2014	2146	1486	1	1102		15735	15735		1386
81208	138770	25077	297	22263	15771	263261	266090	4815	41141
119	387	9	1	8		59	59		128
119	387	9	1	8		59	59		128

1-A-3 续表 26

分组					营业收入	营业成本
	法人资本	个人资本	港澳台资本	外商资本		
文教、工美、体育和娱乐用品制造业	404154	638001	307467	196140	19331662	16185703
文教办公用品制造	6174	60425	12151	10141	801565	683113
文具制造	5384	55402	12151	3347	633814	543759
笔的制造	290	3010			71906	64151
教学用模型及教具制造		1013			12892	11152
墨水、墨汁制造	500	500			2821	2228
其他文教办公用品制造		500		6794	80133	61823
乐器制造	1238	758	3028	12730	47381	39175
中乐器制造		258			2774	2419
西乐器制造	1238	500	3028	3636	35699	28677
电子乐器制造				9094	8909	8079
其他乐器及零件制造						
工艺美术及礼仪用品制造	285507	502620	116372	36585	15331782	12845436
雕塑工艺品制造	128550	235613	19024	6253	6558208	5456535
金属工艺品制造	33371	60285	11377	13151	2319670	1885878
漆器工艺品制造	19029	25879	29654	1626	734941	613354
花画工艺品制造	4882	4692	17396		201652	164642
天然植物纤维编织工艺品制造	12348	19385	2066	285	381611	316565
抽纱刺绣工艺品制造	1200	3363			32995	25926
地毯、挂毯制造		5500	12874		188784	168202
珠宝首饰及有关物品制造	28839	40634	2457		2331495	2111929
其他工艺美术及礼仪用品制造	57290	107270	21524	15271	2582425	2102406
体育用品制造	59631	40473	123735	66334	1789674	1488292
球类制造	9374	100	5692	8443	160231	136889
专项运动器材及配件制造	42398	15096	67228	26349	847884	678040
健身器材制造	5358	20118	45222	15979	561865	479625
运动防护用具制造	2401	1589	300	2470	26539	21811
其他体育用品制造	100	3570	5294	13093	193156	171927
玩具制造	41446	18944	52081	39257	1168638	964703
电玩具制造	13067	1944	26369	5975	276587	225863
塑胶玩具制造	3625	5135	15187	31539	469567	393949
金属玩具制造	1000		3340		97202	79009
弹射玩具制造	2000				40397	31307
娃娃玩具制造						
儿童乘骑玩耍的童车类产品制造	3638	7707	6145	1743	142585	113358
其他玩具制造	18116	4160	1040		142300	121217
游艺器材及娱乐用品制造	10159	14782	100	31093	192622	164984
露天游乐场所游乐设备制造	10159	8196		30388	166881	142320
游艺用品及室内游艺器材制造		6586	100	705	25741	22664
其他娱乐用品制造						
石油、煤炭及其他燃料加工业	1147136	91277	2200	1093813	14468462	11591046
精炼石油产品制造	1097136	62483	2200	1083813	13766283	10988527
原油加工及石油制品制造	1097136	60675	2200	1083813	13750795	10974720
其他原油制造		1808			15488	13807
煤炭加工	40000	25805		10000	585258	503120

单位：万元

销售费用	管理费用	财务费用			投资收益(损失以"-"号记)	营业利润	利润总额	亏损企业亏损额	平均用工人数(人)
			利息收入	利息支出					
543679	728551	128769	8431	86991	-59026	1610028	1614808	11170	242357
23065	34532	4288	115	3715		53405	53731	8	8369
18919	27346	3081	90	2505		38433	38678	8	6479
1055	1783	613	7	579		4063	4078		971
25	1321	51		51		301	301		93
268	211	-4	-6	3		106	108		80
2798	3872	546	24	579		10502	10565		746
1353	4251	153	16	60	13	2056	2201	849	1845
75	63	20	6	8		181	181		60
1101	3124	11	10	52	13	2566	2666	202	1265
177	1063	123				-691	-647	647	520
426241	522728	111234	7840	70409	-61276	1310279	1310880	5859	173480
159318	197250	42917	5138	22964	-1884	649060	648527	74	73509
77978	84184	9740	-533	4412	2093	247437	250093	183	36577
23059	25713	10266	105	3923	-857	56811	57218	46	9179
8678	11181	475	6	296		14446	14446		3177
13262	13990	2017	13	1114	2	33664	33819	65	7058
1230	1792	178		118		3611	3611		727
3576	7098	1368	2	1202		8348	8683	3735	2103
49929	47202	20249	841	17486	-61017	80790	77402	477	7219
89212	134320	24025	2269	18895	386	216114	217081	1279	33931
52981	92322	4204	327	5993	2237	145125	147893	2370	32136
3597	5909	-125	44	444		13202	13314		3711
30762	42729	2449	13	2984	2234	90854	92391	2096	14284
13233	34726	1974	241	1996	3	30401	31428	230	9474
977	2230	71	1	28		1358	1420		890
4412	6728	-165	29	541		9310	9336	44	3777
35158	61019	6660	102	4418		94105	94575	259	23635
12264	13806	3392	-169	2513		18545	18575	257	4269
11786	27041	1511	230	573		33147	33606		12340
960	2147	96		19		14633	14633		1156
1638	1435	5		5		5624	5624		443
4643	9616	858	11	577		13090	13039		2096
3866	6974	798	30	730		9065	9098	2	3331
4882	13700	2230	32	2397		5059	5530	1825	2892
4141	12222	2106	32	2275		4474	4944	1825	2086
740	1478	124		122		585	586		806
134827	270759	97726	24235	126062	-24750	1237223	1231874	1153	11697
121320	253059	92954	24006	122968	-24750	1171675	1164559	1093	9208
121310	252997	92920	24006	122936	-24750	1170135	1163019	1093	9172
10	62	34		32		1540	1540		36
10632	12177	4154	147	2681		51577	53273		1942

1-A-3 续表 27

分组					营业收入	营业成本
	法人资本	个人资本	港澳台资本	外商资本		
炼焦	40000	400			266403	227193
煤制合成气生产				10000	22209	21048
煤制液体燃料生产						
煤制品制造		20725			114361	98101
其他煤炭加工		4680			182286	156779
核燃料加工						
核燃料加工						
生物质燃料加工	10000	2989			116921	99398
生物质液体燃料生产	9000				64837	55417
生物质致密成型燃料加工	1000	2989			52083	43981
化学原料和化学制品制造业	2603536	1149090	402121	386791	21648695	18110329
基础化学原料制造	1140671	205178	80831	185625	5026080	4063353
无机酸制造	24355	33600	12110		854772	645874
无机碱制造		20952	42979		452367	391533
无机盐制造	43964	26900	300		574417	478716
有机化学原料制造	1044823	55249	2452	1600	1981818	1565229
其他基础化学原料制造	27528	68476	22990	184025	1162707	982002
肥料制造	169579	40722	8734	3736	1034018	856901
氮肥制造	47546	11288		3486	375584	313251
磷肥制造	81334				157096	132163
钾肥制造			4976		8483	7555
复混肥料制造	2722	9538	3757	250	209050	180210
有机肥料及微生物肥料制造	22368	19895			256150	200996
其他肥料制造	15609				27656	22727
农药制造	5809	10207			127171	101217
化学农药制造	1000	5059			68278	56863
生物化学农药及微生物农药制造	4809	5148			58893	44354
涂料、油墨、颜料及类似产品制造	91357	98513	25903	17622	2497714	2023278
涂料制造	86057	73940	18843	3860	1888384	1548982
油墨及类似产品制造	2000	9552	7060	13637	253118	206320
工业颜料制造		8466			72200	60914
工艺美术颜料制造	500	1250			70684	41401
染料制造	2800	3250			172772	132667
密封用填料及类似品制造		2055		125	40556	32995
合成材料制造	893640	472274	40161	95896	6972210	6044122
初级形态塑料及合成树脂制造	213411	226909	23638	8963	2992699	2668557
合成橡胶制造	56000	11034			125457	119634
合成纤维单(聚合)体制造	618698		13826	84933	3597688	3042703
其他合成材料制造	5531	234331	2698	2000	256366	213228
专用化学产品制造	202809	228720	226282	54466	4056902	3411466
化学试剂和助剂制造	39365	53957	10037	7371	791798	646559
专项化学用品制造	38177	14092	2368	2314	535958	472173
林产化学产品制造	77670	88691	423	15531	1495145	1268839
文化用信息化学品制造	2063	46315	197191	25078	184424	139625
医学生产用信息化学品制造	1000	5000	11636		313018	284004
环境污染处理专用药剂材料制造	11419	3720			99893	74240

单位：万元

销售费用	管理费用	财务费用			投资收益(损失以"–"号记)	营业利润	利润总额	亏损企业亏损额	平均用工人数(人)
			利息收入	利息支出					
1360	2332	1035	71	610		33410	33477		673
62	818	-1	3	2		271	309		76
3633	4764	1789	4	668		5661	7251		316
5576	4263	1331	70	1400		12235	12235		877
2875	5524	618	81	413		13971	14042	60	547
1581	3617	543	81	344		9198	9146		227
1295	1906	74		69		4773	4896	60	320
459632	763279	223653	6390	211695	29380	2025887	2073389	34589	105270
79117	190148	59334	1949	68951	21595	634503	633348	2344	22252
18582	37720	3229	89	3222	-214	145656	145265		3260
3510	19287	16778	-118	16785	19496	37354	38063		3099
15846	22497	4030	277	7068	153	54109	52290	1917	3329
16504	69705	25939	1459	33088	2158	296444	296869		6917
24674	40939	9359	240	8788	1	100941	100861	427	5647
41347	50093	12038	1326	12962	2414	72065	80143	920	6841
12309	22108	3783	817	4466	2418	24486	32917		3174
4280	7130	6427	363	6806		6956	6462		385
281	242	-78	79			454	452		37
4247	7416	806	59	806	102	15942	15948		1117
18324	11490	1052	8	836	-106	23011	23149	920	1958
1906	1708	48		48		1215	1215		170
5205	6851	395	3	337		13141	13161		1101
2785	2860	186	6	123		5411	5375		679
2421	3992	210	-2	214		7730	7786		422
78256	136197	12343	823	8618	-932	232503	231534	303	17760
61743	109996	11189	625	7675	-2065	142117	141121	303	13728
7228	10780	748	87	743	37	27010	26953		1988
1363	2060	449	2	364		6889	6892		519
3556	5935	-1048	95	-792	1096	22576	22653		781
3870	5412	382	13	361		29678	29683		481
496	2015	623	1	268		4233	4232		263
61787	148281	115566	1323	99604	1848	571850	611535	19292	12947
39141	104767	46489	273	36854	624	129553	131372	2088	8804
1664	7949	8426	106	5780	6	-12735	-12210	15723	870
16219	29216	59723	932	56098	1219	424914	462151	1054	2348
4764	6350	928	12	872		30118	30223	426	925
102985	151026	16529	66	14933	3940	363101	365878	5208	23670
29935	29984	6734	400	5764	552	75939	75574	3277	5377
10665	13863	1461	9	1376	18	35046	34120	1355	1890
37708	48946	5888	164	5636	1270	134072	135527	102	9463
8551	16995	-29	-189	596	1666	19327	20015	326	2039
1262	4072	1256	51	15		21825	21883		380
3647	7248	304	23	250	32	14388	14443		1078

1-A-3 续表 28

分组					营业收入	营业成本
	法人资本	个人资本	港澳台资本	外商资本		
动物胶制造		300			5131	4005
其他专用化学产品制造	33115	16645	4628	4172	631535	522022
炸药、火工及焰火产品制造	1550	450			29304	18440
炸药及火工产品制造	1550	450			29304	18440
焰火、鞭炮产品制造						
日用化学产品制造	98121	93026	20211	29447	1905297	1591552
肥皂及洗涤剂制造	4536	8099	9646		190444	165641
化妆品制造	38195	28988	4192	17144	551211	433209
口腔清洁用品制造	19800	3800			40093	26020
香料、香精制造	33273	23438	6372	456	364980	327646
其他日用化学产品制造	2318	28701		11847	758569	639036
医药制造业	313070	215638	99070	53485	3380856	2112533
化学药品原料药制造	47411	48170	100	50	533711	431264
化学药品原料药制造	47411	48170	100	50	533711	431264
化学药品制剂制造	62177	22959	11301	23735	665531	396950
化学药品制剂制造	62177	22959	11301	23735	665531	396950
中药饮片加工	40948	15101			434933	331922
中药饮片加工	40948	15101			434933	331922
中成药生产	74086	27525	6186	12664	797957	405234
中成药生产	74086	27525	6186	12664	797957	405234
兽用药品制造	14216	9319	3384	13243	248081	174768
兽用药品制造	14216	9319	3384	13243	248081	174768
生物药品制品制造	70587	79894	78099	3130	577125	267821
生物药品制造	57450	79894	78099	3130	525624	263982
基因工程药物和疫苗制造	13137				51501	3839
卫生材料及医药用品制造	100	7617		662	50921	43214
卫生材料及医药用品制造	100	7617		662	50921	43214
药用辅料及包装材料	3544	5054			72596	61360
药用辅料及包装材料	3544	5054			72596	61360
化学纤维制造业	472097	403445	854640	64858	12828358	11077352
纤维素纤维原料及纤维制造	28900	4408	116331	500	719978	650803
化纤浆粕制造			5167		39913	35893
人造纤维(纤维素纤维)制造	28900	4408	111164	500	680065	614910
合成纤维制造	443197	399037	737541	64358	12097758	10416487
锦纶纤维制造	152955	219782	12425		5677463	4709895
涤纶纤维制造	274917	159980	707522	64358	6009753	5342282
腈纶纤维制造						
维纶纤维制造	7125	9675			72244	67653
丙纶纤维制造					86342	75239
氨纶纤维制造			17594		181341	162158
其他合成纤维制造	8200	9600			70615	59261
生物基材料制造			768		10622	10061
生物基化学纤维制造			768		10622	10061
生物基、淀粉基新材料制造						
橡胶和塑料制品业	787261	677076	497938	488999	17702607	15239248
橡胶制品业	245817	71587	55730	252022	3282826	2726868

单位：万元

销售费用	管理费用	财务费用			投资收益(损失以"-"号记)	营业利润	利润总额	亏损企业亏损额	平均用工人数(人)
			利息收入	利息支出					
158	44					924	924		35
11059	29876	915	-392	1295	402	61580	63393	148	3408
1594	5361	54	115	190	-259	2705	2722		472
1594	5361	54	115	190	-259	2705	2722		472
89342	75324	7393	786	6100	775	136019	135069	6522	20227
2960	5852	782	127	653		14616	14668		1976
29756	29939	1340	363	1768	303	54193	53627	2287	7674
13079	2848	-284	167	1		-2003	-1968	3970	451
7312	11640	4327	95	3248	13	13557	14730		2214
36236	25044	1229	34	430	458	55657	54012	265	7912
413478	320020	13238	6560	17539	12095	517507	515711	13043	34717
11128	39881	3625	65	4692	-2261	43948	41517	3208	4316
11128	39881	3625	65	4692	-2261	43948	41517	3208	4316
137864	61877	-764	1088	944	954	68006	64727	6294	6379
137864	61877	-764	1088	944	954	68006	64727	6294	6379
11493	14687	1496	44	1367	28	73234	73429		4567
11493	14687	1496	44	1367	28	73234	73429		4567
87396	92975	1664	3225	3760	9520	210095	210828	1349	7445
87396	92975	1664	3225	3760	9520	210095	210828	1349	7445
28421	20615	124	28	469	1618	23981	23973	26	2186
28421	20615	124	28	469	1618	23981	23973	26	2186
132538	84342	6196	2083	5548	2213	91286	94260		7681
99231	77578	4651	-113	4810	2213	85285	88376		7076
33307	6764	1545	2196	738		6001	5885		605
2393	2649	562	26	469		1661	1673	2166	1461
2393	2649	562	26	469		1661	1673	2166	1461
2245	2993	335	2	292	23	5296	5304		682
2245	2993	335	2	292	23	5296	5304		682
83923	754474	171347	11619	167128	4292	709239	722129	15116	44234
7378	25752	15063	1152	11856		17903	21211	59	3950
50	298	269		270		3367	3469		185
7328	25454	14793	1151	11587		14536	17742	59	3765
76506	728660	156171	10458	155168	4292	691006	700588	15057	40199
36219	468171	77785	-3492	80335	1874	358825	364354	25	13722
35990	246530	70662	13532	70783	2381	312581	321573	4653	22706
1187	6906	1135	407	1617		-4819	-9914	10170	1016
708	1753	1770		417		6794	6794		320
1547	3515	4402	27	1798		9217	9268		1220
856	1786	417	-16	218	37	8408	8514	209	1215
39	62	114	10	104		329	329		85
39	62	114	10	104		329	329		85
405592	711760	91333	5219	103526	-7405	1187491	1206517	14140	176984
135323	165348	25291	11815	35684	5184	217461	220315	866	33107

1-A-3 续表 29

分 组					营业收入	营业成本
	法人资本	个人资本	港澳台资本	外商资本		
轮胎制造	219340	20000	43082	206903	1902677	1547040
橡胶板、管、带制造	537	14525	2893	1137	195429	170137
橡胶零件制造	11040	7405	9755	12071	276942	228259
再生橡胶制造	3600	9972			368812	332142
日用及医用橡胶制品制造	807	2233			85751	81194
运动场地用塑胶制造	4700	680			31027	26997
其他橡胶制品制造	5793	16773		31912	422189	341098
塑料制品业	541444	605489	442208	236977	14419781	12512380
塑料薄膜制造	173526	87830	168694	49692	2525066	2265721
塑料板、管、型材制造	78366	111947	64026	18328	1314289	1104923
塑料丝、绳及编织品制造	13579	26851	14094	2960	534238	455052
泡沫塑料制造	20405	29996	11018	1076	643154	542517
塑料人造革、合成革制造	88827	151347	41896	9970	3823451	3398944
塑料包装箱及容器制造	14313	10501	27463	6000	444378	368146
日用塑料制品制造	74100	72278	49531	42344	1731971	1443812
人造草坪制造	2892	2254	9324		212261	200673
塑料零件及其他塑料制品制造	75436	112486	56161	106608	3190973	2732592
非金属矿物制品业	2058243	2114236	354924	528101	37613870	31194126
水泥、石灰和石膏制造	247405	179995	113402	70995	3995440	3266110
水泥制造	243308	159757	113402	70441	3687786	2995477
石灰和石膏制造	4096	20238		555	307654	270633
石膏、水泥制品及类似制品制造	304356	446447	26494	3861	7002426	5883085
水泥制品制造	271609	393482	26494	3861	6332645	5323020
砼结构构件制造	24909	17178			258329	219300
石棉水泥制品制造	1300	5915			22997	21809
轻质建筑材料制造	2250	19206			128914	104650
其他水泥类似制品制造	4288	10665			259541	214307
砖瓦、石材等建筑材料制造	489131	748499	96201	96932	11174997	9209120
粘土砖瓦及建筑砌块制造	35418	137607			1573505	1324783
建筑用石加工	392007	493800	95201	96932	8649463	7112921
防水建筑材料制造	25350	27517	1000		297108	246141
隔热和隔音材料制造	2847	6620			76110	58492
其他建筑材料制造	33508	82956			578811	466783
玻璃制造	482800	204282	44960	248046	1427716	1143467
平板玻璃制造	176559	100000	13457	248046	886192	725820
特种玻璃制造	303973	93969	28548		385471	288374
其他玻璃制造	2268	10312	2955		156054	129273
玻璃制品制造	31047	42704	3322	6288	979657	815128
技术玻璃制品制造	7062	12201			143183	97446
光学玻璃制造	3925	5295	320	1936	133868	103024
玻璃仪器制造				4352	34068	27615
日用玻璃制品制造	500	13409			118481	102391
玻璃包装容器制造	13500	6000			189418	154861
玻璃保温容器制造						
制镜及类似品加工						
其他玻璃制品制造	6060	5800	3002		360639	329791

单位：万元

销售费用	管理费用	财务费用	利息收入	利息支出	投资收益(损失以"-"号记)	营业利润	利润总额	亏损企业亏损额	平均用工人数(人)
102302	102789	15506	11102	27340	5082	130202	131091	377	18145
3837	6065	1390	12	842		13466	13474	68	1783
7357	20965	309	329	801	7	18450	18775	20	5099
8185	10149	4314	244	4136		11632	11757		1413
523	447	380	37	113		2843	2843		1108
461	803	326	1	268		2297	2342	402	234
12659	24129	3067	91	2184	95	38571	40033		5325
270269	546413	66042	-6596	67842	-12589	970030	986202	13274	143877
36692	74942	11526	-9098	21676	2533	135401	139225	3753	14047
37260	56408	7147	607	5752	-874	103154	107125	950	10192
9510	21934	2520	14	2011	309	44141	44644	1925	5207
19244	28351	7126	239	7114	-2829	42449	43017		6613
49508	115123	17630	436	15063	201	227351	226904	3252	32766
10942	20636	3603	357	3633	229	37419	37624	968	4988
51525	86597	5053	437	5734	8980	145661	145911	1426	27784
1604	3397	477		309		5804	5801		1437
53984	139026	10960	411	6550	-21136	228650	235951	1001	40843
1109472	1425295	243795	47350	262651	474812	3835256	3839047	36695	359094
55459	110344	42423	479	40985	7242	494461	493856	1422	17300
42015	101629	41278	463	39924	7242	481820	481186	1344	15717
13444	8715	1145	16	1062		12641	12669	78	1583
229945	255704	43902	1447	32415	-6530	538350	539231	7997	46712
211569	230963	40517	908	29296	-6527	480296	482085	6332	41591
6720	10918	1826	530	2066	-4	17103	15923	1665	2108
122	537	75		28		369	369		300
5149	4596	631	3	585		13405	13887		1195
6386	8689	853	6	441		27177	26968		1518
333984	383619	93392	6577	63791	981	1061964	1070284	1372	100160
42929	52484	5777	165	4629	6	137042	146112	414	14284
260785	290774	80269	5622	52717	860	828080	827323	830	80140
8818	11432	1815	4	846		25636	25598	128	1773
4242	5356	66	9	388	13	7095	7088		857
17210	23574	5466	777	5211	102	64112	64163		3106
44702	111561	-29808	35261	41172	466631	632168	630275	22090	11852
29664	68870	-42500	34215	33439	439007	561954	560884	2096	4680
9452	33488	10186	1018	5273	27624	62791	62025	19737	5666
5585	9203	2506	28	2460		7422	7366	257	1506
35492	30452	3814	187	3183	-138	80281	76609	231	10090
9415	9250	482	20	480		26150	22494	216	1800
1433	7921	600		479	-208	9182	9068	12	1633
304	138	62				5900	5900		190
1661	3033	387	90	370	-3	10406	10336		1305
16309	4216	980	7	983	72	12083	12091		1303
6369	5893	1304	71	871		16560	16720	3	3859

1-A-3 续表 30

分组					营业收入	营业成本
	法人资本	个人资本	港澳台资本	外商资本		
玻璃纤维和玻璃纤维增强塑料制品制造	43057	7814			212425	179323
玻璃纤维及制品制造		683			11170	10565
玻璃纤维增强塑料制品制造	43057	7131			201255	168758
陶瓷制品制造	390770	403948	63333	97597	11453836	9529589
建筑陶瓷制品制造	203991	299875	23750	66567	7189546	6000684
卫生陶瓷制品制造	122138	20940	31663	17286	1031645	828690
特种陶瓷制品制造	10758	15124		457	263999	215053
日用陶瓷制品制造	14598	17026	500	12688	850357	710702
陈设艺术陶瓷制造	32537	34196	5970	400	1820536	1526803
园艺陶瓷制造	800	15650			177169	145051
其他陶瓷制品制造	5949	1138	1450	200	120584	102607
耐火材料制品制造	18260	12192	1059	3762	403196	355992
石棉制品制造	1264	100	1059	3762	55688	42638
云母制品制造						
耐火陶瓷制品及其他耐火材料制造	16996	12092			347508	313354
石墨及其他非金属矿物制品制造	51418	68354	6153	621	964177	812312
石墨及碳素制品制造	15732	24276	53		212253	176654
其他非金属矿物制品制造	35685	44078	6100	621	751924	635658
黑色金属冶炼和压延加工业	909646	200188	57010	992459	19332589	16544277
炼铁	4000	2600			316618	291580
炼铁	4000	2600			316618	291580
炼钢	4400	44772			1169066	1051042
炼钢	4400	44772			1169066	1051042
钢压延加工	890316	126878	52775	992459	17160877	14639780
钢压延加工	890316	126878	52775	992459	17160877	14639780
铁合金冶炼	10931	25938	4235		686027	561874
铁合金冶炼	10931	25938	4235		686027	561874
有色金属冶炼和压延加工业	852269	409027	261242	95177	21356870	19025886
常用有色金属冶炼	375308	18854	62285	6600	7753760	6802960
铜冶炼	222240				1965912	1897636
铅锌冶炼		600			48176	42528
镍钴冶炼	152500	7659		6600	5455991	4608946
锡冶炼					6806	6245
锑冶炼						
铝冶炼		7395			19543	18002
镁冶炼						
硅冶炼		3200			52411	45086
其他常用有色金属冶炼	568		62285		204921	184519
贵金属冶炼	28627	106078	57289		3716250	3539827
金冶炼	28627	104778	57289		3708448	3533159
银冶炼						
其他贵金属冶炼		1300			7802	6668
稀有稀土金属冶炼	5000	8000		32100	1572208	1282716
钨钼冶炼	5000	8000		24400	592223	484454
稀土金属冶炼				7700	979985	798262
其他稀有金属冶炼						

单位：万元

销售费用	管理费用	财务费用			投资收益(损失以“–”号记)	营业利润	利润总额	亏损企业亏损额	平均用工人数(人)
			利息收入	利息支出					
3971	9403	3499	12	2577	448	15756	15268	35	1517
280	234	7		6		76	77		242
3692	9169	3492	12	2571	448	15680	15191	35	1275
385820	477171	80019	3054	72078	5055	890868	892138	1786	159647
228684	265022	41996	1047	37815	50	588512	589004	1469	58458
53571	67511	12456	1343	16112	4920	68181	67272		19581
7330	11251	1104	6	1187		25790	26110		6048
20562	37421	9985	365	9023	38	67774	68720	317	21451
71538	86960	12853	260	6538	47	106790	107107		49216
2777	5714	1399	29	1360		20839	20943		2437
1358	3292	227	4	42		12983	12983		2456
6622	11791	1950	103	2233	1000	26284	26018	266	2563
1815	1916	146				8960	8968	48	526
4807	9875	1803	103	2233	1000	17324	17051	218	2037
13477	35253	4603	231	4217	123	95125	95368	1496	9253
2770	9525	1701	117	1643	8	20808	21047	1286	2036
10708	25728	2903	114	2574	116	74316	74321	210	7217
131120	354868	116078	12605	118521	-10008	2022101	1989667	128365	71002
1849	3947	445	-21	459		17567	17404		1824
1849	3947	445	-21	459		17567	17404		1824
1953	19183	703	138	3294	643	93538	91438		5694
1953	19183	703	138	3294	643	93538	91438		5694
112813	314275	112832	12455	112859	-8050	1828101	1798360	128245	60891
112813	314275	112832	12455	112859	-8050	1828101	1798360	128245	60891
14504	17463	2098	33	1909	-2601	82895	82465	120	2593
14504	17463	2098	33	1909	-2601	82895	82465	120	2593
135979	297616	186606	105150	248511	244997	1945572	1988461	2085	61023
36420	42610	43164	1609	23170	12652	831865	869398	597	20709
5968	9153	13763	-910	12682	11417	55323	54125		1750
323	1074	561		153		3635	3633		128
28581	25985	25751	2458	5914	1232	755192	793378	541	17053
111	124	2		2		314	314		25
123	1225	101	8	84	2	-24	77		150
144	938	26	6	29		6194	6274		299
1170	4112	2960	46	4307		11232	11597	56	1304
5342	65170	42023	87699	116558	194307	235633	230410		3937
4993	64635	41888	87698	116426	194306	235559	230370		3743
349	535	135	1	132	1	74	40		194
14504	44500	6495	37	8403	8037	239669	239892	9	5542
11656	33555	4316	40	5887	8004	68419	68580	9	3836
2848	10945	2179	-3	2516	34	171251	171312		1706

1-A-3 续表 31

分组					营业收入	营业成本
	法人资本	个人资本	港澳台资本	外商资本		
有色金属合金制造	16700	25829	10124	34245	630783	546714
有色金属合金制造	16700	25829	10124	34245	630783	546714
有色金属压延加工	426634	250265	131545	22232	7683870	6853669
铜压延加工	68973	23407	110		791856	762013
铝压延加工	155740	211050	126802	15962	3287620	3006956
贵金属压延加工	20000	1000			20481	14938
稀有稀土金属压延加工	181331			6270	3403986	2902398
其他有色金属压延加工	590	14808	4633		179928	167364
金属制品业	666254	701005	429314	451015	16106750	13963038
结构性金属制品制造	230101	238367	45444	48480	3639241	3103477
金属结构制造	208771	186640	45064	48480	2767755	2385011
金属门窗制造	21330	51728	380		871486	718466
金属工具制造	10175	25082	12859	1783	557820	431319
切削工具制造	5209	20481	10861	1783	432356	326662
手工具制造		600	514		23604	18118
农用及园林用金属工具制造	600				2176	1705
刀剪及类似日用金属工具制造	136	3231			39103	35115
其他金属工具制造	4230	770	1484		60582	49719
集装箱及金属包装容器制造	102854	71517	185566	69268	1817292	1639080
集装箱制造	18331	854	19373		224853	206265
金属压力容器制造		14000			47105	35626
金属包装容器及材料制造	84523	56664	166194	69268	1545333	1397190
金属丝绳及其制品制造	8083	1934	3320	5650	122660	110001
金属丝绳及其制品制造	8083	1934	3320	5650	122660	110001
建筑、安全用金属制品制造	166535	101626	60178	138871	3242862	2774086
建筑、家具用金属配件制造	17371	10155	40738	17254	708762	600237
建筑装饰及水暖管道零件制造	46675	53637	19440	119284	1467628	1231472
安全、消防用金属制品制造	92776	26188			809798	699167
其他建筑、安全用金属制品制造	9713	11647		2333	256674	243211
金属表面处理及热处理加工	21756	28443	8489	166558	1042390	914485
金属表面处理及热处理加工	21756	28443	8489	166558	1042390	914485
搪瓷制品制造		1000			6968	6018
生产专用搪瓷制品制造						
建筑装饰搪瓷制品制造						
搪瓷卫生洁具制造		1000			6968	6018
搪瓷日用品及其他搪瓷制品制造						
金属制日用品制造	32619	43699	40733	18122	906814	745931
金属制厨房用器具制造	4120	18003	995	580	187956	153558
金属制餐具和器皿制造	955	5962	26869	8931	148970	128063
金属制卫生器具制造	13576	10995			54489	46418
其他金属制日用品制造	13968	8739	12869	8611	515399	417892
铸造及其他金属制品制造	94131	189336	72724	2283	4770704	4238641
黑色金属铸造	58104	92763	15806	1583	3076564	2814234
有色金属铸造	4683	18901			49350	40350
锻件及粉末冶金制品制造	2130	25652	600		388061	333171
交通及公共管理用金属标牌制造					14910	10493
其他未列明金属制品制造	29214	52021	56319	700	1241820	1040393

单位：万元

销售费用	管理费用	财务费用			投资收益（损失以“-”号记）	营业利润	利润总额	亏损企业亏损额	平均用工人数（人）
			利息收入	利息支出					
6882	17317	4992	92	4790	3687	56473	58000	454	4185
6882	17317	4992	92	4790	3687	56473	58000	454	4185
72832	128020	89932	15713	95590	26313	581931	590761	1025	26650
5685	4492	1790	335	2005	484	18084	18476	20	2324
42597	79378	54803	176	52452	4371	99490	100231	1005	18460
	4282	-76		77	182	1501	1501		77
23557	36864	32092	15176	40107	20801	455490	463099		5032
993	3004	1323	25	950	475	7367	7454		757
309955	592012	77887	20066	73934	2699	1081238	1087065	23840	152576
83769	137263	22866	1273	19695	225	256182	258262	4507	34190
60624	101922	17405	1214	14892	106	187178	189081	4265	26221
23145	35341	5461	59	4803	119	69004	69181	242	7969
25562	35153	4354	283	3781	120	58563	61560	67	4972
21944	27603	3851	272	3373	120	50032	52934		3300
1506	1285	284	5	224		2290	2303		156
47	302	58		27		55	63		91
865	1033	158	5	148		1823	1823		761
1201	4929	5	1	9		4363	4438	67	664
36742	51232	9230	2042	13280	728	77894	78618	981	11683
5517	6904	-2351	1294	700	-859	7124	7376		2168
3290	3880	954	2	828		3067	3067	19	532
27935	40448	10627	746	11753	1586	67703	68175	962	8983
1944	3377	997	24	941	1	5762	6118		1093
1944	3377	997	24	941	1	5762	6118		1093
49242	142410	3815	13883	8608	104	262374	262209	3702	40910
10978	27170	2171	33	1351	-2756	62848	63351	5	7627
28604	98366	-1339	13814	4755	-2063	106700	106744	3682	20638
7850	13955	1918	-6	1632	4859	85833	84974	16	10016
1810	2918	1065	42	870	65	6993	7140		2629
19891	28022	8006	2284	5745	166	67122	65336	10518	7884
19891	28022	8006	2284	5745	166	67122	65336	10518	7884
136	527	4		4		155	155		123
136	527	4		4		155	155		123
24816	41273	4371	165	2470	233	85115	85601	1124	10421
9702	11689	614	7	484	-4	11512	11342	128	2456
3970	5759	517	11	527		10028	10046	969	2145
1009	3092	415	76	397	236	3574	3476	13	1422
10134	20732	2825	71	1062		60001	60737	14	4398
67854	152756	24244	113	19410	1123	268071	269207	2943	41300
33655	66638	13654	99	11754	-501	134449	133054	1066	21934
1273	4279	1006	27	587		2576	3110	397	1158
12181	17445	2649	14	1818	-152	21523	21182	1356	2673
46	769					3425	3424		189
20700	63625	6934	-28	5251	1777	106098	108437	123	15346

1-A-3 续表 32

分组					营业收入	营业成本
	法人资本	个人资本	港澳台资本	外商资本		
通用设备制造业	578705	716396	109192	437653	12810902	10495986
锅炉及原动设备制造	16936	4598	3755		343863	288296
锅炉及辅助设备制造	500	1353			101147	85285
内燃机及配件制造	5236	564			44951	36401
汽轮机及辅机制造		431			12463	11282
水轮机及辅机制造	1000	2250			78109	71359
风能原动设备制造	10200				92279	71295
其他原动设备制造			3755		14914	12675
金属加工机械制造	33425	96460	7679	56010	1402248	1179180
金属切削机床制造	13580	20635	2105	3253	354787	296454
金属成形机床制造	6000	6108	3214	50083	230069	189345
铸造机械制造	7860	14925			238354	211758
金属切割及焊接设备制造	607	5512			22638	17025
机床功能部件及附件制造	350	40028			241991	195103
其他金属加工机械制造	5028	9253	2360	2675	314408	269494
物料搬运设备制造	20748	64702		130911	1046762	811649
轻小型起重设备制造	5918	16432			98215	79334
生产专用起重机制造	3300	18961		29429	179143	164592
生产专用车辆制造		6400		93014	493748	347261
连续搬运设备制造		3598			22798	15026
电梯、自动扶梯及升降机制造	11530	2447		1045	55539	44288
客运索道制造		16734			117208	96982
机械式停车设备制造						
其他物料搬运设备制造		130		7422	80112	64167
泵、阀门、压缩机及类似机械制造	191823	224013	32977	45985	3896247	3133441
泵及真空设备制造	19912	18562	3426	4917	322352	283907
气体压缩机械制造		4095	28000	2165	471405	371093
阀门和旋塞制造	169186	180639	1550	18700	2818443	2235202
液压动力机械及元件制造	2725	19217		10072	255258	216844
液力动力机械元件制造						
气压动力机械及元件制造		1500		10131	28788	26396
轴承、齿轮和传动部件制造	53840	51534	11203	9053	1509235	1300930
滚动轴承制造	24269	24332	5177	6501	812310	718516
滑动轴承制造	975	2625	1381		62182	50073
齿轮及齿轮减、变速箱制造	28091	15883	1345		484948	396894
其他传动部件制造	506	8694	3301	2552	149795	135448
烘炉、风机、包装等设备制造	35905	138633	6025	22133	693102	566803
烘炉、熔炉及电炉制造		89			10576	8795
风机、风扇制造	4926	7644			40950	31924
气体、液体分离及纯净设备制造	2980	42979		670	84322	60769
制冷、空调设备制造	22125	79581	2100	3100	308652	258742
风动和电动工具制造		3350	3925	18363	90770	76471
喷枪及类似器具制造		100			2912	2437
包装专用设备制造	5874	4891			154920	127665
文化、办公用机械制造	159045	35706	31161	154105	2042208	1617522

单位：万元

销售费用	管理费用	财务费用			投资收益（损失以“-”号记）	营业利润	利润总额	亏损企业亏损额	平均用工人数（人）
			利息收入	利息支出					
412057	675578	90854	10157	76086	41318	1120537	1125122	25580	139485
7918	13452	4399	329	3701	-1733	29728	29733	427	3261
1712	4230	305	-2	144	-1733	8462	8544		458
989	2805	715	3	706		5739	5690	427	994
141	165	255		73		570	570		92
723	1187	162		160		4283	4284		708
3867	4570	2761	327	2416		9654	9623		844
485	495	201		201		1022	1022		165
27591	53620	5712	1240	4273	-3609	122881	122920	11	13353
8448	12641	1876	29	1458	7	32321	31152	11	3316
6383	10870	1190	823	1403		20992	21632		1652
3370	4298	592	37	371		17761	17766		2142
1447	2329	-1	20	23		1232	1547		286
3997	8568	1385	318	718		30774	30968		1896
3946	14915	670	13	301	-3616	19801	19856		4061
78265	64653	3101	1849	3138	2	86739	88137	10043	8460
4317	6686	378	11	440		7081	7452	53	1033
5373	9580	2253	1	1212		-3943	-3355	8981	2035
56766	33487	-854	1759	228		55630	55880	1009	3701
958	2922	130	2	107	2	3692	3758		224
2700	3421	313	37	270		6513	6601		511
3902	4541	877	1	871		10466	10465		374
4250	4016	4	40	10		7300	7337		582
129231	175954	39280	780	26973	512	396410	394735	1508	43310
6886	15575	1575	134	1417	69	12650	13218	41	4138
14449	24270	4705	42	1204	470	56988	57085		4115
97664	121144	31360	655	22741	12	313402	311672	373	32494
9221	13576	1326	-55	1309	-39	13912	13291	314	2389
1011	1389	313	4	303		-542	-530	780	174
26733	53717	8782	36	7046	2550	113675	113845	964	17750
10838	29380	3592	99	3459	2223	47114	47196	824	11007
2298	1370	-312	77	142	323	8723	8761		1219
10355	18279	5231	-153	3015	4	52701	52705	2	3527
3242	4688	270	13	430		5137	5184	138	1997
30828	45867	7848	525	8404	393	36807	37764	4245	8650
25	79	4	1	4		1650	1650		84
996	4387	544	1	432		2827	2873		599
6989	9147	1751	70	1841	139	3717	3898	81	1011
10768	19206	4536	422	5419	202	13892	14298	3948	3248
4971	4903	566	33	639		3089	3036	216	1615
27	368	21		19		48	48		85
7052	7776	426	-1	50	53	11583	11961		2008
74690	185467	10327	4540	12099	49701	200859	201395	1006	26643

1-A-3 续表 33

分组	法人资本	个人资本	港澳台资本	外商资本	营业收入	营业成本
电影机械制造						
幻灯及投影设备制造	3019	7681		12800	190069	166753
照相机及器材制造	22398	10538	1355	111635	496804	395947
复印和胶印设备制造	3314	500	4074	4139	54785	45323
计算器及货币专用设备制造	130315	16987	25732	25532	1300550	1009499
其他文化、办公用机械制造						
通用零部件制造	47184	63994	14387	19456	1283294	1080130
金属密封件制造		2600			9590	8673
紧固件制造	2795	16258	3623	10309	312459	266129
弹簧制造	2000	1360	1951		42785	32637
机械零部件加工	9938	18918	5981	810	373847	329275
其他通用零部件制造	32451	24859	2832	8337	544613	443417
其他通用设备制造业	19799	36755	2006		593944	518037
工业机器人制造	10700				9849	6660
特殊作业机器人制造		1000			8814	4513
增材制造装备制造		1000			51086	46709
其他未列明通用设备制造业	9099	34755	2006		524196	460154
专用设备制造业	382378	698767	170154	225229	10494806	8549292
采矿、冶金、建筑专用设备制造	77590	191933	7282	94791	3228088	2741436
矿山机械制造	3854	12380			250491	228659
石油钻采专用设备制造					41523	37369
深海石油钻探设备制造		3600			7305	6146
建筑工程用机械制造	26378	99969	4751	94744	2107992	1784639
建筑材料生产专用机械制造	34027	62099	1681	47	574470	460311
冶金专用设备制造	13332	12086	850		222798	201101
隧道施工专用机械制造		1800			23509	23211
化工、木材、非金属加工专用设备制造	73731	67494	25300	12235	1930150	1588678
炼油、化工生产专用设备制造	5252	5300			365637	294272
橡胶加工专用设备制造	16150	5527	401		258734	227008
塑料加工专用设备制造	660	4716	2306		164249	142409
木竹材加工机械制造	600	2672			119789	111989
模具制造	40869	48479	22593	12235	968070	767975
其他非金属加工专用设备制造	10200	800			53671	45025
食品、饮料、烟草及饲料生产专用设备制造	6294	24678			236768	195880
食品、酒、饮料及茶生产专用设备制造	3382	5149			171267	143003
农副食品加工专用设备制造	2911	7029			38556	32418
烟草生产专用设备制造		12500			26945	20458
饲料生产专用设备制造						
印刷、制药、日化及日用品生产专用设备制造	8900	29041	14360	4337	379618	300255
制浆和造纸专用设备制造	980	6100		4337	81144	68156
印刷专用设备制造	5840	19298	9360		106995	77808
日用化工专用设备制造	2080				6123	4573
制药专用设备制造		1500			110351	91583
照明器具生产专用设备制造						
玻璃、陶瓷和搪瓷制品生产专用设备制造		1523			28902	22972
其他日用品生产专用设备制造		620	5000		46103	35163

单位：万元

销售费用	管理费用	财务费用			投资收益（损失以“-”号记）	营业利润	利润总额	亏损企业亏损额	平均用工人数（人）
			利息收入	利息支出					
3875	12280	405	-222	166	10	5908	5543	284	1115
3142	58043	5053	96	3559	1084	34644	35134	325	12589
1145	4679	-8	-18	78	33	3495	3563		850
66528	110464	4877	4684	8295	48574	156812	157156	398	12089
25447	55158	6099	608	4719	230	111665	114792	561	13401
42	698	113		84		26	47		254
8856	11832	1252	247	830		24479	24395	61	3488
771	6530	407	4	414	22	2545	2559		625
4434	13374	1810	16	1278	332	22929	22868	500	4414
11345	22725	2516	341	2114	-125	61686	64923		4620
11354	27691	5308	250	5732	-6729	21774	21802	6814	4657
166	1292	-75	73		846	2682	2682		147
47	42	-45				4195	4195		30
55	125					4152	4224		110
11086	26232	5427	177	5732	-7575	10745	10701	6814	4370
288174	588963	58161	15661	64923	79829	1020401	1026622	26999	98926
76388	136048	18606	10648	27523	-1050	237957	238684	21747	25057
3994	7390	849	11	600		8164	8213		1803
76	357	34		34		3560	3560		285
328	618	6	3	4	96	246	327		110
43183	75609	14923	10400	21669	94	175107	176606	20771	15001
24956	44646	2083	234	4512	-66	42799	42089	897	5579
3745	7336	702	1	695	-1174	8000	7807	79	2177
107	91	8		8		81	81		102
41486	109608	14157	477	10211	2419	161432	162877	621	18599
4642	25072	3057	33	3049	1391	36471	36483		1224
6171	9558	2643	17	2343	4	11872	11258		1355
3757	4643	710		212		11544	11608		1004
1112	2608	435	1	432		3462	3473		695
24963	66508	7005	426	3974	1024	93049	95009	621	14115
842	1219	307		201		5034	5046		206
7330	12871	1749	31	499		18103	18219		2927
4563	7651	1486	11	408		14032	14194		1686
848	1970	185	19	13		3073	3073		745
1919	3250	77	1	78		999	952		496
13170	22435	2984	-88	1326		37905	38517	648	3577
2024	4193	1614	24	770		4696	5085		1127
9168	6595	149	48	65		12871	12893	648	1476
553	756	13	1	14		220	245		85
	5203	471		471		11967	11967		284
529	2416	710				1816	1817		146
897	3271	27	-160	6		6335	6509		459

1-A-3 续表 34

分组					营业收入	营业成本
	法人资本	个人资本	港澳台资本	外商资本		
纺织、服装和皮革加工专用设备制造	36626	32107	22559	9728	678708	554166
纺织专用设备制造	27626	21648	22509	7718	522233	424747
皮革、毛皮及其制品加工专用设备制造	400	3800		300	62025	52226
缝制机械制造	8600	6659	50	1710	94451	77193
洗涤机械制造						
电子和电工机械专用设备制造	24992	29623	33398	680	325861	252223
电工机械专用设备制造	3502	17613	10429		64112	45287
半导体器件专用设备制造	1300	1100	812		54134	46216
电子元器件与机电组件设备制造	5450	117	2178		37613	28085
其他电子专用设备制造	14740	10793	19979	680	170002	132635
农、林、牧、渔专用机械制造	9911	82862	5909	8000	666254	575179
拖拉机制造		6185	375		74887	66507
机械化农业及园艺机具制造	1571	5500	5000	8000	271674	252079
营林及木竹采伐机械制造						
畜牧机械制造	2060				31064	25003
渔业机械制造	1200	66347			43974	33998
农林牧渔机械配件制造	1100	1300	534		29060	24752
棉花加工机械制造						
其他农、林、牧、渔业机械制造	3980	3530			215595	172839
医疗仪器设备及器械制造	65450	31643	60130	50435	962714	699773
医疗诊断、监护及治疗设备制造	7961	2149	95	1250	35545	20401
口腔科用设备及器具制造		2503			22835	14912
医疗实验室及医用消毒设备和器具制造				660	4106	2505
医疗、外科及兽医用器械制造	1445	1605	6235	1863	118448	80480
机械治疗及病房护理设备制造	541	9208		420	154365	109261
康复辅具制造	22123	583	19213	3400	155508	88383
眼镜制造	27530	6752	30771	30710	358338	295157
其他医疗设备及器械制造	5850	8843	3817	12132	113569	88675
环保、邮政、社会公共服务及其他专用设备制造	78884	209386	1216	45024	2086645	1641704
环境保护专用设备制造	71606	177923	1216	23045	1530794	1208717
地质勘查专用设备制造						
邮政专用机械及器材制造						
商业、饮食、服务专用设备制造						
社会公共安全设备及器材制造	1300	6678			123202	103389
交通安全、管制及类似专用设备制造		1620			70814	50289
水资源专用机械制造		3050		7501	18498	12719
其他专用设备制造	5978	20115		14477	343338	266590
汽车制造业	537436	250031	375377	407281	13157648	11022427
汽车整车制造	136963	19050	160135	81863	3954261	3334185
汽柴油车整车制造	77463	5050	159634	75902	3782712	3170007
新能源车整车制造	59500	14000	501	5960	171549	164178
汽车用发动机制造	5400	658		600	6487	5772
汽车用发动机制造	5400	658		600	6487	5772
改装汽车制造	39975	11654			431545	328446
改装汽车制造	39975	11654			431545	328446
低速汽车制造					3214	3056
低速汽车制造					3214	3056

单位：万元

销售费用	管理费用	财务费用	利息收入	利息支出	投资收益（损失以“-”号记）	营业利润	利润总额	亏损企业亏损额	平均用工人数（人）
18198	31140	3899	19	2916	174	69048	69550	103	7279
14478	24928	3119	7	2153	174	53835	54163	103	5748
1539	2285	390	-4	401		5019	5252		718
2181	3927	390	16	362		10194	10135		813
10677	26328	709	726	861	692	35954	35166	1953	3951
2829	5090	605	2	382	197	10011	8314	1952	773
559	2808	96	9	102		4313	4412		1012
1445	3714	221	4	210	42	4246	4259		658
5844	14717	-213	711	167	454	17385	18181	1	1508
11593	15822	1584	75	1253		57945	58042	288	4883
2011	1738	226	1	225		3771	3771		461
3442	5133	711	73	744		9081	9092	288	1831
2247	1935	114		114		1709	1823		103
528	1404	107				7767	7767		348
817	1047	109		60		2206	2178		286
2548	4567	319	1	110		33412	33411		1854
48870	84985	-3402	2214	2496	1399	132127	133460	1315	19604
4654	6105	-85	5	154	64	4716	5298		925
3332	2587	529		529		1394	1301		298
436	872	1	1			312	312		114
10547	14870	-273	21	8		12165	12355	197	1089
5607	6379	106	3	155	11	31783	31804	626	763
9495	10791	-3551	1765	62	572	53519	53378	177	2592
8000	29269	558	386	1402	411	23583	24129	1	12128
6798	14112	-686	34	187	341	4655	4883	314	1695
60462	149728	17876	1560	17838	76195	269931	272109	325	13049
35341	113422	14547	1417	15022	75460	215824	217497	73	9008
2346	4481	1072	4	787		11528	11549	48	1067
2663	6042	129	-1	100		10991	10991		357
920	1594	14	-15	14		2779	2851	204	263
19191	24190	2114	155	1915	736	28809	29221		2354
416120	577687	45400	-5363	63003	12462	1001426	1015976	50257	110472
221320	171366	9142	-8192	27582	-598	139151	140333	35409	19654
209255	157635	7532	-8251	26137	-598	139946	140864	34412	17854
12066	13731	1610	59	1445		-795	-530	997	1800
142	378	141	1	118		-11	-73	329	40
142	378	141	1	118		-11	-73	329	40
37032	18988	358	-2847	2947	2403	41361	42121		3332
37032	18988	358	-2847	2947	2403	41361	42121		3332
	356	-44	45			-161	-161	161	3
	356	-44	45			-161	-161	161	3

1-A-3 续表 35

分组					营业收入	营业成本
	法人资本	个人资本	港澳台资本	外商资本		
电车制造		7789			16968	15072
电车制造		7789			16968	15072
汽车车身、挂车制造	28247	20123	1192		408421	359230
汽车车身、挂车制造	28247	20123	1192		408421	359230
汽车零部件及配件制造	326851	190756	214050	324818	8336752	6976665
汽车零部件及配件制造	326851	190756	214050	324818	8336752	6976665
铁路、船舶、航空航天和其他运输设备制造业	110429	107916	85829	34565	2924495	2599405
铁路运输设备制造		3705	20000		230203	202662
高铁车组制造						
铁路机车车辆制造						
窄轨机车车辆制造						
高铁设备、配件制造						
铁路机车车辆配件制造			20000		146815	131080
铁路专用设备及器材、配件制造		3705			83388	71582
其他铁路运输设备制造						
城市轨道交通设备制造						
城市轨道交通设备制造						
船舶及相关装置制造	100838	47662	10548	15240	1296905	1213241
金属船舶制造	82435	29927	5000		1005152	961618
非金属船舶制造						
娱乐船和运动船制造	17573	875	5548	15240	59737	47411
船用配套设备制造	150	9131			157637	138101
船舶改装	680	7729			74379	66111
船舶拆除						
海洋工程装备制造						
航标器材及其他相关装置制造						
航空、航天器及设备制造						
飞机制造						
航天器及运载火箭制造						
航天相关设备制造						
航空相关设备制造						
其他航空航天器制造						
摩托车制造	6052	47289	55282	12149	1253968	1071023
摩托车整车制造		5383	15875		289748	246700
摩托车零部件及配件制造	6052	41906	39407	12149	964219	824323
自行车和残疾人座车制造	3439	3177		7176	100990	78989
自行车制造		3177		4047	47291	36075
残疾人座车制造	3439			3130	53699	42914
助动车制造		6083			28299	24394
助动车制造		6083			28299	24394
非公路休闲车及零配件制造						
非公路休闲车及零配件制造						
潜水救捞及其他未列明运输设备制造	100				14130	9097
潜水装备制造						
水下救捞装备制造						
其他未列明运输设备制造	100				14130	9097

单位：万元

销售费用	管理费用	财务费用			投资收益(损失以“-”号记)	营业利润	利润总额	亏损企业亏损额	平均用工人数(人)
			利息收入	利息支出					
347	336	141		141		1017	1018		151
347	336	141		141		1017	1018		151
8281	15139	1870	187	1553	289	20695	21035		2667
8281	15139	1870	187	1553	289	20695	21035		2667
148999	371125	33792	5443	30662	10368	799375	811702	14358	84625
148999	371125	33792	5443	30662	10368	799375	811702	14358	84625
59187	144493	60520	11226	73799	285	38015	55170	122641	33651
7912	11117	2790	37	2782		4375	4561		997
7351	6625	467	35	432		929	941		408
561	4492	2323	2	2350		3446	3620		589
16969	66016	53284	9341	63452	-914	-62489	-46301	121373	13529
12805	56354	51188	9314	61999	-941	-79993	-64401	118824	10293
1488	5874	1277	16	708	27	2393	2988	2544	1757
1675	2485	498	11	525		10442	10442	6	1001
1001	1303	321		221		4669	4669		478
30453	51976	4300	1718	6918	7	86680	86809	329	16224
6137	10664	1453	588	2514	7	20868	20886		1635
24317	41311	2848	1130	4404		65812	65923	329	14589
2690	10942	-231	65	217	-6	7270	7507	882	2547
1837	3785	-36	60	57		4691	4706		1065
853	7158	-195	4	159	-6	2579	2801	882	1482
686	1122	324		313		1718	1806	57	197
686	1122	324		313		1718	1806	57	197
477	3320	53	66	117	1198	461	790		157
477	3320	53	66	117	1198	461	790		157

1-A-3 续表 36

分组					营业收入	营业成本
	法人资本	个人资本	港澳台资本	外商资本		
电气机械和器材制造业	1458316	721802	608431	175022	22673349	18045370
电机制造	72418	92253	76493	27499	2684529	2322460
发电机及发电机组制造	42299	57274	42892	19201	1912182	1661894
电动机制造	22100	31881	3792	4176	512664	443319
微特电机及组件制造	7265	71		2432	53302	40557
其他电机制造	754	3026	29809	1690	206381	176691
输配电及控制设备制造	335408	277165	81109	56979	4463220	3565554
变压器、整流器和电感器制造	46488	35000	26165	8134	517018	434969
电容器及其配套设备制造	5250	280	420		185038	107873
配电开关控制设备制造	207972	132738	1796	32103	1980609	1476099
电力电子元器件制造	41340	38705	34706		590935	474755
光伏设备及元器件制造	24423	36648	18022	10882	813567	738064
其他输配电及控制设备制造	9935	33795		5860	376052	333794
电线、电缆、光缆及电工器材制造	142792	110524	52438	13169	2204748	1928528
电线、电缆制造	128475	92738	18892	8825	2051642	1806434
光纤制造						
光缆制造		2300			10782	8157
绝缘制品制造	14317	15186	33546	4344	123935	99873
其他电工器材制造		300			18389	14065
电池制造	641291	52596	209355	12019	8157992	5973832
锂离子电池制造	528848	22555	178910	656	7370345	5409909
镍氢电池制造	10200		5000		7575	4814
铅蓄电池制造	60780	16435	8008	8894	289952	236692
锌锰电池制造	32693		482		270524	126022
其他电池制造	8769	13606	16955	2469	219596	196395
家用电力器具制造	158366	100707	43853	8593	2039286	1740100
家用制冷电器具制造						
家用空气调节器制造	12924	6257			360226	322564
家用通风电器具制造			5463		6263	5018
家用厨房电器具制造	1269	10056			265825	195330
家用清洁卫生电器具制造	2000	1020			19104	16156
家用美容、保健护理电器具制造	36009	67484	7524	8593	1071059	938302
家用电力器具专用配件制造	8180	3900			70650	52490
其他家用电力器具制造	97984	11990	30866		246158	210241
非电力家用器具制造	16602	7200	52076		498010	359005
燃气及类似能源家用器具制造		1100			8037	6538
太阳能器具制造	16302	6100	47808		478153	342479
其他非电力家用器具制造	300		4268		11820	9988
照明器具制造	82759	69263	93109	50223	2438343	2006074
电光源制造	26709	21154	58319	29711	865333	720823
照明灯具制造	44762	40839	24331	10087	1053968	888142
舞台及场地用灯制造	8111	4170	5070		350635	260035
智能照明器具制造		400			1964	1794
灯用电器附件及其他照明器具制造	3176	2702	5388	10424	166445	135280
其他电气机械及器材制造	8682	12094		6541	187222	149816

单位：万元

销售费用	管理费用	财务费用			投资收益(损失以"-"号记)	营业利润	利润总额	亏损企业亏损额	平均用工人数(人)
			利息收入	利息支出					
695939	1417684	57215	64808	124278	64730	2310732	2375807	40980	207767
86689	126681	16944	1294	12659	-6733	96951	99210	3850	23326
61588	93447	11527	424	6498	-6743	52125	53688	3072	12151
13219	23421	5982	24	5466	10	24450	25019	679	8274
1031	4434	-49	115	219		7152	7149	93	1176
10851	5380	-517	732	477		13224	13354	7	1725
198676	266125	15124	5390	24700	11221	375974	421259	21858	45448
19494	38231	1495	223	1899	1180	16315	28239	10457	7219
4125	19808	-1037	972	474	2440	54143	54244		3739
122428	125490	3183	1363	9269	-521	219016	223072	3512	15133
32018	44996	4414	1135	6235	6396	38272	40426	869	11172
13116	20158	4652	1643	4631	1294	35025	61714	7018	5843
7495	17442	2416	54	2192	431	13203	13564	2	2342
47714	77876	15772	1180	15983	7285	141352	142264	810	13724
43296	65757	15190	942	15190	913	121178	121779	91	11731
149	1191	21	5	16		1219	1219		217
3801	10303	539	233	777	6372	15816	16127	719	1611
468	625	22				3139	3139		165
239593	687507	-5217	54546	58046	33288	1190317	1194564	4926	63969
170417	652571	-13541	54402	49950	32886	1086876	1089177	1899	55788
324	1391	412	12	421		424	447		389
7373	10712	5555		5301		26473	28308	536	3235
57225	15935	677	108	818	149	67062	66804		2172
4254	6898	1681	24	1556	253	9483	9828	2491	2385
42435	92947	2161	-1101	4795	17170	173968	186725	1110	22049
8784	12395	1464	64	1024	-22	14653	14854		2580
90	150	1				973	973		65
1966	2265	368	56	239		65463	65572		1683
644	1765	106		112		357	380		233
21554	53150	-3029	-774	2458	15896	75663	87231	1108	11108
2887	5883	3929	27	472		5037	5218	2	1246
6510	17339	-677	-473	490	1295	11822	12499		5134
9552	13963	4406	3	1615	2423	113083	112197	1091	1057
104	517	694	1			178	177		148
9107	11937	3432	3	1211	2423	113386	113008		584
340	1509	280		404		-480	-988	1091	325
63238	138918	7483	3166	6037	76	204663	204879	7135	35026
17471	51953	568	1875	2949	1414	66648	65715	6132	14457
22834	48995	2186	1088	1874	-1450	85352	85997	916	14739
18434	27361	4118	6	723		38148	38277		2840
43	175					-71	-87	87	45
4457	10436	611	198	490	111	14586	14977		2945
8044	13667	543	329	443		14424	14709	202	3168

1-A-3 续表 37

分 组					营业收入	营业成本
	法人资本	个人资本	港澳台资本	外商资本		
电气信号设备装置制造	3864	4120		479	61896	48535
其他未列明电气机械及器材制造	4818	7974		6061	125327	101281
计算机、通信和其他电子设备制造业	5785894	942437	975858	1887468	41456191	36455454
计算机制造	75999	43051	57934	87918	10398786	9242724
计算机整机制造	3300		2185	32657	6079661	5440509
计算机零部件制造	32713	56	52726	11607	2814693	2719973
计算机外围设备制造	36517	2773	3023	40958	747586	597997
工业控制计算机及系统制造	3468	37071		2696	733045	469312
信息安全设备制造						
其他计算机制造		3151			23801	14934
通信设备制造	111916	226894	152259	7764	2468257	2010062
通信系统设备制造	35746	54674	1996	504	491674	385436
通信终端设备制造	76170	172220	150262	7260	1976583	1624626
广播电视设备制造	23240	39756	28221	10319	1464678	1222276
广播电视节目制作及发射设备制造						
广播电视接收设备制造	2793	24235	28221	10019	1075474	902193
广播电视专用配件制造						
专业音响设备制造						
应用电视设备及其他广播电视设备制造	20447	15521		300	389204	320083
雷达及配套设备制造		310			5739	4199
雷达及配套设备制造		310			5739	4199
非专业视听设备制造	109190	23253	23624	33038	2762115	2469460
电视机制造	85950	11334	17118		1701750	1609902
音响设备制造		3550	5168	25387	141662	128549
影视录放设备制造	23240	8369	1339	7650	918703	731010
智能消费设备制造	13383	24419	22376	10633	666271	583380
可穿戴智能设备制造		4056			1442	458
智能车载设备制造	745			10633	126695	113000
智能无人飞行器制造						
服务消费机器人制造		1000			3006	2355
其他智能消费设备制造	12638	19364	22376		535128	467567
电子器件制造	5211071	275762	527990	1589143	17343640	15557154
电子真空器件制造	91695	296	10523	71546	567882	416649
半导体分立器件制造	21553	8250		6607	516400	503223
集成电路制造	847777	54026	23178	708048	961679	1045684
显示器件制造	3439779	38810	370923	604105	10838671	10046813
半导体照明器件制造	562466	104563	104359	24593	1614810	1254124
光电子器件制造	143082	36451	4209	135768	2033194	1648999
其他电子器件制造	104720	33365	14798	38478	811004	641663
电子元件及电子专用材料制造	199843	201210	162069	147338	5852465	4968538
电阻电容电感元件制造	64823	30875	26743	84162	1522225	1260030
电子电路制造	16941	106565	22479	26049	1708859	1506901
敏感元件及传感器制造	5090	6213	11310	7371	148874	120997
电声器件及零件制造	4523		375	2839	54139	47816
电子专用材料制造	24065	1200	54407	1759	1266719	1107493
其他电子元件制造	84401	56358	46756	25157	1151648	925301

单位：万元

销售费用	管理费用	财务费用	利息收入	利息支出	投资收益（损失以"–"号记）	营业利润	利润总额	亏损企业亏损额	平均用工人数（人）
4246	4700	62	3	36		4345	4346	139	1121
3798	8967	481	326	407		10079	10363	63	2047
855741	1852174	327232	69026	299125	104448	2246511	2308476	350693	297588
413408	430131	13606	15895	6973	15359	377061	369242	7025	37511
240829	199433	41047	14422	1855	2849	204017	191427	743	7596
28437	58067	-26153	2348	1988	3744	33112	41695	3407	12735
26020	51284	204	605	3131	-3131	68347	63145	2875	9178
115583	117917	-1495	-1495		11897	68862	69123		7685
2539	3431	2	15			2723	3851		317
69394	144524	23188	-338	9546	32760	228529	229450	39908	16182
31327	49028	994	199	1298	4796	29883	33336	4431	5089
38067	95496	22194	-538	8249	27964	198646	196114	35477	11093
31444	62327	6979	-2119	7667	1408	123312	125668	6303	16421
20853	36967	6672	65	6433	107	95233	95386	6303	13377
10591	25359	307	-2184	1234	1300	28079	30282		3044
304	679	70		73		447	542		195
304	679	70		73		447	542		195
46194	84068	7115	12246	17702	1563	152755	166317	2157	17338
26861	40603	-4742	2611	6066	23	27948	36612		8186
2815	8972	151	104	397		739	951	1009	2096
16518	34494	11706	9531	11239	1539	124068	128754	1148	7056
13431	45159	1826	-159	1939	572	17770	23857	9827	8297
104	1109	41				-260	-193	193	114
2757	14536	2380	143	1025	624	-9625	-8989	9533	1978
107	686	-37	1	1	1	-141	-101	101	56
10463	28828	-558	-303	913	-53	27796	33141		6149
181623	775605	245902	42771	223694	52342	824694	861790	266999	135464
9830	46288	2297	3829	4966	15	90871	90358	1392	11175
587	5743	-156	61	117	178	3133	3914	1720	1144
33043	129151	67799	10716	51035	7183	-112749	-108470	184570	8694
64191	324812	164275	28685	137653	36059	271080	297382	40138	68807
24224	87266	7664	910	9121	1374	269273	273354	12070	14309
38284	131890	6752	347	17608	-2507	181295	183969	23433	23273
11464	50455	-2730	-1777	3195	10040	121791	121282	3675	8062
78460	265171	23433	1607	26256	-1317	496042	504594	12010	57473
25355	59756	2735	296	4177	-157	170293	171408	3180	14379
17567	52554	5095	370	6223	-1455	121203	123512	5011	17082
4772	12532	-197	150	500	12	9959	10131	164	2172
1055	4704	169	2	79		187	216	482	1723
12340	51441	11207	209	11249		76250	76453	20	3109
17372	84183	4424	580	4029	283	118150	122874	3154	19008

1-A-3 续表 38

分组					营业收入	营业成本
	法人资本	个人资本	港澳台资本	外商资本		
其他电子设备制造	41253	107782	1386	1315	494242	397660
其他电子设备制造	41253	107782	1386	1315	494242	397660
仪器仪表制造业	121084	175809	116187	59861	2338694	1901195
通用仪器仪表制造	54586	98997	7665	15173	753492	580741
工业自动控制系统装置制造	9336	46658	4586	10629	464797	370706
电工仪器仪表制造	36318	4460	2019	378	104551	76024
绘图、计算及测量仪器制造	150				12880	10786
实验分析仪器制造	1380	5530	1060		22219	15411
试验机制造		3120			4197	2150
供应用仪器仪表制造	6401	16579		4166	63370	37982
其他通用仪器制造	1000	22650			81478	67683
专用仪器仪表制造	2568	17250	4482	34095	215103	168272
环境监测专用仪器仪表制造		9928			74128	62826
运输设备及生产用计数仪表制造			4482	16648	26024	22530
导航、测绘、气象及海洋专用仪器制造						
农林牧渔专用仪器仪表制造				17447	47944	34377
地质勘探和地震专用仪器制造		6000			24599	18588
教学专用仪器制造	300				4952	4371
核子及核辐射测量仪器制造						
电子测量仪器制造		982			19809	15672
其他专用仪器制造	2268	340			17646	9909
钟表与计时仪器制造	12512	17505	89831		858080	736893
钟表与计时仪器制造	12512	17505	89831		858080	736893
光学仪器制造	47965	15553	14209	578	292665	231146
光学仪器制造	47965	15553	14209	578	292665	231146
衡器制造	700	16967			142743	124143
衡器制造	700	16967			142743	124143
其他仪器仪表制造业	2754	9538		10014	76611	60000
其他仪器仪表制造业	2754	9538		10014	76611	60000
其他制造业	61917	58209	384100	41823	2589411	2226194
日用杂品制造	52966	43509	383852	41823	2472138	2130091
鬃毛加工、制刷及清扫工具制造		500		7687	8533	7036
其他日用杂品制造	52966	43009	383852	34135	2463605	2123056
核辐射加工						
核辐射加工						
其他未列明制造业	8951	14700	248		117273	96103
其他未列明制造业	8951	14700	248		117273	96103
废弃资源综合利用业	33838	62385	8891	4600	1637341	1480205
金属废料和碎屑加工处理	20935	31446	8891		1197850	1100606
金属废料和碎屑加工处理	20935	31446	8891		1197850	1100606
非金属废料和碎屑加工处理	12904	30939		4600	439491	379599
非金属废料和碎屑加工处理	12904	30939		4600	439491	379599
金属制品、机械和设备修理业	108022	18383	153489	54445	2304260	1996029
金属制品修理	1267				23323	22076
金属制品修理	1267				23323	22076
通用设备修理						
通用设备修理						

单位：万元

销售费用	管理费用	财务费用	利息收入	利息支出	投资收益(损失以"–"号记)	营业利润	利润总额	亏损企业亏损额	平均用工人数(人)
21484	44511	5113	-876	5274	1763	25902	27016	6465	8707
21484	44511	5113	-876	5274	1763	25902	27016	6465	8707
82817	152242	9129	869	10439	6297	188520	195243	1260	29539
35492	61403	3956	490	4659	6834	76625	79109	1126	9005
16773	33462	1203	288	1732	1566	42516	43691	54	4455
6274	9975	1316	50	1766	3408	13844	14372	386	2085
245	231	59	1	60		1520	1520		78
3841	3369	48	2	131	1758	1335	1436		632
134	794	-5	3			1066	1695		54
4615	5941	851	98	768	102	14728	14704	687	499
3610	7632	485	48	202		1617	1693		1202
10421	18280	1543	12	1151	9	16025	17130		2041
3387	5486	448	5	321	9	1729	1835		543
375	2008	175	3	177		866	1083		459
1167	4065	38	2	4		8254	8254		485
2644	2215	580	1	578		681	646		209
163	252	10		10		131	131		56
1222	1328	234		14		1229	1258		147
1464	2926	58	2	48		3134	3923		142
24063	41010	1928	51	1583	-1875	45847	46781	39	11451
24063	41010	1928	51	1583	-1875	45847	46781	39	11451
5302	21632	999	307	2496	1329	33468	34647		5149
5302	21632	999	307	2496	1329	33468	34647		5149
4568	4425	473	5	394		8726	8921		855
4568	4425	473	5	394		8726	8921		855
2972	5492	231	5	157		7829	8655	95	1038
2972	5492	231	5	157		7829	8655	95	1038
61919	97255	15059	790	10829	148	177744	178495	1722	44151
56769	91156	14299	782	10409	129	170213	170845	1678	42292
738	359	-15	95			318	465		178
56031	90798	14314	687	10409	129	169895	170379	1678	42114
5150	6099	760	8	420	19	7531	7650	44	1859
5150	6099	760	8	420	19	7531	7650	44	1859
10881	25918	9113	172	9028	-9192	94469	93386	2398	7392
4528	14671	8146	84	7991	-8957	49714	49768	2018	4119
4528	14671	8146	84	7991	-8957	49714	49768	2018	4119
6353	11247	967	88	1037	-235	44755	43618	380	3273
6353	11247	967	88	1037	-235	44755	43618	380	3273
19194	76478	6761	2267	12181	7975	209326	211982	347	9537
193	410	-2	9	1		620	615		87
193	410	-2	9	1		620	615		87

1-A-3 续表 39

分组	法人资本	个人资本	港澳台资本	外商资本	营业收入	营业成本
专用设备修理	6000	1100			23037	15462
专用设备修理	6000	1100			23037	15462
铁路、船舶、航空航天等运输设备修理	100755	17283	153489	54445	2242272	1944711
铁路运输设备修理						
船舶修理	58307	17283	14700		620250	467662
航空航天器修理	42448		138789	54445	1622022	1477050
其他运输设备修理						
电气设备修理					11113	10896
电气设备修理					11113	10896
仪器仪表修理						
仪器仪表修理						
其他机械和设备修理业					4515	2884
其他机械和设备修理业					4515	2884
电力、热力、燃气及水生产和供应业	**2884579**	**192918**	**849364**	**312862**	**22527437**	**19877603**
电力、热力生产和供应业	2638799	131205	739214	251257	18531718	16347823
电力生产	2567423	111569	736994	251257	8300260	6334135
火力发电	231914	2440	701194	157217	4524590	4014309
热电联产	6000			142	375399	295306
水力发电	265010	79676		81011	911345	669015
核力发电	1117750				1940610	1082876
风力发电	794352	295	12800	12887	354805	158518
太阳能发电	13312	1000	11031		31379	15789
生物质能发电	118685	17000			110262	61587
其他电力生产	20400	11159	11969		51871	36738
电力供应	8656	9481	400		10067336	9880682
电力供应	8656	9481	400		10067336	9880682
热力生产和供应	62720	10155	1821		164122	133006
热力生产和供应	62720	10155	1821		164122	133006
燃气生产和供应业	92169	41172	75911	24747	3280568	3017611
燃气生产和供应业	92169	41172	75911	24747	3280568	3017611
天然气生产和供应业	91169	41172	75911	24747	3235492	2984316
液化石油气生产和供应业					34817	24960
煤气生产和供应业	1000				10260	8335
生物质燃气生产和供应业						
生物质燃气生产和供应业						
水的生产和供应业	153610	20541	34238	36858	715151	512169
自来水生产和供应	91022	1602	508	30659	601026	415718
自来水生产和供应	91022	1602	508	30659	601026	415718
污水处理及其再生利用	62589	18939	33730	6199	114125	96451
污水处理及其再生利用	62589	18939	33730	6199	114125	96451
海水淡化处理						
海水淡化处理						
其他水的处理、利用与分配						
其他水的处理、利用与分配						

单位：万元

销售费用	管理费用	财务费用			投资收益（损失以"–"号记）	营业利润	利润总额	亏损企业亏损额	平均用工人数（人）
			利息收入	利息支出					
270	1758	55	1		38	5216	5217		251
270	1758	55	1		38	5216	5217		251
18602	73929	6577	2201	12180	7937	202546	205204	347	8594
17901	21859	11005	130	10861		99193	99265	25	2861
701	52070	-4428	2071	1319	7937	103353	105939	322	5733
	103	-56	56			94	96		579
	103	-56	56			94	96		579
129	278	187				850	850		26
129	278	187				850	850		26
139043	**314629**	**805319**	**53697**	**799732**	**114620**	**1480752**	**1513602**	**133266**	**78387**
7381	194319	761009	50228	759030	56701	1216755	1233298	90893	58006
7137	173394	586321	51720	595467	9981	1194818	1197101	90678	25850
591	56980	114319	43311	147881	8326	328712	327312	40930	7040
603	4408	15496	341	4688	3116	60834	61376	2328	790
4999	46867	53146	2718	54960	-28144	97411	97972	46377	11678
416	51120	339300	1139	328157	293	472057	471745		3331
3	4595	45356	3771	45240	18815	173619	172261	1043	1133
398	377	6812	12	6219		7969	8032		92
	6305	9274	414	5672	7575	45560	48317		1068
129	2742	2620	14	2650		8656	10085		718
20	8930	172703	-1328	161367	46576	8194	22338	9	30929
20	8930	172703	-1328	161367	46576	8194	22338	9	30929
224	11995	1986	-164	2196	144	13742	13860	206	1227
224	11995	1986	-164	2196	144	13742	13860	206	1227
68224	48243	25116	988	20169	24297	183434	193991	27952	7526
68224	48243	25116	988	20169	24297	183434	193991	27952	7526
62040	47246	25098	1059	20119	24297	179042	189471	27952	7097
6185	715	-32	-71			2884	3024		379
	282	50		50		1508	1496		50
63437	72068	19194	2480	20533	33622	80563	86312	14421	12855
62491	56797	16260	2417	18489	33615	82801	86062	7288	11290
62491	56797	16260	2417	18489	33615	82801	86062	7288	11290
946	15271	2934	64	2044	7	-2238	250	7132	1565
946	15271	2934	64	2044	7	-2238	250	7132	1565

1-A-4　国有控股工业企业

行　　业	企　业单位数（个）	资产总计	固定资产净　额	固定资产原　价	累计折旧	流动资产合　计
总　　计	**485**	**93771030**	**41724743**	**70510774**	**28004806**	**29036756**
采矿业	**38**	**2147403**	**782269**	**1216671**	**412066**	**609298**
煤炭开采和洗选业	11	752339	157387	306747	146081	339674
烟煤和无烟煤开采洗选	11	752339	157387	306747	146081	339674
褐煤开采洗选						
其他煤炭采选						
石油和天然气开采业						
石油开采						
天然气开采						
黑色金属矿采选业	5	640568	364511	491811	127299	115978
铁矿采选	4	631478	362530	486695	124165	109988
锰矿、铬矿采选	NA	9090	1981	5115	3134	5990
其他黑色金属矿采选						
有色金属矿采选业	10	199636	101057	209363	105071	44435
常用有色金属矿采选	NA	51683	15333	22560	6319	15009
贵金属矿采选	4	86371	53088	90592	35178	9374
稀有稀土金属矿采选	4	61582	32636	96211	63575	20051
非金属矿采选业	12	554861	159314	208750	33615	109212
土砂石开采	10	172956	46119	80141	30373	62799
化学矿开采						
采盐	NA	381905	113195	128610	3242	46413
石棉及其他非金属矿采选						
开采专业及辅助性活动						
煤炭开采和洗选专业及辅助性活动						
石油和天然气开采专业及辅助性活动						
其他开采专业及辅助性活动						
其他采矿业						
其他采矿业						
制造业	**285**	**50003066**	**13251597**	**21841003**	**8092129**	**23089994**
农副食品加工业	14	179330	40477	65323	24177	109839
谷物磨制	3	39831	4509	11313	6803	34748
饲料加工	5	72265	21362	24313	2890	26520
植物油加工	NA	39264	3685	14776	10483	32869
制糖业						
屠宰及肉类加工	NA	7114	4565	6845	2280	1821
水产品加工	NA	20111	6336	8052	1715	13157
蔬菜、菌类、水果和坚果加工	NA	745	20	25	5	725
其他农副食品加工						
食品制造业	11	621438	78459	115229	36420	183451
焙烤食品制造	NA	22096	5000	9285	4078	14752
糖果、巧克力及蜜饯制造						
方便食品制造	NA	21142	13538	15185	1646	5564
乳制品制造						
罐头食品制造	NA	72796	14297	25138	10750	53329
调味品、发酵制品制造	3	474478	30134	46209	16075	98419
其他食品制造	4	30926	15489	19412	3870	11389
酒、饮料和精制茶制造业	11	132714	64794	120672	55802	56921
酒的制造	4	85139	52497	96744	44171	26755
饮料制造	NA	13517	7396	10026	2630	5456
精制茶加工	5	34058	4901	13902	9001	24710

主要经济指标(大、中类行业)

单位：万元

应收账款	存货		负债合计	流动负债合计		所有者权益合计	实收资本		
		产成品			应付账款			国家资本	集体资本
7095390	**7724519**	**1392397**	**57172409**	**31508041**	**6776370**	**36598619**	**21968140**	**12660678**	**71358**
35749	**38470**	**20873**	**810548**	**609805**	**71337**	**1336856**	**384299**	**274109**	**2100**
10573	11793	8796	234881	186245	28907	517458	171379	155188	600
10573	11793	8796	234881	186245	28907	517458	171379	155188	600
2265	10717	2674	367832	242942	25640	272736	125222	71122	1500
1516	8334	1451	364859	239975	25550	266618	123600	69500	1500
749	2384	1223	2973	2967	90	6117	1622	1622	
19115	7400	2940	75341	71708	15063	124295	39848	13549	
4330	3168	489	22027	19956	3192	29656	6500	4800	
2515	1110	62	38680	38634	8453	47691	12790	8392	
12270	3122	2389	14634	13118	3417	46948	20558	358	
3797	8561	6465	132494	108911	1728	422368	47850	34250	
3388	3016	1024	94342	78668	1348	78615	42850	29250	
409	5545	5441	38152	30243	380	343753	5000	5000	
6082179	**6681303**	**1361116**	**28967821**	**19663342**	**5270685**	**21035244**	**11616262**	**5166884**	**14789**
17309	31370	16605	142604	141471	33494	36726	46296	26699	2000
5849	10383	3406	16981	16597	9058	22851	9296	3598	
5970	3013	703	52321	52245	4567	19944	27000	19000	2000
2142	15698	11451	50730	50062	14798	-11466	4000	2400	
157	16		3549	3544	38	3565	2500		
3070	2039	1047	18517	18517	4976	1594	3300	1700	
123	221		506	506	59	239	200		
16528	24768	7315	162330	118433	15838	459108	92332	75964	
7878	824	152	10191	9211	5037	11905	4000	1000	
1647	2950	2137	12150	8922	2786	8993	8468		
3822	15988	3737	44106	43401	5436	28690	15000	15000	
778	3110	643	73593	34608	477	400885	56672	56672	
2403	1897	647	22290	22290	2103	8636	8192	3292	
18458	27797	11148	40377	26462	11756	92337	60767	18985	
15754	6203	1171	22352	11748	5173	62787	45453	10000	
521	3228	2273	8038	6296	3986	5479	5829		
2183	18366	7704	9987	8418	2597	24071	9485	8985	

1-A-4 续表 1

行　业	企业单位数（个）	资产总计	固定资产净额	固定资产原价	累计折旧	流动资产合计
烟草制品业	6	2545167	528217	1327414	799182	1777817
烟叶复烤	3	346961	156331	285345	128998	172619
卷烟制造	NA	2138763	337165	996569	659404	1586192
其他烟草制品制造	NA	59443	34721	45501	10780	19006
纺织业	NA	120341	29072	81713	52642	48511
棉纺织及印染精加工	NA	120341	29072	81713	52642	48511
毛纺织及染整精加工						
麻纺织及染整精加工						
丝绢纺织及印染精加工						
化纤织造及印染精加工						
针织或钩针编织物及其制品制造						
家用纺织制成品制造						
产业用纺织制成品制造						
纺织服装、服饰业	4	41569	6703	17192	10489	32584
机织服装制造	4	41569	6703	17192	10489	32584
针织或钩针编织服装制造						
服饰制造						
皮革、毛皮、羽毛及其制品和制鞋业	NA	28731	3046	3643	598	613
皮革鞣制加工						
皮革制品制造						
毛皮鞣制及制品加工						
羽毛(绒)加工及制品制造						
制鞋业	NA	28731	3046	3643	598	613
木材加工和木、竹、藤、棕、草制品业	4	437899	154017	312713	156497	219799
木材加工						
人造板制造	4	437899	154017	312713	156497	219799
木质制品制造						
竹、藤、棕、草等制品制造						
家具制造业	NA	2723	481	785	304	2205
木质家具制造						
竹、藤家具制造						
金属家具制造	NA	2723	481	785	304	2205
塑料家具制造						
其他家具制造						
造纸和纸制品业	3	542131	171172	722749	551123	265549
纸浆制造						
造纸	NA	533590	170718	718781	548063	258034
纸制品制造	NA	8540	455	3969	3060	7516
印刷和记录媒介复制业	12	212169	32483	99672	67151	95228
印刷	12	212169	32483	99672	67151	95228
装订及印刷相关服务						
记录媒介复制						
文教、工美、体育和娱乐用品制造业	NA	28217	15754	18516	2762	5009
文教办公用品制造						
乐器制造						
工艺美术及礼仪用品制造						
体育用品制造						
玩具制造						
游艺器材及娱乐用品制造	NA	28217	15754	18516	2762	5009
石油、煤炭及其他燃料加工业	3	3818436	1971637	2701220	729583	1084031
精炼石油产品制造	3	3818436	1971637	2701220	729583	1084031

单位：万元

应收账款	存货	产成品	负债合计	流动负债合计	应付账款	所有者权益合计	实收资本	国家资本	集体资本
165527	1319894	96968	779440	778234	400912	1765726	427250	184266	
16657	5399	3328	11253	11253	1932	335708	288900	120578	
148013	1300957	89673	756972	755766	388485	1381791	120750	63689	
857	13538	3967	11215	11215	10495	48228	17600		
5857	19040	9431	45850	28772	11848	74490	30848	1600	400
5857	19040	9431	45850	28772	11848	74490	30848	1600	400
598	56	56	7239	5892	64	34330	3050	2050	
598	56	56	7239	5892	64	34330	3050	2050	
353	73	48	2462	1683		26269	100		
353	73	48	2462	1683		26269	100		
33830	92678	18120	271548	252979	49883	166351	55609	18175	
33830	92678	18120	271548	252979	49883	166351	55609	18175	
512	213	150	1157	490	27	1567	1200	1200	
512	213	150	1157	490	27	1567	1200	1200	
6136	47650	10513	300732	276355	28153	241399	233871	232371	
2732	46321	9716	298356	273978	25916	235235	232371	232371	
3405	1329	797	2377	2377	2237	6164	1500		
29037	12582	5537	61137	34783	14631	151032	26174	15989	1627
29037	12582	5537	61137	34783	14631	151032	26174	15989	1627
2043	2291	84	19810	13588	458	8408	13800		
2043	2291	84	19810	13588	458	8408	13800		
326212	487997	102119	2162689	1072473	271383	1655747	1452725	1452093	
326212	487997	102119	2162689	1072473	271383	1655747	1452725	1452093	

1-A-4 续表 2

行业	企业单位数（个）	资产总计	固定资产净额	固定资产原价	累计折旧	流动资产合计
煤炭加工						
核燃料加工						
生物质燃料加工						
化学原料和化学制品制造业	24	5360888	1194191	1762671	528317	1430854
基础化学原料制造	8	4468218	880130	1239882	336267	1074203
肥料制造	6	534579	206030	298591	91984	172518
农药制造						
涂料、油墨、颜料及类似产品制造	NA	21733	4440	8804	4364	16381
合成材料制造	NA	65556	33416	91602	42590	6724
专用化学产品制造	4	119097	41174	83730	42556	63362
炸药、火工及焰火产品制造	NA	96219	23755	32764	8505	58200
日用化学产品制造	NA	55487	5246	7298	2051	39465
医药制造业	10	829327	68359	135856	66253	575749
化学药品原料药制造	NA	36614	18264	25879	7615	14860
化学药品制剂制造	NA	68126	12284	26103	13308	50289
中药饮片加工	NA	129555	6054	8731	2677	120976
中成药生产	5	595032	31758	75144	42653	389625
兽用药品制造						
生物药品制品制造						
卫生材料及医药用品制造						
药用辅料及包装材料						
化学纤维制造业	4	166734	77979	165475	75968	68390
纤维素纤维原料及纤维制造	NA	106008	56079	63898	7820	47472
合成纤维制造	NA	60726	21900	101577	68148	20918
生物基材料制造						
橡胶和塑料制品业	NA	3915	1121	1657	536	1838
橡胶制品业						
塑料制品业	NA	3915	1121	1657	536	1838
非金属矿物制品业	49	1176207	401947	762789	332718	559222
水泥、石灰和石膏制造	11	453297	232106	509019	252016	166900
石膏、水泥制品及类似制品制造	26	562107	136363	194100	57610	327279
砖瓦、石材等建筑材料制造	7	123133	22889	38554	12585	47034
玻璃制造	NA	6607	3269	8300	5011	3186
玻璃制品制造						
玻璃纤维和玻璃纤维增强塑料制品制造						
陶瓷制品制造						
耐火材料制品制造						
石墨及其他非金属矿物制品制造	4	31063	7321	12816	5495	14823
黑色金属冶炼和压延加工业	7	4908640	1474886	3358120	1557523	2017225
炼铁						
炼钢						
钢压延加工	7	4908640	1474886	3358120	1557523	2017225
铁合金冶炼						
有色金属冶炼和压延加工业	16	10536919	1508446	2359374	844120	3896280
常用有色金属冶炼	3	1624971	486928	653844	166916	1024644
贵金属冶炼	NA	5913206	343596	660146	316551	1649385
稀有稀土金属冶炼	NA	228663	66764	112078	42908	132890
有色金属合金制造	NA	19610	3800	6572	2768	14563
有色金属压延加工	8	2750469	607359	926735	314978	1074799
金属制品业	8	115884	20364	30168	9805	69958
结构性金属制品制造	3	65621	12848	16973	4125	41555

单位：万元

应收账款	存货	产成品	负债合计	流动负债合计	应付账款	所有者权益合计	实收资本	国家资本	集体资本
64384	364793	92454	4384503	1766137	407890	976384	1530040	348295	
17167	312316	73511	3846824	1300735	364612	621393	1005491	25208	
15021	27812	11411	291566	226618	26696	243013	361734	277950	
7235	1719	583	13449	13066	2751	8284	5250	5000	
	1116		151554	149661	5315	-85998	55000		
21563	12872	1976	11317	9079	3093	107780	55264	11837	
1285	428	227	47027	46109	2445	49192	17600	17600	
2113	8530	4747	22766	20869	2978	32721	29700	10700	
89552	192653	36671	140042	132851	54782	689285	111810	51707	
5915	2884	1929	26088	25075	1754	10526	6000		
1135	6406	1485	19988	19898	780	48138	10486	9500	
69306	46613	23383	53241	53241	48558	76315	23410	6962	
13195	136751	9874	40725	34637	3691	554307	71915	35246	
4953	21558	7214	199818	189532	5725	-33083	57927	29327	
3224	12153	5779	84066	80162	2915	21942	27000		
1729	9405	1435	115752	109370	2810	-55025	30927	29327	
883	704	81	3885	3885	300	30	1	1	
883	704	81	3885	3885	300	30	1	1	
248033	80464	30604	706040	658660	192234	470166	266080	154481	1153
72036	23037	8439	283071	280007	49266	170225	98666	68280	336
168837	20012	11731	310817	266511	86333	251290	129885	64000	
4526	28631	7838	93096	93086	54512	30038	24000	13000	
1304	1016	463	3720	3720	169	2887	3831		817
1330	7768	2134	15336	15336	1954	15727	9699	9201	
49361	498320	112275	1930954	1813209	444921	2977686	1134379	536779	
49361	498320	112275	1930954	1813209	444921	2977686	1134379	536779	
260778	1068972	149938	5977574	3695803	585368	4559346	1405610	664660	4968
3405	762739	12873	1127196	889234	383225	497775	420140	198000	
118777	24261	187	3073476	1363718	71471	2839731	240312	59607	218
43279	64745	41237	65569	60177	18658	163094	166120	161370	4750
7218	4537	2447	6327	6327	1834	13283	2670	2382	
88099	212690	93194	1705005	1376347	110180	1045464	576368	243300	
17733	11003	5820	66115	59769	14913	49768	29802	11438	
6150	6534	3730	42388	36653	7425	23233	19200	8000	

1-A-4 续表 3

行　　业	企　业 单位数 （个）	资产总计	固定资产 净　额	固定资产 原　价	累计折旧	流动资产 合　计
金属工具制造						
集装箱及金属包装容器制造	NA	14057	3068	5442	2374	10848
金属丝绳及其制品制造						
建筑、安全用金属制品制造						
金属表面处理及热处理加工	NA	2524	544	2433	1889	1819
搪瓷制品制造						
金属制日用品制造						
铸造及其他金属制品制造	3	33683	3904	5320	1416	15735
通用设备制造业	11	587056	102934	182896	79962	319862
锅炉及原动设备制造	NA	171699	29876	44426	14550	100628
金属加工机械制造	NA	32474	930	1854	924	31096
物料搬运设备制造	NA	8021	1155	2583	1428	6455
泵、阀门、压缩机及类似机械制造	NA	73388	21114	33347	12234	25877
轴承、齿轮和传动部件制造	3	300315	49844	100672	50827	154673
烘炉、风机、包装等设备制造						
文化、办公用机械制造						
通用零部件制造	NA	1159	14	15	1	1133
其他通用设备制造业						
专用设备制造业	10	885196	105846	238170	115416	698319
采矿、冶金、建筑专用设备制造	4	634623	78105	188347	93334	491002
化工、木材、非金属加工专用设备制造	NA	211417	15361	26747	11386	183331
食品、饮料、烟草及饲料生产专用设备制造						
印刷、制药、日化及日用品生产专用设备制造						
纺织、服装和皮革加工专用设备制造	NA	6804	1293	10066	8773	5472
电子和电工机械专用设备制造						
农、林、牧、渔专用机械制造						
医疗仪器设备及器械制造	NA	6926	264	373	109	5215
环保、邮政、社会公共服务及其他专用设备制造	NA	25426	10823	12637	1814	13299
汽车制造业	14	2701900	343261	1059883	682195	1983036
汽车整车制造	6	2469051	294440	962197	634099	1838134
汽车用发动机制造						
改装汽车制造	NA	28449	4032	5776	1538	22634
低速汽车制造						
电车制造						
汽车车身、挂车制造	NA	81886	21525	49920	27832	52862
汽车零部件及配件制造	6	122513	23264	41990	18726	69406
铁路、船舶、航空航天和其他运输设备制造业	8	2205457	433905	624615	190710	1523279
铁路运输设备制造	NA	140938	72562	130375	57812	53346
城市轨道交通设备制造						
船舶及相关装置制造	5	1924080	339647	465609	125962	1450993
航空、航天器及设备制造						
摩托车制造						
自行车和残疾人座车制造						
助动车制造						
非公路休闲车及零配件制造						
潜水救捞及其他未列明运输设备制造	NA	140439	21696	28632	6936	18941
电气机械和器材制造业	13	721962	204300	286348	75800	443588
电机制造	3	204738	86564	102699	16135	99279
输配电及控制设备制造	5	279836	68313	83709	15305	177964
电线、电缆、光缆及电工器材制造						
电池制造	3	110740	42814	63754	20940	48523

单位：万元

应收账款	存货	产成品	负债合计	流动负债合计	应付账款	所有者权益合计	实收资本	国家资本	集体资本
2820	589		5757	5757	1356	8300	2041	2041	
629	956	694	1127	515	470	1396	1061	898	
8135	2924	1395	16844	16844	5661	16839	7500	500	
63184	103547	35128	266520	192314	42938	320535	110515	70275	
20020	49212	10594	124255	76829	16522	47445	34380	24180	
16063	4813	2254	13198	13039	5896	19276	10100	3100	
1197	2167		4186	4186	634	3835	3000	1955	
7785	9686	3879	26946	22930	7733	46442	8777		
17234	37669	18402	97111	74646	12131	203204	54208	41040	
884			826	684	22	333	50		
244966	312076	79597	782984	722271	131641	102211	134083	70724	
198896	184055	74164	583853	530845	101893	50770	110259	60362	
41601	121425	996	177009	176648	25404	34408	10002		
1696	2665	2665	6724	6724	1634	80	920		
724	104	30	782	782	632	6144	342	342	
2050	3828	1743	14616	7272	2078	10810	12559	10020	
797232	384681	184110	1820722	1581838	570809	881177	643955	262970	
741109	345513	168509	1730175	1508330	550634	738877	573816	232969	
11065	9235	8594	20138	20138	3719	8311	6000		
34698	8319	1986	9174	8155	4329	72712	19747		
10361	21613	5021	61236	45214	12127	61278	44392	30001	
294928	731486	1852	1562497	1181231	172486	642961	236101	184292	
28763	13343	844	110687	66809	28734	30251	1707	1707	
261273	715218	55	1360755	1045454	140916	563326	206494	154685	
4892	2926	953	91055	68968	2836	49384	27900	27900	
212856	81462	30048	535711	428964	172635	186251	173072	117082	
44184	21614	1489	183520	157869	45431	21218	21936	6100	
105714	29686	16671	228525	178463	96755	51312	57841	40291	
14254	12230	6587	69447	39451	10064	41293	46978	41509	

1-A-4 续表 4

行业	企业单位数（个）	资产总计	固定资产净额	固定资产原价	累计折旧	流动资产合计
家用电力器具制造						
非电力家用器具制造						
照明器具制造	NA	126648	6607	36187	23421	117821
其他电气机械及器材制造						
计算机、通信和其他电子设备制造业	27	10883940	4180686	5225331	1022334	5466080
计算机制造	5	802882	56877	96347	39470	644087
通信设备制造	5	2264300	25499	50244	24745	2204752
广播电视设备制造						
雷达及配套设备制造						
非专业视听设备制造	NA	7496	141	154	12	7352
智能消费设备制造						
电子器件制造	11	7255382	4012693	4967584	932890	2207526
电子元件及电子专用材料制造	5	553879	85476	111003	25216	402362
其他电子设备制造						
仪器仪表制造业	NA	59135	205	677	472	53315
通用仪器仪表制造	NA	59135	205	677	472	53315
专用仪器仪表制造						
钟表与计时仪器制造						
光学仪器制造						
衡器制造						
其他仪器仪表制造业						
其他制造业						
日用杂品制造						
核辐射加工						
其他未列明制造业						
废弃资源综合利用业	3	18467	8357	17229	8871	5916
金属废料和碎屑加工处理						
非金属废料和碎屑加工处理	3	18467	8357	17229	8871	5916
金属制品、机械和设备修理业	5	130577	28501	42902	14400	95527
金属制品修理	NA	6751	714	973	259	6036
通用设备修理						
专用设备修理	NA	18856	3240	4820	1581	15504
铁路、船舶、航空航天等运输设备修理	NA	104971	24548	37109	12561	73987
电气设备修理						
仪器仪表修理						
其他机械和设备修理业						
电力、热力、燃气及水生产和供应业	**162**	**41620561**	**27690878**	**47453100**	**19500611**	**5337465**
电力、热力生产和供应业	111	36430347	25978694	44488369	18253729	4021998
电力生产	103	24837838	16651099	25423693	8522069	3575663
电力供应	3	11445479	9243303	18889278	9645792	407324
热力生产和供应	5	147030	84292	175398	85868	39010
燃气生产和供应业	10	1747474	586384	1028260	439553	461586
燃气生产和供应业	10	1747474	586384	1028260	439553	461586
生物质燃气生产和供应业						
水的生产和供应业	41	3442741	1125800	1936471	807330	853881
自来水生产和供应	41	3442741	1125800	1936471	807330	853881
污水处理及其再生利用						
海水淡化处理						
其他水的处理、利用与分配						

单位：万元

应收账款	存货	产成品	负债合计	流动负债合计	应付账款	所有者权益合计	实收资本	国家资本	集体资本
48704	17932	5301	54220	53181	20385	72428	46318	29183	
3024040	728310	316641	6457791	4356067	1538063	4426149	3274101	619548	2442
207025	176337	68809	332101	325817	127868	470781	74448	20651	2442
1935936	103924	19824	1973657	1903748	824478	290644	55130	18015	
5481	573	573	5024	5024	1627	2471	2000		
799732	302014	126054	3693780	1674371	527406	3561603	3112416	553174	
75866	145463	101381	453230	447108	56685	100650	30107	27707	
32394	10547	140	50144	50144	39465	8991	5500	3100	2200
32394	10547	140	50144	50144	39465	8991	5500	3100	2200
359	702	201	5127	4576	1541	13340	9920	4550	
359	702	201	5127	4576	1541	13340	9920	4550	
54143	23616	250	80019	74479	56528	50558	49346	8266	
2815	1499	250	4757	4757	1957	1994	1567	300	
10516	2676		8527	8527	5390	10329	6000		
40812	19440		66736	61196	49181	38235	41779	7966	
977462	**1004746**	**10408**	**27394040**	**11234894**	**1434347**	**14226519**	**9967579**	**7219685**	**54469**
859302	917569	1271	24498947	9665907	1124552	11931399	8507900	5946301	53359
831210	906769	1013	16576904	4519635	1099220	8260933	6503358	3999428	48559
18316	8035	257	7874108	5117455	18677	3571371	1944272	1944272	
9776	2764		47934	28817	6655	99096	60270	2600	4800
68675	55309	4385	1063842	683031	180642	683632	526872	412313	
68675	55309	4385	1063842	683031	180642	683632	526872	412313	
49485	31868	4752	1831252	885957	129153	1611488	932807	861072	1110
49485	31868	4752	1831252	885957	129153	1611488	932807	861072	1110

1-A-4 续表 5

行　　业					营业收入	营业成本
	法人资本	个人资本	港澳台资本	外商资本		
总　　计	**8204865**	**330610**	**346729**	**353900**	**59222730**	**50107732**
采矿业	**81650**	**25573**		**867**	**890373**	**630536**
煤炭开采和洗选业	11375	4217			255333	167764
烟煤和无烟煤开采洗选	11375	4217			255333	167764
褐煤开采洗选						
其他煤炭采选						
石油和天然气开采业						
石油开采						
天然气开采						
黑色金属矿采选业	52600				233095	196550
铁矿采选	52600				226007	192741
锰矿、铬矿采选					7088	3809
其他黑色金属矿采选						
有色金属矿采选业	4075	21356		867	293286	202498
常用有色金属矿采选		833		867	53860	30761
贵金属矿采选	3875	523			58581	35604
稀有稀土金属矿采选	200	20000			180846	136134
非金属矿采选业	13600				108659	63723
土砂石开采	13600				101756	58259
化学矿开采						
采盐					6903	5464
石棉及其他非金属矿采选						
开采专业及辅助性活动						
煤炭开采和洗选专业及辅助性活动						
石油和天然气开采专业及辅助性活动						
其他开采专业及辅助性活动						
其他采矿业						
其他采矿业						
制造业	**5707259**	**296435**	**271318**	**159576**	**39310238**	**32527662**
农副食品加工业	9630	2570		5397	581951	551277
谷物磨制	150	150		5397	135297	126676
饲料加工	6000				83223	81068
植物油加工	1000	600			260312	244974
制糖业						
屠宰及肉类加工	2350	150			60774	57479
水产品加工		1600			39233	38131
蔬菜、菌类、水果和坚果加工	130	70			3112	2949
其他农副食品加工						
食品制造业	14898		1470		141128	115456
焙烤食品制造	1530		1470		27953	22593
糖果、巧克力及蜜饯制造						
方便食品制造	8468				9946	7885
乳制品制造						
罐头食品制造					47851	42539
调味品、发酵制品制造					34478	25554
其他食品制造	4900				20900	16886
酒、饮料和精制茶制造业	41282	500			126221	89867
酒的制造	35453				53337	44692
饮料制造	5829				20202	10977
精制茶加工		500			52682	34198

单位：万元

销售费用	管理费用	财务费用			投资收益(损失以“-”号记)	营业利润	利润总额	亏损企业亏损额	平均用工人数(人)
			利息收入	利息支出					
820103	**1692380**	**1233304**	**150771**	**1307147**	**378150**	**3806720**	**3844327**	**565186**	**234529**
21022	**75378**	**5660**	**3152**	**9518**	**641**	**138717**	**142621**	**4436**	**17389**
12706	27033	-2607	2702	1119	-220	51364	55498	2905	10290
12706	27033	-2607	2702	1119	-220	51364	55498	2905	10290
4164	17777	6408	181	6601	940	5433	6321	569	2738
3951	15617	6341	143	6497	1140	4950	5556	569	2470
213	2161	66	38	104	-199	483	765		268
1187	21478	816	133	1047	-39	53113	53003	188	1576
600	5303	-202	115		17	15871	16941		321
29	8503	652	14	686	-56	11151	10343	188	545
558	7671	366	3	361		26091	25718		710
2965	9091	1044	137	751	-40	28808	27800	774	2785
2797	7338	1054	127	751	-40	29470	27938		994
168	1753	-11	10			-662	-138	774	1791
691899	**1399191**	**452438**	**136876**	**560922**	**273021**	**2615860**	**2625117**	**444556**	**153762**
13753	9108	1341	333	1932		7907	8492	430	1374
3943	4050	-331	433	101		1019	1359	212	332
1823	2571	1444	-52	1430		719	755	218	303
5297	2335	20	-62	82		4809	4854		361
2214	6	-14	14			992	1153		200
412	101	222	1	320		322	323		130
65	45					47	48		48
5803	11562	299	1687	1050	82	6525	5981	1182	3132
1531	1751	-93	96			1875	1925		780
802	584	269	267	2		266	292		323
1909	2432	244	1275	1484	-16	558	554		936
1137	4416	-109	42	-436	98	2825	2830		799
424	2380	-12	6			1002	379	1182	294
13077	8764	14	129	162	-10	9129	9261	1814	2330
423	3373	-100	33			405	452	1737	1150
6159	2211	99	20	118		492	505		188
6495	3180	15	76	44	-10	8231	8304	78	992

1-A-4 续表 6

行业	法人资本	个人资本	港澳台资本	外商资本	营业收入	营业成本
烟草制品业	242984				2689690	992255
烟叶复烤	168322				43419	30554
卷烟制造	57062				2623426	946368
其他烟草制品制造	17600				22845	15333
纺织业	28848				81410	74368
棉纺织及印染精加工	28848				81410	74368
毛纺织及染整精加工						
麻纺织及染整精加工						
丝绢纺织及印染精加工						
化纤织造及印染精加工						
针织或钩针编织物及其制品制造						
家用纺织制成品制造						
产业用纺织制成品制造						
纺织服装、服饰业	1000				26789	15037
机织服装制造	1000				26789	15037
针织或钩针编织服装制造						
服饰制造						
皮革、毛皮、羽毛及其制品和制鞋业	100				252488	205010
皮革鞣制加工						
皮革制品制造						
毛皮鞣制及制品加工						
羽毛(绒)加工及制品制造						
制鞋业	100				252488	205010
木材加工和木、竹、藤、棕、草制品业	15907	21527			314129	282461
木材加工						
人造板制造	15907	21527			314129	282461
木质制品制造						
竹、藤、棕、草等制品制造						
家具制造业					2540	2043
木质家具制造						
竹、藤家具制造						
金属家具制造					2540	2043
塑料家具制造						
其他家具制造						
造纸和纸制品业	1500				197343	163414
纸浆制造						
造纸					185461	153442
纸制品制造	1500				11883	9972
印刷和记录媒介复制业	7271	210	1078		102683	77251
印刷	7271	210	1078		102683	77251
装订及印刷相关服务						
记录媒介复制						
文教、工美、体育和娱乐用品制造业	8970	4830			2015	1562
文教办公用品制造						
乐器制造						
工艺美术及礼仪用品制造						
体育用品制造						
玩具制造						
游艺器材及娱乐用品制造	8970	4830			2015	1562
石油、煤炭及其他燃料加工业				632	5083516	4565952
精炼石油产品制造				632	5083516	4565952

单位：万元

销售费用	管理费用	财务费用			投资收益（损失以“−”号记）	营业利润	利润总额	亏损企业亏损额	平均用工人数（人）
			利息收入	利息支出					
29362	116988	-2197	1847	233	3019	99271	90914	8944	5030
6611	15329	-2228	1623			-8993	-8692	8944	1520
22320	94997	-166	188		3019	108195	99535		3182
432	6662	196	37	233		70	71		328
2692	2921	220	87	305	663	1501	1533		1965
2692	2921	220	87	305	663	1501	1533		1965
603	4496	-316	-76			6470	6730		3192
603	4496	-316	-76			6470	6730		3192
	14846	828	11		-10706	20694	20694		4186
	14846	828	11		-10706	20694	20694		4186
10348	15798	6270	219	5785	-72	-99422	-98732	106608	1302
10348	15798	6270	219	5785	-72	-99422	-98732	106608	1302
12	201					233	253		104
12	201					233	253		104
4923	23573	4136	2216	6247	4497	-331	1819	7332	3022
4893	22447	4147	2205	6247	4497	-1006	1119	7332	2873
30	1125	-11	11			675	700		149
1397	11679	-394	507	87	3081	15711	16434	1536	2230
1397	11679	-394	507	87	3081	15711	16434	1536	2230
119	1203	715	1	850		-1836	-1825	1825	191
119	1203	715	1	850		-1836	-1825	1825	191
50218	56731	35222	1040	44839	-28169	218330	217644	657	2097
50218	56731	35222	1040	44839	-28169	218330	217644	657	2097

1-A-4 续表 7

行　　业					营业收入	营业成本
	法人资本	个人资本	港澳台资本	外商资本		
煤炭加工						
核燃料加工						
生物质燃料加工						
化学原料和化学制品制造业	1145410	31913		4422	1589971	1221284
基础化学原料制造	980283				1148464	877509
肥料制造	83534			250	238770	202741
农药制造						
涂料、油墨、颜料及类似产品制造	250				35555	29970
合成材料制造	55000				42705	45965
专用化学产品制造	7342	31913		4172	66259	33530
炸药、火工及焰火产品制造					19056	12794
日用化学产品制造	19000				39161	18776
医药制造业	54221			5882	418987	148016
化学药品原料药制造	6000				8462	7535
化学药品制剂制造	986				50133	11896
中药饮片加工	16449				97243	61170
中成药生产	30787			5882	263149	67416
兽用药品制造						
生物药品制品制造						
卫生材料及医药用品制造						
药用辅料及包装材料						
化学纤维制造业	27000		1600		451982	402294
纤维素纤维原料及纤维制造	27000				176295	170134
合成纤维制造			1600		275687	232161
生物基材料制造						
橡胶和塑料制品业					2027	1865
橡胶制品业						
塑料制品业					2027	1865
非金属矿物制品业	103276	4817	2353		1073253	840521
水泥、石灰和石膏制造	25189	3611	1250		529745	402397
石膏、水泥制品及类似制品制造	64679	1206			443781	359641
砖瓦、石材等建筑材料制造	11000				45718	36099
玻璃制造	1910		1103		2547	2077
玻璃制品制造						
玻璃纤维和玻璃纤维增强塑料制品制造						
陶瓷制品制造						
耐火材料制品制造						
石墨及其他非金属矿物制品制造	498				51462	40307
黑色金属冶炼和压延加工业	597600				6334666	5138741
炼铁						
炼钢						
钢压延加工	597600				6334666	5138741
铁合金冶炼						
有色金属冶炼和压延加工业	567400	104737	57289	6557	8470176	7920788
常用有色金属冶炼	222140				1984547	1916096
贵金属冶炼	18461	104737	57289		3593460	3431961
稀有稀土金属冶炼					1030882	844168
有色金属合金制造				288	20442	15459
有色金属压延加工	326799			6270	1840846	1713104
金属制品业	18200	163			267728	254734
结构性金属制品制造	11200				227327	221661

单位：万元

销售费用	管理费用	财务费用	利息收入	利息支出	投资收益（损失以"–"号记）	营业利润	利润总额	亏损企业亏损额	平均用工人数（人）
36422	108784	41905	1273	47789	23686	192450	204897	20571	8571
8454	61011	27660	473	34721	19324	184397	186329	919	4763
8680	20035	7465	433	7912	2770	1387	9152		1590
1708	3286	168	16		150	467	577		303
94	5105	7425	53	4967		-16128	-15683	15683	156
1088	11228	-479	-215		1139	20818	22934		1056
865	3756	179	-11	190		612	629		346
15534	4363	-511	525		303	898	958	3970	357
51529	37410	-3389	3958	902	9413	192748	192679	2930	3394
50	2652	914	-3	853		-2923	-2930	2930	284
19488	4919	-918	961	36		14760	14769		562
581	2876	-20	41	19		31787	31778		653
31410	26963	-3366	2959	-6	9413	149125	149061		1895
8094	15349	3220	629	469		15063	11575	9845	1250
1315	1497	2757	626			276	1909		598
6779	13853	463	4	469		14788	9667	9845	652
	119		1			13	13		8
	119		1			13	13		8
23371	43942	11586	1001	12689	404	138034	135685	3172	6609
9954	21667	7033	241	7280		77122	74149		2486
10247	16297	4691	646	4524	282	49515	50150	3074	3373
2235	3128	-503	73	475	7	4171	4172		274
85	284	192	-1	194		-113	-98	98	73
849	2566	174	43	216	116	7339	7313		403
32645	94170	14941	6013	23147	13745	925037	911762	113180	17388
32645	94170	14941	6013	23147	13745	925037	911762	113180	17388
37762	137303	110936	99494	195253	226092	505973	499956	56	14000
5932	9161	13731	-922	12682	11417	55229	54042	56	1749
4991	58944	41805	87622	116267	194465	228227	223212		2563
2930	14503	1813	-5	2444	209	173411	173346		1822
960	1608	141	5	130		2215	2212		192
22949	53087	53447	12794	63728	20001	46891	47144		7674
1168	5202	355	112	442		5174	5240	590	844
570	2252	-15	103	75		2132	2139	6	203

1-A-4 续表 8

行业	法人资本	个人资本	港澳台资本	外商资本	营业收入	营业成本
金属工具制造						
集装箱及金属包装容器制造					11489	10578
金属丝绳及其制品制造						
建筑、安全用金属制品制造						
金属表面处理及热处理加工		163			1518	1471
搪瓷制品制造						
金属制日用品制造						
铸造及其他金属制品制造	7000				27394	21024
通用设备制造业	33637	5558		1045	275390	212658
锅炉及原动设备制造	10200				101271	79803
金属加工机械制造	1607	5393			24502	18054
物料搬运设备制造				1045	6810	5066
泵、阀门、压缩机及类似机械制造	8777				35335	29815
轴承、齿轮和传动部件制造	13003	165			103898	76645
烘炉、风机、包装等设备制造						
文化、办公用机械制造						
通用零部件制造	50				3574	3276
其他通用设备制造业						
专用设备制造业	10922	50437		2000	450262	388363
采矿、冶金、建筑专用设备制造		49898			366955	318398
化工、木材、非金属加工专用设备制造	10002				36291	26937
食品、饮料、烟草及饲料生产专用设备制造						
印刷、制药、日化及日用品生产专用设备制造						
纺织、服装和皮革加工专用设备制造	920				6778	5715
电子和电工机械专用设备制造						
农、林、牧、渔专用机械制造						
医疗仪器设备及器械制造					4350	3060
环保、邮政、社会公共服务及其他专用设备制造		539		2000	35889	34254
汽车制造业	132833	20330	165948	61875	3326757	2756319
汽车整车制造	106900	14000	160135	59813	3022312	2478713
汽车用发动机制造						
改装汽车制造		6000			31829	26600
低速汽车制造						
电车制造						
汽车车身、挂车制造	19747				39222	30417
汽车零部件及配件制造	6186	330	5813	2062	233393	220589
铁路、船舶、航空航天和其他运输设备制造业	51307	502			521893	555582
铁路运输设备制造					70501	60030
城市轨道交通设备制造						
船舶及相关装置制造	51307	502			441078	489999
航空、航天器及设备制造						
摩托车制造						
自行车和残疾人座车制造						
助动车制造						
非公路休闲车及零配件制造						
潜水救捞及其他未列明运输设备制造					10314	5554
电气机械和器材制造业	33386	3000		19604	409119	372295
电机制造	15836				115741	102001
输配电及控制设备制造	17550				125462	116188
电线、电缆、光缆及电工器材制造						
电池制造		3000		2469	48637	45935

单位：万元

销售费用	管理费用	财务费用	利息收入	利息支出	投资收益（损失以“–”号记）	营业利润	利润总额	亏损企业亏损额	平均用工人数（人）
169	514	9				191	250		229
12	137					-120	-119	119	100
417	2300	361	9	367		2970	2969	466	312
10826	26317	5128	453	5066	2095	22486	22648	655	4368
4363	6420	3015	330	2671		9366	9282	341	1363
1244	2554	7	15	10		2064	2378		231
354	681	121	34	95		530	573		89
1069	3908	579	12	556	-39	107	-28	314	566
3797	12550	1405	60	1734	2134	10386	10410		1881
	205	1	3			33	33		238
19103	28249	15581	1137	16725	1499	-8752	-6159	20771	3812
16123	21221	13237	1067	14227	-56	-11486	-9151	20771	2332
1923	5211	1916	28	1887	1391	1480	1744		583
677	590	101	1	249	3	2	3		195
204	86	1				994	994		92
176	1141	326	41	361	161	259	251		610
187918	131619	3746	-2806	13620	1083	177697	177348	3552	14706
183727	122257	2979	-3421	12246	802	165012	164172	923	13012
1820	795	609	22	631		1989	2311		118
257	3723	-147	166	16	289	4957	5095		361
2114	4844	305	427	727	-8	5739	5770	2629	1215
1031	43806	49373	9346	60405	257	-129468	-113369	118695	5881
223	4071	2208	2	2235		2999	3173		531
379	36519	47120	9280	58062	-941	-132828	-117221	118695	5268
429	3217	44	65	108	1198	361	680		82
6590	26517	457	1234	4459	-5846	-12668	-8545	15942	4645
549	2329	1090	-51	2182	-6496	-2483	-2497	2809	557
3020	13395	555	67	772		-12871	-8682	11253	910
1720	2763	644	214	918	-61	-420	-444	1880	861

1-A-4 续表 9

行业	法人资本	个人资本	港澳台资本	外商资本	营业收入	营业成本
家用电力器具制造						
非电力家用器具制造						
照明器具制造				17136	119279	108171
其他电气机械及器材制造						
计算机、通信和其他电子设备制造业	2542791	42631	41580	25109	5881759	4970687
计算机制造	11533	37127		2696	961858	648044
通信设备制造	31610	5505			998405	933585
广播电视设备制造						
雷达及配套设备制造						
非专业视听设备制造	2000				7739	6576
智能消费设备制造						
电子器件制造	2495248		41580	22413	3116936	2652766
电子元件及电子专用材料制造	2400				796822	729716
其他电子设备制造						
仪器仪表制造业		200			46121	40090
通用仪器仪表制造		200			46121	40090
专用仪器仪表制造						
钟表与计时仪器制造						
光学仪器制造						
衡器制造						
其他仪器仪表制造业						
其他制造业						
日用杂品制造						
核辐射加工						
其他未列明制造业						
废弃资源综合利用业	2860	2510			43564	36463
金属废料和碎屑加工处理						
非金属废料和碎屑加工处理	2860	2510			43564	36463
金属制品、机械和设备修理业	14027			27053	144680	131009
金属制品修理	1267				23323	22076
通用设备修理						
专用设备修理	6000				13747	7899
铁路、船舶、航空航天等运输设备修理	6760			27053	107610	101034
电气设备修理						
仪器仪表修理						
其他机械和设备修理业						
电力、热力、燃气及水生产和供应业	**2415956**	**8602**	**75411**	**193458**	**19022118**	**16949535**
电力、热力生产和供应业	2326338	7000		174904	17054047	15181441
电力生产	2278468	2000		174904	6939749	5262992
电力供应					10005570	9831409
热力生产和供应	47870	5000			108728	87040
燃气生产和供应业	30589		75411	8560	1471018	1433578
燃气生产和供应业	30589		75411	8560	1471018	1433578
生物质燃气生产和供应业						
水的生产和供应业	59029	1602		9994	497054	334516
自来水生产和供应	59029	1602		9994	497054	334516
污水处理及其再生利用						
海水淡化处理						
其他水的处理、利用与分配						

单位：万元

销售费用	管理费用	财务费用	利息收入	利息支出	投资收益（损失以“-”号记）	营业利润	利润总额	亏损企业亏损额	平均用工人数（人）
1302	8031	-1831	1005	587	711	3106	3078		2317
141616	414654	151830	6987	117598	27910	287541	292970	4268	37344
127072	140286	304	-1400	1776	11964	85410	86327		8984
-17445	22624	14181	288	367	7982	53297	53266	576	2418
45	585	45	1	82		471	471		155
27317	215255	127988	7899	104832	7965	139626	144255	3692	23641
4628	35904	9312	200	10541		8737	8651		2146
1121	4234	30	-19	28		437	437		194
1121	4234	30	-19	28		437	437		194
78	727	224	26	250	210	9514	8386		248
78	727	224	26	250	210	9514	8386		248
318	2920	377	34	593	88	10400	10399		345
193	410	-2	9	1		620	615		87
	992	-1	1		38	4767	4768		142
125	1518	379	24	591	49	5013	5016		116
107183	**217812**	**775206**	**10743**	**736706**	**104487**	**1052143**	**1076589**	**116193**	**63378**
1608	143411	744642	7859	706808	48106	961016	972762	80956	50028
1608	131353	571397	9363	544560	1395	949175	946632	80956	18679
	4730	172299	-1332	161046	46567	1472	15569		30533
	7327	946	-173	1202	144	10369	10561		816
44962	23186	14888	581	11914	22638	22460	31988	27952	3042
44962	23186	14888	581	11914	22638	22460	31988	27952	3042
60613	51215	15677	2303	17984	33744	68668	71839	7285	10308
60613	51215	15677	2303	17984	33744	68668	71839	7285	10308

1-A-5 私营工业企业

行业	企业单位数（个）	资产总计	固定资产净额	固定资产原价	累计折旧	流动资产合计
总　计	**11067**	**107150172**	**25064875**	**51786239**	**25304721**	**61780523**
采矿业	**234**	**1338286**	**530342**	**1398555**	**842718**	**483977**
煤炭开采和洗选业	35	269684	118629	190544	65022	80366
烟煤和无烟煤开采洗选	35	269684	118629	190544	65022	80366
褐煤开采洗选						
其他煤炭采选						
石油和天然气开采业						
石油开采						
天然气开采						
黑色金属矿采选业	61	385738	112731	315972	201275	155347
铁矿采选	59	377799	110796	288543	175780	150722
锰矿、铬矿采选	NA	7938	1935	27430	25495	4625
其他黑色金属矿采选						
有色金属矿采选业	23	166592	87063	184851	93263	46723
常用有色金属矿采选	19	128164	68188	102266	29552	31178
贵金属矿采选	3	35427	16021	72001	55980	15397
稀有稀土金属矿采选	NA	3001	2853	10584	7731	147
非金属矿采选业	115	516273	211920	707188	483158	201541
土砂石开采	91	386453	149683	496352	337560	161114
化学矿开采	4	17027	8260	36335	28075	6222
采盐						
石棉及其他非金属矿采选	20	112792	53977	174501	117523	34205
开采专业及辅助性活动						
煤炭开采和洗选专业及辅助性活动						
石油和天然气开采专业及辅助性活动						
其他开采专业及辅助性活动						
其他采矿业						
其他采矿业						
制造业	**10764**	**104439497**	**23944724**	**49391580**	**24067795**	**60925595**
农副食品加工业	767	6499449	1233805	2501739	1159859	4213878
谷物磨制	73	325497	106225	213750	97339	173928
饲料加工	93	1086041	227082	342780	115173	643564
植物油加工	30	611075	102965	240008	93483	402836
制糖业	NA	3099		359	359	410
屠宰及肉类加工	86	621068	157302	386767	224713	324156
水产品加工	242	2410842	364138	642997	265890	1791086
蔬菜、菌类、水果和坚果加工	194	1203641	216919	466800	222917	747290
其他农副食品加工	48	238186	59174	208279	139987	130607
食品制造业	400	3579975	734760	1523614	728660	1961785
焙烤食品制造	127	1159185	214743	398051	180440	514960
糖果、巧克力及蜜饯制造	56	737377	156123	273071	107727	400986
方便食品制造	53	339020	85594	202491	87413	178031
乳制品制造	4	61936	14454	26924	12470	40887
罐头食品制造	81	865734	153472	392356	225656	598845
调味品、发酵制品制造	29	152528	43307	116570	71070	83096
其他食品制造	50	264196	67069	114150	43884	144979
酒、饮料和精制茶制造业	420	2468634	768669	1606553	788672	1128303
酒的制造	39	434363	102296	260160	152660	233575
饮料制造	46	424958	129196	317552	177812	188012
精制茶加工	335	1609314	537178	1028840	458200	706716

主要经济指标(大、中类行业)

单位：万元

应收账款	存货	产成品	负债合计	流动负债合计	应付账款	所有者权益合计	实收资本	国家资本	集体资本
15826681	**14818020**	**7605875**	**50142421**	**43091582**	**11624736**	**57007485**	**20381581**	**28143**	**329613**
103591	**83141**	**44300**	**499637**	**447698**	**97984**	**838648**	**315492**	**500**	**4446**
16628	3685	2238	114133	104071	14398	155551	66588		
16628	3685	2238	114133	104071	14398	155551	66588		
34784	35439	18717	140168	119361	28331	245570	86050		
34195	31748	18553	137433	116821	26813	240366	84050		
590	3691	164	2734	2540	1518	5204	2000		
8296	8260	5303	82930	73999	34482	83662	30913		2901
4038	3142	2138	59479	54440	28299	68685	18069		2901
4160	5069	3116	22169	18389	6048	13258	12344		
98	49	49	1282	1170	135	1719	500		
43883	35757	18042	162407	150268	20774	353866	131941	500	1545
33084	23641	14095	123234	112773	13015	263219	101377	500	50
1124	601	157	10203	10203	529	6824	2868		1495
9676	11516	3790	28969	27292	7230	83823	27697		
15658357	**14724386**	**7558193**	**48839243**	**42334112**	**11485459**	**55599988**	**19775078**	**27643**	**324099**
1141027	1324743	778937	3110502	2784379	743757	3388944	1147177	3500	41007
30344	56895	16317	97873	78384	14038	227624	102771		
177274	142672	45718	611168	557725	191722	474873	196920	400	37806
55875	128143	68395	477278	431791	49240	133796	92555		
226	179	179	2568	2568	1214	530	530		
98794	90332	45049	286487	243142	36959	334581	135439	3000	
581864	693065	493950	1102782	990212	340799	1308060	316715		910
157500	171381	83908	447746	400902	89976	755894	249271	100	2290
39151	42075	25420	84600	79654	19810	153586	52975		
400168	421788	222615	1327760	1171230	280230	2252214	688147		5772
85388	73889	25542	274829	244020	65757	884355	269707		2532
112447	91406	50280	313843	289211	27837	423534	111746		241
46161	54633	28280	169404	158291	21322	169616	45644		
8221	5731	1022	27748	22964	8810	34187	10108		
80883	129491	89147	360869	294378	108786	504865	128046		
18076	28072	10963	58634	50240	6397	93894	41056		
48991	38567	17381	122433	112125	41322	141763	81841		3000
285103	296869	197091	738571	640357	142982	1730064	466530		3112
36547	55310	34524	187961	171903	25834	246402	72523		
50661	38901	20562	156298	114697	30660	268659	117726		
197895	202658	142005	394311	353757	86488	1215004	276281		3112

1-A-5 续表 1

行业	企业单位数（个）	资产总计	固定资产净额	固定资产原价	累计折旧	流动资产合计
烟草制品业	NA	12539	6216	175668	169452	6324
烟叶复烤						
卷烟制造	NA	12539	6216	175668	169452	6324
其他烟草制品制造						
纺织业	595	9148372	2448708	5191162	2661456	5053416
棉纺织及印染精加工	243	5262790	1420857	3379963	1912043	2882165
毛纺织及染整精加工	5	30885	10564	11948	1383	10424
麻纺织及染整精加工						
丝绢纺织及印染精加工	NA	15871	661	1705	1044	14370
化纤织造及印染精加工	20	522391	96232	152810	56423	311502
针织或钩针编织物及其制品制造	208	2593223	771101	1342125	548031	1398485
家用纺织制成品制造	40	195216	31889	77371	45027	140117
产业用纺织制成品制造	78	527996	117404	225241	97505	296354
纺织服装、服饰业	738	3766388	698291	1523754	773450	2299392
机织服装制造	505	2599575	500169	1145808	599194	1592567
针织或钩针编织服装制造	203	1038245	180064	337034	153525	633447
服饰制造	30	128568	18059	40913	20732	73379
皮革、毛皮、羽毛及其制品和制鞋业	715	5486879	1181051	2321446	999615	3207279
皮革鞣制加工	25	202592	38157	89170	35091	125602
皮革制品制造	122	425432	81238	183779	93836	225461
毛皮鞣制及制品加工						
羽毛(绒)加工及制品制造	9	94183	5807	10193	4387	64466
制鞋业	559	4764673	1055850	2038303	866301	2791749
木材加工和木、竹、藤、棕、草制品业	696	2728694	753473	2540250	1707247	1421220
木材加工	123	549580	134378	416763	256082	277434
人造板制造	265	1074212	296655	1010004	693481	575486
木质制品制造	97	374957	92014	339672	239792	233666
竹、藤、棕、草等制品制造	211	729945	230426	773812	517892	334635
家具制造业	252	1255069	280310	573900	270337	670112
木质家具制造	167	787355	208413	439589	215740	385005
竹、藤家具制造	5	89971	12142	28502	16360	34008
金属家具制造	56	277538	35559	69740	26666	184139
塑料家具制造	NA	7066	4617	7315	2698	1720
其他家具制造	22	93139	19579	28753	8873	65240
造纸和纸制品业	287	1668682	517260	1019680	487625	847751
纸浆制造	3	30182	5709	16959	11250	24474
造纸	80	490184	174769	332654	155491	236557
纸制品制造	204	1148316	336782	670067	320883	586720
印刷和记录媒介复制业	166	991890	225403	453573	214991	529118
印刷	165	989150	224696	452475	214599	527087
装订及印刷相关服务	NA	2740	707	1098	391	2031
记录媒介复制						
文教、工美、体育和娱乐用品制造业	623	4013599	718966	1435705	668090	2260207
文教办公用品制造	19	221301	31660	79148	28402	140726
乐器制造	3	9760	2884	4227	1343	5334
工艺美术及礼仪用品制造	521	3466319	613307	1176113	533719	1942501
体育用品制造	45	174828	38841	102657	63483	104633
玩具制造	31	121221	28096	53388	25151	53973
游艺器材及娱乐用品制造	4	20170	4179	20172	15993	13042
石油、煤炭及其他燃料加工业	28	531723	120961	190737	69761	297570
精炼石油产品制造	12	300034	47315	63439	16119	183469

单位：万元

应收账款	存货	产成品	负债合计	流动负债合计	应付账款	所有者权益合计	实收资本	国家资本	集体资本
1749	810	694	10789	10789	625	1750	150		
1749	810	694	10789	10789	625	1750	150		
1011544	1134364	568483	4637160	3918524	570041	4511210	1906658		30301
517004	603860	301987	2584623	2288839	297221	2678167	1018140		19000
3059	2677	637	13606	5288	1292	17279	2397		
8000	2066	250	10660	10660	4053	5211	5000		
53320	109676	50144	313767	158941	12129	208624	77318		4851
287115	286637	145733	1336897	1111775	190064	1256324	643962		3000
37969	49705	28712	105095	101569	20883	90121	37096		
105077	79743	41021	272512	241452	44401	255484	122747		3450
758336	570215	316879	1638820	1476232	378727	2127566	582413	511	4497
532295	415449	236160	1027706	899689	275549	1571868	398088	511	4397
193908	135372	70375	543760	511131	88742	494484	156948		100
32132	19394	10345	67354	65412	14436	61214	27377		
1057136	658193	305803	2687714	2120364	594915	2799165	792398	332	6842
33075	55989	13549	96309	96262	23419	106283	69735		
69566	57637	21462	231645	202167	52519	193787	52878	1	3354
30594	16833	11228	38713	38713	23788	55469	11150		
923901	527734	259564	2321047	1783222	495189	2443626	658635	331	3488
399017	480335	221098	1026568	902678	217037	1702124	598329	4779	5435
81482	94488	43807	224470	207025	35809	325110	116127		
152656	185567	82427	379267	332304	91633	694943	232151	4100	
60714	100856	35062	167087	149822	30252	207870	81525	679	
104164	99424	59801	255744	213527	59343	474201	168526		5435
180274	199057	91856	510152	431903	140073	744917	267406	6	1154
97244	132008	59700	300242	254293	65459	487113	178738	6	154
9547	9408	6913	28149	28149	16890	61822	11304		
57991	45821	18758	135842	107669	42837	141695	55620		1000
946			4312	2467	1178	2754	500		
14546	11819	6485	41607	39325	13710	51533	21243		
327931	199509	92833	748390	652196	196276	920292	338553	37	562
6166	2199	339	23740	20837	3035	6442	4080		
79412	50795	26234	218222	185824	53501	271963	129341	37	262
242353	146515	66260	506429	445535	139739	641887	205133		300
204567	105576	36315	479168	434833	95204	512720	195645		
202944	105449	36188	477417	433082	93935	511731	194845		
1624	127	127	1751	1751	1269	989	800		
665484	734197	383117	1647607	1511743	592494	2365993	653081	180	1203
24631	17256	6350	113878	105121	8150	107423	51025		
1373	2273	1404	6577	6577	1688	3184	758		
593368	659538	353415	1360279	1255645	536621	2106041	534673	180	1075
25931	28916	14634	97624	84586	29459	77203	30703		
15661	19805	7015	57446	48256	14134	63775	31456		128
4520	6409	299	11804	11558	2444	8367	4466		
91279	88786	48769	307809	270703	70210	223913	135676		
69279	38533	25968	202082	166077	47103	97952	67421		

1-A-5 续表 2

行业	企业单位数（个）	资产总计	固定资产净额	固定资产原价	累计折旧	流动资产合计
煤炭加工	10	218284	70483	123180	52697	104349
核燃料加工						
生物质燃料加工	6	13405	3163	4118	945	9753
化学原料和化学制品制造业	483	5000020	1129871	2828253	1625829	2542095
基础化学原料制造	84	1071322	322323	866142	531336	550940
肥料制造	40	367620	102918	238808	134057	157846
农药制造	5	42669	8657	12361	3703	26110
涂料、油墨、颜料及类似产品制造	87	781700	163838	315063	139341	414380
合成材料制造	72	1397328	242710	547330	297352	648771
专用化学产品制造	142	892147	201739	655474	423430	473177
炸药、火工及焰火产品制造						
日用化学产品制造	53	447234	87687	193075	96608	270870
医药制造业	82	951529	254497	672053	412437	418642
化学药品原料药制造	16	173698	26704	221331	194627	72317
化学药品制剂制造	10	150112	25535	44682	16403	52069
中药饮片加工	14	65832	17952	32025	14073	40582
中成药生产	10	184353	90377	120950	30573	73448
兽用药品制造	6	60157	22534	117945	93451	23258
生物药品制品制造	16	261879	56552	111248	54355	121662
卫生材料及医药用品制造	4	12377	1120	2978	1785	9254
药用辅料及包装材料	6	43122	13724	20895	7171	26053
化学纤维制造业	61	3982978	1229809	2657814	1427400	2060178
纤维素纤维原料及纤维制造	6	19954	3893	7613	3720	11693
合成纤维制造	55	3963024	1225916	2650201	1423680	2048485
生物基材料制造						
橡胶和塑料制品业	485	3801187	879675	1759170	839968	2286893
橡胶制品业	59	557314	195649	382059	174476	308747
塑料制品业	426	3243873	684026	1377111	665493	1978146
非金属矿物制品业	1273	12026939	3160972	6543881	3283642	6158369
水泥、石灰和石膏制造	56	1509806	484056	1322558	831345	737096
石膏、水泥制品及类似制品制造	260	2112546	517851	1184547	653774	1200445
砖瓦、石材等建筑材料制造	528	4230488	904421	1714584	783372	2164336
玻璃制造	17	462558	267440	453450	182411	106836
玻璃制品制造	29	347180	56151	154046	97885	198004
玻璃纤维和玻璃纤维增强塑料制品制造	11	257901	55823	68206	12275	123283
陶瓷制品制造	313	2583529	753316	1413010	612820	1347776
耐火材料制品制造	13	80680	12791	49240	35949	56119
石墨及其他非金属矿物制品制造	46	442250	109123	184240	73810	224475
黑色金属冶炼和压延加工业	80	1971974	560899	894661	231424	977335
炼铁	NA	2671	602	1613	1011	2069
炼钢	3	741432	191423	226425	29207	338080
钢压延加工	63	1058683	328510	587941	184262	541774
铁合金冶炼	13	169188	40365	78682	16944	95412
有色金属冶炼和压延加工业	77	3974240	618584	970892	349724	3091500
常用有色金属冶炼	10	1806787	253296	348448	95152	1501434
贵金属冶炼	NA	7085	841	1220	379	6020
稀有稀土金属冶炼	NA	65198	5855	15809	9954	41546
有色金属合金制造	16	124339	21585	31788	10151	73199
有色金属压延加工	47	1970832	337006	573627	234088	1469301
金属制品业	575	4168884	1107259	2483995	1292619	2301556
结构性金属制品制造	152	1143475	295423	587268	274177	653125

单位：万元

应收账款	存货	产成品	负债合计	流动负债合计	应付账款	所有者权益合计	实收资本	国家资本	集体资本
19811	46469	22286	98577	97562	19999	119707	64305		
2189	3785	516	7150	7064	3108	6254	3950		
801149	595660	285156	2085770	1763616	478616	2914249	1347660	2980	94115
162273	109121	47787	525348	451621	99677	545974	212899		1175
25698	39779	14901	111702	105581	42915	255918	116731	2780	
5694	8545	6684	10349	9699	4255	32320	9174		
134768	99634	40516	308976	281136	111999	472724	170764		46800
229099	135788	79713	555690	442303	89380	841637	507826		44470
142821	120279	63178	369240	306008	83876	522907	221013		
100797	82513	32377	204465	167269	46514	242769	109252	200	1670
99599	108152	54396	369470	335511	76460	582059	227719	1000	1500
17597	15528	9540	76742	66808	14136	96956	43258	1000	1500
15371	10318	3535	53129	48892	13912	96983	41130		
8159	15039	6324	27684	25803	8903	38147	23968		
13214	19245	10572	57323	52174	8644	127031	28780		
7646	7594	2758	11114	11114	1283	49044	13400		
26107	30541	17026	105055	92513	20666	156823	65266		
2184	2304	1014	6955	6740	2368	5422	3457		
9322	7584	3627	31468	31468	6549	11654	8460		
284678	468590	345454	2185091	1593592	132957	1797886	625918		10650
4444	2007	1213	12216	11431	879	7738	4808		
280235	466582	344240	2172875	1582161	132079	1790148	621110		10650
648177	645123	279667	1807248	1593567	363069	1993938	752504	553	6808
68718	98416	38368	308582	290437	56501	248732	100194	386	100
579458	546708	241299	1498666	1303131	306568	1745206	652310	167	6708
1851548	1551331	858059	4874508	4274064	1314808	7152429	2563666	7216	20251
105999	126445	42780	797936	708169	214526	711870	284335		
567914	165695	66371	1015945	892791	309996	1096600	498891	5235	2667
588066	578736	326393	1502094	1330029	411480	2728395	976467	1	14672
13035	30721	7443	136881	103583	12882	325677	118280		
64865	63021	46982	135098	129911	44604	212082	57404		800
42231	36186	24049	121139	45032	11529	136762	50311		
384005	462970	319930	914902	824947	229615	1668626	461305		2113
27017	14814	8033	60976	59597	22990	19704	9881		
58417	72744	16078	189537	180004	57186	252713	106793	1980	
104958	254437	153542	1366778	1314352	305873	605195	264989		1800
619	545	108	2626	2626	2537	45	600		
4117	48048	27225	665493	665493	106188	75939	23000		
81249	176663	106296	606860	570762	148161	451822	216416		1800
18973	29182	19913	91799	75471	48987	77389	24973		
192547	1158051	881425	2657907	2347255	882299	1316334	333881		12602
28238	511196	398891	1367981	1174234	587788	438806	90045		
2039	387	5	5456	5244	1555	1629	1508		
9774	16236	12857	31156	18547	4821	34041	8000		
22831	18881	7030	58679	53556	11566	65660	30923		12602
129665	611351	462642	1194635	1095674	276569	776197	203405		
776468	516716	239444	2023052	1765308	379455	2145588	925873	40	12076
213787	148609	65679	526536	451436	101222	616939	299957		

1-A-5 续表 3

行业	企业单位数（个）	资产总计	固定资产净额	固定资产原价	累计折旧	流动资产合计
金属工具制造	27	191327	35149	110971	44148	105306
集装箱及金属包装容器制造	27	475344	128868	319610	182584	276616
金属丝绳及其制品制造	3	10818	1882	2897	1016	6751
建筑、安全用金属制品制造	81	748639	144423	269373	118233	474315
金属表面处理及热处理加工	34	191270	64582	139641	74876	105046
搪瓷制品制造						
金属制日用品制造	42	217056	57885	108986	50809	93756
铸造及其他金属制品制造	209	1190956	379048	945249	546776	586641
通用设备制造业	388	3563810	726190	1468036	709197	2218398
锅炉及原动设备制造	12	58226	15889	26802	8526	39618
金属加工机械制造	48	367601	69148	230853	157754	204186
物料搬运设备制造	28	222772	48005	92840	44467	131925
泵、阀门、压缩机及类似机械制造	120	1321894	234517	408854	165120	872924
轴承、齿轮和传动部件制造	40	299830	58423	185443	115368	192242
烘炉、风机、包装等设备制造	26	470319	110081	146443	36362	218173
文化、办公用机械制造	19	195391	45461	63340	17825	127702
通用零部件制造	73	354359	98618	242444	139169	219436
其他通用设备制造业	22	273418	46049	71018	24605	212191
专用设备制造业	347	3028058	654535	1727244	946309	1793354
采矿、冶金、建筑专用设备制造	81	812721	141385	435075	230379	546877
化工、木材、非金属加工专用设备制造	75	591759	204075	547650	318278	279777
食品、饮料、烟草及饲料生产专用设备制造	14	76320	20822	43184	22362	34354
印刷、制药、日化及日用品生产专用设备制造	11	111896	22266	123626	96151	65649
纺织、服装和皮革加工专用设备制造	33	275166	38601	144752	96912	186791
电子和电工机械专用设备制造	17	96797	18593	42151	17464	69191
农、林、牧、渔专用机械制造	30	218603	67311	92149	24650	58242
医疗仪器设备及器械制造	28	170972	31274	95897	64619	116924
环保、邮政、社会公共服务及其他专用设备制造	58	673825	110208	202761	75494	435549
汽车制造业	170	1235512	274751	640692	344586	714989
汽车整车制造	NA	11997	2276	3596	1321	6987
汽车用发动机制造	NA	1430	408	502	94	757
改装汽车制造	3	35307	9592	11997	2405	20724
低速汽车制造	NA	3037				1063
电车制造						
汽车车身、挂车制造	15	159740	50621	102211	51589	81823
汽车零部件及配件制造	149	1024001	211854	522386	289177	603635
铁路、船舶、航空航天和其他运输设备制造业	109	705642	183801	395437	211177	414108
铁路运输设备制造	NA	7261	683	761	78	6500
城市轨道交通设备制造						
船舶及相关装置制造	44	357189	106528	185391	78405	181948
航空、航天器及设备制造						
摩托车制造	59	318991	68420	198517	130097	214728
自行车和残疾人座车制造	NA	15223	7724	9851	2126	5922
助动车制造	NA	5286	315	393	78	3447
非公路休闲车及零配件制造						
潜水救捞及其他未列明运输设备制造	NA	1694	131	524	393	1563
电气机械和器材制造业	431	10714200	1532940	2382560	827194	7750150
电机制造	119	684422	126628	211140	83402	481732
输配电及控制设备制造	128	1021085	211555	382141	167831	673629
电线、电缆、光缆及电工器材制造	32	260057	36643	59853	23206	186104
电池制造	24	7299030	997934	1381291	374342	5498539

单位：万元

应收账款	存货	产成品	负债合计	流动负债合计	应付账款	所有者权益合计	实收资本	国家资本	集体资本
38548	28650	12187	66741	59676	20268	124585	34836	40	5698
125623	75826	26544	298883	238826	33997	176461	116779		4950
1964	2835	1060	4240	4207	522	6578	2638		
134102	96472	49433	320429	293660	74965	428211	143408		26
33764	20343	9596	83263	75841	15873	108007	46288		899
33672	20038	7101	72573	59930	13492	144238	68063		502
195009	123944	67845	650388	581732	119116	540568	213903		1
637611	513580	234416	1800645	1628877	389351	1763164	706708		9050
16790	14118	7291	35863	32451	15864	22363	7123		
64241	52897	29552	164116	144145	45001	203486	71854		
42460	24521	11667	83098	69743	18789	139674	73867		255
242145	197015	105696	679584	584345	122579	642309	259779		
40088	35178	14695	168063	164835	18905	131767	46566		
51197	57328	16153	223983	209370	89576	246336	94829		8795
37458	23649	12497	112913	107175	32665	82479	48562		
77757	50609	24070	152715	137149	32821	201643	66096		
65475	58266	12794	180310	179664	13151	93108	38033		
522868	525130	217908	1304659	1173860	265802	1723399	603424	4006	4183
109723	166663	66305	369047	339590	49581	443674	135467		40
107714	70806	28688	233903	213469	48482	357855	83842		
17428	8961	3890	14901	13463	3227	61419	28111		1345
20503	25004	9997	71443	62613	13526	40453	9098		
68292	53867	31622	139030	102335	33520	136136	43327		
22830	19236	9704	39098	37041	14987	57698	34088		500
15300	12162	6419	27616	21670	5251	190988	88948		
31159	36675	13763	69585	59847	29701	101387	41276		
129919	131757	47521	340036	323833	67527	333789	139267	4006	2298
207927	215553	104813	535309	497497	131019	700203	279051	79	5852
308	1740		2189	189	68	9808	8263		
365	157	65	602	602		828	658		
5378	10080	5280	17087	15977	4422	18220	10729		
707	172		44			2993			
22718	23236	11270	54317	48375	11853	105422	27793		
178452	180169	88197	461069	432354	114676	562932	231608	79	5852
134474	147713	48620	332010	302815	77751	373632	129058		
3200	330		316	316	210	6946	3705		
36060	74526	12675	158242	146132	17137	198947	83238		
92744	69923	34656	166728	150722	58087	152263	38338		
1693	1846	1063	3198	2616	1211	12025	3177		
143	539	154	2063	1566	62	3223	500		
635	549	73	1464	1464	1044	229	100		
1587529	1069421	310050	5365962	4656401	1366323	5348235	1221246	825	29240
168851	112471	41367	382459	361947	111789	301961	120556	475	110
259762	152572	69585	520687	496929	174444	500396	351997		26782
73712	46728	20768	85489	68053	27261	174568	84202	350	
797407	572358	122831	3769286	3162121	837134	3529744	423415		

1-A-5 续表 4

行业	企业单位数（个）	资产总计	固定资产净额	固定资产原价	累计折旧	流动资产合计
家用电力器具制造	36	884644	50036	92104	40633	536960
非电力家用器具制造	7	47192	20160	33043	11507	19723
照明器具制造	69	437509	77830	199807	116763	294689
其他电气机械及器材制造	16	80261	12155	23182	9510	58773
计算机、通信和其他电子设备制造业	290	5588532	1564956	2281247	672749	3326605
计算机制造	13	91479	3276	8594	3618	81934
通信设备制造	31	647658	37416	132154	94659	558692
广播电视设备制造	11	289716	38411	60347	20915	206164
雷达及配套设备制造	NA	3676	337	700	364	3291
非专业视听设备制造	10	139911	18216	30521	12303	106443
智能消费设备制造	7	131970	35826	46750	10661	77696
电子器件制造	100	3101163	1158665	1516836	345591	1581745
电子元件及电子专用材料制造	97	829738	246236	413006	162097	491357
其他电子设备制造	20	353222	26574	72339	22540	219284
仪器仪表制造业	99	716548	146288	231391	84023	476961
通用仪器仪表制造	39	390387	51328	74817	23489	288263
专用仪器仪表制造	11	54254	7065	28563	21498	43876
钟表与计时仪器制造	30	97681	30756	48067	17237	53551
光学仪器制造	11	127335	51128	67620	16116	56492
衡器制造	4	35124	5007	10691	5053	26324
其他仪器仪表制造业	4	11768	1003	1633	630	8456
其他制造业	69	342070	68667	157827	40368	202884
日用杂品制造	61	278137	54772	137076	34304	161347
核辐射加工						
其他未列明制造业	8	63933	13896	20751	6064	41537
废弃资源综合利用业	43	365531	95071	154097	55444	241847
金属废料和碎屑加工处理	12	236850	49739	81036	29626	175145
非金属废料和碎屑加工处理	31	128681	45332	73061	25818	66703
金属制品、机械和设备修理业	14	149952	68086	84552	14491	53377
金属制品修理						
通用设备修理						
专用设备修理	NA	2834	626	1078	262	2208
铁路、船舶、航空航天等运输设备修理	12	146638	67453	83241	14026	50710
电气设备修理						
仪器仪表修理						
其他机械和设备修理业	NA	480	7	234	203	459
电力、热力、燃气及水生产和供应业	**69**	**1372390**	**589809**	**996104**	**394207**	**370951**
电力、热力生产和供应业	51	1159933	517045	872347	344510	301592
电力生产	45	1088870	484630	821529	326107	273735
电力供应	3	36974	14015	18857	4841	18636
热力生产和供应	3	34090	18400	31961	13562	9222
燃气生产和供应业	7	48530	18930	30315	10323	19574
燃气生产和供应业	7	48530	18930	30315	10323	19574
生物质燃气生产和供应业						
水的生产和供应业	11	163927	53834	93442	39374	49785
自来水生产和供应	NA	26061	14695	21301	6606	9761
污水处理及其再生利用	9	137866	39139	72142	32769	40024
海水淡化处理						
其他水的处理、利用与分配						

单位：万元

应收账款	存货	产成品	负债合计	流动负债合计	应付账款	所有者权益合计	实收资本	国家资本	集体资本
151826	90471	30732	332594	329041	111268	552050	137377		2137
5148	5303	1064	30165	26551	1690	17027	8993		
111933	75718	20353	195783	166448	83011	241726	79291		212
18890	13802	3350	49499	45312	19728	30762	15415		
986121	508170	191789	2586806	2159103	1107837	3001725	1628913	1600	4508
23873	25744	5513	55164	54953	24335	36315	8764		
99059	65797	20124	155543	133866	60520	492114	103639		
27631	42556	8995	178944	175794	57415	110771	38230	160	
2836	325	15	2806	2806	1239	870	310		
19019	18730	9214	74293	70623	20252	65617	27999		
33046	27376	8154	66876	35885	3094	65094	20709		836
480194	180673	85478	1487198	1154225	727505	1613964	1138648	1440	3639
210636	117109	36646	382831	364783	141760	446907	199454		
89828	29859	17650	183149	166169	71717	170072	91161		33
156353	104286	39233	276813	241500	61628	439735	188676		10000
93334	52668	21502	137816	115666	35219	252570	104669		
18289	4783	2274	22313	20714	3803	31941	16318		
12340	16598	2725	43050	39617	7272	54631	20165		
21642	16464	6885	58811	50931	13872	68524	29737		10000
9303	9197	5450	10555	10303	699	24569	12800		
1444	4578	397	4268	4268	763	7500	4988		
48592	38141	16153	134912	129425	46677	207158	65167		1079
40589	33040	14534	104707	100272	39027	173430	47243		1079
8004	5100	1619	30205	29153	7650	33728	17924		
84425	54264	32347	208213	189559	65395	157318	77075		500
72043	37302	25601	153317	142668	48413	83533	48564		
12382	16962	6746	54896	46891	16983	73785	28512		500
9719	35628	1232	53080	41882	17567	96871	61390		
174	225	139	1725	1725	29	1108	1100		
9545	35054	1093	51043	39844	17538	95595	60290		
	350		313	313		167			
64733	**10493**	**3382**	**803541**	**309772**	**41293**	**568849**	**291010**		**1068**
52164	6139	1510	705734	255344	33841	454199	223654		
36006	4535	1480	657940	232552	31969	430930	202804		
12948			28016	14430	291	8958	8000		
3211	1605	30	19778	8362	1581	14312	12850		
5668	1576	920	20878	19043	2738	27653	12173		
5668	1576	920	20878	19043	2738	27653	12173		
6900	2777	952	76930	35385	4714	86997	55183		1068
646	676		5812	3912	688	20249	6785		
6254	2100	952	71118	31473	4026	66748	48398		1068

1-A-5 续表 5

行 业	法人资本	个人资本	港澳台资本	外商资本	营业收入	营业成本
总 计	**7957502**	**11992448**	**57857**	**16014**	**219411447**	**186452585**
采矿业	**103480**	**207067**			**4068941**	**3449089**
煤炭开采和洗选业	7790	58799			522514	401240
烟煤和无烟煤开采洗选	7790	58799			522514	401240
褐煤开采洗选						
其他煤炭采选						
石油和天然气开采业						
石油开采						
天然气开采						
黑色金属矿采选业	22195	63855			1372627	1233895
铁矿采选	22195	61855			1257167	1125185
锰矿、铬矿采选		2000			115460	108711
其他黑色金属矿采选						
有色金属矿采选业	8500	19512			227689	192434
常用有色金属矿采选	3500	11668			168422	152177
贵金属矿采选	5000	7344			47726	30927
稀有稀土金属矿采选		500			11541	9329
非金属矿采选业	64996	64901			1946111	1621521
土砂石开采	55542	45285			1270694	1032907
化学矿开采	500	874			103280	88614
采盐						
石棉及其他非金属矿采选	8954	18743			572138	500000
开采专业及辅助性活动						
煤炭开采和洗选专业及辅助性活动						
石油和天然气开采专业及辅助性活动						
其他开采专业及辅助性活动						
其他采矿业						
其他采矿业						
制造业	**7669178**	**11680283**	**57857**	**16014**	**214801220**	**182598602**
农副食品加工业	405155	697314	100	100	16403391	14273798
谷物磨制	9549	93222			1285062	1126809
饲料加工	65938	92776			2438610	2142519
植物油加工	44619	47936			1022162	929696
制糖业	530				4967	4913
屠宰及肉类加工	63793	68646			1534204	1324938
水产品加工	99389	216416			6431196	5628463
蔬菜、菌类、水果和坚果加工	101268	145412	100	100	2834046	2379628
其他农副食品加工	20069	32906			853145	736834
食品制造业	183712	494473	4190		7729910	6427243
焙烤食品制造	32329	234846			2150956	1762528
糖果、巧克力及蜜饯制造	28865	80450	2190		1654581	1344797
方便食品制造	15531	30113			681793	571618
乳制品制造	4100	6008			116274	83324
罐头食品制造	47676	80370			1789485	1541387
调味品、发酵制品制造	15630	25426			636212	552021
其他食品制造	39581	37260	2000		700609	571568
酒、饮料和精制茶制造业	186856	276562			5641521	4551018
酒的制造	27931	44592			622984	509909
饮料制造	59953	57773			752039	596692
精制茶加工	98972	174197			4266499	3444417

单位：万元

销售费用	管理费用	财务费用			投资收益(损失以"–"号记)	营业利润	利润总额	亏损企业亏损额	平均用工人数(人)
			利息收入	利息支出					
4984048	**7830730**	**1283839**	**90008**	**1117028**	**-104829**	**17620144**	**17714166**	**104091**	**2068034**
99151	**155336**	**13848**	**645**	**12374**	**429**	**312868**	**312040**	**247**	**30575**
5618	34824	1119	527	1532	696	73134	73032		7319
5618	34824	1119	527	1532	696	73134	73032		7319
21612	31203	3140	30	3004	-296	72114	71856	129	6476
20195	29698	2905	28	2768	-296	68736	68494	129	6119
1417	1505	235	2	236		3378	3363		357
2768	10618	2367	14	2193		14726	14666	61	3031
1783	3563	867	10	689		8140	8108	61	1991
293	5935	1499	4	1503		6253	6225		769
691	1121	2		2		333	333		271
69153	78692	7222	74	5645	29	152894	152486	57	13749
49419	57371	4963	69	4457	29	114380	113978		11303
2050	3438	555		555		8455	8463		286
17685	17882	1704	5	634		30060	30045	57	2160
4878921	**7641762**	**1238899**	**89408**	**1076717**	**-113086**	**17236976**	**17327766**	**97329**	**2032990**
341253	375445	94010	2842	80914	-9505	1243042	1237425	11800	134327
21528	33351	5638	70	4360	-1779	88664	89700	31	8110
67810	64048	14380	1374	14104	-10202	125884	127723	8964	11733
11420	19268	20204	363	14150	2273	56339	46914	1476	6958
4	13	6				10	27		140
42069	46007	9333	70	8343	110	104548	105998	607	11500
98963	109067	29644	710	25015	192	537163	540165	710	60133
81494	80992	10649	207	10626	234	265253	261441	11	28453
17964	22699	4157	49	4317	-332	65180	65458		7300
262558	254035	35153	-9930	38922	-7601	718043	714074	1136	76206
75257	68245	-3385	-11171	5482	857	238737	238976	397	25627
80393	58026	18214	181	16858	372	145253	145079	515	13352
21040	27665	5549	167	4240	1912	55075	55320		8323
14271	4365	-339	447	97		10307	10411		1213
33253	43505	8674	156	7239	-10748	157143	153436	224	17275
17681	21627	3749	84	3192		39734	40147		4054
20663	30604	2691	206	1814	7	71795	70706		6362
230385	238744	30164	718	21373	-1440	542332	543006	2035	59888
24298	23176	6506	108	3998	6	50517	50522	195	4107
50672	47964	4954	138	4368		43819	43926	1522	5124
155416	167604	18704	473	13007	-1446	447997	448558	317	50657

1-A-5 续表 6

行业					营业收入	营业成本
	法人资本	个人资本	港澳台资本	外商资本		
烟草制品业		150			33175	30082
烟叶复烤						
卷烟制造		150			33175	30082
其他烟草制品制造						
纺织业	336858	1523318	16180		19451158	17131171
棉纺织及印染精加工	158216	827022	13902		12940547	11488816
毛纺织及染整精加工	500	1897			78757	68280
麻纺织及染整精加工						
丝绢纺织及印染精加工		5000			16004	14558
化纤织造及印染精加工	14939	57528			697641	623155
针织或钩针编织物及其制品制造	114839	523844	2278		4136319	3569657
家用纺织制成品制造	24687	12409			499598	424150
产业用纺织制成品制造	23678	95619			1082292	942556
纺织服装、服饰业	284194	286986	3514	2710	10128344	8680438
机织服装制造	226114	163720	635	2710	7421169	6325407
针织或钩针编织服装制造	49229	104740	2879		2481771	2155737
服饰制造	8851	18526			225404	199295
皮革、毛皮、羽毛及其制品和制鞋业	439780	335759	7157	2528	14116169	12189358
皮革鞣制加工	16583	53152			376670	324997
皮革制品制造	25586	23104	833		1152214	1011340
毛皮鞣制及制品加工						
羽毛(绒)加工及制品制造	500	10650			387215	330041
制鞋业	397111	248852	6324	2528	12200070	10522980
木材加工和木、竹、藤、棕、草制品业	156501	431614			10839476	9531936
木材加工	25956	90171			1684743	1475377
人造板制造	58314	169737			4968607	4401228
木质制品制造	16290	64556			1293787	1137474
竹、藤、棕、草等制品制造	55942	107150			2892339	2517857
家具制造业	73204	191989	53	1000	3327450	2813397
木质家具制造	48994	128531	53	1000	2323420	1981193
竹、藤家具制造	8000	3304			84323	58298
金属家具制造	11816	42805			598576	514587
塑料家具制造		500			24939	21288
其他家具制造	4394	16849			296191	238031
造纸和纸制品业	131584	206102	268		4528091	3793670
纸浆制造		4080			30416	26809
造纸	38775	90266			1316220	1103214
纸制品制造	92809	111756	268		3181456	2663647
印刷和记录媒介复制业	60410	135235			2598470	2248776
印刷	60010	134835			2591735	2242615
装订及印刷相关服务	400	400			6736	6161
记录媒介复制						
文教、工美、体育和娱乐用品制造业	200029	451084	436	150	10630135	8886123
文教办公用品制造	1760	49265			487188	415078
乐器制造		758			18999	14208
工艺美术及礼仪用品制造	162303	370529	436	150	9034715	7527943
体育用品制造	13125	17579			574963	497774
玩具制造	21741	9587			422682	351623
游艺器材及娱乐用品制造	1100	3366			91587	79498
石油、煤炭及其他燃料加工业	62844	72832			1096215	929506
精炼石油产品制造	21844	45577			574329	480845

单位：万元

销售费用	管理费用	财务费用	利息收入	利息支出	投资收益(损失以“-”号记)	营业利润	利润总额	亏损企业亏损额	平均用工人数(人)
704	1325	3	1	4		689	689		293
704	1325	3	1	4		689	689		293
241198	615734	172695	5974	149357	-29443	1156039	1152936	2020	142210
148402	402837	107673	4830	94255	-15649	709248	711624	1093	89752
1811	2488	695		683		4827	4827		918
485	385	437	28	257		71	127		155
6933	17740	5510	259	5479		46286	39332	611	3787
48333	124686	46955	526	39196	-13909	302118	304040	210	27265
15152	23901	3277	46	3006	115	30419	29393	70	5534
20082	43698	8147	285	6481		63070	63593	37	14799
232696	303309	38344	3012	30120	1039	824807	825940	671	165288
178793	213364	26944	2653	22127	284	640090	641169	227	116937
50121	79679	10940	343	7700	750	174702	174615	342	43364
3782	10266	460	16	293	5	10014	10156	102	4987
288196	490229	69773	6332	56636	-13145	975052	978373	1883	245045
3826	10593	2308	-11	1889		35376	35555	150	3006
23972	38851	5744	2989	5298	-15	65720	65926	290	20503
3524	18686	674	2	671		33576	33265		1031
256874	422099	61047	3352	48778	-13130	840380	843627	1443	220505
217921	298896	52040	566	43186	-17803	664060	665839	2304	92356
29120	41220	8596	63	6066	-6387	111121	111425	875	14543
87405	131577	21709	260	19202	-10243	300283	302125	822	38815
30055	45057	7504	44	6440	-1223	65206	65003	437	11071
71341	81043	14231	200	11478	49	187450	187286	169	27927
99927	136519	15148	534	11696	-13628	237814	237961	440	39178
70128	93844	9728	217	6776	-13797	149262	149294	355	24026
7391	8022	1074		1070		7570	7626		1248
12595	22081	2323	236	1939	169	44386	44446	42	10165
709	973	297		145		1542	1542		431
9104	11600	1726	81	1765		35055	35054	43	3308
110614	149960	29249	1072	18408	-9429	420228	420113	1515	43279
475	1236	63		61		1620	1623		373
17792	30716	9445	727	6346	-9758	148698	148748	79	10098
92346	118007	19740	344	12000	329	269910	269742	1436	32808
58386	88978	17972	-383	15426	4100	178079	178884	1421	28206
58267	88591	17963	-384	15418	4100	178020	178826	1421	28078
119	387	9	1	8		59	59		128
316023	379425	78892	8143	49115	-61488	890427	890678	607	119050
13002	18472	2094	78	1949		37047	37066	8	4220
515	1276	21	7	9		2917	2935		221
274941	320908	73391	7971	44544	-61496	764905	764365	577	99091
10553	19011	2080	80	1665	9	43136	43409	20	7088
13294	15892	1140	7	917		38687	38791	2	7393
3719	3867	167		31		3735	4112		1037
44315	28748	8171	260	6043	3418	81529	81784	436	4596
32767	16914	4453	183	3870	3418	37048	35636	436	3082

1-A-5 续表 7

行业					营业收入	营业成本
	法人资本	个人资本	港澳台资本	外商资本		
煤炭加工	40000	24305			472945	407804
核燃料加工						
生物质燃料加工	1000	2950			48941	40858
化学原料和化学制品制造业	449963	799979	623		9930831	8276404
基础化学原料制造	92509	119216			2164852	1799609
肥料制造	82518	31433			603510	489510
农药制造	3789	5385			70887	54498
涂料、油墨、颜料及类似产品制造	58815	65150			1602857	1325192
合成材料制造	71376	391980			2295992	1870729
专用化学产品制造	103806	116584	623		2266270	1954664
炸药、火工及焰火产品制造						
日用化学产品制造	37152	70231			926464	782203
医药制造业	102131	123088			1262876	952916
化学药品原料药制造	12956	27802			278310	236181
化学药品制剂制造	32107	9023			155761	105738
中药饮片加工	10917	13051			110562	89516
中成药生产	21040	7740			235855	165320
兽用药品制造	8600	4800			177421	125132
生物药品制品制造	12966	52299			232178	169434
卫生材料及医药用品制造		3457			11633	10007
药用辅料及包装材料	3544	4916			61156	51588
化学纤维制造业	234423	380845			6133971	5237799
纤维素纤维原料及纤维制造	1900	2908			53923	47725
合成纤维制造	232523	377937			6080048	5190074
生物基材料制造						
橡胶和塑料制品业	261745	480065	167	3167	8862768	7688525
橡胶制品业	37660	62048			1215841	1027342
塑料制品业	224084	418017	167	3167	7646926	6661184
非金属矿物制品业	981494	1551990	2513	201	24358619	20308143
水泥、石灰和石膏制造	158300	126035			2331173	1950622
石膏、水泥制品及类似制品制造	166744	324246			4783038	4011106
砖瓦、石材等建筑材料制造	351350	608200	2243	1	7719204	6378357
玻璃制造	7268	111012			461510	335471
玻璃制品制造	24547	32056			639975	526565
玻璃纤维和玻璃纤维增强塑料制品制造	43057	7254			210392	177316
陶瓷制品制造	188592	270130	270	200	7347831	6157985
耐火材料制品制造	1554	8328			170487	150735
石墨及其他非金属矿物制品制造	40083	64729			695009	599985
黑色金属冶炼和压延加工业	146947	116242			4772202	4301750
炼铁		600			8463	7952
炼钢	4400	18600			538134	491572
钢压延加工	134879	79737			3948525	3568708
铁合金冶炼	7668	17305			277080	233519
有色金属冶炼和压延加工业	152294	164352	4633		8006358	6836708
常用有色金属冶炼	79300	10745			3572543	3015313
贵金属冶炼	166	1342			24115	21674
稀有稀土金属冶炼		8000			84362	77212
有色金属合金制造	4200	14121			231163	201942
有色金属压延加工	68627	130145	4633		4094175	3520567
金属制品业	332151	574142	7464		9693293	8443846
结构性金属制品制造	95219	204738			1973793	1668275

单位：万元

销售费用	管理费用	财务费用			投资收益（损失以"–"号记）	营业利润	利润总额	亏损企业亏损额	平均用工人数（人）
			利息收入	利息支出					
10338	10020	3648	77	2105		39535	41192		1215
1209	1814	71		69		4947	4956		299
246156	357333	55364	1623	48130	4761	958735	957185	5423	61599
41870	66969	15747	158	14687	807	234117	230892	1129	11563
22991	26230	2862	99	2769	-74	59434	59922	920	4070
3227	4654	261	3	266		8102	8091		506
46647	80855	9127	708	5830	1321	129242	128350	231	13128
37701	61293	14448	140	13542	630	303896	305780	1748	6958
55059	79984	10217	386	8852	2049	160721	160892	1396	15095
38661	37348	2703	130	2183	28	63223	63258		10279
88087	103452	7475	-411	6506	1117	111042	113932	684	12706
6003	14578	1873	45	1840		22318	22365	158	1717
23111	19752	-348	-589	237	-181	8592	8511	500	1343
3068	4367	534	2	369		11970	12213		1814
10857	25377	2524	65	1628	-5	29921	30005		2075
24252	13414	246	1	242	-79	11327	11318	26	1066
18145	22931	2233	42	1905	1358	22192	24789		3874
500	421	174	22	91		465	465		225
2153	2613	239	2	195	23	4257	4264		592
34599	356742	86480	1420	88195	2133	395867	401651	559	19945
1043	2263	214	3	19		2554	2659		1147
33556	354479	86266	1418	88177	2133	393312	398992	559	18798
181511	322393	44984	1371	39069	-14684	586712	595614	4692	87125
36999	47452	10533	280	9162	64	87099	88174	489	11023
144511	274941	34451	1090	29907	-14748	499613	507440	4203	76102
696209	862651	163766	4613	119509	3149	2135771	2135275	7002	234692
34264	56266	15513	87	15816	5948	266141	268610	78	9879
169137	175384	30215	784	19254	-4162	359806	358806	4126	29983
209157	252896	59553	2790	36950	767	751677	752773	658	68045
5605	31020	4874	237	4686		56521	56760	169	3517
30833	21658	2538	126	2311	-199	55417	51794	219	6114
3970	9401	3498	12	2577	448	15740	15251	35	1442
230291	285647	42411	449	33187	352	567711	568465	4	108033
3262	4811	1753	7	1643	-13	9289	9136	218	1006
9693	25569	3411	123	3085	8	53469	53681	1496	6673
36231	59568	12274	-66	11085	-15554	349489	349307	4943	14233
	467	1				43	43		79
1851	14987	-2303	-108	148		31310	28936		3345
30972	40238	12897	18	9330	-12954	287611	290285	4823	9048
3408	3877	1679	24	1607	-2601	30525	30043	120	1761
54864	65601	41625	4715	22625	11255	1001239	1028526	605	20940
15422	13429	17870	1273	2920	1068	504080	522084	541	7655
349	1740	141	1	138	1	153	119		212
770	3106	370	31	528	53	2782	2930	9	179
2198	6443	2752	-5	2672	3658	20741	21535		1497
36125	40884	20492	3414	16367	6475	473483	481858	55	11397
177366	305565	49248	1454	44732	5902	664892	663815	10053	85614
47194	80556	15454	218	13376	141	136537	138323	4490	21933

1-A-5 续表 8

行业					营业收入	营业成本
	法人资本	个人资本	港澳台资本	外商资本		
金属工具制造	7066	22032			412535	319318
集装箱及金属包装容器制造	46480	65349			1014545	914653
金属丝绳及其制品制造	1638	1000			33265	27846
建筑、安全用金属制品制造	70521	72861			1433382	1236558
金属表面处理及热处理加工	19482	25907			572085	483483
搪瓷制品制造						
金属制日用品制造	27934	32163	7464		556856	458994
铸造及其他金属制品制造	63810	150092			3696833	3334718
通用设备制造业	224914	472743			6445013	5457326
锅炉及原动设备制造	2530	4593			194518	169414
金属加工机械制造	22519	49334			781829	679338
物料搬运设备制造	18075	55537			458626	376712
泵、阀门、压缩机及类似机械制造	89152	170626			2284519	1854122
轴承、齿轮和传动部件制造	12918	33648			809023	709399
烘炉、风机、包装等设备制造	28360	57673			331318	272384
文化、办公用机械制造	17883	30680			253764	220128
通用零部件制造	25362	40734			869671	764693
其他通用设备制造业	8115	29918			461745	411135
专用设备制造业	173056	419473	2706		5668003	4658420
采矿、冶金、建筑专用设备制造	41215	94212			1679069	1424227
化工、木材、非金属加工专用设备制造	28642	55200			1397594	1153848
食品、饮料、烟草及饲料生产专用设备制造	3132	23633			160032	133084
印刷、制药、日化及日用品生产专用设备制造	3060	6038			219985	182792
纺织、服装和皮革加工专用设备制造	12901	27720	2706		391792	325614
电子和电工机械专用设备制造	7470	26118			154540	123750
农、林、牧、渔专用机械制造	7711	81237			378037	303255
医疗仪器设备及器械制造	16449	24827			328097	254191
环保、邮政、社会公共服务及其他专用设备制造	52477	80488			958857	757658
汽车制造业	112799	158865		1457	2267447	1932661
汽车整车制造	8263				2000	1760
汽车用发动机制造		658			2650	2183
改装汽车制造	5075	5654			45055	36321
低速汽车制造					3214	3056
电车制造						
汽车车身、挂车制造	8500	19293			343242	309739
汽车零部件及配件制造	90961	133259		1457	1871287	1579603
铁路、船舶、航空航天和其他运输设备制造业	46585	76972	5500		1553401	1324437
铁路运输设备制造		3705			12887	11553
城市轨道交通设备制造						
船舶及相关装置制造	43821	34417	5000		724647	605386
航空、航天器及设备制造						
摩托车制造	2665	35173	500		787625	684277
自行车和残疾人座车制造		3177			10008	7424
助动车制造		500			14418	12254
非公路休闲车及零配件制造						
潜水救捞及其他未列明运输设备制造	100				3816	3543
电气机械和器材制造业	642266	547901	1014		8684634	6866277
电机制造	37863	81095	1014		1043675	912939
输配电及控制设备制造	120826	204390			1408809	1195892
电线、电缆、光缆及电工器材制造	27864	55988			812191	713776
电池制造	376547	46868			3283530	2310084

单位：万元

销售费用	管理费用	财务费用			投资收益(损失以"–"号记)	营业利润	利润总额	亏损企业亏损额	平均用工人数(人)
			利息收入	利息支出					
19137	25906	2757	151	2275		42911	43489		3322
21082	24150	7627	91	7900	108	44595	44664	44	5655
323	649	144		144		4025	4094		363
20452	40737	3324	541	4353	6023	134461	134790	33	16135
10934	18124	2801	63	2614	48	52434	50609	2862	5661
10937	19360	1698	121	1512	233	62321	62086	249	5747
47309	96084	15444	270	12559	-651	187609	185761	2375	26798
157675	254224	50177	1043	34463	-6139	493239	495318	7719	67424
2510	6106	919	1	563		13978	13984	86	1606
16028	22699	3964	85	2681	7	55550	55775	11	6865
15852	26973	3455	14	2477	2	35484	36037	53	3532
73314	95609	22209	424	13713	12	224956	222798	275	27844
11909	20935	4834	41	1888		58671	58685	92	8303
12147	20170	3804	85	3332	355	19656	20166		4142
4565	14068	1605	32	1553	1184	13252	13542	284	4019
13985	26576	4545	184	2914	-125	56485	59192	104	7937
7366	21089	4842	177	5343	-7575	15207	15139	6814	3176
153816	284423	33894	842	24893	654	500968	502733	2363	45929
43438	60920	10514	480	7535	-1071	131815	131368	79	10679
27937	72373	8945	62	6945	-339	120592	120833		10804
4999	9034	775	29	278		11473	11545		2001
2479	11105	2015	23	485		19638	20037		1261
7619	13075	1173	3	1123		41597	41893	103	3638
5131	12055	895	-1	662	463	13179	11539	1953	1644
8374	12651	780	12	446		49454	49568	180	3800
19313	29545	655	43	994	416	22812	23572	1	4994
34527	63664	8141	198	6426	1185	90408	92379	48	7108
54412	100318	14992	575	12727	1	153504	160592	2283	26360
2	879	58	-19	59		-704	-961	961	15
93	80	23				256	256		26
2193	2287	1033	24	730		2785	3162		298
	356	-44	45			-161	-161	161	3
7092	9926	1984	21	1525		12372	12508		2044
45032	86791	11938	504	10414	1	138957	145788	1161	23974
35516	55107	9279	336	9238	27	111742	112118	107	17514
338	421	115		115		448	448		58
15337	26381	4594	54	4408	27	63648	64232	107	6652
19109	26529	4619	221	4675		45115	44899		10164
503	1445	-83	60	14		718	718		528
183	228	26		17		1713	1713		37
48	103	8	1	9		100	110		75
289199	623607	-9487	55563	53043	34026	846180	867765	9369	81504
23120	47382	7013	230	5969	-247	43689	45364	276	13911
42505	94127	8799	158	7122	847	61193	62213	7954	17416
18298	29951	1975	111	2004	-431	40771	41207		5362
147499	343652	-30465	55535	31101	18111	462033	469350	366	19607

1-A-5 续表 9

行业					营业收入	营业成本
	法人资本	个人资本	港澳台资本	外商资本		
家用电力器具制造	39026	96214			910073	749563
非电力家用器具制造	1793	7200			58049	47904
照明器具制造	33430	45648			1028133	824308
其他电气机械及器材制造	4918	10497			140174	111811
计算机、通信和其他电子设备制造业	1178161	443603	1041		6699295	5503686
计算机制造	2840	5924			214780	165280
通信设备制造	37776	65863			575154	379767
广播电视设备制造	5060	33011			437048	364897
雷达及配套设备制造		310			5739	4199
非专业视听设备制造	11815	16184			199272	156809
智能消费设备制造	785	19088			347343	296041
电子器件制造	1010666	122903			3097018	2642314
电子元件及电子专用材料制造	93912	104501	1041		1504765	1238509
其他电子设备制造	15308	75819			318176	255870
仪器仪表制造业	30049	148327	300		1130068	905018
通用仪器仪表制造	16684	87985			431937	323428
专用仪器仪表制造	2568	13750			136340	109395
钟表与计时仪器制造	6614	13251	300		263655	213159
光学仪器制造	4184	15553			184696	162299
衡器制造		12800			102927	87932
其他仪器仪表制造业		4988			10512	8805
其他制造业	18557	45431		100	817561	693664
日用杂品制造	10356	35708		100	745432	638117
核辐射加工						
其他未列明制造业	8201	9723			72129	55547
废弃资源综合利用业	17511	54464		4600	1412668	1289113
金属废料和碎屑加工处理	17168	31396			1164668	1071581
非金属废料和碎屑加工处理	343	23068		4600	248000	217532
金属制品、机械和设备修理业	43007	18383			578708	435391
金属制品修理						
通用设备修理						
专用设备修理		1100			9290	7563
铁路、船舶、航空航天等运输设备修理	43007	17283			564903	424944
电气设备修理						
仪器仪表修理						
其他机械和设备修理业					4515	2884
电力、热力、燃气及水生产和供应业	**184844**	**105098**			**541286**	**404893**
电力、热力生产和供应业	139060	84594			358164	259626
电力生产	126454	76350			290390	204289
电力供应	256	7744			25750	20066
热力生产和供应	12350	500			42024	35271
燃气生产和供应业	8020	4154			77353	62413
燃气生产和供应业	8020	4154			77353	62413
生物质燃气生产和供应业						
水的生产和供应业	37765	16350			105770	82854
自来水生产和供应	6785				43392	37513
污水处理及其再生利用	30980	16350			62377	45342
海水淡化处理						
其他水的处理、利用与分配						

单位：万元

销售费用	管理费用	财务费用			投资收益(损失以"-"号记)	营业利润	利润总额	亏损企业亏损额	平均用工人数(人)
			利息收入	利息支出					
24050	44429	-1723	-1011	2960	15703	108355	120082	380	8895
1527	2687	1095	11	379	1	4645	4697		635
26412	52706	3035	500	3093	42	112854	112205	329	13388
5788	8674	785	29	415		12641	12647	63	2290
140179	377564	14094	-3404	19859	20155	671809	688242	13799	71353
7038	22005	-30	52	71	-3856	15208	16965		2564
28041	53142	200	268	1746	10688	128772	131481	2086	5678
12138	29974	-753	-2159	124	1275	32293	34451	1522	3902
304	679	70		73		447	542		195
5924	13468	978	-126	1047		20637	20295		2710
6934	17359	680	33	247		25954	26585	193	3326
37504	123423	2984	-1191	7949	10862	286610	289174	4227	26019
26114	89318	7435	632	5365	19	144252	150735	1651	21459
16183	28196	2530	-913	3238	1168	17636	18012	4121	5500
43073	80027	7249	130	6519	-404	90991	95226	1258	15255
20329	39913	2682	245	2498	1430	46202	48073	1126	5767
7125	11084	1259	7	901	9	6721	7644		981
7644	14285	1104	5	900	-2065	23993	24656	36	4300
3086	10860	1739	-132	1831	222	6844	7401		3475
4340	2826	463	5	389		7185	7231		440
549	1060	2		1		46	222	95	292
20149	32846	3065	195	2464	113	61775	61800	44	12277
15698	27881	2544	195	2093	94	56617	56523		11037
4451	4965	521		371	19	5158	5277	44	1240
8146	21308	8235	139	8278	-4672	70353	70378	162	6075
3813	13227	7841	79	7758	-4109	51048	51104		3984
4333	8081	394	61	519	-563	19305	19274	162	2091
17561	17688	4571	130	4184		100530	100589		2523
270	766	56				449	449		109
17162	16644	4328	130	4184		99231	99290		2388
129	278	187				850	850		26
5976	**33632**	**31092**	**-45**	**27936**	**7828**	**70301**	**74360**	**6515**	**4469**
3597	22120	28776	-62	26285	7821	49296	53049	6508	3165
3373	17506	27913	-69	25441	7821	43476	47244	6508	2745
	1599	40	1	40		3189	3189		138
224	3015	823	6	804		2631	2616		282
1347	2147	296	-11	249		11002	11067		401
1347	2147	296	-11	249		11002	11067		401
1032	9365	2019	28	1402	7	10003	10244	7	903
86	671	14	29	40		5066	5070		202
946	8695	2005		1363	7	4937	5174	7	701

1-A-6 外商投资和港澳台商投资工业

行业	企业单位数(个)	资产总计	固定资产净额	固定资产原价	累计折旧	流动资产合计
总　计	**3327**	**116496894**	**26830346**	**59126653**	**30459787**	**68077295**
采矿业	**10**	**63866**	**25377**	**47736**	**18850**	**23392**
煤炭开采和洗选业	NA	20901	10868	19126	8258	5247
烟煤和无烟煤开采洗选	NA	20901	10868	19126	8258	5247
褐煤开采洗选						
其他煤炭采选						
石油和天然气开采业						
石油开采						
天然气开采						
黑色金属矿采选业	NA	4113		6157	2920	697
铁矿采选	NA	4113		6157	2920	697
锰矿、铬矿采选						
其他黑色金属矿采选						
有色金属矿采选业	3	4232		469	198	3709
常用有色金属矿采选	3	4232		469	198	3709
贵金属矿采选						
稀有稀土金属矿采选						
非金属矿采选业	5	34621	14509	21984	7475	13739
土砂石开采	NA	23213	12441	17356	4915	4671
化学矿开采	NA	7344	1503	3698	2195	5840
采盐						
石棉及其他非金属矿采选	NA	4064	566	930	364	3228
开采专业及辅助性活动						
煤炭开采和洗选专业及辅助性活动						
石油和天然气开采专业及辅助性活动						
其他开采专业及辅助性活动						
其他采矿业						
其他采矿业						
制造业	**3276**	**112023553**	**25405493**	**54927400**	**27861446**	**66090632**
农副食品加工业	140	3675014	568530	1318840	723671	2619583
谷物磨制	5	129417	30680	61660	30978	87230
饲料加工	22	663219	65886	150016	78965	517570
植物油加工	5	907606	91480	147187	55611	725982
制糖业	NA	29662	19576	30857	10654	5405
屠宰及肉类加工	8	334247	97757	166898	69140	185370
水产品加工	49	1111320	191330	522280	329819	796483
蔬菜、菌类、水果和坚果加工	44	462548	62794	223048	140634	277133
其他农副食品加工	6	36994	9026	16895	7869	24411
食品制造业	106	4065467	447880	931155	439876	2211958
焙烤食品制造	23	2501671	116122	274192	121862	1292008
糖果、巧克力及蜜饯制造	18	375189	91693	149963	55273	233937
方便食品制造	14	357949	94157	205631	111475	199387
乳制品制造	NA	9522	103	4662	1357	8327
罐头食品制造	23	374445	50511	120211	69651	231372
调味品、发酵制品制造	9	181390	19071	55104	36033	107670
其他食品制造	18	265302	76225	121393	44225	139256
酒、饮料和精制茶制造业	50	2438828	712760	1346659	629590	1331383
酒的制造	5	1110350	347311	555631	208121	613978
饮料制造	21	1100672	314091	711455	393324	609994
精制茶加工	24	227806	51359	79573	28146	107411

企业主要经济指标(大、中类行业)

单位：万元

应收账款	存货	产成品	负债合计	流动负债合计	应付账款	所有者权益合计	实收资本	国家资本	集体资本
19019063	**14696304**	**6089246**	**59906306**	**47153318**	**14040013**	**56604373**	**29092449**	**1011050**	**44357**
5007	**6606**	**4330**	**14933**	**14933**	**3915**	**48933**	**45188**		**300**
1690	1125	903	6178	6178	584	14723	18958		
1690	1125	903	6178	6178	584	14723	18958		
152	252	27	2727	2727	1761	1386	1000		
152	252	27	2727	2727	1761	1386	1000		
485	229	82	263	263	60	3969	2062		
485	229	82	263	263	60	3969	2062		
2680	5000	3319	5765	5765	1511	28856	23168		300
264	681	606	2073	2073	291	21140	20763		
688	2902	2091	2987	2987	514	4357	1805		
1729	1417	622	705	705	705	3359	600		300
18808819	**14560542**	**6078820**	**58237496**	**46188178**	**13834734**	**53799842**	**27488066**	**704069**	**42891**
586568	672270	335560	1988354	1849047	342918	1686659	855533	4855	5386
17032	29435	9773	67321	66505	7511	62096	50906	3598	
74146	101448	46208	393967	391581	86240	269252	103691	1216	
50172	117099	50010	630700	558230	44976	276906	70116		
18	1135	185	28698	28698	234	964	8000		
51370	52722	15270	139539	129782	16390	194708	179622		
277109	306078	183678	528482	480579	123214	582838	207612	41	4118
105539	55748	26860	185657	179739	63586	276891	214709		1269
11182	8606	3577	13989	13934	769	23005	20876		
283297	303284	139820	1593521	854577	237179	2471946	632695		4300
70536	63461	19737	909653	228367	66116	1592018	235573		
75643	48831	19805	170659	169503	36082	204530	110744		
32467	31737	8758	179129	175399	37702	178819	93187		
1168	2062	386	2912	2912		6610	6610		
62648	97358	57114	160617	153116	54912	213828	63141		
9385	22043	16739	60717	35349	6036	120672	59293		4200
31450	37793	17281	109834	89932	36332	155469	64146		100
193971	235046	111674	1238161	1156561	412946	1200667	381953		
28995	86830	27117	458297	440093	242990	652053	93323		
122727	122562	75486	698159	643538	153984	402513	237282		
42248	25654	9071	81705	72930	15972	146101	51347		

1-A-6 续表 1

行业	企业单位数（个）	资产总计	固定资产净额	固定资产原价	累计折旧	流动资产合计
烟草制品业						
烟叶复烤						
卷烟制造						
其他烟草制品制造						
纺织业	227	5190858	977771	2505767	1430951	3304057
棉纺织及印染精加工	121	3330251	591371	1674203	1031867	2139774
毛纺织及染整精加工	7	81593	10535	47496	34377	28623
麻纺织及染整精加工	NA	10438	1648	2488	840	6305
丝绢纺织及印染精加工						
化纤织造及印染精加工	15	387910	100748	236199	135451	176967
针织或钩针编织物及其制品制造	32	500530	141861	303208	118168	292767
家用纺织制成品制造	5	160620	15769	25224	9455	133093
产业用纺织制成品制造	46	719516	115840	216951	100793	526529
纺织服装、服饰业	436	6497371	947625	2439986	1218326	4190872
机织服装制造	304	4889198	637440	1565470	761670	3176320
针织或钩针编织服装制造	121	1401929	298300	775835	392332	830086
服饰制造	11	206244	11885	98681	64324	184466
皮革、毛皮、羽毛及其制品和制鞋业	357	8977253	1226823	3039892	1603127	6028339
皮革鞣制加工	17	384844	73960	143541	64855	255063
皮革制品制造	71	909131	234250	480180	192706	452230
毛皮鞣制及制品加工	NA	22056	996	9632	8636	18562
羽毛(绒)加工及制品制造	NA	8848	1626	6605	4978	6885
制鞋业	266	7652373	915990	2399934	1331951	5295600
木材加工和木、竹、藤、棕、草制品业	35	349653	67002	223051	155971	223403
木材加工	4	13205	3082	13945	10863	9348
人造板制造	8	68897	10885	44820	33871	47833
木质制品制造	11	209863	40667	84370	43703	129702
竹、藤、棕、草等制品制造	12	57688	12368	79916	67534	36520
家具制造业	60	806130	129124	272328	138459	568742
木质家具制造	30	325800	57710	132166	72920	232179
竹、藤家具制造	NA	6019	2496	5053	2557	3523
金属家具制造	18	324352	28646	67394	35539	247528
塑料家具制造	NA	52821	14836	32076	17240	36271
其他家具制造	9	97137	25437	35639	10202	49241
造纸和纸制品业	89	4237864	972260	2153377	1177089	2517141
纸浆制造						
造纸	22	1850582	560867	1364272	799920	957967
纸制品制造	67	2387282	411393	789104	377169	1559174
印刷和记录媒介复制业	28	369753	92505	219401	126461	167223
印刷	28	369753	92505	219401	126461	167223
装订及印刷相关服务						
记录媒介复制						
文教、工美、体育和娱乐用品制造业	235	2655822	504892	1350686	646235	1470915
文教办公用品制造	9	58737	8154	27310	19155	46533
乐器制造	5	29535	6492	18317	11825	21038
工艺美术及礼仪用品制造	137	1195064	269157	649957	264665	526539
体育用品制造	54	747635	146160	337363	185730	537087
玩具制造	25	466428	68327	159808	91066	271004
游艺器材及娱乐用品制造	5	158423	6602	157931	73794	68715
石油、煤炭及其他燃料加工业	7	5352244	2282591	5600634	3318044	2447487
精炼石油产品制造	6	5332138	2276033	5593896	3317863	2439248

单位：万元

应收账款	存货	产成品	负债合计	流动负债合计	应付账款	所有者权益合计	实收资本	国家资本	集体资本
729598	796734	385198	2530945	2351234	388729	2659912	1388002		878
418412	510283	257820	1497537	1404667	223980	1832713	903106		
7302	9398	5075	29148	27126	2480	52446	23361		
1657	1145	702	1199	1199	307	9239	2100		
24200	77267	46483	213557	193211	41310	174353	142943		
95109	66707	33273	248566	219618	33054	251964	139301		
80368	18970	9986	79002	78353	39783	81618	22530		
102551	112964	31859	461937	427060	47814	257580	154662		878
1242374	968261	550692	2579718	2355248	633556	3917652	1055139	5227	678
907427	763229	434722	1939693	1762924	462062	2949504	704707	4827	638
276847	159381	85823	552137	509595	120262	849792	289916	400	40
58100	45651	30147	87888	82729	51232	118356	60517		
1587768	1028624	457981	4242973	3831946	757458	4734279	1547527		11708
67828	106192	31082	233527	211447	70096	151317	71919		
92041	78951	15748	520619	488672	139163	388512	57786		
4079	1341	923	15347	15160	399	6709	2755		
47	569	569	1681	1681	1681	7167	5508		
1423772	841572	409660	3471800	3114986	546120	4180573	1409558		11708
31588	144713	89733	130509	123806	30725	219144	110419		
874	6258	1708	9245	9245	1210	3960	2636		
9434	23434	12920	43806	39420	3180	25091	18425		
11329	96101	66466	50992	50909	13923	158871	71884		
9951	18920	8638	26466	24232	12411	31222	17475		
119643	100633	39989	417476	409861	98603	388655	205865		
71517	49036	21736	175805	173691	39576	149995	89899		
327	375	368	3627	3627		2392	533		
23808	18546	9088	189127	184583	25281	135226	44265		
10972	18390	5663	19286	19286	16684	33535	18544		
13019	14287	3135	29630	28673	17062	67507	52623		
660460	291245	122121	2459184	2206037	623925	1778680	738029		5049
244961	102490	40410	948193	790462	98680	902389	292586		
415498	188755	81711	1510991	1415575	525245	876291	445443		5049
50667	26607	11163	153249	127822	30917	216503	87343	2051	1183
50667	26607	11163	153249	127822	30917	216503	87343	2051	1183
525677	398912	132965	1080998	992448	329148	1574823	631962	3750	
14720	15304	8256	19656	14892	6096	39081	25315		
2887	14793	2435	8267	6216	2827	21269	20745	3750	
135775	130910	51399	462696	412384	101952	732367	232117		
238331	122994	35989	296724	279145	130294	450910	212207		
124689	72910	33937	229544	228945	68289	236885	103710		
9275	42001	950	64111	50867	19691	94313	37868		
87626	772635	116564	2762717	916627	330612	2589527	2167201	633	
83176	772394	116472	2753531	907441	325369	2578607	2157201	633	

1-A-6 续表 2

行业	企业单位数（个）	资产总计	固定资产净额	固定资产原价	累计折旧	流动资产合计
煤炭加工	NA	20107	6557	6738	181	8238
核燃料加工						
生物质燃料加工						
化学原料和化学制品制造业	111	7232731	1745046	2679436	916653	2479494
基础化学原料制造	19	3865238	637324	900587	263263	796651
肥料制造	5	401459	203311	303359	100048	131675
农药制造	NA	41445	880	922	42	40566
涂料、油墨、颜料及类似产品制造	20	243474	22856	65919	31791	168680
合成材料制造	19	1722370	693163	987733	290570	682106
专用化学产品制造	27	605902	119566	262100	140070	436924
炸药、火工及焰火产品制造						
日用化学产品制造	20	352843	67947	158817	90869	222894
医药制造业	28	971834	184522	393039	202541	593213
化学药品原料药制造	NA	91835	23197	55058	31611	59501
化学药品制剂制造	6	182413	28362	55661	27298	118830
中药饮片加工	NA	11806	2043	5668	3626	4760
中成药生产	7	164470	43535	86738	43203	108870
兽用药品制造	NA	141058	37759	87698	49750	63480
生物药品制品制造	7	360724	43439	83192	34216	225780
卫生材料及医药用品制造	NA	16663	5270	17767	12497	10895
药用辅料及包装材料	NA	2866	917	1259	341	1097
化学纤维制造业	32	3602317	1168562	2704854	1535144	1678960
纤维素纤维原料及纤维制造	7	464764	220831	354918	134087	174944
合成纤维制造	24	3132518	947726	2349790	1400920	1499128
生物基材料制造	NA	5034	5	146	137	4888
橡胶和塑料制品业	184	5816573	1792626	3820483	1904297	2948403
橡胶制品业	28	2121547	917349	1972650	1055024	630199
塑料制品业	156	3695026	875278	1847833	849273	2318204
非金属矿物制品业	151	4711011	1233371	2312735	1042181	2108339
水泥、石灰和石膏制造	10	489505	310010	502266	189610	88112
石膏、水泥制品及类似制品制造	22	366701	40807	121163	77557	288087
砖瓦、石材等建筑材料制造	63	996343	124246	297599	148449	595218
玻璃制造	7	757562	231408	578723	341234	326565
玻璃制品制造	5	37366	9564	26566	17002	24520
玻璃纤维和玻璃纤维增强塑料制品制造						
陶瓷制品制造	33	1862130	497679	734635	236201	657809
耐火材料制品制造	4	75864	14088	24465	10377	34484
石墨及其他非金属矿物制品制造	7	125539	5569	27319	21750	93545
黑色金属冶炼和压延加工业	17	2543121	1066161	1844260	778099	1218326
炼铁						
炼钢	NA	219736	63847	184424	120577	148446
钢压延加工	15	2285877	998041	1650563	652522	1059707
铁合金冶炼	NA	37509	4274	9274	5000	10173
有色金属冶炼和压延加工业	25	1720561	722355	1251568	524601	852827
常用有色金属冶炼	NA	213619	155957	172256	16299	33942
贵金属冶炼						
稀有稀土金属冶炼	NA	372097	130162	253794	123621	208571
有色金属合金制造	9	287819	39930	103308	63374	225639
有色金属压延加工	13	847026	396306	722211	321308	384674
金属制品业	124	3520315	727152	1490044	735079	2323727
结构性金属制品制造	25	480966	79312	167803	84023	346652

单位：万元

应收账款	存货	产成品	负债合计	流动负债合计	应付账款	所有者权益合计	实收资本	国家资本	集体资本
4449	241	91	9186	9186	5243	10921	10000		
691316	630799	201253	5591620	2305863	617522	1641111	1913583	750	467
46305	282786	68522	3557260	1129313	345514	307978	888030		
20825	43929	22986	280603	267456	42637	120856	98302	750	
	34988	4282	4150	4150		37296	2800		
95695	19670	10044	82270	81026	12128	161204	57614		467
251529	125426	55194	1310956	515804	122978	411414	466611		
229160	80592	26815	133499	126544	53908	472403	320395		
47801	43408	13410	222883	181570	40358	129961	79829		
187042	114587	40387	334573	320976	35394	637261	243765	5746	
9747	8888	7587	37989	37645	4391	53846	28810		
33181	9058	3690	122460	122360	5935	59954	36317		
1384	2620	571	1278	1278	219	10528	2600		
22086	55447	17467	36621	32009	6219	127849	38921		
11042	9238	3451	14363	9900	4142	126694	30989	5746	
103806	24633	7538	116344	112266	11905	244379	105327		
5193	4507		3615	3615	2584	13049	662		
603	196	82	1903	1903		963	138		
221313	442063	238935	2324122	2020431	299555	1278195	1048881	2400	
30393	66069	12491	281184	179809	57231	183581	116331		
189453	374825	225725	2039235	1836919	240439	1093283	931782	2400	
1467	1169	720	3703	3703	1885	1331	768		
557564	663054	262753	2746156	2152726	441195	3070417	1502905	359	443
213257	194120	84420	776387	370936	115128	1345160	511332		
344306	468935	178333	1969769	1781790	326066	1725257	991573	359	443
647182	588419	338163	1984120	1830981	399542	2726890	1404386	20757	1717
1393	28530	5478	248997	221249	47682	240509	203170	16610	
91723	19123	5337	218193	209960	66976	148508	69922	4147	100
159830	200910	97184	416930	392974	60723	579413	260007		800
170162	40992	22934	256126	245508	92093	501436	518393		817
7592	8591	1713	10613	10550	7572	26753	9690		
201702	266106	190206	791278	725051	115888	1070853	317241		
8773	13887	8785	16709	16052	4430	59156	18392		
6007	10280	6526	25275	9637	4178	100264	7571		
58443	389482	157813	1572638	1433103	117886	970483	1175397		
2456	25621	4025	169050	169050	49330	50686	26172		
55855	363466	153715	1400436	1260901	68455	885441	1144989		
133	396	73	3152	3152	101	34357	4235		
231540	392289	171324	938817	751759	167904	781744	427857	53612	990
4714	10133	6226	102461	51115	28229	111159	62285		
57970	102185	62214	151892	149323	20488	220205	68700	36600	
48633	102010	37323	155336	153861	12254	132483	50350	2382	990
120223	177961	65561	529129	397460	106933	317898	246523	14630	
611825	561337	177394	1585762	1485406	477163	1934552	956641	2041	
111101	123725	24060	234653	212125	75888	246313	140539		

1-A-6 续表 3

行业	企业单位数（个）	资产总计	固定资产净额	固定资产原价	累计折旧	流动资产合计
金属工具制造	7	62800	7127	51566	27654	52327
集装箱及金属包装容器制造	14	707693	140867	258205	117037	347748
金属丝绳及其制品制造	6	32558	9171	14889	5697	20230
建筑、安全用金属制品制造	24	1341977	215321	415536	196374	1022142
金属表面处理及热处理加工	9	369250	140004	329781	189678	195575
搪瓷制品制造						
金属制日用品制造	16	108778	25258	72068	44566	64022
铸造及其他金属制品制造	23	416293	110091	180196	70050	275032
通用设备制造业	106	2556770	536040	1302366	760116	1771380
锅炉及原动设备制造	NA	23488	6692	12066	5375	8925
金属加工机械制造	14	160065	29104	72630	40811	113563
物料搬运设备制造	8	422559	113775	285238	171309	283731
泵、阀门、压缩机及类似机械制造	20	624616	160313	285972	125110	389919
轴承、齿轮和传动部件制造	16	275446	35489	92017	56528	217163
烘炉、风机、包装等设备制造	8	112991	18686	62238	43528	88639
文化、办公用机械制造	18	764176	123718	379959	256241	555589
通用零部件制造	17	148369	46800	108096	58645	91970
其他通用设备制造业	3	25061	1464	4149	2570	21881
专用设备制造业	120	2145910	348813	770543	417472	1530569
采矿、冶金、建筑专用设备制造	13	745971	114324	238479	123716	567769
化工、木材、非金属加工专用设备制造	20	186543	38088	96684	57932	125682
食品、饮料、烟草及饲料生产专用设备制造	NA	23659	13810	24990	11179	9274
印刷、制药、日化及日用品生产专用设备制造	8	89588	13007	39888	26013	44454
纺织、服装和皮革加工专用设备制造	23	161108	39032	85961	45891	105202
电子和电工机械专用设备制造	7	195982	20543	30734	10190	163207
农、林、牧、渔专用机械制造	4	40290	7689	42477	34788	22392
医疗仪器设备及器械制造	32	464770	81115	179039	96796	347741
环保、邮政、社会公共服务及其他专用设备制造	11	237999	21205	32291	10967	144849
汽车制造业	140	6557614	1275157	2922797	1514430	4431882
汽车整车制造	7	3240451	421557	992972	511373	2381278
汽车用发动机制造	NA	3470	1225	2866	1641	1823
改装汽车制造						
低速汽车制造						
电车制造						
汽车车身、挂车制造						
汽车零部件及配件制造	132	3313693	852375	1926959	1001417	2048782
铁路、船舶、航空航天和其他运输设备制造业	24	374958	71539	176871	101834	280398
铁路运输设备制造	NA	102657	19325	23531	4206	82998
城市轨道交通设备制造						
船舶及相关装置制造	3	33055	12147	28914	16767	11508
航空、航天器及设备制造						
摩托车制造	13	198310	31536	97755	65044	159861
自行车和残疾人座车制造	7	40935	8531	26671	15817	26031
助动车制造						
非公路休闲车及零配件制造						
潜水救捞及其他未列明运输设备制造						
电气机械和器材制造业	140	7429869	1379110	2704401	1256447	5184486
电机制造	18	510065	73585	222262	148626	314654
输配电及控制设备制造	35	1575568	103807	275893	158533	1227315
电线、电缆、光缆及电工器材制造	19	434392	62120	123797	61677	268139
电池制造	16	3605307	943754	1506594	554010	2403305

单位：万元

应收账款	存货	产成品	负债合计	流动负债合计	应付账款	所有者权益合计	实收资本	国家资本	集体资本
14840	9906	1874	22910	18912	8261	39890	15202		
108793	67758	26388	334055	317183	57989	373638	248516	2041	
6974	8853	5038	14867	13502	2113	17691	13821		
200335	198271	43161	560884	519902	194682	781093	233670		
47276	46024	22055	184141	177211	42314	185109	177321		
14278	30165	4444	43638	40328	8051	65140	61052		
108228	76634	50375	190615	186243	87866	225678	66520		
497940	552497	202996	1076013	890717	375971	1494552	726189	5155	2117
5658	2644	555	12969	12969	8967	10519	7461		
23398	29578	7537	45980	45080	10273	114085	71333		
104648	100799	12216	197191	190933	105080	225368	135538	1955	
92107	161015	86018	274632	122485	52140	363778	158761		
53573	27804	14577	104248	104162	42642	171198	58921		
29157	18405	5535	37131	35351	16934	75860	31973		
153938	173672	63025	347890	326628	127862	416286	196325	3200	
31911	33149	12277	41093	39862	10941	107276	60872		
3549	5431	1257	14878	13247	1133	10183	5006		2117
450832	314838	124645	890993	833929	240750	1254917	509965		887
168340	114592	53328	365252	345121	62410	380719	131843		
52416	25383	7657	72708	69843	25826	113835	45095		387
2072	394	8	9628	5836	2694	14031	2411		
13985	14631	4047	42127	34127	15645	47461	25347		
40121	26299	8394	73835	62416	21769	87273	41509		
33817	10099	4552	100528	98617	23095	95453	46487		
4046	5070	2707	16801	15270	5469	23489	15034		
100984	88345	31423	122351	115419	60929	342419	151460		
35052	30024	12529	87761	87280	22914	150238	50779		500
1791895	873240	393326	3921399	3318900	1182549	2636214	1308273	313904	
1104177	357187	167457	2370664	2023334	680721	869786	603116	307369	
19	834	49	4618	4618	1384	-1148	6000		
687699	515220	225819	1546116	1290948	500444	1767576	699157	6535	
72851	63082	35301	162018	140026	69211	212940	129575	4092	
32056	19562	14026	51470	39561	30256	51188	20000		
35	9666	5124	24205	20087	490	8850	24320		
29129	26612	13768	67016	66245	29369	131294	74640	4092	
11631	7242	2383	19328	14132	9096	21608	10615		
1956700	1060994	392951	3917740	3739373	1199193	3512128	1213897	44759	
108069	75637	28603	235009	182326	72894	275056	112877		
606737	147620	47452	912850	855935	280568	662717	261969	7500	
112902	61565	36164	203455	183215	54896	230937	150712	668	
812092	568787	202453	1967687	1944194	527955	1637620	275062	7409	

1-A-6 续表 4

行业	企业单位数（个）	资产总计	固定资产净额	固定资产原价	累计折旧	流动资产合计
家用电力器具制造	9	512658	49034	156026	104392	413570
非电力家用器具制造	NA	146471	18501	43821	25320	94316
照明器具制造	38	616861	121239	365928	200880	444270
其他电气机械及器材制造	3	28548	7070	10080	3010	18918
计算机、通信和其他电子设备制造业	179	15524817	3665478	8065655	4060318	10087063
计算机制造	16	4259813	167223	435257	263607	3774899
通信设备制造	14	442964	16199	54839	37460	385004
广播电视设备制造	6	172073	53327	692525	635701	92640
雷达及配套设备制造						
非专业视听设备制造	12	1482796	132055	350230	189993	1268530
智能消费设备制造	NA	168529	17146	32508	15362	135435
电子器件制造	65	7847553	2960463	5678855	2430186	3758864
电子元件及电子专用材料制造	58	1115634	310668	770006	444969	646914
其他电子设备制造	6	35456	8396	51435	43039	24777
仪器仪表制造业	36	505646	74988	173985	94540	314820
通用仪器仪表制造	13	91276	10640	28648	17114	75162
专用仪器仪表制造	3	99351	11966	31514	19549	83887
钟表与计时仪器制造	12	220897	30340	66310	32709	107748
光学仪器制造	4	44922	5428	17818	12390	20030
衡器制造	NA	230	77	104	27	153
其他仪器仪表制造业	3	48970	16538	29590	12752	27840
其他制造业	77	1229696	141840	287716	133570	743940
日用杂品制造	72	1205859	128759	269008	128329	733653
核辐射加工						
其他未列明制造业	5	23837	13080	18708	5241	10287
废弃资源综合利用业	NA	36839	3780	6888	3108	27730
金属废料和碎屑加工处理	NA	30610	1578	4060	2482	23704
非金属废料和碎屑加工处理	NA	6229	2202	2828	626	4027
金属制品、机械和设备修理业	10	926715	339193	617983	273219	433972
金属制品修理						
通用设备修理						
专用设备修理						
铁路、船舶、航空航天等运输设备修理	10	926715	339193	617983	273219	433972
电气设备修理						
仪器仪表修理						
其他机械和设备修理业						
电力、热力、燃气及水生产和供应业	**41**	**4409475**	**1399476**	**4151517**	**2579491**	**1963271**
电力、热力生产和供应业	21	3521274	1017609	3432513	2247315	1643540
电力生产	19	3509121	1010329	3419536	2241618	1640217
电力供应	NA	3283	2062	5668	3607	1134
热力生产和供应	NA	8870	5219	7309	2090	2188
燃气生产和供应业	9	598759	206795	354490	143268	241892
燃气生产和供应业	9	598759	206795	354490	143268	241892
生物质燃气生产和供应业						
水的生产和供应业	11	289442	175072	364514	188908	77839
自来水生产和供应	7	140463	86166	164788	78510	31571
污水处理及其再生利用	4	148979	88906	199726	110398	46269
海水淡化处理						
其他水的处理、利用与分配						

单位：万元

应收账款	存货	产成品	负债合计	流动负债合计	应付账款	所有者权益合计	实收资本	国家资本	集体资本
145284	78690	27881	217425	217403	149443	295233	160098		
4440	28093	12181	111999	108580	18519	34472	52076		
163849	96190	37011	263476	241881	90679	353385	192564	29183	
3327	4412	1207	5839	5839	4239	22708	8541		
4358428	1844699	736385	9135410	7100815	3775390	6389406	4173283	233664	150
1849789	756669	202742	3099188	2841556	1961613	1160625	202643	15093	
82025	68680	46010	230848	157082	20812	212116	169042		
62802	13470	4916	79514	71307	37324	92559	38573		
790198	259403	171122	1126790	939088	464285	356006	141030		
66111	37149	27613	77599	76887	48898	90930	33010		
1263674	561046	230930	4086654	2607497	1077073	3760899	3170776	218371	150
237482	141667	50916	422650	397047	159233	692983	406462	100	
6347	6614	2137	12167	10350	6153	23289	11749	100	
71718	73501	25588	134550	131971	40228	371096	188085		
19532	15885	4450	31095	30877	16519	60181	27541		
14866	18176	5672	16469	16469	5017	82882	38578		
24276	26163	9845	59677	57617	13368	161220	93205		
6791	4369	1546	17886	17886	2795	27036	15827		
59	17		63	63	36	167	167		
6194	8892	4076	9360	9060	2492	39610	12768		
183512	183635	78823	396487	297941	53649	833209	484500	313	6937
181296	180448	76622	389400	290854	52559	816459	482097	313	6937
2216	3187	2201	7087	7087	1090	16749	2404		
721	11164	5930	23956	23956	8131	12883	13537		
34	7980	5930	22604	22604	8131	8006	9885		
687	3184		1352	1352		4877	3651		
118764	61901	1394	323318	234093	116789	603397	265683		
118764	61901	1394	323318	234093	116789	603397	265683		
205238	**129156**	**6096**	**1653877**	**950206**	**201364**	**2755598**	**1559194**	**306981**	**1166**
133419	82501	32	1214416	556448	111134	2306857	1235381	235453	
132089	82400	32	1209581	551770	110579	2299540	1232760	235453	
531	69		353	293	98	2930	800		
799	32		4482	4385	457	4387	1821		
61470	41933	6054	308977	286283	71705	289782	176388	59909	750
61470	41933	6054	308977	286283	71705	289782	176388	59909	750
10349	4722	11	130483	107476	18525	158959	147425	11620	416
6918	3869		84557	69606	5476	55906	73299	11620	416
3431	853	11	45926	37869	13049	103053	74127		

1-A-6 续表 5

行业					营业收入	营业成本
	法人资本	个人资本	港澳台资本	外商资本		
总　计	**6569427**	**1170606**	**10662631**	**9634377**	**159898886**	**134254366**
采矿业	**1232**	**8062**	**26594**	**9000**	**161005**	**126332**
煤炭开采和洗选业			18958		13818	9408
烟煤和无烟煤开采洗选			18958		13818	9408
褐煤开采洗选						
其他煤炭采选						
石油和天然气开采业						
石油开采						
天然气开采						
黑色金属矿采选业			1000		6047	5212
铁矿采选			1000		6047	5212
锰矿、铬矿采选						
其他黑色金属矿采选						
有色金属矿采选业		2062			24611	17985
常用有色金属矿采选		2062			24611	17985
贵金属矿采选						
稀有稀土金属矿采选						
非金属矿采选业	1232	6000	6636	9000	116529	93728
土砂石开采		6000	5763	9000	15015	12667
化学矿开采	932		873		6799	4509
采盐						
石棉及其他非金属矿采选	300				94716	76552
开采专业及辅助性活动						
煤炭开采和洗选专业及辅助性活动						
石油和天然气开采专业及辅助性活动						
其他开采专业及辅助性活动						
其他采矿业						
其他采矿业						
制造业	**6469417**	**1157367**	**9786674**	**9327648**	**157664441**	**132382657**
农副食品加工业	192897	34475	298735	319184	6357531	5534617
谷物磨制	3500		14713	29095	345019	324867
饲料加工	36689	25167	12040	28579	1440643	1229503
植物油加工	9716		26127	34273	860508	791159
制糖业			2640	5360	45052	43046
屠宰及肉类加工	57620		89159	32843	386656	315600
水产品加工	62104	3475	99685	38189	2421485	2075563
蔬菜、菌类、水果和坚果加工	23269	3833	50769	135570	787593	692548
其他农副食品加工		2000	3602	15275	70576	62332
食品制造业	92913	51458	319528	164497	5304281	4282128
焙烤食品制造	32942	26657	165473	10502	1677800	1331252
糖果、巧克力及蜜饯制造	13000	12490	57916	27339	918032	727604
方便食品制造	13567	1800	40606	37214	879414	755451
乳制品制造	6610				28486	18871
罐头食品制造	12987	1207	23159	25789	1046995	894541
调味品、发酵制品制造	1008	6099	16003	31983	228746	176116
其他食品制造	12799	3205	16372	31670	524807	378293
酒、饮料和精制茶制造业	61831	9968	90578	219576	2819297	2034211
酒的制造	27453			65870	676462	391848
饮料制造	32112	3200	52944	149026	1762835	1338225
精制茶加工	2266	6768	37634	4680	380000	304138

单位：万元

销售费用	管理费用	财务费用			投资收益（损失以"–"号记）	营业利润	利润总额	亏损企业亏损额	平均用工人数（人）
			利息收入	利息支出					
4733961	**6530488**	**923884**	**186895**	**1053371**	**803182**	**12736415**	**12974920**	**597451**	**1462161**
9686	**8091**	**142**	**18**	**136**		**11254**	**11356**		**1896**
1512	2529	31	-2	31		-40	46		580
1512	2529	31	-2	31		-40	46		580
299	485	2		2		19	19		45
299	485	2		2		19	19		45
3312	84	10				3102	3102		269
3312	84	10				3102	3102		269
4564	4993	99	20	103		8174	8189		1002
222	1178	1	1	1		724	714		104
1201	497	84	19	100		462	487		126
3141	3319	15		1		6988	6988		772
4677187	**6467084**	**926780**	**144613**	**1015866**	**786545**	**12476386**	**12712647**	**568798**	**1453014**
94673	209070	41346	23071	49995	12970	480032	482552	5042	35401
6528	6148	1035	435	1383	4	6260	6286	780	641
18858	97962	4179	12011	15355	12345	100414	101245	212	4864
10249	7810	978	10257	6290	-768	48419	48551	2309	2423
379	1308	1816	2	1924	4014	1679	1762		129
15490	15279	6171	133	4869		33191	33612		4092
28461	56108	20314	103	14400	-2626	240796	242195	1101	14499
13663	21769	6539	135	5727		45518	45256	639	7978
1044	2685	314	-5	48		3756	3645		775
313676	228447	-4108	-28029	28133	297023	757722	764142	2225	42050
132208	84037	-23020	-28890	5809	312859	458152	462809	99	18104
70389	47767	8091	536	10843	2	58407	58406	414	7722
51284	21086	963	509	2245		46328	46689	1453	4904
2806	1681	2		2	-2000	3123	3123		58
17453	27082	6265	205	5807	-14792	84771	85214		6776
13522	15704	922	-507	1269	800	22089	22063	45	1943
26014	31091	2670	119	2158	155	84852	85839	214	2543
331885	131453	-3305	-2765	16057	5853	276462	291580	10178	27249
58832	48273	-8388	-10985	2885		141184	163331	3389	4057
257465	64134	3423	8069	11870	5853	96737	89617	6347	19417
15588	19046	1659	151	1303		38541	38633	443	3775

1-A-6 续表 6

行业	法人资本	个人资本	港澳台资本	外商资本	营业收入	营业成本
烟草制品业						
烟叶复烤						
卷烟制造						
其他烟草制品制造						
纺织业	151253	77337	890849	267685	7523285	6544897
棉纺织及印染精加工	110562	54144	558186	180213	4737985	4136636
毛纺织及染整精加工		3000	20361		173839	144051
麻纺织及染整精加工				2100	20076	17904
丝绢纺织及印染精加工						
化纤织造及印染精加工	18091		117012	7841	447628	393001
针织或钩针编织物及其制品制造	13842	15635	78109	31714	935769	790664
家用纺织制成品制造	783		795	20953	277121	240654
产业用纺织制成品制造	7975	4557	116386	24865	930869	821986
纺织服装、服饰业	97676	134720	689340	127499	10444608	8557798
机织服装制造	81041	116051	437509	64641	7050711	5749902
针织或钩针编织服装制造	14287	18460	199331	57399	3073740	2525136
服饰制造	2348	210	52499	5459	320157	282760
皮革、毛皮、羽毛及其制品和制鞋业	268887	42379	865195	359357	18820325	15186458
皮革鞣制加工		3012	43619	25288	496719	433037
皮革制品制造	15730	1987	31701	8367	2977040	2578459
毛皮鞣制及制品加工	806		872	1077	22070	17209
羽毛(绒)加工及制品制造			5508		4162	4255
制鞋业	252351	37379	783495	324625	15320334	12153498
木材加工和木、竹、藤、棕、草制品业	22904	7425	13298	66793	658535	572190
木材加工	700	1368	268	300	46431	41505
人造板制造	11740	480	6205		167774	143453
木质制品制造	3352	2605	428	65498	245199	207512
竹、藤、棕、草等制品制造	7112	2972	6396	995	199132	179719
家具制造业	14940	21226	106137	63562	1410051	1216276
木质家具制造	4961	19591	45777	19571	747265	649942
竹、藤家具制造			533		20053	14970
金属家具制造	617	1635	33904	8110	415595	353340
塑料家具制造			18544		118909	108699
其他家具制造	9363		7380	35881	108229	89326
造纸和纸制品业	99799	93721	413484	125977	3885099	3290941
纸浆制造						
造纸	66651	25368	170688	29880	1445561	1256173
纸制品制造	33149	68353	242797	96097	2439538	2034768
印刷和记录媒介复制业	24644	6435	20067	32963	463897	393074
印刷	24644	6435	20067	32963	463897	393074
装订及印刷相关服务						
记录媒介复制						
文教、工美、体育和娱乐用品制造业	75471	52296	304966	195480	5813810	4909865
文教办公用品制造	3023		12151	10141	128113	100044
乐器制造	1238		3028	12730	28382	24967
工艺美术及礼仪用品制造	53663	28659	113870	35925	3875656	3312958
体育用品制造	13253	8885	123735	66334	984754	815994
玩具制造	4205	8167	52081	39257	697886	571980
游艺器材及娱乐用品制造	89	6586	100	31093	99019	83924
石油、煤炭及其他燃料加工业	1070555		2200	1093813	8027731	5866571
精炼石油产品制造	1070555		2200	1083813	8005522	5845523

单位：万元

销售费用	管理费用	财务费用			投资收益（损失以“－”号记）	营业利润	利润总额	亏损企业亏损额	平均用工人数（人）
			利息收入	利息支出					
116490	242869	70594	6313	58735	4521	516860	526223	7526	70915
67599	153594	51411	5517	41337	2767	311657	319987	3620	43063
2920	7483	1888	56	1519		15074	15155	43	2375
284	491	27	3	30		1076	1076		160
5129	12018	6072	158	5833		27327	27298	715	4539
13903	27463	8833	191	5848	-14	90755	90738	1165	7508
5740	5090	-2204	198	270	1589	28495	28645		1547
20915	36730	4567	191	3899	179	42477	43325	1982	11723
515160	388613	42302	5629	33751	29944	898683	899808	4048	178447
352128	254914	33437	3392	26611	29048	634637	638101	3546	118759
153682	127452	7557	2184	5688	701	244053	241758	503	56438
9351	6247	1308	53	1451	196	19993	19949		3250
798050	878257	125862	1134	115370	226200	1950675	1993319	54481	264615
6504	13525	5006	394	3937		36082	35818	2136	6671
49954	134142	42633	1373	38050	7	154207	158229	1404	35955
995	1595	406		371		1773	1773		477
12	179	-297	297			5	43		8
740586	728816	78114	-929	73012	226192	1758608	1797455	50941	221504
16700	22552	7541	64	4829	29	36924	37784	1762	8065
642	1321	676	1	677		1986	1986		479
3735	5266	863	37	897		14205	14524		2317
9254	11060	4991	27	2692		10948	10937	1589	3836
3069	4904	1012	-1	563	28	9785	10337	173	1433
40617	50022	4775	635	5340	139	93114	93534	2637	21968
15512	21847	3020	51	3949	9	55567	55437	1001	11000
1324	2717	721		721		139	139		182
17441	16570	887	564	565	130	25865	25953	170	7457
2664	1652	184	7			5092	5545		952
3676	7235	-36	13	106		6451	6460	1466	2377
127963	135754	27705	-6853	28935	14315	299274	309088	8966	29058
17035	38931	17849	-1370	14420		115743	117883		8544
110929	96824	9856	-5483	14515	14315	183531	191206	8966	20514
10872	25634	3318	549	2432	3150	31051	31602	2617	7712
10872	25634	3318	549	2432	3150	31051	31602	2617	7712
136631	241148	25241	-157	17652	2610	468298	471863	8404	87919
7745	9798	732	21	334		8685	8704		2376
838	2975	133	10	51	13	-861	-734	849	1624
85795	120322	16541	-374	9059	2369	320109	320819	5205	46487
20845	56839	1122	68	3214	228	84314	86576	2351	20697
20364	42584	5366	88	3479		52891	53255		15071
1044	8630	1348	31	1515		3160	3243		1664
37627	176618	52971	22785	73940	1	914587	909327	657	2651
37565	175800	52972	22782	73938	1	914316	909018	657	2575

1-A-6 续表 7

行业	法人资本	个人资本	港澳台资本	外商资本	营业收入	营业成本
煤炭加工				10000	22209	21048
核燃料加工						
生物质燃料加工						
化学原料和化学制品制造业	1086466	37610	401498	386791	4751575	4136418
基础化学原料制造	596794	24781	80831	185625	548593	437824
肥料制造	82361	2722	8734	3736	316435	270091
农药制造		2800			25519	22533
涂料、油墨、颜料及类似产品制造	10696	2926	25903	17622	518803	400554
合成材料制造	330029	525	40161	95896	1998867	1876268
专用化学产品制造	36771	3500	225659	54466	808607	691899
炸药、火工及焰火产品制造						
日用化学产品制造	29816	355	20211	29447	534751	437249
医药制造业	75265	10199	99070	53485	746210	434871
化学药品原料药制造	28455	205	100	50	56504	32112
化学药品制剂制造	415	866	11301	23735	138388	97635
中药饮片加工	600	2000			73191	53999
中成药生产	17071	3000	6186	12664	173914	98826
兽用药品制造	5616	3000	3384	13243	68186	47665
生物药品制品制造	23108	990	78099	3130	194963	68914
卫生材料及医药用品制造				662	29624	25948
药用辅料及包装材料		138			11440	9771
化学纤维制造业	112983	14500	854640	64358	5019411	4456321
纤维素纤维原料及纤维制造			116331		485106	428511
合成纤维制造	112983	14500	737541	64358	4523683	4017749
生物基材料制造			768		10622	10061
橡胶和塑料制品业	447042	73224	497521	484315	6375423	5483491
橡胶制品业	200069	3511	55730	252022	1555851	1258873
塑料制品业	246973	69713	441791	232293	4819572	4224618
非金属矿物制品业	478847	103886	347881	451298	4656761	3748036
水泥、石灰和石膏制造	1664	499	113402	70995	465057	349387
石膏、水泥制品及类似制品制造	8945	26375	26494	3861	561650	477764
砖瓦、石材等建筑材料制造	49162	23036	90078	96931	1631898	1357712
玻璃制造	300873		44960	171743	354241	265372
玻璃制品制造		80	3322	6288	124955	100629
玻璃纤维和玻璃纤维增强塑料制品制造						
陶瓷制品制造	107700	50031	62413	97097	1333618	1054505
耐火材料制品制造	9706	3865	1059	3762	93117	68423
石墨及其他非金属矿物制品制造	797		6153	621	92224	74245
黑色金属冶炼和压延加工业	70118	55810	57010	992459	3769013	3302438
炼铁						
炼钢		26172			630932	559470
钢压延加工	70118	29638	52775	992459	2831177	2499385
铁合金冶炼			4235		306904	243584
有色金属冶炼和压延加工业	65208	20149	199320	88577	2155145	1876266
常用有色金属冶炼			62285		157415	141585
贵金属冶炼						
稀有稀土金属冶炼				32100	403590	317719
有色金属合金制造		2609	10124	34245	332979	288857
有色金属压延加工	65208	17541	126912	22232	1261161	1128105
金属制品业	116925	35931	351309	450435	4053693	3499126
结构性金属制品制造	43690	2925	45444	48480	647412	566131

单位：万元

销售费用	管理费用	财务费用			投资收益(损失以“-”号记)	营业利润	利润总额	亏损企业亏损额	平均用工人数(人)
			利息收入	利息支出					
62	818	-1	3	2		271	309		76
93529	142511	40127	-170	40936	1403	304364	342013	5574	18387
9747	31835	3841	632	8490	-710	60703	61095	297	3464
12775	10269	7971	1184	9074	-282	14606	13966		1380
303	121					2551	2551		392
12978	33474	1024	88	1260	48	69112	68975	73	2006
12461	18279	19266	-2329	16410	1219	49899	86871	1861	2822
21359	23037	3102	147	2096	684	66479	68658	792	2527
23906	25496	4923	107	3606	444	41015	39898	2552	5796
96353	81578	884	-38	3886	571	126669	130098	2685	10548
1453	7180	-2241		-284	-2261	15315	15354		722
10673	11803	340	19	239	305	16479	16669	1336	1679
5539	4464	673		673		8491	8491		1498
30557	15570	908	60	589	-11	21986	22659	1349	2573
3970	7014	-182	26	167	1697	12599	12600		1049
43985	34075	1552	-145	2406	841	47999	50525		2171
85	1091	-262	1			2762	2762		766
93	380	97		97		1039	1039		90
37771	245451	62854	13639	61378	2109	210470	220147	4653	19935
5009	21654	12088	523	11837		15217	16703		2185
32724	223735	50652	13105	49437	2109	194924	203115	4653	17665
39	62	114	10	104		329	329		85
173566	299796	30034	3390	51026	15773	374162	381771	8535	69076
87288	103894	11690	11333	24623	5116	90697	92538	377	19200
86278	195902	18344	-7943	26402	10658	283465	289232	8158	49876
132483	204675	57158	4610	48741	55815	544054	541173	24600	48101
2069	19162	8356	-232	7329		80905	79865	1332	2561
10450	21471	3824	50	3694	62	45919	45982	396	5073
56415	52402	13850	2879	11859	9	146581	146139	575	16370
5818	34239	10216	1195	5195	55120	104681	103226	21921	5659
1313	4247	621	30	320		7475	7406	12	869
51798	63089	19956	739	19845		130711	130974	317	15994
3360	5520	-150	-79	69	624	16265	16026	48	775
1261	4544	484	28	431		11517	11556		800
43451	93185	79020	5919	75753	1340	234944	236485	1714	11351
102	4197	3006	246	3145	643	62228	62502		2349
32830	76617	76012	5672	72607	697	135584	136851	1714	8705
10520	12371	1	1			37132	37132		297
29984	71746	25883	639	27074	8352	157736	159132	1042	11611
1069	3587	2885	57	4217		7781	8137		960
10149	25597	5054	10	5430	7776	54876	55017		3440
3892	8189	1779	67	1624	29	29439	29992	312	2290
14874	34373	16166	506	15803	546	65640	65986	731	4921
69592	194482	15094	18137	20604	-4099	259857	263459	12403	45697
11169	22349	4169	830	4938	-133	39544	39625	12	6007

1-A-6 续表 8

行业	法人资本	个人资本	港澳台资本	外商资本	营业收入	营业成本
金属工具制造	559		12859	1783	96789	75916
集装箱及金属包装容器制造	33022	2801	141385	69268	672543	605255
金属丝绳及其制品制造	4445	406	3320	5650	75114	70413
建筑、安全用金属制品制造	31662	14069	49068	138871	1452895	1224532
金属表面处理及热处理加工	274	2000	8489	166558	457920	421207
搪瓷制品制造						
金属制日用品制造	2175	8065	33270	17542	140251	117757
铸造及其他金属制品制造	1098	5665	57474	2283	510768	417914
通用设备制造业	126309	46761	108194	437653	3874911	3012836
锅炉及原动设备制造	3706		3755		36364	27896
金属加工机械制造	5949	1695	7679	56010	242875	194510
物料搬运设备制造	2673			130911	543523	397936
泵、阀门、压缩机及类似机械制造	66844	13953	31978	45985	962680	756853
轴承、齿轮和传动部件制造	23770	14895	11203	9053	467843	400481
烘炉、风机、包装等设备制造	3725	90	6025	22133	115502	91693
文化、办公用机械制造	7614	245	31161	154105	1149969	881754
通用零部件制造	12029	15000	14387	19456	299833	219734
其他通用设备制造业		883	2006		56323	41979
专用设备制造业	107260	21896	156739	223183	2552605	2073089
采矿、冶金、建筑专用设备制造	19948	10700	6451	94744	955489	805816
化工、木材、非金属加工专用设备制造	6946	227	25300	12235	232715	188525
食品、饮料、烟草及饲料生产专用设备制造	2411				59618	47978
印刷、制药、日化及日用品生产专用设备制造	5650	1000	14360	4337	98020	78635
纺织、服装和皮革加工专用设备制造	8975	3687	19119	9728	221987	178530
电子和电工机械专用设备制造	12409		33398	680	114770	87357
农、林、牧、渔专用机械制造		1125	5909	8000	247921	238709
医疗仪器设备及器械制造	45882	4157	50986	50435	460548	332045
环保、邮政、社会公共服务及其他专用设备制造	5040	1000	1216	43024	161538	115495
汽车制造业	205819	8542	374185	405823	8739876	7264072
汽车整车制造	53700	50	160135	81863	3090248	2528385
汽车用发动机制造	5400			600	3837	3590
改装汽车制造						
低速汽车制造						
电车制造						
汽车车身、挂车制造						
汽车零部件及配件制造	146719	8492	214050	323361	5645792	4732097
铁路、船舶、航空航天和其他运输设备制造业	8339	2250	80329	34565	454666	380706
铁路运输设备制造			20000		146815	131080
城市轨道交通设备制造						
船舶及相关装置制造	3532		5548	15240	8490	7967
航空、航天器及设备制造						
摩托车制造	1368	2250	54782	12149	208379	170095
自行车和残疾人座车制造	3439			7176	90982	71565
助动车制造						
非公路休闲车及零配件制造						
潜水救捞及其他未列明运输设备制造						
电气机械和器材制造业	346797	39901	607417	175022	9772907	7672801
电机制造	9898		75479	27499	1401379	1198678
输配电及控制设备制造	99806	16576	81109	56979	1863134	1409059
电线、电缆、光缆及电工器材制造	72141	12296	52438	13169	734553	647814
电池制造	46279		209355	12019	3786715	2732930

单位：万元

销售费用	管理费用	财务费用			投资收益(损失以"-"号记)	营业利润	利润总额	亏损企业亏损额	平均用工人数(人)
			利息收入	利息支出					
4426	5401	1136	141	1147	95	9698	9948	67	1208
12393	23194	850	1729	4609	112	29166	29669	243	5275
1161	1664	622	11	552		1038	1216		454
22812	88527	-1144	13317	3775	-6058	109940	109172	3669	17624
8495	8398	5153	2218	3050	111	14213	14251	7537	1743
3677	10275	926	25	230		7401	8177	875	3104
5459	34674	3382	-132	2305	1774	48857	51403	2	10282
178889	266182	19370	4203	17365	2611	382525	383821	12446	46956
880	734	359		359		6354	6354		234
7041	13371	1099	822	805		24510	23881		2486
60738	35661	-583	1821	447		47852	48678	9990	4502
35421	50373	7468	318	4535	539	108651	109069	780	9807
9400	17005	2097	-108	2969	416	37659	37762	872	6487
7676	8908	-101	498	480	66	6702	6801	81	2122
47591	116579	8021	491	6503	1569	100000	100392	723	17232
8249	20534	963	362	1216	22	49641	49666		3684
1893	3017	48	-2	51		1156	1218		402
63959	141782	-7357	12008	7303	10289	285775	286950	1541	35257
8961	36437	-7248	8876	3726	142	110322	109274		9085
5607	15669	446	375	825	1376	21819	22585		4800
1970	2761	939		193		5914	5914		696
7483	5601	157	-154	143		5588	5800	648	1598
7784	12578	1582	11	463	51	21628	21727		2708
3051	8766	-357	712	17	229	15558	16366		1633
2648	2551	768	63	807		3008	2988		729
17485	42325	-4301	1984	685	983	74723	75194	688	13038
8969	15094	658	142	444	7508	27215	27103	204	970
263006	365201	20780	-3877	38593	6230	728051	733809	43483	67923
185216	133613	7197	-8385	25810	-598	136202	136924	33237	17198
49	298	118	1	118		-267	-329	329	14
77741	231290	13466	4507	12665	6828	592115	597215	9917	50711
14950	33421	-459	1533	1940	1	24381	24960	3756	6339
7351	6625	467	35	432		929	941		408
173	1325	970	2	388		-2176	-2186	2544	653
5240	15974	-1749	1490	918	7	19075	19416	329	3259
2187	9497	-147	5	203	-6	6553	6789	882	2019
304784	601170	36829	3989	39317	31179	1119660	1158802	15244	90704
58527	70737	7396	1035	3441	10	53893	54407	99	6918
108938	84685	3098	2918	9988	2186	230124	269424	4326	17068
12812	22869	1441	504	3355	8452	63961	64628	810	5558
79125	306445	15223	-2321	18025	15238	646265	643888	1470	33351

1-A-6 续表 9

行业					营业收入	营业成本
	法人资本	个人资本	港澳台资本	外商资本		
家用电力器具制造	107451	202	43853	8593	804940	692139
非电力家用器具制造			52076		28227	22244
照明器具制造	9222	10828	93109	50223	1116585	939017
其他电气机械及器材制造	2000			6541	37373	30920
计算机、通信和其他电子设备制造业	942129	135252	974817	1887271	24991194	22938670
计算机制造	4627	37071	57934	87918	9648141	8652413
通信设备制造	4019	5000	152259	7764	312159	267794
广播电视设备制造	33		28221	10319	979980	824548
雷达及配套设备制造						
非专业视听设备制造	84368		23624	33038	2376253	2142401
智能消费设备制造			22376	10633	177859	168072
电子器件制造	820155	15162	527990	1588947	8729093	8515652
电子元件及电子专用材料制造	25203	72794	161028	147338	2695330	2304655
其他电子设备制造	3723	5225	1386	1315	72380	63135
仪器仪表制造业	4926	7411	115887	59861	806966	693194
通用仪器仪表制造	533	4170	7665	15173	130962	102147
专用仪器仪表制造			4482	34095	73968	56907
钟表与计时仪器制造	600	3074	89531		521271	467850
光学仪器制造	1039		14209	578	18084	14909
衡器制造		167			10536	10278
其他仪器仪表制造业	2754			10014	52146	41102
其他制造业	42472	8956	384100	41723	1727886	1492842
日用杂品制造	41722	7551	383852	41723	1697205	1464504
核辐射加工						
其他未列明制造业	750	1405	248		30681	28339
废弃资源综合利用业	994	3651	8891		17490	14532
金属废料和碎屑加工处理	994		8891		5991	5155
非金属废料和碎屑加工处理		3651			11498	9377
金属制品、机械和设备修理业	57748		153489	54445	1670260	1513924
金属制品修理						
通用设备修理						
专用设备修理						
铁路、船舶、航空航天等运输设备修理	57748		153489	54445	1670260	1513924
电气设备修理						
仪器仪表修理						
其他机械和设备修理业						
电力、热力、燃气及水生产和供应业	**98778**	**5177**	**849364**	**297729**	**2073440**	**1745376**
电力、热力生产和供应业	9584	1409	739214	249722	1375985	1170026
电力生产	9184	1409	736994	249722	1364577	1161098
电力供应	400		400		5618	5040
热力生产和供应			1821		5790	3887
燃气生产和供应业	27489	1179	75911	11150	565445	452347
燃气生产和供应业	27489	1179	75911	11150	565445	452347
生物质燃气生产和供应业						
水的生产和供应业	61705	2589	34238	36858	132011	123004
自来水生产和供应	30096		508	30659	86106	75192
污水处理及其再生利用	31609	2589	33730	6199	45905	47811
海水淡化处理						
其他水的处理、利用与分配						

单位：万元

销售费用	管理费用	财务费用			投资收益（损失以"–"号记）	营业利润	利润总额	亏损企业亏损额	平均用工人数（人）
			利息收入	利息支出					
11818	42348	2713	-154	1065	1488	54030	55018	729	11123
347	4702	529	-18	761	2423	2601	1634	1091	277
31895	65725	6712	1727	2670	1382	67206	67941	6720	15688
1322	3659	-283	300	13		1580	1863		721
571899	836188	136915	55523	128716	48987	732863	767771	320566	147397
382099	364835	12088	15627	4759	16284	314583	303945	7025	30238
28508	20685	3382	120	1145	646	-30548	-31112	34421	2238
17814	29204	5433	6	5233	26	89830	89965	1311	11997
32854	61533	5624	12310	15961	23	131998	144708	1171	11931
3063	16062	1103	-208	1033	624	-14489	-9005	9533	2226
68634	255805	105679	27193	92870	32558	-13643	11860	256566	65042
37257	83898	2990	459	7149	-1182	252727	254915	9971	22478
1670	4166	617	17	567	9	2406	2494	569	1247
20248	39363	958	78	1604	1309	48654	49645	3	9900
4234	9636	-696	25	126	259	15127	15708		2040
1542	6073	213	5	181		9120	9337		944
13326	19131	837	43	568		15379	15520	3	5831
717	2128	392	1	569	1050	976	1024		468
86	80	5		5		80	80		36
344	2315	209	5	156		7972	7977		581
40866	62910	11954	590	8333	34	114228	114900	1665	31291
40331	62172	11723	582	8293	34	113489	114160	1665	30837
536	738	231	8	40		739	740		454
155	583	241	6	134		1748	1721		308
31	519	193	6	134		88	87		55
124	64	48				1661	1634		253
1359	56423	2255	2059	7996	7887	102566	105167	347	6183
1359	56423	2255	2059	7996	7887	102566	105167	347	6183
47089	**55313**	**-3039**	**42264**	**37369**	**16637**	**248775**	**250917**	**28653**	**7251**
460	26485	-5117	41131	33076	408	191161	190970	15831	2492
460	25245	-5157	41133	33063	408	190032	189911	15831	2398
	215	-1	-5			324	336		25
	1025	41	3	13		804	723		69
45160	18387	-1650	950	605	16199	64366	64678		2807
45160	18387	-1650	950	605	16199	64366	64678		2807
1469	10441	3729	182	3689	30	-6751	-4731	12822	1952
1469	4893	3109	118	3007	30	1544	1616	5697	1144
	5549	620	64	682		-8295	-6347	7125	808

1-A-7 大中型工业企业

行业	企业单位数（个）	资产总计	固定资产净额	固定资产原价	累计折旧	流动资产合计
总计	**3150**	**251752851**	**75581044**	**140503785**	**62493951**	**127092690**
采矿业	**31**	**1973708**	**722041**	**1110925**	**373074**	**549194**
煤炭开采和洗选业	15	792361	160297	313613	150485	377490
烟煤和无烟煤开采洗选	15	792361	160297	313613	150485	377490
褐煤开采洗选						
其他煤炭采选						
石油和天然气开采业						
石油开采						
天然气开采						
黑色金属矿采选业	5	613680	360398	480112	119714	100563
铁矿采选	5	613680	360398	480112	119714	100563
锰矿、铬矿采选						
其他黑色金属矿采选						
有色金属矿采选业	NA	79663	52224	137622	84953	8896
常用有色金属矿采选						
贵金属矿采选	NA	34223	21056	44728	23228	2327
稀有稀土金属矿采选	NA	45439	31169	92894	61726	6569
非金属矿采选业	9	488004	149121	179578	17921	62245
土砂石开采	4	76115	16628	26196	9217	10828
化学矿开采	NA	1648	271	657	386	813
采盐	NA	381905	113195	128610	3242	46413
石棉及其他非金属矿采选	NA	28336	19027	24116	5077	4192
开采专业及辅助性活动						
煤炭开采和洗选专业及辅助性活动						
石油和天然气开采专业及辅助性活动						
其他开采专业及辅助性活动						
其他采矿业						
其他采矿业						
制造业	**3085**	**214651242**	**51579599**	**98592713**	**44614554**	**121803221**
农副食品加工业	154	8031306	1854119	3049395	1180256	4891513
谷物磨制	NA	70592	9697	15256	5559	51973
饲料加工	15	1352404	183318	282872	91309	843168
植物油加工	3	702593	71774	142086	70217	614561
制糖业	NA	40834	8217	34728	26511	10413
屠宰及肉类加工	21	2434988	1021505	1449528	427912	945350
水产品加工	79	2594420	402528	799348	396141	1935503
蔬菜、菌类、水果和坚果加工	25	754445	142677	296510	150971	441621
其他农副食品加工	8	81031	14404	29068	11637	48924
食品制造业	126	5648745	804226	1751308	848005	3491711
焙烤食品制造	34	2061400	177845	431732	216977	1409240
糖果、巧克力及蜜饯制造	24	1184434	170400	367486	161651	674768
方便食品制造	16	622864	113318	241538	108109	298792
乳制品制造	NA	38379	11204	18874	7669	24466
罐头食品制造	32	916336	117896	277002	154160	661532
调味品、发酵制品制造	7	340237	44555	141304	95074	147875
其他食品制造	12	485096	169008	273374	104366	275039
酒、饮料和精制茶制造业	85	3334547	1023372	1895811	852574	1698539
酒的制造	5	1189663	337338	598035	254639	672712
饮料制造	15	985920	265580	611491	341861	521206
精制茶加工	65	1158965	420454	686285	256074	504622

主要经济指标(大、中类行业)

单位：万元

应收账款	存货	产成品	负债合计	流动负债合计	应付账款	所有者权益合计	实收资本	国家资本	集体资本
31304373	**29355796**	**11226620**	**131860101**	**97809006**	**25032943**	**119906538**	**50572768**	**10442328**	**505874**
23315	**33421**	**18673**	**710221**	**525855**	**64404**	**1263486**	**362738**	**206413**	**2123**
15835	13885	10015	263881	216182	29543	528480	197619	130788	123
15835	13885	10015	263881	216182	29543	528480	197619	130788	123
926	8197	1304	356133	232303	25848	257547	120800	69500	1700
926	8197	1304	356133	232303	25848	257547	120800	69500	1700
3352	1181	138	28429	26913	6532	51234	25000	1125	
1	391	36	20178	20178	4729	14045	5000	1125	
3351	790	102	8251	6734	1803	37189	20000		
3204	10158	7216	61779	50457	2481	426226	19319	5000	300
738	2706	827	21160	18255	272	54955	13084		
237	448	286	482	406	289	1166	500		
409	5545	5441	38152	30243	380	343753	5000	5000	
1820	1459	662	1985	1553	1540	26351	735		300
30695619	**28336126**	**11205097**	**107945549**	**87572336**	**23822737**	**106719482**	**42362926**	**4564388**	**474872**
1190270	1379984	707136	4019599	3660430	841281	4011707	1358378	41	108362
5978	6744	1664	15646	6896	2797	54945	6987		
182302	142756	59251	797462	736612	197123	554942	219992		106470
16854	106640	56378	514834	413351	43728	187759	54928		
2734	3996	1232	15299	15299	587	25535	21628		
157014	258868	84006	1211118	1125754	164260	1223870	514488		
684468	763330	457327	1115606	1034836	356157	1478813	304063	41	
127217	77981	35249	317508	298888	69529	436937	223000		
13704	19669	12031	32126	28793	7100	48905	13292		1892
516663	511971	227434	1679889	1472240	340372	3968856	902004	31487	4300
99614	80151	26761	272706	266960	84956	1788694	316530		100
181300	119053	61097	471103	431985	67494	713331	215411		
39444	75410	26867	290586	245377	54583	332278	82940		
80	4178	727	15040	14652	4369	23338	4100		
88131	139602	85893	372649	309268	76780	543687	141244	15000	
5120	23264	5755	99359	72108	15298	240878	55485	16487	4200
102974	70314	20333	158446	131890	36892	326650	86295		
231681	406253	205414	1290042	1240187	411634	2044506	464297	8000	
20246	96038	27219	448159	439970	242666	741504	99870		
83930	125715	74423	616723	593199	122363	369197	209527		
127506	184500	103772	225160	207019	46605	933805	154901	8000	

1-A-7 续表 1

行业	企业单位数(个)	资产总计	固定资产净额	固定资产原价	累计折旧	流动资产合计
烟草制品业	6	2545167	528217	1327414	799182	1777817
烟叶复烤	3	346961	156331	285345	128998	172619
卷烟制造	NA	2138763	337165	996569	659404	1586192
其他烟草制品制造	NA	59443	34721	45501	10780	19006
纺织业	210	10200544	2516725	5668034	3018391	5832440
棉纺织及印染精加工	142	7521800	1819486	4361286	2455634	4353392
毛纺织及染整精加工	3	58847	8329	34779	26450	18255
麻纺织及染整精加工						
丝绢纺织及印染精加工						
化纤织造及印染精加工	8	357529	117523	251929	134405	156799
针织或钩针编织物及其制品制造	27	1387147	403938	707367	263305	797988
家用纺织制成品制造	7	202980	24197	43980	19784	162391
产业用纺织制成品制造	23	672241	143252	268695	118814	343615
纺织服装、服饰业	295	8934100	1200303	2962251	1361134	5418066
机织服装制造	205	5801943	879229	2092951	921535	3610791
针织或钩针编织服装制造	84	2957842	318862	787635	382717	1644587
服饰制造	6	174316	2212	81666	56882	162688
皮革、毛皮、羽毛及其制品和制鞋业	485	12948944	1922460	4301549	2116293	8590372
皮革鞣制加工	13	703841	97438	236017	107908	477944
皮革制品制造	41	782496	180201	380334	155194	391449
毛皮鞣制及制品加工	NA	18155	794	8737	7943	14909
羽毛(绒)加工及制品制造						
制鞋业	430	11444452	1644027	3676462	1845248	7706069
木材加工和木、竹、藤、棕、草制品业	58	1203554	337515	671851	323210	658501
木材加工	7	170321	65808	88945	23137	73113
人造板制造	24	570270	130211	340362	205004	340720
木质制品制造	9	234175	45727	98461	49872	146265
竹、藤、棕、草等制品制造	18	228788	95769	144083	45198	98404
家具制造业	56	1371172	246047	424530	166134	890459
木质家具制造	28	734078	151044	222181	68975	440137
竹、藤家具制造	NA	22037	4757	7357	2600	9482
金属家具制造	20	482984	58662	136167	67319	350545
塑料家具制造	NA	49923	13925	30962	17037	34365
其他家具制造	6	82150	17660	27863	10203	55930
造纸和纸制品业	73	5775935	1822196	3560069	1735363	3029144
纸浆制造						
造纸	21	3290947	1360306	2668534	1308229	1450345
纸制品制造	52	2484988	461890	891535	427134	1578799
印刷和记录媒介复制业	29	903556	156948	326431	164844	403765
印刷	29	903556	156948	326431	164844	403765
装订及印刷相关服务						
记录媒介复制						
文教、工美、体育和娱乐用品制造业	187	3744169	697300	1607884	721556	2035806
文教办公用品制造	5	57745	16026	29487	13461	25716
乐器制造	NA	17591	4021	11749	7728	12476
工艺美术及礼仪用品制造	133	2294087	451982	949866	387867	1141488
体育用品制造	22	734192	129809	278317	146728	530295
玩具制造	22	469775	86511	177998	91488	249446
游艺器材及娱乐用品制造	3	170779	8953	160467	74284	76386
石油、煤炭及其他燃料加工业	5	9309142	4302740	8393955	4091215	3608879
精炼石油产品制造	3	9158498	4241310	8282556	4041246	3542094

单位：万元

应收账款	存货	产成品	负债合计	流动负债合计	应付账款	所有者权益合计	实收资本	国家资本	集体资本
165527	1319894	96968	779440	778234	400912	1765726	427250	184266	
16657	5399	3328	11253	11253	1932	335708	288900	120578	
148013	1300957	89673	756972	755766	388485	1381791	120750	63689	
857	13538	3967	11215	11215	10495	48228	17600		
1082786	1350692	638104	4858206	4268674	564385	5342337	2107726		19128
701178	928993	427436	3525830	3127666	365233	3995969	1569743		19000
6131	6588	4415	24286	22264	2431	34561	9793		
22811	71087	54035	197923	179017	16541	159606	98901		
171485	175996	81552	736150	577659	104106	650697	292012		
83189	35139	22448	101647	101228	40685	101333	23099		
97993	132890	48219	272070	260841	35389	400171	114178		128
1580386	1381519	893482	3138112	2920247	737352	5795987	1152597	500	40
1209648	978913	607940	2205855	2029089	547498	3596087	760626	500	
316961	362301	257327	857239	820588	137797	2100602	343772		40
53777	40305	28214	75017	70570	52058	99298	48199		
2439148	1518579	715289	6100200	5293223	1219443	6848744	2070538		56092
114403	142265	51659	280211	261194	93558	423630	121549		10000
81257	83830	17183	479173	436990	144680	303324	54356		
3166	822	659	13981	13981		4173	1077		
2240322	1291662	645789	5326835	4581057	981205	6117616	1893556		46092
142019	315486	148010	559541	518820	93894	644013	211071	8165	5435
17827	35609	18005	103849	103849	6661	66472	15612		
73532	148189	45232	296920	271921	48577	273350	87464	8165	
19726	103028	67439	61137	60637	14648	173038	77008		
30933	28660	17334	97635	82414	24008	131153	30987		5435
183303	207124	92580	720005	659346	166320	651167	231414		
94169	118289	61706	373651	324461	85989	360427	95441		
5521	3132	2651	9882	9882	3325	12155	8000		
55288	55845	19254	284287	273774	40136	198698	88181		
10934	18269	5660	19186	19186	16659	30737	16495		
17391	11590	3308	32999	32042	20210	49150	23298		
776531	453556	185239	3164753	2904932	773587	2611182	962202	177371	15421
328540	253950	93514	1665159	1479443	216574	1625788	607849	177371	150
447991	199606	91725	1499594	1425488	557013	985394	354354		15271
120183	68021	30802	366992	321164	68158	536564	145461	5051	1183
120183	68021	30802	366992	321164	68158	536564	145461	5051	1183
618023	640585	230555	1617452	1505997	399802	2126716	702096		602
8647	9212	4914	29717	16853	-1084	28028	21891		
1428	10336	1400	5750	3699	1229	11841	12730		
251992	381815	149892	942179	868564	165232	1351908	331221		602
220092	120559	41242	320066	311003	133867	414126	190977		
123738	71831	32018	246814	246101	79139	222961	105438		
12126	46832	1089	72927	59777	21419	97852	39840		
430262	1287264	231101	4968569	2035564	614989	4340572	3636920	1450000	
422302	1261181	218421	4915036	1982030	610642	4243462	3595420	1450000	

1-A-7 续表 2

行业	企业单位数(个)	资产总计	固定资产净额	固定资产原价	累计折旧	流动资产合计
煤炭加工	NA	150644	61430	111399	49969	66785
核燃料加工						
生物质燃料加工						
化学原料和化学制品制造业	66	8270185	3115702	5957940	2811837	3332062
基础化学原料制造	16	2482015	1143741	1805285	638058	925072
肥料制造	5	568111	264531	466089	201558	176308
农药制造	NA	41445	880	922	42	40566
涂料、油墨、颜料及类似产品制造	11	500842	89359	145278	52036	250974
合成材料制造	9	3900967	1430380	3131949	1701569	1518047
专用化学产品制造	8	299578	87489	258528	168511	141827
炸药、火工及焰火产品制造	NA	96219	23755	32764	8505	58200
日用化学产品制造	15	381009	75568	117126	41558	221069
医药制造业	30	2169295	395910	855356	457756	1247871
化学药品原料药制造	3	285561	107812	287966	179904	155986
化学药品制剂制造	6	272511	54592	101615	46512	140505
中药饮片加工	3	125590	2297	7829	5532	117837
中成药生产	8	790064	119211	197517	77573	484331
兽用药品制造	3	162559	42587	100053	57277	77113
生物药品制品制造	6	516348	64140	142608	78461	261205
卫生材料及医药用品制造	NA	16663	5270	17767	12497	10895
药用辅料及包装材料						
化学纤维制造业	35	7049935	2412968	5579166	3154666	3300248
纤维素纤维原料及纤维制造	NA	448347	244754	364840	120086	167169
合成纤维制造	33	6601589	2168214	5214326	3034580	3133079
生物基材料制造						
橡胶和塑料制品业	128	5723868	1869229	3808669	1823001	2633544
橡胶制品业	23	2472079	1038284	2169507	1119716	806019
塑料制品业	105	3251788	830946	1639162	703286	1827525
非金属矿物制品业	285	14126651	2979658	5974056	2906389	7495748
水泥、石灰和石膏制造	21	2031863	729935	1717398	979916	855982
石膏、水泥制品及类似制品制造	21	660891	104572	207229	102657	405901
砖瓦、石材等建筑材料制造	57	2273046	384033	768221	356324	1279234
玻璃制造	8	4394126	568099	1161446	585284	2546617
玻璃制品制造	6	199850	32875	107743	74868	128173
玻璃纤维和玻璃纤维增强塑料制品制造	NA	113377	40872	48079	7207	48521
陶瓷制品制造	163	4128424	1070062	1877568	762970	2036561
耐火材料制品制造	NA	136410	22077	38680	16603	57760
石墨及其他非金属矿物制品制造	6	188664	27132	47692	20560	136999
黑色金属冶炼和压延加工业	30	9904603	2981171	5694997	2535373	4814578
炼铁	NA	56347	10782	29495	18713	42958
炼钢	3	933241	245717	392273	146555	474206
钢压延加工	25	8915016	2724671	5273229	2370105	4297414
铁合金冶炼						
有色金属冶炼和压延加工业	30	17277569	3071692	4708681	1630168	8678384
常用有色金属冶炼	7	5372405	1274873	1639601	364728	3859115
贵金属冶炼	NA	5926371	344207	658957	314751	1639696
稀有稀土金属冶炼	NA	554832	185695	344181	156068	308596
有色金属合金制造	3	196328	24869	73102	48233	156624
有色金属压延加工	16	5227634	1242049	1992839	746388	2714353
金属制品业	89	4519670	936381	1812612	812090	2790868
结构性金属制品制造	21	676524	143884	262534	113788	423163

单位：万元

应收账款	存货		负债合计	流动负债合计		所有者权益合计	实收资本		
		产成品			应付账款			国家资本	集体资本
7960	26083	12679	53533	53533	4347	97111	41500		
608567	558010	220109	4831627	2635296	444447	3438558	1970904	81845	92920
112583	131914	38298	1301407	842725	125743	1180608	587046	25208	
22407	47720	19768	316166	298005	51372	251945	156155	17500	
	34988	4282	4150	4150		37296	2800		
90436	58067	29568	175742	167349	74645	325100	101180		46800
268170	189915	89303	2723704	1048714	132472	1177263	936945		44470
49558	28532	11321	88847	69126	29054	210730	105955	10837	
1285	428	227	47027	46109	2445	49192	17600	17600	
64130	66448	27342	174584	159120	28717	206426	63223	10700	1650
249378	335179	88009	513524	475836	105164	1655771	332864	50492	855
35490	48433	16840	102051	98476	14978	183510	46253		855
13555	28904	11561	76915	69943	10923	195595	41007	9500	
70750	43597	21473	51760	51680	46458	73830	11160		
29321	172092	23325	83758	76319	7976	706306	101281	35246	
14531	13252	4883	19286	14822	5195	143273	35989	5746	
80539	24393	9927	176139	160981	17052	340209	96512		
5193	4507		3615	3615	2584	13049	662		
508748	858846	586165	4470060	3770382	467292	2579875	1459593	26927	
24118	63285	11488	297452	206539	55402	150895	111605		
484631	795561	574677	4172609	3563843	411890	2428980	1347987	26927	
664529	753644	289760	2436001	1908641	427293	3287867	1257668		151
223473	257829	107125	969571	550022	142979	1502508	531989		
441056	495815	182635	1466430	1358619	284314	1785359	725679		151
1600974	1436927	798951	6243255	5693410	1141866	7883395	2645052	38360	29600
84161	129150	31735	1224878	1125703	242038	806985	422920	38360	21450
182091	46621	13782	309093	304307	101918	351798	80317		
312105	389023	189340	902182	833411	171340	1370864	467190		7500
271657	107628	56210	1914900	1750270	126648	2479226	937013		
46978	34568	25205	74815	74663	38683	125035	28826		
23014	19867	17812	25738	25700	6917	87639	38000		
628245	660283	450434	1655543	1450962	399972	2472880	621441		650
12277	14520	8579	48167	47511	9931	88243	20571		
40447	35266	5854	87939	80886	44418	100725	28775		
226502	1171860	404963	5491379	5154109	1092171	4413224	2321076	495402	16000
7753	7958	1805	44366	44366	11437	11981	6000		
2462	66390	24296	818529	818529	148847	114711	38172		
216287	1097511	378861	4628484	4291214	931887	4286532	2276904	495402	16000
564953	2761884	1245693	10608893	7660063	2110988	6668676	2089061	696878	12218
45407	1622602	562224	4075203	3399102	1606014	1297202	640993	196000	
118503	23041	187	3076502	1365785	68882	2849869	240312	59607	218
89627	150730	93662	193968	186013	25063	360863	222370	197970	
35661	56892	17497	104330	103330	9102	91998	38600		12000
275756	908619	572124	3158890	2605833	401927	2068744	946786	243300	
781036	691798	238290	1932550	1762261	559063	2587120	1104260	14000	6193
109607	158484	38258	317090	290103	89482	359435	175289		

1-A-7 续表 3

行业	企业单位数(个)	资产总计	固定资产净额	固定资产原价	累计折旧	流动资产合计
金属工具制造	4	142037	17591	95068	31461	94874
集装箱及金属包装容器制造	9	878058	160819	287760	126941	450460
金属丝绳及其制品制造						
建筑、安全用金属制品制造	23	1728058	303092	556070	251906	1212391
金属表面处理及热处理加工	8	400529	147468	340742	193275	210245
搪瓷制品制造						
金属制日用品制造	7	54002	15029	32427	17398	21005
铸造及其他金属制品制造	17	640462	148499	238011	77321	378729
通用设备制造业	80	5503929	832426	1781661	841851	3410856
锅炉及原动设备制造	3	177444	31317	46028	14710	104931
金属加工机械制造	5	247928	26899	154896	33612	202919
物料搬运设备制造	3	360265	94790	229287	134496	244372
泵、阀门、压缩机及类似机械制造	27	1561586	280713	486290	199650	1054423
轴承、齿轮和传动部件制造	14	554249	84169	191421	100305	341252
烘炉、风机、包装等设备制造	6	651188	108054	179926	71847	265670
文化、办公用机械制造	16	1868939	178664	441347	262683	1150426
通用零部件制造	5	78169	26942	50305	23362	44941
其他通用设备制造业	NA	4162	877	2162	1185	1922
专用设备制造业	63	4541693	491989	1024171	498416	3347169
采矿、冶金、建筑专用设备制造	18	1588925	237636	518582	253187	1138549
化工、木材、非金属加工专用设备制造	11	443867	103245	166732	63484	292492
食品、饮料、烟草及饲料生产专用设备制造	NA	32752	5363	9908	4545	15714
印刷、制药、日化及日用品生产专用设备制造	NA	32810	4763	7465	2702	24978
纺织、服装和皮革加工专用设备制造	3	89314	13685	60137	46453	65403
电子和电工机械专用设备制造	3	50870	1590	13896	6301	44103
农、林、牧、渔专用机械制造	NA	3034	215	710	495	2749
医疗仪器设备及器械制造	18	431232	74007	162699	88692	321395
环保、邮政、社会公共服务及其他专用设备制造	7	1868889	51486	84043	32557	1441787
汽车制造业	71	6929566	1298014	2894725	1479682	4511539
汽车整车制造	8	3565226	512653	1325613	752918	2513011
汽车用发动机制造						
改装汽车制造	NA	416512	36527	46160	9633	328147
低速汽车制造						
电车制造						
汽车车身、挂车制造	NA	110962	41043	84467	42860	62419
汽车零部件及配件制造	59	2836867	707792	1438485	674271	1607962
铁路、船舶、航空航天和其他运输设备制造业	28	2409243	442450	673077	229415	1789407
铁路运输设备制造	NA	102657	19325	23531	4206	82998
城市轨道交通设备制造						
船舶及相关装置制造	10	2004010	375962	520390	144392	1479304
航空、航天器及设备制造						
摩托车制造	15	284883	44265	121515	76075	213274
自行车和残疾人座车制造	NA	17693	2898	7640	4742	13831
助动车制造						
非公路休闲车及零配件制造						
潜水救捞及其他未列明运输设备制造						
电气机械和器材制造业	129	17372615	2992477	5047928	1980597	12141298
电机制造	17	497255	87218	244081	155824	345638
输配电及控制设备制造	34	2504623	283985	569527	274560	1723486
电线、电缆、光缆及电工器材制造	10	756536	166903	286072	119169	427111
电池制造	25	11428861	2192194	3232327	1022668	8149337

单位：万元

应收账款	存货		负债合计	流动负债合计		所有者权益合计	实收资本		
		产成品			应付账款			国家资本	集体资本
27768	31095	9906	43006	42403	10320	99030	10160		
166619	105413	34078	459319	400871	53311	418738	293262		
288964	224177	54775	612829	561075	232118	1115229	317658		6193
49608	48933	25283	189129	179810	44738	211400	178698		
2941	10812	4220	23543	8221	4075	30460	20946		
135529	112884	71771	287634	279777	125019	352828	108247	14000	
946129	862375	385168	2272626	1835094	551737	3245097	1021765	68420	
22401	50281	10984	125305	77879	17571	52139	35380	24180	
93253	29468	6498	60039	53949	15979	187888	92970		
92325	86104	13555	162809	157298	90142	197456	99444		
291841	298654	205208	805667	515208	114729	769714	215243		
51360	59305	25355	185025	165264	44001	369224	90014	41040	
98841	64847	12498	230513	209417	63752	420675	142163		
270337	256836	104301	673891	627984	201911	1195048	319073	3200	
24879	16700	6728	26427	25614	1991	51742	26574		
891	182	42	2951	2481	1661	1211	905		
888769	1243268	172011	2781291	2587035	438752	1760403	630010	50715	6735
383645	357062	119907	1002831	928831	137688	586094	284273	50715	6348
99916	114790	9893	203913	199513	53271	239953	59260		387
11165	4337	2068	6300	6300	1333	26452	12000		
8203	8987		29566	24201	4622	3245	980		
24445	18501	7845	41529	26762	8007	47785	13000		
22367	5805	1029	14085	14085	4809	36785	11412		
257	537	537	3034	2749	607		51		
100931	69444	23191	113182	109915	54486	318051	120930		
237840	663806	7541	1366850	1274679	173928	502039	128105		
1947919	899316	440173	4219547	3618655	1224736	2710018	1248147	343169	17000
1181398	399970	197364	2625039	2261298	770985	940186	698816	338369	
174911	57394	18534	170884	166630	57115	245628	34901		
38148	14380	7993	17467	11919	7779	93494	27747		
553461	427572	216282	1406157	1178808	388858	1430710	486683	4800	17000
373044	808258	49718	1575056	1237397	228846	834188	289038	149266	
32056	19562	14026	51470	39561	30256	51188	20000		
257354	719159	2662	1364577	1047332	140060	639433	218470	145175	
76354	66125	32183	146458	140409	51241	138425	45330	4092	
7280	3412	848	12551	10096	7289	5142	5239		
3395084	1866479	637731	8849892	7950790	2344114	8522722	1945302	92098	44600
135098	81939	30312	244835	234104	90672	252420	118104		
818227	234476	93349	1328741	1170633	400314	1175881	343099	32791	44400
214604	102188	70116	405662	369488	90659	350874	190615	2483	
1702998	1164850	342684	5975549	5318280	1375377	5453312	841619	34600	

1-A-7 续表 4

行 业	企业单位数（个）	资产总计	固定资产净额	固定资产原价	累计折旧	流动资产合计
家用电力器具制造	14	1254984	85841	237437	148995	841171
非电力家用器具制造						
照明器具制造	27	899603	172000	471715	256947	630074
其他电气机械及器材制造	NA	30754	4336	6771	2434	24481
计算机、通信和其他电子设备制造业	187	32563261	9821930	15896950	5675264	18727049
计算机制造	17	4575091	183832	453290	264827	4053420
通信设备制造	13	3468235	290021	336916	46807	2958338
广播电视设备制造	6	354690	83871	736943	649411	211167
雷达及配套设备制造						
非专业视听设备制造	12	1513112	120681	309718	160855	1316090
智能消费设备制造	5	362319	65801	108594	42792	252302
电子器件制造	68	19704310	8467941	12742289	3954265	8346919
电子元件及电子专用材料制造	56	2236346	566276	1077651	493426	1394005
其他电子设备制造	10	349158	43507	131551	62882	194808
仪器仪表制造业	22	624236	115550	201003	82021	368713
通用仪器仪表制造	6	123948	12871	25332	12461	94373
专用仪器仪表制造	NA	94555	9702	27862	18161	81424
钟表与计时仪器制造	9	223536	43712	78414	31440	98149
光学仪器制造	4	139914	33538	46273	12564	72781
衡器制造						
其他仪器仪表制造业	NA	42282	15728	23122	7395	21987
其他制造业	36	900905	82251	179909	85936	550300
日用杂品制造	36	900905	82251	179909	85936	550300
核辐射加工						
其他未列明制造业						
废弃资源综合利用业						
金属废料和碎屑加工处理						
非金属废料和碎屑加工处理						
金属制品、机械和设备修理业	7	813139	327632	561331	231938	336576
金属制品修理						
通用设备修理						
专用设备修理						
铁路、船舶、航空航天等运输设备修理	6	810543	327590	561203	231852	334036
电气设备修理	NA	2597	42	127	86	2540
仪器仪表修理						
其他机械和设备修理业						
电力、热力、燃气及水生产和供应业	**34**	**35127901**	**23279405**	**40800147**	**17506323**	**4740275**
电力、热力生产和供应业	17	30804744	21739738	38163796	16413248	3745028
电力生产	16	19388482	12502740	19290890	6777523	3355117
电力供应	NA	11416262	9236998	18872906	9635725	389911
热力生产和供应						
燃气生产和供应业	6	1928277	698684	1175334	474327	492769
燃气生产和供应业	6	1928277	698684	1175334	474327	492769
生物质燃气生产和供应业						
水的生产和供应业	11	2394879	840984	1461017	618748	502478
自来水生产和供应	10	2280104	773606	1291019	516549	461944
污水处理及其再生利用	NA	114775	67377	169998	102199	40534
海水淡化处理						
其他水的处理、利用与分配						

单位：万元

应收账款	存货	产成品	负债合计	流动负债合计	应付账款	所有者权益合计	实收资本	国家资本	集体资本
260944	144825	51996	492017	489767	238522	762966	246366		
259954	128669	47742	393893	359324	143506	505710	198439	22224	200
3260	9532	1532	9193	9193	5064	21560	7061		
8188411	2977228	1162805	17767782	13186080	5899758	14795478	8877948	591335	26636
1965030	852273	234873	3284933	3022577	2035770	1290158	216961	15093	
2049112	234207	79543	2291865	2090794	855188	1176370	230189	18015	
78397	37500	10372	179696	170594	68167	174994	52035	160	
799741	263612	172800	1182119	991765	474909	330993	64742		
122518	76876	46242	173801	141338	67987	188517	58997		836
2582385	1103092	426369	9284621	5473822	1949475	10419689	7682342	545360	
507220	387612	179795	1186314	1126729	381798	1050032	477489	12707	25800
84008	22055	12811	184433	168462	66465	164725	95195		
89197	86355	31309	160845	154724	50589	463390	224628		10000
33801	18484	2976	32484	32491	13012	91464	33578		
14153	17610	5397	16196	16196	5017	78360	34095		
22369	24453	8639	50733	50075	11411	172803	93811		
13193	17955	10611	54927	49456	19997	84987	53519		10000
5681	7853	3686	6506	6506	1153	35776	9624		
128744	124021	51779	278096	197096	31873	622809	389712		
128744	124021	51779	278096	197096	31873	622809	389712		
56855	59749	353	250327	166415	71920	562812	183943	600	1400
56820	59749	353	249838	165925	71874	560705	181943		
35			489	489	45	2107	2000	600	1400
585438	**986249**	**2851**	**23204331**	**9710815**	**1145802**	**11923570**	**7847104**	**5671527**	**28878**
462226	913459	675	20675882	8234847	799766	10128862	6597360	4658119	28878
444990	905783	675	12808939	3124557	782530	6579543	4666587	2727347	28878
17236	7676		7866943	5110290	17236	3549319	1930772	1930772	
92813	49868	1540	1194856	789326	233764	733422	557603	415104	
92813	49868	1540	1194856	789326	233764	733422	557603	415104	
30399	22922	635	1333593	686643	112272	1061286	692141	598304	
28488	22080	635	1304351	664857	104330	975753	630814	598304	
1911	842		29243	21786	7942	85533	61328		

1-A-7 续表 5

行业	法人资本	个人资本	港澳台资本	外商资本	营业收入	营业成本
总　　计	**18118094**	**6264090**	**7800706**	**7416676**	**306583653**	**256384644**
采矿业	**80364**	**54880**	**18958**		**1190690**	**909262**
煤炭开采和洗选业	14055	33695	18958		446982	332805
烟煤和无烟煤开采洗选	14055	33695	18958		446982	332805
褐煤开采洗选						
其他煤炭采选						
石油和天然气开采业						
石油开采						
天然气开采						
黑色金属矿采选业	49600				337959	295931
铁矿采选	49600				337959	295931
锰矿、铬矿采选						
其他黑色金属矿采选						
有色金属矿采选业	3875	20000			110686	71660
常用有色金属矿采选						
贵金属矿采选	3875				33850	23748
稀有稀土金属矿采选		20000			76836	47913
非金属矿采选业	12834	1185			295062	208866
土砂石开采	12534	550			89522	57928
化学矿开采		500			18257	14036
采盐					6903	5464
石棉及其他非金属矿采选	300	135			180380	131438
开采专业及辅助性活动						
煤炭开采和洗选专业及辅助性活动						
石油和天然气开采专业及辅助性活动						
其他开采专业及辅助性活动						
其他采矿业						
其他采矿业						
制造业	**16806378**	**6209211**	**7033918**	**7249158**	**288094754**	**239794899**
农副食品加工业	548913	309672	150919	240470	13217961	11509031
谷物磨制	1794	5193			177018	145329
饲料加工	56140	42341		15041	2283116	1996137
植物油加工	15000		25857	14071	717017	680435
制糖业	21628				17151	12247
屠宰及肉类加工	300836	58395	88114	67143	2362282	1997136
水产品加工	104899	147252	36378	15493	6133322	5394692
蔬菜、菌类、水果和坚果加工	42114	51594	570	128723	1227522	1031722
其他农副食品加工	6503	4897			300534	251333
食品制造业	250058	293472	266227	56459	8932106	7240011
焙烤食品制造	44266	112324	149126	10714	2432009	1960750
糖果、巧克力及蜜饯制造	50751	92643	57432	14585	2675492	2139046
方便食品制造	30230	19002	29982	3726	711021	589680
乳制品制造	4100				90761	58855
罐头食品制造	57686	47095	8970	12493	1529041	1305269
调味品、发酵制品制造	1808	16529	11592	4869	427455	362797
其他食品制造	61217	5879	9125	10073	1066327	823616
酒、饮料和精制茶制造业	87793	60480	88685	194341	5328707	3949537
酒的制造	9000			65870	692848	402645
饮料制造	19093	16960	45003	128471	1612698	1187251
精制茶加工	59700	43519	43682		3023161	2359641

单位：万元

销售费用	管理费用	财务费用	利息收入	利息支出	投资收益(损失以"–"号记)	营业利润	利润总额	亏损企业亏损额	平均用工人数(人)
7539921	**11629147**	**2659393**	**469504**	**2934796**	**1671054**	**26188637**	**26519682**	**942427**	**2679680**
34167	**75906**	**7396**	**2723**	**10184**	**696**	**141976**	**146134**	**3690**	**23541**
14595	34956	-2705	2708	1028	-220	62634	66863	2905	14976
14595	34956	-2705	2708	1028	-220	62634	66863	2905	14976
4573	16514	6640	-32	6623	1012	11402	11932	11	3170
4573	16514	6640	-32	6623	1012	11402	11932	11	3170
569	10910	687	-14	693	-56	18962	17859		845
29	3720	456	-14	463	-56	4229	3434		308
540	7191	231		230		14733	14425		537
14430	13526	2773	61	1840	-40	48977	49479	774	4550
3584	5700	913	51	962	-40	20121	20100		1384
981	1407	877		877		952	952		299
168	1753	-11	10			-662	-138	774	1791
9697	4666	994		1		28567	28567		1076
7403915	**11404445**	**2038078**	**419203**	**2293477**	**1599941**	**25233165**	**25534868**	**842292**	**2603122**
272003	324052	95146	25417	101785	32451	1000506	1003962		112506
4345	6879	2076		1205		17823	17823		1251
45723	120512	11855	13652	23864	14603	118937	119766		9363
9616	7317	-2606	10318	3699	-726	20510	20756		902
381	1515	749	5	748	-305	1347	1415		340
78982	45839	31435	864	30228	17386	222875	222486		28503
88850	94386	37529	487	30175	1481	490292	492878		55316
32460	37173	12790	66	10500	10	104123	104353		13143
11646	10433	1318	25	1369		24598	24485		3688
453686	334574	24796	-24889	56489	317450	1167343	1176791	1345	88590
166021	102323	-20503	-28773	7516	308185	520409	525691		29447
148472	98269	25899	863	27805	372	252112	252326	293	19736
50095	26543	4315	847	5344	17549	56184	55637	284	10274
14182	3889	-445	447	2		9983	10065		945
20400	31835	10359	1978	10716	-10282	157246	158198	45	19391
13544	23851	2215	-647	2836	728	23742	23304	129	2938
40970	47864	2955	397	2272	899	147669	151569	594	5859
470904	262774	4276	-3286	21011	7780	565742	583967	7994	63459
60397	50369	-8383	-11094	2885	2274	142720	164847	3389	5048
276555	68507	4062	7627	11672	5846	73495	68936	4605	18261
133952	143898	8596	181	6454	-340	349527	350184		40150

1-A-7 续表 6

行业	法人资本	个人资本	港澳台资本	外商资本	营业收入	营业成本
烟草制品业	242984				2689690	992255
烟叶复烤	168322				43419	30554
卷烟制造	57062				2623426	946368
其他烟草制品制造	17600				22845	15333
纺织业	343809	1035565	559564	149660	19412876	16859042
棉纺织及印染精加工	249905	784004	410958	105876	15514540	13588118
毛纺织及染整精加工		1000	8793		147139	123417
麻纺织及染整精加工						
丝绢纺织及印染精加工						
化纤织造及印染精加工	8591	20800	69510		327931	269471
针织或钩针编织物及其制品制造	72680	177012	21893	20427	2120771	1746130
家用纺织制成品制造	588	3065		19446	397638	337668
产业用纺织制成品制造	12046	49685	48410	3911	904857	794239
纺织服装、服饰业	274514	252822	564094	60628	14149674	11519923
机织服装制造	234927	157331	347554	20314	9868355	8000090
针织或钩针编织服装制造	39587	95120	172764	36261	3980858	3252616
服饰制造		370	43776	4052	300461	267217
皮革、毛皮、羽毛及其制品和制鞋业	641135	272131	777863	323318	28841255	23777473
皮革鞣制加工	13280	36382	41505	20383	731971	636112
皮革制品制造	24117	13761	14210	2267	2612244	2259326
毛皮鞣制及制品加工				1077	19304	15467
羽毛(绒)加工及制品制造						
制鞋业	603737	221989	722148	299591	25477736	20866567
木材加工和木、竹、藤、棕、草制品业	27321	102148	2025	65977	2869852	2511661
木材加工	3600	12012			362976	313445
人造板制造	7509	69890	1900		1462970	1311295
木质制品制造	5761	6140	125	64982	398688	339900
竹、藤、棕、草等制品制造	10450	14107		995	645219	547021
家具制造业	54431	86952	72695	17336	2581624	2148635
木质家具制造	26391	40586	23520	4944	1658180	1374472
竹、藤家具制造	8000				11695	10403
金属家具制造	14040	42318	27770	4053	607541	508919
塑料家具制造			16495		116875	106950
其他家具制造	6000	4048	4910	8339	187332	147892
造纸和纸制品业	325623	97452	259622	86714	6922449	5710864
纸浆制造						
造纸	228722	26705	162294	12606	3086185	2502279
纸制品制造	96900	70748	97327	74107	3836264	3208585
印刷和记录媒介复制业	96133	35731	1078	6285	1566223	1380047
印刷	96133	35731	1078	6285	1566223	1380047
装订及印刷相关服务						
记录媒介复制						
文教、工美、体育和娱乐用品制造业	170431	188421	198372	144270	8819912	7379905
文教办公用品制造	900	12100	8891		233636	203137
乐器制造				12730	16909	14951
工艺美术及礼仪用品制造	106487	142859	64124	17149	6706642	5622102
体育用品制造	43280	20053	81405	46239	944707	774487
玩具制造	19763	3958	43952	37764	777773	643813
游艺器材及娱乐用品制造		9452		30388	140246	121414
石油、煤炭及其他燃料加工业	1109955	7010		1069955	13507259	10754151
精炼石油产品制造	1069955	5510		1069955	13213945	10504432

单位：万元

销售费用	管理费用	财务费用			投资收益（损失以“-”号记）	营业利润	利润总额	亏损企业亏损额	平均用工人数（人）
			利息收入	利息支出					
29362	116988	-2197	1847	233	3019	99271	90914	8944	5030
6611	15329	-2228	1623			-8993	-8692	8944	1520
22320	94997	-166	188		3019	108195	99535		3182
432	6662	196	37	233		70	71		328
281700	684591	197919	11061	174354	-20668	1258639	1272414	4210	156697
210004	554118	153741	10054	131992	-8659	925369	936372	2749	115158
2017	4266	1804	61	1429		13300	13382		1923
6394	19313	6165	2	6042	37	24476	24933	455	4610
32309	57906	29137	309	25744	-13928	214501	216927		15355
11308	13118	-1390	211	952	1704	37285	36723	68	3478
19667	35870	8463	423	8195	179	43708	44078	938	16173
648733	564620	59226	3604	55194	25823	1289674	1298660	660	248981
434507	377066	48055	4358	42443	24504	963500	970197	531	176612
205779	182777	10188	-803	11732	1124	307650	309944	129	69238
8448	4777	983	50	1019	196	18523	18519		3131
1012474	1307125	185125	8696	170459	207668	2578294	2625744	54334	471144
7237	25180	3129	2726	4955	36	58259	57570		9306
51029	136784	42190	1261	38276	3	106614	111350		34504
871	1182	393		358		1312	1312		419
953338	1143979	139414	4709	126870	207629	2412109	2455512	54334	426915
62318	74565	19578	456	15880	-8616	74514	75932	106683	29617
3564	5834	1572	10	121	-7307	22748	22735	50	4216
21860	36134	9955	294	10044	-72	-16915	-16319	106634	11610
13823	13290	5752	69	3469	-1236	22279	22473		5958
23071	19308	2299	82	2246		46402	47043		7833
99336	109415	7742	163	8563	-2628	203437	203990	1514	36693
68580	71034	4194	-528	5292	-2766	130459	129884	712	20399
210	280	146		146		532	542		660
20601	26619	2416	619	2099	138	46925	47647		12186
2568	1501	183	7			5062	5513		881
7377	9980	805	65	1027		20459	20404	802	2567
207117	244427	68734	-3390	56655	20989	696924	704330	341	49529
48926	106004	46622	2526	41117	7951	390333	390513		15947
158192	138423	22112	-5916	15539	13038	306590	313817	341	33582
39337	56657	12163	-182	12214	16877	85984	87871		19333
39337	56657	12163	-182	12214	16877	85984	87871		19333
254766	338842	60400	6860	49931	-53020	731253	736779	5840	130589
7814	12285	1536	17	1279		7574	7803		3518
362	1874	164	10	51		-659	-548	647	1072
183567	213287	50900	6453	39183	-55226	592480	594014	3735	86541
36503	57459	1894	250	4411	2206	71527	74337	1201	19546
23453	44051	4410	99	3464		56862	57243	257	18048
3068	9888	1497	31	1543		3470	3930		1864
95171	241789	89118	23894	119691	-28169	1187869	1179954		7543
94128	238747	87662	23756	118586	-28169	1152549	1144568		6320

1-A-7 续表 7

行　业					营业收入	营业成本
	法人资本	个人资本	港澳台资本	外商资本		
煤炭加工	40000	1500			293314	249719
核燃料加工						
生物质燃料加工						
化学原料和化学制品制造业	1418734	203929	62651	110824	8111918	6752412
基础化学原料制造	472698	34051	55089		1943762	1470203
肥料制造	126380	8788		3486	521886	436059
农药制造		2800			25519	22533
涂料、油墨、颜料及类似产品制造	34192	20188			617124	470208
合成材料制造	727130	73000	7413	84933	3840828	3429353
专用化学产品制造	56884	32973		5261	430201	320051
炸药、火工及焰火产品制造					19056	12794
日用化学产品制造	1450	32129	150	17144	713542	591213
医药制造业	164539	74733	15692	26553	1619967	871213
化学药品原料药制造	28310	17088			196264	144732
化学药品制剂制造	16521	8220		6766	335047	187416
中药饮片加工	10360	800			178293	122864
中成药生产	52967	2000	5186	5882	477414	206908
兽用药品制造	10616	3000	3384	13243	113303	67070
生物药品制品制造	45765	43625	7122		290023	116275
卫生材料及医药用品制造				662	29624	25948
药用辅料及包装材料						
化学纤维制造业	373056	255727	803883		10523197	9002171
纤维素纤维原料及纤维制造	17000		94605		455551	403768
合成纤维制造	356056	255727	709278		10067646	8598403
生物基材料制造						
橡胶和塑料制品业	429851	202476	256585	368606	8411370	7162564
橡胶制品业	222558	27870	36428	245133	2558755	2116372
塑料制品业	207293	174606	220156	123473	5852615	5046192
非金属矿物制品业	1151803	734260	266920	424110	16125009	13156041
水泥、石灰和石膏制造	192511	63547	107052		2442048	1947804
石膏、水泥制品及类似制品制造	33253	39305	7759		1485441	1196290
砖瓦、石材等建筑材料制造	130534	182577	64332	82247	3153292	2568549
玻璃制造	473522	188000	27445	248046	1252598	999137
玻璃制品制造	16275	10615		1936	500278	432391
玻璃纤维和玻璃纤维增强塑料制品制造	38000				33452	27905
陶瓷制品制造	244006	228991	55913	91881	6844022	5623201
耐火材料制品制造	16706	3865			191118	174551
石墨及其他非金属矿物制品制造	6996	17360	4419		222761	186214
黑色金属冶炼和压延加工业	715877	109612		984186	16801193	14361677
炼铁	4000	2000			308155	283628
炼钢		38172			1011825	907983
钢压延加工	711877	69440		984186	15481213	13170066
铁合金冶炼						
有色金属冶炼和压延加工业	780468	278214	246376	74908	15929065	13803292
常用有色金属冶炼	375208	900	62285	6600	7562639	6635712
贵金属冶炼	18461	104737	57289		507258	337054
稀有稀土金属冶炼				24400	1286867	1024414
有色金属合金制造				26600	177521	149851
有色金属压延加工	386799	172577	126802	17308	6394779	5656261
金属制品业	280263	161049	263624	379131	6282404	5371645
结构性金属制品制造	112649	26325		36315	1068968	905197

单位：万元

销售费用	管理费用	财务费用			投资收益(损失以“-”号记)	营业利润	利润总额	亏损企业亏损额	平均用工人数(人)
			利息收入	利息支出					
1043	3042	1456	138	1104		35319	35386		1223
137770	274401	149306	4114	139998	29201	773738	809953	4155	37596
26910	92369	44766	1139	47186	20757	317903	318275		8918
16266	20187	9456	1188	10576	-250	38168	38006		2993
303	121					2551	2551		392
28191	46908	4866	605	2416	1322	59973	58712		6199
13786	55460	89814	913	77983	1219	228814	266615	1868	4269
20728	35701	-451	-75	591	5844	56402	56160		4617
865	3756	179	-11	190		612	629		346
30722	19900	676	354	1055	309	69315	69004	2287	9862
237503	156132	-1238	6207	5100	9285	358609	355219	146	20376
4484	20430	354	15	1728	-2261	21098	18632	120	1891
70852	29206	-1697	1068	445	-376	47488	47036		3839
5871	6494	785	10	633		41246	41238		2773
41418	53102	-2302	2973	404	9413	185473	186131		4333
22108	12738	175	26	174	1697	12558	12574	26	1549
92686	33071	2061	2114	1716	810	47984	46847		5225
85	1091	-262	1			2762	2762		766
61785	691147	148526	10941	153192	4255	597905	602341	14498	31657
5745	20849	12749	995	11263		9811	11773		1816
56040	670298	135777	9946	141929	4255	588094	590568	14498	29841
221047	370974	46562	12928	57709	14210	581789	590023	1604	95642
118342	132553	19286	11660	31386	5184	164119	166382		24826
102705	238421	27276	1269	26323	9026	417670	423641	1604	70816
495643	671593	107634	41486	165259	478759	2054120	2055318	25438	186850
26749	66472	27773	156	27582	6083	352823	354421	1332	9811
56664	50542	8340	-7	7025	62	161600	161921	373	10861
93207	116908	43209	3871	35560	115	315047	315222	533	31148
38441	103230	-32140	34998	39189	466631	619091	617105	21734	9590
20022	12403	1786	30	1402	-196	21110	20926		4126
644	1034	26	4	31		3923	3662		321
255280	310455	58150	2194	53435	5043	543802	545407	1465	116948
1846	5451	128	96	590	1013	9401	9280		1189
2790	5099	363	144	445	8	27323	27375		2856
91292	283980	99102	12261	102918	4792	1812935	1780468	120959	60195
1849	3480	444	-21	459		17524	17361		1745
1809	18026	703	138	3294	643	80859	78759		5448
87634	262474	97954	12144	99165	4149	1714552	1684348	120959	53002
114247	238512	178203	104924	240280	240882	1826349	1867494	666	50394
33995	37536	42349	1606	22788	12650	817747	855234		19741
2170	61869	41588	87563	116052	194332	232260	227072		3605
12149	35215	7519	-1	7802	8160	223557	223581		5062
2679	5070	3358	61	3248	1	16041	16525		1612
63254	98822	83389	15694	90389	25739	536744	545082	666	20374
142732	264564	25123	18406	29581	-2139	451959	456776	11303	63671
33605	38450	5872	682	5714	199	76959	77410	12	11448

1-A-7 续表 8

行　业					营业收入	营业成本
	法人资本	个人资本	港澳台资本	外商资本		
金属工具制造	3109	6750		301	274107	190744
集装箱及金属包装容器制造	48129	43601	146061	55472	1100088	999461
金属丝绳及其制品制造						
建筑、安全用金属制品制造	89674	43044	51790	126956	2071921	1770892
金属表面处理及热处理加工	11801	6811		160086	620819	566759
搪瓷制品制造						
金属制日用品制造	4130	200	16616		224422	186249
铸造及其他金属制品制造	10771	34319	49157		922079	752344
通用设备制造业	296154	259159	49393	348639	6019402	4745195
锅炉及原动设备制造	11200				127885	101146
金属加工机械制造	5949	38033		48988	324769	259688
物料搬运设备制造	2245			97199	500097	346677
泵、阀门、压缩机及类似机械制造	93951	63100	28000	30192	2091041	1650888
轴承、齿轮和传动部件制造	28629	14871	3130	2344	721931	596904
烘炉、风机、包装等设备制造	15500	111756		14907	317921	269496
文化、办公用机械制造	138680	12195	18263	146736	1660880	1301935
通用零部件制造		18300		8274	243058	188022
其他通用设备制造业		905			31821	30439
专用设备制造业	135327	253451	66232	117550	3582159	2915589
采矿、冶金、建筑专用设备制造	27102	104748	3569	91791	1586106	1347506
化工、木材、非金属加工专用设备制造	35964	10552	7745	4611	261930	192478
食品、饮料、烟草及饲料生产专用设备制造		12000			19290	15193
印刷、制药、日化及日用品生产专用设备制造	980				47839	40482
纺织、服装和皮革加工专用设备制造	1004	9290	2706		133131	112819
电子和电工机械专用设备制造	7070	500	3842		89577	75912
农、林、牧、渔专用机械制造	51				10174	7774
医疗仪器设备及器械制造	46155	5257	48371	21148	500315	373820
环保、邮政、社会公共服务及其他专用设备制造	17000	111105			933798	749606
汽车制造业	347098	41363	304123	195394	9261806	7704724
汽车整车制造	107700	14050	160135	78563	3703914	3088184
汽车用发动机制造						
改装汽车制造	34901				312666	238037
低速汽车制造						
电车制造						
汽车车身、挂车制造	27747				125475	105457
汽车零部件及配件制造	176751	27313	143988	116832	5119751	4273046
铁路、船舶、航空航天和其他运输设备制造业	68624	32473	35875	2800	1439112	1333292
铁路运输设备制造			20000		146815	131080
城市轨道交通设备制造						
船舶及相关装置制造	63993	9302			659444	667834
航空、航天器及设备制造						
摩托车制造	1443	23171	15875	750	593733	502852
自行车和残疾人座车制造	3189			2050	39119	31526
助动车制造						
非公路休闲车及零配件制造						
潜水救捞及其他未列明运输设备制造						
电气机械和器材制造业	1012730	206813	476494	112568	16013004	12449475
电机制造	25087	9461	71474	12081	1327248	1124028
输配电及控制设备制造	122563	42213	52483	48650	2403457	1833380
电线、电缆、光缆及电工器材制造	94593	46719	46613	207	1377177	1216214
电池制造	581696	20082	196347	8894	7827239	5696838

单位：万元

销售费用	管理费用	财务费用	利息收入	利息支出	投资收益（损失以“–”号记）	营业利润	利润总额	亏损企业亏损额	平均用工人数（人）
16852	19756	2972	137	2597	25	41967	44309		1503
22287	27784	4724	1623	8631	-469	43385	43557		6100
29783	103188	-1145	13802	3844	-1924	160568	160213	3669	24343
10211	11057	5407	2219	3567	31	26827	26913	7531	3403
9451	11816	661	5	580		15902	15989	91	2873
20543	52513	6632	-63	4648		86350	88385		14001
242929	362662	44199	8086	39344	51588	658433	660847	5001	70865
4880	7157	3018	330	2674		13060	12977	341	1663
6504	13394	450	1137	719		41560	42375		2553
60657	34469	-1444	1785	147		58180	58629		3976
69956	90194	24177	421	15769	512	245964	246542	314	23532
14862	30733	3554	-150	2315	2505	75617	75647		9608
13513	17928	6092	-18	6716	116	9303	9484	3948	3273
67421	158758	7713	4538	10405	48454	175276	175716	398	23262
4581	9452	639	44	599		39295	39301		2658
557	576					177	177		340
85744	211985	19618	14551	35697	69734	389751	393219	21740	42385
39821	72602	10172	10266	19727	91	102952	103950	21668	14778
8133	22446	4328	254	3579	1399	36496	37876		5421
1158	2562	77	1	78		103	56		415
922	1663	814				3683	4052		462
2850	3191	703	-53	684		12194	12161		1226
911	3631	-390	693			9243	9721		1324
325	790	10	10			259	259		685
18699	39284	-4806	2144	914	979	74971	75325		13152
12925	65817	8709	1236	10715	67265	149852	149821	73	4922
324503	385449	25374	-6373	44562	11587	745301	752517	39799	70087
219758	168774	8702	-8173	27171	-598	139535	140653	34086	19059
30692	13962	-1981	-2908	889	2403	27996	27963		2668
2845	8036	242	166	405	289	8686	8824		778
71209	194676	18411	4543	16097	9494	569085	575077	5713	47582
27860	86044	49502	10009	61070	-907	-62900	-46907	108778	17363
7351	6625	467	35	432		929	941		408
6540	46245	46945	9473	57038	-914	-107307	-91180	107896	8045
13300	27626	2140	500	3473	7	42360	42091		7624
670	5548	-49	2	127		1118	1242	882	1286
525848	1088458	17421	61532	89828	64556	1833815	1890890	17652	145320
61015	76620	6357	984	3364	-254	45642	46570		8794
135019	136747	2878	5861	11905	7553	275139	317248	9795	27323
32186	50706	13325	588	13188	7723	71385	71561	9	7244
230675	670872	-8308	52866	55026	32975	1167653	1170124	1678	60049

1-A-7 续表 9

行　业					营业收入	营业成本
	法人资本	个人资本	港澳台资本	外商资本		
家用电力器具制造	137478	68837	31458	8593	1458813	1235398
非电力家用器具制造						
照明器具制造	51313	18501	78120	28082	1577800	1311413
其他电气机械及器材制造		1000		6061	41269	32206
计算机、通信和其他电子设备制造业	5311846	596620	730706	1620805	35165334	31019889
计算机制造	72875	38684	49684	40624	10094278	8996312
通信设备制造	57648	154526			1654500	1343679
广播电视设备制造	350	13641	28221	9663	1246206	1042906
雷达及配套设备制造						
非专业视听设备制造	19433	15034	22624	7650	2511630	2262164
智能消费设备制造	12638	12514	22376	10633	538192	466255
电子器件制造	4998727	168142	485766	1484348	14982103	13455416
电子元件及电子专用材料制造	123017	127230	121157	67578	3848887	3220991
其他电子设备制造	27159	66850	878	308	289538	232167
仪器仪表制造业	45108	34497	84421	50603	864473	713765
通用仪器仪表制造	688	26007		6883	87221	57957
专用仪器仪表制造				34095	71966	55329
钟表与计时仪器制造	2900	6490	84421		537904	483699
光学仪器制造	41519	2000			121164	79695
衡器制造						
其他仪器仪表制造业				9624	46218	37085
其他制造业	27094	14079	336375	12164	1525284	1322157
日用杂品制造	27094	14079	336375	12164	1525284	1322157
核辐射加工						
其他未列明制造业						
废弃资源综合利用业						
金属废料和碎屑加工处理						
非金属废料和碎屑加工处理						
金属制品、机械和设备修理业	74711	8900	93428	4904	1580471	1377265
金属制品修理						
通用设备修理						
专用设备修理						
铁路、船舶、航空航天等运输设备修理	74711	8900	93428	4904	1569358	1366369
电气设备修理					11113	10896
仪器仪表修理						
其他机械和设备修理业						
电力、热力、燃气及水生产和供应业	**1231352**		**747829**	**167518**	**17298209**	**15680483**
电力、热力生产和供应业	1117750		638688	153924	15158273	13742271
电力生产	1117750		638688	153924	5182906	3937013
电力供应					9975367	9805258
热力生产和供应						
燃气生产和供应业	63489		75411	3600	1782196	1689291
燃气生产和供应业	63489		75411	3600	1782196	1689291
生物质燃气生产和供应业						
水的生产和供应业	50113		33730	9994	357739	248921
自来水生产和供应	22515			9994	320896	207092
污水处理及其再生利用	27597		33730		36844	41829
海水淡化处理						
其他水的处理、利用与分配						

单位：万元

销售费用	管理费用	财务费用	利息收入	利息支出	投资收益(损失以“-”号记)	营业利润	利润总额	亏损企业亏损额	平均用工人数(人)
29094	67931	-694	-1251	2739	17194	140410	152835		16959
35753	82456	4162	2183	3605	-634	129544	128232	6170	24058
2106	3126	-300	302	2		4041	4319		893
703473	1501003	295127	66723	269392	99007	1954250	2005142	277668	242135
404997	398438	14090	15554	6383	18639	363012	360136	1910	34570
15681	78440	16766	-484	5465	26909	217608	219068		8347
23436	47057	4534	-2160	5196	1013	116695	118763	1206	14453
36393	63424	6354	11704	16180	23	141268	152153	162	14776
12542	40616	1142	-169	1714	571	13017	18997	9533	7433
147549	669092	232697	41989	209944	52247	721402	748645	253672	117897
50383	177994	16945	1194	21510	-1563	363005	369289	7254	38557
12493	25943	2598	-904	3000	1168	18244	18093	3931	6102
18020	49501	846	566	2130	-1631	77497	79095		13167
4704	13951	-237	87	22	377	11197	11522		2847
1493	5789	207	5	176		9036	9253		852
9319	16331	991	33	816	-2065	24146	24623		6440
2419	11870	-172	441	1060	57	25793	26372		2653
85	1560	56		56		7325	7325		375
33837	53415	9308	464	7593	18	101094	101638	997	28270
33837	53415	9308	464	7593	18	101094	101638	997	28270
12773	54209	1441	2131	7368	7788	139071	139526	25	7438
12773	54106	1497	2075	7368	7788	138976	139430	25	6859
	103	-56	56			94	96		579
101839	**148796**	**613920**	**47577**	**631134**	**70417**	**813497**	**838680**	**96445**	**53017**
438	87710	575750	43674	596261	16551	720074	731018	55813	42724
438	83957	403237	45088	435215	-29459	722288	719079	55813	12280
	3753	172513	-1414	161046	46010	-2214	11939		30444
49269	30507	22563	1598	18554	22638	56312	66093	27484	3708
49269	30507	22563	1598	18554	22638	56312	66093	27484	3708
52132	30579	15606	2305	16319	31228	37112	41570	13148	6585
52132	27159	15561	2241	16212	31228	45841	48481	6237	5901
	3420	45	64	107		-8729	-6911	6911	684

B. 地区部分

1-B-1 按地区分组的规模以上

地 区	企 业 单位数 (个)	资产总计	固定资产净 额	固定资产原 价	累计折旧	流动资产合 计	应收账款	存货
全 省	**17347**	**368588084**	**104458452**	**201431303**	**92404305**	**189680904**	**49312587**	**43796218**
福 州	2240	75318903	25098276	44064097	18510692	35165012	8337321	7659287
#平潭	16	528258	282891	568236	191895	145519	58717	14359
厦 门	1984	63309085	14424858	28055815	13324217	38576099	14377869	8090267
莆 田	1202	20289737	6531015	11166149	4098097	9033356	2321163	1882130
三 明	1685	17007679	5959638	18897486	12587479	7343986	1460494	1807946
泉 州	4769	91068313	22866618	48740100	23792881	48299018	12132943	10264714
漳 州	2226	37905249	9760862	18241030	7984545	19543061	4667522	5200617
南 平	1053	11538479	3956649	7547063	3491523	5078366	1202099	1531736
龙 岩	1129	22004409	5134161	9318559	4097220	10105510	2020989	3083149
宁 德	1059	30146230	10726375	15401005	4517650	16536497	2792186	4276372

1-B-1 续表

地 区	法人资本	个人资本	港澳台资本	外商资本	营业收入	营业成本	销售费用	管理费用
全 省	**27539921**	**17287393**	**10949974**	**9827033**	**512643652**	**432755533**	**12218647**	**18999017**
福 州	6009728	3929508	1289084	1282182	91314368	78446902	1943190	4073714
#平潭	24693	9450		102536	281616	269177	9536	10290
厦 门	4825792	1848862	3205044	3704374	63064081	53511108	2108674	3238853
莆 田	2360718	965356	424394	439500	31782092	26487831	654228	1124685
三 明	1175355	1463657	91294	35610	42432441	38017261	684712	1119798
泉 州	5111344	4175623	3939061	2028615	152730179	127493835	4200897	5125322
漳 州	3536644	1983762	1462375	1825022	55578355	45817374	1077396	1721471
南 平	1091115	1004268	74406	184601	19132986	16355394	559594	604958
龙 岩	1249579	1290162	304125	291523	26258017	21781549	451081	889946
宁 德	2179645	626195	160190	35608	30351134	24844280	538876	1100270

工业企业主要经济指标

单位：万元

产成品	负债合计	流动负债合计	应付账款	所有者权益合计	实收资本	国家资本	集体资本
17898462	**190116056**	**143226756**	**36985725**	**178485541**	**79552182**	**13084508**	**822104**
2998575	42024371	28298509	6392672	33294528	17423939	4708831	204605
4761	485212	316572	22439	43046	168777	30398	1700
2727692	33195365	27937410	10071397	30113705	14971777	1212605	170099
867491	10831923	7480044	1850643	9457569	5302427	1058368	54091
733377	8220651	6704806	1336029	8787023	3847349	1046874	34560
4974848	40674063	32416345	6750294	50408046	18057194	2631773	145774
2304850	19929062	14479626	3970613	17976184	9423655	499804	104805
677586	5553229	4768436	918279	5985246	2796925	429840	12695
791000	11380644	8430318	1786298	10623763	4065802	890020	40393
1823042	18306750	12711262	3909499	11839478	3663114	606393	55083

单位：万元

财务费用	利息收入	利息支出	投资收益（损失以“-”号记）	营业利润	利润总额	亏损企业亏损额	平均用工人数（人）
3982169	**483356**	**4026378**	**1572883**	**41412079**	**41802747**	**1313356**	**4453377**
986632	64997	1065658	618750	5859826	5921581	332855	677763
8109	-19	10206	213	-9251	-7575	22793	1838
452422	141290	499610	276616	3540942	3696745	468778	629693
288794	4446	235512	-305756	2888611	2920662	70937	395823
216960	10387	212484	-36519	2088199	2076661	154368	250071
996205	19079	864556	630993	13543355	13582039	94523	1481270
345276	77754	354267	30397	6435974	6467041	46723	490429
180364	6503	171323	32594	1376269	1378042	18000	179476
206471	99471	281844	309625	2263327	2289185	67573	151004
309045	59429	341124	16184	3415576	3470792	59598	197848

1-B-2 按地区分组的国有控股

地区	企业单位数（个）	资产总计						
			固定资产净额	固定资产原价	累计折旧	流动资产合计		
							应收账款	存货
全 省	**485**	**93771030**	**41724743**	**70510774**	**28004806**	**29036756**	**7095390**	**7724519**
福 州	91	26455511	13881209	22387349	8321248	7191490	1476942	1903376
#平潭	3	302789	160694	279793	119098	69362	21128	1992
厦 门	81	15538161	4635985	8137643	3472897	7945651	3806639	1778986
莆 田	34	6426182	3089286	5500843	2041386	1384702	346145	91509
三 明	56	5665250	2078212	4370825	2263915	2130295	229917	520459
泉 州	56	11790982	6686144	11362748	4593848	2836646	552391	682597
漳 州	45	6317297	1487339	2833800	1344903	1634718	160669	538958
南 平	34	2000473	1006056	2367063	1333196	565468	56586	137378
龙 岩	54	11085862	2524579	4806640	2267825	3822878	300535	1288269
宁 德	34	8491312	6335933	8743863	2365587	1524910	165566	782988

1-B-2 续表

地区					营业收入	营业成本	销售费用	管理费用
	法人资本	个人资本	港澳台资本	外商资本				
全 省	**8204865**	**330610**	**346729**	**353900**	**59222730**	**50107733**	**820103**	**1692380**
福 州	2448145	70765	161458	89907	14354922	12082069	348472	534389
#平潭	7863				73850	65733		1196
厦 门	1502113	60487	124054	77148	9883327	8246089	183963	404321
莆 田	806241	15795		162924	3246135	3004657	13277	59309
三 明	200584	47166		9677	5001266	3991571	70988	159135
泉 州	287827	7618	1600	5845	11167209	9840535	74331	160614
漳 州	944932	7880		8400	2084449	1751836	44780	68847
南 平	167195	5813			1430105	1299891	28437	52250
龙 岩	688970	113254	59618		9617336	8023500	51075	198199
宁 德	1158857	1833			2437981	1867584	4781	55317

工业企业主要经济指标

单位：万元

产成品	负债合计	流动负债合计	应付账款	所有者权益合计	实收资本	国家资本	集体资本
1392397	**57172409**	**31508041**	**6776370**	**36598619**	**21968140**	**12660678**	**71358**
364076	16490382	7269146	1639898	9965129	7355056	4576439	8342
	222937	56622	2054	79852	39961	30398	1700
459659	9994385	7833832	2206980	5543776	2930286	1160918	5567
11388	3853717	1940608	497030	2572465	2046168	1057768	3441
110636	2495660	2019549	346799	3169590	1279989	1022063	500
129270	6616155	3921890	564583	5174827	2905873	2595390	7593
125934	4787447	2130544	437268	1529850	1431358	470145	
56484	1263585	1002812	73972	736888	588084	414339	736
120353	5654328	3393035	510388	5431535	1633617	757275	14501
14598	6016751	1996625	499451	2474560	1797710	606341	30678

单位：万元

财务费用	利息收入	利息支出	投资收益（损失以“-”号记）	营业利润	利润总额	亏损企业亏损额	平均用工人数（人）
1233304	**150771**	**1307146**	**378149**	**3806720**	**3844327**	**565186**	**234529**
418963	11069	415802	73654	842731	861536	190027	55826
4103	82	2942	213	9451	9325		454
172659	25999	172843	57922	359039	366744	79195	54610
99478	2762	92339	11066	138565	150732	51477	11489
32647	8833	42453	17883	625822	623729	130484	27417
146775	4590	137939	4312	771692	775746	18375	24489
23048	5256	31672	16955	204051	206037	11070	13125
31101	1721	31325	6781	11417	16698	12579	13576
93899	89394	171041	217664	599711	589380	26858	20680
214733	1147	211733	-28086	253693	253725	45121	13317

1-B-3 按地区分组的有限责任公司

地区	企业单位数（个）	资产总计	固定资产净额	固定资产原价	累计折旧	流动资产合计	应收账款	存货
全省	**2464**	**104561864**	**44910070**	**76435562**	**30495582**	**40110891**	**10594355**	**10285999**
福州	305	26672907	13626460	21578122	7813856	7392858	1631676	1768653
#平潭	9	361487	174722	301646	126924	101636	43382	4130
厦门	232	15318158	5004350	8594505	3574616	7852857	3578699	1764058
莆田	429	9067178	3204974	5463713	2012434	3228766	846673	573410
三明	128	5595376	2088259	4477838	2368128	2053439	280274	419725
泉州	504	20617006	7919021	15148748	6794874	8877673	2458451	1931515
漳州	323	8862673	3245692	5506469	2220031	4079411	865548	964520
南平	136	2854921	1385569	2752925	1322407	944200	171941	343256
龙岩	202	5267159	1837435	3784207	1921565	2644738	341274	1327356
宁德	205	10306487	6598311	9129036	2467670	3036951	419818	1193506

1-B-3 续表

地区	法人资本	个人资本	港澳台资本	外商资本	营业收入	营业成本	销售费用	管理费用
全省	**10429715**	**2505885**	**141080**	**88178**	**109670293**	**92632240**	**1754271**	**3307363**
福州	2705393	607669	250	10194	19107850	16343745	275911	701910
#平潭	14193	5100		9998	150503	129716	6373	4520
厦门	2081525	167934	23811		10946481	8819449	192752	507742
莆田	1041104	322443	47426	17381	11372721	9779863	166266	369448
三明	346478	66181			7313110	6166314	127074	177733
泉州	958767	532366	68859	13944	27782716	23783965	524623	746805
漳州	1247656	364428	734	1848	12976448	10807182	224731	400259
南平	216933	136708		34300	3262611	2840360	79158	91626
龙岩	564669	185764		10511	10740171	9073043	82506	193394
宁德	1267190	122394			6168186	5018319	81250	118447

工业企业主要经济指标

单位：万元

产成品	负债合计	流动负债合计	应付账款	所有者权益合计	实收资本	国家资本	集体资本
3027682	**60198436**	**37657643**	**8643104**	**44363425**	**23794507**	**10296340**	**328309**
461020	16596155	7069407	1664679	10076752	7042419	3679389	39524
593	252088	85773	11052	109399	61388	30398	1700
429678	8779631	6933095	2015573	6538526	3228287	877451	72566
252051	5320132	3333571	708000	3747046	2337011	860721	47936
135217	2518471	1954228	331653	3076905	1192005	770827	8520
892907	10286744	7246709	1211730	10330262	4011702	2394738	43029
353703	4958862	4302594	1069586	3903810	2014008	351585	47758
120231	1824590	1498450	220522	1030330	677767	284990	4836
154581	2687604	2185075	511175	2579555	1334994	554498	19553
228294	7226247	3134515	910185	3080239	1956314	522143	44587

单位：万元

财务费用	利息收入	利息支出	投资收益（损失以“–”号记）	营业利润	利润总额	亏损企业亏损额	平均用工人数（人）
1449559	**61862**	**1334643**	**64646**	**8580435**	**8600619**	**331604**	**714038**
498443	17335	456654	32049	1138847	1138116	162109	91456
4212	-33	3178	213	12148	13816		875
129762	12421	113633	36079	748464	764415	16122	85049
132799	7276	108526	-63495	887614	901778	39306	129491
37944	5800	46068	4228	762874	762540	27368	37172
224596	4895	193307	2229	2220885	2215863	19595	166410
93844	10043	94959	7543	1414737	1399834	12332	98180
40692	814	42010	20043	215618	221182	13026	34427
58763	629	57069	20775	499249	494782	28319	30090
232715	2648	222418	5195	692146	702109	13428	41763

1-B-4 按地区分组的股份有限公司

地区	企业单位数(个)	资产总计						
			固定资产净额	固定资产原价	累计折旧	流动资产合计		
							应收账款	存货
全省	**357**	**38041205**	**6376227**	**11637162**	**4988818**	**19022434**	**3730705**	**3883172**
福州	65	10464425	1662275	2877345	1194682	6135922	999915	989976
#平潭	NA	8106	905	1000	94	6201	2789	3230
厦门	52	6513499	684096	1167097	468578	3333717	834606	658648
莆田	22	679574	150164	265628	105887	371486	115475	83879
三明	28	1264702	339478	1014405	654660	718170	112107	256227
泉州	91	4580360	1202768	2420791	1033388	2167443	643818	463749
漳州	36	1947670	173820	440025	245188	1203183	269682	323971
南平	16	2400683	857732	1434507	576757	1010336	176630	255983
龙岩	30	8916622	933428	1454540	519891	3399714	546348	628160
宁德	17	1273670	372467	562825	189786	682464	32125	222580

1-B-4 续表

地区					营业收入	营业成本	销售费用	管理费用
	法人资本	个人资本	港澳台资本	外商资本				
全省	**2549166**	**1575054**	**88405**	**88465**	**20537649**	**16679301**	**701288**	**1189370**
福州	1014782	428259	831	77867	4634990	3875302	149852	313062
#平潭		4000			19798	18087	253	926
厦门	566041	266558			3052236	2381184	171646	240421
莆田	62684	76614			606239	505920	29853	33341
三明	34060	42455	15250	867	958894	811522	22588	62828
泉州	268536	330319	15035	1131	5339119	4464552	165680	228424
漳州	139566	119334		2000	1557498	1114281	45089	72643
南平	285592	74580			1734718	1452592	38647	53859
龙岩	134018	234969	57289		1872126	1367443	71395	160145
宁德	43887	1967		6600	781829	706505	6537	24648

工业企业主要经济指标

单位：万元

产成品	负债合计	流动负债合计	应付账款	所有者权益合计	实收资本	国家资本	集体资本
1128851	**18727779**	**14490104**	**2543218**	**19313426**	**5872493**	**1425875**	**109285**
273606	4905883	4106640	465594	5558543	1950442	377119	51584
2020	3217	3217	1957	4889	4000		
217114	3267773	2626103	521115	3245726	913493	58395	22500
54065	404058	350248	89054	275516	170298	31000	
50352	715828	640581	90447	548874	354507	261020	855
213852	1797934	1563377	336668	2782426	852018	192815	19182
92342	623846	458612	158519	1323824	373330	96557	4630
96230	1111993	1025384	124339	1288690	489565	129393	
40063	4968314	2990839	373055	3948308	635551	198740	10534
91227	932150	728318	384428	341520	133289	80836	

单位：万元

财务费用	利息收入	利息支出	投资收益（损失以"–"号记）	营业利润	利润总额	亏损企业亏损额	平均用工人数（人）
291239	**144767**	**488780**	**801313**	**2306868**	**2342296**	**277586**	**180158**
39105	22977	137923	487688	729225	753333	53786	26668
31	1	33		456	456		191
61638	21865	81899	55004	283517	283383	62935	29406
10323	694	3962	-1754	44754	45668	2320	7717
11794	2712	13723	-112	-59257	-64623	118722	7067
57704	4297	60282	11020	397288	397132	3283	52574
9823	3511	11293	12018	315771	316967	1789	15416
37230	2021	36521	4828	150038	148639		19707
56271	86545	135427	264885	442648	445680	2344	12830
7351	145	7751	-32263	2883	16117	32407	8773

1-B-5 按地区分组的私营

地 区	企 业 单位数 (个)	资产总计	固定资产 净 额	固定资产 原 价	累计折旧	流动资产 合 计		
							应收账款	存货
全 省	**11067**	**107150172**	**25064875**	**51786239**	**25304721**	**61780523**	**15826681**	**14818020**
福 州	1315	18978264	5101874	9259804	4116131	10591921	2427477	2572078
#平潭	4	33578	7902	10272	2370	18051	8521	4810
厦 门	1008	9551014	1444724	2501433	1040294	6873609	2208119	1391716
莆 田	584	5786664	1795340	2509452	619892	2843629	744623	681207
三 明	1443	9333910	3166586	12558834	9094196	4233698	1001969	1044872
泉 州	2869	27549037	5628553	11362031	5152566	14807630	4386013	3478949
漳 州	1411	10993815	2576301	4520088	1725309	6474013	1808833	1747906
南 平	843	4932016	1350571	2624927	1229198	2534496	704229	776205
龙 岩	785	4822200	1376835	2432791	1027698	2548234	749991	746060
宁 德	809	15203254	2624091	4016880	1299437	10873293	1795428	2379028

1-B-5 续表

地 区					营业收入	营业成本	销售费用	管理费用
	法人资本	个人资本	港澳台资本	外商资本				
全 省	**7957502**	**11992448**	**57857**	**16014**	**219411447**	**186452585**	**4984048**	**7830730**
福 州	1175364	2618798	3292		36076914	31192583	717695	1540919
#平潭	7500	350			37719	32403	1877	1603
厦 门	667912	1213906	900	4600	10763222	8985726	329858	734486
莆 田	1102395	542523	1341		13133405	10838125	275422	429270
三 明	752633	1326184	723	100	31998586	29058967	497671	817672
泉 州	1828246	2838227	41148	8856	59014220	49371883	1592017	2047142
漳 州	777995	1391649	9954	2457	25475616	20834496	573646	792492
南 平	493751	768593			12578145	10872279	333895	393565
龙 岩	322373	816496			10214800	8435936	247447	415241
宁 德	836832	476072	500		20156538	16862590	416397	659944

工业企业主要经济指标

单位：万元

产成品	负债合计	流动负债合计	应付账款	所有者权益合计	实收资本	国家资本	集体资本
7605875	**50142421**	**43091582**	**11624736**	**57007485**	**20381581**	**28143**	**329613**
1284340	9390679	7939670	1562401	9587584	3900783	3602	99727
1106	23561	21317	6148	10017	7850		
536864	5120375	4864342	1812300	4430631	1962850	4516	71016
377526	2728636	2078931	566871	3057785	1651335		5077
508019	4589239	3788224	854909	4744664	2103849	1752	22457
1892366	11152419	9647689	2379756	16396618	4775773	1061	58233
920685	4535558	3907922	1240097	6458255	2236401	5647	48699
385988	1979548	1677226	467847	2952466	1275821	5840	7636
373369	2144131	1910406	532944	2678067	1150822	5680	6273
1326718	8501838	7277172	2207612	6701415	1323947	46	10496

单位：万元

财务费用	利息收入	村息支出	投资收益（损失以“-”号记）	营业利润	利润总额	亏损企业亏损额	平均用工人数（人）
1283839	**90008**	**1117028**	**-104829**	**17620144**	**17714166**	**104091**	**2068034**
305977	8967	277392	4593	2122596	2139803	26576	292706
1255	-1	1245		492	500		327
66092	-866	77034	60641	685422	734571	32154	154958
80263	6828	54642	-188671	1281468	1273000	7311	164034
158352	1731	143049	-41211	1322348	1316020	7989	188642
357204	4231	250628	12281	5229212	5220354	7977	710599
120947	5319	97092	4974	3059109	3060977	4947	246149
83133	2122	73882	5883	843259	839961	1474	106325
57909	1724	50526	8321	1001649	1018248	1901	84370
53962	59952	92783	28360	2075079	2111233	13763	120251

1-B-6　按地区分组的港澳台商投资

地　区	企　业 单位数 (个)	资产总计	固定资产 净　额	固定资产 原　价	累计折旧	流动资产 合　计	应收账款	存货
全　省	**2181**	**66655553**	**13840898**	**31893512**	**16867527**	**39972507**	**11672217**	**8300508**
福　州	288	10228091	2103068	4659664	2346219	5807685	2011265	1190562
#平潭	NA	117878	96410	247063	57204	15682	1168	1581
厦　门	371	14453101	3203123	7200333	3907449	9132337	3830918	2002332
莆　田	108	1553988	445950	814780	358796	861986	218615	239429
三　明	44	290844	109230	395726	281047	148602	35186	59051
泉　州	986	27114195	4675540	11585304	6180154	16486664	3695911	2910621
漳　州	285	8184617	1733232	4722308	2862743	4891865	1161722	1151335
南　平	23	566736	140519	335275	186195	284287	57152	87703
龙　岩	61	1204094	384308	634195	244923	566949	137441	201771
宁　德	15	3059888	1045927	1545928	500001	1792132	524009	457704

1-B-6　续表

地　区	法人资本	个人资本	港澳台资本	外商资本	营业收入	营业成本	销售费用	管理费用
全　省	**2430699**	**761733**	**9903693**	**1629437**	**94887221**	**79565858**	**3005892**	**4000148**
福　州	726202	136937	1243225	182869	16778019	14654907	414751	839321
#平潭				92539	61538	79973	91	1635
厦　门	458963	136948	2874753	624894	16451313	14230189	615813	734425
莆　田	36433	17607	375108	35814	3366327	2715158	72961	152054
三　明	12318	17678	74868	2100	1098309	981882	23539	41321
泉　州	753467	342203	3434796	386948	41829437	34842111	1587453	1576094
漳　州	370954	66684	1421327	297294	10326022	8510719	170812	301614
南　平	49604	10651	74306	10874	927804	674758	84177	39614
龙　岩	12291	18615	245620	77581	1272865	994666	23764	48837
宁　德	10469	14410	159690	11064	2837126	1961468	12622	266868

工业企业主要经济指标

单位：万元

产成品	负债合计	流动负债合计	应付账款	所有者权益合计	实收资本	国家资本	集体资本
3799963	**32194411**	**28059452**	**7569654**	**34461133**	**15198096**	**448895**	**23640**
465135	6175033	4910647	1505994	4053057	2559166	261546	8386
717	204423	204341	3097	-86545	92539		
800868	6855466	6096126	2341119	7597631	4256348	158563	2228
72009	785781	643246	148159	768206	465378		416
30743	103063	96562	20045	187782	107714	750	
1505241	12270267	11201487	2176322	14843927	4950610	22422	10774
573062	3691825	2945823	825059	4492792	2157224	313	652
43870	289682	265373	63577	277054	145435		
147774	481937	419622	101629	722155	360591	5301	1183
161262	1541357	1480567	387751	1518530	195632		

单位：万元

财务费用	利息收入	利息支出	投资收益（损失以“-”号记）	营业利润	利润总额	亏损企业亏损额	平均用工人数（人）
481628	**59472**	**587168**	**679392**	**8000372**	**8181784**	**267880**	**943293**
80019	4062	106597	45851	684253	712897	63169	137816
2573	15	5713		-22794	-22793	22793	376
50192	34689	104330	38078	765373	852064	126906	176693
37232	362	32555	-31464	349715	350858	5705	51860
5914	175	5530		42345	42253	15	8246
243433	-29858	240905	605415	3964423	4021813	61482	433169
25396	51624	58096	2510	1307590	1310226	9799	90862
8142	1422	8616	1755	117277	117275	386	8282
16233	269	12869	3054	182950	192096	419	12948
15065	-3274	17669	14193	586447	582302		23417

1-B-7 按地区分组的外商投资

地 区	企 业 单位数 (个)	资产总计						
			固定资产 净 额	固定资产 原 价	累计折旧	流动资产 合 计		
							应收账款	存货
全 省	**1146**	**49841341**	**12989448**	**27233141**	**13592260**	**28104787**	**7346846**	**6395797**
福 州	242	7797995	1788928	3998648	2164962	4978152	1200134	1080075
#平潭	NA	7210	2952	8256	5304	3949	2857	609
厦 门	320	17461813	4087277	8587360	4329482	11373375	3924774	2272724
莆 田	46	3099797	885350	2028046	965795	1680545	387128	298210
三 明	21	245892	101048	194740	88542	112278	17995	22172
泉 州	300	10717617	3266410	7972029	4567231	5839355	929525	1463573
漳 州	155	7843237	2016315	3013304	908234	2842242	555339	1004247
南 平	20	740850	208733	373221	164311	283281	85010	61534
龙 岩	34	1714220	574468	972864	371693	897961	232183	171499
宁 德	8	219921	60920	92930	32010	97598	14758	21763

1-B-7 续表

地 区					营业收入	营业成本	销售费用	管理费用
	法人资本	个人资本	港澳台资本	外商资本				
全 省	**4138729**	**408873**	**758938**	**8004940**	**65011665**	**54688508**	**1728069**	**2530340**
福 州	374644	133561	41487	1011252	13234784	11106063	363855	601044
#平潭	3000				12057	8998	943	1607
厦 门	1050273	63516	305580	3074880	21849406	19093264	798602	1021158
莆 田	116866	3395	519	386305	3156958	2524517	107231	131219
三 明	22765	6508	453	32543	294800	268389	7229	6278
泉 州	1300358	120260	379224	1617735	18558176	14854937	326892	516258
漳 州	991693	36493	30360	1521423	5080712	4408192	60986	148690
南 平	45235	6270	100	139427	540407	443717	20682	21245
龙 岩	215628	27518	1216	203431	1970643	1766673	21549	60023
宁 德	21266	11353		17944	325778	222758	21044	24426

工业企业主要经济指标

单位：万元

产成品	负债合计	流动负债合计	应付账款	所有者权益合计	实收资本	国家资本	集体资本
2289283	**27711895**	**19093866**	**6470359**	**22143240**	**13894353**	**562155**	**20718**
499590	4282649	3773551	1125315	3515346	1658655	92513	5199
325	1924	1924	186	5286	3000		
742608	9171442	7417066	3381207	8290369	4609698	113681	1769
106540	1544239	1039214	333449	1555558	670922	163450	387
7428	110137	84942	22070	135755	72029	8909	850
458233	5057017	2710841	632723	5674394	3439245	9155	12513
359435	6086105	2832934	669223	1757134	2622869	42900	
26948	335628	293041	40927	405222	196778	5746	
73365	1059422	887232	248886	654798	573594	125801	
15136	65257	55045	16560	154664	50564		

单位：万元

财务费用	利息收入	利息支出	投资收益(损失以“-”号记)	营业利润	利润总额	亏损企业亏损额	平均用工人数(人)
442255	**127423**	**466203**	**123791**	**4736043**	**4793136**	**329572**	**518868**
34409	12082	58565	29258	1092379	1083078	26585	118923
39		39		446	446		69
144741	73178	122714	86472	1058334	1062463	230511	183497
26693	-10730	35100	-8472	316819	340864	16295	40882
2327	-307	3228		9667	10130	263	3721
112434	35608	118581	-181	1719724	1715135	997	114490
94151	7260	92143	3342	327972	368211	17857	37986
10682	107	9878	83	41581	42467	2474	8953
16857	10299	25511	12590	112512	113774	34590	8278
-38	-75	482	700	57055	57013		2138

1-B-8 按地区分组的大型

地区	企业单位数（个）	资产总计	固定资产净额	固定资产原价	累计折旧	流动资产合计	应收账款	存货
全省	**451**	**147645156**	**48371866**	**85256327**	**35960985**	**70873260**	**15518811**	**16659771**
福州	93	34466360	13187204	22040021	8661811	13855943	3065619	3074961
厦门	91	29398841	8781513	16497593	7479781	16068202	5944371	3554253
莆田	39	4509399	1417079	2582254	1161708	2136619	545037	408707
三明	8	3716390	1317058	2467171	1137736	1314159	17637	224688
泉州	152	31610086	9309855	20153383	10412543	15793470	2812547	3443990
漳州	36	8910746	3686431	6003950	2279123	4025214	871943	1029514
南平	12	3466535	1639202	2694474	1047304	1157567	215518	360687
龙岩	11	10960783	1322767	2707886	1382155	4962555	693712	1785956
宁德	9	20606018	7710758	10109596	2398826	11559532	1352428	2777016

1-B-8 续表

地区	法人资本	个人资本	港澳台资本	外商资本	营业收入	营业成本	销售费用	管理费用
全省	**9849206**	**1970163**	**3254114**	**4806081**	**159327341**	**131924843**	**3969254**	**6107591**
福州	2491459	520411	393345	312247	34551794	29839291	601161	1582026
厦门	2422766	331421	1125348	1977860	31884832	27306818	1112159	1387351
莆田	222574	169555		176325	6778331	5659871	141701	220530
三明	2180	34846		4300	3696487	2938985	21791	60074
泉州	1869434	462435	1420026	1208280	44692772	36107334	1583369	1590468
漳州	606719	206468	103496	1023526	12453405	10466815	127623	354415
南平	442301	31006	607	58720	3218079	2723517	122165	62342
龙岩	260502	212642	65016	38224	6668272	4977646	67354	205250
宁德	1531272	1380	146276	6600	15383371	11904566	191931	645133

工业企业主要经济指标

单位：万元

产成品	负债合计	流动负债合计	应付账款	所有者权益合计	实收资本	国家资本	集体资本
5965519	**80852752**	**56443517**	**14216577**	**66806197**	**27153289**	**7201333**	**72391**
1095157	20783100	12415466	2674350	13683260	7107048	3370585	19000
1128366	15455790	12240448	4716582	13943050	6343819	446925	39500
207057	2377725	1975605	479057	2131674	717925	147471	2000
52803	1349224	1130915	197548	2367166	481238	439912	
1504894	14394459	9939163	1682364	17229421	6879039	1907191	11673
508699	5650582	4514498	966545	3260164	2178340	238131	
126483	1987390	1770162	196864	1479145	616725	84091	
120809	5782048	3795924	550713	5178734	1020083	443482	218
1221252	13072434	8661337	2752554	7533583	1809073	123545	

单位：万元

财务费用	利息收入	利息支出	投资收益（损失以"–"号记）	营业利润	利润总额	亏损企业亏损额	平均用工人数（人）
1428230	**319204**	**1762930**	**1577609**	**14436337**	**14619577**	**484995**	**1177958**
436907	42131	533818	553438	2411194	2446340	145107	212899
231531	89823	256940	107882	1547745	1602875	294598	273757
37335	-2325	40746	-35851	623612	649133	923	110067
16592	8891	24665	13568	640650	633188		21302
227968	9368	313026	583907	4473137	4514806	44367	358321
163483	18291	158081	8452	1317671	1313300		85630
57171	1317	55736	23250	267431	266231		36202
63796	94376	150383	279606	756874	747161		19314
193447	57331	229536	43356	2398024	2446544		60466

1-B-9 按地区分组的中型

地 区	企 业 单位数 (个)	资产总计	固定资产 净 额	固定资产 原 价	累计折旧	流动资产 合 计	应收账款	存货
全 省	**2699**	**104107695**	**27209178**	**55247458**	**26532966**	**56219430**	**15785562**	**12696025**
福 州	451	21897187	6960007	13796499	6622709	11178961	2651046	2401018
厦 门	318	19496649	3228745	6536197	3279476	12462543	5144173	2329045
莆 田	202	6589368	2458423	3583100	1047431	2655916	659780	577436
三 明	87	3767790	1286193	3511783	2184323	1865722	403315	603263
泉 州	1036	27095745	6088713	13747156	6849188	15222388	4106269	3302494
漳 州	332	13520784	3032387	6767716	3512283	7543552	1753714	2009001
南 平	97	2648244	748910	1429128	675998	1196405	251478	306284
龙 岩	82	5003409	1989552	3287626	1259777	2008199	368312	423295
宁 德	94	4088519	1416248	2588254	1101781	2085745	447476	744190

1-B-9 续表

地 区	法人资本	个人资本	港澳台资本	外商资本	营业收入	营业成本	销售费用	管理费用
全 省	**8268888**	**4293927**	**4546592**	**2610595**	**147256312**	**124459801**	**3570667**	**5521556**
福 州	2212788	1380333	515772	445853	29890349	25469737	681891	1323356
厦 门	1166627	500163	889459	964605	15567549	12852601	519476	854649
莆 田	1004440	245859	290935	121788	10193878	8713278	177764	366234
三 明	421806	199732	51240	260	7685107	6940090	127609	223131
泉 州	1328980	1007409	1614189	327695	50024910	42004811	1358459	1727941
漳 州	1162629	522837	988739	501642	18230506	15039786	342827	526179
南 平	157103	144004	54863	98060	4611156	3965960	139916	138551
龙 岩	514255	193887	141396	141019	4872705	4040918	102568	217707
宁 德	300260	99704		9674	6180152	5432620	120157	143809

工业企业主要经济指标

单位：万元

产成品	负债合计	流动负债合计	应付账款	所有者权益合计	实收资本	国家资本	集体资本
5261101	**51007349**	**41365489**	**10816366**	**53100340**	**23419479**	**3240994**	**433483**
916267	10758367	8157011	1722426	11138818	5571988	888758	128484
762484	10322987	8886414	2935307	9173658	4192889	595369	76666
240904	3584586	2242667	687961	3004781	2146993	449653	34318
189817	2475765	2043489	362598	1292026	846749	162533	11178
1680347	11881600	10448483	2407525	15214145	4579760	208381	68106
858443	5745197	4514589	1355283	7775587	3323314	70126	77342
147168	1043111	931822	193763	1605134	667510	208046	5435
217231	2836467	2269145	592153	2166942	1323074	329443	3076
248441	2359269	1871869	559352	1729250	767202	328686	28878

单位：万元

财务费用	利息收入	利息支出	投资收益（损失以"–"号记）	营业利润	利润总额	亏损企业亏损额	平均用工人数（人）
1231163	**150300**	**1171865**	**93446**	**11752300**	**11900105**	**457432**	**1501722**
334554	37486	334859	53916	1902765	1910612	122155	251846
113769	34409	135101	124256	1337000	1395217	50873	175394
99086	2692	83268	-105758	782842	797138	34439	143786
63308	-249	63993	-9534	195289	187125	138899	45083
407341	18486	306465	18943	4227000	4248348	8801	577630
68540	51226	101007	14303	2179311	2219884	7636	172245
35090	2757	34999	7590	306298	309082	129	46997
65598	3164	66888	22599	436666	444602	59275	43378
43877	328	45285	-32869	385130	388097	35225	45363

1-B-10 按地区分组的小型

地区	企业单位数(个)	资产总计	固定资产净额	固定资产原价	累计折旧	流动资产合计	应收账款	存货
全省	**14197**	**116835233**	**28877408**	**60927518**	**29910354**	**62588214**	**18008214**	**14440422**
福州	1696	18955357	4951065	8227578	3226173	10130108	2620656	2183308
厦门	1575	14413595	2414601	5022025	2564961	10045354	3289325	2206970
莆田	961	9190970	2655513	5000795	1888957	4240821	1116346	895987
三明	1590	9523499	3356387	12918531	9265420	4164105	1039543	979995
泉州	3581	32362483	7468051	14839561	6531151	17283160	5214127	3518230
漳州	1858	15473719	3042044	5469364	2193139	7974295	2041866	2162103
南平	944	5423699	1568537	3423461	1768221	2724395	735103	864766
龙岩	1036	6040216	1821841	3323048	1455289	3134756	958965	873898
宁德	956	5451694	1599369	2703155	1017044	2891220	992283	755165

1-B-10 续表

地区	法人资本	个人资本	港澳台资本	外商资本	营业收入	营业成本	销售费用	管理费用
全省	**9421826**	**11023303**	**3149268**	**2410357**	**206059999**	**176370890**	**4678726**	**7369871**
福州	1305481	2028764	379967	524082	26872225	23137874	660137	1168332
厦门	1236400	1017278	1190237	761909	15611701	13351688	477039	996853
莆田	1133704	549943	133459	141387	14809883	12114682	334764	537922
三明	751368	1229079	40055	31050	31050848	28138186	535312	836593
泉州	1912930	2705780	904846	492640	58012497	49381691	1259069	1806913
漳州	1767295	1254457	370140	299854	24894444	20310773	606946	840878
南平	491712	829258	18937	27821	11303750	9665917	297513	404065
龙岩	474823	883634	97713	112280	14717040	12762985	281159	466988
宁德	348113	525111	13914	19334	8787611	7507094	226788	311328

工业企业主要经济指标

单位：万元

产成品	负债合计	流动负债合计	应付账款	所有者权益合计	实收资本	国家资本	集体资本
6671841	**58255955**	**45417750**	**11952782**	**58579003**	**28979414**	**2642181**	**316231**
987151	10482904	7726032	1995897	8472451	4744904	449488	57121
836842	7416587	6810548	2419508	6996996	4435068	170311	53933
419530	4869612	3261772	683625	4321114	2437510	461244	17773
490757	4395662	3530402	775883	5127831	2519362	444429	23382
1789608	14398004	12028699	2660406	17964480	6598394	516201	65995
937708	8533283	5450540	1648785	6940433	3922001	191548	27463
403935	2522729	2066452	527652	2900967	1512691	137704	7259
452960	2762128	2365249	643433	3278086	1722645	117095	37100
353349	2875046	2178056	597594	2576645	1086839	154162	26205

单位：万元

财务费用	利息收入	利息支出	投资收益（损失以“−”号记）	营业利润	利润总额	亏损企业亏损额	平均用工人数（人）
1322776	**13852**	**1091583**	**-98172**	**15223442**	**15283065**	**370928**	**1773697**
215171	-14620	196981	11396	1545867	1564629	65592	213018
107121	17058	107569	44478	656196	698652	123307	180542
152373	4079	111498	-164147	1482157	1474391	35575	141970
137060	1745	123826	-40553	1252261	1256348	15470	183686
360896	-8775	245064	28143	4843218	4818885	41355	545319
113253	8237	95179	7641	2938993	2933857	39087	232554
88103	2429	80588	1753	802541	802729	17871	96277
77078	1931	64573	7420	1069788	1097423	8298	88312
71721	1770	66303	5698	632422	636151	24374	92019

1-B-11　按地区分组的采矿业

地　区	企　业 单位数 (个)	资产总计	固定资产 净　额	固定资产 原　价	累计折旧	流动资产 合　计	应收账款	存货
全　省	**344**	**4077914**	**1596036**	**3071460**	**1406812**	**1299019**	**171382**	**152423**
福　州	3	25201	6511	8829	2319	12904	1729	1978
厦　门	NA	37800	21425	23154	1729	7023	2060	
莆　田	3	120353	703	3048	2346	19047	139	2150
三　明	173	1258227	506548	1456568	914101	438607	70018	60819
泉　州	26	580591	210728	316578	90931	158560	14193	10679
漳　州	14	132729	24390	38788	14322	88849	10076	10176
南　平	29	217189	66576	99606	31133	91592	15361	19031
龙　岩	92	1642122	742806	1064389	317315	460455	57504	46662
宁　德	3	63704	16349	60501	32616	21983	302	927

1-B-11　续表

地　区	法人资本	个人资本	港澳台资本	外商资本	营业收入	营业成本	销售费用	管理费用
全　省	**206691**	**259904**	**26594**	**9867**	**6176815**	**5111488**	**148376**	**292455**
福　州	300	6000	5763		117571	89121	3381	4009
厦　门					2657	1023		883
莆　田					6853	5857	314	1597
三　明	73465	109940	1873	867	3673174	3254224	81217	120360
泉　州	7134	33916			546021	435483	18218	22253
漳　州	3808	7526		9000	222360	183432	4104	3945
南　平	7869	12421			221861	157855	9697	21162
龙　岩	105114	89602	18958		1348093	963704	31387	116850
宁　德	9000	500			38226	20789	58	1397

主要经济指标

单位：万元

产成品	负债合计	流动负债合计	应付账款	所有者权益合计	实收资本	国家资本	集体资本
83800	**1622110**	**1315542**	**231971**	**2455804**	**789641**	**275551**	**11034**
1182	4162	4162	803	21039	12413	50	300
	29401	19401	3	8399	8000	8000	
2045	20963	20963		99390	5090	5000	90
29453	529901	463827	68670	728325	244032	51792	6094
8232	131481	102608	26484	449110	62850	19700	2100
7164	22930	14505	3176	109799	20834	500	
9301	89601	87357	29227	127587	33356	12867	200
26160	756933	577692	100343	885189	393567	177643	2250
263	36737	25026	3265	26967	9500		

单位：万元

财务费用	利息收入	利息支出	投资收益（损失以"−"号记）	营业利润	利润总额	亏损企业亏损额	平均用工人数（人）
23972	**4044**	**26415**	**2004**	**516680**	**519640**	**5403**	**59720**
-11		-25		16011	16008		859
430				301	321		26
62	7	56		-1167	-673	774	763
8408	2452	9865	189	163444	164205	137	27616
1956	255	1754	202	61676	62217	690	8389
562	13	528		29315	29295		1943
564	49	1034	32	26331	27004	897	2911
10016	1025	10978	1158	210400	211201	2905	16886
1985	243	2225	425	10368	10062		327

1-B-12 按地区分组的煤炭开采和

地区	企业单位数(个)	资产总计						
			固定资产净额	固定资产原价	累计折旧	流动资产合计		
							应收账款	存货
全省	**66**	**1204605**	**348491**	**597416**	**237928**	**491852**	**38338**	**20379**
福州								
厦门								
莆田								
三明	20	385981	60895	163004	94729	185612	12221	6339
泉州	3	85236	7897	26116	16444	50138	118	678
漳州								
南平	NA	57928	786	2409	1623	36561	1980	82
龙岩	42	675460	278913	405886	125132	219540	24019	13280
宁德								

1-B-12 续表

地区					营业收入	营业成本	销售费用	管理费用
	法人资本	个人资本	港澳台资本	外商资本				
全省	**21966**	**72566**	**18958**		**1020278**	**747098**	**22246**	**93551**
福州								
厦门								
莆田								
三明	281	13826			362431	297663	7302	16080
泉州		16156			68436	44647	1936	5374
漳州								
南平					2866	1956	51	1807
龙岩	21685	42585	18958		586544	402833	12957	70289
宁德								

洗选业主要经济指标

单位：万元

产成品	负债合计	流动负债合计	应付账款	所有者权益合计	实收资本	国家资本	集体资本
14191	**447019**	**377609**	**65369**	**757586**	**270551**	**155188**	**1873**
4977	150485	132873	10577	235496	42322	27592	623
416	20739	12331	67	64497	27356	11200	
	7872	7872	11	50056	5000	5000	
8799	267923	224533	54714	407537	195874	111396	1250

单位：万元

财务费用	利息收入	利息支出	投资收益(损失以"–"号记)	营业利润	利润总额	亏损企业亏损额	平均用工人数(人)
-1277	**3233**	**2861**	**476**	**148106**	**152230**	**2905**	**22336**
-1345	2165	714	20	34944	37063		8507
-561	9	35		13710	14118		2574
-516			32	239	1242		167
1145	1059	2112	424	99213	99806	2905	11088

1-B-13　按地区分组的黑色金属矿

地区	企业单位数（个）	资产总计						
			固定资产净额	固定资产原价	累计折旧	流动资产合计		
							应收账款	存货
全　省	**76**	**1112116**	**542910**	**897484**	**345768**	**282167**	**39721**	**47047**
福　州								
厦　门								
莆　田								
三　明	45	234122	118125	279599	152669	68027	16436	22605
泉　州	10	130489	41317	103810	62493	52784	7775	4179
漳　州	NA	10525				3625	359	2451
南　平	3	14202	1708	2537	829	1668	178	97
龙　岩	17	722778	381761	511538	129777	156063	14974	17715
宁　德								

1-B-13　续表

地区					营业收入	营业成本	销售费用	管理费用
	法人资本	个人资本	港澳台资本	外商资本				
全　省	**76091**	**67585**	**1000**		**1944565**	**1752659**	**30287**	**55804**
福　州								
厦　门								
莆　田								
三　明	9451	18870	1000		1267025	1183121	20072	27702
泉　州	4200	11795			267911	242913	3253	8989
漳　州					8820	7811	12	40
南　平	1200				52179	40302	870	3381
龙　岩	61240	36920			348629	278511	6080	15692
宁　德								

采选业主要经济指标

单位：万元

产成品	负债合计	流动负债合计	应付账款	所有者权益合计	实收资本	国家资本	集体资本
22025	**561916**	**406670**	**63999**	**550200**	**218120**	**71464**	**1980**
8881	115355	101457	24018	118766	30143	342	480
3823	51679	42884	4909	78811	25995	8500	1500
2144	6153			4372			
	3549	2949		10654	1200		
7177	385180	259380	35072	337598	160782	62622	

单位：万元

财务费用	利息收入	利息支出	投资收益（损失以“-”号记）	营业利润	利润总额	亏损企业亏损额	平均用工人数（人）
9805	**214**	**9825**	**791**	**80614**	**81239**	**709**	**10885**
1443	25	1328	-195	27952	27500	19	5684
1271	232	1462	173	9504	9545	690	2038
3		3		938	938		85
178	2	161		6676	6676		629
6911	-45	6870	813	35545	36581		2449

1-B-14　按地区分组的有色金属矿

地　区	企　业 单位数 (个)	资产总计	固定资产 净　额	固定资产 原　价	累计折旧	流动资产 合　计	应收账款	存货
全　省	**43**	**470610**	**238260**	**496336**	**238508**	**115944**	**29845**	**17813**
福　州								
厦　门								
莆　田								
三　明	28	228935	133591	294899	155603	41426	13977	7684
泉　州	NA	31958	13637	14663	1026	11392	379	1
漳　州								
南　平	6	76807	39667	58863	17315	20254	7264	3129
龙　岩	6	77525	35839	69449	33166	27940	8135	6105
宁　德	NA	55385	15526	58461	31400	14932	91	894

1-B-14　续表

地　区	法人资本	个人资本	港澳台资本	外商资本	营业收入	营业成本	销售费用	管理费用
全　省	**20675**	**44480**		**867**	**649177**	**497293**	**7989**	**34426**
福　州								
厦　门								
莆　田								
三　明	600	34026		867	400703	317356	7758	21203
泉　州		2230			5520	4569	75	75
漳　州								
南　平	3000	8223			47711	26048	4	7034
龙　岩	9075				166510	136035	138	5294
宁　德	8000				28733	13286	13	821

采选业主要经济指标

单位：万元

产成品	负债合计	流动负债合计	应付账款	所有者权益合计	实收资本	国家资本	集体资本
9507	**214843**	**191741**	**53703**	**255767**	**84081**	**14149**	**3909**
3401	78516	73061	15699	150420	42060	3658	2909
1	25758	22474	17580	6200	2230		
740	31191	31146	6081	45615	19090	7867	
5119	44646	40866	11114	32878	12700	2625	1000
247	34732	24194	3230	20653	8000		

单位：万元

财务费用	利息收入	利息支出	投资收益（损失以"－"号记）	营业利润	利润总额	亏损企业亏损额	平均用工人数（人）
5284	**339**	**5522**	**385**	**80599**	**80126**	**959**	**5641**
2158	162	2135		41370	42129	61	3844
22	1	4		729	729		218
183	42	224		11216	11120	897	743
886	-55	933	-39	18154	17243		705
2036	190	2225	425	9131	8906		131

1-B-15 按地区分组的非金属矿

地 区	企 业单位数（个）	资产总计	固定资产净 额	固定资产原 价	累计折旧	流动资产合 计	应收账款	存货
全 省	**159**	**1290582**	**466375**	**1080224**	**584609**	**409057**	**63478**	**67184**
福 州	3	25201	6511	8829	2319	12904	1729	1978
厦 门	NA	37800	21425	23154	1729	7023	2060	
莆 田	3	120353	703	3048	2346	19047	139	2150
三 明	80	409189	193938	719064	511100	143542	27384	24191
泉 州	11	332908	147877	171989	10969	44245	5922	5821
漳 州	13	122205	24390	38788	14322	85224	9717	7725
南 平	19	68251	24416	35797	11367	33108	5940	15723
龙 岩	27	166358	46293	77515	29241	56911	10376	9562
宁 德	NA	8319	823	2040	1217	7051	212	34

1-B-15 续表

地 区	法人资本	个人资本	港澳台资本	外商资本	营业收入	营业成本	销售费用	管理费用
全 省	**87960**	**75273**	**6636**	**9000**	**2562795**	**2114438**	**87853**	**108674**
福 州	300	6000	5763		117571	89121	3381	4009
厦 门					2657	1023		883
莆 田					6853	5857	314	1597
三 明	63134	43218	873		1643015	1456084	46086	55374
泉 州	2934	3735			204154	143354	12953	7815
漳 州	3808	7526		9000	213539	175620	4092	3905
南 平	3669	4197			119104	89549	8771	8940
龙 岩	13115	10097			246410	146325	12212	25574
宁 德	1000	500			9493	7504	45	576

采选业主要经济指标

单位：万元

产成品	负债合计	流动负债合计	应付账款	所有者权益合计	实收资本	国家资本	集体资本
38077	**398332**	**339522**	**48901**	**892251**	**216890**	**34750**	**3272**
1182	4162	4162	803	21039	12413	50	300
	29401	19401	3	8399	8000	8000	
2045	20963	20963		99390	5090	5000	90
12195	185546	156435	18375	223644	129507	20200	2082
3993	33306	24919	3929	299602	7269		600
5021	16778	14505	3176	105427	20834	500	
8561	46989	45391	23136	21262	8066		200
5065	59184	52914	-557	107175	24212	1000	
16	2005	832	36	6314	1500		

单位：万元

财务费用	利息收入	利息支出	投资收益(损失以“-”号记)	营业利润	利润总额	亏损企业亏损额	平均用工人数(人)
10161	**258**	**8207**	**352**	**207361**	**206045**	**831**	**20858**
-11		-25		16011	16008		859
430				301	321		26
62	7	56		-1167	-673	774	763
6153	100	5688	363	59179	57513	57	9581
1224	13	252	29	37734	37825		3559
559	13	525		28378	28357		1858
720	5	649		8200	7967		1372
1075	65	1062	-40	57488	57571		2644
-51	54			1237	1156		196

1-B-16　按地区分组的制造业

地　区	企　业 单位数 (个)	资产总计	固定资产 净　额	固定资产 原　价	累计折旧	流动资产 合　计	应收账款	存货
全　省	**16681**	**316979651**	**73241755**	**146154689**	**68758950**	**180696320**	**47912989**	**42540224**
福　州	2188	59956495	15081519	27642964	12111758	33504539	8019821	7246555
厦　门	1972	59416724	12317997	23571502	10952579	37988664	14304753	8049133
莆　田	1170	14403869	3746164	6239554	2123903	7882734	2083242	1830737
三　明	1478	14483443	4583975	15592961	10699127	6685526	1351059	1740584
泉　州	4673	83966191	18472778	40670074	20192786	47003895	11931192	10193086
漳　州	2171	33625323	8071021	13785794	5221364	17849495	4519298	5113790
南　平	997	10039882	3109541	5956396	2789138	4797845	1150590	1510493
龙　岩	1014	18873444	3367911	6114277	2681103	9456319	1917613	3027843
宁　德	1018	22214281	4490851	6581167	1987193	15527303	2635422	3828003

1-B-16　续表

地　区	法人资本	个人资本	港澳台资本	外商资本	营业收入	营业成本	销售费用	管理费用
全　省	**24448651**	**16834571**	**10074016**	**9504305**	**483939400**	**407766442**	**11931229**	**18391933**
福　州	5733131	3902898	1256911	1257007	85463810	73441675	1895213	4000148
厦　门	4743010	1848862	3059809	3694380	60950758	51553305	2055822	3208033
莆　田	1759658	928762	423886	280748	29038012	23936889	646085	1092614
三　明	1061891	1343758	88921	13718	37949277	34004679	600914	987220
泉　州	4791954	4102447	3926692	2003435	146780669	122182689	4168241	5029751
漳　州	3330131	1944531	821866	1807051	53301042	43803555	1062868	1690926
南　平	1030591	970067	63376	121326	18302243	15646648	547957	574308
龙　岩	1016579	1188298	272367	291033	24126312	20080439	418754	762144
宁　德	981708	604949	160190	35608	28027277	23116565	535376	1046789

主要经济指标

单位：万元

产成品	负债合计	流动负债合计	应付账款	所有者权益合计	实收资本	国家资本	集体资本
17792475	**158612993**	**129252240**	**35007128**	**158380174**	**67041370**	**5415712**	**734109**
2992095	31476437	24850387	5806482	28480055	13880881	1532019	198915
2727648	30783040	26533400	9927122	28633667	13987434	466274	170099
863027	7390506	5940811	1496354	7013119	3488798	45600	50145
702862	6922590	5816603	1223672	7560846	3271828	740074	23466
4959081	36761938	30178723	6524697	47218048	16515709	1530223	135956
2295176	18178357	13246609	3871675	15446964	8184964	178699	102687
667125	4723271	4243022	858558	5316609	2459891	262637	11894
764266	9633889	7289115	1624941	9239552	3240541	447121	25143
1821196	12742965	11153571	3673629	9471314	2011323	213064	15805

单位：万元

财务费用	利息收入	利息支出	投资收益（损失以"–"号记）	营业利润	利润总额	亏损企业亏损额	平均用工人数（人）
3152878	**425616**	**3200232**	**1456259**	**39414648**	**39769505**	**1174687**	**4315270**
705083	60739	793329	584146	5402993	5461759	331407	657372
408427	139372	455761	244742	3491075	3642343	452210	620894
196515	1781	155429	-335485	2755575	2777773	26724	389911
189482	8081	182849	-38989	1908835	1892818	144330	216830
888635	17332	777630	599941	13147057	13178647	92087	1456944
351847	35702	320114	25592	6200107	6228509	44351	481322
158440	6124	150604	30351	1325017	1324925	14896	172344
169246	98576	243443	302123	2046032	2069204	49104	130414
85202	57910	121073	43838	3137955	3193528	19577	189239

1-B-17 按地区分组的农副食品

地区	企业单位数（个）	资产总计	固定资产净额	固定资产原价	累计折旧	流动资产合计	应收账款	存货
全省	**1135**	**15060537**	**3328970**	**6198442**	**2702770**	**9282196**	**2343872**	**2701565**
福州	197	2761758	445560	906291	450959	1888657	427654	563983
厦门	64	1073657	235786	414735	171016	730410	155891	203132
莆田	59	897080	169164	287631	110509	480962	136633	105852
三明	97	465381	204829	786009	561705	174645	48400	51825
泉州	51	1289387	218784	593219	318377	892637	92653	255771
漳州	321	4625305	773247	1377145	560533	3094460	896609	974390
南平	96	2233917	1001937	1362497	357171	794322	104496	230588
龙岩	86	451223	112768	186069	67624	246131	84930	49083
宁德	164	1262829	166897	284847	104876	979972	396606	266942

1-B-17 续表

地区	法人资本	个人资本	港澳台资本	外商资本	营业收入	营业成本	销售费用	管理费用
全省	**1100199**	**1020620**	**298835**	**355432**	**30861813**	**26906589**	**619205**	**743120**
福州	140798	192112	76395	55011	6951464	6098993	128104	236880
厦门	115628	77595	33462	8732	1851581	1672066	44931	42286
莆田	43006	55523	78553	128389	2163650	1855548	37604	61619
三明	46414	87289	370	100	1634657	1479541	39091	42311
泉州	23700	52216	22889	44830	2718492	2421395	58875	46773
漳州	331414	290768	75859	58750	9566070	8185923	175636	200385
南平	279125	75141	821	57820	2310244	1969407	57439	40833
龙岩	55317	111308	901	1800	1264573	1117701	30172	31066
宁德	64796	78668	9585		2401081	2106016	47354	40968

加工业主要经济指标

单位：万元

产成品	负债合计	流动负债合计	应付账款	所有者权益合计	实收资本	国家资本	集体资本
1411887	**7541141**	**6922072**	**1561296**	**7519391**	**2935957**	**34073**	**126798**
236954	1549771	1380167	318124	1211987	503619	2941	36361
87158	718365	699526	91361	355291	241499	4814	1269
42052	350226	329260	53612	546853	319471	14000	
29275	171683	143794	28631	293697	135580	218	1189
136000	655686	576565	27228	633701	143635		
611997	2159110	1994017	640653	2466193	844157	2400	84966
65792	1118407	1057446	138474	1115511	416008	3000	101
23672	213975	200309	79974	237248	174720	3500	1894
178988	603918	540987	183238	658910	157268	3200	1018

单位：万元

财务费用	利息收入	利息支出	投资收益(损失以“-”号记)	营业利润	利润总额	亏损企业亏损额	平均用工人数(人)
204015	**8289**	**198160**	**-10523**	**2304190**	**2290537**	**22535**	**232890**
44793	-8340	53923	4527	397223	402648	14595	39485
29336	1364	24645	2818	66501	67306	1821	10323
16906	95	12728	-51510	168850	169346		13716
7153	213	7021	-2532	56829	57237	1383	10360
5318	10345	6151	-763	182740	160607		14566
57642	2791	49198	6558	921807	919244	3496	87472
29713	635	27350	17360	227472	227860	224	28039
5244	1155	5548	12639	88389	89590	991	8066
7911	32	11596	382	194379	196699	26	20863

1-B-18 按地区分组的食品

地区	企业单位数(个)	资产总计						
			固定资产净额	固定资产原价	累计折旧	流动资产合计		
							应收账款	存货
全省	**608**	**10133656**	**1609990**	**3245345**	**1490315**	**5368579**	**923904**	**1004650**
福州	54	1488773	182682	340860	157972	423675	72765	99330
厦门	52	811165	146993	253841	106133	476291	139306	118306
莆田	33	245165	44416	85100	33260	130388	38368	39695
三明	42	324368	84627	327397	239220	205017	31781	47344
泉州	105	4206780	551450	1138620	478422	2281259	259834	250280
漳州	210	2282352	416896	730744	292137	1453504	298070	327883
南平	38	352445	72275	150011	76041	173621	31504	61802
龙岩	47	221658	68627	158895	89300	116854	32159	35721
宁德	27	200949	42024	59876	17830	107970	20117	24289

1-B-18 续表

地区					营业收入	营业成本	销售费用	管理费用
	法人资本	个人资本	港澳台资本	外商资本				
全省	**459485**	**758240**	**324306**	**167976**	**16502048**	**13503664**	**701550**	**612029**
福州	81232	25466	34386	13743	1550880	1298281	82559	62077
厦门	61518	35790	16463	55627	756772	561839	40609	47458
莆田	32780	15996	3786	3034	767863	627882	23371	35999
三明	31764	25353			924920	848164	11619	17653
泉州	83068	335329	236121	47984	6023590	4972233	343793	241263
漳州	130158	226224	24482	21072	4645522	3728482	118345	127093
南平	24078	33652		13593	750508	617231	30305	29929
龙岩	2820	41986	9067	4979	738323	605254	27718	29064
宁德	12069	18445		7944	343672	244299	23231	21492

制造业主要经济指标

单位：万元

产成品	负债合计	流动负债合计	应付账款	所有者权益合计	实收资本	国家资本	集体资本
482352	**3832896**	**2729825**	**670376**	**6300759**	**1796642**	**76564**	**10072**
36906	1043463	335448	108989	445311	175005	20179	
39324	349607	270303	58713	461558	188283	15785	3100
14574	103031	91274	12527	142135	55596		
27785	164325	130608	59927	160044	57216		100
110294	926024	863105	157023	3280756	746703	40000	4201
193146	969879	803021	197773	1312472	402175		240
26567	137783	120591	43149	214662	71923	600	
22886	76214	64643	18271	145444	61284		2432
10870	62570	50832	14005	138380	38457		

单位：万元

财务费用	利息收入	利息支出	投资收益（损失以“-”号记）	营业利润	利润总额	亏损企业亏损额	平均用工人数（人）
45743	**-35239**	**81951**	**306523**	**1883906**	**1889105**	**5266**	**151522**
4299	786	5622	463	97270	97249	2526	12486
5250	1964	6565	15717	113917	117242	1483	10832
3587	35	3582	-27300	57498	56434	45	7826
4160	60	3675	-520	40803	40120	3	5931
-8478	-40002	32574	316970	762332	768172	592	47217
24696	1403	20446	324	631342	631076	487	48030
6481	359	6090	440	60593	55708	129	6750
4422	32	2645	354	68040	68970		9365
1328	123	753	76	52110	54133		3085

1-B-19 按地区分组的酒、饮料和

地 区	企业单位数(个)	资产总计	固定资产净额	固定资产原价	累计折旧	流动资产合计	应收账款	存货
全 省	**577**	**6003611**	**1834157**	**3576921**	**1679093**	**3048526**	**573528**	**750973**
福 州	35	467818	161083	275481	114344	232232	75194	47205
厦 门	17	840465	180922	422023	240984	508082	51647	128801
莆 田	8	956007	210511	354723	142515	612821	30033	82283
三 明	65	324970	98175	350052	231419	151315	40463	30573
泉 州	101	1467685	531815	938687	385802	557234	132787	79355
漳 州	60	684394	299092	525301	215802	298542	75319	112900
南 平	92	517147	181354	425723	241080	247804	52861	106905
龙 岩	44	188642	60514	93715	31583	91742	15550	32705
宁 德	155	556484	110692	191218	75563	348754	99673	130246

1-B-19 续表

地 区	法人资本	个人资本	港澳台资本	外商资本	营业收入	营业成本	销售费用	管理费用
全 省	**332599**	**354522**	**110105**	**219576**	**10382384**	**8074544**	**654132**	**473327**
福 州	61476	20809		12580	959565	758910	67716	54604
厦 门	41014	1818	6337	116444	1211227	895865	230097	44954
莆 田	2644	4049		31020	709119	412845	66139	46617
三 明	22061	47433	1771		915006	801634	24199	24974
泉 州	64579	50404	42123	8432	2668233	2049383	122967	133321
漳 州	50634	31661	39165	51100	1312789	1020176	39584	59024
南 平	35277	77172	12500		1167047	954458	54991	53086
龙 岩	7859	41498	6943		392742	313945	12789	10747
宁 德	47055	79678	1265		1046655	867329	35648	46000

精制茶制造业主要经济指标

单位：万元

产成品	负债合计	流动负债合计	应付账款	所有者权益合计	实收资本	国家资本	集体资本
410646	**2253694**	**2055374**	**624135**	**3749917**	**1064582**	**18991**	**3790**
30630	213659	167482	71955	254159	95145		280
73849	516313	500536	79921	324152	173613	8000	
32154	332087	332087	213022	623920	37796		83
19404	151405	141426	40534	173565	71675		410
38749	268217	251459	47167	1199467	191879	841	500
32896	333886	294605	80396	350509	182561	10000	
61851	194353	159785	48274	322793	124950		
18454	58160	54261	10747	130482	57105		806
102660	185614	153734	32118	370869	129859	150	1711

单位：万元

财务费用	利息收入	利息支出	投资收益（损失以“-”号记）	营业利润	利润总额	亏损企业亏损额	平均用工人数（人）
34336	**-1804**	**44127**	**6819**	**1030440**	**1043744**	**14469**	**112286**
2690	-448	3114	6	61489	51792	4431	11449
-280	8150	7700	5988	32870	36007	2790	15083
-10887	-11019	279		165699	187294		4735
5474	190	4727	-1278	54345	54448		6266
9004	-36	3535	1938	323444	323553	1504	34548
7879	1032	8349	6	171219	168785	4650	11565
9883	191	8862		83160	83483	47	11483
2629	96	1584	8	51016	50336	531	3067
7943	41	5977	150	87198	88046	516	14090

1-B-20 按地区分组的烟草

地区	企业单位数(个)	资产总计	固定资产净额	固定资产原价	累计折旧	流动资产合计	应收账款	存货
全省	**7**	**2557706**	**534432**	**1503082**	**968634**	**1784140**	**167276**	**1320704**
福州	NA	59443	34721	45501	10780	19006	857	13538
厦门	NA	1121678	192940	522012	329073	822598	122882	656956
莆田								
三明	NA	112625	60096	267076	206980	44963	11738	810
泉州								
漳州								
南平	NA	124604	49673	80653	30980	70129	3618	3515
龙岩	NA	1139356	197004	587841	390822	827444	28181	645884
宁德								

1-B-20 续表

地区	法人资本	个人资本	港澳台资本	外商资本	营业收入	营业成本	销售费用	管理费用
全省	**242984**	**150**			**2722864**	**1022337**	**30066**	**118313**
福州	17600				22845	15333	432	6662
厦门	57062				1176191	461337	10321	48061
莆田								
三明	91252	150			48180	37850	3647	7063
泉州								
漳州								
南平					17059	9890	2510	4372
龙岩	77070				1458590	497927	13156	52155
宁德								

制品业主要经济指标

单位：万元

产成品	负债合计	流动负债合计	应付账款	所有者权益合计	实收资本	国家资本	集体资本
97661	**790229**	**789023**	**401537**	**1767477**	**427400**	**184266**	
3967	11215	11215	10495	48228	17600		
49995	461324	460117	288500	660354	57062		
694	18072	18072	2012	94553	91402		
3328	2856	2856		121748	120578	120578	
39677	296763	296763	100531	842594	140759	63689	

单位：万元

财务费用	利息收入	利息支出	投资收益（损失以"–"号记）	营业利润	利润总额	亏损企业亏损额	平均用工人数（人）
-2194	**1848**	**236**	**3019**	**99960**	**91603**	**8944**	**5323**
196	37	233		70	71		328
-21	31		1593	50980	48684		1424
-300	-302	4		-1229	-944	1633	608
-607	608			191	252		818
-1463	1475		1427	49950	43541	7311	2145

1-B-21　按地区分组的纺织业

地区	企业单位数（个）	资产总计	固定资产净额	固定资产原价	累计折旧	流动资产合计		
							应收账款	存货
全省	**927**	**16810704**	**4082788**	**8955240**	**4683962**	**9624174**	**2023704**	**2278545**
福州	274	6685337	1951591	3700842	1729608	3613196	647742	855879
厦门	61	1075736	204225	449523	242838	708197	193860	180095
莆田	35	949462	142199	200135	46027	551050	89607	52691
三明	134	1109046	350494	1138306	771590	584469	125797	168101
泉州	314	6027154	1166751	2901907	1600554	3653451	842119	833939
漳州	37	307896	91622	177375	85744	166160	44922	52741
南平	33	256739	54195	177055	122861	123107	25293	36172
龙岩	23	346473	106410	182586	76163	193585	44026	88070
宁德	16	52861	15303	27511	8579	30960	10338	10858

1-B-21　续表

地区	法人资本	个人资本	港澳台资本	外商资本	营业收入	营业成本	销售费用	管理费用
全省	**619336**	**1883798**	**917494**	**277039**	**31186422**	**27386969**	**424068**	**991517**
福州	169652	1094657	99348	7414	11407015	10041064	133980	427741
厦门	37112	65426	135838	55433	1061229	899657	21863	52579
莆田	49453	188945	2274	4755	1578583	1289764	11534	30787
三明	61225	192247	2569		4026164	3819257	26786	57270
泉州	242569	265066	612807	161557	10996941	9520092	189380	358771
漳州	5906	18285	50270	16519	607688	487755	14579	21519
南平	41402	12477			651434	571360	12525	15620
龙岩	10350	40990	14390	31361	669847	595189	7226	18407
宁德	1666	5706			187523	162832	6196	8824

主要经济指标

单位：万元

产成品	负债合计	流动负债合计	应付账款	所有者权益合计	实收资本	国家资本	集体资本
1089925	**8197756**	**7127587**	**1129974**	**8612945**	**3731217**	**1600**	**31949**
360644	3204501	2664670	269108	3480835	1398682		27611
99523	438622	419479	130931	637113	293938		128
34744	644291	545429	107741	305171	245428		
79367	694832	584427	119976	414215	256041		
405159	2792172	2551989	398665	3234981	1285809		3810
25650	155659	138127	39531	152238	90979		
18989	88606	68800	16221	168132	55879	1600	400
60544	144422	124619	39841	202052	97091		
5305	34652	30048	7961	18209	7372		

单位：万元

财务费用	利息收入	利息支出	投资收益（损失以"-"号记）	营业利润	利润总额	亏损企业亏损额	平均用工人数（人）
293117	**13490**	**252944**	**-23986**	**1917495**	**1930971**	**9624**	**252931**
144586	7153	129455	153	633816	642429	1763	76118
1838	2049	7378	1690	84062	84761	2097	14202
14271	17	12776	-26066	165447	158369		20033
25896	474	23829	-3519	88477	94195	786	29001
96677	3494	70024	2978	770684	775528	3918	91258
2667	85	2316		78791	79123	859	7984
2416	125	2380	663	46625	45102		6067
3148	66	3225	114	42507	44356	202	5570
1619	27	1562		7087	7108		2698

1-B-22 按地区分组的纺织服装、

地 区	企 业 单位数 (个)	资产总计						
			固定资产净 额	固定资产原 价	累计折旧	流动资产合 计		
							应收账款	存货
全 省	**1300**	**12910363**	**1906092**	**4568867**	**2212117**	**8133786**	**2378279**	**2001511**
福 州	70	580504	113724	290474	176240	368590	111699	84939
厦 门	91	1084444	109063	197969	87334	796174	268143	281246
莆 田	39	327880	65337	147586	69395	217617	49703	67080
三 明	45	207190	91444	352821	245417	79690	26016	12169
泉 州	931	10161209	1435529	3414575	1564050	6309689	1819163	1465363
漳 州	36	196250	38863	71777	28787	100300	23481	26887
南 平	14	56336	8005	13069	4945	42218	14927	17182
龙 岩	66	267854	38696	65004	25789	203963	63407	41980
宁 德	8	28696	5432	15593	10161	15544	1739	4667

1-B-22 续表

地 区					营业收入	营业成本	销售费用	管理费用
	法人资本	个人资本	港澳台资本	外商资本				
全 省	**467057**	**547267**	**722842**	**140118**	**23194949**	**19439765**	**821141**	**828434**
福 州	22208	25713	28085	10472	1685381	1501214	35026	67001
厦 门	41335	43926	137406	7165	1060263	670508	176571	68251
莆 田	15215	20687	12052	13260	1019608	848389	18878	29522
三 明	12456	24662	17466	3238	436119	387101	7521	10358
泉 州	346214	386168	488236	104049	17853841	15054370	565935	614364
漳 州	15393	21891	15514	1018	430203	359515	7434	15216
南 平	6646	4648			203501	186052	2126	3957
龙 岩	7141	15894	24082	915	420134	359113	5638	12527
宁 德	450	3679			85899	73503	2011	7240

服饰业主要经济指标

单位：万元

产成品	负债合计	流动负债合计	应付账款	所有者权益合计	实收资本	国家资本	集体资本
1214278	**4975433**	**4550190**	**1135500**	**7934927**	**1891249**	**7788**	**6174**
36785	365486	305892	120386	215018	87112		635
152351	375453	363280	102070	708990	229832		
46469	147440	140780	22223	180440	61215		
5118	75398	35209	12778	131791	58822	1000	
925545	3781019	3492237	784299	6380191	1335948	5738	5540
9551	56047	42010	17918	140203	53817		
11220	31302	30200	7826	25034	11293		
26128	132836	131813	66190	135017	48582	550	
1112	10454	8770	1809	18243	4629	500	

单位：万元

财务费用	利息收入	利息支出	投资收益（损失以“-”号记）	营业利润	利润总额	亏损企业亏损额	平均用工人数（人）
90171	**5798**	**75362**	**31143**	**1904157**	**1908826**	**5048**	**386983**
6928	115	2940	77	57435	53976	895	26231
-2401	3745	1481	1027	131448	132292	1089	29564
3466	128	2224	-6669	115248	115249	168	27169
1500	135	1223	-1506	25387	24935	51	6582
75575	1457	63622	38192	1479988	1485468	2547	271885
1355	112	1071	23	44832	44909	207	8139
957	4	858		9224	9203		4476
2599	102	1858		38038	40255	90	8657
193	2	85		2559	2540		4280

1-B-23 按地区分组的皮革、毛皮、

地 区	企 业 单位数 （个）	资产总计	固定资产 净 额	固定资产 原 价	累计折旧	流动资产 合 计	应收账款	存货
全 省	**1293**	**16772229**	**2689581**	**5945986**	**2856565**	**10767174**	**3122149**	**2076724**
福 州	128	1167081	168303	434734	226535	758590	265280	202698
厦 门	39	228641	60712	137691	74193	149573	44859	53523
莆 田	287	2566377	330200	650988	282414	1790497	619374	428658
三 明	13	103724	25378	69266	43690	35909	14536	4489
泉 州	758	12223239	2003629	4475488	2173056	7724519	2092230	1277486
漳 州	43	408986	83633	150594	47181	256446	67256	96866
南 平	6	22585	3567	6197	2630	17534	7442	4339
龙 岩	11	32509	5173	9896	4723	25051	10089	7687
宁 德	8	19088	8988	11131	2144	9056	1083	979

1-B-23 续表

地 区	法人资本	个人资本	港澳台资本	外商资本	营业收入	营业成本	销售费用	管理费用
全 省	**806575**	**586663**	**878879**	**375086**	**38890056**	**32469946**	**1197549**	**1648523**
福 州	79063	79100	22854	114179	5906895	4938112	77931	236508
厦 门	8006	15441	20788	48056	389617	344760	6516	25221
莆 田	132878	134903	44445	31998	8026516	6940955	116204	341390
三 明	2637	8018			211892	197403	2454	5041
泉 州	560693	288005	753188	172743	23214228	19095100	976818	1009891
漳 州	20518	46801	34146	8110	848117	698546	10670	22951
南 平	300	8671			148409	132884	2546	2888
龙 岩	2130	2025	3458		67017	53575	3041	2202
宁 德	350	3700			77365	68612	1368	2432

羽毛及其制品和制鞋业主要经济指标

单位：万元

产成品	负债合计	流动负债合计	应付账款	所有者权益合计	实收资本	国家资本	集体资本
973271	**7938031**	**6834734**	**1597522**	**8834198**	**2711195**	**332**	**63659**
84310	529254	507030	224085	637826	295196		
22786	106398	100016	41013	122243	92291		
201342	1562938	1382612	310721	1003440	380390		36167
2626	70501	65476	1071	33222	10655		
621039	5474689	4609343	958813	6748549	1801274	332	26312
34310	169036	145639	53489	239951	109574		
2266	8053	8053	3365	14531	8971		
4158	8479	7882	3071	24030	7613		
435	8682	8682	1892	10406	5231		1180

单位：万元

财务费用	利息收入	利息支出	投资收益（损失以“-”号记）	营业利润	利润总额	亏损企业亏损额	平均用工人数（人）
224744	**14973**	**194223**	**170947**	**3285996**	**3330596**	**65672**	**614158**
43580	1887	41921	152	584120	584580	8634	81737
696	234	1629	-15	9995	10321	1890	12177
48003	3997	31364	-72952	471176	475452	6687	183164
833		810		5248	5276		2645
128534	8110	115671	243535	2082861	2122295	47873	321095
1892	713	2127	187	112183	111663	589	9461
645	2	600		8577	8575		952
230	32	70		7559	7615		1582
331	-2	32	40	4278	4819		1345

1-B-24 按地区分组的木材加工和木、竹、

地区	企业单位数（个）	资产总计	固定资产净额	固定资产原价	累计折旧	流动资产合计	应收账款	存货
全省	**789**	**3831721**	**1062510**	**3233577**	**2087865**	**2020407**	**505303**	**764473**
福州	26	142509	47053	73969	26325	71331	13229	32285
厦门	9	26185	1441	2948	1494	19102	9485	4226
莆田	43	325442	134179	169993	29408	168188	35094	34404
三明	256	1121350	363012	1798528	1408665	559145	122985	232212
泉州	15	138745	48466	79100	28755	45562	9287	5054
漳州	108	515719	66451	180796	85360	301326	70586	100415
南平	243	1136164	304255	753924	434154	611179	188921	231101
龙岩	75	374596	90427	162164	69182	209363	40155	115299
宁德	14	51011	7227	12154	4522	35213	15562	9478

1-B-24 续表

地区	法人资本	个人资本	港澳台资本	外商资本	营业收入	营业成本	销售费用	管理费用
全省	**243553**	**496981**	**13298**	**66793**	**12454765**	**10942948**	**257554**	**353418**
福州	21254	16062	3907		397525	341217	12230	12491
厦门	2000	1800	303		27521	24372	559	3088
莆田	2840	44859	3090	591	542409	462101	11662	11902
三明	76857	180207	537	260	4999392	4557457	89777	143419
泉州	4000	19275			338721	288377	6680	9854
漳州	50342	43440	1533	12025	1210818	986137	16626	25337
南平	81840	140812	1338	995	3794236	3296258	94027	107181
龙岩	2807	48042	2168	52922	1093873	944400	24896	38434
宁德	1613	2484	420		50270	42628	1096	1714

藤、棕、草制品业主要经济指标

单位：万元

产成品	负债合计	流动负债合计	应付账款	所有者权益合计	实收资本	国家资本	集体资本
350750	**1571606**	**1404225**	**323881**	**2260113**	**849963**	**22954**	**6385**
7543	34935	32866	12481	107574	41902	679	
1189	16649	16566	5715	9536	4103		
17256	216079	201600	31171	109363	51380		
82453	489809	442700	87302	631540	266025	8165	
3031	27717	22556	3681	111027	23775		500
38963	190954	170057	46039	324765	107342		
107072	442518	373726	105356	693646	241740	10870	5885
90291	127505	119540	23653	247091	109179	3240	
2952	25439	24615	8483	25572	4517		

单位：万元

财务费用	利息收入	利息支出	投资收益（损失以“-”号记）	营业利润	利润总额	亏损企业亏损额	平均用工人数（人）
69467	**1009**	**57060**	**-18613**	**650793**	**654141**	**110674**	**109986**
1074	53	900	28	23913	24292	238	5586
84	14	163		-745	-1154	1503	488
2996	84	1138	-8690	34875	34895	1750	6414
26142	380	21799	-10389	62015	60917	106772	33289
687	35	345	302	30596	30595		3440
3486	134	2994	73	175244	174991	4	13213
27169	348	24321	13	249472	252928	404	36980
7672	-40	5271	49	71083	72336		9654
158	1	130		4339	4340	3	922

1-B-25　按地区分组的家具

地　区	企　业 单位数 (个)	资产总计	固定资产 净　　额	固定资产 原　　价	累计折旧	流动资产 合　　计	应收账款	存货
全　省	**344**	**2726782**	**556598**	**1045859**	**461263**	**1673699**	**393084**	**394493**
福　州	59	341503	69874	144164	72828	231533	72648	69956
厦　门	45	503917	123945	197171	72647	334385	75500	80006
莆　田	21	167381	28007	42676	12801	107837	25974	32934
三　明	33	178373	61874	211603	139936	72598	16838	17254
泉　州	38	725318	102962	186454	77216	449528	85708	40895
漳　州	106	649976	117707	198127	73282	402568	91937	125368
南　平	13	53974	10683	16213	4806	26343	8524	7668
龙　岩	25	75027	18349	25023	6636	44285	14184	18640
宁　德	4	31312	23198	24429	1111	4621	1770	1770

1-B-25　续表

地　区	法人资本	个人资本	港澳台资本	外商资本	营业收入	营业成本	销售费用	管理费用
全　省	**118986**	**273653**	**106190**	**64562**	**5704019**	**4798248**	**187899**	**232888**
福　州	24777	50957	15004	18083	1002329	886232	32069	46383
厦　门	9219	34958	32315	12381	685581	552383	47232	42495
莆　田	3729	26366			476922	399772	9205	21261
三　明	11000	39097	4533		656358	586206	16197	20033
泉　州	42665	16691	29262	1499	1150532	943044	35927	36091
漳　州	22236	71352	25076	32599	1327760	1095659	34792	46652
南　平	1518	15168			129270	107128	4171	6420
龙　岩	3326	18464			264047	218270	7960	12968
宁　德	517	600			11220	9553	347	585

制造业主要经济指标

单位：万元

产成品	负债合计	流动负债合计	应付账款	所有者权益合计	实收资本	国家资本	集体资本
159656	**1300509**	**1179064**	**301199**	**1426272**	**565750**	**1206**	**1154**
30989	160451	158220	40455	181052	110021	1200	
24138	268928	258188	106272	234989	88874		
9521	97882	95646	8241	69499	30095		
7255	44693	42768	7415	133680	54630		
24380	427307	365293	52383	298011	90117		
51863	237702	199356	74369	412274	152263		1000
2302	21829	21070	1368	32145	16686		
8955	30689	27684	10034	44338	21790		
254	11029	10840	663	20283	1276	6	154

单位：万元

财务费用	利息收入	利息支出	投资收益（损失以“−”号记）	营业利润	利润总额	亏损企业亏损额	平均用工人数（人）
23695	**606**	**19475**	**-11592**	**430614**	**431140**	**4487**	**73107**
1885	67	3727		29496	29760	1527	15605
2909	-236	2369	1888	41604	42760	696	11663
2452	26	401	-13807	36692	36719	1397	2732
2846	8	2716	1	28864	28910		3377
5101	390	3827	8	124263	124203		15234
4996	331	3431	308	139630	138646	798	19532
868	2	802		9456	9471		1913
2386	13	2148		20197	20188	19	2550
252	6	53	10	413	484	49	501

1-B-26 按地区分组的造纸和

地区	企业单位数（个）	资产总计						
			固定资产净额	固定资产原价	累计折旧	流动资产合计		
							应收账款	存货
全省	**444**	**8905690**	**2528534**	**5274821**	**2714413**	**4807155**	**1258357**	**765534**
福州	57	386796	80281	155974	74244	207706	89679	43739
厦门	52	316946	99818	180283	79529	197584	74966	39385
莆田	36	740459	85662	179497	87325	381428	61033	40246
三明	32	607555	204803	478920	273257	309171	24307	52905
泉州	127	4067037	917188	2112328	1176558	2458939	723117	282459
漳州	85	2393024	1020390	1633575	610384	1077491	247471	249227
南平	22	281722	91092	488099	397007	109069	21537	36550
龙岩	20	66657	22621	33483	10862	36023	7014	15370
宁德	13	45496	6678	12663	5247	29744	9234	5653

1-B-26 续表

地区					营业收入	营业成本	销售费用	管理费用
	法人资本	个人资本	港澳台资本	外商资本				
全省	**483450**	**377051**	**427586**	**125977**	**11789015**	**9879401**	**318972**	**409855**
福州	8442	24565	46688	7831	808927	704048	27766	29259
厦门	12542	37370	37812	20953	422174	371637	10964	21693
莆田	48716	20351	19716	6433	568507	486633	16122	21626
三明	12391	23972		4300	830511	761016	9159	25832
泉州	138761	138426	272544	35114	5178080	4354428	182680	183788
漳州	223103	79040	50342	51346	3370368	2677857	54941	97523
南平	29798	39413	240		303932	259630	8506	18020
龙岩	4500	8310	245		219132	188266	6722	9722
宁德	5198	5604			87384	75887	2113	2393

纸制品业主要经济指标

单位：万元

产成品	负债合计	流动负债合计	应付账款	所有者权益合计	实收资本	国家资本	集体资本
323338	**5132350**	**4495652**	**1036802**	**3773339**	**1667803**	**232708**	**21032**
14421	225562	213248	42451	161234	107996		20470
16765	186380	166313	53606	130565	108677		
17719	641835	429603	28633	98624	95216		
20977	231118	205632	46620	376437	218333	177408	262
130368	2239023	2016654	608847	1828013	585144		300
100769	1304511	1198552	234054	1088513	403831		
10195	245619	215896	12712	36103	124451	55000	
8973	31288	29056	6067	35369	13355	300	
3152	27014	20698	3813	18482	10802		

单位：万元

财务费用	利息收入	利息支出	投资收益(损失以“-”号记)	营业利润	利润总额	亏损企业亏损额	平均用工人数(人)
111972	**-1216**	**91753**	**12780**	**1036819**	**1049791**	**18450**	**92523**
3337	92	3005	169	34722	35161	555	7908
5012	278	4469	11	4924	6596	6643	6398
5880	481	4879	-10002	24979	25444	2641	7044
4034	2223	6150	4566	28805	27882	68	7008
36956	-6962	22880	14315	416710	424764	31	37529
46506	1930	40383	3536	499513	499151	1131	19591
8844	713	9050	-69	8087	11639	7332	3451
825	8	636	248	13209	13281		2437
578	22	302	5	5870	5873	49	1157

1-B-27 按地区分组的印刷和记

地区	企业单位数（个）	资产总计	固定资产净额	固定资产原价	累计折旧	流动资产合计	应收账款	存货
全省	**252**	**2093312**	**454484**	**952380**	**483099**	**1073362**	**372072**	**205613**
福州	40	399405	58032	148531	89512	191259	41636	28320
厦门	54	557129	131505	257549	121557	327704	125929	66705
莆田	14	69711	19077	30224	11133	34382	13394	4491
三明	18	61058	12844	40992	27551	34174	8084	6536
泉州	67	617033	170210	345077	168918	284738	116795	48505
漳州	28	176700	38342	74949	36608	109417	35807	31970
南平	14	83339	15374	24299	7921	47800	19260	12210
龙岩	14	122641	7184	27715	18773	41795	10109	6631
宁德	3	6296	1918	3044	1126	2093	1058	248

1-B-27 续表

地区	法人资本	个人资本	港澳台资本	外商资本	营业收入	营业成本	销售费用	管理费用
全省	**182742**	**184508**	**21047**	**32963**	**4093250**	**3526939**	**89409**	**153404**
福州	62281	16979	13017	971	676922	601824	18855	34783
厦门	54896	77759	3964	13336	615515	529240	16779	37070
莆田	1095	6325	1980		108174	97205	1942	4182
三明		10770			437805	391038	4523	10643
泉州	38052	39548	1009	18656	1495595	1276271	34011	46797
漳州	19904	17395			383132	321901	6040	10502
南平	4744	10242			219207	189005	4747	4040
龙岩	1770	3980	1078		135400	100299	2178	5101
宁德		1510			21500	20156	334	286

录媒介复制业主要经济指标

单位：万元

产成品	负债合计	流动负债合计	应付账款	所有者权益合计	实收资本	国家资本	集体资本
75779	**929651**	**832721**	**187646**	**1163660**	**443652**	**20489**	**1904**
8171	129976	111139	25108	269429	106435	13188	
20886	299939	278253	74802	257190	155406	5250	201
1766	29024	23689	4625	40687	9476		76
3266	23963	18516	4121	37094	10770		
21506	264392	239103	48632	352641	97708		443
10223	106813	103642	19231	69887	37299		
7479	40512	38493	5974	42827	14986		
2265	32683	17606	4501	89958	10063	2051	1183
217	2349	2280	653	3947	1510		

单位：万元

财务费用	利息收入	利息支出	投资收益（损失以“－”号记）	营业利润	利润总额	亏损企业亏损额	平均用工人数（人）
27938	**625**	**24695**	**14356**	**291057**	**294106**	**6448**	**46099**
2572	167	2747	8646	23799	24521	445	11308
6099	-368	6252	3795	28851	30158	5863	8568
1129	60	811	-2	3357	3344	33	2988
1192	5	1121		29932	29945		1733
10944	159	8844	-1201	116249	115991	76	13816
3425	200	2374	69	41515	42414	32	4293
2199	213	2098		17408	17667		1963
365	189	438	3051	29367	29488		1242
14		10		578	578		188

1-B-28 按地区分组的文教、工美、体育和

地 区	企 业 单位数 （个）	资产总计	固定资产 净 额	固定资产 原 价	累计折旧	流动资产 合 计	应收账款	存货
全 省	**1020**	**7979435**	**1517770**	**3399721**	**1625304**	**4525689**	**1379159**	**1417064**
福 州	146	1177479	161105	366681	205007	801968	222677	180736
厦 门	77	1043642	164798	348858	182859	814187	337938	233084
莆 田	272	1457505	199840	458227	252918	1008785	209213	433109
三 明	31	129704	21311	147389	115778	69122	19353	17794
泉 州	278	2690449	633032	1363941	576707	1037718	400788	205392
漳 州	106	905728	203404	482705	197885	455020	104385	191683
南 平	63	370452	87527	154379	64059	222159	57302	107959
龙 岩	28	121303	27083	41372	14160	67720	15163	24407
宁 德	19	83174	19671	36169	15932	49010	12341	22899

1-B-28 续表

地 区	法人资本	个人资本	港澳台资本	外商资本	营业收入	营业成本	销售费用	管理费用
全 省	**404154**	**638001**	**307467**	**196140**	**19331662**	**16185703**	**543679**	**728551**
福 州	57429	142379	22883	59851	2976566	2613735	90654	122424
厦 门	26115	49403	127257	55548	1107271	936946	28680	79305
莆 田	87198	149025	4188	159	4107337	3358803	134004	130293
三 明	19719	20397	757	2146	551724	502948	8933	10694
泉 州	104767	104865	89519	14215	7498357	6234455	192364	245111
漳 州	71190	69557	58352	61974	1609185	1292993	39386	81037
南 平	22916	71546	32	900	1023240	860809	35773	36448
龙 岩	7425	16301	4480	1348	300742	252445	8323	14522
宁 德	7395	14528			157240	132570	5562	8719

娱乐用品制造业主要经济指标

单位：万元

产成品	负债合计	流动负债合计	应付账款	所有者权益合计	实收资本	国家资本	集体资本
628044	**3346192**	**3064771**	**1033051**	**4633243**	**1560221**	**3930**	**10529**
44337	653517	627527	113715	523963	286648	3930	175
127185	597549	574629	314397	446093	258324		
231630	422243	373119	85317	1035262	241622		1052
10743	44127	41376	6943	85577	43018		
97993	1063930	945199	390796	1626518	321751		8385
61725	334513	291324	78414	571215	261074		
37354	142027	136744	24647	228424	95993		600
10320	48696	39919	11531	72607	29869		317
6759	39590	34934	7291	43584	21923		

单位：万元

财务费用	利息收入	利息支出	投资收益（损失以“-”号记）	营业利润	利润总额	亏损企业亏损额	平均用工人数（人）
128769	**8431**	**86991**	**-59026**	**1610028**	**1614808**	**11170**	**242357**
21828	-225	12592	2333	107590	109554	525	51542
1080	444	3757	229	56006	59198	6533	24039
37852	5614	25663	-63758	397875	395185	40	43339
2265	21	2169		24722	24729		5220
44108	2353	25601	2000	740257	740492	60	75567
8168	136	7315	168	179340	179560	3981	22169
10366	62	7538		73726	74950		14418
1429	15	1014		22841	23035	32	3394
1674	11	1343	2	7670	8104		2669

1-B-29　按地区分组的石油、煤炭及

地　区	企　业 单位数 (个)	资产总计						
			固定资产 净　　额	固定资产 原　　价	累计折旧	流动资产 合　　计		
							应收账款	存货
全　省	**43**	**9833507**	**4406344**	**8549509**	**4143046**	**3890156**	**513185**	**1372047**
福　州	9	202781	61353	104569	43215	103192	22487	50454
厦　门	5	182167	9625	16646	7021	117363	47380	22399
莆　田								
三　明	4	14321	2619	4562	1853	9805	2859	1015
泉　州	6	9185587	4247419	8292597	4045173	3559177	423929	1268037
漳　州	8	107966	43864	66547	22658	35988	6952	4574
南　平	NA	6007	2232	3032	800	2854	260	1233
龙　岩	9	114572	32674	54819	22144	53538	4871	24096
宁　德	NA	20107	6557	6738	181	8238	4449	241

1-B-29　续表

地　区					营业收入	营业成本	销售费用	管理费用
	法人资本	个人资本	港澳台资本	外商资本				
全　省	**1147136**	**91277**	**2200**	**1093813**	**14468462**	**11591046**	**134827**	**270759**
福　州	47810	27092	200	3003	424346	379619	4651	8360
厦　门	800	36249			289614	251912	23260	5845
莆　田								
三　明	1000	4180			111561	97535	5541	3316
泉　州	1071409	5510	2000	1080810	13283409	10560667	95672	240498
漳　州	17117	5313			140372	115733	1735	3279
南　平		2000			1754	1637	34	294
龙　岩	9000	10933			195198	162894	3873	8350
宁　德				10000	22209	21048	62	818

其他燃料加工业主要经济指标

单位：万元

产成品	负债合计	流动负债合计	应付账款	所有者权益合计	实收资本	国家资本	集体资本
280130	**5271763**	**2288781**	**674527**	**4561744**	**3786519**	**1452093**	
27358	86935	84437	16821	115845	78738	633	
16353	111952	106838	25797	70215	38509	1460	
797	4670	4670	1768	9651	5180		
224371	4922232	1989227	611945	4263355	3609729	1450000	
697	93974	60909	7751	13993	22430		
996	4325	4325	20	1681	2000		
9466	38488	29188	5181	76084	19933		
91	9186	9186	5243	10921	10000		

单位：万元

财务费用	利息收入	利息支出	投资收益（损失以"－"号记）	营业利润	利润总额	亏损企业亏损额	平均用工人数（人）
97726	**24235**	**126062**	**-24750**	**1237223**	**1231874**	**1153**	**11697**
2968	92	938	1	27329	27238	741	2159
3912	233	4028	3418	3546	4489	148	379
845	2	847		4122	4122		434
87979	23756	118682	-28169	1161827	1153845		6909
608	68	660		16928	17154	13	1036
65	1	64		-320	-251	252	83
1349	81	841		23520	24968		621
	3	2		271	309		76

1-B-30　按地区分组的化学原料和

地　区	企　业 单位数 (个)	资产总计	固定资产 净　额	固定资产 原　价	累计折旧	流动资产 合　计	应收账款	存货
全　省	**733**	**18569489**	**5077302**	**10209863**	**4920405**	**7766032**	**1855739**	**1670501**
福　州	61	4375794	2161781	2848139	662441	1385865	152021	192547
厦　门	84	1410163	241234	672833	430856	943001	419381	183507
莆　田	22	733976	161361	270076	100959	358218	105398	60538
三　明	161	1622124	438456	1829424	1348645	789750	168228	169067
泉　州	105	2772140	571128	2312205	1637124	1435242	345234	266222
漳　州	106	5227304	799014	1079037	256325	1598105	322311	474909
南　平	91	1151123	260552	511889	247557	602290	154036	173220
龙　岩	81	977800	357466	534741	171862	470159	140058	114072
宁　德	22	299065	86310	151519	64636	183402	49070	36419

1-B-30　续表

地　区	法人资本	个人资本	港澳台资本	外商资本	营业收入	营业成本	销售费用	管理费用
全　省	**2603536**	**1149090**	**402121**	**386791**	**21648695**	**18110329**	**459632**	**763279**
福　州	745925	134074	16533	146323	3519501	2755963	47128	147632
厦　门	58786	66522	241800	164718	1629792	1414832	46878	81511
莆　田	47052	45064	3116	4464	1433844	1052949	24964	47293
三　明	178080	161226	17033	375	3972519	3504972	66700	128007
泉　州	292698	415959	65096	7403	4377371	3806529	68236	109645
漳　州	1021356	91766	15566	31843	3148123	2700398	85424	95185
南　平	126167	125514	42979	16135	1854796	1479962	75336	72428
龙　岩	121024	91256		15531	1280730	1043801	32225	56821
宁　德	12449	17709			432019	350924	12741	24758

化学制品制造业主要经济指标

单位：万元

产成品	负债合计	流动负债合计	应付账款	所有者权益合计	实收资本	国家资本	集体资本
658012	**11119907**	**6098509**	**1351383**	**7449581**	**4998057**	**351275**	**105244**
68277	2471235	1028915	194291	1904559	1129817	36045	50917
67872	627864	546396	152565	782299	581296	5000	44470
44776	359021	252199	72977	374955	100251		556
80954	714557	572107	122982	907568	616663	259810	140
104386	1365425	1228369	88080	1406714	788640	40	7444
147269	4392688	1398857	490071	834617	1174010	13480	
74499	472549	427046	102249	678574	328377	17500	82
55825	501591	445894	92407	476209	248845	19400	1635
14155	214978	198726	35763	84087	30158		

单位：万元

财务费用	利息收入	利息支出	投资收益（损失以"-"号记）	营业利润	利润总额	亏损企业亏损额	平均用工人数（人）
223653	**6390**	**211695**	**29380**	**2025887**	**2073389**	**34589**	**105270**
101236	3343	93979	21548	470472	471893	3595	13292
13936	-1754	13352	2638	69572	70942	2339	10701
7484	474	6848	-2279	301686	303279		4531
21496	311	19796	-854	244315	251989	2636	18168
37427	1090	31525	624	336062	337460	19029	19315
12003	866	11617	2652	228483	264433	5621	16368
9511	1433	14139	5605	216412	215292	398	12305
13304	477	13262	343	125730	124976	967	7796
7258	152	7177	-896	33156	33125	4	2794

1-B-31 按地区分组的医药

地 区	企 业 单位数 (个)	资产总计	固定资产 净 额	固定资产 原 价	累计折旧	流动资产 合 计	应收账款	存货
全 省	**150**	**3682849**	**696718**	**1664989**	**948866**	**2125119**	**506272**	**515785**
福 州	24	700653	151826	299741	147665	455182	154148	130258
厦 门	25	883154	141960	281549	139070	497775	174264	81009
莆 田	6	44504	13126	22207	8248	26623	11119	4635
三 明	25	301014	74204	497291	414602	192394	29337	38858
泉 州	14	411678	115906	192808	71299	202386	33155	26896
漳 州	13	655861	43476	82900	38690	427656	21010	160830
南 平	19	424375	95770	174394	78435	202689	51364	28460
龙 岩	14	105046	21611	38480	16869	59266	19426	21184
宁 德	10	156564	38839	75619	33988	61148	12449	23655

1-B-31 续表

地 区	法人资本	个人资本	港澳台资本	外商资本	营业收入	营业成本	销售费用	管理费用
全 省	**313070**	**215638**	**99070**	**53485**	**3380856**	**2112533**	**413478**	**320020**
福 州	60900	44035	2281	6766	704167	455184	77474	69884
厦 门	85277	38868	75249	30296	627970	299552	150998	70121
莆 田	8100	3450	9870		102001	56011	17270	15065
三 明	40152	30780			574769	460569	49197	27050
泉 州	19108	34340	3000		421773	283112	35996	49109
漳 州	31655	9857	5186	3130	416584	198670	17063	37030
南 平	38617	18862	3484	13293	205551	162184	8544	20030
龙 岩	12427	21933			215343	152225	22809	16770
宁 德	16835	13513			112698	45026	34126	14961

制造业主要经济指标

单位：万元

产成品	负债合计	流动负债合计	应付账款	所有者权益合计	实收资本	国家资本	集体资本
170529	**1200582**	**1100809**	**222929**	**2482266**	**742071**	**58453**	**2355**
58172	243272	229391	86989	457382	113982		
20611	268745	248251	34972	614408	239190	9500	
992	10093	7086	1659	34411	21420		
18759	136025	105962	15476	164989	72787	1000	855
13641	174715	171956	38189	236963	56448		
23722	55174	49831	8000	600686	85074	35246	
15035	196124	179795	19553	228250	88464	12708	1500
12617	36796	32781	6483	68250	34360		
6981	79638	75755	11606	76926	30348		

单位：万元

财务费用	利息收入	利息支出	投资收益（损失以“-”号记）	营业利润	利润总额	亏损企业亏损额	平均用工人数（人）
13238	**6560**	**17539**	**12095**	**517507**	**515711**	**13043**	**34717**
520	880	2287	-769	88752	87271	2312	7459
2927	3103	3447	1047	107413	108903	1349	7563
333	1	310	318	12317	12271		812
3974	87	3815	138	29380	26545	4459	3215
4971	16	4170		45862	46645		6757
-2194	2922	634	9429	173365	173827		2741
2122	63	2137	1697	19094	19233	4424	2961
519	58	532	588	22715	22823		1512
67	-570	207	-353	18610	18194	500	1697

1-B-32 按地区分组的化学纤维

地 区	企 业 单位数 (个)	资产总计						
			固定资产 净 额	固定资产 原 价	累计折旧	流动资产 合 计		
							应收账款	存货
全 省	**104**	**8499478**	**2747311**	**6146546**	**3385953**	**4149224**	**641742**	**1008930**
福 州	33	4757502	1635283	3765259	2129925	2262362	407730	550548
厦 门	8	440238	166152	525738	359586	149451	21331	55982
莆 田	NA	385979	210561	327983	117422	137595	22490	56544
三 明	8	250006	101207	217607	104318	92381	9334	22800
泉 州	47	2510504	594224	1255582	660211	1411832	159413	305842
漳 州	NA	16130	4005	8476	4470	9339	558	2019
南 平	NA	63072	30641	37327	6686	21692	3110	4260
龙 岩	NA	76047	5239	8574	3335	64573	17776	10934
宁 德								

1-B-32 续表

地 区					营业收入	营业成本	销售费用	管理费用
	法人资本	个人资本	港澳台资本	外商资本				
全 省	**472097**	**403445**	**854640**	**64858**	**12828358**	**11077352**	**83923**	**754474**
福 州	307344	325744			8261743	6921511	39602	646322
厦 门	33650	1950	215061		531775	506995	6607	7262
莆 田		500	94605		372966	322768	5146	20771
三 明	8887	17675			295029	274321	2903	12248
泉 州	117887	24026	535079	64858	3194375	2905512	27361	62569
漳 州	3200		3007		8595	6817	149	535
南 平	1130	18250			67855	60753	1366	1613
龙 岩		15300	6888		96021	78675	791	3155
宁 德								

制造业主要经济指标

单位：万元

产成品	负债合计	流动负债合计	应付账款	所有者权益合计	实收资本	国家资本	集体资本
657976	**5256849**	**4276220**	**528575**	**3242629**	**1835016**	**29327**	**10650**
424659	2921293	2214204	192849	1836209	643088		10000
30812	316487	312122	63829	123750	250661		
5902	251360	159827	54172	134619	95105		
12657	276834	206638	8706	-26828	53488	26927	
178750	1433729	1355144	205336	1076775	744900	2400	650
136	6514	502	268	9616	6207		
1736	12095	9249	875	50977	19380		
3325	38536	18536	2539	37511	22188		

单位：万元

财务费用	利息收入	利息支出	投资收益（损失以“–”号记）	营业利润	利润总额	亏损企业亏损额	平均用工人数（人）
171347	**11619**	**167128**	**4292**	**709239**	**722129**	**15116**	**44234**
113879	-3409	109614	2146	515203	523074		17618
10354	783	6746	1939	1111	256	2415	3145
11523	522	11263		10281	11665		2161
3961	-271	4499		1153	-2686	10170	2307
29011	13966	34061	207	165722	167109	2506	18266
249	3			1136	1136		119
468	26	404		3907	4539		348
1902		542		10727	17036	25	270

1-B-33 按地区分组的橡胶和

地 区	企 业 单位数 (个)	资产总计						
			固定资产 净 额	固定资产 原 价	累计折旧	流动资产 合 计		
							应收账款	存货
全 省	**780**	**10843114**	**2944318**	**6062720**	**2942516**	**5947225**	**1417502**	**1443426**
福 州	111	2166091	440632	885325	382047	1377282	181058	166755
厦 门	177	3229698	976046	2066043	1088705	1528553	450619	466812
莆 田	44	567261	172710	479093	303325	345384	138532	100851
三 明	44	611957	212323	537785	307783	289914	35541	86367
泉 州	192	2248136	448705	927107	396271	1357034	326304	318399
漳 州	88	849939	408505	638027	224958	332867	84493	82769
南 平	30	256623	55483	113661	57612	162352	40020	71449
龙 岩	29	202865	66251	103703	33499	102141	32356	48259
宁 德	65	710544	163661	311978	148316	451698	128578	101765

1-B-33 续表

地 区					营业收入	营业成本	销售费用	管理费用
	法人资本	个人资本	港澳台资本	外商资本				
全 省	**787261**	**677076**	**497938**	**488999**	**17702607**	**15239248**	**405592**	**711760**
福 州	177215	134981	84872	15893	2626254	2405387	44710	78005
厦 门	134202	110930	202062	402575	3080592	2571502	117080	223351
莆 田	96946	44518	13900		1380053	1146264	32740	38005
三 明	76565	53694			1553066	1433290	19355	35238
泉 州	155511	97537	138024	35214	4348271	3651921	90083	154656
漳 州	119874	63756	59079	35317	1367878	1100773	44459	67423
南 平	4310	44250			807876	747693	9298	20216
龙 岩	4247	48384			507394	424086	16329	21144
宁 德	18392	79026			2031224	1758333	31539	73723

塑料制品业主要经济指标

单位：万元

产成品	负债合计	流动负债合计	应付账款	所有者权益合计	实收资本	国家资本	集体资本
605729	**5086866**	**4226818**	**905062**	**5756247**	**2466377**	**913**	**14189**
79270	1372182	1226333	109289	793909	413321	359	
161891	1155906	921479	320997	2073791	854485	1	4714
55936	271290	205996	37028	295971	155551		186
24055	360717	268800	50799	251240	130935	376	300
162806	926229	849399	164712	1321908	429672	177	3209
30322	385748	198633	68622	464190	282806		4780
17962	156069	149011	61950	100553	48560		
34535	106430	88543	18898	96435	53631		1000
38953	352294	318624	72767	358250	97417		

单位：万元

财务费用	利息收入	利息支出	投资收益（损失以“–”号记）	营业利润	利润总额	亏损企业亏损额	平均用工人数（人）
91333	**5219**	**103526**	**-7404**	**1187491**	**1206517**	**14140**	**176984**
17436	1358	16328	2909	78097	83818	7157	20265
6952	12363	23014	16125	169069	176232	3758	51852
6270	90	7845	-26952	142497	143553	403	11202
10218	371	10539	160	49347	49531	968	8019
25819	-10232	23887	2	390090	390931	393	42287
10686	462	9679	167	140860	141286	987	15508
1792	41	1727		27201	27328	136	5688
4715	390	3942	183	38373	44212	19	3682
7445	377	6565	1	151956	149627	319	18481

1-B-34　按地区分组的非金属矿物

地区	企业单位数（个）	资产总计	固定资产净额	固定资产原价	累计折旧	流动资产合计	应收账款	存货
全省	**1730**	**25289151**	**5627080**	**11408628**	**5524921**	**13401024**	**3576052**	**2836224**
福州	170	5926207	986409	1743254	744808	3541187	664206	272620
厦门	70	1618322	169733	454912	280477	1115832	340845	134737
莆田	55	363131	70283	184872	101344	235903	120025	45757
三明	163	1703986	585178	1894232	1288595	735262	199428	164899
泉州	760	9713358	1913451	3685282	1611444	4947412	1498349	1524837
漳州	237	2865676	911557	1601615	651745	1406489	431001	438601
南平	68	587751	183133	371395	186825	286058	81927	63396
龙岩	135	2118204	720681	1322047	596233	939185	173171	150403
宁德	72	392517	86654	151020	63450	193696	67100	40976

1-B-34　续表

地区	法人资本	个人资本	港澳台资本	外商资本	营业收入	营业成本	销售费用	管理费用
全省	**2058243**	**2114236**	**354924**	**528101**	**37613870**	**31194126**	**1109472**	**1425295**
福州	642807	338139	48450	96219	5015204	4183261	148754	225307
厦门	84007	100030	67505	203478	1100542	900089	38275	66172
莆田	44501	49216			974859	827931	35450	35532
三明	116636	177671	2732		3956372	3488584	70856	108646
泉州	714127	858685	79494	52240	18274212	15106824	627246	697902
漳州	210411	299015	46991	117036	4204655	3383142	103208	151973
南平	66627	82919			902426	753960	19135	32872
龙岩	156649	154048	109752	57738	2528638	1986627	42015	81948
宁德	22477	54513		1390	656963	563709	24533	24945

制品业主要经济指标

单位：万元

产成品	负债合计	流动负债合计	应付账款	所有者权益合计	实收资本	国家资本	集体资本
1538122	**11356144**	**10185407**	**2562680**	**13933005**	**5292563**	**180919**	**56141**
160223	2700000	2450479	453509	3226207	1167084	40007	1463
24548	687135	652938	161621	931187	472037	10200	6817
25189	182560	165249	75817	180570	93718		
73117	810180	672292	170113	893805	368119	70279	800
942745	4070856	3638391	951793	5642504	1741200	-5589	42243
202767	1324013	1201656	371627	1541662	714803	37869	3483
38786	251888	219252	79582	335863	154425	4544	336
49770	1143614	1017028	250200	974589	502797	23610	1000
20977	185899	168122	48420	206618	78380		

单位：万元

财务费用	利息收入	利息支出	投资收益（损失以“-”号记）	营业利润	利润总额	亏损企业亏损额	平均用工人数（人）
243795	**47350**	**262651**	**474812**	**3835256**	**3839047**	**36695**	**359094**
-8683	35609	57828	439187	866162	867346	23494	42365
9155	5065	10518	28622	130727	130910	2770	10995
8497	58	3658	-5087	59005	58276	4434	8830
23185	570	21119	-928	243593	241302	48	20849
152163	5316	116941	5781	1524580	1521614	561	210878
24525	651	20281	4	513908	513938	3633	39123
6830	105	5679	302	78333	78048		6114
25212	-25	23759	6307	381150	389746	1632	14448
2912	2	2867	624	37799	37866	124	5492

1-B-35 按地区分组的黑色金属冶炼和

地 区	企 业 单位数 （个）	资产总计	固定资产 净 额	固定资产 原 价	累计折旧	流动资产 合 计	应收账款	存货
全 省	**131**	**11170948**	**3353897**	**6548514**	**2764157**	**5461978**	**331977**	**1358790**
福 州	24	3223173	843655	2425473	1457323	1659551	77155	505922
厦 门	11	107937	28230	68024	39795	71157	30530	21297
莆 田	6	291671	156830	416068	58488	116318	4598	22041
三 明	8	2607503	705278	1195419	490141	1031626	47112	186683
泉 州	10	1055487	310998	559006	247211	650120	6236	96978
漳 州	22	2906200	988512	1381638	359753	1469738	113657	309498
南 平	5	168832	56935	75170	12441	79986	6338	16661
龙 岩	11	75959	16446	30771	14324	41115	11814	13227
宁 德	34	734186	247014	396946	84681	342368	34538	186483

1-B-35 续表

地 区	法人资本	个人资本	港澳台资本	外商资本	营业收入	营业成本	销售费用	管理费用
全 省	**909646**	**200188**	**57010**	**992459**	**19332589**	**16544277**	**131120**	**354868**
福 州	369570	100966		22500	5444702	4894686	41638	149147
厦 门	2677	100	24133	7813	112865	103317	1961	5137
莆 田	151000	12161			347432	293273	2637	6431
三 明	40100	3600			3155384	2459468	9959	38641
泉 州	123	10083	4235	5926	2404302	1914873	27088	35687
漳 州	217398	19332	28642	956220	4353115	3649608	22630	97206
南 平	4400	20100			431430	408410	1164	3166
龙 岩	1398	14776			203870	178280	3454	3635
宁 德	122981	19071			2879488	2642362	20591	15819

压延加工业主要经济指标

单位：万元

产成品	负债合计	流动负债合计	应付账款	所有者权益合计	实收资本	国家资本	集体资本
496318	**6172233**	**5702139**	**1226275**	**4998715**	**2715250**	**536779**	**19168**
226397	1977103	1975834	412308	1246070	848146	339110	16000
5029	45477	45432	19965	62460	34723		
8554	194236	138442	14952	97435	163161		
36835	888973	729603	162663	1718530	207138	163438	
16328	455600	441479	78189	599886	54597	34230	
87998	2014898	1821191	361275	891302	1222960		1368
15025	97165	65511	32944	71668	24500		
5898	46179	45911	5808	29780	16174		
94255	452601	438737	138171	281585	143852		1800

单位：万元

财务费用	利息收入	利息支出	投资收益（损失以“–”号记）	营业利润	利润总额	亏损企业亏损额	平均用工人数（人）
116078	**12605**	**118521**	**-10008**	**2022101**	**1989667**	**128365**	**71002**
8754	179	14734	-5796	236648	229390	110184	15804
1183	70	919		887	1077	993	2804
9117	154	8874		34337	34506	2995	1822
10630	3316	15946	-5188	611165	595642	8589	10588
812	2431	2990	924	412941	413589		7903
75189	6568	67265		506114	493098	726	23449
372	4	375	41	17949	17219		1144
2227	1	1861		15347	15555	387	1220
7794	-117	5559	12	186714	189590	4491	6268

1-B-36 按地区分组的有色金属冶炼和

地区	企业单位数（个）	资产总计						
			固定资产净额	固定资产原价	累计折旧	流动资产合计		
							应收账款	存货
全省	**139**	**18236058**	**3321864**	**5134876**	**1803402**	**9251657**	**717671**	**2958055**
福州	14	1137795	416026	517693	100898	425290	70733	135774
厦门	19	2553105	524533	989202	463362	1229197	215519	336286
莆田	3	17145	3351	4130	753	13284	776	1780
三明	12	74482	10359	26293	15904	44942	11119	18858
泉州	13	377133	107332	210750	103409	170019	35236	50343
漳州	17	195523	56820	98777	41383	127951	32102	63863
南平	11	578333	230370	416226	185856	208975	14705	73442
龙岩	25	7246390	716397	1311917	588670	2495936	211921	603556
宁德	25	6056153	1256677	1559888	303167	4536063	125560	1674153

1-B-36 续表

地区					营业收入	营业成本	销售费用	管理费用
	法人资本	个人资本	港澳台资本	外商资本				
全省	**852269**	**409027**	**261242**	**95177**	**21356870**	**19025886**	**135979**	**297616**
福州	36417	87043	1323	592	1148521	1069566	18144	25795
厦门	166497	19992	112316	61889	1640330	1382443	25246	93188
莆田		1628			32667	27141	351	1057
三明	1590	12516			168362	160735	1089	2303
泉州	10765	107643	23287		1032221	962335	6612	17123
漳州	568	28966	4743	18396	417419	349299	3219	12059
南平	123259	4600			720363	677990	9309	12866
龙岩	319101	121695	57289	7700	7338356	6873378	20416	93853
宁德	194073	24946	62285	6600	8858632	7523001	51594	39373

压延加工业主要经济指标

单位：万元

产成品	负债合计	流动负债合计	应付账款	所有者权益合计	实收资本	国家资本	集体资本
1337352	**11117303**	**8123068**	**2218964**	**7118754**	**2337535**	**701260**	**18560**
46708	753579	553183	47104	384217	339422	202048	12000
153336	1364667	1076738	86878	1188438	420045	53612	5740
536	13616	10621	-858	3530	1628		
9043	54475	39428	7388	20007	14708		602
23972	96995	83575	17018	280138	141694		
32517	110009	94799	18866	85514	52673		
28088	400046	382639	16038	178287	154481	26622	
67875	3826253	2087398	301591	3420137	728980	222977	218
975277	4497666	3794689	1724940	1558487	483904	196000	

单位：万元

财务费用	利息收入	利息支出	投资收益(损失以“-”号记)	营业利润	利润总额	亏损企业亏损额	平均用工人数(人)
186606	**105150**	**248511**	**244997**	**1945572**	**1988461**	**2085**	**61023**
23981	370	23082	615	10878	11471	65	5665
40343	11910	51184	23474	153177	153885	312	9089
458	1	421		3351	3351		359
560	7	431	2	3322	3409	9	931
1688	-425	1609	-483	40885	40736	666	7335
1156	10	761	1	50806	50860		2763
18080	305	17434	4045	3133	3177	239	4464
59765	87090	134392	206453	485621	480020	199	7395
40576	5883	19197	10891	1194400	1241553	596	23022

1-B-37 按地区分组的金属

地 区	企 业 单位数 (个)	资产总计	固定资产净额	固定资产原价	累计折旧	流动资产合计	应收账款	存货
全 省	**811**	**9153287**	**2146096**	**4489076**	**2216659**	**5498648**	**1631877**	**1271053**
福 州	86	1232884	276325	494680	213521	674225	183312	126574
厦 门	173	3123679	619445	1119234	494730	2227630	649342	539273
莆 田	36	403608	103217	160026	53635	200100	67774	45271
三 明	105	825883	303946	1088807	761867	331725	131987	66803
泉 州	118	1278179	226170	498330	212911	760088	240727	133957
漳 州	151	1688207	449138	873149	400058	984730	260269	254853
南 平	24	113462	23182	38620	12043	66817	12291	24096
龙 岩	54	223803	51599	76927	25329	119843	40248	37681
宁 德	64	263582	93074	139303	42565	133491	45928	42546

1-B-37 续表

地 区	法人资本	个人资本	港澳台资本	外商资本	营业收入	营业成本	销售费用	管理费用
全 省	**666254**	**701005**	**429314**	**451015**	**16106750**	**13963038**	**309955**	**592012**
福 州	53927	157569	101837	76724	1951876	1768858	30663	62632
厦 门	177336	126170	183137	162880	3441190	2946098	66520	205221
莆 田	27867	14781	83376		725266	575941	13439	28900
三 明	61057	79106	16450		2941754	2708234	46465	79341
泉 州	172422	84278	29411	2869	2792940	2350911	61757	87128
漳 州	133339	155108	13237	198869	2906767	2460916	57538	79308
南 平	7931	18759			264914	223513	11850	11517
龙 岩	18540	29429			558829	464025	15107	26165
宁 德	13837	35806	1866	9674	523215	464542	6617	11800

制品业主要经济指标

单位：万元

产成品	负债合计	流动负债合计	应付账款	所有者权益合计	实收资本	国家资本	集体资本
501897	**4280001**	**3824413**	**1036884**	**4873040**	**2292411**	**26578**	**18244**
51872	585993	478187	120084	646891	390557	500	
159614	1484530	1387516	459957	1639149	665731	10041	6168
16968	139302	130451	28419	264061	126526		502
36821	475227	426603	97742	350656	171715	15100	1
77705	558948	482184	85594	719231	290004		1025
102998	749061	670100	205882	939147	505403		4850
13741	63737	61935	3591	49725	26690		
21090	90058	68251	15661	133745	47969		
21089	133146	119186	19956	130436	67818	938	5698

单位：万元

财务费用	利息收入	利息支出	投资收益（损失以"–"号记）	营业利润	利润总额	亏损企业亏损额	平均用工人数（人）
77887	**20066**	**73934**	**2699**	**1081238**	**1087065**	**23840**	**152576**
15859	2417	12474	321	63685	63875	13252	15334
12929	14964	19430	5547	205459	212705	5232	48623
3449	83	1492	-2238	85045	87450	14	3843
9729	-127	8665	-653	85392	84076	203	14482
14714	236	11301	326	258414	255467	2852	29643
10498	2207	11861	-604	289951	290321	877	26879
2618	1	2240		13665	13772		3896
3432	48	2774	1	45385	45744	511	4371
4659	238	3698		34243	33655	900	5505

1-B-38 按地区分组的通用设备

地 区	企 业单位数(个)	资产总计	固定资产净 额	固定资产原 价	累计折旧	流动资产合 计	应收账款	存货
全 省	**592**	**9150012**	**1576952**	**3444826**	**1729508**	**5791354**	**1651256**	**1417459**
福 州	86	2487297	292748	455949	162868	1470947	416745	294327
厦 门	93	1877614	380425	903865	523057	1245716	371757	358037
莆 田	38	253241	44875	113227	60871	170000	42395	42478
三 明	55	267881	93352	449258	344247	131861	37626	34452
泉 州	146	2741346	458138	906070	342389	1840070	564674	416760
漳 州	56	889715	187153	345875	153058	507842	109214	169952
南 平	27	86089	20015	35511	13764	54454	19006	17891
龙 岩	45	310175	53593	162319	108501	224662	41134	41279
宁 德	46	236655	46652	72754	20754	145803	48705	42284

1-B-38 续表

地 区	法人资本	个人资本	港澳台资本	外商资本	营业收入	营业成本	销售费用	管理费用
全 省	**578705**	**716396**	**109192**	**437653**	**12810902**	**10495986**	**412057**	**675578**
福 州	179981	154673	26269	45754	2052800	1692331	89661	150356
厦 门	55783	91457	46753	308985	1868277	1424362	96385	173765
莆 田	5051	16306	18958	26627	961042	775297	21468	59462
三 明	34377	33067			1200930	1111134	15859	32733
泉 州	199594	248018	8204	5939	4172823	3412711	121123	154405
漳 州	35932	95584	7909	40275	1257078	970752	38665	59072
南 平	9525	15972	1100		203829	173573	5133	7276
龙 岩	37744	44380		10072	636784	532849	11398	24307
宁 德	20719	16940			457339	402978	12364	14202

制造业主要经济指标

单位：万元

产成品	负债合计	流动负债合计	应付账款	所有者权益合计	实收资本	国家资本	集体资本
616179	**3988219**	**3395046**	**973114**	**5175586**	**1926720**	**73577**	**11196**
114730	1035070	977224	320156	1452228	412248	3200	2372
97469	734827	681926	272601	1142786	514894	3100	8816
11101	96352	88604	14414	156889	66942		
21498	140042	121862	24613	127838	68529	1085	
272639	1406969	1059806	191938	1348172	463710	1955	
56235	321769	251535	79071	567946	243835	64135	
9795	33797	33560	11165	52291	26597		
18103	92852	90687	35006	217322	92307	102	9
14610	126541	89842	24152	110114	37659		

单位：万元

财务费用	利息收入	利息支出	投资收益(损失以"-"号记)	营业利润	利润总额	亏损企业亏损额	平均用工人数(人)
90854	**10157**	**76086**	**41318**	**1120537**	**1125122**	**25580**	**139485**
11478	4580	16647	49003	145643	146649	4873	23057
7411	3882	8756	3142	161414	166589	10271	28286
6556	57	5300	-5327	86846	87153	409	12631
3745	18	3220	-7728	33425	32920	237	6311
45620	1026	28130	70	412733	413165	234	45901
9807	508	8528	2145	179110	179683	9322	10988
1888	2	1482	12	14066	11720		1893
2441	-34	2378		63716	64035	139	4898
1909	117	1644		23584	23209	95	5520

1-B-39 按地区分组的专用设备

地区	企业单位数（个）	资产总计	固定资产净额	固定资产原价	累计折旧	流动资产合计	应收账款	存货
全省	**563**	**8807417**	**1301495**	**3159113**	**1707958**	**5999184**	**1599064**	**1977983**
福州	69	983839	154658	281650	123777	618305	133101	168708
厦门	126	2348034	279524	587766	293171	1803480	543039	571501
莆田	24	113283	33969	54790	20156	64287	25482	20012
三明	51	572128	165834	837331	634899	298142	74931	163340
泉州	157	2075368	454766	943536	403565	1222088	351151	336136
漳州	46	275507	44468	90769	40088	182172	47249	49848
南平	18	104579	23153	85524	62371	56610	21656	16453
龙岩	50	2252303	125985	249670	121683	1706884	388549	641087
宁德	22	82378	19138	28078	8249	47216	13907	10898

1-B-39 续表

地区	法人资本	个人资本	港澳台资本	外商资本	营业收入	营业成本	销售费用	管理费用
全省	**382378**	**698767**	**170154**	**225229**	**10494806**	**8549292**	**288174**	**588963**
福州	72489	84561	15108	4238	1005594	798625	44798	83964
厦门	124331	121776	91231	99507	1743685	1323915	70769	153606
莆田	4925	14106	4076	2130	257353	196364	10125	16929
三明	32704	26433	5675		1515431	1345214	20734	58607
泉州	72640	217249	41964	13297	3520402	2862778	95162	145965
漳州	25187	40554	10483	18165	419106	331975	11286	23301
南平	8080	20780	401	680	231688	193958	9708	13899
龙岩	35285	164280	1216	87212	1655004	1370984	21271	86734
宁德	6738	9029			146545	125480	4324	5958

制造业主要经济指标

单位：万元

产成品	负债合计	流动负债合计	应付账款	所有者权益合计	实收资本	国家资本	集体资本
484084	**4728131**	**4353892**	**887576**	**4079286**	**1570009**	**74729**	**18752**
82438	472792	423467	86579	511047	186586	342	9848
163819	1331316	1269029	332142	1016717	500094	59951	3298
5200	42182	40753	13790	71101	25624		387
19989	337385	330147	44304	234742	70288	5436	40
129567	901890	790723	165244	1173478	346495		1345
24095	114816	86336	23250	160692	103388	9000	
8379	38935	35475	5799	65643	29941		
45099	1450331	1343427	205472	801972	287994		
5500	38483	34537	10997	43895	19601		3834

单位：万元

财务费用	利息收入	利息支出	投资收益(损失以"−"号记)	营业利润	利润总额	亏损企业亏损额	平均用工人数(人)
58161	**15661**	**64923**	**79829**	**1020401**	**1026622**	**26999**	**98926**
6598	281	8470	1515	66995	67682	2358	11996
12209	4021	19433	9149	177415	183030	21308	27768
1606	29	281	1364	31409	31551		2356
7068	49	6963	-223	76501	75887	2381	7295
24503	368	14997	-73	371146	370434	151	31712
1975	852	1823	213	49741	49597	801	5168
903	7	885	4	11718	11851		1615
2916	10049	11641	67879	225988	227021		8349
383	6	431		9488	9569		2667

1-B-40　按地区分组的汽车

地　区	企　业 单位数 (个)	资产总计	固定资产 净　额	固定资产 原　价	累计折旧	流动资产 合　计	应收账款	存货
全　省	**371**	**9521056**	**1846800**	**4282976**	**2268784**	**6166859**	**2496478**	**1308679**
福　州	94	2864779	610773	1552054	907441	1842083	433757	488003
厦　门	72	3287565	368311	795695	413912	2530918	1420139	296224
莆　田	11	265115	83711	110462	23928	109093	71003	13546
三　明	16	295602	77170	498114	418598	139282	31397	63214
泉　州	81	620402	136227	265984	116378	365811	101206	131448
漳　州	30	964995	270684	610601	257938	483922	144595	170877
南　平	17	177779	39082	64547	25443	77042	16587	29258
龙　岩	37	1000233	246596	362386	96263	591035	263947	109614
宁　德	13	44588	14245	23133	8883	27673	13848	6495

1-B-40　续表

地　区	法人资本	个人资本	港澳台资本	外商资本	营业收入	营业成本	销售费用	管理费用
全　省	**537436**	**250031**	**375377**	**407281**	**13157648**	**11022427**	**416120**	**577687**
福　州	115529	27021	217924	308319	3881727	3175586	165851	183874
厦　门	171057	36782	84980	67414	3013750	2527992	99318	188447
莆　田	45000	25588			214999	183988	15133	20829
三　明	46108	5913		3300	1050797	965695	30511	37234
泉　州	45696	60824	13182	6979	1173689	985182	27328	47287
漳　州	51056	21482	59292	2519	2805747	2353056	22574	42493
南　平	21350	18020			228352	195702	4837	9260
龙　岩	40560	47364		18750	671416	538780	45522	40011
宁　德	1080	7038			117171	96447	5047	8252

制造业主要经济指标

单位：万元

产成品	负债合计	流动负债合计	应付账款	所有者权益合计	实收资本	国家资本	集体资本
613568	**5330256**	**4634220**	**1563571**	**4190798**	**1981297**	**369310**	**36862**
218123	1311795	1161181	485046	1552984	861715	192922	
119598	1997851	1856617	645592	1289713	418225	35993	17000
7896	153468	132568	80441	111646	103588	31000	2000
41814	198833	184109	44290	96769	62920	2334	5266
58853	245846	232742	43354	374556	127266		586
101412	660799	434570	85455	304196	134349		
11068	76057	59722	12699	101721	40170	800	
52002	666857	554160	161208	333375	224946	106262	12010
2802	18750	18551	5488	25838	8118		

单位：万元

财务费用	利息收入	利息支出	投资收益（损失以"－"号记）	营业利润	利润总额	亏损企业亏损额	平均用工人数（人）
45400	**-5363**	**63003**	**12462**	**1001426**	**1015976**	**50257**	**110472**
-3226	-4308	6200	7342	277600	280189	8643	31095
8176	1379	20266	2735	172399	178292	4445	26860
3430	74	1445		10997	11646	923	4225
1772	148	1779		15245	15437	435	3475
6039	-349	4855		107089	107241	961	14733
11376	220	8941		373922	377794	173	18023
3189	308	2577	-17	13976	14056		4265
13974	-2837	16293	2403	24048	25161	34677	5463
671	1	647		6150	6159		2333

1-B-41 按地区分组的铁路、船舶、航空航天和

地 区	企 业 单位数 (个)	资产总计						
			固定资产净 额	固定资产原 价	累计折旧	流动资产合 计		
							应收账款	存货
全 省	**166**	**3449775**	**718168**	**1259991**	**537677**	**2320266**	**536276**	**959095**
福 州	17	1486622	236294	311935	75452	1179232	266348	546317
厦 门	19	801080	163030	269051	104846	469244	61850	205125
莆 田	5	60488	14178	31176	16998	41980	14599	10345
三 明	5	6661	2723	67519	64374	2291	849	349
泉 州	11	294493	98043	224195	123829	136783	47568	44341
漳 州	27	150812	35524	66502	30942	73624	22218	18831
南 平	NA	2519	602	1658	1056	1913	683	612
龙 岩	NA	54590	5698	9440	3741	48814	6710	4526
宁 德	79	592510	162076	278516	116440	366386	115451	128650

1-B-41 续表

地 区					营业收入	营业成本	销售费用	管理费用
	法人资本	个人资本	港澳台资本	外商资本				
全 省	**110429**	**107916**	**85829**	**34565**	**2924495**	**2599405**	**59187**	**144493**
福 州	3883	5675	24662		560592	555181	8865	33178
厦 门	52687	9562	19536	29599	349955	324122	6017	32978
莆 田	2008	5750		919	94697	73969	1767	8681
三 明		4927			72072	67753	809	955
泉 州	30	20944	5818		422672	372370	4015	7723
漳 州	20037	14100	6242	4047	302219	243834	6891	17496
南 平		300			6844	6059	269	271
龙 岩		3705	29073		23067	20058	591	723
宁 德	31785	42953	500		1092377	936060	29964	42488

其他运输设备制造业主要经济指标

单位：万元

产成品	负债合计	流动负债合计	应付账款	所有者权益合计	实收资本	国家资本	集体资本
95587	**2124207**	**1680601**	**333110**	**1325567**	**527122**	**188383**	
18080	969955	798031	133180	516667	176634	142415	
12005	547713	363661	77974	253367	143375	31992	
2902	19725	19725	5106	40763	8677		
147	2053	1938	215	4608	4927		
19040	194790	137083	34748	99702	26792		
6174	49001	40948	13912	101811	46132	1707	
353	1668	1353	458	850	300		
4196	18572	17961	8510	36018	32778		
32692	320730	299901	59008	271781	87508	12270	

单位：万元

财务费用	利息收入	利息支出	投资收益（损失以"–"号记）	营业利润	利润总额	亏损企业亏损额	平均用工人数（人）
60520	**11226**	**73799**	**285**	**38015**	**55171**	**122641**	**33651**
33055	7579	42677		-68874	-51355	64259	4328
10647	3549	13471	285	-23992	-24481	45695	5715
65	11	414		9607	9615		2091
419		410		780	780		623
4748	95	4835		26230	26402	899	3001
2828	142	2752		28747	28931	882	4403
12	4	8		222	222		158
588		588		1047	1036		248
8159	-154	8644		64248	64022	10906	13084

1-B-42 按地区分组的电气机械和

地区	企业单位数(个)	资产总计	固定资产净额	固定资产原价	累计折旧	流动资产合计	应收账款	存货
全省	**668**	**22771433**	**3789046**	**6543137**	**2625167**	**15887937**	**4957200**	**2528589**
福州	127	2730759	385118	657809	267927	1943796	778337	373625
厦门	220	5022142	536694	1203483	646251	3554836	1545868	524017
莆田	13	250220	103408	128756	25344	125660	56908	29643
三明	17	340134	115449	241173	116143	176211	55009	55498
泉州	63	2238271	353309	805819	376812	1550160	739286	205319
漳州	61	1110232	226302	446941	213525	668377	217406	148017
南平	30	717294	187495	326910	129539	418881	163204	120835
龙岩	24	145281	38675	53689	13665	78281	20403	26470
宁德	113	10217100	1842596	2678558	835962	7371736	1380779	1045165

1-B-42 续表

地区	法人资本	个人资本	港澳台资本	外商资本	营业收入	营业成本	销售费用	管理费用
全省	**1458316**	**721802**	**608431**	**175022**	**22673349**	**18045370**	**695939**	**1417684**
福州	226822	158895	143276	38966	4835709	4272453	117211	220985
厦门	327609	251863	221576	106672	4910672	3902200	215097	328821
莆田	19180	3132	2418	5302	275801	230211	4187	9199
三明	18840	32640	16808		967653	907559	9019	23313
泉州	82801	69288	65515	16996	2493003	1942702	63308	95442
漳州	303524	37238	74088	7087	1891195	1562902	36505	74093
南平	82422	75706	482		1058136	842244	74485	34618
龙岩	20700	32916			269813	230031	6442	11363
宁德	376419	60123	84269		5971368	4155067	169685	619852

器材制造业主要经济指标

单位：万元

…产成品	负债合计	流动负债合计	应付账款	所有者权益合计	实收资本	国家资本	集体资本
897846	**11570058**	**10312216**	**3104643**	**11201371**	**3171749**	**127891**	**80287**
162731	1588683	1409415	507310	1142076	612716	38766	5992
192596	2420731	2256779	821432	2601409	1019436	72809	38907
3775	204835	178364	59299	45386	34269		4237
23323	225352	194467	39392	114781	78788	7500	3000
91632	944188	831360	133495	1294083	256700		22100
58056	441573	365713	178634	668659	421949		12
73324	414090	350072	95571	303204	170416	8816	2990
13809	66649	61898	29494	78631	56256		2640
278601	5263958	4664150	1240017	4953141	521220		410

单位：万元

财务费用	利息收入	利息支出	投资收益(损失以"-"号记)	营业利润	利润总额	亏损企业亏损额	平均用工人数(人)
57215	**64808**	**124278**	**64730**	**2310732**	**2375807**	**40980**	**207767**
29008	272	25209	2744	143870	152532	9562	35802
161	10693	22715	31754	464914	519516	23842	67894
1759	-69	2434	-6929	14403	14162	2809	1360
6457	158	6014	291	19141	19517		3413
18967	141	4937	2423	359162	357243	66	23496
8583	1304	9524	1298	194874	194091	1940	18836
10658	531	10534	256	93618	93777	782	7518
1080	74	957		20569	22132	978	1731
-19458	51704	41954	32894	1000182	1002838	1001	47717

1-B-43　按地区分组的计算机、通信和

地　区	企　业单位数（个）	资产总计	固定资产净　额	固定资产原　价	累计折旧	流动资产合　计	应收账款	存货
全　省	**607**	**37310604**	**10585877**	**17527005**	**6530650**	**22110100**	**9243028**	**3601874**
福　州	106	8807317	2608258	3953718	1248728	5142880	1853086	856451
厦　门	238	22356022	5796109	9617937	3615654	13775209	6182384	2045154
莆　田	43	1893037	1130682	1305564	147935	415615	76336	48008
三　明	13	86665	39568	107672	67841	40963	9628	10848
泉　州	65	1502278	489643	1677212	1160410	868354	263307	143971
漳　州	87	2014060	352431	609568	211536	1445716	639220	387330
南　平	10	96874	18086	41285	23017	59999	27243	10514
龙　岩	42	522569	145987	207835	54427	335363	174235	94657
宁　德	3	31784	5114	6215	1102	26001	17589	4943

1-B-43　续表

地　区	法人资本	个人资本	港澳台资本	外商资本	营业收入	营业成本	销售费用	管理费用
全　省	**5785894**	**942437**	**975858**	**1887468**	**41456191**	**36455454**	**855741**	**1852174**
福　州	1846886	327492	98228	186678	7537341	6512825	247783	480639
厦　门	2670679	369470	734555	1584052	24306440	22068544	436186	968046
莆　田	882475	19167	23184	21667	1573791	1214280	12126	44543
三　明	10765	16274	2221		253892	228407	2865	9554
泉　州	130245	92227	30650	66083	3149392	2617167	55081	116422
漳　州	179525	78738	87021	10374	3184637	2519589	73421	177052
南　平	5930	7030		17910	504969	486036	3340	7076
龙　岩	57390	29959		704	818913	690435	23622	46453
宁　德	2000	2080			126816	118172	1318	2390

其他电子设备制造业主要经济指标

单位：万元

	负债合计	流动负债合计		所有者权益合计	实收资本		
产成品			应付账款			国家资本	集体资本
1403320	**20407612**	**15557282**	**6905449**	**16902990**	**10247552**	**622496**	**33400**
314196	4357545	2919848	1125793	4449771	2952332	490456	2592
742163	12885220	10269063	4926229	9470800	5518727	130500	29472
22391	876047	438697	150086	1016990	946991		500
5913	39109	28941	3848	47555	29260		
46847	706524	622181	160620	795753	319305	100	
215635	1203220	974831	415356	810840	356495		836
3135	27722	27283	8089	69152	30870		
52885	295800	260183	107880	226769	89493	1440	
155	16425	16255	7548	15359	4080		

单位：万元

财务费用			投资收益(损失以“-”号记)	营业利润	利润总额	亏损企业亏损额	平均用工人数(人)
	利息收入	利息支出					
327232	**69026**	**299125**	**104448**	**2246511**	**2308476**	**350693**	**297588**
55105	10023	83939	46349	276888	289817	44657	53108
222214	48232	167048	66033	918555	960729	293042	158897
9801	709	8749	-5452	281485	280952	1977	12494
1484	29	930	10	10237	10326	576	1659
13586	149	10428	36	320955	321662	6848	26197
18289	9791	22320	-2534	368609	373067	2723	33163
849	33	830		13026	13145	476	2075
5848	57	4824	6	52027	53616	395	9122
56	2	58		4730	5163		873

1-B-44 按地区分组的仪器仪表

地区	企业单位数（个）	资产总计	固定资产净额	固定资产原价	累计折旧	流动资产合计	应收账款	存货
全省	**158**	**1743056**	**250779**	**456425**	**200110**	**1051612**	**326659**	**230075**
福州	49	664876	81045	144483	58937	453986	155266	90503
厦门	24	524964	32442	75836	42604	250701	73771	47117
莆田	10	17435	1798	3396	1524	13217	4562	3235
三明	8	78645	43338	66414	22905	21079	9455	7044
泉州	12	98300	24950	45064	20115	67525	20050	20101
漳州	47	328684	60602	109459	48858	230175	57805	59307
南平	3	10168	2216	4041	1825	6340	1902	1087
龙岩	NA	9068	630	1056	426	4694	1525	1015
宁德	3	10916	3758	6677	2918	3895	2324	667

1-B-44 续表

地区	法人资本	个人资本	港澳台资本	外商资本	营业收入	营业成本	销售费用	管理费用
全省	**121084**	**175809**	**116187**	**59861**	**2338694**	**1901195**	**82817**	**152242**
福州	17221	77399	83850	4895	1002702	852691	38558	60342
厦门	84704	11583	19277	9097	285383	190884	13840	30875
莆田		2390	300		113469	93314	1416	2394
三明	1639	19106			177805	153680	2496	10493
泉州	2480	26950	8279		184160	154738	5377	8807
漳州	14890	25641	4482	45868	485129	385524	14263	31963
南平		4665			32763	22732	4333	4019
龙岩		3787			9535	7025	695	899
宁德	150	4288			47747	40607	1839	2449

制造业主要经济指标

单位：万元

产成品	负债合计	流动负债合计	应付账款	所有者权益合计	实收资本	国家资本	集体资本
78810	**609738**	**547898**	**184131**	**1133318**	**488241**	**3100**	**12200**
21998	232328	223929	80573	432548	188665	3100	2200
19682	171320	148960	52765	353644	124661		
830	10274	10274	1744	7161	2690		
3932	38525	26228	7295	40121	30745		10000
8017	33989	33093	8157	64311	37709		
23002	111316	93429	29381	217367	90882		
737	3096	3096	609	7072	4665		
232	3896	3896	2052	5171	3787		
382	4993	4993	1556	5923	4438		

单位：万元

财务费用	利息收入	利息支出	投资收益（损失以“-”号记）	营业利润	利润总额	亏损企业亏损额	平均用工人数（人）
9129	**869**	**10439**	**6297**	**188520**	**195243**	**1260**	**29539**
3472	-93	3259	458	43576	45536	98	11241
759	761	2734	6541	52700	55873		4406
299	1	11	-2065	13632	13627		815
1638	2	1631		8579	8580	687	1998
1149	11	728		13435	13515		2653
1166	182	1435	1362	52075	53598	422	7224
146		139		1409	1342	54	324
28	1	23		862	913		98
475	5	479		2252	2259		780

1-B-45 按地区分组的其他

地区	企业单位数（个）	资产总计						
			固定资产净额	固定资产原价	累计折旧	流动资产合计		
							应收账款	存货
全省	**152**	**1584696**	**212644**	**449707**	**175682**	**955064**	**234405**	**224208**
福州	6	115177	15287	27195	11908	56238	3133	13988
厦门	33	202299	25925	64932	37709	142695	38319	46470
莆田	NA	1190	233	342	109	829	435	289
三明	NA	13789	12802	16613	3811	987	969	10
泉州	83	1152851	133320	295706	103706	701637	178995	146739
漳州	19	67900	16358	31616	14158	35063	8185	12576
南平								
龙岩	5	21242	5155	8065	2830	11492	2456	2962
宁德	3	10248	3563	5239	1452	6122	1911	1174

1-B-45 续表

地区					营业收入	营业成本	销售费用	管理费用
	法人资本	个人资本	港澳台资本	外商资本				
全省	**61917**	**58209**	**384100**	**41823**	**2589411**	**2226194**	**61919**	**97255**
福州	6500	7816	14835		181953	157580	4664	9289
厦门	4032	8355	29904	17391	174305	156424	4593	10996
莆田		200			8985	8807	32	35
三明		991			11245	10965	55	67
泉州	50352	26742	325757	21038	1932921	1660469	45665	65247
漳州	364	10718	12267	3394	187946	153082	3955	7562
南平								
龙岩		2630	1337		57033	49261	1156	1648
宁德	668	757			35022	29608	1799	2413

制造业主要经济指标

单位：万元

产成品	负债合计	流动负债合计	应付账款	所有者权益合计	实收资本	国家资本	集体资本
95633	**537337**	**433304**	**102881**	**1047357**	**554377**	**313**	**8016**
4623	40127	39267	8624	75049	29151		
19126	90062	85302	22278	112237	59683		
159	160	160	160	1030	200		
7	318	318		13471	991		
66461	368527	271408	64322	784324	431253		7364
4211	24038	23212	5008	43862	27708	313	652
611	6833	6833	915	14408	3967		
436	7272	6805	1574	2976	1425		

单位：万元

财务费用	利息收入	利息支出	投资收益（损失以"–"号记）	营业利润	利润总额	亏损企业亏损额	平均用工人数（人）
15059	**790**	**10829**	**148**	**177744**	**178495**	**1722**	**44151**
996	87	1069	19	7021	7098		3707
142	331	787	59	3113	3553	1401	5212
21	2	19		90	90		25
35		6		105	105		88
12828	366	8346		139586	139584	322	30480
403	3	226		22357	22375		2772
439	1	377	70	4424	4603		1260
196				1048	1086		607

1-B-46 按地区分组的废弃资源

地区	企业单位数(个)	资产总计	固定资产净额	固定资产原价	累计折旧	流动资产合计	应收账款	存货
全省	**58**	**459484**	**121032**	**204139**	**75354**	**294001**	**91992**	**71993**
福州	6	94777	46541	58053	11512	45669	16674	22473
厦门	3	43315	11405	22396	10957	28130	2869	11206
莆田	NA	18663	9998	15660	3494	6630	1835	1646
三明	12	60502	20725	48400	27262	32436	3927	7075
泉州	4	57694	1855	6014	2088	52839	16665	10615
漳州	11	156894	21697	38722	16297	113232	44999	14388
南平	5	5581	657	3090	213	3608	575	1636
龙岩	6	9362	2372	4077	1686	5384	2044	1344
宁德	9	12697	5782	7726	1845	6073	2405	1609

1-B-46 续表

地区	法人资本	个人资本	港澳台资本	外商资本	营业收入	营业成本	销售费用	管理费用
全省	**33838**	**62385**	**8891**	**4600**	**1637341**	**1480205**	**10881**	**25918**
福州	17388	5447			394818	367616	1272	8195
厦门		5917		4600	56715	51118	969	3263
莆田		3775			75241	59691	1170	1198
三明	4350	4366			279335	239331	2403	3801
泉州	5000	6150			261315	227635	1703	2990
漳州	3901	29350	8891		451784	429292	1180	4322
南平	3200	3400			60613	56130	153	96
龙岩		2729			35949	30640	1222	1251
宁德		1251			21570	18752	811	803

综合利用业主要经济指标

单位：万元

产成品	负债合计	流动负债合计	应付账款	所有者权益合计	实收资本	国家资本	集体资本
40920	**254341**	**235127**	**80225**	**205143**	**118264**	**4550**	**4000**
16095	56851	56851	35695	37926	22835		
4581	10598	10134	1165	32718	10517		
695	9892	7683	3880	8771	6775		3000
3992	35928	29025	3372	24574	9216		500
7259	30061	22853	3973	27634	11150		
6688	101202	98771	27288	55692	47191	4550	500
54	40	40		5542	6600		
607	2445	2445	1228	6917	2729		
950	7326	7326	3624	5371	1251		

单位：万元

财务费用	利息收入	利息支出	投资收益(损失以"-"号记)	营业利润	利润总额	亏损企业亏损额	平均用工人数(人)
9113	**172**	**9028**	**-9192**	**94469**	**93386**	**2398**	**7392**
3746	6	3665		7712	7737		675
-36	44	281	-443	4038	4003	162	337
250	10	223	-120	12031	12031		473
1071	3	998	-8838	28469	27324	2237	885
2072	31	2039		25759	25816		3180
1975	77	1792	210	9149	9198		1088
4		4		3618	3618		183
23	1	23		2589	2616		201
7		3		1104	1043		370

1-B-47　按地区分组的金属制品、

地区	企业单位数（个）	资产总计						
			固定资产净额	固定资产原价	累计折旧	流动资产合计		
							应收账款	存货
全　省	**29**	**1118496**	**412128**	**712408**	**292735**	**519996**	**143931**	**103612**
福　州	9	339767	203498	232486	27013	59525	9463	38102
厦　门	10	721623	195028	451760	251161	423492	115143	57519
莆　田	NA	21452	3281	4948	1666	18045	10551	2676
三　明	NA	4817	559	690	130	4257	2026	1395
泉　州	NA	18954	7382	17410	10029	10044	5225	1647
漳　州	3	7390	1267	2490	1223	1278	213	421
南　平								
龙　岩								
宁　德	3	4493	1113	2626	1513	3356	1310	1853

1-B-47　续表

地区					营业收入	营业成本	销售费用	管理费用
	法人资本	个人资本	港澳台资本	外商资本				
全　省	**108022**	**18383**	**153489**	**54445**	**2304260**	**1996029**	**19194**	**76478**
福　州	58307	15478	14700		567947	423791	16466	19433
厦　门	42448		138789	39739	1421964	1286396	701	46972
莆　田	6000				24859	18795		1095
三　明	1267				18574	17622	193	383
泉　州				14706	204808	195107		5124
漳　州		1600			41042	33251	672	2339
南　平								
龙　岩								
宁　德		1305			25065	21066	1161	1132

机械和设备修理业主要经济指标

单位：万元

产成品	负债合计	流动负债合计	应付账款	所有者权益合计	实收资本	国家资本	集体资本
2877	**391959**	**291255**	**142230**	**726537**	**344605**	**8866**	**1400**
492	177910	85306	32931	161857	88485		
1394	195116	187017	101063	526507	229243	8266	
	9016	9016	5435	12436	8000	600	1400
250	3462	3462	1377	1355	1267		
	4248	4248	458	14706	14706		
150	437	437	94	6953	1600		
590	1769	1769	873	2723	1305		

单位：万元

财务费用	利息收入	利息支出	投资收益（损失以“-”号记）	营业利润	利润总额	亏损企业亏损额	平均用工人数（人）
6761	**2267**	**12181**	**7975**	**209326**	**211982**	**347**	**9537**
11137	130	10751		94394	94467	25	2619
-4549	2078	1226	7937	99148	101669	322	5607
-57	57		38	4862	4864		721
1		1		367	362		70
117	1	94		4459	4523		143
15		14		4559	4558		222
95		95		1538	1538		155

1-B-48 按地区分组的电力、热力、

地 区	企 业 单位数 （个）	资产总计						
			固定资产 净 额	固定资产 原 价	累计折旧	流动资产 合 计		
							应收账款	存货
全 省	**322**	**47530519**	**29620661**	**52205155**	**22238543**	**7685566**	**1228215**	**1103571**
福 州	49	15337207	10010247	16412304	6396616	1647569	315772	410755
厦 门	11	3854562	2085436	4461159	2369909	580411	71056	41134
莆 田	29	5765515	2784148	4923547	1971849	1131575	237783	49243
三 明	34	1266010	869115	1847957	974251	219853	39418	6543
泉 州	70	6521531	4183112	7753448	3509164	1136563	187558	60949
漳 州	41	4147197	1665451	4416449	2748859	1604717	138148	76650
南 平	27	1281408	780532	1491061	671252	188930	36147	2212
龙 岩	23	1488843	1023444	2139894	1098802	188737	45872	8644
宁 德	38	7868246	6219176	8759337	2497841	987212	156462	447442

1-B-48 续表

地 区					营业收入	营业成本	销售费用	管理费用
	法人资本	个人资本	港澳台资本	外商资本				
全 省	**2884579**	**192918**	**849364**	**312862**	**22527437**	**19877603**	**139043**	**314629**
福 州	276298	20610	26411	25175	5732986	4916106	44596	69558
厦 门	82782		145236	9994	2110667	1956780	52852	29936
莆 田	601060	36595	508	158752	2737227	2545085	7829	30474
三 明	39999	9959	500	21025	809990	758358	2581	12218
泉 州	312257	39261	12369	25180	5403490	4875664	14439	73318
漳 州	202705	31705	640509	8971	2054953	1830387	10424	26600
南 平	52655	21780	11031	63275	608882	550891	1940	9488
龙 岩	127886	12262	12800	490	783612	737407	940	10952
宁 德	1188937	20746			2285631	1706926	3442	52085

燃气及水生产和供应业主要经济指标

单位：万元

产成品	负债合计	流动负债合计	应付账款	所有者权益合计	实收资本	国家资本	集体资本
22186	**29880954**	**12658974**	**1746627**	**17649563**	**11721171**	**7393246**	**76960**
5298	10543772	3443960	585388	4793435	3530645	3176762	5390
44	2382923	1384609	144273	1471638	976343	738332	
2419	3420455	1518270	354289	2345060	1808539	1007768	3856
1063	768159	424376	43687	497851	331489	255008	5000
7535	3780643	2135014	199114	2740888	1478634	1081850	7718
2510	1727775	1218512	95763	2419421	1217858	320605	2118
1161	740357	438057	30494	541051	303678	154337	600
574	989821	563511	61015	499022	431694	265256	13000
1583	5527048	1532665	232606	2341197	1642290	393329	39278

单位：万元

财务费用	利息收入	利息支出	投资收益（损失以“-”号记）	营业利润	利润总额	亏损企业亏损额	平均用工人数（人）
805319	**53697**	**799731**	**114619**	**1480752**	**1513602**	**133266**	**78387**
281560	4258	272354	34604	440822	443814	1448	19532
43566	1918	43849	31874	49565	54080	16568	8773
92217	2657	80028	29729	134202	143563	43439	5149
19070	-145	19770	2281	15920	19638	9901	5625
105614	1493	85172	30850	334622	341175	1747	15937
-7134	42039	33624	4804	206552	209238	2372	7164
21360	330	19686	2211	24921	26112	2207	4221
27209	-129	27423	6345	6896	8780	15565	3704
221857	1276	217825	-28078	267253	267202	40021	8282

1-B-49　按地区分组的电力、热力

地区	企业单位数（个）	资产总计						
			固定资产净额	固定资产原价	累计折旧	流动资产合计		
							应收账款	存货
全省	**218**	**41107473**	**27379656**	**48377603**	**20665510**	**5959919**	**1029724**	**987793**
福州	27	14110056	9373925	15425481	6046227	1385393	272001	380693
厦门	7	2191908	1660688	3705826	2042787	170087	36324	14537
莆田	20	4394202	2340055	4096014	1588409	801244	216415	35885
三明	26	1119288	847300	1772913	925604	126257	33070	4052
泉州	34	5221412	3709793	6936124	3169392	732215	133930	39119
漳州	30	3747905	1537591	4212650	2674043	1487443	112888	59579
南平	22	1201660	740841	1441634	661517	163326	34556	2133
龙岩	20	1394149	1002396	2105194	1085150	145597	41339	7788
宁德	32	7726894	6167068	8681768	2472381	948357	149201	444007

1-B-49　续表

地区					营业收入	营业成本	销售费用	管理费用
	法人资本	个人资本	港澳台资本	外商资本				
全省	**2638799**	**131205**	**739214**	**251257**	**18531718**	**16347823**	**7381**	**194318**
福州	218984	15910		4952	5067991	4381715	462	41358
厦门	42970		62505		1799802	1733991	118	10990
莆田	593233	1295		158752	1691181	1458202	2	19082
三明	39439	9809		10365	745756	706121	1466	5537
泉州	218739	25254	12369	4942	3768304	3443158	1659	36585
漳州	175264	29117	640509	8971	1878841	1701605	2564	17039
南平	49355	17862	11031	63275	578772	526100	398	7545
龙岩	114509	11752	12800		757882	718375	93	8547
宁德	1186306	20207			2243189	1678556	619	47636

生产和供应业主要经济指标

单位：万元

产成品	负债合计	流动负债合计	应付账款	所有者权益合计	实收资本	国家资本	集体资本
4488	**26356586**	**10620370**	**1315380**	**14750885**	**9926033**	**6092942**	**72616**
	9960581	3122118	527401	4149474	3105235	2860000	5390
	1406936	812431	30087	784971	492807	387332	
	2552487	1065391	262316	1841715	1397992	641532	3181
477	694945	393684	40266	424344	299518	235656	4250
373	3188816	1787426	80695	2032596	1234461	968356	4800
1738	1449828	1007209	64955	2298077	1144658	288679	2118
1161	713331	417913	29162	488328	255460	113337	600
313	929826	525140	56575	464323	407567	255506	13000
425	5459836	1489060	223923	2267057	1588336	342545	39278

单位：万元

财务费用	利息收入	利息支出	投资收益（损失以“-”号记）	营业利润	利润总额	亏损企业亏损额	平均用工人数（人）
761009	**50228**	**759030**	**56700**	**1216755**	**1233298**	**90893**	**58006**
279355	3526	269190	20735	369695	371231	979	14244
35143	195	34098	9447	21511	23650	3963	5498
72802	2377	68081	21790	159450	159743	15955	3395
19525	386	19504	1980	11243	14768	9650	4643
93906	761	73764	18757	188301	192945	1191	10671
-10152	41830	30637	4804	180312	181575	1663	5260
21379	141	19570	2051	23030	24342	2199	3646
27289	239	26952	6156	3368	5310	15565	3362
221762	774	217234	-29019	259845	259735	39729	7287

1-B-50 按地区分组的燃气生产和

地 区	企 业 单位数 (个)	资产总计	固定资产 净 额	固定资产 原 价	累计折旧	流动资产 合 计	应收账款	存货
全 省	**39**	**2526252**	**915973**	**1489755**	**564294**	**743068**	**132447**	**76451**
福 州	12	329399	105530	175105	69574	116329	22863	22039
厦 门	NA	300788	125966	187401	59112	114413	28368	25406
莆 田	NA	1263688	402961	745102	342141	286764	20718	11100
三 明	4	56872	10268	37028	24656	34246	5607	2029
泉 州	12	362229	166170	214321	44152	133541	29569	13259
漳 州	3	147657	74054	93314	18199	37928	17830	1433
南 平	NA	11980	4337	6384	2047	6574	-593	
龙 岩	NA	20549	11455	13176	1721	4503	3969	261
宁 德	NA	33091	15232	17924	2693	8770	4116	923

1-B-50 续表

地 区	法人资本	个人资本	港澳台资本	外商资本	营业收入	营业成本	销售费用	管理费用
全 省	**92169**	**41172**	**75911**	**24747**	**3280568**	**3017611**	**68224**	**48243**
福 州	35089		26411	9998	496582	416578	27468	13612
厦 门			49000		131564	83158	24237	5656
莆 田		35300			999799	1051129	5994	6928
三 明		150	500	10660	43013	35721	1010	2890
泉 州	40950	755		3600	1425763	1288754	3519	13743
漳 州	11500				131795	102982	4057	3113
南 平	2000	3918			19226	17088	500	920
龙 岩		510		490	6945	5278	438	334
宁 德	2631	539			25882	16924	1002	1045

供应业主要经济指标

单位：万元

产成品	负债合计	流动负债合计	应付账款	所有者权益合计	实收资本	国家资本	集体资本
11984	**1517596**	**1058151**	**280601**	**1008656**	**663362**	**427613**	**1750**
5213	176247	173740	36156	153152	74197	2700	
	174220	169314	57626	126568	100000	51000	
389	817412	412759	91389	446276	385004	349704	
312	7787	7787	2792	49086	20969	8909	750
4736	200616	180042	82987	161612	61604	15300	1000
761	105858	85268	5766	41799	11500		
	5742	5022	155	6238	5918		
261	16914	13114	639	3635	1000		
311	12800	11106	3090	20291	3170		

单位：万元

财务费用	利息收入	利息支出	投资收益(损失以"－"号记)	营业利润	利润总额	亏损企业亏损额	平均用工人数(人)
25116	**988**	**20169**	**24297**	**183434**	**193991**	**27952**	**7526**
-472	-305	207	13817	51657	51889	468	1790
-1052	1055		2383	20927	20943		1062
19337	337	11901	8098	-28896	-19976	27484	795
-463	-636	166		3623	3741		416
6167	540	6354		107976	108898		2335
1110	2	1112		20196	20486		760
60		10		651	717		95
232	-1	226		652	654		56
196	-4	192		6647	6641		217

1-B-51 按地区分组的水的生产和

地区	企业单位数（个）	资产总计						
			固定资产净额	固定资产原价	累计折旧	流动资产合计		
							应收账款	存货
全省	**65**	**3896794**	**1325032**	**2337796**	**1008739**	**982579**	**66044**	**39328**
福州	10	897753	530792	811718	280814	145847	20907	8022
厦门	3	1361867	298782	567931	268010	295911	6364	1192
莆田	7	107626	41132	82431	41299	43567	650	2257
三明	4	89849	11547	38016	23992	59351	740	462
泉州	24	937890	307149	603003	295619	270807	24060	8571
漳州	8	251634	53807	110485	56618	79346	7430	15639
南平	3	67769	35355	43043	7688	19030	2185	79
龙岩	NA	74146	9593	21524	11931	38636	563	595
宁德	4	108260	36877	59645	22768	30085	3145	2511

1-B-51 续表

地区					营业收入	营业成本	销售费用	管理费用
	法人资本	个人资本	港澳台资本	外商资本				
全省	**153610**	**20541**	**34238**	**36858**	**715151**	**512169**	**63437**	**72068**
福州	22225	4700		10226	168413	117814	16666	14588
厦门	39812		33730	9994	179301	139631	28497	13290
莆田	7827		508		46247	35755	1833	4464
三明	560				21222	16516	106	3790
泉州	52568	13252		16638	209423	143752	9260	22990
漳州	15942	2589			44317	25800	3802	6448
南平	1300				10884	7703	1042	1023
龙岩	13377				18785	13753	409	2071
宁德					16560	11446	1821	3403

供应业主要经济指标

单位：万元

	负债合计	流动负债合计		所有者权益合计	实收资本		
产成品			应付账款			国家资本	集体资本
5715	**2006772**	**980453**	**150646**	**1890022**	**1131776**	**872691**	**2594**
85	406945	148102	21830	490808	351213	314062	
44	801767	402864	56560	560099	383537	300000	
2030	50556	40121	584	57070	25544	16533	676
275	65428	22906	629	24422	11002	10442	
2425	391211	167547	35432	546679	182570	98193	1918
11	172088	126035	25041	79546	61700	31926	
	21284	15122	1177	46485	42300	41000	
	43082	25257	3801	31064	23127	9750	
846	54412	32499	5592	53848	50784	50784	

单位：万元

财务费用			投资收益(损失以“-”号记)	营业利润	利润总额	亏损企业亏损额	平均用工人数(人)
	利息收入	利息支出					
19194	**2480**	**20533**	**33622**	**80563**	**86312**	**14421**	**12855**
2678	1038	2957	52	19470	20694		3498
9475	668	9750	20044	7127	9488	12605	2213
78	-57	46	-158	3648	3796		959
7	105	100	302	1055	1129	251	566
5541	192	5054	12093	38345	39333	556	2931
1908	207	1876		6043	7177	709	1144
-79	189	105	160	1240	1053	7	480
-313	-367	245	189	2875	2817		286
-101	506	400	941	761	826	292	778

第2篇

主要工业产品产量篇

2-1　2018年全省工业主要产品产量

产品名称	计量单位	产品产量
铁矿石原矿	万吨	1988.21
铁矿石成品矿	万吨	753.20
#铁精矿	万吨	696.77
锰矿石原矿	万吨	6.16
铜金属含量	万吨	5.88
铅金属含量	万吨	10.36
锌金属含量	万吨	3.93
稀有稀土金属矿	万吨	1.31
#钨精矿折合量(折三氧化钨65%)	万吨	0.58
钼精矿折合量(折纯钼45%)	万吨	0.52
砂石	万吨	544.75
化学矿	万吨	259.04
#硫铁矿石(折含硫35%)	万吨	41.84
磷矿石(折含五氧化二磷30%)	万吨	
原盐	万吨	33.89
小麦粉	万吨	151.58
大米	万吨	197.80
饲料	万吨	1418.57
#配合饲料	万吨	960.21
混合饲料	万吨	87.08
宠物食品	万吨	1.23
食用植物油	万吨	225.70
#精制食用植物油	万吨	199.13
成品糖	万吨	7.33
鲜、冷藏肉	万吨	138.76
冷冻水产品	万吨	204.65
豆腐及豆制品	万吨	13.32
糕点	万吨	70.28
膨化食品	万吨	40.66
焙烤松脆食品	万吨	36.35
糖果	万吨	100.50
速冻食品	万吨	48.74
#速冻米面食品	万吨	4.30
乳制品	万吨	18.33
#液体乳	万吨	17.35
固体及半固体乳制品	万吨	0.98
罐头	万吨	315.08
味精(谷氨酸钠)	万吨	10.02
酱油	万吨	12.98
食醋	万吨	3.51
复合调味品	万吨	2.85
冷冻饮品	万吨	1.52
食用盐	万吨	11.61
食品添加剂	万吨	21.35

2-1 续表 1

产品名称	计量单位	产品产量
发酵酒精(折96度，商品量)	万千升	
饮料酒	万千升	177.17
#白酒(折65度，商品量)	万千升	6.26
啤酒	万千升	150.27
黄酒	万千升	6.61
葡萄酒	万千升	
果酒及配制酒	万千升	0.91
饮料	万吨	729.17
#碳酸型饮料(汽水)	万吨	64.60
包装饮用水	万吨	304.99
精制茶	万吨	29.28
复烤烟叶	万吨	3.60
卷烟	亿支	855.14
#一类烟	亿支	106.69
二类烟	亿支	224.00
三类烟	亿支	370.63
四类烟	亿支	120.67
五类烟	亿支	33.15
纱	万吨	579.81
#棉纱	万吨	86.82
棉混纺纱	万吨	243.92
化学纤维纱	万吨	249.06
布	亿米	117.45
#棉布	亿米	15.08
棉混纺布	亿米	57.74
化学纤维短纤布	亿米	40.91
印染布	亿米	57.86
#漂白布	亿米	5.04
染色布	亿米	49.79
印花布	亿米	2.99
毛机织物(呢绒)	万米	
亚麻纱	吨	
蚕丝及交织机织物(含蚕丝≥50%)	万米	
床褥单	万条	
蚕丝被	万条	1.34
帘子布	万吨	1.23
非织造布(无纺布)	万吨	44.97
服装	万件	578166.96
#针织服装	万件	404663.94
梭织服装	万件	173503.02
#羽绒服装	万件	1413.53
西服套装	万件	368.65
衬衫	万件	1936.20
鞋	万双	377674.65
人造板	万立方米	2037.35

2-1　续表 2

产品名称	计量单位	产品产量
实木木地板	万平方米	50.56
复合木地板	万平方米	780.34
家具	万件	15664.38
#金属家具	万件	10405.27
纸浆(原生浆及废纸浆)	万吨	41.30
机制纸及纸板(外购原纸加工除外)	万吨	779.64
#新闻纸	万吨	
涂布类印刷用纸	万吨	10.40
卫生用纸原纸	万吨	28.40
包装用纸及纸板	万吨	225.55
#箱纸板	万吨	198.92
纸制品	万吨	593.45
室内训练健身器材	万台	192.15
硫酸(折100%)	万吨	234.34
盐酸(氯化氢，含量31%)	万吨	19.99
浓硝酸(折100%)	万吨	8.96
磷酸(含量85%)	万吨	24.77
烧碱(折100%)	万吨	37.06
#离子膜法烧碱(折100%)	万吨	34.24
纯碱(碳酸钠)	万吨	24.94
碳化钙(电石，折300升/千克)	万吨	
乙烯	万吨	110.67
纯苯	万吨	42.68
甲醛	万吨	28.57
精甲醇	万吨	12.14
硅	万吨	15.03
合成氨(无水氨)	万吨	63.05
冰乙酸(冰醋酸)	万吨	
硫磺	万吨	
农用氮、磷、钾化学肥料(折纯)	万吨	68.22
#氮肥(折含氮100%)	万吨	51.23
#尿素(折含氮100%)	万吨	0.04
磷肥(折五氧化二磷100%)	万吨	16.93
钾肥(折氧化钾100%)	万吨	
化学农药原药(折有效成分100%)	万吨	0.50
#杀虫剂(杀螨剂)原药	万吨	
杀菌剂原药	万吨	0.50
除草剂原药	万吨	
涂料	万吨	117.93
初级形态塑料	万吨	359.87
#低密度聚乙烯树脂(LDPE)	万吨	13.00
线型低密度聚乙烯树脂(LLDPE)	万吨	55.89
聚丙烯树脂	万吨	149.39
ABS树脂	万吨	
聚氯乙烯树脂	万吨	

2-1 续表 3

产品名称	计量单位	产品产量
高温合金	万吨	0.40
合成橡胶	万吨	13.47
合成纤维单体	万吨	453.71
#精对苯二甲酸(PTA)	万吨	319.03
乙二醇	万吨	39.09
合成纤维聚合物	万吨	98.43
#聚酯	万吨	56.07
合成洗涤剂	万吨	24.17
#合成洗衣粉	万吨	
液体洗涤剂	万吨	2.00
化学药品原药	万吨	1.00
中成药	万吨	2.04
化学纤维	万吨	743.34
#人造纤维(纤维素纤维)	万吨	30.04
#粘胶短纤维	万吨	28.53
粘胶纤维长丝	万吨	
醋酸纤维长丝	万吨	
合成纤维	万吨	713.30
#锦纶纤维	万吨	162.50
涤纶纤维	万吨	492.80
腈纶纤维	万吨	
丙纶纤维	万吨	6.48
氨纶纤维	万吨	5.38
橡胶轮胎外胎	万条	3871.08
塑料制品	万吨	563.36
#塑料薄膜	万吨	144.61
泡沫塑料	万吨	10.41
塑料人造革、合成革	万吨	93.54
硅酸盐水泥熟料	万吨	5191.74
#窑外分解窑水泥熟料	万吨	5191.74
水泥	万吨	8875.73
商品混凝土	万立方米	11369.41
水泥混凝土压力管	千米	834.09
水泥混凝土电杆	万根	233.02
水泥混凝土预制构件	万立方米	26.12
石膏板	万平方米	12749.91
瓦	亿片	3.08
瓷质砖	万平方米	213008.58
陶质砖	万平方米	88961.32
天然大理石建筑板材	万平方米	9369.98
平板玻璃	万重量箱	4968.40
钢化玻璃	万平方米	2598.43
夹层玻璃	万平方米	1379.77
中空玻璃	万平方米	434.35
玻璃包装容器	万吨	69.73

2-1 续表 4

产品名称	计量单位	产品产量
玻璃保温容器	万个	
玻璃纤维纱	万吨	0.71
卫生陶瓷制品	万件	1564.20
日用陶瓷制品	万件	20445.04
耐火材料制品	万吨	35.42
生铁	万吨	1033.07
粗钢	万吨	2136.10
钢材	万吨	3133.75
#铁道用钢材	万吨	
#轻轨	万吨	
重轨	万吨	
中小型型钢	万吨	86.69
棒材	万吨	416.38
钢筋	万吨	1014.02
线材(盘条)	万吨	473.00
特厚板	万吨	27.24
厚钢板	万吨	77.83
中板	万吨	44.89
冷轧薄板	万吨	36.46
中厚宽钢带	万吨	
热轧薄宽钢带	万吨	118.31
冷轧薄宽钢带	万吨	372.65
热轧窄钢带	万吨	
冷轧窄钢带	万吨	53.43
镀层板(带)	万吨	86.75
涂层板(带)	万吨	22.81
电工钢板(带)	万吨	1.52
无缝钢管	万吨	5.85
焊接钢管	万吨	226.20
铁合金	万吨	42.62
#电炉硅铁(折合含硅75%)	万吨	0.50
锰硅合金(折合含锰硅量合计82%)	万吨	3.21
氧化铝	万吨	
十种有色金属	万吨	49.36
#精炼铜(电解铜)	万吨	34.93
铅	万吨	
锌	万吨	0.28
镍	万吨	
锡	万吨	
原铝(电解铝)	万吨	14.06
镁	万吨	
海绵钛	万吨	
汞(金属汞)	万吨	
铝合金	万吨	25.10

2-1 续表 5

产品名称	计量单位	产品产量
铜材	万吨	10.71
铝材	万吨	164.35
金属集装箱	万立方米	545.94
金属丝	万吨	5.38
#钢丝	万吨	1.94
钢绞线	万吨	1.01
金属紧固件	万吨	54.69
钢铁铰接链(工业链条)	万吨	0.11
电站锅炉	蒸发量吨	
工业锅炉	蒸发量吨	8396.00
发动机	万千瓦	31.37
#汽车用发动机	万千瓦	
#汽车用汽油发动机	万千瓦	
汽车用柴油发动机	万千瓦	
金属切削机床	万台	0.97
#数控金属切削机床	万台	0.28
金属成形机床	万台	1.32
#数控金属成形机床(数控锻压设备)	万台	
机床数控装置	万套	0.03
电焊机	万台	
起重机	万吨	1.30
内燃叉车	万台	0.70
连续搬运设备	万吨	3.96
电梯、自动扶梯及升降机	万台	0.23
#升降机	万台	0.11
泵	万台	499.67
气体压缩机	万台	7.86
#制冷设备用压缩机	万台	
非制冷设备用压缩机	万台	7.86
阀门	万吨	39.67
液压元件	万件	2751.02
滚动轴承	亿套	3.11
齿轮	万吨	5.33
工业电炉	台	
风机	万台	4.81
#鼓风机	万台	
电动手提式工具	万台	121.83
衡器(秤)	万台	
铸铁件	万吨	295.27
铸钢件	万吨	139.37
锻件	万吨	38.60
粉末冶金零件	万吨	4.85
矿山专用设备	万吨	7.33
石油钻探、开采专用设备	台(套)	2266.00

2-1　续表 6

产品名称	计量单位	产品产量
建筑工程用机械	台	32909.00
#挖掘、铲土运输机械	台	31189.00
#挖掘机	台	5657.00
装载机	台	25430.00
压实机械	台	664.00
水泥专用设备	吨	
冶金专用设备	万吨	3.83
#金属冶炼设备	万吨	
金属轧制设备	万吨	0.83
炼油、化工生产专用设备	万吨	0.35
塑料加工专用设备	万台	
食品制造机械	万台	0.21
饲料生产专用设备	台	10113.00
大型拖拉机	万台	
中型拖拉机	万台	
小型拖拉机	万台	0.04
收获后处理机械	台	
农产品初加工机械	万台	2.06
工业机器人	套	180.00
铁路机车	辆	
动车组	辆	
城市轨道车辆	辆	192.00
铁路客车	辆	
铁路货车	辆	
汽车	万辆	24.02
#基本型乘用车(轿车)	万辆	1.51
#轿车(排量≤1升)	万辆	
轿车(1升<排量≤1.6升)	万辆	0.89
轿车(1.6升<排量≤2.0升)	万辆	
轿车(2.0升<排量≤2.5升)	万辆	
轿车(2.5升<排量≤3.0升)	万辆	
多功能乘用车(MPV)	万辆	4.49
运动型多用途乘用车(SUV)	万辆	7.76
交叉型乘用车	万辆	1.08
客车	万辆	5.89
#大型客车(车长>10米)	万辆	1.18
中型客车(7米<车长≤10米)	万辆	1.32
轻型客车(车长≤7米)	万辆	3.39
载货汽车	万辆	3.30
#新能源汽车	万辆	2.25
改装汽车	万辆	1.15
三轮载货汽车	万辆	
摩托车整车	万辆	48.32
#两轮摩托车	万辆	48.32

2-1 续表 7

产品名称	计量单位	产品产量
两轮脚踏自行车	万辆	9.04
电动自行车	万辆	2.82
民用钢质船舶	万载重吨	96.13
#钢质机动货船	万载重吨	57.45
#滚装船	万载重吨	
钢质机动非货船	万载重吨	38.12
钢质非机动船	万载重吨	0.56
民用无人机	万架	
船舶修理	万载重吨	2503.68
发电机组(发电设备)	万千瓦	13.90
#水轮发电机组	万千瓦	5.30
汽轮发电机组	万千瓦	
风力发电机组	万千瓦	
核发电机组	万千瓦	
电动机	万千瓦	899.66
低压开关板	万面	6.83
通信及电子网络用电缆	万对千米	3.17
电力电缆	万千米	14.87
光纤	万千米	
光缆	万芯千米	
原电池及原电池组(非扣式)	亿只	50.17
蓄电池	万千伏安时	579.19
#铅酸蓄电池	万千伏安时	744.86
碱性蓄电池	万只(自然只)	
锂离子电池	万只(自然只)	231331.83
物理电池	万千瓦	83.47
#太阳能电池(光伏电池)	万千瓦	83.28
家用电冰箱(家用冷冻冷藏箱)	万台	
家用冷柜(家用冷冻箱)	万台	
房间空气调节器	万台	99.13
家用电风扇	万台	73.40
家用吸排油烟机	万台	
电饭锅	万个	34.78
微波炉	万台	
家用洗衣机	万台	
家用电热水器	万台	6.19
家用吸尘器	万台	
家用燃气灶具	万台	
家用燃气热水器	万台	
太阳能热水器	万平方米	
程控交换机	万线	
#数字程控交换机	万线	
电话单机	万部	217.61
传真机	万部	

2-1　续表 8

产品名称	计量单位	产品产量
移动通信手持机(手机)	万台	1372.13
#智能手机	万台	1366.79
电子计算机整机	万台	1725.36
#计算机工作站	万台	30.27
微型计算机设备	万台	1184.36
#台式微型计算机	万台	
笔记本计算机	万台	319.76
平板电脑	万台	417.57
服务器	万台	
路由器	万台	88.40
显示器	万台	3221.76
#平板显示器	万台	3147.22
打印机	万台	219.61
硬盘存储器	万台	
半导体存储盘	万个	
半导体分立器件	亿只	0.80
光电子器件	亿只(片、套)	733.36
#发光二极管(LED管)	亿只	304.58
液晶显示屏	万片	72927.57
液晶显示模组	万套	14657.27
集成电路	亿块	5.05
电子元件	亿只	338.51
#射频元器件	亿只	1.99
印制电路板	万平方米	5201.24
彩色电视机	万台	979.48
#液晶电视机	万台	979.48
#智能电视	万台	960.92
组合音响	万台	
半导体存储器播放器(含MP3、MP4)	万个	
电视接收机顶盒	万台	1521.14
智能手环	万台	
工业自动调节仪表与控制系统	万台(套)	600.11
电工仪器仪表	万台	1634.43
分析仪器及装置	万台(套)	0.42
环境监测专用仪器仪表	万台	0.06
钟	万只	11204.01
表	万只	1919.54
眼镜成镜	万副	13737.10
照相机	万台	128.64
#数码照相机	万台	128.64
影像投影仪	万台	58.13
复印和胶版印制设备	万台	2.30
自来水生产量	亿立方米	25.34

2-2 2018年分地区

地区	铁矿石原矿(万吨)	铅金属含量(万吨)	锌金属含量(万吨)	硫铁矿石(折含硫35%)(万吨)	磷矿石(折含五氧化二磷30%)(万吨)	原盐(万吨)	精制食用植物油(万吨)
全省	**1988.21**	**10.36**	**3.93**	**41.84**		**33.89**	**199.13**
福州							68.61
#平潭							
厦门							55.39
莆田						15.35	10.66
三明	1289.99	2.65	2.37				0.50
泉州	115.39		0.26			9.30	36.87
漳州						9.24	22.62
南平	63.86						0.17
龙岩	518.97	7.71	1.30	41.84			0.20
宁德							4.11

2-2 续表 1

地区	机制纸及纸板(外购原纸加工除外)(万吨)	硫酸(折100%)(万吨)	盐酸(氯化氢，含量31%)(万吨)	烧碱(折100%)(万吨)	纯碱(碳酸钠)(万吨)	碳化钙(电石，折300升/千克)(万吨)	乙烯(万吨)
全省	**779.64**	**234.34**	**19.99**	**37.06**	**24.94**		**110.67**
福州	43.97			12.11	24.67		
#平潭							
厦门	6.82	14.73	4.71				
莆田	2.96						
三明	75.01	74.65					7.82
泉州	132.47		0.59	9.33			102.86
漳州	474.57			2.82			
南平	37.13	16.34	2.60	5.31			
龙岩	2.51	106.60	12.09	7.48	0.27		
宁德	4.20	22.03					

工业主要产品产量

成品糖(万吨)	乳制品(万吨)	罐头(万吨)	饮料酒(万千升)	#啤酒(万千升)	饮料(万吨)	卷烟(亿支)	印染布(亿米)
7.33	**18.33**	**315.08**	**177.17**	**150.27**	**729.17**	**855.14**	**57.86**
	2.87	0.72	7.66	7.34	162.36		5.04
		0.22					
		27.68	7.95	6.89	129.18	404.62	0.23
	0.24	38.99	89.92	89.86	35.14		0.27
0.24	1.36	24.24	7.68		48.32		11.62
		21.64	17.54	12.08	133.63		38.84
7.09		154.21	32.34	30.24	138.52		0.14
	13.79	44.38	10.59	2.22	9.61		1.72
		1.28	0.82		70.53	450.52	
	0.07	1.94	2.67	1.65	1.88		

合成氨(无水氨)(万吨)	农用氮、磷、钾化学肥料(折纯)(万吨)	#氮肥(折含氮100%)(万吨)	磷肥(折五氧化二磷100%)(万吨)	化学农药原药(折有效成分100%)(万吨)	初级形态塑料(万吨)	合成橡胶(万吨)	合成洗涤剂(万吨)	化学药品原药(万吨)
63.05	**68.22**	**51.23**	**16.93**	**0.50**	**359.87**	**13.47**	**24.17**	**1.00**
	42.35	42.35			99.97		1.61	0.29
					4.54		0.50	
					14.84	12.72		
21.56	1.19	1.19			9.50		4.10	0.37
					166.26	0.75	0.12	0.14
15.49	7.69	7.69			21.82		16.01	
26.00	0.06				10.44		1.83	0.14
	16.93		16.93		18.65			0.01
				0.50	13.85			0.05

2-2 续表 2

地 区	中成药（万吨）	化学纤维（万吨）	橡胶轮胎外胎（万条）	塑料制品（万吨）	硅酸盐水泥熟料（万吨）	水泥（万吨）	平板玻璃（万重量箱）
全 省	**2.04**	**743.34**	**3871.08**	**563.36**	**5191.74**	**8875.73**	**4968.40**
福 州	0.28	472.31		149.19		655.61	1193.27
#平潭				0.19			
厦 门	0.17	25.79	1877.99	31.85		43.46	
莆 田		28.53	1513.29	22.59			8.92
三 明	0.46	16.43	116.50	44.74	1696.81	2636.12	
泉 州	0.21	186.06	78.16	115.14	124.08	919.98	
漳 州	0.88		236.35	89.44		573.21	3766.21
南 平	0.04	6.97	48.54	33.05	150.79	333.29	
龙 岩	0.01	7.25	0.25	27.49	3220.07	3664.06	
宁 德				49.85		50.00	

2-2 续表 3

地 区	无缝钢管（万吨）	焊接钢管（万吨）	铁合金（万吨）	氧化铝（万吨）	十种有色金属（万吨）	#精炼铜（电解铜）（万吨）
全 省	**5.85**	**226.20**	**42.62**		**49.36**	**34.93**
福 州		5.92	0.50			
#平潭						
厦 门						
莆 田		8.92				
三 明						
泉 州		195.38				
漳 州	3.07	8.36	26.38			
南 平			1.72		14.33	
龙 岩		7.53	12.04		33.43	33.43
宁 德	2.79	0.08	1.97		1.60	1.50

生铁(万吨)	粗钢(万吨)	钢材(万吨)	#中小型型钢(万吨)	线材(盘条)(万吨)	中厚宽钢带(万吨)	热轧薄宽钢带(万吨)	冷轧薄宽钢带(万吨)
1033.07	**2136.10**	**3133.75**	**86.69**	**473.00**		**118.31**	**372.65**
172.75	716.16	884.72	86.69	158.27		65.61	47.20
		7.01					
50.76		98.08					57.85
594.67	670.51	741.23		166.96			
	294.99	601.32		75.92			90.81
214.89	406.53	436.94		69.08		52.70	3.47
	47.90	60.08					
		7.78		0.25			
		296.59		2.51			173.33

原铝(电解铝)(万吨)	铜材(万吨)	电站锅炉(蒸发量吨)	发动机(万千瓦)	汽车(万辆)	#基本型乘用车(轿车)(万辆)	摩托车整车(万辆)	两轮脚踏自行车(万辆)	发电机组(发电设备)(万千瓦)
14.06	**10.71**		**31.37**	**24.02**	**1.51**	**48.32**	**9.04**	**13.90**
	0.10			12.25	0.89			
				5.12		15.60	9.04	
				0.62	0.62			
				3.30				
						29.90		
	2.15		31.37			2.82		0.10
14.06	1.17							5.30
	6.87			2.73				
	0.43							8.50

2-2 续表 4

地 区	家用电冰箱(家用冷冻冷藏箱)(万台)	房间空气调节器(万台)	家用洗衣机(万台)	程控交换机(万线)	电话单机(万部)	传真机(万部)	移动通信手持机(手机)(万台)
全 省		**99.13**			**217.61**		**1372.13**
福 州							
#平潭							
厦 门					171.25		722.31
莆 田					0.94		
三 明		99.13					
泉 州							
漳 州					45.42		62.00
南 平							
龙 岩							587.82
宁 德							

微型计算机设备（万台）	#笔记本计算机（万台）	显示器（万台）	集成电路（亿块）	彩色电视机（万台）	组合音响（万台）	照相机（万台）	复印和胶版印制设备（万台）
1184.36	**319.76**	**3221.76**	**5.05**	**979.48**		**128.64**	**2.30**
0.05		3147.22	0.48	60.55			2.24
944.31	319.76	63.86	4.58	897.00		128.64	
240.00		10.69		3.38			
							0.06
				18.55			

2-3　2018年全省规模以上工业主要产品生产能力

产品名称	计量单位	2018年
天然原油	万吨	
卷烟	亿支	1203.60
原油加工能力	万吨	3100.00
焦炭	万吨	190.00
烧碱	万吨	39.30
硅酸盐水泥熟料	万吨	5661.00
农用氮、磷、钾化学肥料总计(折纯)	万吨	97.67
初级形态塑料	万吨	431.96
化学纤维	万吨	909.03
水泥	万吨	10380.86
平板玻璃	万重量箱	5114.21
粗钢	万吨	2793.00
钢材	万吨	3819.16
原铝(电解铝)	万吨	15.00
金属切削机床	万台	1.33
汽车	万辆	50.83
挖掘机	万台	1.05
房间空气调节器	万台	300.00
微型计算机设备	万台	1443.47
移动通信手持机(手机)	万台	2760.65
彩色电视机	万台	1080.68
发电设备容量总计	万千瓦	5121.05
火电设备容量	万千瓦	3078.13
水电设备容量	万千瓦	876.13
核电设备容量	万千瓦	871.20
风电设备容量	万千瓦	276.60

2-4　2018年全省主要能源产品产量

产品名称	计量单位	产品产量
原煤	亿吨	941.3
原油加工量	万吨	2139.9
汽油	万吨	372.3
煤油	万吨	356.6
柴油	万吨	486.5
燃料油	万吨	28.7
石脑油	万吨	56.8
液化石油气	万吨	120.3
石油焦	万吨	42.5
石油沥青	万吨	83.9
焦炭	万吨	174.2
发电量	亿千瓦小时	2461.9
火力发电量	亿千瓦小时	1405.1
水力发电量	亿千瓦小时	325.3
核能发电量	亿千瓦小时	645.6
风力发电量	亿千瓦小时	72.3
太阳能发电量	亿千瓦小时	13.6
煤气	亿立方米	217.5

注：调查范围为全部有能源生产的法人单位。

附　录

主要指标解释

主要指标解释

资产总计 指企业过去的交易或者事项形成的、由企业拥有或者控制的、预期会给企业带来经济利益的资源。资产一般按流动性（资产的变现或耗用时间长短）分为流动资产和非流动资产。其中流动资产可分为货币资金、交易性金融资产、应收票据、应收账款、预付款项、其他应收款、存货等；非流动资产可分为长期股权投资、固定资产、无形资产及其他非流动资产等。根据会计“资产负债表”中“资产总计”项目的期末余额数填报。包括企业拥有的土地、办公楼、厂房、机器、运输工具、存货等实物资产和现金、存款、应收账款和预付账款等金融资产。

流动资产合计 资产满足以下条件之一应归为流动资产：（1）预计在一个正常营业周期中变现、出售或耗用，主要包括存货、应收账款等；（2）主要为交易目的而持有；（3）预计在资产负债表日起一年内（含一年）变现；（4）自资产负债日起一年内，交换其他资产或清偿负债的能力不受限制的现金或现金等价物。包括货币资金、应收票据、应收账款、存货等项目。根据会计“资产负债表”中“流动资产合计”项目的期末余额数填报。

应收账款 指企业因销售商品、提供劳务等经营活动所形成的债权，包括应向客户收取的货款、增值税款和为客户代垫的运杂费等。根据会计“资产负债表”中“应收账款”项目的期末余额数填报。

存货 指企业在日常活动中持有以备出售的产成品或商品、处在生产过程中的在产品、在生产过程或提供劳务过程中耗用的材料或物料等，通常包括原材料、在产品、半成品、产成品、商品以及周转材料等。根据会计“资产负债表”中“存货”项目的期末余额数填报。其中：“年初存货”根据会计“资产负债表”中“存货”项目的年初余额数填报。注意：“存货”具有实物形态，不属于无形资产，由于企业持有存货的最终目的是为了出售，所以房地产开发企业（单位）购置的土地、尚未销售的商品房等均计入“存货”。

产成品 指企业已经完成全部生产过程并验收入库，可以按照合同规定的条件送交订货单位，或者可以作为商品对外销售的产品。根据会计“产成品”科目的借方余额填报。

固定资产原价 指固定资产的成本，包括企业在购置、自行建造、安装、改建、扩建、技术改造某项固定资产时所发生的全部支出总额。根据会计“固定资产”科目的期末借方余额填报。

累计折旧 指企业在报告期末提取的历年固定资产折旧累计数。根据会计“累计折旧”科目的期末贷方余额填报。

固定资产净额 指固定资产原价减去累计折旧、固定资产减值准备后的金额。当会计“资产负债表”列示“固定资产净额”项目时，根据“固定资产净额”项目的期末余额数填报；当会计“资产负债表”列示“固定资产”项目，且含义及核算范围与本指标解释一致时，根据“固定资产”项目的期末余额数填报；其他情况，根据会计“固定资产”科目的期末余额，减去“累计折旧”和“固定资产减值准备”科目的期末余额后的金额填报。

负债合计 指企业过去的交易或者事项形成的，预期会导致经济利益流出企业的现时义务。负债一般按偿还期长短分为流动负债和非流动负债。根据会计资产负债表中“负债合计”项目的期末余额数填报。包括银行贷款、借款、应付账款、应付职工工资、应付职工福利费、应交税金等企业负有偿还责任的债务。

执行企业会计准则或《小企业会计准则》的企业：负债合计=流动负债合计+非流动负债合计；执行其他企业会计制度的企业负债包括流动负债和长期负债。

流动负债合计 负债满足下列条件之一的应归为流动负债：（1）预计在一个正常营业周期中清偿；（2）主要为交易目的而持有；（3）自资产负债表日起一年内到期应予清偿；（4）企业无权自主地将清偿推迟至资产负债表日后一年以上。包括短期借款、应付票据、应付账款、应付职工薪酬、应交税费等项目。根据会计资产负债表中“流动负债合计”项目的期末余额数填报。

应付账款 指企业因购买材料、商品和接受劳务供应等经营活动应支付的款项。根据会计资产负债表中“应付账款”项目的期末余额数填报。

所有者权益合计 指企业资产扣除负债后由所有者享有的剩余权益。公司的所有者权益又称股东权益。包括实收资本、资本公积、盈余公积、未分配利润等。根据会计资产负债表中“所有者权益合计”项目的期末余额数填报。

实收资本 指企业各投资者实际投入的资本（或股本）总额，包括货币、实物、无形资产等各种形式的投入。实收资本按投资主体可分为国家资本、集体资本、法人资本、个人资本、港澳台资本和外商资本。根据会计资产负债表中“所有者权益”项下“实收资本”的期末余额数填报。

国家资本 指有权代表国家投资的政府部门或机构、直属事业单位对企业形成的资本金。根据会计“实收资本”科目计算填报。

集体资本 指由本企业职工等自然人集体投资或各种机构对企业进行扶持形成的集体性质的资本金。根据会计“实收资本”科目计算填报。

法人资本 指其他法人单位以其依法可支配的资产投入企业形成的资本金。根据会计“实收资本”科目计算填报。

个人资本 指自然人实际投入企业的资本金。根据会计“实收资本”科目计算填报。

港澳台资本 指我国香港、澳门和台湾地区投资者实际投入企业的资本金。根据会计“实收资本”科目计算填报。

外商资本 指外国投资者实际投入企业的资本金。根据会计“实收资本”科目计算填报。

营业收入 指企业经营主要业务和其他业务所确认的收入总额。营业收入包括“主营业务收入”和“其他业务收入”。根据会计“利润表”中“营业收入”项目的本年累计数填报。

营业成本 指企业经营主要业务和其他业务所发生的成本总额。包括企业（单位）在报告期内从事销售商品、提供劳务等日常活动发生的各种耗费。包括“主营业务成本”和“其他业务成本”。根据会计“利润表”中“营业成本”项目的本年累计数填报。

销售费用 指企业在销售商品和材料、提供劳务的过程中发生的各种费用，包括保险费、包装费、展览费和广告费、商品维修费、预计产品质量保证损失、运输费、装卸费等以及为销售本企业商品而专设的销售机构（含销售网点、售后服务网点等）的职工薪酬、业务费、折旧费等经营费用。建筑业企业销售费用指企业从事施工生产活动过程中发生的各项费用，包括应由企业负担的运输费、装卸费、包装费、保险费、维修费、展览费、差旅费、广告费和其他经费。房地产企业销售费用指企业在从事主要经营业务过程中所发生的各项销售费用，包括转让、销售、结算和出租开发产品等。执行企业会计准则或《小企业会计准则》的企业,根据会计“利润表”中“销售费用”项目的本年累计数填报。执行其他企业会计制度的企业，根据会计“利润表”中“营业费用（或经营费用）”项目的本年累计数填报。

管理费用 指企业为组织和管理企业生产经营所发生的费用，包括企业在筹建期间内发生的开办费、董事会和行政管理部门在企业经营管理中发生的，或者应当由企业统一负担的公司经费等。根据会计“利润表”中“管理费用”项目的本年累计数填报。执行财政部《关于修订印发 2018 年度一般企业财务报表格式的通知》（财会〔2018〕15 号）的企业，应把研发费用项目的本年累计数归并到管理费用项目中填报。

财务费用 指企业为筹集生产经营所需资金等而发生的筹资费用，包括企业生产经营期间发生的利息支出（减利息收入）、汇兑损失（减汇兑收益）以及相关的手续费等。根据会计“利润表”中“财务费用”项目的本年累计数填报。

利息收入 指非金融企业存款业务所确认的利息金额。根据企业“财务费用明细账”中“财务费用——利息收入”科目的本期发生额填报。如果未设置该科目，填“0”。

利息支出 指企业短期借款利息、长期借款利息、应付票据利息、票据贴现利息、应付债券利息、长期应付引进国外设备款利息等利息支出。根据企业“财务费用明细账”中“财务费用——利息支出”科目的本期发生额填报。如果企业没有单独设立“利息收入”科目，应填报利息支出减去银行存款等的利息收入后的净额。

投资收益 指企业确认的投资收益或投资损失，反映企业以各种方式对外投资所取得的收益。根据会计“利润表”中“投资收益”项目的本年累计数填报。如为投资损失以“-”号记。

营业利润 指企业从事生产经营活动所取得的利润。执行企业会计准则或《小企业会计准则》的企业，营业利润为营业收入减去营业成本、税金及附加、销售费用、管理费用、财务费用、资产减值损失，再加上公允价值变动收益、投资收益和其他收益后的金额，根据会计“利润表”中“营业利润”项目的本年累计数填报；执行其他企业会计制度的企业，营业利润为营业收入减去营业成本、税金及附加、销售费用、管理费用、财务费用，再加上投资收益后的金额，根据会计“损益表”中“营业利润”项目、“投资收益”项目的本年累计数之和填报。

利润总额 指企业在一定会计期间的经营成果，是生产经营过程中各种收入扣除各种耗费后的盈余，反映企业在报告期内实现的盈亏总额。利润总额为营业利润加上营业外收入，减去营业外支出后的金额，根据会计“利润表”中“利润总额”项目的本年累计数填报。

平均用工人数 指报告期企业平均实际拥有的、参与本企业生产经营活动的人员数。

原煤 指煤矿生产的、经过验收符合质量标准的原煤。即：从毛煤中选出规定粒度的矸石（包括黄铁矿等杂物）并且绝对干燥灰分在 40%以下的原煤。绝对干燥灰分虽在 40%以上，但经有关部门批准开采，并有消费需求的劣质煤，亦应计入原煤产量。原煤分为无烟煤、烟煤、褐煤，在烟煤中又分为炼焦烟煤和一般烟煤两种。原煤不包括石煤、泥煤（泥炭）和伴随原煤生产过程而采出的煤矸石。

原油 指各种碳氢化合物的复杂混合物，通常呈暗褐色或者黑色液态，少数呈黄色、淡红色、淡褐色。包括自油井开采的原油；因事故、自然灾害以及探井、未交采油单位或未具备生产条件的井中产生的落地油（产量按已销售、利用、回收的量计算）；油（气）井井口直接回收和经处理装置回收的凝析油等。

天然气 指以气态碳氢化合物为主的各种气体的混合物，由有机物质经生物化学作用分解而成，或与石油共存于岩石的裂缝和空洞中，或以溶解状态存在于地下水中；主要成分为甲烷（约占 85%-95%），还有乙烷、丙烷、丁烷等，是一种优质燃料和化工原料。天然气分为常规天然气和非常规天然气，常规天然气包括气田天然气、油田天然气（分为油田气层气、油田伴生溶解气），非常规天然气包括煤层气、页岩气、致密砂岩气等。天然气产量是指进入集输管网和就地利用的全部气量。

液化天然气 指液体状态的天然气，由气态天然气在一定温度和压力条件下液化而成，无毒、无色、无味，在-161℃下的密度约为 425 千克/立方米。天然气在常温、常压状态为气态，占有的体积大，不利于储存，液化后体积只有气态的 1/600 左右。天然气的主要成分——甲烷的临界温度为

−82℃，故在常温下不可能通过压缩而将其液化。而当将甲烷冷却到−161℃以下时，在常压下即转化为液体，即液化天然气（LNG）。

原油加工量　指直接进入蒸馏装置及二次加工装置加工的原油量。该指标是衡量炼化企业生产规模、能力的一项基础指标，也是炼化企业计算各项技术经济指标的重要依据。因此，原油加工量作为一个特殊的指标在产品产量中统计。

汽油　指直馏汽油和二次加工（如催化裂化、加氢裂化，催化重整和经精制的热裂化、焦化等）汽油，按不同比例调和，加入适量抗氧防胶剂及金属钝化剂，必要时加入适量的抗爆剂（如加入抗爆剂还要加入着色剂）而制成。本品为易燃、易挥发液体，具有良好的抗爆性能和燃烧性能，其蒸发性好，燃烧完全，积炭少，对发动机部件及储油容器无腐蚀性，由于加有抗氧剂，产品具有较好的安定性，不易过早氧化。包括航空汽油和车用汽油。

煤油　是一种精制的燃料，挥发度在车用汽油和轻柴油之间，不含诸如粗柴油、润滑油之类的重碳氢化合物。包括灯用煤油、航空煤油。

柴油　指直馏柴油和经过精制的二次加工（如催化裂化、加氢裂化、热裂化、加氢精制的焦化的柴油等），以不同比例调和而成的成品油。柴油分为轻柴油、重柴油。

燃料油　包括船用燃料油、重油或其他燃料油。燃料油分为商品燃料油和自用燃料油。商品燃料油指企业作为商品销售的燃料油；自用燃料油指本企业用作燃料和化肥、化工原料的自用油。

石脑油　属一部分石油轻馏分的泛称；用途不同，各种馏程亦不同。馏程自初馏点至220℃左右，主要用作重整和化工原料；70−145℃馏分，称轻石脑油，生产芳烃的重整原料；70−180℃馏分，称重石脑油，用作生产高辛烷值汽油。用作溶剂时，称作溶剂石脑油；来自煤焦油的芳香族溶剂油也称作重石脑油或溶剂石脑油。

液化石油气　亦称液化气或压缩汽油，是炼油精制过程中产生并回收的气体在常温下经加压而成的液态产品。主要成分是丙烷、丁烷、丙烯、丁烯，主要用作石油化工原料，脱硫后可直接用作燃料。

石油焦　指以原油经常减压装置蒸馏所得的渣油或以重油为原料，经焦化装置生产。产品按用途分为三个牌号，每个牌号按质量分为A、B两类，牌号有1#A、1#B、2#A、2#B、3#A、3#B石油焦等。主要用于制造石墨电极、碳素、碳化硅、碳化钙等产品的原料，也可直接用于冶炼、铸煅工艺作燃料。

石油沥青　指由原油经常减压装置蒸馏直接获得的渣油制品，也可以用减压渣油为原料经氧化，溶剂脱出的沥青再经适度氧化或调合而成。是来自原油中的最重的组分，是高度缩合的多环烃类混合物，具有良好的粘结性、绝缘性、不渗水性，并能抵抗许多化学药物的侵蚀，广泛用于道路工程、建筑工程、水利工程、防护涂料以及保持水土、改良土壤等领域。沥青按用途可分为普通沥青、道路沥青、建筑沥青、专用沥青，其中以道路沥青的用量最大。

焦炭　指将各种经过洗选的煤炭按一定比例配合后，在隔绝空气的高温炭化室内经过热解、缩聚、固化、收缩等复杂的物理化学过程形成的固体燃料，呈黑灰色块状、有光泽，燃烧时烟气少，具有不粘结、不结块、低硫、低灰、坚硬、耐磨、耐压、富于气孔性等特点，主要用于冶金、化工、铸造等工艺的燃料和原料。它包括各种生产方式生产的焦炭，即包括机械化焦炉、简易焦炉、土焦炉、煤气发生炉等装置生产的所有焦炭和半焦炭。

发电量　指电厂（发电机组）在报告期内生产的电能量。它是发电机组经过对一次能源的加工转换而生产出的有功电能数量，即发电机实际发出的有功功率（千瓦）与发电机实际运行时间的乘积。发电量包括全部电力工业企业、自备电厂的产量。新装发电设备在未正式投入生产以前所发的电量以及发电设备大修或改进后试运转期间所发的电量，凡被本厂或用户利用的，均应计入发电量中，未被利用的，则不应计入。发电量中不包括电动的交直流变换、励磁机和周波变换的电量。

火力发电　指利用煤炭、燃油、燃气、生物质等燃料燃烧时产生的热能，通过火电动力装置转换成电能的发电方式，包括燃煤发电，燃气发电，燃油发电，余热、余压、余气发电，生物质发电等。

水力发电　指利用水位落差，配合水轮发电机产生电力的一种发电方式，也就是利用水的势能转为水轮机的机械能，再以机械能推动发电机产生电能，包括抽水蓄能发电。

核能发电　指利用原子反应堆中核燃料(例如铀)缓慢裂变所释放的热能产生蒸汽驱动汽轮机再带动发电机发电的一种发电方式。

风力发电　指把风的动能转变成机械动能，再把机械能转化为电力动能的发电方式。

太阳能发电　指先将太阳光或能转化为热能，再将热能转化成电能或者直接将太阳能转换成电能的发电方式，主要包括太阳能光伏发电和太阳能光热发电。

煤气　指煤、焦炭、半焦等固体燃料与燃料油等液体燃料干馏或气化所产生的可燃气体。包括焦炉煤气、高炉煤气、发生炉煤气和油煤气等。

福建经济普查年鉴 2018

Fujian Economic Census Yearbook

第二产业卷|下

福建省第四次全国经济普查领导小组办公室　编著

中国统计出版社
China Statistics Press

图书在版编目（CIP）数据

福建经济普查年鉴. 2018. 第二产业卷. 下 / 福建省第四次全国经济普查领导小组办公室编著. -- 北京 : 中国统计出版社, 2020.11
ISBN 978-7-5037-9352-3

Ⅰ. ①福… Ⅱ. ①福… Ⅲ. ①经济－普查－福建－2018－年鉴②第二产业－经济－普查－福建－2018－年鉴 Ⅳ. ①F127.45-54

中国版本图书馆 CIP 数据核字(2020)第 211774 号

福建经济普查年鉴—2018/第二产业卷（下）

作　　者/福建省第四次全国经济普查领导小组办公室
责任编辑/冯诗萌
封面设计/黄俊杰　李雪燕
出版发行/中国统计出版社
通信地址/北京市丰台区西三环南路甲 6 号　邮政编码/100073
电　　话/邮购（010）63376909　书店（010）68783171
网　　址/http://www.zgtjcbs.com/
印　　刷/河北鑫兆源印刷有限公司
经　　销/新华书店
开　　本/880mm×1230mm　1/16
字　　数/1048 千字
印　　张/32.75
版　　别/2020 年 11 月第 1 版
版　　次/2020 年 11 月第 1 次印刷
定　　价/680.00 元（全四册附光盘）

本书附同版本 CD-ROM 一张，光盘内容以书面文字为准。
如有印装差错，由本社发行部调换。

编辑委员会

编者说明

为便于社会各界共同分享福建省第四次全国经济普查成果，更方便地开发利用普查资料，我们将经济普查资料编辑整理，汇编成《福建经济普查年鉴—2018》一书。全书共三卷四册，即综合卷、第二产业卷和第三产业卷，并随书配送同版本光盘一张。《综合卷》分三篇：第一篇为“综合篇”，第二篇为“企业篇”，第三篇为“文化及相关产业篇”。《第二产业卷》按内容分为上、下两册。上册两篇：第一篇为“工业企业生产经营及财务状况篇”，第二篇为“主要工业产品产量篇”。下册两篇：第一篇为“规模以上工业企业科技情况篇”，第二篇为“建筑业企业生产经营及财务状况篇”。《第三产业卷》分六篇：第一篇为“批发和零售业企业基本情况及财务状况篇”，第二篇为“住宿和餐饮业企业基本情况及财务状况篇”，第三篇为“房地产开发经营业生产经营及财务状况篇”，第四篇为“服务业企业财务状况篇”，第五篇为“服务业行政事业及非企业法人单位篇”，第六篇为“企业信息化和电子商务交易情况篇”。为使读者能够更好地使用本资料，现对有关问题做如下说明：

一、第四次全国经济普查的标准时点为 2018 年 12 月 31 日，时期资料为 2018 年度；

二、综合卷中综合篇和企业篇汇总表，均不包含少量无分组标识的单位数据，其中单位数包含兼营二、三产业的农、林、牧、渔业法人单位，从业人员数不包含兼营二、三产业的农、林、牧、渔业法人单位，不包含人民银行、银保监会、证监会监管的金融业以及铁路运输部门单位数据；

三、本资料建筑业按法人单位注册地，其他行业按法人单位经营地进行汇总；

四、本资料对部分数据由于计量单位取舍不同或四舍五入而产生的误差数均未作机械调整；

五、表中空格表示该项统计指标数值为零、不足最小单位、数据不详或无该项数据，“#”表示其中的主要项，NA 表示单位个数小于等于 2；

六、为了更准确地使用本年鉴，每卷后附有该卷详细的指标解释。

我们希望此书的面世，能使社会各界对我省第四次全国经济普查有一个全面的了解，更愿本书的内容，能为社会经济研究工作者提供有价值的参考。

福建省第四次全国经济普查资料是全省普查工作者共同辛勤工作的成果，也是广大普查对象积极支持配合的结果。在此，我们向全省所有普查工作者、普查对象和所有参与和支持普查工作的人员致以崇高的敬意和衷心的感谢！

福建省第四次全国经济普查领导小组办公室

2020 年 10 月

第二产业卷（下） 目录

第一篇 规模以上工业企业科技情况篇

E. 企业 R&D 项目情况

F. 企业办研发机构情况

第二篇　建筑业企业生产经营及财务状况篇

附　录

第1篇

规模以上工业企业科技情况篇

A. 企业R&D及相关活动主要指标

1-A-1 企业R&D及相关活动主要指标

主要指标	单位	总计			
			大型	中型	小微型
基本情况					
有R&D活动的企业	个	4292	276	1061	2955
有研发机构的企业	个	1517	172	436	909
有新产品销售的企业	个	2713	241	702	1770
R&D人员情况					
R&D人员合计	人	172832	66214	52145	54473
#女性	人	39758	14588	13148	12022
#研究人员	人	50629	21210	14649	14770
#全时人员	人	134857	51799	40244	42814
R&D人员折合全时当量	人年	120723	47849	36295	36578
R&D经费情况					
R&D经费内部支出	万元	5249417	2412616	1409091	1427711
按支出用途分					
1. 日常性支出	万元	4642887	2113213	1273288	1256386
#人员劳务费	万元	1686130	822266	461749	402116
2. 资产性支出	万元	606530	299403	135802	171325
#仪器和设备	万元	599981	295820	134546	169615
按资金来源分					
政府资金	万元	97256	52162	21076	24018
企业资金	万元	5104474	2346849	1370118	1387508
国外资金	万元	12102	3445	5528	3128
其他资金	万元	35585	10159	12369	13057
R&D经费外部支出	万元	184184	114538	35222	34424
#对境内研究机构支出	万元	28519	14141	6380	7998
对境内高等学校支出	万元	17230	7672	3564	5994
对境外支出	万元	57140	46738	8901	1500
R&D项目情况					
项目数	项	18716	3799	5495	9422
参加项目人员	人	160674	61356	48718	50600
项目人员折合全时当量	人年	112712	44662	33969	34082
项目经费内部支出	万元	5113635	2366241	1366963	1380431

1-A-1　续表

主要指标	单位	总计	大型	中型	小微型
企业办研发机构情况					
机构数	个	1697	268	478	951
机构人员数	人	87425	46466	23164	17795
#博士	人	1084	486	325	273
硕士	人	7288	4799	1530	959
机构经费支出	万元	2600524	1646500	551469	402555
仪器和设备原价	万元	2210018	1194747	480359	534912
#进口	万元	417113	301568	98077	17468
新产品开发及生产情况					
新产品开发项目数	项	18067	3471	5324	9272
新产品开发经费支出	万元	4966148	2262927	1335357	1367865
新产品销售收入	万元	53008984	31512278	12752029	8744678
#新产品出口	万元	13328030	9675874	2674382	977774
自主知识产权及相关情况					
专利申请数	件	31529	10123	7902	13504
#发明专利	件	9850	4091	2264	3495
有效发明专利数	件	29543	10244	7846	11453
#境外授权	件	1706	1257	306	143
拥有注册商标数	件	28530	10428	9944	8158
#境外注册	件	4400	2836	1020	544
形成国家或行业标准数	项	687	244	222	221
政府相关政策落实情况					
来自政府部门的研究开发经费	万元	99270	52282	21760	25228
研究开发费用加计扣除减免税	万元	241922	110654	69380	61888
高新技术企业减免税	万元	449971	275923	116405	57643
技术获取和技术改造情况					
引进技术经费支出	万元	141628	120872	17669	3087
消化吸收经费支出	万元	29592	24008	1771	3813
购买国内技术经费支出	万元	134898	101558	15587	17754
技术改造经费支出	万元	1635421	972624	452746	210050

1-A-2　分登记注册类型企业R&D

主要指标	单位	内资企业	国有企业	集体企业
基本情况				
有R&D活动的企业	个	3314	3	NA
有研发机构的企业	个	1132	NA	NA
有新产品销售的企业	个	2059	NA	
R&D人员情况				
R&D人员合计	人	112822	59	22
#女性	人	25038	9	6
#研究人员	人	33645	17	6
#全时人员	人	87115	54	15
R&D人员折合全时当量	人年	77591	41	8
R&D经费情况				
R&D经费内部支出	万元	3449555	993	542
按支出用途分				
1. 日常性支出	万元	2983661	967	367
#人员劳务费	万元	1019839	471	113
2. 资产性支出	万元	465894	26	175
#仪器和设备	万元	460243	26	174
按资金来源分				
政府资金	万元	70824		45
企业资金	万元	3347733	983	497
国外资金	万元	6594	10	
其他资金	万元	24404		
R&D经费外部支出	万元	116711		7
#对境内研究机构支出	万元	24091		
对境内高等学校支出	万元	13895		7
对境外支出	万元	11627		
R&D项目情况				
项目数	项	13621	3	2
参加项目人员	人	104670	55	20
项目人员折合全时当量	人年	72241	39	7
项目经费内部支出	万元	3352353	993	541

及相关活动主要指标

股份合作企业	联营企业	有限责任公司	股份有限公司	私营企业	其他企业	港澳台商投资企业	外商投资企业
4	NA	691	226	2387		635	343
		251	98	780		230	155
NA		450	159	1446		407	247
54	2	34382	17645	60658		35115	24895
10	1	7364	3732	13916		9149	5571
13		10872	6398	16339		9095	7889
47	2	25994	13914	47089		27961	19781
45	1	23969	12793	40733		24484	18648
1345	10	1173162	494850	1778653		1133624	666238
1329	10	1034949	447842	1498197		1036294	622932
432	7	330127	186671	502019		378389	287902
16		138213	47008	280456		97330	43306
16		136564	46595	276869		96711	43027
		29367	14297	27116		14018	12414
1345	10	1133815	478904	1732180		1110370	646371
		1509	550	4525		3911	1597
		8472	1100	14832		5325	5856
		54731	37765	24208		25595	41879
		10709	8620	4762		3900	528
		5462	3828	4597		1894	1441
		766	9376	1485		13281	32233
7	1	3683	1949	7976		3120	1975
46	2	31955	16646	55946		32607	23397
39	1	22276	12073	37806		22876	17595
1345	10	1138242	483133	1728088		1113352	647931

1-A-2 续表

主要指标	单位	内资企业	国有企业	集体企业
企业办研发机构情况				
机构数	个	1265	3	1
机构人员数	人	52612	60	12
#博士	人	781		
硕士	人	4511		1
机构经费支出	万元	1511093	811	9
仪器和设备原价	万元	1323446	527	66
#进口	万元	184402	63	18
新产品开发及生产情况				
新产品开发项目数	项	13023	3	
新产品开发经费支出	万元	3132661	720	
新产品销售收入	万元	30670734	35862	
#新产品出口	万元	4003656		
自主知识产权及相关情况				
专利申请数	件	23339		
#发明专利	件	7429		
有效发明专利数	件	19714	10	
#境外授权	件	500		
拥有注册商标数	件	17342		
#境外注册	件	1975		
形成国家或行业标准数	项	492		
政府相关政策落实情况				
来自政府部门的研究开发经费	万元	71730		45
研究开发费用加计扣除减免税	万元	142710		13
高新技术企业减免税	万元	279891		
技术获取和技术改造情况				
引进技术经费支出	万元	90223		
消化吸收经费支出	万元	25333		
购买国内技术经费支出	万元	98287		
技术改造经费支出	万元	1100915	158	9

股份合作企业	联营企业	有限责任公司	股份有限公司	私营企业	其他企业	港澳台商投资企业	外　商投资企业
		291	137	833		254	178
		15796	11238	25506		17983	16830
		217	165	399		173	130
		1511	1261	1738		1032	1745
		466922	346792	696559		652093	437338
		378388	254206	690259		472406	414166
		131106	26320	26896		126839	105872
7		3340	1767	7906		3157	1887
660		991385	406889	1733007		1186117	647371
1253		12470365	5153571	13009683		13517989	8820262
		1407099	785932	1810624		5852319	3472055
		6236	3310	13793		5069	3121
		2491	1192	3746		1427	994
		6304	3880	9520		5042	4787
		271	38	191		452	754
		3182	4369	9791		7470	3718
		289	754	932		1590	835
		83	137	272		112	83
		29444	14297	27945		14196	13344
		36608	29873	76216		57581	41631
39		80410	64103	135339		117509	52571
		49666	11540	29017		15881	35525
		6250	2661	16422		421	3837
		55379	5108	37800		25177	11434
124		716385	114057	270183		418885	115621

1-A-3 制造业企业R&D

主要指标	单位	制造业合计	农副食品加工业	食品制造业	酒、饮料和精制茶制造业	烟草制品业	纺织业
基本情况							
有R&D活动的企业	个	4224	269	193	90	5	188
有研发机构的企业	个	1500	96	61	39	NA	57
有新产品销售的企业	个	2705	158	115	65	NA	131
R&D人员情况							
R&D人员合计	人	169798	5720	4107	1756	181	6782
#女性	人	39295	1930	1590	476	37	2186
#研究人员	人	49514	1646	959	433	84	1524
#全时人员	人	133733	4221	3046	1242	77	4804
R&D人员折合全时当量	人年	119408	3574	2700	1258	83	4680
R&D经费情况							
R&D经费内部支出	万元	5168989	201702	116110	51678	2533	224836
按支出用途分							
1. 日常性支出	万元	4576198	178667	103458	47766	2294	197730
#人员劳务费	万元	1665410	41553	28245	12015	1323	51393
2. 资产性支出	万元	592790	23035	12653	3912	239	27106
#仪器和设备	万元	586326	22735	12431	3869	230	26991
按资金来源分							
政府资金	万元	96782	2675	1724	896		1156
企业资金	万元	5025317	195863	113064	50540	2533	221224
国外资金	万元	11741	1060	292	18		900
其他资金	万元	35148	2105	1030	225		1556
R&D经费外部支出	万元	157955	4781	2446	214	197	825
#对境内研究机构支出	万元	22178	248	357	100	33	188
对境内高等学校支出	万元	13688	1521	1125	114	164	461
对境外支出	万元	57140		32			12
R&D项目情况							
项目数	项	18242	843	589	199	26	628
参加项目人员	人	157783	5271	3783	1612	174	6306
项目人员折合全时当量	人年	111484	3303	2495	1147	80	4349
项目经费内部支出	万元	5036294	197159	111033	50862	2105	216000

及相关活动主要指标

纺织服装、服饰业	皮革、毛皮、羽毛及其制品和制鞋业	木材加工和木、竹、藤、棕、草制品业	家具制造业	造纸及纸制品业	印刷和记录媒介复制业	文教、工美、体育和娱乐用品制造业	石油、煤炭及其他燃料加工业	化学原料和化学制品制造业	医药制造业
142	82	105	44	84	44	195	14	264	103
23	44	23	12	35	13	44	5	109	46
56	114	47	30	42	21	113	7	148	64
4909	2935	1482	991	2821	1017	5934	342	6300	3159
2255	1109	332	207	550	253	1549	80	1571	1314
1502	609	289	238	575	282	1294	121	1838	1245
4055	2358	1107	782	2308	744	4686	227	4895	2480
3511	2059	985	691	1942	780	4007	171	4343	2069
117802	80541	37369	23120	100509	23316	106635	19864	214578	74441
110510	77193	32003	22318	91935	21825	96472	19552	200423	64023
41378	30221	8796	8505	17763	7404	38246	3403	52837	26168
7292	3348	5366	802	8573	1491	10163	312	14155	10418
7146	3308	5313	786	8351	1478	10028	293	13905	10364
184	487	114	216	549	44	1032	287	3179	4147
115968	79703	37233	22756	99209	22623	100207	19493	209759	68529
397	6	22		258	204	894		256	223
1254	345		147	493	446	4501	84	1384	1542
653	1962	858	130	238	89	563	287	6155	17659
228	103	341	94	71		175		2464	4696
141	15	317	18	119	32	24	100	1506	1144
155	60	186			15	108		86	465
273	200	221	114	304	117	653	61	1066	743
4619	2685	1383	914	2643	943	5418	321	5860	2978
3317	1891	920	647	1824	726	3660	161	4040	1957
113331	79040	34034	22817	97648	22123	103385	19390	209999	70732

1-A-3 续表 1

主要指标	单位	制造业合计	农副食品加工业	食品制造业	酒、饮料和精制茶制造业	烟草制品业	纺织业
企业办研发机构情况							
机构数	个	1679	98	70	42	1	58
机构人员数	人	86406	2076	1357	904	36	2811
#博士	人	1060	57	40	25		35
硕士	人	7013	150	143	85	14	87
机构经费支出	万元	2570311	50830	31661	13277	1128	56505
仪器和设备原价	万元	2189784	43523	21127	20534	1253	53663
#进口	万元	415076	8797	2214	505	1037	6754
新产品开发及生产情况							
新产品开发项目数	项	17795	722	603	322	25	633
新产品开发经费支出	万元	4919053	167191	116674	64249	3209	199621
新产品销售收入	万元	52846001	1034555	474372	276635	21997	1884058
#新产品出口	万元	13328030	198298	26636	7034		169692
自主知识产权及相关情况							
专利申请数	件	30670	696	701	334	55	1118
#发明专利	件	9435	281	188	83	19	306
有效发明专利数	件	28312	510	550	196	150	1061
#境外授权	件	1703		2			34
拥有注册商标数	件	28513	1329	2110	1927		390
#境外注册	件	4400	52	169	52		43
形成国家或行业标准数	项	682	4	16	24		25
政府相关政策落实情况							
来自政府部门的研究开发经费	万元	98797	3477	1735	1305		1178
研究开发费用加计扣除减免税	万元	241183	4353	2830	439		2565
高新技术企业减免税	万元	449971	3270	10685	1103		7310
技术获取和技术改造情况							
引进技术经费支出	万元	141548	1010	32		1023	12653
消化吸收经费支出	万元	29592	1000	96	11	8	8200
购买国内技术经费支出	万元	124785	4976	91	31	5931	4188
技术改造经费支出	万元	1532720	14417	6072	18870	14246	49066

纺　织 服装、 服饰业	皮革、毛皮、 羽毛及其制 品和制鞋业	木材加工和 木、竹、藤、 棕、草制品业	家　具 制造业	造纸及纸 制品业	印刷和 记录媒介 复制业	文教、工美、 体育和娱乐 用品制造业	石油、煤炭 及其他燃 料加工业	化学原料 和化学制 品制造业	医　药 制造业
32	47	27	12	37	13	45	5	116	63
608	2169	503	508	960	380	1860	151	3071	1996
4	21	4	3	24	8	13	9	54	65
26	55	24	12	45	24	36	15	167	319
17286	49310	10981	9953	25958	10023	27202	14569	98064	52171
7266	54618	9960	3155	29231	8090	17586	231041	58510	41933
1748	4466	9	15	3372	163	1422		1651	6649
278	549	203	142	266	91	595	42	938	771
120722	249557	36926	23712	95594	20206	93716	14794	171509	79061
1052568	2347749	183049	245310	650049	332005	654248	584700	3143848	632369
135294	187278	32541	77184	29342	6196	390697	51847	228163	60960
241	1224	364	315	434	113	811	31	1091	480
49	244	85	29	86	27	156	20	346	210
126	691	264	154	395	119	482	37	1132	782
	8		20			15		2	30
710	4008	112	229	963	74	958	13	1523	1889
223	1252	2	31	25		77		107	161
24	27	5	1	13	1	45	2	40	20
184	1034	145	220	578	74	1069	287	3233	4007
1417	2896	1894	670	4770	1350	4395	249	7208	7283
835	12835	6	1048	7909	1574	1954	318	24162	24677
173	3067			270		81			112
				3			6005	60	
115	252	70	17	79		66	14	1349	1793
5923	11255	7631	15387	39021	2558	6015	11793	109004	12089

1-A-3 续表 2

主要指标	单位	化学纤维制造业	橡胶和塑料制品业	非金属矿物制品业	黑色金属冶炼和压延加工业	有色金属冶炼和压延加工业	金属制品业
基本情况							
有R&D活动的企业	个	43	225	341	20	48	192
有研发机构的企业	个	15	80	90	6	20	61
有新产品销售的企业	个	29	147	173	10	35	113
R&D人员情况							
R&D人员合计	人	2876	8140	10235	3396	3831	6490
#女性	人	695	1533	1963	565	723	1154
#研究人员	人	732	1592	2191	1245	1312	1513
#全时人员	人	2515	6364	7707	2307	2631	5452
R&D人员折合全时当量	人年	2280	5892	7460	2780	2576	4743
R&D经费情况							
R&D经费内部支出	万元	164535	191031	265770	251638	186639	151167
按支出用途分							
1. 日常性支出	万元	154472	175270	240004	210459	165675	138510
#人员劳务费	万元	30190	64508	81814	37471	42750	55959
2. 资产性支出	万元	10062	15761	25767	41178	20965	12657
#仪器和设备	万元	9998	15548	25223	40597	20777	12606
按资金来源分							
政府资金	万元	1308	4840	1393	746	2161	3466
企业资金	万元	162824	183698	260461	250527	183917	147377
国外资金	万元	22	617	252	48	6	264
其他资金	万元	382	1877	3664	317	555	60
R&D经费外部支出	万元	597	408	2142	2735	5091	582
#对境内研究机构支出	万元	79	95	954	1020	2806	138
对境内高等学校支出	万元		160	164	825	572	191
对境外支出	万元		22	417		630	
R&D项目情况							
项目数	项	389	895	994	172	419	865
参加项目人员	人	2640	7673	9478	2893	3663	6073
项目人员折合全时当量	人年	2097	5562	6935	2331	2459	4464
项目经费内部支出	万元	164058	186461	256770	240713	185240	148959

通用设备制造业	专用设备制造业	汽车制造业	铁路、船舶、航空航天和其他运输设备制造业	电气机械和器材制造业	计算机、通信和其他电子设备制造业	仪器仪表制造业	其他制造业	废弃资源综合利用业	金属制品、机械和设备修理业
223	269	162	40	302	393	96	32	6	10
83	100	58	17	128	180	39	11	NA	NA
155	187	110	30	227	287	65	18	4	NA
8970	8986	7909	1710	19248	35095	3190	963	104	219
1592	1576	996	272	4326	7371	746	309	13	22
2741	2746	2369	521	5779	12832	984	251	29	38
7458	7055	5922	1283	14462	30007	2485	830	87	136
6575	6078	5678	1147	11679	26428	2244	750	83	163
209900	219371	239255	35140	699251	1073947	55291	24337	2741	3944
189427	197837	215688	32025	556925	954759	51243	21496	2670	3572
89748	76448	79137	12484	247216	442912	27556	6070	665	1234
20473	21534	23567	3116	142326	119188	4048	2842	71	372
20353	21310	23363	2962	140410	118736	3975	2802	71	370
5792	6553	5339	1816	8703	36747	1185	31	13	
202845	210815	232492	33183	685416	1028794	53951	24021	2633	3659
833	157	70	141	708	3857	155			84
431	1846	1353		4425	4548		286	95	200
33794	9569	14527	6583	5216	36001	3191	182	86	193
193	787	2983	1772	577	1497	3	91	8	76
239	1629	308	60	1278	857	572	35		
31231	1538	4416	4378	903	12487				
1023	1178	842	204	1673	2922	501	86	18	24
8441	8464	7383	1630	17250	33112	2989	880	95	209
6225	5736	5325	1092	10665	25035	2119	685	76	158
205138	210124	222634	32289	691269	1060096	53503	23069	2675	3636

1-A-3 续表 3

主要指标	单位	化学纤维制造业	橡胶和塑料制品业	非金属矿物制品业	黑色金属冶炼和压延加工业	有色金属冶炼和压延加工业	金属制品业
企业办研发机构情况							
机构数	个	20	82	96	6	29	63
机构人员数	人	1986	4753	3563	553	1968	2609
#博士	人	43	40	21	2	42	18
硕士	人	32	120	112	46	193	59
机构经费支出	万元	102102	116127	94898	51249	70286	58113
仪器和设备原价	万元	133825	201049	74348	15063	46171	35257
#进口	万元	50921	60772	18592	700	1230	2032
新产品开发及生产情况							
新产品开发项目数	项	330	900	943	107	318	849
新产品开发经费支出	万元	132359	193528	260278	109186	135837	136648
新产品销售收入	万元	2426111	1423414	1656552	2656339	1709480	1212593
#新产品出口	万元	203910	236525	354234	81	159770	494734
自主知识产权及相关情况							
专利申请数	件	304	1619	1931	146	383	1549
#发明专利	件	67	448	596	28	162	384
有效发明专利数	件	225	1321	1364	60	629	1829
#境外授权	件		85	34		2	202
拥有注册商标数	件	181	846	1049	13	185	724
#境外注册	件	3	182	393		19	163
形成国家或行业标准数	项	21	40	60		37	27
政府相关政策落实情况							
来自政府部门的研究开发经费	万元	1298	4267	1432	746	2258	3486
研究开发费用加计扣除减免税	万元	2498	15911	8494	3850	2666	14950
高新技术企业减免税	万元	8896	17524	14641	3069	9373	14756
技术获取和技术改造情况							
引进技术经费支出	万元		305	33	1236	86	1416
消化吸收经费支出	万元		386	421	108		
购买国内技术经费支出	万元	472	1271	4968	1205	2684	7230
技术改造经费支出	万元	64445	50084	71388	190485	97190	41615

通用设备制造业	专用设备制造业	汽车制造业	铁路、船舶、航空航天和其他运输设备制造业	电气机械和器材制造业	计算机、通信和其他电子设备制造业	仪器仪表制造业	其他制造业	废弃资源综合利用业	金属制品、机械和设备修理业
92	111	65	20	155	219	39	11	2	3
4757	4727	4485	842	12721	21936	1468	562	48	38
19	44	20	29	184	199	26	11		
196	339	325	24	1508	2748	67	41	1	
113892	105709	131642	17423	491194	711704	24077	10294	1530	1155
85432	99628	115546	16494	278316	462570	15443	4080	3569	1505
12986	8832	13687	202	15893	185995	4436			
954	1221	789	208	1639	2778	479	68	15	17
199982	222625	222500	37443	719089	1018837	51258	18645	2455	1643
1746108	2197531	2409879	510454	7400458	13457591	383021	115402	14042	9514
316822	229940	475573	234767	1969517	6907198	117324	26473		
2064	2284	1322	253	4638	5159	802	172	27	9
649	525	286	41	1529	2334	216	27	5	9
1809	2238	1120	261	2829	6963	775	217	17	6
97	12	44	3	183	884	30	16		
914	1390	1142	188	2427	2631	448	136	4	
78	220	236	17	351	440	80	24		
28	80	14	29	32	46	16	5		
5826	6589	5654	1866	9010	36611	1185	31	13	
20261	14228	11639	1479	35938	61905	4484	461	3	99
16848	27309	16095	1301	119096	96654	6440	273	10	
26839	2591	414	3986	21337	64885				
	1173	20	1525	7751	2827				
4093	498	973	3866	29776	47661	170	946		
12725	10050	26736	9207	103306	522763	2915	12	685	5769

1-A-4 分地区企业R&D

主要指标	单位	福 州	#平 潭	厦 门	莆 田
基本情况					
有R&D活动的企业	个	685	NA	833	168
有研发机构的企业	个	204		430	87
有新产品销售的企业	个	436	NA	621	149
R&D人员情况					
R&D人员合计	人	35850	3	52074	5609
#女性	人	8024		11785	1373
#研究人员	人	12750	1	14983	1671
#全时人员	人	27262		42617	4523
R&D人员折合全时当量	人年	25466		39494	3639
R&D经费情况					
R&D经费内部支出	万元	1159715	39	1175017	263824
按支出用途分					
1. 日常性支出	万元	1063692	32	1089731	210344
#人员劳务费	万元	394461	8	533469	57473
2. 资产性支出	万元	96023	8	85286	53480
#仪器和设备	万元	95502	8	84689	53285
按资金来源分					
政府资金	万元	14730		52684	2197
企业资金	万元	1135879	39	1116949	257189
国外资金	万元	1781		2715	843
其他资金	万元	7325		2669	3594
R&D经费外部支出	万元	55103		72157	5861
#对境内研究机构支出	万元	10128		3996	1803
对境内高等学校支出	万元	5083		3923	359
对境外支出	万元	9418		44927	84
R&D项目情况					
项目数	项	3604	1	5757	650
参加项目人员	人	33717	3	49143	5145
项目人员折合全时当量	人年	24035		37360	3332
项目经费内部支出	万元	1131259	39	1157450	254806

及相关活动主要指标

三明	泉州	漳州	南平	龙岩	宁德
234	972	636	287	384	93
79	272	183	86	133	43
129	539	401	144	194	100
6454	29083	19415	6592	9865	7890
1441	6980	4739	1592	2276	1548
1973	7701	4554	1416	2884	2697
4319	22773	15575	4820	7286	5682
4720	19162	13918	4628	6365	3332
236429	883298	536809	188302	391860	414162
220597	801542	457227	165064	341464	293225
54850	230171	151263	42246	77118	145079
15832	81756	79582	23239	50396	120936
15429	80560	78719	22881	49717	119200
1140	5754	9863	2436	3670	4783
234622	864075	517106	182830	386925	408899
241	2349	2104	589	1033	445
426	11120	7736	2448	232	34
4455	8492	12269	3503	13880	8465
1621	1867	1602	949	6016	538
1666	2187	996	1517	873	626
400	452	826	344	249	439
670	2840	2612	798	1445	340
5796	26867	18185	6150	9102	6569
4231	17685	13065	4319	5875	2809
231693	844412	519339	182402	381794	410480

1-A-4 续表 1

主要指标	单位	福 州	#平 潭	厦 门	莆 田
企业办研发机构情况					
机构数	个	225		482	100
机构人员数	人	16604		34028	2580
#博士	人	262		209	60
硕士	人	2047		2485	136
机构经费支出	万元	532451		881392	55709
仪器和设备原价	万元	321237		733629	36383
#进口	万元	40236		214185	3006
新产品开发及生产情况					
新产品开发项目数	项	3228	12	5653	716
新产品开发经费支出	万元	1014704	841	1136381	274156
新产品销售收入	万元	10189735	891	14967944	1716132
#新产品出口	万元	3274985		6291406	154005
自主知识产权及相关情况					
专利申请数	件	6012	32	9314	1028
#发明专利	件	2349	12	3171	291
有效发明专利数	件	7160	9	11183	798
#境外授权	件	92		1400	2
拥有注册商标数	件	5410	5	7208	1229
#境外注册	件	935	1	1266	101
形成国家或行业标准数	项	74		233	50
政府相关政策落实情况					
来自政府部门的研究开发经费	万元	15826		52973	2604
研究开发费用加计扣除减免税	万元	56499	67	107835	2417
高新技术企业减免税	万元	55685		175355	2755
技术获取和技术改造情况					
引进技术经费支出	万元	20535		97334	475
消化吸收经费支出	万元	10233		3484	136
购买国内技术经费支出	万元	6920		64447	283
技术改造经费支出	万元	511995	18	522812	48474

三明	泉州	漳州	南平	龙岩	宁德
84	283	209	95	149	70
2139	11069	7218	2548	4367	6872
33	143	80	39	86	172
135	423	372	89	362	1239
53022	319285	194378	87872	139517	336900
44673	328353	389659	78343	108363	169378
2636	108412	30623	6238	7843	3935
511	3079	2542	657	1269	412
158554	964474	479332	157018	330848	450683
2138576	8050879	6153272	1355413	3250439	5186595
109566	815460	1058169	222760	214512	1187168
791	6028	3378	1000	1883	2095
212	1422	756	262	400	987
746	5000	1749	808	1308	791
4	25	117	7	1	58
562	7991	3019	1068	969	1074
16	1489	245	59	171	118
37	167	38	32	29	27
883	6322	9937	2467	3680	4579
1575	14946	22259	4469	10679	21244
3715	51699	32178	6165	21034	101387
1236	3090	630	34	2186	16109
108	6005	806		1068	7751
2070	13763	6616	376	10617	29804
103346	123606	78738	26541	117280	102629

B.企业基本情况

1-B-1 分登记注册类型企业基本情况

单位：个

登记注册类型	有R&D活动的企业	有研发机构的企业	有新产品销售的企业
总　计	**4292**	**1517**	**2713**
内资企业	**3314**	**1132**	**2059**
国有企业	3	2	2
集体企业	2	1	
股份合作企业	4		2
联营企业	1		
集体联营企业	1		
有限责任公司	691	251	450
国有独资公司	25	6	13
其他有限责任公司	666	245	437
股份有限公司	226	98	159
私营企业	2387	780	1446
私营独资企业	30	9	11
私营合伙企业	3	2	1
私营有限责任公司	2182	693	1307
私营股份有限公司	172	76	127
其他企业			
港、澳、台商投资企业	**635**	**230**	**407**
合资经营企业	181	60	120
合作经营企业	2		2
港、澳、台商独资经营企业	412	156	258
港、澳、台商投资股份有限公司	31	11	21
其他港、澳、台投资企业	9	3	6
外商投资企业	**343**	**155**	**247**
中外合资经营企业	118	44	83
中外合作经营企业	6	2	4
外资企业	206	99	149
外商投资股份有限公司	9	7	7
其他外商投资企业	4	3	4

1-B-2　分登记注册类型大中型企业基本情况

单位：个

登记注册类型	有R&D活动的企业	有研发机构的企业	有新产品销售的企业
总　计	**1337**	**608**	**943**
内资企业	**848**	**382**	**600**
国有企业	2	1	1
集体企业			
股份合作企业	2		
有限责任公司	217	113	172
国有独资公司	12	4	7
其他有限责任公司	205	109	165
股份有限公司	107	61	79
私营企业	520	207	348
私营独资企业	3		
私营合伙企业			
私营有限责任公司	465	177	304
私营股份有限公司	52	30	44
港、澳、台商投资企业	**317**	**128**	**209**
合资经营企业	89	32	62
合作经营企业	1		1
港、澳、台商独资经营企业	204	85	131
港、澳、台商投资股份有限公司	20	9	13
其他港、澳、台投资企业	3	2	2
外商投资企业	**172**	**98**	**134**
中外合资经营企业	49	23	39
中外合作经营企业	2	2	2
外资企业	112	65	85
外商投资股份有限公司	8	6	6
其他外商投资企业	1	2	2

1-B-3 分行业企业基本情况

单位：个

行　　业	有R&D活动的企业	有研发机构的企业	有新产品销售的企业
总　计	**4292**	**1517**	**2713**
采矿业	**32**	**10**	**5**
煤炭开采和洗选业	5	4	
烟煤和无烟煤开采洗选	5	4	
褐煤开采洗选			
其他煤炭采选			
石油和天然气开采业			
石油开采			
天然气开采			
黑色金属矿采选业	8		
#铁矿采选	8		
锰矿、铬矿采选			
有色金属矿采选业	7	2	1
常用有色金属矿采选	2		
贵金属矿采选	4	1	
稀有稀土金属矿采选	1	1	1
非金属矿采选业	12	4	4
土砂石开采	11	4	4
化学矿开采			
采盐			
石棉及其他非金属矿采选	1		
开采专业及辅助性活动			
#石油和天然气开采专业及辅助性活动			
制造业	**4224**	**1500**	**2705**
农副食品加工业	269	96	158
谷物磨制	12	3	8
饲料加工	51	23	31
植物油加工	8	4	2
制糖业			
屠宰及肉类加工	33	8	23
水产品加工	91	28	52
蔬菜、菌类、水果和坚果加工	61	22	35
其他农副食品加工	13	8	7
食品制造业	193	61	115
焙烤食品制造	32	10	19
糖果、巧克力及蜜饯制造	39	8	27
方便食品制造	30	9	19
乳制品制造	1	1	1
罐头食品制造	30	11	15
调味品、发酵制品制造	15	4	4
其他食品制造	46	18	30
酒、饮料和精制茶制造业	90	39	65
酒的制造	26	5	12
饮料制造	29	8	9
精制茶加工	35	26	44

1-B-3　续表 1

单位：个

行　业	有R&D活动的企业	有研发机构的企业	有新产品销售的企业
烟草制品业	5	1	2
烟叶复烤	2		
卷烟制造	2		1
其他烟草制品制造	1	1	1
纺织业	188	57	131
棉纺织及印染精加工	94	28	59
毛纺织及染整精加工	1	1	1
麻纺织及染整精加工			
丝绢纺织及印染精加工			
化纤织造及印染精加工	10	3	7
针织或钩针编织物及其制品制造	27	13	25
家用纺织制成品制造	14	3	10
产业用纺织制成品制造	42	9	29
纺织服装、服饰业	142	23	56
机织服装制造	105	14	32
针织或钩针编织服装制造	32	7	21
服饰制造	5	2	3
皮革、毛皮、羽毛及其制品和制鞋业	82	44	114
皮革鞣制加工	14	2	12
皮革制品制造	30	9	10
毛皮鞣制及制品加工			
羽毛(绒)加工及制品制造			
制鞋业	38	33	92
木材加工和木、竹、藤、棕、草制品业	105	23	47
木材加工	8	3	2
人造板制造	41	10	23
木质制品制造	15	4	9
竹、藤、棕、草等制品制造	41	6	13
家具制造业	44	12	30
木质家具制造	20	6	15
竹、藤家具制造	2		1
金属家具制造	15	3	9
塑料家具制造			
其他家具制造	7	3	5
造纸和纸制品业	84	35	42
纸浆制造	1		
造纸	27	11	16
纸制品制造	56	24	26
印刷和记录媒介复制业	44	13	21
印刷	44	13	21
装订及印刷相关服务			
记录媒介复制			
文教、工美、体育和娱乐用品制造业	195	44	113
文教办公用品制造	14	5	5
乐器制造	2	1	1
工艺美术及礼仪用品制造	118	23	70
体育用品制造	37	10	24
玩具制造	20	4	12
游艺器材及娱乐用品制造	4	1	1
石油、煤炭及其他燃料加工业	14	5	7

1-B-3 续表 2

单位：个

行　　业	有R&D活动的企业	有研发机构的企业	有新产品销售的企业
精炼石油产品制造	8	2	6
煤炭加工	2	1	
核燃料加工			
生物质燃料加工	4	2	1
化学原料和化学制品制造业	264	109	148
基础化学原料制造	50	24	25
肥料制造	20	5	6
农药制造	6	2	3
涂料、油墨、颜料及类似产品制造	44	12	34
合成材料制造	46	17	26
专用化学产品制造	64	30	30
炸药、火工及焰火产品制造	1	1	1
日用化学产品制造	33	18	23
医药制造业	103	46	64
化学药品原料药制造	20	8	11
化学药品制剂制造	17	9	11
中药饮片加工	8	3	4
中成药生产	17	8	9
兽用药品制造	8	4	5
生物药品制品制造	27	13	20
卫生材料及医药用品制造	1		
药用辅料及包装材料	5	1	4
化学纤维制造业	43	15	29
纤维素纤维原料及纤维制造	6	2	5
合成纤维制造	37	13	24
生物基材料制造			
橡胶和塑料制品业	225	80	147
橡胶制品业	33	13	20
塑料制品业	192	67	127
非金属矿物制品业	341	90	173
水泥、石灰和石膏制造	26	9	10
石膏、水泥制品及类似制品制造	57	13	25
砖瓦、石材等建筑材料制造	52	15	22
玻璃制造	10	1	4
玻璃制品制造	13	4	6
玻璃纤维和玻璃纤维增强塑料制品制造	4	1	2
陶瓷制品制造	158	41	95
耐火材料制品制造	4	1	3
石墨及其他非金属矿物制品制造	17	5	6
黑色金属冶炼和压延加工业	20	6	10
炼铁			
炼钢	1		
钢压延加工	17	6	10
铁合金冶炼	2		
有色金属冶炼和压延加工业	48	20	35
常用有色金属冶炼	3	1	1
贵金属冶炼	4	2	3
稀有稀土金属冶炼	5	1	3
有色金属合金制造	13	4	9
有色金属压延加工	23	12	19
金属制品业	192	61	113

1-B-3　续表 3　　　　单位：个

行　业	有R&D活动的企业	有研发机构的企业	有新产品销售的企业
结构性金属制品制造	46	14	29
金属工具制造	20	6	14
集装箱及金属包装容器制造	14	4	8
金属丝绳及其制品制造	2		2
建筑、安全用金属制品制造	42	19	25
金属表面处理及热处理加工	11	3	5
搪瓷制品制造	1		
金属制日用品制造	9	5	5
铸造及其他金属制品制造	47	10	25
通用设备制造业	223	83	155
锅炉及原动设备制造	7	2	3
金属加工机械制造	28	15	14
物料搬运设备制造	13	3	9
泵、阀门、压缩机及类似机械制造	57	17	42
轴承、齿轮和传动部件制造	21	11	13
烘炉、风机、包装等设备制造	30	8	23
文化、办公用机械制造	26	15	20
通用零部件制造	24	9	18
其他通用设备制造业	17	3	13
专用设备制造业	269	100	187
采矿、冶金、建筑专用设备制造	52	18	36
化工、木材、非金属加工专用设备制造	38	20	37
食品、饮料、烟草及饲料生产专用设备制造	11	4	6
印刷、制药、日化及日用品生产专用设备制造	12	4	9
纺织、服装和皮革加工专用设备制造	33	8	17
电子和电工机械专用设备制造	17	4	13
农、林、牧、渔专用机械制造	12	2	10
医疗仪器设备及器械制造	37	24	25
环保、邮政、社会公共服务及其他专用设备制造	57	16	34
汽车制造业	162	58	110
汽车整车制造	11	6	10
汽车用发动机制造			
改装汽车制造	6	4	6
低速汽车制造			
电车制造	1		
汽车车身、挂车制造	7	2	4
汽车零部件及配件制造	137	46	90
铁路、船舶、航空航天和其他运输设备制造业	40	17	30
铁路运输设备制造	1	1	1
城市轨道交通设备制造			
船舶及相关装置制造	15	6	10
航空、航天器及设备制造			
摩托车制造	18	8	16
自行车和残疾人座车制造	5	1	2
助动车制造			
非公路休闲车及零配件制造			
潜水救捞及其他未列明运输设备制造	1	1	1
电气机械和器材制造业	302	128	227
电机制造	36	15	37
输配电及控制设备制造	111	51	90
电线、电缆、光缆及电工器材制造	21	8	11

1-B-3 续表 4

单位：个

行　　业	有R&D活动的企业	有研发机构的企业	有新产品销售的企业
电池制造	32	15	18
家用电力器具制造	29	17	23
非电力家用器具制造	5	2	2
照明器具制造	58	16	40
其他电气机械及器材制造	10	4	6
计算机、通信和其他电子设备制造业	393	180	287
计算机制造	28	11	24
通信设备制造	56	20	38
广播电视设备制造	14	7	9
雷达及配套设备制造	1		1
非专业视听设备制造	18	11	14
智能消费设备制造	9	4	10
电子器件制造	131	71	101
电子元件及电子专用材料制造	109	49	70
其他电子设备制造	27	7	20
仪器仪表制造业	96	39	65
通用仪器仪表制造	44	18	30
专用仪器仪表制造	11	4	6
钟表与计时仪器制造	21	11	14
光学仪器制造	10	5	8
衡器制造	6	1	2
其他仪器仪表制造业	4		5
其他制造业	32	11	18
日用杂品制造	28	11	15
核辐射加工			
其他未列明制造业	4		3
废弃资源综合利用业	6	2	4
金属废料和碎屑加工处理			
非金属废料和碎屑加工处理	6	2	4
金属制品、机械和设备修理业	10	2	2
#金属制品修理	1		
通用设备修理			
专用设备修理	2		
铁路、船舶、航空航天等运输设备修理	7	2	2
电气设备修理			
其他机械和设备修理业			
电力、热力、燃气及水生产和供应业	**36**	**7**	**3**
电力、热力生产和供应业	21	3	1
电力生产	17	2	
电力供应	1	1	
热力生产和供应	3		1
燃气生产和供应业	9	3	2
燃气生产和供应业	9	3	2
生物质燃气生产和供应业			
水的生产和供应业	6	1	
自来水生产和供应	1		
污水处理及其再生利用	5	1	
海水淡化处理			
其他水的处理、利用与分配			

1-B-4　分行业大中型企业基本情况

单位：个

行　　业	有R&D活动的企业	有研发机构的企业	有新产品销售的企业
总　计	**1337**	**608**	**943**
采矿业	**9**	**4**	**2**
煤炭开采和洗选业	2	1	
#烟煤和无烟煤开采洗选	2	1	
石油和天然气开采业			
石油开采			
天然气开采			
黑色金属矿采选业	3		
铁矿采选	3		
锰矿、铬矿采选			
有色金属矿采选业	2	2	1
常用有色金属矿采选			
贵金属矿采选	1	1	
稀有稀土金属矿采选	1	1	1
非金属矿采选业	2	1	1
土砂石开采	2	1	1
化学矿开采			
采盐			
石棉及其他非金属矿采选			
开采专业及辅助性活动			
#石油和天然气开采专业及辅助性活动			
制造业	**1318**	**601**	**940**
农副食品加工业	68	29	48
谷物磨制			
饲料加工	8	5	5
植物油加工	2	1	
制糖业			
屠宰及肉类加工	9	3	6
水产品加工	36	14	26
蔬菜、菌类、水果和坚果加工	11	4	9
其他农副食品加工	2	2	2
食品制造业	62	21	42
焙烤食品制造	13	3	7
糖果、巧克力及蜜饯制造	13	3	14
方便食品制造	9	3	6
乳制品制造	1	1	1
罐头食品制造	14	6	8
调味品、发酵制品制造	3	1	1
其他食品制造	9	4	5
酒、饮料和精制茶制造业	18	10	13
酒的制造	3	1	2
饮料制造	8	3	4
精制茶加工	7	6	7

1-B-4 续表 1

单位：个

行　业	有R&D活动的企业	有研发机构的企业	有新产品销售的企业
烟草制品业	4	1	2
烟叶复烤	2		
卷烟制造	1		1
其他烟草制品制造	1	1	1
纺织业	98	37	65
棉纺织及印染精加工	62	22	40
毛纺织及染整精加工	1		
麻纺织及染整精加工			
丝绢纺织及印染精加工			
化纤织造及印染精加工	5	2	3
针织或钩针编织物及其制品制造	12	7	9
家用纺织制成品制造	5	1	3
产业用纺织制成品制造	13	5	10
纺织服装、服饰业	81	12	30
机织服装制造	59	8	18
针织或钩针编织服装制造	21	4	12
服饰制造	1		
皮革、毛皮、羽毛及其制品和制鞋业	51	31	84
皮革鞣制加工	7	2	7
皮革制品制造	17	7	8
毛皮鞣制及制品加工			
羽毛(绒)加工及制品制造			
制鞋业	27	22	69
木材加工和木、竹、藤、棕、草制品业	15	6	11
木材加工			
人造板制造	8	2	5
木质制品制造	1	1	2
竹、藤、棕、草等制品制造	6	3	4
家具制造业	16	6	10
木质家具制造	9	3	6
竹、藤家具制造			
金属家具制造	5	2	3
塑料家具制造			
其他家具制造	2	1	1
造纸和纸制品业	34	15	19
纸浆制造			
造纸	12	5	7
纸制品制造	22	10	12
印刷和记录媒介复制业	16	8	10
印刷	16	8	10
装订及印刷相关服务			
文教、工美、体育和娱乐用品制造业	76	21	41
文教办公用品制造	2	1	2
乐器制造	1	1	1
工艺美术及礼仪用品制造	48	10	23
体育用品制造	12	5	9
玩具制造	11	3	5
游艺器材及娱乐用品制造	2	1	1
石油、煤炭及其他燃料加工业	3	1	3

1-B-4　续表 2　　　　单位：个

行　　业	有R&D活动的企业	有研发机构的企业	有新产品销售的企业
#精炼石油产品制造	3	1	3
煤炭加工			
化学原料和化学制品制造业	44	25	31
基础化学原料制造	11	7	9
肥料制造	4		1
农药制造			
涂料、油墨、颜料及类似产品制造	8	4	6
合成材料制造	8	3	4
专用化学产品制造	5	3	4
炸药、火工及焰火产品制造	1	1	1
日用化学产品制造	7	7	6
医药制造业	25	15	18
化学药品原料药制造	3	2	3
化学药品制剂制造	5	4	4
中药饮片加工	1	1	1
中成药生产	7	3	4
兽用药品制造	3	1	2
生物药品制品制造	6	4	4
卫生材料及医药用品制造			
药用辅料及包装材料			
化学纤维制造业	24	12	18
纤维素纤维原料及纤维制造	1	1	2
合成纤维制造	23	11	16
生物基材料制造			
橡胶和塑料制品业	59	34	41
橡胶制品业	13	6	9
塑料制品业	46	28	32
非金属矿物制品业	124	44	73
水泥、石灰和石膏制造	12	6	3
石膏、水泥制品及类似制品制造	6	1	3
砖瓦、石材等建筑材料制造	19	8	9
玻璃制造	5	1	3
玻璃制品制造	2	1	2
玻璃纤维和玻璃纤维增强塑料制品制造	1	1	
陶瓷制品制造	77	24	51
耐火材料制品制造	1	1	1
石墨及其他非金属矿物制品制造	1	1	1
黑色金属冶炼和压延加工业	11	5	6
炼铁			
炼钢	1		
钢压延加工	10	5	6
铁合金冶炼			
有色金属冶炼和压延加工业	20	12	13
常用有色金属冶炼	1	1	
贵金属冶炼	2	1	2
稀有稀土金属冶炼	2	1	2
有色金属合金制造	3		
有色金属压延加工	12	9	9
金属制品业	44	17	29

1-B-4 续表 3 单位：个

行　业	有R&D活动的企业	有研发机构的企业	有新产品销售的企业
结构性金属制品制造	9	2	8
金属工具制造	4	1	3
集装箱及金属包装容器制造	5	3	1
金属丝绳及其制品制造			
建筑、安全用金属制品制造	12	6	8
金属表面处理及热处理加工	3	3	2
搪瓷制品制造			
金属制日用品制造	2	1	1
铸造及其他金属制品制造	9	1	6
通用设备制造业	47	24	35
锅炉及原动设备制造	2	1	1
金属加工机械制造	3	2	2
物料搬运设备制造	1	1	1
泵、阀门、压缩机及类似机械制造	15	7	11
轴承、齿轮和传动部件制造	8	4	5
烘炉、风机、包装等设备制造	6	2	4
文化、办公用机械制造	10	6	9
通用零部件制造	2	1	2
其他通用设备制造业			
专用设备制造业	45	27	37
采矿、冶金、建筑专用设备制造	15	9	11
化工、木材、非金属加工专用设备制造	7	3	6
食品、饮料、烟草及饲料生产专用设备制造	1	1	1
印刷、制药、日化及日用品生产专用设备制造	1	1	1
纺织、服装和皮革加工专用设备制造	2	1	1
电子和电工机械专用设备制造	2		1
农、林、牧、渔专用机械制造			
医疗仪器设备及器械制造	12	10	10
环保、邮政、社会公共服务及其他专用设备制造	5	2	6
汽车制造业	52	23	40
汽车整车制造	7	5	7
汽车用发动机制造			
改装汽车制造	2	1	2
低速汽车制造			
电车制造			
汽车车身、挂车制造	2	2	2
汽车零部件及配件制造	41	15	29
铁路、船舶、航空航天和其他运输设备制造业	16	9	16
铁路运输设备制造	1	1	1
城市轨道交通设备制造			
船舶及相关装置制造	8	5	7
航空、航天器及设备制造			
摩托车制造	6	3	8
自行车和残疾人座车制造	1		
助动车制造			
非公路休闲车及零配件制造			
潜水救捞及其他未列明运输设备制造			
电气机械和器材制造业	85	47	66
电机制造	10	5	10
输配电及控制设备制造	24	14	21

1-B-4 续表 4

单位：个

行 业	有R&D活动的企业	有研发机构的企业	有新产品销售的企业
电线、电缆、光缆及电工器材制造	6	2	4
电池制造	16	9	10
家用电力器具制造	13	9	10
非电力家用器具制造			
照明器具制造	14	7	9
其他电气机械及器材制造	2	1	2
计算机、通信和其他电子设备制造业	144	91	118
计算机制造	16	9	14
通信设备制造	12	8	10
广播电视设备制造	5	3	3
雷达及配套设备制造			
非专业视听设备制造	8	6	7
智能消费设备制造	5	2	5
电子器件制造	52	37	46
电子元件及电子专用材料制造	39	22	28
其他电子设备制造	7	4	5
仪器仪表制造业	18	12	14
通用仪器仪表制造	4	2	3
专用仪器仪表制造	2	2	1
钟表与计时仪器制造	7	6	5
光学仪器制造	4	2	4
衡器制造			
其他仪器仪表制造业	1		1
其他制造业	13	5	5
#日用杂品制造	13	5	5
其他未列明制造业			
废弃资源综合利用业			
金属废料和碎屑加工处理			
非金属废料和碎屑加工处理			
金属制品、机械和设备修理业	5	1	2
#铁路、船舶、航空航天等运输设备修理	5	1	2
其他机械和设备修理业			
电力、热力、燃气及水生产和供应业	**10**	**3**	**1**
电力、热力生产和供应业	7	2	
电力生产	6	1	
电力供应	1	1	
热力生产和供应			
燃气生产和供应业	2	1	1
燃气生产和供应业	2	1	1
水的生产和供应业	1		
#自来水生产和供应			
污水处理及其再生利用	1		

1-B-5 分行业内资企业基本情况

单位：个

行　　业	有R&D活动的企业	有研发机构的企业	有新产品销售的企业
总　计	**3314**	**1132**	**2059**
采矿业	**32**	**10**	**5**
煤炭开采和洗选业	5	4	
烟煤和无烟煤开采洗选	5	4	
褐煤开采洗选			
其他煤炭采选			
石油和天然气开采业			
石油开采			
天然气开采			
黑色金属矿采选业	8		
#铁矿采选	8		
锰矿、铬矿采选			
有色金属矿采选业	7	2	1
常用有色金属矿采选	2		
贵金属矿采选	4	1	
稀有稀土金属矿采选	1	1	1
非金属矿采选业	12	4	4
土砂石开采	11	4	4
化学矿开采			
采盐			
石棉及其他非金属矿采选	1		
开采专业及辅助性活动			
#石油和天然气开采专业及辅助性活动			
制造业	**3252**	**1117**	**2051**
农副食品加工业	226	80	130
谷物磨制	10	3	7
饲料加工	44	18	27
植物油加工	7	3	2
制糖业			
屠宰及肉类加工	30	6	20
水产品加工	71	23	40
蔬菜、菌类、水果和坚果加工	52	19	28
其他农副食品加工	12	8	6
食品制造业	156	53	95
焙烤食品制造	24	9	17
糖果、巧克力及蜜饯制造	30	6	21
方便食品制造	26	9	15
乳制品制造	1	1	1
罐头食品制造	25	8	13
调味品、发酵制品制造	12	4	4
其他食品制造	38	16	24
酒、饮料和精制茶制造业	78	32	57
酒的制造	23	4	10
饮料制造	22	4	5
精制茶加工	33	24	42

1-B-5　续表 1　　　　单位：个

行　业	有R&D活动的企业	有研发机构的企业	有新产品销售的企业
烟草制品业	5	1	2
烟叶复烤	2		
卷烟制造	2		1
其他烟草制品制造	1	1	1
纺织业	125	37	90
棉纺织及印染精加工	57	15	38
毛纺织及染整精加工		1	1
麻纺织及染整精加工			
丝绢纺织及印染精加工			
化纤织造及印染精加工	6	2	3
针织或钩针编织物及其制品制造	21	10	21
家用纺织制成品制造	13	3	9
产业用纺织制成品制造	28	6	18
纺织服装、服饰业	77	12	32
机织服装制造	61	7	20
针织或钩针编织服装制造	12	3	9
服饰制造	4	2	3
皮革、毛皮、羽毛及其制品和制鞋业	48	26	71
皮革鞣制加工	8	1	7
皮革制品制造	16	4	5
毛皮鞣制及制品加工			
羽毛(绒)加工及制品制造			
制鞋业	24	21	59
木材加工和木、竹、藤、棕、草制品业	100	22	42
木材加工	8	3	2
人造板制造	39	10	21
木质制品制造	13	3	6
竹、藤、棕、草等制品制造	40	6	13
家具制造业	35	10	24
木质家具制造	15	5	11
竹、藤家具制造	2		1
金属家具制造	12	2	7
塑料家具制造			
其他家具制造	6	3	5
造纸和纸制品业	56	24	26
纸浆制造	1		
造纸	19	7	10
纸制品制造	36	17	16
印刷和记录媒介复制业	35	9	16
印刷	35	9	16
装订及印刷相关服务			
记录媒介复制			
文教、工美、体育和娱乐用品制造业	128	30	72
文教办公用品制造	11	4	3
乐器制造			
工艺美术及礼仪用品制造	90	19	55
体育用品制造	17	5	7
玩具制造	8	1	6
游艺器材及娱乐用品制造	2	1	1
石油、煤炭及其他燃料加工业	11	4	5

1-B-5 续表 2

单位：个

行 业	有R&D活动的企业	有研发机构的企业	有新产品销售的企业
精炼石油产品制造	5	1	4
煤炭加工	2	1	
核燃料加工			
生物质燃料加工	4	2	1
化学原料和化学制品制造业	221	89	124
基础化学原料制造	44	21	22
肥料制造	17	5	5
农药制造	6	2	3
涂料、油墨、颜料及类似产品制造	36	10	29
合成材料制造	37	12	21
专用化学产品制造	56	25	26
炸药、火工及焰火产品制造	1	1	1
日用化学产品制造	24	13	17
医药制造业	82	33	46
化学药品原料药制造	18	7	10
化学药品制剂制造	14	7	8
中药饮片加工	8	3	4
中成药生产	11	3	5
兽用药品制造	6	3	3
生物药品制品制造	20	9	13
卫生材料及医药用品制造	1		
药用辅料及包装材料	4	1	3
化学纤维制造业	30	11	22
纤维素纤维原料及纤维制造	2	2	3
合成纤维制造	28	9	19
生物基材料制造			
橡胶和塑料制品业	175	59	108
橡胶制品业	23	8	12
塑料制品业	152	51	96
非金属矿物制品业	310	79	159
水泥、石灰和石膏制造	25	9	10
石膏、水泥制品及类似制品制造	53	12	24
砖瓦、石材等建筑材料制造	46	14	19
玻璃制造	7	1	3
玻璃制品制造	11	2	4
玻璃纤维和玻璃纤维增强塑料制品制造	4	1	2
陶瓷制品制造	144	35	89
耐火材料制品制造	3		2
石墨及其他非金属矿物制品制造	17	5	6
黑色金属冶炼和压延加工业	17	6	10
炼铁			
炼钢			
钢压延加工	15	6	10
铁合金冶炼	2		
有色金属冶炼和压延加工业	38	16	27
常用有色金属冶炼	3	1	1
贵金属冶炼	4	2	3
稀有稀土金属冶炼	4	1	2
有色金属合金制造	10	3	8
有色金属压延加工	17	9	13
金属制品业	160	46	89

1-B-5　续表 3

单位：个

行　业	有R&D活动的企业	有研发机构的企业	有新产品销售的企业
结构性金属制品制造	41	12	25
金属工具制造	16	4	11
集装箱及金属包装容器制造	9	3	5
金属丝绳及其制品制造	2		2
建筑、安全用金属制品制造	32	11	16
金属表面处理及热处理加工	9	3	5
搪瓷制品制造	1		
金属制日用品制造	7	3	4
铸造及其他金属制品制造	43	10	21
通用设备制造业	170	48	119
锅炉及原动设备制造	5	2	2
金属加工机械制造	20	8	9
物料搬运设备制造	12	2	8
泵、阀门、压缩机及类似机械制造	47	10	35
轴承、齿轮和传动部件制造	13	6	8
烘炉、风机、包装等设备制造	26	7	20
文化、办公用机械制造	14	5	12
通用零部件制造	18	6	14
其他通用设备制造业	15	2	11
专用设备制造业	209	72	146
采矿、冶金、建筑专用设备制造	42	15	32
化工、木材、非金属加工专用设备制造	31	16	29
食品、饮料、烟草及饲料生产专用设备制造	10	3	6
印刷、制药、日化及日用品生产专用设备制造	9	3	7
纺织、服装和皮革加工专用设备制造	21	4	10
电子和电工机械专用设备制造	12	3	9
农、林、牧、渔专用机械制造	11	2	10
医疗仪器设备及器械制造	21	12	12
环保、邮政、社会公共服务及其他专用设备制造	52	14	31
汽车制造业	93	37	61
汽车整车制造	4	2	3
汽车用发动机制造			
改装汽车制造	6	4	6
低速汽车制造			
电车制造	1		
汽车车身、挂车制造	7	2	4
汽车零部件及配件制造	75	29	48
铁路、船舶、航空航天和其他运输设备制造业	30	15	23
铁路运输设备制造			
城市轨道交通设备制造			
船舶及相关装置制造	15	6	10
航空、航天器及设备制造			
摩托车制造	12	7	11
自行车和残疾人座车制造	2	1	1
助动车制造			
非公路休闲车及零配件制造			
潜水救捞及其他未列明运输设备制造	1	1	1
电气机械和器材制造业	236	98	175
电机制造	30	13	32
输配电及控制设备制造	92	39	72
电线、电缆、光缆及电工器材制造	16	7	8

1-B-5 续表 4

单位：个

行　业	有R&D活动的企业	有研发机构的企业	有新产品销售的企业
电池制造	23	10	12
家用电力器具制造	23	14	19
非电力家用器具制造	3	2	1
照明器具制造	41	9	27
其他电气机械及器材制造	8	4	4
计算机、通信和其他电子设备制造业	301	134	217
计算机制造	19	7	15
通信设备制造	49	18	33
广播电视设备制造	11	4	8
雷达及配套设备制造	1		1
非专业视听设备制造	11	7	8
智能消费设备制造	7	3	8
电子器件制造	97	53	71
电子元件及电子专用材料制造	84	36	57
其他电子设备制造	22	6	16
仪器仪表制造业	74	25	49
通用仪器仪表制造	37	13	24
专用仪器仪表制造	8	2	4
钟表与计时仪器制造	14	6	10
光学仪器制造	7	3	6
衡器制造	6	1	2
其他仪器仪表制造业	2		3
其他制造业	13	6	9
日用杂品制造	9	6	6
核辐射加工			
其他未列明制造业	4		3
废弃资源综合利用业	6	2	4
金属废料和碎屑加工处理			
非金属废料和碎屑加工处理	6	2	4
金属制品、机械和设备修理业	7	1	1
#金属制品修理	1		
通用设备修理			
专用设备修理	2		
铁路、船舶、航空航天等运输设备修理	4	1	1
电气设备修理			
其他机械和设备修理业			
电力、热力、燃气及水生产和供应业	**30**	**5**	**3**
电力、热力生产和供应业	19	2	1
电力生产	15	1	
电力供应	1	1	
热力生产和供应	3		1
燃气生产和供应业	6	2	2
燃气生产和供应业	6	2	2
生物质燃气生产和供应业			
水的生产和供应业	5	1	
自来水生产和供应	1		
污水处理及其再生利用	4	1	
海水淡化处理			
其他水的处理、利用与分配			

1-B-6　分行业港澳台商投资企业基本情况

单位：个

行　业	有R&D活动的企业	有研发机构的企业	有新产品销售的企业
总　计	**635**	**230**	**407**
采矿业			
有色金属矿采选业			
常用有色金属矿采选			
非金属矿采选业			
土砂石开采			
制造业	**631**	**229**	**407**
农副食品加工业	23	7	17
#谷物磨制			
饲料加工	1	1	1
植物油加工	1	1	
屠宰及肉类加工	2	1	2
水产品加工	13	3	9
蔬菜、菌类、水果和坚果加工	5	1	4
其他农副食品加工	1		1
食品制造业	26	5	11
焙烤食品制造	7	1	1
糖果、巧克力及蜜饯制造	6	1	4
方便食品制造	3		4
乳制品制造			
罐头食品制造	4	2	1
调味品、发酵制品制造	2		
其他食品制造	4	1	1
酒、饮料和精制茶制造业	6	3	4
酒的制造			
饮料制造	4	1	2
精制茶加工	2	2	2
纺织业	51	18	35
棉纺织及印染精加工	27	11	17
毛纺织及染整精加工	1		
麻纺织及染整精加工			
丝绢纺织及印染精加工			
化纤织造及印染精加工	4	1	4
针织或钩针编织物及其制品制造	6	3	4
家用纺织制成品制造			
产业用纺织制成品制造	13	3	10
纺织服装、服饰业	56	9	21

1-B-6 续表 1

单位：个

行业	有R&D活动的企业	有研发机构的企业	有新产品销售的企业
机织服装制造	40	6	11
针织或钩针编织服装制造	15	3	10
服饰制造	1		
皮革、毛皮、羽毛及其制品和制鞋业	26	11	28
#皮革鞣制加工	4		3
皮革制品制造	10	5	5
制鞋业	12	6	20
木材加工和木、竹、藤、棕、草制品业	4	1	4
#木材加工			
人造板制造	2		2
木质制品制造	1	1	2
家具制造业	5	2	5
#木质家具制造	3	1	4
金属家具制造	2	1	1
其他家具制造			
造纸和纸制品业	24	9	13
#造纸	6	3	4
纸制品制造	18	6	9
印刷和记录媒介复制业	9	4	5
#印刷	9	4	5
文教、工美、体育和娱乐用品制造业	46	6	27
文教办公用品制造	2	1	2
乐器制造	1		
工艺美术及礼仪用品制造	17	1	8
体育用品制造	14	2	11
玩具制造	11	2	6
游艺器材及娱乐用品制造	1		
石油、煤炭及其他燃料加工业	1	1	1
精炼石油产品制造	1	1	1
煤炭加工			
化学原料和化学制品制造业	28	11	15
#基础化学原料制造	4	1	2
肥料制造	2		1
农药制造			
涂料、油墨、颜料及类似产品制造	6	2	3
合成材料制造	5	2	2
专用化学产品制造	3	2	2
日用化学产品制造	8	4	5
医药制造业	15	10	13

1-B-6　续表 2

单位：个

行　　业	有R&D活动的企业	有研发机构的企业	有新产品销售的企业
化学药品原料药制造	1	1	1
化学药品制剂制造	2	1	2
中药饮片加工			
中成药生产	5	4	3
兽用药品制造	1		1
生物药品制品制造	5	4	5
卫生材料及医药用品制造			
药用辅料及包装材料	1		1
化学纤维制造业	13	4	7
纤维素纤维原料及纤维制造	4		2
合成纤维制造	9	4	5
橡胶和塑料制品业	31	11	23
橡胶制品业	1	1	1
塑料制品业	30	10	22
非金属矿物制品业	23	7	8
水泥、石灰和石膏制造	1		
石膏、水泥制品及类似制品制造	3	1	1
砖瓦、石材等建筑材料制造	5	1	2
玻璃制造	3		1
玻璃制品制造	1	1	1
玻璃纤维和玻璃纤维增强塑料制品制造			
陶瓷制品制造	10	4	3
耐火材料制品制造			
石墨及其他非金属矿物制品制造			
黑色金属冶炼和压延加工业	2		
#钢压延加工	2		
铁合金冶炼			
有色金属冶炼和压延加工业	4	2	4
#常用有色金属冶炼			
有色金属合金制造			
有色金属压延加工	4	2	4
金属制品业	19	5	13
结构性金属制品制造	3		2
金属工具制造	3	1	2
集装箱及金属包装容器制造	2		1
金属丝绳及其制品制造			
建筑、安全用金属制品制造	5	3	4
金属表面处理及热处理加工	1		

1-B-6 续表 3

单位：个

行　业	有R&D活动的企业	有研发机构的企业	有新产品销售的企业
搪瓷制品制造			
金属制日用品制造	1	1	
铸造及其他金属制品制造	4		4
通用设备制造业	31	21	20
锅炉及原动设备制造	2		1
金属加工机械制造	4	4	2
物料搬运设备制造			
泵、阀门、压缩机及类似机械制造	4	2	3
轴承、齿轮和传动部件制造	6	4	3
烘炉、风机、包装等设备制造	2	1	2
文化、办公用机械制造	7	7	4
通用零部件制造	4	2	3
其他通用设备制造业	2	1	2
专用设备制造业	34	16	23
采矿、冶金、建筑专用设备制造	2	1	1
化工、木材、非金属加工专用设备制造	6	4	7
食品、饮料、烟草及饲料生产专用设备制造	1	1	
印刷、制药、日化及日用品生产专用设备制造	2	1	1
纺织、服装和皮革加工专用设备制造	10	3	6
电子和电工机械专用设备制造	5	1	4
农、林、牧、渔专用机械制造	1		
医疗仪器设备及器械制造	5	4	4
环保、邮政、社会公共服务及其他专用设备制造	2	1	
汽车制造业	32	9	21
#汽车整车制造	3	2	3
改装汽车制造			
汽车车身、挂车制造			
汽车零部件及配件制造	29	7	18
铁路、船舶、航空航天和其他运输设备制造业	3	2	3
#铁路运输设备制造	1	1	1
船舶及相关装置制造			
航空、航天器及设备制造			
摩托车制造	2	1	2
自行车和残疾人座车制造			
助动车制造			
电气机械和器材制造业	38	18	35
电机制造	3	1	3
输配电及控制设备制造	10	6	11

1-B-6　续表 4　　　　单位：个

行　　业	有R&D活动的企业	有研发机构的企业	有新产品销售的企业
电线、电缆、光缆及电工器材制造	3	1	3
电池制造	7	5	6
家用电力器具制造	4	3	4
非电力家用器具制造	2		1
照明器具制造	8	2	6
其他电气机械及器材制造	1		1
计算机、通信和其他电子设备制造业	51	23	34
#计算机制造	5	1	5
通信设备制造	4	1	2
广播电视设备制造	2	2	1
非专业视听设备制造	5	2	4
智能消费设备制造	1		1
电子器件制造	16	8	14
电子元件及电子专用材料制造	15	8	5
其他电子设备制造	3	1	2
仪器仪表制造业	12	8	8
#通用仪器仪表制造	4	3	3
专用仪器仪表制造	1		1
钟表与计时仪器制造	7	5	4
光学仪器制造			
其他仪器仪表制造业			
其他制造业	15	5	8
日用杂品制造	15	5	8
其他未列明制造业			
废弃资源综合利用业			
金属废料和碎屑加工处理			
非金属废料和碎屑加工处理			
金属制品、机械和设备修理业	3	1	1
#铁路、船舶、航空航天等运输设备修理	3	1	1
电力、热力、燃气及水生产和供应业	**4**	**1**	
电力、热力生产和供应业	2	1	
电力生产	2	1	
热力生产和供应			
燃气生产和供应业	1		
燃气生产和供应业	1		
水的生产和供应业	1		
#自来水生产和供应			
污水处理及其再生利用	1		

1-B-7 分行业外商投资企业基本情况

单位：个

行　业	有R&D活动的企业	有研发机构的企业	有新产品销售的企业
总　计	**343**	**155**	**247**
采矿业			
黑色金属矿采选业			
有色金属矿采选业			
#常用有色金属矿采选			
非金属矿采选业			
#土砂石开采			
制造业	**341**	**154**	**247**
农副食品加工业	20	9	11
谷物磨制	2		1
饲料加工	6	4	3
植物油加工			
屠宰及肉类加工	1	1	1
水产品加工	7	2	3
蔬菜、菌类、水果和坚果加工	4	2	3
其他农副食品加工			
食品制造业	11	3	9
焙烤食品制造	1		1
糖果、巧克力及蜜饯制造	3	1	2
方便食品制造	1		
乳制品制造			
罐头食品制造	1	1	1
调味品、发酵制品制造	1		
其他食品制造	4	1	5
酒、饮料和精制茶制造业	6	4	4
#酒的制造	3	1	2
饮料制造	3	3	2
纺织业	12	2	6
#棉纺织及印染精加工	10	2	4
毛纺织及染整精加工			
丝绢纺织及印染精加工			
化纤织造及印染精加工			
针织或钩针编织物及其制品制造			
家用纺织制成品制造	1		1
产业用纺织制成品制造	1		1
纺织服装、服饰业	9	2	3
机织服装制造	4	1	1
针织或钩针编织服装制造	5	1	2
服饰制造			

1-B-7　续表 1　　单位：个

行　　业	有R&D活动的企业	有研发机构的企业	有新产品销售的企业
皮革、毛皮、羽毛及其制品和制鞋业	8	7	15
#皮革鞣制加工	2	1	2
皮革制品制造	4		
羽毛(绒)加工及制品制造			
制鞋业	2	6	13
木材加工和木、竹、藤、棕、草制品业	1		1
#人造板制造			
木质制品制造	1		1
家具制造业	4		1
木质家具制造	2		
金属家具制造	1		1
塑料家具制造			
其他家具制造	1		
造纸和纸制品业	4	2	3
#造纸	2	1	2
纸制品制造	2	1	1
印刷和记录媒介复制业			
#印刷			
文教、工美、体育和娱乐用品制造业	21	8	14
文教办公用品制造	1		
乐器制造	1	1	1
工艺美术及礼仪用品制造	11	3	7
体育用品制造	6	3	6
玩具制造	1	1	
游艺器材及娱乐用品制造	1		
石油、煤炭及其他燃料加工业	2		1
精炼石油产品制造	2		1
煤炭加工			
化学原料和化学制品制造业	15	9	9
基础化学原料制造	2	2	1
肥料制造	1		
农药制造			
涂料、油墨、颜料及类似产品制造	2		2
合成材料制造	4	3	3
专用化学产品制造	5	3	2
日用化学产品制造	1	1	1
医药制造业	6	3	5
化学药品原料药制造	1		
化学药品制剂制造	1	1	1

1-B-7 续表 2

单位：个

行　业	有R&D活动的企业	有研发机构的企业	有新产品销售的企业
中药饮片加工			
中成药生产	1	1	1
兽用药品制造	1	1	1
生物药品制品制造	2		2
卫生材料及医药用品制造			
药用辅料及包装材料			
化学纤维制造业			
#纤维素纤维原料及纤维制造			
合成纤维制造			
橡胶和塑料制品业	19	10	16
橡胶制品业	9	4	7
塑料制品业	10	6	9
非金属矿物制品业	8	4	6
水泥、石灰和石膏制造			
石膏、水泥制品及类似制品制造	1		
砖瓦、石材等建筑材料制造	1		1
玻璃制造			
玻璃制品制造	1	1	1
玻璃纤维和玻璃纤维增强塑料制品制造			
陶瓷制品制造	4	2	3
耐火材料制品制造	1	1	1
石墨及其他非金属矿物制品制造			
黑色金属冶炼和压延加工业	1		
#炼钢	1		
钢压延加工			
铁合金冶炼			
有色金属冶炼和压延加工业	6	2	4
常用有色金属冶炼			
贵金属冶炼			
稀有稀土金属冶炼	1		1
有色金属合金制造	3	1	1
有色金属压延加工	2	1	2
金属制品业	13	10	11
#结构性金属制品制造	2	2	2
金属工具制造	1	1	1
集装箱及金属包装容器制造	3	1	2
金属丝绳及其制品制造			
建筑、安全用金属制品制造	5	5	5
金属表面处理及热处理加工	1		
金属制日用品制造	1	1	1
铸造及其他金属制品制造			

1-B-7　续表 3　　　　　　　　　　　　　　　　　　　　　　单位：个

行　　业	有R&D活动的企业	有研发机构的企业	有新产品销售的企业
通用设备制造业	22	14	16
锅炉及原动设备制造			
金属加工机械制造	4	3	3
物料搬运设备制造	1	1	1
泵、阀门、压缩机及类似机械制造	6	5	4
轴承、齿轮和传动部件制造	2	1	2
烘炉、风机、包装等设备制造	2		1
文化、办公用机械制造	5	3	4
通用零部件制造	2	1	1
其他通用设备制造业			
专用设备制造业	26	12	18
采矿、冶金、建筑专用设备制造	8	2	3
化工、木材、非金属加工专用设备制造	1		1
食品、饮料、烟草及饲料生产专用设备制造			
印刷、制药、日化及日用品生产专用设备制造	1		1
纺织、服装和皮革加工专用设备制造	2	1	1
电子和电工机械专用设备制造			
农、林、牧、渔专用机械制造			
医疗仪器设备及器械制造	11	8	9
环保、邮政、社会公共服务及其他专用设备制造	3	1	3
汽车制造业	37	12	28
#汽车整车制造	4	2	4
汽车用发动机制造			
改装汽车制造			
汽车车身、挂车制造			
汽车零部件及配件制造	33	10	24
铁路、船舶、航空航天和其他运输设备制造业	7		4
铁路运输设备制造			
城市轨道交通设备制造			
船舶及相关装置制造			
航空、航天器及设备制造			
摩托车制造	4		3
自行车和残疾人座车制造	3		1
助动车制造			
非公路休闲车及零配件制造			
潜水救捞及其他未列明运输设备制造			
电气机械和器材制造业	28	12	17
电机制造	3	1	2

1-B-7 续表 4

单位：个

行业	有R&D活动的企业	有研发机构的企业	有新产品销售的企业
输配电及控制设备制造	9	6	7
电线、电缆、光缆及电工器材制造	2		
电池制造	2		
家用电力器具制造	2		
非电力家用器具制造			
照明器具制造	9	5	7
其他电气机械及器材制造	1		1
计算机、通信和其他电子设备制造业	41	23	36
#计算机制造	4	3	4
通信设备制造	3	1	3
广播电视设备制造	1	1	
非专业视听设备制造	2	2	2
智能消费设备制造	1	1	1
电子器件制造	18	10	16
电子元件及电子专用材料制造	10	5	8
其他电子设备制造	2		2
仪器仪表制造业	10	6	8
通用仪器仪表制造	3	2	3
专用仪器仪表制造	2	2	1
钟表与计时仪器制造			
光学仪器制造	3	2	2
衡器制造			
其他仪器仪表制造业	2		2
其他制造业	4		1
日用杂品制造	4		1
其他未列明制造业			
废弃资源综合利用业			
金属废料和碎屑加工处理			
非金属废料和碎屑加工处理			
金属制品、机械和设备修理业			
#铁路、船舶、航空航天等运输设备修理			
电力、热力、燃气及水生产和供应业	**2**	**1**	
电力、热力生产和供应业			
#电力生产			
燃气生产和供应业	2	1	
燃气生产和供应业	2	1	
水的生产和供应业			
#自来水生产和供应			
污水处理及其再生利用			

1-B-8　各地区企业基本情况

单位：个

地　　区	有R&D活动的企业	有研发机构的企业	有新产品销售的企业
全　省	**4292**	**1517**	**2713**
福州市	**685**	**204**	**436**
鼓楼区	52	10	46
台江区	6	1	6
仓山区	107	43	57
马尾区	58	17	39
晋安区	46	7	28
长乐区	60	33	45
闽侯县	124	22	78
连江县	58	13	26
罗源县	14	8	9
闽清县	39	4	15
永泰县	6	2	8
平潭县	1		1
福清市	114	44	78
厦门市	**833**	**430**	**621**
思明区	23	15	23
海沧区	119	71	81
湖里区	48	22	43
集美区	176	90	133
同安区	223	114	166
翔安区	20	16	20
火炬高新区	224	102	155
莆田市	**168**	**87**	**149**
城厢区	44	22	40
涵江区	59	42	47
荔城区	27	9	39
秀屿区	19	5	8
仙游县	18	9	14
北　岸	1		1
三明市	**234**	**79**	**129**
梅列区	10	3	4
三元区	16	9	10
明溪县	11	5	5
清流县	8	4	4
宁化县	6	3	9
大田县	31	7	5
尤溪县	23	7	11
沙　县	31	14	20
将乐县	18	4	15
泰宁县	24	7	9
建宁县	16	6	10
永安市	40	10	27
泉州市	**972**	**272**	**539**
鲤城区	55	9	29
丰泽区	25	14	19
洛江区	37	7	23
泉港区	41	11	23
惠安县	78	31	23
安溪县	23	10	14
永春县	33	8	11

1-B-8 续表

地　　区	有R&D活动的企业	有研发机构的企业	有新产品销售的企业
德化县	101	24	46
台商投资区	49	21	17
泉州开发区	20	5	13
石狮市	160	18	42
晋江市	200	70	186
南安市	150	44	93
漳州市	**636**	**183**	**401**
芗城区	60	24	59
龙文区	53	17	40
漳州台商投资区	46	11	22
招商局漳州开发区	7	1	2
云霄县	38	36	20
漳浦县	107	5	88
诏安县	71	10	18
长泰县	76	20	44
东山县	16	5	11
南靖县	52	20	34
平和县	22	6	10
华安县	27	7	16
常山华侨经济开发区	12	3	6
龙海市	49	18	31
南平市	**287**	**86**	**144**
延平区	24	11	19
建阳区	41	21	21
顺昌县	15	9	10
浦城县	32	6	15
光泽县	12	2	6
松溪县	18	4	11
政和县	16	2	7
邵武市	40	12	21
武夷山市	26	7	15
建瓯市	63	12	19
龙岩市	**384**	**133**	**194**
新罗区	157	48	73
永定区	39	15	17
长汀县	32	5	23
上杭县	36	13	16
武平县	40	16	20
连城县	45	21	23
漳平市	35	15	22
宁德市	**93**	**43**	**100**
蕉城区	7	3	9
霞浦县	4		5
古田县	7	1	2
屏南县	4	1	3
寿宁县	11	4	11
周宁县	4	2	4
柘荣县	4	4	6
东侨开发区	5	5	9
福安市	18	8	25
福鼎市	29	15	26

1-B-9 各地区大中型企业基本情况

单位：个

地 区	有R&D活动的企业	有研发机构的企业	有新产品销售的企业
全 省	**1337**	**608**	**943**
福州市	**247**	**106**	**171**
鼓楼区	7	5	6
台江区			
仓山区	42	21	31
马尾区	23	10	18
晋安区	18	6	10
长乐区	38	22	25
闽侯县	44	11	28
连江县	12	5	7
罗源县	5	4	4
闽清县	8	3	7
永泰县	2	2	3
平潭县			
福清市	48	17	32
厦门市	**264**	**176**	**214**
思明区	11	8	11
海沧区	57	37	39
湖里区	17	10	13
集美区	56	40	44
同安区	54	40	45
翔安区	4	5	9
火炬高新区	65	36	53
莆田市	**48**	**32**	**60**
城厢区	9	6	12
涵江区	15	13	13
荔城区	13	6	24
秀屿区	4	2	3
仙游县	6	5	7
北 岸	1		1
三明市	**41**	**23**	**30**
梅列区	3	2	1
三元区	4	2	2
明溪县	2	2	2
清流县	1		1
宁化县	3	2	3
大田县	1		
尤溪县	4	1	3
沙 县	4	4	3
将乐县	2	1	2
建宁县	2	1	2
永安市	15	8	11
泉州市	**413**	**146**	**252**
鲤城区	14	5	9
丰泽区	12	7	8
洛江区	10	3	8
泉港区	13	6	12
惠安县	28	16	9
安溪县	13	5	9

1-B-9 续表

地　　区	有R&D活动的企业	有研发机构的企业	有新产品销售的企业
永春县	21	8	6
德化县	50	13	24
台商投资区	15	10	10
泉州开发区	7	1	4
石狮市	69	11	16
晋江市	100	41	93
南安市	61	20	44
漳州市	**180**	**59**	**119**
芗城区	20	6	16
龙文区	11	5	10
漳州台商投资区	21	6	10
招商局漳州开发区	2		
云霄县	13	11	9
漳浦县	21	4	16
诏安县	19	1	7
长泰县	20	8	15
东山县	9	4	6
南靖县	11	4	7
平和县	6	1	5
华安县	10	2	6
常山华侨经济开发区	1		
龙海市	16	7	12
南平市	**50**	**25**	**28**
延平区	10	5	8
建阳区	7	6	2
顺昌县	5	3	4
浦城县	7	2	2
光泽县	2	1	1
松溪县	1	1	1
政和县			
邵武市	14	4	7
武夷山市	2	2	2
建瓯市	2	1	1
龙岩市	**71**	**29**	**41**
新罗区	24	11	15
永定区	5	2	1
长汀县	10	2	6
上杭县	5	2	2
武平县	8	2	4
连城县	11	5	8
漳平市	8	5	5
宁德市	**23**	**12**	**28**
蕉城区	4	3	4
霞浦县	1		2
古田县			
屏南县	1		1
寿宁县	1	1	1
柘荣县	1	1	1
东侨开发区	1	1	2
福安市	5	3	6
福鼎市	9	3	11

1-B-10 各地区内资企业基本情况

单位：个

地 区	有R&D活动的企业	有研发机构的企业	有新产品销售的企业
全 省	**3314**	**1132**	**2059**
福州市	**510**	**141**	**316**
鼓楼区	44	8	38
台江区	6	1	6
仓山区	73	28	30
马尾区	40	13	30
晋安区	31	3	17
长乐区	50	27	39
闽侯县	83	10	53
连江县	47	10	19
罗源县	11	6	8
闽清县	35	4	13
永泰县	6	2	8
平潭县	1		1
福清市	83	29	54
厦门市	**583**	**290**	**430**
思明区	13	9	14
海沧区	69	39	46
湖里区	28	13	26
集美区	116	60	89
同安区	174	83	124
翔安区	15	11	13
火炬高新区	168	75	118
莆田市	**129**	**63**	**110**
城厢区	38	20	33
涵江区	36	23	26
荔城区	23	8	32
秀屿区	16	4	6
仙游县	16	8	13
三明市	**222**	**76**	**122**
梅列区	10	3	4
三元区	16	9	10
明溪县	11	5	5
清流县	6	4	3
宁化县	6	3	9
大田县	29	5	5
尤溪县	22	7	10
沙 县	29	14	19
将乐县	17	4	14
泰宁县	24	7	9
建宁县	14	5	8
永安市	38	10	26
泉州市	**692**	**187**	**388**
鲤城区	46	7	23
丰泽区	18	9	16
洛江区	30	5	18
泉港区	37	10	20
惠安县	58	21	17
安溪县	21	9	13

1-B-10 续表

地　　区	有R&D活动的企业	有研发机构的企业	有新产品销售的企业
永春县	24	4	8
德化县	96	22	43
台商投资区	29	11	8
泉州开发区	16	5	9
石狮市	76	7	18
晋江市	110	38	118
南安市	131	39	77
漳州市	**476**	**141**	**300**
芗城区	53	21	52
龙文区	36	13	28
漳州台商投资区	23	4	10
招商局漳州开发区	3	1	1
云霄县	32	30	17
漳浦县	58	1	48
诏安县	57	9	14
长泰县	62	15	37
东山县	13	3	10
南靖县	41	14	25
平和县	21	5	9
华安县	25	7	16
常山华侨经济开发区	8	3	5
龙海市	44	15	28
南平市	**270**	**79**	**132**
延平区	20	9	16
建阳区	40	21	20
顺昌县	11	7	8
浦城县	29	5	13
光泽县	11	2	6
松溪县	18	4	11
政和县	16	2	7
邵武市	39	11	19
武夷山市	24	6	13
建瓯市	62	12	19
龙岩市	**347**	**118**	**168**
新罗区	139	39	63
永定区	37	15	16
长汀县	28	5	20
上杭县	32	12	14
武平县	39	15	19
连城县	44	21	22
漳平市	28	11	14
宁德市	**85**	**37**	**93**
蕉城区	6	2	8
霞浦县	4		5
古田县	6	1	2
屏南县	3	1	2
寿宁县	10	3	10
周宁县	4	2	4
柘荣县	4	4	6
东侨开发区	4	4	8
福安市	17	7	24
福鼎市	27	13	24

1-B-11　各地区港澳台商投资企业基本情况

单位：个

地　区	有R&D活动的企业	有研发机构的企业	有新产品销售的企业
全　省	**635**	**230**	**407**
福州市	**90**	**35**	**66**
鼓楼区	3	2	3
台江区			
仓山区	18	7	13
马尾区	11	2	6
晋安区	7	1	4
长乐区	7	4	4
闽侯县	13	5	9
连江县	5	2	4
罗源县	1	1	1
闽清县	2		1
永泰县			
平潭县			
福清市	23	11	21
厦门市	**136**	**71**	**102**
思明区	7	3	6
海沧区	32	17	24
湖里区	12	6	8
集美区	24	11	17
同安区	31	16	25
翔安区	1	1	1
火炬高新区	29	17	21
莆田市	**30**	**17**	**26**
城厢区	5	1	5
涵江区	19	15	16
荔城区	3		4
秀屿区	1		
仙游县	1	1	
北　岸	1		1
三明市	**7**	**1**	**3**
梅列区			
三元区			
明溪县			
清流县	2		1
宁化县			
大田县	1	1	
尤溪县	1		1
沙　县	1		
将乐县			
泰宁县			
建宁县	1		1
永安市	1		
泉州市	**225**	**68**	**116**
鲤城区	9	1	4
丰泽区	6	5	3
洛江区	5	1	3
泉港区	2		2
惠安县	16	6	3
安溪县	2	1	1

1-B-11 续表

地　　区	有R&D活动的企业	有研发机构的企业	有新产品销售的企业
永春县	5	3	2
德化县	3	1	1
台商投资区	15	8	7
泉州开发区	4		4
石狮市	67	10	18
晋江市	77	28	56
南安市	14	4	12
漳州市	**114**	**26**	**69**
芗城区	6	2	6
龙文区	9	2	7
漳州台商投资区	18	4	9
招商局漳州开发区	2		
云霄县	4	4	1
漳浦县	32	1	25
诏安县	11	1	4
长泰县	14	5	7
东山县	1	1	1
南靖县	7	2	4
平和县	1	1	1
华安县	1		
常山华侨经济开发区	3		1
龙海市	5	3	3
南平市	**10**	**3**	**8**
延平区	2	1	2
建阳区	1		1
顺昌县	3	1	1
浦城县	1		1
光泽县	1		
松溪县			
政和县			
邵武市			1
武夷山市	2	1	2
建瓯市			
龙岩市	**19**	**6**	**13**
新罗区	6	2	1
永定区	1		
长汀县	4		3
上杭县	2		2
武平县			
连城县			
漳平市	6	4	7
宁德市	**4**	**3**	**4**
蕉城区	1	1	1
霞浦县			
古田县			
屏南县	1		1
寿宁县			
柘荣县			
东侨开发区			
福安市	1	1	1
福鼎市	1	1	1

1-B-12　各地区外商投资企业基本情况

单位：个

地　区	有R&D活动的企业	有研发机构的企业	有新产品销售的企业
全　省	**343**	**155**	**247**
福州市	**85**	**28**	**54**
鼓楼区	5		5
仓山区	16	8	14
马尾区	7	2	3
晋安区	8	3	7
长乐区	3	2	2
闽侯县	28	7	16
连江县	6	1	3
罗源县	2	1	
闽清县	2		1
永泰县			
平潭县			
福清市	8	4	3
厦门市	**114**	**69**	**89**
思明区	3	3	3
海沧区	18	15	11
湖里区	8	3	9
集美区	36	19	27
同安区	18	15	17
翔安区	4	4	6
火炬高新区	27	10	16
莆田市	**9**	**7**	**13**
城厢区	1	1	2
涵江区	4	4	5
荔城区	1	1	3
秀屿区	2	1	2
仙游县	1		1
北　岸			
三明市	**5**	**2**	**4**
梅列区			
三元区			
明溪县			
宁化县			
大田县	1	1	
尤溪县			
沙　县	1		1
将乐县	1		1
建宁县	1	1	1
永安市	1		1
泉州市	**55**	**17**	**35**
鲤城区		1	2
丰泽区	1		
洛江区	2	1	2
泉港区	2	1	1
惠安县	4	4	3

1-B-12 续表

地　　区	有R&D活动的企业	有研发机构的企业	有新产品销售的企业
安溪县			
永春县	4	1	1
德化县	2	1	2
台商投资区	5	2	2
泉州开发区			
石狮市	17	1	6
晋江市	13	4	12
南安市	5	1	4
漳州市	**46**	**16**	**32**
芗城区	1	1	1
龙文区	8	2	5
漳州台商投资区	5	3	3
招商局漳州开发区	2		1
云霄县	2	2	2
漳浦县	17	3	15
诏安县	3		
长泰县			
东山县	2	1	
南靖县	4	4	5
平和县			
华安县	1		
常山华侨经济开发区	1		
龙海市			
南平市	**7**	**4**	**4**
延平区	2	1	1
建阳区			
顺昌县	1	1	1
浦城县	2	1	1
光泽县			
松溪县			
邵武市	1	1	1
武夷山市			
建瓯市	1		
龙岩市	**18**	**9**	**13**
新罗区	12	7	9
永定区	1		1
长汀县			
上杭县	2	1	
武平县	1	1	1
连城县	1		1
漳平市	1		1
宁德市	**4**	**3**	**3**
古田县	1		
屏南县			
寿宁县	1	1	1
东侨开发区	1	1	1
福安市			
福鼎市	1	1	1

C. 企业R&D人员情况

1-C-1　分登记注册类型企业R&D人员情况

登记注册类型	R&D人员合计(人)	#女性	#研究人员	#全时人员	R&D人员折合全时当量(人年)
总　计	**172832**	**39758**	**50629**	**134857**	**120723**
内资企业	**112822**	**25038**	**33645**	**87115**	**77591**
国有企业	59	9	17	54	41
集体企业	22	6	6	15	8
股份合作企业	54	10	13	47	45
联营企业	2	1		2	1
集体联营企业	2	1		2	1
有限责任公司	34382	7364	10872	25994	23969
国有独资公司	1933	284	712	338	603
其他有限责任公司	32449	7080	10160	25656	23366
股份有限公司	17645	3732	6398	13914	12793
私营企业	60658	13916	16339	47089	40733
私营独资企业	252	72	69	177	174
私营合伙企业	32	7	11	27	5
私营有限责任公司	49743	11769	12630	38296	34005
私营股份有限公司	10631	2068	3629	8589	6549
其他企业					
港、澳、台商投资企业	**35115**	**9149**	**9095**	**27961**	**24484**
合资经营企业	9423	2006	2549	7513	7052
合作经营企业	15	4	6	14	9
港、澳、台商独资经营企业	22785	6321	5840	18068	15197
港、澳、台商投资股份有限公司	2482	747	663	2143	1990
其他港、澳、台投资企业	410	71	37	223	236
外商投资企业	**24895**	**5571**	**7889**	**19781**	**18648**
中外合资经营企业	10544	1792	4008	8135	8063
中外合作经营企业	528	116	207	461	177
外资企业	12366	3321	3189	9967	9385
外商投资股份有限公司	1368	293	448	1176	977
其他外商投资企业	89	49	37	42	47

1-C-2 分登记注册类型大中型企业R&D人员情况

登记注册类型	R&D人员合计(人)	#女性	#研究人员	#全时人员	R&D人员折合全时当量(人年)
总 计	**118359**	**27736**	**35859**	**92043**	**84145**
内资企业	**68271**	**15312**	**21562**	**52374**	**47697**
国有企业	55	9	15	50	38
集体企业					
股份合作企业	40	7	11	36	33
联营企业					
国有联营企业					
集体联营企业					
国有与集体联营企业					
其他联营企业					
有限责任公司	25040	5222	8301	18638	17992
国有独资公司	1766	259	659	218	488
其他有限责任公司	23274	4963	7642	18420	17505
股份有限公司	14064	3045	5114	11051	10346
私营企业	29072	7029	8121	22599	19287
私营独资企业	33	8	6	19	26
私营合伙企业					
私营有限责任公司	21565	5561	5388	16510	14964
私营股份有限公司	7474	1460	2727	6070	4297
其他企业					
港、澳、台商投资企业	**28922**	**7683**	**7417**	**22965**	**20442**
合资经营企业	7316	1553	1897	5816	5615
合作经营企业	4	1	2	4	3
港、澳、台商独资经营企业	19154	5405	4894	15099	12875
港、澳、台商投资股份有限公司	2189	675	604	1885	1794
其他港、澳、台投资企业	259	49	20	161	155
外商投资企业	**21166**	**4741**	**6880**	**16704**	**16006**
中外合资经营企业	8880	1460	3501	6798	6881
中外合作经营企业	438	82	181	384	110
外资企业	10516	2886	2775	8414	8080
外商投资股份有限公司	1269	275	399	1087	908
其他外商投资企业	63	38	24	21	27

1-C-3　分行业企业R&D人员情况

行　　业	R&D人员合计(人)	#女性	#研究人员	#全时人员	R&D人员折合全时当量(人年)
总　计	**172832**	**39758**	**50629**	**134857**	**120723**
采矿业	**635**	**117**	**191**	**328**	**427**
煤炭开采和洗选业	120	33	32	25	79
烟煤和无烟煤开采洗选	120	33	32	25	79
褐煤开采洗选					
其他煤炭采选					
石油和天然气开采业					
石油开采					
天然气开采					
黑色金属矿采选业	153	22	52	69	103
#铁矿采选	153	22	52	69	103
锰矿、铬矿采选					
有色金属矿采选业	204	34	64	120	144
常用有色金属矿采选	18	4	9	16	12
贵金属矿采选	115	14	32	52	80
稀有稀土金属矿采选	71	16	23	52	53
非金属矿采选业	158	28	43	114	101
土砂石开采	151	27	41	108	100
化学矿开采					
采盐					
石棉及其他非金属矿采选	7	1	2	6	1
开采专业及辅助性活动					
石油和天然气开采专业及辅助性活动					
制造业	**169798**	**39295**	**49514**	**133733**	**119408**
农副食品加工业	5720	1930	1646	4221	3574
谷物磨制	134	22	32	101	102
饲料加工	1393	337	501	1168	799
植物油加工	85	17	26	54	50
制糖业					
屠宰及肉类加工	797	353	222	557	582
水产品加工	1910	563	578	1353	1112
蔬菜、菌类、水果和坚果加工	1051	471	195	718	710
其他农副食品加工	350	167	92	270	219
食品制造业	4107	1590	959	3046	2700
焙烤食品制造	678	278	146	536	359
糖果、巧克力及蜜饯制造	665	230	173	479	438
方便食品制造	659	257	124	516	433
乳制品制造	96	44	23	62	73
罐头食品制造	719	324	155	491	579
调味品、发酵制品制造	408	145	87	252	232
其他食品制造	882	312	251	710	586
酒、饮料和精制茶制造业	1756	476	433	1242	1258
酒的制造	631	151	146	517	484
饮料制造	635	198	172	384	432
精制茶加工	490	127	115	341	343

1-C-3 续表 1

行业	R&D人员合计(人)	#女性	#研究人员	#全时人员	R&D人员折合全时当量(人年)
烟草制品业	181	37	84	77	83
烟叶复烤	55	14	23	28	30
卷烟制造	101	12	50	34	44
其他烟草制品制造	25	11	11	15	9
纺织业	6782	2186	1524	4804	4680
棉纺织及印染精加工	3640	1256	855	2428	2496
毛纺织及染整精加工	21	7	11	18	17
麻纺织及染整精加工					
丝绢纺织及印染精加工					
化纤织造及印染精加工	415	88	68	273	249
针织或钩针编织物及其制品制造	1121	418	309	906	842
家用纺织制成品制造	298	112	47	158	174
产业用纺织制成品制造	1287	305	234	1021	902
纺织服装、服饰业	4909	2255	1502	4055	3511
机织服装制造	3591	1696	1206	2969	2560
针织或钩针编织服装制造	1217	515	265	1004	893
服饰制造	101	44	31	82	58
皮革、毛皮、羽毛及其制品和制鞋业	2935	1109	609	2358	2059
皮革鞣制加工	486	80	109	414	401
皮革制品制造	1010	441	221	815	681
毛皮鞣制及制品加工					
羽毛(绒)加工及制品制造					
制鞋业	1439	588	279	1129	977
木材加工和木、竹、藤、棕、草制品业	1482	332	289	1107	985
木材加工	155	35	36	111	93
人造板制造	580	101	111	447	379
木质制品制造	212	34	43	146	144
竹、藤、棕、草等制品制造	535	162	99	403	369
家具制造业	991	207	238	782	691
木质家具制造	603	142	165	464	424
竹、藤家具制造	13	2	2	6	6
金属家具制造	248	41	36	211	169
塑料家具制造					
其他家具制造	127	22	35	101	92
造纸和纸制品业	2821	550	575	2308	1942
纸浆制造	19	2	2	17	3
造纸	1414	194	245	1095	957
纸制品制造	1388	354	328	1196	982
印刷和记录媒介复制业	1017	253	282	744	780
印刷	1017	253	282	744	780
装订及印刷相关服务					
记录媒介复制					
文教、工美、体育和娱乐用品制造业	5934	1549	1294	4686	4007
文教办公用品制造	385	137	58	313	252
乐器制造	55	22	7	48	40
工艺美术及礼仪用品制造	2584	644	613	1881	1637
体育用品制造	2064	513	394	1710	1509
玩具制造	687	197	151	590	501
游艺器材及娱乐用品制造	159	36	71	144	67
石油、煤炭及其他燃料加工业	342	80	121	227	171

1-C-3 续表 2

行 业	R&D 人员合计 (人)	#女性	#研究人员	#全时人员	R&D人员折合全时当量 (人年)
精炼石油产品制造	228	45	89	143	111
煤炭加工	44	25	19	20	16
核燃料加工					
生物质燃料加工	70	10	13	64	44
化学原料和化学制品制造业	6300	1571	1838	4895	4343
基础化学原料制造	1334	280	306	948	837
肥料制造	447	67	95	285	301
农药制造	64	20	20	51	38
涂料、油墨、颜料及类似产品制造	1114	264	328	905	855
合成材料制造	991	206	357	805	685
专用化学产品制造	1425	314	483	1192	985
炸药、火工及焰火产品制造	72	12	23	58	55
日用化学产品制造	853	408	226	651	587
医药制造业	3159	1314	1245	2480	2069
化学药品原料药制造	501	122	177	365	314
化学药品制剂制造	683	321	299	557	451
中药饮片加工	130	62	27	105	57
中成药生产	789	348	284	620	533
兽用药品制造	192	70	65	140	127
生物药品制品制造	796	378	386	653	555
卫生材料及医药用品制造	4		2	4	1
药用辅料及包装材料	64	13	5	36	32
化学纤维制造业	2876	695	732	2515	2280
纤维素纤维原料及纤维制造	178	19	58	156	133
合成纤维制造	2698	676	674	2359	2146
生物基材料制造					
橡胶和塑料制品业	8140	1533	1592	6364	5892
橡胶制品业	2555	506	492	2119	2066
塑料制品业	5585	1027	1100	4245	3826
非金属矿物制品业	10235	1963	2191	7707	7460
水泥、石灰和石膏制造	1001	102	113	693	867
石膏、水泥制品及类似制品制造	1017	159	243	760	638
砖瓦、石材等建筑材料制造	1250	277	387	976	936
玻璃制造	1527	186	307	1150	1260
玻璃制品制造	401	96	103	296	273
玻璃纤维和玻璃纤维增强塑料制品制造	111	16	40	100	26
陶瓷制品制造	4523	1058	883	3389	3131
耐火材料制品制造	79	13	13	66	65
石墨及其他非金属矿物制品制造	326	56	102	277	264
黑色金属冶炼和压延加工业	3396	565	1245	2307	2780
炼铁					
炼钢	10	1	4	3	10
钢压延加工	3347	556	1235	2276	2752
铁合金冶炼	39	8	6	28	17
有色金属冶炼和压延加工业	3831	723	1312	2631	2576
常用有色金属冶炼	328	20	129	113	142
贵金属冶炼	484	235	197	368	327
稀有稀土金属冶炼	659	100	291	422	469
有色金属合金制造	235	46	56	173	174
有色金属压延加工	2125	322	639	1555	1463
金属制品业	6490	1154	1513	5452	4743

1-C-3 续表 3

行 业	R&D人员合计(人)	#女性	#研究人员	#全时人员	R&D人员折合全时当量(人年)
结构性金属制品制造	1241	230	216	1060	933
金属工具制造	392	44	110	312	261
集装箱及金属包装容器制造	452	107	155	383	354
金属丝绳及其制品制造	39	8	12	34	36
建筑、安全用金属制品制造	2468	405	638	2143	1914
金属表面处理及热处理加工	383	84	82	274	262
搪瓷制品制造	13	2	2	5	9
金属制日用品制造	162	50	33	144	127
铸造及其他金属制品制造	1340	224	265	1097	846
通用设备制造业	8970	1592	2741	7458	6575
锅炉及原动设备制造	232	33	52	203	164
金属加工机械制造	774	86	231	565	591
物料搬运设备制造	706	100	265	607	292
泵、阀门、压缩机及类似机械制造	1349	247	344	1079	1036
轴承、齿轮和传动部件制造	837	119	184	695	643
烘炉、风机、包装等设备制造	850	160	282	700	604
文化、办公用机械制造	3224	701	1077	2799	2517
通用零部件制造	594	95	187	477	411
其他通用设备制造业	404	51	119	333	317
专用设备制造业	8986	1576	2746	7055	6078
采矿、冶金、建筑专用设备制造	2178	324	733	1571	1333
化工、木材、非金属加工专用设备制造	1287	218	261	973	953
食品、饮料、烟草及饲料生产专用设备制造	250	43	70	191	126
印刷、制药、日化及日用品生产专用设备制造	222	20	60	175	173
纺织、服装和皮革加工专用设备制造	546	74	127	406	357
电子和电工机械专用设备制造	496	65	210	430	391
农、林、牧、渔专用机械制造	101	28	19	78	72
医疗仪器设备及器械制造	1568	466	252	1393	1098
环保、邮政、社会公共服务及其他专用设备制造	2338	338	1014	1838	1576
汽车制造业	7909	996	2369	5922	5678
汽车整车制造	2689	232	1023	1654	1942
汽车用发动机制造					
改装汽车制造	318	34	128	268	228
低速汽车制造					
电车制造	7	1	1	6	1
汽车车身、挂车制造	199	32	73	154	132
汽车零部件及配件制造	4696	697	1144	3840	3376
铁路、船舶、航空航天和其他运输设备制造业	1710	272	521	1283	1147
铁路运输设备制造	103	19	29	90	103
城市轨道交通设备制造					
船舶及相关装置制造	749	115	245	568	504
航空、航天器及设备制造					
摩托车制造	672	111	205	474	409
自行车和残疾人座车制造	166	26	34	144	126
助动车制造					
非公路休闲车及零配件制造					
潜水救捞及其他未列明运输设备制造	20	1	8	7	4
电气机械和器材制造业	19248	4326	5779	14462	11679
电机制造	1084	250	275	861	848
输配电及控制设备制造	4600	786	1619	3428	3238
电线、电缆、光缆及电工器材制造	735	147	173	453	581

1-C-3　续表 4

行　　业	R&D人员合计(人)	#女性	#研究人员	#全时人员	R&D人员折合全时当量(人年)
电池制造	7664	1715	2625	5556	3464
家用电力器具制造	1788	441	429	1491	1220
非电力家用器具制造	93	19	32	84	48
照明器具制造	2883	877	536	2233	2005
其他电气机械及器材制造	401	91	90	356	276
计算机、通信和其他电子设备制造业	35095	7371	12832	30007	26428
计算机制造	7092	1574	3442	6325	6189
通信设备制造	3569	672	1597	3023	2544
广播电视设备制造	1837	228	448	1504	875
雷达及配套设备制造	34	5	11	31	27
非专业视听设备制造	1800	480	710	1606	1436
智能消费设备制造	974	241	437	858	772
电子器件制造	14256	2928	4803	12196	10278
电子元件及电子专用材料制造	4348	1005	1001	3552	3374
其他电子设备制造	1185	238	383	912	933
仪器仪表制造业	3190	746	984	2485	2244
通用仪器仪表制造	1629	262	570	1230	1215
专用仪器仪表制造	234	44	73	202	179
钟表与计时仪器制造	651	308	162	532	408
光学仪器制造	492	105	123	380	334
衡器制造	102	15	25	82	63
其他仪器仪表制造业	82	12	31	59	44
其他制造业	963	309	251	830	750
日用杂品制造	878	298	221	754	697
核辐射加工					
其他未列明制造业	85	11	30	76	53
废弃资源综合利用业	104	13	29	87	83
金属废料和碎屑加工处理					
非金属废料和碎屑加工处理	104	13	29	87	83
金属制品、机械和设备修理业	219	22	38	136	163
金属制品修理	6	5	1	4	3
通用设备修理					
专用设备修理	31	1	14	28	13
铁路、船舶、航空航天等运输设备修理	182	16	23	104	147
电气设备修理					
仪器仪表修理					
其他机械和设备修理业					
电力、热力、燃气及水生产和供应业	**2399**	**346**	**924**	**796**	**888**
电力、热力生产和供应业	2056	286	815	504	719
电力生产	725	77	336	466	447
电力供应	1298	195	471	10	254
热力生产和供应	33	14	8	28	17
燃气生产和供应业	241	28	63	203	112
燃气生产和供应业	241	28	63	203	112
生物质燃气生产和供应业					
水的生产和供应业	102	32	46	89	57
自来水生产和供应	8	3	2	6	8
污水处理及其再生利用	94	29	44	83	49
海水淡化处理					
其他水的处理、利用与分配					

1-C-4 分行业大中型企业R&D人员情况

行业	R&D人员合计（人）	#女性	#研究人员	#全时人员	R&D人员折合全时当量（人年）
总 计	**118359**	**27736**	**35859**	**92043**	**84145**
采矿业	**357**	**76**	**120**	**158**	**248**
煤炭开采和洗选业	80	23	17	4	60
烟煤和无烟煤开采洗选	80	23	17	4	60
褐煤开采洗选					
其他煤炭采选					
石油和天然气开采业					
石油开采					
天然气开采					
黑色金属矿采选业	106	8	42	47	68
铁矿采选	106	8	42	47	68
锰矿、铬矿采选					
其他黑色金属矿采选					
有色金属矿采选业	113	27	37	61	75
常用有色金属矿采选					
贵金属矿采选	42	11	14	9	23
稀有稀土金属矿采选	71	16	23	52	53
非金属矿采选业	58	18	24	46	45
土砂石开采	58	18	24	46	45
化学矿开采					
采盐					
石棉及其他非金属矿采选					
开采专业及辅助性活动					
煤炭开采和洗选专业及辅助性活动					
石油和天然气开采专业及辅助性活动					
其他开采专业及辅助性活动					
其他采矿业					
其他采矿业					
制造业	**115933**	**27372**	**34928**	**91335**	**83239**
农副食品加工业	2702	1057	848	2037	1600
谷物磨制					
饲料加工	651	162	244	556	348
植物油加工	9	3	4	7	6
制糖业					
屠宰及肉类加工	418	218	115	302	332
水产品加工	1069	334	358	774	599
蔬菜、菌类、水果和坚果加工	414	251	81	285	232
其他农副食品加工	141	89	46	113	82
食品制造业	2310	993	544	1717	1562
焙烤食品制造	471	195	103	382	202
糖果、巧克力及蜜饯制造	368	125	100	247	265
方便食品制造	349	148	66	294	248
乳制品制造	96	44	23	62	73
罐头食品制造	470	237	101	298	410
调味品、发酵制品制造	192	97	44	131	114
其他食品制造	364	147	107	303	250
酒、饮料和精制茶制造业	789	237	185	570	659
酒的制造	283	70	62	255	267
饮料制造	315	102	75	161	234
精制茶加工	191	65	48	154	158

1-C-4 续表 1

行业	R&D人员合计(人)	#女性	#研究人员	#全时人员	R&D人员折合全时当量(人年)
烟草制品业	165	36	82	69	79
烟叶复烤	55	14	23	28	30
卷烟制造	85	11	48	26	40
其他烟草制品制造	25	11	11	15	9
纺织业	5518	1822	1264	3866	3851
棉纺织及印染精加工	3206	1115	754	2095	2245
毛纺织及染整精加工	21	7	11	18	17
麻纺织及染整精加工					
丝绢纺织及印染精加工					
化纤织造及印染精加工	283	53	38	192	167
针织或钩针编织物及其制品制造	925	350	275	749	714
家用纺织制成品制造	192	99	35	97	90
产业用纺织制成品制造	891	198	151	715	617
纺织服装、服饰业	4074	1850	1211	3416	3073
机织服装制造	2933	1372	952	2468	2235
针织或钩针编织服装制造	1094	459	234	910	814
服饰制造	47	19	25	38	24
皮革、毛皮、羽毛及其制品和制鞋业	2496	987	507	2020	1788
皮革鞣制加工	349	51	71	299	292
皮革制品制造	842	382	184	697	597
毛皮鞣制及制品加工					
羽毛(绒)加工及制品制造					
制鞋业	1305	554	252	1024	899
木材加工和木、竹、藤、棕、草制品业	418	96	73	322	322
木材加工					
人造板制造	266	51	49	205	208
木质制品制造	26	9	3	23	26
竹、藤、棕、草等制品制造	126	36	21	94	88
家具制造业	595	121	146	498	423
木质家具制造	411	93	113	337	304
竹、藤家具制造					
金属家具制造	122	20	15	105	78
塑料家具制造					
其他家具制造	62	8	18	56	41
造纸和纸制品业	1985	372	400	1623	1313
纸浆制造					
造纸	1067	121	182	819	704
纸制品制造	918	251	218	804	609
印刷和记录媒介复制业	661	158	194	463	515
印刷	661	158	194	463	515
装订及印刷相关服务					
记录媒介复制					
文教、工美、体育和娱乐用品制造业	4167	1110	875	3282	2801
文教办公用品制造	185	84	18	138	137
乐器制造	33	17	6	28	18
工艺美术及礼仪用品制造	1687	425	380	1215	1037
体育用品制造	1645	397	314	1364	1200
玩具制造	477	160	91	410	348
游艺器材及娱乐用品制造	140	27	66	127	61
石油、煤炭及其他燃料加工业	113	19	65	71	54

1-C-4 续表 2

行业	R&D人员合计（人）	#女性	#研究人员	#全时人员	R&D人员折合全时当量（人年）
精炼石油产品制造	113	19	65	71	54
煤炭加工					
核燃料加工					
生物质燃料加工					
化学原料和化学制品制造业	2780	725	817	2043	2062
基础化学原料制造	641	124	152	391	453
肥料制造	225	28	52	144	174
农药制造					
涂料、油墨、颜料及类似产品制造	740	184	221	588	591
合成材料制造	317	65	127	246	251
专用化学产品制造	406	81	142	341	272
炸药、火工及焰火产品制造	72	12	23	58	55
日用化学产品制造	379	231	100	275	266
医药制造业	1501	676	626	1162	1038
化学药品原料药制造	176	63	77	102	109
化学药品制剂制造	325	156	139	245	227
中药饮片加工	7	7	4	6	5
中成药生产	515	227	194	435	354
兽用药品制造	155	55	49	108	110
生物药品制品制造	323	168	163	266	233
卫生材料及医药用品制造					
药用辅料及包装材料					
化学纤维制造业	2588	613	652	2279	2100
纤维素纤维原料及纤维制造	131	8	43	118	98
合成纤维制造	2457	605	609	2161	2002
生物基材料制造					
橡胶和塑料制品业	5176	992	999	4118	3909
橡胶制品业	2213	444	426	1849	1806
塑料制品业	2963	548	573	2269	2103
非金属矿物制品业	6989	1317	1531	5299	5233
水泥、石灰和石膏制造	489	39	72	368	425
石膏、水泥制品及类似制品制造	237	31	56	130	143
砖瓦、石材等建筑材料制造	844	182	255	682	658
玻璃制造	1419	164	292	1065	1193
玻璃制品制造	215	53	50	167	165
玻璃纤维和玻璃纤维增强塑料制品制造	53	7	28	48	6
陶瓷制品制造	3581	818	716	2703	2520
耐火材料制品制造	59	10	10	53	54
石墨及其他非金属矿物制品制造	92	13	52	83	68
黑色金属冶炼和压延加工业	3202	540	1206	2186	2643
炼铁					
炼钢	10	1	4	3	10
钢压延加工	3192	539	1202	2183	2633
铁合金冶炼					
有色金属冶炼和压延加工业	3346	628	1180	2278	2248
常用有色金属冶炼	314	19	126	102	131
贵金属冶炼	429	220	184	340	313
稀有稀土金属冶炼	604	88	276	378	424
有色金属合金制造	98	28	7	79	74
有色金属压延加工	1901	273	587	1379	1307
金属制品业	3690	612	916	3218	2888

1-C-4　续表 3

行　业	R&D人员合计(人)	#女性	#研究人员	#全时人员	R&D人员折合全时当量(人年)
结构性金属制品制造	598	104	105	532	480
金属工具制造	162	9	57	146	102
集装箱及金属包装容器制造	245	78	99	215	217
金属丝绳及其制品制造					
建筑、安全用金属制品制造	1737	267	459	1530	1423
金属表面处理及热处理加工	150	55	37	78	104
搪瓷制品制造					
金属制日用品制造	64	14	16	58	44
铸造及其他金属制品制造	734	85	143	659	518
通用设备制造业	5441	1087	1719	4607	3975
锅炉及原动设备制造	135	17	24	122	109
金属加工机械制造	183	28	68	93	114
物料搬运设备制造	426	79	180	383	99
泵、阀门、压缩机及类似机械制造	737	154	163	590	590
轴承、齿轮和传动部件制造	629	90	142	528	497
烘炉、风机、包装等设备制造	334	65	142	283	205
文化、办公用机械制造	2887	638	945	2509	2264
通用零部件制造	110	16	55	99	98
其他通用设备制造业					
专用设备制造业	4429	813	1437	3466	3048
采矿、冶金、建筑专用设备制造	1539	236	554	1079	951
化工、木材、非金属加工专用设备制造	501	80	71	394	411
食品、饮料、烟草及饲料生产专用设备制造	35	8	8	32	23
印刷、制药、日化及日用品生产专用设备制造	43	4	20	39	35
纺织、服装和皮革加工专用设备制造	95	6	29	70	62
电子和电工机械专用设备制造	113	16	53	101	101
农、林、牧、渔专用机械制造					
医疗仪器设备及器械制造	1033	305	114	916	755
环保、邮政、社会公共服务及其他专用设备制造	1070	158	588	835	710
汽车制造业	4980	505	1503	3585	3809
汽车整车制造	2241	125	810	1310	1763
汽车用发动机制造					
改装汽车制造	192	21	72	155	143
低速汽车制造					
电车制造					
汽车车身、挂车制造	89	10	38	61	57
汽车零部件及配件制造	2458	349	583	2059	1846
铁路、船舶、航空航天和其他运输设备制造业	1267	205	430	955	842
铁路运输设备制造	103	19	29	90	103
城市轨道交通设备制造					
船舶及相关装置制造	646	95	224	494	438
航空、航天器及设备制造					
摩托车制造	462	79	162	327	268
自行车和残疾人座车制造	56	12	15	44	34
助动车制造					
非公路休闲车及零配件制造					
潜水救捞及其他未列明运输设备制造					
电气机械和器材制造业	14555	3424	4572	10642	8416
电机制造	565	172	156	421	442
输配电及控制设备制造	2715	446	1076	1879	1968

1-C-4 续表 4

行　业	R&D人员合计（人）	#女性	#研究人员	#全时人员	R&D人员折合全时当量（人年）
电线、电缆、光缆及电工器材制造	425	105	113	233	359
电池制造	7222	1618	2487	5196	3130
家用电力器具制造	1395	376	371	1200	964
非电力家用器具制造					
照明器具制造	1958	634	325	1466	1366
其他电气机械及器材制造	275	73	44	247	187
计算机、通信和其他电子设备制造业	27938	5820	10397	24019	21372
计算机制造	6548	1492	3205	5844	5798
通信设备制造	1995	344	982	1722	1481
广播电视设备制造	1582	190	356	1301	707
雷达及配套设备制造					
非专业视听设备制造	1274	349	510	1132	1010
智能消费设备制造	855	223	394	751	666
电子器件制造	12152	2435	4088	10473	8839
电子元件及电子专用材料制造	2867	654	656	2312	2338
其他电子设备制造	665	133	206	484	535
仪器仪表制造业	1206	323	342	840	915
通用仪器仪表制造	436	87	125	256	355
专用仪器仪表制造	50	17	14	40	41
钟表与计时仪器制造	369	133	111	280	277
光学仪器制造	342	83	91	257	233
衡器制造					
其他仪器仪表制造业	9	3	1	7	9
其他制造业	677	218	186	582	556
日用杂品制造	677	218	186	582	556
核辐射加工					
其他未列明制造业					
废弃资源综合利用业					
金属废料和碎屑加工处理					
非金属废料和碎屑加工处理					
金属制品、机械和设备修理业	175	16	21	102	143
金属制品修理					
通用设备修理					
专用设备修理					
铁路、船舶、航空航天等运输设备修理	175	16	21	102	143
电气设备修理					
仪器仪表修理					
其他机械和设备修理业					
电力、热力、燃气及水生产和供应业	**2069**	**288**	**811**	**550**	**657**
电力、热力生产和供应业	1855	255	748	359	583
电力生产	557	60	277	349	328
电力供应	1298	195	471	10	254
热力生产和供应					
燃气生产和供应业	174	13	41	155	68
燃气生产和供应业	174	13	41	155	68
水的生产和供应业	40	20	22	36	6
自来水生产和供应					
污水处理及其再生利用	40	20	22	36	6
其他水的处理、利用与分配					

1-C-5 分行业内资企业R&D人员情况

行 业	R&D人员合计(人)	#女性	#研究人员	#全时人员	R&D人员折合全时当量(人年)
总 计	**112822**	**25038**	**33645**	**87115**	**77591**
采矿业	**635**	**117**	**191**	**328**	**427**
煤炭开采和洗选业	120	33	32	25	79
烟煤和无烟煤开采洗选	120	33	32	25	79
褐煤开采洗选					
其他煤炭采选					
石油和天然气开采业					
石油开采					
天然气开采					
黑色金属矿采选业	153	22	52	69	103
铁矿采选	153	22	52	69	103
锰矿、铬矿采选					
其他黑色金属矿采选					
有色金属矿采选业	204	34	64	120	144
常用有色金属矿采选	18	4	9	16	12
贵金属矿采选	115	14	32	52	80
稀有稀土金属矿采选	71	16	23	52	53
非金属矿采选业	158	28	43	114	101
土砂石开采	151	27	41	108	100
化学矿开采					
采盐					
石棉及其他非金属矿采选	7	1	2	6	1
开采专业及辅助性活动					
煤炭开采和洗选专业及辅助性活动					
石油和天然气开采专业及辅助性活动					
其他开采专业及辅助性活动					
其他采矿业					
其他采矿业					
制造业	**109914**	**24604**	**32582**	**86095**	**76345**
农副食品加工业	4526	1482	1212	3337	2819
谷物磨制	121	18	27	90	89
饲料加工	969	213	323	819	513
植物油加工	80	15	24	49	45
制糖业					
屠宰及肉类加工	686	285	190	494	516
水产品加工	1484	427	409	1034	849
蔬菜、菌类、水果和坚果加工	845	363	151	589	597
其他农副食品加工	341	161	88	262	210
食品制造业	3343	1258	716	2463	2253
焙烤食品制造	423	163	58	325	253
糖果、巧克力及蜜饯制造	495	156	120	381	319
方便食品制造	604	250	115	467	397
乳制品制造	96	44	23	62	73
罐头食品制造	654	299	143	449	530
调味品、发酵制品制造	284	69	50	152	161
其他食品制造	787	277	207	627	520
酒、饮料和精制茶制造业	1172	339	259	833	785
酒的制造	354	93	73	273	224
饮料制造	366	134	82	248	249
精制茶加工	452	112	104	312	312

1-C-5 续表 1

行业	R&D人员合计（人）	#女性	#研究人员	#全时人员	R&D人员折合全时当量（人年）
烟草制品业	181	37	84	77	83
烟叶复烤	55	14	23	28	30
卷烟制造	101	12	50	34	44
其他烟草制品制造	25	11	11	15	9
纺织业	4403	1526	1086	3021	3003
棉纺织及印染精加工	2204	866	576	1395	1438
毛纺织及染整精加工					
麻纺织及染整精加工					
丝绢纺织及印染精加工					
化纤织造及印染精加工	221	54	45	166	191
针织或钩针编织物及其制品制造	962	336	254	763	731
家用纺织制成品制造	272	108	44	139	152
产业用纺织制成品制造	744	162	167	558	491
纺织服装、服饰业	1681	662	569	1358	1078
机织服装制造	1407	557	505	1131	871
针织或钩针编织服装制造	220	80	58	183	172
服饰制造	54	25	6	44	35
皮革、毛皮、羽毛及其制品和制鞋业	1228	376	246	1002	927
皮革鞣制加工	358	62	68	302	316
皮革制品制造	495	192	85	396	343
毛皮鞣制及制品加工					
羽毛(绒)加工及制品制造					
制鞋业	375	122	93	304	268
木材加工和木、竹、藤、棕、草制品业	1389	303	277	1028	899
木材加工	155	35	36	111	93
人造板制造	537	86	105	413	336
木质制品制造	175	24	39	113	110
竹、藤、棕、草等制品制造	522	158	97	391	360
家具制造业	795	153	203	639	564
木质家具制造	473	103	139	381	352
竹、藤家具制造	13	2	2	6	6
金属家具制造	192	27	31	160	123
塑料家具制造					
其他家具制造	117	21	31	92	82
造纸和纸制品业	1635	328	331	1272	1248
纸浆制造	19	2	2	17	3
造纸	1011	151	143	752	774
纸制品制造	605	175	186	503	471
印刷和记录媒介复制业	846	211	229	630	683
印刷	846	211	229	630	683
装订及印刷相关服务					
记录媒介复制					
文教、工美、体育和娱乐用品制造业	3022	690	647	2322	1944
文教办公用品制造	216	50	41	191	133
乐器制造					
工艺美术及礼仪用品制造	1963	464	426	1391	1185
体育用品制造	531	72	145	463	420
玩具制造	285	95	34	252	185
游艺器材及娱乐用品制造	27	9	1	25	21
石油、煤炭及其他燃料加工业	270	69	91	194	143

1-C-5　续表 2

行　　业	R&D人员合计(人)	#女性	#研究人员	#全时人员	R&D人员折合全时当量(人年)
精炼石油产品制造	156	34	59	110	83
煤炭加工	44	25	19	20	16
核燃料加工					
生物质燃料加工	70	10	13	64	44
化学原料和化学制品制造业	5411	1355	1597	4171	3691
基础化学原料制造	1115	227	259	779	690
肥料制造	327	52	70	183	219
农药制造	64	20	20	51	38
涂料、油墨、颜料及类似产品制造	1030	247	299	837	797
合成材料制造	839	177	304	676	552
专用化学产品制造	1290	287	443	1074	875
炸药、火工及焰火产品制造	72	12	23	58	55
日用化学产品制造	674	333	179	513	466
医药制造业	2122	905	857	1685	1308
化学药品原料药制造	402	98	141	299	235
化学药品制剂制造	554	273	247	450	337
中药饮片加工	130	62	27	105	57
中成药生产	444	206	172	354	290
兽用药品制造	74	39	34	65	45
生物药品制品制造	463	217	230	381	320
卫生材料及医药用品制造	4		2	4	1
药用辅料及包装材料	51	10	4	27	22
化学纤维制造业	1709	484	567	1498	1397
纤维素纤维原料及纤维制造	20	4	6	15	11
合成纤维制造	1689	480	561	1483	1386
生物基材料制造					
橡胶和塑料制品业	4179	784	766	3239	2825
橡胶制品业	595	133	94	481	430
塑料制品业	3584	651	672	2758	2395
非金属矿物制品业	8469	1676	1861	6264	6067
水泥、石灰和石膏制造	997	100	112	689	864
石膏、水泥制品及类似制品制造	809	132	201	632	524
砖瓦、石材等建筑材料制造	1061	244	330	813	854
玻璃制造	720	90	202	424	497
玻璃制品制造	252	60	84	172	135
玻璃纤维和玻璃纤维增强塑料制品制造	111	16	40	100	26
陶瓷制品制造	4173	975	787	3144	2891
耐火材料制品制造	20	3	3	13	11
石墨及其他非金属矿物制品制造	326	56	102	277	264
黑色金属冶炼和压延加工业	3368	561	1238	2288	2758
炼铁					
炼钢					
钢压延加工	3329	553	1232	2260	2741
铁合金冶炼	39	8	6	28	17
有色金属冶炼和压延加工业	2964	624	959	2025	1977
常用有色金属冶炼	328	20	129	113	142
贵金属冶炼	484	235	197	368	327
稀有稀土金属冶炼	274	58	94	181	220
有色金属合金制造	142	19	40	89	109
有色金属压延加工	1736	292	499	1274	1178
金属制品业	3891	705	907	3188	2739

1-C-5 续表 3

行业	R&D人员合计（人）	#女性	#研究人员	#全时人员	R&D人员折合全时当量（人年）
结构性金属制品制造	1034	186	170	878	769
金属工具制造	296	31	91	242	195
集装箱及金属包装容器制造	295	73	119	247	245
金属丝绳及其制品制造	39	8	12	34	36
建筑、安全用金属制品制造	1116	180	285	937	781
金属表面处理及热处理加工	226	45	48	155	167
搪瓷制品制造	13	2	2	5	9
金属制日用品制造	83	12	29	73	57
铸造及其他金属制品制造	789	168	151	617	481
通用设备制造业	4859	779	1590	3952	3558
锅炉及原动设备制造	183	22	35	159	133
金属加工机械制造	537	48	163	411	428
物料搬运设备制造	280	21	85	224	193
泵、阀门、压缩机及类似机械制造	820	168	248	662	600
轴承、齿轮和传动部件制造	570	81	133	475	422
烘炉、风机、包装等设备制造	742	138	241	605	536
文化、办公用机械制造	966	187	449	815	710
通用零部件制造	419	77	137	322	269
其他通用设备制造业	342	37	99	279	267
专用设备制造业	6462	1106	2247	4913	4334
采矿、冶金、建筑专用设备制造	1622	286	616	1128	1030
化工、木材、非金属加工专用设备制造	1026	191	223	741	722
食品、饮料、烟草及饲料生产专用设备制造	171	26	43	132	103
印刷、制药、日化及日用品生产专用设备制造	175	16	50	133	132
纺织、服装和皮革加工专用设备制造	407	50	101	304	263
电子和电工机械专用设备制造	274	34	104	247	212
农、林、牧、渔专用机械制造	96	27	18	73	71
医疗仪器设备及器械制造	499	161	139	446	331
环保、邮政、社会公共服务及其他专用设备制造	2192	315	953	1709	1470
汽车制造业	3027	455	1020	2472	1969
汽车整车制造	544	116	262	436	229
汽车用发动机制造					
改装汽车制造	318	34	128	268	228
低速汽车制造					
电车制造	7	1	1	6	1
汽车车身、挂车制造	199	32	73	154	132
汽车零部件及配件制造	1959	272	556	1608	1380
铁路、船舶、航空航天和其他运输设备制造业	1188	193	383	917	792
铁路运输设备制造					
城市轨道交通设备制造					
船舶及相关装置制造	749	115	245	568	504
航空、航天器及设备制造					
摩托车制造	350	70	123	279	229
自行车和残疾人座车制造	69	7	7	63	55
助动车制造					
非公路休闲车及零配件制造					
潜水救捞及其他未列明运输设备制造	20	1	8	7	4
电气机械和器材制造业	11442	2238	3687	9163	7202
电机制造	782	173	169	619	562
输配电及控制设备制造	3604	592	1248	2705	2492
电线、电缆、光缆及电工器材制造	585	127	122	342	457

1-C-5　续表 4

行　业	R&D人员合计(人)	#女性	#研究人员	#全时人员	R&D人员折合全时当量(人年)
电池制造	3555	665	1508	3144	1634
家用电力器具制造	872	160	206	665	540
非电力家用器具制造	31	9	9	28	19
照明器具制造	1784	482	360	1458	1340
其他电气机械及器材制造	229	30	65	202	159
计算机、通信和其他电子设备制造业	23361	4638	8028	19781	17219
计算机制造	2302	415	989	2064	1790
通信设备制造	3257	603	1493	2745	2337
广播电视设备制造	872	137	190	636	476
雷达及配套设备制造	34	5	11	31	27
非专业视听设备制造	608	166	220	543	513
智能消费设备制造	509	145	211	458	410
电子器件制造	11273	2203	3774	9664	8110
电子元件及电子专用材料制造	3476	752	805	2849	2753
其他电子设备制造	1030	212	335	791	803
仪器仪表制造业	2500	555	784	1975	1728
通用仪器仪表制造	1400	221	503	1075	1047
专用仪器仪表制造	175	25	58	156	129
钟表与计时仪器制造	330	194	64	295	170
光学仪器制造	429	92	107	323	285
衡器制造	102	15	25	82	63
其他仪器仪表制造业	64	8	27	44	34
其他制造业	286	88	88	247	224
日用杂品制造	201	77	58	171	171
核辐射加工					
其他未列明制造业	85	11	30	76	53
废弃资源综合利用业	104	13	29	87	83
金属废料和碎屑加工处理					
非金属废料和碎屑加工处理	104	13	29	87	83
金属制品、机械和设备修理业	81	11	24	54	44
金属制品修理	6	5	1	4	3
通用设备修理					
专用设备修理	31	1	14	28	13
铁路、船舶、航空航天等运输设备修理	44	5	9	22	29
电气设备修理					
仪器仪表修理					
其他机械和设备修理业					
电力、热力、燃气及水生产和供应业	**2273**	**317**	**872**	**692**	**819**
电力、热力生产和供应业	1999	284	794	454	677
电力生产	668	75	315	416	405
电力供应	1298	195	471	10	254
热力生产和供应	33	14	8	28	17
燃气生产和供应业	212	21	54	185	91
燃气生产和供应业	212	21	54	185	91
生物质燃气生产和供应业					
水的生产和供应业	62	12	24	53	51
自来水生产和供应	8	3	2	6	8
污水处理及其再生利用	54	9	22	47	43
海水淡化处理					
其他水的处理、利用与分配					

1-C-6 分行业港澳台商投资企业R&D人员情况

行业	R&D人员合计（人）	#女性	#研究人员	#全时人员	R&D人员折合全时当量（人年）
总　计	**35115**	**9149**	**9095**	**27961**	**24484**
采矿业					
煤炭开采和洗选业					
烟煤和无烟煤开采洗选					
褐煤开采洗选					
石油和天然气开采业					
石油开采					
天然气开采					
黑色金属矿采选业					
铁矿采选					
有色金属矿采选业					
常用有色金属矿采选					
贵金属矿采选					
非金属矿采选业					
土砂石开采					
化学矿开采					
采盐					
石棉及其他非金属矿采选					
开采专业及辅助性活动					
石油和天然气开采专业及辅助性活动					
制造业	**35012**	**9126**	**9050**	**27871**	**24434**
农副食品加工业	387	129	120	287	234
谷物磨制					
饲料加工	8	2	3	5	8
植物油加工	5	2	2	5	5
制糖业					
屠宰及肉类加工	48	30	8	42	38
水产品加工	254	65	87	174	127
蔬菜、菌类、水果和坚果加工	63	24	16	53	46
其他农副食品加工	9	6	4	8	9
食品制造业	571	224	190	459	291
焙烤食品制造	249	109	85	206	102
糖果、巧克力及蜜饯制造	106	45	41	78	66
方便食品制造	44	7	6	39	25
乳制品制造					
罐头食品制造	52	14	11	30	41
调味品、发酵制品制造	75	32	25	68	31
其他食品制造	45	17	22	38	27
酒、饮料和精制茶制造业	180	42	48	74	156
酒的制造					
饮料制造	142	27	37	45	125
精制茶加工	38	15	11	29	31
烟草制品业					
烟叶复烤					
其他烟草制品制造					
纺织业	1892	534	339	1467	1383
棉纺织及印染精加工	981	268	184	741	787

1-C-6　续表 1

行　　业	R&D人员合计(人)	#女性	#研究人员	#全时人员	R&D人员折合全时当量(人年)
毛纺织及染整精加工	21	7	11	18	17
麻纺织及染整精加工					
丝绢纺织及印染精加工					
化纤织造及印染精加工	194	34	23	107	58
针织或钩针编织物及其制品制造	159	82	55	143	111
家用纺织制成品制造					
产业用纺织制成品制造	537	143	66	458	409
纺织服装、服饰业	3066	1521	883	2580	2370
机织服装制造	2103	1091	671	1774	1648
针织或钩针编织服装制造	916	411	187	768	698
服饰制造	47	19	25	38	24
皮革、毛皮、羽毛及其制品和制鞋业	1432	653	295	1117	1008
皮革鞣制加工	100	15	28	87	75
皮革制品制造	376	177	94	299	307
毛皮鞣制及制品加工					
羽毛(绒)加工及制品制造					
制鞋业	956	461	173	731	626
木材加工和木、竹、藤、棕、草制品业	82	28	11	69	79
木材加工					
人造板制造	43	15	6	34	43
木质制品制造	26	9	3	23	26
竹、藤、棕、草等制品制造	13	4	2	12	10
家具制造业	117	37	15	81	58
木质家具制造	73	28	11	41	24
竹、藤家具制造					
金属家具制造	44	9	4	40	34
塑料家具制造					
其他家具制造					
造纸和纸制品业	996	177	187	873	591
纸浆制造					
造纸	308	36	70	265	128
纸制品制造	688	141	117	608	463
印刷和记录媒介复制业	171	42	53	114	97
印刷	171	42	53	114	97
装订及印刷相关服务					
记录媒介复制					
文教、工美、体育和娱乐用品制造业	1871	504	333	1472	1337
文教办公用品制造	165	85	15	118	117
乐器制造	22	5	1	20	22
工艺美术及礼仪用品制造	270	60	87	218	172
体育用品制造	1086	275	144	845	771
玩具制造	311	71	82	256	251
游艺器材及娱乐用品制造	17	8	4	15	4
石油、煤炭及其他燃料加工业	17	3	1	15	11
精炼石油产品制造	17	3	1	15	11
煤炭加工					
生物质燃料加工					
化学原料和化学制品制造业	449	125	147	359	294

1-C-6 续表 2

行 业	R&D人员合计(人)	#女性	#研究人员	#全时人员	R&D人员折合全时当量(人年)
基础化学原料制造	95	21	32	74	41
肥料制造	22	4	5	14	17
农药制造					
涂料、油墨、颜料及类似产品制造	61	12	24	53	41
合成材料制造	63	10	23	48	47
专用化学产品制造	50	5	18	45	44
炸药、火工及焰火产品制造					
日用化学产品制造	158	73	45	125	104
医药制造业	819	342	311	640	578
化学药品原料药制造	72	23	33	45	56
化学药品制剂制造	64	27	26	58	49
中药饮片加工					
中成药生产	330	137	103	252	234
兽用药品制造	55	17	19	35	34
生物药品制品制造	285	135	129	241	195
卫生材料及医药用品制造					
药用辅料及包装材料	13	3	1	9	10
化学纤维制造业	1167	211	165	1017	882
纤维素纤维原料及纤维制造	158	15	52	141	122
合成纤维制造	1009	196	113	876	760
橡胶和塑料制品业	1259	282	244	955	961
橡胶制品业	320	85	40	288	260
塑料制品业	939	197	204	667	701
非金属矿物制品业	1414	195	252	1169	1068
水泥、石灰和石膏制造	4	2	1	4	3
石膏、水泥制品及类似制品制造	196	24	39	117	105
砖瓦、石材等建筑材料制造	160	28	48	137	55
玻璃制造	807	96	105	726	763
玻璃制品制造	28		2	15	16
玻璃纤维和玻璃纤维增强塑料制品制造					
陶瓷制品制造	219	45	57	170	125
耐火材料制品制造					
石墨及其他非金属矿物制品制造					
黑色金属冶炼和压延加工业	18	3	3	16	12
炼铁					
炼钢					
钢压延加工	18	3	3	16	12
铁合金冶炼					
有色金属冶炼和压延加工业	205	16	67	138	137
常用有色金属冶炼					
贵金属冶炼					
稀有稀土金属冶炼					
有色金属合金制造					
有色金属压延加工	205	16	67	138	137
金属制品业	1340	237	366	1139	1017
结构性金属制品制造	94	14	37	82	87
金属工具制造	65	9	12	42	40
集装箱及金属包装容器制造	17	5	6	12	7

1-C-6 续表 3

行业	R&D人员合计(人)	#女性	#研究人员	#全时人员	R&D人员折合全时当量(人年)
金属丝绳及其制品制造					
建筑、安全用金属制品制造	540	110	182	480	464
金属表面处理及热处理加工	34	34	13	8	23
搪瓷制品制造					
金属制日用品制造	39	9	2	35	31
铸造及其他金属制品制造	551	56	114	480	365
通用设备制造业	1494	281	522	1310	1327
锅炉及原动设备制造	49	11	17	44	31
金属加工机械制造	86	11	37	71	73
物料搬运设备制造					
泵、阀门、压缩机及类似机械制造	161	11	30	139	140
轴承、齿轮和传动部件制造	124	22	24	100	89
烘炉、风机、包装等设备制造	37	12	8	32	19
文化、办公用机械制造	855	189	362	762	831
通用零部件制造	120	11	24	108	93
其他通用设备制造业	62	14	20	54	50
专用设备制造业	1336	270	288	1118	1002
采矿、冶金、建筑专用设备制造	68	2	33	41	42
化工、木材、非金属加工专用设备制造	228	22	33	202	204
食品、饮料、烟草及饲料生产专用设备制造	79	17	27	59	23
印刷、制药、日化及日用品生产专用设备制造	24	3	3	21	24
纺织、服装和皮革加工专用设备制造	126	23	22	91	86
电子和电工机械专用设备制造	222	31	106	183	179
农、林、牧、渔专用机械制造	5	1	1	5	
医疗仪器设备及器械制造	557	169	60	494	424
环保、邮政、社会公共服务及其他专用设备制造	27	2	3	22	20
汽车制造业	1970	209	564	1576	1533
汽车整车制造	583	34	282	400	504
汽车用发动机制造					
改装汽车制造					
汽车车身、挂车制造					
汽车零部件及配件制造	1387	175	282	1176	1029
铁路、船舶、航空航天和其他运输设备制造业	155	27	33	125	139
铁路运输设备制造	103	19	29	90	103
城市轨道交通设备制造					
船舶及相关装置制造					
航空、航天器及设备制造					
摩托车制造	52	8	4	35	36
自行车和残疾人座车制造					
助动车制造					
非公路休闲车及零配件制造					
潜水救捞及其他未列明运输设备制造					
电气机械和器材制造业	6121	1638	1616	4199	3347
电机制造	235	61	81	181	227
输配电及控制设备制造	346	87	76	308	272
电线、电缆、光缆及电工器材制造	118	17	45	86	106
电池制造	4049	1040	1107	2388	1779
家用电力器具制造	857	273	211	772	643

1-C-6 续表 4

行业	R&D人员合计(人)	#女性	#研究人员	#全时人员	R&D人员折合全时当量(人年)
非电力家用器具制造	62	10	23	56	29
照明器具制造	298	90	51	268	187
其他电气机械及器材制造	156	60	22	140	104
计算机、通信和其他电子设备制造业	5277	1040	1690	4538	3612
计算机制造	696	191	276	576	594
通信设备制造	177	41	56	160	118
广播电视设备制造	926	78	236	833	373
雷达及配套设备制造					
非专业视听设备制造	1092	286	478	973	848
智能消费设备制造	19	8	8	17	15
电子器件制造	1769	306	497	1514	1240
电子元件及电子专用材料制造	512	118	120	406	351
其他电子设备制造	86	12	19	59	73
仪器仪表制造业	435	145	137	338	300
通用仪器仪表制造	105	29	38	95	54
专用仪器仪表制造	9	2	1	6	9
钟表与计时仪器制造	321	114	98	237	237
光学仪器制造					
衡器制造					
其他仪器仪表制造业					
其他制造业	633	200	156	544	492
日用杂品制造	633	200	156	544	492
其他未列明制造业					
废弃资源综合利用业					
金属废料和碎屑加工处理					
非金属废料和碎屑加工处理					
金属制品、机械和设备修理业	138	11	14	82	119
金属制品修理					
通用设备修理					
专用设备修理					
铁路、船舶、航空航天等运输设备修理	138	11	14	82	119
电气设备修理					
仪器仪表修理					
其他机械和设备修理业					
电力、热力、燃气及水生产和供应业	**103**	**23**	**45**	**90**	**50**
电力、热力生产和供应业	57	2	21	50	42
电力生产	57	2	21	50	42
电力供应					
热力生产和供应					
燃气生产和供应业	6	1	2	4	2
燃气生产和供应业	6	1	2	4	2
生物质燃气生产和供应业					
水的生产和供应业	40	20	22	36	6
自来水生产和供应					
污水处理及其再生利用	40	20	22	36	6
海水淡化处理					
其他水的处理、利用与分配					

1-C-7　分行业外商投资企业R&D人员情况

行　业	R&D人员合计（人）	#女性	#研究人员	#全时人员	R&D人员折合全时当量（人年）
总　计	**24895**	**5571**	**7889**	**19781**	**18648**
采矿业					
煤炭开采和洗选业					
烟煤和无烟煤开采洗选					
石油和天然气开采业					
石油开采					
天然气开采					
黑色金属矿采选业					
铁矿采选					
锰矿、铬矿采选					
有色金属矿采选业					
常用有色金属矿采选					
贵金属矿采选					
稀有稀土金属矿采选					
非金属矿采选业					
土砂石开采					
化学矿开采					
采盐					
石棉及其他非金属矿采选					
开采专业及辅助性活动					
石油和天然气开采专业及辅助性活动					
制造业	**24872**	**5565**	**7882**	**19767**	**18629**
农副食品加工业	807	319	314	597	521
谷物磨制	13	4	5	11	13
饲料加工	416	122	175	344	278
植物油加工					
制糖业					
屠宰及肉类加工	63	38	24	21	27
水产品加工	172	71	82	145	136
蔬菜、菌类、水果和坚果加工	143	84	28	76	67
其他农副食品加工					
食品制造业	193	108	53	124	156
焙烤食品制造	6	6	3	5	4
糖果、巧克力及蜜饯制造	64	29	12	20	54
方便食品制造	11		3	10	10
乳制品制造					
罐头食品制造	13	11	1	12	9
调味品、发酵制品制造	49	44	12	32	40
其他食品制造	50	18	22	45	40
酒、饮料和精制茶制造业	404	95	126	335	318
酒的制造	277	58	73	244	260
饮料制造	127	37	53	91	58
精制茶加工					
烟草制品业					
其他烟草制品制造					
纺织业	487	126	99	316	294

1-C-7 续表 1

行业	R&D人员合计（人）	#女性	#研究人员	#全时人员	R&D人员折合全时当量（人年）
棉纺织及印染精加工	455	122	95	292	271
毛纺织及染整精加工					
麻纺织及染整精加工					
丝绢纺织及印染精加工					
化纤织造及印染精加工					
针织或钩针编织物及其制品制造					
家用纺织制成品制造	26	4	3	19	22
产业用纺织制成品制造	6		1	5	2
纺织服装、服饰业	162	72	50	117	64
机织服装制造	81	48	30	64	41
针织或钩针编织服装制造	81	24	20	53	23
服饰制造					
皮革、毛皮、羽毛及其制品和制鞋业	275	80	68	239	124
皮革鞣制加工	28	3	13	25	10
皮革制品制造	139	72	42	120	30
毛皮鞣制及制品加工					
羽毛(绒)加工及制品制造					
制鞋业	108	5	13	94	84
木材加工和木、竹、藤、棕、草制品业	11	1	1	10	8
木材加工					
人造板制造					
木质制品制造	11	1	1	10	8
竹、藤、棕、草等制品制造					
家具制造业	79	17	20	62	70
木质家具制造	57	11	15	42	48
金属家具制造	12	5	1	11	12
塑料家具制造					
其他家具制造	10	1	4	9	10
造纸和纸制品业	190	45	57	163	103
纸浆制造					
造纸	95	7	32	78	55
纸制品制造	95	38	25	85	48
印刷和记录媒介复制业					
印刷					
装订及印刷相关服务					
记录媒介复制					
文教、工美、体育和娱乐用品制造业	1041	355	314	892	726
文教办公用品制造	4	2	2	4	2
乐器制造	33	17	6	28	18
工艺美术及礼仪用品制造	351	120	100	272	281
体育用品制造	447	166	105	402	318
玩具制造	91	31	35	82	65
游艺器材及娱乐用品制造	115	19	66	104	42
石油、煤炭及其他燃料加工业	55	8	29	18	17
精炼石油产品制造	55	8	29	18	17
煤炭加工					
生物质燃料加工					
化学原料和化学制品制造业	440	91	94	365	358

1-C-7　续表 2

行　业	R&D人员合计(人)	#女性	#研究人员	#全时人员	R&D人员折合全时当量(人年)
基础化学原料制造	124	32	15	95	106
肥料制造	98	11	20	88	66
农药制造					
涂料、油墨、颜料及类似产品制造	23	5	5	15	17
合成材料制造	89	19	30	81	86
专用化学产品制造	85	22	22	73	66
炸药、火工及焰火产品制造					
日用化学产品制造	21	2	2	13	18
医药制造业	218	67	77	155	184
化学药品原料药制造	27	1	3	21	23
化学药品制剂制造	65	21	26	49	64
中药饮片加工					
中成药生产	15	5	9	14	9
兽用药品制造	63	14	12	40	48
生物药品制品制造	48	26	27	31	39
卫生材料及医药用品制造					
药用辅料及包装材料					
化学纤维制造业					
纤维素纤维原料及纤维制造					
合成纤维制造					
生物基材料制造					
橡胶和塑料制品业	2702	467	582	2170	2106
橡胶制品业	1640	288	358	1350	1376
塑料制品业	1062	179	224	820	730
非金属矿物制品业	352	92	78	274	324
水泥、石灰和石膏制造					
石膏、水泥制品及类似制品制造	12	3	3	11	8
砖瓦、石材等建筑材料制造	29	5	9	26	26
玻璃制造					
玻璃制品制造	121	36	17	109	121
玻璃纤维和玻璃纤维增强塑料制品制造					
陶瓷制品制造	131	38	39	75	115
耐火材料制品制造	59	10	10	53	54
石墨及其他非金属矿物制品制造					
黑色金属冶炼和压延加工业	10	1	4	3	10
炼铁					
炼钢	10	1	4	3	10
钢压延加工					
铁合金冶炼					
有色金属冶炼和压延加工业	662	83	286	468	462
常用有色金属冶炼					
贵金属冶炼					
稀有稀土金属冶炼	385	42	197	241	249
有色金属合金制造	93	27	16	84	65
有色金属压延加工	184	14	73	143	148
金属制品业	1259	212	240	1125	987
结构性金属制品制造	113	30	9	100	77
金属工具制造	31	4	7	28	26

1-C-7 续表 3

行　业	R&D人员合计（人）	#女性	#研究人员	#全时人员	R&D人员折合全时当量（人年）
集装箱及金属包装容器制造	140	29	30	124	103
金属丝绳及其制品制造					
建筑、安全用金属制品制造	812	115	171	726	669
金属表面处理及热处理加工	123	5	21	111	72
搪瓷制品制造					
金属制日用品制造	40	29	2	36	40
铸造及其他金属制品制造					
通用设备制造业	2617	532	629	2196	1690
锅炉及原动设备制造					
金属加工机械制造	151	27	31	83	89
物料搬运设备制造	426	79	180	383	99
泵、阀门、压缩机及类似机械制造	368	68	66	278	296
轴承、齿轮和传动部件制造	143	16	27	120	132
烘炉、风机、包装等设备制造	71	10	33	63	48
文化、办公用机械制造	1403	325	266	1222	976
通用零部件制造	55	7	26	47	48
其他通用设备制造业					
专用设备制造业	1188	200	211	1024	742
采矿、冶金、建筑专用设备制造	488	36	84	402	262
化工、木材、非金属加工专用设备制造	33	5	5	30	27
食品、饮料、烟草及饲料生产专用设备制造					
印刷、制药、日化及日用品生产专用设备制造	23	1	7	21	17
纺织、服装和皮革加工专用设备制造	13	1	4	11	8
电子和电工机械专用设备制造					
农、林、牧、渔专用机械制造					
医疗仪器设备及器械制造	512	136	53	453	343
环保、邮政、社会公共服务及其他专用设备制造	119	21	58	107	86
汽车制造业	2912	332	785	1874	2176
汽车整车制造	1562	82	479	818	1209
汽车用发动机制造					
改装汽车制造					
低速汽车制造					
汽车车身、挂车制造					
汽车零部件及配件制造	1350	250	306	1056	967
铁路、船舶、航空航天和其他运输设备制造业	367	52	105	241	215
铁路运输设备制造					
城市轨道交通设备制造					
船舶及相关装置制造					
航空、航天器及设备制造					
摩托车制造	270	33	78	160	144
自行车和残疾人座车制造	97	19	27	81	71
助动车制造					
非公路休闲车及零配件制造					
潜水救捞及其他未列明运输设备制造					
电气机械和器材制造业	1685	450	476	1100	1129
电机制造	67	16	25	61	59
输配电及控制设备制造	650	107	295	415	474

1-C-7　续表 4

行　　业	R&D人员合计(人)	#女性	#研究人员	#全时人员	R&D人员折合全时当量(人年)
电线、电缆、光缆及电工器材制造	32	3	6	25	17
电池制造	60	10	10	24	51
家用电力器具制造	59	8	12	54	38
非电力家用器具制造					
照明器具制造	801	305	125	507	477
其他电气机械及器材制造	16	1	3	14	13
计算机、通信和其他电子设备制造业	6457	1693	3114	5688	5596
计算机制造	4094	968	2177	3685	3805
通信设备制造	135	28	48	118	89
广播电视设备制造	39	13	22	35	26
雷达及配套设备制造					
非专业视听设备制造	100	28	12	90	74
智能消费设备制造	446	88	218	383	347
电子器件制造	1214	419	532	1018	928
电子元件及电子专用材料制造	360	135	76	297	270
其他电子设备制造	69	14	29	62	57
仪器仪表制造业	255	46	63	172	215
通用仪器仪表制造	124	12	29	60	115
专用仪器仪表制造	50	17	14	40	41
钟表与计时仪器制造					
光学仪器制造	63	13	16	57	49
衡器制造					
其他仪器仪表制造业	18	4	4	15	10
其他制造业	44	21	7	39	34
日用杂品制造	44	21	7	39	34
其他未列明制造业					
废弃资源综合利用业					
金属废料和碎屑加工处理					
非金属废料和碎屑加工处理					
金属制品、机械和设备修理业					
金属制品修理					
通用设备修理					
专用设备修理					
铁路、船舶、航空航天等运输设备修理					
其他机械和设备修理业					
电力、热力、燃气及水生产和供应业	**23**	**6**	**7**	**14**	**19**
电力、热力生产和供应业					
电力生产					
电力供应					
热力生产和供应					
燃气生产和供应业	23	6	7	14	19
燃气生产和供应业	23	6	7	14	19
水的生产和供应业					
自来水生产和供应					
污水处理及其再生利用					
其他水的处理、利用与分配					

1-C-8 各地区企业R&D人员情况

地　区	R&D人员合计（人）	#女性	#研究人员	#全时人员	R&D人员折合全时当量（人年）
全　省	**172832**	**39758**	**50629**	**134857**	**120723**
福州市	**35850**	**8024**	**12750**	**27262**	**25466**
鼓楼区	4777	806	2012	2939	2846
台江区	258	45	108	189	161
仓山区	7776	1690	3378	6614	6353
马尾区	3624	830	1418	3025	2718
晋安区	1962	732	699	1585	1299
长乐区	3740	1160	1235	2759	2907
闽侯县	4133	758	1056	2681	2940
连江县	996	197	315	631	581
罗源县	629	63	208	486	356
闽清县	441	99	114	365	297
永泰县	140	68	11	116	87
平潭县	3		1		
福清市	7371	1576	2195	5872	4921
厦门市	**52074**	**11785**	**14983**	**42617**	**39494**
思明区	1957	507	709	1714	1269
海沧区	8920	1767	2466	7090	6930
湖里区	2641	771	544	2072	2048
集美区	10968	2389	2932	9040	8288
同安区	7688	2007	1678	6530	5866
翔安区	907	334	130	644	604
火炬高新区	18993	4010	6524	15527	14490
莆田市	**5609**	**1373**	**1671**	**4523**	**3639**
城厢区	1135	349	348	907	787
涵江区	1764	440	628	1505	1103
荔城区	1063	255	249	851	735
秀屿区	801	170	244	632	503
仙游县	715	151	159	510	412
北　岸	131	8	43	118	98
三明市	**6454**	**1441**	**1973**	**4319**	**4720**
梅列区	1610	450	745	963	1514
三元区	428	79	98	238	351
明溪县	203	40	62	160	145
清流县	230	55	39	104	87
宁化县	211	38	66	168	187
大田县	283	62	89	210	127
尤溪县	394	78	98	274	242
沙　县	926	213	216	647	570
将乐县	558	89	86	410	429
泰宁县	166	46	45	83	78
建宁县	462	106	97	314	291
永安市	983	185	332	748	699
泉州市	**29083**	**6980**	**7701**	**22773**	**19162**
鲤城区	1245	226	396	1038	883
丰泽区	1002	151	293	830	682
洛江区	1049	136	325	850	590
泉港区	827	222	243	608	462
惠安县	1665	532	508	1367	1091
安溪县	1788	322	536	1382	1285
永春县	703	146	214	450	362

1-C-8　续表

地　　区	R&D人员合计(人)	#女性	#研究人员	#全时人员	R&D人员折合全时当量(人年)
德化县	2260	667	307	1342	1320
台商投资区	1064	194	366	831	507
泉州开发区	1276	393	317	998	818
石狮市	3359	860	1221	2552	1761
晋江市	7461	2003	1622	5951	5419
南安市	5384	1128	1353	4574	3982
漳州市	**19415**	**4739**	**4554**	**15575**	**13918**
芗城区	2822	439	573	2228	2093
龙文区	1747	590	391	1328	1226
漳州台商投资区	2724	678	652	2211	1975
招商局漳州开发区	257	26	102	220	133
云霄县	641	135	192	547	509
漳浦县	1856	637	444	1491	1536
诏安县	1363	392	287	1107	828
长泰县	3681	770	945	3247	2683
东山县	611	114	154	383	483
南靖县	1286	301	332	960	783
平和县	535	160	90	356	424
华安县	530	151	93	401	330
常山华侨经济开发区	168	28	45	146	80
龙海市	1194	318	254	950	835
南平市	**6592**	**1592**	**1416**	**4820**	**4628**
延平区	1901	363	430	1151	1425
建阳区	940	227	222	751	661
顺昌县	340	102	53	247	214
浦城县	745	135	129	601	583
光泽县	221	135	50	192	206
松溪县	200	50	47	131	137
政和县	249	64	61	195	191
邵武市	888	219	190	710	556
武夷山市	379	116	83	291	240
建瓯市	729	181	151	551	414
龙岩市	**9865**	**2276**	**2884**	**7286**	**6365**
新罗区	4043	877	1362	3066	2658
永定区	1100	178	359	752	632
长汀县	828	260	163	616	549
上杭县	1372	342	465	949	789
武平县	855	189	177	627	602
连城县	985	285	218	766	675
漳平市	682	145	140	510	460
宁德市	**7890**	**1548**	**2697**	**5682**	**3332**
蕉城区	6107	1172	2233	4395	2259
霞浦县	65	5	7	53	27
古田县	69	27	18	55	44
屏南县	73	21	23	37	32
寿宁县	264	43	71	174	168
周宁县	34	9	8	26	25
柘荣县	174	63	83	151	62
东侨开发区	78	22	28	70	57
福安市	418	76	88	260	242
福鼎市	608	110	138	461	416

1-C-9 各地区大中型企业R&D人员情况

地　区	R&D人员合计(人)	#女性	#研究人员	#全时人员	R&D人员折合全时当量(人年)
全　省	**118359**	**27736**	**35859**	**92043**	**84145**
福州市	**26598**	**6201**	**9871**	**20044**	**19249**
鼓楼区	3038	473	1276	1576	1618
台江区					
仓山区	6417	1423	2956	5560	5425
马尾区	2711	676	1064	2283	2037
晋安区	1421	593	568	1181	1016
长乐区	3317	1083	1147	2410	2601
闽侯县	2783	483	675	1584	2012
连江县	414	64	149	234	220
罗源县	448	39	173	329	217
闽清县	174	32	37	145	120
永泰县	101	49	7	83	65
平潭县					
福清市	5774	1286	1819	4659	3919
厦门市	**38500**	**8853**	**11280**	**31303**	**29673**
思明区	1557	422	530	1356	973
海沧区	7577	1450	2029	6003	6000
湖里区	1962	618	408	1507	1561
集美区	8163	1824	2269	6772	6329
同安区	4322	1152	1006	3687	3340
翔安区	655	292	80	434	404
火炬高新区	14264	3095	4958	11544	11065
莆田市	**2984**	**709**	**816**	**2439**	**1855**
城厢区	389	124	134	331	262
涵江区	757	202	226	639	488
荔城区	837	199	177	683	577
秀屿区	482	109	152	416	282
仙游县	388	67	84	252	148
北　岸	131	8	43	118	98
三明市	**3754**	**852**	**1297**	**2460**	**3060**
梅列区	1540	442	714	903	1466
三元区	203	43	46	120	165
明溪县	112	21	42	87	76
清流县	47	6	5	1	10
宁化县	186	34	56	154	163
大田县	13	3	5	6	
尤溪县	126	33	12	114	73
沙　县	442	104	105	244	310
将乐县	231	37	14	170	206
建宁县	146	7	48	124	85
永安市	708	122	250	537	505
泉州市	**20495**	**5206**	**5244**	**16209**	**13916**
鲤城区	583	117	202	504	465
丰泽区	720	102	205	584	457
洛江区	528	72	198	415	271
泉港区	511	157	142	386	294
惠安县	840	313	280	719	539
安溪县	1613	307	503	1284	1134

1-C-9　续表

地　　区	R&D人员合计(人)	#女性	#研究人员	#全时人员	R&D人员折合全时当量(人年)
永春县	512	104	165	306	250
德化县	1545	477	210	865	893
台商投资区	502	91	172	421	230
泉州开发区	986	338	210	763	632
石狮市	2257	496	766	1753	1213
晋江市	6084	1776	1252	4914	4593
南安市	3814	856	939	3295	2945
漳州市	**11173**	**2684**	**2597**	**8975**	**8094**
芗城区	2100	300	368	1612	1548
龙文区	728	280	194	512	566
漳州台商投资区	1838	515	405	1472	1317
招商局漳州开发区	126	19	72	114	45
云霄县	354	69	96	305	278
漳浦县	537	182	136	449	460
诏安县	597	199	100	502	315
长泰县	2510	509	665	2254	1882
东山县	457	92	123	277	389
南靖县	685	143	195	539	372
平和县	178	64	21	98	160
华安县	332	111	54	253	195
常山华侨经济开发区	36	3	15	32	36
龙海市	695	198	153	556	530
南平市	**3047**	**754**	**681**	**2060**	**2231**
延平区	1535	278	370	854	1141
建阳区	227	53	57	169	142
顺昌县	212	66	25	166	147
浦城县	353	69	67	283	309
光泽县	153	114	35	136	153
松溪县	22	14	4	13	2
政和县					
邵武市	458	130	105	381	277
武夷山市	38	18	13	34	27
建瓯市	49	12	5	24	32
龙岩市	**4988**	**1139**	**1645**	**3632**	**3363**
新罗区	2300	470	877	1789	1541
永定区	326	34	118	209	177
长汀县	531	179	117	385	378
上杭县	868	231	352	541	536
武平县	284	59	54	197	204
连城县	340	101	60	273	260
漳平市	339	65	67	238	266
宁德市	**6820**	**1338**	**2428**	**4921**	**2704**
蕉城区	6074	1165	2225	4366	2252
霞浦县	17		1	15	9
古田县					
屏南县	43	14	18	27	20
寿宁县	59	10	10	53	54
柘荣县	85	33	48	77	38
东侨开发区	9	3	5	8	9
福安市	225	54	49	124	120
福鼎市	308	59	72	251	202

1-C-10 各地区内资企业R&D人员情况

地　　区	R&D人员合计（人）	#女性	#研究人员	#全时人员	R&D人员折合全时当量（人年）
全　省	**112822**	**25038**	**33645**	**87115**	**77591**
福州市	**22227**	**4675**	**7948**	**16310**	**14481**
鼓楼区	3673	591	1549	1957	1901
台江区	258	45	108	189	161
仓山区	2912	618	1123	2396	2208
马尾区	2904	515	1230	2454	2224
晋安区	785	278	248	590	485
长乐区	3448	1095	1123	2539	2721
闽侯县	1873	358	590	1362	1143
连江县	817	138	243	484	508
罗源县	555	60	193	429	287
闽清县	398	83	98	328	270
永泰县	140	68	11	116	87
平潭县	3		1		
福清市	4461	826	1431	3466	2486
厦门市	**29467**	**6315**	**8886**	**24154**	**22234**
思明区	915	193	381	812	710
海沧区	4046	895	1246	3407	3180
湖里区	892	202	155	678	604
集美区	4491	918	1229	3415	3372
同安区	5599	1375	1190	4803	4233
翔安区	368	142	81	295	289
火炬高新区	13156	2590	4604	10744	9845
莆田市	**3952**	**1031**	**1260**	**3181**	**2559**
城厢区	1046	326	330	836	728
涵江区	1132	306	467	949	655
荔城区	719	124	190	585	498
秀屿区	501	138	154	362	334
仙游县	554	137	119	449	345
三明市	**6132**	**1365**	**1868**	**4081**	**4563**
梅列区	1610	450	745	963	1514
三元区	428	79	98	238	351
明溪县	203	40	62	160	145
清流县	166	33	34	71	67
宁化县	211	38	66	168	187
大田县	261	54	83	194	124
尤溪县	358	66	77	242	213
沙　县	906	210	211	634	560
将乐县	521	74	75	378	427
泰宁县	166	46	45	83	78
建宁县	344	95	49	219	219
永安市	958	180	323	731	678
泉州市	**18879**	**4212**	**5093**	**14551**	**12645**
鲤城区	1052	195	359	864	749
丰泽区	838	100	240	690	562
洛江区	885	111	274	726	485
泉港区	747	215	205	574	436
惠安县	1238	385	367	1012	866
安溪县	1730	313	525	1332	1234

1-C-10　续表

地　　区	R&D人员合计（人）	#女性	#研究人员	#全时人员	R&D人员折合全时当量（人年）
永春县	447	61	117	264	276
德化县	2126	631	285	1275	1233
台商投资区	471	88	179	355	290
泉州开发区	659	115	171	443	385
石狮市	1173	402	482	830	677
晋江市	2792	600	687	2190	1891
南安市	4721	996	1202	3996	3561
漳州市	**13822**	**3346**	**3171**	**10955**	**9815**
芗城区	2488	396	527	1990	1828
龙文区	1143	488	194	838	760
漳州台商投资区	1081	216	258	864	859
招商局漳州开发区	63	2	22	47	41
云霄县	487	107	150	418	387
漳浦县	927	361	203	724	744
诏安县	1099	335	233	900	643
长泰县	3316	647	883	2917	2400
东山县	543	88	124	336	424
南靖县	776	167	202	536	481
平和县	508	156	87	337	404
华安县	514	149	88	388	315
常山华侨经济开发区	91	17	22	77	20
龙海市	786	217	178	583	509
南平市	**5731**	**1372**	**1253**	**4245**	**3972**
延平区	1469	267	358	896	1080
建阳区	907	219	214	721	637
顺昌县	210	61	29	154	121
浦城县	600	103	95	505	478
光泽县	212	133	49	184	198
松溪县	200	50	47	131	137
政和县	249	64	61	195	191
邵武市	827	204	178	658	516
武夷山市	341	101	72	262	209
建瓯市	716	170	150	539	406
龙岩市	**8180**	**1905**	**2463**	**5956**	**5299**
新罗区	2977	625	1120	2212	1966
永定区	953	158	276	624	574
长汀县	774	250	150	574	531
上杭县	1148	316	417	807	629
武平县	822	181	168	599	578
连城县	968	281	212	751	661
漳平市	538	94	120	389	360
宁德市	**4432**	**817**	**1703**	**3682**	**2024**
蕉城区	2916	509	1298	2613	1141
霞浦县	65	5	7	53	27
古田县	50	23	14	41	29
屏南县	30	7	5	10	13
寿宁县	205	33	61	121	114
周宁县	34	9	8	26	25
柘荣县	174	63	83	151	62
东侨开发区	50	11	15	45	36
福安市	398	74	85	242	222
福鼎市	510	83	127	380	355

1-C-11 各地区港澳台商投资企业R&D人员情况

地　区	R&D人员合计(人)	#女性	#研究人员	#全时人员	R&D人员折合全时当量(人年)
全　省	**35115**	**9149**	**9095**	**27961**	**24484**
福州市	**6267**	**1857**	**1901**	**5206**	**4844**
鼓楼区	947	166	421	853	836
台江区					
仓山区	825	346	222	663	541
马尾区	624	301	165	493	439
晋安区	248	86	52	207	166
长乐区	191	57	86	152	130
闽侯县	763	248	290	640	596
连江县	88	24	36	77	29
罗源县	35	1	8	28	30
闽清县	19	5	5	17	10
永泰县					
平潭县					
福清市	2527	623	616	2076	2066
厦门市	**10575**	**2670**	**2632**	**8810**	**8279**
思明区	340	125	129	270	232
海沧区	3356	596	940	2674	2634
湖里区	1127	465	133	903	954
集美区	1692	524	264	1471	1183
同安区	1335	420	297	1145	1073
翔安区	8	4		7	3
火炬高新区	2717	536	869	2340	2200
莆田市	**830**	**179**	**207**	**725**	**610**
城厢区	86	22	16	68	58
涵江区	330	82	103	284	227
荔城区	245	62	43	221	192
秀屿区	6	2	1	5	3
仙游县	32	3	1	29	32
北　岸	131	8	43	118	98
三明市	**152**	**47**	**48**	**102**	**77**
梅列区					
三元区					
明溪县					
清流县	64	22	5	33	19
宁化县					
大田县	8	3	3	5	1
尤溪县	36	12	21	32	29
沙　县	5	1	1	5	
将乐县					
泰宁县					
建宁县	35	6	17	23	23
永安市	4	3	1	4	4
泉州市	**8774**	**2382**	**2175**	**7220**	**5645**
鲤城区	193	31	37	174	133
丰泽区	154	46	52	131	112
洛江区	110	20	37	75	63
泉港区	20	3	8	18	4
惠安县	313	108	104	262	139
安溪县	58	9	11	50	50

1-C-11　续表

地　　区	R&D人员合计（人）	#女性	#研究人员	#全时人员	R&D人员折合全时当量（人年）
永春县	39	3	9	23	15
德化县	53	14	10	35	10
台商投资区	481	82	148	390	163
泉州开发区	617	278	146	555	433
石狮市	1935	392	638	1565	988
晋江市	4359	1289	887	3555	3314
南安市	442	107	88	387	221
漳州市	**4220**	**1068**	**975**	**3423**	**3145**
芗城区	307	41	34	214	238
龙文区	336	49	76	252	276
漳州台商投资区	1365	405	345	1096	927
招商局漳州开发区	14	4	5	10	10
云霄县	91	19	21	72	72
漳浦县	627	170	162	516	516
诏安县	211	51	43	167	156
长泰县	365	123	62	330	284
东山县	29	3	17	15	24
南靖县	358	87	108	293	231
平和县	27	4	3	19	20
华安县	6	1	1	4	5
常山华侨经济开发区	76	10	22	68	59
龙海市	408	101	76	367	326
南平市	**529**	**133**	**105**	**319**	**397**
延平区	359	81	54	193	284
建阳区	33	8	8	30	24
顺昌县	35	10	12	24	16
浦城县	55	17	19	35	34
光泽县	9	2	1	8	8
松溪县					
政和县					
邵武市					
武夷山市	38	15	11	29	31
建瓯市					
龙岩市	**479**	**127**	**94**	**305**	**294**
新罗区	182	60	34	94	97
永定区	29	2	17	22	13
长汀县	54	10	13	42	17
上杭县	79	9	13	34	69
武平县					
连城县					
漳平市	135	46	17	113	98
宁德市	**3289**	**686**	**958**	**1851**	**1192**
蕉城区	3191	663	935	1782	1118
霞浦县					
古田县					
屏南县	43	14	18	27	20
寿宁县					
柘荣县					
东侨开发区					
福安市	20	2	3	18	20
福鼎市	35	7	2	24	35

1-C-12　各地区外商投资企业R&D人员情况

地　区	R&D人员合计（人）	#女性	#研究人员	#全时人员	R&D人员折合全时当量（人年）
全　省	**24895**	**5571**	**7889**	**19781**	**18648**
福州市	**7356**	**1492**	**2901**	**5746**	**6140**
鼓楼区	157	49	42	129	108
仓山区	4039	726	2033	3555	3604
马尾区	96	14	23	78	55
晋安区	929	368	399	788	648
长乐区	101	8	26	68	56
闽侯县	1497	152	176	679	1201
连江县	91	35	36	70	44
罗源县	39	2	7	29	39
闽清县	24	11	11	20	16
永泰县					
平潭县					
福清市	383	127	148	330	368
厦门市	**12032**	**2800**	**3465**	**9653**	**8981**
思明区	702	189	199	632	327
海沧区	1518	276	280	1009	1115
湖里区	622	104	256	491	490
集美区	4785	947	1439	4154	3733
同安区	754	212	191	582	560
翔安区	531	188	49	342	312
火炬高新区	3120	884	1051	2443	2445
莆田市	**827**	**163**	**204**	**617**	**470**
城厢区	3	1	2	3	2
涵江区	302	52	58	272	222
荔城区	99	69	16	45	45
秀屿区	294	30	89	265	166
仙游县	129	11	39	32	35
北　岸					
三明市	**170**	**29**	**57**	**136**	**80**
梅列区					
三元区					
明溪县					
宁化县					
大田县	14	5	3	11	2
尤溪县					
沙　县	15	2	4	8	10
将乐县	37	15	11	32	2
建宁县	83	5	31	72	49
永安市	21	2	8	13	17
泉州市	**1430**	**386**	**433**	**1002**	**872**
鲤城区					
丰泽区	10	5	1	9	9
洛江区	54	5	14	49	43
泉港区	60	4	30	16	22
惠安县	114	39	37	93	85

1-C-12　续表

地　区	R&D人员合计(人)	#女性	#研究人员	#全时人员	R&D人员折合全时当量(人年)
安溪县					
永春县	217	82	88	163	72
德化县	81	22	12	32	77
台商投资区	112	24	39	86	54
泉州开发区					
石狮市	251	66	101	157	96
晋江市	310	114	48	206	213
南安市	221	25	63	191	201
漳州市	**1373**	**325**	**408**	**1197**	**958**
芗城区	27	2	12	24	27
龙文区	268	53	121	238	190
漳州台商投资区	278	57	49	251	190
招商局漳州开发区	180	20	75	163	82
云霄县	63	9	21	57	50
漳浦县	302	106	79	251	276
诏安县	53	6	11	40	28
长泰县					
东山县	39	23	13	32	35
南靖县	152	47	22	131	71
平和县					
华安县	10	1	4	9	10
常山华侨经济开发区	1	1	1	1	
龙海市					
南平市	**332**	**87**	**58**	**256**	**259**
延平区	73	15	18	62	61
建阳区					
顺昌县	95	31	12	69	77
浦城县	90	15	15	61	71
光泽县					
松溪县					
邵武市	61	15	12	52	40
武夷山市					
建瓯市	13	11	1	12	9
龙岩市	**1206**	**244**	**327**	**1025**	**772**
新罗区	884	192	208	760	595
永定区	118	18	66	106	45
长汀县					
上杭县	145	17	35	108	91
武平县	33	8	9	28	24
连城县	17	4	6	15	15
漳平市	9	5	3	8	2
宁德市	**169**	**45**	**36**	**149**	**116**
古田县	19	4	4	14	14
屏南县					
寿宁县	59	10	10	53	54
东侨开发区	28	11	13	25	22
福安市					
福鼎市	63	20	9	57	26

D.企业R&D经费支出情况

1-D-1.1 分登记注册类型企业R&D经费内部支出情况

单位：万元

登记注册类型	R&D经费内部支出	日常性支出	#人员劳务费	资产性支出	#仪器和设备	#政府资金	#企业资金
总　计	**5249417**	**4642887**	**1686130**	**606530**	**599981**	**97256**	**5104474**
内资企业	**3449555**	**2983661**	**1019839**	**465894**	**460243**	**70824**	**3347733**
国有企业	993	967	471	26	26		983
集体企业	542	367	113	175	174	45	497
股份合作企业	1345	1329	432	16	16		1345
联营企业	10	10	7				10
集体联营企业	10	10	7				10
有限责任公司	1173162	1034949	330127	138213	136564	29367	1133815
国有独资公司	16528	15731	7644	797	787	252	16276
其他有限责任公司	1156634	1019218	322483	137416	135777	29114	1117539
股份有限公司	494850	447842	186671	47008	46595	14297	478904
私营企业	1778653	1498197	502019	280456	276869	27116	1732180
私营独资企业	12784	11036	2071	1748	1732	46	12538
私营合伙企业	1630	1009	194	621	602		1630
私营有限责任公司	1319844	1162951	360934	156893	155342	17147	1285437
私营股份有限公司	444395	323201	138821	121194	119193	9923	432576
其他企业							
港、澳、台商投资企业	**1133624**	**1036294**	**378389**	**97330**	**96711**	**14018**	**1110370**
合资经营企业	321641	295458	93823	26184	25999	5121	313734
合作经营企业	1373	1219	120	154	154		1373
港、澳、台商独资经营企业	740155	676466	256655	63690	63275	7374	726634
港、澳、台商投资股份有限公司	62664	57005	25456	5659	5650	1198	61164
其他港、澳、台投资企业	7790	6146	2335	1643	1633	325	7465
外商投资企业	**666238**	**622932**	**287902**	**43306**	**43027**	**12414**	**646371**
中外合资经营企业	292766	279021	134979	13745	13557	6291	285174
中外合作经营企业	15141	12669	7353	2472	2463	403	14235
外资企业	321910	296362	130630	25548	25502	4957	311625
外商投资股份有限公司	32387	31086	14286	1301	1269	703	31684
其他外商投资企业	4034	3793	654	241	236	60	3653

1-D-1.2　分登记注册类型大中型企业R&D经费内部支出情况

单位：万元

登记注册类型	R&D经费内部支出	日常性支出	#人员劳务费	资产性支出	#仪器和设备	#政府资金	#企业资金
总　计	**3821706**	**3386501**	**1284015**	**435205**	**430366**	**73238**	**3716967**
内资企业	**2272092**	**1948200**	**694446**	**323893**	**319664**	**50926**	**2202334**
国有企业	890	890	445				890
集体企业							
股份合作企业	731	731	290				731
联营企业							
国有联营企业							
集体联营企业							
国有与集体联营企业							
其他联营企业							
有限责任公司	918198	799567	256136	118631	117275	25382	887115
国有独资公司	11849	11314	5820	535	527	93	11755
其他有限责任公司	906349	788253	250316	118096	116748	25289	875360
股份有限公司	399605	361792	154611	37813	37438	11881	386111
私营企业	952668	785220	282964	167448	164951	13663	927486
私营独资企业	1548	941	145	607	602	40	1508
私营合伙企业							
私营有限责任公司	577206	524470	167428	52737	52222	6527	560907
私营股份有限公司	373914	259810	115391	114105	112126	7096	365071
其他企业							
港、澳、台商投资企业	**968183**	**892660**	**332949**	**75523**	**75156**	**11668**	**949536**
合资经营企业	267305	246876	78295	20429	20334	4244	260883
合作经营企业	921	921	75				921
港、澳、台商独资经营企业	638507	590053	229562	48454	48195	6244	627481
港、澳、台商投资股份有限公司	56700	51143	23520	5557	5548	1109	55573
其他港、澳、台投资企业	4750	3667	1497	1083	1078	71	4679
外商投资企业	**581431**	**545642**	**256619**	**35790**	**35546**	**10645**	**565097**
中外合资经营企业	257939	246651	120486	11288	11119	5055	252098
中外合作经营企业	13227	11283	6838	1944	1935	403	12824
外资企业	276071	255046	115903	21025	20996	4484	267004
外商投资股份有限公司	30985	29684	12967	1301	1269	703	30282
其他外商投资企业	3210	2978	426	232	227		2889

1-D-1.3 分行业企业R&D经费内部支出情况

单位：万元

行　业	R&D经费内部支出	日常性支出	#人员劳务费	资产性支出	#仪器和设备	#政府资金	#企业资金
总　计	**5249417**	**4642887**	**1686130**	**606530**	**599981**	**97256**	**5104474**
采矿业	**15770**	**13942**	**4127**	**1828**	**1794**	**319**	**15015**
煤炭开采和洗选业	829	699	175	130	123	129	700
烟煤和无烟煤开采洗选	829	699	175	130	123	129	700
褐煤开采洗选							
其他煤炭采选							
石油和天然气开采业							
石油开采							
天然气开采							
黑色金属矿采选业	4819	4154	1148	665	647	77	4743
#铁矿采选	4819	4154	1148	665	647	77	4743
锰矿、铬矿采选							
有色金属矿采选业	5254	4940	1802	314	305	84	4967
常用有色金属矿采选	553	553	180			84	469
贵金属矿采选	2783	2644	795	139	138		2581
稀有稀土金属矿采选	1918	1743	827	175	167		1918
非金属矿采选业	4869	4151	1002	719	719	29	4606
土砂石开采	4645	4031	987	614	614	29	4382
化学矿开采							
采盐							
石棉及其他非金属矿采选	224	120	15	104	104		224
开采专业及辅助性活动							
石油和天然气开采专业及辅助性活动							
制造业	**5168989**	**4576198**	**1665410**	**592790**	**586326**	**96782**	**5025317**
农副食品加工业	201702	178667	41553	23035	22735	2675	195863
谷物磨制	5748	5457	1136	291	281	12	5736
饲料加工	54547	50221	10843	4325	4295	427	53814
植物油加工	4173	4078	791	95	95	7	4166
制糖业							
屠宰及肉类加工	30368	25878	5165	4489	4442	168	29799
水产品加工	69013	59366	14971	9647	9494	904	66467
蔬菜、菌类、水果和坚果加工	29032	26014	6779	3018	2984	1153	27062
其他农副食品加工	8822	7652	1867	1170	1145	3	8819
食品制造业	116110	103458	28245	12653	12431	1724	113064
焙烤食品制造	22607	20828	4904	1778	1656	208	22268
糖果、巧克力及蜜饯制造	23442	20655	3811	2787	2775	472	22299

1-D-1.3　续表 1　　　　　　　　　　　　　　　　　　　　单位：万元

行　　业	R&D经费内部支出	日常性支出	#人员劳务费	资产性支出	#仪器和设备	#政府资金	#企业资金
方便食品制造	13671	12777	4676	893	857	200	13469
乳制品制造	3029	2926	403	104	104		3029
罐头食品制造	15329	14353	4324	977	963	367	14963
调味品、发酵制品制造	13307	12481	2861	826	826	40	13064
其他食品制造	24725	19438	7266	5287	5253	438	23972
酒、饮料和精制茶制造业	51678	47766	12015	3912	3869	896	50540
酒的制造	26753	24888	6024	1865	1860	35	26520
饮料制造	14071	13019	3907	1052	1046	431	13607
精制茶加工	10854	9859	2084	995	963	431	10413
烟草制品业	2533	2294	1323	239	230		2533
烟叶复烤	458	448	254	9			458
卷烟制造	1612	1437	715	175	175		1612
其他烟草制品制造	463	409	354	55	55		463
纺织业	224836	197730	51393	27106	26991	1156	221224
棉纺织及印染精加工	163991	145000	33441	18991	18896	683	162329
毛纺织及染整精加工	423	423	163				423
麻纺织及染整精加工							
丝绢纺织及印染精加工							
化纤织造及印染精加工	7878	7398	2384	480	480	69	7787
针织或钩针编织物及其制品制造	21830	17539	6560	4291	4282	206	20829
家用纺织制成品制造	6629	5576	1546	1054	1050	4	6626
产业用纺织制成品制造	24085	21794	7299	2291	2283	194	23231
纺织服装、服饰业	117802	110510	41378	7292	7146	184	115968
机织服装制造	82623	78108	31196	4515	4434	174	81816
针织或钩针编织服装制造	33432	30893	9442	2539	2481	10	32405
服饰制造	1748	1510	740	238	231		1748
皮革、毛皮、羽毛及其制品和制鞋业	80541	77193	30221	3348	3308	487	79703
皮革鞣制加工	10615	10258	4049	358	358		10615
皮革制品制造	27565	26081	8172	1484	1456	183	27037
毛皮鞣制及制品加工							
羽毛(绒)加工及制品制造							
制鞋业	42361	40854	18000	1506	1495	304	42051
木材加工和木、竹、藤、棕、草制品业	37369	32003	8796	5366	5313	114	37233
木材加工	4653	3762	864	891	891	9	4644
人造板制造	14439	12553	3906	1886	1879	52	14387
木质制品制造	5557	5017	1199	540	529	16	5541
竹、藤、棕、草等制品制造	12720	10670	2827	2050	2014	37	12661
家具制造业	23120	22318	8505	802	786	216	22756
木质家具制造	12687	12368	5251	319	312	190	12367
竹、藤家具制造	254	238	43	16	16	10	244
金属家具制造	4897	4761	2295	136	133	16	4865
塑料家具制造							
其他家具制造	5281	4950	916	331	325	1	5280

1-D-1.3 续表 2

单位：万元

行业	R&D经费内部支出	日常性支出	#人员劳务费	资产性支出	#仪器和设备	#政府资金	#企业资金
造纸和纸制品业	100509	91935	17763	8573	8351	549	99209
纸浆制造	275	275	44				275
造纸	50297	47418	9200	2879	2776	261	49789
纸制品制造	49937	44243	8519	5694	5575	288	49145
印刷和记录媒介复制业	23316	21825	7404	1491	1478	44	22623
印刷	23316	21825	7404	1491	1478	44	22623
装订及印刷相关服务							
记录媒介复制							
文教、工美、体育和娱乐用品制造业	106635	96472	38246	10163	10028	1032	100207
文教办公用品制造	13225	10491	3200	2734	2719	2	13223
乐器制造	624	355	292	269	269		624
工艺美术及礼仪用品制造	52313	47449	16115	4863	4752	209	49751
体育用品制造	26224	24409	12794	1815	1806	710	24563
玩具制造	11241	10763	4286	478	477	112	10147
游艺器材及娱乐用品制造	3009	3004	1559	5	5		1899
石油、煤炭及其他燃料加工业	19864	19552	3403	312	293	287	19493
精炼石油产品制造	14958	14660	2562	299	280	205	14669
煤炭加工	1586	1586	273			82	1504
核燃料加工							
生物质燃料加工	3320	3307	569	13	13		3320
化学原料和化学制品制造业	214578	200423	52837	14155	13905	3179	209759
基础化学原料制造	57082	53236	10315	3846	3783	653	56137
肥料制造	14096	12778	3658	1318	1267	287	13781
农药制造	1856	1813	717	43	40	73	1782
涂料、油墨、颜料及类似产品制造	24858	24097	10691	761	756	599	23812
合成材料制造	52055	49253	7882	2802	2769	854	51027
专用化学产品制造	47529	43340	13184	4189	4099	507	46684
炸药、火工及焰火产品制造	1252	1012	548	240	240	36	1217
日用化学产品制造	15850	14894	5842	956	952	170	15319
医药制造业	74441	64023	26168	10418	10364	4147	68529
化学药品原料药制造	10012	8886	3382	1126	1122	80	9931
化学药品制剂制造	13641	11939	4315	1702	1671	712	12729
中药饮片加工	1905	1651	441	254	254	213	1692
中成药生产	18633	15157	6618	3476	3475	1578	16437
兽用药品制造	4637	4266	2162	372	370	69	4020
生物药品制品制造	24006	20618	9022	3389	3373	1495	22322
卫生材料及医药用品制造	8	8	6				8
药用辅料及包装材料	1599	1499	223	100	100		1390
化学纤维制造业	164535	154472	30190	10062	9998	1308	162824
纤维素纤维原料及纤维制造	17760	17472	4819	287	287	1	17759
合成纤维制造	146775	137000	25371	9775	9711	1307	145065
生物基材料制造							

1-D-1.3　续表 3　　　　单位：万元

行　业	R&D经费内部支出	日常性支出	#人员劳务费	资产性支出	#仪器和设备	#政府资金	#企业资金
橡胶和塑料制品业	191031	175270	64508	15761	15548	4840	183698
橡胶制品业	55272	51894	23193	3378	3376	2052	53220
塑料制品业	135759	123377	41315	12383	12172	2788	130478
非金属矿物制品业	265770	240004	81814	25767	25223	1393	260461
水泥、石灰和石膏制造	33246	29664	4798	3583	3386		33246
石膏、水泥制品及类似制品制造	23999	22061	7437	1938	1921	292	23215
砖瓦、石材等建筑材料制造	29944	28803	8623	1141	1121	246	29698
玻璃制造	38225	32357	18495	5868	5790	91	38134
玻璃制品制造	5691	5308	2122	383	383	150	5491
玻璃纤维和玻璃纤维增强塑料制品制造	2548	1798	355	750	750		2451
陶瓷制品制造	120932	109871	37051	11061	10831	517	117704
耐火材料制品制造	2728	2672	656	57	57		2728
石墨及其他非金属矿物制品制造	8457	7471	2277	987	985	97	7794
黑色金属冶炼和压延加工业	251638	210459	37471	41178	40597	746	250527
炼铁							
炼钢	2334	2334	20				2334
钢压延加工	248139	206961	37111	41178	40597	746	247346
铁合金冶炼	1165	1165	341				848
有色金属冶炼和压延加工业	186639	165675	42750	20965	20777	2161	183917
常用有色金属冶炼	38145	30912	3317	7233	7120		38145
贵金属冶炼	33132	26006	8590	7126	7125	220	32912
稀有稀土金属冶炼	27577	27560	9210	17	17	999	26578
有色金属合金制造	5462	4469	1518	993	991	14	5443
有色金属压延加工	82322	76727	20115	5595	5525	929	80838
金属制品业	151167	138510	55959	12657	12606	3466	147377
结构性金属制品制造	24605	22704	8089	1901	1897	259	24256
金属工具制造	7211	6670	2586	542	541	84	7128
集装箱及金属包装容器制造	14107	12069	4188	2039	2036		13981
金属丝绳及其制品制造	583	567	249	16	16		583
建筑、安全用金属制品制造	55433	50739	25390	4695	4678	2740	52671
金属表面处理及热处理加工	11313	11015	3297	299	299	107	11206
搪瓷制品制造	314	301	121	13	13		314
金属制日用品制造	3547	3060	918	487	484	1	3546
铸造及其他金属制品制造	34054	31386	11122	2668	2644	276	33693
通用设备制造业	209900	189427	89748	20473	20353	5792	202845
锅炉及原动设备制造	3864	3798	1804	66	65	117	3667
金属加工机械制造	21526	18652	7053	2874	2865	478	21048
物料搬运设备制造	19031	17599	8756	1431	1419	746	18090
泵、阀门、压缩机及类似机械制造	40817	32043	9413	8774	8766	524	40223
轴承、齿轮和传动部件制造	19833	17582	7467	2251	2234	1872	17924
烘炉、风机、包装等设备制造	16478	15543	6077	934	930	411	15487
文化、办公用机械制造	71213	68778	41224	2435	2427	1229	69755

1-D-1.3 续表 4 单位：万元

行业	R&D经费内部支出	日常性支出	#人员劳务费	资产性支出	#仪器和设备	#政府资金	#企业资金
通用零部件制造	9760	8282	4684	1478	1466	117	9643
其他通用设备制造业	7380	7150	3269	230	180	298	7009
专用设备制造业	219371	197837	76448	21534	21310	6553	210815
采矿、冶金、建筑专用设备制造	70385	60994	18302	9391	9336	1293	67744
化工、木材、非金属加工专用设备制造	23880	20100	9155	3780	3755	262	23618
食品、饮料、烟草及饲料生产专用设备制造	8269	6613	1632	1656	1630	50	8219
印刷、制药、日化及日用品生产专用设备制造	4704	4452	1460	252	252	47	4657
纺织、服装和皮革加工专用设备制造	13613	12257	4351	1355	1335	252	13346
电子和电工机械专用设备制造	11925	11020	5665	905	904	165	11250
农、林、牧、渔专用机械制造	3067	2665	673	402	402	145	2910
医疗仪器设备及器械制造	24989	24003	12650	986	955	2066	22895
环保、邮政、社会公共服务及其他专用设备制造	58539	55732	22560	2807	2741	2275	56175
汽车制造业	239255	215688	79137	23567	23363	5339	232492
汽车整车制造	100562	95835	39290	4728	4607	2466	97925
汽车用发动机制造							
改装汽车制造	17089	13841	2962	3248	3244	636	16453
低速汽车制造							
电车制造	159	159	17				159
汽车车身、挂车制造	4503	3079	1683	1424	1424		4503
汽车零部件及配件制造	116941	102774	35185	14167	14088	2237	113452
铁路、船舶、航空航天和其他运输设备制造业	35140	32025	12484	3116	2962	1816	33183
铁路运输设备制造	3103	3037	1439	65	65		3103
城市轨道交通设备制造							
船舶及相关装置制造	18246	16711	5393	1535	1465	1672	16574
航空、航天器及设备制造							
摩托车制造	11779	10361	4154	1418	1336	60	11651
自行车和残疾人座车制造	1764	1675	1385	90	88	84	1608
助动车制造							
非公路休闲车及零配件制造							
潜水救捞及其他未列明运输设备制造	248	241	112	8	8		248
电气机械和器材制造业	699251	556925	247216	142326	140410	8703	685416
电机制造	23944	21260	8086	2684	2667	486	22027
输配电及控制设备制造	88264	83693	39950	4571	4460	2183	84918
电线、电缆、光缆及电工器材制造	40451	39635	5087	816	816	13	39954
电池制造	441935	316866	152574	125069	123297	4159	437455
家用电力器具制造	50123	44621	17197	5503	5495	635	49337
非电力家用器具制造	2899	1975	1043	924	924	38	2861
照明器具制造	47897	45401	21303	2496	2487	955	45359
其他电气机械及器材制造	3739	3475	1976	264	264	235	3504
计算机、通信和其他电子设备制造业	1073947	954759	442912	119188	118736	36747	1028794
计算机制造	222399	219243	113337	3156	3141	3071	219163
通信设备制造	93662	86593	56548	7070	7057	2427	86873

1-D-1.3　续表 5　　　　单位：万元

行　业	R&D经费内部支出	日常性支出	#人员劳务费	资产性支出	#仪器和设备	#政府资金	#企业资金
广播电视设备制造	40088	39008	16000	1081	1078	2093	37996
雷达及配套设备制造	414	410	318	3	2		414
非专业视听设备制造	66131	63524	23577	2607	2600	1158	63614
智能消费设备制造	18627	17648	11568	979	979	548	17774
电子器件制造	497802	408103	173001	89699	89376	25800	470123
电子元件及电子专用材料制造	118659	105963	39485	12696	12645	1508	116818
其他电子设备制造	16165	14268	9078	1897	1859	145	16021
仪器仪表制造业	55291	51243	27556	4048	3975	1185	53951
通用仪器仪表制造	23759	21922	14553	1837	1801	721	23038
专用仪器仪表制造	5725	5098	2110	627	620	36	5568
钟表与计时仪器制造	11650	10964	5217	686	682	183	11467
光学仪器制造	8442	8151	4406	291	267	233	8209
衡器制造	4504	3983	828	522	520		4470
其他仪器仪表制造业	1210	1125	442	85	85	12	1198
其他制造业	24337	21496	6070	2842	2802	31	24021
日用杂品制造	23148	20306	5271	2842	2802	31	22831
核辐射加工							
其他未列明制造业	1190	1190	800				1190
废弃资源综合利用业	2741	2670	665	71	71	13	2633
金属废料和碎屑加工处理							
非金属废料和碎屑加工处理	2741	2670	665	71	71	13	2633
金属制品、机械和设备修理业	3944	3572	1234	372	370		3659
金属制品修理	65	65	21				65
通用设备修理							
专用设备修理	542	542	154				542
铁路、船舶、航空航天等运输设备修理	3338	2965	1060	372	370		3053
电气设备修理							
其他机械和设备修理业							
电力、热力、燃气及水生产和供应业	**64658**	**52746**	**16594**	**11912**	**11861**	**155**	**64142**
电力、热力生产和供应业	50949	39388	12235	11561	11512	47	50542
电力生产	44258	32903	8842	11355	11305		43897
电力供应	4469	4469	3065			47	4422
热力生产和供应	2223	2017	329	206	206		2223
燃气生产和供应业	9827	9537	3097	289	288	43	9784
燃气生产和供应业	9827	9537	3097	289	288	43	9784
生物质燃气生产和供应业							
水的生产和供应业	3882	3821	1262	61	61	65	3817
自来水生产和供应	223	193	34	30	30		223
污水处理及其再生利用	3659	3628	1229	31	31	65	3594
海水淡化处理							
其他水的处理、利用与分配							

1-D-1.4 分行业大中型企业R&D经费内部支出情况

单位：万元

行业	R&D经费内部支出	日常性支出	#人员劳务费	资产性支出	#仪器和设备	#政府资金	#企业资金
总计	**3821706**	**3386501**	**1284015**	**435205**	**430366**	**73238**	**3716967**
采矿业	**6167**	**5499**	**2315**	**669**	**642**	**6**	**6162**
煤炭开采和洗选业	440	355	81	85	81		440
烟煤和无烟煤开采洗选	440	355	81	85	81		440
褐煤开采洗选							
其他煤炭采选							
石油和天然气开采业							
石油开采							
天然气开采							
黑色金属矿采选业	1776	1557	845	218	204		1776
铁矿采选	1776	1557	845	218	204		1776
锰矿、铬矿采选							
其他黑色金属矿采选							
有色金属矿采选业	3078	2873	903	205	197		3078
常用有色金属矿采选							
贵金属矿采选	1160	1130	76	30	30		1160
稀有稀土金属矿采选	1918	1743	827	175	167		1918
非金属矿采选业	874	714	486	160	160	6	869
土砂石开采	874	714	486	160	160	6	869
化学矿开采							
采盐							
石棉及其他非金属矿采选							
开采专业及辅助性活动							
煤炭开采和洗选专业及辅助性活动							
石油和天然气开采专业及辅助性活动							
其他开采专业及辅助性活动							
其他采矿业							
其他采矿业							
制造业	**3762745**	**3339673**	**1268259**	**423072**	**418307**	**73121**	**3658483**
农副食品加工业	97813	84620	21785	13193	13020	815	95996
谷物磨制							
饲料加工	24153	21618	5571	2536	2525	193	23784
植物油加工	765	762	52	3	3		765
制糖业							
屠宰及肉类加工	17908	14086	2562	3822	3790	4	17583
水产品加工	40330	34380	9857	5950	5821	238	39855
蔬菜、菌类、水果和坚果加工	11337	10758	3009	579	578	381	10689
其他农副食品加工	3320	3016	735	304	303		3320
食品制造业	67073	58964	15830	8109	8024	1245	65552
焙烤食品制造	17604	16458	3660	1146	1097	208	17323
糖果、巧克力及蜜饯制造	14759	12932	2056	1827	1820	428	14331
方便食品制造	5673	5429	2560	245	244	200	5473
乳制品制造	3029	2926	403	104	104		3029
罐头食品制造	9531	8845	2963	685	673	271	9260
调味品、发酵制品制造	4724	4224	976	500	500	15	4506
其他食品制造	11754	8151	3212	3603	3586	124	11630
酒、饮料和精制茶制造业	28864	28200	7300	664	662	423	28441
酒的制造	18500	18240	4426	261	261		18500
饮料制造	7871	7555	2058	316	316	310	7562
精制茶加工	2492	2406	816	87	85	113	2379

1-D-1.4　续表 1　　　　单位：万元

行　　业	R&D经费内部支出	日常性支出	#人员劳务费	资产性支出	#仪器和设备	#政府资金	#企业资金
烟草制品业	1768	1528	1217	239	230		1768
烟叶复烤	458	448	254	9			458
卷烟制造	846	671	608	175	175		846
其他烟草制品制造	463	409	354	55	55		463
纺织业	186286	164550	42516	21736	21645	990	183603
棉纺织及印染精加工	146173	129920	29964	16253	16166	622	144678
毛纺织及染整精加工	423	423	163				423
麻纺织及染整精加工							
丝绢纺织及印染精加工							
化纤织造及印染精加工	3727	3677	1474	51	50	40	3687
针织或钩针编织物及其制品制造	16492	13031	5332	3462	3461	200	15532
家用纺织制成品制造	3219	2563	920	656	655		3219
产业用纺织制成品制造	16252	14937	4663	1315	1312	128	16065
纺织服装、服饰业	104121	98684	36335	5436	5338	174	102398
机织服装制造	71624	68644	27207	2980	2945	164	70828
针织或钩针编织服装制造	31563	29213	8721	2350	2293	10	30637
服饰制造	934	828	406	106	100		934
皮革、毛皮、羽毛及其制品和制鞋业	66203	63681	27007	2522	2495	487	65365
皮革鞣制加工	8453	8236	3385	217	217		8453
皮革制品制造	21120	19757	6846	1362	1336	183	20592
毛皮鞣制及制品加工							
羽毛(绒)加工及制品制造							
制鞋业	36630	35688	16777	942	942	304	36321
木材加工和木、竹、藤、棕、草制品业	8547	7059	2818	1488	1479	45	8502
木材加工							
人造板制造	5525	4492	1883	1033	1032	45	5481
木质制品制造	633	633	157				633
竹、藤、棕、草等制品制造	2389	1934	778	455	448		2389
家具制造业	12374	12091	6030	282	274	45	12328
木质家具制造	8758	8507	4256	251	243	45	8712
竹、藤家具制造							
金属家具制造	2459	2428	1395	31	31		2459
塑料家具制造							
其他家具制造	1157	1156	379	1			1157
造纸和纸制品业	74386	70861	13129	3524	3432	452	73528
纸浆制造							
造纸	41274	39704	7239	1570	1482	238	40888
纸制品制造	33112	31158	5889	1954	1950	214	32640
印刷和记录媒介复制业	15085	14016	4767	1069	1064	15	14644
印刷	15085	14016	4767	1069	1064	15	14644
装订及印刷相关服务							
记录媒介复制							
文教、工美、体育和娱乐用品制造业	66038	61138	27481	4900	4822	654	61392
文教办公用品制造	6156	4700	2239	1457	1444		6156
乐器制造	410	157	140	253	253		410
工艺美术及礼仪用品制造	31625	28942	10253	2682	2622	87	29819
体育用品制造	17650	17282	10377	368	363	548	16593
玩具制造	7459	7324	3150	136	135	19	6786
游艺器材及娱乐用品制造	2738	2733	1322	5	5		1628
石油、煤炭及其他燃料加工业	11041	10743	1871	299	280	200	10757

1-D-1.4 续表 2

单位：万元

行业	R&D经费内部支出	日常性支出	#人员劳务费	资产性支出	#仪器和设备	#政府资金	#企业资金
精炼石油产品制造	11041	10743	1871	299	280	200	10757
煤炭加工							
核燃料加工							
生物质燃料加工							
化学原料和化学制品制造业	92643	87815	25195	4828	4763	1606	90272
基础化学原料制造	28492	27919	4975	573	571	601	27892
肥料制造	8098	7666	2429	432	393	80	8018
农药制造							
涂料、油墨、颜料及类似产品制造	14608	14260	7632	348	346	232	13944
合成材料制造	23354	21864	3490	1490	1474	365	22988
专用化学产品制造	10316	9240	4037	1075	1069	231	9972
炸药、火工及焰火产品制造	1252	1012	548	240	240	36	1217
日用化学产品制造	6524	5853	2085	671	671	61	6242
医药制造业	34999	29061	14877	5938	5919	2530	31366
化学药品原料药制造	2945	2677	1349	268	268		2945
化学药品制剂制造	6450	5823	2463	628	617	42	6209
中药饮片加工	54	54	39	1	1	13	41
中成药生产	12129	8818	5070	3311	3311	1474	10323
兽用药品制造	3704	3502	1877	202	200	42	3114
生物药品制品制造	9717	8187	4081	1530	1523	959	8735
卫生材料及医药用品制造							
药用辅料及包装材料							
化学纤维制造业	153615	145122	28312	8493	8489	343	152890
纤维素纤维原料及纤维制造	16170	16170	4446				16170
合成纤维制造	137446	128952	23867	8493	8489	343	136721
生物基材料制造							
橡胶和塑料制品业	117762	106967	43881	10795	10662	2846	114042
橡胶制品业	48938	45965	21155	2973	2972	1220	47718
塑料制品业	68824	61003	22726	7822	7690	1626	66324
非金属矿物制品业	184046	165560	61388	18486	18115	826	180679
水泥、石灰和石膏制造	20746	17891	2609	2855	2794		20746
石膏、水泥制品及类似制品制造	7521	6569	2317	952	947	7	7514
砖瓦、石材等建筑材料制造	17745	17122	4810	623	603	80	17665
玻璃制造	36093	30576	17786	5517	5438	91	36001
玻璃制品制造	2449	2418	1359	31	31	150	2299
玻璃纤维和玻璃纤维增强塑料制品制造	2000	1300	206	700	700		1902
陶瓷制品制造	94554	87229	31139	7326	7119	498	91613
耐火材料制品制造	1215	1208	427	7	7		1215
石墨及其他非金属矿物制品制造	1724	1248	734	477	476		1724
黑色金属冶炼和压延加工业	245863	204876	36050	40987	40409	746	245070
炼铁							
炼钢	2334	2334	20				2334
钢压延加工	243529	202542	36030	40987	40409	746	242736
铁合金冶炼							
有色金属冶炼和压延加工业	163689	144362	38593	19327	19143	2012	161122
常用有色金属冶炼	36660	29427	3185	7233	7120		36660
贵金属冶炼	29381	22377	7627	7004	7004	220	29161
稀有稀土金属冶炼	22074	22057	8610	17	17	967	21106
有色金属合金制造	842	830	633	12	12		842
有色金属压延加工	74733	69673	18538	5061	4991	825	73353

1-D-1.4 续表 3　　　　　　　　　　　　　　　　　　　单位：万元

行　业	R&D经费内部支出	日常性支出	#人员劳务费	资产性支出	#仪器和设备	#政府资金	#企业资金
金属制品业	92851	85208	38114	7643	7622	2913	89920
结构性金属制品制造	12514	12000	3859	514	513	94	12421
金属工具制造	2776	2772	1173	4	4	14	2763
集装箱及金属包装容器制造	8571	7100	2795	1470	1470		8553
金属丝绳及其制品制造							
建筑、安全用金属制品制造	41501	37611	20469	3890	3880	2582	38919
金属表面处理及热处理加工	4306	4211	1870	95	95	105	4201
搪瓷制品制造							
金属制日用品制造	1500	1482	295	18	18		1500
铸造及其他金属制品制造	21683	20032	7652	1651	1643	119	21564
通用设备制造业	128477	116953	62234	11524	11500	4147	123651
锅炉及原动设备制造	1776	1764	1227	12	12	117	1659
金属加工机械制造	4480	4394	2317	87	86	276	4204
物料搬运设备制造	12482	11187	6798	1294	1285	403	12078
泵、阀门、压缩机及类似机械制造	24827	18624	5592	6203	6200	383	24444
轴承、齿轮和传动部件制造	14050	12817	6033	1233	1222	1842	12171
烘炉、风机、包装等设备制造	4901	4649	1745	253	252		4488
文化、办公用机械制造	64269	61980	37695	2289	2288	1125	62914
通用零部件制造	1692	1538	828	154	154		1692
其他通用设备制造业							
专用设备制造业	114331	102519	42038	11812	11711	3592	109418
采矿、冶金、建筑专用设备制造	49895	41264	14153	8631	8616	999	47575
化工、木材、非金属加工专用设备制造	8207	7513	4047	694	694		8207
食品、饮料、烟草及饲料生产专用设备制造	1834	1218	380	617	617		1834
印刷、制药、日化及日用品生产专用设备制造	635	635	294				635
纺织、服装和皮革加工专用设备制造	4061	3079	1296	982	972	40	4021
电子和电工机械专用设备制造	3920	3909	1628	11	11	80	3840
农、林、牧、渔专用机械制造							
医疗仪器设备及器械制造	14881	14413	8274	469	439	1424	13458
环保、邮政、社会公共服务及其他专用设备制造	30898	30489	11967	409	363	1049	29849
汽车制造业	177104	158920	58813	18184	18005	4265	171874
汽车整车制造	90378	86274	35119	4103	3984	1987	88390
汽车用发动机制造							
改装汽车制造	12999	9787	2113	3212	3210	476	12523
低速汽车制造							
电车制造							
汽车车身、挂车制造	2984	1754	1250	1230	1230		2984
汽车零部件及配件制造	70743	61104	20331	9639	9582	1802	67977
铁路、船舶、航空航天和其他运输设备制造业	28425	25882	9739	2543	2394	1770	26529
铁路运输设备制造	3103	3037	1439	65	65		3103
城市轨道交通设备制造							
船舶及相关装置制造	16450	14982	4633	1468	1401	1639	14811
航空、航天器及设备制造							
摩托车制造	8081	7086	2978	995	913	60	7968
自行车和残疾人座车制造	791	776	689	15	15	71	648
助动车制造							
非公路休闲车及零配件制造							
潜水救捞及其他未列明运输设备制造							
电气机械和器材制造业	592107	460890	210716	131217	129339	6855	581939
电机制造	14767	13315	5130	1451	1443	384	13192

1-D-1.4 续表 4　　　　单位：万元

行业	R&D经费内部支出	日常性支出	#人员劳务费	资产性支出	#仪器和设备	#政府资金	#企业资金
输配电及控制设备制造	44262	41140	23772	3122	3031	1283	42701
电线、电缆、光缆及电工器材制造	33847	33496	3053	351	351	13	33649
电池制造	424785	303925	149481	120860	119089	3968	420818
家用电力器具制造	41421	37640	13738	3782	3777	305	40989
非电力家用器具制造							
照明器具制造	31276	29826	14534	1451	1447	758	28986
其他电气机械及器材制造	1749	1548	1009	201	201	144	1605
计算机、通信和其他电子设备制造业	859558	794512	373099	65046	64722	32606	818970
计算机制造	213216	210382	106752	2834	2819	2732	210319
通信设备制造	61300	56069	41365	5231	5231	1643	55295
广播电视设备制造	32238	31352	12952	886	886	1756	30482
雷达及配套设备制造							
非专业视听设备制造	55573	54528	17444	1045	1044	1086	53128
智能消费设备制造	17336	16365	10545	972	972	548	16484
电子器件制造	391128	346021	150272	45107	44824	23838	365563
电子元件及电子专用材料制造	79651	71901	28350	7750	7745	963	78625
其他电子设备制造	9116	7895	5420	1221	1202	41	9075
仪器仪表制造业	21431	20031	12115	1400	1374	521	20789
通用仪器仪表制造	6244	5885	4527	359	359	151	6093
专用仪器仪表制造	2259	1852	574	407	407	24	2114
钟表与计时仪器制造	6752	6351	3880	401	398	141	6611
光学仪器制造	5702	5504	3018	198	174	200	5502
衡器制造							
其他仪器仪表制造业	474	438	115	36	36	5	469
其他制造业	13549	12525	3988	1024	1014		13264
日用杂品制造	13549	12525	3988	1024	1014		13264
核辐射加工							
其他未列明制造业							
废弃资源综合利用业							
金属废料和碎屑加工处理							
非金属废料和碎屑加工处理							
金属制品、机械和设备修理业	2698	2334	1023	365	362		2414
金属制品修理							
通用设备修理							
专用设备修理							
铁路、船舶、航空航天等运输设备修理	2698	2334	1023	365	362		2414
电气设备修理							
仪器仪表修理							
其他机械和设备修理业							
电力、热力、燃气及水生产和供应业	**52794**	**41330**	**13440**	**11465**	**11417**	**112**	**52322**
电力、热力生产和供应业	43037	31794	10261	11243	11196	47	42629
电力生产	38568	27325	7196	11243	11196		38208
电力供应	4469	4469	3065			47	4422
热力生产和供应							
燃气生产和供应业	7886	7664	2465	222	222		7886
燃气生产和供应业	7886	7664	2465	222	222		7886
水的生产和供应业	1872	1872	714			65	1807
自来水生产和供应							
污水处理及其再生利用	1872	1872	714			65	1807
其他水的处理、利用与分配							

1-D-1.5　分行业内资企业R&D经费内部支出情况

单位：万元

行　　业	R&D经费内部支出	日常性支　出	#人　员劳务费	资产性支　出	#仪器和设　备	#政府资金	#企业资金
总　计	**3449555**	**2983661**	**1019839**	**465894**	**460243**	**70824**	**3347733**
采矿业	**15770**	**13942**	**4127**	**1828**	**1794**	**319**	**15015**
煤炭开采和洗选业	829	699	175	130	123	129	700
烟煤和无烟煤开采洗选	829	699	175	130	123	129	700
褐煤开采洗选							
其他煤炭采选							
石油和天然气开采业							
石油开采							
天然气开采							
黑色金属矿采选业	4819	4154	1148	665	647	77	4743
铁矿采选	4819	4154	1148	665	647	77	4743
锰矿、铬矿采选							
其他黑色金属矿采选							
有色金属矿采选业	5254	4940	1802	314	305	84	4967
常用有色金属矿采选	553	553	180			84	469
贵金属矿采选	2783	2644	795	139	138		2581
稀有稀土金属矿采选	1918	1743	827	175	167		1918
非金属矿采选业	4869	4151	1002	719	719	29	4606
土砂石开采	4645	4031	987	614	614	29	4382
化学矿开采							
采盐							
石棉及其他非金属矿采选	224	120	15	104	104		224
开采专业及辅助性活动							
煤炭开采和洗选专业及辅助性活动							
石油和天然气开采专业及辅助性活动							
其他开采专业及辅助性活动							
其他采矿业							
其他采矿业							
制造业	**3382520**	**2926169**	**1000981**	**456351**	**450784**	**70458**	**3281860**
农副食品加工业	150985	133470	30331	17515	17269	2265	147285
谷物磨制	5009	4759	666	251	241	12	4997
饲料加工	37836	34813	7368	3023	3003	264	37266
植物油加工	3435	3340	760	95	95	7	3428
制糖业							
屠宰及肉类加工	25894	21636	4382	4257	4215	168	25646
水产品加工	48395	42263	10660	6133	5999	697	47200
蔬菜、菌类、水果和坚果加工	22161	19487	4726	2674	2660	1114	20497
其他农副食品加工	8255	7173	1769	1083	1057	3	8252
食品制造业	92245	81963	22757	10282	10068	1502	89776
焙烤食品制造	12033	10436	2301	1597	1475	208	11752
糖果、巧克力及蜜饯制造	19454	17287	3122	2167	2161	471	18312

1-D-1.5 续表 1

单位：万元

行业	R&D经费内部支出	日常性支出	#人员劳务费	资产性支出	#仪器和设备	#政府资金	#企业资金
方便食品制造	12585	11750	4250	835	799	200	12384
乳制品制造	3029	2926	403	104	104		3029
罐头食品制造	13335	12359	4048	977	963	296	13040
调味品、发酵制品制造	10478	9972	2253	506	505	40	10235
其他食品制造	21330	17233	6379	4097	4063	288	21025
酒、饮料和精制茶制造业	29024	25534	5318	3490	3452	597	28184
酒的制造	9174	7570	1585	1605	1599	35	8941
饮料制造	9768	8853	1826	915	915	240	9494
精制茶加工	10082	9112	1906	970	938	323	9749
烟草制品业	2533	2294	1323	239	230		2533
烟叶复烤	458	448	254	9			458
卷烟制造	1612	1437	715	175	175		1612
其他烟草制品制造	463	409	354	55	55		463
纺织业	149719	129465	31543	20254	20169	584	147191
棉纺织及印染精加工	105044	90988	19871	14056	13978	167	104355
毛纺织及染整精加工							
麻纺织及染整精加工							
丝绢纺织及印染精加工							
化纤织造及印染精加工	5227	5177	1384	51	50	69	5136
针织或钩针编织物及其制品制造	17338	13867	5184	3471	3470	196	16347
家用纺织制成品制造	6010	5011	1347	999	995	4	6006
产业用纺织制成品制造	16100	14422	3757	1677	1675	148	15347
纺织服装、服饰业	40621	36960	14090	3661	3601	104	40383
机织服装制造	31455	28384	12395	3071	3024	94	31227
针织或钩针编织服装制造	8352	7894	1361	458	446	10	8342
服饰制造	814	682	334	132	131		814
皮革、毛皮、羽毛及其制品和制鞋业	27158	25924	9012	1234	1222	274	26878
皮革鞣制加工	7834	7645	3284	189	189		7834
皮革制品制造	8114	8019	2907	95	94	127	7987
毛皮鞣制及制品加工							
羽毛(绒)加工及制品制造							
制鞋业	11211	10261	2821	950	939	147	11058
木材加工和木、竹、藤、棕、草制品业	35205	30364	8342	4841	4789	89	35095
木材加工	4653	3762	864	891	891	9	4644
人造板制造	13368	11933	3710	1435	1429	27	13341
木质制品制造	4673	4134	970	540	529	16	4658
竹、藤、棕、草等制品制造	12511	10535	2797	1977	1941	37	12453
家具制造业	20311	19554	7252	758	742	72	20092
木质家具制造	10763	10443	4490	319	312	45	10587
竹、藤家具制造	254	238	43	16	16	10	244
金属家具制造	4165	4073	1927	92	88	16	4133
塑料家具制造							
其他家具制造	5129	4799	792	331	325	1	5128

1-D-1.5　续表 2　　　单位：万元

行　业	R&D经费内部支出	日常性支出	#人员劳务费	资产性支出	#仪器和设备	#政府资金	#企业资金
造纸和纸制品业	58064	51442	10374	6622	6412	430	56983
纸浆制造	275	275	44				275
造纸	34183	31737	6266	2446	2351	215	33820
纸制品制造	23607	19431	4064	4176	4061	214	22888
印刷和记录媒介复制业	19064	17898	6537	1167	1159	28	18590
印刷	19064	17898	6537	1167	1159	28	18590
装订及印刷相关服务							
记录媒介复制							
文教、工美、体育和娱乐用品制造业	64271	58663	19558	5608	5493	405	61100
文教办公用品制造	7285	6016	999	1269	1267	2	7283
乐器制造							
工艺美术及礼仪用品制造	43030	39392	12555	3638	3534	203	40592
体育用品制造	10200	9842	4449	358	351	182	9937
玩具制造	3425	3087	1346	338	337	19	2957
游艺器材及娱乐用品制造	332	327	209	5	5		332
石油、煤炭及其他燃料加工业	18873	18561	2859	312	293	287	18511
精炼石油产品制造	13967	13669	2017	299	280	205	13687
煤炭加工	1586	1586	273			82	1504
核燃料加工							
生物质燃料加工	3320	3307	569	13	13		3320
化学原料和化学制品制造业	188583	177314	45957	11269	11081	2804	184227
基础化学原料制造	53070	49428	9450	3642	3601	638	52140
肥料制造	8787	7942	2450	845	832	287	8472
农药制造	1856	1813	717	43	40	73	1782
涂料、油墨、颜料及类似产品制造	22325	21679	10001	646	641	462	21417
合成材料制造	46374	44356	6844	2018	1985	752	45537
专用化学产品制造	43636	40038	12146	3598	3508	490	42808
炸药、火工及焰火产品制造	1252	1012	548	240	240	36	1217
日用化学产品制造	11284	11046	3802	238	234	67	10854
医药制造业	51447	43929	16653	7518	7482	3564	46855
化学药品原料药制造	8158	7287	2588	871	867	80	8077
化学药品制剂制造	10569	9490	3562	1079	1061	712	9657
中药饮片加工	1905	1651	441	254	254	213	1692
中成药生产	12684	10033	4006	2650	2650	1234	10832
兽用药品制造	1897	1727	1091	170	170	69	1827
生物药品制品制造	14841	12448	4775	2393	2380	1256	13584
卫生材料及医药用品制造	8	8	6				8
药用辅料及包装材料	1386	1286	185	100	100		1177
化学纤维制造业	98887	97086	17420	1800	1796	1236	97248
纤维素纤维原料及纤维制造	243	243	131				243
合成纤维制造	98644	96844	17289	1800	1796	1236	97005
生物基材料制造							

1-D-1.5 续表 3

单位：万元

行业	R&D经费内部支出	日常性支出	#人员劳务费	资产性支出	#仪器和设备	#政府资金	#企业资金
橡胶和塑料制品业	97340	86969	28830	10372	10285	2287	92870
橡胶制品业	14213	12933	5122	1280	1279	955	13258
塑料制品业	83127	74036	23708	9091	9006	1333	79612
非金属矿物制品业	219565	199870	64978	19695	19157	1334	214500
水泥、石灰和石膏制造	33077	29494	4788	3583	3386		33077
石膏、水泥制品及类似制品制造	18013	17026	5529	986	974	286	17418
砖瓦、石材等建筑材料制造	24969	23828	7474	1141	1121	211	24758
玻璃制造	18968	17803	9437	1165	1086	91	18877
玻璃制品制造	4368	3986	1592	382	382	150	4168
玻璃纤维和玻璃纤维增强塑料制品制造	2548	1798	355	750	750		2451
陶瓷制品制造	107653	97000	33298	10653	10424	500	104446
耐火材料制品制造	1513	1464	229	50	50		1513
石墨及其他非金属矿物制品制造	8457	7471	2277	987	985	97	7794
黑色金属冶炼和压延加工业	248821	207642	37384	41178	40597	746	247710
炼铁							
炼钢							
钢压延加工	247656	206478	37043	41178	40597	746	246863
铁合金冶炼	1165	1165	341				848
有色金属冶炼和压延加工业	149315	131042	30725	18274	18130	891	147864
常用有色金属冶炼	38145	30912	3317	7233	7120		38145
贵金属冶炼	33132	26006	8590	7126	7125	220	32912
稀有稀土金属冶炼	14308	14308	2304			32	14276
有色金属合金制造	3632	3080	737	553	552	14	3613
有色金属压延加工	60098	56736	15777	3362	3334	626	58917
金属制品业	77539	70199	27666	7341	7299	770	76573
结构性金属制品制造	15853	14336	6446	1516	1513	145	15618
金属工具制造	5834	5635	1999	200	199	84	5751
集装箱及金属包装容器制造	7927	6979	2831	948	945		7927
金属丝绳及其制品制造	583	567	249	16	16		583
建筑、安全用金属制品制造	19807	18076	7957	1731	1723	158	19627
金属表面处理及热处理加工	6553	6255	2443	299	299	107	6446
搪瓷制品制造	314	301	121	13	13		314
金属制日用品制造	2651	2193	385	458	456	1	2651
铸造及其他金属制品制造	18018	15858	5236	2161	2137	276	17657
通用设备制造业	107827	98400	41855	9427	9345	3389	103582
锅炉及原动设备制造	2946	2934	1462	12	12	117	2829
金属加工机械制造	15206	13540	4628	1666	1657	258	14948
物料搬运设备制造	6549	6412	1958	137	134	342	6012
泵、阀门、压缩机及类似机械制造	23674	20222	4971	3453	3445	131	23473
轴承、齿轮和传动部件制造	12169	10438	5397	1731	1721	1867	10265
烘炉、风机、包装等设备制造	14498	13570	5578	928	924	327	13633
文化、办公用机械制造	19242	18816	11804	426	425	84	19158

1-D-1.5　续表 4　　　　单位：万元

行　业	R&D经费内部支出	日常性支出	#人员劳务费	资产性支出	#仪器和设备	#政府资金	#企业资金
通用零部件制造	7182	6265	3216	917	906	26	7156
其他通用设备制造业	6360	6204	2843	157	122	237	6109
专用设备制造业	159849	142962	55295	16887	16691	4515	154756
采矿、冶金、建筑专用设备制造	45878	38261	13490	7617	7566	1176	44675
化工、木材、非金属加工专用设备制造	19687	16710	7103	2977	2952	158	19529
食品、饮料、烟草及饲料生产专用设备制造	5738	4570	1237	1167	1165	50	5688
印刷、制药、日化及日用品生产专用设备制造	3748	3625	1120	123	122	7	3741
纺织、服装和皮革加工专用设备制造	10906	9654	3414	1252	1232	232	10674
电子和电工机械专用设备制造	5567	5400	3072	167	167	85	4971
农、林、牧、渔专用机械制造	3045	2648	662	397	397	145	2888
医疗仪器设备及器械制造	9548	9166	4364	381	351	388	9132
环保、邮政、社会公共服务及其他专用设备制造	55734	52927	20834	2807	2740	2275	53459
汽车制造业	95495	83895	25177	11600	11430	1750	93229
汽车整车制造	26472	25405	6086	1068	963	489	25812
汽车用发动机制造							
改装汽车制造	17089	13841	2962	3248	3244	636	16453
低速汽车制造							
电车制造	159	159	17				159
汽车车身、挂车制造	4503	3079	1683	1424	1424		4503
汽车零部件及配件制造	47271	41410	14430	5860	5799	625	46301
铁路、船舶、航空航天和其他运输设备制造业	24654	22251	7577	2403	2327	1745	22840
铁路运输设备制造							
城市轨道交通设备制造							
船舶及相关装置制造	18246	16711	5393	1535	1465	1672	16574
航空、航天器及设备制造							
摩托车制造	5569	4708	1594	861	855	60	5441
自行车和残疾人座车制造	591	591	478			13	578
助动车制造							
非公路休闲车及零配件制造							
潜水救捞及其他未列明运输设备制造	248	241	112	8	8		248
电气机械和器材制造业	458429	340248	133679	118182	116319	5840	449976
电机制造	13992	12332	4313	1660	1644	313	13665
输配电及控制设备制造	73427	69615	32309	3812	3703	1662	70880
电线、电缆、光缆及电工器材制造	27974	27478	3471	496	496		27974
电池制造	287616	181351	70526	106265	104545	2616	284680
家用电力器具制造	19004	16175	7987	2829	2821	418	18434
非电力家用器具制造	2118	1195	575	924	924	38	2080
照明器具制造	31653	29624	13139	2029	2020	557	29853
其他电气机械及器材制造	2645	2477	1359	167	167	235	2410
计算机、通信和其他电子设备制造业	641296	541658	274678	99638	99238	31944	602852
计算机制造	37200	36629	25689	571	560	1097	35938
通信设备制造	85070	78093	54087	6977	6966	2313	78395

1-D-1.5 续表 5

单位：万元

行业	R&D经费内部支出	日常性支出	#人员劳务费	资产性支出	#仪器和设备	#政府资金	#企业资金
广播电视设备制造	16176	15766	7108	410	408	2093	14083
雷达及配套设备制造	414	410	318	3	2		414
非专业视听设备制造	12145	10021	6258	2124	2118	72	12073
智能消费设备制造	7837	7361	4893	476	476	548	6985
电子器件制造	365178	289360	135304	75818	75517	24256	339480
电子元件及电子专用材料制造	103494	91702	32892	11792	11743	1441	101826
其他电子设备制造	13784	12317	8128	1467	1449	125	13659
仪器仪表制造业	41411	38386	20564	3025	2959	986	40391
通用仪器仪表制造	20697	19002	12697	1695	1659	613	20084
专用仪器仪表制造	3203	3148	1485	55	48	12	3191
钟表与计时仪器制造	5479	5009	1754	470	468	142	5337
光学仪器制造	6978	6695	3569	283	264	212	6766
衡器制造	4504	3983	828	522	520		4470
其他仪器仪表制造业	550	550	232			7	543
其他制造业	8061	6741	2033	1321	1311	11	8051
日用杂品制造	6872	5551	1234	1321	1311	11	6861
核辐射加工							
其他未列明制造业	1190	1190	800				1190
废弃资源综合利用业	2741	2670	665	71	71	13	2633
金属废料和碎屑加工处理							
非金属废料和碎屑加工处理	2741	2670	665	71	71	13	2633
金属制品、机械和设备修理业	3187	2816	550	371	369		3103
金属制品修理	65	65	21				65
通用设备修理							
专用设备修理	542	542	154				542
铁路、船舶、航空航天等运输设备修理	2581	2210	375	371	369		2497
电气设备修理							
仪器仪表修理							
其他机械和设备修理业							
电力、热力、燃气及水生产和供应业	**51265**	**43550**	**14732**	**7715**	**7665**	**47**	**50858**
电力、热力生产和供应业	39956	32562	11278	7395	7345	47	39549
电力生产	33264	26076	7885	7188	7139		32904
电力供应	4469	4469	3065			47	4422
热力生产和供应	2223	2017	329	206	206		2223
燃气生产和供应业	9299	9040	2905	259	259		9299
燃气生产和供应业	9299	9040	2905	259	259		9299
生物质燃气生产和供应业							
水的生产和供应业	2010	1949	548	61	61		2010
自来水生产和供应	223	193	34	30	30		223
污水处理及其再生利用	1787	1756	515	31	31		1787
海水淡化处理							
其他水的处理、利用与分配							

1-D-1.6　分行业港澳台商投资企业R&D经费内部支出情况

单位：万元

行　业	R&D经费内部支出	日常性支出	#人员劳务费	资产性支出	#仪器和设备	#政府资金	#企业资金
总　计	**1133624**	**1036294**	**378389**	**97330**	**96711**	**14018**	**1110370**
采矿业							
煤炭开采和洗选业							
烟煤和无烟煤开采洗选							
褐煤开采洗选							
石油和天然气开采业							
石油开采							
天然气开采							
黑色金属矿采选业							
铁矿采选							
有色金属矿采选业							
常用有色金属矿采选							
贵金属矿采选							
非金属矿采选业							
土砂石开采							
化学矿开采							
采盐							
石棉及其他非金属矿采选							
开采专业及辅助性活动							
石油和天然气开采专业及辅助性活动							
制造业	**1120575**	**1027411**	**376685**	**93163**	**92544**	**13953**	**1097386**
农副食品加工业	17885	15070	3389	2815	2776	72	17308
谷物磨制							
饲料加工	155	137	73	18	18		155
植物油加工	738	738	31				738
制糖业							
屠宰及肉类加工	1264	1264	358				1264
水产品加工	13758	11359	2345	2399	2379	72	13181
蔬菜、菌类、水果和坚果加工	1403	1093	484	310	291		1403
其他农副食品加工	567	480	98	88	88		567
食品制造业	19573	17409	4227	2164	2157	72	19144
焙烤食品制造	10415	10264	2555	151	151		10357
糖果、巧克力及蜜饯制造	2919	2394	444	524	518	1	2918
方便食品制造	856	797	277	58	58		856
乳制品制造							
罐头食品制造	1720	1720	233			71	1649
调味品、发酵制品制造	1465	1144	301	321	321		1465
其他食品制造	2199	1090	416	1109	1109		1901
酒、饮料和精制茶制造业	3276	3125	1412	151	151	259	3017
酒的制造							
饮料制造	2504	2378	1235	126	126	151	2353
精制茶加工	772	747	178	25	25	108	664
烟草制品业							
烟叶复烤							
其他烟草制品制造							
纺织业	56650	51585	13763	5066	5036	229	56015

1-D-1.6 续表 1

单位：万元

行业	R&D经费内部支出	日常性支出	#人员劳务费	资产性支出	#仪器和设备	#政府资金	#企业资金
棉纺织及印染精加工	41484	38252	7782	3233	3217	173	40960
毛纺织及染整精加工	423	423	163				423
麻纺织及染整精加工							
丝绢纺织及印染精加工							
化纤织造及印染精加工	2651	2221	999	430	430		2651
针织或钩针编织物及其制品制造	4492	3672	1376	820	812	10	4482
家用纺织制成品制造							
产业用纺织制成品制造	7600	7017	3443	584	578	46	7499
纺织服装、服饰业	72951	70281	26130	2670	2588	50	71384
机织服装制造	49307	48145	18117	1162	1132	50	48758
针织或钩针编织服装制造	22710	21308	7607	1402	1356		21693
服饰制造	934	828	406	106	100		934
皮革、毛皮、羽毛及其制品和制鞋业	46894	45193	18656	1700	1673	212	46336
皮革鞣制加工	1885	1791	524	95	95		1885
皮革制品制造	16428	15117	4317	1311	1284	56	16027
毛皮鞣制及制品加工							
羽毛(绒)加工及制品制造							
制鞋业	28580	28286	13816	294	294	156	28424
木材加工和木、竹、藤、棕、草制品业	1913	1388	383	525	523	25	1888
木材加工							
人造板制造	1071	620	195	452	450	25	1047
木质制品制造	633	633	157				633
竹、藤、棕、草等制品制造	209	135	30	73	73		209
家具制造业	2080	2050	810	29	29	144	1935
木质家具制造	1492	1492	517			144	1348
竹、藤家具制造							
金属家具制造	587	558	293	29	29		587
塑料家具制造							
其他家具制造							
造纸和纸制品业	37486	36022	6157	1464	1456	120	37267
纸浆制造							
造纸	13498	13069	2380	429	421	46	13353
纸制品制造	23988	22953	3777	1036	1036	74	23914
印刷和记录媒介复制业	4251	3927	867	324	319	16	4032
印刷	4251	3927	867	324	319	16	4032
装订及印刷相关服务							
记录媒介复制							
文教、工美、体育和娱乐用品制造业	29886	25769	12071	4117	4096	425	28055
文教办公用品制造	5900	4443	2177	1456	1444		5900
乐器制造	214	198	151	16	16		214
工艺美术及礼仪用品制造	5047	3929	1466	1118	1111		4999
体育用品制造	13125	11738	6456	1387	1386	332	11967
玩具制造	5391	5251	1641	140	140	93	4765
游艺器材及娱乐用品制造	210	210	180				210
石油、煤炭及其他燃料加工业	469	469	144				469
精炼石油产品制造	469	469	144				469
煤炭加工							
生物质燃料加工							

1-D-1.6　续表 2　　　　单位：万元

行　　业	R&D经费内部支出	日常性支出	#人员劳务费	资产性支出	#仪器和设备	#政府资金	#企业资金
化学原料和化学制品制造业	12643	10996	3730	1647	1627	354	12201
基础化学原料制造	1980	1959	351	20		15	1964
肥料制造	253	211	95	42	42		253
农药制造							
涂料、油墨、颜料及类似产品制造	2089	1981	573	108	108	132	1957
合成材料制造	3081	2367	402	713	713	87	2906
专用化学产品制造	800	751	374	49	49	17	782
炸药、火工及焰火产品制造							
日用化学产品制造	4442	3727	1936	715	715	102	4340
医药制造业	17438	14737	6776	2701	2683	456	16792
化学药品原料药制造	1305	1050	567	255	255		1305
化学药品制剂制造	1884	1294	510	590	577		1884
中药饮片加工							
中成药生产	5511	4685	2547	826	826	284	5226
兽用药品制造	1492	1312	578	181	179		1492
生物药品制品制造	7033	6183	2537	850	847	171	6672
卫生材料及医药用品制造							
药用辅料及包装材料	213	213	39				213
化学纤维制造业	65648	57386	12770	8262	8202	72	65576
纤维素纤维原料及纤维制造	17517	17230	4688	287	287	1	17516
合成纤维制造	48131	40156	8082	7975	7915	71	48060
橡胶和塑料制品业	37359	35313	9518	2046	1942	1223	36071
橡胶制品业	4708	4487	2038	221	221	151	4557
塑料制品业	32651	30826	7479	1825	1721	1072	31514
非金属矿物制品业	40438	34394	14925	6044	6038	42	40393
水泥、石灰和石膏制造	170	170	10				170
石膏、水泥制品及类似制品制造	5582	4630	1814	952	947	7	5575
砖瓦、石材等建筑材料制造	4434	4434	919	1		35	4399
玻璃制造	19257	14554	9058	4703	4703		19257
玻璃制品制造	314	313	111	1	1		314
玻璃纤维和玻璃纤维增强塑料制品制造							
陶瓷制品制造	10681	10294	3012	387	387		10678
耐火材料制品制造							
石墨及其他非金属矿物制品制造							
黑色金属冶炼和压延加工业	483	483	68				483
炼铁							
炼钢							
钢压延加工	483	483	68				483
铁合金冶炼							
有色金属冶炼和压延加工业	12390	11923	2876	467	467	62	12328
常用有色金属冶炼							
贵金属冶炼							
稀有稀土金属冶炼							
有色金属合金制造							
有色金属压延加工	12390	11923	2876	467	467	62	12328
金属制品业	37368	34818	14036	2550	2540	685	36556
结构性金属制品制造	6288	6286	972	3	1	35	6253
金属工具制造	1050	712	415	338	338		1050

1-D-1.6 续表 3

单位：万元

行业	R&D经费内部支出	日常性支出	#人员劳务费	资产性支出	#仪器和设备	#政府资金	#企业资金
集装箱及金属包装容器制造	1268	778	114	490	490		1141
金属丝绳及其制品制造							
建筑、安全用金属制品制造	11825	10631	6104	1195	1186	650	11176
金属表面处理及热处理加工	491	491	318				491
搪瓷制品制造							
金属制日用品制造	411	393	227	18	18		411
铸造及其他金属制品制造	16035	15528	5886	507	507		16035
通用设备制造业	42779	38366	22543	4414	4384	1602	41040
锅炉及原动设备制造	917	864	343	54	53		838
金属加工机械制造	2423	1804	604	620	620		2423
物料搬运设备制造							
泵、阀门、压缩机及类似机械制造	7950	5596	1822	2355	2355	393	7558
轴承、齿轮和传动部件制造	3270	2750	926	520	514	5	3265
烘炉、风机、包装等设备制造	659	658	200			42	617
文化、办公用机械制造	24660	24270	17194	390		1010	23650
通用零部件制造	1880	1478	1029	403	402	91	1789
其他通用设备制造业	1019	946	426	73	58	62	900
专用设备制造业	29888	28022	11196	1866	1842	1584	28189
采矿、冶金、建筑专用设备制造	6528	6482	804	46	46	100	6416
化工、木材、非金属加工专用设备制造	3165	3080	1796	86	86	104	3061
食品、饮料、烟草及饲料生产专用设备制造	2531	2043	395	488	465		2531
印刷、制药、日化及日用品生产专用设备制造	630	501	194	129	129	25	605
纺织、服装和皮革加工专用设备制造	2223	2131	802	93	93		2208
电子和电工机械专用设备制造	6359	5620	2594	738	737	80	6279
农、林、牧、渔专用机械制造	22	17	12	5	5		22
医疗仪器设备及器械制造	7533	7253	4360	280		1275	6258
环保、邮政、社会公共服务及其他专用设备制造	896	896	242				808
汽车制造业	56917	51958	20698	4958	4949	1246	55628
汽车整车制造	25312	23443	10440	1869	1860	974	24338
汽车用发动机制造							
改装汽车制造							
汽车车身、挂车制造							
汽车零部件及配件制造	31605	28515	10258	3090	3089	272	31290
铁路、船舶、航空航天和其他运输设备制造业	4070	3946	1753	124	123		4070
铁路运输设备制造	3103	3037	1439	65	65		3103
城市轨道交通设备制造							
船舶及相关装置制造							
航空、航天器及设备制造							
摩托车制造	967	909	314	58	58		967
自行车和残疾人座车制造							
助动车制造							
非公路休闲车及零配件制造							
潜水救捞及其他未列明运输设备制造							
电气机械和器材制造业	213909	191199	100970	22710	22658	2085	210449
电机制造	8005	7032	3033	974	974	133	6682
输配电及控制设备制造	4458	4189	2907	269	269	62	4396
电线、电缆、光缆及电工器材制造	11635	11315	1289	320	320	13	11437
电池制造	152895	134729	81522	18166	18115	1544	151351

1-D-1.6 续表 4

单位：万元

行业	R&D经费内部支出	日常性支出	#人员劳务费	资产性支出	#仪器和设备	#政府资金	#企业资金
家用电力器具制造	29978	27304	8710	2674	2674	217	29762
非电力家用器具制造	781	781	468				781
照明器具制造	5201	4989	2490	212	211	117	5084
其他电气机械及器材制造	956	861	552	95	95		956
计算机、通信和其他电子设备制造业	232731	220230	57988	12501	12460	2777	228185
计算机制造	63555	63023	8744	532	530	973	62583
通信设备制造	6866	6774	1411	92	91	64	6803
广播电视设备制造	20960	20380	7667	581	581		20960
雷达及配套设备制造							
非专业视听设备制造	52582	52222	16758	360	359	1082	50171
智能消费设备制造	1366	1233	310	134	134		1366
电子器件制造	76932	67034	18384	9898	9884	620	75916
电子元件及电子专用材料制造	8842	8367	4238	474	472	40	8758
其他电子设备制造	1628	1198	476	430	410		1628
仪器仪表制造业	8018	7494	4360	523	521	122	7896
通用仪器仪表制造	1583	1443	846	141	141	81	1502
专用仪器仪表制造	263	98	51	165	165		263
钟表与计时仪器制造	6171	5954	3463	217	215	41	6130
光学仪器制造							
衡器制造							
其他仪器仪表制造业							
其他制造业	14428	13102	3787	1326	1303	20	14122
日用杂品制造	14428	13102	3787	1326	1303	20	14122
其他未列明制造业							
废弃资源综合利用业							
金属废料和碎屑加工处理							
非金属废料和碎屑加工处理							
金属制品、机械和设备修理业	756	755	684	1	1		556
金属制品修理							
通用设备修理							
专用设备修理							
铁路、船舶、航空航天等运输设备修理	756	755	684	1	1		556
电气设备修理							
仪器仪表修理							
其他机械和设备修理业							
电力、热力、燃气及水生产和供应业	**13049**	**8882**	**1704**	**4167**	**4167**	**65**	**12984**
电力、热力生产和供应业	10993	6827	957	4167	4167		10993
电力生产	10993	6827	957	4167	4167		10993
电力供应							
热力生产和供应							
燃气生产和供应业	184	184	33				184
燃气生产和供应业	184	184	33				184
生物质燃气生产和供应业							
水的生产和供应业	1872	1872	714			65	1807
自来水生产和供应							
污水处理及其再生利用	1872	1872	714			65	1807
海水淡化处理							
其他水的处理、利用与分配							

1-D-1.7 分行业外商投资企业R&D经费内部支出情况

单位：万元

行　业	R&D经费内部支出	日常性支出		资产性支出		#政府资金	#企业资金
			#人员劳务费		#仪器和设备		
总　计	**666238**	**622932**	**287902**	**43306**	**43027**	**12414**	**646371**
采矿业							
煤炭开采和洗选业							
烟煤和无烟煤开采洗选							
石油和天然气开采业							
石油开采							
天然气开采							
黑色金属矿采选业							
铁矿采选							
锰矿、铬矿采选							
有色金属矿采选业							
常用有色金属矿采选							
贵金属矿采选							
稀有稀土金属矿采选							
非金属矿采选业							
土砂石开采							
化学矿开采							
采盐							
石棉及其他非金属矿采选							
开采专业及辅助性活动							
石油和天然气开采专业及辅助性活动							
制造业	**665894**	**622618**	**287744**	**43276**	**42999**	**12371**	**646070**
农副食品加工业	32833	30127	7833	2706	2690	338	31269
谷物磨制	739	699	470	40	40		739
饲料加工	16556	15272	3402	1284	1274	163	16394
植物油加工							
制糖业							
屠宰及肉类加工	3210	2978	426	232	227		2889
水产品加工	6860	5744	1967	1116	1116	136	6087
蔬菜、菌类、水果和坚果加工	5468	5435	1569	33	33	39	5161
其他农副食品加工							
食品制造业	4293	4086	1262	207	206	150	4143
焙烤食品制造	159	129	48	30	30		159
糖果、巧克力及蜜饯制造	1069	973	244	96	96		1069
方便食品制造	230	230	148				230
乳制品制造							
罐头食品制造	274	274	43				274
调味品、发酵制品制造	1365	1365	307				1365
其他食品制造	1196	1115	471	81	81	150	1046
酒、饮料和精制茶制造业	19378	19108	5285	270	265	39	19339
酒的制造	17579	17319	4439	261	261		17579
饮料制造	1799	1789	846	10	5	39	1760
精制茶加工							
烟草制品业							
其他烟草制品制造							
纺织业	18467	16680	6086	1787	1786	343	18018

1-D-1.7　续表 1　　　　单位：万元

行　　业	R&D经费内部支出	日常性支出	#人员劳务费	资产性支出	#仪器和设备	#政府资金	#企业资金
棉纺织及印染精加工	17462	15761	5788	1702	1701	343	17014
毛纺织及染整精加工							
麻纺织及染整精加工							
丝绢纺织及印染精加工							
化纤织造及印染精加工							
针织或钩针编织物及其制品制造							
家用纺织制成品制造	619	565	198	55	55		619
产业用纺织制成品制造	385	355	100	30	30		385
纺织服装、服饰业	4231	3270	1158	961	957	30	4201
机织服装制造	1861	1578	684	282	278	30	1831
针织或钩针编织服装制造	2370	1691	474	679	679		2370
服饰制造							
皮革、毛皮、羽毛及其制品和制鞋业	6489	6076	2553	414	414		6489
皮革鞣制加工	896	823	240	74	74		896
皮革制品制造	3024	2946	949	78	78		3024
毛皮鞣制及制品加工							
羽毛(绒)加工及制品制造							
制鞋业	2569	2307	1364	262	262		2569
木材加工和木、竹、藤、棕、草制品业	251	251	71				251
木材加工							
人造板制造							
木质制品制造	251	251	71				251
竹、藤、棕、草等制品制造							
家具制造业	729	714	443	15	15		729
木质家具制造	432	432	244				432
金属家具制造	145	130	76	15	15		145
塑料家具制造							
其他家具制造	152	152	123				152
造纸和纸制品业	4958	4471	1232	487	482		4958
纸浆制造							
造纸	2616	2611	554	5	4		2616
纸制品制造	2342	1860	678	482	478		2342
印刷和记录媒介复制业							
印刷							
装订及印刷相关服务							
记录媒介复制							
文教、工美、体育和娱乐用品制造业	12478	12040	6618	439	438	202	11052
文教办公用品制造	40	32	24	8	8		40
乐器制造	410	157	140	253	253		410
工艺美术及礼仪用品制造	4237	4129	2095	108	108	6	4160
体育用品制造	2899	2830	1889	69	69	196	2660
玩具制造	2425	2425	1299				2425
游艺器材及娱乐用品制造	2467	2467	1171				1357
石油、煤炭及其他燃料加工业	522	522	401				513
精炼石油产品制造	522	522	401				513
煤炭加工							
生物质燃料加工							
化学原料和化学制品制造业	13352	12113	3149	1239	1198	21	13331

1-D-1.7 续表 2

单位：万元

行　业	R&D经费内部支出	日常性支出	#人员劳务费	资产性支出	#仪器和设备	#政府资金	#企业资金
基础化学原料制造	2033	1849	514	183	182		2033
肥料制造	5057	4625	1113	432	393		5057
农药制造							
涂料、油墨、颜料及类似产品制造	445	438	118	7	7	6	439
合成材料制造	2600	2529	636	71	70	15	2585
专用化学产品制造	3093	2551	663	542	542		3093
炸药、火工及焰火产品制造							
日用化学产品制造	125	121	105	4	4		125
医药制造业	5556	5357	2738	200	199	127	4881
化学药品原料药制造	549	549	227				549
化学药品制剂制造	1188	1155	243	33	33		1188
中药饮片加工							
中成药生产	438	438	66			60	378
兽用药品制造	1249	1228	492	21	21		700
生物药品制品制造	2132	1987	1710	146	146	67	2065
卫生材料及医药用品制造							
药用辅料及包装材料							
化学纤维制造业							
纤维素纤维原料及纤维制造							
合成纤维制造							
生物基材料制造							
橡胶和塑料制品业	56332	52989	26161	3343	3321	1329	54757
橡胶制品业	36351	34474	16033	1877	1876	946	35405
塑料制品业	19981	18515	10128	1466	1446	383	19352
非金属矿物制品业	5767	5739	1911	28	28	17	5568
水泥、石灰和石膏制造							
石膏、水泥制品及类似制品制造	404	404	93				222
砖瓦、石材等建筑材料制造	541	541	230				541
玻璃制造							
玻璃制品制造	1009	1009	419				1009
玻璃纤维和玻璃纤维增强塑料制品制造							
陶瓷制品制造	2598	2577	742	21	21	17	2580
耐火材料制品制造	1215	1208	427	7	7		1215
石墨及其他非金属矿物制品制造							
黑色金属冶炼和压延加工业	2334	2334	20				2334
炼铁							
炼钢	2334	2334	20				2334
钢压延加工							
铁合金冶炼							
有色金属冶炼和压延加工业	24934	22710	9149	2225	2180	1209	23725
常用有色金属冶炼							
贵金属冶炼							
稀有稀土金属冶炼	13269	13253	6906	17	17	967	12302
有色金属合金制造	1830	1389	780	441	440		1830
有色金属压延加工	9835	8068	1462	1767	1724	242	9593
金属制品业	36260	33493	14257	2767	2767	2012	34248
结构性金属制品制造	2465	2083	671	382	382	79	2385
金属工具制造	327	323	173	4	4		327

1-D-1.7　续表 3　　　　单位：万元

行　　业	R&D经费内部支出	日常性支出	#人员劳务费	资产性支出	#仪器和设备	#政府资金	#企业资金
集装箱及金属包装容器制造	4913	4312	1243	601	601		4913
金属丝绳及其制品制造							
建筑、安全用金属制品制造	23801	22032	11329	1769	1769	1933	21869
金属表面处理及热处理加工	4269	4269	536				4269
搪瓷制品制造							
金属制日用品制造	485	474	306	11	11		485
铸造及其他金属制品制造							
通用设备制造业	59294	52662	25349	6633	6623	801	58223
锅炉及原动设备制造							
金属加工机械制造	3897	3308	1821	589	589	220	3677
物料搬运设备制造	12482	11187	6798	1294	1285	403	12078
泵、阀门、压缩机及类似机械制造	9192	6225	2621	2967	2967		9192
轴承、齿轮和传动部件制造	4394	4394	1145				4394
烘炉、风机、包装等设备制造	1321	1315	299	6	6	43	1238
文化、办公用机械制造	27312	25693	12226	1619	1619	135	26947
通用零部件制造	698	539	439	159	159		698
其他通用设备制造业							
专用设备制造业	29633	26852	9956	2781	2777	455	27869
采矿、冶金、建筑专用设备制造	17979	16252	4009	1728	1724	17	16653
化工、木材、非金属加工专用设备制造	1028	310	256	718	718		1028
食品、饮料、烟草及饲料生产专用设备制造							
印刷、制药、日化及日用品生产专用设备制造	326	326	146			15	311
纺织、服装和皮革加工专用设备制造	484	473	136	11	11	20	464
电子和电工机械专用设备制造							
农、林、牧、渔专用机械制造							
医疗仪器设备及器械制造	7908	7583	3926	325	324	403	7505
环保、邮政、社会公共服务及其他专用设备制造	1908	1908	1484				1908
汽车制造业	86843	79835	33262	7008	6985	2344	83636
汽车整车制造	48778	46987	22764	1791	1785	1003	47775
汽车用发动机制造							
改装汽车制造							
低速汽车制造							
汽车车身、挂车制造							
汽车零部件及配件制造	38065	32848	10498	5217	5200	1341	35861
铁路、船舶、航空航天和其他运输设备制造业	6416	5828	3154	589	512	71	6273
铁路运输设备制造							
城市轨道交通设备制造							
船舶及相关装置制造							
航空、航天器及设备制造							
摩托车制造	5243	4744	2247	499	423		5243
自行车和残疾人座车制造	1174	1084	907	90	88	71	1030
助动车制造							
非公路休闲车及零配件制造							
潜水救捞及其他未列明运输设备制造							
电气机械和器材制造业	26913	25478	12567	1435	1433	779	24992
电机制造	1946	1896	741	50	50	40	1681
输配电及控制设备制造	10379	9889	4734	490	488	459	9643

1-D-1.7 续表 4 单位：万元

行业	R&D经费内部支出	日常性支出	#人员劳务费	资产性支出	#仪器和设备	#政府资金	#企业资金
电线、电缆、光缆及电工器材制造	842	842	327				543
电池制造	1423	785	526	638	638		1423
家用电力器具制造	1141	1141	499				1141
非电力家用器具制造							
照明器具制造	11043	10788	5674	255	255	280	10422
其他电气机械及器材制造	138	137	65	2	2		138
计算机、通信和其他电子设备制造业	199920	192871	110247	7049	7038	2027	197757
计算机制造	121643	119591	78904	2053	2051	1001	120642
通信设备制造	1727	1726	1051	1		51	1676
广播电视设备制造	2952	2862	1226	90	90		2952
雷达及配套设备制造							
非专业视听设备制造	1404	1281	561	123	123	4	1370
智能消费设备制造	9423	9053	6365	370	370		9423
电子器件制造	55692	51710	19313	3983	3975	924	54727
电子元件及电子专用材料制造	6324	5894	2354	430	430	28	6234
其他电子设备制造	753	753	475			20	733
仪器仪表制造业	5863	5362	2632	500	496	77	5665
通用仪器仪表制造	1479	1478	1011	1	1	27	1452
专用仪器仪表制造	2259	1852	574	407	407	24	2114
钟表与计时仪器制造							
光学仪器制造	1464	1457	837	8	3	21	1443
衡器制造							
其他仪器仪表制造业	661	576	210	85	85	5	656
其他制造业	1848	1653	251	195	189		1848
日用杂品制造	1848	1653	251	195	189		1848
其他未列明制造业							
废弃资源综合利用业							
金属废料和碎屑加工处理							
非金属废料和碎屑加工处理							
金属制品、机械和设备修理业							
金属制品修理							
通用设备修理							
专用设备修理							
铁路、船舶、航空航天等运输设备修理							
其他机械和设备修理业							
电力、热力、燃气及水生产和供应业	**344**	**314**	**158**	**30**	**29**	**43**	**301**
电力、热力生产和供应业							
电力生产							
电力供应							
热力生产和供应							
燃气生产和供应业	344	314	158	30	29	43	301
燃气生产和供应业	344	314	158	30	29	43	301
水的生产和供应业							
自来水生产和供应							
污水处理及其再生利用							
其他水的处理、利用与分配							

1-D-1.8　各地区企业R&D经费内部支出情况

单位：万元

地　区	R&D经费内部支出	日常性支出	#人员劳务费	资产性支出	#仪器和设备	#政府资金	#企业资金
全　省	**5249417**	**4642887**	**1686130**	**606530**	**599981**	**97256**	**5104474**
福州市	**1159715**	**1063692**	**394461**	**96023**	**95502**	**14730**	**1135879**
鼓楼区	93001	89730	60306	3271	3254	1940	90985
台江区	3190	2878	2192	312	312	155	3035
仓山区	198915	185523	104351	13392	13355	1438	195818
马尾区	101626	96580	43996	5047	4989	1139	99675
晋安区	45025	41996	19538	3029	3011	397	43856
长乐区	170402	151413	33001	18990	18931	398	168962
闽侯县	124499	108673	37378	15826	15776	1063	122379
连江县	31806	28845	6925	2961	2931	1343	29118
罗源县	65084	63354	6746	1731	1731	762	64122
闽清县	8858	8312	2525	546	546	32	8826
永泰县	2584	2095	877	490	486	20	2564
平潭县	39	32	8	8	8		39
福清市	314685	284262	76621	30423	30174	6042	306501
厦门市	**1175017**	**1089731**	**533469**	**85286**	**84689**	**52684**	**1116949**
思明区	44653	40808	23979	3845	3830	2785	41818
海沧区	227833	213223	86703	14610	14564	9225	217819
湖里区	37900	36837	23059	1063	1061	330	37335
集美区	205775	185656	95473	20118	19889	7359	198009
同安区	125390	117892	57837	7497	7467	4097	120662
翔安区	13824	12719	5443	1105	1102	551	13273
火炬高新区	519643	482596	240975	37048	36776	28337	488033
莆田市	**263824**	**210344**	**57473**	**53480**	**53285**	**2197**	**257189**
城厢区	54087	50070	10152	4018	3965	547	53272
涵江区	107093	64292	16688	42802	42736	1133	105887
荔城区	32031	30184	11993	1848	1806	302	31155
秀屿区	32641	31892	8972	749	733	214	32188
仙游县	21802	17738	5223	4064	4046	1	18518
北　岸	16170	16170	4446				16170
三明市	**236429**	**220597**	**54850**	**15832**	**15429**	**1140**	**234622**
梅列区	92960	88462	22275	4498	4341		92960
三元区	17105	16874	2451	231	230	76	17029
明溪县	5169	4544	1868	625	607		5169
清流县	2908	2711	854	197	169	18	2889
宁化县	5137	4523	1706	614	583	7	5130
大田县	9670	8097	1589	1573	1553	82	9313
尤溪县	9735	9043	2636	691	691	128	9579
沙　县	23514	22375	7415	1139	1127	220	23209
将乐县	17879	15899	2328	1979	1972	136	17716
泰宁县	3833	3561	682	272	262	112	3720
建宁县	9124	7924	2236	1200	1198	108	8807
永安市	39396	36584	8809	2813	2697	254	39100
泉州市	**883298**	**801542**	**230171**	**81756**	**80560**	**5754**	**864075**
鲤城区	26780	24141	11638	2639	2637	291	26470
丰泽区	23701	21973	10136	1728	1723	476	23198
洛江区	15402	14874	6563	528	525	94	15260
泉港区	53468	50375	7985	3093	3011	280	52817
惠安县	56716	52223	12490	4493	4409	492	54788
安溪县	50651	44062	11793	6589	6547	937	47152
永春县	18314	16085	4537	2229	2080	99	15879

1-D-1.8 续表

地　区	R&D经费内部支出	日常性支出	#人员劳务费	资产性支出	#仪器和设备	#政府资金	#企业资金
德化县	66792	61798	13733	4994	4917	258	64179
台商投资区	41498	34829	7482	6669	6624	143	40124
泉州开发区	22751	21308	8156	1443	1443	169	22583
石狮市	110100	97046	29635	13054	12895	449	109109
晋江市	282205	258306	67119	23899	23637	1035	279364
南安市	114920	104522	38906	10398	10113	1032	113154
漳州市	**536809**	**457227**	**151263**	**79582**	**78719**	**9863**	**517106**
芗城区	111237	72967	23755	38270	37800	4347	106890
龙文区	32222	30069	10941	2153	2107	598	31624
漳州台商投资区	68306	63363	19598	4943	4931	915	67265
招商局漳州开发区	5688	5621	2941	67	55	59	4519
云霄县	30072	24127	6149	5945	5896	93	29979
漳浦县	40770	35963	12625	4806	4801	815	39659
诏安县	34401	32217	9391	2184	2176	566	28033
长泰县	91848	83712	31997	8136	8022	532	90894
东山县	17427	16125	7166	1302	1299	91	17153
南靖县	39368	37457	10493	1911	1884	1357	36559
平和县	15728	12987	3446	2741	2741	60	15453
华安县	11430	10817	3645	613	575	154	11040
常山华侨经济开发区	3418	2953	1169	465	465		3418
龙海市	34895	28849	7948	6046	5968	276	34619
南平市	**188302**	**165064**	**42246**	**23239**	**22881**	**2436**	**182830**
延平区	59702	55034	13006	4668	4432	726	58864
建阳区	32940	29475	7874	3465	3435	66	31946
顺昌县	6447	4764	1400	1683	1681	3	6430
浦城县	26831	21274	4589	5556	5540	151	26091
光泽县	4994	4735	1301	259	258	7	4848
松溪县	3849	3308	867	541	540	974	2867
政和县	4626	4155	1557	471	467	6	4598
邵武市	21294	17813	5391	3481	3452	205	19864
武夷山市	11608	9638	1973	1970	1945	188	11420
建瓯市	16012	14868	4287	1144	1130	110	15902
龙岩市	**391860**	**341464**	**77118**	**50396**	**49717**	**3670**	**386925**
新罗区	139034	126087	29119	12947	12795	2093	136265
永定区	44972	40950	11221	4022	3985	124	44779
长汀县	27072	25792	5675	1280	1276	85	26877
上杭县	95299	77402	15498	17897	17647	319	94950
武平县	37272	29579	6014	7693	7640	120	36773
连城县	27172	23037	5763	4135	3977	779	26393
漳平市	21039	18617	3828	2422	2397	150	20889
宁德市	**414162**	**293225**	**145079**	**120936**	**119200**	**4783**	**408899**
蕉城区	382825	264314	136081	118511	116794	3868	378924
霞浦县	795	780	256	15	15	49	746
古田县	858	849	265	9	9	13	845
屏南县	785	784	236	1		2	783
寿宁县	7120	6879	1511	241	240	660	6284
周宁县	735	732	320	3	1		735
柘荣县	3075	2702	984	373	367	90	2786
东侨开发区	1902	1637	534	265	265	6	1897
福安市	5331	4705	1451	626	615		5331
福鼎市	10736	9842	3442	894	894	97	10570

1-D-1.9 各地区大中型企业R&D经费内部支出情况

单位：万元

地区	R&D经费内部支出	日常性支出	#人员劳务费	资产性支出	#仪器和设备	#政府资金	#企业资金
全省	**3821706**	**3386501**	**1284015**	**435205**	**430366**	**73238**	**3716967**
福州市	**937068**	**860622**	**316647**	**76446**	**76081**	**10842**	**920664**
鼓楼区	61953	59879	40196	2074	2073	1221	60732
台江区							
仓山区	162751	153711	93749	9040	9013	1155	160380
马尾区	82217	78345	33601	3872	3820	504	81126
晋安区	36946	34584	16162	2362	2346	194	36151
长乐区	159743	142682	29969	17061	17010	232	158524
闽侯县	93992	80760	27686	13232	13204	753	92235
连江县	10533	10026	3017	507	502	1088	9360
罗源县	61988	60279	5799	1709	1709	715	61073
闽清县	1632	1625	911	7	7	5	1627
永泰县	2061	1654	733	406	404		2061
平潭县							
福清市	263252	237077	64826	26175	25994	4975	257395
厦门市	**933421**	**865295**	**420123**	**68126**	**67597**	**43923**	**885612**
思明区	35785	33213	18862	2572	2558	1823	33912
海沧区	199233	186704	75152	12529	12488	7388	191751
湖里区	27472	26920	17462	552	550	233	27239
集美区	159494	142987	73896	16507	16286	6401	152722
同安区	70482	66182	34626	4300	4287	2449	67647
翔安区	8581	7737	3416	845	845	332	8249
火炬高新区	432374	401553	196710	30821	30583	25299	404092
莆田市	**116478**	**108450**	**35029**	**8028**	**7950**	**873**	**111588**
城厢区	17114	15914	3538	1200	1195	376	16578
涵江区	25973	24219	7101	1755	1702	60	25913
荔城区	23868	22349	9829	1519	1517	302	22991
秀屿区	17553	17423	6394	130	130	135	17418
仙游县	15801	12377	3721	3424	3406		12518
北岸	16170	16170	4446				16170
三明市	**164720**	**156663**	**38337**	**8056**	**7795**	**435**	**164248**
梅列区	91207	86843	21874	4364	4246		91207
三元区	12721	12697	1156	24	24	33	12689
明溪县	2807	2581	1465	225	225		2807
清流县	268	268	56				268
宁化县	4252	3708	1463	544	517		4252
大田县	465	465	63				465
尤溪县	3660	3599	975	61	61		3660
沙县	10580	10355	2921	225	219	200	10380
将乐县	5684	4787	780	897	897		5684
建宁县	3142	3131	697	12	9		3142
永安市	29935	28230	6888	1704	1597	203	29695
泉州市	**616515**	**564433**	**170755**	**52082**	**51352**	**3476**	**602565**
鲤城区	15721	14373	7492	1348	1347	99	15623
丰泽区	19430	18061	8000	1369	1368	355	19075
洛江区	7274	7141	3400	132	130	74	7200
泉港区	33063	32138	5291	925	911	133	32713
惠安县	28681	26429	7201	2253	2197	200	27964
安溪县	47181	40919	10819	6263	6242	468	44242

1-D-1.9 续表

地 区	R&D经费内部支出	日常性支出	#人员劳务费	资产性支出	#仪器和设备	#政府资金	#企业资金
永春县	14864	12900	3677	1963	1815	85	12485
德化县	47736	44572	9696	3164	3113	239	45143
台商投资区	25526	21572	4004	3953	3948	25	24537
泉州开发区	16456	15730	5798	726	726		16456
石狮市	66657	61411	20079	5247	5192	150	66507
晋江市	218169	201009	56127	17159	16977	618	216455
南安市	75758	68179	29170	7579	7387	1032	74167
漳州市	**346466**	**286114**	**97675**	**60352**	**59680**	**7068**	**334610**
芗城区	96171	59842	18565	36329	35861	3980	92191
龙文区	18295	17320	5628	975	975	169	18127
漳州台商投资区	54797	50177	15158	4619	4607	810	53987
招商局漳州开发区	2984	2984	1359				1874
云霄县	12397	9785	3152	2612	2581	84	12313
漳浦县	13498	11590	4428	1908	1908	562	12722
诏安县	10334	9585	2854	749	747	60	8469
长泰县	63127	58224	23888	4904	4827	392	62735
东山县	15450	14303	6807	1147	1146	91	15181
南靖县	23325	22577	6857	748	748	658	21423
平和县	5016	4208	1145	808	808		5016
华安县	7469	6984	2110	485	446	98	7135
常山华侨经济开发区	789	784	570	6	6		789
龙海市	22814	17751	5155	5064	5020	166	22648
南平市	**90255**	**79564**	**19696**	**10692**	**10596**	**520**	**87677**
延平区	49763	47399	10850	2364	2284	344	49307
建阳区	6317	5032	1460	1285	1274	15	6002
顺昌县	3732	3150	898	582	580		3732
浦城县	13855	9462	2138	4393	4391		13278
光泽县	3449	3420	939	30	30	4	3446
松溪县	299	299	97				299
政和县							
邵武市	11044	9167	2777	1877	1876	5	9971
武夷山市	586	535	172	51	51	43	543
建瓯市	1209	1099	366	110	110	110	1099
龙岩市	**222765**	**190960**	**45875**	**31804**	**31422**	**2160**	**220125**
新罗区	79551	70640	18206	8910	8843	1501	77729
永定区	15847	15796	6391	52	38	52	15795
长汀县	16617	16218	3298	400	400		16506
上杭县	77747	61311	12001	16436	16241	220	77527
武平县	12594	9780	2149	2814	2778	89	12457
连城县	9355	7930	1901	1425	1367	274	9081
漳平市	11054	9286	1930	1768	1756	25	11030
宁德市	**394019**	**274400**	**139878**	**119619**	**117894**	**3940**	**389879**
蕉城区	382430	263919	135856	118511	116794	3868	378563
霞浦县	169	169	95				169
古田县							
屏南县	291	291	86				291
寿宁县	1215	1208	427	7	7		1215
柘荣县	1995	1684	509	310	309		1795
东侨开发区	767	573	77	194	194	6	761
福安市	2304	2144	846	160	154		2304
福鼎市	4848	4411	1982	436	436	67	4781

1-D-1.10　各地区内资企业R&D经费内部支出情况

单位：万元

地　区	R&D经费内部支出	日常性支出	#人员劳务费	资产性支出	#仪器和设备	#政府资金	#企业资金
全　省	**3449555**	**2983661**	**1019839**	**465894**	**460243**	**70824**	**3347733**
福州市	**701188**	**637782**	**218498**	**63406**	**62971**	**9899**	**686206**
鼓楼区	61520	59158	38165	2362	2346	706	60737
台江区	3190	2878	2192	312	312	155	3035
仓山区	71613	64703	31634	6910	6886	681	70135
马尾区	69672	66843	35296	2828	2778	909	68207
晋安区	16323	14694	6631	1629	1618	287	15642
长乐区	151983	136740	29263	15243	15200	371	150569
闽侯县	53177	44777	15175	8400	8350	690	52435
连江县	26116	23669	5622	2448	2421	1309	24437
罗源县	61723	59993	6060	1729	1729	762	60961
闽清县	7892	7500	2229	391	391	32	7859
永泰县	2584	2095	877	490	486	20	2564
平潭县	39	32	8	8	8		39
福清市	175358	154701	45345	20657	20445	3975	169586
厦门市	**614088**	**558936**	**287762**	**55152**	**54740**	**37313**	**574314**
思明区	17285	14986	8941	2299	2294	1909	15326
海沧区	106445	99982	37001	6463	6436	4429	101481
湖里区	11057	10591	5840	466	464	70	10967
集美区	85352	72469	35162	12882	12768	2326	82991
同安区	86699	81801	39660	4898	4873	2847	83608
翔安区	8418	7381	2824	1037	1035	551	7867
火炬高新区	298831	271725	158335	27106	26870	25180	272074
莆田市	**197326**	**147837**	**38160**	**49489**	**49309**	**1886**	**191539**
城厢区	49470	46102	9474	3368	3322	547	48923
涵江区	82189	41915	10536	40274	40218	861	81255
荔城区	23349	22315	8600	1033	992	263	22779
秀屿区	21406	20657	4949	749	733	214	20953
仙游县	20912	16848	4602	4064	4046	1	17628
三明市	**231071**	**215419**	**53252**	**15651**	**15270**	**1124**	**229341**
梅列区	92960	88462	22275	4498	4341		92960
三元区	17105	16874	2451	231	230	76	17029
明溪县	5169	4544	1868	625	607		5169
清流县	1772	1595	652	177	169	2	1770
宁化县	5137	4523	1706	614	583	7	5130
大田县	9357	7849	1412	1508	1488	82	9035
尤溪县	9455	8763	2484	691	691	128	9327
沙　县	23228	22094	7358	1134	1122	220	22922
将乐县	17511	15531	2197	1979	1972	136	17348
泰宁县	3833	3561	682	272	262	112	3720
建宁县	6857	5661	1576	1196	1194	108	6539
永安市	38688	35962	8591	2727	2612	254	38392
泉州市	**554454**	**502176**	**147307**	**52278**	**51465**	**4005**	**540493**
鲤城区	23814	21592	10252	2222	2220	291	23523
丰泽区	21440	19889	9098	1551	1546	476	20936
洛江区	13540	13066	5794	474	472	79	13413
泉港区	49523	47525	7426	1998	1977	213	49035
惠安县	48492	45517	9413	2975	2902	492	46564
安溪县	49211	42684	11393	6527	6485	937	45801

1-D-1.10 续表

地　　区	R&D经费内部支出	日常性支出	#人员劳务费	资产性支出	#仪器和设备	#政府资金	#企业资金
永春县	9199	8396	2565	803	778	99	8883
德化县	62604	57983	13047	4621	4545	250	60000
台商投资区	17719	14197	3501	3522	3510	83	16673
泉州开发区	11977	10855	4487	1122	1122	169	11809
石狮市	39064	33450	11092	5614	5511	170	38814
晋江市	106171	94785	24065	11386	11221	684	104140
南安市	101700	92238	35174	9462	9177	62	100903
漳州市	**381201**	**317466**	**105643**	**63734**	**62903**	**7717**	**368294**
芗城区	101969.	64142	20991	37827	37357	4285	97683
龙文区	18196	17076	5927	1120	1090	317	17879
漳州台商投资区	23183	22162	7106	1021	1009	491	22567
招商局漳州开发区	1996	1948	1039	49	37	59	1937
云霄县	24998	19599	4708	5399	5353	67	24931
漳浦县	19583	18010	6297	1573	1573	472	19104
诏安县	26975	25075	7429	1900	1893	380	22619
长泰县	84497	76714	29289	7783	7669	532	83614
东山县	16484	15204	6927	1280	1277	91	16388
南靖县	16691	15463	4275	1228	1205	684	15732
平和县	14581	12114	3206	2467	2467	60	14306
华安县	11148	10535	3493	613	575	154	10759
常山华侨经济开发区	1940	1696	327	244	244		1940
龙海市	18961	17729	4631	1233	1154	125	18836
南平市	**168347**	**148616**	**35999**	**19731**	**19429**	**2239**	**163620**
延平区	48214	45640	9154	2574	2390	667	47435
建阳区	32401	28936	7710	3465	3435	36	31437
顺昌县	3497	2983	912	513	513	3	3480
浦城县	23541	18186	3292	5355	5341	151	23349
光泽县	4921	4665	1273	256	255	7	4775
松溪县	3849	3308	867	541	540	974	2867
政和县	4626	4155	1557	471	467	6	4598
邵武市	20725	17259	5194	3466	3437	205	19295
武夷山市	10836	8891	1796	1945	1920	80	10756
建瓯市	15738	14594	4244	1144	1130	110	15628
龙岩市	**317757**	**275608**	**61020**	**42149**	**41588**	**3333**	**313590**
新罗区	98828	91237	21543	7591	7454	2013	96460
永定区	33286	29264	6186	4022	3985	72	33145
长汀县	24442	23243	5182	1199	1194	85	24357
上杭县	82273	66642	13785	15631	15482	319	81924
武平县	35963	28273	5675	7690	7636	120	35464
连城县	26504	22382	5540	4122	3965	629	25875
漳平市	16462	14567	3110	1894	1871	95	16367
宁德市	**284125**	**179821**	**72198**	**104304**	**102568**	**3309**	**280337**
蕉城区	255803	153668	64531	102135	100418	2394	253376
霞浦县	795	780	256	15	15	49	746
古田县	734	730	184	4	4	13	721
屏南县	494	493	150	1		2	492
寿宁县	5905	5671	1084	234	233	660	5068
周宁县	735	732	320	3	1		735
柘荣县	3075	2702	984	373	367	90	2786
东侨开发区	1518	1322	360	196	196	6	1513
福安市	5111	4515	1309	596	585		5111
福鼎市	9956	9208	3021	748	748	97	9790

1-D-1.11　各地区港澳台商投资企业R&D经费内部支出情况

单位：万元

地　区	R&D经费内部支出	日常性支出	#人员劳务费	资产性支出	#仪器和设备	#政府资金	#企业资金
全　省	**1133624**	**1036294**	**378389**	**97330**	**96711**	**14018**	**1110370**
福州市	**257166**	**235472**	**77758**	**21693**	**21627**	**2999**	**252301**
鼓楼区	26295	25836	19278	460	459	1020	25275
台江区							
仓山区	22477	18320	10312	4156	4143	113	21522
马尾区	29435	27561	7847	1873	1866	95	29308
晋安区	6354	6196	1637	158	158	40	6314
长乐区	13291	10706	2717	2585	2577	27	13264
闽侯县	29727	26476	7690	3251	3251	197	29530
连江县	2850	2831	521	19	15	17	2387
罗源县	556	554	498	1	1		355
闽清县	527	372	77	154	154		527
永泰县							
平潭县							
福清市	125656	116619	27181	9036	9004	1491	123819
厦门市	**279726**	**265332**	**104901**	**14395**	**14337**	**6479**	**271004**
思明区	10424	10208	6024	217	216	472	9952
海沧区	92882	86491	36317	6391	6372	3598	89174
湖里区	14330	14219	8823	111	109	208	14121
集美区	22778	22208	10264	570	568	532	21874
同安区	23401	22138	11677	1263	1261	738	22277
翔安区	85	82	38	3	3		85
火炬高新区	115827	109986	31758	5841	5807	931	113520
莆田市	**35096**	**31122**	**9499**	**3974**	**3959**	**272**	**34555**
城厢区	4528	3879	644	649	643		4259
涵江区	8591	6064	1789	2527	2518	272	8319
荔城区	5262	4465	2435	798	798		5262
秀屿区	375	375	81				375
仙游县	171	171	104				171
北　岸	16170	16170	4446				16170
三明市	**1938**	**1913**	**623**	**25**	**5**	**16**	**1891**
梅列区							
三元区							
明溪县							
清流县	1136	1116	203	20		16	1120
宁化县							
大田县	8	8	7				4
尤溪县	280	280	152				252
沙　县	22	17	12	5	5		22
将乐县							
泰宁县							
建宁县	422	422	238				422
永安市	70	70	12				70
泉州市	**284285**	**260098**	**71633**	**24187**	**23828**	**599**	**281640**
鲤城区	2966	2549	1386	417	417		2947
丰泽区	2052	1914	997	138	136		2052
洛江区	1208	1159	451	50	49		1208
泉港区	3291	2226	106	1065	1005	24	3180
惠安县	5064	4775	2240	289	288		5064
安溪县	1440	1378	400	62	62		1351

1-D-1.11 续表

地　　区	R&D经费内部支出	日常性支出	#人员劳务费	资产性支出	#仪器和设备	#政府资金	#企业资金
永春县	3843	2626	321	1218	1094		3077
德化县	2585	2234	331	351	351		2585
台商投资区	20616	17856	3375	2760	2731	60	20288
泉州开发区	10774	10453	3670	321	321		10774
石狮市	57410	51430	16640	5980	5926	140	56874
晋江市	164181	152710	39308	11471	11382	341	163421
南安市	8855	8788	2408	66	66	35	8819
漳州市	**121326**	**108213**	**35148**	**13113**	**13086**	**1943**	**116715**
芗城区	8755	8312	2620	443	443	62	8693
龙文区	7790	7035	2729	756	740	183	7607
漳州台商投资区	36575	33256	10853	3318	3318	392	36183
招商局漳州开发区	161	143	79	18	18		161
云霄县	2331	1919	489	412	408		2331
漳浦县	12970	11036	4027	1934	1932	310	12585
诏安县	5727	5538	1554	189	187	186	4195
长泰县	7351	6998	2708	353	353		7281
东山县	446	446	86				446
南靖县	20539	20158	5581	381	378	659	18702
平和县	1147	873	240	274	274		1147
华安县	130	130	29				130
常山华侨经济开发区	1472	1251	836	221	221		1472
龙海市	15934	11120	3317	4814	4814	151	15783
南平市	**14353**	**11703**	**4537**	**2650**	**2597**	**168**	**14185**
延平区	10087	8632	3447	1455	1404	30	10057
建阳区	539	539	164			30	509
顺昌县	1389	403	142	986	986		1389
浦城县	1492	1312	578	181	179		1492
光泽县	73	70	29	3	3		73
松溪县							
政和县							
邵武市							
武夷山市	772	747	178	25	25	108	664
建瓯市							
龙岩市	**11944**	**11116**	**2422**	**828**	**807**	**69**	**11764**
新罗区	3376	3224	799	152	152	14	3362
永定区	612	612	70				612
长汀县	2631	2549	494	81	81		2520
上杭县	1073	1006	398	67	48		1073
武平县							
连城县							
漳平市	4252	3725	661	528	526	55	4198
宁德市	**127789**	**111325**	**71869**	**16464**	**16464**	**1474**	**126316**
蕉城区	127022	110646	71551	16376	16376	1474	125548
霞浦县							
古田县							
屏南县	291	291	86				291
寿宁县							
柘荣县							
东侨开发区							
福安市	220	190	143	30	30		220
福鼎市	256	198	91	58	58		256

1-D-1.12　各地区外商投资企业R&D经费内部支出情况

单位：万元

地　区	R&D经费内部支出	日常性支出	#人员劳务费	资产性支出	#仪器和设备	#政府资金	#企业资金
全　省	**666238**	**622932**	**287902**	**43306**	**43027**	**12414**	**646371**
福州市	**201361**	**190438**	**98205**	**10924**	**10903**	**1832**	**197372**
鼓楼区	5187	4737	2864	450	448	214	4973
仓山区	104826	102500	62404	2326	2326	644	104161
马尾区	2520	2175	852	345	345	135	2160
晋安区	22349	21106	11270	1243	1235	70	21901
长乐区	5128	3967	1021	1161	1154		5128
闽侯县	41595	37420	14512	4175	4175	177	40414
连江县	2840	2345	782	494	494	16	2294
罗源县	2806	2806	187				2806
闽清县	440	440	218				440
永泰县							
平潭县							
福清市	13671	12942	4095	729	726	576	13096
厦门市	**281203**	**265464**	**140806**	**15740**	**15612**	**8893**	**271631**
思明区	16943	15614	9015	1329	1320	403	16540
海沧区	28505	26750	13385	1755	1755	1198	27164
湖里区	12514	12027	8396	487	487	52	12247
集美区	97645	90979	50047	6666	6553	4501	93144
同安区	15290	13953	6500	1337	1333	513	14777
翔安区	5321	5256	2581	65	65		5321
火炬高新区	104985	100884	50882	4101	4099	2226	102439
莆田市	**31402**	**31385**	**9814**	**17**	**17**	**39**	**31096**
城厢区	90	90	34				90
涵江区	16313	16313	4363				16313
荔城区	3421	3404	959	17	17	39	3114
秀屿区	10860	10860	3942				10860
仙游县	719	719	518				719
北　岸							
三明市	**3420**	**3265**	**975**	**156**	**154**		**3390**
梅列区							
三元区							
明溪县							
宁化县							
大田县	305	240	171	65	65		275
尤溪县							
沙　县	264	264	46				264
将乐县	368	368	131				368
建宁县	1845	1840	422	5	4		1845
永安市	638	552	205	86	85		638
泉州市	**44559**	**39268**	**11231**	**5291**	**5266**	**1151**	**41942**
鲤城区							
丰泽区	210	170	42	40	40		210
洛江区	653	649	319	4	4	15	638
泉港区	654	623	452	30	29	43	602
惠安县	3160	1931	836	1229	1220		3160

1-D-1.12 续表

地　　区	R&D经费内部支出	日常性支出	#人员劳务费	资产性支出	#仪器和设备	#政府资金	#企业资金
安溪县							
永春县	5272	5064	1651	208	208		3920
德化县	1602	1581	355	21	21	8	1594
台商投资区	3163	2776	606	386	383		3163
泉州开发区							
石狮市	13627	12166	1902	1461	1457	140	13421
晋江市	11853	10811	3745	1042	1035	10	11803
南安市	4366	3496	1324	870	870	935	3432
漳州市	**34282**	**31548**	**10472**	**2735**	**2731**	**203**	**32097**
芗城区	514	514	145				514
龙文区	6236	5958	2285	278	277	97	6139
漳州台商投资区	8549	7945	1640	604	604	33	8516
招商局漳州开发区	3531	3531	1822				2421
云霄县	2744	2609	953	135	135	26	2718
漳浦县	8217	6918	2301	1299	1296	33	7970
诏安县	1699	1604	407	96	96		1219
长泰县							
东山县	497	475	153	22	22		319
南靖县	2139	1837	637	302	302	14	2125
平和县							
华安县	152	152	123				152
常山华侨经济开发区	6	6	6				6
龙海市							
南平市	**5602**	**4745**	**1710**	**857**	**855**	**29**	**5025**
延平区	1401	763	404	638	638	29	1372
建阳区							
顺昌县	1561	1377	347	183	182		1561
浦城县	1798	1777	719	21	21		1249
光泽县							
松溪县							
邵武市	569	554	197	15	15		569
武夷山市							
建瓯市	274	274	43				274
龙岩市	**62160**	**54741**	**13676**	**7419**	**7322**	**268**	**61571**
新罗区	36830	31626	6776	5204	5189	66	36444
永定区	11074	11074	4965			52	11022
长汀县							
上杭县	11953	9754	1315	2199	2117		11953
武平县	1310	1306	339	4	4		1310
连城县	668	656	224	13	13	150	518
漳平市	325	325	57				325
宁德市	**2247**	**2079**	**1012**	**168**	**168**		**2247**
古田县	124	119	81	5	5		124
屏南县							
寿宁县	1215	1208	427	7	7		1215
东侨开发区	384	316	174	69	68		384
福安市							
福鼎市	524	436	330	88	88		524

1-D-2.1 分登记注册类型企业R&D经费外部支出情况

单位：万元

登记注册类型	R&D经费外部支出	#对境内研究机构支出	#对境内高等学校支出
总 计	**184184**	**28519**	**17230**
内资企业	**116711**	**24091**	**13895**
国有企业			
集体企业	7		7
股份合作企业			
联营企业			
集体联营企业			
有限责任公司	54731	10709	5462
国有独资公司	14801	4372	2909
其他有限责任公司	39930	6338	2553
股份有限公司	37765	8620	3828
私营企业	24208	4762	4597
私营独资企业	10		10
私营合伙企业			
私营有限责任公司	20411	4310	3424
私营股份有限公司	3787	452	1163
其他企业			
港、澳、台商投资企业	**25595**	**3900**	**1894**
合资经营企业	17761	2735	1186
合作经营企业			
港、澳、台商独资经营企业	7063	891	675
港、澳、台商投资股份有限公司	771	275	34
其他港、澳、台投资企业			
外商投资企业	**41879**	**528**	**1441**
中外合资经营企业	9431	407	725
中外合作经营企业	1537		
外资企业	30480	114	592
外商投资股份有限公司	365		86
其他外商投资企业	66	8	38

1-D-2.2 分登记注册类型大中型企业R&D经费外部支出情况

单位：万元

登记注册类型	R&D经费外部支出	#对境内研究机构支出	#对境内高等学校支出
总　计	**149760**	**20522**	**11236**
内资企业	**89247**	**17265**	**9038**
国有企业			
集体企业			
股份合作企业			
联营企业			
集体联营企业			
其他联营企业			
有限责任公司	44532	8912	4957
国有独资公司	14728	4363	2900
其他有限责任公司	29805	4549	2057
股份有限公司	31127	6445	2834
私营企业	13588	1907	1247
私营独资企业			
私营合伙企业			
私营有限责任公司	11569	1662	881
私营股份有限公司	2019	245	365
其他企业			
港、澳、台商投资企业	**22673**	**3150**	**1369**
合资经营企业	17138	2632	892
合作经营企业			
港、澳、台商独资经营企业	5012	492	444
港、澳、台商投资股份有限公司	523	27	34
其他港、澳、台投资企业			
外商投资企业	**37840**	**107**	**829**
中外合资经营企业	7122	5	151
中外合作经营企业	1466		
外资企业	28859	94	592
外商投资股份有限公司	365		86
其他外商投资企业	28	8	

1-D-2.3 分行业企业R&D经费外部支出情况

单位：万元

行业	R&D经费外部支出	#对境内研究机构支出	#对境内高等学校支出
总 计	**184184**	**28519**	**17230**
采矿业	**1168**	**1013**	**134**
煤炭开采和洗选业	15	7	7
烟煤和无烟煤开采洗选	15	7	7
褐煤开采洗选			
其他煤炭采选			
石油和天然气开采业			
石油开采			
天然气开采			
黑色金属矿采选业	482	405	77
铁矿采选	482	405	77
锰矿、铬矿采选			
其他黑色金属矿采选			
有色金属矿采选业	672	601	50
常用有色金属矿采选			
贵金属矿采选	567	555	10
稀有稀土金属矿采选	104	46	41
非金属矿采选业			
土砂石开采			
化学矿开采			
采盐			
石棉及其他非金属矿采选			
开采专业及辅助性活动			
煤炭开采和洗选专业及辅助性活动			
石油和天然气开采专业及辅助性活动			
其他开采专业及辅助性活动			
其他采矿业			
其他采矿业			
制造业	**157955**	**22178**	**13688**
农副食品加工业	4781	248	1521
谷物磨制	9	9	
饲料加工	443	28	225
植物油加工	1348		
制糖业			
屠宰及肉类加工	177	14	107
水产品加工	1672	179	1048
蔬菜、菌类、水果和坚果加工	1079	1	105
其他农副食品加工	52	17	35
食品制造业	2446	357	1125
焙烤食品制造	22		22
糖果、巧克力及蜜饯制造	716	78	40
方便食品制造	134	14	104
乳制品制造			
罐头食品制造	121	19	72
调味品、发酵制品制造	116	29	88
其他食品制造	1337	217	800
酒、饮料和精制茶制造业	214	100	114
酒的制造	60	13	47
饮料制造	101	46	55
精制茶加工	53	41	12

1-D-2.3 续表 1

单位：万元

行业	R&D经费外部支出	#对境内研究机构支出	#对境内高等学校支出
烟草制品业	197	33	164
烟叶复烤	34	33	
卷烟制造	164		164
其他烟草制品制造			
纺织业	825	188	461
棉纺织及印染精加工	649	188	412
毛纺织及染整精加工			
麻纺织及染整精加工			
丝绢纺织及印染精加工			
化纤织造及印染精加工			
针织或钩针编织物及其制品制造	15		15
家用纺织制成品制造			
产业用纺织制成品制造	162		35
纺织服装、服饰业	653	228	141
机织服装制造	491	224	141
针织或钩针编织服装制造	155		
服饰制造	8	5	
皮革、毛皮、羽毛及其制品和制鞋业	1962	103	15
皮革鞣制加工			
皮革制品制造	150	66	
毛皮鞣制及制品加工			
羽毛(绒)加工及制品制造			
制鞋业	1813	37	15
木材加工和木、竹、藤、棕、草制品业	858	341	317
木材加工	297	262	34
人造板制造	306	54	252
木质制品制造	173	20	
竹、藤、棕、草等制品制造	83	5	31
家具制造业	130	94	18
木质家具制造	111	94	10
竹、藤家具制造	20		9
金属家具制造			
塑料家具制造			
其他家具制造			
造纸和纸制品业	238	71	119
纸浆制造			
造纸	107	31	60
纸制品制造	132	40	59
印刷和记录媒介复制业	89		32
印刷	89		32
装订及印刷相关服务			
记录媒介复制			
文教、工美、体育和娱乐用品制造业	563	175	24
文教办公用品制造			
乐器制造			
工艺美术及礼仪用品制造	359	175	23
体育用品制造	166		1
玩具制造	38		
游艺器材及娱乐用品制造			
石油、煤炭及其他燃料加工业	287		100

1-D-2.3　续表 2　　　　单位：万元

行　业	R&D经费外部支出	#对境内研究机构支出	#对境内高等学校支出
精炼石油产品制造	287		100
煤炭加工			
核燃料加工			
生物质燃料加工			
化学原料和化学制品制造业	6155	2464	1506
基础化学原料制造	1051	666	162
肥料制造	160	29	125
农药制造	113	28	86
涂料、油墨、颜料及类似产品制造	334	120	127
合成材料制造	714	408	306
专用化学产品制造	1866	910	680
炸药、火工及焰火产品制造			
日用化学产品制造	1917	304	19
医药制造业	17659	4696	1144
化学药品原料药制造	504	191	35
化学药品制剂制造	9976	2689	13
中药饮片加工	116	71	45
中成药生产	4477	690	262
兽用药品制造	338		165
生物药品制品制造	2249	1056	623
卫生材料及医药用品制造			
药用辅料及包装材料			
化学纤维制造业	597	79	
纤维素纤维原料及纤维制造			
合成纤维制造	597	79	
生物基材料制造			
橡胶和塑料制品业	408	95	160
橡胶制品业	49	4	45
塑料制品业	359	91	115
非金属矿物制品业	2142	954	164
水泥、石灰和石膏制造	296	230	51
石膏、水泥制品及类似制品制造	156	50	6
砖瓦、石材等建筑材料制造	513	388	6
玻璃制造	401	240	43
玻璃制品制造	20	4	8
玻璃纤维和玻璃纤维增强塑料制品制造	50	20	30
陶瓷制品制造	317	11	21
耐火材料制品制造	142		
石墨及其他非金属矿物制品制造	246	11	
黑色金属冶炼和压延加工业	2735	1020	825
炼铁			
炼钢			
钢压延加工	2735	1020	825
铁合金冶炼			
有色金属冶炼和压延加工业	5091	2806	572
常用有色金属冶炼	589	325	8
贵金属冶炼	2879	1891	106
稀有稀土金属冶炼	126		126
有色金属合金制造	18	17	1
有色金属压延加工	1479	573	331
金属制品业	582	138	191

1-D-2.3 续表 3

单位：万元

行业	R&D经费外部支出	#对境内研究机构支出	#对境内高等学校支出
结构性金属制品制造	20		1
金属工具制造	15	9	5
集装箱及金属包装容器制造			
金属丝绳及其制品制造			
建筑、安全用金属制品制造	215	3	128
金属表面处理及热处理加工	125	125	
搪瓷制品制造			
金属制日用品制造			
铸造及其他金属制品制造	207	1	56
通用设备制造业	33794	193	239
锅炉及原动设备制造			
金属加工机械制造	117		107
物料搬运设备制造	1527	7	55
泵、阀门、压缩机及类似机械制造	202	50	6
轴承、齿轮和传动部件制造	44	2	15
烘炉、风机、包装等设备制造	4322	88	9
文化、办公用机械制造	27532		45
通用零部件制造	50	47	1
其他通用设备制造业			
专用设备制造业	9569	787	1629
采矿、冶金、建筑专用设备制造	2964	174	1360
化工、木材、非金属加工专用设备制造	117	4	76
食品、饮料、烟草及饲料生产专用设备制造			
印刷、制药、日化及日用品生产专用设备制造	490	470	10
纺织、服装和皮革加工专用设备制造	149	71	2
电子和电工机械专用设备制造	261	20	80
农、林、牧、渔专用机械制造	91	38	3
医疗仪器设备及器械制造	269		38
环保、邮政、社会公共服务及其他专用设备制造	5228	10	59
汽车制造业	14527	2983	308
汽车整车制造	11617	2724	75
汽车用发动机制造			
改装汽车制造	361	137	31
低速汽车制造			
电车制造			
汽车车身、挂车制造	60		6
汽车零部件及配件制造	2489	122	197
铁路、船舶、航空航天和其他运输设备制造业	6583	1772	60
铁路运输设备制造			
城市轨道交通设备制造			
船舶及相关装置制造	6050	1747	
航空、航天器及设备制造			
摩托车制造	533	25	60
自行车和残疾人座车制造			
助动车制造			
非公路休闲车及零配件制造			
潜水救捞及其他未列明运输设备制造			
电气机械和器材制造业	5216	577	1278
电机制造	243	70	62
输配电及控制设备制造	722	47	366
电线、电缆、光缆及电工器材制造	5	5	

1-D-2.3　续表 4　　　　单位：万元

行　业	R&D经费外部支出	#对境内研究机构支出	#对境内高等学校支出
电池制造	2215	279	456
家用电力器具制造	914	27	362
非电力家用器具制造			
照明器具制造	813	130	7
其他电气机械及器材制造	306	20	26
计算机、通信和其他电子设备制造业	36001	1497	857
计算机制造	3019		3
通信设备制造	1885	149	117
广播电视设备制造	508		102
雷达及配套设备制造			
非专业视听设备制造	373		88
智能消费设备制造	56		23
电子器件制造	27014	569	247
电子元件及电子专用材料制造	2352	773	273
其他电子设备制造	795	7	4
仪器仪表制造业	3191	3	572
通用仪器仪表制造	2328		465
专用仪器仪表制造	408	3	106
钟表与计时仪器制造	456		
光学仪器制造			
衡器制造			
其他仪器仪表制造业			
其他制造业	182	91	35
日用杂品制造	116	35	35
核辐射加工			
其他未列明制造业	67	57	
废弃资源综合利用业	86	8	
金属废料和碎屑加工处理			
非金属废料和碎屑加工处理	86	8	
金属制品、机械和设备修理业	193	76	
金属制品修理			
通用设备修理			
专用设备修理	57		
铁路、船舶、航空航天等运输设备修理	136	76	
电气设备修理			
仪器仪表修理			
其他机械和设备修理业			
电力、热力、燃气及水生产和供应业	**25061**	**5329**	**3408**
电力、热力生产和供应业	24546	5230	3081
电力生产	10324	1232	298
电力供应	14222	3998	2783
热力生产和供应			
燃气生产和供应业	442	99	253
燃气生产和供应业	442	99	253
生物质燃气生产和供应业			
水的生产和供应业	74		74
自来水生产和供应			
污水处理及其再生利用	74		74
海水淡化处理			
其他水的处理、利用与分配			

1-D-2.4 分行业大中型企业R&D经费外部支出情况

单位：万元

行　业	R&D经费外部支出	#对境内研究机构支出	#对境内高等学校支出
总　计	**149760**	**20522**	**11236**
采矿业	**1132**	**997**	**117**
煤炭开采和洗选业			
烟煤和无烟煤开采洗选			
褐煤开采洗选			
其他煤炭采选			
石油和天然气开采业			
石油开采			
天然气开采			
黑色金属矿采选业	482	405	77
铁矿采选	482	405	77
锰矿、铬矿采选			
其他黑色金属矿采选			
有色金属矿采选业	650	592	41
常用有色金属矿采选			
贵金属矿采选	546	546	
稀有稀土金属矿采选	104	46	41
非金属矿采选业			
土砂石开采			
化学矿开采			
采盐			
石棉及其他非金属矿采选			
开采专业及辅助性活动			
煤炭开采和洗选专业及辅助性活动			
石油和天然气开采专业及辅助性活动			
其他开采专业及辅助性活动			
其他采矿业			
其他采矿业			
制造业	**124295**	**14495**	**8039**
农副食品加工业	2245	132	1002
谷物磨制			
饲料加工	328	20	170
植物油加工			
制糖业			
屠宰及肉类加工	59	8	31
水产品加工	881	102	765
蔬菜、菌类、水果和坚果加工	941	1	1
其他农副食品加工	35		35
食品制造业	1654	212	719
焙烤食品制造	12		12
糖果、巧克力及蜜饯制造	599		
方便食品制造	113		99
乳制品制造			
罐头食品制造	100		70
调味品、发酵制品制造	81	29	53
其他食品制造	750	184	486
酒、饮料和精制茶制造业	115	72	44
酒的制造			
饮料制造	81	46	35
精制茶加工	34	26	9

1-D-2.4　续表 1　　　　单位：万元

行　业	R&D经费外部支出	#对境内研究机构支出	#对境内高等学校支出
烟草制品业	151	33	117
烟叶复烤	34	33	
卷烟制造	117		117
其他烟草制品制造			
纺织业	594	180	400
棉纺织及印染精加工	552	180	372
毛纺织及染整精加工			
麻纺织及染整精加工			
丝绢纺织及印染精加工			
化纤织造及印染精加工			
针织或钩针编织物及其制品制造			
家用纺织制成品制造			
产业用纺织制成品制造	42		28
纺织服装、服饰业	505	224	62
机织服装制造	350	224	62
针织或钩针编织服装制造	155		
服饰制造			
皮革、毛皮、羽毛及其制品和制鞋业	1837	66	
皮革鞣制加工			
皮革制品制造	141	66	
毛皮鞣制及制品加工			
羽毛(绒)加工及制品制造			
制鞋业	1696		
木材加工和木、竹、藤、棕、草制品业	310	58	252
木材加工			
人造板制造	305	54	251
木质制品制造			
竹、藤、棕、草等制品制造	5	5	1
家具制造业	103	94	10
木质家具制造	103	94	10
竹、藤家具制造			
金属家具制造			
塑料家具制造			
其他家具制造			
造纸和纸制品业	99	40	59
纸浆制造			
造纸			
纸制品制造	99	40	59
印刷和记录媒介复制业	2		2
印刷	2		2
装订及印刷相关服务			
记录媒介复制			
文教、工美、体育和娱乐用品制造业	382	130	3
文教办公用品制造			
乐器制造			
工艺美术及礼仪用品制造	216	130	2
体育用品制造	166		1
玩具制造			
游艺器材及娱乐用品制造			
石油、煤炭及其他燃料加工业	182		

1-D-2.4 续表 2

单位：万元

行　　业	R&D经费外部支出	#对境内研究机构支出	#对境内高等学校支出
精炼石油产品制造	182		
煤炭加工			
核燃料加工			
生物质燃料加工			
化学原料和化学制品制造业	3164	1233	275
基础化学原料制造	740	643	26
肥料制造			
农药制造			
涂料、油墨、颜料及类似产品制造	95	45	43
合成材料制造	447	241	205
专用化学产品制造	35		
炸药、火工及焰火产品制造			
日用化学产品制造	1847	304	
医药制造业	11638	1675	339
化学药品原料药制造	74		5
化学药品制剂制造	6311	208	13
中药饮片加工			
中成药生产	4088	690	185
兽用药品制造	309		136
生物药品制品制造	856	778	
卫生材料及医药用品制造			
药用辅料及包装材料			
化学纤维制造业	577	59	
纤维素纤维原料及纤维制造			
合成纤维制造	577	59	
生物基材料制造			
橡胶和塑料制品业	200	25	85
橡胶制品业	45		45
塑料制品业	155	25	40
非金属矿物制品业	1131	496	93
水泥、石灰和石膏制造	266	230	20
石膏、水泥制品及类似制品制造			
砖瓦、石材等建筑材料制造	38		
玻璃制造	387	240	43
玻璃制品制造			
玻璃纤维和玻璃纤维增强塑料制品制造	50	20	30
陶瓷制品制造	248	6	
耐火材料制品制造	142		
石墨及其他非金属矿物制品制造			
黑色金属冶炼和压延加工业	2716	1001	825
炼铁			
炼钢			
钢压延加工	2716	1001	825
铁合金冶炼			
有色金属冶炼和压延加工业	5073	2789	571
常用有色金属冶炼	589	325	8
贵金属冶炼	2879	1891	106
稀有稀土金属冶炼	126		126
有色金属合金制造			
有色金属压延加工	1479	573	331

1-D-2.4　续表 3

单位：万元

行　业	R&D经费外部支出	#对境内研究机构支出	#对境内高等学校支出
金属制品业	244	25	90
结构性金属制品制造			
金属工具制造			
集装箱及金属包装容器制造			
金属丝绳及其制品制造			
建筑、安全用金属制品制造	90		90
金属表面处理及热处理加工	25	25	
搪瓷制品制造			
金属制日用品制造			
铸造及其他金属制品制造	130		
通用设备制造业	33333	50	60
锅炉及原动设备制造			
金属加工机械制造			
物料搬运设备制造	1466		
泵、阀门、压缩机及类似机械制造	146	50	
轴承、齿轮和传动部件制造	15		15
烘炉、风机、包装等设备制造	4225		
文化、办公用机械制造	27482		45
通用零部件制造			
其他通用设备制造业			
专用设备制造业	8726	712	1387
采矿、冶金、建筑专用设备制造	2962	174	1358
化工、木材、非金属加工专用设备制造	37		
食品、饮料、烟草及饲料生产专用设备制造			
印刷、制药、日化及日用品生产专用设备制造	470	470	
纺织、服装和皮革加工专用设备制造	69	69	
电子和电工机械专用设备制造			
农、林、牧、渔专用机械制造			
医疗仪器设备及器械制造	10		10
环保、邮政、社会公共服务及其他专用设备制造	5178		19
汽车制造业	11019	2659	86
汽车整车制造	9340	2404	28
汽车用发动机制造			
改装汽车制造	149	132	17
低速汽车制造			
电车制造			
汽车车身、挂车制造	60		6
汽车零部件及配件制造	1471	122	35
铁路、船舶、航空航天和其他运输设备制造业	6555	1772	60
铁路运输设备制造			
城市轨道交通设备制造			
船舶及相关装置制造	6050	1747	
航空、航天器及设备制造			
摩托车制造	505	25	60
自行车和残疾人座车制造			
助动车制造			
非公路休闲车及零配件制造			
潜水救捞及其他未列明运输设备制造			
电气机械和器材制造业	3374	253	1149
电机制造	156	70	62

1-D-2.4 续表 4

单位：万元

行　业	R&D经费外部支出	#对境内研究机构支出	#对境内高等学校支出
输配电及控制设备制造	329		329
电线、电缆、光缆及电工器材制造	5	5	
电池制造	1829	22	389
家用电力器具制造	888	27	362
非电力家用器具制造			
照明器具制造	167	130	7
其他电气机械及器材制造			
计算机、通信和其他电子设备制造业	27409	393	293
计算机制造	106		2
通信设备制造	166	91	23
广播电视设备制造	412		102
雷达及配套设备制造			
非专业视听设备制造	285		
智能消费设备制造	53		23
电子器件制造	24902	3	58
电子元件及电子专用材料制造	1485	300	85
其他电子设备制造			
仪器仪表制造业	705		24
通用仪器仪表制造	252		24
专用仪器仪表制造			
钟表与计时仪器制造	453		
光学仪器制造			
衡器制造			
其他仪器仪表制造业			
其他制造业	115	35	35
日用杂品制造	115	35	35
核辐射加工			
其他未列明制造业			
废弃资源综合利用业			
金属废料和碎屑加工处理			
非金属废料和碎屑加工处理			
金属制品、机械和设备修理业	136	76	
金属制品修理			
通用设备修理			
专用设备修理			
铁路、船舶、航空航天等运输设备修理	136	76	
电气设备修理			
仪器仪表修理			
其他机械和设备修理业			
电力、热力、燃气及水生产和供应业	**24333**	**5030**	**3080**
电力、热力生产和供应业	24243	5030	3080
电力生产	10021	1032	297
电力供应	14222	3998	2783
热力生产和供应			
燃气生产和供应业	90		
燃气生产和供应业	90		
水的生产和供应业			
自来水生产和供应			
污水处理及其再生利用			
其他水的处理、利用与分配			

1-D-2.5　分行业内资企业R&D经费外部支出情况

单位：万元

行　业	R&D经费外部支出	#对境内研究机构支出	#对境内高等学校支出
总　计	**116711**	**24091**	**13895**
采矿业	**1168**	**1013**	**134**
煤炭开采和洗选业	15	7	7
烟煤和无烟煤开采洗选	15	7	7
褐煤开采洗选			
其他煤炭采选			
石油和天然气开采业			
石油开采			
天然气开采			
黑色金属矿采选业	482	405	77
铁矿采选	482	405	77
锰矿、铬矿采选			
其他黑色金属矿采选			
有色金属矿采选业	672	601	50
常用有色金属矿采选			
贵金属矿采选	567	555	10
稀有稀土金属矿采选	104	46	41
非金属矿采选业			
土砂石开采			
化学矿开采			
采盐			
石棉及其他非金属矿采选			
开采专业及辅助性活动			
煤炭开采和洗选专业及辅助性活动			
石油和天然气开采专业及辅助性活动			
其他开采专业及辅助性活动			
其他采矿业			
其他采矿业			
制造业	**90923**	**17848**	**10606**
农副食品加工业	2798	219	914
谷物磨制	9	9	
饲料加工	140	28	59
植物油加工	1348		
制糖业			
屠宰及肉类加工	148	6	107
水产品加工	963	159	609
蔬菜、菌类、水果和坚果加工	138		104
其他农副食品加工	52	17	35
食品制造业	1960	345	912
焙烤食品制造	22		22
糖果、巧克力及蜜饯制造	690	78	40
方便食品制造	134	14	104
乳制品制造			
罐头食品制造	89	19	70
调味品、发酵制品制造	116	29	88
其他食品制造	909	206	589
酒、饮料和精制茶制造业	186	72	114
酒的制造	60	13	47
饮料制造	99	44	55
精制茶加工	27	16	12

1-D-2.5 续表 1

单位：万元

行　　业	R&D经费外部支出	#对境内研究机构支出	#对境内高等学校支出
烟草制品业	197	33	164
烟叶复烤	34	33	
卷烟制造	164		164
其他烟草制品制造			
纺织业	411	188	160
棉纺织及印染精加工	349	188	112
毛纺织及染整精加工			
麻纺织及染整精加工			
丝绢纺织及印染精加工			
化纤织造及印染精加工			
针织或钩针编织物及其制品制造	15		15
家用纺织制成品制造			
产业用纺织制成品制造	48		34
纺织服装、服饰业	416	228	79
机织服装制造	409	224	79
针织或钩针编织服装制造			
服饰制造	8	5	
皮革、毛皮、羽毛及其制品和制鞋业	254	47	15
皮革鞣制加工			
皮革制品制造	94	10	
毛皮鞣制及制品加工			
羽毛(绒)加工及制品制造			
制鞋业	160	37	15
木材加工和木、竹、藤、棕、草制品业	812	294	317
木材加工	297	262	34
人造板制造	259	7	252
木质制品制造	173	20	
竹、藤、棕、草等制品制造	83	5	31
家具制造业	130	94	18
木质家具制造	111	94	10
竹、藤家具制造	20		9
金属家具制造			
塑料家具制造			
其他家具制造			
造纸和纸制品业	147	71	60
纸浆制造			
造纸	107	31	60
纸制品制造	41	40	
印刷和记录媒介复制业	89		32
印刷	89		32
装订及印刷相关服务			
记录媒介复制			
文教、工美、体育和娱乐用品制造业	372	175	24
文教办公用品制造			
乐器制造			
工艺美术及礼仪用品制造	198	175	23
体育用品制造	166		1
玩具制造	8		
游艺器材及娱乐用品制造			
石油、煤炭及其他燃料加工业	133		100

1-D-2.5　续表 2　　单位：万元

行　业	R&D经费外部支出	#对境内研究机构支出	#对境内高等学校支出
精炼石油产品制造	133		100
煤炭加工			
核燃料加工			
生物质燃料加工			
化学原料和化学制品制造业	5517	2134	1305
基础化学原料制造	938	606	136
肥料制造	160	29	125
农药制造	113	28	86
涂料、油墨、颜料及类似产品制造	329	120	122
合成材料制造	303	166	137
专用化学产品制造	1866	910	680
炸药、火工及焰火产品制造			
日用化学产品制造	1807	275	19
医药制造业	16069	3780	724
化学药品原料药制造	419	191	20
化学药品制剂制造	9503	2229	13
中药饮片加工	116	71	45
中成药生产	4201	481	194
兽用药品制造	29		29
生物药品制品制造	1801	808	423
卫生材料及医药用品制造			
药用辅料及包装材料			
化学纤维制造业	99	52	
纤维素纤维原料及纤维制造			
合成纤维制造	99	52	
生物基材料制造			
橡胶和塑料制品业	336	63	120
橡胶制品业	49	4	45
塑料制品业	287	59	75
非金属矿物制品业	1947	949	163
水泥、石灰和石膏制造	296	230	51
石膏、水泥制品及类似制品制造	156	50	6
砖瓦、石材等建筑材料制造	481	388	6
玻璃制造	387	240	43
玻璃制品制造	20	4	8
玻璃纤维和玻璃纤维增强塑料制品制造	50	20	30
陶瓷制品制造	310	6	20
耐火材料制品制造			
石墨及其他非金属矿物制品制造	246	11	
黑色金属冶炼和压延加工业	2735	1020	825
炼铁			
炼钢			
钢压延加工	2735	1020	825
铁合金冶炼			
有色金属冶炼和压延加工业	4569	2806	447
常用有色金属冶炼	589	325	8
贵金属冶炼	2879	1891	106
稀有稀土金属冶炼			
有色金属合金制造	18	17	1
有色金属压延加工	1082	573	331
金属制品业	363	138	101

1-D-2.5 续表 3

单位：万元

行业	R&D经费外部支出	#对境内研究机构支出	#对境内高等学校支出
结构性金属制品制造	20		1
金属工具制造	15	9	5
集装箱及金属包装容器制造			
金属丝绳及其制品制造			
建筑、安全用金属制品制造	125	3	39
金属表面处理及热处理加工	125	125	
搪瓷制品制造			
金属制日用品制造			
铸造及其他金属制品制造	77	1	56
通用设备制造业	5638	100	209
锅炉及原动设备制造			
金属加工机械制造	117		107
物料搬运设备制造	62	7	55
泵、阀门、压缩机及类似机械制造	56		6
轴承、齿轮和传动部件制造	17	2	15
烘炉、风机、包装等设备制造	4322	88	9
文化、办公用机械制造	1057		15
通用零部件制造	7	4	1
其他通用设备制造业			
专用设备制造业	9321	785	1541
采矿、冶金、建筑专用设备制造	2964	174	1360
化工、木材、非金属加工专用设备制造	4	4	
食品、饮料、烟草及饲料生产专用设备制造			
印刷、制药、日化及日用品生产专用设备制造	480	470	10
纺织、服装和皮革加工专用设备制造	78	69	
电子和电工机械专用设备制造	261	20	80
农、林、牧、渔专用机械制造	91	38	3
医疗仪器设备及器械制造	216		28
环保、邮政、社会公共服务及其他专用设备制造	5228	10	59
汽车制造业	3556	579	178
汽车整车制造	2230	320	
汽车用发动机制造			
改装汽车制造	361	137	31
低速汽车制造			
电车制造			
汽车车身、挂车制造	60		6
汽车零部件及配件制造	904	122	142
铁路、船舶、航空航天和其他运输设备制造业	6134	1772	60
铁路运输设备制造			
城市轨道交通设备制造			
船舶及相关装置制造	6050	1747	
航空、航天器及设备制造			
摩托车制造	85	25	60
自行车和残疾人座车制造			
助动车制造			
非公路休闲车及零配件制造			
潜水救捞及其他未列明运输设备制造			
电气机械和器材制造业	3411	554	827
电机制造	243	70	62
输配电及控制设备制造	682	47	366
电线、电缆、光缆及电工器材制造	5	5	

1-D-2.5　续表 4　　单位：万元

行　　业	R&D经费外部支出	#对境内研究机构支出	#对境内高等学校支出
电池制造	1883	257	289
家用电力器具制造	129	27	81
非电力家用器具制造			
照明器具制造	164	130	3
其他电气机械及器材制造	306	20	26
计算机、通信和其他电子设备制造业	20516	1206	760
计算机制造	2942		3
通信设备制造	925	149	117
广播电视设备制造	508		102
雷达及配套设备制造			
非专业视听设备制造			
智能消费设备制造	56		23
电子器件制造	13051	278	237
电子元件及电子专用材料制造	2352	773	273
其他电子设备制造	683	7	4
仪器仪表制造业	2508	3	438
通用仪器仪表制造	2060		332
专用仪器仪表制造	408	3	106
钟表与计时仪器制造	41		
光学仪器制造			
衡器制造			
其他仪器仪表制造业			
其他制造业	67	57	
日用杂品制造			
核辐射加工			
其他未列明制造业	67	57	
废弃资源综合利用业	86	8	
金属废料和碎屑加工处理			
非金属废料和碎屑加工处理	86	8	
金属制品、机械和设备修理业	149	76	
金属制品修理			
通用设备修理			
专用设备修理	57		
铁路、船舶、航空航天等运输设备修理	92	76	
电气设备修理			
仪器仪表修理			
其他机械和设备修理业			
电力、热力、燃气及水生产和供应业	**24619**	**5230**	**3155**
电力、热力生产和供应业	24546	5230	3081
电力生产	10324	1232	298
电力供应	14222	3998	2783
热力生产和供应			
燃气生产和供应业			
燃气生产和供应业			
生物质燃气生产和供应业			
水的生产和供应业	74		74
自来水生产和供应			
污水处理及其再生利用	74		74
海水淡化处理			
其他水的处理、利用与分配			

1-D-2.6 分行业港澳台商投资企业R&D经费外部支出情况

单位：万元

行业	R&D经费外部支出	#对境内研究机构支出	#对境内高等学校支出
总 计	**25595**	**3900**	**1894**
采矿业			
煤炭开采和洗选业			
烟煤和无烟煤开采洗选			
褐煤开采洗选			
石油和天然气开采业			
石油开采			
天然气开采			
黑色金属矿采选业			
铁矿采选			
有色金属矿采选业			
常用有色金属矿采选			
贵金属矿采选			
非金属矿采选业			
土砂石开采			
化学矿开采			
采盐			
石棉及其他非金属矿采选			
开采专业及辅助性活动			
石油和天然气开采专业及辅助性活动			
制造业	**25505**	**3900**	**1894**
农副食品加工业	440		440
谷物磨制			
饲料加工			
植物油加工			
制糖业			
屠宰及肉类加工			
水产品加工	440		440
蔬菜、菌类、水果和坚果加工			
其他农副食品加工			
食品制造业	123		2
焙烤食品制造			
糖果、巧克力及蜜饯制造	26		
方便食品制造			
乳制品制造			
罐头食品制造	32		2
调味品、发酵制品制造			
其他食品制造	65		
酒、饮料和精制茶制造业	26	26	
酒的制造			
饮料制造			
精制茶加工	26	26	
烟草制品业			
烟叶复烤			
其他烟草制品制造			
纺织业	114		1

1-D-2.6　续表 1

单位：万元

行　　业	R&D经费外部支出	#对境内研究机构支出	#对境内高等学校支出
棉纺织及印染精加工			
毛纺织及染整精加工			
麻纺织及染整精加工			
丝绢纺织及印染精加工			
化纤织造及印染精加工			
针织或钩针编织物及其制品制造			
家用纺织制成品制造			
产业用纺织制成品制造	114		1
纺织服装、服饰业	186		12
机织服装制造	32		12
针织或钩针编织服装制造	155		
服饰制造			
皮革、毛皮、羽毛及其制品和制鞋业	1708	56	
皮革鞣制加工			
皮革制品制造	56	56	
毛皮鞣制及制品加工			
羽毛(绒)加工及制品制造			
制鞋业	1652		
木材加工和木、竹、藤、棕、草制品业	46	46	
木材加工			
人造板制造	46	46	
木质制品制造			
竹、藤、棕、草等制品制造			
家具制造业			
木质家具制造			
竹、藤家具制造			
金属家具制造			
塑料家具制造			
其他家具制造			
造纸和纸制品业	91		59
纸浆制造			
造纸			
纸制品制造	91		59
印刷和记录媒介复制业			
印刷			
装订及印刷相关服务			
记录媒介复制			
文教、工美、体育和娱乐用品制造业	108		
文教办公用品制造			
乐器制造			
工艺美术及礼仪用品制造	78		
体育用品制造			
玩具制造	30		
游艺器材及娱乐用品制造			
石油、煤炭及其他燃料加工业			
精炼石油产品制造			
煤炭加工			
生物质燃料加工			

1-D-2.6 续表 2

单位：万元

行业	R&D经费外部支出	#对境内研究机构支出	#对境内高等学校支出
化学原料和化学制品制造业	548	293	174
基础化学原料制造	23	23	
肥料制造			
农药制造			
涂料、油墨、颜料及类似产品制造	5		5
合成材料制造	411	241	169
专用化学产品制造			
炸药、火工及焰火产品制造			
日用化学产品制造	109	29	
医药制造业	1414	860	345
化学药品原料药制造	70		
化学药品制剂制造	417	404	
中药饮片加工			
中成药生产	238	208	30
兽用药品制造	242		115
生物药品制品制造	448	248	200
卫生材料及医药用品制造			
药用辅料及包装材料			
化学纤维制造业	499	27	
纤维素纤维原料及纤维制造			
合成纤维制造	499	27	
橡胶和塑料制品业	32	32	
橡胶制品业			
塑料制品业	32	32	
非金属矿物制品业	53	6	1
水泥、石灰和石膏制造			
石膏、水泥制品及类似制品制造			
砖瓦、石材等建筑材料制造	33		
玻璃制造	14		
玻璃制品制造			
玻璃纤维和玻璃纤维增强塑料制品制造			
陶瓷制品制造	6	6	1
耐火材料制品制造			
石墨及其他非金属矿物制品制造			
黑色金属冶炼和压延加工业			
炼铁			
炼钢			
钢压延加工			
铁合金冶炼			
有色金属冶炼和压延加工业	397		
常用有色金属冶炼			
贵金属冶炼			
稀有稀土金属冶炼			
有色金属合金制造			
有色金属压延加工	397		
金属制品业	160		30
结构性金属制品制造			
金属工具制造			

1-D-2.6　续表 3　　单位：万元

行　业	R&D经费外部支出	#对境内研究机构支出	#对境内高等学校支出
集装箱及金属包装容器制造			
金属丝绳及其制品制造			
建筑、安全用金属制品制造	30		30
金属表面处理及热处理加工			
搪瓷制品制造			
金属制日用品制造			
铸造及其他金属制品制造	130		
通用设备制造业	711	93	30
锅炉及原动设备制造			
金属加工机械制造			
物料搬运设备制造			
泵、阀门、压缩机及类似机械制造	50	50	
轴承、齿轮和传动部件制造	27		
烘炉、风机、包装等设备制造			
文化、办公用机械制造	592		30
通用零部件制造	43	43	
其他通用设备制造业			
专用设备制造业	183		76
采矿、冶金、建筑专用设备制造			
化工、木材、非金属加工专用设备制造	113		76
食品、饮料、烟草及饲料生产专用设备制造			
印刷、制药、日化及日用品生产专用设备制造	11		
纺织、服装和皮革加工专用设备制造	60		
电子和电工机械专用设备制造			
农、林、牧、渔专用机械制造			
医疗仪器设备及器械制造			
环保、邮政、社会公共服务及其他专用设备制造			
汽车制造业	3334	2404	28
汽车整车制造	3293	2404	28
汽车用发动机制造			
改装汽车制造			
汽车车身、挂车制造			
汽车零部件及配件制造	41		
铁路、船舶、航空航天和其他运输设备制造业			
铁路运输设备制造			
城市轨道交通设备制造			
船舶及相关装置制造			
航空、航天器及设备制造			
摩托车制造			
自行车和残疾人座车制造			
助动车制造			
非公路休闲车及零配件制造			
潜水救捞及其他未列明运输设备制造			
电气机械和器材制造业	1152	22	448
电机制造			
输配电及控制设备制造	40		
电线、电缆、光缆及电工器材制造			
电池制造	332	22	167

1-D-2.6 续表 4

单位：万元

行业	R&D经费外部支出	#对境内研究机构支出	#对境内高等学校支出
家用电力器具制造	780		280
非电力家用器具制造			
照明器具制造			
其他电气机械及器材制造			
计算机、通信和其他电子设备制造业	13390		91
计算机制造			
通信设备制造	960		
广播电视设备制造			
雷达及配套设备制造			
非专业视听设备制造	88		88
智能消费设备制造			
电子器件制造	12343		4
电子元件及电子专用材料制造			
其他电子设备制造			
仪器仪表制造业	629		124
通用仪器仪表制造	214		124
专用仪器仪表制造			
钟表与计时仪器制造	415		
光学仪器制造			
衡器制造			
其他仪器仪表制造业			
其他制造业	116	35	35
日用杂品制造	116	35	35
其他未列明制造业			
废弃资源综合利用业			
金属废料和碎屑加工处理			
非金属废料和碎屑加工处理			
金属制品、机械和设备修理业	45		
金属制品修理			
通用设备修理			
专用设备修理			
铁路、船舶、航空航天等运输设备修理	45		
电气设备修理			
仪器仪表修理			
其他机械和设备修理业			
电力、热力、燃气及水生产和供应业	**90**		
电力、热力生产和供应业			
电力生产			
电力供应			
热力生产和供应			
燃气生产和供应业	90		
燃气生产和供应业	90		
生物质燃气生产和供应业			
水的生产和供应业			
自来水生产和供应			
污水处理及其再生利用			
海水淡化处理			
其他水的处理、利用与分配			

1-D-2.7　分行业外商投资企业R&D经费外部支出情况

单位：万元

行　　业	R&D经费外部支出	#对境内研究机构支出	#对境内高等学校支出
总　计	**41879**	**528**	**1441**
采矿业			
煤炭开采和洗选业			
烟煤和无烟煤开采洗选			
石油和天然气开采业			
石油开采			
天然气开采			
黑色金属矿采选业			
铁矿采选			
锰矿、铬矿采选			
有色金属矿采选业			
常用有色金属矿采选			
贵金属矿采选			
稀有稀土金属矿采选			
非金属矿采选业			
土砂石开采			
化学矿开采			
采盐			
石棉及其他非金属矿采选			
开采专业及辅助性活动			
石油和天然气开采专业及辅助性活动			
制造业	**41527**	**429**	**1188**
农副食品加工业	1543	29	167
谷物磨制			
饲料加工	303		166
植物油加工			
制糖业			
屠宰及肉类加工	28	8	
水产品加工	270	20	
蔬菜、菌类、水果和坚果加工	941	1	1
其他农副食品加工			
食品制造业	364	12	211
焙烤食品制造			
糖果、巧克力及蜜饯制造			
方便食品制造			
乳制品制造			
罐头食品制造			
调味品、发酵制品制造			
其他食品制造	364	12	211
酒、饮料和精制茶制造业	3	3	
酒的制造			
饮料制造	3	3	
精制茶加工			
烟草制品业			
其他烟草制品制造			
纺织业	300		300

1-D-2.7 续表 1

单位：万元

行业	R&D经费外部支出	#对境内研究机构支出	#对境内高等学校支出
棉纺织及印染精加工	300		300
毛纺织及染整精加工			
麻纺织及染整精加工			
丝绢纺织及印染精加工			
化纤织造及印染精加工			
针织或钩针编织物及其制品制造			
家用纺织制成品制造			
产业用纺织制成品制造			
纺织服装、服饰业	50		50
机织服装制造	50		50
针织或钩针编织服装制造			
服饰制造			
皮革、毛皮、羽毛及其制品和制鞋业			
皮革鞣制加工			
皮革制品制造			
毛皮鞣制及制品加工			
羽毛(绒)加工及制品制造			
制鞋业			
木材加工和木、竹、藤、棕、草制品业			
木材加工			
人造板制造			
木质制品制造			
竹、藤、棕、草等制品制造			
家具制造业			
木质家具制造			
金属家具制造			
塑料家具制造			
其他家具制造			
造纸和纸制品业			
纸浆制造			
造纸			
纸制品制造			
印刷和记录媒介复制业			
印刷			
装订及印刷相关服务			
记录媒介复制			
文教、工美、体育和娱乐用品制造业	84		
文教办公用品制造			
乐器制造			
工艺美术及礼仪用品制造	84		
体育用品制造			
玩具制造			
游艺器材及娱乐用品制造			
石油、煤炭及其他燃料加工业	154		
精炼石油产品制造	154		
煤炭加工			
生物质燃料加工			
化学原料和化学制品制造业	90	37	26

1-D-2.7 续表 2

单位：万元

行业	R&D经费外部支出	#对境内研究机构支出	#对境内高等学校支出
基础化学原料制造	90	37	26
肥料制造			
农药制造			
涂料、油墨、颜料及类似产品制造			
合成材料制造			
专用化学产品制造			
炸药、火工及焰火产品制造			
日用化学产品制造			
医药制造业	176	56	74
化学药品原料药制造	15		15
化学药品制剂制造	56	56	
中药饮片加工			
中成药生产	38		38
兽用药品制造	67		21
生物药品制品制造			
卫生材料及医药用品制造			
药用辅料及包装材料			
化学纤维制造业			
纤维素纤维原料及纤维制造			
合成纤维制造			
生物基材料制造			
橡胶和塑料制品业	40		40
橡胶制品业			
塑料制品业	40		40
非金属矿物制品业	142		
水泥、石灰和石膏制造			
石膏、水泥制品及类似制品制造			
砖瓦、石材等建筑材料制造			
玻璃制造			
玻璃制品制造			
玻璃纤维和玻璃纤维增强塑料制品制造			
陶瓷制品制造			
耐火材料制品制造	142		
石墨及其他非金属矿物制品制造			
黑色金属冶炼和压延加工业			
炼铁			
炼钢			
钢压延加工			
铁合金冶炼			
有色金属冶炼和压延加工业	126		126
常用有色金属冶炼			
贵金属冶炼			
稀有稀土金属冶炼	126		126
有色金属合金制造			
有色金属压延加工			
金属制品业	60		60
结构性金属制品制造			

1-D-2.7 续表 3

单位：万元

行业	R&D经费外部支出	#对境内研究机构支出	#对境内高等学校支出
金属工具制造			
集装箱及金属包装容器制造			
金属丝绳及其制品制造			
建筑、安全用金属制品制造	60		60
金属表面处理及热处理加工			
搪瓷制品制造			
金属制日用品制造			
铸造及其他金属制品制造			
通用设备制造业	27444		
锅炉及原动设备制造			
金属加工机械制造			
物料搬运设备制造	1466		
泵、阀门、压缩机及类似机械制造	96		
轴承、齿轮和传动部件制造			
烘炉、风机、包装等设备制造			
文化、办公用机械制造	25883		
通用零部件制造			
其他通用设备制造业			
专用设备制造业	64	2	12
采矿、冶金、建筑专用设备制造			
化工、木材、非金属加工专用设备制造			
食品、饮料、烟草及饲料生产专用设备制造			
印刷、制药、日化及日用品生产专用设备制造			
纺织、服装和皮革加工专用设备制造	11	2	2
电子和电工机械专用设备制造			
农、林、牧、渔专用机械制造			
医疗仪器设备及器械制造	53		10
环保、邮政、社会公共服务及其他专用设备制造			
汽车制造业	7638		102
汽车整车制造	6094		47
汽车用发动机制造			
改装汽车制造			
低速汽车制造			
汽车车身、挂车制造			
汽车零部件及配件制造	1543		55
铁路、船舶、航空航天和其他运输设备制造业	448		
铁路运输设备制造			
城市轨道交通设备制造			
船舶及相关装置制造			
航空、航天器及设备制造			
摩托车制造	448		
自行车和残疾人座车制造			
助动车制造			
非公路休闲车及零配件制造			
潜水救捞及其他未列明运输设备制造			
电气机械和器材制造业	654		4
电机制造			

1-D-2.7 续表 4

单位：万元

行业	R&D经费外部支出	#对境内研究机构支出	#对境内高等学校支出
输配电及控制设备制造			
电线、电缆、光缆及电工器材制造			
电池制造			
家用电力器具制造	5		
非电力家用器具制造			
照明器具制造	649		4
其他电气机械及器材制造			
计算机、通信和其他电子设备制造业	2095	292	7
计算机制造	78		
通信设备制造			
广播电视设备制造			
雷达及配套设备制造			
非专业视听设备制造	285		
智能消费设备制造			
电子器件制造	1620	292	7
电子元件及电子专用材料制造			
其他电子设备制造	112		
仪器仪表制造业	54		10
通用仪器仪表制造	54		10
专用仪器仪表制造			
钟表与计时仪器制造			
光学仪器制造			
衡器制造			
其他仪器仪表制造业			
其他制造业			
日用杂品制造			
其他未列明制造业			
废弃资源综合利用业			
金属废料和碎屑加工处理			
非金属废料和碎屑加工处理			
金属制品、机械和设备修理业			
金属制品修理			
通用设备修理			
专用设备修理			
铁路、船舶、航空航天等运输设备修理			
其他机械和设备修理业			
电力、热力、燃气及水生产和供应业	**352**	**99**	**253**
电力、热力生产和供应业			
电力生产			
电力供应			
热力生产和供应			
燃气生产和供应业	352	99	253
燃气生产和供应业	352	99	253
水的生产和供应业			
自来水生产和供应			
污水处理及其再生利用			
其他水的处理、利用与分配			

1-D-2.8　各地区企业R&D经费外部支出情况

单位：万元

地　区	R&D经费外部支出	#对境内研究机构支出	#对境内高等学校支出
全　省	**184184**	**28519**	**17230**
福州市	**55103**	**10128**	**5083**
鼓楼区	20275	4163	2941
台江区	316		198
仓山区	2552	320	177
马尾区	2658	584	448
晋安区	611	143	
长乐区	5074	258	535
闽侯县	11652	2504	221
连江县	523	371	
罗源县	711	47	47
闽清县			
永泰县	7		7
平潭县			
福清市	10724	1738	510
厦门市	**72157**	**3996**	**3923**
思明区	1883		90
海沧区	8854	2179	433
湖里区	131	4	125
集美区	3984	202	1489
同安区	1912	346	546
翔安区	6		6
火炬高新区	55388	1266	1234
莆田市	**5861**	**1803**	**359**
城厢区	1366	1034	124
涵江区	2963	385	140
荔城区	1374	384	45
秀屿区	101	1	51
仙游县	58	1	
北　岸			
三明市	**4455**	**1621**	**1666**
梅列区	1920	954	648
三元区	453	396	57
明溪县	44		
清流县	13	3	
宁化县	104	46	41
大田县	565	32	129
尤溪县	35	10	25
沙　县	279		77
将乐县	351	160	177
泰宁县	56	17	15
建宁县	3	3	
永安市	633		498
泉州市	**8492**	**1867**	**2187**
鲤城区	562	470	7
丰泽区	10	10	
洛江区	63	2	21
泉港区	1289	304	755
惠安县	399	74	104
安溪县	557	293	197
永春县	50	30	20

1-D-2.8　续表

地　　区	R&D经费外部支出	#对境内研究机构支出	#对境内高等学校支出
德化县	241		
台商投资区	829	286	7
泉州开发区	197	77	35
石狮市	921	112	520
晋江市	3327	181	501
南安市	48	29	19
漳州市	**12269**	**1602**	**996**
芗城区	4309	585	225
龙文区	1696	57	10
漳州台商投资区	687	29	28
招商局漳州开发区	1348		
云霄县	788		121
漳浦县	413	59	39
诏安县	432	351	25
长泰县	1335	19	92
东山县	105	55	13
南靖县	110	4	84
平和县	534	241	250
华安县	326	123	3
常山华侨经济开发区	49	43	6
龙海市	138	37	101
南平市	**3503**	**949**	**1517**
延平区	889	332	183
建阳区	1306	325	843
顺昌县	191	48	51
浦城县	384	9	202
光泽县			
松溪县	29	21	
政和县	22	9	10
邵武市	435	117	106
武夷山市	142	54	88
建瓯市	107	33	34
龙岩市	**13880**	**6016**	**873**
新罗区	7973	1966	341
永定区	345	187	131
长汀县	268	253	15
上杭县	3529	2221	145
武平县	873	766	91
连城县	483	264	100
漳平市	409	359	50
宁德市	**8465**	**538**	**626**
蕉城区	1741		323
霞浦县			
古田县			
屏南县			
寿宁县	146	4	
周宁县			
柘荣县	5317	485	18
东侨开发区	437	48	248
福安市	2		2
福鼎市	821		35

1-D-2.9 各地区大中型企业R&D经费外部支出情况

单位：万元

地　区	R&D经费外部支出	#对境内研究机构支出	#对境内高等学校支出
全　省	**149760**	**20522**	**11236**
福州市	**47045**	**9481**	**4411**
鼓楼区	15254	3998	2816
台江区			
仓山区	2223	226	119
马尾区	2083	576	395
晋安区	404	143	
长乐区	4974	191	512
闽侯县	11161	2443	146
连江县	386	371	
罗源县	711	47	47
闽清县			
永泰县			
平潭县			
福清市	9849	1486	376
厦门市	**64914**	**3453**	**2772**
思明区	1588		25
海沧区	7979	2172	168
湖里区			
集美区	3489	174	1425
同安区	763	323	404
翔安区			
火炬高新区	51096	784	750
莆田市	**1537**	**299**	**73**
城厢区	380	224	27
涵江区	139	47	2
荔城区	1018	28	45
秀屿区			
仙游县			
北　岸			
三明市	**2705**	**1163**	**1077**
梅列区	1920	954	648
三元区	163	163	
明溪县	44		
清流县			
宁化县	104	46	41
大田县			
尤溪县			
沙　县	6		6
将乐县			
建宁县			
永安市	468		382
泉州市	**6008**	**1227**	**1241**
鲤城区	515	470	
丰泽区	10	10	
洛江区	62	1	21
泉港区	857	188	489
惠安县	221	50	30
安溪县	534	273	194

1-D-2.9　续表

地　　区	R&D经费外部支出	#对境内研究机构支出	#对境内高等学校支出
永春县	50	30	20
德化县	241		
台商投资区	287	50	
泉州开发区			
石狮市	86		86
晋江市	3125	134	400
南安市	21	21	
漳州市	**8741**	**1081**	**583**
芗城区	4264	585	211
龙文区	1465		
漳州台商投资区	659	29	
招商局漳州开发区			
云霄县	82		82
漳浦县	318	33	
诏安县	60	10	20
长泰县	999		
东山县	24	24	
南靖县			
平和县	411	241	169
华安县	323	123	
常山华侨经济开发区			
龙海市	137	36	101
南平市	**815**	**153**	**285**
延平区	221	5	39
建阳区	131	49	83
顺昌县	90	37	26
浦城县	309		136
光泽县			
松溪县			
政和县			
邵武市	39	38	1
武夷山市	26	26	
建瓯市			
龙岩市	**10394**	**3623**	**383**
新罗区	5982	477	256
永定区			
长汀县			
上杭县	3468	2216	114
武平县	572	571	2
连城县	12		12
漳平市	359	359	
宁德市	**7601**	**43**	**410**
蕉城区	1741		323
霞浦县			
古田县			
屏南县			
寿宁县	142		
柘荣县	4833	6	13
东侨开发区	73	37	37
福安市	2		2
福鼎市	810		35

1-D-2.10 各地区内资企业R&D经费外部支出情况

单位：万元

地　区	R&D经费外部支出	#对境内研究机构支出	#对境内高等学校支出
全　省	**116711**	**24091**	**13895**
福州市	**41946**	**7558**	**4348**
鼓楼区	19156	4163	2820
台江区	316		198
仓山区	1763	320	147
马尾区	2522	582	328
晋安区	521	143	
长乐区	4635	258	96
闽侯县	1595	100	196
连江县	523	371	
罗源县	667	47	47
闽清县			
永泰县	7		7
平潭县			
福清市	10240	1574	510
厦门市	**27119**	**3431**	**3183**
思明区	407		80
海沧区	7313	2152	374
湖里区	131	4	125
集美区	3334	179	1389
同安区	1377	167	224
翔安区	6		6
火炬高新区	14551	929	984
莆田市	**4486**	**1447**	**358**
城厢区	1288	1034	124
涵江区	2963	385	140
荔城区	77	27	43
秀屿区	101	1	51
仙游县	58	1	
三明市	**4377**	**1621**	**1588**
梅列区	1920	954	648
三元区	453	396	57
明溪县	44		
清流县	13	3	
宁化县	104	46	41
大田县	564	32	128
尤溪县	35	10	25
沙　县	279		77
将乐县	321	160	147
泰宁县	56	17	15
建宁县	3	3	
永安市	586		451
泉州市	**4939**	**1653**	**1275**
鲤城区	562	470	7
丰泽区	10	10	
洛江区	63	2	21
泉港区	783	205	502
惠安县	336	74	74
安溪县	535	270	197

1-D-2.10　续表

地　区	R&D经费外部支出	#对境内研究机构支出	#对境内高等学校支出
永春县	50	30	20
德化县	241		
台商投资区	525	236	7
泉州开发区	197	77	35
石狮市	670	112	270
晋江市	918	139	122
南安市	48	29	19
漳州市	**9657**	**1008**	**812**
芗城区	4281	585	225
龙文区	1530	57	
漳州台商投资区	50		28
招商局漳州开发区	1348		
云霄县	174		121
漳浦县	65	26	39
诏安县	179	103	20
长泰县	1222	19	92
东山县	105	55	13
南靖县	110	4	84
平和县	124		80
华安县	326	123	3
常山华侨经济开发区	6		6
龙海市	138	37	101
南平市	**2917**	**887**	**1257**
延平区	882	332	176
建阳区	1230	325	768
顺昌县	36	11	25
浦城县	60	9	51
光泽县			
松溪县	29	21	
政和县	22	9	10
邵武市	435	117	106
武夷山市	116	29	88
建瓯市	107	33	34
龙岩市	**13622**	**5961**	**827**
新罗区	7762	1958	295
永定区	345	187	131
长汀县	268	253	15
上杭县	3529	2221	145
武平县	873	766	91
连城县	483	264	100
漳平市	363	313	50
宁德市	**7649**	**526**	**248**
蕉城区	1431		156
霞浦县			
古田县			
屏南县			
寿宁县	4	4	
周宁县			
柘荣县	5317	485	18
东侨开发区	73	37	37
福安市	2		2
福鼎市	821		35

1-D-2.11 各地区港澳台商投资企业R&D经费外部支出情况

单位：万元

地　区	R&D经费外部支出	#对境内研究机构支出	#对境内高等学校支出
全　省	**25595**	**3900**	**1894**
福州市	**5034**	**2492**	**591**
鼓楼区	1119		121
台江区			
仓山区	653		30
马尾区	14		
晋安区	90		
长乐区	440		440
闽侯县	2516	2404	
连江县			
罗源县	45		
闽清县			
永泰县			
平潭县			
福清市	158	88	
厦门市	**15129**	**274**	**463**
思明区			
海沧区	1402	27	58
湖里区			
集美区	24	23	1
同安区	490	175	280
翔安区			
火炬高新区	13214	48	124
莆田市	**434**	**356**	
城厢区	78		
涵江区			
荔城区	356	356	
秀屿区			
仙游县			
三明市	**1**		**1**
梅列区			
三元区			
明溪县			
清流县			
宁化县			
大田县	1		1
尤溪县			
沙　县			
将乐县			
泰宁县			
建宁县			
永安市			
泉州市	**2686**	**113**	**307**
鲤城区			
丰泽区			
洛江区			
泉港区			
惠安县	63		30
安溪县	22	22	

1-D-2.11　续表

地　区	R&D经费外部支出	#对境内研究机构支出	#对境内高等学校支出
永春县			
德化县			
台商投资区	303	50	
泉州开发区			
石狮市	200		200
晋江市	2098	40	77
南安市			
漳州市	**1547**	**594**	**174**
芗城区	28		
龙文区			
漳州台商投资区	637	29	
招商局漳州开发区			
云霄县			
漳浦县	63	33	
诏安县	253	248	5
长泰县	113		
东山县			
南靖县			
平和县	411	241	169
华安县			
常山华侨经济开发区	43	43	
龙海市			
南平市	**408**	**26**	**191**
延平区			
建阳区	76		76
顺昌县	65		
浦城县	242		115
光泽县			
松溪县			
政和县			
邵武市			
武夷山市	26	26	
建瓯市			
龙岩市	**46**	**46**	
新罗区			
永定区			
长汀县			
上杭县			
武平县			
连城县			
漳平市	46	46	
宁德市	**310**		**167**
蕉城区	310		167
霞浦县			
古田县			
屏南县			
寿宁县			
柘荣县			
东侨开发区			
福安市			
福鼎市			

1-D-2.12 各地区外商投资企业R&D经费外部支出情况

单位：万元

地　区	R&D经费外部支出	#对境内研究机构支出	#对境内高等学校支出
全　省	**41879**	**528**	**1441**
福州市	**8124**	**79**	**145**
鼓楼区			
仓山区	135		
马尾区	123	3	120
晋安区			
长乐区			
闽侯县	7540		25
连江县			
罗源县			
闽清县			
永泰县			
平潭县			
福清市	326	76	
厦门市	**29909**	**292**	**277**
思明区	1476		10
海沧区	139		
湖里区			
集美区	626		100
同安区	45	3	42
翔安区			
火炬高新区	27624	289	126
莆田市	**941**	**1**	**1**
城厢区			
涵江区			
荔城区	941	1	1
秀屿区			
仙游县			
北　岸			
三明市	**77**		**77**
梅列区			
三元区			
明溪县			
宁化县			
大田县			
尤溪县			
沙　县			
将乐县	30		30
建宁县			
永安市	47		47
泉州市	**867**	**101**	**606**
鲤城区			
丰泽区			
洛江区			
泉港区	506	99	253
惠安县			

1-D-2.12　续表

地　区	R&D经费外部支出	#对境内研究机构支出	#对境内高等学校支出
安溪县			
永春县			
德化县			
台商投资区			
泉州开发区			
石狮市	50		50
晋江市	311	2	302
南安市			
漳州市	**1066**		**10**
芗城区			
龙文区	166		10
漳州台商投资区			
招商局漳州开发区			
云霄县	615		
漳浦县	285		
诏安县			
长泰县			
东山县			
南靖县			
平和县			
华安县			
常山华侨经济开发区			
龙海市			
南平市	**179**	**37**	**69**
延平区	7		7
建阳区			
顺昌县	90	37	26
浦城县	82		36
光泽县			
松溪县			
邵武市			
武夷山市			
建瓯市			
龙岩市	**211**	**8**	**46**
新罗区	211	8	46
永定区			
长汀县			
上杭县			
武平县			
连城县			
漳平市			
宁德市	**505**	**12**	**211**
古田县			
屏南县			
寿宁县	142		
东侨开发区	364	12	211
福安市			
福鼎市			

E. 企业R&D项目情况

1-E-1 分登记注册类型企业全部R&D项目情况

登记注册类型	项目数（项）	参加项目人员（人）	项目人员折合全时当量（人年）	项目经费内部支出（万元）
总　计	**18716**	**160674**	**112712**	**5113635**
内资企业	**13621**	**104670**	**72241**	**3352353**
国有企业	3	55	39	993
集体企业	2	20	7	541
股份合作企业	7	46	39	1345
联营企业	1	2	1	10
国有联营企业				
集体联营企业	1	2	1	10
国有与集体联营企业				
其他联营企业				
有限责任公司	3683	31955	22276	1138242
国有独资公司	306	1853	561	14707
其他有限责任公司	3377	30102	21715	1123535
股份有限公司	1949	16646	12073	483133
私营企业	7976	55946	37806	1728088
私营独资企业	35	233	163	12469
私营合伙企业	4	29	4	1611
私营有限责任公司	6880	46293	31734	1275769
私营股份有限公司	1057	9391	5906	438240
其他企业				
港、澳、台商投资企业	**3120**	**32607**	**22876**	**1113352**
合资经营企业	1066	8868	6659	316455
合作经营企业	2	14	8	478
港、澳、台商独资经营企业	1736	21038	14133	726184
港、澳、台商投资股份有限公司	284	2294	1852	62483
其他港、澳、台投资企业	32	393	225	7752
外商投资企业	**1975**	**23397**	**17595**	**647931**
中外合资经营企业	711	9952	7648	283963
中外合作经营企业	96	494	163	13819
外资企业	1026	11602	8837	314076
外商投资股份有限公司	120	1264	903	32237
其他外商投资企业	22	85	44	3836

1-E-2　分登记注册类型大中型企业全部R&D项目情况

登记注册类型	项目数(项)	参加项目人员(人)	项目人员折合全时当量(人年)	项目经费内部支出(万元)
总　计	**9294**	**110074**	**78631**	**3733204**
内资企业	**5880**	**63259**	**44381**	**2212714**
国有企业	2	51	35	890
集体企业				
股份合作企业	5	33	28	731
联营企业				
国有联营企业				
集体联营企业				
国有与集体联营企业				
其他联营企业				
有限责任公司	1989	23247	16685	891779
国有独资公司	253	1700	454	10123
其他有限责任公司	1736	21547	16231	881656
股份有限公司	1340	13300	9783	390174
私营企业	2544	26628	17849	929140
私营独资企业	3	31	25	1543
私营合伙企业				
私营有限责任公司	2056	20142	14017	558543
私营股份有限公司	485	6455	3808	369054
其他企业				
港、澳、台商投资企业	**2134**	**26885**	**19120**	**954213**
合资经营企业	714	6904	5316	263254
合作经营企业	1	3	2	26
港、澳、台商独资经营企业	1171	17702	11987	629610
港、澳、台商投资股份有限公司	233	2027	1667	56578
其他港、澳、台投资企业	15	249	147	4745
外商投资企业	**1280**	**19930**	**15130**	**566277**
中外合资经营企业	404	8424	6556	250735
中外合作经营企业	88	413	102	11920
外资企业	654	9861	7607	269584
外商投资股份有限公司	117	1171	838	30834
其他外商投资企业	17	61	26	3205

1-E-3 分行业企业全部R&D项目情况

行　业	项目数（项）	参加项目人员（人）	项目人员折合全时当量（人年）	项目经费内部支出（万元）
总　计	**18716**	**160674**	**112712**	**5113635**
采矿业	**80**	**561**	**377**	**15171**
煤炭开采和洗选业	8	92	61	555
烟煤和无烟煤开采洗选	8	92	61	555
褐煤开采洗选				
其他煤炭采选				
石油和天然气开采业				
石油开采				
天然气开采				
黑色金属矿采选业	18	137	91	4572
铁矿采选	18	137	91	4572
锰矿、铬矿采选				
其他黑色金属矿采选				
有色金属矿采选业	31	187	132	5189
常用有色金属矿采选	3	17	11	497
贵金属矿采选	26	109	76	2782
稀有稀土金属矿采选	2	61	45	1910
非金属矿采选业	23	145	93	4856
土砂石开采	22	140	93	4632
化学矿开采				
采盐				
石棉及其他非金属矿采选	1	5	1	224
开采专业及辅助性活动				
煤炭开采和洗选专业及辅助性活动				
石油和天然气开采专业及辅助性活动				
其他开采专业及辅助性活动				
其他采矿业				
其他采矿业				
制造业	**18242**	**157783**	**111484**	**5036294**
农副食品加工业	843	5271	3303	197159
谷物磨制	22	122	92	5370
饲料加工	312	1298	742	53871
植物油加工	22	76	45	4078
制糖业				
屠宰及肉类加工	117	733	535	28740
水产品加工	193	1751	1031	67746
蔬菜、菌类、水果和坚果加工	132	972	658	28809
其他农副食品加工	45	319	200	8547
食品制造业	589	3783	2495	111033
焙烤食品制造	99	626	333	20826
糖果、巧克力及蜜饯制造	93	603	400	22445
方便食品制造	74	596	390	13232
乳制品制造	1	88	67	3029
罐头食品制造	92	675	544	14353
调味品、发酵制品制造	49	395	225	13229
其他食品制造	181	800	535	23919
酒、饮料和精制茶制造业	199	1612	1147	50862
酒的制造	54	570	432	26670
饮料制造	92	589	399	13521
精制茶加工	53	453	315	10671

1-E-3　续表 1

行　业	项目数(项)	参加项目人员(人)	项目人员折合全时当量(人年)	项目经费内部支出(万元)
烟草制品业	26	174	80	2105
烟叶复烤	11	54	29	442
卷烟制造	12	98	43	1200
其他烟草制品制造	3	22	8	463
纺织业	628	6306	4349	216000
棉纺织及印染精加工	258	3396	2331	157470
毛纺织及染整精加工	5	20	16	376
麻纺织及染整精加工				
丝绢纺织及印染精加工				
化纤织造及印染精加工	39	392	235	7622
针织或钩针编织物及其制品制造	129	1024	770	21740
家用纺织制成品制造	48	275	156	6626
产业用纺织制成品制造	149	1199	841	22166
纺织服装、服饰业	273	4619	3317	113331
机织服装制造	199	3389	2431	79608
针织或钩针编织服装制造	62	1135	832	31983
服饰制造	12	95	55	1740
皮革、毛皮、羽毛及其制品和制鞋业	200	2685	1891	79040
皮革鞣制加工	48	441	364	10608
皮革制品制造	74	928	625	26702
毛皮鞣制及制品加工				
羽毛(绒)加工及制品制造				
制鞋业	78	1316	902	41730
木材加工和木、竹、藤、棕、草制品业	221	1383	920	34034
木材加工	14	140	84	3684
人造板制造	86	548	361	14229
木质制品制造	55	199	136	4967
竹、藤、棕、草等制品制造	66	496	340	11154
家具制造业	114	914	647	22817
木质家具制造	62	558	398	12639
竹、藤家具制造	2	12	6	254
金属家具制造	22	226	158	4649
塑料家具制造				
其他家具制造	28	118	85	5275
造纸和纸制品业	304	2643	1824	97648
纸浆制造	4	18	3	275
造纸	123	1332	909	49875
纸制品制造	177	1293	913	47498
印刷和记录媒介复制业	117	943	726	22123
印刷	117	943	726	22123
装订及印刷相关服务				
记录媒介复制				
文教、工美、体育和娱乐用品制造业	653	5418	3660	103385
文教办公用品制造	58	351	232	12237
乐器制造	4	53	39	317
工艺美术及礼仪用品制造	260	2432	1547	51136
体育用品制造	263	1778	1302	25629
玩具制造	62	651	477	11116
游艺器材及娱乐用品制造	6	153	64	2951
石油、煤炭及其他燃料加工业	61	321	161	19390

1-E-3 续表 2

行　　业	项目数（项）	参加项目人　　员（人）	项目人员折合全时当量（人年）	项目经费内部支出（万元）
精炼石油产品制造	32	217	106	14625
煤炭加工	7	39	15	1557
核燃料加工				
生物质燃料加工	22	65	40	3208
化学原料和化学制品制造业	1066	5860	4040	209999
基础化学原料制造	207	1226	774	56344
肥料制造	53	413	279	13528
农药制造	23	62	36	1816
涂料、油墨、颜料及类似产品制造	188	1038	796	24335
合成材料制造	162	910	627	50930
专用化学产品制造	268	1364	944	46244
炸药、火工及焰火产品制造	5	69	52	1245
日用化学产品制造	160	778	531	15558
医药制造业	743	2978	1957	70732
化学药品原料药制造	104	461	290	9711
化学药品制剂制造	173	644	425	12789
中药饮片加工	11	118	54	1881
中成药生产	184	752	509	17899
兽用药品制造	41	182	121	4440
生物药品制品制造	211	757	528	22407
卫生材料及医药用品制造	1	4	1	6
药用辅料及包装材料	18	60	30	1599
化学纤维制造业	389	2640	2097	164058
纤维素纤维原料及纤维制造	22	168	126	17733
合成纤维制造	367	2472	1971	146325
生物基材料制造				
橡胶和塑料制品业	895	7673	5562	186461
橡胶制品业	142	2416	1968	55046
塑料制品业	753	5257	3593	131415
非金属矿物制品业	994	9478	6935	256770
水泥、石灰和石膏制造	98	932	810	33001
石膏、水泥制品及类似制品制造	155	938	590	23762
砖瓦、石材等建筑材料制造	143	1167	873	28825
玻璃制造	47	1437	1182	37779
玻璃制品制造	45	383	263	5424
玻璃纤维和玻璃纤维增强塑料制品制造	28	104	24	2548
陶瓷制品制造	420	4139	2886	114285
耐火材料制品制造	14	73	59	2729
石墨及其他非金属矿物制品制造	44	305	247	8417
黑色金属冶炼和压延加工业	172	2893	2331	240713
炼铁				
炼钢	1	10	10	1590
钢压延加工	164	2846	2305	237958
铁合金冶炼	7	37	17	1165
有色金属冶炼和压延加工业	419	3663	2459	185240
常用有色金属冶炼	33	322	139	38032
贵金属冶炼	67	454	306	33130
稀有稀土金属冶炼	24	624	442	27539
有色金属合金制造	54	222	165	5023
有色金属压延加工	241	2041	1407	81517
金属制品业	865	6073	4464	148959

1-E-3　续表 3

行　　业	项目数 (项)	参加项目 人　　员 (人)	项目人员折合 全时当量 (人年)	项目经费 内部支出 (万元)
结构性金属制品制造	199	1164	878	23740
金属工具制造	82	356	236	7054
集装箱及金属包装容器制造	55	412	323	13768
金属丝绳及其制品制造	7	37	34	583
建筑、安全用金属制品制造	273	2318	1813	54932
金属表面处理及热处理加工	43	358	244	11313
搪瓷制品制造	4	12	8	313
金属制日用品制造	25	152	120	3530
铸造及其他金属制品制造	177	1264	808	33727
通用设备制造业	1023	8441	6225	205138
锅炉及原动设备制造	30	210	150	3709
金属加工机械制造	125	718	556	20842
物料搬运设备制造	136	661	270	17686
泵、阀门、压缩机及类似机械制造	189	1266	976	39786
轴承、齿轮和传动部件制造	100	784	603	19317
烘炉、风机、包装等设备制造	152	792	566	16271
文化、办公用机械制造	140	3062	2412	70974
通用零部件制造	86	557	385	9290
其他通用设备制造业	65	391	308	7264
专用设备制造业	1178	8464	5736	210124
采矿、冶金、建筑专用设备制造	247	2038	1252	65389
化工、木材、非金属加工专用设备制造	172	1223	907	23451
食品、饮料、烟草及饲料生产专用设备制造	31	229	116	8243
印刷、制药、日化及日用品生产专用设备制造	46	214	166	4275
纺织、服装和皮革加工专用设备制造	101	500	332	13453
电子和电工机械专用设备制造	65	469	369	11409
农、林、牧、渔专用机械制造	24	92	65	3067
医疗仪器设备及器械制造	224	1497	1047	22960
环保、邮政、社会公共服务及其他专用设备制造	268	2202	1482	57877
汽车制造业	842	7383	5325	222634
汽车整车制造	76	2580	1872	95636
汽车用发动机制造				
改装汽车制造	96	294	211	16985
低速汽车制造				
电车制造	2	7	1	159
汽车车身、挂车制造	28	181	119	4498
汽车零部件及配件制造	640	4321	3122	105356
铁路、船舶、航空航天和其他运输设备制造业	204	1630	1092	32289
铁路运输设备制造	1	93	93	3102
城市轨道交通设备制造				
船舶及相关装置制造	103	719	488	16163
航空、航天器及设备制造				
摩托车制造	69	638	385	11062
自行车和残疾人座车制造	22	160	122	1763
助动车制造				
非公路休闲车及零配件制造				
潜水救捞及其他未列明运输设备制造	9	20	4	199
电气机械和器材制造业	1673	17250	10665	691269
电机制造	151	1000	787	23301
输配电及控制设备制造	621	4331	3062	86907
电线、电缆、光缆及电工器材制造	94	667	526	38687

1-E-3 续表 4

行　业	项目数(项)	参加项目人员(人)	项目人员折合全时当量(人年)	项目经费内部支出(万元)
电池制造	186	6376	2929	439970
家用电力器具制造	235	1688	1159	49259
非电力家用器具制造	17	90	46	2421
照明器具制造	326	2752	1917	47228
其他电气机械及器材制造	43	346	239	3496
计算机、通信和其他电子设备制造业	2922	33112	25035	1060096
计算机制造	443	6766	5914	221915
通信设备制造	362	3422	2438	92811
广播电视设备制造	177	1761	842	37868
雷达及配套设备制造	7	33	26	402
非专业视听设备制造	185	1626	1297	66118
智能消费设备制造	68	910	721	18626
电子器件制造	1066	13383	9735	491890
电子元件及电子专用材料制造	471	4105	3191	115284
其他电子设备制造	143	1106	870	15183
仪器仪表制造业	501	2989	2119	53503
通用仪器仪表制造	255	1546	1153	23607
专用仪器仪表制造	45	224	171	5563
钟表与计时仪器制造	84	591	381	10253
光学仪器制造	87	456	310	8418
衡器制造	17	91	59	4451
其他仪器仪表制造业	13	81	44	1210
其他制造业	86	880	685	23069
日用杂品制造	69	804	637	21880
核辐射加工				
其他未列明制造业	17	76	48	1190
废弃资源综合利用业	18	95	76	2675
金属废料和碎屑加工处理				
非金属废料和碎屑加工处理	18	95	76	2675
金属制品、机械和设备修理业	24	209	158	3636
金属制品修理	1	6	3	54
通用设备修理				
专用设备修理	3	26	11	283
铁路、船舶、航空航天等运输设备修理	20	177	144	3299
电气设备修理				
仪器仪表修理				
其他机械和设备修理业				
电力、热力、燃气及水生产和供应业	**394**	**2330**	**852**	**62169**
电力、热力生产和供应业	325	2001	690	48692
电力生产	98	690	423	42770
电力供应	207	1280	251	3699
热力生产和供应	20	31	16	2223
燃气生产和供应业	60	229	107	9596
燃气生产和供应业	60	229	107	9596
生物质燃气生产和供应业				
水的生产和供应业	9	100	55	3882
自来水生产和供应	1	7	7	223
污水处理及其再生利用	8	93	48	3659
海水淡化处理				
其他水的处理、利用与分配				

1-E-4　分行业大中型企业全部R&D项目情况

行　　业	项目数(项)	参加项目人员(人)	项目人员折合全时当量(人年)	项目经费内部支出(万元)
总　计	**9294**	**110074**	**78631**	**3733204**
采矿业	**35**	**301**	**208**	**5632**
煤炭开采和洗选业	5	55	43	169
烟煤和无烟煤开采洗选	5	55	43	169
褐煤开采洗选				
其他煤炭采选				
石油和天然气开采业				
石油开采				
天然气开采				
黑色金属矿采选业	13	93	58	1532
铁矿采选	13	93	58	1532
锰矿、铬矿采选				
其他黑色金属矿采选				
有色金属矿采选业	8	101	67	3070
常用有色金属矿采选				
贵金属矿采选	6	40	22	1160
稀有稀土金属矿采选	2	61	45	1910
非金属矿采选业	9	52	40	861
土砂石开采	9	52	40	861
化学矿开采				
采盐				
石棉及其他非金属矿采选				
开采专业及辅助性活动				
煤炭开采和洗选专业及辅助性活动				
石油和天然气开采专业及辅助性活动				
其他开采专业及辅助性活动				
其他采矿业				
其他采矿业				
制造业	**8923**	**107756**	**77790**	**3677156**
农副食品加工业	338	2480	1471	95613
谷物磨制				
饲料加工	138	602	317	23872
植物油加工	4	8	6	744
制糖业				
屠宰及肉类加工	42	388	308	16780
水产品加工	94	977	554	39563
蔬菜、菌类、水果和坚果加工	43	378	212	11336
其他农副食品加工	17	127	75	3319
食品制造业	261	2119	1436	64049
焙烤食品制造	60	431	185	16929
糖果、巧克力及蜜饯制造	45	331	239	13782
方便食品制造	24	316	222	5540
乳制品制造	1	88	67	3029
罐头食品制造	62	444	386	8909
调味品、发酵制品制造	18	190	112	4667
其他食品制造	51	319	224	11193
酒、饮料和精制茶制造业	82	705	586	28363
酒的制造	19	244	230	18500
饮料制造	47	286	212	7406
精制茶加工	16	175	144	2458

1-E-4 续表 1

行业	项目数(项)	参加项目人员(人)	项目人员折合全时当量(人年)	项目经费内部支出(万元)
烟草制品业	25	160	77	1351
烟叶复烤	11	54	29	442
卷烟制造	11	84	39	446
其他烟草制品制造	3	22	8	463
纺织业	434	5142	3587	178882
棉纺织及印染精加工	212	2986	2094	140429
毛纺织及染整精加工	5	20	16	376
麻纺织及染整精加工				
丝绢纺织及印染精加工				
化纤织造及印染精加工	24	267	157	3690
针织或钩针编织物及其制品制造	81	847	654	16491
家用纺织制成品制造	24	178	80	3218
产业用纺织制成品制造	88	844	584	14678
纺织服装、服饰业	186	3854	2918	100108
机织服装制造	141	2785	2134	69061
针织或钩针编织服装制造	44	1024	761	30119
服饰制造	1	45	23	928
皮革、毛皮、羽毛及其制品和制鞋业	156	2297	1649	65371
皮革鞣制加工	36	320	268	8453
皮革制品制造	58	783	550	20907
毛皮鞣制及制品加工				
羽毛(绒)加工及制品制造				
制鞋业	62	1194	831	36011
木材加工和木、竹、藤、棕、草制品业	40	397	307	7266
木材加工				
人造板制造	23	255	200	5388
木质制品制造	2	25	25	633
竹、藤、棕、草等制品制造	15	117	82	1244
家具制造业	49	559	398	12365
木质家具制造	32	388	287	8750
竹、藤家具制造				
金属家具制造	8	113	72	2459
塑料家具制造				
其他家具制造	9	58	39	1156
造纸和纸制品业	151	1880	1252	72731
纸浆制造				
造纸	65	1014	677	41119
纸制品制造	86	866	576	31612
印刷和记录媒介复制业	57	616	484	14066
印刷	57	616	484	14066
装订及印刷相关服务				
记录媒介复制				
文教、工美、体育和娱乐用品制造业	385	3793	2544	64831
文教办公用品制造	13	179	133	6144
乐器制造	3	32	18	103
工艺美术及礼仪用品制造	142	1599	985	31242
体育用品制造	186	1394	1019	17160
玩具制造	38	453	330	7445
游艺器材及娱乐用品制造	3	136	60	2738
石油、煤炭及其他燃料加工业	14	106	52	10771

1-E-4　续表 2

行　　业	项目数(项)	参加项目人　员(人)	项目人员折合全时当量(人年)	项目经费内部支出(万元)
精炼石油产品制造	14	106	52	10771
煤炭加工				
核燃料加工				
生物质燃料加工				
化学原料和化学制品制造业	305	2585	1919	91276
基础化学原料制造	92	590	422	28406
肥料制造	20	207	160	8059
农药制造				
涂料、油墨、颜料及类似产品制造	64	684	545	14605
合成材料制造	29	291	229	22617
专用化学产品制造	37	391	263	10045
炸药、火工及焰火产品制造	5	69	52	1245
日用化学产品制造	58	353	248	6298
医药制造业	323	1434	993	34788
化学药品原料药制造	34	162	101	2889
化学药品制剂制造	67	310	217	6436
中药饮片加工	2	7	5	45
中成药生产	118	493	339	12129
兽用药品制造	24	149	106	3700
生物药品制品制造	78	313	225	9589
卫生材料及医药用品制造				
药用辅料及包装材料				
化学纤维制造业	345	2383	1932	153293
纤维素纤维原料及纤维制造	15	124	93	16169
合成纤维制造	330	2259	1839	137123
生物基材料制造				
橡胶和塑料制品业	405	4922	3730	115610
橡胶制品业	79	2095	1725	48937
塑料制品业	326	2827	2006	66673
非金属矿物制品业	494	6492	4874	178076
水泥、石灰和石膏制造	40	451	394	20676
石膏、水泥制品及类似制品制造	23	220	133	7516
砖瓦、石材等建筑材料制造	80	792	614	17054
玻璃制造	34	1339	1121	35799
玻璃制品制造	10	211	162	2449
玻璃纤维和玻璃纤维增强塑料制品制造	23	51	6	2000
陶瓷制品制造	272	3285	2327	89644
耐火材料制品制造	5	54	49	1216
石墨及其他非金属矿物制品制造	7	89	66	1723
黑色金属冶炼和压延加工业	133	2715	2204	234948
炼铁				
炼钢	1	10	10	1590
钢压延加工	132	2705	2194	233358
铁合金冶炼				
有色金属冶炼和压延加工业	302	3212	2156	163230
常用有色金属冶炼	28	309	129	36546
贵金属冶炼	62	401	293	29381
稀有稀土金属冶炼	15	571	399	22036
有色金属合金制造	9	93	70	842
有色金属压延加工	188	1838	1266	74426

1-E-4 续表 3

行　业	项目数（项）	参加项目人员（人）	项目人员折合全时当量（人年）	项目经费内部支出（万元）
金属制品业	371	3484	2731	92223
结构性金属制品制造	65	559	451	12477
金属工具制造	29	149	94	2774
集装箱及金属包装容器制造	22	223	197	8275
金属丝绳及其制品制造				
建筑、安全用金属制品制造	148	1650	1353	41221
金属表面处理及热处理加工	26	138	95	4306
搪瓷制品制造				
金属制日用品制造	4	59	41	1500
铸造及其他金属制品制造	77	706	501	21670
通用设备制造业	400	5137	3785	125877
锅炉及原动设备制造	19	123	100	1659
金属加工机械制造	15	159	102	4480
物料搬运设备制造	87	404	94	11174
泵、阀门、压缩机及类似机械制造	80	703	564	24397
轴承、齿轮和传动部件制造	54	591	468	13540
烘炉、风机、包装等设备制造	49	308	191	4898
文化、办公用机械制造	90	2748	2177	64036
通用零部件制造	6	101	90	1693
其他通用设备制造业				
专用设备制造业	411	4211	2904	108914
采矿、冶金、建筑专用设备制造	120	1443	897	45362
化工、木材、非金属加工专用设备制造	58	481	395	8105
食品、饮料、烟草及饲料生产专用设备制造	6	32	21	1834
印刷、制药、日化及日用品生产专用设备制造	10	43	35	369
纺织、服装和皮革加工专用设备制造	10	93	61	4051
电子和电工机械专用设备制造	12	109	97	3920
农、林、牧、渔专用机械制造				
医疗仪器设备及器械制造	117	991	723	14422
环保、邮政、社会公共服务及其他专用设备制造	78	1019	675	30852
汽车制造业	369	4678	3592	163512
汽车整车制造	50	2171	1712	85553
汽车用发动机制造				
改装汽车制造	55	177	132	12897
低速汽车制造				
电车制造				
汽车车身、挂车制造	11	84	54	2983
汽车零部件及配件制造	253	2246	1694	62078
铁路、船舶、航空航天和其他运输设备制造业	99	1210	802	25644
铁路运输设备制造	1	93	93	3102
城市轨道交通设备制造				
船舶及相关装置制造	60	623	424	14371
航空、航天器及设备制造				
摩托车制造	35	441	253	7381
自行车和残疾人座车制造	3	53	32	791
助动车制造				
非公路休闲车及零配件制造				
潜水救捞及其他未列明运输设备制造				
电气机械和器材制造业	809	12887	7631	587953
电机制造	72	528	414	14506

1-E-4　续表 4

行　业	项目数(项)	参加项目人员(人)	项目人员折合全时当量(人年)	项目经费内部支出(万元)
输配电及控制设备制造	191	2556	1862	43810
电线、电缆、光缆及电工器材制造	53	380	323	32617
电池制造	128	5985	2634	423015
家用电力器具制造	169	1327	925	41166
非电力家用器具制造				
照明器具制造	180	1884	1319	31179
其他电气机械及器材制造	16	227	155	1660
计算机、通信和其他电子设备制造业	1775	26367	20262	850509
计算机制造	350	6239	5535	212892
通信设备制造	154	1912	1419	60979
广播电视设备制造	137	1518	682	30101
雷达及配套设备制造				
非专业视听设备制造	117	1133	896	55572
智能消费设备制造	37	797	621	17336
电子器件制造	721	11419	8385	386592
电子元件及电子专用材料制造	221	2736	2230	78633
其他电子设备制造	38	613	494	8405
仪器仪表制造业	146	1146	873	20266
通用仪器仪表制造	41	420	342	6244
专用仪器仪表制造	3	49	41	2234
钟表与计时仪器制造	44	355	267	5636
光学仪器制造	56	313	214	5678
衡器制造				
其他仪器仪表制造业	2	9	9	474
其他制造业	40	615	503	12613
日用杂品制造	40	615	503	12613
核辐射加工				
其他未列明制造业				
废弃资源综合利用业				
金属废料和碎屑加工处理				
非金属废料和碎屑加工处理				
金属制品、机械和设备修理业	18	170	140	2660
金属制品修理				
通用设备修理				
专用设备修理				
铁路、船舶、航空航天等运输设备修理	18	170	140	2660
电气设备修理				
仪器仪表修理				
其他机械和设备修理业				
电力、热力、燃气及水生产和供应业	**336**	**2017**	**633**	**50416**
电力、热力生产和供应业	284	1811	561	40781
电力生产	77	531	311	37083
电力供应	207	1280	251	3699
热力生产和供应				
燃气生产和供应业	50	166	65	7763
燃气生产和供应业	50	166	65	7763
水的生产和供应业	2	40	6	1872
自来水生产和供应				
污水处理及其再生利用	2	40	6	1872
其他水的处理、利用与分配				

1-E-5 分行业内资企业全部R&D项目情况

行　　业	项目数 (项)	参加项目 人　　员 (人)	项目人员折合 全时当量 (人年)	项目经费 内部支出 (万元)
总　计	**13621**	**104670**	**72241**	**3352353**
采矿业	**80**	**561**	**377**	**15171**
煤炭开采和洗选业	8	92	61	555
烟煤和无烟煤开采洗选	8	92	61	555
褐煤开采洗选				
其他煤炭采选				
石油和天然气开采业				
石油开采				
天然气开采				
黑色金属矿采选业	18	137	91	4572
铁矿采选	18	137	91	4572
锰矿、铬矿采选				
其他黑色金属矿采选				
有色金属矿采选业	31	187	132	5189
常用有色金属矿采选	3	17	11	497
贵金属矿采选	26	109	76	2782
稀有稀土金属矿采选	2	61	45	1910
非金属矿采选业	23	145	93	4856
土砂石开采	22	140	93	4632
化学矿开采				
采盐				
石棉及其他非金属矿采选	1	5	1	224
开采专业及辅助性活动				
煤炭开采和洗选专业及辅助性活动				
石油和天然气开采专业及辅助性活动				
其他开采专业及辅助性活动				
其他采矿业				
其他采矿业				
制造业	**13163**	**101901**	**71078**	**3288272**
农副食品加工业	677	4182	2615	146933
谷物磨制	19	112	82	4914
饲料加工	251	918	486	37204
植物油加工	19	71	40	3340
制糖业				
屠宰及肉类加工	93	625	471	24271
水产品加工	154	1366	791	47209
蔬菜、菌类、水果和坚果加工	98	779	552	22015
其他农副食品加工	43	311	192	7980
食品制造业	467	3078	2079	87279
焙烤食品制造	59	389	234	10283
糖果、巧克力及蜜饯制造	71	454	292	18464
方便食品制造	65	545	356	12161
乳制品制造	1	88	67	3029
罐头食品制造	81	618	501	12360
调味品、发酵制品制造	35	272	155	10456
其他食品制造	155	712	473	20527
酒、饮料和精制茶制造业	127	1088	724	28268
酒的制造	37	334	212	9091
饮料制造	42	336	225	9278
精制茶加工	48	418	287	9899

1-E-5　续表 1

行　业	项目数(项)	参加项目人员(人)	项目人员折合全时当量(人年)	项目经费内部支出(万元)
烟草制品业	26	174	80	2105
烟叶复烤	11	54	29	442
卷烟制造	12	98	43	1200
其他烟草制品制造	3	22	8	463
纺织业	386	4093	2791	142429
棉纺织及印染精加工	133	2055	1343	99493
毛纺织及染整精加工				
麻纺织及染整精加工				
丝绢纺织及印染精加工				
化纤织造及印染精加工	22	207	179	5190
针织或钩针编织物及其制品制造	107	888	676	17312
家用纺织制成品制造	38	251	136	6006
产业用纺织制成品制造	86	692	457	14428
纺织服装、服饰业	144	1563	1006	38213
机织服装制造	112	1313	818	29852
针织或钩针编织服装制造	21	200	156	7548
服饰制造	11	50	32	813
皮革、毛皮、羽毛及其制品和制鞋业	98	1112	842	26071
皮革鞣制加工	36	329	290	7826
皮革制品制造	32	439	305	7341
毛皮鞣制及制品加工				
羽毛(绒)加工及制品制造				
制鞋业	30	344	248	10903
木材加工和木、竹、藤、棕、草制品业	209	1299	841	31873
木材加工	14	140	84	3684
人造板制造	84	508	321	13159
木质制品制造	46	166	105	4084
竹、藤、棕、草等制品制造	65	485	332	10946
家具制造业	97	740	528	20044
木质家具制造	52	446	331	10749
竹、藤家具制造	2	12	6	254
金属家具制造	16	173	116	3917
塑料家具制造				
其他家具制造	27	109	76	5124
造纸和纸制品业	166	1536	1172	56368
纸浆制造	4	18	3	275
造纸	79	968	742	33999
纸制品制造	83	550	427	22095
印刷和记录媒介复制业	98	791	637	18424
印刷	98	791	637	18424
装订及印刷相关服务				
记录媒介复制				
文教、工美、体育和娱乐用品制造业	419	2831	1826	61933
文教办公用品制造	50	189	118	6310
乐器制造				
工艺美术及礼仪用品制造	205	1850	1121	42042
体育用品制造	119	498	393	10007
玩具制造	42	268	175	3300
游艺器材及娱乐用品制造	3	26	20	275
石油、煤炭及其他燃料加工业	50	251	134	18412

1-E-5 续表 2

行　　业	项目数（项）	参加项目人员（人）	项目人员折合全时当量（人年）	项目经费内部支出（万元）
精炼石油产品制造	21	147	80	13647
煤炭加工	7	39	15	1557
核燃料加工				
生物质燃料加工	22	65	40	3208
化学原料和化学制品制造业	889	5034	3433	184659
基础化学原料制造	186	1020	634	52436
肥料制造	40	302	203	8258
农药制造	23	62	36	1816
涂料、油墨、颜料及类似产品制造	163	957	739	21941
合成材料制造	143	773	508	45293
专用化学产品制造	217	1236	840	42663
炸药、火工及焰火产品制造	5	69	52	1245
日用化学产品制造	112	615	420	11008
医药制造业	504	1991	1232	48992
化学药品原料药制造	85	370	217	7857
化学药品制剂制造	154	523	318	10007
中药饮片加工	11	118	54	1881
中成药生产	105	422	276	11950
兽用药品制造	25	69	43	1703
生物药品制品制造	110	437	302	14202
卫生材料及医药用品制造	1	4	1	6
药用辅料及包装材料	13	48	21	1386
化学纤维制造业	218	1569	1286	98517
纤维素纤维原料及纤维制造	4	18	10	243
合成纤维制造	214	1551	1276	98274
生物基材料制造				
橡胶和塑料制品业	673	3922	2646	95827
橡胶制品业	91	564	409	13988
塑料制品业	582	3358	2237	81839
非金属矿物制品业	878	7825	5628	210976
水泥、石灰和石膏制造	97	928	807	32831
石膏、水泥制品及类似制品制造	134	747	486	17781
砖瓦、石材等建筑材料制造	113	987	796	23850
玻璃制造	30	675	461	18675
玻璃制品制造	36	237	128	4101
玻璃纤维和玻璃纤维增强塑料制品制造	28	104	24	2548
陶瓷制品制造	387	3823	2669	101260
耐火材料制品制造	9	19	10	1513
石墨及其他非金属矿物制品制造	44	305	247	8417
黑色金属冶炼和压延加工业	169	2868	2311	238645
炼铁				
炼钢				
钢压延加工	162	2831	2295	237481
铁合金冶炼	7	37	17	1165
有色金属冶炼和压延加工业	349	2839	1892	148147
常用有色金属冶炼	33	322	139	38032
贵金属冶炼	67	454	306	33130
稀有稀土金属冶炼	18	247	199	14307
有色金属合金制造	37	134	103	3194
有色金属压延加工	194	1682	1145	59484
金属制品业	596	3583	2541	75929

1-E-5 续表 3

行　　业	项目数(项)	参加项目人员(人)	项目人员折合全时当量(人年)	项目经费内部支出(万元)
结构性金属制品制造	171	966	721	15025
金属工具制造	70	269	175	5677
集装箱及金属包装容器制造	30	269	222	7831
金属丝绳及其制品制造	7	37	34	583
建筑、安全用金属制品制造	130	1019	724	19589
金属表面处理及热处理加工	35	209	154	6553
搪瓷制品制造	4	12	8	313
金属制日用品制造	18	77	53	2634
铸造及其他金属制品制造	131	725	449	17724
通用设备制造业	679	4560	3345	105528
锅炉及原动设备制造	24	166	122	2792
金属加工机械制造	80	509	408	14842
物料搬运设备制造	49	257	176	6512
泵、阀门、压缩机及类似机械制造	141	758	557	23071
轴承、齿轮和传动部件制造	60	530	393	11910
烘炉、风机、包装等设备制造	136	699	506	14292
文化、办公用机械制造	78	921	676	19135
通用零部件制造	60	389	249	6713
其他通用设备制造业	51	331	259	6262
专用设备制造业	855	6091	4087	152696
采矿、冶金、建筑专用设备制造	158	1533	973	41834
化工、木材、非金属加工专用设备制造	147	973	686	19285
食品、饮料、烟草及饲料生产专用设备制造	30	159	95	5735
印刷、制药、日化及日用品生产专用设备制造	38	169	127	3318
纺织、服装和皮革加工专用设备制造	79	370	243	10834
电子和电工机械专用设备制造	43	258	199	5499
农、林、牧、渔专用机械制造	23	88	64	3045
医疗仪器设备及器械制造	86	476	317	8071
环保、邮政、社会公共服务及其他专用设备制造	251	2065	1382	55074
汽车制造业	453	2818	1836	89713
汽车整车制造	40	497	206	26368
汽车用发动机制造				
改装汽车制造	96	294	211	16985
低速汽车制造				
电车制造	2	7	1	159
汽车车身、挂车制造	28	181	119	4498
汽车零部件及配件制造	287	1839	1299	41703
铁路、船舶、航空航天和其他运输设备制造业	161	1141	763	21993
铁路运输设备制造				
城市轨道交通设备制造				
船舶及相关装置制造	103	719	488	16163
航空、航天器及设备制造				
摩托车制造	39	335	217	5040
自行车和残疾人座车制造	10	67	53	591
助动车制造				
非公路休闲车及零配件制造				
潜水救捞及其他未列明运输设备制造	9	20	4	199
电气机械和器材制造业	1193	10136	6529	452861
电机制造	113	717	519	13392
输配电及控制设备制造	521	3412	2366	72332
电线、电缆、光缆及电工器材制造	67	532	414	27389

1-E-5 续表 4

行业	项目数(项)	参加项目人员(人)	项目人员折合全时当量(人年)	项目经费内部支出(万元)
电池制造	99	2730	1281	285742
家用电力器具制造	157	803	501	18146
非电力家用器具制造	12	28	17	1974
照明器具制造	197	1693	1277	31396
其他电气机械及器材制造	27	221	154	2490
计算机、通信和其他电子设备制造业	2122	22027	16324	631122
计算机制造	232	2172	1695	36724
通信设备制造	321	3122	2239	84255
广播电视设备制造	163	837	460	15943
雷达及配套设备制造	7	33	26	402
非专业视听设备制造	73	552	465	12133
智能消费设备制造	59	462	373	7836
电子器件制造	776	10600	7706	359883
电子元件及电子专用材料制造	369	3281	2604	100965
其他电子设备制造	122	968	756	12983
仪器仪表制造业	396	2328	1623	40736
通用仪器仪表制造	198	1326	990	20546
专用仪器仪表制造	41	167	122	3066
钟表与计时仪器制造	50	282	152	5166
光学仪器制造	80	398	265	6959
衡器制造	17	91	59	4451
其他仪器仪表制造业	10	64	34	550
其他制造业	38	264	209	8026
日用杂品制造	21	188	160	6836
核辐射加工				
其他未列明制造业	17	76	48	1190
废弃资源综合利用业	18	95	76	2675
金属废料和碎屑加工处理				
非金属废料和碎屑加工处理	18	95	76	2675
金属制品、机械和设备修理业	8	72	40	2879
金属制品修理	1	6	3	54
通用设备修理				
专用设备修理	3	26	11	283
铁路、船舶、航空航天等运输设备修理	4	40	26	2543
电气设备修理				
仪器仪表修理				
其他机械和设备修理业				
电力、热力、燃气及水生产和供应业	**378**	**2208**	**786**	**48909**
电力、热力生产和供应业	317	1947	651	37699
电力生产	90	636	383	31777
电力供应	207	1280	251	3699
热力生产和供应	20	31	16	2223
燃气生产和供应业	54	201	87	9201
燃气生产和供应业	54	201	87	9201
生物质燃气生产和供应业				
水的生产和供应业	7	60	49	2010
自来水生产和供应	1	7	7	223
污水处理及其再生利用	6	53	42	1787
海水淡化处理				
其他水的处理、利用与分配				

1-E-6 分行业港澳台商投资企业全部R&D项目情况

行业	项目数（项）	参加项目人员（人）	项目人员折合全时当量（人年）	项目经费内部支出（万元）
总 计	**3120**	**32607**	**22876**	**1113352**
采矿业				
煤炭开采和洗选业				
烟煤和无烟煤开采洗选				
褐煤开采洗选				
石油和天然气开采业				
石油开采				
天然气开采				
黑色金属矿采选业				
铁矿采选				
有色金属矿采选业				
常用有色金属矿采选				
贵金属矿采选				
非金属矿采选业				
土砂石开采				
化学矿开采				
采盐				
石棉及其他非金属矿采选				
开采专业及辅助性活动				
石油和天然气开采专业及辅助性活动				
制造业	**3108**	**32507**	**22829**	**1100426**
农副食品加工业	49	355	218	17782
谷物磨制				
饲料加工	1	8	8	155
植物油加工	3	5	5	738
制糖业				
屠宰及肉类加工	7	47	38	1264
水产品加工	25	230	117	13733
蔬菜、菌类、水果和坚果加工	11	57	43	1325
其他农副食品加工	2	8	8	567
食品制造业	94	520	266	19521
焙烤食品制造	39	231	96	10385
糖果、巧克力及蜜饯制造	16	89	57	2912
方便食品制造	7	40	23	841
乳制品制造				
罐头食品制造	10	45	35	1720
调味品、发酵制品制造	11	75	31	1465
其他食品制造	11	40	24	2199
酒、饮料和精制茶制造业	17	172	149	3260
酒的制造				
饮料制造	12	137	121	2489
精制茶加工	5	35	28	772
烟草制品业				
烟叶复烤				
其他烟草制品制造				
纺织业	195	1770	1291	55466
棉纺织及印染精加工	90	928	743	40877

1-E-6 续表 1

行　　业	项目数(项)	参加项目人　员(人)	项目人员折合全时当量(人年)	项目经费内部支出(万元)
毛纺织及染整精加工	5	20	16	376
麻纺织及染整精加工				
丝绢纺织及印染精加工				
化纤织造及印染精加工	17	185	56	2432
针织或钩针编织物及其制品制造	22	136	94	4428
家用纺织制成品制造				
产业用纺织制成品制造	61	501	382	7354
纺织服装、服饰业	120	2910	2255	71070
机织服装制造	83	2003	1576	48010
针织或钩针编织服装制造	36	862	656	22133
服饰制造	1	45	23	928
皮革、毛皮、羽毛及其制品和制鞋业	82	1307	928	46701
皮革鞣制加工	9	87	66	1885
皮革制品制造	31	354	291	16337
毛皮鞣制及制品加工				
羽毛(绒)加工及制品制造				
制鞋业	42	866	572	28479
木材加工和木、竹、藤、棕、草制品业	5	76	73	1911
木材加工				
人造板制造	2	40	40	1070
木质制品制造	2	25	25	633
竹、藤、棕、草等制品制造	1	11	8	209
家具制造业	10	102	55	2044
木质家具制造	5	60	23	1457
竹、藤家具制造				
金属家具制造	5	42	32	587
塑料家具制造				
其他家具制造				
造纸和纸制品业	128	924	552	36326
纸浆制造				
造纸	40	273	114	13261
纸制品制造	88	651	439	23065
印刷和记录媒介复制业	19	152	89	3700
印刷	19	152	89	3700
装订及印刷相关服务				
记录媒介复制				
文教、工美、体育和娱乐用品制造业	183	1731	1242	29403
文教办公用品制造	7	158	112	5887
乐器制造	1	21	21	214
工艺美术及礼仪用品制造	24	252	163	4878
体育用品制造	130	990	704	12824
玩具制造	19	294	238	5391
游艺器材及娱乐用品制造	2	16	4	209
石油、煤炭及其他燃料加工业	5	16	10	469
精炼石油产品制造	5	16	10	469
煤炭加工				
生物质燃料加工				
化学原料和化学制品制造业	106	417	275	12497

1-E-6　续表 2

行　　业	项目数(项)	参加项目人　员(人)	项目人员折合全时当量(人年)	项目经费内部支出(万元)
基础化学原料制造	14	86	37	1877
肥料制造	2	20	15	253
农药制造				
涂料、油墨、颜料及类似产品制造	19	59	40	2089
合成材料制造	13	62	47	3037
专用化学产品制造	11	47	41	800
炸药、火工及焰火产品制造				
日用化学产品制造	47	143	95	4441
医药制造业	205	776	547	16334
化学药品原料药制造	12	65	50	1305
化学药品制剂制造	16	57	44	1595
中药饮片加工				
中成药生产	76	316	224	5510
兽用药品制造	9	53	33	1488
生物药品制品制造	87	273	187	6223
卫生材料及医药用品制造				
药用辅料及包装材料	5	12	9	213
化学纤维制造业	171	1071	811	65541
纤维素纤维原料及纤维制造	18	150	116	17491
合成纤维制造	153	921	695	48050
橡胶和塑料制品业	134	1189	907	36120
橡胶制品业	5	308	251	4708
塑料制品业	129	881	657	31412
非金属矿物制品业	84	1327	1005	40027
水泥、石灰和石膏制造	1	4	3	170
石膏、水泥制品及类似制品制造	19	180	97	5577
砖瓦、石材等建筑材料制造	22	151	52	4433
玻璃制造	17	762	721	19105
玻璃制品制造	5	26	15	314
玻璃纤维和玻璃纤维增强塑料制品制造				
陶瓷制品制造	20	204	117	10428
耐火材料制品制造				
石墨及其他非金属矿物制品制造				
黑色金属冶炼和压延加工业	2	15	10	478
炼铁				
炼钢				
钢压延加工	2	15	10	478
铁合金冶炼				
有色金属冶炼和压延加工业	20	186	122	12377
常用有色金属冶炼				
贵金属冶炼				
稀有稀土金属冶炼				
有色金属合金制造				
有色金属压延加工	20	186	122	12377
金属制品业	131	1289	982	37318
结构性金属制品制造	13	90	84	6287
金属工具制造	7	58	37	1050
集装箱及金属包装容器制造	2	15	6	1268

1-E-6 续表 3

行　　业	项目数(项)	参加项目人员(人)	项目人员折合全时当量(人年)	项目经费内部支出(万元)
金属丝绳及其制品制造				
建筑、安全用金属制品制造	61	520	447	11810
金属表面处理及热处理加工	1	30	20	491
搪瓷制品制造				
金属制日用品制造	1	37	29	411
铸造及其他金属制品制造	46	539	359	16003
通用设备制造业	150	1420	1264	42422
锅炉及原动设备制造	6	44	28	917
金属加工机械制造	25	82	70	2103
物料搬运设备制造				
泵、阀门、压缩机及类似机械制造	13	157	138	7950
轴承、齿轮和传动部件制造	24	115	82	3264
烘炉、风机、包装等设备制造	6	35	18	658
文化、办公用机械制造	38	812	790	24648
通用零部件制造	24	115	90	1880
其他通用设备制造业	14	60	49	1002
专用设备制造业	185	1256	946	29318
采矿、冶金、建筑专用设备制造	40	61	37	6527
化工、木材、非金属加工专用设备制造	17	218	195	3165
食品、饮料、烟草及饲料生产专用设备制造	1	70	20	2508
印刷、制药、日化及日用品生产专用设备制造	3	23	23	630
纺织、服装和皮革加工专用设备制造	19	118	81	2136
电子和电工机械专用设备制造	22	211	170	5910
农、林、牧、渔专用机械制造	1	4		22
医疗仪器设备及器械制造	76	526	399	7524
环保、邮政、社会公共服务及其他专用设备制造	6	25	19	896
汽车制造业	108	1823	1428	54060
汽车整车制造	17	569	493	25028
汽车用发动机制造				
改装汽车制造				
汽车车身、挂车制造				
汽车零部件及配件制造	91	1254	935	29032
铁路、船舶、航空航天和其他运输设备制造业	7	139	126	4069
铁路运输设备制造	1	93	93	3102
城市轨道交通设备制造				
船舶及相关装置制造				
航空、航天器及设备制造				
摩托车制造	6	46	33	967
自行车和残疾人座车制造				
助动车制造				
非公路休闲车及零配件制造				
潜水救捞及其他未列明运输设备制造				
电气机械和器材制造业	273	5530	3069	211678
电机制造	28	218	210	7963
输配电及控制设备制造	32	324	255	4332
电线、电缆、光缆及电工器材制造	21	105	96	10456
电池制造	81	3591	1601	152844
家用电力器具制造	66	832	624	29978

1-E-6　续表 4

行　　业	项目数 (项)	参加项目 人　　员 (人)	项目人员折合 全时当量 (人年)	项目经费 内部支出 (万元)
非电力家用器具制造	5	62	29	447
照明器具制造	29	289	181	4790
其他电气机械及器材制造	11	109	73	867
计算机、通信和其他电子设备制造业	497	4907	3357	229627
计算机制造	135	660	563	63550
通信设备制造	18	171	114	6866
广播电视设备制造	12	889	359	19056
雷达及配套设备制造				
非专业视听设备制造	77	977	759	52581
智能消费设备制造	4	18	14	1366
电子器件制造	184	1633	1153	76744
电子元件及电子专用材料制造	58	486	333	8016
其他电子设备制造	9	73	61	1450
仪器仪表制造业	69	417	289	6934
通用仪器仪表制造	34	100	52	1583
专用仪器仪表制造	1	8	8	263
钟表与计时仪器制造	34	309	229	5088
光学仪器制造				
衡器制造				
其他仪器仪表制造业				
其他制造业	43	573	444	13217
日用杂品制造	43	573	444	13217
其他未列明制造业				
废弃资源综合利用业				
金属废料和碎屑加工处理				
非金属废料和碎屑加工处理				
金属制品、机械和设备修理业	16	137	118	756
金属制品修理				
通用设备修理				
专用设备修理				
铁路、船舶、航空航天等运输设备修理	16	137	118	756
电气设备修理				
仪器仪表修理				
其他机械和设备修理业				
电力、热力、燃气及水生产和供应业	**12**	**100**	**48**	**12926**
电力、热力生产和供应业	8	54	40	10993
电力生产	8	54	40	10993
电力供应				
热力生产和供应				
燃气生产和供应业	2	6	2	61
燃气生产和供应业	2	6	2	61
生物质燃气生产和供应业				
水的生产和供应业	2	40	6	1872
自来水生产和供应				
污水处理及其再生利用	2	40	6	1872
海水淡化处理				
其他水的处理、利用与分配				

1-E-7 分行业外商投资企业全部R&D项目情况

行业	项目数(项)	参加项目人员(人)	项目人员折合全时当量(人年)	项目经费内部支出(万元)
总计	**1975**	**23397**	**17595**	**647931**
采矿业				
煤炭开采和洗选业				
烟煤和无烟煤开采洗选				
石油和天然气开采业				
石油开采				
天然气开采				
黑色金属矿采选业				
铁矿采选				
锰矿、铬矿采选				
有色金属矿采选业				
常用有色金属矿采选				
贵金属矿采选				
稀有稀土金属矿采选				
非金属矿采选业				
土砂石开采				
化学矿开采				
采盐				
石棉及其他非金属矿采选				
开采专业及辅助性活动				
石油和天然气开采专业及辅助性活动				
制造业	**1971**	**23375**	**17577**	**647597**
农副食品加工业	117	734	470	32445
谷物磨制	3	10	10	456
饲料加工	60	372	247	16512
植物油加工				
制糖业				
屠宰及肉类加工	17	61	26	3205
水产品加工	14	155	123	6804
蔬菜、菌类、水果和坚果加工	23	136	63	5468
其他农副食品加工				
食品制造业	28	185	150	4233
焙烤食品制造	1	6	4	158
糖果、巧克力及蜜饯制造	6	60	51	1069
方便食品制造	2	11	10	230
乳制品制造				
罐头食品制造	1	12	8	274
调味品、发酵制品制造	3	48	39	1308
其他食品制造	15	48	38	1193
酒、饮料和精制茶制造业	55	352	273	19333
酒的制造	17	236	220	17579
饮料制造	38	116	53	1755
精制茶加工				
烟草制品业				
其他烟草制品制造				
纺织业	47	443	267	18105

1-E-7　续表 1

行　　业	项目数(项)	参加项目人　员(人)	项目人员折合全时当量(人年)	项目经费内部支出(万元)
棉纺织及印染精加工	35	413	245	17100
毛纺织及染整精加工				
麻纺织及染整精加工				
丝绢纺织及印染精加工				
化纤织造及印染精加工				
针织或钩针编织物及其制品制造				
家用纺织制成品制造	10	24	20	619
产业用纺织制成品制造	2	6	2	385
纺织服装、服饰业	9	146	56	4049
机织服装制造	4	73	37	1746
针织或钩针编织服装制造	5	73	20	2303
服饰制造				
皮革、毛皮、羽毛及其制品和制鞋业	20	266	120	6268
皮革鞣制加工	3	25	9	896
皮革制品制造	11	135	29	3023
毛皮鞣制及制品加工				
羽毛(绒)加工及制品制造				
制鞋业	6	106	82	2348
木材加工和木、竹、藤、棕、草制品业	7	8	6	251
木材加工				
人造板制造				
木质制品制造	7	8	6	251
竹、藤、棕、草等制品制造				
家具制造业	7	72	64	729
木质家具制造	5	52	44	432
金属家具制造	1	11	11	145
塑料家具制造				
其他家具制造	1	9	9	152
造纸和纸制品业	10	183	100	4954
纸浆制造				
造纸	4	91	53	2615
纸制品制造	6	92	47	2338
印刷和记录媒介复制业				
印刷				
装订及印刷相关服务				
记录媒介复制				
文教、工美、体育和娱乐用品制造业	51	856	592	12050
文教办公用品制造	1	4	2	40
乐器制造	3	32	18	103
工艺美术及礼仪用品制造	31	330	264	4217
体育用品制造	14	290	204	2799
玩具制造	1	89	64	2425
游艺器材及娱乐用品制造	1	111	40	2467
石油、煤炭及其他燃料加工业	6	54	16	508
精炼石油产品制造	6	54	16	508
煤炭加工				
生物质燃料加工				
化学原料和化学制品制造业	71	409	332	12844

1-E-7 续表 2

行业	项目数(项)	参加项目人员(人)	项目人员折合全时当量(人年)	项目经费内部支出(万元)
基础化学原料制造	7	120	103	2031
肥料制造	11	91	61	5018
农药制造				
涂料、油墨、颜料及类似产品制造	6	22	16	305
合成材料制造	6	75	72	2600
专用化学产品制造	40	81	63	2781
炸药、火工及焰火产品制造				
日用化学产品制造	1	20	17	109
医药制造业	34	211	178	5406
化学药品原料药制造	7	26	22	549
化学药品制剂制造	3	64	63	1188
中药饮片加工				
中成药生产	3	14	8	438
兽用药品制造	7	60	46	1249
生物药品制品制造	14	47	38	1982
卫生材料及医药用品制造				
药用辅料及包装材料				
化学纤维制造业				
纤维素纤维原料及纤维制造				
合成纤维制造				
生物基材料制造				
橡胶和塑料制品业	88	2562	2009	54514
橡胶制品业	46	1544	1309	36350
塑料制品业	42	1018	699	18164
非金属矿物制品业	32	326	302	5767
水泥、石灰和石膏制造				
石膏、水泥制品及类似制品制造	2	11	8	404
砖瓦、石材等建筑材料制造	8	29	26	541
玻璃制造				
玻璃制品制造	4	120	120	1009
玻璃纤维和玻璃纤维增强塑料制品制造				
陶瓷制品制造	13	112	99	2598
耐火材料制品制造	5	54	49	1216
石墨及其他非金属矿物制品制造				
黑色金属冶炼和压延加工业	1	10	10	1590
炼铁				
炼钢	1	10	10	1590
钢压延加工				
铁合金冶炼				
有色金属冶炼和压延加工业	50	638	445	24716
常用有色金属冶炼				
贵金属冶炼				
稀有稀土金属冶炼	6	377	243	13232
有色金属合金制造	17	88	61	1829
有色金属压延加工	27	173	140	9656
金属制品业	138	1201	941	35712
结构性金属制品制造	15	108	73	2428
金属工具制造	5	29	24	327

1-E-7　续表 3

行　　业	项目数（项）	参加项目人员（人）	项目人员折合全时当量（人年）	项目经费内部支出（万元）
集装箱及金属包装容器制造	23	128	95	4670
金属丝绳及其制品制造				
建筑、安全用金属制品制造	82	779	642	23533
金属表面处理及热处理加工	7	119	70	4270
搪瓷制品制造				
金属制日用品制造	6	38	38	485
铸造及其他金属制品制造				
通用设备制造业	194	2461	1616	57188
锅炉及原动设备制造				
金属加工机械制造	20	127	78	3897
物料搬运设备制造	87	404	94	11174
泵、阀门、压缩机及类似机械制造	35	351	282	8765
轴承、齿轮和传动部件制造	16	139	129	4144
烘炉、风机、包装等设备制造	10	58	41	1321
文化、办公用机械制造	24	1329	946	27191
通用零部件制造	2	53	46	698
其他通用设备制造业				
专用设备制造业	138	1117	703	28110
采矿、冶金、建筑专用设备制造	49	444	242	17029
化工、木材、非金属加工专用设备制造	8	32	26	1002
食品、饮料、烟草及饲料生产专用设备制造				
印刷、制药、日化及日用品生产专用设备制造	5	22	17	326
纺织、服装和皮革加工专用设备制造	3	12	7	483
电子和电工机械专用设备制造				
农、林、牧、渔专用机械制造				
医疗仪器设备及器械制造	62	495	331	7365
环保、邮政、社会公共服务及其他专用设备制造	11	112	81	1907
汽车制造业	281	2742	2062	78861
汽车整车制造	19	1514	1173	44240
汽车用发动机制造				
改装汽车制造				
低速汽车制造				
汽车车身、挂车制造				
汽车零部件及配件制造	262	1228	888	34621
铁路、船舶、航空航天和其他运输设备制造业	36	350	203	6227
铁路运输设备制造				
城市轨道交通设备制造				
船舶及相关装置制造				
航空、航天器及设备制造				
摩托车制造	24	257	135	5055
自行车和残疾人座车制造	12	93	68	1172
助动车制造				
非公路休闲车及零配件制造				
潜水救捞及其他未列明运输设备制造				
电气机械和器材制造业	207	1584	1067	26730
电机制造	10	65	57	1946
输配电及控制设备制造	68	595	441	10243

1-E-7 续表 4

行　　业	项目数（项）	参加项目人员（人）	项目人员折合全时当量（人年）	项目经费内部支出（万元）
电线、电缆、光缆及电工器材制造	6	30	16	842
电池制造	6	55	47	1384
家用电力器具制造	12	53	33	1135
非电力家用器具制造				
照明器具制造	100	770	459	11042
其他电气机械及器材制造	5	16	13	139
计算机、通信和其他电子设备制造业	303	6178	5354	199347
计算机制造	76	3934	3656	121642
通信设备制造	23	129	85	1690
广播电视设备制造	2	35	23	2870
雷达及配套设备制造				
非专业视听设备制造	35	97	72	1405
智能消费设备制造	5	430	334	9423
电子器件制造	106	1150	876	55263
电子元件及电子专用材料制造	44	338	254	6304
其他电子设备制造	12	65	53	750
仪器仪表制造业	36	244	207	5833
通用仪器仪表制造	23	120	111	1478
专用仪器仪表制造	3	49	41	2234
钟表与计时仪器制造				
光学仪器制造	7	58	45	1460
衡器制造				
其他仪器仪表制造业	3	17	10	661
其他制造业	5	43	33	1827
日用杂品制造	5	43	33	1827
其他未列明制造业				
废弃资源综合利用业				
金属废料和碎屑加工处理				
非金属废料和碎屑加工处理				
金属制品、机械和设备修理业				
金属制品修理				
通用设备修理				
专用设备修理				
铁路、船舶、航空航天等运输设备修理				
其他机械和设备修理业				
电力、热力、燃气及水生产和供应业	**4**	**22**	**18**	**334**
电力、热力生产和供应业				
电力生产				
电力供应				
热力生产和供应				
燃气生产和供应业	4	22	18	334
燃气生产和供应业	4	22	18	334
水的生产和供应业				
自来水生产和供应				
污水处理及其再生利用				
其他水的处理、利用与分配				

1-E-8　各地区企业全部R&D项目情况

地　　区	项目数 (项)	参加项目 人　　员 (人)	项目人员折合 全时当量 (人年)	项目经费 内部支出 (万元)
全　省	**18716**	**160674**	**112712**	**5113635**
福州市	**3604**	**33717**	**24035**	**1131259**
鼓楼区	631	4615	2735	88253
台江区	42	243	151	3188
仓山区	468	7409	6059	197411
马尾区	297	3446	2591	96310
晋安区	194	1809	1211	44688
长乐区	371	3498	2716	168537
闽侯县	451	3912	2793	115309
连江县	114	925	542	31535
罗源县	84	571	327	64340
闽清县	67	414	279	8857
永泰县	7	129	81	2581
平潭县	1	3		39
福清市	877	6743	4550	310210
厦门市	**5757**	**49143**	**37360**	**1157450**
思明区	281	1868	1210	41675
海沧区	1043	8446	6574	225062
湖里区	245	2504	1949	37183
集美区	1002	9984	7593	199582
同安区	1242	7293	5563	122684
翔安区	106	866	574	13784
火炬高新区	1838	18182	13897	517480
莆田市	**650**	**5145**	**3332**	**254806**
城厢区	125	1065	739	51116
涵江区	244	1622	1012	102710
荔城区	103	982	676	31528
秀屿区	104	679	429	31868
仙游县	59	673	384	21414
北　岸	15	124	93	16169
三明市	**670**	**5796**	**4231**	**231693**
梅列区	57	1334	1253	92560
三元区	71	405	331	16925
明溪县	46	192	137	5151
清流县	22	195	79	2736
宁化县	27	187	166	5080
大田县	39	269	121	9565
尤溪县	57	361	225	9076
沙　县	120	861	535	21811
将乐县	47	519	404	17711
泰宁县	24	142	67	3709
建宁县	46	436	274	8827
永安市	114	895	640	38544
泉州市	**2840**	**26867**	**17685**	**844412**
鲤城区	188	1158	823	25564
丰泽区	127	959	654	23246
洛江区	130	990	554	15392
泉港区	117	783	437	48466
惠安县	226	1536	1004	55579
安溪县	150	1571	1090	46773
永春县	71	640	326	17826

1-E-8 续表

地　　区	项目数 (项)	参加项目 人　　员 (人)	项目人员折合 全时当量 (人年)	项目经费 内部支出 (万元)
德化县	158	1993	1167	61327
台商投资区	106	975	468	40533
泉州开发区	104	1186	755	22688
石狮市	227	3108	1623	102366
晋江市	660	6936	5059	273789
南安市	576	5032	3724	110863
漳州市	**2612**	**18185**	**13065**	**519339**
芗城区	343	2693	1998	101492
龙文区	305	1591	1129	31857
漳州台商投资区	267	2584	1873	67788
招商局漳州开发区	28	239	124	5671
云霄县	76	603	478	29228
漳浦县	219	1738	1437	40333
诏安县	216	1280	774	33931
长泰县	464	3412	2493	89986
东山县	55	578	460	17048
南靖县	273	1181	724	37546
平和县	67	505	400	15538
华安县	72	490	306	10963
常山华侨经济开发区	28	147	70	3290
龙海市	199	1144	801	34669
南平市	**798**	**6150**	**4319**	**182402**
延平区	208	1769	1325	57655
建阳区	131	881	619	31571
顺昌县	31	312	199	6311
浦城县	87	704	551	25229
光泽县	13	206	192	4993
松溪县	26	182	125	3827
政和县	40	236	181	4621
邵武市	140	836	524	20712
武夷山市	42	346	219	11583
建瓯市	80	678	385	15900
龙岩市	**1445**	**9102**	**5875**	**381794**
新罗区	661	3728	2458	135257
永定区	114	1013	576	42857
长汀县	82	753	499	26576
上杭县	194	1277	734	95035
武平县	113	809	569	36429
连城县	167	924	635	24898
漳平市	114	598	405	20742
宁德市	**340**	**6569**	**2809**	**410480**
蕉城区	52	4942	1819	381109
霞浦县	6	58	24	795
古田县	30	64	41	858
屏南县	12	63	28	702
寿宁县	40	244	154	7058
周宁县	8	30	22	723
柘荣县	41	160	58	2768
东侨开发区	15	68	49	1850
福安市	43	355	214	4582
福鼎市	93	585	399	10037

1-E-9 各地区大中型企业全部R&D项目情况

地 区	项目数（项）	参加项目人员（人）	项目人员折合全时当量（人年）	项目经费内部支出（万元）
全 省	**9294**	**110074**	**78631**	**3733204**
福州市	**1947**	**25021**	**18186**	**915013**
鼓楼区	329	2946	1557	58291
台江区				
仓山区	224	6129	5187	161860
马尾区	185	2593	1951	77439
晋安区	93	1300	949	36683
长乐区	288	3099	2427	157989
闽侯县	177	2657	1927	86914
连江县	27	386	205	10397
罗源县	36	395	192	61244
闽清县	23	163	113	1632
永泰县	2	93	60	2058
平潭县				
福清市	563	5260	3619	260506
厦门市	**3171**	**36412**	**28137**	**922524**
思明区	200	1491	930	33994
海沧区	765	7180	5693	198450
湖里区	122	1866	1492	27155
集美区	472	7448	5812	153774
同安区	589	4115	3178	69825
翔安区	63	626	384	8581
火炬高新区	960	13686	10648	430744
莆田市	**257**	**2733**	**1687**	**111374**
城厢区	25	367	247	16053
涵江区	72	702	446	22103
荔城区	74	769	528	23824
秀屿区	40	398	232	17552
仙游县	31	373	141	15672
北 岸	15	124	93	16169
三明市	**244**	**3339**	**2707**	**163528**
梅列区	40	1276	1213	91085
三元区	28	191	155	12705
明溪县	22	107	73	2806
清流县	8	34	7	266
宁化县	19	166	146	4225
大田县	1	12		465
尤溪县	9	118	71	3658
沙 县	24	425	298	10170
将乐县	17	218	196	5679
建宁县	5	143	84	3140
永安市	71	649	464	29330
泉州市	**1553**	**18986**	**12859**	**587648**
鲤城区	71	551	440	15407
丰泽区	81	688	437	19201
洛江区	56	503	257	7269
泉港区	62	485	279	28609
惠安县	92	794	510	28393
安溪县	119	1406	948	43438

1-E-9 续表

地　　区	项目数（项）	参加项目人　员（人）	项目人员折合全时当量（人年）	项目经费内部支出（万元）
永春县	45	464	224	14386
德化县	79	1358	785	43496
台商投资区	33	456	211	24827
泉州开发区	44	919	587	16425
石狮市	101	2093	1117	61274
晋江市	445	5684	4297	212072
南安市	325	3585	2768	72851
漳州市	**1116**	**10488**	**7604**	**334810**
芗城区	199	2009	1482	86764
龙文区	104	661	513	18294
漳州台商投资区	168	1748	1252	54491
招商局漳州开发区	2	121	44	2984
云霄县	45	336	263	12026
漳浦县	71	515	440	13357
诏安县	64	561	294	10332
长泰县	182	2316	1740	62684
东山县	37	433	369	15295
南靖县	128	616	336	23018
平和县	16	169	152	5016
华安县	29	306	181	7048
常山华侨经济开发区	4	31	31	789
龙海市	67	666	508	22714
南平市	**300**	**2851**	**2088**	**86863**
延平区	155	1432	1064	49624
建阳区	41	213	132	5170
顺昌县	11	196	138	3607
浦城县	28	339	297	12269
光泽县	2	140	140	3449
松溪县	1	20	2	299
政和县				
邵武市	55	432	262	10666
武夷山市	5	35	25	586
建瓯市	2	44	29	1193
龙岩市	**558**	**4640**	**3124**	**219696**
新罗区	283	2135	1435	77360
永定区	23	308	165	15820
长汀县	34	481	343	16217
上杭县	114	823	505	77549
武平县	32	269	194	12549
连城县	41	320	244	9215
漳平市	31	304	238	10985
宁德市	**148**	**5604**	**2239**	**391749**
蕉城区	46	4913	1813	380713
霞浦县	1	16	8	169
古田县				
屏南县	8	37	17	209
寿宁县	5	54	49	1216
柘荣县	27	81	36	1994
东侨开发区	1	9	9	718
福安市	22	194	110	2163
福鼎市	38	300	197	4568

1-E-10　各地区内资企业全部R&D项目情况

地　区	项目数(项)	参加项目人员(人)	项目人员折合全时当量(人年)	项目经费内部支出(万元)
全　省	**13621**	**104670**	**72241**	**3352353**
福州市	**2665**	**20842**	**13600**	**685025**
鼓楼区	528	3569	1839	57129
台江区	42	243	151	3188
仓山区	270	2770	2097	70808
马尾区	247	2758	2115	66607
晋安区	132	729	443	16162
长乐区	338	3240	2553	150418
闽侯县	295	1742	1065	51483
连江县	95	765	477	25862
罗源县	74	498	259	61723
闽清县	63	372	253	7891
永泰县	7	129	81	2581
平潭县	1	3		39
福清市	573	4024	2268	171133
厦门市	**3649**	**28003**	**21171**	**604690**
思明区	104	880	682	16773
海沧区	464	3841	3028	105087
湖里区	155	834	566	10877
集美区	626	4168	3142	81748
同安区	873	5311	4012	84352
翔安区	50	344	270	8394
火炬高新区	1377	12625	9471	297459
莆田市	**472**	**3659**	**2372**	**189192**
城厢区	119	983	685	46504
涵江区	151	1043	605	78297
荔城区	76	675	467	23122
秀屿区	72	441	295	20633
仙游县	54	517	320	20635
三明市	**648**	**5505**	**4084**	**226705**
梅列区	57	1334	1253	92560
三元区	71	405	331	16925
明溪县	46	192	137	5151
清流县	19	142	61	1655
宁化县	27	187	166	5080
大田县	37	250	119	9309
尤溪县	56	331	201	8796
沙　县	116	843	525	21663
将乐县	44	487	403	17343
泰宁县	24	142	67	3709
建宁县	41	321	204	6576
永安市	110	871	619	37938
泉州市	**2086**	**17298**	**11564**	**526806**
鲤城区	170	984	702	22982
丰泽区	112	800	537	21211
洛江区	109	834	453	13532
泉港区	107	705	413	44591
惠安县	164	1137	792	47599
安溪县	142	1517	1043	45333

1-E-10 续表

地区	项目数(项)	参加项目人员(人)	项目人员折合全时当量(人年)	项目经费内部支出(万元)
永春县	54	402	247	8850
德化县	148	1869	1086	57393
台商投资区	62	437	270	17318
泉州开发区	78	588	336	11914
石狮市	97	1063	617	36869
晋江市	344	2554	1743	100581
南安市	499	4408	3327	98635
漳州市	**1925**	**12910**	**9194**	**367143**
芗城区	317	2369	1741	94404
龙文区	203	1033	700	17850
漳州台商投资区	119	1004	799	22977
招商局漳州开发区	15	60	40	1985
云霄县	49	459	364	24256
漳浦县	98	875	702	19379
诏安县	168	1036	603	26507
长泰县	407	3060	2219	82822
东山县	39	513	403	16106
南靖县	182	713	444	15238
平和县	62	478	380	14391
华安县	70	475	292	10681
常山华侨经济开发区	15	80	18	1812
龙海市	181	755	489	18735
南平市	**701**	**5345**	**3706**	**162504**
延平区	159	1372	1008	46219
建阳区	129	849	596	31032
顺昌县	20	190	110	3363
浦城县	64	565	450	21943
光泽县	12	198	184	4920
松溪县	26	182	125	3827
政和县	40	236	181	4621
邵武市	135	776	484	20143
武夷山市	37	311	191	10811
建瓯市	79	666	377	15626
龙岩市	**1195**	**7563**	**4889**	**309716**
新罗区	496	2754	1818	96602
永定区	111	872	520	31171
长汀县	74	706	483	24003
上杭县	161	1072	587	82113
武平县	105	777	546	35431
连城县	161	908	621	24230
漳平市	87	474	315	16167
宁德市	**280**	**3545**	**1660**	**280572**
蕉城区	28	2167	847	254087
霞浦县	6	58	24	795
古田县	20	46	27	734
屏南县	4	26	11	493
寿宁县	35	190	105	5842
周宁县	8	30	22	723
柘荣县	41	160	58	2768
东侨开发区	9	41	29	1469
福安市	41	337	196	4362
福鼎市	88	490	341	9300

1-E-11　各地区港澳台商投资企业全部R&D项目情况

地　区	项目数（项）	参加项目人员（人）	项目人员折合全时当量（人年）	项目经费内部支出（万元）
全　省	**3120**	**32607**	**22876**	**1113352**
福州市	**547**	**5900**	**4582**	**253269**
鼓楼区	44	895	793	26292
台江区				
仓山区	62	774	511	21819
马尾区	38	598	424	27348
晋安区	27	233	157	6186
长乐区	20	165	112	13004
闽侯县	57	737	576	29267
连江县	11	79	26	2846
罗源县	6	35	30	556
闽清县	2	19	10	527
永泰县				
平潭县				
福清市	280	2365	1943	125423
厦门市	**1160**	**9835**	**7719**	**276547**
思明区	67	318	215	9267
海沧区	478	3168	2488	92246
湖里区	57	1071	911	14075
集美区	118	1468	1029	22026
同安区	177	1277	1027	23223
翔安区	1	8	3	85
火炬高新区	262	2525	2045	115627
莆田市	**118**	**757**	**555**	**34443**
城厢区	5	79	53	4522
涵江区	75	310	214	8221
荔城区	8	210	165	4986
秀屿区	13	5	3	375
仙游县	2	29	29	171
北　岸	15	124	93	16169
三明市	**9**	**132**	**70**	**1867**
梅列区				
三元区				
明溪县				
清流县	3	53	18	1081
宁化县				
大田县	1	7	1	8
尤溪县	1	30	24	280
沙　县	1	4		22
将乐县				
泰宁县				
建宁县	2	34	22	407
永安市	1	4	4	70
泉州市	**623**	**8217**	**5295**	**274933**
鲤城区	18	174	121	2582
丰泽区	14	149	108	1824
洛江区	11	105	61	1208
泉港区	3	19	4	3231
惠安县	54	290	130	4830
安溪县	8	54	47	1439

1-E-11 续表

地 区	项目数（项）	参加项目人员（人）	项目人员折合全时当量（人年）	项目经费内部支出（万元）
永春县	7	36	14	3719
德化县	4	47	9	2332
台商投资区	34	433	148	20057
泉州开发区	26	598	420	10774
石狮市	108	1813	915	52377
晋江市	286	4085	3111	161705
南安市	50	414	206	8854
漳州市	**484**	**3992**	**2981**	**118499**
芗城区	24	299	232	6575
龙文区	60	323	265	7775
漳州台商投资区	113	1310	890	36507
招商局漳州开发区	2	12	9	155
云霄县	9	85	67	2229
漳浦县	78	578	475	12764
诏安县	40	195	145	5725
长泰县	57	352	274	7163
东山县	3	27	23	446
南靖县	62	323	211	20477
平和县	5	27	20	1147
华安县	1	6	5	130
常山华侨经济开发区	12	66	52	1472
龙海市	18	389	311	15934
南平市	**62**	**488**	**367**	**14298**
延平区	38	330	261	10036
建阳区	2	32	23	539
顺昌县	7	30	14	1389
浦城县	9	53	33	1488
光泽县	1	8	7	73
松溪县				
政和县				
邵武市				
武夷山市	5	35	28	772
建瓯市				
龙岩市	**79**	**424**	**269**	**11790**
新罗区	29	161	89	3304
永定区	1	28	13	612
长汀县	8	47	16	2573
上杭县	15	72	63	1050
武平县				
连城县				
漳平市	26	116	88	4250
宁德市	**38**	**2862**	**1039**	**127707**
蕉城区	24	2775	972	127022
霞浦县				
古田县				
屏南县	8	37	17	209
寿宁县				
柘荣县				
东侨开发区				
福安市	2	18	18	220
福鼎市	4	32	32	256

1-E-12　各地区外商投资企业全部R&D项目情况

地　区	项目数（项）	参加项目人员（人）	项目人员折合全时当量（人年）	项目经费内部支出（万元）
全　省	**1975**	**23397**	**17595**	**647931**
福州市	**392**	**6975**	**5853**	**192966**
鼓楼区	59	151	104	4832
仓山区	136	3865	3450	104785
马尾区	12	90	53	2354
晋安区	35	847	611	22340
长乐区	13	93	52	5114
闽侯县	99	1433	1152	31559
连江县	8	81	39	2827
罗源县	4	38	38	2062
闽清县	2	23	16	440
永泰县				
平潭县				
福清市	24	354	339	13654
厦门市	**948**	**11305**	**8470**	**276213**
思明区	110	670	313	15636
海沧区	101	1437	1058	27729
湖里区	33	599	472	12231
集美区	258	4348	3422	95809
同安区	192	705	524	15109
翔安区	55	514	301	5305
火炬高新区	199	3032	2381	104395
莆田市	**60**	**729**	**405**	**31171**
城厢区	1	3	2	90
涵江区	18	269	193	16193
荔城区	19	97	44	3420
秀屿区	19	233	132	10860
仙游县	3	127	35	608
北　岸				
三明市	**13**	**159**	**77**	**3121**
梅列区				
三元区				
明溪县				
宁化县				
大田县	1	12	2	249
尤溪县				
沙　县	3	14	9	125
将乐县	3	32	1	368
建宁县	3	81	48	1844
永安市	3	20	17	535
泉州市	**131**	**1352**	**826**	**42674**
鲤城区				
丰泽区	1	10	9	210
洛江区	10	51	40	653
泉港区	7	59	21	644
惠安县	8	109	81	3151

1-E-12 续表

地 区	项目数(项)	参加项目人员(人)	项目人员折合全时当量(人年)	项目经费内部支出(万元)
安溪县				
永春县	10	202	65	5257
德化县	6	77	73	1602
台商投资区	10	105	50	3159
泉州开发区				
石狮市	22	232	91	13120
晋江市	30	297	205	11503
南安市	27	210	191	3375
漳州市	**203**	**1283**	**891**	**33698**
芗城区	2	25	25	514
龙文区	42	235	163	6232
漳州台商投资区	35	270	184	8304
招商局漳州开发区	11	167	75	3531
云霄县	18	59	47	2743
漳浦县	43	285	260	8190
诏安县	8	49	26	1699
长泰县				
东山县	13	38	34	497
南靖县	29	145	68	1831
平和县				
华安县	1	9	9	152
常山华侨经济开发区	1	1		6
龙海市				
南平市	**35**	**317**	**247**	**5600**
延平区	11	67	56	1400
建阳区				
顺昌县	4	92	75	1559
浦城县	14	86	68	1798
光泽县				
松溪县				
邵武市	5	60	40	569
武夷山市				
建瓯市	1	12	8	274
龙岩市	**171**	**1115**	**716**	**60287**
新罗区	136	813	551	35351
永定区	2	113	43	11074
长汀县				
上杭县	18	133	84	11872
武平县	8	32	24	998
连城县	6	16	14	668
漳平市	1	8	2	325
宁德市	**22**	**162**	**110**	**2201**
古田县	10	18	14	124
屏南县				
寿宁县	5	54	49	1216
东侨开发区	6	27	21	381
福安市				
福鼎市	1	63	26	480

F. 企业办研发机构情况

1-F-1　分登记注册类型企业办研发机构情况

登记注册类型	机构数（个）	机构人员数（人）	#博士	#硕士	机构经费支出（万元）	仪器和设备原价（万元）
总　计	**1697**	**87425**	**1084**	**7288**	**2600524**	**2210018**
内资企业	**1265**	**52612**	**781**	**4511**	**1511093**	**1323446**
国有企业	3	60			811	527
集体企业	1	12		1	9	66
股份合作企业						
联营企业						
国有联营企业						
集体联营企业						
国有与集体联营企业						
其他联营企业						
有限责任公司	291	15796	217	1511	466922	378388
国有独资公司	7	703	23	256	12675	14532
其他有限责任公司	284	15093	194	1255	454248	363856
股份有限公司	137	11238	165	1261	346792	254206
私营企业	833	25506	399	1738	696559	690259
私营独资企业	9	48	1	3	3320	1144
私营合伙企业	2	15		1	305	348
私营有限责任公司	731	18316	251	760	408235	528964
私营股份有限公司	91	7127	147	974	284699	159803
其他企业						
港、澳、台商投资企业	**254**	**17983**	**173**	**1032**	**652093**	**472406**
合资经营企业	66	4562	28	245	152670	146806
合作经营企业						
港、澳、台商独资经营企业	166	11878	131	762	453303	267865
港、澳、台商投资股份有限公司	19	1375	14	25	42657	56494
其他港、澳、台投资企业	3	168			3463	1243
外商投资企业	**178**	**16830**	**130**	**1745**	**437338**	**414166**
中外合资经营企业	58	6517	52	1219	203152	151541
中外合作经营企业	2	434	1	38	14661	13381
外资企业	101	8462	55	454	190575	232061
外商投资股份有限公司	11	1005	20	30	25023	15713
其他外商投资企业	6	412	2	4	3928	1469

1-F-2 分登记注册类型大中型企业办研发机构情况

登记注册类型	机构数（个）	机构人员数（人）	#博士	#硕士	机构经费支出（万元）	仪器和设备原价（万元）
总　计	**746**	**69630**	**811**	**6329**	**2197969**	**1675106**
内资企业	**482**	**38325**	**549**	**3724**	**1182821**	**859075**
国有企业	2	42			589	316
集体企业						
股份合作企业						
联营企业						
国有联营企业						
集体联营企业						
国有与集体联营企业						
其他联营企业						
有限责任公司	147	12999	177	1350	398843	329073
国有独资公司	5	681	23	255	11965	13018
其他有限责任公司	142	12318	154	1095	386878	316054
股份有限公司	96	9725	145	1138	299580	227926
私营企业	237	15559	227	1236	483809	301761
私营独资企业						
私营合伙企业						
私营有限责任公司	192	9479	94	316	218117	160142
私营股份有限公司	45	6080	133	920	265692	141618
其他企业						
港、澳、台商投资企业	**151**	**16003**	**151**	**947**	**614480**	**435564**
合资经营企业	38	3939	24	219	140588	134772
合作经营企业						
港、澳、台商独资经营企业	94	10599	113	705	429279	243875
港、澳、台商投资股份有限公司	17	1307	14	23	41209	55784
其他港、澳、台投资企业	2	158			3403	1133
外商投资企业	**113**	**15302**	**111**	**1658**	**400668**	**380466**
中外合资经营企业	30	5852	42	1177	189315	134685
中外合作经营企业	2	434	1	38	14661	13381
外资企业	67	7723	48	419	169563	215467
外商投资股份有限公司	10	911	20	24	23634	15674
其他外商投资企业	4	382			3495	1259

1-F-3　分行业企业办研发机构情况

行　　业	机构数（个）	机构人员数（人）	#博士	#硕士	机构经费支出（万元）	仪器和设备原价（万元）
总　计	**1697**	**87425**	**1084**	**7288**	**2600524**	**2210018**
采矿业	**10**	**190**		**15**	**4933**	**3183**
煤炭开采和洗选业	4	42		5	36	221
烟煤和无烟煤开采洗选	4	42		5	36	221
褐煤开采洗选						
其他煤炭采选						
石油和天然气开采业						
石油开采						
天然气开采						
黑色金属矿采选业						
铁矿采选						
锰矿、铬矿采选						
其他黑色金属矿采选						
有色金属矿采选业	2	101		2	3558	1840
常用有色金属矿采选						
贵金属矿采选	1	40			1676	800
稀有稀土金属矿采选	1	61		2	1882	1040
非金属矿采选业	4	47		8	1340	1122
土砂石开采	4	47		8	1340	1122
化学矿开采						
采盐						
石棉及其他非金属矿采选						
开采专业及辅助性活动						
煤炭开采和洗选专业及辅助性活动						
石油和天然气开采专业及辅助性活动						
其他开采专业及辅助性活动						
其他采矿业						
其他采矿业						
制造业	**1679**	**86406**	**1060**	**7013**	**2570311**	**2189784**
农副食品加工业	98	2076	57	150	50830	43523
谷物磨制	3	12		1	887	1460
饲料加工	24	825	37	78	25454	21884
植物油加工	4	28	1	3	1937	2831
制糖业						
屠宰及肉类加工	9	219	7	16	3543	1323
水产品加工	28	485	5	31	13055	8585
蔬菜、菌类、水果和坚果加工	22	288	4	12	4782	6325
其他农副食品加工	8	219	3	9	1171	1115
食品制造业	70	1357	40	143	31661	21127
焙烤食品制造	10	126	2	4	3525	3148
糖果、巧克力及蜜饯制造	8	94	4	9	1892	2034
方便食品制造	9	163	2	32	4180	2226
乳制品制造	1	88		3	2846	900
罐头食品制造	13	315	14	22	5969	3235
调味品、发酵制品制造	6	121	3	7	2716	624
其他食品制造	23	450	15	66	10534	8961
酒、饮料和精制茶制造业	42	904	25	85	13277	20534
酒的制造	6	106	1	5	1167	11845
饮料制造	8	203	4	18	2951	2052
精制茶加工	28	595	20	62	9158	6637

1-F-3 续表 1

行 业	机构数（个）	机构人员数（人）	#博士	#硕士	机构经费支出（万元）	仪器和设备原价（万元）
烟草制品业	1	36		14	1128	1253
烟叶复烤						
卷烟制造						
其他烟草制品制造	1	36		14	1128	1253
纺织业	58	2811	35	87	56505	53663
棉纺织及印染精加工	29	1554	12	29	37780	33753
毛纺织及染整精加工	1	15	1	1	200	125
麻纺织及染整精加工						
丝绢纺织及印染精加工						
化纤织造及印染精加工	3	88	3	2	2491	5153
针织或钩针编织物及其制品制造	13	582	15	41	7135	11731
家用纺织制成品制造	3	51			1102	1224
产业用纺织制成品制造	9	521	4	14	7797	1678
纺织服装、服饰业	32	608	4	26	17286	7266
机织服装制造	23	400	4	25	12951	4740
针织或钩针编织服装制造	7	174			3738	2331
服饰制造	2	34		1	597	195
皮革、毛皮、羽毛及其制品和制鞋业	47	2169	21	55	49310	54618
皮革鞣制加工	2	261	1	4	5755	39048
皮革制品制造	9	372	8	10	4103	3205
毛皮鞣制及制品加工						
羽毛(绒)加工及制品制造						
制鞋业	36	1536	12	41	39452	12365
木材加工和木、竹、藤、棕、草制品业	27	503	4	24	10981	9960
木材加工	3	60			2676	2035
人造板制造	12	195	3	17	3907	2936
木质制品制造	6	147		2	2982	4034
竹、藤、棕、草等制品制造	6	101	1	5	1416	956
家具制造业	12	508	3	12	9953	3155
木质家具制造	6	329		11	6894	2493
竹、藤家具制造						
金属家具制造	3	121		1	1046	400
塑料家具制造						
其他家具制造	3	58	3		2014	262
造纸和纸制品业	37	960	24	45	25958	29231
纸浆制造						
造纸	13	435	4	7	13336	7493
纸制品制造	24	525	20	38	12622	21738
印刷和记录媒介复制业	13	380	8	24	10023	8090
印刷	13	380	8	24	10023	8090
装订及印刷相关服务						
记录媒介复制						
文教、工美、体育和娱乐用品制造业	45	1860	13	36	27202	17586
文教办公用品制造	5	100	2	1	3367	1611
乐器制造	1	32		1	180	253
工艺美术及礼仪用品制造	24	299	9	13	6546	5935
体育用品制造	10	1046	2	11	10964	6390
玩具制造	4	239		10	4288	3102
游艺器材及娱乐用品制造	1	144			1857	294
石油、煤炭及其他燃料加工业	5	151	9	15	14569	231041

1-F-3 续表 2

行业	机构数(个)	机构人员数(人)	#博士	#硕士	机构经费支出(万元)	仪器和设备原价(万元)
精炼石油产品制造	2	69	8	12	10700	2114
煤炭加工	1	30	1	2	658	322
核燃料加工						
生物质燃料加工	2	52		1	3210	228605
化学原料和化学制品制造业	116	3071	54	167	98064	58510
基础化学原料制造	25	755	9	22	32193	20743
肥料制造	5	62	2	11	1297	582
农药制造	2	19			912	311
涂料、油墨、颜料及类似产品制造	12	490	6	27	13445	5267
合成材料制造	17	294	10	15	10150	6207
专用化学产品制造	35	915	14	74	28088	21525
炸药、火工及焰火产品制造	1	80		1	1467	636
日用化学产品制造	19	456	13	17	10511	3240
医药制造业	63	1996	65	319	52171	41933
化学药品原料药制造	8	226	8	15	4195	4010
化学药品制剂制造	14	594	13	59	14788	8466
中药饮片加工	3	31		1	723	103
中成药生产	16	353	14	61	13607	7655
兽用药品制造	4	82	3	12	1773	1980
生物药品制品制造	17	693	27	171	16585	19620
卫生材料及医药用品制造						
药用辅料及包装材料	1	17			500	100
化学纤维制造业	20	1986	43	32	102102	133825
纤维素纤维原料及纤维制造	2	23			34	56
合成纤维制造	18	1963	43	32	102069	133770
生物基材料制造						
橡胶和塑料制品业	82	4753	40	120	116127	201049
橡胶制品业	13	1879	1	45	46142	153772
塑料制品业	69	2874	39	75	69985	47278
非金属矿物制品业	96	3563	21	112	94898	74348
水泥、石灰和石膏制造	9	466		1	15434	21164
石膏、水泥制品及类似制品制造	13	191	6	11	5437	3688
砖瓦、石材等建筑材料制造	15	368	2	16	7305	8813
玻璃制造	1	244		5	13459	18921
玻璃制品制造	4	141		1	1853	1457
玻璃纤维和玻璃纤维增强塑料制品制造	1	51		1	800	1500
陶瓷制品制造	46	1945	8	69	47586	16485
耐火材料制品制造	2	65	1	2	1671	9
石墨及其他非金属矿物制品制造	5	92	4	6	1354	2311
黑色金属冶炼和压延加工业	6	553	2	46	51249	15063
炼铁						
炼钢						
钢压延加工	6	553	2	46	51249	15063
铁合金冶炼						
有色金属冶炼和压延加工业	29	1968	42	193	70286	46171
常用有色金属冶炼	3	70		17	12655	2376
贵金属冶炼	5	130	8	38	2107	2031
稀有稀土金属冶炼	2	194		15	996	2148
有色金属合金制造	4	60		1	1858	697
有色金属压延加工	15	1514	34	122	52670	38919
金属制品业	63	2609	18	59	58113	35257

1-F-3 续表 3

行业	机构数（个）	机构人员数（人）	#博士	#硕士	机构经费支出（万元）	仪器和设备原价（万元）
结构性金属制品制造	15	421		2	6121	4389
金属工具制造	6	110	1	10	1751	1323
集装箱及金属包装容器制造	4	187	2	3	6293	2312
金属丝绳及其制品制造						
建筑、安全用金属制品制造	20	1521	2	31	38171	24154
金属表面处理及热处理加工	3	56		4	388	701
搪瓷制品制造						
金属制日用品制造	5	108	1	5	1674	735
铸造及其他金属制品制造	10	206	12	4	3715	1644
通用设备制造业	92	4757	19	196	113892	85432
锅炉及原动设备制造	2	54		1	383	1664
金属加工机械制造	17	331	1	13	9631	6989
物料搬运设备制造	3	448	1	39	14833	12777
泵、阀门、压缩机及类似机械制造	18	635	4	20	16839	19026
轴承、齿轮和传动部件制造	16	262	4	31	10212	13557
烘炉、风机、包装等设备制造	8	374	7	33	6074	13209
文化、办公用机械制造	16	2297	2	53	51596	13879
通用零部件制造	9	204		3	2504	1799
其他通用设备制造业	3	152		3	1820	2533
专用设备制造业	111	4727	44	339	105709	99628
采矿、冶金、建筑专用设备制造	26	1251	15	103	31957	49086
化工、木材、非金属加工专用设备制造	20	560	1	9	7343	6540
食品、饮料、烟草及饲料生产专用设备制造	4	73			2302	2019
印刷、制药、日化及日用品生产专用设备制造	4	76		1	2848	1044
纺织、服装和皮革加工专用设备制造	8	166	1	5	3498	1835
电子和电工机械专用设备制造	4	109			1788	590
农、林、牧、渔专用机械制造	3	22	2		709	377
医疗仪器设备及器械制造	25	1247	1	33	18596	7753
环保、邮政、社会公共服务及其他专用设备制造	17	1223	24	188	36669	30386
汽车制造业	65	4485	20	325	131642	115546
汽车整车制造	6	2312	10	245	77577	75186
汽车用发动机制造						
改装汽车制造	9	220	2	24	11750	4048
低速汽车制造						
电车制造						
汽车车身、挂车制造	3	86		5	1831	4056
汽车零部件及配件制造	47	1867	8	51	40484	32256
铁路、船舶、航空航天和其他运输设备制造业	20	842	29	24	17423	16494
铁路运输设备制造	1	3	1	1	12	10
城市轨道交通设备制造						
船舶及相关装置制造	7	552	23	15	14709	6939
航空、航天器及设备制造						
摩托车制造	9	242	4	6	2312	8885
自行车和残疾人座车制造	2	34			232	27
助动车制造						
非公路休闲车及零配件制造						
潜水救捞及其他未列明运输设备制造	1	11	1	2	158	635
电气机械和器材制造业	155	12721	184	1508	491194	278316
电机制造	17	516	7	18	7115	28192
输配电及控制设备制造	56	2282	7	212	57663	29009
电线、电缆、光缆及电工器材制造	9	245		9	24235	5432

1-F-3　续表 4

行　　业	机构数（个）	机构人员数（人）	#博士	#硕士	机构经费支出（万元）	仪器和设备原价（万元）
电池制造	30	6835	162	1203	339974	188023
家用电力器具制造	21	1212	4	39	34154	12875
非电力家用器具制造	2	16		2	735	1189
照明器具制造	16	1453	4	24	25673	12917
其他电气机械及器材制造	4	162		1	1647	680
计算机、通信和其他电子设备制造业	219	21936	199	2748	711704	462570
计算机制造	25	5215	40	1066	181605	45844
通信设备制造	24	1952	9	296	60305	26912
广播电视设备制造	7	703	6	28	31734	38252
雷达及配套设备制造						
非专业视听设备制造	12	1183	4	93	45310	15803
智能消费设备制造	4	726	4	74	15290	7652
电子器件制造	88	9619	120	1100	307376	265154
电子元件及电子专用材料制造	52	2042	14	74	63882	61288
其他电子设备制造	7	496	2	17	6204	1665
仪器仪表制造业	39	1468	26	67	24077	15443
通用仪器仪表制造	18	677	26	48	9526	6393
专用仪器仪表制造	4	217		6	4570	3601
钟表与计时仪器制造	11	330		6	5773	2834
光学仪器制造	5	219		7	3956	2475
衡器制造	1	25			252	141
其他仪器仪表制造业						
其他制造业	11	562	11	41	10294	4080
日用杂品制造	11	562	11	41	10294	4080
核辐射加工						
其他未列明制造业						
废弃资源综合利用业	2	48		1	1530	3569
金属废料和碎屑加工处理						
非金属废料和碎屑加工处理	2	48		1	1530	3569
金属制品、机械和设备修理业	3	38			1155	1505
金属制品修理						
通用设备修理						
专用设备修理						
铁路、船舶、航空航天等运输设备修理	3	38			1155	1505
电气设备修理						
仪器仪表修理						
其他机械和设备修理业						
电力、热力、燃气及水生产和供应业	**8**	**829**	**24**	**260**	**25280**	**17050**
电力、热力生产和供应业	4	685	23	251	16074	14936
电力生产	2	60			5838	4187
电力供应	2	625	23	251	10236	10750
热力生产和供应						
燃气生产和供应业	3	131	1	7	8788	2083
燃气生产和供应业	3	131	1	7	8788	2083
生物质燃气生产和供应业						
水的生产和供应业	1	13		2	418	31
自来水生产和供应						
污水处理及其再生利用	1	13		2	418	31
海水淡化处理						
其他水的处理、利用与分配						

1-F-4　分行业大中型企业办研发机构情况

行　　业	机构数（个）	机构人员数（人）	#博士	#硕士	机构经费支出（万元）	仪器和设备原价（万元）
总　计	**746**	**69630**	**811**	**6329**	**2197969**	**1675106**
采矿业	**4**	**143**		**7**	**4127**	**2707**
煤炭开采和洗选业	1	5			6	3
烟煤和无烟煤开采洗选	1	5			6	3
褐煤开采洗选						
其他煤炭采选						
石油和天然气开采业						
石油开采						
天然气开采						
黑色金属矿采选业						
铁矿采选						
锰矿、铬矿采选						
其他黑色金属矿采选						
有色金属矿采选业	2	101		2	3558	1840
常用有色金属矿采选						
贵金属矿采选	1	40			1676	800
稀有稀土金属矿采选	1	61		2	1882	1040
非金属矿采选业	1	37		5	564	864
土砂石开采	1	37		5	564	864
化学矿开采						
采盐						
石棉及其他非金属矿采选						
开采专业及辅助性活动						
煤炭开采和洗选专业及辅助性活动						
石油和天然气开采专业及辅助性活动						
其他开采专业及辅助性活动						
其他采矿业						
其他采矿业						
制造业	**738**	**68704**	**788**	**6069**	**2169631**	**1655530**
农副食品加工业	30	983	33	74	28704	27411
谷物磨制						
饲料加工	5	410	26	43	13693	14645
植物油加工	1	9			1926	2720
制糖业						
屠宰及肉类加工	4	96		5	2704	979
水产品加工	14	321	4	14	8395	6278
蔬菜、菌类、水果和坚果加工	4	59	2	9	1491	2619
其他农副食品加工	2	88	1	3	495	170
食品制造业	23	808	22	82	21166	11899
焙烤食品制造	3	51		2	2598	1394
糖果、巧克力及蜜饯制造	3	73	2	8	1269	1584
方便食品制造	3	105	2	32	3506	1548
乳制品制造	1	88		3	2846	900
罐头食品制造	8	188	10	13	4635	2218
调味品、发酵制品制造	1	72	2	2	1225	475
其他食品制造	4	231	6	22	5088	3781
酒、饮料和精制茶制造业	11	515	6	45	7263	5042
酒的制造	1	22			340	106
饮料制造	3	134	1	8	1547	1228
精制茶加工	7	359	5	37	5376	3708

1-F-4 续表 1

行业	机构数（个）	机构人员数（人）	#博士	#硕士	机构经费支出（万元）	仪器和设备原价（万元）
烟草制品业	1	36		14	1128	1253
烟叶复烤						
卷烟制造						
其他烟草制品制造	1	36		14	1128	1253
纺织业	37	2569	28	83	52743	47615
棉纺织及印染精加工	22	1500	11	28	37270	32249
毛纺织及染整精加工						
麻纺织及染整精加工						
丝绢纺织及印染精加工						
化纤织造及印染精加工	2	66		2	2176	5089
针织或钩针编织物及其制品制造	7	473	14	41	5159	8069
家用纺织制成品制造	1	35			1000	1000
产业用纺织制成品制造	5	495	3	12	7138	1209
纺织服装、服饰业	21	498	4	17	16107	6193
机织服装制造	17	337	4	17	12422	3905
针织或钩针编织服装制造	4	161			3685	2288
服饰制造						
皮革、毛皮、羽毛及其制品和制鞋业	34	1965	20	49	45998	52344
皮革鞣制加工	2	261	1	4	5755	39048
皮革制品制造	7	355	8	7	3822	2982
毛皮鞣制及制品加工						
羽毛(绒)加工及制品制造						
制鞋业	25	1349	11	38	36420	10314
木材加工和木、竹、藤、棕、草制品业	7	245	2	18	4917	4273
木材加工						
人造板制造	3	102	1	16	1379	90
木质制品制造	1	75			2297	3268
竹、藤、棕、草等制品制造	3	68	1	2	1241	915
家具制造业	6	422		10	7179	2281
木质家具制造	3	281		10	5965	1908
竹、藤家具制造						
金属家具制造	2	106			846	351
塑料家具制造						
其他家具制造	1	35			368	23
造纸和纸制品业	17	682	11	23	19485	19392
纸浆制造						
造纸	7	367	2	2	12686	6507
纸制品制造	10	315	9	21	6799	12885
印刷和记录媒介复制业	8	302	8	24	7559	6326
印刷	8	302	8	24	7559	6326
装订及印刷相关服务						
记录媒介复制						
文教、工美、体育和娱乐用品制造业	22	1509	9	29	20999	12963
文教办公用品制造	1	29			1094	2
乐器制造	1	32		1	180	253
工艺美术及礼仪用品制造	11	163	7	8	4382	4347
体育用品制造	5	967	2	10	10024	5790
玩具制造	3	174		10	3462	2276
游艺器材及娱乐用品制造	1	144			1857	294
石油、煤炭及其他燃料加工业	1	52	8	12	10179	1936

1-F-4 续表 2

行业	机构数（个）	机构人员数（人）	#博士	#硕士	机构经费支出（万元）	仪器和设备原价（万元）
精炼石油产品制造	1	52	8	12	10179	1936
煤炭加工						
核燃料加工						
生物质燃料加工						
化学原料和化学制品制造业	28	1570	26	75	47635	28073
基础化学原料制造	7	417	2	13	18387	10622
肥料制造						
农药制造						
涂料、油墨、颜料及类似产品制造	4	398	5	23	11186	3424
合成材料制造	3	55	7	2	615	691
专用化学产品制造	6	340		24	8985	10960
炸药、火工及焰火产品制造	1	80		1	1467	636
日用化学产品制造	7	280	12	12	6994	1741
医药制造业	31	1312	37	231	35525	25221
化学药品原料药制造	2	120	3	7	2458	1885
化学药品制剂制造	9	392	7	39	8765	4508
中药饮片加工	1	5			106	2
中成药生产	10	276	6	39	11738	4631
兽用药品制造	1	54	1	6	1384	1524
生物药品制品制造	8	465	20	140	11076	12671
卫生材料及医药用品制造						
药用辅料及包装材料						
化学纤维制造业	17	1942	43	32	101673	133143
纤维素纤维原料及纤维制造	1	13			30	50
合成纤维制造	16	1929	43	32	101643	133093
生物基材料制造						
橡胶和塑料制品业	36	3990	33	92	93605	189808
橡胶制品业	6	1791	1	43	44470	153187
塑料制品业	30	2199	32	49	49135	36621
非金属矿物制品业	49	2810	9	81	75001	54529
水泥、石灰和石膏制造	6	228		1	9266	12260
石膏、水泥制品及类似制品制造	1	56			1597	947
砖瓦、石材等建筑材料制造	8	258		4	4513	7694
玻璃制造	1	244		5	13459	18921
玻璃制品制造	1	120		1	1019	500
玻璃纤维和玻璃纤维增强塑料制品制造	1	51		1	800	1500
陶瓷制品制造	28	1780	8	67	42676	12692
耐火材料制品制造	2	65	1	2	1671	9
石墨及其他非金属矿物制品制造	1	8				8
黑色金属冶炼和压延加工业	5	534	2	44	50334	14493
炼铁						
炼钢						
钢压延加工	5	534	2	44	50334	14493
铁合金冶炼						
有色金属冶炼和压延加工业	21	1882	42	192	67932	42600
常用有色金属冶炼	3	70		17	12655	2376
贵金属冶炼	4	128	8	38	2107	2030
稀有稀土金属冶炼	2	194		15	996	2148
有色金属合金制造						
有色金属压延加工	12	1490	34	122	52175	36045

1-F-4　续表 3

行　　业	机构数(个)	机构人员数(人)	#博士	#硕士	机构经费支出(万元)	仪器和设备原价(万元)
金属制品业	18	1863	2	36	43735	23663
结构性金属制品制造	2	192			1595	916
金属工具制造	1	28		3	343	56
集装箱及金属包装容器制造	3	175	2	3	6037	1568
金属丝绳及其制品制造						
建筑、安全用金属制品制造	7	1315		26	34400	20343
金属表面处理及热处理加工	3	56		4	388	701
搪瓷制品制造						
金属制日用品制造	1	37			412	18
铸造及其他金属制品制造	1	60			560	60
通用设备制造业	31	3629	14	154	88953	62158
锅炉及原动设备制造	1	30			245	1550
金属加工机械制造	2	91	1	4	2635	439
物料搬运设备制造	1	425	1	38	14636	12731
泵、阀门、压缩机及类似机械制造	8	509	3	14	10782	15792
轴承、齿轮和传动部件制造	9	163	4	28	8285	10124
烘炉、风机、包装等设备制造	2	219	5	27	3695	8102
文化、办公用机械制造	7	2146		43	48136	13267
通用零部件制造	1	46			540	154
其他通用设备制造业						
专用设备制造业	36	3137	33	268	76578	81808
采矿、冶金、建筑专用设备制造	17	1064	11	96	29045	47062
化工、木材、非金属加工专用设备制造	3	243	1	3	2678	2319
食品、饮料、烟草及饲料生产专用设备制造	1	32			1300	617
印刷、制药、日化及日用品生产专用设备制造	1	43			1122	169
纺织、服装和皮革加工专用设备制造	1	53			1166	563
电子和电工机械专用设备制造						
农、林、牧、渔专用机械制造						
医疗仪器设备及器械制造	11	913		23	12949	5987
环保、邮政、社会公共服务及其他专用设备制造	2	789	21	146	28319	25093
汽车制造业	29	3022	13	254	99945	94267
汽车整车制造	5	1832	6	199	64204	70811
汽车用发动机制造						
改装汽车制造	6	148	2	24	9710	3151
低速汽车制造						
电车制造						
汽车车身、挂车制造	3	86		5	1831	4056
汽车零部件及配件制造	15	956	5	26	24200	16250
铁路、船舶、航空航天和其他运输设备制造业	11	706	28	21	15849	13455
铁路运输设备制造	1	3	1	1	12	10
城市轨道交通设备制造						
船舶及相关装置制造	6	535	23	15	14378	6787
航空、航天器及设备制造						
摩托车制造	4	168	4	5	1459	6659
自行车和残疾人座车制造						
助动车制造						
非公路休闲车及零配件制造						
潜水救捞及其他未列明运输设备制造						
电气机械和器材制造业	63	10923	171	1446	451892	258333
电机制造	5	171	6	16	4057	26992

1-F-4 续表 4

行业	机构数（个）	机构人员数（人）	#博士	#硕士	机构经费支出（万元）	仪器和设备原价（万元）
输配电及控制设备制造	15	1571	3	195	37609	21248
电线、电缆、光缆及电工器材制造	2	113		8	21768	3870
电池制造	24	6696	159	1188	335232	184303
家用电力器具制造	9	992	2	32	31175	11315
非电力家用器具制造						
照明器具制造	7	1262	1	7	21321	10336
其他电气机械及器材制造	1	118			731	269
计算机、通信和其他电子设备制造业	126	19562	173	2608	658181	424477
计算机制造	23	5180	40	1065	181073	45790
通信设备制造	12	1407	6	261	49328	19328
广播电视设备制造	3	565	3	18	27304	34875
雷达及配套设备制造						
非专业视听设备制造	6	871	4	81	40539	14297
智能消费设备制造	2	703	3	74	14868	7558
电子器件制造	51	8984	110	1042	290508	249855
电子元件及电子专用材料制造	25	1465	6	54	49895	51424
其他电子设备制造	4	387	1	13	4665	1350
仪器仪表制造业	12	718		14	11414	7609
通用仪器仪表制造	2	145		3	1836	1515
专用仪器仪表制造	2	170			2724	3383
钟表与计时仪器制造	6	255		6	4023	1796
光学仪器制造	2	148		5	2832	914
衡器制造						
其他仪器仪表制造业						
其他制造业	5	484	11	41	7398	2060
日用杂品制造	5	484	11	41	7398	2060
核辐射加工						
其他未列明制造业						
废弃资源综合利用业						
金属废料和碎屑加工处理						
非金属废料和碎屑加工处理						
金属制品、机械和设备修理业	2	34			555	905
金属制品修理						
通用设备修理						
专用设备修理						
铁路、船舶、航空航天等运输设备修理	2	34			555	905
电气设备修理						
仪器仪表修理						
其他机械和设备修理业						
电力、热力、燃气及水生产和供应业	**4**	**783**	**23**	**253**	**24212**	**16868**
电力、热力生产和供应业	3	673	23	251	15881	14916
电力生产	1	48			5645	4167
电力供应	2	625	23	251	10236	10750
热力生产和供应						
燃气生产和供应业	1	110		2	8330	1952
燃气生产和供应业	1	110		2	8330	1952

1-F-5　分行业内资企业办研发机构情况

行　　业	机构数（个）	机构人员数（人）			机构经费支出（万元）	仪器和设备原价（万元）
			#博士	#硕士		
总　计	**1265**	**52612**	**781**	**4511**	**1511093**	**1323446**
采矿业	**10**	**190**		**15**	**4933**	**3183**
煤炭开采和洗选业	4	42		5	36	221
烟煤和无烟煤开采洗选	4	42		5	36	221
褐煤开采洗选						
其他煤炭采选						
石油和天然气开采业						
石油开采						
天然气开采						
黑色金属矿采选业						
铁矿采选						
锰矿、铬矿采选						
其他黑色金属矿采选						
有色金属矿采选业	2	101		2	3558	1840
常用有色金属矿采选						
贵金属矿采选	1	40			1676	800
稀有稀土金属矿采选	1	61		2	1882	1040
非金属矿采选业	4	47		8	1340	1122
土砂石开采	4	47		8	1340	1122
化学矿开采						
采盐						
石棉及其他非金属矿采选						
开采专业及辅助性活动						
煤炭开采和洗选专业及辅助性活动						
石油和天然气开采专业及辅助性活动						
其他开采专业及辅助性活动						
其他采矿业						
其他采矿业						
制造业	**1249**	**51657**	**758**	**4241**	**1486646**	**1307474**
农副食品加工业	81	1537	29	118	33573	26149
谷物磨制	3	12		1	887	1460
饲料加工	19	482	12	49	16216	13387
植物油加工	3	19	1	3	11	111
制糖业						
屠宰及肉类加工	6	155	7	16	1490	504
水产品加工	23	394	4	31	10191	5263
蔬菜、菌类、水果和坚果加工	19	256	2	9	3606	4309
其他农副食品加工	8	219	3	9	1171	1115
食品制造业	57	1131	32	122	27116	15315
焙烤食品制造	9	81	2	3	2871	1742
糖果、巧克力及蜜饯制造	6	49	4	7	910	1585
方便食品制造	9	163	2	32	4180	2226
乳制品制造	1	88		3	2846	900
罐头食品制造	10	258	13	18	5791	3147
调味品、发酵制品制造	6	121	3	7	2716	624
其他食品制造	16	371	8	52	7802	5091
酒、饮料和精制茶制造业	35	742	24	70	9898	18760
酒的制造	5	84	1	5	828	11739
饮料制造	4	83	4	7	714	698
精制茶加工	26	575	19	58	8356	6323

1-F-5 续表 1

行业	机构数（个）	机构人员数（人）	#博士	#硕士	机构经费支出（万元）	仪器和设备原价（万元）
烟草制品业	1	36		14	1128	1253
烟叶复烤						
卷烟制造						
其他烟草制品制造	1	36		14	1128	1253
纺织业	38	1922	27	78	34795	39245
棉纺织及印染精加工	16	862	10	24	19020	21564
毛纺织及染整精加工	1	15	1	1	200	125
麻纺织及染整精加工						
丝绢纺织及印染精加工						
化纤织造及印染精加工	2	66		2	2176	5089
针织或钩针编织物及其制品制造	10	527	13	39	6341	10285
家用纺织制成品制造	3	51			1102	1224
产业用纺织制成品制造	6	401	3	12	5955	959
纺织服装、服饰业	12	230	4	10	5562	2876
机织服装制造	7	183	4	9	4911	2637
针织或钩针编织服装制造	3	13			53	43
服饰制造	2	34		1	597	195
皮革、毛皮、羽毛及其制品和制鞋业	28	813	3	15	15090	44410
皮革鞣制加工	1	222	1	4	5096	38347
皮革制品制造	4	85		3	694	276
毛皮鞣制及制品加工						
羽毛(绒)加工及制品制造						
制鞋业	23	506	2	8	9300	5787
木材加工和木、竹、藤、棕、草制品业	26	428	4	24	8684	6692
木材加工	3	60			2676	2035
人造板制造	12	195	3	17	3907	2936
木质制品制造	5	72		2	685	766
竹、藤、棕、草等制品制造	6	101	1	5	1416	956
家具制造业	10	412	3	12	8524	2365
木质家具制造	5	302		11	6259	2031
竹、藤家具制造						
金属家具制造	2	52		1	250	73
塑料家具制造						
其他家具制造	3	58	3		2014	262
造纸和纸制品业	24	472	20	37	9485	11224
纸浆制造						
造纸	7	156	2	5	1060	1846
纸制品制造	17	316	18	32	8425	9378
印刷和记录媒介复制业	9	334	7	20	8594	7114
印刷	9	334	7	20	8594	7114
装订及印刷相关服务						
记录媒介复制						
文教、工美、体育和娱乐用品制造业	31	797	10	15	13839	9661
文教办公用品制造	4	90	2	1	2577	1419
乐器制造						
工艺美术及礼仪用品制造	20	287	8	10	5385	3869
体育用品制造	5	256		2	3607	2485
玩具制造	1	20		2	413	1593
游艺器材及娱乐用品制造	1	144			1857	294
石油、煤炭及其他燃料加工业	4	134	9	15	14048	230863

1-F-5 续表 2

行业	机构数(个)	机构人员数(人)	#博士	#硕士	机构经费支出(万元)	仪器和设备原价(万元)
精炼石油产品制造	1	52	8	12	10179	1936
煤炭加工	1	30	1	2	658	322
核燃料加工						
生物质燃料加工	2	52		1	3210	228605
化学原料和化学制品制造业	96	2611	44	142	90174	48405
基础化学原料制造	22	624	9	18	31514	14376
肥料制造	5	62	2	11	1297	582
农药制造	2	19			912	311
涂料、油墨、颜料及类似产品制造	10	474	6	25	12913	5116
合成材料制造	12	205	3	12	8691	5205
专用化学产品制造	30	817	12	64	25050	20294
炸药、火工及焰火产品制造	1	80		1	1467	636
日用化学产品制造	14	330	12	11	8330	1886
医药制造业	48	1089	43	183	33182	23128
化学药品原料药制造	7	152	8	9	2674	2314
化学药品制剂制造	12	493	9	46	12736	6821
中药饮片加工	3	31		1	723	103
中成药生产	9	86	5	26	9175	3862
兽用药品制造	3	28	2	6	389	456
生物药品制品制造	13	282	19	95	6984	9472
卫生材料及医药用品制造						
药用辅料及包装材料	1	17			500	100
化学纤维制造业	16	1078	42	24	64905	42436
纤维素纤维原料及纤维制造	2	23			34	56
合成纤维制造	14	1055	42	24	64871	42381
生物基材料制造						
橡胶和塑料制品业	59	1673	26	37	35408	21006
橡胶制品业	8	196		3	3048	1470
塑料制品业	51	1477	26	34	32360	19537
非金属矿物制品业	84	3169	19	107	88206	68950
水泥、石灰和石膏制造	9	466		1	15434	21164
石膏、水泥制品及类似制品制造	12	135	6	11	3840	2741
砖瓦、石材等建筑材料制造	14	359	2	16	7202	8803
玻璃制造	1	244		5	13459	18921
玻璃制品制造	2	12			654	317
玻璃纤维和玻璃纤维增强塑料制品制造	1	51		1	800	1500
陶瓷制品制造	40	1810	7	67	45463	13193
耐火材料制品制造						
石墨及其他非金属矿物制品制造	5	92	4	6	1354	2311
黑色金属冶炼和压延加工业	6	553	2	46	51249	15063
炼铁						
炼钢						
钢压延加工	6	553	2	46	51249	15063
铁合金冶炼						
有色金属冶炼和压延加工业	25	1785	42	181	58187	40986
常用有色金属冶炼	3	70		17	12655	2376
贵金属冶炼	5	130	8	38	2107	2031
稀有稀土金属冶炼	2	194		15	996	2148
有色金属合金制造	3	41		1	1491	251
有色金属压延加工	12	1350	34	110	40938	34179
金属制品业	47	1135	18	32	20486	14240

1-F-5 续表 3

行　　业	机构数（个）	机构人员数（人）			机构经费支出（万元）	仪器和设备原价（万元）
			#博士	#硕士		
结构性金属制品制造	13	306		2	3816	3710
金属工具制造	4	57	1	6	1167	1020
集装箱及金属包装容器制造	3	137	2	3	3469	1590
金属丝绳及其制品制造						
建筑、安全用金属制品制造	11	340	2	8	7152	4875
金属表面处理及热处理加工	3	56		4	388	701
搪瓷制品制造						
金属制日用品制造	3	33	1	5	777	700
铸造及其他金属制品制造	10	206	12	4	3715	1644
通用设备制造业	57	1436	15	112	32848	39925
锅炉及原动设备制造	2	54		1	383	1664
金属加工机械制造	10	132		8	4836	2613
物料搬运设备制造	2	23		1	198	46
泵、阀门、压缩机及类似机械制造	11	173	3	11	6941	7607
轴承、齿轮和传动部件制造	11	184	4	28	8535	10554
烘炉、风机、包装等设备制造	7	344	7	32	5412	12549
文化、办公用机械制造	6	315	1	27	4078	1629
通用零部件制造	6	81		1	1031	788
其他通用设备制造业	2	130		3	1433	2475
专用设备制造业	83	3229	43	308	75095	55161
采矿、冶金、建筑专用设备制造	23	924	15	103	20670	12661
化工、木材、非金属加工专用设备制造	16	496	1	9	6547	5847
食品、饮料、烟草及饲料生产专用设备制造	3	53			1734	803
印刷、制药、日化及日用品生产专用设备制造	3	57		1	1372	364
纺织、服装和皮革加工专用设备制造	4	111		3	2668	860
电子和电工机械专用设备制造	3	105			1783	543
农、林、牧、渔专用机械制造	3	22	2		709	377
医疗仪器设备及器械制造	13	352	1	11	5222	3481
环保、邮政、社会公共服务及其他专用设备制造	15	1109	24	181	34390	30226
汽车制造业	44	1848	11	110	50729	28385
汽车整车制造	2	569	4	47	14955	4388
汽车用发动机制造						
改装汽车制造	9	220	2	24	11750	4048
低速汽车制造						
电车制造						
汽车车身、挂车制造	3	86		5	1831	4056
汽车零部件及配件制造	30	973	5	34	22193	15893
铁路、船舶、航空航天和其他运输设备制造业	18	827	28	23	17336	16276
铁路运输设备制造						
城市轨道交通设备制造						
船舶及相关装置制造	7	552	23	15	14709	6939
航空、航天器及设备制造						
摩托车制造	8	230	4	6	2237	8676
自行车和残疾人座车制造	2	34			232	27
助动车制造						
非公路休闲车及零配件制造						
潜水救捞及其他未列明运输设备制造	1	11	1	2	158	635
电气机械和器材制造业	116	7704	119	998	295102	157310
电机制造	15	458	3	8	5354	2192
输配电及控制设备制造	42	1699	4	187	42620	24103
电线、电缆、光缆及电工器材制造	8	175		1	22560	4731

1-F-5　续表 4

行　　业	机构数（个）	机构人员数（人）	#博士	#硕士	机构经费支出（万元）	仪器和设备原价（万元）
电池制造	18	3798	105	747	197801	115585
家用电力器具制造	18	666	4	37	11353	5931
非电力家用器具制造	2	16		2	735	1189
照明器具制造	9	730	3	15	13033	2899
其他电气机械及器材制造	4	162		1	1647	680
计算机、通信和其他电子设备制造业	160	13448	105	1306	363170	305511
计算机制造	14	1295	2	147	22234	5461
通信设备制造	22	1888	9	294	59107	25292
广播电视设备制造	4	360	5	16	7434	18058
雷达及配套设备制造						
非专业视听设备制造	8	349	1	19	5980	2391
智能消费设备制造	3	296	4	23	5766	5907
电子器件制造	66	7280	69	719	200660	221896
电子元件及电子专用材料制造	37	1534	13	72	55905	24902
其他电子设备制造	6	446	2	16	6084	1605
仪器仪表制造业	25	871	23	55	13894	8575
通用仪器仪表制造	13	519	23	45	6807	4953
专用仪器仪表制造	2	47		6	1846	218
钟表与计时仪器制造	6	110		1	2315	1894
光学仪器制造	3	170		3	2675	1369
衡器制造	1	25			252	141
其他仪器仪表制造业						
其他制造业	6	161	6	26	4211	2026
日用杂品制造	6	161	6	26	4211	2026
核辐射加工						
其他未列明制造业						
废弃资源综合利用业	2	48		1	1530	3569
金属废料和碎屑加工处理						
非金属废料和碎屑加工处理	2	48		1	1530	3569
金属制品、机械和设备修理业	1	4			600	600
金属制品修理						
通用设备修理						
专用设备修理						
铁路、船舶、航空航天等运输设备修理	1	4			600	600
电气设备修理						
仪器仪表修理						
其他机械和设备修理业						
电力、热力、燃气及水生产和供应业	**6**	**765**	**23**	**255**	**19514**	**12788**
电力、热力生产和供应业	3	637	23	251	10429	10770
电力生产	1	12			193	20
电力供应	2	625	23	251	10236	10750
热力生产和供应						
燃气生产和供应业	2	115		2	8667	1988
燃气生产和供应业	2	115		2	8667	1988
生物质燃气生产和供应业						
水的生产和供应业	1	13		2	418	31
自来水生产和供应						
污水处理及其再生利用	1	13		2	418	31
海水淡化处理						
其他水的处理、利用与分配						

1-F-6 分行业港澳台商投资企业办研发机构情况

行业	机构数（个）	机构人员数（人）	#博士	#硕士	机构经费支出（万元）	仪器和设备原价（万元）
总计	**254**	**17983**	**173**	**1032**	**652093**	**472406**
采矿业						
煤炭开采和洗选业						
烟煤和无烟煤开采洗选						
褐煤开采洗选						
石油和天然气开采业						
石油开采						
天然气开采						
黑色金属矿采选业						
铁矿采选						
有色金属矿采选业						
常用有色金属矿采选						
贵金属矿采选						
非金属矿采选业						
土砂石开采						
化学矿开采						
采盐						
石棉及其他非金属矿采选						
开采专业及辅助性活动						
石油和天然气开采专业及辅助性活动						
制造业	**253**	**17935**	**173**	**1032**	**646448**	**468240**
农副食品加工业	7	147	4	6	5712	5343
谷物磨制						
饲料加工	1	45	4	6	521	415
植物油加工	1	9			1926	2720
制糖业						
屠宰及肉类加工	1	5			66	20
水产品加工	3	73			2734	1988
蔬菜、菌类、水果和坚果加工	1	15			465	200
其他农副食品加工						
食品制造业	5	100	1	5	1583	2547
焙烤食品制造	1	45		1	653	1406
糖果、巧克力及蜜饯制造	1	6			532	210
方便食品制造						
乳制品制造						
罐头食品制造	2	32		2	148	18
调味品、发酵制品制造						
其他食品制造	1	17	1	2	250	913
酒、饮料和精制茶制造业	3	32	1	8	893	531
酒的制造						
饮料制造	1	12		4	90	216
精制茶加工	2	20	1	4	803	315
烟草制品业						
烟叶复烤						
其他烟草制品制造						
纺织业	18	787	8	9	19694	13157
棉纺织及印染精加工	11	590	2	5	16744	10929

1-F-6　续表 1

行　业	机构数(个)	机构人员数(人)	#博士	#硕士	机构经费支出(万元)	仪器和设备原价(万元)
毛纺织及染整精加工						
麻纺织及染整精加工						
丝绢纺织及印染精加工						
化纤织造及印染精加工	1	22	3		315	64
针织或钩针编织物及其制品制造	3	55	2	2	793	1446
家用纺织制成品制造						
产业用纺织制成品制造	3	120	1	2	1842	719
纺织服装、服饰业	18	359		16	11694	3669
机织服装制造	15	207		16	8034	2031
针织或钩针编织服装制造	3	152			3660	1638
服饰制造						
皮革、毛皮、羽毛及其制品和制鞋业	11	893	11	35	30381	7433
皮革鞣制加工						
皮革制品制造	5	287	8	7	3410	2929
毛皮鞣制及制品加工						
羽毛(绒)加工及制品制造						
制鞋业	6	606	3	28	26971	4504
木材加工和木、竹、藤、棕、草制品业	1	75			2297	3268
木材加工						
人造板制造						
木质制品制造	1	75			2297	3268
竹、藤、棕、草等制品制造						
家具制造业	2	96			1430	790
木质家具制造	1	27			634	463
竹、藤家具制造						
金属家具制造	1	69			796	327
塑料家具制造						
其他家具制造						
造纸和纸制品业	9	402			13147	10331
纸浆制造						
造纸	3	221			9761	1627
纸制品制造	6	181			3385	8704
印刷和记录媒介复制业	4	46	1	4	1429	976
印刷	4	46	1	4	1429	976
装订及印刷相关服务						
记录媒介复制						
文教、工美、体育和娱乐用品制造业	6	753	3	10	7617	3584
文教办公用品制造	1	10			791	192
乐器制造						
工艺美术及礼仪用品制造	1	5	1	2	33	16
体育用品制造	2	608	2	8	5344	2367
玩具制造	2	130			1450	1009
游艺器材及娱乐用品制造						
石油、煤炭及其他燃料加工业	1	17			521	178
精炼石油产品制造	1	17			521	178
煤炭加工						
生物质燃料加工						
化学原料和化学制品制造业	11	188	8	15	3531	2023

1-F-6 续表 2

行业	机构数（个）	机构人员数（人）	#博士	#硕士	机构经费支出（万元）	仪器和设备原价（万元）
基础化学原料制造	1	10			12	81
肥料制造						
农药制造						
涂料、油墨、颜料及类似产品制造	2	16		2	533	151
合成材料制造	2	18	7		295	224
专用化学产品制造	2	38		7	628	240
炸药、火工及焰火产品制造						
日用化学产品制造	4	106	1	6	2064	1327
医药制造业	11	756	16	118	15931	16074
化学药品原料药制造	1	74		6	1521	1696
化学药品制剂制造	1	34	1	5	811	648
中药饮片加工						
中成药生产	5	237	7	31	3999	3582
兽用药品制造						
生物药品制品制造	4	411	8	76	9601	10148
卫生材料及医药用品制造						
药用辅料及包装材料						
化学纤维制造业	4	908	1	8	37197	91389
纤维素纤维原料及纤维制造						
合成纤维制造	4	908	1	8	37197	91389
橡胶和塑料制品业	11	725	1	20	21926	46917
橡胶制品业	1	308		4	6853	26887
塑料制品业	10	417	1	16	15073	20031
非金属矿物制品业	7	173	1	2	3531	2809
水泥、石灰和石膏制造						
石膏、水泥制品及类似制品制造	1	56			1597	947
砖瓦、石材等建筑材料制造	1	9			102	10
玻璃制造						
玻璃制品制造	1	9			180	640
玻璃纤维和玻璃纤维增强塑料制品制造						
陶瓷制品制造	4	99	1	2	1652	1212
耐火材料制品制造						
石墨及其他非金属矿物制品制造						
黑色金属冶炼和压延加工业						
炼铁						
炼钢						
钢压延加工						
铁合金冶炼						
有色金属冶炼和压延加工业	2	155		12	11732	2171
常用有色金属冶炼						
贵金属冶炼						
稀有稀土金属冶炼						
有色金属合金制造						
有色金属压延加工	2	155		12	11732	2171
金属制品业	6	526		6	11248	13121
结构性金属制品制造						
金属工具制造	1	25		1	241	247
集装箱及金属包装容器制造						

1-F-6 续表 3

行　　业	机构数（个）	机构人员数（人）	#博士	#硕士	机构经费支出（万元）	仪器和设备原价（万元）
金属丝绳及其制品制造						
建筑、安全用金属制品制造	4	464		5	10596	12855
金属表面处理及热处理加工						
搪瓷制品制造						
金属制日用品制造	1	37			412	18
铸造及其他金属制品制造						
通用设备制造业	21	1223	1	14	32570	14967
锅炉及原动设备制造						
金属加工机械制造	4	92		4	1523	2400
物料搬运设备制造						
泵、阀门、压缩机及类似机械制造	2	102		4	2790	3997
轴承、齿轮和传动部件制造	4	72		2	915	2667
烘炉、风机、包装等设备制造	1	30		1	662	660
文化、办公用机械制造	7	828	1	1	25360	4330
通用零部件制造	2	77		2	934	857
其他通用设备制造业	1	22			387	58
专用设备制造业	16	648	1	22	11443	5189
采矿、冶金、建筑专用设备制造	1	5			27	8
化工、木材、非金属加工专用设备制造	4	64			796	693
食品、饮料、烟草及饲料生产专用设备制造	1	20			568	1217
印刷、制药、日化及日用品生产专用设备制造	1	19			1476	680
纺织、服装和皮革加工专用设备制造	3	43	1	1	617	934
电子和电工机械专用设备制造	1	4			5	47
农、林、牧、渔专用机械制造						
医疗仪器设备及器械制造	4	473		20	7064	1490
环保、邮政、社会公共服务及其他专用设备制造	1	20		1	890	120
汽车制造业	9	838	1	49	34597	36643
汽车整车制造	2	537		44	29849	34456
汽车用发动机制造						
改装汽车制造						
汽车车身、挂车制造						
汽车零部件及配件制造	7	301	1	5	4749	2187
铁路、船舶、航空航天和其他运输设备制造业	2	15	1	1	87	218
铁路运输设备制造	1	3	1	1	12	10
城市轨道交通设备制造						
船舶及相关装置制造						
航空、航天器及设备制造						
摩托车制造	1	12			75	208
自行车和残疾人座车制造						
助动车制造						
非公路休闲车及零配件制造						
潜水救捞及其他未列明运输设备制造						
电气机械和器材制造业	26	4004	59	474	172095	99263
电机制造	1	32	2	5	785	14720
输配电及控制设备制造	7	243		2	3134	1615
电线、电缆、光缆及电工器材制造	1	70		8	1675	701
电池制造	12	3037	57	456	142173	72438
家用电力器具制造	3	546		2	22801	6944

1-F-6 续表 4

行业	机构数（个）	机构人员数（人）	#博士	#硕士	机构经费支出（万元）	仪器和设备原价（万元）
非电力家用器具制造						
照明器具制造	2	76		1	1528	2846
其他电气机械及器材制造						
计算机、通信和其他电子设备制造业	27	3338	46	177	182543	81309
计算机制造	1	559	15	17	62071	19464
通信设备制造	1	31		2	902	1387
广播电视设备制造	2	279		2	21243	18165
雷达及配套设备制造						
非专业视听设备制造	2	733	3	72	37644	11147
智能消费设备制造						
电子器件制造	10	1410	27	81	56286	28396
电子元件及电子专用材料制造	10	276	1	2	4277	2690
其他电子设备制造	1	50		1	120	60
仪器仪表制造业	8	296	3	6	4983	1382
通用仪器仪表制造	3	76	3	1	1526	442
专用仪器仪表制造						
钟表与计时仪器制造	5	220		5	3458	940
光学仪器制造						
衡器制造						
其他仪器仪表制造业						
其他制造业	5	401	5	15	6082	2054
日用杂品制造	5	401	5	15	6082	2054
其他未列明制造业						
废弃资源综合利用业						
金属废料和碎屑加工处理						
非金属废料和碎屑加工处理						
金属制品、机械和设备修理业	2	34			555	905
金属制品修理						
通用设备修理						
专用设备修理						
铁路、船舶、航空航天等运输设备修理	2	34			555	905
电气设备修理						
仪器仪表修理						
其他机械和设备修理业						
电力、热力、燃气及水生产和供应业	**1**	**48**			**5645**	**4167**
电力、热力生产和供应业	1	48			5645	4167
电力生产	1	48			5645	4167
电力供应						
热力生产和供应						
燃气生产和供应业						
燃气生产和供应业						
生物质燃气生产和供应业						
水的生产和供应业						
自来水生产和供应						
污水处理及其再生利用						
海水淡化处理						
其他水的处理、利用与分配						

1-F-7　分行业外商投资企业办研发机构情况

行　业	机构数（个）	机构人员数（人）	#博士	#硕士	机构经费支出（万元）	仪器和设备原价（万元）
总　计	**178**	**16830**	**130**	**1745**	**437338**	**414166**
采矿业						
煤炭开采和洗选业						
烟煤和无烟煤开采洗选						
石油和天然气开采业						
石油开采						
天然气开采						
黑色金属矿采选业						
铁矿采选						
锰矿、铬矿采选						
有色金属矿采选业						
常用有色金属矿采选						
贵金属矿采选						
稀有稀土金属矿采选						
非金属矿采选业						
土砂石开采						
化学矿开采						
采盐						
石棉及其他非金属矿采选						
开采专业及辅助性活动						
石油和天然气开采专业及辅助性活动						
制造业	**177**	**16814**	**129**	**1740**	**437218**	**414070**
农副食品加工业	10	392	24	26	11545	12032
谷物磨制						
饲料加工	4	298	21	23	8717	8082
植物油加工						
制糖业						
屠宰及肉类加工	2	59			1987	800
水产品加工	2	18	1		131	1334
蔬菜、菌类、水果和坚果加工	2	17	2	3	711	1817
其他农副食品加工						
食品制造业	8	126	7	16	2962	3265
焙烤食品制造						
糖果、巧克力及蜜饯制造	1	39		2	451	239
方便食品制造						
乳制品制造						
罐头食品制造	1	25	1	2	30	70
调味品、发酵制品制造						
其他食品制造	6	62	6	12	2481	2957
酒、饮料和精制茶制造业	4	130		7	2487	1244
酒的制造	1	22			340	106
饮料制造	3	108		7	2147	1137
精制茶加工						
烟草制品业						
其他烟草制品制造						
纺织业	2	102			2017	1261

1-F-7 续表 1

行业	机构数（个）	机构人员数（人）	#博士	#硕士	机构经费支出（万元）	仪器和设备原价（万元）
棉纺织及印染精加工	2	102			2017	1261
毛纺织及染整精加工						
麻纺织及染整精加工						
丝绢纺织及印染精加工						
化纤织造及印染精加工						
针织或钩针编织物及其制品制造						
家用纺织制成品制造						
产业用纺织制成品制造						
纺织服装、服饰业	2	19			30	721
机织服装制造	1	10			5	71
针织或钩针编织服装制造	1	9			25	650
服饰制造						
皮革、毛皮、羽毛及其制品和制鞋业	8	463	7	5	3840	2775
皮革鞣制加工	1	39			659	702
皮革制品制造						
毛皮鞣制及制品加工						
羽毛(绒)加工及制品制造						
制鞋业	7	424	7	5	3180	2073
木材加工和木、竹、藤、棕、草制品业						
木材加工						
人造板制造						
木质制品制造						
竹、藤、棕、草等制品制造						
家具制造业						
木质家具制造						
金属家具制造						
塑料家具制造						
其他家具制造						
造纸和纸制品业	4	86	4	8	3327	7676
纸浆制造						
造纸	3	58	2	2	2515	4020
纸制品制造	1	28	2	6	812	3656
印刷和记录媒介复制业						
印刷						
装订及印刷相关服务						
记录媒介复制						
文教、工美、体育和娱乐用品制造业	8	310		11	5746	4341
文教办公用品制造						
乐器制造	1	32		1	180	253
工艺美术及礼仪用品制造	3	7		1	1129	2050
体育用品制造	3	182		1	2013	1538
玩具制造	1	89		8	2425	500
游艺器材及娱乐用品制造						
石油、煤炭及其他燃料加工业						
精炼石油产品制造						
煤炭加工						
生物质燃料加工						
化学原料和化学制品制造业	9	272	2	10	4359	8082

1-F-7　续表 2

行　业	机构数（个）	机构人员数（人）	#博士	#硕士	机构经费支出（万元）	仪器和设备原价（万元）
基础化学原料制造	2	121		4	668	6287
肥料制造						
农药制造						
涂料、油墨、颜料及类似产品制造						
合成材料制造	3	71		3	1165	778
专用化学产品制造	3	60	2	3	2410	991
炸药、火工及焰火产品制造						
日用化学产品制造	1	20			116	26
医药制造业	4	151	6	18	3057	2731
化学药品原料药制造						
化学药品制剂制造	1	67	3	8	1241	996
中药饮片加工						
中成药生产	2	30	2	4	433	211
兽用药品制造	1	54	1	6	1384	1524
生物药品制品制造						
卫生材料及医药用品制造						
药用辅料及包装材料						
化学纤维制造业						
纤维素纤维原料及纤维制造						
合成纤维制造						
生物基材料制造						
橡胶和塑料制品业	12	2355	13	63	58793	133126
橡胶制品业	4	1375	1	38	36242	125415
塑料制品业	8	980	12	25	22551	7710
非金属矿物制品业	5	221	1	3	3161	2589
水泥、石灰和石膏制造						
石膏、水泥制品及类似制品制造						
砖瓦、石材等建筑材料制造						
玻璃制造						
玻璃制品制造	1	120		1	1019	500
玻璃纤维和玻璃纤维增强塑料制品制造						
陶瓷制品制造	2	36			471	2080
耐火材料制品制造	2	65	1	2	1671	9
石墨及其他非金属矿物制品制造						
黑色金属冶炼和压延加工业						
炼铁						
炼钢						
钢压延加工						
铁合金冶炼						
有色金属冶炼和压延加工业	2	28			367	3015
常用有色金属冶炼						
贵金属冶炼						
稀有稀土金属冶炼						
有色金属合金制造	1	19			367	446
有色金属压延加工	1	9				2569
金属制品业	10	948		21	26380	7897
结构性金属制品制造	2	115			2305	679
金属工具制造	1	28		3	343	56

1-F-7 续表 3

行业	机构数（个）	机构人员数（人）	#博士	#硕士	机构经费支出（万元）	仪器和设备原价（万元）
集装箱及金属包装容器制造	1	50			2824	722
金属丝绳及其制品制造						
建筑、安全用金属制品制造	5	717		18	20422	6423
金属表面处理及热处理加工						
搪瓷制品制造						
金属制日用品制造	1	38			485	17
铸造及其他金属制品制造						
通用设备制造业	14	2098	3	70	48474	30540
锅炉及原动设备制造						
金属加工机械制造	3	107	1	1	3272	1976
物料搬运设备制造	1	425	1	38	14636	12731
泵、阀门、压缩机及类似机械制造	5	360	1	5	7108	7422
轴承、齿轮和传动部件制造	1	6		1	761	337
烘炉、风机、包装等设备制造						
文化、办公用机械制造	3	1154		25	22157	7920
通用零部件制造	1	46			540	154
其他通用设备制造业						
专用设备制造业	12	850		9	19172	39279
采矿、冶金、建筑专用设备制造	2	322			11261	36417
化工、木材、非金属加工专用设备制造						
食品、饮料、烟草及饲料生产专用设备制造						
印刷、制药、日化及日用品生产专用设备制造						
纺织、服装和皮革加工专用设备制造	1	12		1	213	40
电子和电工机械专用设备制造						
农、林、牧、渔专用机械制造						
医疗仪器设备及器械制造	8	422		2	6310	2782
环保、邮政、社会公共服务及其他专用设备制造	1	94		6	1389	40
汽车制造业	12	1799	8	166	46316	50517
汽车整车制造	2	1206	6	154	32773	36342
汽车用发动机制造						
改装汽车制造						
低速汽车制造						
汽车车身、挂车制造						
汽车零部件及配件制造	10	593	2	12	13542	14176
铁路、船舶、航空航天和其他运输设备制造业						
铁路运输设备制造						
城市轨道交通设备制造						
船舶及相关装置制造						
航空、航天器及设备制造						
摩托车制造						
自行车和残疾人座车制造						
助动车制造						
非公路休闲车及零配件制造						
潜水救捞及其他未列明运输设备制造						
电气机械和器材制造业	13	1013	6	36	23997	21744
电机制造	1	26	2	5	976	11280
输配电及控制设备制造	7	340	3	23	11910	3291

1-F-7　续表 4

行　　业	机构数（个）	机构人员数（人）	#博士	#硕士	机构经费支出（万元）	仪器和设备原价（万元）
电线、电缆、光缆及电工器材制造						
电池制造						
家用电力器具制造						
非电力家用器具制造						
照明器具制造	5	647	1	8	11111	7173
其他电气机械及器材制造						
计算机、通信和其他电子设备制造业	32	5150	48	1265	165991	75751
计算机制造	10	3361	23	902	97300	20919
通信设备制造	1	33			296	234
广播电视设备制造	1	64	1	10	3057	2030
雷达及配套设备制造						
非专业视听设备制造	2	101		2	1685	2265
智能消费设备制造	1	430		51	9524	1746
电子器件制造	12	929	24	300	50430	14862
电子元件及电子专用材料制造	5	232			3700	33696
其他电子设备制造						
仪器仪表制造业	6	301		6	5199	5486
通用仪器仪表制造	2	82		2	1194	998
专用仪器仪表制造	2	170			2724	3383
钟表与计时仪器制造						
光学仪器制造	2	49		4	1282	1105
衡器制造						
其他仪器仪表制造业						
其他制造业						
日用杂品制造						
其他未列明制造业						
废弃资源综合利用业						
金属废料和碎屑加工处理						
非金属废料和碎屑加工处理						
金属制品、机械和设备修理业						
金属制品修理						
通用设备修理						
专用设备修理						
铁路、船舶、航空航天等运输设备修理						
其他机械和设备修理业						
电力、热力、燃气及水生产和供应业	**1**	**16**	**1**	**5**	**120**	**95**
电力、热力生产和供应业						
电力生产						
电力供应						
热力生产和供应						
燃气生产和供应业	1	16	1	5	120	95
燃气生产和供应业	1	16	1	5	120	95
水的生产和供应业						
自来水生产和供应						
污水处理及其再生利用						
其他水的处理、利用与分配						

1-F-8 各地区企业办研发机构情况

地　区	机构数（个）	机构人员数（人）	#博士	#硕士	机构经费支出（万元）	仪器和设备原价（万元）
全　省	**1697**	**87425**	**1084**	**7288**	**2600524**	**2210018**
福州市	**225**	**16604**	**262**	**2047**	**532451**	**321237**
鼓楼区	12	2166	36	432	62673	24504
台江区	1	151	2	9	1773	347
仓山区	52	5339	48	1042	138193	48188
马尾区	19	1285	27	59	30224	10778
晋安区	9	972	26	202	23144	10266
长乐区	38	2518	72	91	88106	83968
闽侯县	22	1283	7	81	40941	70472
连江县	13	322	7	23	5629	7637
罗源县	9	280		24	36364	9349
闽清县	4	37			739	2508
永泰县	2	54		2	1147	452
平潭县						
福清市	44	2197	37	82	103518	52766
厦门市	**482**	**34028**	**209**	**2485**	**881392**	**733629**
思明区	18	1493	23	143	34978	42806
海沧区	75	6874	52	428	197603	185177
湖里区	29	1291		69	27270	9075
集美区	104	7330	40	426	150567	172998
同安区	116	4712	13	139	88460	53941
翔安区	16	741		8	9697	3390
火炬高新区	124	11587	81	1272	372816	266243
莆田市	**100**	**2580**	**60**	**136**	**55709**	**36383**
城厢区	24	247	14	16	6773	4147
涵江区	48	1291	16	68	26339	19794
荔城区	10	483	15	24	11187	4724
秀屿区	5	277	12	17	4066	2871
仙游县	13	282	3	11	7345	4847
北　岸						
三明市	**84**	**2139**	**33**	**135**	**53022**	**44673**
梅列区	3	250		31	15744	7787
三元区	10	206	2	7	6848	10259
明溪县	5	155	5	3	3617	1709
清流县	4	63	2	5	796	302
宁化县	3	100	2	13	2194	2112
大田县	8	53	2	7	856	859
尤溪县	7	74	1		1143	1448
沙　县	14	460	8	23	7315	7615
将乐县	4	149		6	5919	3030
泰宁县	7	22	1	6	180	1921
建宁县	8	191	4	5	2748	4510
永安市	11	416	6	29	5662	3123
泉州市	**283**	**11069**	**143**	**423**	**319285**	**328353**
鲤城区	10	529	4	5	6134	3029
丰泽区	14	422	4	19	15396	6536
洛江区	7	226	4	12	3817	1522
泉港区	12	305	4	24	17558	11386
惠安县	31	472	14	45	23280	6261
安溪县	11	869	13	21	11521	13331
永春县	8	175			3746	35256

1-F-8　续表

地　　区	机构数(个)	机构人员数(人)	#博士	#硕士	机构经费支　出(万元)	仪器和设备原价(万元)
德化县	25	333	1	6	11784	3954
台商投资区	21	479	13	35	17895	40045
泉州开发区	5	147		5	2551	1627
石狮市	18	550	4	22	29084	21674
晋江市	73	4018	43	128	122721	156521
南安市	48	2544	39	101	53800	27210
漳州市	**209**	**7218**	**80**	**372**	**194378**	**389659**
芗城区	43	928	28	71	27004	31344
龙文区	17	495	3	9	11637	10753
漳州台商投资区	11	784	2	9	24710	9132
招商局漳州开发区	1	34		4	1466	449
云霄县	39	600	19	45	20001	12780
漳浦县	5	399		5	6729	6483
诏安县	12	114	7	14	4017	2249
长泰县	20	2072	2	55	49652	25065
东山县	5	315		5	14228	20256
南靖县	20	563	5	124	7600	4573
平和县	6	182	8	2	3286	2662
华安县	7	147		5	3599	3813
常山华侨经济开发区	3	55	1	2	1010	80
龙海市	20	530	5	22	19437	260021
南平市	**95**	**2548**	**39**	**89**	**87872**	**78343**
延平区	16	904	18	32	47415	46363
建阳区	21	553	5	13	20766	8317
顺昌县	9	343	5	9	3184	5032
浦城县	6	171	1	8	5152	3016
光泽县	2	40		5	861	370
松溪县	4	47		2	349	85
政和县	2	33			632	190
邵武市	12	242	1	9	5956	9487
武夷山市	7	68	7	8	1387	1031
建瓯市	16	147	2	3	2171	4454
龙岩市	**149**	**4367**	**86**	**362**	**139517**	**108363**
新罗区	55	2185	34	207	77945	62238
永定区	15	373	5	19	8755	10430
长汀县	6	294		15	3256	3302
上杭县	18	373	11	70	20758	11383
武平县	16	322	8	12	11453	7103
连城县	21	377	10	25	8036	5369
漳平市	18	443	18	14	9314	8539
宁德市	**70**	**6872**	**172**	**1239**	**336900**	**169378**
蕉城区	18	5916	153	1179	319348	157063
霞浦县						
古田县	1	6		4	29	390
屏南县	1	2			2	46
寿宁县	5	106	1	2	2119	423
周宁县	2	11	1	2	28	135
柘荣县	7	169	3	19	3354	953
东侨开发区	11	183	8	18	4730	3908
福安市	10	166	2	4	2475	2115
福鼎市	15	313	4	11	4816	4345

1-F-9 各地区大中型企业办研发机构情况

地区	机构数（个）	机构人员数（人）	#博士	#硕士	机构经费支出（万元）	仪器和设备原价（万元）
全　省	**746**	**69630**	**811**	**6329**	**2197969**	**1675106**
福州市	**124**	**14514**	**236**	**1922**	**484652**	**280233**
鼓楼区	7	1976	36	405	58707	23905
台江区						
仓山区	28	4904	37	998	127143	41308
马尾区	11	1093	25	49	26893	7822
晋安区	8	962	26	202	23106	10238
长乐区	27	2302	71	90	83884	76935
闽侯县	11	993	6	77	34149	62636
连江县	5	216	3	8	3549	6002
罗源县	5	222		24	34653	5054
闽清县	3	33			649	2308
永泰县	2	54		2	1147	452
平潭县						
福清市	17	1759	32	67	90772	43574
厦门市	**218**	**27618**	**159**	**2140**	**762187**	**646386**
思明区	10	1145	22	121	27440	35095
海沧区	40	5937	42	375	180509	170245
湖里区	17	1094		62	23425	6606
集美区	52	6003	35	376	129426	152978
同安区	41	3192	3	81	59168	34439
翔安区	5	593		6	6941	2423
火炬高新区	53	9654	57	1119	335279	244600
莆田市	**40**	**1224**	**34**	**53**	**22946**	**17127**
城厢区	6	56	1	3	909	1642
涵江区	16	392	8	7	2939	4583
荔城区	7	409	15	24	10866	4619
秀屿区	2	215	7	8	1840	2424
仙游县	9	152	3	11	6392	3859
北　岸						
三明市	**26**	**1256**	**14**	**80**	**38055**	**24577**
梅列区	2	244		31	15731	7738
三元区	2	95		2	3949	3297
明溪县	2	115	5	2	3301	1518
清流县						
宁化县	2	92		7	2021	1893
大田县						
尤溪县	1	15			69	2
沙　县	4	234	1	8	1947	1809
将乐县	1	21			3430	1543
建宁县	3	58	2	2	2515	4020
永安市	9	382	6	28	5092	2757
泉州市	**154**	**9240**	**104**	**325**	**263968**	**293162**
鲤城区	6	439		1	4068	1670
丰泽区	7	307	1	7	13654	5517
洛江区	3	135	3	8	1696	717
泉港区	6	229	3	18	14134	10168
惠安县	16	276	13	32	14264	3384
安溪县	5	816	11	20	9779	12813

1-F-9　续表

地　　区	机构数（个）	机构人员数（人）			机构经费支出（万元）	仪器和设备原价（万元）
			#博士	#硕士		
永春县	8	175			3746	35256
德化县	13	226	1	4	7822	2772
台商投资区	10	343	9	13	15717	33983
泉州开发区	1	65			825	283
石狮市	11	483	3	15	27169	21081
晋江市	44	3654	36	118	107557	146981
南安市	24	2092	24	89	43537	18538
漳州市	**78**	**5035**	**32**	**290**	**144590**	**122960**
芗城区	24	537	7	58	21175	16572
龙文区	5	252	1	1	7037	7911
漳州台商投资区	6	633	1	7	23427	8965
招商局漳州开发区						
云霄县	11	330	11	22	6739	5929
漳浦县	4	334		5	5903	5656
诏安县	1	12		1	49	602
长泰县	8	1800	2	51	43790	21182
东山县	4	310		5	14223	20253
南靖县	4	317	1	120	3157	680
平和县	1	7	7		98	42
华安县	2	62		1	3239	2741
常山华侨经济开发区						
龙海市	8	441	2	19	15755	32427
南平市	**29**	**1597**	**22**	**53**	**58206**	**60167**
延平区	8	764	16	26	43353	42859
建阳区	6	202	2	6	3556	3455
顺昌县	3	285		5	2609	3865
浦城县	2	128	1	6	2555	2381
光泽县	1	32		5	651	160
松溪县	1	20			303	33
政和县						
邵武市	4	123		1	3807	6093
武夷山市	2	25	1	3	576	661
建瓯市	2	18	2	1	796	660
龙岩市	**44**	**2757**	**50**	**261**	**95406**	**70134**
新罗区	17	1609	31	179	61220	47377
永定区	2	149			2870	4735
长汀县	3	237		15	1915	2530
上杭县	7	198	8	55	14762	4406
武平县	2	89		1	1868	1266
连城县	5	161		5	4982	2116
漳平市	8	314	11	6	7789	7703
宁德市	**33**	**6389**	**160**	**1205**	**327959**	**160360**
蕉城区	18	5916	153	1179	319348	157063
霞浦县						
古田县						
屏南县						
寿宁县	2	65	1	2	1671	9
柘荣县	4	150	2	16	3010	730
东侨开发区	1	13	1	3	964	663
福安市	5	107	2	3	1265	754
福鼎市	3	138	1	2	1702	1141

1-F-10 各地区内资企业办研发机构情况

地 区	机构数（个）	机构人员数（人）	#博士	#硕士	机构经费支出（万元）	仪器和设备原价（万元）
全 省	**1265**	**52612**	**781**	**4511**	**1511093**	**1323446**
福州市	**154**	**8438**	**151**	**780**	**260879**	**150198**
鼓楼区	10	1292	23	432	36223	20768
台江区	1	151	2	9	1773	347
仓山区	30	1539	13	114	34308	11986
马尾区	15	1171	27	54	27824	9356
晋安区	5	268	3	12	5886	2612
长乐区	32	2279	63	77	76985	62426
闽侯县	10	290	5	9	8301	12403
连江县	10	245	3	10	3980	6533
罗源县	6	218		24	35228	5414
闽清县	4	37			739	2508
永泰县	2	54		2	1147	452
平潭县						
福清市	29	894	12	37	28485	15394
厦门市	**324**	**18396**	**149**	**1639**	**439018**	**379117**
思明区	12	637	22	103	12744	23118
海沧区	39	2982	39	249	89311	54338
湖里区	13	266		10	4849	3209
集美区	72	3132	24	227	58836	57788
同安区	83	3243	9	85	56969	28427
翔安区	11	199		8	3344	2301
火炬高新区	94	7937	55	957	212966	209935
莆田市	**76**	**2099**	**50**	**125**	**48382**	**28623**
城厢区	22	234	13	13	6463	3005
涵江区	29	902	14	63	20158	15251
荔城区	9	478	13	21	11176	3457
秀屿区	4	232	7	17	3441	2768
仙游县	12	253	3	11	7144	4143
三明市	**79**	**2066**	**30**	**131**	**50235**	**40428**
梅列区	3	250		31	15744	7787
三元区	10	206	2	7	6848	10259
明溪县	5	155	5	3	3617	1709
清流县	4	63	2	5	796	302
宁化县	3	100	2	13	2194	2112
大田县	6	38	1	5	584	634
尤溪县	7	74	1		1143	1448
沙 县	14	460	8	23	7315	7615
将乐县	4	149		6	5919	3030
泰宁县	7	22	1	6	180	1921
建宁县	5	133	2	3	233	491
永安市	11	416	6	29	5662	3123
泉州市	**195**	**6885**	**118**	**303**	**182697**	**146990**
鲤城区	7	205	4	5	4620	2324
丰泽区	9	328	3	13	14289	6109
洛江区	5	174	4	9	2903	1054
泉港区	11	289	3	19	17437	11291
惠安县	21	333	13	32	20467	5112
安溪县	10	849	13	20	10631	13211

1-F-10 续表

地区	机构数(个)	机构人员数(人)			机构经费支出(万元)	仪器和设备原价(万元)
			#博士	#硕士		
永春县	4	30			671	5158
德化县	23	308	1	6	11337	3361
台商投资区	11	194	9	19	6317	7935
泉州开发区	5	147		5	2551	1627
石狮市	7	73	2	12	3906	1124
晋江市	39	1597	28	65	36887	63428
南安市	43	2358	38	98	50681	25254
漳州市	**167**	**4973**	**65**	**333**	**139175**	**329526**
芗城区	40	813	28	71	25495	30888
龙文区	13	352	3	9	8963	4488
漳州台商投资区	4	147		1	1648	316
招商局漳州开发区	1	34		4	1466	449
云霄县	33	449	14	30	17323	9251
漳浦县	1	138		3	2642	898
诏安县	11	95	7	12	3507	1665
长泰县	15	1842	2	54	45569	23579
东山县	3	276		5	13632	19820
南靖县	14	291	4	117	4658	2892
平和县	5	175	1	2	3188	2620
华安县	7	147		5	3599	3813
常山华侨经济开发区	3	55	1	2	1010	80
龙海市	17	159	5	18	6474	228767
南平市	**86**	**2092**	**32**	**73**	**74437**	**46381**
延平区	12	628	13	30	37141	22189
建阳区	21	553	5	13	20766	8317
顺昌县	7	233	4	3	2847	862
浦城县	5	117		2	3768	1491
光泽县	2	40		5	861	370
松溪县	4	47		2	349	85
政和县	2	33			632	190
邵武市	11	241	1	9	5051	7553
武夷山市	6	53	7	6	851	871
建瓯市	16	147	2	3	2171	4454
龙岩市	**133**	**3611**	**72**	**352**	**114967**	**83666**
新罗区	45	1593	25	197	57507	43548
永定区	15	373	5	19	8755	10430
长汀县	6	294		15	3256	3302
上杭县	17	364	11	70	20758	8814
武平县	15	290	6	12	10083	7066
连城县	21	377	10	25	8036	5369
漳平市	14	320	15	14	6573	5137
宁德市	**51**	**4052**	**114**	**775**	**201304**	**118516**
蕉城区	10	3316	102	730	188585	109537
霞浦县						
古田县	1	6		4	29	390
屏南县	1	2			2	46
寿宁县	3	41			448	414
周宁县	2	11	1	2	28	135
柘荣县	7	169	3	19	3354	953
东侨开发区	5	121	2	6	2248	952
福安市	9	148	2	4	2275	2015
福鼎市	13	238	4	10	4336	4075

1-F-11 各地区港澳台商投资企业办研发机构情况

地 区	机构数（个）	机构人员数（人）			机构经费支出（万元）	仪器和设备原价（万元）
			#博士	#硕士		
全 省	**254**	**17983**	**173**	**1032**	**652093**	**472406**
福州市	**36**	**2825**	**48**	**90**	**126262**	**98934**
鼓楼区	2	874	13		26450	3737
台江区						
仓山区	7	192	7	19	3948	3499
马尾区	2	83		1	2037	1118
晋安区	1	70			675	4
长乐区	4	164	1	7	7524	16532
闽侯县	5	279	2	17	13889	45733
连江县	2	65	4	13	949	555
罗源县	2	34			555	905
闽清县						
永泰县						
平潭县						
福清市	11	1064	21	33	70233	26852
厦门市	**85**	**6676**	**34**	**364**	**208725**	**121059**
思明区	3	166		2	3008	4533
海沧区	19	2270	9	153	72755	55842
湖里区	13	515		7	11801	3471
集美区	13	664	3	10	8134	5357
同安区	17	919	1	32	19585	12192
翔安区	1	8			79	11
火炬高新区	19	2134	21	160	93363	39653
莆田市	**17**	**306**	**2**	**4**	**4643**	**4658**
城厢区	1	5			66	20
涵江区	15	272	2	4	4376	3934
荔城区						
秀屿区						
仙游县	1	29			201	704
北 岸						
三明市	**1**	**5**	**1**	**2**	**267**	**154**
梅列区						
三元区						
明溪县						
清流县						
宁化县						
大田县	1	5	1	2	267	154
尤溪县						
沙 县						
将乐县						
泰宁县						
建宁县						
永安市						
泉州市	**70**	**3445**	**18**	**95**	**122989**	**119074**
鲤城区	1	1			5	246
丰泽区	5	94	1	6	1107	426
洛江区	1	24			571	412
泉港区						
惠安县	6	93		9	1930	319
安溪县	1	20		1	890	120

1-F-11　续表

地　　区	机构数(个)	机构人员数(人)			机构经费支出(万元)	仪器和设备原价(万元)
			#博士	#硕士		
永春县	3	24			229	444
德化县	1	13			161	551
台商投资区	8	218	2	10	9930	2986
泉州开发区						
石狮市	10	438	2	10	24519	19849
晋江市	30	2340	12	57	81290	92102
南安市	4	180	1	2	2357	1619
漳州市	**26**	**1631**	**10**	**22**	**43989**	**51352**
芗城区	2	90			995	382
龙文区	2	87			1622	5911
漳州台商投资区	4	526	1	6	19692	7951
招商局漳州开发区						
云霄县	4	78	1	3	1807	2554
漳浦县	1	65			827	826
诏安县	1	19		2	510	583
长泰县	5	230		1	4083	1487
东山县	1	27			501	125
南靖县	2	131	1	6	891	238
平和县	1	7	7		98	42
华安县						
常山华侨经济开发区						
龙海市	3	371		4	12963	31253
南平市	**3**	**284**	**6**	**4**	**10604**	**24417**
延平区	1	252	5		9818	23344
建阳区						
顺昌县	1	17	1	2	250	913
浦城县						
光泽县						
松溪县						
政和县						
邵武市						
武夷山市	1	15		2	536	160
建瓯市						
龙岩市	**6**	**181**	**3**	**2**	**3578**	**4924**
新罗区	2	58		2	837	1523
永定区						
长汀县						
上杭县						
武平县						
连城县						
漳平市	4	123	3		2741	3401
宁德市	**10**	**2630**	**51**	**449**	**131039**	**47835**
蕉城区	8	2600	51	449	130763	47527
霞浦县						
古田县						
屏南县						
寿宁县						
柘荣县						
东侨开发区						
福安市	1	18			200	100
福鼎市	1	12			75	208

1-F-12 各地区外商投资企业办研发机构情况

地区	机构数（个）	机构人员数（人）	#博士	#硕士	机构经费支出（万元）	仪器和设备原价（万元）
全省	**178**	**16830**	**130**	**1745**	**437338**	**414166**
福州市	**35**	**5341**	**63**	**1177**	**145311**	**72105**
鼓楼区						
仓山区	15	3608	28	909	99936	32702
马尾区	2	31		4	363	305
晋安区	3	634	23	190	16583	7651
长乐区	2	75	8	7	3598	5011
闽侯县	7	714		55	18751	12336
连江县	1	12			700	550
罗源县	1	28			581	3030
闽清县						
永泰县						
平潭县						
福清市	4	239	4	12	4800	10520
厦门市	**73**	**8956**	**26**	**482**	**233649**	**233453**
思明区	3	690	1	38	19227	15154
海沧区	17	1622	4	26	35538	74997
湖里区	3	510		52	10620	2395
集美区	19	3534	13	189	83597	109853
同安区	16	550	3	22	11906	13323
翔安区	4	534			6274	1077
火炬高新区	11	1516	5	155	66487	16655
莆田市	**7**	**175**	**8**	**7**	**2684**	**3102**
城厢区	1	8	1	3	244	1123
涵江区	4	117		1	1805	610
荔城区	1	5	2	3	11	1267
秀屿区	1	45	5		625	103
仙游县						
北岸						
三明市	**4**	**68**	**2**	**2**	**2520**	**4091**
梅列区						
三元区						
明溪县						
宁化县						
大田县	1	10			5	71
尤溪县						
沙县						
将乐县						
建宁县	3	58	2	2	2515	4020
永安市						
泉州市	**18**	**739**	**7**	**25**	**13599**	**62289**
鲤城区	2	323			1508	459
丰泽区						
洛江区	1	28		3	343	56
泉港区	1	16	1	5	120	95
惠安县	4	46	1	4	882	830

1-F-12　续表

地　　区	机构数（个）	机构人员数（人）	#博士	#硕士	机构经费支出（万元）	仪器和设备原价（万元）
安溪县						
永春县	1	121			2846	29653
德化县	1	12			286	42
台商投资区	2	67	2	6	1648	29124
泉州开发区						
石狮市	1	39			659	702
晋江市	4	81	3	6	4545	991
南安市	1	6		1	761	337
漳州市	**16**	**614**	**5**	**17**	**11214**	**8781**
芗城区	1	25			515	75
龙文区	2	56			1052	354
漳州台商投资区	3	111	1	2	3370	865
招商局漳州开发区						
云霄县	2	73	4	12	871	975
漳浦县	3	196		2	3261	4759
诏安县						
长泰县						
东山县	1	12			95	311
南靖县	4	141		1	2051	1443
平和县						
华安县						
常山华侨经济开发区						
龙海市						
南平市	**6**	**172**	**1**	**12**	**2832**	**7545**
延平区	3	24		2	456	830
建阳区						
顺昌县	1	93		4	87	3257
浦城县	1	54	1	6	1384	1524
光泽县						
松溪县						
邵武市	1	1			905	1934
武夷山市						
建瓯市						
龙岩市	**10**	**575**	**11**	**8**	**20972**	**19772**
新罗区	8	534	9	8	19601	17167
永定区						
长汀县						
上杭县	1	9				2569
武平县	1	32	2		1371	36
连城县						
漳平市						
宁德市	**9**	**190**	**7**	**15**	**4557**	**3027**
古田县						
屏南县						
寿宁县	2	65	1	2	1671	9
东侨开发区	6	62	6	12	2481	2957
福安市						
福鼎市	1	63		1	405	62

G. 企业新产品开发及销售情况

1-G-1　分登记注册类型企业新产品开发及销售情况

登记注册类型	新产品开发项目数（项）	新产品开发经费支出（万元）	新产品销售收入（万元）	#出口
总　计	**18067**	**4966148**	**53008984**	**13328030**
内资企业	**13023**	**3132661**	**30670734**	**4003656**
国有企业	3	720	35862	
集体企业				
股份合作企业	7	660	1253	
联营企业				
国有联营企业				
集体联营企业				
国有与集体联营企业				
其他联营企业				
有限责任公司	3340	991385	12470365	1407099
国有独资公司	193	11004	82141	2207
其他有限责任公司	3147	980381	12388224	1404892
股份有限公司	1767	406889	5153571	785932
私营企业	7906	1733007	13009683	1810624
私营独资企业	30	10187	9471	562
私营合伙企业	4	1642	512	
私营有限责任公司	6863	1259317	8685093	1232607
私营股份有限公司	1009	461861	4314607	577456
其他企业				
港、澳、台商投资企业	**3157**	**1186117**	**13517989**	**5852319**
合资经营企业	1073	318601	2930516	1149163
合作经营企业	3	1395	439	343
港、澳、台商独资经营企业	1800	805995	9725966	4392794
港、澳、台商投资股份有限公司	258	55776	756144	240836
其他港、澳、台投资企业	23	4351	104925	69183
外商投资企业	**1887**	**647371**	**8820262**	**3472055**
中外合资经营企业	690	284282	2208259	742346
中外合作经营企业	99	14818	192613	41869
外资企业	986	319600	6161988	2616967
外商投资股份有限公司	82	23579	198988	70872
其他外商投资企业	30	5092	58414	

1-G-2　分登记注册类型大中型企业新产品开发及销售情况

登记注册类型	新产品开发项目数(项)	新产品开发经费支出(万元)	新产品销售收入(万元)	#出口
总　计	**8795**	**3598283**	**44264307**	**12350256**
内资企业	**5446**	**2025373**	**24611312**	**3266874**
国有企业	3	720	35751	
集体企业				
股份合作企业	5	332		
联营企业				
国有联营企业				
集体联营企业				
国有与集体联营企业				
其他联营企业				
有限责任公司	1763	756138	11323786	1332809
国有独资公司	159	8031	64718	
其他有限责任公司	1604	748108	11259068	1332809
股份有限公司	1162	314280	4441648	607652
私营企业	2513	953903	8810128	1326413
私营独资企业	3	954		
私营合伙企业				
私营有限责任公司	2069	557688	5056138	800748
私营股份有限公司	441	395261	3753990	525666
其他企业				
港、澳、台商投资企业	**2152**	**1014617**	**12561428**	**5717910**
合资经营企业	735	261865	2633841	1107887
合作经营企业	2	943	96	
港、澳、台商独资经营企业	1195	699792	9208160	4320660
港、澳、台商投资股份有限公司	212	50368	630815	226319
其他港、澳、台投资企业	8	1650	88516	63044
外商投资企业	**1197**	**558293**	**7091566**	**3365472**
中外合资经营企业	383	243418	1944359	723733
中外合作经营企业	95	13485	191770	41489
外资企业	618	275430	4705218	2529377
外商投资股份有限公司	79	22177	192253	70872
其他外商投资企业	22	3783	57967	

1-G-3 分行业企业新产品开发及销售情况

行业	新产品开发项目数(项)	新产品开发经费支出(万元)	新产品销售收入(万元)	#出口
总 计	**18067**	**4966148**	**53008984**	**13328030**
采矿业	**36**	**5879**	**11694**	
煤炭开采和洗选业	4	357		
烟煤和无烟煤开采洗选	4	357		
褐煤开采洗选				
其他煤炭采选				
石油和天然气开采业				
石油开采				
天然气开采				
黑色金属矿采选业	3	367		
铁矿采选	3	367		
锰矿、铬矿采选				
其他黑色金属矿采选				
有色金属矿采选业	10	898	262	
常用有色金属矿采选				
贵金属矿采选	10	898		
稀有稀土金属矿采选			262	
非金属矿采选业	19	4257	11432	
土砂石开采	18	4033	11432	
化学矿开采				
采盐				
石棉及其他非金属矿采选	1	224		
开采专业及辅助性活动				
煤炭开采和洗选专业及辅助性活动				
石油和天然气开采专业及辅助性活动				
其他开采专业及辅助性活动				
其他采矿业				
其他采矿业				
制造业	**17795**	**4919053**	**52846001**	**13328030**
农副食品加工业	722	167191	1034555	198298
谷物磨制	19	5191	26567	
饲料加工	272	48665	415722	473
植物油加工	17	3801	144	
制糖业				
屠宰及肉类加工	106	24078	88664	16020
水产品加工	165	56129	365032	175590
蔬菜、菌类、水果和坚果加工	115	24517	86305	1740
其他农副食品加工	28	4809	52122	4475
食品制造业	603	116674	474372	26636
焙烤食品制造	93	21147	25860	520
糖果、巧克力及蜜饯制造	89	23704	81982	574
方便食品制造	75	13652	68061	
乳制品制造	1	3029	13643	
罐头食品制造	97	18228	36840	17218
调味品、发酵制品制造	39	11660	20575	64
其他食品制造	209	25254	227412	8261
酒、饮料和精制茶制造业	322	64249	276635	7034
酒的制造	43	17994	101612	
饮料制造	99	16566	73870	6510
精制茶加工	180	29690	101154	525

1-G-3　续表 1

行　　业	新产品开发项目数(项)	新产品开发经费支出(万元)	新产品销售收入(万元)	#出口
烟草制品业	25	3209	21997	
烟叶复烤	5	201		
卷烟制造	15	2109	21249	
其他烟草制品制造	5	899	748	
纺织业	633	199621	1884058	169692
棉纺织及印染精加工	238	132973	1444229	120867
毛纺织及染整精加工	3	285	550	
麻纺织及染整精加工				
丝绢纺织及印染精加工				
化纤织造及印染精加工	40	10965	81241	1412
针织或钩针编织物及其制品制造	137	24899	141919	7390
家用纺织制成品制造	44	4422	31192	12054
产业用纺织制成品制造	171	26077	184926	27970
纺织服装、服饰业	278	120722	1052568	135294
机织服装制造	209	82370	902255	112632
针织或钩针编织服装制造	64	36279	149924	22413
服饰制造	5	2073	389	249
皮革、毛皮、羽毛及其制品和制鞋业	549	249557	2347749	187278
皮革鞣制加工	41	10001	196948	17514
皮革制品制造	68	25265	179896	65474
毛皮鞣制及制品加工				
羽毛(绒)加工及制品制造				
制鞋业	440	214291	1970905	104290
木材加工和木、竹、藤、棕、草制品业	203	36926	183049	32541
木材加工	13	4534	23443	23443
人造板制造	86	15357	89747	1633
木质制品制造	42	4693	42399	
竹、藤、棕、草等制品制造	62	12343	27461	7465
家具制造业	142	23712	245310	77184
木质家具制造	73	13955	217820	71234
竹、藤家具制造	4	448	86	
金属家具制造	38	6305	9237	5945
塑料家具制造				
其他家具制造	27	3004	18167	5
造纸和纸制品业	266	95594	650049	29342
纸浆制造	1	62		
造纸	89	46370	417423	1153
纸制品制造	176	49162	232626	28189
印刷和记录媒介复制业	91	20206	332005	6196
印刷	91	20206	332005	6196
装订及印刷相关服务				
记录媒介复制				
文教、工美、体育和娱乐用品制造业	595	93716	654248	390697
文教办公用品制造	56	12100	33705	3848
乐器制造	4	569	273	273
工艺美术及礼仪用品制造	229	44337	303804	180206
体育用品制造	237	22073	233419	141990
玩具制造	57	10318	51759	33092
游艺器材及娱乐用品制造	12	4319	31288	31288
石油、煤炭及其他燃料加工业	42	14794	584700	51847

1-G-3 续表 2

行　业	新产品开发项目数（项）	新产品开发经费支出（万元）	新产品销售收入（万元）	#出口
精炼石油产品制造	28	12073	520181	
煤炭加工	4	1327		
核燃料加工				
生物质燃料加工	10	1394	64519	51847
化学原料和化学制品制造业	938	171509	3143848	228163
基础化学原料制造	119	24500	663980	53358
肥料制造	32	6294	59945	
农药制造	21	1856	7679	
涂料、油墨、颜料及类似产品制造	200	27348	258797	21486
合成材料制造	147	48108	1675710	8417
专用化学产品制造	249	45629	353734	115466
炸药、火工及焰火产品制造	5	1366	34077	
日用化学产品制造	165	16408	89927	29437
医药制造业	771	79061	632369	60960
化学药品原料药制造	83	8499	171034	52508
化学药品制剂制造	193	15436	192023	43
中药饮片加工	16	2021	2778	
中成药生产	192	21572	114438	1549
兽用药品制造	32	2495	5880	695
生物药品制品制造	243	28455	137696	6166
卫生材料及医药用品制造	2	102		
药用辅料及包装材料	10	482	8520	
化学纤维制造业	330	132359	2426111	203910
纤维素纤维原料及纤维制造	24	18713	344145	44569
合成纤维制造	306	113646	2081966	159341
生物基材料制造				
橡胶和塑料制品业	900	193528	1423414	236525
橡胶制品业	156	58684	263936	24244
塑料制品业	744	134843	1159478	212282
非金属矿物制品业	943	260278	1656552	354234
水泥、石灰和石膏制造	76	24407	204639	
石膏、水泥制品及类似制品制造	128	22753	123888	2238
砖瓦、石材等建筑材料制造	137	28696	159334	29748
玻璃制造	49	39427	304718	182821
玻璃制品制造	49	5189	51086	13511
玻璃纤维和玻璃纤维增强塑料制品制造	26	2450	4849	
陶瓷制品制造	426	128707	692514	123852
耐火材料制品制造	13	2337	21046	2064
石墨及其他非金属矿物制品制造	39	6312	94479	
黑色金属冶炼和压延加工业	107	109186	2656339	81
炼铁				
炼钢	1	2334		
钢压延加工	99	105687	2656339	81
铁合金冶炼	7	1165		
有色金属冶炼和压延加工业	318	135837	1709480	159770
常用有色金属冶炼	17	25011	8557	
贵金属冶炼	11	5021	293847	
稀有稀土金属冶炼	19	19573	562765	38583
有色金属合金制造	52	5929	53559	1580
有色金属压延加工	219	80305	790752	119607
金属制品业	849	136648	1212593	494734

1-G-3　续表 3

行　业	新产品开发项目数（项）	新产品开发经费支出（万元）	新产品销售收入（万元）	#出口
结构性金属制品制造	205	25631	113417	27538
金属工具制造	82	8042	151462	24986
集装箱及金属包装容器制造	41	8106	70976	900
金属丝绳及其制品制造	5	452	2198	91
建筑、安全用金属制品制造	303	55766	408208	303742
金属表面处理及热处理加工	34	5882	104740	
搪瓷制品制造	3	230		
金属制日用品制造	15	1454	69655	11248
铸造及其他金属制品制造	161	31086	291938	126229
通用设备制造业	954	199982	1746108	316822
锅炉及原动设备制造	29	3755	30737	1009
金属加工机械制造	112	16464	108791	5525
物料搬运设备制造	141	19510	235345	44735
泵、阀门、压缩机及类似机械制造	184	39723	215446	10817
轴承、齿轮和传动部件制造	86	16983	170325	20992
烘炉、风机、包装等设备制造	136	16259	195082	72806
文化、办公用机械制造	119	70027	608870	142477
通用零部件制造	87	10547	104404	13622
其他通用设备制造业	60	6714	77109	4840
专用设备制造业	1221	222625	2197531	229940
采矿、冶金、建筑专用设备制造	248	70265	812876	55994
化工、木材、非金属加工专用设备制造	201	27731	167400	29766
食品、饮料、烟草及饲料生产专用设备制造	28	7796	6249	
印刷、制药、日化及日用品生产专用设备制造	51	5746	34817	11206
纺织、服装和皮革加工专用设备制造	118	17961	81681	9924
电子和电工机械专用设备制造	63	11695	124089	1026
农、林、牧、渔专用机械制造	31	3564	10091	62
医疗仪器设备及器械制造	221	25202	185316	85792
环保、邮政、社会公共服务及其他专用设备制造	260	52665	775013	36170
汽车制造业	789	222500	2409879	475573
汽车整车制造	70	101039	1553371	312817
汽车用发动机制造				
改装汽车制造	94	16469	159193	
低速汽车制造				
电车制造	2	159		
汽车车身、挂车制造	30	4918	42398	1286
汽车零部件及配件制造	593	99914	654916	161470
铁路、船舶、航空航天和其他运输设备制造业	208	37443	510454	234767
铁路运输设备制造	1	3103	1341	
城市轨道交通设备制造				
船舶及相关装置制造	112	20719	318048	129979
航空、航天器及设备制造				
摩托车制造	63	11235	184828	99396
自行车和残疾人座车制造	24	2160	5975	5392
助动车制造				
非公路休闲车及零配件制造				
潜水救捞及其他未列明运输设备制造	8	226	262	
电气机械和器材制造业	1639	719089	7400458	1969517
电机制造	165	23633	285046	175379
输配电及控制设备制造	624	87020	788963	76812
电线、电缆、光缆及电工器材制造	78	38248	138248	2889

1-G-3 续表 4

行　　业	新产品开发项目数（项）	新产品开发经费支出（万元）	新产品销售收入（万元）	#出口
电池制造	182	469537	5066750	1113070
家用电力器具制造	205	47059	587820	234530
非电力家用器具制造	18	2921	35871	
照明器具制造	327	47047	467627	364508
其他电气机械及器材制造	40	3624	30135	2331
计算机、通信和其他电子设备制造业	2778	1018837	13457591	6907198
计算机制造	395	210179	2425869	1506566
通信设备制造	346	82722	1133172	105678
广播电视设备制造	168	39731	362674	81933
雷达及配套设备制造	7	415	450	
非专业视听设备制造	188	67471	1803076	1495957
智能消费设备制造	81	18969	396493	84744
电子器件制造	1012	472221	6580153	3525341
电子元件及电子专用材料制造	430	111088	597547	87945
其他电子设备制造	151	16042	158158	19035
仪器仪表制造业	479	51258	383021	117324
通用仪器仪表制造	246	23149	153558	18387
专用仪器仪表制造	39	5621	50755	5303
钟表与计时仪器制造	85	11384	68131	45244
光学仪器制造	85	8157	104700	48272
衡器制造	5	946	1012	6
其他仪器仪表制造业	19	2001	4865	112
其他制造业	68	18645	115402	26473
日用杂品制造	52	17421	107136	26473
核辐射加工				
其他未列明制造业	16	1224	8267	
废弃资源综合利用业	15	2455	14042	
金属废料和碎屑加工处理				
非金属废料和碎屑加工处理	15	2455	14042	
金属制品、机械和设备修理业	17	1643	9514	
金属制品修理	1	65		
通用设备修理				
专用设备修理	2	165		
铁路、船舶、航空航天等运输设备修理	14	1414	9514	
电气设备修理				
仪器仪表修理				
其他机械和设备修理业				
电力、热力、燃气及水生产和供应业	**236**	**41216**	**151289**	
电力、热力生产和供应业	181	32384	30	
电力生产	47	28609		
电力供应	119	2545		
热力生产和供应	15	1229	30	
燃气生产和供应业	50	8331	151260	
燃气生产和供应业	50	8331	151260	
生物质燃气生产和供应业				
水的生产和供应业	5	501		
自来水生产和供应	2	234		
污水处理及其再生利用	3	267		
海水淡化处理				
其他水的处理、利用与分配				

1-G-4 分行业大中型企业新产品开发及销售情况

行 业	新产品开发项目数（项）	新产品开发经费支出（万元）	新产品销售收入（万元）	#出口
总 计	**8795**	**3598283**	**44264307**	**12350256**
采矿业	**13**	**1180**	**5086**	
煤炭开采和洗选业	2	91		
烟煤和无烟煤开采洗选	2	91		
褐煤开采洗选				
其他煤炭采选				
石油和天然气开采业				
石油开采				
天然气开采				
黑色金属矿采选业	1	140		
铁矿采选	1	140		
锰矿、铬矿采选				
其他黑色金属矿采选				
有色金属矿采选业	5	687	262	
常用有色金属矿采选				
贵金属矿采选	5	687		
稀有稀土金属矿采选			262	
非金属矿采选业	5	262	4824	
土砂石开采	5	262	4824	
化学矿开采				
采盐				
石棉及其他非金属矿采选				
开采专业及辅助性活动				
煤炭开采和洗选专业及辅助性活动				
石油和天然气开采专业及辅助性活动				
其他开采专业及辅助性活动				
其他采矿业				
其他采矿业				
制造业	**8579**	**3559472**	**44107965**	**12350256**
农副食品加工业	265	76780	653161	189625
谷物磨制				
饲料加工	95	18013	199384	
植物油加工	3	688		
制糖业				
屠宰及肉类加工	33	13279	73082	16020
水产品加工	86	33333	286744	168190
蔬菜、菌类、水果和坚果加工	42	10610	44569	1590
其他农副食品加工	6	857	49382	3825
食品制造业	256	65437	265859	23907
焙烤食品制造	54	16336	11129	20
糖果、巧克力及蜜饯制造	48	15514	50891	574
方便食品制造	26	5609	39305	
乳制品制造	1	3029	13643	
罐头食品制造	64	10374	33630	15029
调味品、发酵制品制造	9	3410	1261	64
其他食品制造	54	11164	116000	8221
酒、饮料和精制茶制造业	120	32112	203109	6736
酒的制造	12	11523	87000	
饮料制造	57	11254	66009	6510
精制茶加工	51	9335	50099	226

1-G-4 续表 1

行业	新产品开发项目数（项）	新产品开发经费支出（万元）	新产品销售收入（万元）	#出口
烟草制品业	24	2443	21997	
烟叶复烤	5	201		
卷烟制造	14	1343	21249	
其他烟草制品制造	5	899	748	
纺织业	408	157610	1702890	149230
棉纺织及印染精加工	190	115171	1410633	120867
毛纺织及染整精加工				
麻纺织及染整精加工				
丝绢纺织及印染精加工				
化纤织造及印染精加工	28	4383	30190	412
针织或钩针编织物及其制品制造	76	18939	101721	765
家用纺织制成品制造	21	2417	14623	2374
产业用纺织制成品制造	93	16700	145723	24813
纺织服装、服饰业	194	104809	1012485	124304
机织服装制造	144	70273	889229	111633
针织或钩针编织服装制造	49	33599	123256	12671
服饰制造	1	938		
皮革、毛皮、羽毛及其制品和制鞋业	451	225613	2310946	183070
皮革鞣制加工	28	7238	195918	17514
皮革制品制造	56	20835	178561	64504
毛皮鞣制及制品加工				
羽毛(绒)加工及制品制造				
制鞋业	367	197540	1936467	101052
木材加工和木、竹、藤、棕、草制品业	40	9147	115836	6950
木材加工				
人造板制造	18	4132	68665	908
木质制品制造	7	2048	39363	
竹、藤、棕、草等制品制造	15	2967	7807	6042
家具制造业	60	12989	208754	72672
木质家具制造	34	8392	202944	68798
竹、藤家具制造	1	39		
金属家具制造	16	3400	5750	3873
塑料家具制造				
其他家具制造	9	1158	60	
造纸和纸制品业	124	70801	530280	9476
纸浆制造				
造纸	47	39728	361472	1153
纸制品制造	77	31073	168808	8323
印刷和记录媒介复制业	44	13021	293948	3215
印刷	44	13021	293948	3215
装订及印刷相关服务				
记录媒介复制				
文教、工美、体育和娱乐用品制造业	321	55866	540287	342033
文教办公用品制造	13	6164	27478	3680
乐器制造	3	410	273	273
工艺美术及礼仪用品制造	104	23915	235599	150300
体育用品制造	156	14511	204078	124929
玩具制造	36	6818	41571	31562
游艺器材及娱乐用品制造	9	4048	31288	31288
石油、煤炭及其他燃料加工业	11	10885	497033	

1-G-4　续表 2

行　业	新产品开发项目数（项）	新产品开发经费支出（万元）	新产品销售收入（万元）	#出口
精炼石油产品制造	11	10885	497033	
煤炭加工				
核燃料加工				
生物质燃料加工				
化学原料和化学制品制造业	252	68255	1032367	116733
基础化学原料制造	44	9164	511168	41680
肥料制造	3	895	39696	
农药制造				
涂料、油墨、颜料及类似产品制造	71	16477	176153	20732
合成材料制造	29	23243	116831	968
专用化学产品制造	37	10320	110069	43228
炸药、火工及焰火产品制造	4	1247	34077	
日用化学产品制造	64	6909	44372	10126
医药制造业	361	40204	414102	59123
化学药品原料药制造	32	3432	129211	50987
化学药品制剂制造	79	7181	127005	
中药饮片加工	5	124	295	
中成药生产	120	13162	67562	1549
兽用药品制造	12	1475	4818	695
生物药品制品制造	113	14830	85212	5893
卫生材料及医药用品制造				
药用辅料及包装材料				
化学纤维制造业	285	120874	2314055	203620
纤维素纤维原料及纤维制造	16	16496	341971	44569
合成纤维制造	269	104379	1972083	159051
生物基材料制造				
橡胶和塑料制品业	396	117920	897386	196542
橡胶制品业	82	52039	234013	18640
塑料制品业	314	65882	663373	177902
非金属矿物制品业	496	190837	1166282	332467
水泥、石灰和石膏制造	34	14812	55731	
石膏、水泥制品及类似制品制造	17	8513	61977	
砖瓦、石材等建筑材料制造	74	16580	94389	29748
玻璃制造	35	37167	302403	182821
玻璃制品制造	11	2670	33750	12579
玻璃纤维和玻璃纤维增强塑料制品制造	22	1982		
陶瓷制品制造	289	105835	556407	105255
耐火材料制品制造	6	1499	3800	2064
石墨及其他非金属矿物制品制造	8	1780	57826	
黑色金属冶炼和压延加工业	65	103734	2587016	
炼铁				
炼钢	1	2334		
钢压延加工	64	101400	2587016	
铁合金冶炼				
有色金属冶炼和压延加工业	197	106888	1548506	144308
常用有色金属冶炼	14	23974		
贵金属冶炼	7	2383	293497	
稀有稀土金属冶炼	14	18034	513825	30187
有色金属合金制造	9	842		
有色金属压延加工	153	61656	741184	114121

1-G-4 续表 3

行　　业	新产品开发项目数（项）	新产品开发经费支出（万元）	新产品销售收入（万元）	
				#出口
金属制品业	367	86484	939917	443242
结构性金属制品制造	69	12770	38073	2337
金属工具制造	29	2776	119894	17070
集装箱及金属包装容器制造	5	3699	38400	
金属丝绳及其制品制造				
建筑、安全用金属制品制造	163	41277	369100	298126
金属表面处理及热处理加工	24	3903	69101	
搪瓷制品制造				
金属制日用品制造	1	411	49636	
铸造及其他金属制品制造	76	21648	255713	125710
通用设备制造业	361	124561	1238224	271637
锅炉及原动设备制造	18	1755	4650	870
金属加工机械制造	15	4480	37144	
物料搬运设备制造	94	12739	191660	41469
泵、阀门、压缩机及类似机械制造	74	23924	159899	1434
轴承、齿轮和传动部件制造	49	12750	136454	15204
烘炉、风机、包装等设备制造	33	3931	114270	68174
文化、办公用机械制造	72	63289	565454	139751
通用零部件制造	6	1692	28693	4735
其他通用设备制造业				
专用设备制造业	406	114634	1543480	173334
采矿、冶金、建筑专用设备制造	126	50459	664884	48936
化工、木材、非金属加工专用设备制造	68	9793	80398	19498
食品、饮料、烟草及饲料生产专用设备制造	5	1778	218	
印刷、制药、日化及日用品生产专用设备制造	10	635	25467	9845
纺织、服装和皮革加工专用设备制造	11	4546	21322	2001
电子和电工机械专用设备制造	12	3920	44233	
农、林、牧、渔专用机械制造				
医疗仪器设备及器械制造	108	14544	137951	69766
环保、邮政、社会公共服务及其他专用设备制造	66	28959	569008	23287
汽车制造业	331	160056	2003808	423346
汽车整车制造	50	90457	1437527	312754
汽车用发动机制造				
改装汽车制造	51	12375	136312	
低速汽车制造				
电车制造				
汽车车身、挂车制造	12	3141	31050	1286
汽车零部件及配件制造	218	54083	398919	109306
铁路、船舶、航空航天和其他运输设备制造业	113	30176	465899	221693
铁路运输设备制造	1	3103	1341	
城市轨道交通设备制造				
船舶及相关装置制造	76	19158	309902	129816
航空、航天器及设备制造				
摩托车制造	31	6848	154657	91878
自行车和残疾人座车制造	5	1067		
助动车制造				
非公路休闲车及零配件制造				
潜水救捞及其他未列明运输设备制造				
电气机械和器材制造业	790	614691	6645260	1773722
电机制造	78	14624	158959	105770

1-G-4 续表 4

行业	新产品开发项目数(项)	新产品开发经费支出(万元)	新产品销售收入(万元)	#出口
输配电及控制设备制造	190	44429	491193	48300
电线、电缆、光缆及电工器材制造	49	33287	74140	2889
电池制造	128	450941	5033976	1112873
家用电力器具制造	149	39588	543403	222557
非电力家用器具制造				
照明器具制造	180	30074	324216	281333
其他电气机械及器材制造	16	1749	19374	
计算机、通信和其他电子设备制造业	1660	811712	12690689	6775441
计算机制造	301	200939	2372599	1504076
通信设备制造	136	50665	1002152	76861
广播电视设备制造	129	31914	344399	77823
雷达及配套设备制造				
非专业视听设备制造	118	55624	1738797	1452857
智能消费设备制造	35	16781	390926	84032
电子器件制造	690	371442	6274280	3497731
电子元件及电子专用材料制造	214	75802	492907	82061
其他电子设备制造	37	8547	74630	
仪器仪表制造业	143	21384	215167	92130
通用仪器仪表制造	43	6573	48968	17930
专用仪器仪表制造	3	2259	45221	5214
钟表与计时仪器制造	41	6662	43870	24582
光学仪器制造	54	5416	76473	44404
衡器制造				
其他仪器仪表制造业	2	474	636	
其他制造业	24	8135	39712	11702
日用杂品制造	24	8135	39712	11702
核辐射加工				
其他未列明制造业				
废弃资源综合利用业				
金属废料和碎屑加工处理				
非金属废料和碎屑加工处理				
金属制品、机械和设备修理业	14	1414	9514	
金属制品修理				
通用设备修理				
专用设备修理				
铁路、船舶、航空航天等运输设备修理	14	1414	9514	
电气设备修理				
仪器仪表修理				
其他机械和设备修理业				
电力、热力、燃气及水生产和供应业	**203**	**37631**	**151255**	
电力、热力生产和供应业	154	29918		
电力生产	35	27373		
电力供应	119	2545		
热力生产和供应				
燃气生产和供应业	48	7702	151255	
燃气生产和供应业	48	7702	151255	
水的生产和供应业	1	11		
自来水生产和供应	1	11		
污水处理及其再生利用				
其他水的处理、利用与分配				

1-G-5 分行业内资企业新产品开发及销售情况

行 业	新产品开发项目数（项）	新产品开发经费支出（万元）	新产品销售收入（万元）	#出口
总 计	**13023**	**3132661**	**30670734**	**4003656**
采矿业	**36**	**5879**	**11694**	
煤炭开采和洗选业	4	357		
烟煤和无烟煤开采洗选	4	357		
褐煤开采洗选				
其他煤炭采选				
石油和天然气开采业				
石油开采				
天然气开采				
黑色金属矿采选业	3	367		
铁矿采选	3	367		
锰矿、铬矿采选				
其他黑色金属矿采选				
有色金属矿采选业	10	898	262	
常用有色金属矿采选				
贵金属矿采选	10	898		
稀有稀土金属矿采选			262	
非金属矿采选业	19	4257	11432	
土砂石开采	18	4033	11432	
化学矿开采				
采盐				
石棉及其他非金属矿采选	1	224		
开采专业及辅助性活动				
煤炭开采和洗选专业及辅助性活动				
石油和天然气开采专业及辅助性活动				
其他开采专业及辅助性活动				
其他采矿业				
其他采矿业				
制造业	**12755**	**3090354**	**30507750**	**4003656**
农副食品加工业	599	127009	694482	55740
谷物磨制	16	4452	15408	
饲料加工	234	35484	270438	473
植物油加工	14	3113	144	
制糖业				
屠宰及肉类加工	90	21471	79719	13731
水产品加工	133	39007	197037	36508
蔬菜、菌类、水果和坚果加工	85	18693	79638	553
其他农副食品加工	27	4790	52098	4475
食品制造业	475	90777	383796	25836
焙烤食品制造	53	10712	22158	500
糖果、巧克力及蜜饯制造	67	19708	46890	574
方便食品制造	62	12158	65655	
乳制品制造	1	3029	13643	
罐头食品制造	80	13307	32378	16438
调味品、发酵制品制造	32	10122	20575	64
其他食品制造	180	21739	182496	8261
酒、饮料和精制茶制造业	246	45669	117653	525
酒的制造	35	8040	14612	
饮料制造	37	9208	9218	
精制茶加工	174	28421	93824	525

1-G-5　续表 1

行　　业	新产品开发项目数（项）	新产品开发经费支出（万元）	新产品销售收入（万元）	#出口
烟草制品业	25	3209	21997	
烟叶复烤	5	201		
卷烟制造	15	2109	21249	
其他烟草制品制造	5	899	748	
纺织业	395	125901	1175316	46528
棉纺织及印染精加工	119	78096	861381	23199
毛纺织及染整精加工	3	285	550	
麻纺织及染整精加工				
丝绢纺织及印染精加工				
化纤织造及印染精加工	22	5332	67506	412
针织或钩针编织物及其制品制造	126	21740	110686	5136
家用纺织制成品制造	33	3795	21512	2374
产业用纺织制成品制造	92	16653	113681	15407
纺织服装、服饰业	145	44535	555858	104959
机织服装制造	116	30607	465274	92146
针织或钩针编织服装制造	25	12793	90196	12564
服饰制造	4	1135	389	249
皮革、毛皮、羽毛及其制品和制鞋业	290	80445	1135836	86589
皮革鞣制加工	28	7207	193600	17200
皮革制品制造	28	5885	20206	8850
毛皮鞣制及制品加工				
羽毛(绒)加工及制品制造				
制鞋业	234	67353	922031	60539
木材加工和木、竹、藤、棕、草制品业	185	32989	141038	30908
木材加工	13	4534	23443	23443
人造板制造	81	13860	87205	
木质制品制造	30	2460	2928	
竹、藤、棕、草等制品制造	61	12134	27461	7465
家具制造业	114	20488	208074	56403
木质家具制造	63	12759	184110	52464
竹、藤家具制造	4	448	86	
金属家具制造	23	4731	5712	3935
塑料家具制造				
其他家具制造	24	2550	18167	5
造纸和纸制品业	143	56790	362781	20708
纸浆制造	1	62		
造纸	50	31880	289319	153
纸制品制造	92	24848	73462	20555
印刷和记录媒介复制业	76	15968	294318	3366
印刷	76	15968	294318	3366
装订及印刷相关服务				
记录媒介复制				
文教、工美、体育和娱乐用品制造业	370	55004	331836	171527
文教办公用品制造	49	6894	22648	168
乐器制造	1	159		
工艺美术及礼仪用品制造	179	36154	197398	104892
体育用品制造	92	6965	45483	10457
玩具制造	40	3191	35019	24722
游艺器材及娱乐用品制造	9	1642	31288	31288
石油、煤炭及其他燃料加工业	33	13903	484631	51847

1-G-5 续表 2

行 业	新产品开发项目数（项）	新产品开发经费支出（万元）	新产品销售收入（万元）	#出口
精炼石油产品制造	19	11181	420112	
煤炭加工	4	1327		
核燃料加工				
生物质燃料加工	10	1394	64519	51847
化学原料和化学制品制造业	789	153882	1811650	214746
基础化学原料制造	111	21965	622972	45705
肥料制造	30	5911	59899	
农药制造	21	1856	7679	
涂料、油墨、颜料及类似产品制造	176	24967	216260	21486
合成材料制造	128	43808	507308	8417
专用化学产品制造	202	42048	302781	110709
炸药、火工及焰火产品制造	5	1366	34077	
日用化学产品制造	116	11962	60673	28430
医药制造业	515	54110	326671	31355
化学药品原料药制造	76	7727	143299	27581
化学药品制剂制造	173	12221	66098	43
中药饮片加工	16	2021	2778	
中成药生产	112	15550	25910	1549
兽用药品制造	26	1608	1062	
生物药品制品制造	105	14612	80504	2181
卫生材料及医药用品制造	2	102		
药用辅料及包装材料	5	270	7020	
化学纤维制造业	172	75360	1399351	5595
纤维素纤维原料及纤维制造	6	1196	1279	
合成纤维制造	166	74164	1398073	5595
生物基材料制造				
橡胶和塑料制品业	659	92507	711823	72400
橡胶制品业	101	14322	72485	10165
塑料制品业	558	78185	639338	62235
非金属矿物制品业	832	216630	1372424	166788
水泥、石灰和石膏制造	75	24237	204639	
石膏、水泥制品及类似制品制造	113	18843	120592	2238
砖瓦、石材等建筑材料制造	110	24128	142646	29322
玻璃制造	30	19020	86393	1018
玻璃制品制造	35	3759	37774	12359
玻璃纤维和玻璃纤维增强塑料制品制造	26	2450	4849	
陶瓷制品制造	397	117042	663806	121852
耐火材料制品制造	7	838	17247	
石墨及其他非金属矿物制品制造	39	6312	94479	
黑色金属冶炼和压延加工业	99	105675	2656339	81
炼铁				
炼钢				
钢压延加工	92	104510	2656339	81
铁合金冶炼	7	1165		
有色金属冶炼和压延加工业	247	93962	1458358	120423
常用有色金属冶炼	17	25011	8557	
贵金属冶炼	11	5021	293847	
稀有稀土金属冶炼	14	10343	504368	8396
有色金属合金制造	35	4098	52417	1580
有色金属压延加工	170	49491	599169	110447
金属制品业	574	71127	535154	54479

1-G-5 续表 3

行业	新产品开发项目数（项）	新产品开发经费支出（万元）	新产品销售收入（万元）	#出口
结构性金属制品制造	176	16734	73405	21438
金属工具制造	68	6552	144900	20419
集装箱及金属包装容器制造	28	6369	43752	99
金属丝绳及其制品制造	5	452	2198	91
建筑、安全用金属制品制造	141	20506	71700	12153
金属表面处理及热处理加工	32	5363	104740	
搪瓷制品制造	3	230		
金属制日用品制造	8	558	58345	
铸造及其他金属制品制造	113	14362	36114	280
通用设备制造业	623	100217	757902	61044
锅炉及原动设备制造	24	2871	14006	870
金属加工机械制造	70	10860	86137	2414
物料搬运设备制造	47	6771	43686	3266
泵、阀门、压缩机及类似机械制造	137	22636	117923	9783
轴承、齿轮和传动部件制造	52	10536	49001	7699
烘炉、风机、包装等设备制造	125	14684	131819	20136
文化、办公用机械制造	58	18004	195231	6118
通用零部件制造	64	8170	87838	7138
其他通用设备制造业	46	5685	32262	3620
专用设备制造业	889	159702	1524940	136444
采矿、冶金、建筑专用设备制造	156	45424	474131	55344
化工、木材、非金属加工专用设备制造	163	22050	102330	22033
食品、饮料、烟草及饲料生产专用设备制造	27	5250	6249	
印刷、制药、日化及日用品生产专用设备制造	38	3276	30353	9944
纺织、服装和皮革加工专用设备制造	93	14494	60394	6030
电子和电工机械专用设备制造	41	5335	43761	484
农、林、牧、渔专用机械制造	31	3564	10091	62
医疗仪器设备及器械制造	91	10001	39248	12329
环保、邮政、社会公共服务及其他专用设备制造	249	50309	758383	30218
汽车制造业	442	96823	811399	55247
汽车整车制造	34	26939	411120	17883
汽车用发动机制造				
改装汽车制造	94	16469	159193	
低速汽车制造				
电车制造	2	159		
汽车车身、挂车制造	30	4918	42398	1286
汽车零部件及配件制造	282	48337	198687	36078
铁路、船舶、航空航天和其他运输设备制造业	164	26612	398230	142704
铁路运输设备制造				
城市轨道交通设备制造				
船舶及相关装置制造	112	20719	318048	129979
航空、航天器及设备制造				
摩托车制造	35	5097	74198	7519
自行车和残疾人座车制造	9	570	5722	5207
助动车制造				
非公路休闲车及零配件制造				
潜水救捞及其他未列明运输设备制造	8	226	262	
电气机械和器材制造业	1170	480386	3824865	350774
电机制造	128	14197	192816	103286
输配电及控制设备制造	518	72597	588339	56248
电线、电缆、光缆及电工器材制造	55	26331	115940	

1-G-5 续表 4

行　　业	新产品开发项目数（项）	新产品开发经费支出（万元）	新产品销售收入（万元）	#出口
电池制造	95	313528	2572190	49726
家用电力器具制造	133	16862	152656	44534
非电力家用器具制造	12	2118	10219	
照明器具制造	200	32085	180340	94790
其他电气机械及器材制造	29	2668	12366	2190
计算机、通信和其他电子设备制造业	2048	601918	6683370	1860307
计算机制造	220	36030	226327	59419
通信设备制造	309	74361	1117627	93207
广播电视设备制造	154	15818	219016	63238
雷达及配套设备制造	7	415	450	
非专业视听设备制造	73	12149	76081	46780
智能消费设备制造	71	8051	245468	49508
电子器件制造	738	343358	4145744	1485830
电子元件及电子专用材料制造	344	97509	520730	60533
其他电子设备制造	132	14229	131929	1792
仪器仪表制造业	389	38178	246652	66173
通用仪器仪表制造	203	20639	131800	3291
专用仪器仪表制造	35	3099	5517	89
钟表与计时仪器制造	52	5464	31287	24514
光学仪器制造	78	6689	75923	38227
衡器制造	5	946	1012	6
其他仪器仪表制造业	16	1341	1113	45
其他制造业	28	6796	59040	10160
日用杂品制造	14	5758	50774	10160
核辐射加工				
其他未列明制造业	14	1038	8267	
废弃资源综合利用业	15	2455	14042	
金属废料和碎屑加工处理				
非金属废料和碎屑加工处理	15	2455	14042	
金属制品、机械和设备修理业	4	1329	7925	
金属制品修理	1	65		
通用设备修理				
专用设备修理	2	165		
铁路、船舶、航空航天等运输设备修理	1	1100	7925	
电气设备修理				
仪器仪表修理				
其他机械和设备修理业				
电力、热力、燃气及水生产和供应业	**232**	**36427**	**151289**	
电力、热力生产和供应业	177	27595	30	
电力生产	43	23820		
电力供应	119	2545		
热力生产和供应	15	1229	30	
燃气生产和供应业	50	8331	151260	
燃气生产和供应业	50	8331	151260	
生物质燃气生产和供应业				
水的生产和供应业	5	501		
自来水生产和供应	2	234		
污水处理及其再生利用	3	267		
海水淡化处理				
其他水的处理、利用与分配				

1-G-6　分行业港澳台商投资企业新产品开发及销售情况

行　业	新产品开发项目数(项)	新产品开发经费支出(万元)	新产品销售收入(万元)	#出口
总　计	**3157**	**1186117**	**13517989**	**5852319**
采矿业				
煤炭开采和洗选业				
烟煤和无烟煤开采洗选				
褐煤开采洗选				
石油和天然气开采业				
石油开采				
天然气开采				
黑色金属矿采选业				
铁矿采选				
有色金属矿采选业				
常用有色金属矿采选				
贵金属矿采选				
非金属矿采选业				
土砂石开采				
化学矿开采				
采盐				
石棉及其他非金属矿采选				
开采专业及辅助性活动				
石油和天然气开采专业及辅助性活动				
制造业	**3153**	**1181328**	**13517989**	**5852319**
农副食品加工业	38	13502	204761	141575
谷物磨制				
饲料加工	2	962	40160	
植物油加工	3	688		
制糖业				
屠宰及肉类加工	7	1264	2445	2288
水产品加工	19	9673	161192	139082
蔬菜、菌类、水果和坚果加工	7	914	942	205
其他农副食品加工			24	
食品制造业	91	19657	17701	
焙烤食品制造	39	10275	3152	
糖果、巧克力及蜜饯制造	17	2933	6531	
方便食品制造	11	1264	2406	
乳制品制造				
罐头食品制造	12	3045	3682	
调味品、发酵制品制造	4	173		
其他食品制造	8	1967	1930	
酒、饮料和精制茶制造业	26	6642	34309	6510
酒的制造				
饮料制造	20	5373	26978	6510
精制茶加工	6	1269	7331	
烟草制品业				
烟叶复烤				
其他烟草制品制造				
纺织业	195	56906	549044	98157

1-G-6 续表 1

行　业	新产品开发项目数（项）	新产品开发经费支出（万元）	新产品销售收入（万元）	#出口
棉纺织及印染精加工	89	39074	442398	82340
毛纺织及染整精加工				
麻纺织及染整精加工				
丝绢纺织及印染精加工				
化纤织造及印染精加工	18	5633	13735	1000
针织或钩针编织物及其制品制造	11	3160	31233	2254
家用纺织制成品制造				
产业用纺织制成品制造	77	9039	61678	12563
纺织服装、服饰业	124	72200	494197	30315
机织服装制造	88	49780	434625	20486
针织或钩针编织服装制造	35	21482	59572	9829
服饰制造	1	938		
皮革、毛皮、羽毛及其制品和制鞋业	196	143415	657877	92380
皮革鞣制加工	9	1885	1147	
皮革制品制造	29	16357	159691	56624
毛皮鞣制及制品加工				
羽毛(绒)加工及制品制造				
制鞋业	158	125173	497040	35756
木材加工和木、竹、藤、棕、草制品业	13	3753	41904	1633
木材加工				
人造板制造	5	1497	2541	1633
木质制品制造	7	2048	39363	
竹、藤、棕、草等制品制造	1	209		
家具制造业	15	1960	35226	18771
木质家具制造	3	656	33710	18771
竹、藤家具制造				
金属家具制造	10	1002	1515	
塑料家具制造				
其他家具制造	2	302		
造纸和纸制品业	115	35288	227906	23
纸浆制造				
造纸	38	13719	98958	
纸制品制造	77	21569	128949	23
印刷和记录媒介复制业	15	4238	37688	2830
印刷	15	4238	37688	2830
装订及印刷相关服务				
记录媒介复制				
文教、工美、体育和娱乐用品制造业	177	26954	238106	138639
文教办公用品制造	5	5118	11056	3680
乐器制造				
工艺美术及礼仪用品制造	22	4284	59536	30368
体育用品制造	132	12640	150774	96221
玩具制造	16	4702	16741	8370
游艺器材及娱乐用品制造	2	210		
石油、煤炭及其他燃料加工业	5	469	13579	
精炼石油产品制造	5	469	13579	
煤炭加工				
生物质燃料加工				

1-G-6　续表 2

行　业	新产品开发项目数(项)	新产品开发经费支出(万元)	新产品销售收入(万元)	#出口
化学原料和化学制品制造业	93	10955	93193	1006
基础化学原料制造	2	814	10319	
肥料制造	1	163	46	
农药制造				
涂料、油墨、颜料及类似产品制造	20	2094	39935	
合成材料制造	13	2983	4892	
专用化学产品制造	9	580	15100	
炸药、火工及焰火产品制造				
日用化学产品制造	48	4321	22901	1006
医药制造业	228	20134	210065	29605
化学药品原料药制造	7	772	27735	24926
化学药品制剂制造	17	2027	41715	
中药饮片加工				
中成药生产	74	5099	88092	
兽用药品制造	2	375	4451	695
生物药品制品制造	123	11649	46572	3984
卫生材料及医药用品制造				
药用辅料及包装材料	5	213	1500	
化学纤维制造业	158	56999	1026760	198315
纤维素纤维原料及纤维制造	18	17517	342866	44569
合成纤维制造	140	39482	683894	153746
橡胶和塑料制品业	149	41149	413309	70384
橡胶制品业	5	4708	25966	
塑料制品业	144	36441	387343	70384
非金属矿物制品业	83	38153	252952	182887
水泥、石灰和石膏制造	1	170		
石膏、水泥制品及类似制品制造	12	3321	3296	
砖瓦、石材等建筑材料制造	19	4026	4074	152
玻璃制造	19	20407	218325	181803
玻璃制品制造	10	421	1312	932
玻璃纤维和玻璃纤维增强塑料制品制造				
陶瓷制品制造	22	9808	25945	
耐火材料制品制造				
石墨及其他非金属矿物制品制造				
黑色金属冶炼和压延加工业	7	1177		
炼铁				
炼钢				
钢压延加工	7	1177		
铁合金冶炼				
有色金属冶炼和压延加工业	21	12492	175621	5486
常用有色金属冶炼				
贵金属冶炼				
稀有稀土金属冶炼				
有色金属合金制造				
有色金属压延加工	21	12492	175621	5486
金属制品业	151	36502	434322	254505
结构性金属制品制造	13	6289	6700	6100
金属工具制造	9	1162	1885	

1-G-6 续表 3

行业	新产品开发项目数(项)	新产品开发经费支出(万元)	新产品销售收入(万元)	#出口
集装箱及金属包装容器制造	1	180	12746	802
金属丝绳及其制品制造				
建筑、安全用金属制品制造	78	11245	157168	121654
金属表面处理及热处理加工	1	491		
搪瓷制品制造				
金属制日用品制造	1	411		
铸造及其他金属制品制造	48	16724	255823	125949
通用设备制造业	139	41391	346198	16760
锅炉及原动设备制造	5	884	16731	139
金属加工机械制造	25	2423	11196	704
物料搬运设备制造				
泵、阀门、压缩机及类似机械制造	13	7950	50009	300
轴承、齿轮和传动部件制造	18	2053	10471	5572
烘炉、风机、包装等设备制造	6	659	9469	29
文化、办公用机械制造	37	24712	187643	2312
通用零部件制造	21	1680	15831	6484
其他通用设备制造业	14	1030	44847	1220
专用设备制造业	189	33013	260271	26608
采矿、冶金、建筑专用设备制造	40	6528	27862	650
化工、木材、非金属加工专用设备制造	28	4644	61961	6280
食品、饮料、烟草及饲料生产专用设备制造	1	2547		
印刷、制药、日化及日用品生产专用设备制造	5	1960	2451	
纺织、服装和皮革加工专用设备制造	21	2913	21219	3845
电子和电工机械专用设备制造	22	6359	80328	542
农、林、牧、渔专用机械制造				
医疗仪器设备及器械制造	67	7177	66451	15291
环保、邮政、社会公共服务及其他专用设备制造	5	886		
汽车制造业	94	45512	792587	244075
汽车整车制造	17	25318	546027	180574
汽车用发动机制造				
改装汽车制造				
汽车车身、挂车制造				
汽车零部件及配件制造	77	20194	246560	63502
铁路、船舶、航空航天和其他运输设备制造业	8	5058	6767	
铁路运输设备制造	1	3103	1341	
城市轨道交通设备制造				
船舶及相关装置制造				
航空、航天器及设备制造				
摩托车制造	7	1955	5427	
自行车和残疾人座车制造				
助动车制造				
非公路休闲车及零配件制造				
潜水救捞及其他未列明运输设备制造				
电气机械和器材制造业	276	215474	3157352	1373563
电机制造	28	8005	73282	53145
输配电及控制设备制造	34	4525	38402	16824
电线、电缆、光缆及电工器材制造	17	11075	22308	2889
电池制造	81	154585	2494560	1063343

1-G-6　续表 4

行　业	新产品开发项目数(项)	新产品开发经费支出(万元)	新产品销售收入(万元)	#出口
家用电力器具制造	70	30140	435164	189996
非电力家用器具制造	6	803	25652	
照明器具制造	29	5386	50355	47365
其他电气机械及器材制造	11	956	17629	
计算机、通信和其他电子设备制造业	445	220811	3698960	2881249
计算机制造	100	54279	1339492	1206470
通信设备制造	15	6687	12775	12028
广播电视设备制造	12	20960	143658	18695
雷达及配套设备制造				
非专业视听设备制造	79	53868	1698549	1443868
智能消费设备制造	5	1494	27595	26658
电子器件制造	171	74061	429918	142744
电子元件及电子专用材料制造	57	8474	30738	17160
其他电子设备制造	6	988	16235	13626
仪器仪表制造业	54	7215	39850	20730
通用仪器仪表制造	20	1031	2988	
专用仪器仪表制造	1	263	17	
钟表与计时仪器制造	33	5920	36845	20730
光学仪器制造				
衡器制造				
其他仪器仪表制造业				
其他制造业	35	9996	55897	16313
日用杂品制造	33	9811	55897	16313
其他未列明制造业	2	185		
废弃资源综合利用业				
金属废料和碎屑加工处理				
非金属废料和碎屑加工处理				
金属制品、机械和设备修理业	13	314	1589	
金属制品修理				
通用设备修理				
专用设备修理				
铁路、船舶、航空航天等运输设备修理	13	314	1589	
电气设备修理				
仪器仪表修理				
其他机械和设备修理业				
电力、热力、燃气及水生产和供应业	**4**	**4789**		
电力、热力生产和供应业	4	4789		
电力生产	4	4789		
电力供应				
热力生产和供应				
燃气生产和供应业				
燃气生产和供应业				
生物质燃气生产和供应业				
水的生产和供应业				
自来水生产和供应				
污水处理及其再生利用				
海水淡化处理				
其他水的处理、利用与分配				

1-G-7 分行业外商投资企业新产品开发及销售情况

行业	新产品开发项目数(项)	新产品开发经费支出(万元)	新产品销售收入(万元)	#出口
总计	**1887**	**647371**	**8820262**	**3472055**
采矿业				
煤炭开采和洗选业				
烟煤和无烟煤开采洗选				
石油和天然气开采业				
石油开采				
天然气开采				
黑色金属矿采选业				
铁矿采选				
锰矿、铬矿采选				
有色金属矿采选业				
常用有色金属矿采选				
贵金属矿采选				
稀有稀土金属矿采选				
非金属矿采选业				
土砂石开采				
化学矿开采				
采盐				
石棉及其他非金属矿采选				
开采专业及辅助性活动				
石油和天然气开采专业及辅助性活动				
制造业	**1887**	**647371**	**8820262**	**3472055**
农副食品加工业	85	26680	135311	982
谷物磨制	3	739	11159	
饲料加工	36	12219	105124	
植物油加工				
制糖业				
屠宰及肉类加工	9	1344	6500	
水产品加工	13	7449	6803	
蔬菜、菌类、水果和坚果加工	23	4910	5725	982
其他农副食品加工	1	19		
食品制造业	37	6240	72876	800
焙烤食品制造	1	159	550	20
糖果、巧克力及蜜饯制造	5	1063	28560	
方便食品制造	2	230		
乳制品制造				
罐头食品制造	5	1876	780	780
调味品、发酵制品制造	3	1365		
其他食品制造	21	1547	42986	
酒、饮料和精制茶制造业	50	11938	124673	
酒的制造	8	9953	87000	
饮料制造	42	1985	37673	
精制茶加工				
烟草制品业				
其他烟草制品制造				
纺织业	43	16814	159698	25007

1-G-7　续表 1

行　业	新产品开发项目数(项)	新产品开发经费支出(万元)	新产品销售收入(万元)	#出口
棉纺织及印染精加工	30	15803	140450	15327
毛纺织及染整精加工				
麻纺织及染整精加工				
丝绢纺织及印染精加工				
化纤织造及印染精加工				
针织或钩针编织物及其制品制造				
家用纺织制成品制造	11	626	9680	9680
产业用纺织制成品制造	2	385	9567	
纺织服装、服饰业	9	3988	2513	20
机织服装制造	5	1984	2356	
针织或钩针编织服装制造	4	2004	156	20
服饰制造				
皮革、毛皮、羽毛及其制品和制鞋业	63	25698	554036	8310
皮革鞣制加工	4	908	2201	314
皮革制品制造	11	3024		
毛皮鞣制及制品加工				
羽毛(绒)加工及制品制造				
制鞋业	48	21766	551835	7995
木材加工和木、竹、藤、棕、草制品业	5	185	108	
木材加工				
人造板制造				
木质制品制造	5	185	108	
竹、藤、棕、草等制品制造				
家具制造业	13	1264	2010	2010
木质家具制造	7	541		
金属家具制造	5	571	2010	2010
塑料家具制造				
其他家具制造	1	152		
造纸和纸制品业	8	3516	59361	8611
纸浆制造				
造纸	1	771	29146	1000
纸制品制造	7	2745	30215	7611
印刷和记录媒介复制业				
印刷				
装订及印刷相关服务				
记录媒介复制				
文教、工美、体育和娱乐用品制造业	48	11758	84306	80531
文教办公用品制造	2	88		
乐器制造	3	410	273	273
工艺美术及礼仪用品制造	28	3899	46871	44946
体育用品制造	13	2469	37162	35312
玩具制造	1	2425		
游艺器材及娱乐用品制造	1	2467		
石油、煤炭及其他燃料加工业	4	422	86490	
精炼石油产品制造	4	422	86490	
煤炭加工				
生物质燃料加工				
化学原料和化学制品制造业	56	6671	1239005	12410

1-G-7 续表 2

行　　业	新产品开发项目数（项）	新产品开发经费支出（万元）	新产品销售收入（万元）	
				#出口
基础化学原料制造	6	1721	30688	7654
肥料制造	1	220		
农药制造				
涂料、油墨、颜料及类似产品制造	4	287	2602	
合成材料制造	6	1317	1163510	
专用化学产品制造	38	3002	35853	4757
炸药、火工及焰火产品制造				
日用化学产品制造	1	125	6353	
医药制造业	28	4818	95634	
化学药品原料药制造				
化学药品制剂制造	3	1188	84211	
中药饮片加工				
中成药生产	6	924	436	
兽用药品制造	4	512	368	
生物药品制品制造	15	2194	10620	
卫生材料及医药用品制造				
药用辅料及包装材料				
化学纤维制造业				
纤维素纤维原料及纤维制造				
合成纤维制造				
生物基材料制造				
橡胶和塑料制品业	92	59872	298282	93741
橡胶制品业	50	39655	165486	14079
塑料制品业	42	20217	132796	79663
非金属矿物制品业	28	5495	31177	4558
水泥、石灰和石膏制造				
石膏、水泥制品及类似制品制造	3	589		
砖瓦、石材等建筑材料制造	8	541	12614	275
玻璃制造				
玻璃制品制造	4	1009	12000	220
玻璃纤维和玻璃纤维增强塑料制品制造				
陶瓷制品制造	7	1857	2763	2000
耐火材料制品制造	6	1499	3800	2064
石墨及其他非金属矿物制品制造				
黑色金属冶炼和压延加工业	1	2334		
炼铁				
炼钢	1	2334		
钢压延加工				
铁合金冶炼				
有色金属冶炼和压延加工业	50	29383	75501	33861
常用有色金属冶炼				
贵金属冶炼				
稀有稀土金属冶炼	5	9230	58397	30187
有色金属合金制造	17	1831	1142	
有色金属压延加工	28	18322	15962	3674
金属制品业	124	29019	243116	185750
结构性金属制品制造	16	2607	33312	
金属工具制造	5	327	4676	4567

1-G-7　续表 3

行　业	新产品开发项目数(项)	新产品开发经费支出(万元)	新产品销售收入(万元)	#出口
集装箱及金属包装容器制造	12	1557	14478	
金属丝绳及其制品制造				
建筑、安全用金属制品制造	84	24015	179340	169935
金属表面处理及热处理加工	1	28		
搪瓷制品制造				
金属制日用品制造	6	485	11310	11248
铸造及其他金属制品制造				
通用设备制造业	192	58374	642009	239018
锅炉及原动设备制造				
金属加工机械制造	17	3181	11458	2407
物料搬运设备制造	94	12739	191660	41469
泵、阀门、压缩机及类似机械制造	34	9136	47514	734
轴承、齿轮和传动部件制造	16	4394	110853	7721
烘炉、风机、包装等设备制造	5	916	53793	52640
文化、办公用机械制造	24	27312	225996	134047
通用零部件制造	2	698	735	
其他通用设备制造业				
专用设备制造业	143	29911	412321	66888
采矿、冶金、建筑专用设备制造	52	18314	310884	
化工、木材、非金属加工专用设备制造	10	1037	3109	1453
食品、饮料、烟草及饲料生产专用设备制造				
印刷、制药、日化及日用品生产专用设备制造	8	510	2013	1262
纺织、服装和皮革加工专用设备制造	4	555	69	48
电子和电工机械专用设备制造				
农、林、牧、渔专用机械制造				
医疗仪器设备及器械制造	63	8025	79616	58172
环保、邮政、社会公共服务及其他专用设备制造	6	1471	16630	5953
汽车制造业	253	80165	805893	176250
汽车整车制造	19	48782	596224	114360
汽车用发动机制造				
改装汽车制造				
低速汽车制造				
汽车车身、挂车制造				
汽车零部件及配件制造	234	31383	209669	61890
铁路、船舶、航空航天和其他运输设备制造业	36	5773	105456	92063
铁路运输设备制造				
城市轨道交通设备制造				
船舶及相关装置制造				
航空、航天器及设备制造				
摩托车制造	21	4184	105203	91878
自行车和残疾人座车制造	15	1590	253	185
助动车制造				
非公路休闲车及零配件制造				
潜水救捞及其他未列明运输设备制造				
电气机械和器材制造业	193	23228	418241	245181
电机制造	9	1431	18948	18948
输配电及控制设备制造	72	9899	162222	3740

1-G-7 续表 4

行 业	新产品开发项目数（项）	新产品开发经费支出（万元）	新产品销售收入（万元）	#出口
电线、电缆、光缆及电工器材制造	6	842		
电池制造	6	1423		
家用电力器具制造	2	57		
非电力家用器具制造				
照明器具制造	98	9576	236931	222353
其他电气机械及器材制造			140	140
计算机、通信和其他电子设备制造业	285	196108	3075262	2165642
计算机制造	75	119870	860049	240677
通信设备制造	22	1675	2771	443
广播电视设备制造	2	2953		
雷达及配套设备制造				
非专业视听设备制造	36	1454	28447	5308
智能消费设备制造	5	9423	123430	8579
电子器件制造	103	54803	2004491	1896767
电子元件及电子专用材料制造	29	5105	46079	10252
其他电子设备制造	13	825	9995	3616
仪器仪表制造业	36	5866	96520	30421
通用仪器仪表制造	23	1479	18770	15095
专用仪器仪表制造	3	2259	45221	5214
钟表与计时仪器制造				
光学仪器制造	7	1468	28777	10045
衡器制造				
其他仪器仪表制造业	3	661	3752	67
其他制造业	5	1853	465	
日用杂品制造	5	1853	465	
其他未列明制造业				
废弃资源综合利用业				
金属废料和碎屑加工处理				
非金属废料和碎屑加工处理				
金属制品、机械和设备修理业				
金属制品修理				
通用设备修理				
专用设备修理				
铁路、船舶、航空航天等运输设备修理				
其他机械和设备修理业				
电力、热力、燃气及水生产和供应业				
电力、热力生产和供应业				
电力生产				
电力供应				
热力生产和供应				
燃气生产和供应业				
燃气生产和供应业				
水的生产和供应业				
自来水生产和供应				
污水处理及其再生利用				
其他水的处理、利用与分配				

1-G-8　各地区企业新产品开发及销售情况

地　区	新产品开发项目数(项)	新产品开发经费支出(万元)	新产品销售收入(万元)	#出口
全　省	**18067**	**4966148**	**53008984**	**13328030**
福州市	**3228**	**1014704**	**10189735**	**3274985**
鼓楼区	544	80227	473949	70101
台江区	46	3623	11410	40
仓山区	448	195522	1114971	184887
马尾区	270	96841	1148887	155864
晋安区	164	42921	342791	210768
长乐区	282	119379	1904318	181751
闽侯县	458	121370	697745	150352
连江县	118	32122	268881	79104
罗源县	72	35883	111305	163
闽清县	66	9689	61158	4725
永泰县	12	2563	13761	
平潭县	12	841	891	
福清市	736	273725	4039669	2237230
厦门市	**5653**	**1136381**	**14967944**	**6291406**
思明区	286	42285	555965	151573
海沧区	1149	224954	2233064	727605
湖里区	246	38457	446285	115517
集美区	925	195182	2246542	957112
同安区	1261	122498	1193529	448499
翔安区	118	15743	256790	106786
火炬高新区	1668	497261	8035768	3784314
莆田市	**716**	**274156**	**1716132**	**154005**
城厢区	139	58273	138870	14958
涵江区	236	98267	341375	15736
荔城区	165	53479	398437	65681
秀屿区	104	32020	239468	3272
仙游县	57	15948	256101	9790
北　岸	15	16170	341881	44569
三明市	**511**	**158554**	**2138576**	**109566**
梅列区	38	48672	854131	
三元区	72	17717	137643	11694
明溪县	42	5281	137621	49012
清流县	17	2217	67164	416
宁化县	12	2262	18766	
大田县	35	6354	7706	215
尤溪县	28	6883	46776	300
沙　县	80	13072	114829	14552
将乐县	45	16907	110775	1325
泰宁县	10	1331	17608	60
建宁县	28	6399	42259	1133
永安市	104	31457	583298	30860
泉州市	**3079**	**964474**	**8050879**	**815460**
鲤城区	224	33059	291659	52541
丰泽区	139	25643	253948	5867
洛江区	138	16844	243730	37765
泉港区	91	45878	745316	2471
惠安县	222	51567	695773	15518
安溪县	169	30761	241421	57212
永春县	58	14868	13329	1883

1-G-8 续表

地　区	新产品开发项目数(项)	新产品开发经费支出（万元）	新产品销售收入（万元）	
				#出口
德化县	116	48703	119312	43770
台商投资区	115	48856	93350	16250
泉州开发区	134	69220	307736	54936
石狮市	205	91747	426989	53303
晋江市	869	366152	3677301	355363
南安市	599	121175	941016	118581
漳州市	**2542**	**479332**	**6153272**	**1058169**
芗城区	350	62657	1957089	40245
龙文区	286	31457	187171	39180
漳州台商投资区	240	65744	532608	161311
招商局漳州开发区	22	5743	16477	
云霄县	74	29107	77745	3205
漳浦县	205	35483	1253113	28084
诏安县	186	31102	71979	2652
长泰县	464	93523	1201737	426587
东山县	55	17429	106178	18116
南靖县	286	41985	450959	267593
平和县	74	19580	14359	7
华安县	74	11678	40087	8320
常山华侨经济开发区	26	2891	21548	7925
龙海市	200	30953	222224	54944
南平市	**657**	**157018**	**1355413**	**222760**
延平区	197	57810	549865	36419
建阳区	118	27195	219974	101782
顺昌县	36	6516	96840	44862
浦城县	61	21677	79959	703
光泽县	7	1797	46395	13731
松溪县	18	3566	48597	152
政和县	34	4116	14835	563
邵武市	71	9986	219584	16994
武夷山市	41	10044	18893	6042
建瓯市	74	14312	60472	1512
龙岩市	**1269**	**330848**	**3250439**	**214512**
新罗区	585	119820	1514454	96600
永定区	104	44164	77173	33514
长汀县	83	28019	573707	3261
上杭县	101	51910	311761	473
武平县	98	33322	237032	6328
连城县	166	27734	335198	52932
漳平市	132	25878	201115	21404
宁德市	**412**	**450683**	**5186595**	**1187168**
蕉城区	58	409606	4696225	1066970
霞浦县	5	699	10717	5521
古田县	21	329	293	
屏南县	3	300	267	
寿宁县	55	10128	14302	2064
周宁县	7	477	981	
柘荣县	59	4415	29362	114
东侨开发区	28	4610	141294	41959
福安市	66	8724	141541	39191
福鼎市	110	11395	151613	31350

1-G-9 各地区大中型企业新产品开发及销售情况

地 区	新产品开发项目数(项)	新产品开发经费支出(万元)	新产品销售收入(万元)	#出口
全 省	**8795**	**3598283**	**44264307**	**12350256**
福州市	**1602**	**797518**	**8767134**	**3137021**
鼓楼区	239	47600	314463	68446
台江区				
仓山区	209	160140	928060	167840
马尾区	164	79140	995405	124203
晋安区	93	36407	311315	200236
长乐区	199	109531	1807193	172107
闽侯县	169	87173	426685	99530
连江县	42	14083	173733	74994
罗源县	29	31713	77027	
闽清县	27	4042	13065	4336
永泰县	2	2063	7121	
平潭县				
福清市	429	225628	3713068	2225331
厦门市	**3069**	**901071**	**13406425**	**5921285**
思明区	179	32376	432997	138568
海沧区	814	196016	2076903	695928
湖里区	124	27901	355435	91373
集美区	437	151147	1861145	864458
同安区	577	67309	853384	336561
翔安区	66	9300	216017	106786
火炬高新区	872	417022	7610543	3687610
莆田市	**327**	**130697**	**1070133**	**138192**
城厢区	34	19830	75994	2693
涵江区	68	19947	134795	14036
荔城区	131	44022	303422	65241
秀屿区	46	19233	49059	1863
仙游县	33	11496	164982	9790
北 岸	15	16170	341881	44569
三明市	**184**	**105159**	**1721148**	**88013**
梅列区	20	46362	850489	
三元区	25	12808	70075	11440
明溪县	24	3106	106355	48647
清流县	4	61	65902	
宁化县	7	1633	9445	
大田县	1	465		
尤溪县	5	2870	30991	
沙 县	12	5210	19562	5725
将乐县	17	5684	54132	
建宁县	2	1299	30715	353
永安市	67	25661	483483	21848
泉州市	**1694**	**695616**	**6912156**	**707015**
鲤城区	94	19951	208533	42088
丰泽区	91	21526	230557	5001
洛江区	58	8025	174406	26020
泉港区	53	29938	692349	2404
惠安县	94	26003	513861	7631
安溪县	123	25527	212075	57212

1-G-9 续表

地　区	新产品开发项目数(项)	新产品开发经费支出(万元)	新产品销售收入(万元)	
				#出口
永春县	36	12331	11854	1503
德化县	58	37458	54414	25220
台商投资区	51	32235	84975	15950
泉州开发区	64	61339	256710	52406
石狮市	92	59560	318042	49275
晋江市	541	283536	3362710	320943
南安市	339	78188	791671	101363
漳州市	**1070**	**298471**	**4176015**	**978943**
芗城区	177	45163	1859167	23526
龙文区	89	17754	129753	31717
漳州台商投资区	152	57045	469512	148924
招商局漳州开发区	2	2984		
云霄县	44	11986	66923	3205
漳浦县	70	13340	74141	15305
诏安县	58	9447	11579	1297
长泰县	183	64425	974128	410060
东山县	37	15450	101693	18089
南靖县	131	25209	305615	266967
平和县	21	7474	6366	7
华安县	33	7882	28256	8320
常山华侨经济开发区	4	789		
龙海市	69	19521	148885	51526
南平市	**250**	**77525**	**845483**	**145199**
延平区	146	48142	487708	34258
建阳区	39	5971	38126	30385
顺昌县	14	3751	69385	44862
浦城县	19	12323	4818	695
光泽县	1	669	45890	13731
松溪县	1	299	514	
政和县				
邵武市	26	4656	185281	15226
武夷山市	2	134	13596	6042
建瓯市	2	1580	166	
龙岩市	**426**	**167114**	**2424889**	**101891**
新罗区	233	69187	1196756	25660
永定区	16	15057	9826	7916
长汀县	34	16617	472028	
上杭县	34	32459	285712	396
武平县	29	11369	112678	187
连城县	47	10555	240931	52095
漳平市	33	11869	106958	15638
宁德市	**173**	**425113**	**4940923**	**1132697**
蕉城区	49	409102	4687937	1066795
霞浦县	1	169	5036	
古田县				
屏南县			21	
寿宁县	6	1499	3800	2064
柘荣县	32	2867	27295	
东侨开发区	2	1545	32664	14433
福安市	28	3891	92138	25616
福鼎市	55	6040	92033	23790

1-G-10　各地区内资企业新产品开发及销售情况

地　区	新产品开发项目数（项）	新产品开发经费支出（万元）	新产品销售收入（万元）	#出口
全　省	**13023**	**3132661**	**30670734**	**4003656**
福州市	**2345**	**581925**	**5766051**	**1067261**
鼓楼区	433	47158	256988	60665
台江区	46	3623	11410	40
仓山区	255	70293	284695	18166
马尾区	222	65128	741517	147361
晋安区	118	15300	58903	1633
长乐区	263	109996	1706551	32659
闽侯县	300	56244	406325	97373
连江县	97	24878	223796	77203
罗源县	65	32965	109716	163
闽清县	62	8723	60177	3781
永泰县	12	2563	13761	
平潭县	12	841	891	
福清市	460	144214	1891323	628217
厦门市	**3562**	**582640**	**6338456**	**1130260**
思明区	102	16516	240101	53811
海沧区	503	94138	628700	136323
湖里区	149	10511	117804	55818
集美区	578	81420	745183	137667
同安区	887	84118	680641	192979
翔安区	60	10189	68338	2774
火炬高新区	1283	285747	3857690	550889
莆田市	**537**	**205112**	**1153845**	**85618**
城厢区	128	52805	118760	11843
涵江区	149	80122	205769	13648
荔城区	131	36006	343875	48928
秀屿区	76	20888	233600	1409
仙游县	53	15291	251840	9790
三明市	**495**	**155386**	**2075853**	**107437**
梅列区	38	48672	854131	
三元区	72	17717	137643	11694
明溪县	42	5281	137621	49012
清流县	15	1571	66748	
宁化县	12	2262	18766	
大田县	32	5719	7706	215
尤溪县	27	6603	46446	
沙　县	79	12966	114276	14552
将乐县	42	16539	109322	160
泰宁县	10	1331	17608	60
建宁县	26	5977	13832	933
永安市	100	30749	551755	30812
泉州市	**2201**	**546895**	**5026674**	**481517**
鲤城区	175	24577	163838	49228
丰泽区	121	23266	240228	5792
洛江区	114	14190	229490	27999
泉港区	88	40627	634830	2471
惠安县	159	41997	651974	7872
安溪县	159	28803	216860	42191

1-G-10 续表

地　　区	新产品开发项目数(项)	新产品开发经费支出(万元)	新产品销售收入(万元)	#出口
永春县	46	8177	12046	1480
德化县	106	43354	115365	41770
台商投资区	66	22323	30960	150
泉州开发区	95	14539	109164	54891
石狮市	96	30522	210628	29673
晋江市	460	147516	1605756	144854
南安市	516	107007	805535	73147
漳州市	**1885**	**345741**	**3739539**	**595913**
芗城区	321	60516	1879608	35454
龙文区	186	16004	85780	26615
漳州台商投资区	110	28706	73342	5206
招商局漳州开发区	9	2051	2104	
云霄县	47	24030	18826	
漳浦县	96	18425	21834	603
诏安县	145	24841	53009	2652
长泰县	408	86536	1102457	418298
东山县	39	16486	103218	18116
南靖县	187	16927	139154	23665
平和县	69	18433	10514	7
华安县	72	11397	40087	8320
常山华侨经济开发区	14	1419	13812	2238
龙海市	182	19970	195795	54739
南平市	**579**	**139779**	**1055323**	**177251**
延平区	146	45880	316279	17101
建阳区	116	26656	214906	98925
顺昌县	27	3966	64223	37208
浦城县	55	20790	75140	9
光泽县	7	1797	46395	13731
松溪县	18	3566	48597	152
政和县	34	4116	14835	563
邵武市	65	9302	202913	2008
武夷山市	37	9395	11562	6042
建瓯市	74	14312	60472	1512
龙岩市	**1059**	**256748**	**2572708**	**194772**
新罗区	451	86100	1003045	96378
永定区	101	32478	67347	25598
长汀县	75	25389	569335	1386
上杭县	85	37313	306810	77
武平县	90	32013	212530	1794
连城县	160	27066	326157	52932
漳平市	97	16391	87484	16607
宁德市	**360**	**318434**	**2942286**	**163628**
蕉城区	36	280434	2512193	49704
霞浦县	5	699	10717	5521
古田县	10	189	293	
屏南县	3	300	246	
寿宁县	49	8629	10502	
周宁县	7	477	981	
柘荣县	59	4415	29362	114
东侨开发区	20	3943	108924	41959
福安市	66	8724	126830	39191
福鼎市	105	10624	142239	27140

1-G-11　各地区港澳台商投资企业新产品开发及销售情况

地　区	新产品开发项目数(项)	新产品开发经费支出(万元)	新产品销售收入(万元)	#出口
全　省	**3157**	**1186117**	**13517989**	**5852319**
福州市	**504**	**237357**	**2789409**	**1784786**
鼓楼区	47	27740	190491	2782
台江区				
仓山区	60	21318	149913	36553
马尾区	37	28365	60276	4885
晋安区	22	6051	44953	20849
长乐区	15	5722	190175	144937
闽侯县	54	27456	143040	26607
连江县	14	4421	40829	
罗源县	3	113	1589	
闽清县	2	527	343	343
永泰县				
平潭县				
福清市	250	115645	1967801	1547831
厦门市	**1174**	**281758**	**4194772**	**2250781**
思明区	67	8568	62803	15911
海沧区	531	99173	1501294	569492
湖里区	58	14673	164474	33462
集美区	107	20703	202648	129209
同安区	193	23672	331068	137275
翔安区	4	633	74	
火炬高新区	214	114336	1932410	1365432
莆田市	**122**	**36786**	**432218**	**60770**
城厢区	6	3737	15934	3115
涵江区	75	8658	29388	2000
荔城区	13	7713	45016	11086
秀屿区	11	337		
仙游县	2	171		
北　岸	15	16170	341881	44569
三明市	**8**	**1935**	**1028**	**716**
梅列区				
三元区				
明溪县				
清流县	2	647	416	416
宁化县				
大田县	2	515		
尤溪县	1	280	330	300
沙　县				
将乐县				
泰宁县				
建宁县	2	422	282	
永安市	1	70		
泉州市	**714**	**361063**	**2465631**	**289991**
鲤城区	26	4218	35734	765
丰泽区	16	2038	13720	75
洛江区	13	1958	7551	3937
泉港区	2	5065	23997	
惠安县	53	5908	13436	15
安溪县	10	1958	24562	15022

1-G-11 续表

地　区	新产品开发项目数（项）	新产品开发经费支出（万元）	新产品销售收入（万元）	
				#出口
永春县	3	1850	903	23
德化县	4	2585	1195	
台商投资区	37	23288	45938	16100
泉州开发区	39	54681	198572	45
石狮市	91	49162	187019	22515
晋江市	366	198705	1819580	198259
南安市	54	9647	93426	33234
漳州市	**469**	**108333**	**1057971**	**421846**
芗城区	27	1628	70762	4791
龙文区	63	9943	83517	8669
漳州台商投资区	112	36087	443552	145845
招商局漳州开发区	2	161		
云霄县	9	2333	9886	3205
漳浦县	66	10325	7098	1720
诏安县	32	4378	18970	
长泰县	56	6987	99279	8289
东山县	3	446	2961	
南靖县	67	22740	283936	243436
平和县	5	1147	3845	
华安县	1	130		
常山华侨经济开发区	12	1472	7737	5687
龙海市	14	10557	26429	205
南平市	**56**	**13464**	**249675**	**21847**
延平区	41	10546	230824	18295
建阳区	2	539	5067	2857
顺昌县	6	1300	1930	
浦城县	2	375	4451	695
光泽县				
松溪县				
政和县				
邵武市	1	55	73	
武夷山市	4	649	7331	
建瓯市				
龙岩市	**84**	**16003**	**123356**	**4318**
新罗区	29	2744	3152	
永定区	1	612		
长汀县	8	2631	4372	1875
上杭县	12	853	4951	396
武平县				
连城县				
漳平市	34	9163	110881	2047
宁德市	**26**	**129419**	**2203929**	**1017265**
蕉城区	22	129171	2184032	1017265
霞浦县				
古田县				
屏南县			21	
寿宁县				
柘荣县				
东侨开发区				
福安市			14711	
福鼎市	4	247	5164	

1-G-12　各地区外商投资企业新产品开发及销售情况

地　区	新产品开发项目数（项）	新产品开发经费支出（万元）	新产品销售收入（万元）	#出口
全　省	**1887**	**647371**	**8820262**	**3472055**
福州市	**379**	**195421**	**1634275**	**422938**
鼓楼区	64	5329	26471	6654
仓山区	133	103911	680362	130168
马尾区	11	3347	347094	3618
晋安区	24	21570	238935	188287
长乐区	4	3660	7593	4156
闽侯县	104	37670	148380	26372
连江县	7	2823	4257	1901
罗源县	4	2806		
闽清县	2	440	639	601
永泰县				
平潭县				
福清市	26	13865	180545	61182
厦门市	**917**	**271982**	**4434716**	**2910365**
思明区	117	17201	253061	81851
海沧区	115	31643	103070	21791
湖里区	39	13273	164006	26237
集美区	240	93058	1298711	690236
同安区	181	14708	181821	118245
翔安区	54	4921	188378	104012
火炬高新区	171	97178	2245669	1867994
莆田市	**57**	**32258**	**130068**	**7618**
城厢区	5	1731	4176	
涵江区	12	9487	106218	88
荔城区	21	9760	9547	5666
秀屿区	17	10794	5867	1863
仙游县	2	486	4261	
北　岸				
三明市	**8**	**1233**	**61695**	**1414**
梅列区				
三元区				
明溪县				
宁化县				
大田县	1	120		
尤溪县				
沙　县	1	106	553	
将乐县	3	368	1453	1165
建宁县			28146	200
永安市	3	638	31543	48
泉州市	**164**	**56516**	**558574**	**43952**
鲤城区	23	4264	92088	2547
丰泽区	2	339		
洛江区	11	696	6689	5829
泉港区	1	187	86490	
惠安县	10	3663	30363	7631

1-G-12 续表

地区	新产品开发项目数(项)	新产品开发经费支出(万元)	新产品销售收入(万元)	#出口
安溪县				
永春县	9	4842	380	380
德化县	6	2764	2751	2000
台商投资区	12	3245	16452	
泉州开发区				
石狮市	18	12064	29341	1114
晋江市	43	19931	251965	12250
南安市	29	4522	42055	12200
漳州市	**188**	**25258**	**1355762**	**40411**
芗城区	2	514	6718	
龙文区	37	5509	17874	3896
漳州台商投资区	18	951	15714	10261
招商局漳州开发区	11	3531	14373	
云霄县	18	2744	49033	
漳浦县	43	6733	1224180	25762
诏安县	9	1884		
长泰县				
东山县	13	497		
南靖县	32	2318	27869	493
平和县				
华安县	1	152		
常山华侨经济开发区				
龙海市	4	426		
南平市	**22**	**3775**	**50416**	**23662**
延平区	10	1385	2762	1023
建阳区				
顺昌县	3	1250	30688	7654
浦城县	4	512	368	
光泽县				
松溪县				
邵武市	5	629	16598	14986
武夷山市				
建瓯市				
龙岩市	**126**	**58097**	**554376**	**15422**
新罗区	105	30976	508257	222
永定区	2	11074	9826	7916
长汀县				
上杭县	4	13745		
武平县	8	1310	24502	4535
连城县	6	668	9041	
漳平市	1	325	2750	2750
宁德市	**26**	**2830**	**40380**	**6274**
古田县	11	140		
屏南县				
寿宁县	6	1499	3800	2064
东侨开发区	8	667	32371	
福安市				
福鼎市	1	524	4210	4210

H. 企业自主知识产权及相关情况

1-H-1　分登记注册类型企业自主知识产权及相关情况

登记注册类型	专利申请数(件)	#发明专利	有效发明专利数(件)	拥有注册商标数(件)	形成国家或行业标准数(项)
总　计	**31529**	**9850**	**29543**	**28530**	**687**
内资企业	**23339**	**7429**	**19714**	**17342**	**492**
国有企业			10		
集体企业					
股份合作企业					
联营企业					
国有联营企业					
集体联营企业					
国有与集体联营企业					
其他联营企业					
有限责任公司	6236	2491	6304	3182	83
国有独资公司	726	395	1414	118	6
其他有限责任公司	5510	2096	4890	3064	77
股份有限公司	3310	1192	3880	4369	137
私营企业	13793	3746	9520	9791	272
私营独资企业	18	11		54	
私营合伙企业					
私营有限责任公司	10365	2480	7572	6510	222
私营股份有限公司	3410	1255	1948	3227	50
其他企业					
港、澳、台商投资企业	**5069**	**1427**	**5042**	**7470**	**112**
合资经营企业	1426	396	1071	1371	50
合作经营企业	1		13		
港、澳、台商独资经营企业	3040	828	2771	5257	47
港、澳、台商投资股份有限公司	553	188	1133	817	15
其他港、澳、台投资企业	49	15	54	25	
外商投资企业	**3121**	**994**	**4787**	**3718**	**83**
中外合资经营企业	1147	450	1810	1850	41
中外合作经营企业	79	17	73	7	
外资企业	1485	399	2618	1724	31
外商投资股份有限公司	396	127	263	95	11
其他外商投资企业	14	1	23	42	

1-H-2 分登记注册类型大中型企业自主知识产权及相关情况

登记注册类型	专 利 申请数 (件)	#发明专利	有效发明 专 利 数 (件)	拥有注册 商 标 数 (件)	形成国家或 行业标准数 (项)
总 计	**18025**	**6355**	**18090**	**20372**	**466**
内资企业	**12117**	**4477**	**10292**	**10691**	**307**
国有企业			10		
集体企业					
股份合作企业					
联营企业					
国有联营企业					
集体联营企业					
国有与集体联营企业					
其他联营企业					
有限责任公司	3750	1766	4106	2239	38
国有独资公司	683	391	1370	113	6
其他有限责任公司	3067	1375	2736	2126	32
股份有限公司	2383	942	2945	3202	114
私营企业	5984	1769	3231	5250	155
私营独资企业	8	8			
私营合伙企业					
私营有限责任公司	3379	736	2153	3150	116
私营股份有限公司	2597	1025	1078	2100	39
其他企业					
港、澳、台商投资企业	**3566**	**1014**	**3974**	**6674**	**86**
合资经营企业	909	247	707	1069	29
合作经营企业	1		13		
港、澳、台商独资经营企业	2147	603	2191	4839	42
港、澳、台商投资股份有限公司	483	162	1060	765	15
其他港、澳、台投资企业	26	2	3	1	
外商投资企业	**2342**	**864**	**3824**	**3007**	**73**
中外合资经营企业	786	365	1421	1383	40
中外合作经营企业	59	17	21	2	
外资企业	1100	355	2116	1487	22
外商投资股份有限公司	393	127	253	95	11
其他外商投资企业	4		13	40	

1-H-3　分行业企业自主知识产权及相关情况

行　　业	专利申请数(件)	#发明专利	有效发明专利数(件)	拥有注册商标数(件)	形成国家或行业标准数(项)
总　计	**31529**	**9850**	**29543**	**28530**	**687**
采矿业	**21**	**1**	**51**	**15**	
煤炭开采和洗选业			6		
烟煤和无烟煤开采洗选			6		
褐煤开采洗选					
其他煤炭采选					
石油和天然气开采业					
石油开采					
天然气开采					
黑色金属矿采选业				1	
铁矿采选				1	
锰矿、铬矿采选					
其他黑色金属矿采选					
有色金属矿采选业	21	1	40		
常用有色金属矿采选	3	1	5		
贵金属矿采选	18		29		
稀有稀土金属矿采选			6		
非金属矿采选业			5	14	
土砂石开采			5	14	
化学矿开采					
采盐					
石棉及其他非金属矿采选					
开采专业及辅助性活动					
煤炭开采和洗选专业及辅助性活动					
石油和天然气开采专业及辅助性活动					
其他开采专业及辅助性活动					
其他采矿业					
其他采矿业					
制造业	**30670**	**9435**	**28312**	**28513**	**682**
农副食品加工业	696	281	510	1329	4
谷物磨制	27	3	1	91	
饲料加工	159	91	122	476	1
植物油加工	32	6	4	39	
制糖业					
屠宰及肉类加工	127	54	60	130	2
水产品加工	196	69	174	267	
蔬菜、菌类、水果和坚果加工	92	47	101	123	1
其他农副食品加工	63	11	48	203	
食品制造业	701	188	550	2110	16
焙烤食品制造	101	15	48	498	2
糖果、巧克力及蜜饯制造	97	12	164	58	
方便食品制造	127	30	86	215	6
乳制品制造	1	1		48	
罐头食品制造	71	28	45	230	2
调味品、发酵制品制造	32	7	34	42	
其他食品制造	272	95	173	1019	6
酒、饮料和精制茶制造业	334	83	196	1927	24
酒的制造	38	7	38	150	1
饮料制造	85	23	51	633	5
精制茶加工	211	53	107	1144	18

1-H-3 续表 1

行　业	专利申请数(件)	#发明专利	有效发明专利数(件)	拥有注册商标数(件)	形成国家或行业标准数(项)
烟草制品业	55	19	150		
烟叶复烤	1		26		
卷烟制造	40	13	114		
其他烟草制品制造	14	6	10		
纺织业	1118	306	1061	390	25
棉纺织及印染精加工	342	91	448	134	10
毛纺织及染整精加工	11	5	16		
麻纺织及染整精加工					
丝绢纺织及印染精加工					
化纤织造及印染精加工	94	54	42	26	7
针织或钩针编织物及其制品制造	398	81	102	28	2
家用纺织制成品制造	36	5	15	44	1
产业用纺织制成品制造	237	70	438	158	5
纺织服装、服饰业	241	49	126	710	24
机织服装制造	175	21	74	604	18
针织或钩针编织服装制造	59	21	52	106	6
服饰制造	7	7			
皮革、毛皮、羽毛及其制品和制鞋业	1224	244	691	4008	27
皮革鞣制加工	92	41	120	54	
皮革制品制造	63	18	66	194	1
毛皮鞣制及制品加工					
羽毛(绒)加工及制品制造					
制鞋业	1069	185	505	3760	26
木材加工和木、竹、藤、棕、草制品业	364	85	264	112	5
木材加工	23	15	16	1	
人造板制造	131	32	76	20	4
木质制品制造	51	11	106	22	
竹、藤、棕、草等制品制造	159	27	66	69	1
家具制造业	315	29	154	229	1
木质家具制造	211	20	65	211	1
竹、藤家具制造				1	
金属家具制造	80	9	66	1	
塑料家具制造					
其他家具制造	24		23	16	
造纸和纸制品业	434	86	395	963	13
纸浆制造	9				
造纸	138	43	129	130	13
纸制品制造	287	43	266	833	
印刷和记录媒介复制业	113	27	119	74	1
印刷	113	27	119	74	1
装订及印刷相关服务					
记录媒介复制					
文教、工美、体育和娱乐用品制造业	811	156	482	958	45
文教办公用品制造	48	25	12	8	
乐器制造	4	1	3	13	
工艺美术及礼仪用品制造	524	88	294	458	24
体育用品制造	174	29	137	351	21
玩具制造	59	11	34	114	
游艺器材及娱乐用品制造	2	2	2	14	
石油、煤炭及其他燃料加工业	31	20	37	13	2

1-H-3 续表 2

行 业	专利申请数(件)	#发明专利	有效发明专利数(件)	拥有注册商标数(件)	形成国家或行业标准数(项)
精炼石油产品制造	18	13	9	7	
煤炭加工			21	2	2
核燃料加工					
生物质燃料加工	13	7	7	4	
化学原料和化学制品制造业	1091	346	1132	1523	40
基础化学原料制造	186	56	205	45	15
肥料制造	38	14	66	27	
农药制造	22	8	38	48	
涂料、油墨、颜料及类似产品制造	84	33	363	500	8
合成材料制造	192	53	141	90	1
专用化学产品制造	370	125	243	153	8
炸药、火工及焰火产品制造	15	4	6	3	
日用化学产品制造	184	53	70	657	8
医药制造业	480	210	782	1889	20
化学药品原料药制造	64	22	79	25	
化学药品制剂制造	64	24	124	574	12
中药饮片加工	7	1	34	27	
中成药生产	125	64	180	793	3
兽用药品制造	31	23	113	112	
生物药品制品制造	159	70	245	350	3
卫生材料及医药用品制造	27	5	5		
药用辅料及包装材料	3	1	2	8	2
化学纤维制造业	304	67	225	181	21
纤维素纤维原料及纤维制造	35	6	5	2	
合成纤维制造	269	61	220	179	21
生物基材料制造					
橡胶和塑料制品业	1619	448	1321	846	40
橡胶制品业	210	38	169	74	13
塑料制品业	1409	410	1152	772	27
非金属矿物制品业	1931	596	1364	1049	60
水泥、石灰和石膏制造	60	11	6	8	
石膏、水泥制品及类似制品制造	172	72	202	51	6
砖瓦、石材等建筑材料制造	187	89	302	46	26
玻璃制造	200	71	152	488	5
玻璃制品制造	60	19	93	18	
玻璃纤维和玻璃纤维增强塑料制品制造	45	19	28	8	
陶瓷制品制造	1098	241	443	416	12
耐火材料制品制造	33	20	33	7	3
石墨及其他非金属矿物制品制造	76	54	105	7	8
黑色金属冶炼和压延加工业	146	28	60	13	
炼铁					
炼钢					
钢压延加工	146	28	60	13	
铁合金冶炼					
有色金属冶炼和压延加工业	383	162	629	185	37
常用有色金属冶炼	15	3	18		
贵金属冶炼	31	17	138		7
稀有稀土金属冶炼	31	17	129	60	6
有色金属合金制造	44	9	20	17	
有色金属压延加工	262	116	324	108	24
金属制品业	1549	384	1829	724	27

1-H-3 续表 3

行业	专利申请数(件)	#发明专利	有效发明专利数(件)	拥有注册商标数(件)	形成国家或行业标准数(项)
结构性金属制品制造	207	45	238	35	3
金属工具制造	119	24	151	43	8
集装箱及金属包装容器制造	37	9	55	7	
金属丝绳及其制品制造	3	1	3		
建筑、安全用金属制品制造	890	255	1178	496	15
金属表面处理及热处理加工	49	3	54	73	
搪瓷制品制造					
金属制日用品制造	88	9	43	42	
铸造及其他金属制品制造	156	38	107	28	1
通用设备制造业	2064	649	1809	914	28
锅炉及原动设备制造	105	23	12	4	
金属加工机械制造	187	40	223	41	1
物料搬运设备制造	156	32	48	108	
泵、阀门、压缩机及类似机械制造	307	81	287	380	7
轴承、齿轮和传动部件制造	173	50	128	53	12
烘炉、风机、包装等设备制造	234	65	249	107	5
文化、办公用机械制造	489	229	733	211	3
通用零部件制造	96	33	89	4	
其他通用设备制造业	317	96	40	6	
专用设备制造业	2284	525	2238	1390	80
采矿、冶金、建筑专用设备制造	836	161	383	586	36
化工、木材、非金属加工专用设备制造	284	67	372	97	4
食品、饮料、烟草及饲料生产专用设备制造	55	18	33	8	2
印刷、制药、日化及日用品生产专用设备制造	147	29	83	23	
纺织、服装和皮革加工专用设备制造	197	33	195	40	
电子和电工机械专用设备制造	114	32	77	18	16
农、林、牧、渔专用机械制造	51	17	71	10	
医疗仪器设备及器械制造	197	36	337	278	13
环保、邮政、社会公共服务及其他专用设备制造	403	132	687	330	9
汽车制造业	1322	286	1120	1142	14
汽车整车制造	363	90	120	692	11
汽车用发动机制造					
改装汽车制造	190	53	158	78	
低速汽车制造					
电车制造					
汽车车身、挂车制造	20	4	6	4	1
汽车零部件及配件制造	749	139	836	368	2
铁路、船舶、航空航天和其他运输设备制造业	253	41	261	188	29
铁路运输设备制造					
城市轨道交通设备制造					
船舶及相关装置制造	120	9	161	25	
航空、航天器及设备制造					
摩托车制造	66	19	84	156	29
自行车和残疾人座车制造	62	12	13	6	
助动车制造					
非公路休闲车及零配件制造					
潜水救捞及其他未列明运输设备制造	5	1	3	1	
电气机械和器材制造业	4638	1529	2829	2427	32
电机制造	319	61	114	212	6
输配电及控制设备制造	900	256	1122	435	12
电线、电缆、光缆及电工器材制造	141	13	93	31	

1-H-3 续表 4

行 业	专利申请数(件)	#发明专利	有效发明专利数(件)	拥有注册商标数(件)	形成国家或行业标准数(项)
电池制造	1899	910	697	630	7
家用电力器具制造	718	146	261	820	4
非电力家用器具制造	12	12	12	1	
照明器具制造	613	127	432	208	3
其他电气机械及器材制造	36	4	98	90	
计算机、通信和其他电子设备制造业	5159	2334	6963	2631	46
计算机制造	604	334	1385	727	6
通信设备制造	557	295	740	337	1
广播电视设备制造	156	48	160	773	6
雷达及配套设备制造	2	1	3		
非专业视听设备制造	173	50	296	97	
智能消费设备制造	100	22	46	11	
电子器件制造	2576	1374	3556	366	14
电子元件及电子专用材料制造	826	188	628	86	5
其他电子设备制造	165	22	149	234	14
仪器仪表制造业	802	216	775	448	16
通用仪器仪表制造	460	136	341	114	11
专用仪器仪表制造	56	10	30	9	
钟表与计时仪器制造	179	28	86	162	2
光学仪器制造	73	33	266	152	1
衡器制造	9			6	
其他仪器仪表制造业	25	9	52	5	2
其他制造业	172	27	217	136	5
日用杂品制造	150	24	193	105	4
核辐射加工					
其他未列明制造业	22	3	24	31	1
废弃资源综合利用业	27	5	17	4	
金属废料和碎屑加工处理					
非金属废料和碎屑加工处理	27	5	17	4	
金属制品、机械和设备修理业	9	9	6		
金属制品修理					
通用设备修理					
专用设备修理	1	1			
铁路、船舶、航空航天等运输设备修理	8	8	6		
电气设备修理					
仪器仪表修理					
其他机械和设备修理业					
电力、热力、燃气及水生产和供应业	**838**	**414**	**1180**	**2**	**5**
电力、热力生产和供应业	828	411	1174	1	5
电力生产	169	35	42	1	
电力供应	639	376	1132		5
热力生产和供应	20				
燃气生产和供应业	9	2	5	1	
燃气生产和供应业	9	2	5	1	
生物质燃气生产和供应业					
水的生产和供应业	1	1	1		
自来水生产和供应					
污水处理及其再生利用	1	1	1		
海水淡化处理					
其他水的处理、利用与分配					

1-H-4 分行业大中型企业自主知识产权及相关情况

行业	专利申请数（件）	#发明专利	有效发明专利数（件）	拥有注册商标数（件）	形成国家或行业标准数（项）
总计	**18025**	**6355**	**18090**	**20372**	**466**
采矿业	**5**		**33**	**4**	
煤炭开采和洗选业			6		
烟煤和无烟煤开采洗选			6		
褐煤开采洗选					
其他煤炭采选					
石油和天然气开采业					
石油开采					
天然气开采					
黑色金属矿采选业				1	
铁矿采选				1	
锰矿、铬矿采选					
其他黑色金属矿采选					
有色金属矿采选业	5		22		
常用有色金属矿采选					
贵金属矿采选	5		16		
稀有稀土金属矿采选			6		
非金属矿采选业			5	3	
土砂石开采			5	3	
化学矿开采					
采盐					
石棉及其他非金属矿采选					
开采专业及辅助性活动					
煤炭开采和洗选专业及辅助性活动					
石油和天然气开采专业及辅助性活动					
其他开采专业及辅助性活动					
其他采矿业					
其他采矿业					
制造业	**17226**	**5957**	**16895**	**20367**	**461**
农副食品加工业	184	81	219	499	2
谷物磨制					
饲料加工	37	33	37	140	1
植物油加工					
制糖业					
屠宰及肉类加工	9	3	12	39	
水产品加工	101	33	109	184	
蔬菜、菌类、水果和坚果加工	12	2	22	9	1
其他农副食品加工	25	10	39	127	
食品制造业	270	70	367	1299	14
焙烤食品制造	70	10	36	367	2
糖果、巧克力及蜜饯制造	46		144	45	
方便食品制造	24	8	57	134	6
乳制品制造	1	1		48	
罐头食品制造	58	20	42	211	2
调味品、发酵制品制造			12	15	
其他食品制造	71	31	76	479	4
酒、饮料和精制茶制造业	123	32	73	1257	4
酒的制造	8	4	1	85	
饮料制造	27	16	45	617	
精制茶加工	88	12	27	555	4

1-H-4　续表 1

行　　业	专　利申请数(件)	#发明专利	有　效发　明专利数(件)	拥　有注　册商标数(件)	形成国家或行业标准数(项)
烟草制品业	42	17	149		
烟叶复烤	1		26		
卷烟制造	27	11	113		
其他烟草制品制造	14	6	10		
纺织业	642	209	888	318	20
棉纺织及印染精加工	286	71	405	124	6
毛纺织及染整精加工	3	3	15		
麻纺织及染整精加工					
丝绢纺织及印染精加工					
化纤织造及印染精加工	44	35	20	24	7
针织或钩针编织物及其制品制造	119	48	75	10	2
家用纺织制成品制造	7			9	
产业用纺织制成品制造	183	52	373	151	5
纺织服装、服饰业	144	32	80	670	24
机织服装制造	109	14	44	590	18
针织或钩针编织服装制造	35	18	36	80	6
服饰制造					
皮革、毛皮、羽毛及其制品和制鞋业	1028	164	654	4003	27
皮革鞣制加工	61	27	91	53	
皮革制品制造	61	16	66	194	1
毛皮鞣制及制品加工					
羽毛(绒)加工及制品制造					
制鞋业	906	121	497	3756	26
木材加工和木、竹、藤、棕、草制品业	118	29	105	52	3
木材加工					
人造板制造	59	14	34	7	2
木质制品制造	17	1	31		
竹、藤、棕、草等制品制造	42	14	40	45	1
家具制造业	229	18	129	145	1
木质家具制造	147	12	60	145	1
竹、藤家具制造					
金属家具制造	75	6	59		
塑料家具制造					
其他家具制造	7		10		
造纸和纸制品业	213	49	306	775	13
纸浆制造					
造纸	73	24	96	60	13
纸制品制造	140	25	210	715	
印刷和记录媒介复制业	67	15	46	52	1
印刷	67	15	46	52	1
装订及印刷相关服务					
记录媒介复制					
文教、工美、体育和娱乐用品制造业	542	105	282	830	30
文教办公用品制造	21	16	5		
乐器制造			1	13	
工艺美术及礼仪用品制造	391	63	190	372	9
体育用品制造	85	21	73	343	21
玩具制造	45	5	13	88	
游艺器材及娱乐用品制造				14	
石油、煤炭及其他燃料加工业	13	12	1	2	

1-H-4 续表 2

行业	专利申请数(件)	#发明专利	有效发明专利数(件)	拥有注册商标数(件)	形成国家或行业标准数(项)
精炼石油产品制造	13	12	1	2	
煤炭加工					
核燃料加工					
生物质燃料加工					
化学原料和化学制品制造业	359	111	393	871	16
基础化学原料制造	77	23	83	28	9
肥料制造	22	1	26	8	
农药制造					
涂料、油墨、颜料及类似产品制造	15	11	194	451	6
合成材料制造	28	11	17	7	
专用化学产品制造	136	45	39	12	
炸药、火工及焰火产品制造	15	4	6	3	
日用化学产品制造	66	16	28	362	1
医药制造业	200	109	393	1644	15
化学药品原料药制造	28	11	40	21	
化学药品制剂制造	29	14	89	506	12
中药饮片加工	1		26		
中成药生产	100	50	91	762	3
兽用药品制造	16	12	67	74	
生物药品制品制造	26	22	80	281	
卫生材料及医药用品制造					
药用辅料及包装材料					
化学纤维制造业	248	54	159	130	20
纤维素纤维原料及纤维制造	25	4			
合成纤维制造	223	50	159	130	20
生物基材料制造					
橡胶和塑料制品业	841	246	526	429	18
橡胶制品业	111	18	51	53	7
塑料制品业	730	228	475	376	11
非金属矿物制品业	1145	343	778	748	30
水泥、石灰和石膏制造	11	2		4	
石膏、水泥制品及类似制品制造	13	2	16	9	4
砖瓦、石材等建筑材料制造	58	20	153	32	10
玻璃制造	91	46	145	487	4
玻璃制品制造	14	2	38	4	
玻璃纤维和玻璃纤维增强塑料制品制造	5	5	12	6	
陶瓷制品制造	876	202	345	198	9
耐火材料制品制造	33	20	33	7	3
石墨及其他非金属矿物制品制造	44	44	36	1	
黑色金属冶炼和压延加工业	101	13	23	9	
炼铁					
炼钢					
钢压延加工	101	13	23	9	
铁合金冶炼					
有色金属冶炼和压延加工业	283	143	567	164	37
常用有色金属冶炼	14	3	3		
贵金属冶炼	24	16	129		7
稀有稀土金属冶炼	26	12	113	58	6
有色金属合金制造					
有色金属压延加工	219	112	322	106	24

1-H-4　续表 3

行　业	专利申请数(件)	#发明专利	有效发明专利数(件)	拥有注册商标数(件)	形成国家或行业标准数(项)
金属制品业	860	247	1265	613	19
结构性金属制品制造	22	4	80	15	2
金属工具制造	25	15	122	20	4
集装箱及金属包装容器制造	25	7	53	7	
金属丝绳及其制品制造					
建筑、安全用金属制品制造	716	208	962	469	12
金属表面处理及热处理加工	47	3	20	58	
搪瓷制品制造					
金属制日用品制造	3		13	41	
铸造及其他金属制品制造	22	10	15	3	1
通用设备制造业	782	266	928	566	19
锅炉及原动设备制造	88	20	3	1	
金属加工机械制造	29	3	94	11	
物料搬运设备制造	59	17	21	1	
泵、阀门、压缩机及类似机械制造	115	17	136	321	3
轴承、齿轮和传动部件制造	94	31	51	41	9
烘炉、风机、包装等设备制造	58	15	27	58	4
文化、办公用机械制造	336	160	588	133	3
通用零部件制造	3	3	8		
其他通用设备制造业					
专用设备制造业	917	182	750	845	47
采矿、冶金、建筑专用设备制造	536	92	213	564	15
化工、木材、非金属加工专用设备制造	59	11	81	37	2
食品、饮料、烟草及饲料生产专用设备制造	2				
印刷、制药、日化及日用品生产专用设备制造	36		20	11	
纺织、服装和皮革加工专用设备制造	30	5	9	5	
电子和电工机械专用设备制造	17	3	8		16
农、林、牧、渔专用机械制造					
医疗仪器设备及器械制造	112	20	234	158	8
环保、邮政、社会公共服务及其他专用设备制造	125	51	185	70	6
汽车制造业	663	155	366	779	7
汽车整车制造	268	54	57	604	5
汽车用发动机制造					
改装汽车制造	95	33	26	48	
低速汽车制造					
电车制造					
汽车车身、挂车制造	6	3	4	1	1
汽车零部件及配件制造	294	65	279	126	1
铁路、船舶、航空航天和其他运输设备制造业	155	18	148	161	29
铁路运输设备制造					
城市轨道交通设备制造					
船舶及相关装置制造	83	7	112	19	
航空、航天器及设备制造					
摩托车制造	46	10	35	142	29
自行车和残疾人座车制造	26	1	1		
助动车制造					
非公路休闲车及零配件制造					
潜水救捞及其他未列明运输设备制造					
电气机械和器材制造业	3218	1263	1349	1750	25
电机制造	108	17	32	79	5

1-H-4 续表 4

行　业	专　利申请数(件)	#发明专利	有　效发　明专利数(件)	拥　有注　册商标数(件)	形成国家或行业标准数(项)
输配电及控制设备制造	390	141	313	275	10
电线、电缆、光缆及电工器材制造	45	10	73	14	
电池制造	1802	894	561	612	7
家用电力器具制造	541	129	202	667	2
非电力家用器具制造					
照明器具制造	316	71	156	95	1
其他电气机械及器材制造	16	1	12	8	
计算机、通信和其他电子设备制造业	3469	1878	5534	1463	31
计算机制造	561	311	1323	666	6
通信设备制造	233	135	521	181	1
广播电视设备制造	98	38	91	186	
雷达及配套设备制造					
非专业视听设备制造	104	31	125	1	
智能消费设备制造	59	19	41	3	
电子器件制造	1988	1236	3116	214	14
电子元件及电子专用材料制造	359	100	282	39	1
其他电子设备制造	67	8	35	173	9
仪器仪表制造业	239	75	282	260	5
通用仪器仪表制造	90	28	74	17	3
专用仪器仪表制造	3				
钟表与计时仪器制造	95	22	36	152	2
光学仪器制造	44	23	172	89	
衡器制造					
其他仪器仪表制造业	7	2		2	
其他制造业	125	15	129	33	4
日用杂品制造	125	15	129	33	4
核辐射加工					
其他未列明制造业					
废弃资源综合利用业					
金属废料和碎屑加工处理					
非金属废料和碎屑加工处理					
金属制品、机械和设备修理业	6	6	6		
金属制品修理					
通用设备修理					
专用设备修理					
铁路、船舶、航空航天等运输设备修理	6	6	6		
电气设备修理					
仪器仪表修理					
其他机械和设备修理业					
电力、热力、燃气及水生产和供应业	**794**	**398**	**1162**	**1**	**5**
电力、热力生产和供应业	786	397	1160	1	5
电力生产	147	21	28	1	
电力供应	639	376	1132		5
热力生产和供应					
燃气生产和供应业	7		1		
燃气生产和供应业	7		1		
水的生产和供应业	1	1	1		
自来水生产和供应					
污水处理及其再生利用	1	1	1		
其他水的处理、利用与分配					

1-H-5　分行业内资企业自主知识产权及相关情况

行　业	专　利申请数(件)	#发明专利	有　效发　明专利数(件)	拥　有注　册商标数(件)	形成国家或行业标准数(项)
总　计	**23339**	**7429**	**19714**	**17342**	**492**
采矿业	**21**	**1**	**51**	**15**	
煤炭开采和洗选业			6		
烟煤和无烟煤开采洗选			6		
褐煤开采洗选					
其他煤炭采选					
石油和天然气开采业					
石油开采					
天然气开采					
黑色金属矿采选业				1	
铁矿采选				1	
锰矿、铬矿采选					
其他黑色金属矿采选					
有色金属矿采选业	21	1	40		
常用有色金属矿采选	3	1	5		
贵金属矿采选	18		29		
稀有稀土金属矿采选			6		
非金属矿采选业			5	14	
土砂石开采			5	14	
化学矿开采					
采盐					
石棉及其他非金属矿采选					
开采专业及辅助性活动					
煤炭开采和洗选专业及辅助性活动					
石油和天然气开采专业及辅助性活动					
其他开采专业及辅助性活动					
其他采矿业					
其他采矿业					
制造业	**22483**	**7017**	**18488**	**17326**	**487**
农副食品加工业	630	262	443	1272	3
谷物磨制	27	3	1	91	
饲料加工	145	81	109	467	1
植物油加工	32	6	4	39	
制糖业					
屠宰及肉类加工	124	51	58	126	2
水产品加工	168	65	133	229	
蔬菜、菌类、水果和坚果加工	71	45	90	117	
其他农副食品加工	63	11	48	203	
食品制造业	573	163	356	1386	14
焙烤食品制造	71	15	37	77	
糖果、巧克力及蜜饯制造	56	11	28	57	
方便食品制造	127	30	73	202	6
乳制品制造	1	1		48	
罐头食品制造	63	25	45	222	2
调味品、发酵制品制造	32	7	26	42	
其他食品制造	223	74	147	738	6
酒、饮料和精制茶制造业	280	63	154	1168	22
酒的制造	36	5	38	150	1
饮料制造	55	7	10	135	5
精制茶加工	189	51	106	883	16

1-H-5 续表 1

行　　业	专　利 申请数 (件)	#发明专利	有　效 发　明 专利数 (件)	拥　有 注　册 商标数 (件)	形成国家 或行业 标准数 (项)
烟草制品业	55	19	150		
烟叶复烤	1		26		
卷烟制造	40	13	114		
其他烟草制品制造	14	6	10		
纺织业	795	184	538	229	18
棉纺织及印染精加工	159	31	161	62	8
毛纺织及染整精加工	8	2	1		
麻纺织及染整精加工					
丝绢纺织及印染精加工					
化纤织造及印染精加工	45	10	21	22	7
针织或钩针编织物及其制品制造	386	81	97	27	2
家用纺织制成品制造	26	5	5	31	1
产业用纺织制成品制造	171	55	253	87	
纺织服装、服饰业	178	25	66	164	16
机织服装制造	138	8	41	59	16
针织或钩针编织服装制造	33	10	25	105	
服饰制造	7	7			
皮革、毛皮、羽毛及其制品和制鞋业	361	105	460	1003	13
皮革鞣制加工	61	25	92	53	
皮革制品制造	39	7	40	5	1
毛皮鞣制及制品加工					
羽毛(绒)加工及制品制造					
制鞋业	261	73	328	945	12
木材加工和木、竹、藤、棕、草制品业	303	81	231	102	5
木材加工	23	15	16	1	
人造板制造	99	31	75	18	4
木质制品制造	25	8	74	22	
竹、藤、棕、草等制品制造	156	27	66	61	1
家具制造业	293	29	146	199	1
木质家具制造	209	20	65	181	1
竹、藤家具制造				1	
金属家具制造	60	9	66	1	
塑料家具制造					
其他家具制造	24		15	16	
造纸和纸制品业	198	47	125	416	5
纸浆制造	9				
造纸	96	30	86	52	5
纸制品制造	93	17	39	364	
印刷和记录媒介复制业	90	23	84	37	1
印刷	90	23	84	37	1
装订及印刷相关服务					
记录媒介复制					
文教、工美、体育和娱乐用品制造业	566	112	285	795	45
文教办公用品制造	43	25	7	8	
乐器制造					
工艺美术及礼仪用品制造	402	62	234	431	24
体育用品制造	89	17	21	272	21
玩具制造	32	8	23	70	
游艺器材及娱乐用品制造				14	
石油、煤炭及其他燃料加工业	29	19	34	10	2

1-H-5　续表 2

行　业	专　利申请数(件)	#发明专利	有　效发　明专利数(件)	拥　有注　册商标数(件)	形成国家或行业标准数(项)
精炼石油产品制造	16	12	6	4	
煤炭加工			21	2	2
核燃料加工					
生物质燃料加工	13	7	7	4	
化学原料和化学制品制造业	992	300	994	1297	24
基础化学原料制造	173	53	191	40	7
肥料制造	25	14	57	27	
农药制造	22	8	38	48	
涂料、油墨、颜料及类似产品制造	81	30	322	480	8
合成材料制造	184	49	131	82	1
专用化学产品制造	351	119	207	151	8
炸药、火工及焰火产品制造	15	4	6	3	
日用化学产品制造	141	23	42	466	
医药制造业	289	138	564	1253	20
化学药品原料药制造	41	15	75	23	
化学药品制剂制造	33	20	103	536	12
中药饮片加工	7	1	34	27	
中成药生产	76	51	145	354	3
兽用药品制造	20	13	75	73	
生物药品制品制造	82	32	125	232	3
卫生材料及医药用品制造	27	5	5		
药用辅料及包装材料	3	1	2	8	2
化学纤维制造业	245	57	132	66	10
纤维素纤维原料及纤维制造	10	2	5	2	
合成纤维制造	235	55	127	64	10
生物基材料制造					
橡胶和塑料制品业	974	248	797	529	28
橡胶制品业	128	22	148	17	9
塑料制品业	846	226	649	512	19
非金属矿物制品业	1685	516	1113	943	52
水泥、石灰和石膏制造	60	11	6	8	
石膏、水泥制品及类似制品制造	159	70	186	42	2
砖瓦、石材等建筑材料制造	168	89	225	46	26
玻璃制造	107	44	116	487	4
玻璃制品制造	45	18	55	3	
玻璃纤维和玻璃纤维增强塑料制品制造	45	19	28	8	
陶瓷制品制造	1025	211	392	342	12
耐火材料制品制造					
石墨及其他非金属矿物制品制造	76	54	105	7	8
黑色金属冶炼和压延加工业	138	20	40	13	
炼铁					
炼钢					
钢压延加工	138	20	40	13	
铁合金冶炼					
有色金属冶炼和压延加工业	312	133	493	126	26
常用有色金属冶炼	15	3	18		
贵金属冶炼	31	17	138		7
稀有稀土金属冶炼	15	10	34	3	3
有色金属合金制造	44	9	20	17	
有色金属压延加工	207	94	283	106	16
金属制品业	1008	210	913	415	22

1-H-5　续表 3

行　业	专　利申请数（件）	#发明专利	有　效发　明专利数（件）	拥　有注　册商标数（件）	形成国家或行业标准数（项）
结构性金属制品制造	189	43	201	35	3
金属工具制造	90	11	139	35	8
集装箱及金属包装容器制造	31	9	50	7	
金属丝绳及其制品制造	3	1	3		
建筑、安全用金属制品制造	447	99	345	248	10
金属表面处理及热处理加工	49	3	43	62	
搪瓷制品制造					
金属制日用品制造	69	9	33	1	
铸造及其他金属制品制造	130	35	99	27	1
通用设备制造业	1525	461	1161	678	9
锅炉及原动设备制造	100	23	12	4	
金属加工机械制造	147	39	177	40	1
物料搬运设备制造	97	15	27	107	
泵、阀门、压缩机及类似机械制造	219	68	241	329	
轴承、齿轮和传动部件制造	110	37	116	32	3
烘炉、风机、包装等设备制造	222	63	240	68	5
文化、办公用机械制造	262	96	251	92	
通用零部件制造	70	30	58	3	
其他通用设备制造业	298	90	39	3	
专用设备制造业	1826	429	1624	951	54
采矿、冶金、建筑专用设备制造	749	147	284	313	36
化工、木材、非金属加工专用设备制造	228	38	241	63	2
食品、饮料、烟草及饲料生产专用设备制造	45	18	33	8	2
印刷、制药、日化及日用品生产专用设备制造	78	20	68	14	
纺织、服装和皮革加工专用设备制造	145	23	155	13	
电子和电工机械专用设备制造	82	18	66	18	
农、林、牧、渔专用机械制造	51	17	71	10	
医疗仪器设备及器械制造	58	16	76	182	5
环保、邮政、社会公共服务及其他专用设备制造	390	132	630	330	9
汽车制造业	659	161	497	400	9
汽车整车制造	87	36	59	96	6
汽车用发动机制造					
改装汽车制造	190	53	158	78	
低速汽车制造					
电车制造					
汽车车身、挂车制造	20	4	6	4	1
汽车零部件及配件制造	362	68	274	222	2
铁路、船舶、航空航天和其他运输设备制造业	185	34	228	110	13
铁路运输设备制造					
城市轨道交通设备制造					
船舶及相关装置制造	120	9	161	25	
航空、航天器及设备制造					
摩托车制造	43	13	52	78	13
自行车和残疾人座车制造	17	11	12	6	
助动车制造					
非公路休闲车及零配件制造					
潜水救捞及其他未列明运输设备制造	5	1	3	1	
电气机械和器材制造业	3571	1219	1947	1562	30
电机制造	264	55	92	192	6
输配电及控制设备制造	799	225	964	270	12
电线、电缆、光缆及电工器材制造	102	12	35	28	

1-H-5 续表 4

行 业	专利申请数(件)	#发明专利	有效发明专利数(件)	拥有注册商标数(件)	形成国家或行业标准数(项)
电池制造	1491	732	357	139	6
家用电力器具制造	483	99	135	736	4
非电力家用器具制造	10	10	10	1	
照明器具制造	407	82	267	109	2
其他电气机械及器材制造	15	4	87	87	
计算机、通信和其他电子设备制造业	3985	1762	4275	1942	34
计算机制造	200	76	288	208	2
通信设备制造	423	231	695	321	1
广播电视设备制造	137	40	130	749	2
雷达及配套设备制造	2	1	3		
非专业视听设备制造	61	18	160	91	
智能消费设备制造	78	12	22	10	
电子器件制造	2219	1196	2288	263	11
电子元件及电子专用材料制造	744	167	568	68	4
其他电子设备制造	121	21	121	232	14
仪器仪表制造业	635	173	581	223	10
通用仪器仪表制造	412	129	327	88	8
专用仪器仪表制造	53	10	30	9	
钟表与计时仪器制造	91	8	53	18	
光学仪器制造	53	19	129	100	
衡器制造	9			6	
其他仪器仪表制造业	17	7	42	2	2
其他制造业	67	10	34	33	1
日用杂品制造	45	7	10	3	
核辐射加工					
其他未列明制造业	22	3	24	30	1
废弃资源综合利用业	27	5	17	4	
金属废料和碎屑加工处理					
非金属废料和碎屑加工处理	27	5	17	4	
金属制品、机械和设备修理业	9	9	6		
金属制品修理					
通用设备修理					
专用设备修理	1	1			
铁路、船舶、航空航天等运输设备修理	8	8	6		
电气设备修理					
仪器仪表修理					
其他机械和设备修理业					
电力、热力、燃气及水生产和供应业	**835**	**411**	**1175**	**1**	**5**
电力、热力生产和供应业	828	411	1174	1	5
电力生产	169	35	42	1	
电力供应	639	376	1132		5
热力生产和供应	20				
燃气生产和供应业	7		1		
燃气生产和供应业	7		1		
生物质燃气生产和供应业					
水的生产和供应业					
自来水生产和供应					
污水处理及其再生利用					
海水淡化处理					
其他水的处理、利用与分配					

1-H-6 分行业港澳台商投资企业自主知识产权及相关情况

行业	专利申请数（件）	#发明专利	有效发明专利数（件）	拥有注册商标数（件）	形成国家或行业标准数（项）
总　计	**5069**	**1427**	**5042**	**7470**	**112**
采矿业					
煤炭开采和洗选业					
烟煤和无烟煤开采洗选					
褐煤开采洗选					
石油和天然气开采业					
石油开采					
天然气开采					
黑色金属矿采选业					
铁矿采选					
有色金属矿采选业					
常用有色金属矿采选					
贵金属矿采选					
非金属矿采选业					
土砂石开采					
化学矿开采					
采盐					
石棉及其他非金属矿采选					
开采专业及辅助性活动					
石油和天然气开采专业及辅助性活动					
制造业	**5068**	**1426**	**5041**	**7470**	**112**
农副食品加工业	23	3	38	29	
谷物磨制					
饲料加工			7	4	
植物油加工					
制糖业					
屠宰及肉类加工	3	3			
水产品加工	7		31	24	
蔬菜、菌类、水果和坚果加工	13			1	
其他农副食品加工					
食品制造业	81	8	166	437	2
焙烤食品制造	30		11	421	2
糖果、巧克力及蜜饯制造	41	1	134	1	
方便食品制造			13	13	
乳制品制造					
罐头食品制造	5	2			
调味品、发酵制品制造			8		
其他食品制造	5	5		2	
酒、饮料和精制茶制造业	45	16	25	382	2
酒的制造					
饮料制造	23	14	24	121	
精制茶加工	22	2	1	261	2
烟草制品业					
烟叶复烤					
其他烟草制品制造					
纺织业	282	116	468	120	5

1-H-6　续表 1

行　　业	专　利 申请数 (件)	#发明专利	有　效 发　明 专利数 (件)	拥　有 注　册 商标数 (件)	形成国家 或行业 标准数 (项)
棉纺织及印染精加工	152	54	242	44	
毛纺织及染整精加工	3	3	15		
麻纺织及染整精加工					
丝绢纺织及印染精加工					
化纤织造及印染精加工	49	44	21	4	
针织或钩针编织物及其制品制造	12		5	1	
家用纺织制成品制造					
产业用纺织制成品制造	66	15	185	71	5
纺织服装、服饰业	63	24	60	542	8
机织服装制造	37	13	33	542	2
针织或钩针编织服装制造	26	11	27		6
服饰制造					
皮革、毛皮、羽毛及其制品和制鞋业	747	120	169	2507	4
皮革鞣制加工	26	14	26		
皮革制品制造	16	11	18	189	
毛皮鞣制及制品加工					
羽毛(绒)加工及制品制造					
制鞋业	705	95	125	2318	4
木材加工和木、竹、藤、棕、草制品业	52	2	32	10	
木材加工					
人造板制造	32	1	1	2	
木质制品制造	17	1	31		
竹、藤、棕、草等制品制造	3			8	
家具制造业	22			30	
木质家具制造	2			30	
竹、藤家具制造					
金属家具制造	20				
塑料家具制造					
其他家具制造					
造纸和纸制品业	234	37	235	538	
纸浆制造					
造纸	42	13	42	69	
纸制品制造	192	24	193	469	
印刷和记录媒介复制业	23	4	35	37	
印刷	23	4	35	37	
装订及印刷相关服务					
记录媒介复制					
文教、工美、体育和娱乐用品制造业	165	20	74	146	
文教办公用品制造	5		5		
乐器制造	4	1	2		
工艺美术及礼仪用品制造	61	2	38	24	
体育用品制造	66	12	16	78	
玩具制造	27	3	11	44	
游艺器材及娱乐用品制造	2	2	2		
石油、煤炭及其他燃料加工业			2	3	
精炼石油产品制造			2	3	
煤炭加工					
生物质燃料加工					

1-H-6 续表 2

行业	专利申请数(件)	#发明专利	有效发明专利数(件)	拥有注册商标数(件)	形成国家或行业标准数(项)
化学原料和化学制品制造业	65	40	55	180	10
基础化学原料制造	13	3	7	5	5
肥料制造					
农药制造					
涂料、油墨、颜料及类似产品制造	3	3	20	5	
合成材料制造	7	3	2	1	
专用化学产品制造	1	1	13	2	
炸药、火工及焰火产品制造					
日用化学产品制造	41	30	13	167	5
医药制造业	116	49	163	609	
化学药品原料药制造	23	7	4	2	
化学药品制剂制造	21	4	19	22	
中药饮片加工					
中成药生产	39	12	25	437	
兽用药品制造	9	9	24	38	
生物药品制品制造	24	17	91	110	
卫生材料及医药用品制造					
药用辅料及包装材料					
化学纤维制造业	59	10	93	115	11
纤维素纤维原料及纤维制造	25	4			
合成纤维制造	34	6	93	115	11
橡胶和塑料制品业	205	69	241	235	8
橡胶制品业	6	1			
塑料制品业	199	68	241	235	8
非金属矿物制品业	161	53	198	25	5
水泥、石灰和石膏制造					
石膏、水泥制品及类似制品制造	13	2	16	9	4
砖瓦、石材等建筑材料制造	17		68		
玻璃制造	93	27	36	1	1
玻璃制品制造	5		34	13	
玻璃纤维和玻璃纤维增强塑料制品制造					
陶瓷制品制造	33	24	44	2	
耐火材料制品制造					
石墨及其他非金属矿物制品制造					
黑色金属冶炼和压延加工业	8	8	20		
炼铁					
炼钢					
钢压延加工	8	8	20		
铁合金冶炼					
有色金属冶炼和压延加工业	18	7	2	1	3
常用有色金属冶炼					
贵金属冶炼					
稀有稀土金属冶炼					
有色金属合金制造					
有色金属压延加工	18	7	2	1	3
金属制品业	238	96	779	147	3
结构性金属制品制造	4		34		
金属工具制造	18	2	2	4	

1-H-6　续表 3

行　　业	专　利申请数(件)	#发明专利	有　效发　明专利数(件)	拥　有注　册商标数(件)	形成国家或行业标准数(项)
集装箱及金属包装容器制造					
金属丝绳及其制品制造					
建筑、安全用金属制品制造	185	91	725	101	3
金属表面处理及热处理加工					
搪瓷制品制造					
金属制日用品制造	5		10	41	
铸造及其他金属制品制造	26	3	8	1	
通用设备制造业	279	82	279	159	10
锅炉及原动设备制造	5				
金属加工机械制造	31			1	
物料搬运设备制造					
泵、阀门、压缩机及类似机械制造	22	5	4	50	7
轴承、齿轮和传动部件制造	24	9	4	1	3
烘炉、风机、包装等设备制造	5		1	34	
文化、办公用机械制造	150	62	246	69	
通用零部件制造	23		23	1	
其他通用设备制造业	19	6	1	3	
专用设备制造业	253	74	355	65	25
采矿、冶金、建筑专用设备制造	7	5	16		
化工、木材、非金属加工专用设备制造	53	29	104	32	2
食品、饮料、烟草及饲料生产专用设备制造	10				
印刷、制药、日化及日用品生产专用设备制造	23	3	10	4	
纺织、服装和皮革加工专用设备制造	47	9	38	23	
电子和电工机械专用设备制造	32	14	11		16
农、林、牧、渔专用机械制造					
医疗仪器设备及器械制造	81	14	176	6	7
环保、邮政、社会公共服务及其他专用设备制造					
汽车制造业	264	54	179	159	1
汽车整车制造	64	11	10	67	1
汽车用发动机制造					
改装汽车制造					
汽车车身、挂车制造					
汽车零部件及配件制造	200	43	169	92	
铁路、船舶、航空航天和其他运输设备制造业	10	4	26	7	
铁路运输设备制造					
城市轨道交通设备制造					
船舶及相关装置制造					
航空、航天器及设备制造					
摩托车制造	10	4	26	7	
自行车和残疾人座车制造					
助动车制造					
非公路休闲车及零配件制造					
潜水救捞及其他未列明运输设备制造					
电气机械和器材制造业	835	270	579	611	1
电机制造	37	6	18	14	
输配电及控制设备制造	46	18	58	4	
电线、电缆、光缆及电工器材制造	24	1	41	3	
电池制造	398	178	281	488	1

1-H-6 续表 4

行业	专利申请数(件)	#发明专利	有效发明专利数(件)	拥有注册商标数(件)	形成国家或行业标准数(项)
家用电力器具制造	210	47	126	56	
非电力家用器具制造	2	2	2		
照明器具制造	103	18	42	43	
其他电气机械及器材制造	15		11	3	
计算机、通信和其他电子设备制造业	607	220	552	124	8
计算机制造	151	48	50	51	4
通信设备制造	112	53	29	8	
广播电视设备制造	17	7	23	4	
雷达及配套设备制造					
非专业视听设备制造	87	30	133	6	
智能消费设备制造	7	7	2		
电子器件制造	165	63	259	39	3
电子元件及电子专用材料制造	42	11	41	16	1
其他电子设备制造	26	1	15		
仪器仪表制造业	117	23	37	149	2
通用仪器仪表制造	29	3	4	5	
专用仪器仪表制造					
钟表与计时仪器制造	88	20	33	144	2
光学仪器制造					
衡器制造					
其他仪器仪表制造业					
其他制造业	96	17	179	103	4
日用杂品制造	96	17	179	102	4
其他未列明制造业				1	
废弃资源综合利用业					
金属废料和碎屑加工处理					
非金属废料和碎屑加工处理					
金属制品、机械和设备修理业					
金属制品修理					
通用设备修理					
专用设备修理					
铁路、船舶、航空航天等运输设备修理					
电气设备修理					
仪器仪表修理					
其他机械和设备修理业					
电力、热力、燃气及水生产和供应业	**1**	**1**	**1**		
电力、热力生产和供应业					
电力生产					
电力供应					
热力生产和供应					
燃气生产和供应业					
燃气生产和供应业					
生物质燃气生产和供应业					
水的生产和供应业	1	1	1		
自来水生产和供应					
污水处理及其再生利用	1	1	1		
海水淡化处理					
其他水的处理、利用与分配					

1-H-7　分行业外商投资企业自主知识产权及相关情况

行　业	专　利 申请数 (件)	#发明专利	有　效 发　明 专利数 (件)	拥　有 注　册 商标数 (件)	形成国家 或行业 标准数 (项)
总　计	**3121**	**994**	**4787**	**3718**	**83**
采矿业					
煤炭开采和洗选业					
烟煤和无烟煤开采洗选					
石油和天然气开采业					
石油开采					
天然气开采					
黑色金属矿采选业					
铁矿采选					
锰矿、铬矿采选					
有色金属矿采选业					
常用有色金属矿采选					
贵金属矿采选					
稀有稀土金属矿采选					
非金属矿采选业					
土砂石开采					
化学矿开采					
采盐					
石棉及其他非金属矿采选					
开采专业及辅助性活动					
石油和天然气开采专业及辅助性活动					
制造业	**3119**	**992**	**4783**	**3717**	**83**
农副食品加工业	43	16	29	28	1
谷物磨制					
饲料加工	14	10	6	5	
植物油加工					
制糖业					
屠宰及肉类加工			2	4	
水产品加工	21	4	10	14	
蔬菜、菌类、水果和坚果加工	8	2	11	5	1
其他农副食品加工					
食品制造业	47	17	28	287	
焙烤食品制造					
糖果、巧克力及蜜饯制造			2		
方便食品制造					
乳制品制造					
罐头食品制造	3	1		8	
调味品、发酵制品制造					
其他食品制造	44	16	26	279	
酒、饮料和精制茶制造业	9	4	17	377	
酒的制造	2	2			
饮料制造	7	2	17	377	
精制茶加工					
烟草制品业					
其他烟草制品制造					
纺织业	41	6	55	41	2

1-H-7 续表 1

行　业	专利申请数(件)	#发明专利	有效发明专利数(件)	拥有注册商标数(件)	形成国家或行业标准数(项)
棉纺织及印染精加工	31	6	45	28	2
毛纺织及染整精加工					
麻纺织及染整精加工					
丝绢纺织及印染精加工					
化纤织造及印染精加工					
针织或钩针编织物及其制品制造					
家用纺织制成品制造	10		10	13	
产业用纺织制成品制造					
纺织服装、服饰业				4	
机织服装制造				3	
针织或钩针编织服装制造				1	
服饰制造					
皮革、毛皮、羽毛及其制品和制鞋业	116	19	62	498	10
皮革鞣制加工	5	2	2	1	
皮革制品制造	8		8		
毛皮鞣制及制品加工					
羽毛(绒)加工及制品制造					
制鞋业	103	17	52	497	10
木材加工和木、竹、藤、棕、草制品业	9	2	1		
木材加工					
人造板制造					
木质制品制造	9	2	1		
竹、藤、棕、草等制品制造					
家具制造业			8		
木质家具制造					
金属家具制造					
塑料家具制造					
其他家具制造			8		
造纸和纸制品业	2	2	35	9	8
纸浆制造					
造纸			1	9	8
纸制品制造	2	2	34		
印刷和记录媒介复制业					
印刷					
装订及印刷相关服务					
记录媒介复制					
文教、工美、体育和娱乐用品制造业	80	24	123	17	
文教办公用品制造					
乐器制造			1	13	
工艺美术及礼仪用品制造	61	24	22	3	
体育用品制造	19		100	1	
玩具制造					
游艺器材及娱乐用品制造					
石油、煤炭及其他燃料加工业	2	1	1		
精炼石油产品制造	2	1	1		
煤炭加工					
生物质燃料加工					
化学原料和化学制品制造业	34	6	83	46	6

1-H-7　续表 2

行　　业	专利申请数(件)	#发明专利	有效发明专利数(件)	拥有注册商标数(件)	形成国家或行业标准数(项)
基础化学原料制造			7		3
肥料制造	13		9		
农药制造					
涂料、油墨、颜料及类似产品制造			21	15	
合成材料制造	1	1	8	7	
专用化学产品制造	18	5	23		
炸药、火工及焰火产品制造					
日用化学产品制造	2		15	24	3
医药制造业	75	23	55	27	
化学药品原料药制造					
化学药品制剂制造	10		2	16	
中药饮片加工					
中成药生产	10	1	10	2	
兽用药品制造	2	1	14	1	
生物药品制品制造	53	21	29	8	
卫生材料及医药用品制造					
药用辅料及包装材料					
化学纤维制造业					
纤维素纤维原料及纤维制造					
合成纤维制造					
生物基材料制造					
橡胶和塑料制品业	440	131	283	82	4
橡胶制品业	76	15	21	57	4
塑料制品业	364	116	262	25	
非金属矿物制品业	85	27	53	81	3
水泥、石灰和石膏制造					
石膏、水泥制品及类似制品制造					
砖瓦、石材等建筑材料制造	2		9		
玻璃制造					
玻璃制品制造	10	1	4	2	
玻璃纤维和玻璃纤维增强塑料制品制造					
陶瓷制品制造	40	6	7	72	
耐火材料制品制造	33	20	33	7	3
石墨及其他非金属矿物制品制造					
黑色金属冶炼和压延加工业					
炼铁					
炼钢					
钢压延加工					
铁合金冶炼					
有色金属冶炼和压延加工业	53	22	134	58	8
常用有色金属冶炼					
贵金属冶炼					
稀有稀土金属冶炼	16	7	95	57	3
有色金属合金制造					
有色金属压延加工	37	15	39	1	5
金属制品业	303	78	137	162	2
结构性金属制品制造	14	2	3		
金属工具制造	11	11	10	4	

1-H-7 续表 3

行业	专利申请数（件）	#发明专利	有效发明专利数（件）	拥有注册商标数（件）	形成国家或行业标准数（项）
集装箱及金属包装容器制造	6		5		
金属丝绳及其制品制造					
建筑、安全用金属制品制造	258	65	108	147	2
金属表面处理及热处理加工			11	11	
搪瓷制品制造					
金属制日用品制造	14				
铸造及其他金属制品制造					
通用设备制造业	260	106	369	77	9
锅炉及原动设备制造					
金属加工机械制造	9	1	46		
物料搬运设备制造	59	17	21	1	
泵、阀门、压缩机及类似机械制造	66	8	42	1	
轴承、齿轮和传动部件制造	39	4	8	20	6
烘炉、风机、包装等设备制造	7	2	8	5	
文化、办公用机械制造	77	71	236	50	3
通用零部件制造	3	3	8		
其他通用设备制造业					
专用设备制造业	205	22	259	374	1
采矿、冶金、建筑专用设备制造	80	9	83	273	
化工、木材、非金属加工专用设备制造	3		27	2	
食品、饮料、烟草及饲料生产专用设备制造					
印刷、制药、日化及日用品生产专用设备制造	46	6	5	5	
纺织、服装和皮革加工专用设备制造	5	1	2	4	
电子和电工机械专用设备制造					
农、林、牧、渔专用机械制造					
医疗仪器设备及器械制造	58	6	85	90	1
环保、邮政、社会公共服务及其他专用设备制造	13		57		
汽车制造业	399	71	444	583	4
汽车整车制造	212	43	51	529	4
汽车用发动机制造					
改装汽车制造					
低速汽车制造					
汽车车身、挂车制造					
汽车零部件及配件制造	187	28	393	54	
铁路、船舶、航空航天和其他运输设备制造业	58	3	7	71	16
铁路运输设备制造					
城市轨道交通设备制造					
船舶及相关装置制造					
航空、航天器及设备制造					
摩托车制造	13	2	6	71	16
自行车和残疾人座车制造	45	1	1		
助动车制造					
非公路休闲车及零配件制造					
潜水救捞及其他未列明运输设备制造					
电气机械和器材制造业	232	40	303	251	1
电机制造	18		4	6	
输配电及控制设备制造	55	13	100	161	

1-H-7　续表 4

行　　业	专　利申请数(件)	#发明专利	有　效发　明专利数(件)	拥　有注　册商标数(件)	形成国家或行业标准数(项)
电线、电缆、光缆及电工器材制造	15		17		
电池制造	10		59	3	
家用电力器具制造	25			28	
非电力家用器具制造					
照明器具制造	103	27	123	56	1
其他电气机械及器材制造	6				
计算机、通信和其他电子设备制造业	567	352	2136	565	4
计算机制造	253	210	1047	468	
通信设备制造	22	11	16	8	
广播电视设备制造	2	1	7	20	4
雷达及配套设备制造					
非专业视听设备制造	25	2	3		
智能消费设备制造	15	3	22	1	
电子器件制造	192	115	1009	64	
电子元件及电子专用材料制造	40	10	19	2	
其他电子设备制造	18		13	2	
仪器仪表制造业	50	20	157	76	4
通用仪器仪表制造	19	4	10	21	3
专用仪器仪表制造	3				
钟表与计时仪器制造					
光学仪器制造	20	14	137	52	1
衡器制造					
其他仪器仪表制造业	8	2	10	3	
其他制造业	9		4		
日用杂品制造	9		4		
其他未列明制造业					
废弃资源综合利用业					
金属废料和碎屑加工处理					
非金属废料和碎屑加工处理					
金属制品、机械和设备修理业					
金属制品修理					
通用设备修理					
专用设备修理					
铁路、船舶、航空航天等运输设备修理					
其他机械和设备修理业					
电力、热力、燃气及水生产和供应业	**2**	**2**	**4**	**1**	
电力、热力生产和供应业					
电力生产					
电力供应					
热力生产和供应					
燃气生产和供应业	2	2	4	1	
燃气生产和供应业	2	2	4	1	
水的生产和供应业					
自来水生产和供应					
污水处理及其再生利用					
其他水的处理、利用与分配					

1-H-8　各地区企业自主知识产权及相关情况

地　区	专　利申请数(件)	#发明专利	有效发明专利数(件)	拥有注册商标数(件)	形成国家或行业标准数(项)
全　省	**31529**	**9850**	**29543**	**28530**	**687**
福州市	**6012**	**2349**	**7160**	**5410**	**74**
鼓楼区	1148	658	2209	434	8
台江区	107	47	36	54	
仓山区	933	364	1754	1632	4
马尾区	593	249	624	482	12
晋安区	268	113	323	499	4
长乐区	595	84	337	587	10
闽侯县	757	209	829	431	2
连江县	147	30	156	77	9
罗源县	49	11	21	3	
闽清县	89	18	44	13	5
永泰县	71	10	21	15	
平潭县	32	12	9	5	
福清市	1223	544	797	1178	20
厦门市	**9314**	**3171**	**11183**	**7208**	**233**
思明区	595	191	439	902	18
海沧区	1486	434	2080	909	61
湖里区	183	20	235	484	3
集美区	1791	478	1866	1437	65
同安区	1674	300	1092	1251	38
翔安区	121	21	119	445	3
火炬高新区	3464	1727	5352	1780	45
莆田市	**1028**	**291**	**798**	**1229**	**50**
城厢区	205	54	100	60	15
涵江区	440	141	201	492	8
荔城区	140	26	368	603	3
秀屿区	143	34	87	26	2
仙游县	75	32	42	48	22
北　岸	25	4			
三明市	**791**	**212**	**746**	**562**	**37**
梅列区	31	8	33	13	1
三元区	59	13	25	75	
明溪县	26	9	53	34	
清流县	25	9	33	15	
宁化县	34	8	36	25	
大田县	4	4	15	1	2
尤溪县	68	18	34	18	
沙　县	137	40	245	125	10
将乐县	72	10	61	21	
泰宁县	148	10	6	77	
建宁县	40	13	30	94	15
永安市	147	70	175	64	9
泉州市	**6028**	**1422**	**5000**	**7991**	**167**
鲤城区	479	99	442	676	10
丰泽区	332	41	89	160	
洛江区	396	130	281	154	7
泉港区	130	42	227	100	9
惠安县	194	36	203	643	1
安溪县	237	61	218	285	5
永春县	119	14	91	36	

1-H-8　续表

地　　区	专　利申请数(件)	#发明专利	有效发明专利数(件)	拥有注册商标数(件)	形成国家或行业标准数(项)
德化县	395	93	158	304	2
台商投资区	224	55	90	307	4
泉州开发区	454	35	327	1329	2
石狮市	227	49	269	419	4
晋江市	1629	536	1700	2692	89
南安市	1212	231	905	886	34
漳州市	**3378**	**756**	**1749**	**3019**	**38**
芗城区	522	135	319	842	9
龙文区	271	48	192	664	21
漳州台商投资区	440	119	282	298	2
招商局漳州开发区	10	10	9		1
云霄县	139	21	47	270	
漳浦县	385	82	63	224	
诏安县	60	14	76	20	
长泰县	707	161	277	213	1
东山县	82	38	55	16	
南靖县	238	65	222	68	1
平和县	48	6	27	30	
华安县	127	6	77	31	
常山华侨经济开发区	7		3	4	
龙海市	342	51	100	339	3
南平市	**1000**	**262**	**808**	**1068**	**32**
延平区	226	55	148	362	11
建阳区	154	35	94	91	3
顺昌县	58	9	61	34	3
浦城县	80	39	73	56	2
光泽县	13	4	8	8	
松溪县	59	21	44	80	1
政和县	104	9	55	5	
邵武市	158	31	139	52	8
武夷山市	61	22	60	372	4
建瓯市	87	37	126	8	
龙岩市	**1883**	**400**	**1308**	**969**	**29**
新罗区	712	180	514	544	8
永定区	167	28	202	129	
长汀县	166	23	58	8	7
上杭县	269	47	193	121	10
武平县	166	44	74	78	
连城县	172	38	160	67	
漳平市	231	40	107	22	4
宁德市	**2095**	**987**	**791**	**1074**	**27**
蕉城区	1675	838	433	165	3
霞浦县	13	1		4	
古田县	11	8	49	4	
屏南县					
寿宁县	36	21	34	8	3
周宁县	14	4	17	7	
柘荣县	24	19	65	297	12
东侨开发区	61	39	32	365	5
福安市	61	21	69	168	1
福鼎市	200	36	92	56	3

1-H-9 各地区大中型企业自主知识产权及相关情况

地　区	专　利申请数(件)	#发明专利	有效发明专利数(件)	拥有注册商标数(件)	形成国家或行业标准数(项)
全　省	**18025**	**6355**	**18090**	**20372**	**466**
福州市	**3514**	**1639**	**4909**	**4066**	**53**
鼓楼区	896	540	1779	150	6
台江区				8	
仓山区	430	254	1381	1305	4
马尾区	360	178	400	342	8
晋安区	154	80	183	414	3
长乐区	322	67	173	535	10
闽侯县	400	109	459	367	1
连江县	62	9	112	35	1
罗源县	28	9	15		
闽清县	36	5	10	13	5
永泰县	27	1			
平潭县					
福清市	799	387	397	897	15
厦门市	**5715**	**2220**	**7121**	**5241**	**118**
思明区	477	151	333	611	10
海沧区	1144	338	1599	825	34
湖里区	93	9	67	459	3
集美区	1137	294	1107	1008	47
同安区	829	152	315	872	5
翔安区	39	12	67	354	
火炬高新区	1996	1264	3633	1112	19
莆田市	**242**	**65**	**399**	**960**	**23**
城厢区	24		3	18	
涵江区	75	9	21	312	2
荔城区	64	22	341	584	3
秀屿区	16	16	23	11	2
仙游县	38	14	11	35	16
北　岸	25	4			
三明市	**244**	**109**	**242**	**157**	**25**
梅列区	21	5	16	6	1
三元区	22	9	5	7	
明溪县	4	4	44	2	
清流县					
宁化县	10	5	15	16	
大田县					
尤溪县	27	8		2	
沙　县	29	13	23	72	10
将乐县	33	2	22	14	
建宁县			1	3	8
永安市	98	63	116	35	6
泉州市	**3853**	**808**	**3002**	**6753**	**145**
鲤城区	255	34	180	554	8
丰泽区	272	38	60	68	
洛江区	228	53	218	107	7
泉港区	44	15	130	77	9
惠安县	49	20	103	570	
安溪县	193	38	159	194	2

1-H-9　续表

地　　区	专　利申请数(件)	#发明专利	有效发明专利数(件)	拥有注册商标数(件)	形成国家或行业标准数(项)
永春县	60	8	27	8	
德化县	233	65	82	120	2
台商投资区	105	23	35	280	3
泉州开发区	335	18	63	1267	
石狮市	96	18	135	373	3
晋江市	1117	321	1280	2372	85
南安市	866	157	530	763	26
漳州市	**1689**	**414**	**915**	**1327**	**35**
芗城区	314	73	178	452	9
龙文区	116	23	39	254	21
漳州台商投资区	351	94	242	259	2
招商局漳州开发区					
云霄县	68	15	33	16	
漳浦县	175	32	18	201	
诏安县	26	6	7	4	
长泰县	376	90	136	52	
东山县	55	27	39	4	
南靖县	53	26	105	15	1
平和县	2			1	
华安县	42	2	61	3	
常山华侨经济开发区					
龙海市	111	26	57	66	2
南平市	**327**	**69**	**266**	**704**	**25**
延平区	151	23	90	314	11
建阳区	40	16	22	23	
顺昌县	1	1	14	14	3
浦城县	25	16	49	39	
光泽县			3		
松溪县	2	2	1	23	
政和县					
邵武市	80	11	53	23	8
武夷山市	21		3	265	3
建瓯市	7		31	3	
龙岩市	**621**	**143**	**662**	**545**	**18**
新罗区	299	83	326	399	5
永定区	21	5	28	10	
长汀县	42	5	18	1	3
上杭县	67	26	130	51	7
武平县	55	7	33	48	
连城县	65	12	96	25	
漳平市	72	5	31	11	3
宁德市	**1820**	**888**	**574**	**619**	**24**
蕉城区	1592	827	405	124	3
霞浦县					
古田县					
屏南县					
寿宁县	33	20	33	7	3
柘荣县	15	10	47	293	12
东侨开发区	8	1	2	6	5
福安市	31	7	33	149	
福鼎市	141	23	54	40	1

1-H-10 各地区内资企业自主知识产权及相关情况

地　区	专　利申请数（件）	#发明专利	有效发明专利数（件）	拥有注册商标数（件）	形成国家或行业标准数（项）
全　省	**23339**	**7429**	**19714**	**17342**	**492**
福州市	**4426**	**1715**	**4744**	**3685**	**55**
鼓楼区	935	553	1882	309	7
台江区	107	47	36	54	
仓山区	538	141	597	973	2
马尾区	414	206	549	251	8
晋安区	126	39	181	345	1
长乐区	567	84	200	574	10
闽侯县	411	122	520	196	2
连江县	132	23	122	63	9
罗源县	49	11	21	3	
闽清县	89	18	44	13	5
永泰县	59	10	21	15	
平潭县	32	12	9	5	
福清市	967	449	562	884	11
厦门市	**6455**	**2321**	**6661**	**4392**	**148**
思明区	441	142	332	863	11
海沧区	846	253	797	488	36
湖里区	107	12	71	55	
集美区	788	214	874	789	36
同安区	1262	216	820	761	27
翔安区	88	9	41	25	
火炬高新区	2923	1475	3726	1411	38
莆田市	**860**	**264**	**724**	**1120**	**33**
城厢区	202	54	91	59	15
涵江区	332	125	154	432	8
荔城区	120	24	358	589	2
秀屿区	133	31	81	19	2
仙游县	73	30	40	21	6
三明市	**773**	**210**	**727**	**534**	**29**
梅列区	31	8	33	13	1
三元区	59	13	25	75	
明溪县	26	9	53	34	
清流县	25	9	33	15	
宁化县	34	8	36	25	
大田县	4	4	15	1	2
尤溪县	68	18	34	18	
沙　县	137	40	241	110	10
将乐县	72	10	55	20	
泰宁县	148	10	6	77	
建宁县	37	13	29	85	7
永安市	132	68	167	61	9
泉州市	**4190**	**1023**	**3238**	**3602**	**130**
鲤城区	363	74	337	97	1
丰泽区	273	40	88	116	
洛江区	302	108	226	102	7
泉港区	125	37	223	99	9
惠安县	179	30	75	159	1
安溪县	231	57	187	277	5

1-H-10　续表

地　区	专利申请数(件)	#发明专利	有效发明专利数(件)	拥有注册商标数(件)	形成国家或行业标准数(项)
永春县	70	10	42	28	
德化县	367	82	151	284	2
台商投资区	129	30	56	269	1
泉州开发区	110	24	276	56	2
石狮市	113	10	126	386	1
晋江市	793	305	738	913	73
南安市	1135	216	713	816	28
漳州市	**2513**	**516**	**1277**	**2193**	**19**
芗城区	452	123	313	804	9
龙文区	195	18	118	468	5
漳州台商投资区	163	35	80	16	
招商局漳州开发区	10	10	9		1
云霄县	121	12	32	255	
漳浦县	143	24	3	9	
诏安县	54	12	44	11	
长泰县	636	146	250	167	1
东山县	70	26	43	16	
南靖县	163	53	178	55	
平和县	48	6	27	29	
华安县	127	6	77	31	
常山华侨经济开发区			3	4	
龙海市	331	45	100	328	3
南平市	**811**	**229**	**671**	**440**	**25**
延平区	111	47	80	69	11
建阳区	149	33	89	66	1
顺昌县	55	9	54	24	
浦城县	69	29	35	17	2
光泽县	12	3	7	8	
松溪县	59	21	44	80	1
政和县	104	9	55	5	
邵武市	126	21	122	52	8
武夷山市	39	20	59	111	2
建瓯市	87	37	126	8	
龙岩市	**1542**	**364**	**1124**	**585**	**29**
新罗区	567	168	426	240	8
永定区	167	28	202	119	
长汀县	160	22	36	8	7
上杭县	206	37	173	69	10
武平县	154	41	62	78	
连城县	161	36	158	54	
漳平市	127	32	67	17	4
宁德市	**1769**	**787**	**548**	**791**	**24**
蕉城区	1421	678	248	161	3
霞浦县	13	1		4	
古田县	9	6	43	4	
屏南县					
寿宁县	3	1	1	1	
周宁县	14	4	17	7	
柘荣县	24	19	65	297	12
东侨开发区	41	25	19	100	5
福安市	61	21	69	168	1
福鼎市	183	32	86	49	3

1-H-11 各地区港澳台商投资企业自主知识产权及相关情况

地 区	专 利 申请数 (件)	#发明专利	有效发明 专利数 (件)	拥有注册 商标数 (件)	形成国家或 行业标准数 (项)
全 省	**5069**	**1427**	**5042**	**7470**	**112**
福州市	**809**	**279**	**799**	**907**	**16**
鼓楼区	162	83	294	107	1
台江区					
仓山区	72	7	53	144	2
马尾区	176	40	36	227	4
晋安区	44	11	51	151	
长乐区	20		29	4	
闽侯县	121	46	97	2	
连江县	7	7	25	8	
罗源县					
闽清县					
永泰县					
平潭县					
福清市	207	85	214	264	9
厦门市	**1303**	**399**	**2004**	**1362**	**54**
思明区	83	29	84	38	6
海沧区	498	167	1173	364	25
湖里区	30	2	70	418	
集美区	172	38	187	76	13
同安区	254	61	149	386	10
翔安区				12	
火炬高新区	266	102	341	68	
莆田市	**142**	**18**	**47**	**30**	
城厢区					
涵江区	105	14	47	20	
荔城区	12			10	
秀屿区					
仙游县					
北 岸	25	4			
三明市	3		1	6	
梅列区					
三元区					
明溪县					
清流县					
宁化县					
大田县					
尤溪县					
沙 县					
将乐县					
泰宁县					
建宁县	3			6	
永安市			1		
泉州市	**1521**	**326**	**1467**	**3810**	**19**
鲤城区	57	19	60	92	1
丰泽区	39	1	1	42	
洛江区	41	5	40	43	
泉港区	3	3			
惠安县	13	4	94	483	
安溪县	6	4	31	8	

1-H-11　续表

地　区	专　利申请数(件)	#发明专利	有效发明专利数(件)	拥有注册商标数(件)	形成国家或行业标准数(项)
永春县	11	1	1	4	
德化县	4	1			
台商投资区	92	24	32	38	3
泉州开发区	344	11	51	1273	
石狮市	106	37	130	23	3
晋江市	772	213	879	1764	12
南安市	33	3	148	40	
漳州市	**724**	**207**	**380**	**673**	**19**
芗城区	70	12	6	32	
龙文区	51	20	35	125	16
漳州台商投资区	260	83	177	230	2
招商局漳州开发区					
云霄县	14	5	13	15	
漳浦县	186	56	50	200	
诏安县	6	2	32	9	
长泰县	71	15	27	46	
东山县					
南靖县	48	8	40	5	1
平和县				1	
华安县					
常山华侨经济开发区	7				
龙海市	11	6		10	
南平市	**158**	**23**	**88**	**584**	**4**
延平区	115	8	47	250	
建阳区	5	2	5	25	2
顺昌县	3			10	
浦城县	9	9	24	38	
光泽县	1	1	1		
松溪县					
政和县					
邵武市	3	1	10		
武夷山市	22	2	1	261	2
建瓯市					
龙岩市	**147**	**12**	**67**	**87**	
新罗区	13	1	3	30	
永定区					
长汀县	6	1	22		
上杭县	24	2	2	52	
武平县					
连城县					
漳平市	104	8	40	5	
宁德市	**262**	**163**	**189**	**11**	
蕉城区	254	160	185	4	
霞浦县					
古田县					
屏南县					
寿宁县					
柘荣县					
东侨开发区					
福安市					
福鼎市	8	3	4	7	

1-H-12 各地区外商投资企业自主知识产权及相关情况

地　区	专　利 申请数 (件)	#发明专利	有效发明 专 利 数 (件)	拥有注册 商 标 数 (件)	形成国家或 行业标准数 (项)
全　省	**3121**	**994**	**4787**	**3718**	**83**
福州市	**777**	**355**	**1617**	**818**	**3**
鼓楼区	51	22	33	18	
仓山区	323	216	1104	515	
马尾区	3	3	39	4	
晋安区	98	63	91	3	3
长乐区	8		108	9	
闽侯县	225	41	212	233	
连江县	8		9	6	
罗源县					
闽清县					
永泰县	12				
平潭县					
福清市	49	10	21	30	
厦门市	**1556**	**451**	**2518**	**1454**	**31**
思明区	71	20	23	1	1
海沧区	142	14	110	57	
湖里区	46	6	94	11	3
集美区	831	226	805	572	16
同安区	158	23	123	104	1
翔安区	33	12	78	408	3
火炬高新区	275	150	1285	301	7
莆田市	**26**	**9**	**27**	**79**	**17**
城厢区	3		9	1	
涵江区	3	2		40	
荔城区	8	2	10	4	1
秀屿区	10	3	6	7	
仙游县	2	2	2	27	16
北　岸					
三明市	**15**	**2**	**18**	**22**	**8**
梅列区					
三元区					
明溪县					
宁化县					
大田县					
尤溪县					
沙　县			4	15	
将乐县			6	1	
建宁县			1	3	8
永安市	15	2	7	3	
泉州市	**317**	**73**	**295**	**579**	**18**
鲤城区	59	6	45	487	8
丰泽区	20			2	
洛江区	53	17	15	9	
泉港区	2	2	4	1	
惠安县	2	2	34	1	

1-H-12　续表

地　区	专　利申请数(件)	#发明专利	有效发明专利数(件)	拥有注册商标数(件)	形成国家或行业标准数(项)
安溪县					
永春县	38	3	48	4	
德化县	24	10	7	20	
台商投资区	3	1	2		
泉州开发区					
石狮市	8	2	13	10	
晋江市	64	18	83	15	4
南安市	44	12	44	30	6
漳州市	**141**	**33**	**92**	**153**	
芗城区				6	
龙文区	25	10	39	71	
漳州台商投资区	17	1	25	52	
招商局漳州开发区					
云霄县	4	4	2		
漳浦县	56	2	10	15	
诏安县					
长泰县					
东山县	12	12	12		
南靖县	27	4	4	8	
平和县					
华安县					
常山华侨经济开发区					
龙海市				1	
南平市	**31**	**10**	**49**	**44**	**3**
延平区			21	43	
建阳区					
顺昌县			7		3
浦城县	2	1	14	1	
光泽县					
松溪县					
邵武市	29	9	7		
武夷山市					
建瓯市					
龙岩市	**194**	**24**	**117**	**297**	
新罗区	132	11	85	274	
永定区				10	
长汀县					
上杭县	39	8	18		
武平县	12	3	12		
连城县	11	2	2	13	
漳平市					
宁德市	**64**	**37**	**54**	**272**	**3**
古田县	2	2	6		
屏南县					
寿宁县	33	20	33	7	3
东侨开发区	20	14	13	265	
福安市					
福鼎市	9	1	2		

I. 企业政府相关政策落实情况

1-I-1　分登记注册类型企业政府相关政策落实情况

单位：万元

登记注册类型	来自政府部门的研究开发经费	研究开发费用加计扣除减免税	高新技术企业减免税
总　计	**99270**	**241922**	**449971**
内资企业	**71730**	**142710**	**279891**
国有企业			
集体企业	45	13	
股份合作企业			39
联营企业			
国有联营企业			
集体联营企业			
国有与集体联营企业			
其他联营企业			
有限责任公司	29444	36608	80410
国有独资公司	116	1962	1742
其他有限责任公司	29327	34645	78668
股份有限公司	14297	29873	64103
私营企业	27945	76216	135339
私营独资企业	44	78	
私营合伙企业			
私营有限责任公司	17955	40914	40497
私营股份有限公司	9947	35225	94842
其他企业			
港、澳、台商投资企业	**14196**	**57581**	**117509**
合资经营企业	5224	24988	24102
合作经营企业			
港、澳、台商独资经营企业	7458	27090	86751
港、澳、台商投资股份有限公司	1189	5337	5799
其他港、澳、台投资企业	325	166	856
外商投资企业	**13344**	**41631**	**52571**
中外合资经营企业	6291	18506	17983
中外合作经营企业	403	7361	4324
外资企业	5887	13333	24706
外商投资股份有限公司	703	2431	5558
其他外商投资企业	60		

1-I-2　分登记注册类型大中型企业政府相关政策落实情况

单位：万元

登记注册类型	来自政府部门的研究开发经费	研究开发费用加计扣除减免税	高新技术企业减免税
总　计	**74042**	**180034**	**392328**
内资企业	**51544**	**94979**	**236785**
国有企业			
集体企业			
股份合作企业			39
联营企业			
国有联营企业			
集体联营企业			
国有与集体联营企业			
其他联营企业			
有限责任公司	26006	25303	72991
国有独资公司	93	1795	1694
其他有限责任公司	25912	23508	71297
股份有限公司	11881	24572	53982
私营企业	13657	45104	109774
私营独资企业	40		
私营合伙企业			
私营有限责任公司	6522	15761	22605
私营股份有限公司	7096	29343	87169
其他企业			
港、澳、台商投资企业	**11762**	**49643**	**108864**
合资经营企业	4244	22770	21395
合作经营企业			
港、澳、台商独资经营企业	6338	21911	81238
港、澳、台商投资股份有限公司	1109	4834	5375
其他港、澳、台投资企业	71	127	856
外商投资企业	**10736**	**35413**	**46679**
中外合资经营企业	5055	14931	14441
中外合作经营企业	403	7318	4324
外资企业	4575	11789	22356
外商投资股份有限公司	703	1375	5558
其他外商投资企业			

1-I-3 分行业企业政府相关政策落实情况

单位：万元

行业	来自政府部门的研究开发经费	研究开发费用加计扣除减免税	高新技术企业减免税
总　计	**99270**	**241922**	**449971**
采矿业	**319**	**421**	
煤炭开采和洗选业	129	45	
烟煤和无烟煤开采洗选	129	45	
褐煤开采洗选			
其他煤炭采选			
石油和天然气开采业			
石油开采			
天然气开采			
黑色金属矿采选业	77		
铁矿采选	77		
锰矿、铬矿采选			
其他黑色金属矿采选			
有色金属矿采选业	84	271	
常用有色金属矿采选	84		
贵金属矿采选		96	
稀有稀土金属矿采选		176	
非金属矿采选业	29	105	
土砂石开采	29	105	
化学矿开采			
采盐			
石棉及其他非金属矿采选			
开采专业及辅助性活动			
煤炭开采和洗选专业及辅助性活动			
石油和天然气开采专业及辅助性活动			
其他开采专业及辅助性活动			
其他采矿业			
其他采矿业			
制造业	**98797**	**241183**	**449971**
农副食品加工业	3477	4353	3270
谷物磨制	12	224	
饲料加工	433	1255	1825
植物油加工	33	115	42
制糖业			
屠宰及肉类加工	168	418	117
水产品加工	1638	1728	909
蔬菜、菌类、水果和坚果加工	1175	348	96
其他农副食品加工	18	266	281
食品制造业	1735	2830	10685
焙烤食品制造	208	122	
糖果、巧克力及蜜饯制造	482	379	
方便食品制造	200	572	232
乳制品制造		95	
罐头食品制造	382	34	
调味品、发酵制品制造	26		474
其他食品制造	438	1627	9979
酒、饮料和精制茶制造业	1305	439	1103
酒的制造	20		
饮料制造	457	192	1103
精制茶加工	829	247	

1-I-3　续表 1　　单位：万元

行　　业	来自政府部门的研究开发经费	研究开发费用加计扣除减免税	高新技术企业减免税
烟草制品业			
烟叶复烤			
卷烟制造			
其他烟草制品制造			
纺织业	1178	2565	7310
棉纺织及印染精加工	682	1269	4868
毛纺织及染整精加工	20		
麻纺织及染整精加工			
丝绢纺织及印染精加工			
化纤织造及印染精加工	72	44	68
针织或钩针编织物及其制品制造	206	850	1522
家用纺织制成品制造	4	43	44
产业用纺织制成品制造	194	358	807
纺织服装、服饰业	184	1417	835
机织服装制造	174	1191	37
针织或钩针编织服装制造	10	134	799
服饰制造		93	
皮革、毛皮、羽毛及其制品和制鞋业	1034	2896	12835
皮革鞣制加工		181	1111
皮革制品制造	183	359	211
毛皮鞣制及制品加工			
羽毛(绒)加工及制品制造			
制鞋业	851	2356	11514
木材加工和木、竹、藤、棕、草制品业	145	1894	6
木材加工	9		
人造板制造	83	54	5
木质制品制造	16	1724	
竹、藤、棕、草等制品制造	37	116	1
家具制造业	220	670	1048
木质家具制造	194	511	1048
竹、藤家具制造	10		
金属家具制造	16	127	
塑料家具制造			
其他家具制造	1	32	
造纸和纸制品业	578	4770	7909
纸浆制造			
造纸	261	2778	3546
纸制品制造	316	1992	4363
印刷和记录媒介复制业	74	1350	1574
印刷	74	1350	1574
装订及印刷相关服务			
记录媒介复制			
文教、工美、体育和娱乐用品制造业	1069	4395	1954
文教办公用品制造	2	217	228
乐器制造		17	
工艺美术及礼仪用品制造	246	2303	511
体育用品制造	710	1496	1210
玩具制造	112	362	5
游艺器材及娱乐用品制造			
石油、煤炭及其他燃料加工业	287	249	318

1-I-3 续表 2 单位：万元

行　　业	来自政府部门的研究开发经费	研究开发费用加计扣除减免税	高新技术企业减免税
精炼石油产品制造	205	199	133
煤炭加工	82	49	15
核燃料加工			
生物质燃料加工			170
化学原料和化学制品制造业	3233	7208	24162
基础化学原料制造	653	1011	10998
肥料制造	272	101	138
农药制造	82	281	351
涂料、油墨、颜料及类似产品制造	605	1497	3375
合成材料制造	854	1107	596
专用化学产品制造	560	2414	8353
炸药、火工及焰火产品制造	36	165	187
日用化学产品制造	171	632	165
医药制造业	4007	7283	24677
化学药品原料药制造	29	1122	1942
化学药品制剂制造	623	2472	3515
中药饮片加工	213	36	5
中成药生产	1578	523	10273
兽用药品制造	69	287	961
生物药品制品制造	1495	2818	7980
卫生材料及医药用品制造		16	
药用辅料及包装材料		10	
化学纤维制造业	1298	2498	8896
纤维素纤维原料及纤维制造	1	13	17
合成纤维制造	1297	2486	8879
生物基材料制造			
橡胶和塑料制品业	4267	15911	17524
橡胶制品业	1477	6668	4719
塑料制品业	2789	9242	12806
非金属矿物制品业	1432	8494	14641
水泥、石灰和石膏制造		733	
石膏、水泥制品及类似制品制造	336	1462	515
砖瓦、石材等建筑材料制造	246	220	304
玻璃制造	106	2453	10362
玻璃制品制造	173	824	734
玻璃纤维和玻璃纤维增强塑料制品制造		128	88
陶瓷制品制造	468	2392	848
耐火材料制品制造		197	752
石墨及其他非金属矿物制品制造	103	85	1038
黑色金属冶炼和压延加工业	746	3850	3069
炼铁			
炼钢			
钢压延加工	746	3850	3069
铁合金冶炼			
有色金属冶炼和压延加工业	2258	2666	9373
常用有色金属冶炼			
贵金属冶炼	220		
稀有稀土金属冶炼	999	1454	4618
有色金属合金制造	44	344	251
有色金属压延加工	996	868	4505
金属制品业	3486	14950	14756

1-I-3　续表 3　　　　单位：万元

行　　业	来自政府部门的研究开发经费	研究开发费用加计扣除减免税	高新技术企业减免税
结构性金属制品制造	259	4599	1120
金属工具制造	84	384	1623
集装箱及金属包装容器制造			
金属丝绳及其制品制造		42	38
建筑、安全用金属制品制造	2710	7099	7387
金属表面处理及热处理加工	157	138	24
搪瓷制品制造			
金属制日用品制造	1	40	386
铸造及其他金属制品制造	276	2648	4179
通用设备制造业	5826	20261	16848
锅炉及原动设备制造	117	109	102
金属加工机械制造	478	468	2748
物料搬运设备制造	746	7484	5096
泵、阀门、压缩机及类似机械制造	549	1108	2852
轴承、齿轮和传动部件制造	1872	560	755
烘炉、风机、包装等设备制造	361	2864	741
文化、办公用机械制造	1229	6830	4012
通用零部件制造	176	218	239
其他通用设备制造业	298	620	304
专用设备制造业	6589	14228	27309
采矿、冶金、建筑专用设备制造	1276	1771	7265
化工、木材、非金属加工专用设备制造	265	1084	2330
食品、饮料、烟草及饲料生产专用设备制造	50	100	2
印刷、制药、日化及日用品生产专用设备制造	87	360	706
纺织、服装和皮革加工专用设备制造	218	279	751
电子和电工机械专用设备制造	165	723	2241
农、林、牧、渔专用机械制造	230	98	
医疗仪器设备及器械制造	2066	4420	4650
环保、邮政、社会公共服务及其他专用设备制造	2233	5393	9365
汽车制造业	5654	11639	16095
汽车整车制造	2466	3168	930
汽车用发动机制造			
改装汽车制造	636	994	4321
低速汽车制造			
电车制造			
汽车车身、挂车制造		214	435
汽车零部件及配件制造	2552	7263	10410
铁路、船舶、航空航天和其他运输设备制造业	1866	1479	1301
铁路运输设备制造		256	
城市轨道交通设备制造			
船舶及相关装置制造	1672	509	299
航空、航天器及设备制造			
摩托车制造	110	579	879
自行车和残疾人座车制造	84	137	124
助动车制造			
非公路休闲车及零配件制造			
潜水救捞及其他未列明运输设备制造			
电气机械和器材制造业	9010	35938	119096
电机制造	760	883	795
输配电及控制设备制造	2160	5454	9655
电线、电缆、光缆及电工器材制造	13	465	922

1-I-3 续表 4

单位：万元

行　业	来自政府部门的研究开发经费	研究开发费用加计扣除减免税	高新技术企业减免税
电池制造	4159	22719	99547
家用电力器具制造	671	2301	3666
非电力家用器具制造	38	494	
照明器具制造	975	2687	4196
其他电气机械及器材制造	235	935	315
计算机、通信和其他电子设备制造业	36611	61905	96654
计算机制造	3071	10634	8452
通信设备制造	2291	8444	12337
广播电视设备制造	2093	2772	4104
雷达及配套设备制造		37	13
非专业视听设备制造	1158	2211	953
智能消费设备制造	548	1455	636
电子器件制造	25800	28371	61584
电子元件及电子专用材料制造	1508	6408	7056
其他电子设备制造	145	1574	1519
仪器仪表制造业	1185	4484	6440
通用仪器仪表制造	721	1343	2045
专用仪器仪表制造	36	179	360
钟表与计时仪器制造	183	1140	1190
光学仪器制造	233	1745	2814
衡器制造		15	18
其他仪器仪表制造业	12	63	13
其他制造业	31	461	273
日用杂品制造	31	295	253
核辐射加工			
其他未列明制造业		166	20
废弃资源综合利用业	13	3	10
金属废料和碎屑加工处理			
非金属废料和碎屑加工处理	13	3	10
金属制品、机械和设备修理业		99	
金属制品修理			
通用设备修理			
专用设备修理			
铁路、船舶、航空航天等运输设备修理		31	
电气设备修理			
仪器仪表修理			
其他机械和设备修理业		67	
电力、热力、燃气及水生产和供应业	**155**	**318**	
电力、热力生产和供应业	47	302	
电力生产		238	
电力供应	47	63	
热力生产和供应			
燃气生产和供应业	43	16	
燃气生产和供应业	43	16	
生物质燃气生产和供应业			
水的生产和供应业	65		
自来水生产和供应			
污水处理及其再生利用	65		
海水淡化处理			
其他水的处理、利用与分配			

1-I-4　分行业大中型企业政府相关政策落实情况

单位：万元

行　　业	来自政府部门的研究开发经费	研究开发费用加计扣除减免税	高新技术企业减免税
总　计	**74042**	**180034**	**392328**
采矿业	**6**	**281**	
煤炭开采和洗选业			
烟煤和无烟煤开采洗选			
褐煤开采洗选			
其他煤炭采选			
石油和天然气开采业			
石油开采			
天然气开采			
黑色金属矿采选业			
铁矿采选			
锰矿、铬矿采选			
其他黑色金属矿采选			
有色金属矿采选业		176	
常用有色金属矿采选			
贵金属矿采选			
稀有稀土金属矿采选		176	
非金属矿采选业	6	105	
土砂石开采	6	105	
化学矿开采			
采盐			
石棉及其他非金属矿采选			
开采专业及辅助性活动			
煤炭开采和洗选专业及辅助性活动			
石油和天然气开采专业及辅助性活动			
其他开采专业及辅助性活动			
其他采矿业			
其他采矿业			
制造业	**73925**	**179687**	**392328**
农副食品加工业	845	1406	2263
谷物磨制			
饲料加工	193	346	1034
植物油加工			
制糖业			
屠宰及肉类加工	4	122	
水产品加工	263	381	903
蔬菜、菌类、水果和坚果加工	381	291	96
其他农副食品加工	5	265	231
食品制造业	1255	1920	8770
焙烤食品制造	208		
糖果、巧克力及蜜饯制造	438	259	
方便食品制造	200	572	110
乳制品制造		95	
罐头食品制造	271	27	
调味品、发酵制品制造	15		474
其他食品制造	124	967	8186
酒、饮料和精制茶制造业	714	407	1103
酒的制造			
饮料制造	310	192	1103
精制茶加工	404	215	

1-I-4 续表 1

单位：万元

行　业	来自政府部门的研究开发经费	研究开发费用加计扣除减免税	高新技术企业减免税
烟草制品业			
烟叶复烤			
卷烟制造			
其他烟草制品制造			
纺织业	1000	1937	7169
棉纺织及印染精加工	632	776	4868
毛纺织及染整精加工			
麻纺织及染整精加工			
丝绢纺织及印染精加工			
化纤织造及印染精加工	40	44	68
针织或钩针编织物及其制品制造	200	766	1513
家用纺织制成品制造		37	
产业用纺织制成品制造	128	315	720
纺织服装、服饰业	174	1322	835
机织服装制造	164	1188	37
针织或钩针编织服装制造	10	134	799
服饰制造			
皮革、毛皮、羽毛及其制品和制鞋业	1014	2846	12763
皮革鞣制加工		181	1111
皮革制品制造	183	359	211
毛皮鞣制及制品加工			
羽毛(绒)加工及制品制造			
制鞋业	831	2306	11441
木材加工和木、竹、藤、棕、草制品业	45	1877	5
木材加工			
人造板制造	45	38	5
木质制品制造		1723	
竹、藤、棕、草等制品制造		116	
家具制造业	45	463	1031
木质家具制造	45	337	1031
竹、藤家具制造			
金属家具制造		127	
塑料家具制造			
其他家具制造			
造纸和纸制品业	474	4392	7337
纸浆制造			
造纸	238	2575	3109
纸制品制造	236	1816	4228
印刷和记录媒介复制业	15	1153	1229
印刷	15	1153	1229
装订及印刷相关服务			
记录媒介复制			
文教、工美、体育和娱乐用品制造业	654	3155	1652
文教办公用品制造		193	207
乐器制造			
工艺美术及礼仪用品制造	87	1147	246
体育用品制造	548	1453	1194
玩具制造	19	362	5
游艺器材及娱乐用品制造			
石油、煤炭及其他燃料加工业	200	75	

1-1-4　续表 2　　　　单位：万元

行　　业	来自政府部门的研究开发经费	研究开发费用加计扣除减免税	高新技术企业减免税
精炼石油产品制造	200	75	
煤炭加工			
核燃料加工			
生物质燃料加工			
化学原料和化学制品制造业	1607	3217	15286
基础化学原料制造	601	261	9848
肥料制造	80		
农药制造			
涂料、油墨、颜料及类似产品制造	232	1218	3091
合成材料制造	365	595	
专用化学产品制造	231	524	2161
炸药、火工及焰火产品制造	36	165	187
日用化学产品制造	63	454	
医药制造业	2530	3443	21326
化学药品原料药制造		115	1429
化学药品制剂制造	42	1406	3188
中药饮片加工	13	26	
中成药生产	1474	370	10077
兽用药品制造	42	287	961
生物药品制品制造	959	1241	5671
卫生材料及医药用品制造			
药用辅料及包装材料			
化学纤维制造业	343	2159	8057
纤维素纤维原料及纤维制造			
合成纤维制造	343	2159	8057
生物基材料制造			
橡胶和塑料制品业	2846	12887	11444
橡胶制品业	1220	6565	4644
塑料制品业	1626	6322	6800
非金属矿物制品业	712	6088	13416
水泥、石灰和石膏制造			
石膏、水泥制品及类似制品制造	7	386	
砖瓦、石材等建筑材料制造	80	25	
玻璃制造	91	2453	10362
玻璃制品制造	150	800	678
玻璃纤维和玻璃纤维增强塑料制品制造		128	88
陶瓷制品制造	384	2099	810
耐火材料制品制造		197	752
石墨及其他非金属矿物制品制造			726
黑色金属冶炼和压延加工业	746	3275	3020
炼铁			
炼钢			
钢压延加工	746	3275	3020
铁合金冶炼			
有色金属冶炼和压延加工业	2012	1398	8234
常用有色金属冶炼			
贵金属冶炼	220		
稀有稀土金属冶炼	967	735	4112
有色金属合金制造		13	11
有色金属压延加工	825	650	4110

1-I-4 续表 3

单位：万元

行　业	来自政府部门的研究开发经费	研究开发费用加计扣除减免税	高新技术企业减免税
金属制品业	2963	12935	13922
结构性金属制品制造	94	4464	1094
金属工具制造	14	142	1257
集装箱及金属包装容器制造			
金属丝绳及其制品制造			
建筑、安全用金属制品制造	2582	5992	7115
金属表面处理及热处理加工	155	90	23
搪瓷制品制造			
金属制日用品制造		23	355
铸造及其他金属制品制造	119	2224	4080
通用设备制造业	4172	17051	13473
锅炉及原动设备制造	117	109	102
金属加工机械制造	276	157	2109
物料搬运设备制造	403	7318	4324
泵、阀门、压缩机及类似机械制造	408	858	2744
轴承、齿轮和传动部件制造	1842	487	609
烘炉、风机、包装等设备制造		1749	148
文化、办公用机械制造	1125	6253	3357
通用零部件制造		120	81
其他通用设备制造业			
专用设备制造业	3535	6012	18401
采矿、冶金、建筑专用设备制造	983	1228	5865
化工、木材、非金属加工专用设备制造		165	1155
食品、饮料、烟草及饲料生产专用设备制造		100	
印刷、制药、日化及日用品生产专用设备制造			220
纺织、服装和皮革加工专用设备制造		74	457
电子和电工机械专用设备制造	80	59	192
农、林、牧、渔专用机械制造			
医疗仪器设备及器械制造	1424	2716	3847
环保、邮政、社会公共服务及其他专用设备制造	1049	1670	6667
汽车制造业	4265	8662	11119
汽车整车制造	1987	3168	930
汽车用发动机制造			
改装汽车制造	476	349	3486
低速汽车制造			
电车制造			
汽车车身、挂车制造		178	392
汽车零部件及配件制造	1802	4966	6312
铁路、船舶、航空航天和其他运输设备制造业	1750	1248	1176
铁路运输设备制造		256	
城市轨道交通设备制造			
船舶及相关装置制造	1639	386	297
航空、航天器及设备制造			
摩托车制造	40	550	879
自行车和残疾人座车制造	71	56	
助动车制造			
非公路休闲车及零配件制造			
潜水救捞及其他未列明运输设备制造			
电气机械和器材制造业	6883	29290	115381
电机制造	392	695	676

1-I-4　续表 4

单位：万元

行　业	来自政府部门的研究开发经费	研究开发费用加计扣除减免税	高新技术企业减免税
输配电及控制设备制造	1283	2344	7809
电线、电缆、光缆及电工器材制造	13	245	499
电池制造	3968	22379	99349
家用电力器具制造	305	1803	3356
非电力家用器具制造			
照明器具制造	778	1082	3385
其他电气机械及器材制造	144	742	309
计算机、通信和其他电子设备制造业	32606	48463	89609
计算机制造	2732	9758	8025
通信设备制造	1643	5933	10925
广播电视设备制造	1756	2165	3904
雷达及配套设备制造			
非专业视听设备制造	1086	653	506
智能消费设备制造	548	1450	636
电子器件制造	23838	23193	59387
电子元件及电子专用材料制造	963	5097	6023
其他电子设备制造	41	215	202
仪器仪表制造业	521	2577	4308
通用仪器仪表制造	151	431	770
专用仪器仪表制造	24	94	83
钟表与计时仪器制造	141	526	1145
光学仪器制造	200	1526	2311
衡器制造			
其他仪器仪表制造业	5		
其他制造业			
日用杂品制造			
核辐射加工			
其他未列明制造业			
废弃资源综合利用业			
金属废料和碎屑加工处理			
非金属废料和碎屑加工处理			
金属制品、机械和设备修理业		31	
金属制品修理			
通用设备修理			
专用设备修理			
铁路、船舶、航空航天等运输设备修理		31	
电气设备修理			
仪器仪表修理			
其他机械和设备修理业			
电力、热力、燃气及水生产和供应业	**112**	**67**	
电力、热力生产和供应业	47	67	
电力生产		3	
电力供应	47	63	
热力生产和供应			
燃气生产和供应业			
燃气生产和供应业			
水的生产和供应业	65		
自来水生产和供应			
污水处理及其再生利用	65		
其他水的处理、利用与分配			

1-I-5 分行业内资企业政府相关政策落实情况

单位：万元

行业	来自政府部门的研究开发经费	研究开发费用加计扣除减免税	高新技术企业减免税
总 计	**71730**	**142710**	**279891**
采矿业	**319**	**421**	
煤炭开采和洗选业	129	45	
烟煤和无烟煤开采洗选	129	45	
褐煤开采洗选			
其他煤炭采选			
石油和天然气开采业			
石油开采			
天然气开采			
黑色金属矿采选业	77		
铁矿采选	77		
锰矿、铬矿采选			
其他黑色金属矿采选			
有色金属矿采选业	84	271	
常用有色金属矿采选	84		
贵金属矿采选		96	
稀有稀土金属矿采选		176	
非金属矿采选业	29	105	
土砂石开采	29	105	
化学矿开采			
采盐			
石棉及其他非金属矿采选			
开采专业及辅助性活动			
煤炭开采和洗选专业及辅助性活动			
石油和天然气开采专业及辅助性活动			
其他开采专业及辅助性活动			
其他采矿业			
其他采矿业			
制造业	**71365**	**142222**	**279891**
农副食品加工业	2399	3999	3011
谷物磨制	12	224	
饲料加工	270	1031	1567
植物油加工	33	115	42
制糖业			
屠宰及肉类加工	168	418	117
水产品加工	762	1599	909
蔬菜、菌类、水果和坚果加工	1136	348	96
其他农副食品加工	18	265	281
食品制造业	1498	2136	8865
焙烤食品制造	208	122	
糖果、巧克力及蜜饯制造	481	120	
方便食品制造	200	560	123
乳制品制造		95	
罐头食品制造	296	27	
调味品、发酵制品制造	26		
其他食品制造	288	1212	8742
酒、饮料和精制茶制造业	1007	247	
酒的制造	20		
饮料制造	266		
精制茶加工	721	247	

1-I-5 续表 1 单位：万元

行业	来自政府部门的研究开发经费	研究开发费用加计扣除减免税	高新技术企业减免税
烟草制品业			
烟叶复烤			
卷烟制造			
其他烟草制品制造			
纺织业	593	1298	2465
棉纺织及印染精加工	156	293	357
毛纺织及染整精加工	20		
麻纺织及染整精加工			
丝绢纺织及印染精加工			
化纤织造及印染精加工	69	44	68
针织或钩针编织物及其制品制造	196	713	1365
家用纺织制成品制造	4	43	44
产业用纺织制成品制造	148	206	632
纺织服装、服饰业	104	712	37
机织服装制造	94	620	37
针织或钩针编织服装制造	10		
服饰制造		93	
皮革、毛皮、羽毛及其制品和制鞋业	639	2574	1554
皮革鞣制加工		181	1111
皮革制品制造	127	359	211
毛皮鞣制及制品加工			
羽毛(绒)加工及制品制造			
制鞋业	512	2034	233
木材加工和木、竹、藤、棕、草制品业	120	164	1
木材加工	9		
人造板制造	59	47	
木质制品制造	16	1	
竹、藤、棕、草等制品制造	37	116	1
家具制造业	92	670	1036
木质家具制造	65	511	1036
竹、藤家具制造	10		
金属家具制造	16	127	
塑料家具制造			
其他家具制造	1	32	
造纸和纸制品业	452	2611	1910
纸浆制造			
造纸	215	2497	1662
纸制品制造	236	114	248
印刷和记录媒介复制业	58	1301	1371
印刷	58	1301	1371
装订及印刷相关服务			
记录媒介复制			
文教、工美、体育和娱乐用品制造业	442	2637	401
文教办公用品制造	2	24	21
乐器制造			
工艺美术及礼仪用品制造	239	2240	368
体育用品制造	182	11	7
玩具制造	19	362	5
游艺器材及娱乐用品制造			
石油、煤炭及其他燃料加工业	287	245	313

1-I-5 续表 2

单位：万元

行　业	来自政府部门的研究开发经费	研究开发费用加计扣除减免税	高新技术企业减免税
精炼石油产品制造	205	196	128
煤炭加工	82	49	15
核燃料加工			
生物质燃料加工			170
化学原料和化学制品制造业	2858	6374	23510
基础化学原料制造	638	970	10931
肥料制造	272	101	138
农药制造	82	281	351
涂料、油墨、颜料及类似产品制造	467	1433	3240
合成材料制造	752	1075	582
专用化学产品制造	543	2195	7993
炸药、火工及焰火产品制造	36	165	187
日用化学产品制造	69	154	88
医药制造业	3424	4337	15858
化学药品原料药制造	29	1122	723
化学药品制剂制造	623	2085	1953
中药饮片加工	213	36	5
中成药生产	1234	397	9361
兽用药品制造	69	2	6
生物药品制品制造	1256	671	3810
卫生材料及医药用品制造		16	
药用辅料及包装材料		10	
化学纤维制造业	1236	2027	1256
纤维素纤维原料及纤维制造		13	17
合成纤维制造	1236	2015	1239
生物基材料制造			
橡胶和塑料制品业	1714	7154	5093
橡胶制品业	380	998	392
塑料制品业	1334	6156	4702
非金属矿物制品业	1335	6900	8379
水泥、石灰和石膏制造		733	
石膏、水泥制品及类似制品制造	330	1163	515
砖瓦、石材等建筑材料制造	211	220	304
玻璃制造	91	1540	4897
玻璃制品制造	150	733	722
玻璃纤维和玻璃纤维增强塑料制品制造		128	88
陶瓷制品制造	450	2299	815
耐火材料制品制造			
石墨及其他非金属矿物制品制造	103	85	1038
黑色金属冶炼和压延加工业	746	3299	3028
炼铁			
炼钢			
钢压延加工	746	3299	3028
铁合金冶炼			
有色金属冶炼和压延加工业	921	1131	1423
常用有色金属冶炼			
贵金属冶炼	220		
稀有稀土金属冶炼	32	719	506
有色金属合金制造	44	250	29
有色金属压延加工	626	162	888
金属制品业	790	2906	5227

1-1-5　续表 3

单位：万元

行　　业	来自政府部门的研究开发经费	研究开发费用加计扣除减免税	高新技术企业减免税
结构性金属制品制造	145	288	701
金属工具制造	84	166	1454
集装箱及金属包装容器制造			
金属丝绳及其制品制造		42	38
建筑、安全用金属制品制造	128	1092	2131
金属表面处理及热处理加工	157	138	24
搪瓷制品制造			
金属制日用品制造	1	17	386
铸造及其他金属制品制造	276	1163	492
通用设备制造业	3423	7018	7452
锅炉及原动设备制造	117	109	102
金属加工机械制造	258	230	2054
物料搬运设备制造	342	166	771
泵、阀门、压缩机及类似机械制造	156	379	926
轴承、齿轮和传动部件制造	1867	560	714
烘炉、风机、包装等设备制造	277	2736	547
文化、办公用机械制造	84	2145	1951
通用零部件制造	84	146	187
其他通用设备制造业	237	547	200
专用设备制造业	4497	8286	16196
采矿、冶金、建筑专用设备制造	1176	1185	2330
化工、木材、非金属加工专用设备制造	161	909	1772
食品、饮料、烟草及饲料生产专用设备制造	50	100	2
印刷、制药、日化及日用品生产专用设备制造	7	39	269
纺织、服装和皮革加工专用设备制造	168	163	751
电子和电工机械专用设备制造	85	558	1287
农、林、牧、渔专用机械制造	230	98	
医疗仪器设备及器械制造	388	997	792
环保、邮政、社会公共服务及其他专用设备制造	2233	4236	8994
汽车制造业	2065	5053	9142
汽车整车制造	489		
汽车用发动机制造			
改装汽车制造	636	994	4321
低速汽车制造			
电车制造			
汽车车身、挂车制造		214	435
汽车零部件及配件制造	940	3845	4386
铁路、船舶、航空航天和其他运输设备制造业	1725	631	491
铁路运输设备制造			
城市轨道交通设备制造			
船舶及相关装置制造	1672	509	299
航空、航天器及设备制造			
摩托车制造	40	61	83
自行车和残疾人座车制造	13	61	110
助动车制造			
非公路休闲车及零配件制造			
潜水救捞及其他未列明运输设备制造			
电气机械和器材制造业	6127	24780	74137
电机制造	587	826	378
输配电及控制设备制造	1639	4186	8991
电线、电缆、光缆及电工器材制造		370	496

1-I-5 续表 4

单位：万元

行业	来自政府部门的研究开发经费	研究开发费用加计扣除减免税	高新技术企业减免税
电池制造	2616	15751	59413
家用电力器具制造	454	820	1292
非电力家用器具制造	38	335	
照明器具制造	557	2218	3365
其他电气机械及器材制造	235	274	203
计算机、通信和其他电子设备制造业	31808	40161	82805
计算机制造	1097	3312	3099
通信设备制造	2177	7632	12278
广播电视设备制造	2093	1360	1641
雷达及配套设备制造		37	13
非专业视听设备制造	72	1522	600
智能消费设备制造	548	383	636
电子器件制造	24256	18647	57456
电子元件及电子专用材料制造	1441	6051	5605
其他电子设备制造	125	1218	1476
仪器仪表制造业	986	3226	4901
通用仪器仪表制造	613	1138	1761
专用仪器仪表制造	12	85	278
钟表与计时仪器制造	142	376	53
光学仪器制造	212	1569	2778
衡器制造		15	18
其他仪器仪表制造业	7	44	13
其他制造业	11	261	20
日用杂品制造	11	95	
核辐射加工			
其他未列明制造业		166	20
废弃资源综合利用业	13	3	10
金属废料和碎屑加工处理			
非金属废料和碎屑加工处理	13	3	10
金属制品、机械和设备修理业		81	
金属制品修理			
通用设备修理			
专用设备修理			
铁路、船舶、航空航天等运输设备修理		14	
电气设备修理			
仪器仪表修理			
其他机械和设备修理业		67	
电力、热力、燃气及水生产和供应业	**47**	**67**	
电力、热力生产和供应业	47	67	
电力生产		3	
电力供应	47	63	
热力生产和供应			
燃气生产和供应业			
燃气生产和供应业			
生物质燃气生产和供应业			
水的生产和供应业			
自来水生产和供应			
污水处理及其再生利用			
海水淡化处理			
其他水的处理、利用与分配			

1-I-6　分行业港澳台商投资企业政府相关政策落实情况

单位：万元

行　业	来自政府部门的研究开发经费	研究开发费用加计扣除减免税	高新技术企业减免税
总　计	**14196**	**57581**	**117509**
采矿业			
煤炭开采和洗选业			
烟煤和无烟煤开采洗选			
褐煤开采洗选			
石油和天然气开采业			
石油开采			
天然气开采			
黑色金属矿采选业			
铁矿采选			
有色金属矿采选业			
常用有色金属矿采选			
贵金属矿采选			
非金属矿采选业			
土砂石开采			
化学矿开采			
采盐			
石棉及其他非金属矿采选			
开采专业及辅助性活动			
石油和天然气开采专业及辅助性活动			
制造业	**14131**	**57581**	**117509**
农副食品加工业	23	7	91
谷物磨制			
饲料加工			91
植物油加工			
制糖业			
屠宰及肉类加工			
水产品加工	23	7	
蔬菜、菌类、水果和坚果加工			
其他农副食品加工			
食品制造业	72	278	584
焙烤食品制造			
糖果、巧克力及蜜饯制造	1	259	
方便食品制造		12	110
乳制品制造			
罐头食品制造	71	7	
调味品、发酵制品制造			474
其他食品制造			
酒、饮料和精制茶制造业	259	192	1103
酒的制造			
饮料制造	151	192	1103
精制茶加工	108		
烟草制品业			
烟叶复烤			
其他烟草制品制造			
纺织业	242	671	1311

1-I-6 续表 1

单位：万元

行　业	来自政府部门的研究开发经费	研究开发费用加计扣除减免税	高新技术企业减免税
棉纺织及印染精加工	183	381	978
毛纺织及染整精加工			
麻纺织及染整精加工			
丝绢纺织及印染精加工			
化纤织造及印染精加工	4		
针织或钩针编织物及其制品制造	10	138	158
家用纺织制成品制造			
产业用纺织制成品制造	46	153	176
纺织服装、服饰业	50	705	799
机织服装制造	50	571	
针织或钩针编织服装制造		134	799
服饰制造			
皮革、毛皮、羽毛及其制品和制鞋业	287	322	11281
皮革鞣制加工			
皮革制品制造	56		
毛皮鞣制及制品加工			
羽毛(绒)加工及制品制造			
制鞋业	231	322	11281
木材加工和木、竹、藤、棕、草制品业	25	1730	5
木材加工			
人造板制造	25	8	5
木质制品制造		1723	
竹、藤、棕、草等制品制造			
家具制造业	128		11
木质家具制造	128		11
竹、藤家具制造			
金属家具制造			
塑料家具制造			
其他家具制造			
造纸和纸制品业	126	2159	5999
纸浆制造			
造纸	46	281	1884
纸制品制造	80	1878	4115
印刷和记录媒介复制业	16	49	204
印刷	16	49	204
装订及印刷相关服务			
记录媒介复制			
文教、工美、体育和娱乐用品制造业	425	777	1410
文教办公用品制造		193	207
乐器制造		17	
工艺美术及礼仪用品制造			
体育用品制造	332	568	1203
玩具制造	93		
游艺器材及娱乐用品制造			
石油、煤炭及其他燃料加工业		4	5
精炼石油产品制造		4	5
煤炭加工			
生物质燃料加工			

1-I-6　续表 2　　　　单位：万元

行　业	来自政府部门的研究开发经费	研究开发费用加计扣除减免税	高新技术企业减免税
化学原料和化学制品制造业	354	632	357
基础化学原料制造	15	42	67
肥料制造			
农药制造			
涂料、油墨、颜料及类似产品制造	132	64	136
合成材料制造	87		13
专用化学产品制造	17	48	64
炸药、火工及焰火产品制造			
日用化学产品制造	102	478	77
医药制造业	456	2562	6101
化学药品原料药制造			1219
化学药品制剂制造		295	327
中药饮片加工			
中成药生产	284	126	912
兽用药品制造		145	781
生物药品制品制造	171	1997	2862
卫生材料及医药用品制造			
药用辅料及包装材料			
化学纤维制造业	63	471	7640
纤维素纤维原料及纤维制造	1		
合成纤维制造	62	471	7640
橡胶和塑料制品业	1223	4589	7027
橡胶制品业	151	2541	371
塑料制品业	1072	2048	6656
非金属矿物制品业	80	1227	5510
水泥、石灰和石膏制造			
石膏、水泥制品及类似制品制造	7	299	
砖瓦、石材等建筑材料制造	35		
玻璃制造	15	913	5465
玻璃制品制造	23	15	12
玻璃纤维和玻璃纤维增强塑料制品制造			
陶瓷制品制造			32
耐火材料制品制造			
石墨及其他非金属矿物制品制造			
黑色金属冶炼和压延加工业		550	41
炼铁			
炼钢			
钢压延加工		550	41
铁合金冶炼			
有色金属冶炼和压延加工业	62	493	2521
常用有色金属冶炼			
贵金属冶炼			
稀有稀土金属冶炼			
有色金属合金制造			
有色金属压延加工	62	493	2521
金属制品业	685	9618	6735
结构性金属制品制造	35	4311	418
金属工具制造		179	148

1-I-6 续表 3 单位：万元

行 业	来自政府部门的研究开发经费	研究开发费用加计扣除减免税	高新技术企业减免税
集装箱及金属包装容器制造			
金属丝绳及其制品制造			
建筑、安全用金属制品制造	650	3620	2482
金属表面处理及热处理加工			
搪瓷制品制造			
金属制日用品制造		23	
铸造及其他金属制品制造		1485	3687
通用设备制造业	1602	2385	1661
锅炉及原动设备制造			
金属加工机械制造		15	13
物料搬运设备制造			
泵、阀门、压缩机及类似机械制造	393	180	1168
轴承、齿轮和传动部件制造	5		40
烘炉、风机、包装等设备制造	42	48	124
文化、办公用机械制造	1010	1998	161
通用零部件制造	91	72	52
其他通用设备制造业	62	73	103
专用设备制造业	1614	3029	5462
采矿、冶金、建筑专用设备制造	100	94	
化工、木材、非金属加工专用设备制造	104	148	489
食品、饮料、烟草及饲料生产专用设备制造			
印刷、制药、日化及日用品生产专用设备制造	25	275	415
纺织、服装和皮革加工专用设备制造	30	85	
电子和电工机械专用设备制造	80	165	954
农、林、牧、渔专用机械制造			
医疗仪器设备及器械制造	1275	2160	3404
环保、邮政、社会公共服务及其他专用设备制造		101	200
汽车制造业	1246	3200	1717
汽车整车制造	974	1143	
汽车用发动机制造			
改装汽车制造			
汽车车身、挂车制造			
汽车零部件及配件制造	272	2058	1717
铁路、船舶、航空航天和其他运输设备制造业	70	256	
铁路运输设备制造		256	
城市轨道交通设备制造			
船舶及相关装置制造			
航空、航天器及设备制造			
摩托车制造	70		
自行车和残疾人座车制造			
助动车制造			
非公路休闲车及零配件制造			
潜水救捞及其他未列明运输设备制造			
电气机械和器材制造业	2105	9634	43814
电机制造	133	24	402
输配电及控制设备制造	62	237	222
电线、电缆、光缆及电工器材制造	13	95	426
电池制造	1544	6940	40134

1-I-6 续表 4 单位：万元

行　　业	来自政府部门的研究开发经费	研究开发费用加计扣除减免税	高新技术企业减免税
家用电力器具制造	217	1355	2347
非电力家用器具制造		160	
照明器具制造	137	162	170
其他电气机械及器材制造		662	112
计算机、通信和其他电子设备制造业	2777	10992	4629
计算机制造	973	519	
通信设备制造	64	756	2
广播电视设备制造		1412	2462
雷达及配套设备制造			
非专业视听设备制造	1082	603	26
智能消费设备制造			
电子器件制造	620	7504	1886
电子元件及电子专用材料制造	40	199	236
其他电子设备制造			17
仪器仪表制造业	122	830	1241
通用仪器仪表制造	81	65	105
专用仪器仪表制造			
钟表与计时仪器制造	41	765	1136
光学仪器制造			
衡器制造			
其他仪器仪表制造业			
其他制造业	20	200	253
日用杂品制造	20	200	253
其他未列明制造业			
废弃资源综合利用业			
金属废料和碎屑加工处理			
非金属废料和碎屑加工处理			
金属制品、机械和设备修理业		18	
金属制品修理			
通用设备修理			
专用设备修理			
铁路、船舶、航空航天等运输设备修理		18	
电气设备修理			
仪器仪表修理			
其他机械和设备修理业			
电力、热力、燃气及水生产和供应业	**65**		
电力、热力生产和供应业			
电力生产			
电力供应			
热力生产和供应			
燃气生产和供应业			
燃气生产和供应业			
生物质燃气生产和供应业			
水的生产和供应业	65		
自来水生产和供应			
污水处理及其再生利用	65		
海水淡化处理			
其他水的处理、利用与分配			

1-I-7 分行业外商投资企业政府相关政策落实情况

单位：万元

行　业	来自政府部门的研究开发经费	研究开发费用加计扣除减免税	高新技术企业减免税
总　计	**13344**	**41631**	**52571**
采矿业			
煤炭开采和洗选业			
烟煤和无烟煤开采洗选			
石油和天然气开采业			
石油开采			
天然气开采			
黑色金属矿采选业			
铁矿采选			
锰矿、铬矿采选			
有色金属矿采选业			
常用有色金属矿采选			
贵金属矿采选			
稀有稀土金属矿采选			
非金属矿采选业			
土砂石开采			
化学矿开采			
采盐			
石棉及其他非金属矿采选			
开采专业及辅助性活动			
石油和天然气开采专业及辅助性活动			
制造业	**13301**	**41380**	**52571**
农副食品加工业	1055	346	168
谷物磨制			
饲料加工	163	224	168
植物油加工			
制糖业			
屠宰及肉类加工			
水产品加工	853	121	
蔬菜、菌类、水果和坚果加工	39		
其他农副食品加工		1	
食品制造业	165	416	1236
焙烤食品制造			
糖果、巧克力及蜜饯制造			
方便食品制造			
乳制品制造			
罐头食品制造	15		
调味品、发酵制品制造			
其他食品制造	150	416	1236
酒、饮料和精制茶制造业	39		
酒的制造			
饮料制造	39		
精制茶加工			
烟草制品业			
其他烟草制品制造			
纺织业	343	595	3534

1-I-7　续表 1　　　　单位：万元

行　　业	来自政府部门的研究开发经费	研究开发费用加计扣除减免税	高新技术企业减免税
棉纺织及印染精加工	343	595	3534
毛纺织及染整精加工			
麻纺织及染整精加工			
丝绢纺织及印染精加工			
化纤织造及印染精加工			
针织或钩针编织物及其制品制造			
家用纺织制成品制造			
产业用纺织制成品制造			
纺织服装、服饰业	30		
机织服装制造	30		
针织或钩针编织服装制造			
服饰制造			
皮革、毛皮、羽毛及其制品和制鞋业	108		
皮革鞣制加工			
皮革制品制造			
毛皮鞣制及制品加工			
羽毛(绒)加工及制品制造			
制鞋业	108		
木材加工和木、竹、藤、棕、草制品业			
木材加工			
人造板制造			
木质制品制造			
竹、藤、棕、草等制品制造			
家具制造业			
木质家具制造			
金属家具制造			
塑料家具制造			
其他家具制造			
造纸和纸制品业			
纸浆制造			
造纸			
纸制品制造			
印刷和记录媒介复制业			
印刷			
装订及印刷相关服务			
记录媒介复制			
文教、工美、体育和娱乐用品制造业	202	981	143
文教办公用品制造			
乐器制造			
工艺美术及礼仪用品制造	6	63	143
体育用品制造	196	917	
玩具制造			
游艺器材及娱乐用品制造			
石油、煤炭及其他燃料加工业			
精炼石油产品制造			
煤炭加工			
生物质燃料加工			
化学原料和化学制品制造业	21	203	295

1-I-7 续表 2　　　　单位：万元

行　业	来自政府部门的研究开发经费	研究开发费用加计扣除减免税	高新技术企业减免税
基础化学原料制造			
肥料制造			
农药制造			
涂料、油墨、颜料及类似产品制造	6		
合成材料制造	15	32	
专用化学产品制造		171	295
炸药、火工及焰火产品制造			
日用化学产品制造			
医药制造业	127	383	2718
化学药品原料药制造			
化学药品制剂制造		93	1235
中药饮片加工			
中成药生产	60		
兽用药品制造		140	175
生物药品制品制造	67	150	1308
卫生材料及医药用品制造			
药用辅料及包装材料			
化学纤维制造业			
纤维素纤维原料及纤维制造			
合成纤维制造			
生物基材料制造			
橡胶和塑料制品业	1329	4167	5404
橡胶制品业	946	3129	3956
塑料制品业	383	1038	1448
非金属矿物制品业	17	367	752
水泥、石灰和石膏制造			
石膏、水泥制品及类似制品制造			
砖瓦、石材等建筑材料制造			
玻璃制造			
玻璃制品制造		76	
玻璃纤维和玻璃纤维增强塑料制品制造			
陶瓷制品制造	17	93	
耐火材料制品制造		197	752
石墨及其他非金属矿物制品制造			
黑色金属冶炼和压延加工业			
炼铁			
炼钢			
钢压延加工			
铁合金冶炼			
有色金属冶炼和压延加工业	1276	1042	5429
常用有色金属冶炼			
贵金属冶炼			
稀有稀土金属冶炼	967	735	4112
有色金属合金制造		94	221
有色金属压延加工	309	213	1096
金属制品业	2012	2426	2794
结构性金属制品制造	79		
金属工具制造		39	21

1-I-7　续表 3　　　　单位：万元

行　　业	来自政府部门的研究开发经费	研究开发费用加计扣除减免税	高新技术企业减免税
集装箱及金属包装容器制造			
金属丝绳及其制品制造			
建筑、安全用金属制品制造	1933	2387	2773
金属表面处理及热处理加工			
搪瓷制品制造			
金属制日用品制造			
铸造及其他金属制品制造			
通用设备制造业	801	10858	7735
锅炉及原动设备制造			
金属加工机械制造	220	224	681
物料搬运设备制造	403	7318	4324
泵、阀门、压缩机及类似机械制造		549	759
轴承、齿轮和传动部件制造			
烘炉、风机、包装等设备制造	43	80	70
文化、办公用机械制造	135	2687	1901
通用零部件制造			
其他通用设备制造业			
专用设备制造业	478	2912	5651
采矿、冶金、建筑专用设备制造		492	4936
化工、木材、非金属加工专用设备制造		27	68
食品、饮料、烟草及饲料生产专用设备制造			
印刷、制药、日化及日用品生产专用设备制造	55	45	22
纺织、服装和皮革加工专用设备制造	20	30	
电子和电工机械专用设备制造			
农、林、牧、渔专用机械制造			
医疗仪器设备及器械制造	403	1263	454
环保、邮政、社会公共服务及其他专用设备制造		1056	171
汽车制造业	2344	3386	5237
汽车整车制造	1003	2026	930
汽车用发动机制造			
改装汽车制造			
低速汽车制造			
汽车车身、挂车制造			
汽车零部件及配件制造	1341	1361	4307
铁路、船舶、航空航天和其他运输设备制造业	71	593	810
铁路运输设备制造			
城市轨道交通设备制造			
船舶及相关装置制造			
航空、航天器及设备制造			
摩托车制造		518	796
自行车和残疾人座车制造	71	75	14
助动车制造			
非公路休闲车及零配件制造			
潜水救捞及其他未列明运输设备制造			
电气机械和器材制造业	779	1524	1145
电机制造	40	34	15
输配电及控制设备制造	459	1031	442

1-I-7 续表 4 单位：万元

行　业	来自政府部门的研究开发经费	研究开发费用加计扣除减免税	高新技术企业减免税
电线、电缆、光缆及电工器材制造			
电池制造		28	
家用电力器具制造		125	27
非电力家用器具制造			
照明器具制造	280	306	661
其他电气机械及器材制造			
计算机、通信和其他电子设备制造业	2027	10753	9221
计算机制造	1001	6804	5353
通信设备制造	51	56	57
广播电视设备制造			
雷达及配套设备制造			
非专业视听设备制造	4	86	327
智能消费设备制造		1072	
电子器件制造	924	2221	2242
电子元件及电子专用材料制造	28	158	1215
其他电子设备制造	20	356	27
仪器仪表制造业	77	428	298
通用仪器仪表制造	27	140	180
专用仪器仪表制造	24	94	83
钟表与计时仪器制造			
光学仪器制造	21	175	36
衡器制造			
其他仪器仪表制造业	5	19	
其他制造业			
日用杂品制造			
其他未列明制造业			
废弃资源综合利用业			
金属废料和碎屑加工处理			
非金属废料和碎屑加工处理			
金属制品、机械和设备修理业			
金属制品修理			
通用设备修理			
专用设备修理			
铁路、船舶、航空航天等运输设备修理			
其他机械和设备修理业			
电力、热力、燃气及水生产和供应业	**43**	**251**	
电力、热力生产和供应业		235	
电力生产		235	
电力供应			
热力生产和供应			
燃气生产和供应业	43	16	
燃气生产和供应业	43	16	
水的生产和供应业			
自来水生产和供应			
污水处理及其再生利用			
其他水的处理、利用与分配			

1-I-8　各地区企业政府相关政策落实情况

单位：万元

地　区	来自政府部门的研究开发经费	研究开发费用加计扣除减免税	高新技术企业减免税
全　省	**99270**	**241922**	**449971**
福州市	**15826**	**56499**	**55685**
鼓楼区	1940	10135	6067
台江区	155	331	275
仓山区	1466	12476	10814
马尾区	1109	5965	4550
晋安区	423	4689	2638
长乐区	367	5397	3469
闽侯县	1339	9875	6081
连江县	1393	961	295
罗源县	762	75	1
闽清县	76	403	66
永泰县	36	391	132
平潭县		67	
福清市	6759	5738	21298
厦门市	**52973**	**107835**	**175355**
思明区	2785	10869	8421
海沧区	9255	23445	43914
湖里区	397	3376	868
集美区	7447	26296	25121
同安区	4176	9302	13403
翔安区	551	1158	1570
火炬高新区	28362	33389	82058
莆田市	**2604**	**2417**	**2755**
城厢区	557	385	108
涵江区	1143	218	506
荔城区	631	855	1533
秀屿区	214	488	600
仙游县	59	470	8
北　岸			
三明市	**883**	**1575**	**3715**
梅列区		6	102
三元区	76	595	52
明溪县		309	1738
清流县	2	35	
宁化县	9	176	
大田县	82	57	11
尤溪县	128	56	42
沙　县	206	206	360
将乐县		1	
泰宁县	16		
建宁县	108		50
永安市	257	135	1360
泉州市	**6322**	**14946**	**51699**
鲤城区	404	1116	1576
丰泽区	486	864	1008
洛江区	97	602	2225
泉港区	280	499	1346
惠安县	492	706	741
安溪县	1223	1155	2951
永春县	99		

1-I-8 续表

地　　区	来自政府部门的研究开发经费	研究开发费用加计扣除减免税	高新技术企业减免税
德化县	158	256	
台商投资区	143	49	1932
泉州开发区	169	793	4554
石狮市	470	1486	2947
晋江市	1269	6061	29953
南安市	1033	1359	2466
漳州市	**9937**	**22259**	**32178**
芗城区	4356	6616	15047
龙文区	598	1125	1576
漳州台商投资区	915	4359	3766
招商局漳州开发区	59	39	167
云霄县	93	731	200
漳浦县	831	226	404
诏安县	566	1213	361
长泰县	532	3877	4954
东山县	91	1158	4897
南靖县	1357	104	65
平和县	60		62
华安县	203		
常山华侨经济开发区		65	71
龙海市	276	2746	608
南平市	**2467**	**4469**	**6165**
延平区	732	1019	110
建阳区	66	1888	3217
顺昌县	3	77	
浦城县	151	285	1029
光泽县	7	139	
松溪县	999		708
政和县	6	96	
邵武市	205	612	596
武夷山市	188		
建瓯市	110	353	504
龙岩市	**3680**	**10679**	**21034**
新罗区	2083	4818	17389
永定区	124	152	181
长汀县	85	105	137
上杭县	292	248	783
武平县	120	407	871
连城县	779	328	404
漳平市	197	4621	1269
宁德市	**4579**	**21244**	**101387**
蕉城区	3893	20284	99027
霞浦县	49		
古田县	60		
屏南县	2		
寿宁县	35	197	752
周宁县			
柘荣县	75	376	360
东侨开发区	272	250	1083
福安市	7		107
福鼎市	187	136	58

1-I-9　各地区大中型企业政府相关政策落实情况

单位：万元

地　区	来自政府部门的研究开发经费	研究开发费用加计扣除减免税	高新技术企业减免税
全　省	**74042**	**180034**	**392328**
福州市	**10914**	**36806**	**43989**
鼓楼区	1221	7043	2644
台江区			
仓山区	1168	9871	8558
马尾区	504	3678	3269
晋安区	194	4181	2229
长乐区	232	4266	2455
闽侯县	753	4819	4534
连江县	1148	66	11
罗源县	715		
闽清县	5	29	66
永泰县		3	
平潭县			
福清市	4975	2850	20223
厦门市	**43970**	**81155**	**154580**
思明区	1823	8356	6951
海沧区	7388	19551	41919
湖里区	233	2358	502
集美区	6423	21958	19378
同安区	2449	5055	9589
翔安区	332	575	1187
火炬高新区	25324	23303	75054
莆田市	**1233**	**1825**	**2228**
城厢区	386		
涵江区	60	33	133
荔城区	631	834	1519
秀屿区	135	488	577
仙游县	21	470	
北　岸			
三明市	**435**	**676**	**3142**
梅列区			
三元区	33		
明溪县		309	1738
清流县			
宁化县		176	
大田县			
尤溪县			
沙　县	200	101	44
将乐县			
建宁县			
永安市	203	90	1360
泉州市	**3706**	**11062**	**41352**
鲤城区	212	417	798
丰泽区	355	551	584
洛江区	74	212	1969
泉港区	133	392	307
惠安县	200	158	211
安溪县	668	913	2709

1-I-9 续表

地　区	来自政府部门的研究开发经费	研究开发费用加计扣除减免税	高新技术企业减免税
永春县	85		
德化县	112	256	
台商投资区	25		1860
泉州开发区		585	3867
石狮市	200	1439	2462
晋江市	611	4784	24318
南安市	1033	1356	2266
漳州市	**7068**	**18948**	**29252**
芗城区	3980	5984	14382
龙文区	169	603	1306
漳州台商投资区	810	4244	3518
招商局漳州开发区			
云霄县	84	224	168
漳浦县	562	226	404
诏安县	60	396	
长泰县	392	3461	3963
东山县	91	1158	4897
南靖县	658		32
平和县			62
华安县	98		
常山华侨经济开发区			
龙海市	166	2653	520
南平市	**520**	**1403**	**1319**
延平区	344	374	51
建阳区	15	244	127
顺昌县			
浦城县		285	956
光泽县	4	122	
松溪县			
政和县			
邵武市	5	379	186
武夷山市	43		
建瓯市	110		
龙岩市	**2144**	**7243**	**16166**
新罗区	1484	2583	14936
永定区	52		
长汀县			
上杭县	220		
武平县	89	238	587
连城县	274	92	92
漳平市	25	4330	551
宁德市	**4052**	**20917**	**100301**
蕉城区	3893	20284	99027
霞浦县			
古田县			
屏南县			
寿宁县		197	752
柘荣县		372	357
东侨开发区	6		
福安市	7		107
福鼎市	147	63	58

1-I-10　各地区内资企业政府相关政策落实情况

单位：万元

地　区	来自政府部门的研究开发经费	研究开发费用加计扣除减免税	高新技术企业减免税
全　省	**71730**	**142710**	**279891**
福州市	**10203**	**33020**	**29557**
鼓楼区	706	7138	3442
台江区	155	331	275
仓山区	694	4501	3193
马尾区	879	4020	3700
晋安区	313	730	571
长乐区	341	5076	2789
闽侯县	966	6179	2935
连江县	1299	912	140
罗源县	762	75	1
闽清县	76	403	66
永泰县	36	391	132
平潭县		67	
福清市	3975	3200	12314
厦门市	**37496**	**53339**	**119045**
思明区	1909	1155	1840
海沧区	4436	8767	23826
湖里区	70	1533	626
集美区	2414	9910	10961
同安区	2911	7577	9053
翔安区	551	852	707
火炬高新区	25205	23545	72030
莆田市	**2293**	**2357**	**2678**
城厢区	557	385	108
涵江区	871	159	429
荔城区	592	855	1533
秀屿区	214	488	600
仙游县	59	470	8
三明市	**883**	**1575**	**3715**
梅列区		6	102
三元区	76	595	52
明溪县		309	1738
清流县	2	35	
宁化县	9	176	
大田县	82	57	11
尤溪县	128	56	42
沙　县	206	206	360
将乐县		1	
泰宁县	16		
建宁县	108		50
永安市	257	135	1360
泉州市	**4326**	**9194**	**17969**
鲤城区	291	903	1568
丰泽区	486	849	998
洛江区	82	433	2182
泉港区	213	483	1346
惠安县	492	706	741
安溪县	1223	1055	2751

1-I-10 续表

地 区	来自政府部门的研究开发经费	研究开发费用加计扣除减免税	高新技术企业减免税
永春县	99		
德化县	150	163	
台商投资区	83		
泉州开发区	169	305	1115
石狮市	240	57	485
晋江市	735	2884	4364
南安市	63	1356	2421
漳州市	**7786**	**16172**	**27247**
芗城区	4294	6120	14479
龙文区	317	778	150
漳州台商投资区	491	2560	1925
招商局漳州开发区	59	39	167
云霄县	67	507	22
漳浦县	482	109	102
诏安县	380	881	198
长泰县	532	3692	4935
东山县	91	1158	4897
南靖县	684	59	2
平和县	60		62
华安县	203		
常山华侨经济开发区		65	71
龙海市	125	205	237
南平市	**2270**	**4041**	**4981**
延平区	673	1019	110
建阳区	36	1809	3133
顺昌县	3	77	
浦城县	151		74
光泽县	7	139	
松溪县	999		708
政和县	6	96	
邵武市	205	549	453
武夷山市	80		
建瓯市	110	353	504
龙岩市	**3370**	**7873**	**15072**
新罗区	2021	4096	11829
永定区	72	152	181
长汀县	85	105	137
上杭县	292	248	783
武平县	120	329	688
连城县	629	175	260
漳平市	152	2768	1194
宁德市	**3105**	**15139**	**59626**
蕉城区	2419	14627	59103
霞浦县	49		
古田县	60		
屏南县	2		
寿宁县	35		
周宁县			
柘荣县	75	376	360
东侨开发区	272		
福安市	7		107
福鼎市	187	136	58

1-I-11　各地区港澳台商投资企业政府相关政策落实情况

单位：万元

地　　区	来自政府部门的研究开发经费	研究开发费用加计扣除减免税	高新技术企业减免税
全　省	**14196**	**57581**	**117509**
福州市	**2999**	**10449**	**11967**
鼓楼区	1020	2514	1078
台江区			
仓山区	113	1416	1260
马尾区	95	1871	851
晋安区	40	587	256
长乐区	27	194	158
闽侯县	197	1669	463
连江县	17	48	155
罗源县			
闽清县			
永泰县			
平潭县			
福清市	1491	2149	7749
厦门市	**6517**	**28170**	**26506**
思明区	472	2197	1471
海沧区	3621	11060	16905
湖里区	208	363	208
集美区	532	6153	1749
同安区	753	1261	3766
翔安区			
火炬高新区	931	7136	2407
莆田市	**272**	**60**	**77**
城厢区			
涵江区	272	60	77
荔城区			
秀屿区			
仙游县			
三明市			
梅列区			
三元区			
明溪县			
清流县			
宁化县			
大田县			
尤溪县			
沙　县			
将乐县			
泰宁县			
建宁县			
永安市			
泉州市	**758**	**5560**	**33615**
鲤城区	65	213	8
丰泽区		15	11
洛江区		85	
泉港区	24		
惠安县			
安溪县		100	200

1-I-11 续表

地 区	来自政府部门的研究开发经费	研究开发费用加计扣除减免税	高新技术企业减免税
永春县			
德化县			
台商投资区	60	49	1932
泉州开发区		488	3440
石狮市	91	1429	2462
晋江市	484	3178	25518
南安市	35	4	45
漳州市	**1949**	**5608**	**4478**
芗城区	62	497	568
龙文区	183	279	1343
漳州台商投资区	392	1751	1752
招商局漳州开发区			
云霄县			10
漳浦县	316	23	220
诏安县	186	332	162
长泰县		185	19
东山县			
南靖县	659		32
平和县			
华安县			
常山华侨经济开发区			
龙海市	151	2541	371
南平市	**168**	**224**	**866**
延平区	30		
建阳区	30	79	85
顺昌县			
浦城县		145	781
光泽县			
松溪县			
政和县			
邵武市			
武夷山市	108		
建瓯市			
龙岩市	**60**	**1854**	**75**
新罗区	14		
永定区			
长汀县			
上杭县			
武平县			
连城县			
漳平市	46	1854	75
宁德市	**1474**	**5657**	**39925**
蕉城区	1474	5657	39925
霞浦县			
古田县			
屏南县			
寿宁县			
柘荣县			
东侨开发区			
福安市			
福鼎市			

1-I-12　各地区外商投资企业政府相关政策落实情况

单位：万元

地　区	来自政府部门的研究开发经费	研究开发费用加计扣除减免税	高新技术企业减免税
全　省	**13344**	**41631**	**52571**
福州市	**2624**	**13031**	**14161**
鼓楼区	214	483	1548
仓山区	659	6559	6362
马尾区	135	74	
晋安区	70	3372	1811
长乐区		128	522
闽侯县	177	2027	2683
连江县	76		
罗源县			
闽清县			
永泰县			
平潭县			
福清市	1293	388	1235
厦门市	**8960**	**26325**	**29804**
思明区	403	7516	5109
海沧区	1198	3617	3183
湖里区	119	1481	34
集美区	4501	10233	12411
同安区	513	464	584
翔安区		306	863
火炬高新区	2226	2708	7620
莆田市	**39**		
城厢区			
涵江区			
荔城区	39		
秀屿区			
仙游县			
北　岸			
三明市			
梅列区			
三元区			
明溪县			
宁化县			
大田县			
尤溪县			
沙　县			
将乐县			
建宁县			
永安市			
泉州市	**1239**	**193**	**114**
鲤城区	48		
丰泽区			
洛江区	15	84	43
泉港区	43	16	
惠安县			

1-I-12 续表

地区	来自政府部门的研究开发经费	研究开发费用加计扣除减免税	高新技术企业减免税
安溪县			
永春县			
德化县	8	93	
台商投资区			
泉州开发区			
石狮市	140		
晋江市	50		71
南安市	935		
漳州市	**203**	**479**	**453**
芗城区			
龙文区	97	68	84
漳州台商投资区	33	48	89
招商局漳州开发区			
云霄县	26	224	168
漳浦县	33	94	83
诏安县			
长泰县			
东山县			
南靖县	14	45	31
平和县			
华安县			
常山华侨经济开发区			
龙海市			
南平市	**29**	**203**	**318**
延平区	29		
建阳区			
顺昌县			
浦城县		140	175
光泽县			
松溪县			
邵武市		63	143
武夷山市			
建瓯市			
龙岩市	**251**	**952**	**5886**
新罗区	49	722	5560
永定区	52		
长汀县			
上杭县			
武平县		78	183
连城县	150	153	143
漳平市			
宁德市		**447**	**1835**
古田县			
屏南县			
寿宁县		197	752
东侨开发区		250	1083
福安市			
福鼎市			

J. 企业技术获取和技术改造情况

1-J-1 分登记注册类型企业技术获取和技术改造情况

单位：万元

登记注册类型	引进技术经费支出	消化吸收经费支出	购买国内技术经费支出	技术改造经费支出
总 计	**141628**	**29592**	**134898**	**1635421**
内资企业	**90223**	**25333**	**98287**	**1100915**
国有企业				158
集体企业				9
股份合作企业				124
联营企业				
国有联营企业				
集体联营企业				
国有与集体联营企业				
其他联营企业				
有限责任公司	49666	6250	55379	716385
国有独资公司	1023	8	5983	28593
其他有限责任公司	48643	6243	49396	687792
股份有限公司	11540	2661	5108	114057
私营企业	29017	16422	37800	270183
私营独资企业				142
私营合伙企业				
私营有限责任公司	13400	9072	25083	219726
私营股份有限公司	15617	7350	12717	50315
其他企业				
港、澳、台商投资企业	**15881**	**421**	**25177**	**418885**
合资经营企业	10380	20	310	222740
合作经营企业				
港、澳、台商独资经营企业	5501	401	24867	186108
港、澳、台商投资股份有限公司				6813
其他港、澳、台投资企业				3226
外商投资企业	**35525**	**3837**	**11434**	**115621**
中外合资经营企业	1477		1640	24470
中外合作经营企业				485
外资企业	33048	2837	5794	70421
外商投资股份有限公司	1000	1000	4000	18913
其他外商投资企业				1332

1-J-2　分登记注册类型大中型企业技术获取和技术改造情况

单位：万元

登记注册类型	引进技术经费支出	消化吸收经费支出	购买国内技术经费支出	技术改造经费支出
总　计	**138542**	**25779**	**117144**	**1425371**
内资企业	**89398**	**24367**	**81115**	**924898**
国有企业				81
集体企业				9
股份合作企业				
联营企业				
国有联营企业				
集体联营企业				
国有与集体联营企业				
其他联营企业				
有限责任公司	49634	6147	54626	663135
国有独资公司	1023	8	5931	20740
其他有限责任公司	48611	6139	48695	642395
股份有限公司	11540	2661	4928	91980
私营企业	28225	15560	21561	169694
私营独资企业				87
私营合伙企业				
私营有限责任公司	12608	8210	9103	125317
私营股份有限公司	15617	7350	12458	44290
其他企业				
港、澳、台商投资企业	**14883**	**401**	**24908**	**398728**
合资经营企业	10204		310	215687
合作经营企业				
港、澳、台商独资经营企业	4678	401	24599	174836
港、澳、台商投资股份有限公司				6809
其他港、澳、台投资企业				1396
外商投资企业	**34261**	**1011**	**11120**	**101744**
中外合资经营企业	248		1640	18758
中外合作经营企业				485
外资企业	33013	11	5481	62392
外商投资股份有限公司	1000	1000	4000	18913
其他外商投资企业				1197

1-J-3　分行业企业技术获取和技术改造情况

单位：万元

行　业	引进技术经费支出	消化吸收经费支出	购买国内技术经费支出	技术改造经费支出
总　计	**141628**	**29592**	**134898**	**1635421**
采矿业				**2700**
煤炭开采和洗选业				
烟煤和无烟煤开采洗选				
褐煤开采洗选				
其他煤炭采选				
石油和天然气开采业				
石油开采				
天然气开采				
黑色金属矿采选业				1024
铁矿采选				1024
锰矿、铬矿采选				
其他黑色金属矿采选				
有色金属矿采选业				1676
常用有色金属矿采选				
贵金属矿采选				1676
稀有稀土金属矿采选				
非金属矿采选业				
土砂石开采				
化学矿开采				
采盐				
石棉及其他非金属矿采选				
开采专业及辅助性活动				
煤炭开采和洗选专业及辅助性活动				
石油和天然气开采专业及辅助性活动				
其他开采专业及辅助性活动				
其他采矿业				
其他采矿业				
制造业	**141548**	**29592**	**124785**	**1532720**
农副食品加工业	1010	1000	4976	14417
谷物磨制			396	1688
饲料加工	1010	1000	4022	6189
植物油加工			362	259
制糖业				
屠宰及肉类加工			30	1373
水产品加工			83	540
蔬菜、菌类、水果和坚果加工			29	2877
其他农副食品加工			54	1491
食品制造业	32	96	91	6072
焙烤食品制造		10	10	272
糖果、巧克力及蜜饯制造				2250
方便食品制造	32	86	43	774
乳制品制造				
罐头食品制造				1289
调味品、发酵制品制造			23	1081
其他食品制造			15	406
酒、饮料和精制茶制造业		11	31	18870
酒的制造				2337
饮料制造		11	31	14442
精制茶加工				2091

1-J-3 续表 1

单位：万元

行业	引进技术经费支出	消化吸收经费支出	购买国内技术经费支出	技术改造经费支出
烟草制品业	1023	8	5931	14246
烟叶复烤				186
卷烟制造	1023	8	5931	8591
其他烟草制品制造				5469
纺织业	12653	8200	4188	49066
棉纺织及印染精加工	12653	8200	4040	36096
毛纺织及染整精加工			80	
麻纺织及染整精加工				
丝绢纺织及印染精加工				
化纤织造及印染精加工			7	3345
针织或钩针编织物及其制品制造			62	4087
家用纺织制成品制造				820
产业用纺织制成品制造				4718
纺织服装、服饰业	173		115	5923
机织服装制造	173		115	3670
针织或钩针编织服装制造				2222
服饰制造				32
皮革、毛皮、羽毛及其制品和制鞋业	3067		252	11255
皮革鞣制加工				
皮革制品制造				53
毛皮鞣制及制品加工				
羽毛(绒)加工及制品制造				
制鞋业	3067		252	11203
木材加工和木、竹、藤、棕、草制品业			70	7631
木材加工			70	270
人造板制造				3796
木质制品制造				2372
竹、藤、棕、草等制品制造				1193
家具制造业			17	15387
木质家具制造			10	13275
竹、藤家具制造				57
金属家具制造			7	2055
塑料家具制造				
其他家具制造				
造纸和纸制品业	270	3	79	39021
纸浆制造				
造纸			8	30071
纸制品制造	270	3	71	8950
印刷和记录媒介复制业				2558
印刷				2558
装订及印刷相关服务				
记录媒介复制				
文教、工美、体育和娱乐用品制造业	81		66	6015
文教办公用品制造				546
乐器制造	3		1	132
工艺美术及礼仪用品制造	48		65	3974
体育用品制造				1342
玩具制造	30			
游艺器材及娱乐用品制造				20
石油、煤炭及其他燃料加工业		6005	14	11793

1-J-3　续表 2　　单位：万元

行　业	引进技术经费支出	消化吸收经费支出	购买国内技术经费支出	技术改造经费支出
精炼石油产品制造		6005		11624
煤炭加工				
核燃料加工				
生物质燃料加工			14	169
化学原料和化学制品制造业		60	1349	109004
基础化学原料制造			115	9058
肥料制造				7980
农药制造			29	21
涂料、油墨、颜料及类似产品制造			75	4231
合成材料制造		60	373	74036
专用化学产品制造			720	13440
炸药、火工及焰火产品制造				
日用化学产品制造			37	238
医药制造业	112		1793	12089
化学药品原料药制造				4727
化学药品制剂制造				3925
中药饮片加工				20
中成药生产			27	786
兽用药品制造	34		236	1471
生物药品制品制造	78		1530	1084
卫生材料及医药用品制造				
药用辅料及包装材料				76
化学纤维制造业			472	64445
纤维素纤维原料及纤维制造				9678
合成纤维制造			472	54767
生物基材料制造				
橡胶和塑料制品业	305	386	1271	50084
橡胶制品业			2	7056
塑料制品业	305	386	1270	43028
非金属矿物制品业	33	421	4968	71388
水泥、石灰和石膏制造			200	5885
石膏、水泥制品及类似制品制造				3409
砖瓦、石材等建筑材料制造				4135
玻璃制造				28761
玻璃制品制造				354
玻璃纤维和玻璃纤维增强塑料制品制造				312
陶瓷制品制造		26	4387	28460
耐火材料制品制造				9
石墨及其他非金属矿物制品制造	33	395	381	63
黑色金属冶炼和压延加工业	1236	108	1205	190485
炼铁				
炼钢				7646
钢压延加工	1236	108	1205	182839
铁合金冶炼				
有色金属冶炼和压延加工业	86		2684	97190
常用有色金属冶炼				55086
贵金属冶炼				1235
稀有稀土金属冶炼	86		1084	3000
有色金属合金制造				2113
有色金属压延加工			1600	35756
金属制品业	1416		7230	41615

1-J-3 续表 3 单位：万元

行 业	引进技术经费支出	消化吸收经费支出	购买国内技术经费支出	技术改造经费支出
结构性金属制品制造			311	3793
金属工具制造				313
集装箱及金属包装容器制造				1412
金属丝绳及其制品制造				
建筑、安全用金属制品制造	1069		1011	12689
金属表面处理及热处理加工				16
搪瓷制品制造				
金属制日用品制造				257
铸造及其他金属制品制造	347		5908	23135
通用设备制造业	26839		4093	12725
锅炉及原动设备制造				53
金属加工机械制造				225
物料搬运设备制造				1359
泵、阀门、压缩机及类似机械制造			6	5674
轴承、齿轮和传动部件制造	191			3429
烘炉、风机、包装等设备制造	38		17	794
文化、办公用机械制造	26609		4071	728
通用零部件制造				453
其他通用设备制造业				10
专用设备制造业	2591	1173	498	10050
采矿、冶金、建筑专用设备制造	1208	1158	311	5757
化工、木材、非金属加工专用设备制造		15	135	1306
食品、饮料、烟草及饲料生产专用设备制造				30
印刷、制药、日化及日用品生产专用设备制造				356
纺织、服装和皮革加工专用设备制造				313
电子和电工机械专用设备制造			50	200
农、林、牧、渔专用机械制造				11
医疗仪器设备及器械制造	1229			1060
环保、邮政、社会公共服务及其他专用设备制造	153		3	1017
汽车制造业	414	20	973	26736
汽车整车制造	162		723	6277
汽车用发动机制造				
改装汽车制造				122
低速汽车制造				
电车制造				
汽车车身、挂车制造			20	3847
汽车零部件及配件制造	252	20	231	16490
铁路、船舶、航空航天和其他运输设备制造业	3986	1525	3866	9207
铁路运输设备制造				280
城市轨道交通设备制造				
船舶及相关装置制造	3986	1503	3507	6366
航空、航天器及设备制造				
摩托车制造		22		2545
自行车和残疾人座车制造			358	
助动车制造				
非公路休闲车及零配件制造				
潜水救捞及其他未列明运输设备制造				15
电气机械和器材制造业	21337	7751	29776	103306
电机制造			467	6990
输配电及控制设备制造	5228		5	1369
电线、电缆、光缆及电工器材制造				2218

1-J-3　续表 4　　　　单位：万元

行　业	引进技术经费支出	消化吸收经费支出	购买国内技术经费支出	技术改造经费支出
电池制造	16109	7751	29304	88895
家用电力器具制造				2557
非电力家用器具制造				
照明器具制造				1277
其他电气机械及器材制造				
计算机、通信和其他电子设备制造业	64885	2827	47661	522763
计算机制造			20	9160
通信设备制造			12	2484
广播电视设备制造	96	2827		15678
雷达及配套设备制造				
非专业视听设备制造	745		112	2668
智能消费设备制造				1783
电子器件制造	64019		47171	418912
电子元件及电子专用材料制造	26		346	66043
其他电子设备制造				6036
仪器仪表制造业			170	2915
通用仪器仪表制造				1235
专用仪器仪表制造			170	22
钟表与计时仪器制造				198
光学仪器制造				138
衡器制造				1277
其他仪器仪表制造业				46
其他制造业			946	12
日用杂品制造			946	12
核辐射加工				
其他未列明制造业				
废弃资源综合利用业				685
金属废料和碎屑加工处理				
非金属废料和碎屑加工处理				685
金属制品、机械和设备修理业				5769
金属制品修理				
通用设备修理				
专用设备修理				
铁路、船舶、航空航天等运输设备修理				5768
电气设备修理				
仪器仪表修理				
其他机械和设备修理业				
电力、热力、燃气及水生产和供应业	**80**		**10113**	**100001**
电力、热力生产和供应业	60		20	86616
电力生产	60		20	86616
电力供应				
热力生产和供应				
燃气生产和供应业	20			170
燃气生产和供应业	20			170
生物质燃气生产和供应业				
水的生产和供应业			10093	13215
自来水生产和供应				3122
污水处理及其再生利用			10093	10093
海水淡化处理				
其他水的处理、利用与分配				

1-J-4 分行业大中型企业技术获取和技术改造情况

单位：万元

行业	引进技术经费支出	消化吸收经费支出	购买国内技术经费支出	技术改造经费支出
总计	**138542**	**25779**	**117144**	**1425371**
采矿业				**2700**
煤炭开采和洗选业				
烟煤和无烟煤开采洗选				
褐煤开采洗选				
其他煤炭采选				
石油和天然气开采业				
石油开采				
天然气开采				
黑色金属矿采选业				1024
铁矿采选				1024
锰矿、铬矿采选				
其他黑色金属矿采选				
有色金属矿采选业				1676
常用有色金属矿采选				
贵金属矿采选				1676
稀有稀土金属矿采选				
非金属矿采选业				
土砂石开采				
化学矿开采				
采盐				
石棉及其他非金属矿采选				
开采专业及辅助性活动				
煤炭开采和洗选专业及辅助性活动				
石油和天然气开采专业及辅助性活动				
其他开采专业及辅助性活动				
其他采矿业				
其他采矿业				
制造业	**138461**	**25779**	**117144**	**1365231**
农副食品加工业	1000	1000	4401	9913
谷物磨制				
饲料加工	1000	1000	4000	6000
植物油加工			362	67
制糖业				
屠宰及肉类加工				572
水产品加工			16	186
蔬菜、菌类、水果和坚果加工				1732
其他农副食品加工			23	1356
食品制造业			23	4446
焙烤食品制造				27
糖果、巧克力及蜜饯制造				2165
方便食品制造				705
乳制品制造				
罐头食品制造				1211
调味品、发酵制品制造			23	198
其他食品制造				140
酒、饮料和精制茶制造业		11		16495
酒的制造				2282
饮料制造		11		13639
精制茶加工				574

1-J-4　续表 1　　　　单位：万元

行　　业	引进技术经费支出	消化吸收经费支出	购买国内技术经费支出	技术改造经费支出
烟草制品业	1023	8	5931	12614
烟叶复烤				186
卷烟制造	1023	8	5931	6959
其他烟草制品制造				5469
纺织业	12608	8188	3966	35510
棉纺织及印染精加工	12608	8188	3920	30059
毛纺织及染整精加工				
麻纺织及染整精加工				
丝绢纺织及印染精加工				
化纤织造及印染精加工				
针织或钩针编织物及其制品制造			46	1555
家用纺织制成品制造				611
产业用纺织制成品制造				3284
纺织服装、服饰业	173			5787
机织服装制造	173			3585
针织或钩针编织服装制造				2202
服饰制造				
皮革、毛皮、羽毛及其制品和制鞋业	3067		240	10198
皮革鞣制加工				
皮革制品制造				53
毛皮鞣制及制品加工				
羽毛(绒)加工及制品制造				
制鞋业	3067		240	10145
木材加工和木、竹、藤、棕、草制品业				4464
木材加工				
人造板制造				1181
木质制品制造				2297
竹、藤、棕、草等制品制造				986
家具制造业				4846
木质家具制造				2818
竹、藤家具制造				
金属家具制造				2028
塑料家具制造				
其他家具制造				
造纸和纸制品业	270		50	31099
纸浆制造				
造纸				28795
纸制品制造	270		50	2304
印刷和记录媒介复制业				1519
印刷				1519
装订及印刷相关服务				
记录媒介复制				
文教、工美、体育和娱乐用品制造业	3		1	3467
文教办公用品制造				421
乐器制造	3		1	128
工艺美术及礼仪用品制造				1648
体育用品制造				1269
玩具制造				
游艺器材及娱乐用品制造				
石油、煤炭及其他燃料加工业		6005		11600

1-J-4 续表 2 单位：万元

行业	引进技术经费支出	消化吸收经费支出	购买国内技术经费支出	技术改造经费支出
精炼石油产品制造		6005		11600
煤炭加工				
核燃料加工				
生物质燃料加工				
化学原料和化学制品制造业			50	78903
基础化学原料制造			50	5654
肥料制造				
农药制造				
涂料、油墨、颜料及类似产品制造				4027
合成材料制造				65153
专用化学产品制造				3987
炸药、火工及焰火产品制造				
日用化学产品制造				82
医药制造业	112		1509	8690
化学药品原料药制造				4387
化学药品制剂制造				1480
中药饮片加工				20
中成药生产				624
兽用药品制造	34		236	1201
生物药品制品制造	78		1273	978
卫生材料及医药用品制造				
药用辅料及包装材料				
化学纤维制造业			472	64168
纤维素纤维原料及纤维制造				9642
合成纤维制造			472	54527
生物基材料制造				
橡胶和塑料制品业			736	38369
橡胶制品业				6526
塑料制品业			736	31843
非金属矿物制品业		26	4587	54292
水泥、石灰和石膏制造			200	4634
石膏、水泥制品及类似制品制造				930
砖瓦、石材等建筑材料制造				2727
玻璃制造				28743
玻璃制品制造				300
玻璃纤维和玻璃纤维增强塑料制品制造				312
陶瓷制品制造		26	4387	16638
耐火材料制品制造				9
石墨及其他非金属矿物制品制造				
黑色金属冶炼和压延加工业	1236	108	1034	190380
炼铁				
炼钢				7646
钢压延加工	1236	108	1034	182734
铁合金冶炼				
有色金属冶炼和压延加工业	86		1084	91674
常用有色金属冶炼				55086
贵金属冶炼				1175
稀有稀土金属冶炼	86		1084	
有色金属合金制造				
有色金属压延加工				35412

1-J-4　续表 3　　　　单位：万元

行　业	引进技术经费支出	消化吸收经费支出	购买国内技术经费支出	技术改造经费支出
金属制品业	1416		6894	34558
结构性金属制品制造				198
金属工具制造				81
集装箱及金属包装容器制造				828
金属丝绳及其制品制造				
建筑、安全用金属制品制造	1069		1011	12314
金属表面处理及热处理加工				
搪瓷制品制造				
金属制日用品制造				
铸造及其他金属制品制造	347		5883	21137
通用设备制造业	26609		4071	7460
锅炉及原动设备制造				39
金属加工机械制造				
物料搬运设备制造				485
泵、阀门、压缩机及类似机械制造				5191
轴承、齿轮和传动部件制造				1607
烘炉、风机、包装等设备制造				
文化、办公用机械制造	26609		4071	138
通用零部件制造				
其他通用设备制造业				
专用设备制造业	1361	1158	313	5526
采矿、冶金、建筑专用设备制造	1208	1158	310	3319
化工、木材、非金属加工专用设备制造				721
食品、饮料、烟草及饲料生产专用设备制造				
印刷、制药、日化及日用品生产专用设备制造				
纺织、服装和皮革加工专用设备制造				
电子和电工机械专用设备制造				
农、林、牧、渔专用机械制造				
医疗仪器设备及器械制造				751
环保、邮政、社会公共服务及其他专用设备制造	153		3	735
汽车制造业	266		768	17075
汽车整车制造	162		723	6079
汽车用发动机制造				
改装汽车制造				42
低速汽车制造				
电车制造				
汽车车身、挂车制造			20	
汽车零部件及配件制造	104		25	10954
铁路、船舶、航空航天和其他运输设备制造业	3986	1525	3507	9059
铁路运输设备制造				280
城市轨道交通设备制造				
船舶及相关装置制造	3986	1503	3507	6356
航空、航天器及设备制造				
摩托车制造		22		2423
自行车和残疾人座车制造				
助动车制造				
非公路休闲车及零配件制造				
潜水救捞及其他未列明运输设备制造				
电气机械和器材制造业	21337	7751	29304	97307
电机制造				4204

1-J-4 续表 4　　　　单位：万元

行　业	引进技术经费支出	消化吸收经费支出	购买国内技术经费支出	技术改造经费支出
输配电及控制设备制造	5228			208
电线、电缆、光缆及电工器材制造				1184
电池制造	16109	7751	29304	88884
家用电力器具制造				2203
非电力家用器具制造				
照明器具制造				624
其他电气机械及器材制造				
计算机、通信和其他电子设备制造业	63908		47258	510285
计算机制造			20	9155
通信设备制造				517
广播电视设备制造				15678
雷达及配套设备制造				
非专业视听设备制造	711		84	2668
智能消费设备制造				1783
电子器件制造	63197		46903	409804
电子元件及电子专用材料制造			251	64654
其他电子设备制造				6026
仪器仪表制造业				368
通用仪器仪表制造				188
专用仪器仪表制造				22
钟表与计时仪器制造				158
光学仪器制造				
衡器制造				
其他仪器仪表制造业				
其他制造业			946	12
日用杂品制造			946	12
核辐射加工				
其他未列明制造业				
废弃资源综合利用业				
金属废料和碎屑加工处理				
非金属废料和碎屑加工处理				
金属制品、机械和设备修理业				5150
金属制品修理				
通用设备修理				
专用设备修理				
铁路、船舶、航空航天等运输设备修理				5150
电气设备修理				
仪器仪表修理				
其他机械和设备修理业				
电力、热力、燃气及水生产和供应业	**80**			**57440**
电力、热力生产和供应业	60			54298
电力生产	60			54298
电力供应				
热力生产和供应				
燃气生产和供应业	20			20
燃气生产和供应业	20			20
水的生产和供应业				3122
自来水生产和供应				3122
污水处理及其再生利用				
其他水的处理、利用与分配				

1-J-5　分行业内资企业技术获取和技术改造情况

单位：万元

行　业	引进技术经费支出	消化吸收经费支出	购买国内技术经费支出	技术改造经费支出
总　计	**90223**	**25333**	**98287**	**1100915**
采矿业				**2700**
煤炭开采和洗选业				
烟煤和无烟煤开采洗选				
褐煤开采洗选				
其他煤炭采选				
石油和天然气开采业				
石油开采				
天然气开采				
黑色金属矿采选业				1024
铁矿采选				1024
锰矿、铬矿采选				
其他黑色金属矿采选				
有色金属矿采选业				1676
常用有色金属矿采选				
贵金属矿采选				1676
稀有稀土金属矿采选				
非金属矿采选业				
土砂石开采				
化学矿开采				
采盐				
石棉及其他非金属矿采选				
开采专业及辅助性活动				
煤炭开采和洗选专业及辅助性活动				
石油和天然气开采专业及辅助性活动				
其他开采专业及辅助性活动				
其他采矿业				
其他采矿业				
制造业	**90223**	**25333**	**88174**	**1007803**
农副食品加工业	10		573	5742
谷物磨制			371	959
饲料加工	10		22	136
植物油加工				194
制糖业				
屠宰及肉类加工			30	1001
水产品加工			67	344
蔬菜、菌类、水果和坚果加工			29	1619
其他农副食品加工			54	1489
食品制造业	32	96	91	4958
焙烤食品制造		10	10	272
糖果、巧克力及蜜饯制造				2250
方便食品制造	32	86	43	79
乳制品制造				
罐头食品制造				1211
调味品、发酵制品制造			23	914
其他食品制造			15	232
酒、饮料和精制茶制造业			31	2919
酒的制造				55
饮料制造			31	773
精制茶加工				2091

1-J-5 续表 1

单位：万元

行　　业	引进技术经费支出	消化吸收经费支出	购买国内技术经费支出	技术改造经费支出
烟草制品业	1023	8	5931	14246
烟叶复烤				186
卷烟制造	1023	8	5931	8591
其他烟草制品制造				5469
纺织业	12631	8200	4145	35419
棉纺织及印染精加工	12631	8200	4004	26699
毛纺织及染整精加工			80	
麻纺织及染整精加工				
丝绢纺织及印染精加工				
化纤织造及印染精加工				45
针织或钩针编织物及其制品制造			62	3751
家用纺织制成品制造				820
产业用纺织制成品制造				4103
纺织服装、服饰业	173		115	1433
机织服装制造	173		115	1381
针织或钩针编织服装制造				20
服饰制造				32
皮革、毛皮、羽毛及其制品和制鞋业			110	6336
皮革鞣制加工				
皮革制品制造				
毛皮鞣制及制品加工				
羽毛(绒)加工及制品制造				
制鞋业			110	6336
木材加工和木、竹、藤、棕、草制品业			70	3759
木材加工			70	270
人造板制造				2307
木质制品制造				75
竹、藤、棕、草等制品制造				1107
家具制造业			17	14662
木质家具制造			10	12550
竹、藤家具制造				57
金属家具制造			7	2055
塑料家具制造				
其他家具制造				
造纸和纸制品业	270	3	79	38293
纸浆制造				
造纸			8	29431
纸制品制造	270	3	71	8862
印刷和记录媒介复制业				2556
印刷				2556
装订及印刷相关服务				
记录媒介复制				
文教、工美、体育和娱乐用品制造业	37		65	3883
文教办公用品制造				125
乐器制造				
工艺美术及礼仪用品制造	37		65	3757
体育用品制造				
玩具制造				
游艺器材及娱乐用品制造				
石油、煤炭及其他燃料加工业		6005	14	11793

1-J-5 续表 2

单位：万元

行业	引进技术经费支出	消化吸收经费支出	购买国内技术经费支出	技术改造经费支出
精炼石油产品制造		6005		11624
煤炭加工				
核燃料加工				
生物质燃料加工			14	169
化学原料和化学制品制造业		60	1299	106639
基础化学原料制造			115	9058
肥料制造				7980
农药制造			29	21
涂料、油墨、颜料及类似产品制造			75	4167
合成材料制造		60	323	73303
专用化学产品制造			720	11872
炸药、火工及焰火产品制造				
日用化学产品制造			37	238
医药制造业	78		1557	8259
化学药品原料药制造				3001
化学药品制剂制造				3587
中药饮片加工				20
中成药生产			27	629
兽用药品制造				270
生物药品制品制造	78		1530	675
卫生材料及医药用品制造				
药用辅料及包装材料				76
化学纤维制造业				37386
纤维素纤维原料及纤维制造				
合成纤维制造				37386
生物基材料制造				
橡胶和塑料制品业	305	386	1226	14133
橡胶制品业			2	1346
塑料制品业	305	386	1225	12787
非金属矿物制品业	33	421	4968	58614
水泥、石灰和石膏制造			200	5885
石膏、水泥制品及类似制品制造				2478
砖瓦、石材等建筑材料制造				3489
玻璃制造				17895
玻璃制品制造				300
玻璃纤维和玻璃纤维增强塑料制品制造				312
陶瓷制品制造		26	4387	28182
耐火材料制品制造				9
石墨及其他非金属矿物制品制造	33	395	381	63
黑色金属冶炼和压延加工业	1236	108	1205	182547
炼铁				
炼钢				
钢压延加工	1236	108	1205	182547
铁合金冶炼				
有色金属冶炼和压延加工业			1795	80326
常用有色金属冶炼				55086
贵金属冶炼				1235
稀有稀土金属冶炼			195	3000
有色金属合金制造				2113
有色金属压延加工			1600	18892
金属制品业			336	6462

1-J-5 续表 3

单位：万元

行业	引进技术经费支出	消化吸收经费支出	购买国内技术经费支出	技术改造经费支出
结构性金属制品制造			311	2666
金属工具制造				2
集装箱及金属包装容器制造				957
金属丝绳及其制品制造				
建筑、安全用金属制品制造				601
金属表面处理及热处理加工				16
搪瓷制品制造				
金属制日用品制造				224
铸造及其他金属制品制造			25	1996
通用设备制造业	229		22	6868
锅炉及原动设备制造				53
金属加工机械制造				170
物料搬运设备制造				874
泵、阀门、压缩机及类似机械制造			6	2144
轴承、齿轮和传动部件制造	191			2106
烘炉、风机、包装等设备制造	38		17	794
文化、办公用机械制造				352
通用零部件制造				365
其他通用设备制造业				10
专用设备制造业	1361	1173	498	5317
采矿、冶金、建筑专用设备制造	1208	1158	311	3025
化工、木材、非金属加工专用设备制造		15	135	567
食品、饮料、烟草及饲料生产专用设备制造				30
印刷、制药、日化及日用品生产专用设备制造				147
纺织、服装和皮革加工专用设备制造				214
电子和电工机械专用设备制造			50	200
农、林、牧、渔专用机械制造				
医疗仪器设备及器械制造				117
环保、邮政、社会公共服务及其他专用设备制造	153		3	1017
汽车制造业			93	14314
汽车整车制造				
汽车用发动机制造				
改装汽车制造				122
低速汽车制造				
电车制造				
汽车车身、挂车制造			20	3847
汽车零部件及配件制造			73	10345
铁路、船舶、航空航天和其他运输设备制造业	3986	1525	3866	7514
铁路运输设备制造				
城市轨道交通设备制造				
船舶及相关装置制造	3986	1503	3507	6366
航空、航天器及设备制造				
摩托车制造		22		1133
自行车和残疾人座车制造			358	
助动车制造				
非公路休闲车及零配件制造				
潜水救捞及其他未列明运输设备制造				15
电气机械和器材制造业	15617	7350	12618	38739
电机制造			467	3097
输配电及控制设备制造			5	1361
电线、电缆、光缆及电工器材制造				1041

1-J-5　续表 4　　　　　　　　　　　　　　　　单位：万元

行　　业	引进技术经费支出	消化吸收经费支出	购买国内技术经费支出	技术改造经费支出
电池制造	15617	7350	12146	30406
家用电力器具制造				2227
非电力家用器具制造				
照明器具制造				607
其他电气机械及器材制造				
计算机、通信和其他电子设备制造业	53201		47280	290203
计算机制造			20	3309
通信设备制造			12	1698
广播电视设备制造	96			5724
雷达及配套设备制造				
非专业视听设备制造	34		28	812
智能消费设备制造				1780
电子器件制造	53046		46910	205804
电子元件及电子专用材料制造	26		310	65040
其他电子设备制造				6036
仪器仪表制造业			170	2724
通用仪器仪表制造				1234
专用仪器仪表制造			170	
钟表与计时仪器制造				90
光学仪器制造				78
衡器制造				1277
其他仪器仪表制造业				46
其他制造业				12
日用杂品制造				12
核辐射加工				
其他未列明制造业				
废弃资源综合利用业				685
金属废料和碎屑加工处理				
非金属废料和碎屑加工处理				685
金属制品、机械和设备修理业				1069
金属制品修理				
通用设备修理				
专用设备修理				
铁路、船舶、航空航天等运输设备修理				1069
电气设备修理				
仪器仪表修理				
其他机械和设备修理业				
电力、热力、燃气及水生产和供应业			**10113**	**90411**
电力、热力生产和供应业			20	77046
电力生产			20	77046
电力供应				
热力生产和供应				
燃气生产和供应业				150
燃气生产和供应业				150
生物质燃气生产和供应业				
水的生产和供应业			10093	13215
自来水生产和供应				3122
污水处理及其再生利用			10093	10093
海水淡化处理				
其他水的处理、利用与分配				

1-J-6 分行业港澳台商投资企业技术获取和技术改造情况

单位：万元

行　　业	引进技术经费支出	消化吸收经费支出	购买国内技术经费支出	技术改造经费支出
总　计	**15881**	**421**	**25177**	**418885**
采矿业				
煤炭开采和洗选业				
烟煤和无烟煤开采洗选				
褐煤开采洗选				
石油和天然气开采业				
石油开采				
天然气开采				
黑色金属矿采选业				
铁矿采选				
有色金属矿采选业				
常用有色金属矿采选				
贵金属矿采选				
非金属矿采选业				
土砂石开采				
化学矿开采				
采盐				
石棉及其他非金属矿采选				
开采专业及辅助性活动				
石油和天然气开采专业及辅助性活动				
制造业	**15801**	**421**	**25177**	**412154**
农副食品加工业			16	791
谷物磨制				657
饲料加工				53
植物油加工				
制糖业				
屠宰及肉类加工				23
水产品加工			16	58
蔬菜、菌类、水果和坚果加工				
其他农副食品加工				
食品制造业				620
焙烤食品制造				
糖果、巧克力及蜜饯制造				
方便食品制造				453
乳制品制造				
罐头食品制造				
调味品、发酵制品制造				167
其他食品制造				
酒、饮料和精制茶制造业				2581
酒的制造				782
饮料制造				1799
精制茶加工				
烟草制品业				
烟叶复烤				
其他烟草制品制造				
纺织业			7	8699

1-J-6　续表 1　　　　单位：万元

行　　业	引进技术经费支出	消化吸收经费支出	购买国内技术经费支出	技术改造经费支出
棉纺织及印染精加工				4804
毛纺织及染整精加工				
麻纺织及染整精加工				
丝绢纺织及印染精加工				
化纤织造及印染精加工			7	3300
针织或钩针编织物及其制品制造				336
家用纺织制成品制造				
产业用纺织制成品制造				260
纺织服装、服饰业				4490
机织服装制造				
针织或钩针编织服装制造				2289
服饰制造				2202
皮革、毛皮、羽毛及其制品和制鞋业				
皮革鞣制加工	3067		142	429
皮革制品制造				
毛皮鞣制及制品加工				53
羽毛(绒)加工及制品制造				
制鞋业				
木材加工和木、竹、藤、棕、草制品业	3067		142	377
木材加工				3872
人造板制造				
木质制品制造				1490
竹、藤、棕、草等制品制造				2297
家具制造业				86
木质家具制造				725
竹、藤家具制造				725
金属家具制造				
塑料家具制造				
其他家具制造				
造纸和纸制品业				
纸浆制造				74
造纸				
纸制品制造				
印刷和记录媒介复制业				74
印刷				2
装订及印刷相关服务				2
记录媒介复制				
文教、工美、体育和娱乐用品制造业				
文教办公用品制造	30			1849
乐器制造				421
工艺美术及礼仪用品制造				4
体育用品制造				120
玩具制造				1284
游艺器材及娱乐用品制造	30			
石油、煤炭及其他燃料加工业				20
精炼石油产品制造				
煤炭加工				
生物质燃料加工				

1-J-6 续表 2

单位：万元

行 业	引进技术经费支出	消化吸收经费支出	购买国内技术经费支出	技术改造经费支出
化学原料和化学制品制造业				18
基础化学原料制造				
肥料制造				
农药制造				
涂料、油墨、颜料及类似产品制造				18
合成材料制造				
专用化学产品制造				
炸药、火工及焰火产品制造				
日用化学产品制造				
医药制造业	34		208	2400
化学药品原料药制造				1726
化学药品制剂制造				179
中药饮片加工				
中成药生产				21
兽用药品制造	34		208	65
生物药品制品制造				409
卫生材料及医药用品制造				
药用辅料及包装材料				
化学纤维制造业			472	27059
纤维素纤维原料及纤维制造				9678
合成纤维制造			472	17381
橡胶和塑料制品业				20787
橡胶制品业				1826
塑料制品业				18962
非金属矿物制品业				12034
水泥、石灰和石膏制造				
石膏、水泥制品及类似制品制造				931
砖瓦、石材等建筑材料制造				
玻璃制造				10866
玻璃制品制造				54
玻璃纤维和玻璃纤维增强塑料制品制造				
陶瓷制品制造				183
耐火材料制品制造				
石墨及其他非金属矿物制品制造				
黑色金属冶炼和压延加工业				
炼铁				
炼钢				
钢压延加工				
铁合金冶炼				
有色金属冶炼和压延加工业				16864
常用有色金属冶炼				
贵金属冶炼				
稀有稀土金属冶炼				
有色金属合金制造				
有色金属压延加工				16864
金属制品业	347		5883	23729
结构性金属制品制造				
金属工具制造				230

1-J-6　续表 3　　单位：万元

行　业	引进技术经费支出	消化吸收经费支出	购买国内技术经费支出	技术改造经费支出
集装箱及金属包装容器制造				455
金属丝绳及其制品制造				
建筑、安全用金属制品制造				1906
金属表面处理及热处理加工				
搪瓷制品制造				
金属制日用品制造				
铸造及其他金属制品制造	347		5883	21139
通用设备制造业				1954
锅炉及原动设备制造				
金属加工机械制造				55
物料搬运设备制造				
泵、阀门、压缩机及类似机械制造				111
轴承、齿轮和传动部件制造				1323
烘炉、风机、包装等设备制造				
文化、办公用机械制造				376
通用零部件制造				88
其他通用设备制造业				
专用设备制造业				817
采矿、冶金、建筑专用设备制造				
化工、木材、非金属加工专用设备制造				18
食品、饮料、烟草及饲料生产专用设备制造				
印刷、制药、日化及日用品生产专用设备制造				
纺织、服装和皮革加工专用设备制造				99
电子和电工机械专用设备制造				
农、林、牧、渔专用机械制造				11
医疗仪器设备及器械制造				689
环保、邮政、社会公共服务及其他专用设备制造				1
汽车制造业	146	20		7020
汽车整车制造				5088
汽车用发动机制造				
改装汽车制造				
汽车车身、挂车制造				
汽车零部件及配件制造	146	20		1932
铁路、船舶、航空航天和其他运输设备制造业				280
铁路运输设备制造				280
城市轨道交通设备制造				
船舶及相关装置制造				
航空、航天器及设备制造				
摩托车制造				
自行车和残疾人座车制造				
助动车制造				
非公路休闲车及零配件制造				
潜水救捞及其他未列明运输设备制造				
电气机械和器材制造业	492	401	17158	63041
电机制造				2982
输配电及控制设备制造				
电线、电缆、光缆及电工器材制造				1177
电池制造	492	401	17158	58486

1-J-6 续表 4

单位：万元

行业	引进技术经费支出	消化吸收经费支出	购买国内技术经费支出	技术改造经费支出
家用电力器具制造				331
非电力家用器具制造				
照明器具制造				66
其他电气机械及器材制造				
计算机、通信和其他电子设备制造业	11684		346	207209
计算机制造				5852
通信设备制造				786
广播电视设备制造				9954
雷达及配套设备制造				
非专业视听设备制造	711		84	1856
智能消费设备制造				3
电子器件制造	10973		262	188755
电子元件及电子专用材料制造				5
其他电子设备制造				
仪器仪表制造业				108
通用仪器仪表制造				
专用仪器仪表制造				
钟表与计时仪器制造				108
光学仪器制造				
衡器制造				
其他仪器仪表制造业				
其他制造业			946	
日用杂品制造			946	
其他未列明制造业				
废弃资源综合利用业				
金属废料和碎屑加工处理				
非金属废料和碎屑加工处理				
金属制品、机械和设备修理业				4700
金属制品修理				
通用设备修理				
专用设备修理				
铁路、船舶、航空航天等运输设备修理				4700
电气设备修理				
仪器仪表修理				
其他机械和设备修理业				
电力、热力、燃气及水生产和供应业	**80**			**6732**
电力、热力生产和供应业	60			6712
电力生产	60			6712
电力供应				
热力生产和供应				
燃气生产和供应业	20			20
燃气生产和供应业	20			20
生物质燃气生产和供应业				
水的生产和供应业				
自来水生产和供应				
污水处理及其再生利用				
海水淡化处理				
其他水的处理、利用与分配				

1-J-7　分行业外商投资企业技术获取和技术改造情况

单位：万元

行　业	引进技术经费支出	消化吸收经费支出	购买国内技术经费支出	技术改造经费支出
总　计	**35525**	**3837**	**11434**	**115621**
采矿业				
煤炭开采和洗选业				
烟煤和无烟煤开采洗选				
石油和天然气开采业				
石油开采				
天然气开采				
黑色金属矿采选业				
铁矿采选				
锰矿、铬矿采选				
有色金属矿采选业				
常用有色金属矿采选				
贵金属矿采选				
稀有稀土金属矿采选				
非金属矿采选业				
土砂石开采				
化学矿开采				
采盐				
石棉及其他非金属矿采选				
开采专业及辅助性活动				
石油和天然气开采专业及辅助性活动				
制造业	**35525**	**3837**	**11434**	**112762**
农副食品加工业	1000	1000	4387	7885
谷物磨制			25	72
饲料加工	1000	1000	4000	6000
植物油加工			362	65
制糖业				
屠宰及肉类加工				350
水产品加工				138
蔬菜、菌类、水果和坚果加工				1259
其他农副食品加工				2
食品制造业				495
焙烤食品制造				
糖果、巧克力及蜜饯制造				
方便食品制造				242
乳制品制造				
罐头食品制造				78
调味品、发酵制品制造				
其他食品制造				174
酒、饮料和精制茶制造业		11		13371
酒的制造				1500
饮料制造		11		11871
精制茶加工				
烟草制品业				
其他烟草制品制造				
纺织业	23		36	4948

1-J-7 续表 1

单位：万元

行业	引进技术经费支出	消化吸收经费支出	购买国内技术经费支出	技术改造经费支出
棉纺织及印染精加工	23		36	4593
毛纺织及染整精加工				
麻纺织及染整精加工				
丝绢纺织及印染精加工				
化纤织造及印染精加工				
针织或钩针编织物及其制品制造				
家用纺织制成品制造				
产业用纺织制成品制造				355
纺织服装、服饰业				
机织服装制造				
针织或钩针编织服装制造				
服饰制造				
皮革、毛皮、羽毛及其制品和制鞋业				4490
皮革鞣制加工				
皮革制品制造				
毛皮鞣制及制品加工				
羽毛(绒)加工及制品制造				
制鞋业				4490
木材加工和木、竹、藤、棕、草制品业				
木材加工				
人造板制造				
木质制品制造				
竹、藤、棕、草等制品制造				
家具制造业				
木质家具制造				
金属家具制造				
塑料家具制造				
其他家具制造				
造纸和纸制品业				654
纸浆制造				
造纸				640
纸制品制造				14
印刷和记录媒介复制业				
印刷				
装订及印刷相关服务				
记录媒介复制				
文教、工美、体育和娱乐用品制造业	14		1	283
文教办公用品制造				
乐器制造	3		1	128
工艺美术及礼仪用品制造	11			97
体育用品制造				58
玩具制造				
游艺器材及娱乐用品制造				
石油、煤炭及其他燃料加工业				
精炼石油产品制造				
煤炭加工				
生物质燃料加工				
化学原料和化学制品制造业			50	2347

1-J-7　续表 2　　单位：万元

行　业	引进技术经费支出	消化吸收经费支出	购买国内技术经费支出	技术改造经费支出
基础化学原料制造				
肥料制造				
农药制造				
涂料、油墨、颜料及类似产品制造				46
合成材料制造			50	733
专用化学产品制造				1568
炸药、火工及焰火产品制造				
日用化学产品制造				
医药制造业			28	1430
化学药品原料药制造				
化学药品制剂制造				160
中药饮片加工				
中成药生产				135
兽用药品制造			28	1136
生物药品制品制造				
卫生材料及医药用品制造				
药用辅料及包装材料				
化学纤维制造业				
纤维素纤维原料及纤维制造				
合成纤维制造				
生物基材料制造				
橡胶和塑料制品业			45	15164
橡胶制品业				3885
塑料制品业			45	11280
非金属矿物制品业				740
水泥、石灰和石膏制造				
石膏、水泥制品及类似制品制造				
砖瓦、石材等建筑材料制造				646
玻璃制造				
玻璃制品制造				
玻璃纤维和玻璃纤维增强塑料制品制造				
陶瓷制品制造				95
耐火材料制品制造				
石墨及其他非金属矿物制品制造				
黑色金属冶炼和压延加工业				7937
炼铁				
炼钢				7646
钢压延加工				291
铁合金冶炼				
有色金属冶炼和压延加工业	86		889	
常用有色金属冶炼				
贵金属冶炼				
稀有稀土金属冶炼	86		889	
有色金属合金制造				
有色金属压延加工				
金属制品业	1069		1011	11424
结构性金属制品制造				1127

1-J-7 续表 3

单位：万元

行业	引进技术经费支出	消化吸收经费支出	购买国内技术经费支出	技术改造经费支出
金属工具制造				81
集装箱及金属包装容器制造				
金属丝绳及其制品制造				
建筑、安全用金属制品制造	1069		1011	10183
金属表面处理及热处理加工				
搪瓷制品制造				
金属制日用品制造				33
铸造及其他金属制品制造				
通用设备制造业	26609		4071	3904
锅炉及原动设备制造				
金属加工机械制造				
物料搬运设备制造				485
泵、阀门、压缩机及类似机械制造				3419
轴承、齿轮和传动部件制造				
烘炉、风机、包装等设备制造				
文化、办公用机械制造	26609		4071	
通用零部件制造				
其他通用设备制造业				
专用设备制造业	1229			3916
采矿、冶金、建筑专用设备制造				2732
化工、木材、非金属加工专用设备制造				721
食品、饮料、烟草及饲料生产专用设备制造				
印刷、制药、日化及日用品生产专用设备制造				209
纺织、服装和皮革加工专用设备制造				
电子和电工机械专用设备制造				
农、林、牧、渔专用机械制造				
医疗仪器设备及器械制造	1229			254
环保、邮政、社会公共服务及其他专用设备制造				
汽车制造业	268		880	5402
汽车整车制造	162		723	1189
汽车用发动机制造				
改装汽车制造				
低速汽车制造				
汽车车身、挂车制造				
汽车零部件及配件制造	106		158	4214
铁路、船舶、航空航天和其他运输设备制造业				1413
铁路运输设备制造				
城市轨道交通设备制造				
船舶及相关装置制造				
航空、航天器及设备制造				
摩托车制造				1413
自行车和残疾人座车制造				
助动车制造				
非公路休闲车及零配件制造				
潜水救捞及其他未列明运输设备制造				
电气机械和器材制造业	5228			1526
电机制造				911

1-J-7　续表 4　　单位：万元

行　　业	引进技术经费支出	消化吸收经费支出	购买国内技术经费支出	技术改造经费支出
输配电及控制设备制造	5228			8
电线、电缆、光缆及电工器材制造				
电池制造				3
家用电力器具制造				
非电力家用器具制造				
照明器具制造				604
其他电气机械及器材制造				
计算机、通信和其他电子设备制造业		2827	36	25350
计算机制造				
通信设备制造				
广播电视设备制造		2827		
雷达及配套设备制造				
非专业视听设备制造				
智能消费设备制造				
电子器件制造				24353
电子元件及电子专用材料制造			36	997
其他电子设备制造				
仪器仪表制造业				83
通用仪器仪表制造				1
专用仪器仪表制造				22
钟表与计时仪器制造				
光学仪器制造				60
衡器制造				
其他仪器仪表制造业				
其他制造业				
日用杂品制造				
其他未列明制造业				
废弃资源综合利用业				
金属废料和碎屑加工处理				
非金属废料和碎屑加工处理				
金属制品、机械和设备修理业				
金属制品修理				
通用设备修理				
专用设备修理				
铁路、船舶、航空航天等运输设备修理				
其他机械和设备修理业				
电力、热力、燃气及水生产和供应业				**2858**
电力、热力生产和供应业				2858
电力生产				2858
电力供应				
热力生产和供应				
燃气生产和供应业				
燃气生产和供应业				
水的生产和供应业				
自来水生产和供应				
污水处理及其再生利用				
其他水的处理、利用与分配				

1-J-8 各地区企业技术获取和技术改造情况

单位：万元

地区	引进技术经费支出	消化吸收经费支出	购买国内技术经费支出	技术改造经费支出
全 省	**141628**	**29592**	**134898**	**1635421**
福州市	**20535**	**10233**	**6920**	**511995**
鼓楼区	6020		530	6612
台江区				
仓山区	38		77	11870
马尾区	23	22	56	25648
晋安区	20			6272
长乐区	12608	8013	3898	55482
闽侯县	791	538	223	95132
连江县	67	1465	1814	75828
罗源县			20	153643
闽清县				10566
永泰县		175		2440
平潭县				18
福清市	968	20	303	68485
厦门市	**97334**	**3484**	**64447**	**522812**
思明区	1929		36	11099
海沧区	5506	38	8206	135071
湖里区				2470
集美区	1982	620	2213	50123
同安区	732		1501	25844
翔安区				1236
火炬高新区	87185	2827	52491	296969
莆田市	**475**	**136**	**283**	**48474**
城厢区	475	114	178	4833
涵江区		22	7	10908
荔城区			98	8557
秀屿区				4823
仙游县			1	7493
北 岸				11861
三明市	**1236**	**108**	**2070**	**103346**
梅列区	1236	108	1034	56143
三元区			70	771
明溪县			115	1706
清流县				3352
宁化县				1247
大田县				1610
尤溪县			46	923
沙 县			20	15890
将乐县			700	8937
泰宁县			44	3999
建宁县			6	874
永安市			36	7894
泉州市	**3090**	**6005**	**13763**	**123606**
鲤城区			50	2204
丰泽区			10093	10846
洛江区				429
泉港区			387	3304
惠安县		6005		12430
安溪县			3	11724
永春县			200	6062

1-J-8　续表

地　　区	引进技术经费支出	消化吸收经费支出	购买国内技术经费支出	技术改造经费支出
德化县				1914
台商投资区			557	4698
泉州开发区				39
石狮市			145	10848
晋江市	3090		1855	40286
南安市			474	18822
漳州市	**630**	**806**	**6616**	**78738**
芗城区	3		11	3599
龙文区			12	1881
漳州台商投资区	338	781	804	10064
招商局漳州开发区				
云霄县				6685
漳浦县	30		50	1432
诏安县				
长泰县	199		1600	22114
东山县				13459
南靖县			20	2912
平和县			3964	4069
华安县		26	124	3400
常山华侨经济开发区			20	155
龙海市	60		12	8968
南平市	**34**		**376**	**26541**
延平区				16121
建阳区			23	3999
顺昌县				86
浦城县	34		326	2128
光泽县				26
松溪县				405
政和县				
邵武市				3440
武夷山市				
建瓯市			27	336
龙岩市	**2186**	**1068**	**10617**	**117280**
新罗区	2176	1068	10164	31137
永定区				10680
长汀县			195	13
上杭县				56488
武平县	10		258	6389
连城县				942
漳平市				11632
宁德市	**16109**	**7751**	**29804**	**102629**
蕉城区	16109	7751	29714	81388
霞浦县				
古田县				1159
屏南县			17	52
寿宁县			2	52
周宁县				
柘荣县				53
东侨开发区				751
福安市			6	12253
福鼎市			67	6922

1-J-9 各地区大中型企业技术获取和技术改造情况

单位：万元

地区	引进技术经费支出	消化吸收经费支出	购买国内技术经费支出	技术改造经费支出
全省	**138542**	**25779**	**117144**	**1425371**
福州市	**19456**	**10202**	**6225**	**445494**
鼓楼区	6020		528	5231
台江区				
仓山区			23	10063
马尾区		11		20281
晋安区	20			5304
长乐区	12608	8013	3898	51962
闽侯县	752	538		92869
连江县	56	1465	1760	73583
罗源县				134074
闽清县				6611
永泰县		175		1209
平潭县				
福清市			16	44310
厦门市	**95758**	**658**	**63129**	**511251**
思明区	1929		36	9386
海沧区	4277	38	8191	134411
湖里区				2470
集美区	1791	620	2043	48588
同安区	706		761	20065
翔安区				762
火炬高新区	87056		52098	295568
莆田市	**443**	**22**	**98**	**31781**
城厢区	443			2470
涵江区		22		3776
荔城区			98	8370
秀屿区				330
仙游县				7194
北岸				9642
三明市	**1236**	**108**	**1104**	**76926**
梅列区	1236	108	1034	56060
三元区				
明溪县			50	467
清流县				1646
宁化县				260
大田县				
尤溪县				572
沙县			20	14224
将乐县				2201
建宁县				640
永安市				856
泉州市	**3067**	**6005**	**2543**	**81313**
鲤城区				977
丰泽区				391
洛江区				122
泉港区			362	2962
惠安县		6005		12207
安溪县			3	10866

1-J-9　续表

地　区	引进技术经费支出	消化吸收经费支出	购买国内技术经费支出	技术改造经费支出
永春县			200	6032
德化县				1142
台商投资区			136	422
泉州开发区				
石狮市				10430
晋江市	3067		1774	25608
南安市			68	10154
漳州市	**262**	**26**	**4142**	**73498**
芗城区	3		1	3518
龙文区				1881
漳州台商投资区			22	9892
招商局漳州开发区				
云霄县				5367
漳浦县				22
诏安县				
长泰县	199			21873
东山县				13459
南靖县			20	2039
平和县			3964	4051
华安县		26	124	2661
常山华侨经济开发区				
龙海市	60		12	8736
南平市	**34**		**259**	**19000**
延平区				15739
建阳区			23	510
顺昌县				
浦城县	34		236	1703
光泽县				
松溪县				152
政和县				
邵武市				896
武夷山市				
建瓯市				
龙岩市	**2176**	**1008**	**10341**	**85676**
新罗区	2176	1008	9931	17387
永定区				2255
长汀县			195	
上杭县				56261
武平县			215	1869
连城县				27
漳平市				7877
宁德市	**16109**	**7751**	**29304**	**100430**
蕉城区	16109	7751	29304	80978
霞浦县				
古田县				602
屏南县				
寿宁县				
柘荣县				
东侨开发区				583
福安市				11953
福鼎市				6314

1-J-10 各地区内资企业技术获取和技术改造情况

单位：万元

地　　区	引进技术经费支出	消化吸收经费支出	购买国内技术经费支出	技术改造经费支出
全　省	**90223**	**25333**	**98287**	**1100915**
福州市	**19430**	**10203**	**6485**	**350986**
鼓楼区	6020		530	6353
台江区				
仓山区	38		77	6627
马尾区	23	12	56	6529
晋安区				2812
长乐区	12608	8013	3898	54742
闽侯县	685	538	65	3980
连江县	56	1465	1814	75751
罗源县			20	141293
闽清县				10557
永泰县		175		2440
平潭县				18
福清市			26	39884
厦门市	**51742**	**658**	**51744**	**297243**
思明区	1929			7390
海沧区	3930	38	2324	69032
湖里区				
集美区	751	620	480	22674
同安区	26		1495	19348
翔安区				823
火炬高新区	45106		47446	177976
莆田市	**475**	**136**	**283**	**28666**
城厢区	475	114	178	4245
涵江区		22	7	7856
荔城区			98	4463
秀屿区				4823
仙游县			1	7280
三明市	**1236**	**108**	**2070**	**100266**
梅列区	1236	108	1034	56143
三元区			70	771
明溪县			115	1706
清流县				2626
宁化县				1247
大田县				1610
尤溪县			46	923
沙　县			20	15844
将乐县			700	8937
泰宁县			44	3999
建宁县			6	203
永安市			36	6257
泉州市		**6005**	**11735**	**79952**
鲤城区			50	260
丰泽区			10093	10824
洛江区				
泉港区				3167
惠安县		6005		12360
安溪县			3	9709

1-J-10　续表

地　　区	引进技术经费支出	消化吸收经费支出	购买国内技术经费支出	技术改造经费支出
永春县			200	2330
德化县				1829
台商投资区			471	4661
泉州开发区				39
石狮市			145	114
晋江市			300	16876
南安市			474	17783
漳州市	**536**	**806**	**6565**	**64269**
芗城区			10	3595
龙文区			12	39
漳州台商投资区	338	781	804	9601
招商局漳州开发区				
云霄县				5503
漳浦县				1117
诏安县				
长泰县	199		1600	22114
东山县				13459
南靖县			20	787
平和县			3964	4069
华安县		26	124	3400
常山华侨经济开发区			20	155
龙海市			12	431
南平市			**141**	**25229**
延平区				16096
建阳区			23	3999
顺昌县				
浦城县			90	927
光泽县				26
松溪县				405
政和县				
邵武市				3440
武夷山市				
建瓯市			27	336
龙岩市	**1186**	**68**	**6617**	**103054**
新罗区	1176	68	6164	22626
永定区				10680
长汀县			195	13
上杭县				56488
武平县	10		258	6321
连城县				942
漳平市				5986
宁德市	**15617**	**7350**	**12647**	**51250**
蕉城区	15617	7350	12556	30778
霞浦县				
古田县				558
屏南县			17	52
寿宁县			2	52
周宁县				
柘荣县				53
东侨开发区				583
福安市			6	12253
福鼎市			67	6922

1-J-11 各地区港澳台商投资企业技术获取和技术改造情况

单位：万元

地　　区	引进技术经费支出	消化吸收经费支出	购买国内技术经费支出	技术改造经费支出
全　省	**15881**	**421**	**25177**	**418885**
福州市	**988**	**20**	**277**	**130068**
鼓楼区				
台江区				
仓山区				2846
马尾区				6836
晋安区	20			70
长乐区				617
闽侯县				89831
连江县				66
罗源县				4704
闽清县				
永泰县				
平潭县				
福清市	968	20	277	25098
厦门市	**11209**		**5974**	**169466**
思明区				3154
海沧区	347		5883	62474
湖里区				2470
集美区				886
同安区	706		7	1002
翔安区				413
火炬高新区	10156		84	99068
莆田市				**11908**
城厢区				555
涵江区				943
荔城区				768
秀屿区				
仙游县				
				9642
三明市				2195
梅列区				
三元区				
明溪县				
清流县				725
宁化县				
大田县				
尤溪县				
沙　县				
将乐县				
泰宁县				
建宁县				31
永安市				1440
泉州市	**3067**		**1560**	**34898**
鲤城区				1030
丰泽区				21
洛江区				140
泉港区				
惠安县				70
安溪县				2015

1-J-11　续表

地　　区	引进技术经费支出	消化吸收经费支出	购买国内技术经费支出	技术改造经费支出
永春县				1000
德化县				
台商投资区			86	37
泉州开发区				
石狮市				10233
晋江市	3067		1474	19959
南安市				393
漳州市	**90**			**13340**
芗城区				
龙文区				1842
漳州台商投资区				167
招商局漳州开发区				
云霄县				1182
漳浦县	30			
诏安县				
长泰县				
东山县				
南靖县				1612
平和县				
华安县				
常山华侨经济开发区				
龙海市	60			8537
南平市	**34**		**208**	**151**
延平区				
建阳区				
顺昌县				86
浦城县	34		208	65
光泽县				
松溪县				
政和县				
邵武市				
武夷山市				
建瓯市				
龙岩市				**5647**
新罗区				
永定区				
长汀县				
上杭县				
武平县				
连城县				
漳平市				5647
宁德市	**492**	**401**	**17158**	**51212**
蕉城区	492	401	17158	50610
霞浦县				
古田县				602
屏南县				
寿宁县				
柘荣县				
东侨开发区				
福安市				
福鼎市				

1-J-12 各地区外商投资企业技术获取和技术改造情况

单位：万元

地 区	引进技术经费支出	消化吸收经费支出	购买国内技术经费支出	技术改造经费支出
全 省	**35525**	**3837**	**11434**	**115621**
福州市	**116**	**11**	**158**	**30941**
鼓楼区				259
仓山区				2397
马尾区		11		12283
晋安区				3390
长乐区				124
闽侯县	106		158	1320
连江县	11			11
罗源县				7646
闽清县				10
永泰县				
平潭县				
福清市				3503
厦门市	**34383**	**2827**	**6729**	**56103**
思明区			36	556
海沧区	1229			3565
湖里区				
集美区	1231		1733	26563
同安区				5494
翔安区				
火炬高新区	31923	2827	4960	19925
莆田市				**7900**
城厢区				33
涵江区				2108
荔城区				3326
秀屿区				
仙游县				214
北 岸				2219
三明市				**884**
梅列区				
三元区				
明溪县				
宁化县				
大田县				
尤溪县				
沙 县				46
将乐县				
建宁县				640
永安市				198
泉州市	**23**		**468**	**8755**
鲤城区				914
丰泽区				
洛江区				290
泉港区			387	137
惠安县				

1-J-12　续表

地　　区	引进技术经费支出	消化吸收经费支出	购买国内技术经费支出	技术改造经费支出
安溪县				
永春县				2732
德化县				85
台商投资区				
泉州开发区				
石狮市				501
晋江市	23		81	3451
南安市				646
漳州市	**3**		**51**	**1129**
芗城区	3		1	4
龙文区				
漳州台商投资区				297
招商局漳州开发区				
云霄县				
漳浦县			50	315
诏安县				
长泰县				
东山县				
南靖县				513
平和县				
华安县				
常山华侨经济开发区				
龙海市				
南平市			**28**	**1161**
延平区				25
建阳区				
顺昌县				
浦城县			28	1136
光泽县				
松溪县				
邵武市				
武夷山市				
建瓯市				
龙岩市	**1000**	**1000**	**4000**	**8579**
新罗区	1000	1000	4000	8511
永定区				
长汀县				
上杭县				
武平县				68
连城县				
漳平市				
宁德市				**168**
古田县				
屏南县				
寿宁县				
东侨开发区				168
福安市				
福鼎市				

第2篇

建筑业企业生产经营及财务状况篇

A.全社会建筑企业

2-A-1　各地区全社会建筑业企业个数

单位：个

地区	合计	总承包和专业承包企业	劳务分包企业	资质以外企业
全　省	**32300**	**5054**	**527**	**26719**
福　州	7489	1157	234	6098
#平潭	679	63	34	582
厦　门	7045	800	134	6111
莆　田	1928	495	16	1417
三　明	1608	394	15	1199
泉　州	6232	719	65	5448
漳　州	2811	343	18	2450
南　平	1863	387	16	1460
龙　岩	1762	475	15	1272
宁　德	1562	284	14	1264

2-A-2　各地区全社会建筑业企业期末人数

单位：人

地区	合计	总承包和专业承包企业	劳务分包企业	资质以外企业
全　省	**5342753**	**4200293**	**684804**	**457656**
福　州	1921169	1565829	227143	128197
#平潭	114126	79774	11301	23051
厦　门	1263635	710994	434827	117814
莆　田	248720	227009	4165	17546
三　明	284204	272400	756	11048
泉　州	690124	604480	7219	78425
漳　州	297202	242543	3682	50977
南　平	88306	71962	184	16160
龙　岩	459807	434550	3003	22254
宁　德	89586	70526	3825	15235

2-A-3 各地区全社会建筑业企业资产总计

单位：万元

地区	合计	总承包和专业承包企业	劳务分包企业	资质以外企业
全 省	**89254221**	**64237194**	**1405747**	**23611280**
福 州	33597672	25913698	588799	7095174
#平潭	1575969	552523	52128	971318
厦 门	16448837	12127669	676964	3644204
莆 田	5791009	3754652	12962	2023394
三 明	4181756	2926504	13703	1241549
泉 州	11130304	8602269	52598	2475437
漳 州	6974989	4407959	22645	2544385
南 平	4224734	1365706	14370	2844658
龙 岩	4845632	3570057	14636	1260940
宁 德	2059288	1568680	9070	481537

2-A-4 各地区全社会建筑业企业负债合计

单位：万元

地区	合计	总承包和专业承包企业	劳务分包企业	资质以外企业
全 省	**50185981**	**37072271**	**1042577**	**12071133**
福 州	22689032	18112440	435834	4140758
#平潭	912943	310744	25446	576753
厦 门	10287067	7378332	542465	2366269
莆 田	2574635	1764234	3243	807158
三 明	2299154	1703920	10319	584916
泉 州	3860662	3110592	24030	726041
漳 州	3705372	2257143	16090	1432139
南 平	1593832	476411	4385	1113037
龙 岩	2047342	1426353	5625	615364
宁 德	1128884	842847	587	285451

2-A-5　各行业全社会建筑业企业个数

单位：个

行　　业	合计	总承包和专业承包企业	劳务分包企业	资质以外企业
总　　计	**32300**	**5054**	**527**	**26719**
房屋建筑业	9131	2620	182	6329
土木工程建筑业	6641	1392	45	5204
#铁路、道路、隧道和桥梁工程建筑	2793	965	30	1798
#水利和水运工程建筑	528	183		345
#海洋工程建筑	17	1		16
#工矿工程建筑	84	27		57
#架线和管道工程建筑	405	80	1	324
建筑安装业	3148	338	19	2791
建筑装饰、装修业和其他建筑业	13380	704	281	12395

2-A-6　各行业全社会建筑业企业期末人数

单位：人

行　　业	合计	总承包和专业承包企业	劳务分包企业	资质以外企业
总　　计	**5342753**	**4200293**	**684804**	**457656**
房屋建筑业	3354367	3085039	134230	135098
土木工程建筑业	1025674	919729	14918	91027
#铁路、道路、隧道和桥梁工程建筑	743942	693033	12129	38780
#水利和水运工程建筑	142427	133518		8909
#海洋工程建筑	204	78		126
#工矿工程建筑	20803	19931		872
#架线和管道工程建筑	36249	31996	15	4238
建筑安装业	124437	82021	4803	37613
建筑装饰、装修业和其他建筑业	838275	113504	530853	193918

2-A-7 各行业全社会建筑业企业资产总计

单位：万元

行 业	合计	总承包和专业承包企业	劳务分包企业	资质以外企业
总 计	**89254221**	**64237194**	**1405747**	**23611280**
房屋建筑业	49241234	43383087	488527	5369620
土木工程建筑业	28817290	15370814	74445	13372030
#铁路、道路、隧道和桥梁工程建筑	19440482	10674248	43732	8722501
#水利和水运工程建筑	3542348	2028723		1513625
#海洋工程建筑	118868	14582		104287
#工矿工程建筑	639241	608336		30905
#架线和管道工程建筑	1846358	1116498		729860
建筑安装业	4280772	2821542	17596	1441635
建筑装饰、装修业和其他建筑业	6914926	2661751	825180	3427995

2-A-8 各行业全社会建筑业企业负债合计

单位：万元

行 业	合计	总承包和专业承包企业	劳务分包企业	资质以外企业
总 计	**50185981**	**37072271**	**1042577**	**12071133**
房屋建筑业	29311414	25874417	371728	3065269
土木工程建筑业	15175137	8299058	42155	6833924
#铁路、道路、隧道和桥梁工程建筑	10465993	5799703	22907	4643383
#水利和水运工程建筑	1644789	1092325		552464
#海洋工程建筑	62314	7361		54953
#工矿工程建筑	318564	311024		7540
#架线和管道工程建筑	1112507	683422		429085
建筑安装业	2394531	1595965	11726	786840
建筑装饰、装修业和其他建筑业	3304900	1302832	616968	1385100

B.总承包和专业承包建筑业企业

1.综合

2-B-1.1　按经济类型划分的总承包和专业承包企业主要经济指标

指　　标	单位	合计	内资企业	#国有	#集体	港澳台商投资企业	#港澳台商独资企业	外商投资企业	#外商独资企业
企业个数	个	4882	4858	71	28	20	5	4	NA
期末人数	人	4200293	4181560	227521	50761	17818	1041	915	70
自有固定资产原价	万元	6992620	6976679	636837	37048	10643	1881	5297	591
自有固定资产净价	万元	4152503	4147593	426077	22380	3200	836	1710	87
自有施工机械设备总台数	台	338453	338096	7288	1821	357	130		
自有施工机械设备净值	万元	2473123	2472197	104242	9930	926	252		
自有施工机械设备总功率	千瓦	12845207	12839865	300514	57097	5342	3094		
建筑业总产值	万元	114110210	113771208	6254725	1276037	306556	52585	32446	7231
#本年固定资产折旧	万元	521198	520193	34717	1216	421	75	585	128
#应付职工薪酬	万元	27002307	26913862	1476380	308429	79193	8921	9252	1127
房屋施工面积	万平方米	72704	71832	2370	1655	849	784	23	
房屋竣工面积	万平方米	17644	17627	737	225			17	
利润总额	万元	3864745	3859095	132326	24606	7002	1383	-1351	-1966
税金总额	万元	4330531	4323672	150234	18000	5703	574	1157	249
按总产值计算劳动生产率	元/人	273866	273978	313987	280731	237511	263188	275903	349319
技术装备率	元/人	5888	5912	4582	1956	520	2420		
动力装备率	千瓦/人	3.1	3.1	1.3	1.1	0.3	3.0		
房屋竣工率	%	24.3	24.5	31.1	13.6			73.7	
产值利润率	%	3.4	3.4	2.1	1.9	2.3	2.6	-4.2	-27.2
产值利税率	%	7.2	7.2	4.5	3.3	4.1	3.7	-0.6	-23.8

注：本表数据为所有具有资质等级的有工作量的施工总承包、专业承包建筑业企业(不含劳务分包建筑业企业)数据。以后各表同。

2-B-1.2 总承包和专业承包企业主要经济指标完成情况

指 标	单位	2018年	2017年	2018年比2017年增减(%)
建筑业企业个数	个	4882	4027	21.2
其中：大型企业	个	91	77	18.2
中型企业	个	1147	1076	6.6
小微型企业	个	3644	2874	26.8
从事建筑业活动的平均人数	万人	417	383	8.8
签订合同额	亿元	21940	18437	19.0
#本年新签合同额	亿元	13413	11370	18.0
建筑业总产值	亿元	11411	9994	14.2
建筑工程产值	亿元	10604	9216	15.1
安装工程产值	亿元	704	705	-0.1
其他产值	亿元	103	73	41.2
竣工产值	亿元	7525	5436	38.4
房屋施工面积	万平方米	72704	65712	10.6
房屋竣工面积	万平方米	17644	16895	4.4
年末自有施工机械设备净值	亿元	247	229	8.0
年末自有施工机械设备总功率	万千瓦	1285	1032	24.5
实收资本	亿元	1680	1497	12.2
资产合计	亿元	6424	5482	17.2
负债合计	亿元	3707	2975	24.6
营业收入	亿元	9733	8649	12.5
其中：大型企业	亿元	3154	2652	18.9
中型企业	亿元	5494	4977	10.4
小微型企业	亿元	1085	1020	6.4
利润总额	亿元	386	338	14.3
其中：大型企业	亿元	97	89	9.0
中型企业	亿元	237	200	18.5
小微型企业	亿元	52	49	6.1
税金总额	亿元	433	354	22.3

2-B-1.3　各地区总承包和专业承包企业签订合同情况

单位：万元

地　区	签订合同额	上年结转合同额	本年新签合同额
全　省	**219397254**	**85262738**	**134134516**
福　州	94422501	42852213	51570288
#平潭	1454575	469510	985064
厦　门	40744680	16545371	24199309
莆　田	12716731	4650050	8066681
三　明	8422208	1385618	7036591
泉　州	30797665	10489750	20307914
漳　州	10570731	2993326	7577406
南　平	2693172	864386	1828786
龙　岩	16013278	4528555	11484723
宁　德	3016288	953469	2062819

2-B-1.4　各地区总承包和专业承包企业承包工程完成情况

单位：万元

地　区	直接从建设单位承揽工程完成的产值	自行完成施工产值	分包出去工程的产值	从建设单位以外承揽工程完成的产值
全　省	**111624664**	**111221662**	**403002**	**2888548**
福　州	38751779	38573423	178355	1680257
#平潭	474642	474415	227	1194968
厦　门	20679518	20591998	87520	687000
莆　田	7069081	7045423	23658	29480
三　明	6934297	6929074	5223	110523
泉　州	17578867	17481647	97220	86855
漳　州	6071527	6070635	892	101010
南　平	1857420	1856488	931	12599
龙　岩	10872453	10863536	8917	170502
宁　德	1809724	1809437	287	10323

2-B-1.5 各地区总承包和专业承包总产值和竣工产值

单位：万元

地 区	建筑业总产值	#装饰装修产值	#在外省完成的产值	按构成分组			竣工产值
				建筑工程产值	安装工程产值	其他产值	
全 省	**114110210**	**4230888**	**49281488**	**106037328**	**7042073**	**1030809**	**75245782**
福 州	40253680	1582908	19132292	36950205	2928443	375032	36339892
#平潭	1669383	14362	1457635	1645891	19066	4426	614790
厦 门	21278998	1024491	8279217	20271384	941507	66107	11478874
莆 田	7074903	43927	2589295	6779617	268500	26786	4424543
三 明	7039597	63878	1009586	6776732	258851	4014	3019660
泉 州	17568502	1062751	9858060	16064513	1217942	286047	8154267
漳 州	6171646	120863	1635680	5580087	578938	12621	3117500
南 平	1869087	36441	343815	1487760	221569	159758	1177350
龙 岩	11034037	248931	5892065	10458939	479186	95912	6345658
宁 德	1819760	46699	541478	1668092	147137	4531	1188039

2-B-1.6 各地区总承包和专业承包企业房屋建筑面积

地 区	房屋施工面积（万平方米）	#本年新开工	房屋竣工面积（万平方米）	房屋竣工率（%）
全 省	**72704**	**24959**	**17644**	**24.3**
福 州	34071	11425	7024	20.6
#平潭	185	45	21	11.1
厦 门	9980	3083	1436	14.4
莆 田	4781	1337	1313	27.5
三 明	3652	1317	1137	31.1
泉 州	9294	3529	3074	33.1
漳 州	3197	989	928	29.0
南 平	959	401	336	35.1
龙 岩	5503	2517	2038	37.0
宁 德	1268	363	360	28.4

2-B-1.7 各地区按主要用途分的总承包和专业承包企业房屋竣工面积

单位：万平方米

地 区	合计	住宅房屋	商业及服务用房屋	商厦房屋（批发和零售用房）	宾馆用房屋（住宿用房）	餐饮用房屋（餐饮用房）	商务会展用房屋	其他商业及服务用房屋（居民服务业用房）	办公用房 屋
全 省	**17644**	**11510**	**1215**	**524**	**56**	**9**	**38**	**587**	**1029**
福 州	7024	5309	274	109	18	2	15	130	436
#平潭	21	7	4					4	8
厦 门	1436	903	214	129	14	4		67	79
莆 田	1313	957	22					22	14
三 明	1137	595	191	59				131	126
泉 州	3074	1948	255	160	3	2	11	80	249
漳 州	928	539	92	20	1			70	26
南 平	336	260	5	2	2			1	14
龙 岩	2038	822	131	43	4	1	11	72	71
宁 德	360	177	30	2	15			14	15

2-B-1.7 续表

单位：万平方米

地 区	科研、教育和医疗用房屋	科学研究用房屋	教育用房 屋	医疗用房屋（卫生医疗用房）	文化、体育和娱乐用房屋	厂房及建筑物	#厂房	仓库	其他未列明的房屋建筑物
全 省	**617**	**75**	**427**	**115**	**147**	**2966**	**1343**	**110**	**50**
福 州	122	24	64	34	45	781	335	53	4
#平潭						1			
厦 门	80		49	31	4	143	91	2	12
莆 田	97		83	14	11	211	128	1	
三 明	53	10	42	1	3	160	139	4	5
泉 州	93	19	68	7	23	476	116	21	9
漳 州	59	4	51	4	16	181	66	13	2
南 平	15	1	12	2	8	24	10	1	10
龙 岩	92	18	53	21	38	861	408	15	8
宁 德	7		4	2	1	130	51		

2-B-1.8 各地区按主要用途分的总承包和专业承包企业房屋竣工价值

单位：万元

地 区	合计	住宅房屋	商业及服务用房屋	商厦房屋（批发和零售用房）	宾馆用房屋（住宿用房）	餐饮用房屋（餐饮用房）	商务会展用房屋	其他商业及服务用房屋（居民服务业用房）	办公用房屋
全 省	**31671477**	**21499550**	**2329851**	**986819**	**145097**	**15561**	**148197**	**1034176**	**1772674**
福 州	13271878	9960132	623074	217952	58243	2700	94024	250155	793027
#平潭	33020	14490	9430					9430	5000
厦 门	3165366	2059051	499917	286956	42321	6874	642	163124	188664
莆 田	2389515	1770494	38330					38330	23157
三 明	1582807	876471	265371	89177		144		176050	184410
泉 州	5476264	3662376	472106	281098	5270	4520	19875	161343	380511
漳 州	1420408	830434	107317	22262	770		201	84084	47213
南 平	545716	411412	8515	2472	4632	51	435	925	26356
龙 岩	3254319	1616421	262370	85003	8491	1272	32187	135418	109455
宁 德	565205	312759	52851	1900	25370		833	24749	19882

2-B-1.8 续表

单位：万元

地 区	科研、教育和医疗用房屋	科学研究用房屋	教育用房屋	医疗用房屋（卫生医疗用房）	文化、体育和娱乐用房屋	厂房及建筑物	#厂房	仓库	其他未列明的房屋建筑物
全 省	**1190807**	**155510**	**811545**	**223751**	**324259**	**4294064**	**1741414**	**182388**	**77885**
福 州	245057	64769	121513	58775	93425	1448193	617337	94520	14451
#平潭	280		180	100		3820			
厦 门	172859		122334	50525	11613	221345	134908	3795	8124
莆 田	188263		140924	47340	20092	347860	179208	1089	231
三 明	80809	16582	63281	946	3868	157895	134858	5391	8592
泉 州	198562	25969	151983	20610	44224	676491	120766	29254	12741
漳 州	112813	8638	97281	6895	70956	231738	63740	17252	2685
南 平	25688	2153	17753	5782	14011	46551	13964	1228	11955
龙 岩	156200	37401	88234	30565	64633	997419	422553	29336	18485
宁 德	10555		8242	2313	1438	166573	54081	523	623

2-B-1.9　各地区总承包和专业承包企业施工机械设备情况

地　区	年末自有施工机械设备总台数(台)	年末自有施工机械设备总功率(千瓦)	年末自有施工机械设备净值(万元)	技术装备率(元/人)	动力装备率(千瓦/人)
全　省	**338453**	**12845207**	**2473123**	**5888**	**3.1**
福　州	58351	1862523	839297	5360	1.2
#平潭	3173	109754	23245	2914	1.4
厦　门	33497	4186450	353372	4970	5.9
莆　田	25602	757810	155618	6855	3.3
三　明	19189	685724	151673	5568	2.5
泉　州	119372	2262143	369085	6106	3.7
漳　州	18532	509263	132636	5469	2.1
南　平	8650	305348	69829	9704	4.2
龙　岩	44729	1897003	341957	7869	4.4
宁　德	10531	378943	59657	8459	5.4

2-B-1.10　各地区总承包和专业承包企业建筑材料消耗情况

地　区	钢材(吨)	木材(立方米)	水泥(吨)	玻璃		铝材(吨)
				重量箱	平方米	
全　省	**61184945**	**41224499**	**264805399**	**64741023**	**214912103**	**8391296**
福　州	18710886	13138994	86018123	14057933	55359653	1089392
#平潭	505543	327371	2591645	77088	387622	54807
厦　门	14667962	6630529	37162544	5360303	16084229	4819426
莆　田	3630549	4321535	24193792	7432265	34656184	199425
三　明	2977782	2419367	13977019	1152362	5254586	265013
泉　州	11222007	6458814	56965510	29432793	71270819	956440
漳　州	2768409	3606446	13047525	2643478	9237244	546792
南　平	899483	1110948	6149276	1229856	11720042	162220
龙　岩	5289992	3193947	23569631	3146779	10432805	295671
宁　德	1017875	343919	3721979	285254	896541	56917

2-B-1.11 各地区总承包和专业承包企业主要生产效益指标

地 区	建筑业企业个数（个）	从事建筑业活动的平均人数（人）	按总产值计算的劳动生产率（元/人）	人均竣工产值（元/人）	人均施工面积（平方米/人）	人均竣工面积（平方米/人）
全 省	**4882**	**4166651**	**273866**	**180591**	**174.5**	**42.3**
福 州	1124	1574253	255700	230839	216.4	44.6
#平潭	58	79147	210922	77677	23.4	2.6
厦 门	758	667539	318768	171958	149.5	21.5
莆 田	455	241949	292413	182871	197.6	54.3
三 明	384	277529	253653	108805	131.6	41.0
泉 州	698	596659	294448	136665	155.8	51.5
漳 州	340	248493	248363	125456	128.7	37.3
南 平	382	69006	270859	170616	139.0	48.7
龙 岩	464	423661	260445	149781	129.9	48.1
宁 德	277	67562	269347	175844	187.6	53.3

2-B-1.12 各地区总承包和专业承包企业营业收入

单位：万元

地 区	营业收入	#在境外完成的营业收入	企业总产值	#建筑业总产值
全 省	**97330841**	**729565**	**115832281**	**114110210**
福 州	34205155	305011	40598418	40253680
#平潭	1096607	8371	1697464	1669383
厦 门	18435083	39445	21512099	21278998
莆 田	5780424	15003	7103609	7074903
三 明	5601485	373	7106016	7039597
泉 州	15804563	54633	18503900	17568502
漳 州	4457266	30083	6192679	6171646
南 平	1690425	7075	1881780	1869087
龙 岩	9758768	277816	11104118	11034037
宁 德	1597671	127	1829663	1819760

2-B-1.13　各地区总承包和专业承包企业资产构成

单位：万元

地　区	资产总计	#流动资产总计	#存货
全　省	**64237194**	**53213774**	**10333055**
福　州	25913698	22011834	3258293
#平潭	552523	460242	46641
厦　门	12127669	10240505	1791512
莆　田	3754652	3257484	944846
三　明	2926504	2408207	620395
泉　州	8602269	6692771	1666985
漳　州	4407959	3429665	1244000
南　平	1365706	1118564	145953
龙　岩	3570057	2759496	506089
宁　德	1568680	1295248	154982

2-B-1.14　各地区总承包和专业承包企业固定资产情况

单位：万元

地　区	固定资产原价	固定资产折旧	#本年折旧	在建工程
全　省	**6992620**	**2832035**	**521198**	**351695**
福　州	2003365	804840	128857	94139
#平潭	115891	66075	7563	2338
厦　门	1016988	485108	104043	59005
莆　田	416572	177575	24209	27116
三　明	334598	117975	23394	17148
泉　州	1674003	647712	117662	56777
漳　州	360773	132647	30196	19453
南　平	198307	60979	10295	20096
龙　岩	792359	324321	65020	27272
宁　德	195655	80879	17522	30689

2-B-1.15 各地区总承包和专业承包企业负债及所有者权益

单位：万元

地区	负债合计	#流动负债	#应付账款	所有者权益	#实收资本
全省	**37072271**	**33086312**	**11448831**	**27164923**	**16801595**
福州	18112440	15954068	5944284	7801258	4808778
#平潭	310744	297727	68460	241779	136021
厦门	7378332	6748245	2884461	4749337	3287948
莆田	1764234	1666154	315331	1990418	1153051
三明	1703920	1291276	418024	1222584	847259
泉州	3110592	3021222	830116	5491677	3044775
漳州	2257143	1993553	385261	2150817	1186700
南平	476411	417149	110048	889295	717771
龙岩	1426353	1199523	380124	2143703	1263541
宁德	842847	795123	181183	725834	491772

2-B-1.16 各地区总承包和专业承包企业实收资本

单位：万元

地区	合计	国家资本	集体资本	法人资本	个人资本	港澳台资本	外商资本
全省	**16801595**	**1194928**	**277903**	**4185012**	**11096994**	**36639**	**10119**
福州	4808778	463143	102695	1301179	2909626	24516	7619
#平潭	136021		14436	25895	95691		
厦门	3287948	372058	50883	973219	1881803	7535	2450
莆田	1153051	5058	8875	234399	904718		
三明	847259	94274	21310	161615	570060		
泉州	3044775	29298	45330	846897	2121534	1668	50
漳州	1186700	153020	13217	222771	797692		
南平	717771	44956	12093	141984	516817	1920	
龙岩	1263541	7817	15682	213473	1025570	1000	
宁德	491772	25303	7818	89476	369174		

2-B-1.17　各地区总承包和专业承包企业收入情况

单位：万元

地　区	主营业务收　入	#主营业务成　本	#主营业务税金及附加	其他业务收　入	#其他业务利　润
全　省	**96255746**	**87331102**	**1573642**	**1075096**	**48548**
福　州	33607149	31064006	376806	598006	16711
#平潭	1067619	969415	35433	28988	
厦　门	18286473	16873466	225118	148609	15681
莆　田	5717841	4994679	123617	62583	877
三　明	5587827	4975705	171726	13658	-759
泉　州	15632065	13771017	312951	172499	8169
漳　州	4424781	3995104	86538	32485	2023
南　平	1664132	1460455	31706	26293	2095
龙　岩	9740325	8754398	222417	18443	3414
宁　德	1595151	1442273	22762	2520	338

2-B-1.18　各地区总承包和专业承包企业费用情况

单位：万元

地　区	管理费用	销售费用	财务费用	#利息收入	#利息支出
全　省	**2729809**	**285502**	**401902**	**45490**	**333147**
福　州	908122	42644	235012	1422	193268
#平潭	21711	787	3950	7	3678
厦　门	502487	67357	41988	26140	46844
莆　田	195992	16890	14179	1247	8027
三　明	137330	10381	25139	444	21949
泉　州	493045	102303	44532	4327	35654
漳　州	105550	8748	7227	8090	8979
南　平	66998	5578	1739	646	1054
龙　岩	260180	29921	29580	2731	16010
宁　德	60105	1680	2505	442	1362

2-B-1.19 各地区总承包和专业承包企业利润及税金情况

单位：万元

地区	利润总额	#应交所得税	税金总额	主营业务税金及附加	应交增值税
全省	**3864745**	**1099664**	**4330531**	**1573642**	**2756889**
福州	1030355	325479	1323163	376806	946357
#平潭	43763	19319	83292	35433	47859
厦门	500502	116230	592815	225118	367697
莆田	313867	86628	306076	123617	182458
三明	264901	75674	418290	171726	246564
泉州	920012	242698	768875	312951	455924
漳州	234669	68011	218780	86538	132242
南平	100499	23474	96957	31706	65251
龙岩	433627	140549	529853	222417	307435
宁德	66314	20923	75722	22762	52960

2-B-1.20 各地区总承包和专业承包企业应收工程款及企业亏损情况

地区	应收工程款（万元）	企业个数（个）	#亏损企业个数	亏损企业的比重（%）
全省	**13871902**	**4882**	**431**	**8.8**
福州	5332557	1124	102	9.1
#平潭	189458	58	4	6.9
厦门	2376165	758	174	23.0
莆田	863076	455	22	4.8
三明	619709	384	20	5.2
泉州	2365527	698	26	3.7
漳州	704120	340	30	8.8
南平	305003	382	14	3.7
龙岩	935545	464	19	4.1
宁德	370201	277	24	8.7

2-B-1.21　各地区总承包和专业承包企业主要经济效益指标

地　区	产值利润率(%)	产值利税率(%)	资本利润率(%)	资本利税率(%)	人均利润(元/人)	人均利税(元/人)	资产负债率(%)
全　省	**3.4**	**7.2**	**23.0**	**48.8**	**9275**	**19669**	**57.7**
福　州	2.6	5.8	21.4	48.9	6545	14950	69.9
#平潭	2.6	7.6	32.2	93.4	5529	16053	56.2
厦　门	2.4	5.1	15.2	33.3	7498	16378	60.8
莆　田	4.4	8.8	27.2	53.8	12972	25623	47.0
三　明	3.8	9.7	31.3	80.6	9545	24617	58.2
泉　州	5.2	9.6	30.2	55.5	15419	28306	36.2
漳　州	3.8	7.3	19.8	38.2	9444	18248	51.2
南　平	5.4	10.6	14.0	27.5	14564	28614	34.9
龙　岩	3.9	8.7	34.3	76.3	10235	22742	40.0
宁　德	3.6	7.8	13.5	28.9	9815	21023	53.7

2.按经济类型分组

2-B-2.1　各地区国有总承包和专业承包企业签订合同情况

单位：万元

地　区	签订合同额	上年结转合同额	本年新签合同额
全　省	**21189232**	**11481801**	**9707430**
福　州	12713463	7362467	5350996
#平潭			
厦　门	4459727	2365170	2094556
莆　田	958194	208574	749620
三　明	742348	211932	530417
泉　州	1982973	1199945	783028
漳　州	103976	16577	87399
南　平	85968	59054	26914
龙　岩	26943	4857	22086
宁　德	115640	53225	62415

2-B-2.2 各地区国有总承包和专业承包企业承包工程完成情况

单位：万元

地 区	直接从建设单位承揽工程完成的产值	自行完成施工产值	分包出去工程的产值	从建设单位以外承揽工程完成的产值
全 省	**6233988**	**6151763**	**82225**	**102961**
福 州	2204072	2195860	8212	41807
#平潭				
厦 门	2226407	2175926	50481	57752
莆 田	296606	274464	22142	
三 明	592212	592212		
泉 州	738178	738178		
漳 州	48456	47846	611	
南 平	40999	40999		3402
龙 岩	17840	17061	779	
宁 德	69218	69218		

2-B-2.3 各地区国有企业总承包和专业承包总产值和竣工产值

单位：万元

地 区	建筑业总产值	#装饰装修产值	#在外省完成的产值	按构成分组			竣工产值
				建筑工程产值	安装工程产值	其他产值	
全 省	**6254725**	**99382**	**677405**	**5848141**	**402496**	**4088**	**3101580**
福 州	2237667	56820	249913	2046580	191087		1210667
#平潭							
厦 门	2233679	6626	238361	2172543	61136		1038962
莆 田	274464			265764	8700		66235
三 明	592212		14255	588790	3422		180870
泉 州	738178	32262	153547	652428	85416	334	519424
漳 州	47846		269	36955	10891		29819
南 平	44401		9036	42139	162	2100	4274
龙 岩	17061		1406	7708	7699	1654	15587
宁 德	69218	3674	10619	35235	33984		35743

2-B-2.4　各地区国有总承包和专业承包企业房屋建筑面积

地　区	房屋施工面积（万平方米）	#本年新开工	房屋竣工面积（万平方米）	房屋竣工率（%）
全　省	**2370**	**697**	**737**	**31.1**
福　州	756	138	366	48.4
#平潭				
厦　门	236	72	34	14.3
莆　田	219	143	30	13.8
三　明	341	156	88	25.7
泉　州	812	183	214	26.4
漳　州				
南　平				
龙　岩	5	5	5	98.4
宁　德				

2-B-2.5　各地区按主要用途分的国有总承包和专业承包企业房屋竣工面积

单位：万平方米

地　区	合计	住宅房屋	商业及服务用房屋	办公用房　屋	科研、教育和医疗用房屋	文化、体育和娱乐用房屋	厂房及建筑物	仓库	其他未列明的房屋建筑物
全　省	**737**	**542**	**24**	**37**	**43**	**8**	**81**		**3**
福　州	366	284	5	26		4	44		3
#平潭									
厦　门	34	24		6	5				
莆　田	30						30		
三　明	88	88							
泉　州	214	143	18	3	39	4	7		
漳　州									
南　平									
龙　岩	5	3		2					
宁　德									

2-B-2.6　各地区按主要用途分的国有总承包和专业承包企业房屋竣工价值

单位：万元

地　区	合计	住宅房屋	商业及服务用房屋	办公用房　屋	科研、教育和医疗用房屋	文化、体育和娱乐用房屋	厂房及建筑物	仓　库	其他未列明的房屋建筑物
全　省	**1660805**	**1122092**	**113618**	**44377**	**138191**	**25201**	**204384**		**12942**
福　州	845393	611710	72280	9100		14170	125191		12942
#平潭									
厦　门	93839	56480		24000	13359				
莆　田	66205						66205		
三　明	170280	170280							
泉　州	480319	280729	41338	9511	124832	11031	12878		
漳　州									
南　平									
龙　岩	4769	2893		1766			110		
宁　德									

2-B-2.7　各地区国有总承包和专业承包企业施工机械设备情况

地　区	年末自有施工机械设备总台数（台）	年末自有施工机械设备总功率（千瓦）	年末自有施工机械设备净值（万元）	技术装备率（元/人）	动力装备率（千瓦/人）
全　省	**7288**	**300514**	**104242**	**4582**	**1.3**
福　州	2384	40358	12984	1616	0.5
#平潭					
厦　门	2783	195281	78116	9333	2.3
莆　田	54	4050	419	1492	1.4
三　明	123	2428	775	266	0.1
泉　州	379	12156	3432	1493	0.5
漳　州	321	16117	3936	14474	5.9
南　平	435	5956	297	1490	3.0
龙　岩	180	1983	729	6298	1.7
宁　德	629	22185	3555	13260	8.3

2-B-2.8 各地区国有总承包和专业承包企业主要生产效益指标

地 区	建筑业企业个数（个）	从事建筑业活动的平均人数（人）	按总产值计算的劳动生产率（元/人）	人均竣工产值（元/人）	人均施工面积（平方米/人）	人均竣工面积（平方米/人）
全 省	**71**	**199203**	**313987**	**155699**	**119.0**	**37.0**
福 州	17	79429	281719	152421	95.2	46.1
#平潭						
厦 门	17	64896	344194	160096	36.3	5.2
莆 田	3	7683	357235	86209	284.6	39.2
三 明	7	16862	351211	107265	202.5	52.1
泉 州	7	22735	324688	228469	357.3	94.2
漳 州	5	2053	233052	145246		
南 平	7	1977	224587	21618		
龙 岩	4	1120	152330	139171	47.9	47.1
宁 德	4	2448	282755	146007	1.8	

2-B-2.9 各地区国有总承包和专业承包企业营业收入

单位：万元

地 区	营业收入	#在境外完成的营业收入	企业总产值	#建筑业总产值
全 省	**4917127**		**6347884**	**6254725**
福 州	1781679		2259610	2237667
#平潭				
厦 门	1725458		2302091	2233679
莆 田	107752		274464	274464
三 明	384973		592503	592212
泉 州	752650		738180	738178
漳 州	39013		48963	47846
南 平	31779		45042	44401
龙 岩	14520		17814	17061
宁 德	79302		69218	69218

2-B-2.10 各地区国有总承包和专业承包企业资产构成

单位：万元

地 区	资产总计	#流动资产总计	#存货
全 省	**6299519**	**4764548**	**738670**
福 州	2942329	1987476	132501
#平潭			
厦 门	1635112	1347560	124783
莆 田	197329	152280	11160
三 明	744027	672172	363989
泉 州	501137	378441	100957
漳 州	53049	39734	6992
南 平	46386	34434	2236
龙 岩	96992	81847	1177
宁 德	83159	70604	…

2-B-2.11 各地区国有总承包和专业承包企业固定资产情况

单位：万元

地 区	固定资产原价	固定资产折旧	#本年折旧	在建工程
全 省	**636837**	**210648**	**34717**	**52984**
福 州	371543	78442	9900	3824
#平潭				
厦 门	204351	104849	20376	17717
莆 田	1815	523	76	14397
三 明	16550	8709	1029	12144
泉 州	23125	10346	1643	76
漳 州	6787	3808	638	
南 平	5561	1622	57	4800
龙 岩	650	281	17	
宁 德	6455	2069	981	27

2-B-2.12　各地区国有总承包和专业承包企业负债及所有者权益

单位：万元

地　区	负债合计	#流动负债	#应付账款	所有者权益	#实收资本
全　省	**5019937**	**3939961**	**1181744**	**1279582**	**698053**
福　州	2271827	1758843	495309	670502	242124
#平潭					
厦　门	1374209	1245366	433464	260903	197251
莆　田	162330	122230	84150	34999	31733
三　明	626543	253945	47099	117484	96746
泉　州	393465	393094	65066	107672	81999
漳　州	38366	29385	11957	14684	8222
南　平	23772	23772	724	22614	16717
龙　岩	73963	57863	6875	23028	6185
宁　德	55462	55462	37099	27696	17078

2-B-2.13　各地区国有总承包和专业承包企业实收资本

单位：万元

地　区	合计	国家资本	集体资本	法人资本	个人资本	港澳台资本	外商资本
全　省	**698053**	**466719**	**5000**	**225142**	**1193**		
福　州	242124	198544		43580			
#平潭							
厦　门	197251	143204		54047			
莆　田	31733	58		31675			
三　明	96746	75578		21168			
泉　州	81999	13944		66863	1193		
漳　州	8222	8222					
南　平	16717	11717		5000			
龙　岩	6185	3375		2810			
宁　德	17078	12078	5000				

2-B-2.14 各地区国有总承包和专业承包企业收入情况

单位：万元

地 区	主营业务收入	#主营业务成本	#主营业务税金及附加	其他业务收入	#其他业务利润
全 省	**4839673**	**4530077**	**36932**	**77453**	**9223**
福 州	1769709	1659603	5343	11970	494
#平潭					
厦 门	1661609	1578980	3229	63848	7720
莆 田	107752	100856	268		
三 明	384833	336559	17877	140	
泉 州	751521	711616	8179	1129	782
漳 州	38800	35553	370	213	197
南 平	31772	21399	969	7	
龙 岩	14450	13400	101	70	40
宁 德	79226	72112	596	75	-11

2-B-2.15 各地区国有总承包和专业承包企业费用情况

单位：万元

地 区	管理费用	销售费用	财务费用	#利息收入	#利息支出
全 省	**132904**	**2809**	**39369**	**4139**	**53558**
福 州	62178	799	14482	108	25092
#平潭					
厦 门	38487	614	11989	1676	12763
莆 田	1529		-46	47	32
三 明	4635	1393	12512	287	12782
泉 州	14247		713	1669	2887
漳 州	1729		16	10	
南 平	5909	3	37	-4	
龙 岩	622		-43	50	
宁 德	3570		-290	296	3

2-B-2.16 各地区国有总承包和专业承包企业利润及税金情况

单位：万元

地 区	利润总额	#应交所得税	税金总额	主营业务税金及附加	应交增值税
全 省	**132326**	**29394**	**150234**	**36932**	**113302**
福 州	48598	7981	30433	5343	25090
#平潭					
厦 门	41546	9873	50374	3229	47145
莆 田	5472	1570	1181	268	913
三 明	9495	2823	32535	17877	14658
泉 州	17849	4972	28758	8179	20579
漳 州	2461	516	1209	370	839
南 平	3466	610	1817	969	848
龙 岩	487	297	1058	101	957
宁 德	2952	754	2870	596	2274

2-B-2.17 各地区国有总承包和专业承包企业应收工程款及企业亏损情况

地 区	应收工程款(万元)	企业个数(个)	#亏损企业个数	亏损企业的比重(%)
全 省	**962748**	**71**	**5**	**7.0**
福 州	465035	17		
#平潭				
厦 门	231736	17	2	11.8
莆 田	31748	3		
三 明	100304	7	1	14.3
泉 州	68911	7	1	14.3
漳 州	11283	5	1	20.0
南 平	8081	7		
龙 岩	8091	4		
宁 德	37558	4		

2-B-2.18　各地区国有总承包和专业承包企业主要经济效益指标

地　区	产值利润率(%)	产值利税率(%)	资本利润率(%)	资本利税率(%)	人均利润(元/人)	人均利税(元/人)	资产负债率(%)
全　省	**2.1**	**4.5**	**19.0**	**40.5**	**6643**	**14185**	**79.7**
福　州	2.2	3.5	20.1	32.6	6118	9950	77.2
#平潭							
厦　门	1.9	4.1	21.1	46.6	6402	14164	84.0
莆　田	2.0	2.4	17.2	21.0	7122	8660	82.3
三　明	1.6	7.1	9.8	43.4	5631	24926	84.2
泉　州	2.4	6.3	21.8	56.8	7851	20500	78.5
漳　州	5.1	7.7	29.9	44.6	11989	17879	72.3
南　平	7.8	11.9	20.7	31.6	17530	26719	51.2
龙　岩	2.9	9.1	7.9	25.0	4349	13794	76.3
宁　德	4.3	8.4	17.3	34.1	12058	23782	66.7

2-B-2.19　各地区集体总承包和专业承包企业签订合同情况

单位：万元

地　区	签订合同额		
		上年结转合同额	本年新签合同额
全　省	**2585996**	**1354586**	**1231410**
福　州	2415371	1272560	1142811
#平潭			
厦　门	121785	61093	60693
莆　田			
三　明			
泉　州	26699	5477	21222
漳　州	5889	879	5010
南　平	16253	14578	1675
龙　岩			
宁　德			

2-B-2.20　各地区集体总承包和专业承包企业承包工程完成情况

单位：万元

地　区	直接从建设单位承揽工程完成的产值	自行完成施工产值	分包出去工程的产值	从建设单位以外承揽工程完成的产值
全　省	**1276037**	**1276037**		
福　州	1199022	1199022		
#平潭				
厦　门	44145	44145		
莆　田				
三　明				
泉　州	14101	14101		
漳　州	5750	5750		
南　平	13019	13019		
龙　岩				
宁　德				

2-B-2.21　各地区集体企业总承包和专业承包总产值和竣工产值

单位：万元

地　区	建筑业总产值	#装饰装修产值	#在外省完成的产值	按构成分组			竣工产值
				建筑工程产值	安装工程产值	其他产值	
全　省	**1276037**	**36246**	**554880**	**1268108**	**7779**	**150**	**664163**
福　州	1199022	36182	549880	1191093	7779	150	633001
#平潭							
厦　门	44145		5000	44145			10689
莆　田							
三　明							
泉　州	14101	64		14101			5284
漳　州	5750			5750			5340
南　平	13019			13019			9849
龙　岩							
宁　德							

2-B-2.22 各地区集体总承包和专业承包企业房屋建筑面积

地　区	房屋施工面积（万平方米）	#本年新开工	房屋竣工面积（万平方米）	房屋竣工率（%）
全　省	**1655**	**555**	**225**	**13.6**
福　州	1561	508	203	13.0
#平潭				
厦　门	53	27	2	3.2
莆　田				
三　明				
泉　州	20	14	12	58.8
漳　州	10	6	3	30.4
南　平	11		5	47.4
龙　岩				
宁　德				

2-B-2.23 各地区按主要用途分的集体总承包和专业承包企业房屋竣工面积

单位：万平方米

地　区	合计	住宅房屋	商业及服务用房屋	办公用房　屋	科研、教育和医疗用房屋	文化、体育和娱乐用房屋	厂房及建筑物	仓　库	其他未列明的房屋建筑物
全　省	**225**	**158**	**9**	**35**	**2**	**1**	**20**		
福　州	203	155	9	35		1	3		
#平潭									
厦　门	2				2				
莆　田									
三　明									
泉　州	12						12		
漳　州	3	1					3		
南　平	5	3					3		
龙　岩									
宁　德									

2-B-2.24　各地区按主要用途分的集体总承包和专业承包企业房屋竣工价值

单位：万元

地　区	合计	住宅房屋	商业及服务用房屋	办公用房　屋	科研、教育和医疗用房屋	文化、体育和娱乐用房屋	厂房及建筑物	仓　库	其他未列明的房屋建筑物
全　省	**522159**	**400310**	**27123**	**72269**	**4095**	**4388**	**13914**		**60**
福　州	504098	396230	27123	72150	347	4388	3800		60
#平潭									
厦　门	3748				3748				
莆　田									
三　明									
泉　州	1438						1438		
漳　州	3457	485					2971		
南　平	9419	3595		119			5705		
龙　岩									
宁　德									

2-B-2.25　各地区集体总承包和专业承包企业施工机械设备情况

地　区	年末自有施工机械设备总台数（台）	年末自有施工机械设备总功率（千瓦）	年末自有施工机械设备净值（万元）	技术装备率（元/人）	动力装备率（千瓦/人）
全　省	**1821**	**57097**	**9930**	**1956**	**1.1**
福　州	931	35146	8752	1831	0.7
#平潭					
厦　门	138	5702	450	2609	3.3
莆　田					
三　明					
泉　州	375	5955	524	10453	11.9
漳　州	40	320	42	1443	1.1
南　平	337	9974	162	3653	22.5
龙　岩					
宁　德					

2-B-2.26 各地区集体总承包和专业承包企业主要生产效益指标

地 区	建筑业企业个数（个）	从事建筑业活动的平均人数（人）	按总产值计算的劳动生产率（元/人）	人均竣工产值（元/人）	人均施工面积（平方米/人）	人均竣工面积（平方米/人）
全 省	**28**	**45454**	**280731**	**146118**	**364.0**	**49.4**
福 州	14	42433	282568	149177	367.9	47.9
#平潭						
厦 门	4	1787	247031	59815	296.6	9.5
莆 田						
三 明						
泉 州	6	497	283726	106320	392.2	230.8
漳 州	2	245	234694	217959	415.9	126.4
南 平	2	492	264614	200183	221.1	104.9
龙 岩						
宁 德						

2-B-2.27 各地区集体总承包和专业承包企业营业收入

单位：万元

地 区	营业收入	# 在境外完成的营业收入	企业总产值	# 建筑业总产值
全 省	**893009**		**1279687**	**1276037**
福 州	837178		1200202	1199022
#平潭				
厦 门	27251		44145	44145
莆 田				
三 明				
泉 州	15461		16572	14101
漳 州	3608		5750	5750
南 平	9512		13019	13019
龙 岩				
宁 德				

2-B-2.28　各地区集体总承包和专业承包企业资产构成

单位：万元

地　区	资产总计	#流动资产总计	#存货
全　省	**443999**	**374922**	**88554**
福　州	299749	262239	37160
#平潭			
厦　门	79810	57039	28110
莆　田			
三　明			
泉　州	36095	30720	8898
漳　州	15689	14767	7319
南　平	12657	10156	7068
龙　岩			
宁　德			

2-B-2.29　各地区集体总承包和专业承包企业固定资产情况

单位：万元

地　区	固定资产原价	固定资产折旧	#本年折旧	在建工程
全　省	**37048**	**14668**	**1216**	**1626**
福　州	22040	10525	812	1157
#平潭				
厦　门	7351	2473	313	219
莆　田				
三　明				
泉　州	3583	786	34	250
漳　州	1032	144	36	
南　平	3043	740	21	
龙　岩				
宁　德				

2-B-2.30 各地区集体总承包和专业承包企业负债及所有者权益

单位：万元

地区	负债合计	#流动负债	#应付账款	所有者权益	#实收资本
全省	**263046**	**240879**	**17448**	**180952**	**95117**
福州	168909	161700	17077	130840	75484
#平潭					
厦门	50012	46568	49	29797	2260
莆田					
三明					
泉州	28865	28865	165	7229	6533
漳州	14505	3070	109	1184	1313
南平	754	674	49	11903	9528
龙岩					
宁德					

2-B-2.31 各地区集体总承包和专业承包企业实收资本

单位：万元

地区	合计	国家资本	集体资本	法人资本	个人资本	港澳台资本	外商资本
全省	**95117**		**55582**	**26669**	**12866**		
福州	75484		37370	25248	12866		
#平潭							
厦门	2260		2260				
莆田							
三明							
泉州	6533		5772	761			
漳州	1313		653	660			
南平	9528		9528				
龙岩							
宁德							

2-B-2.32　各地区集体总承包和专业承包企业收入情况

单位：万元

地　区	主营业务收　入	#主营业务成　本	#主营业务税金及附加	其他业务收　入	#其他业务利　润
全　省	**889510**	**841495**	**5816**	**3499**	**960**
福　州	835853	793623	4037	1325	265
#平潭					
厦　门	25208	23120	257	2043	662
莆　田					
三　明					
泉　州	15336	12832	1152	124	26
漳　州	3601	3157	1	7	7
南　平	9512	8763	369		
龙　岩					
宁　德					

2-B-2.33　各地区集体总承包和专业承包企业费用情况

单位：万元

地　区	管理费用	销售费用	财务费用	#利息收入	#利息支出
全　省	**20040**	**62**	**1725**	**71**	**2058**
福　州	16170	55	1786	165	2058
#平潭					
厦　门	2988		-97	-96	
莆　田					
三　明					
泉　州	542	5	-4		
漳　州	105		33	2	
南　平	236	2	6		
龙　岩					
宁　德					

2-B-2.34 各地区集体总承包和专业承包企业利润及税金情况

单位：万元

地　区	利润总额	#应交所得税	税金总额	主营业务税金及附加	应交增值税
全　省	**24606**	**13441**	**18000**	**5816**	**12185**
福　州	22866	12223	14169	4037	10132
#平潭					
厦　门	633	848	657	257	400
莆　田					
三　明					
泉　州	839	283	1754	1152	602
漳　州	132	54	365	1	364
南　平	136	33	1056	369	687
龙　岩					
宁　德					

2-B-2.35 各地区集体总承包和专业承包企业应收工程款及企业亏损情况

地　区	应收工程款（万元）	企业个数（个）	#亏损企业个数	亏损企业的比重（%）
全　省	**44224**	**28**	**7**	**25.0**
福　州	35565	14	5	35.7
#平潭				
厦　门	2656	4	2	50.0
莆　田				
三　明				
泉　州	4039	6		
漳　州	1242	2		
南　平	723	2		
龙　岩				
宁　德				

2-B-2.36　各地区集体总承包和专业承包企业主要经济效益指标

地　区	产值利润率(%)	产值利税率(%)	资本利润率(%)	资本利税率(%)	人均利润(元/人)	人均利税(元/人)	资产负债率(%)
全　省	**1.9**	**3.3**	**25.9**	**44.8**	**5413**	**9373**	**59.2**
福　州	1.9	3.1	30.3	49.1	5389	8728	56.4
#平潭							
厦　门	1.4	2.9	28.0	57.1	3542	7216	62.7
莆　田							
三　明							
泉　州	6.0	18.4	12.8	39.7	16885	52173	80.0
漳　州	2.3	8.6	10.1	37.9	5396	20290	92.5
南　平	1.0	9.2	1.4	12.5	2756	24220	6.0
龙　岩							
宁　德							

2-B-2.37　各地区私营总承包和专业承包企业签订合同情况

单位：万元

地　区	签订合同额		
		上年结转合同额	本年新签合同额
全　省	**91639914**	**26645485**	**64994429**
福　州	27818119	6994506	20823613
#平潭	768259	164751	603508
厦　门	17734322	6256137	11478185
莆　田	6186756	2026048	4160708
三　明	6663384	909228	5754155
泉　州	11700916	3995351	7705565
漳　州	5818581	2026618	3791963
南　平	1370235	347138	1023097
龙　岩	12956111	3700951	9255160
宁　德	1391491	389508	1001983

2-B-2.38 各地区私营总承包和专业承包企业承包工程完成情况

单位：万元

地 区	直接从建设单位承揽工程完成的产值	自行完成施工产值	分包出去工程的产值	从建设单位以外承揽工程完成的产值
全 省	**56303575**	**56160967**	**142608**	**1204406**
福 州	17409618	17357339	52279	629971
#平潭	126072	126027	46	350899
厦 门	9704476	9688885	15592	159324
莆 田	3396099	3394646	1453	10662
三 明	5601942	5601842	100	92494
泉 州	6329896	6257670	72226	61804
漳 州	3117878	3117783	95	94822
南 平	981346	981346		2702
龙 岩	8946647	8946070	577	142493
宁 德	815672	815385	287	10133

2-B-2.39 各地区私营企业总承包和专业承包总产值和竣工产值

单位：万元

地 区	建筑业总产值	#装饰装修产值	#在外省完成的产值	按构成分组			竣工产值
				建筑工程产值	安装工程产值	其他产值	
全 省	**57365372**	**2730356**	**25297871**	**53256874**	**3495727**	**612772**	**31135285**
福 州	17987310	1020303	9234195	16067538	1640083	279689	9991183
#平潭	476925	53	380354	475719	940	267	154031
厦 门	9848209	702151	4599367	9278429	523370	46410	5623895
莆 田	3405308	22212	1195692	3348181	37700	19426	2233474
三 明	5694336	41071	817807	5525997	167304	1036	2448932
泉 州	6319474	671718	3360451	5808482	393660	117332	2825118
漳 州	3212606	23328	862318	3088459	116993	7154	1494941
南 平	984048	18438	193390	815464	96375	72209	692682
龙 岩	9088564	204689	4835261	8583465	438211	66888	5314315
宁 德	825518	26445	199390	740858	82031	2629	510746

2-B-2.40 各地区私营总承包和专业承包企业房屋建筑面积

地 区	房屋施工面积（万平方米）	#本年新开工	房屋竣工面积（万平方米）	房屋竣工率（%）
全 省	**33348**	**12073**	**9120**	**27.3**
福 州	13385	4620	3659	27.3
#平潭	62	25	4	6.3
厦 门	5218	1764	693	13.3
莆 田	1662	438	435	26.2
三 明	2919	1072	925	31.7
泉 州	3086	1178	838	27.2
漳 州	1696	470	441	26.0
南 平	498	279	226	45.4
龙 岩	4475	2043	1779	39.8
宁 德	409	209	124	30.3

2-B-2.41 各地区按主要用途分的私营总承包和专业承包企业房屋竣工面积

单位：万平方米

地 区	合计	住宅房屋	商业及服务用房屋	办公用房 屋	科研、教育和医疗用房屋	文化、体育和娱乐用房屋	厂房及建筑物	仓 库	其他未列明的房屋建筑物
全 省	**9120**	**5409**	**622**	**620**	**346**	**86**	**1969**	**44**	**25**
福 州	3659	2482	145	300	83	30	591	28	1
#平潭	4		4						
厦 门	693	492	33	36	25	1	94		12
莆 田	435	373	8	1	30	1	22		
三 明	925	447	191	99	53	3	126	4	3
泉 州	838	466	84	87	22	9	169		1
漳 州	441	216	32	20	50	1	122		
南 平	226	190	2	9	8	6	11		2
龙 岩	1779	698	105	66	72	36	784	12	7
宁 德	124	45	24	2	3		50		

2-B-2.42 各地区按主要用途分的私营总承包和专业承包企业房屋竣工价值

单位：万元

地 区	合计	住宅房屋	商业及服务用房屋	办公用房 屋	科研、教育和医疗用房屋	文化、体育和娱乐用房屋	厂房及建筑物	仓库	其他未列明的房屋建筑物
全 省	**16246976**	**10358490**	**1055561**	**1105114**	**645321**	**147053**	**2812214**	**85906**	**37318**
福 州	6606755	4455169	266850	569700	141385	50350	1066548	55328	1425
#平潭	9430		9430						
厦 门	1645481	1253523	71312	90576	75048	3576	142614	708	8124
莆 田	893202	757210	12412	1388	84483	796	36683		231
三 明	1229799	589415	265371	151494	80809	3868	129288	4919	4636
泉 州	1656433	1041747	155564	128737	30701	18100	280018	13	1554
漳 州	807858	484669	36105	38852	81232	972	164696	338	995
南 平	349832	290241	1973	17991	14393	9268	12608		3357
龙 岩	2808722	1387220	204021	102322	133708	59960	880983	24118	16390
宁 德	248894	99297	41953	4054	3563	162	98776	481	608

2-B-2.43 各地区私营总承包和专业承包企业施工机械设备情况

地 区	年末自有施工机械设备总台数（台）	年末自有施工机械设备总功率（千瓦）	年末自有施工机械设备净值（万元）	技术装备率（元/人）	动力装备率（千瓦/人）
全 省	**165124**	**5899586**	**1293591**	**5973**	**2.7**
福 州	33203	1056886	275482	3748	1.4
#平潭	746	42827	7229	3290	1.9
厦 门	16974	672034	195220	5758	2.0
莆 田	13752	395854	69933	6195	3.5
三 明	15884	574446	134784	6253	2.7
泉 州	27445	1180012	196251	9050	5.4
漳 州	12872	336753	86923	6643	2.6
南 平	4615	167664	35738	9738	4.6
龙 岩	34622	1303695	272835	7888	3.8
宁 德	5757	212242	26424	7989	6.4

2-B-2.44　各地区私营总承包和专业承包企业主要生产效益指标

地　区	建筑业企业个数（个）	从事建筑业活动的平均人数（人）	按总产值计算的劳动生产率（元/人）	人均竣工产值（元/人）	人均施工面积（平方米/人）	人均竣工面积（平方米/人）
全　省	**3236**	**2185312**	**262504**	**142475**	**152.6**	**41.7**
福　州	730	740663	242854	134895	180.7	49.4
#平潭	11	22865	208583	67365	27.2	1.7
厦　门	564	322619	305258	174320	161.8	21.5
莆　田	238	126254	269719	176903	131.6	34.4
三　明	338	232666	244743	105255	125.5	39.8
泉　州	389	216904	291349	130247	142.3	38.6
漳　州	237	136895	234677	109203	123.9	32.2
南　平	223	33829	290889	204760	147.2	66.8
龙　岩	369	343109	264889	154887	130.4	51.9
宁　德	148	32373	255002	157769	126.3	38.2

2-B-2.45　各地区私营总承包和专业承包企业营业收入

单位：万元

地　区	营业收入	企业总产值	
			#建筑业总产值
全　省	**49009767**	**57673641**	**57365372**
福　州	15729205	18030455	17987310
#平潭	277801	476925	476925
厦　门	8459779	9925858	9848209
莆　田	2891028	3429327	3405308
三　明	4570333	5752882	5694336
泉　州	5284096	6349190	6319474
漳　州	2387080	3221885	3212606
南　平	818514	990665	984048
龙　岩	8196381	9147062	9088564
宁　德	673352	826317	825518

2-B-2.46 各地区私营总承包和专业承包企业资产构成

单位：万元

地 区	资产总计	#流动资产总计	#存货
全 省	**26131600**	**21555233**	**3049255**
福 州	9454368	8381780	805806
#平潭	204655	186908	12911
厦 门	4449443	3729017	611965
莆 田	1334706	1097572	129511
三 明	1580444	1212386	158716
泉 州	3978109	2983585	649706
漳 州	1492409	1159427	183909
南 平	641638	513748	51855
龙 岩	2534562	1896275	385021
宁 德	665922	581444	72767

2-B-2.47 各地区私营总承包和专业承包企业固定资产情况

单位：万元

地 区	固定资产原价	固定资产折旧	#本年折旧	在建工程
全 省	**3646547**	**1473418**	**279561**	**168302**
福 州	835708	387567	63125	52599
#平潭	41373	30148	1708	1382
厦 门	448674	214930	43544	18086
莆 田	207451	79294	10164	11574
三 明	275372	91374	18929	4447
泉 州	812070	297622	64530	52919
漳 州	233003	82215	15394	6876
南 平	99919	24481	5528	5810
龙 岩	656332	267651	52855	15233
宁 德	78018	28284	5492	759

2-B-2.48 各地区私营总承包和专业承包企业负债及所有者权益

单位：万元

地 区	负债合计	#流动负债	#应付账款	所有者权益	#实收资本
全 省	**12619020**	**11809963**	**4903962**	**13512580**	**8989907**
福 州	5827527	5426602	3015888	3626841	2272626
#平潭	113177	113167	19700	91477	15718
厦 门	2073864	1880555	608542	2375578	1828295
莆 田	582300	572598	111512	752406	495353
三 明	652254	614153	271681	928190	615392
泉 州	1495516	1465428	467631	2482593	1506723
漳 州	583302	549612	137660	909107	660634
南 平	166452	133263	36732	475186	384105
龙 岩	827938	761173	210647	1706624	1024260
宁 德	409868	406579	43670	256055	202518

2-B-2.49 各地区私营总承包和专业承包企业实收资本

单位：万元

地 区	合计	国家资本	集体资本	法人资本	个人资本	港澳台资本	外商资本
全 省	**8989907**	**4363**	**8699**	**1810260**	**7165481**	**1050**	**55**
福 州	2272626		4884	433332	1834406		5
#平潭	15718			3180	12538		
厦 门	1828295	4080	965	461106	1362145		
莆 田	495353		2000	109929	383424		
三 明	615392			89873	525519		
泉 州	1506723	50	50	329142	1177380	50	50
漳 州	660634		800	124207	535627		
南 平	384105			80723	303383		
龙 岩	1024260	233		152282	870746	1000	
宁 德	202518			29665	172853		

2-B-2.50 各地区私营总承包和专业承包企业收入情况

单位：万元

地区	主营业务收入	#主营业务成本	#主营业务税金及附加	其他业务收入	#其他业务利润
全省	**48572813**	**43952961**	**911448**	**436955**	**13729**
福州	15619415	14410872	193861	109790	4411
#平潭	277711	248910	1936	91	
厦门	8394230	7737885	125211	65549	2390
莆田	2842944	2514555	67998	48084	45
三明	4559087	4056985	138824	11246	84
泉州	5130541	4429812	129285	153555	5897
漳州	2358406	2135218	38716	28674	729
南平	804812	710135	15560	13703	44
龙岩	8191819	7353307	191240	4563	129
宁德	671561	604193	10752	1791	

2-B-2.51 各地区私营总承包和专业承包企业费用情况

单位：万元

地区	管理费用	销售费用	财务费用	#利息收入	#利息支出
全省	**1435158**	**167346**	**119088**	**3673**	**77214**
福州	453190	26454	27785	385	18865
#平潭	10635	2	2345	4	2299
厦门	267200	49616	23156	1886	18804
莆田	70969	4236	4781	148	3407
三明	118467	8035	9170	94	6717
泉州	191559	40907	20555	485	12821
漳州	61667	5366	5901	313	1702
南平	27957	3260	899	12	241
龙岩	221155	28295	25651	349	13969
宁德	22995	1176	1190	2	690

2-B-2.52 各地区私营总承包和专业承包企业利润及税金情况

单位：万元

地 区	利润总额	#应交所得税	税金总额	主营业务税金及附加	应交增值税
全 省	**1969691**	**576160**	**2437285**	**911448**	**1525837**
福 州	502664	167681	675958	193861	482097
#平潭	14332	4400	9035	1936	7099
厦 门	201684	50442	311666	125211	186455
莆 田	153533	38395	160652	67998	92654
三 明	227535	66256	342619	138824	203795
泉 州	326650	82841	300919	129285	171634
漳 州	119593	37634	114452	38716	75736
南 平	48124	11554	46845	15560	31285
龙 岩	358880	112897	453348	191240	262108
宁 德	31028	8461	30826	10752	20074

2-B-2.53 各地区私营总承包和专业承包企业应收工程款及企业亏损情况

地 区	应收工程款（万元）	企业个数（个）	#亏损企业个数	亏损企业的比重（%）
全 省	**7246220**	**3236**	**296**	**9.1**
福 州	3042380	730	64	8.8
#平潭	72634	11		
厦 门	1013587	564	131	23.2
莆 田	348702	238	12	5.0
三 明	418668	338	14	4.1
泉 州	1189942	389	16	4.1
漳 州	292812	237	25	10.5
南 平	150211	223	8	3.6
龙 岩	593729	369	13	3.5
宁 德	196188	148	13	8.8

2-B-2.54 各地区私营总承包和专业承包企业主要经济效益指标

地区	产值利润率(%)	产值利税率(%)	资本利润率(%)	资本利税率(%)	人均利润(元/人)	人均利税(元/人)	资产负债率(%)
全省	**3.4**	**7.7**	**21.9**	**49.0**	**9013**	**20166**	**48.3**
福州	2.8	6.6	22.1	51.9	6787	15913	61.6
#平潭	3.0	4.9	91.2	148.7	6268	10219	55.3
厦门	2.0	5.2	11.0	28.1	6252	15912	46.6
莆田	4.5	9.2	31.0	63.4	12161	24885	43.6
三明	4.0	10.0	37.0	92.6	9780	24505	41.3
泉州	5.2	9.9	21.7	41.7	15060	28933	37.6
漳州	3.7	7.3	18.1	35.4	8736	17097	39.1
南平	4.9	9.7	12.5	24.7	14226	28073	25.9
龙岩	3.9	8.9	35.0	79.3	10460	23673	32.7
宁德	3.8	7.5	15.3	30.5	9584	19107	61.5

2-B-2.55 各地区股份制总承包和专业承包企业签订合同情况

单位：万元

地区	签订合同额	上年结转合同额	本年新签合同额
全省	**103304070**	**45629304**	**57674766**
福州	50976885	27115801	23861084
#平潭	686316	304759	381557
厦门	18260523	7819441	10441082
莆田	5571781	2415429	3156353
三明	1016476	264458	752019
泉州	17077449	5287852	11789597
漳州	4642286	949252	3693034
南平	1219288	443588	775700
龙岩	3030224	822747	2207477
宁德	1509157	510736	998421

2-B-2.56　各地区股份制总承包和专业承包企业承包工程完成情况

单位：万元

地　区	直接从建设单位承揽工程完成的产值	自行完成施工产值	分包出去工程的产值	从建设单位以外承揽工程完成的产值
全　省	**47476024**	**47297855**	**178169**	**1577219**
福　州	17713305	17595441	117864	1004854
#平潭	348570	348388	181	844069
厦　门	8604192	8582745	21447	469923
莆　田	3376376	3376313	63	18818
三　明	740142	735019	5123	18029
泉　州	10489140	10464146	24994	24714
漳　州	2899443	2899256	186	6188
南　平	820628	819696	931	6495
龙　岩	1907965	1900405	7561	28008
宁　德	924833	924833		190

2-B-2.57　各地区股份制总承包和专业承包企业总产值和竣工产值

单位：万元

地　区	建筑业总产值	#装饰装修产值	#在外省完成的产值	按构成分组			竣工产值
				建筑工程产值	安装工程产值	其他产值	
全　省	**48875074**	**1273253**	**22544217**	**45475868**	**2985867**	**413339**	**40208885**
福　州	18600295	457241	8935532	17560339	945194	94762	24466953
#平潭	1192458	14309	1077281	1170172	18126	4159	460759
厦　门	9052668	242162	3395041	8681745	351226	19697	4712523
莆　田	3395132	21715	1393603	3165672	222100	7359	2124835
三　明	753048	22807	177524	661945	88125	2979	389858
泉　州	10488859	352969	6341168	9581641	738867	168352	4799465
漳　州	2905445	97536	773094	2448923	451054	5468	1587399
南　平	826191	18003	141389	615838	124904	85450	470545
龙　岩	1928413	44241	1055397	1867766	33276	27370	1015756
宁　德	925024	16580	331469	891999	31122	1903	641551

2-B-2.58 各地区股份制总承包和专业承包企业房屋建筑面积

地 区	房屋施工面积（万平方米）	#本年新开工	房屋竣工面积（万平方米）	房屋竣工率（%）
全 省	**34460**	**10821**	**7545**	**21.9**
福 州	17504	5346	2778	15.9
#平潭	123	20	17	13.5
厦 门	4473	1221	707	15.8
莆 田	2901	756	848	29.2
三 明	391	88	124	31.7
泉 州	5376	2153	2010	37.4
漳 州	1491	513	484	32.5
南 平	444	122	105	23.7
龙 岩	1023	469	253	24.8
宁 德	858	154	236	27.5

2-B-2.59 各地区按主要用途分的股份制总承包和专业承包企业房屋竣工面积

单位：万平方米

地 区	合计	住宅房屋	商业及服务用房屋	办公用房 屋	科研、教育和医疗用房屋	文化、体育和娱乐用房屋	厂房及建筑物	仓 库	其他未列明的房屋建筑物
全 省	**7545**	**5402**	**560**	**338**	**226**	**52**	**880**	**66**	**22**
福 州	2778	2388	115	75	38	10	126	26	
#平潭	17	7		8			1		
厦 门	707	387	182	37	49	2	49	2	
莆 田	848	584	14	13	67	10	159	1	
三 明	124	60		27			34		2
泉 州	2010	1339	153	159	33	9	288	21	8
漳 州	484	323	60	6	9	16	56	13	2
南 平	105	68	3	5	7	2	10	1	9
龙 岩	253	120	27	3	20	3	77	3	1
宁 德	236	132	7	13	4	1	80		

2-B-2.60　各地区按主要用途分的股份制总承包和专业承包企业房屋竣工价值

单位：万元

地　区	合计	住宅房屋	商业及服务用房屋	办公用房　屋	科研、教育和医疗用房屋	文化、体育和娱乐用房屋	厂房及建筑物	仓　库	其他未列明的房屋建筑物
全　省	**13207422**	**9618658**	**1133549**	**550914**	**403199**	**147617**	**1229437**	**96482**	**27565**
福　州	5281517	4497024	256822	142078	103324	24516	218538	39192	24
#平潭	23590	14490		5000	280		3820		
厦　门	1422299	749048	428605	74087	80704	8037	78731	3087	
莆　田	1430109	1013284	25918	21768	103780	19296	244973	1089	
三　明	182727	116775		32916			28607	473	3956
泉　州	3338075	2339901	275204	242263	43029	15093	382158	29241	11187
漳　州	609093	345280	71213	8360	31582	69984	64070	16914	1690
南　平	186465	117577	6541	8247	11295	4742	28238	1228	8598
龙　岩	440827	226308	58349	5367	22492	4673	116326	5218	2095
宁　德	316311	213462	10898	15828	6993	1276	67797	42	15

2-B-2.61　各地区股份制总承包和专业承包企业施工机械设备情况

地　区	年末自有施工机械设备总台数（台）	年末自有施工机械设备总功率（千瓦）	年末自有施工机械设备净值（万元）	技术装备率（元/人）	动力装备率（千瓦/人）
全　省	**163863**	**6582668**	**1064434**	**6126**	**3.8**
福　州	21554	726441	541435	7861	1.1
#平潭	2427	66927	16016	2771	1.2
厦　门	13576	3312787	79450	2817	11.7
莆　田	11796	357906	85266	7660	3.2
三　明	3182	108850	16114	5816	3.9
泉　州	91133	1063416	168732	4637	2.9
漳　州	5299	156073	41735	3840	1.4
南　平	3251	121354	33631	10253	3.7
龙　岩	9927	591325	68393	7817	6.8
宁　德	4145	144516	29678	8535	4.2

2-B-2.62 各地区股份制总承包和专业承包企业主要生产效益指标

地 区	建筑业企业个数（个）	从事建筑业活动的平均人数（人）	按总产值计算的劳动生产率（元/人）	人均竣工产值（元/人）	人均施工面积（平方米/人）	人均竣工面积（平方米/人）
全 省	**1523**	**1722599**	**283729**	**233420**	**200.0**	**43.8**
福 州	350	702360	264826	348353	249.2	39.6
#平潭	47	56282	211872	81866	21.9	3.0
厦 门	165	273858	330561	172079	163.3	25.8
莆 田	214	108012	314329	196722	268.5	78.5
三 明	39	28001	268936	139230	139.7	44.2
泉 州	294	356242	294431	134725	150.9	56.4
漳 州	96	109300	265823	145233	136.4	44.3
南 平	149	32653	253021	144105	135.9	32.2
龙 岩	91	79432	242775	127877	128.8	31.9
宁 德	125	32741	282528	195947	262.1	72.2

2-B-2.63 各地区股份制总承包和专业承包企业营业收入

单位：万元

地 区	营业收入	#在境外完成的营业收入	企业总产值	#建筑业总产值
全 省	**42189029**	**327031**	**50170677**	**48875074**
福 州	15666494	305011	18877073	18600295
#平潭	818806	8371	1220539	1192458
厦 门	8099800		9120011	9052668
莆 田	2781644	7108	3399819	3395132
三 明	646180		760631	753048
泉 州	9744807	14041	11392068	10488859
漳 州	2027565		2916081	2905445
南 平	829654	791	831625	826191
龙 岩	1547868	80	1939241	1928413
宁 德	845017		934128	925024

2-B-2.64　各地区股份制总承包和专业承包企业资产构成

单位：万元

地　区	资产合计	#流动资产合计	#存货
全　省	**31009986**	**26211933**	**6418909**
福　州	13065363	11246288	2274086
#平潭	347869	273334	33730
厦　门	5782677	4950443	998582
莆　田	2222617	2007632	804175
三　明	602034	523649	97690
泉　州	4073095	3286361	906568
漳　州	2846813	2215736	1045781
南　平	659284	557249	84794
龙　岩	938503	781375	119892
宁　德	819599	643200	87341

2-B-2.65　各地区股份制总承包和专业承包企业固定资产情况

单位：万元

地　区	固定资产原价	固定资产折旧	#本年折旧	在建工程
全　省	**2656247**	**1122271**	**204699**	**127812**
福　州	763935	321203	54441	36555
#平潭	74519	35928	5855	956
厦　门	352746	160702	39557	22015
莆　田	207306	97757	13969	1145
三　明	42676	17893	3436	557
泉　州	833340	337234	51330	3533
漳　州	119951	46480	14128	12577
南　平	89734	34088	4640	9487
龙　岩	135377	56388	12148	12039
宁　德	111182	50526	11049	29903

2-B-2.66 各地区股份制总承包和专业承包企业负债及所有者权益

单位：万元

地区	负债合计	#流动负债	#应付账款	所有者权益	#实收资本
全省	**18961548**	**16886897**	**5261636**	**12048438**	**6931752**
福州	9748615	8511382	2389744	3316749	2170938
#平潭	197567	184559	48760	150302	120302
厦门	3776972	3472568	1785942	2005705	1227793
莆田	1019605	971327	119669	1203013	625965
三明	425124	423177	99244	176910	135122
泉州	1185276	1126365	296118	2887819	1445711
漳州	1620971	1411485	235535	1225842	516531
南平	283017	257025	72368	376266	304421
龙岩	524452	380487	162602	414051	233096
宁德	377517	333082	100414	442083	272176

2-B-2.67 各地区股份制总承包和专业承包企业实收资本

单位：万元

地区	合计	国家资本	集体资本	法人资本	个人资本	港澳台资本	外商资本
全省	**6931752**	**718270**	**204022**	**2092458**	**3911336**	**26**	**5641**
福州	2170938	259022	60441	790603	1057655	26	3191
#平潭	120302		14436	22715	83152		
厦门	1227793	224775	43058	438191	519319		2450
莆田	625965	5000	6875	92795	521295		
三明	135122	18696	21310	50573	44542		
泉州	1445711	15304	39508	447938	942961		
漳州	516531	144799	11765	97903	262065		
南平	304421	33240	2565	56262	212355		
龙岩	233096	4210	15682	58381	154824		
宁德	272176	13225	2818	59811	196321		

2-B-2.68　各地区股份制总承包和专业承包企业收入情况

单位：万元

地　区	主营业务收　入	#主营业务成　本	#主营业务税金及附加	其他业务收　入	#其他业务利　润
全　省	**41633509**	**37732969**	**617698**	**555520**	**23698**
福　州	15193204	14048202	172319	473290	10605
#平潭	789908	720506	33498	28898	
厦　门	8082669	7418466	96125	17132	4906
莆　田	2767146	2379268	55351	14499	832
三　明	643907	582162	15025	2272	-843
泉　州	9727118	8610827	174164	17690	1464
漳　州	2023975	1821175	47451	3590	1089
南　平	817071	719209	14773	12583	2052
龙　岩	1534057	1387691	31076	13811	3244
宁　德	844364	765968	11414	654	349

2-B-2.69　各地区股份制总承包和专业承包企业费用情况

单位：万元

地　区	管理费用	销售费用	财务费用	#利息收入	#利息支出
全　省	**1130878**	**113281**	**239919**	**37756**	**197998**
福　州	370525	15139	190206	761	146640
#平潭	11077	785	1605	4	1379
厦　门	189723	15371	5996	22829	13679
莆　田	123494	12654	9444	1052	4588
三　明	14228	953	3458	64	2451
泉　州	286123	61341	23269	2171	19947
漳　州	42049	3382	1277	7766	7277
南　平	32793	2313	692	638	707
龙　岩	38404	1626	3972	2331	2041
宁　德	33540	503	1605	145	670

2-B-2.70 各地区股份制总承包和专业承包企业利润及税金情况

单位：万元

地 区	利润总额	#应交所得税	税金总额	主营业务税金及附加	应交增值税
全 省	**1732472**	**475070**	**1718153**	**617698**	**1100455**
福 州	451134	132260	598871	172319	426552
#平潭	29432	14919	74257	33498	40760
厦 门	256676	54894	227350	96125	131225
莆 田	154861	46663	144242	55351	88891
三 明	27870	6594	43136	15025	28112
泉 州	573851	154520	437150	174164	262986
漳 州	112482	29807	102754	47451	55302
南 平	49003	11269	47176	14773	32403
龙 岩	74259	27355	75447	31076	44371
宁 德	32335	11708	42026	11414	30613

2-B-2.71 各地区股份制总承包和专业承包企业应收工程款及企业亏损情况

地 区	应收工程款（万元）	企业个数（个）	#亏损企业个数	亏损企业的比重（%）
全 省	**5484866**	**1523**	**118**	**7.7**
福 州	1742031	350	31	8.9
#平潭	116824	47	4	8.5
厦 门	1045728	165	37	22.4
莆 田	482625	214	10	4.7
三 明	100737	39	5	12.8
泉 州	1101737	294	9	3.1
漳 州	398784	96	4	4.2
南 平	143046	149	5	3.4
龙 岩	333725	91	6	6.6
宁 德	136454	125	11	8.8

2-B-2.72　各地区股份制总承包和专业承包企业主要经济效益指标

地　区	产值利润率(%)	产值利税率(%)	资本利润率(%)	资本利税率(%)	人均利润(元/人)	人均利税(元/人)	资产负债率(%)
全　省	**3.5**	**7.1**	**25.0**	**49.8**	**10057**	**20031**	**61.1**
福　州	2.4	5.6	20.8	48.4	6423	14950	74.6
#平潭	2.5	8.7	24.5	86.2	5229	18423	56.8
厦　门	2.8	5.3	20.9	39.4	9373	17674	65.3
莆　田	4.6	8.8	24.7	47.8	14337	27692	45.9
三　明	3.7	9.4	20.6	52.6	9953	25359	70.6
泉　州	5.5	9.6	39.7	69.9	16108	28380	29.1
漳　州	3.9	7.4	21.8	41.7	10291	19692	56.9
南　平	5.9	11.6	16.1	31.6	15007	29455	42.9
龙　岩	3.9	7.8	31.9	64.2	9349	18847	55.9
宁　德	3.5	8.0	11.9	27.3	9876	22712	46.1

2-B-2.73　各地区港澳台商投资总承包和专业承包企业签订合同情况

单位：万元

地　区	签订合同额	上年结转合同额	本年新签合同额
全　省	**613828**	**114471**	**499357**
福　州	444532	73722	370810
#平潭			
厦　门	158239	39595	118644
莆　田			
三　明			
泉　州	9628	1126	8502
漳　州			
南　平	1429	29	1400
龙　岩			
宁　德			

2-B-2.74 各地区港澳台商投资总承包和专业承包企业承包工程完成情况

单位：万元

地 区	直接从建设单位承揽工程完成的产值			从建设单位以外承揽工程完成的产值
		自行完成施工产值	分包出去工程的产值	
全 省	**302594**	**302594**		**3962**
福 州	200547	200547		3624
#平潭				
厦 门	93067	93067		
莆 田				
三 明				
泉 州	7553	7553		337
漳 州				
南 平	1429	1429		
龙 岩				
宁 德				

2-B-2.75 各地区港澳台商投资企业总承包和专业承包企业建筑业总产值和竣工产值

单位：万元

地 区	建筑业总产值			按构成分组			竣工产值
		#装饰装修产值	#在外省完成的产值	建筑工程产值	安装工程产值	其他产值	
全 省	**306556**	**91651**	**202491**	**167796**	**138312**	**449**	**93590**
福 州	204171	12361	161938	65568	138183	420	3973
#平潭							
厦 门	93067	73552	37659	93067			84641
莆 田							
三 明							
泉 州	7890	5737	2894	7861		29	4976
漳 州							
南 平	1429			1300	129		
龙 岩							
宁 德							

2-B-2.76 各地区港澳台商投资总承包和专业承包企业房屋建筑面积

地区	房屋施工面积(万平方米)	#本年新开工	房屋竣工面积(万平方米)	房屋竣工率(%)
全 省	**849**	**804**		
福 州	842	804		
#平潭				
厦 门				
莆 田				
三 明				
泉 州	1			
漳 州				
南 平	6			
龙 岩				
宁 德				

2-B-2.77 各地区港澳台商投资总承包和专业承包企业施工机械设备情况

地区	年末自有施工机械设备总台数(台)	年末自有施工机械设备总功率(千瓦)	年末自有施工机械设备净值(万元)	技术装备率(元/人)	动力装备率(千瓦/人)
全 省	**357**	**5342**	**926**	**520**	**0.3**
福 州	279	3692	644	492	0.3
#平潭					
厦 门	26	646	136	304	0.2
莆 田					
三 明					
泉 州	40	604	145	5812	2.4
漳 州					
南 平	12	400	1	480	16.0
龙 岩					
宁 德					

2-B-2.78 各地区港澳台商投资总承包和专业承包企业主要生产效益指标

地　区	建筑业企业个数（个）	从事建筑业活动的平均人数（人）	按总产值计算的劳动生产率（元/人）	人均竣工产值（元/人）	人均施工面积（平方米/人）	人均竣工面积（平方米/人）
全　省	**20**	**12907**	**237511**	**72511**	**657.7**	
福　州	11	8399	243090	4730	1002.8	
#平潭						
厦　门	6	4172	223074	202879		
莆　田						
三　明						
泉　州	2	281	280772	177082	10.1	
漳　州						
南　平	1	55	259745		1140.9	
龙　岩						
宁　德						

2-B-2.79 各地区港澳台商投资总承包和专业承包企业营业收入

单位：万元

地　区	营业收入	#在境外完成的营业收入	企业总产值	#建筑业总产值
全　省	**266568**		**306640**	**306556**
福　州	164068		204255	204171
#平潭				
厦　门	93986		93067	93067
莆　田				
三　明				
泉　州	7549		7890	7890
漳　州				
南　平	966		1429	1429
龙　岩				
宁　德				

2-B-2.80 各地区港澳台商投资总承包和专业承包企业资产构成

单位：万元

地区	资产合计	#流动资产合计	#存货
全省	**247785**	**216397**	**29706**
福州	113409	98774	5149
#平潭			
厦门	114801	100982	23702
莆田			
三明			
泉州	13834	13665	855
漳州			
南平	5742	2977	
龙岩			
宁德			

2-B-2.81 各地区港澳台商投资总承包和专业承包企业固定资产情况

单位：万元

地区	固定资产原价	固定资产折旧	#本年折旧	在建工程
全省	**10643**	**7443**	**421**	**968**
福州	5433	4021	122	
#平潭				
厦门	3274	1649	125	968
莆田				
三明				
泉州	1885	1725	124	
漳州				
南平	51	49	49	
龙岩				
宁德				

2-B-2.82 各地区港澳台商投资总承包和专业承包企业负债及所有者权益

单位：万元

地区	负债合计	#流动负债	#应付账款	所有者权益	#实收资本
全省	**140211**	**140103**	**49938**	**107574**	**65765**
福州	67458	67437	7048	45951	36605
#平潭					
厦门	62870	62783	41578	51931	22350
莆田					
三明					
泉州	7469	7469	1137	6365	3811
漳州					
南平	2415	2415	175	3326	3000
龙岩					
宁德					

2-B-2.83 各地区港澳台商投资总承包和专业承包企业实收资本

单位：万元

地区	合计	国家资本	集体资本	法人资本	个人资本	港澳台资本	外商资本
全省	**65765**		**4600**	**20483**	**5119**	**35563**	
福州	36605			8416	3699	24491	
#平潭							
厦门	22350		4600	9875	340	7535	
莆田							
三明							
泉州	3811			2193		1618	
漳州							
南平	3000				1080	1920	
龙岩							
宁德							

2-B-2.84　各地区港澳台商投资总承包和专业承包企业收入情况

单位：万元

地　区	主营业务收　入	#主营业务成　本	#主营业务税金及附加	其他业务收　入	#其他业务利　润
全　省	**265080**	**223029**	**1584**	**1488**	**873**
福　州	162579	128220	1087	1488	873
#平潭					
厦　门	93986	87930	291		
莆　田					
三　明					
泉　州	7549	5930	171		
漳　州					
南　平	966	949	36		
龙　岩					
宁　德					

2-B-2.85　各地区港澳台商投资总承包和专业承包企业费用情况

单位：万元

地　区	管理费用	销售费用	财务费用	#利息收入	#利息支出
全　省	**7837**	**1432**	**223**	**34**	**800**
福　州	4047		287	-8	253
#平潭					
厦　门	3110	1382	-170	40	441
莆　田					
三　明					
泉　州	575	50	-1	2	
漳　州					
南　平	104		106		106
龙　岩					
宁　德					

2-B-2.86 各地区港澳台商投资总承包和专业承包企业利润及税金情况

单位：万元

地 区	利润总额	#应交所得税	税金总额	主营业务税金及附加	应交增值税
全 省	**7002**	**6050**	**5703**	**1584**	**4118**
福 州	4479	5290	2825	1087	1738
#平潭					
厦 门	1930	669	2520	291	2229
莆 田					
三 明					
泉 州	823	83	295	171	124
漳 州					
南 平	-229	8	63	36	28
龙 岩					
宁 德					

2-B-2.87 各地区港澳台商投资总承包和专业承包企业应收工程款及企业亏损情况

地 区	应收工程款（万元）	企业个数（个）	#亏损企业个数	亏损企业的比重（%）
全 省	**78630**	**20**	**4**	**20.0**
福 州	33028	11	2	18.2
#平潭				
厦 门	41762	6	1	16.7
莆 田				
三 明				
泉 州	899	2		
漳 州				
南 平	2942	1	1	100.0
龙 岩				
宁 德				

2-B-2.88　各地区港澳台商投资总承包和专业承包企业主要经济效益指标

地　区	产值利润率(%)	产值利税率(%)	资本利润率(%)	资本利税率(%)	人均利润(元/人)	人均利税(元/人)	资产负债率(%)
全　省	**2.3**	**4.1**	**10.7**	**19.3**	**5425**	**9843**	**56.6**
福　州	2.2	3.6	12.2	20.0	5332	8695	59.5
#平潭							
厦　门	2.1	4.8	8.6	19.9	4625	10664	54.8
莆　田							
三　明							
泉　州	10.4	14.2	21.6	29.3	29278	39772	54.0
漳　州							
南　平	-16.1	-11.6	-7.6	-5.5	-41691	-30164	42.1
龙　岩							
宁　德							

3.按行业分组

2-B-3.1　各行业总承包和专业承包企业签订合同情况

单位：万元

行　业	合同总额	上年结转合同额	本年新签合同额
总　计	**219397254**	**85262738**	**134134516**
房屋建筑业	163894886	64420132	99474754
土木工程建筑业	46781657	18093530	28688126
#铁路、道路、隧道和桥梁工程建筑	36035110	14552994	21482117
#水利和水运工程建筑	6508805	2225432	4283373
#海洋工程建筑	2000	1000	1000
#工矿工程建筑	887699	287155	600544
#架线和管道工程建筑	1606358	520577	1085781
建筑安装业	3914029	1276650	2637379
建筑装饰、装修和其他建筑业	4806682	1472426	3334256

2-B-3.2 各行业总承包和专业承包企业承包工程完成情况

单位：万元

行业	直接从建设单位承揽工程完成的产值	自行完成施工产值	分包出去工程的产值	从建设单位以外承揽工程完成的产值
总计	**111624664**	**111221662**	**403002**	**2888548**
房屋建筑业	80711387	80478174	233212	1422615
土木工程建筑业	25503138	25416372	86767	1353270
#铁路、道路、隧道和桥梁工程建筑	18895352	18831759	63594	1090868
#水利和水运工程建筑	3850020	3838931	11089	227873
#海洋工程建筑	1883	1883		
#工矿工程建筑	629261	629261		2311
#架线和管道工程建筑	1011819	1002766	9054	13849
建筑安装业	2297738	2240920	56818	50844
建筑装饰、装修和其他建筑业	3112401	3086196	26206	61820

2-B-3.3 各行业总承包和专业承包企业建筑业总产值和竣工产值

单位：万元

行业	建筑业总产值	#装饰装修产值	#在外省完的产值	按构成分组			竣工产值
				建筑工程产值	安装工程产值	其他产值	
总计	**114110210**	**4230888**	**49281488**	**106037328**	**7042073**	**1030809**	**75245782**
房屋建筑业	81900789	2287543	36229339	77841375	3297000	762414	42906680
土木工程建筑业	26769642	370697	11179681	24782550	1782759	204333	29192165
#铁路、道路、隧道和桥梁工程建筑	19922627	325213	8480861	19193634	574105	154888	9430376
#水利和水运工程建筑	4066804	14275	1728849	3906625	139688	20491	18117142
#海洋工程建筑	1883		405			1883	
#工矿工程建筑	631571		444059	629903	1668		448738
#架线和管道工程建筑	1016615	13196	148417	256898	752083	7634	588691
建筑安装业	2291764	77321	687199	646053	1607682	38029	1400876
建筑装饰、装修和其他建筑业	3148015	1495327	1185269	2767350	354633	26032	1746061

2-B-3.4　各行业总承包和专业承包企业房屋建筑面积

行　　业	房屋建筑施工面积(万平方米)	#本年新开工	房屋建筑竣工面积(万平方米)	房屋建筑面积竣工率(%)
总　　计	**72704**	**24959**	**17644**	**24.3**
房屋建筑业	66572	22316	15654	23.5
土木工程建筑业	5860	2518	1877	179.8
#铁路、道路、隧道和桥梁工程建筑	5214	2269	1672	32.1
#水利和水运工程建筑	378	127	148	39.1
#海洋工程建筑				
#工矿工程建筑	34	24	7	21.5
#架线和管道工程建筑	9	8	2	21.5
建筑安装业	87	60	59	68.2
建筑装饰、装修和其他建筑业	185	65	54	29.2

2-B-3.5　各行业总承包和专业承包企业机械设备情况

行　　业	年末自有施工机械设备总台数(台)	年末自有施工机械设备总功率(千瓦)	年末自有施工机械设备净值(万元)	技术装备率(元/人)	动力装备率(千瓦/人)
总　　计	**338453**	**12845207**	**2473123**	**5888**	**3.1**
房屋建筑业	230397	9091929	1632448	5291	2.9
土木工程建筑业	72758	3133271	719778	69956	42.3
#铁路、道路、隧道和桥梁工程建筑	46921	1945560	504507	7280	2.8
#水利和水运工程建筑	11902	469541	94545	7081	3.5
#海洋工程建筑					
#工矿工程建筑	5844	498745	71058	35652	25.0
#架线和管道工程建筑	4471	69603	16359	5113	2.2
建筑安装业	14679	312995	49364	6018	3.8
建筑装饰、装修和其他建筑业	20619	307012	71534	6302	2.7

2-B-3.6 按主要用途分的各行业总承包和专业承包企业房屋建筑竣工面积

单位：万平方米

行业	合计	住宅房屋	商业及服务用房屋	办公用房屋	科研、教育和医疗用房屋	文化、体育和娱乐用房屋	厂房及建筑物	仓库	其他未列明的房屋建筑物
总计	**17644**	**11510**	**1215**	**1029**	**617**	**147**	**2966**	**110**	**50**
房屋建筑业	15654	10494	1148	902	496	125	2354	103	32
土木工程建筑业	1877	953	67	120	120	22	578	6	11
#铁路、道路、隧道和桥梁工程建筑	1672	805	66	109	105	17	557	5	9
#水利和水运工程建筑	148	131	1	1	7		6		2
#海洋工程建筑									
#工矿工程建筑	7	1					7		
#架线和管道工程建筑	2						2		
建筑安装业	59	20		2			29		8
建筑装饰、装修和其他建筑业	54	42		4	1		6	1	

2-B-3.7 按主要用途分的各行业总承包和专业承包企业房屋建筑竣工价值

单位：万元

行业	合计	住宅房屋	商业及服务用房屋	办公用房屋	科研、教育和医疗用房屋	文化、体育和娱乐用房屋	厂房及建筑物	仓库	其他未列明的房屋建筑物
总计	**31671477**	**21499550**	**2329851**	**1772674**	**1190807**	**324259**	**4294064**	**182388**	**77885**
房屋建筑业	28375959	19702229	2221234	1527198	975528	284538	3441962	169951	53320
土木工程建筑业	3117653	1664712	108617	237639	213840	39565	822465	11410	19406
#铁路、道路、隧道和桥梁工程建筑	2637125	1275553	107749	218323	186712	30631	790312	10334	17510
#水利和水运工程建筑	390820	362338	868	5943	14825		5388		1458
#海洋工程建筑									
#工矿工程建筑	12768	900			300		11129		438
#架线和管道工程建筑	4890						4890		
建筑安装业	59875	30525		2752			21439		5159
建筑装饰、装修和	117991	102085		5085	1439	156	8199	1027	

2-B-3.8　按主要用途分的各行业总承包和专业承包企业主要生产效益指标

行　业	建筑业企业个数（个）	从事建筑业活动的平均人数（人）	按总产值计算的劳动生产率（元/人）	人均竣工产值（元/人）	人均施工面积（平方米/人）	人均竣工面积（平方米/人）
总　计	**4882**	**4166651**	**273866**	**180591**	**174.5**	**42.3**
房屋建筑业	2542	3047244	268770	140805	218.5	51.4
土木工程建筑业	1353	919172	2426896	2434875	199.9	55.4
#铁路、道路、隧道和桥梁工程建筑	936	663975	300051	142029	78.5	25.2
#水利和水运工程建筑	182	158959	255840	1139737	23.8	9.3
#海洋工程建筑	1	78	241410			
#工矿工程建筑	25	18549	340488	241920	18.2	3.9
#架线和管道工程建筑	77	34747	292576	169422	2.6	0.6
建筑安装业	325	83073	275874	168632	10.5	7.1
建筑装饰、装修和其他建筑业	662	117162	268689	149030	15.8	4.6

2-B-3.9　按主要用途分的各行业总承包和专业承包企业营业收入

单位：万元

行　业	营业收入	#在境外完成的营业收入	企业总产值	#建筑业总产值
总　计	**97330841**	**729565**	**115832281**	**114110210**
房屋建筑业	68422394	386840	83113579	81900789
土木工程建筑业	23305210	272096	27010821	26769642
#铁路、道路、隧道和桥梁工程建筑	17273319	45629	20108435	19922627
#水利和水运工程建筑	3437158	190708	4083581	4066804
#海洋工程建筑	1886		1883	1883
#工矿工程建筑	621272		632427	631571
#架线和管道工程建筑	998868	35759	1031851	1016615
建筑安装业	2609816	52647	2481958	2291764
建筑装饰、装修和其他建筑业	2993421	17982	3225923	3148015

2-B-3.10 各行业总承包和专业承包企业资产构成

单位：万元

行　　业	资产合计	#流动资产合计	#存货
总　　计	**64237194**	**53213774**	**10333055**
房屋建筑业	43383087	36444299	7940036
土木工程建筑业	15370814	12129869	1613318
#铁路、道路、隧道和桥梁工程建筑	10674248	8439554	1156903
#水利和水运工程建筑	2028723	1519649	152731
#海洋工程建筑	14582	8576	1229
#工矿工程建筑	608336	469328	39791
#架线和管道工程建筑	1116498	916408	88363
建筑安装业	2821542	2365708	443148
建筑装饰、装修和其他建筑业	2661751	2273898	336553

2-B-3.11 各行业总承包和专业承包企业固定资产情况

单位：万元

行　　业	固定资产原价	累计折旧	#本年折旧	在建工程
总　　计	**6992620**	**2832035**	**521198**	**351695**
房屋建筑业	3853356	1434179	246474	224781
土木工程建筑业	2414077	1055146	204724	89103
#铁路、道路、隧道和桥梁工程建筑	1589883	684646	146572	71736
#水利和水运工程建筑	382898	171071	22220	9199
#海洋工程建筑	410	338	2	3365
#工矿工程建筑	184051	87360	17650	4
#架线和管道工程建筑	149931	69746	12280	685
建筑安装业	377254	178677	43333	23045
建筑装饰、装修和其他建筑业	347933	164034	26667	14767

2-B-3.12　各行业总承包和专业承包企业负债及所有者权益

单位：万元

行　　业	负债合计	#流动负债	#应付账款	所有者权益	#实收资本
总　　计	**37072271**	**33086312**	**11448831**	**27164923**	**16801595**
房屋建筑业	25874417	22869681	7620221	17508670	10383050
土木工程建筑业	8299058	7463263	2903595	7071757	4657542
#铁路、道路、隧道和桥梁工程建筑	5799703	5198281	1951437	4874545	3268510
#水利和水运工程建筑	1092325	973394	429509	936398	696779
#海洋工程建筑	7361	6965	888	7221	14590
#工矿工程建筑	311024	272675	168266	297313	103192
#架线和管道工程建筑	683422	645919	239310	433076	246454
建筑安装业	1595965	1516529	572783	1225577	771045
建筑装饰、装修和其他建筑业	1302832	1236839	352232	1358919	989958

2-B-3.13　各行业总承包和专业承包企业实收资本

单位：万元

行　　业	合计	国家资本	集体资本	法人资本	个人资本	港澳台资本	外商资本
总　　计	**16801595**	**1194928**	**277903**	**4185012**	**11096994**	**36639**	**10119**
房屋建筑业	10383050	714826	121431	2337560	7180717	20928	7588
土木工程建筑业	4657542	392330	88274	1381784	2789904	5226	26
#铁路、道路、隧道和桥梁工程建筑	3268510	276741	13797	999278	1978694		
#水利和水运工程建筑	696779	74725	6088	176619	439347		
#海洋工程建筑	14590			1194	13396		
#工矿工程建筑	103192	6149		28714	68329		
#架线和管道工程建筑	246454	20001	61897	84027	80529		
建筑安装业	771045	50214	65883	175858	475243	1392	2455
建筑装饰、装修和其他建筑业	989958	37559	2315	289811	651130	9093	50

2-B-3.14 各行业总承包和专业承包企业收入情况

单位：万元

行业	主营业务收入	#主营业务成本	#主营业务税金及附加	其他业务收入	#其他业务利润
总计	**96255746**	**87331102**	**1573642**	**1075096**	**48548**
房屋建筑业	67810359	61785534	1174324	612035	14955
土木工程建筑业	23023321	20864090	339009	281889	17177
#铁路、道路、隧道和桥梁工程建筑	17142105	15626276	244117	131214	14268
#水利和水运工程建筑	3424176	3091656	64386	12982	733
#海洋工程建筑	1886	944	2		
#工矿工程建筑	620815	544002	9903	458	456
#架线和管道工程建筑	864063	758205	6916	134806	626
建筑安装业	2488716	2158727	23323	121099	14622
建筑装饰、装修和其他建筑业	2933349	2522751	36987	60072	1794

2-B-3.15 各行业总承包和专业承包企业费用情况

单位：万元

地区	管理费用	销售费用	财务费用	#利息收入	#利息支出
总计	**2729809**	**285502**	**401902**	**45490**	**333147**
房屋建筑业	1540389	149851	326493	23527	272859
土木工程建筑业	821929	73548	57281	11687	36554
#铁路、道路、隧道和桥梁工程建筑	527330	54398	44240	7945	25743
#水利和水运工程建筑	133989	5362	4862	1876	3476
#海洋工程建筑	1580	149	322	1	322
#工矿工程建筑	25407	454	4322	35	1877
#架线和管道工程建筑	72527	5203	716	1617	2508
建筑安装业	183101	31220	2520	9768	10054
建筑装饰、装修和其他建筑业	184389	30883	15608	509	13680

2-B-3.16　各行业总承包和专业承包企业利润及税金情况

单位：万元

行　　业	利润总额	税金总额	主营业务税金及附加	应交增值税
总　　计	**3864745**	**4330531**	**1573642**	**2756889**
房屋建筑业	2731903	3215028	1174324	2040705
土木工程建筑业	891968	930918	339009	591910
#铁路、道路、隧道和桥梁工程建筑	669846	680426	244117	436309
#水利和水运工程建筑	107757	152599	64386	88213
#海洋工程建筑	-942	307	2	306
#工矿工程建筑	36428	22455	9903	12552
#架线和管道工程建筑	36898	31751	6916	24834
建筑安装业	120242	80839	23323	57516
建筑装饰、装修和其他建筑业	120632	103746	36987	66759

2-B-3.17　各行业总承包和专业承包企业应收工程款及企业亏损情况

行　　业	应收工程款(万元)	企业个数(个)	#亏损企业个数	亏损企业的比重(%)
总　　计	**13871902**	**4882**	**431**	**8.8**
房屋建筑业	9144361	2542	212	8.3
土木工程建筑业	3368478	1353	91	6.7
#铁路、道路、隧道和桥梁工程建筑	2024754	936	65	6.9
#水利和水运工程建筑	511388	182	11	6.0
#海洋工程建筑	208	1	1	100.0
#工矿工程建筑	285959	25		
#架线和管道工程建筑	302010	77	7	9.1
建筑安装业	690036	325	44	13.5
建筑装饰、装修和其他建筑业	669027	662	84	12.7

2-B-3.18　各行业总承包和专业承包企业主要经济效益指标

行　　业	产值利润率(%)	产值利税率(%)	资本利润率(%)	资本利税率(%)	人均利润(元/人)	人均利税(元/人)	资本负债率(%)
总　　计	**3.4**	**7.2**	**23.0**	**48.8**	**9275**	**19669**	**57.7**
房屋建筑业	3.3	7.3	26.3	57.3	8965	19516	59.6
土木工程建筑业	3.3	6.8	19.2	39.1	9704	19832	54.0
#铁路、道路、隧道和桥梁工程建筑	3.4	6.8	20.5	41.3	10088	20336	54.3
#水利和水运工程建筑	2.6	6.4	15.5	37.4	6779	16379	53.8
#海洋工程建筑	-50.0	-33.7	-6.5	-4.4	-120769	-81397	50.5
#工矿工程建筑	5.8	9.3	35.3	57.1	19639	31744	51.1
#架线和管道工程建筑	3.6	6.8	15.0	27.9	10619	19757	61.2
建筑安装业	5.2	8.8	15.6	26.1	14474	24205	56.6
建筑装饰、装修和其他建筑业	3.8	7.1	12.2	22.7	10296	19151	48.9

C.总承包建筑业企业

2-C-1　各地区总承包建筑业企业签订合同情况

单位：万元

地　区	签订合同额	上年结转合同额	本年新签合同额
全　省	**208111944**	**81592739**	**126519205**
福　州	90341385	41683428	48657957
#平潭	1143475	315651	827824
厦　门	37930786	15562189	22368598
莆　田	12573764	4628269	7945495
三　明	8355491	1381635	6973856
泉　州	28114926	9319669	18795257
漳　州	10159861	2900338	7259522
南　平	2327794	768106	1559688
龙　岩	15447724	4423595	11024128
宁　德	2860214	925510	1934704

2-C-2　各地区总承包建筑业企业承包工程完成情况

单位：万元

地　区	直接从建设单位承揽工程完成的产值	自行完成施工产值	分包出去工程的产值	从建设单位以外承揽工程完成的产值
全　省	**104400145**	**104134106**	**266040**	**2357511**
福　州	36003379	35858348	145031	1256589
#平潭	315728	315546	181	878981
厦　门	19044087	18972495	71592	610543
莆　田	6945459	6921801	23658	29480
三　明	6875274	6870051	5223	110236
泉　州	15948929	15930824	18105	67477
漳　州	5851494	5850707	787	97396
南　平	1592112	1591181	931	12599
龙　岩	10447118	10446693	425	162898
宁　德	1692294	1692008	287	10294

2-C-3　各地区总承包企业建筑业总产值和竣工产值

单位：万元

地　区	建筑业总产值	#装饰装修产　值	#在外省完成的产值	按构成分组			竣工产值
				建筑工程产值	安装工程产值	其他产值	
全　省	**106491617**	**2378231**	**46201930**	**100385797**	**5208096**	**897724**	**71362734**
福　州	37114938	1014769	17925106	34772050	2041806	301082	35040669
#平潭	1194528	5563	1022862	1180279	13618	631	576988
厦　门	19583037	481064	7663697	18935951	595519	51568	10406719
莆　田	6951281	36283	2585038	6744182	184242	22857	4318835
三　明	6980287	57272	1003794	6734486	242139	3662	2981541
泉　州	15998300	409382	8981547	14749039	988609	260653	7408822
漳　州	5948102	109801	1604938	5390140	547610	10353	3015395
南　平	1603780	30526	201459	1374674	72835	156271	1008711
龙　岩	10609590	209922	5716088	10118949	403857	86784	6026992
宁　德	1702302	29214	520263	1566327	131481	4494	1155049

2-C-4 各地区总承包建筑业企业房屋建筑面积

地 区	房屋施工面积（万平方米）	#本年新开工	房屋竣工面积（万平方米）	房屋竣工率（%）
全 省	**71585**	**24481**	**17374**	**24.3**
福 州	34022	11393	7008	20.6
#平潭	181	41	16	9.0
厦 门	9541	2816	1376	14.4
莆 田	4778	1335	1310	27.4
三 明	3651	1316	1137	31.1
泉 州	8935	3506	3037	34.0
漳 州	3181	976	924	29.0
南 平	949	396	333	35.1
龙 岩	5271	2386	1893	35.9
宁 德	1257	356	357	28.4

2-C-5 各地区按主要用途分的总承包建筑业企业房屋竣工面积

单位：万平方米

地 区	合计	住宅房屋	商业及服务用房屋	办公用房 屋	科研、教育和医疗用房屋	文化、体育和娱乐用房屋	厂房及建筑物	仓库	其他未列明的房屋建筑物
全 省	**17374**	**11452**	**1210**	**1003**	**612**	**139**	**2802**	**107**	**50**
福 州	7008	5307	271	436	119	42	777	53	4
#平潭	16	7		8			1		
厦 门	1376	868	214	66	80	4	131	2	12
莆 田	1310	957	22	14	97	11	209	1	
三 明	1137	595	191	126	53	3	160	4	5
泉 州	3037	1936	255	242	92	18	466	19	9
漳 州	924	538	92	26	59	16	178	13	2
南 平	333	260	5	14	15	8	21	1	10
龙 岩	1893	814	131	67	92	37	733	12	8
宁 德	357	177	30	14	6	1	128		

2-C-6　各地区按主要用途分的总承包建筑业企业房屋竣工价值

单位：万元

地　区	合计	住宅房屋	商业及服务用房屋	办公用房　屋	科研、教育和医疗用房屋	文化、体育和娱乐用房屋	厂房及建筑物	仓　库	其他未列明的房屋建筑物
全　省	**31281287**	**21349752**	**2319427**	**1718893**	**1181618**	**309671**	**4144389**	**180081**	**77456**
福　州	13231244	9950962	613744	792021	238904	87149	1439513	94520	14432
#平潭	22793	13593	100	5000	280		3820		
厦　门	2996237	1947536	499917	149626	172829	11613	202799	3795	8124
莆　田	2388070	1770494	38330	23157	188263	20092	346415	1089	231
三　明	1582607	876471	265371	184410	80809	3868	157695	5391	8592
泉　州	5438307	3647180	471248	373463	197300	38115	670032	28227	12741
漳　州	1413628	829695	107317	46705	111871	70956	227429	17252	2402
南　平	540945	411412	8515	25405	25492	14011	42928	1228	11955
龙　岩	3128994	1603244	262134	105684	155962	63025	892383	28206	18357
宁　德	561255	312759	52851	18423	10187	842	165196	373	623

2-C-7　各地区总承包建筑业企业施工机械设备情况

地　区	年末自有施工机械设备总台数（台）	年末自有施工机械设备总功率（千瓦）	年末自有施工机械设备净值（万元）	技术装备率（元/人）	动力装备率（千瓦/人）
全　省	**305088**	**12165747**	**2316220**	**5903**	**3.1**
福　州	50987	1682871	798596	5507	1.2
#平潭	2620	85096	18834	2898	1.3
厦　门	26679	4030444	316695	4891	6.2
莆　田	24649	730177	150554	6734	3.3
三　明	18713	666966	144179	5340	2.5
泉　州	109631	2122970	330444	5907	3.8
漳　州	16894	464093	124050	5346	2.0
南　平	6639	262240	63788	10179	4.2
龙　岩	40809	1843055	330971	8001	4.5
宁　德	10087	362931	56943	8766	5.6

2-C-8 各地区总承包建筑业企业主要生产效益指标

地　区	建筑业企业个数（个）	从事建筑业活动的平均人数（人）	按总产值计算的劳动生产率（元/人）	人均竣工产值（元/人）	人均施工面积（平方米/人）	人均竣工面积（平方米/人）
全　省	**3658**	**3891533**	**273650**	**183379**	**184.0**	**44.7**
福　州	754	1457092	254719	240484	233.5	48.1
#平潭	40	66335	180075	86981	27.3	2.5
厦　门	426	605516	323411	171865	157.6	22.7
莆　田	412	238735	291171	180905	200.1	54.9
三　明	358	274781	254031	108506	132.9	41.4
泉　州	455	550685	290516	134538	162.3	55.2
漳　州	282	238887	248992	126227	133.2	38.7
南　平	347	59329	270320	170020	160.0	56.1
龙　岩	390	404052	262580	149164	130.4	46.9
宁　德	234	62456	272560	184938	201.2	57.1

2-C-9 各地区总承包建筑业企业营业收入

单位：万元

地　区	营业收入	#在境外完成的营业收入	企业总产值	#建筑业总产值
全　省	**90320426**	**686330**	**108038497**	**106491617**
福　州	31598045	305011	37393384	37114938
#平潭	912382	8371	1220838	1194528
厦　门	16578162	30866	19729295	19583037
莆　田	5660271	11736	6978055	6951281
三　明	5552288	373	7046378	6980287
泉　州	14364426	24111	16925074	15998300
漳　州	4275836	30083	5968572	5948102
南　平	1437717	6824	1614148	1603780
龙　岩	9356174	277200	10671388	10609590
宁　德	1497507	127	1712202	1702302

2-C-10　各地区总承包建筑业企业资产构成

单位：万元

地　区	资产总计	#流动资产合计	#存货
全　省	**57729898**	**47844410**	**9520341**
福　州	23370091	19899508	2997181
#平潭	354073	299449	25638
厦　门	10578666	8902765	1536989
莆　田	3610797	3150191	918228
三　明	2873381	2371665	613405
泉　州	7087368	5491442	1477943
漳　州	4248541	3289887	1220192
南　平	1224664	994918	139340
龙　岩	3266962	2535829	467160
宁　德	1469428	1208205	149904

2-C-11　各地区总承包建筑业企业固定资产情况

单位：万元

地　区	固定资产原价	固定资产折旧	#本年折旧	在建工程
全　省	**6077890**	**2441424**	**450358**	**303841**
福　州	1708791	669696	107250	89939
#平潭	69686	42355	3442	2338
厦　门	859937	406047	87013	39976
莆　田	390757	165536	21193	26163
三　明	309362	103096	21820	16854
泉　州	1365088	537333	95810	47881
漳　州	341609	123852	29102	18810
南　平	183840	55422	9309	18213
龙　岩	734337	303539	62069	15787
宁　德	184169	76902	16793	30219

2-C-12 各地区总承包建筑业企业负债及所有者权益

单位：万元

地 区	负债合计	#流动负债	#应付账款	所有者权益	#实收资本
全 省	**33924396**	**30133259**	**10562953**	**23805502**	**14577434**
福 州	16666694	14617050	5613264	6703397	4112882
#平潭	166233	155919	27938	187840	92908
厦 门	6630234	6039804	2586687	3948433	2706653
莆 田	1699025	1603764	287686	1911772	1092608
三 明	1684881	1272669	412385	1188500	827237
泉 州	2533697	2471017	701335	4553671	2486556
漳 州	2195027	1933852	362158	2053514	1107249
南 平	414663	358855	93782	810001	657788
龙 岩	1306194	1089785	333129	1960768	1137219
宁 德	793981	746464	172527	675447	449242

2-C-13 各地区总承包建筑业企业实收资本

单位：万元

地 区	合计	国家资本	集体资本	法人资本	个人资本	港澳台资本	外商资本
全 省	**14577434**	**1108043**	**190034**	**3519027**	**9724164**	**26128**	**10038**
福 州	4112882	413787	73020	1087211	2513268	18008	7588
#平潭	92908		3155	22412	67342		
厦 门	2706653	353616	50883	784487	1510017	5200	2450
莆 田	1092608	58	2000	227277	863273		
三 明	827237	93671	20787	158176	554604		
泉 州	2486556	27148	15633	651257	1792519		
漳 州	1107249	150373	11121	201707	744048		
南 平	657788	38428	10892	122203	484345	1920	
龙 岩	1137219	6767	82	208787	920583	1000	
宁 德	449242	24194	5618	77923	341507		

2-C-14　各地区总承包建筑业企业收入情况

单位：万元

地　区	主营业务收　入	#主营业务成　本	#主营业务税金及附加	其他业务收　入	#其他业务利　润
全　省	**89411810**	**81443741**	**1490104**	**908617**	**39012**
福　州	31103122	28886212	351863	494923	13455
#平潭	903942	828629	34636	8440	
厦　门	16471604	15275494	213027	106558	11048
莆　田	5597689	4889788	122704	62583	877
三　明	5539356	4934403	171140	12932	-809
泉　州	14204338	12604771	286581	160088	7486
漳　州	4245913	3835774	85039	29923	1461
南　平	1412903	1243633	27556	24814	1886
龙　岩	9341706	8419822	210229	14468	3272
宁　德	1495179	1353844	21965	2328	338

2-C-15　各地区总承包建筑业企业费用情况

单位：万元

地　区	管理费用	销售费用	财务费用	#利息收入	#利息支出
全　省	**2286795**	**212021**	**367683**	**43200**	**304637**
福　州	749798	30093	222449	1274	184782
#平潭	16675	627	2701	12	2442
厦　门	390823	45668	34915	25704	40153
莆　田	187178	16440	13630	1051	7473
三　明	133788	10178	24708	463	21587
泉　州	394243	70458	33564	3524	25582
漳　州	97801	7889	6982	7989	8687
南　平	50182	3377	1528	642	1019
龙　岩	229281	26422	27894	2188	14449
宁　德	53701	1497	2013	365	904

2-C-16 各地区总承包建筑业企业利润及税金情况

单位：万元

地 区	利润总额	#应交所得税	税金总额	主营业务税金及附加	应交增值税
全 省	**3539724**	**1020447**	**4058370**	**1490104**	**2568266**
福 州	908050	297793	1226240	351863	874376
#平潭	29105	15394	68448	34636	33812
厦 门	435278	100713	549794	213027	336768
莆 田	309758	85489	303149	122704	180444
三 明	261912	74881	415234	171140	244094
泉 州	831581	219773	693215	286581	406634
漳 州	225805	65634	212513	85039	127475
南 平	87922	20669	82900	27556	55344
龙 岩	416689	135892	502798	210229	292569
宁 德	62729	19603	72528	21965	50562

2-C-17 各地区总承包建筑业企业应收工程款及企业亏损情况

地 区	应收工程款（万元）	企业个数（个）	#亏损企业个数	亏损企业的比重（%）
全 省	**11971095**	**3658**	**291**	**8.0**
福 州	4679001	754	58	7.7
#平潭	97757	40	4	10.0
厦 门	1929094	426	106	24.9
莆 田	836652	412	21	5.1
三 明	608170	358	16	4.5
泉 州	1777783	455	19	4.2
漳 州	670201	282	23	8.2
南 平	260555	347	13	3.7
龙 岩	864176	390	15	3.8
宁 德	345464	234	20	8.5

2-C-18 各地区总承包建筑业企业主要经济效益指标

地区	产值利润率(%)	产值利税率(%)	资本利润率(%)	资本利税率(%)	人均利润(元/人)	人均利税(元/人)	资产负债率(%)
全省	**3.3**	**7.1**	**24.3**	**52.1**	**9096**	**19525**	**58.8**
福州	2.4	5.8	22.1	51.9	6232	14648	71.3
#平潭	2.4	8.2	31.3	105.0	4388	14706	46.9
厦门	2.2	5.0	16.1	36.4	7189	16268	62.7
莆田	4.5	8.8	28.4	56.1	12975	25673	47.1
三明	3.8	9.7	31.7	81.9	9532	24643	58.6
泉州	5.2	9.5	33.4	61.3	15101	27689	35.7
漳州	3.8	7.4	20.4	39.6	9452	18348	51.7
南平	5.5	10.7	13.4	26.0	14819	28792	33.9
龙岩	3.9	8.7	36.6	80.9	10313	22757	40.0
宁德	3.7	7.9	14.0	30.1	10044	21656	54.0

2-C-19 各地区按资质等级划分的总承包建筑业企业单位数

单位：个

地区	合计	特级	一级	二级	三级及以下
全省	**3658**	**18**	**303**	**670**	**2667**
福州	754	8	79	173	494
#平潭	40		2	10	28
厦门	426	3	81	81	261
莆田	412	2	20	42	348
三明	358	2	21	56	279
泉州	455	2	53	105	295
漳州	282	1	15	59	207
南平	347		3	32	312
龙岩	390		24	86	280
宁德	234		7	36	191

2-C-20 各地区按资质等级划分的总承包建筑业企业期末人数

单位：人

地区	合计	特级	一级	二级	三级及以下
全省	**3923907**	**566075**	**1677281**	**875083**	**805468**
福州	1450038	334974	556400	300568	258096
#平潭	64997		33435	20316	11246
厦门	647532	46580	410732	83142	107078
莆田	223583	35336	86124	44831	57292
三明	270012	38052	72059	62819	97082
泉州	559408	63068	297468	122086	76786
漳州	232056	48065	58391	71217	54383
南平	62664		7015	15552	40097
龙岩	413655		176070	149327	88258
宁德	64959		13022	25541	26396

2-C-21 各地区按资质等级划分的总承包企业建筑业总产值

单位：万元

地区	合计	特级	一级	二级	三级及以下
全省	**106491617**	**16826843**	**44156999**	**24231798**	**21275977**
福州	37114938	9123719	14284180	7748333	5958706
#平潭	1194528		462392	555196	176940
厦门	19583037	1936771	11561579	2765338	3319349
莆田	6951281	1613862	2377586	1351136	1608696
三明	6980287	1027156	1778552	1735639	2438940
泉州	15998300	1700430	7931019	4161712	2205140
漳州	5948102	1424905	1511445	1553192	1458560
南平	1603780		164730	348122	1090928
龙岩	10609590		4175091	3898151	2536348
宁德	1702302		372817	670174	659310

2-C-22 各地区按资质等级划分的总承包建筑业企业签订合同额

单位：万元

地 区	合计	特级	一级	二级	三级及以下
全 省	**208111944**	**54940586**	**81976691**	**38112627**	**33082041**
福 州	90341385	42852105	25579928	13133768	8775584
#平潭	1143475		63331	741997	338148
厦 门	37930786	3561216	23481342	5268815	5619414
莆 田	12573764	2336585	5217886	1859146	3160147
三 明	8355491	1219748	2339934	1942316	2853492
泉 州	28114926	3519865	14431692	5855438	4307930
漳 州	10159861	1451067	3578248	2613231	2517315
南 平	2327794		214807	592521	1520467
龙 岩	15447724		6615686	5607237	3224801
宁 德	2860214		517168	1240156	1102891

2-C-23 各地区按资质等级划分的总承包建筑业企业竣工产值

单位：万元

地 区	合计	特级	一级	二级	三级及以下
全 省	**71362734**	**24991889**	**23720436**	**12791695**	**9858715**
福 州	35040669	20088853	8049825	4076834	2825158
#平潭	576988		179154	355087	42746
厦 门	10406719	1518681	5978308	1192208	1717523
莆 田	4318835	1181805	1362050	1030930	744050
三 明	2981541	426429	870378	867143	817591
泉 州	7408822	1006673	3886888	1693388	821873
漳 州	3015395	769449	800807	919533	525605
南 平	1008711		119654	188751	700307
龙 岩	6026992		2388751	2347540	1290701
宁 德	1155049		263775	475367	415907

2-C-24　各地区按资质等级划分的总承包建筑业企业房屋施工面积

单位：万平方米

地　区	合计	特级	一级	二级	三级及以下
全　省	**71585**	**16821**	**32919**	**13595**	**8250**
福　州	34022	12397	13256	5854	2516
#平潭	181		3	137	40
厦　门	9541	1121	6613	1002	805
莆　田	4778	879	2520	789	591
三　明	3651	503	1242	819	1087
泉　州	8935	1695	4317	1756	1167
漳　州	3181	227	1496	915	544
南　平	949		215	283	451
龙　岩	5271		2746	1639	886
宁　德	1257		515	539	203

2-C-25　各地区按资质等级划分的总承包建筑业企业房屋竣工面积

单位：万平方米

地　区	合计	特级	一级	二级	三级及以下
全　省	**17374**	**2782**	**7798**	**3991**	**2803**
福　州	7008	1544	2949	1510	1005
#平潭	16		1	12	3
厦　门	1376	166	996	99	114
莆　田	1310	258	582	271	200
三　明	1137	187	268	351	332
泉　州	3037	585	1471	678	304
漳　州	924	42	460	250	172
南　平	333		57	58	218
龙　岩	1893		900	625	369
宁　德	357		118	149	90

2-C-26　各地区按资质等级划分的总承包企业自有施工机械设备台数

单位：台

地　区	合计	特级	一级	二级	三级及以下
全　省	**305088**	**6002**	**87469**	**132019**	**79598**
福　州	50987	1437	16446	17439	15665
#平潭	2620		1186	882	552
厦　门	26679	1103	15795	3781	6000
莆　田	24649	955	9198	3384	11112
三　明	18713	307	3034	5295	10077
泉　州	109631	2200	20753	75310	11368
漳　州	16894		5107	5643	6144
南　平	6639		615	1994	4030
龙　岩	40809		14286	13910	12613
宁　德	10087		2235	5263	2589

2-C-27　各地区按资质等级划分的总承包企业自有施工机械设备总功率

单位：万千瓦

地　区	合计	特级	一级	二级	三级及以下
全　省	**1217**	**44**	**610**	**278**	**285**
福　州	168	9	44	58	58
#平潭	9		4	3	1
厦　门	403	7	350	22	24
莆　田	73	5	21	12	35
三　明	67	1	12	19	34
泉　州	212	21	90	69	33
漳　州	46		13	16	18
南　平	26		5	8	13
龙　岩	184		61	60	63
宁　德	36		12	16	9

2-C-28　各地区按资质等级划分的总承包建筑业企业实收资本

单位：万元

地　区	合计	特级	一级	二级	三级及以下
全　省	**14577434**	**1050049**	**4502842**	**3815988**	**5208557**
福　州	4112882	623089	1317588	1070780	1101424
#平潭	92908		9596	36583	46730
厦　门	2706653	152526	1248387	497582	808158
莆　田	1092608	67318	307798	230847	486646
三　明	827237	64166	184526	233690	344856
泉　州	2486556	112250	859815	665989	848503
漳　州	1107249	30700	165798	411223	499528
南　平	657788		32246	160053	465489
龙　岩	1137219		324425	383359	429435
宁　德	449242		62259	162465	224518

2-C-29　各地区按资质等级划分的总承包建筑业企业资产

单位：万元

地　区	合计	特级	一级	二级	三级及以下
全　省	**57729898**	**8876490**	**21804966**	**13161369**	**13887072**
福　州	23370091	5381931	9146076	3814274	5027810
#平潭	354073		100632	147247	106194
厦　门	10578666	1257881	6002461	1487611	1830713
莆　田	3610797	807663	1163007	606328	1033800
三　明	2873381	519257	587997	732851	1033276
泉　州	7087368	700536	3021874	1653390	1711567
漳　州	4248541	209222	638221	2459903	941194
南　平	1224664		75468	363689	785507
龙　岩	3266962		926104	1342535	998324
宁　德	1469428		243759	700789	524881

2-C-30　各地区按资质等级划分的总承包建筑业企业所有者权益

单位：万元

地　区	合计	特级	一级	二级	三级及以下
全　省	**23805502**	**2325669**	**7937923**	**6414548**	**7127362**
福　州	6703397	1302340	2200901	1556446	1643710
#平潭	187840		76953	49232	61655
厦　门	3948433	310727	1912241	689865	1035599
莆　田	1911772	183507	648499	421629	658137
三　明	1188500	84136	258996	351687	493681
泉　州	4553671	332545	1932132	1064818	1224176
漳　州	2053514	112415	275322	1044863	620914
南　平	810001		59701	203261	547040
龙　岩	1960768		495312	830630	634826
宁　德	675447		154819	251349	269279

2-C-31　各地区按资质等级划分的总承包建筑业企业负债

单位：万元

地　区	合计	特级	一级	二级	三级及以下
全　省	**33924396**	**6550821**	**13867043**	**6746821**	**6759711**
福　州	16666694	4079591	6945175	2257828	3384100
#平潭	166233		23679	98016	44539
厦　门	6630234	947154	4090220	797746	795114
莆　田	1699025	624156	514508	184699	375663
三　明	1684881	435121	329001	381164	539595
泉　州	2533697	367991	1089742	588572	487391
漳　州	2195027	96808	362899	1415041	320280
南　平	414663		15768	160428	238467
龙　岩	1306194		430791	511904	363498
宁　德	793981		88940	449440	255602

2-C-32 各地区按资质等级划分的总承包建筑业企业营业收入

单位：万元

地 区	合计	特级	一级	二级	三级及以下
全 省	**90320426**	**13733772**	**38001892**	**21055166**	**17529596**
福 州	31598045	7334780	12712305	6533471	5017490
#平潭	912382		442738	316764	152880
厦 门	16578162	1747031	9284087	2638681	2908363
莆 田	5660271	1349325	1959231	1213766	1137949
三 明	5552288	737988	1504452	1361375	1948473
泉 州	14364426	1709705	7267356	3782828	1604538
漳 州	4275836	854943	1049633	1091740	1279520
南 平	1437717		161964	360182	915571
龙 岩	9356174		3758132	3455258	2142784
宁 德	1497507		304732	617866	574908

2-C-33 各地区按资质等级划分的总承包建筑业企业利税总额

单位：万元

地 区	合计	特级	一级	二级	三级及以下
全 省	**7598094**	**841445**	**2923421**	**2012736**	**1820491**
福 州	2134290	384238	774422	523735	451895
#平潭	97553		58545	25841	13168
厦 门	985072	78091	563240	137690	206051
莆 田	612907	123359	212392	142221	134935
三 明	677146	67012	165184	184457	260493
泉 州	1524796	83454	781121	478038	182183
漳 州	438319	105291	107275	96073	129680
南 平	170821		16009	37395	117417
龙 岩	919487		283304	365372	270811
宁 德	135257		20474	47756	67027

2-C-34 各地区按资质等级划分的总承包建筑业企业利润总额

单位：万元

地区	合计	特级	一级	二级	三级及以下
全省	**3539724**	**363504**	**1365078**	**955994**	**855148**
福州	908050	159972	294512	246149	207417
#平潭	29105		17094	7807	4205
厦门	435278	41130	258290	58103	77756
莆田	309758	54451	120485	66018	68804
三明	261912	13387	63614	72394	112517
泉州	831581	43211	417738	267165	103468
漳州	225805	51352	49005	55203	70245
南平	87922		8739	17670	61513
龙岩	416689		141820	154631	120238
宁德	62729		10875	18662	33192

2-C-35 各地区按资质等级划分的总承包建筑业企业税金总额

单位：万元

地区	合计	特级	一级	二级	三级及以下
全省	**4058370**	**477941**	**1558344**	**1056742**	**965343**
福州	1226240	224266	479910	277586	244478
#平潭	68448		41451	18034	8963
厦门	549794	36960	304951	79588	128296
莆田	303149	68908	91907	76203	66131
三明	415234	53625	101570	112063	147976
泉州	693215	40243	363383	210873	78716
漳州	212513	53939	58270	40870	59435
南平	82900		7270	19726	55904
龙岩	502798		141484	210740	150573
宁德	72528		9600	29093	33835

2-C-36 各地区按资质等级划分的总承包建筑业企业主营业务收入

单位：万元

地 区	合计	特级	一级	二级	三级及以下
全 省	**89411810**	**13728111**	**37731882**	**20666278**	**17285539**
福 州	31103122	7330768	12597763	6172403	5002188
#平潭	903942		442738	308414	152790
厦 门	16471604	1746486	9199485	2633322	2892311
莆 田	5597689	1349325	1915157	1213476	1119730
三 明	5539356	737988	1504297	1359287	1937785
泉 州	14204338	1708601	7251547	3780483	1463708
漳 州	4245913	854943	1047650	1089799	1253521
南 平	1412903		153833	358242	900827
龙 岩	9341706		3757420	3441847	2142439
宁 德	1495179		304732	617417	573030

2-C-37 各地区按资质等级划分的总承包建筑业企业管理费用

单位：万元

地 区	合计	特级	一级	二级	三级及以下
全 省	**2286795**	**206562**	**765936**	**632656**	**681641**
福 州	749798	128963	226899	193289	200646
#平潭	16675		9048	2998	4629
厦 门	390823	28922	191513	66340	104048
莆 田	187178	15608	64765	33979	72826
三 明	133788	4081	31499	36233	61975
泉 州	394243	25162	161941	144487	62653
漳 州	97801	3825	28927	34497	30552
南 平	50182		1604	11711	36868
龙 岩	229281		53591	99679	76011
宁 德	53701		5198	12442	36062

2-C-38　各地区按资质等级划分的总承包建筑业企业财务费用

单位：万元

地　区	合计	特级	一级	二级	三级及以下
全　省	**367683**	**101065**	**196937**	**36106**	**33575**
福　州	222449	87548	119529	9866	5507
#平潭	2701		414	2172	115
厦　门	34915	-2829	31876	-2069	7936
莆　田	13630	210	9817	1679	1924
三　明	24708	12604	3841	3186	5077
泉　州	33564	3263	17755	8311	4234
漳　州	6982	269	161	3970	2583
南　平	1528		567	-92	1053
龙　岩	27894		12884	10621	4389
宁　德	2013		508	634	872

2-C-39　各地区按资质等级划分的总承包建筑业企业应收工程款

单位：万元

地　区	合计	特级	一级	二级	三级及以下
全　省	**11971095**	**1140067**	**4126418**	**2544065**	**4160544**
福　州	4679001	598122	1363453	622456	2094970
#平潭	97757		33704	34881	29172
厦　门	1929094	101870	1067365	306019	453841
莆　田	836652	136283	332919	138129	229322
三　明	608170	101549	169829	164885	171907
泉　州	1777783	151866	828154	344489	453274
漳　州	670201	50379	139424	278553	201845
南　平	260555		8010	76257	176288
龙　岩	864176		167473	415905	280799
宁　德	345464		49791	197373	98300

D.专业承包建筑业企业

2-D-1 各地区专业承包建筑业企业签订合同情况

单位：万元

地 区	签订合同额	上年结转合同额	本年新签合同额
全 省	**11285310**	**3669999**	**7615311**
福 州	4081116	1168785	2912331
#平潭	311100	153859	157240
厦 门	2813894	983182	1830712
莆 田	142967	21782	121185
三 明	66717	3983	62735
泉 州	2682739	1170081	1512658
漳 州	410871	92987	317883
南 平	365378	96280	269098
龙 岩	565554	104960	460594
宁 德	156074	27959	128115

2-D-2 各地区专业承包建筑业企业承包工程完成情况

单位：万元

地 区	直接从建设单位承揽工程完成的产值	自行完成施工产值	分包出去工程的产值	从建设单位以外承揽工程完成的产值
全 省	**7224518**	**7087556**	**136963**	**531037**
福 州	2748399	2715075	33324	423667
#平潭	158914	158869	46	315987
厦 门	1635431	1619503	15927	76457
莆 田	123622	123622		
三 明	59023	59023		288
泉 州	1629939	1550824	79115	19378
漳 州	220033	219929	105	3615
南 平	265308	265308		
龙 岩	425335	416843	8492	7604
宁 德	117430	117430		29

2-D-3 各地区专业承包企业建筑业总产值和竣工产值

单位：万元

地 区	建筑业总产值	#装饰装修产值	#在外省完成的产值	按构成分组			竣工产值
				建筑工程产值	安装工程产值	其他产值	
全 省	**7618593**	**1852657**	**3079558**	**5651532**	**1833977**	**133085**	**3883049**
福 州	3138742	568139	1207186	2178155	886637	73950	1299223
#平潭	474855	8799	434773	465612	5448	3796	37802
厦 门	1695960	543427	615520	1335433	345988	14539	1072155
莆 田	123622	7644	4257	35435	84259	3928	105708
三 明	59310	6606	5792	42246	16712	352	38119
泉 州	1570202	653369	876513	1315474	229334	25394	745445
漳 州	223543	11063	30742	189947	31328	2269	102105
南 平	265308	5915	142356	113086	148734	3488	168639
龙 岩	424447	39009	175977	339991	75329	9128	318666
宁 德	117459	17485	21215	101766	15656	37	32990

2-D-4 各地区专业承包建筑业企业房屋建筑面积

地 区	房屋施工面积(万平方米)	#本年新开工	房屋竣工面积(万平方米)	房屋竣工率(%)
全 省	**1119**	**479**	**270**	**24.1**
福 州	49	32	16	32.9
#平潭	4.3	4	4.3	99.2
厦 门	439	267	60	13.7
莆 田	3	3	2	83.1
三 明	1	1		31.1
泉 州	359	23	36	10.1
漳 州	16	13	4	25.0
南 平	10	5	3	35.0
龙 岩	233	131	145	62.1
宁 德	11	6	3	30.1

2-D-5 各地区按主要用途分的专业承包建筑业企业房屋竣工面积

单位：万平方米

地　区	合计	住宅房屋	商业及服务用房屋	办公用房　屋	科研、教育和医疗用房屋	文化、体育和娱乐用房屋	厂房及建筑物	仓　库	其他未列明的房屋建筑物
全　省	**270**	**58**	**5**	**26**	**5**	**8**	**164**	**4**	
福　州	16	2	4		3	2	4		
#平潭	4		4						
厦　门	60	35		13			13		
莆　田	2						2		
三　明									
泉　州	36	13	1	7	1	4	10	1	
漳　州	4	1					3		
南　平	3			1			3		
龙　岩	145	8	1	4		1	128	3	
宁　德	3			1			2		

2-D-6 各地区按主要用途分的专业承包建筑业企业房屋竣工价值

单位：万元

地　区	合计	住宅房屋	商业及服务用房屋	办公用房　屋	科研、教育和医疗用房屋	文化、体育和娱乐用房屋	厂房及建筑物	仓　库	其他未列明的房屋建筑物
全　省	**390191**	**149797**	**10424**	**53782**	**9189**	**14587**	**149675**	**2307**	**429**
福　州	40634	9171	9330	1006	6153	6276	8680		19
#平潭	10227	897	9330						
厦　门	169129	111515		39038	30		18546		
莆　田	1445						1445		
三　明	200						200		
泉　州	37958	15197	858	7048	1262	6108	6459	1027	
漳　州	6780	739		508	943		4309		282
南　平	4771			952	196		3623		
龙　岩	125325	13177	236	3772	239	1608	105036	1130	128
宁　德	3950			1459	368	596	1377	150	

2-D-7　各地区专业承包建筑业企业施工机械设备情况

地　区	年末自有施工机械设备总台数（台）	年末自有施工机械设备总功率（千瓦）	年末自有施工机械设备净值（万元）	技术装备率（元/人）	动力装备率（千瓦/人）
全　省	**33365**	**679460**	**156903**	**5677**	**2.5**
福　州	7364	179652	40700	3515	1.6
#平潭	553	24658	4411	2985	1.7
厦　门	6818	156006	36677	5779	2.5
莆　田	953	27633	5064	14782	8.1
三　明	476	18758	7494	31381	7.9
泉　州	9741	139173	38640	8573	3.1
漳　州	1638	45170	8585	8187	4.3
南　平	2011	43108	6042	6498	4.6
龙　岩	3920	53948	10986	5258	2.6
宁　德	444	16012	2714	4875	2.9

2-D-8　各地区专业承包建筑业企业主要生产效益指标

地　区	建筑业企业个数（个）	从事建筑业活动的平均人数（人）	按总产值计算的劳动生产率（元/人）	人均竣工产值（元/人）	人均施工面积（平方米/人）	人均竣工面积（平方米/人）
全　省	**1224**	**275118**	**276921**	**141141**	**40.7**	**9.8**
福　州	370	117161	267900	110892	4.2	1.4
#平潭	18	12812	370633	29505	3.4	3.3
厦　门	332	62023	273441	172864	70.7	9.7
莆　田	43	3214	384636	328899	9.1	7.5
三　明	26	2748	215830	138715	1.8	0.6
泉　州	243	45974	341541	162145	78.1	7.8
漳　州	58	9606	232712	106293	16.4	4.1
南　平	35	9677	274163	174268	10.1	3.5
龙　岩	74	19609	216455	162510	118.6	73.7
宁　德	43	5106	230041	64610	21.7	6.5

2-D-9 各地区专业承包建筑业企业营业收入

单位：万元

地 区	营业收入	#在境外完成的营业收入	企业总产值	#建筑业总产值
全 省	**7010415**	**43235**	**7793784**	**7618593**
福 州	2607110		3205034	3138742
#平潭	184225		476627	474855
厦 门	1856921	8579	1782804	1695960
莆 田	120153	3267	125554	123622
三 明	49197		59637	59310
泉 州	1440137	30522	1578826	1570202
漳 州	181430		224107	223543
南 平	252709	251	267631	265308
龙 岩	402595	617	432729	424447
宁 德	100164		117461	117459

2-D-10 各地区专业承包建筑业企业资产构成

单位：万元

地 区	资产总计	#流动资产合计	#存货
全 省	**6507296**	**5369364**	**812714**
福 州	2543608	2112326	261113
#平潭	198450	160793	21003
厦 门	1549003	1337740	254523
莆 田	143855	107294	26619
三 明	53123	36542	6990
泉 州	1514902	1201329	189041
漳 州	159418	139778	23808
南 平	141042	123646	6613
龙 岩	303095	223667	38930
宁 德	99252	87043	5078

2-D-11　各地区专业承包建筑业企业固定资产情况

单位：万元

地　区	固定资产原价	固定资产折旧	#本年折旧	在建工程
全　省	**914730**	**390612**	**70841**	**47854**
福　州	294573	135144	21607	4200
#平潭	46206	23721	4121	
厦　门	157050	79060	17031	19029
莆　田	25815	12039	3017	954
三　明	25236	14879	1575	294
泉　州	308916	110379	21852	8896
漳　州	19164	8795	1094	643
南　平	14468	5556	986	1883
龙　岩	58022	20782	2951	11486
宁　德	11486	3978	729	470

2-D-12　各地区专业承包建筑业企业负债及所有者权益

单位：万元

地　区	负债合计	#流动负债	#应付账款	所有者权益	#实收资本
全　省	**3147876**	**2953053**	**885878**	**3359421**	**2224160**
福　州	1445746	1337018	331020	1097862	695896
#平潭	144511	141807	40522	53939	43112
厦　门	748098	708441	297774	800904	581295
莆　田	65209	62389	27645	78646	60443
三　明	19039	18607	5639	34084	20022
泉　州	576895	550205	128781	938007	558219
漳　州	62115	59701	23103	97303	79450
南　平	61748	58294	16266	79294	59983
龙　岩	120160	109739	46995	182935	126323
宁　德	48865	48660	8656	50387	42530

2-D-13 各地区专业承包建筑业企业实收资本

单位：万元

地 区	合计	国家资本	集体资本	法人资本	个人资本	港澳台资本	外商资本
全 省	**2224160**	**86885**	**87869**	**665985**	**1372831**	**10510**	**80**
福 州	695896	49357	29676	213968	396358	6508	30
#平潭	43112		11281	3483	28348		
厦 门	581295	18442		188732	371786	2335	
莆 田	60443	5000	6875	7122	41446		
三 明	20022	603	524	3439	15456		
泉 州	558219	2150	29697	195640	329015	1668	50
漳 州	79450	2647	2096	21064	53643		
南 平	59983	6528	1201	19781	32473		
龙 岩	126323	1050	15600	4686	104987		
宁 德	42530	1109	2200	11554	27667		

2-D-14 各地区专业承包建筑业企业收入情况

单位：万元

地 区	主营业务收入	#主营业务成本	#主营业务税金及附加	其他业务收入	#其他业务利润
全 省	**6843936**	**5887361**	**83539**	**166479**	**9535**
福 州	2504027	2177794	24943	103083	3256
#平潭	163677	140787	797	20549	
厦 门	1814869	1597972	12092	42051	4633
莆 田	120153	104891	913		
三 明	48471	41302	586	726	50
泉 州	1427726	1166246	26370	12411	683
漳 州	178868	159330	1500	2562	562
南 平	251230	216821	4151	1479	210
龙 岩	398619	334576	12189	3975	142
宁 德	99972	88429	797	192	

2-D-15　各地区专业承包建筑业企业费用情况

单位：万元

地　区	管理费用	销售费用	财务费用	#利息收入	#利息支出
全　省	**443014**	**73481**	**34219**	**2290**	**28510**
福　州	158324	12551	12562	148	8486
#平潭	5037	160	1249	-5	1236
厦　门	111665	21690	7074	436	6691
莆　田	8814	450	549	196	553
三　明	3542	203	431	-18	362
泉　州	98803	31845	10969	803	10072
漳　州	7748	859	245	102	292
南　平	16816	2201	212	5	35
龙　岩	30899	3500	1686	542	1561
宁　德	6404	183	492	77	458

2-D-16　各地区专业承包建筑业企业利润及税金情况

单位：万元

地　区	利润总额	#应交所得税	税金总额	主营业务税金及附加	应交增值税
全　省	**325021**	**79217**	**272161**	**83539**	**188623**
福　州	122305	27686	96924	24943	71981
#平潭	14659	3925	14844	797	14047
厦　门	65225	15517	43021	12092	30929
莆　田	4108	1139	2927	913	2014
三　明	2989	792	3056	586	2471
泉　州	88431	22924	75660	26370	49290
漳　州	8864	2377	6266	1500	4767
南　平	12577	2805	14058	4151	9907
龙　岩	16938	4658	27055	12189	14866
宁　德	3586	1319	3195	797	2398

2-D-17 各地区专业承包建筑业企业应收工程款及企业亏损情况

地区	应收工程款(万元)	企业个数(个)	#亏损企业个数	亏损企业的比重(%)
全省	**1900807**	**1224**	**140**	**11.4**
福州	653557	370	44	11.9
#平潭	91701	18		
厦门	447070	332	68	20.5
莆田	26424	43	1	2.3
三明	11539	26	4	15.4
泉州	587744	243	7	2.9
漳州	33920	58	7	12.1
南平	44449	35	1	2.9
龙岩	71369	74	4	5.4
宁德	24737	43	4	9.3

2-D-18 各地区专业承包建筑业企业主要经济效益指标

地区	产值利润率(%)	产值利税率(%)	资本利润率(%)	资本利税率(%)	人均利润(元/人)	人均利税(元/人)	资产负债率(%)
全省	**4.3**	**7.8**	**14.6**	**26.8**	**11814**	**21706**	**48.4**
福州	3.9	7.0	17.6	31.5	10439	18712	56.8
#平潭	3.1	6.2	34.0	68.4	11441	23027	72.8
厦门	3.8	6.4	11.2	18.6	10516	17452	48.3
莆田	3.3	5.7	6.8	11.6	12783	21890	45.3
三明	5.0	10.2	14.9	30.2	10876	21998	35.8
泉州	5.6	10.5	15.8	29.4	19235	35692	38.1
漳州	4.0	6.8	11.2	19.0	9227	15751	39.0
南平	4.7	10.0	21.0	44.4	12997	27524	43.8
龙岩	4.0	10.4	13.4	34.8	8638	22435	39.6
宁德	3.1	5.8	8.4	15.9	7022	13279	49.2

2-D-19　各地区按资质等级划分的专业承包建筑业企业单位数

单位：个

地　　区	合计	一级	二级	三级及以下
全　省	**1224**	**185**	**639**	**400**
福　州	370	60	168	142
#平潭	18	2	8	8
厦　门	332	60	188	84
莆　田	43	1	32	10
三　明	26	2	8	16
泉　州	243	40	124	79
漳　州	58	4	39	15
南　平	35	5	14	16
龙　岩	74	12	38	24
宁　德	43	1	28	14

2-D-20　各地区按资质等级划分的专业承包建筑业企业期末人数

单位：人

地　　区	合计	一级	二级	三级及以下
全　省	**276386**	**119013**	**86739**	**70634**
福　州	115791	56277	31357	28157
#平潭	14777	10568	1668	2541
厦　门	63462	26422	18646	18394
莆　田	3426	17	2687	722
三　明	2388	700	268	1420
泉　州	45072	23029	12907	9136
漳　州	10487	320	6209	3958
南　平	9298	2395	3447	3456
龙　岩	20895	9714	8231	2950
宁　德	5567	139	2987	2441

2-D-21 各地区按资质等级划分的专业承包企业建筑业总产值

单位：万元

地 区	合计	一级	二级	三级及以下
全 省	**7618593**	**3488519**	**2209371**	**1920703**
福 州	3138742	1600981	777726	760035
#平潭	474855	375891	39432	59533
厦 门	1695960	683954	503636	508370
莆 田	123622	400	103236	19986
三 明	59310	12207	5439	41665
泉 州	1570202	911512	351244	307446
漳 州	223543	11388	142951	69204
南 平	265308	74697	110592	80019
龙 岩	424447	190835	172156	61457
宁 德	117459	2545	42391	72522

2-D-22 各地区按资质等级划分的专业承包建筑业企业签订合同额

单位：万元

地 区	合计	一级	二级	三级及以下
全 省	**11285310**	**5230331**	**3243432**	**2811548**
福 州	4081116	2012238	1043679	1025199
#平潭	311100	129630	64603	116867
厦 门	2813894	1122172	826552	865170
莆 田	142967	400	115313	27253
三 明	66717	13962	6620	46136
泉 州	2682739	1742700	525393	414647
漳 州	410871	26868	244691	139312
南 平	365378	80856	164139	120383
龙 岩	565554	226624	256522	82408
宁 德	156074	4510	60524	91040

2-D-23　各地区按资质等级划分的专业承包建筑业企业竣工产值

单位：万元

地　区	合计	一级	二级	三级及以下
全　省	**3883049**	**1696516**	**1113010**	**1073523**
福　州	1299223	616336	341161	341726
#平潭	37802	20224	15792	1786
厦　门	1072155	432616	300725	338815
莆　田	105708	400	91928	13381
三　明	38119	12060	4437	21622
泉　州	745445	370769	169943	204733
漳　州	102105	5084	53738	43283
南　平	168639	68635	49634	50370
龙　岩	318666	188453	89581	40632
宁　德	32990	2163	11865	18962

2-D-24　各地区按资质等级划分的专业承包建筑业企业房屋施工面积

单位：万平方米

地　区	合计	一级	二级	三级及以下
全　省	**1119**	**468**	**164**	**488**
福　州	49	5	37	7
#平潭	4		4	
厦　门	439		2	437
莆　田	3		3	
三　明	1		1	
泉　州	359	310	27	23
漳　州	16		15	1
南　平	10			10
龙　岩	233	153	74	5
宁　德	11		5	6

2-D-25 各地区按资质等级划分的专业承包建筑业企业房屋竣工面积

单位：万平方米

地　区	合计	一级	二级	三级及以下
全　省	**270**	**127**	**58**	**85**
福　州	16	2	14	
#平潭	4		4	
厦　门	60			60
莆　田	2		2	
三　明				
泉　州	36		20	16
漳　州	4		4	
南　平	3			3
龙　岩	145	125	14	5
宁　德	3		3	

2-D-26 各地区按资质等级划分的专业承包企业自有施工机械设备台数

单位：台

地　区	合计	一级	二级	三级及以下
全　省	**33365**	**10351**	**11542**	**11472**
福　州	7364	1966	2244	3154
#平潭	553	445	1	107
厦　门	6818	2968	2570	1280
莆　田	953	6	528	419
三　明	476	40	43	393
泉　州	9741	1315	3838	4588
漳　州	1638	429	823	386
南　平	2011	870	572	569
龙　岩	3920	2655	843	422
宁　德	444	102	81	261

2-D-27　各地区按资质等级划分的专业承包企业自有施工机械设备总功率

单位：万千瓦

地　区	合计	一级	二级	三级及以下
全　省	**68**	**19**	**27**	**22**
福　州	18	7	6	5
#平潭	3	2		
厦　门	16	4	7	5
莆　田	3		2	1
三　明	2			1
泉　州	14	3	7	4
漳　州	5		3	1
南　平	4		1	3
龙　岩	5	3	1	1
宁　德	2		1	1

2-D-28　各地区按资质等级划分的专业承包建筑业企业实收资本

单位：万元

地　区	合计	一级	二级	三级及以下
全　省	**2224160**	**717070**	**870904**	**636186**
福　州	695896	210640	253201	232056
#平潭	43112	22368	2776	17969
厦　门	581295	186017	240706	154571
莆　田	60443	1200	43411	15832
三　明	20022	1106	3834	15082
泉　州	558219	244855	201755	111610
漳　州	79450	7168	39493	32789
南　平	59983	15458	17613	26912
龙　岩	126323	49626	49653	27044
宁　德	42530	1000	21239	20290

2-D-29 各地区按资质等级划分的专业承包建筑业企业资产

单位：万元

地 区	合计	一级	二级	三级及以下
全 省	**6507296**	**2698870**	**2049444**	**1758983**
福 州	2543608	1082483	668472	792653
#平潭	198450	137994	6789	53667
厦 门	1549003	597375	569368	382260
莆 田	143855	9784	104640	29430
三 明	53123	10185	6537	36401
泉 州	1514902	834003	406250	274649
漳 州	159418	12953	84960	61505
南 平	141042	27752	48093	65196
龙 岩	303095	122913	127390	52792
宁 德	99252	1422	33733	64097

2-D-30 各地区按资质等级划分的专业承包建筑业企业所有者权益

单位：万元

地 区	合计	一级	二级	三级及以下
全 省	**3359421**	**1267908**	**1176255**	**915258**
福 州	1097862	377931	342166	377765
#平潭	53939	40251	3933	9755
厦 门	800904	296215	303048	201642
莆 田	78646	1583	57673	19390
三 明	34084	7424	4304	22356
泉 州	938007	469533	307072	161402
漳 州	97303	8166	51736	37402
南 平	79294	19418	21781	38095
龙 岩	182935	86446	63764	32726
宁 德	50387	1194	24713	24480

2-D-31 各地区按资质等级划分的专业承包建筑业企业负债

单位：万元

地 区	合计	一级	二级	三级及以下
全 省	**3147876**	**1430962**	**873188**	**843726**
福 州	1445746	704552	326306	414888
#平潭	144511	97743	2856	43912
厦 门	748098	301160	266320	180618
莆 田	65209	8201	46968	10040
三 明	19039	2761	2233	14045
泉 州	576895	364470	99178	113247
漳 州	62115	4788	33224	24104
南 平	61748	8334	26313	27101
龙 岩	120160	36467	63627	20066
宁 德	48865	229	9020	39617

2-D-32 各地区按资质等级划分的专业承包建筑业企业营业收入

单位：万元

地 区	合计	一级	二级	三级及以下
全 省	**7010415**	**2944518**	**2182841**	**1883056**
福 州	2607110	1156156	756943	694012
#平潭	184225	98444	20711	65070
厦 门	1856921	714481	552249	590191
莆 田	120153	300	101865	17988
三 明	49197	12092	5006	32099
泉 州	1440137	795898	354247	289992
漳 州	181430	10280	105562	65588
南 平	252709	78247	99285	75176
龙 岩	402595	174733	171510	56351
宁 德	100164	2331	36175	61659

2-D-33 各地区按资质等级划分的专业承包建筑业企业利税总额

单位：万元

地 区	合计	一级	二级	三级及以下
全 省	**597183**	**280219**	**166375**	**150589**
福 州	219229	96288	52313	70628
#平潭	29502	23564	1660	4278
厦 门	108245	53682	31734	22830
莆 田	7035	35	4811	2189
三 明	6045	1289	-123	4879
泉 州	164091	97523	38649	27919
漳 州	15130	696	9845	4589
南 平	26635	9440	7903	9292
龙 岩	43993	21088	18306	4599
宁 德	6780	177	2937	3666

2-D-34 各地区按资质等级划分的专业承包建筑业企业利润总额

单位：万元

地 区	合计	一级	二级	三级及以下
全 省	**325021**	**152400**	**89843**	**82779**
福 州	122305	51340	25535	45430
#平潭	14659	12482	1053	1124
厦 门	65225	36518	19966	8741
莆 田	4108	25	2703	1381
三 明	2989	705	-252	2536
泉 州	88431	51619	21928	14884
漳 州	8864	427	6205	2233
南 平	12577	4682	3216	4680
龙 岩	16938	7013	8391	1534
宁 德	3586	73	2152	1361

2-D-35　各地区按资质等级划分的专业承包建筑业企业税金总额

单位：万元

地　区	合计	一级	二级	三级及以下
全　省	**272161**	**127819**	**76532**	**67810**
福　州	96924	44948	26778	25198
#平潭	14844	11082	608	3154
厦　门	43021	17164	11768	14089
莆　田	2927	11	2108	808
三　明	3056	585	130	2342
泉　州	75660	45905	16721	13035
漳　州	6266	270	3640	2357
南　平	14058	4758	4687	4613
龙　岩	27055	14075	9915	3064
宁　德	3195	104	786	2305

2-D-36　各地区按资质等级划分的专业承包建筑业企业主营业务收入

单位：万元

地　区	合计	一级	二级	三级及以下
全　省	**6843936**	**2887351**	**2096931**	**1859654**
福　州	2504027	1138884	687617	677526
#平潭	163677	98444	10778	54455
厦　门	1814869	678084	549927	586859
莆　田	120153	300	101865	17988
三　明	48471	12092	5006	31373
泉　州	1427726	795770	342125	289831
漳　州	178868	10203	105154	63512
南　平	251230	78247	98401	74581
龙　岩	398619	171441	170853	56325
宁　德	99972	2331	35983	61659

2-D-37　各地区按资质等级划分的专业承包建筑业企业管理费用

单位：万元

地　区	合计	一级	二级	三级及以下
全　省	**443014**	**167405**	**158413**	**117197**
福　州	158324	52413	62526	43386
#平潭	5037	2125	919	1993
厦　门	111665	33379	46860	31426
莆　田	8814	16	7291	1507
三　明	3542	258	497	2787
泉　州	98803	57921	19906	20976
漳　州	7748	550	4622	2577
南　平	16816	6261	2435	8120
龙　岩	30899	16503	11691	2705
宁　德	6404	104	2585	3714

2-D-38　各地区按资质等级划分的专业承包建筑业企业财务费用

单位：万元

地　区	合计	一级	二级	三级及以下
全　省	**34219**	**18395**	**10061**	**5764**
福　州	12562	5052	4520	2991
#平潭	1249	541	5	703
厦　门	7074	1859	2810	2405
莆　田	549		368	181
三　明	431	217	46	168
泉　州	10969	9691	1388	-110
漳　州	245	27	250	-32
南　平	212	89	99	23
龙　岩	1686	1459	142	85
宁　德	492		437	55

2-D-39　各地区按资质等级划分的专业承包建筑业企业应收工程款

单位：万元

地　区	合计	一级	二级	三级及以下
全　省	**1900807**	**916287**	**525114**	**459407**
福　州	653557	315011	152975	185570
#平潭	91701	65558	2062	24082
厦　门	447070	176630	150619	119822
莆　田	26424	896	11040	14488
三　明	11539	1465	1542	8532
泉　州	587744	380003	132242	75499
漳　州	33920	2530	20966	10423
南　平	44449	6804	23139	14506
龙　岩	71369	32659	25055	13655
宁　德	24737	289	7536	16912

E.劳务分包建筑业企业

2-E-1　各地区劳务分包建筑业企业生产经营情况

单位：万元

地　区	建筑业总产值	营业收入	主营业务税金及附加	利润总额	应付职工薪酬
全　省	**5305357**	**5424373**	**35835**	**54723**	**3855907**
福　州	2046144	2063067	16745	20897	1375565
#平潭	172310	155932	1542	6520	47153
厦　门	2704735	2811231	12120	8759	2213335
莆　田	34269	32633	391	449	24076
三　明	21238	22673	175	438	3892
泉　州	378170	380511	4514	19258	193362
漳　州	39927	34345	270	1309	10169
南　平	12559	12437	132	1329	1220
龙　岩	37408	37307	462	1929	15367
宁　德	30906	30168	1025	355	18920

2-E-2 各地区劳务分包建筑业企业个数和人员情况

地区	企业个数（个）	从事主营业务活动的从业人员平均人数（人）	从业人员期末人数（人）		
				#工程技术人员	#现场施工工人
全省	**468**	**725319**	**684804**	**24482**	**548016**
福州	204	237849	227143	11721	182976
#平潭	31	10279	11301	533	10012
厦门	129	466193	434827	10766	347326
莆田	14	4153	4165	155	4014
三明	11	989	756	39	425
泉州	54	7015	7219	823	4224
漳州	16	3052	3682	396	3117
南平	14	186	184	36	103
龙岩	14	2809	3003	353	2513
宁德	12	3073	3825	193	3318

附　录

主要指标解释

主要指标解释

研究与试验发展(R&D)　指在科学技术领域，为增加知识总量，以及运用这些知识去创造新的应用进行的系统的创造性的活动，包括基础研究、应用研究、试验发展三类活动。国际上通常采用 R&D 活动的规模和强度指标反映一国的科技实力和核心竞争力。

R&D 人员　指参与研究与试验发展项目研究、管理和辅助工作的人员，包括项目(课题)组人员，企业科技行政管理人员和直接为项目(课题)活动提供服务的辅助人员。反映投入从事拥有自主知识产权的研究开发活动的人力规模。

R&D 人员全时当量　指全时人员数加非全时人员按工作量折算为全时人员数的总和。例如：有两个全时人员和三个非全时人员(工作时间分别为 20%、30%和 70%)，则全时当量为 2+0.2+0.3+0.7=3.2 人年。为国际上比较科技人力投入而制定的可比指标。

R&D 经费内部支出　指调查单位用于内部开展 R&D 活动（基础研究、应用研究和试验发展）的实际支出。包括用于 R&D 项目（课题）活动的直接支出，以及间接用于 R&D 活动的管理费、服务费、与 R&D 有关的基本建设支出以及外协加工费等。不包括生产性活动支出、归还贷款支出以及与外单位合作或委托外单位进行 R&D 活动而转拨给对方的经费支出。

R&D 经费支出中政府资金　指 R&D 经费内部支出中来自各级政府部门的各类资金，包括财政科学技术拨款、科学基金、教育等部门事业费以及政府部门预算外资金的实际支出。

R&D 经费支出中企业资金　指 R&D 经费内部支出中来自本企业的自有资金和接受其他企业委托而获得的经费，以及科研院所、高校等事业单位从企业获得的资金的实际支出。

R&D 项目数　指在当年立项并开展研究工作、以前年份立项仍继续进行研究的研发项目（课题）数，包括当年完成和年内研究工作已告失败的研发项目（课题），但不包括委托外单位进行的研发项目（课题）数。

R&D 项目人员全时当量　指实际参加研发项目（课题）活动人员折合的全时当量。

R&D 项目经费支出　指调查单位内部在报告年度进行研发项目（课题）研究和试制等的实际支出。包括劳务费、其他日常支出、固定资产购建费、外协加工费等，不包括委托或与外单位合作进行项目（课题）研究而拨付给对方使用的经费。

新产品销售收入　指报告期企业销售新产品实现的销售收入。新产品是指采用新技术原理、新设计构思研制、生产的全新产品，或在结构、材质、工艺等某一方面比原有产品有明显改进，从而显著提高了产品性能或扩大了使用功能的产品。既包括经政府有关部门认定并在有效期内的新产品，也包括企业自行研制开发，未经政府有关部门认定，从投产之日起一年之内的新产品。

技术改造经费支出　指报告期内企业进行技术改造而发生的费用支出。技术改造指企业在坚持科技进步的前提下，将科技成果应用于生产的各个领域（产品、设备、工艺等），用先进工艺、设备代替落后工艺、设备，实现以内涵为主的扩大再生产，从而提高产品质量、促进产品更新换代、节约能源、降低消耗，全面提高综合经济效益。

购买境内技术经费支出　指报告期内企业购买境内其他单位科技成果的经费支出。包括购买产品设计、工艺流程、图纸、配方、专利、技术诀窍及设备的费用支出。

引进境外技术经费支出　指报告期内企业用于购买国外或港澳台技术的费用支出，包括产品设计、工艺流程、图纸、配方、专利等技术资料的费用支出，以及购买设备、仪器、样机和样件等的费用支出。

引进境外技术的消化吸收经费支出　指报告期内企业引进国外或港澳台技术的消化吸收经费支出。引进技术的消化吸收指对引进技术的掌握、应用、复制而开展的工作，以及在此基础上的创新。引进技术的消化吸收经费支出包括：人员培训费、测绘费、参加消化吸收人员的工资、工装、工艺开发费、必备的配套设备费、翻版费等。

福建经济普查年鉴

Fujian Economic Census Yearbook

2018

第三产业卷

福建省第四次全国经济普查领导小组办公室 编著

中国统计出版社
China Statistics Press

图书在版编目（CIP）数据

福建经济普查年鉴. 2018. 第三产业卷 / 福建省第四次全国经济普查领导小组办公室编著. -- 北京 : 中国统计出版社, 2020.11
ISBN 978-7-5037-9352-3

Ⅰ. ①福… Ⅱ. ①福… Ⅲ. ①经济－普查－福建－2018－年鉴②第三产业－经济－普查－福建－2018－年鉴 Ⅳ. ①F127.45-54②F264.1-54

中国版本图书馆 CIP 数据核字(2020)第 212054 号

福建经济普查年鉴—2018/第三产业卷

作　者/福建省第四次全国经济普查领导小组办公室
责任编辑/冯诗萌
封面设计/黄俊杰　李雪燕
出版发行/中国统计出版社
通信地址/北京市丰台区西三环南路甲 6 号　邮政编码/100073
电　话/邮购（010）63376909　书店（010）68783171
网　址/http://www.zgtjcbs.com/
印　刷/河北鑫兆源印刷有限公司
经　销/新华书店
开　本/880mm×1230mm　1/16
字　数/572 千字
印　张/18
版　别/2020 年 11 月第 1 版
版　次/2020 年 11 月第 1 次印刷
定　价/680.00 元（全四册附光盘）

本书附同版本 CD-ROM 一张，光盘内容以书面文字为准。
如有印装差错，由本社发行部调换。

编辑委员会

编者说明

为便于社会各界共同分享福建省第四次全国经济普查成果，更方便地开发利用普查资料，我们将经济普查资料编辑整理，汇编成《福建经济普查年鉴—2018》一书。全书共三卷四册，即综合卷、第二产业卷和第三产业卷，并随书配送同版本光盘一张。《综合卷》分三篇：第一篇为“综合篇”，第二篇为“企业篇”，第三篇为“文化及相关产业篇”。《第二产业卷》按内容分为上、下两册。上册两篇：第一篇为“工业企业生产经营及财务状况篇”，第二篇为“主要工业产品产量篇”。下册两篇：第一篇为“规模以上工业企业科技情况篇”，第二篇为“建筑业企业生产经营及财务状况篇”。《第三产业卷》分六篇：第一篇为“批发和零售业企业基本情况及财务状况篇”，第二篇为“住宿和餐饮业企业基本情况及财务状况篇”，第三篇为“房地产开发经营业生产经营及财务状况篇”，第四篇为“服务业企业财务状况篇”，第五篇为“服务业行政事业及非企业法人单位篇”，第六篇为“企业信息化和电子商务交易情况篇”。为使读者能够更好地使用本资料，现对有关问题做如下说明：

一、第四次全国经济普查的标准时点为2018年12月31日，时期资料为2018年度；

二、综合卷中综合篇和企业篇汇总表，均不包含少量无分组标识的单位数据，其中单位数包含兼营二、三产业的农、林、牧、渔业法人单位，从业人员数不包含兼营二、三产业的农、林、牧、渔业法人单位，不包含人民银行、银保监会、证监会监管的金融业以及铁路运输部门单位数据；

三、本资料建筑业按法人单位注册地，其他行业按法人单位经营地进行汇总；

四、本资料对部分数据由于计量单位取舍不同或四舍五入而产生的误差数均未作机械调整；

五、表中空格表示该项统计指标数值为零、不足最小单位、数据不详或无该项数据，“#”表示其中的主要项，NA表示单位个数小于等于2；

六、为了更准确地使用本年鉴，每卷后附有该卷详细的指标解释。

我们希望此书的面世，能使社会各界对我省第四次全国经济普查有一个全面的了解，更愿本书的内容，能为社会经济研究工作者提供有价值的参考。

福建省第四次全国经济普查资料是全省普查工作者共同辛勤工作的成果，也是广大普查对象积极支持配合的结果。在此，我们向全省所有普查工作者、普查对象和所有参与和支持普查工作的人员致以崇高的敬意和衷心的感谢！

福建省第四次全国经济普查领导小组办公室

2020年10月

第三产业卷　目录

第一篇　批发和零售业企业基本情况及财务状况篇

第二篇　住宿和餐饮业企业基本情况及财务状况篇

第三篇 房地产开发经营业生产经营及财务状况篇

第四篇　服务业企业财务状况篇

第五篇 服务业行政事业及非企业法人单位篇

第六篇 企业信息化和电子商务交易情况篇

附　录

第1篇

批发和零售业企业基本情况及财务状况篇

A. 行业部分

1-A-1　批发业法人企业基本情况

分　组	法人单位数 (个)	从业人员期末人数 (人)
批发业	**132933**	**1089940**
按国民经济行业分组		
农、林、牧、渔产品批发	4799	37023
谷物、豆及薯类批发	426	4360
种子批发	176	1390
畜牧渔业饲料批发	589	4331
棉、麻批发	32	178
林业产品批发	1022	7333
牲畜批发	460	3355
渔业产品批发	260	2210
其他农牧产品批发	1834	13866
食品、饮料及烟草制品批发	22347	206339
米、面制品及食用油批发	1179	11190
糕点、糖果及糖批发	644	9941
果品、蔬菜批发	4336	56231
肉、禽、蛋、奶及水产品批发	2273	19967
盐及调味品批发	320	3356
营养和保健品批发	797	6917
酒、饮料及茶叶批发	7374	47805
烟草制品批发	59	11946
其他食品批发	5365	38986
纺织、服装及家庭用品批发	32834	262892
纺织品、针织品及原料批发	5013	38519
服装批发	12211	94128
鞋帽批发	4825	52072
化妆品及卫生用品批发	1621	12817
厨具卫具及日用杂品批发	2886	18135
灯具、装饰物品批发	876	6089
家用视听设备批发	174	1901
日用家电批发	1534	12982
其他家庭用品批发	3694	26249
文化、体育用品及器材批发	5813	42195
文具用品批发	1861	11326
体育用品及器材批发	878	6068
图书批发	169	2313
报刊批发	7	316
音像制品、电子和数字出版物批发	28	226
首饰、工艺品及收藏品批发	2437	18004

1-A-1 续表 1

分组	法人单位数（个）	从业人员期末人数（人）
乐器批发	67	468
其他文化用品批发	366	3474
医药及医疗器材批发	2927	38543
西药批发	293	10953
中药批发	270	5183
动物用药品批发	156	866
医疗用品及器材批发	2208	21541
矿产品、建材及化工产品批发	27767	236391
煤炭及制品批发	665	7118
石油及制品批发	1120	16750
非金属矿及制品批发	718	4731
金属及金属矿批发	2792	29968
建材批发	16997	126830
化肥批发	980	10370
农药批发	322	3612
农用薄膜批发	19	146
其他化工产品批发	4154	36866
机械设备、五金产品及电子产品批发	23238	173203
农业机械批发	584	3714
汽车及零配件批发	2361	19394
摩托车及零配件批发	159	1119
五金产品批发	5688	34619
电气设备批发	2585	18921
计算机、软件及辅助设备批发	1502	11593
通讯设备批发	662	7005
广播影视设备批发	74	535
其他机械设备及电子产品批发	9623	76303
贸易经纪与代理	5898	43218
贸易代理	5351	34722
一般物品拍卖	130	923
艺术品、收藏品拍卖	34	281
艺术品代理	19	84
其他贸易经纪与代理	364	7208
其他批发业	7310	50136
再生物资回收与批发	1783	12071
宠物食品用品批发	76	557
互联网批发	1109	6631
其他未列明批发业	4342	30877

1-A-1　续表 2

分　　组	法人单位数 (个)	从业人员期末人数 (人)
按登记注册类型分组		
内资企业	131619	1062848
国有企业	352	15336
集体企业	560	7206
股份合作企业	15	106
联营企业	27	247
国有联营企业	5	33
集体联营企业	9	122
国有与集体联营企业	3	17
其他联营企业	10	75
有限责任公司	8528	105451
国有独资公司	288	9116
其他有限责任公司	8240	96335
股份有限公司	705	18196
私营企业	118087	885262
私营独资企业	2816	17202
私营合伙企业	210	1348
私营有限责任公司	114163	858007
私营股份有限公司	898	8705
其他企业	3345	31044
港、澳、台商投资企业	848	14995
与港澳台商合资经营企业	180	3232
与港澳台商合作经营企业	6	90
港澳台商独资经营企业	635	11114
港澳台商投资股份有限公司	13	277
其他港澳台投资企业	14	282
外商投资企业	466	12097
中外合资经营企业	92	5057
中外合作经营企业	4	14
外资企业	339	6610
外商投资股份有限公司	11	127
其他外商投资	20	289
按单位规模分组		
大型	87	64740
中型	2034	119373
小型	20612	313322
微型	110200	592505

1-A-2 限额以上批发业法人企业基本情况

分 组	法人单位数（个）	从业人员期末人数（人）
批发业	**7156**	**223297**
按国民经济行业分组		
农、林、牧、渔产品批发	236	5367
谷物、豆及薯类批发	46	1448
种子批发	9	348
畜牧渔业饲料批发	79	1085
棉、麻批发	3	47
林业产品批发	27	591
牲畜批发	25	465
渔业产品批发	5	238
其他农牧产品批发	42	1145
食品、饮料及烟草制品批发	881	52459
米、面制品及食用油批发	110	3130
糕点、糖果及糖批发	33	6072
果品、蔬菜批发	201	8372
肉、禽、蛋、奶及水产品批发	196	6274
盐及调味品批发	29	1095
营养和保健品批发	13	2284
酒、饮料及茶叶批发	168	8240
烟草制品批发	17	11715
其他食品批发	114	5277
纺织、服装及家庭用品批发	1693	51726
纺织品、针织品及原料批发	592	9619
服装批发	449	14348
鞋帽批发	314	14585
化妆品及卫生用品批发	46	3789
厨具卫具及日用杂品批发	39	1112
灯具、装饰物品批发	32	652
家用视听设备批发	20	1064
日用家电批发	91	3158
其他家庭用品批发	110	3399
文化、体育用品及器材批发	214	5899
文具用品批发	64	1129
体育用品及器材批发	14	384
图书批发	9	875
报刊批发		
音像制品、电子和数字出版物批发		
首饰、工艺品及收藏品批发	94	2512

1-A-2　续表 1

分　　组	法人单位数（个）	从业人员期末人数（人）
乐器批发	NA	28
其他文化用品批发	32	971
医药及医疗器材批发	369	17179
西药批发	107	8554
中药批发	57	3663
动物用药品批发	6	207
医疗用品及器材批发	199	4755
矿产品、建材及化工产品批发	2614	59783
煤炭及制品批发	195	3632
石油及制品批发	213	10000
非金属矿及制品批发	69	1228
金属及金属矿批发	573	14808
建材批发	917	17834
化肥批发	75	1687
农药批发	13	435
农用薄膜批发		
其他化工产品批发	559	10159
机械设备、五金产品及电子产品批发	857	25412
农业机械批发	37	660
汽车及零配件批发	189	5318
摩托车及零配件批发	10	146
五金产品批发	128	2162
电气设备批发	66	1523
计算机、软件及辅助设备批发	67	2357
通讯设备批发	62	1973
广播影视设备批发	11	110
其他机械设备及电子产品批发	287	11163
贸易经纪与代理	46	1593
贸易代理	41	1142
一般物品拍卖		
艺术品、收藏品拍卖		
艺术品代理		
其他贸易经纪与代理	5	451
其他批发业	246	3879
再生物资回收与批发	78	1364
宠物食品用品批发	NA	92
互联网批发	85	780
其他未列明批发业	82	1643

1-A-2 续表 2

分　组	法人单位数（个）	从业人员期末人数（人）
按登记注册类型分组		
内资企业	6947	204804
国有企业	57	12536
集体企业	25	614
股份合作企业	NA	33
联营企业		
国有联营企业		
集体联营企业		
国有与集体联营企业		
其他联营企业		
有限责任公司	1334	54249
国有独资公司	118	6468
其他有限责任公司	1216	47781
股份有限公司	66	13034
私营企业	5460	124207
私营独资企业	10	165
私营合伙企业	NA	15
私营有限责任公司	5402	121453
私营股份有限公司	47	2574
其他企业	4	131
港、澳、台商投资企业	126	9929
与港澳台商合资经营企业	35	2006
与港澳台商合作经营企业		
港澳台商独资经营企业	89	7673
港澳台商投资股份有限公司		
其他港澳台投资企业	NA	250
外商投资企业	83	8564
中外合资经营企业	25	4033
中外合作经营企业		
外资企业	56	4458
外商投资股份有限公司	NA	73
其他外商投资		
按单位规模分组		
大型	77	57113
中型	1705	94181
小型	4509	67768
微型	865	4235

1-A-3　批发业法人企业财务状况

单位：亿元

分　组	资产总计	负债合计	营业收入
批发业	**16817.95**	**9730.29**	**31371.03**
按国民经济行业分组			
农、林、牧、渔产品批发	390.19	205.41	554.90
谷物、豆及薯类批发	147.45	103.13	119.18
种子批发	11.12	4.42	15.51
畜牧渔业饲料批发	50.44	31.68	152.01
棉、麻批发	2.02	0.66	5.44
林业产品批发	61.03	22.36	81.45
牲畜批发	17.24	3.76	36.86
渔业产品批发	26.66	16.72	25.51
其他农牧产品批发	74.23	22.68	118.96
食品、饮料及烟草制品批发	1760.53	804.97	3243.82
米、面制品及食用油批发	219.80	172.19	363.57
糕点、糖果及糖批发	52.87	34.43	168.34
果品、蔬菜批发	202.26	74.36	540.28
肉、禽、蛋、奶及水产品批发	177.78	99.21	386.57
盐及调味品批发	38.48	17.51	40.19
营养和保健品批发	58.31	21.81	65.52
酒、饮料及茶叶批发	345.10	178.46	413.71
烟草制品批发	440.10	86.44	854.83
其他食品批发	225.85	120.55	410.81
纺织、服装及家庭用品批发	2936.19	1329.98	5359.88
纺织品、针织品及原料批发	1005.08	312.20	1886.29
服装批发	865.95	413.79	1517.67
鞋帽批发	445.74	252.17	1065.12
化妆品及卫生用品批发	95.50	58.92	146.64
厨具卫具及日用杂品批发	118.85	63.07	158.10
灯具、装饰物品批发	38.08	18.78	55.31
家用视听设备批发	22.27	21.43	63.41
日用家电批发	128.20	82.24	181.26
其他家庭用品批发	216.52	107.40	286.08
文化、体育用品及器材批发	388.15	214.53	650.49
文具用品批发	102.84	62.45	170.92
体育用品及器材批发	34.75	19.02	87.00
图书批发	26.08	9.92	18.12
报刊批发	0.34	0.17	0.49
音像制品、电子和数字出版物批发	1.92	1.79	1.53
首饰、工艺品及收藏品批发	129.66	60.57	262.13

1-A-3 续表 1

单位：亿元

分 组	资产总计	负债合计	营业收入
乐器批发	2.68	1.60	3.73
其他文化用品批发	89.88	59.01	106.56
医药及医疗器材批发	462.63	313.74	700.48
西药批发	246.53	184.49	334.14
中药批发	74.52	46.69	102.98
动物用药品批发	3.64	1.59	5.66
医疗用品及器材批发	137.94	80.97	257.70
矿产品、建材及化工产品批发	8479.85	5395.09	16817.31
煤炭及制品批发	436.51	314.71	1299.91
石油及制品批发	736.66	353.52	2340.43
非金属矿及制品批发	112.77	69.20	172.64
金属及金属矿批发	3306.28	2368.94	6634.71
建材批发	2064.91	1307.43	3032.25
化肥批发	127.19	71.82	166.65
农药批发	14.10	7.25	23.67
农用薄膜批发	0.56	0.32	0.96
其他化工产品批发	1680.87	901.89	3146.08
机械设备、五金产品及电子产品批发	1551.84	968.51	2601.92
农业机械批发	23.09	9.11	43.28
汽车及零配件批发	245.53	177.35	476.82
摩托车及零配件批发	10.74	4.35	18.82
五金产品批发	256.62	152.52	389.78
电气设备批发	129.67	76.30	175.34
计算机、软件及辅助设备批发	85.04	48.88	142.79
通讯设备批发	86.91	57.87	191.92
广播影视设备批发	5.68	3.69	24.24
其他机械设备及电子产品批发	708.56	438.42	1138.93
贸易经纪与代理	325.28	158.05	468.48
贸易代理	256.71	124.55	345.75
一般物品拍卖	6.12	1.72	3.93
艺术品、收藏品拍卖	2.70	1.39	0.69
艺术品代理	0.32	0.23	0.53
其他贸易经纪与代理	59.42	30.16	117.58
其他批发业	523.29	340.00	973.76
再生物资回收与批发	102.59	57.71	433.02
宠物食品用品批发	1.99	1.19	3.33
互联网批发	39.41	12.25	99.63
其他未列明批发业	379.30	268.85	437.78

1-A-3 续表 2

单位：亿元

分组	资产总计	负债合计	营业收入
按登记注册类型分组			
内资企业	15346.55	8964.07	29708.28
国有企业	331.70	85.72	625.66
集体企业	37.64	15.61	52.79
股份合作企业	0.83	0.32	0.88
联营企业	0.77	0.18	1.02
国有联营企业	0.08	0.06	0.18
集体联营企业	0.33	0.07	0.34
国有与集体联营企业	0.06	0.01	0.10
其他联营企业	0.30	0.03	0.39
有限责任公司	4241.74	2659.02	8931.57
国有独资公司	1164.82	702.01	1962.00
其他有限责任公司	3076.91	1957.00	6969.56
股份有限公司	1703.77	952.25	3816.32
私营企业	8951.08	5240.45	16145.02
私营独资企业	63.06	15.89	114.21
私营合伙企业	7.29	1.23	20.65
私营有限责任公司	8761.25	5151.28	15832.39
私营股份有限公司	119.47	72.05	177.77
其他企业	79.02	10.53	135.02
港、澳、台商投资企业	573.61	312.37	611.11
与港澳台商合资经营企业	133.84	68.09	143.78
与港澳台商合作经营企业	0.82	0.14	0.77
港澳台商独资经营企业	407.44	222.29	419.52
港澳台商投资股份有限公司	10.80	3.51	2.43
其他港澳台投资企业	20.71	18.35	44.60
外商投资企业	897.78	453.84	1051.65
中外合资经营企业	622.47	271.31	696.14
中外合作经营企业	0.01		0.07
外资企业	266.79	180.93	352.38
外商投资股份有限公司	1.39	0.36	2.62
其他外商投资	7.13	1.25	0.43
按单位规模分组			
大型	3103.26	1577.09	6650.90
中型	4394.63	2961.02	9747.87
小型	5298.89	3050.44	10329.51
微型	4021.16	2141.74	4642.75

1-A-4 限额以上批发业法人企业财务状况

单位：亿元

分　　组	资产总计	负债合计	营业收入
批发业	**10765.39**	**6792.14**	**24221.19**
按国民经济行业分组			
农、林、牧、渔产品批发	186.45	133.71	329.37
谷物、豆及薯类批发	112.99	88.25	95.65
种子批发	6.96	2.95	9.62
畜牧渔业饲料批发	30.30	22.38	116.07
棉、麻批发	1.35	0.34	4.02
林业产品批发	20.77	11.96	44.59
牲畜批发	2.97	1.03	19.21
渔业产品批发	1.27	1.12	1.71
其他农牧产品批发	9.83	5.68	38.51
食品、饮料及烟草制品批发	1085.90	512.77	2317.04
米、面制品及食用油批发	133.45	109.41	276.22
糕点、糖果及糖批发	31.27	25.06	141.60
果品、蔬菜批发	89.65	46.51	308.06
肉、禽、蛋、奶及水产品批发	96.82	73.51	292.44
盐及调味品批发	23.73	10.77	20.45
营养和保健品批发	42.34	13.71	38.96
酒、饮料及茶叶批发	162.48	98.62	218.37
烟草制品批发	439.28	86.24	853.72
其他食品批发	66.88	48.93	167.22
纺织、服装及家庭用品批发	1749.77	799.15	3635.73
纺织品、针织品及原料批发	735.09	180.85	1566.60
服装批发	491.45	269.98	892.83
鞋帽批发	288.57	193.08	719.17
化妆品及卫生用品批发	59.26	44.09	92.15
厨具卫具及日用杂品批发	16.64	12.06	46.11
灯具、装饰物品批发	9.10	6.96	20.55
家用视听设备批发	17.96	19.32	55.84
日用家电批发	43.62	33.88	109.15
其他家庭用品批发	88.08	38.93	133.34
文化、体育用品及器材批发	216.09	132.15	421.54
文具用品批发	49.57	30.83	103.82
体育用品及器材批发	11.35	9.67	39.83
图书批发	19.91	8.29	11.72
报刊批发			
音像制品、电子和数字出版物批发			
首饰、工艺品及收藏品批发	54.67	28.15	171.07

1-A-4　续表 1　　　　单位：亿元

分　组	资产总计	负债合计	营业收入
乐器批发	1.31	0.94	1.39
其他文化用品批发	79.28	54.28	93.71
医药及医疗器材批发	363.27	263.08	566.84
西药批发	234.03	178.13	318.79
中药批发	64.61	42.87	94.74
动物用药品批发	1.66	0.72	2.06
医疗用品及器材批发	62.97	41.35	151.25
矿产品、建材及化工产品批发	6150.07	4208.14	14688.79
煤炭及制品批发	354.51	267.69	1198.62
石油及制品批发	664.66	320.15	2247.12
非金属矿及制品批发	78.37	51.04	138.71
金属及金属矿批发	2919.18	2096.91	6278.45
建材批发	1136.51	780.37	2102.48
化肥批发	74.52	63.36	119.99
农药批发	4.42	2.39	7.72
农用薄膜批发			
其他化工产品批发	917.91	626.23	2595.70
机械设备、五金产品及电子产品批发	747.03	524.61	1570.68
农业机械批发	7.16	4.00	25.94
汽车及零配件批发	165.47	132.97	360.44
摩托车及零配件批发	2.68	2.20	6.60
五金产品批发	81.34	37.60	161.51
电气设备批发	35.42	26.19	61.18
计算机、软件及辅助设备批发	43.36	28.77	87.50
通讯设备批发	52.51	34.35	146.74
广播影视设备批发	4.31	3.11	21.40
其他机械设备及电子产品批发	354.77	255.41	699.37
贸易经纪与代理	80.45	60.13	184.74
贸易代理	60.10	42.49	102.15
一般物品拍卖			
艺术品、收藏品拍卖			
艺术品代理			
其他贸易经纪与代理	20.34	17.64	82.59
其他批发业	186.38	158.40	506.47
再生物资回收与批发	44.86	34.37	290.57
宠物食品用品批发	0.68	0.51	1.15
互联网批发	7.09	4.36	57.17
其他未列明批发业	133.75	119.17	157.57

1-A-4 续表 2

单位：亿元

分　　组	资产总计	负债合计	营业收入
按登记注册类型分组			
内资企业	9959.66	6293.48	22859.49
国有企业	306.74	71.35	607.31
集体企业	9.22	7.59	26.69
股份合作企业	0.49	0.31	0.32
联营企业			
国有联营企业			
集体联营企业			
国有与集体联营企业			
其他联营企业			
有限责任公司	3523.13	2307.72	8328.34
国有独资公司	1071.14	655.77	1917.05
其他有限责任公司	2451.99	1651.95	6411.30
股份有限公司	1657.46	935.19	3779.80
私营企业	4462.10	2971.21	10111.03
私营独资企业	2.58	2.11	7.42
私营合伙企业	0.47	0.33	0.42
私营有限责任公司	4412.79	2943.45	10009.88
私营股份有限公司	46.26	25.33	93.31
其他企业	0.52	0.10	5.99
港、澳、台商投资企业	422.43	235.34	559.77
与港澳台商合资经营企业	98.52	50.99	126.92
与港澳台商合作经营企业			
港澳台商独资经营企业	303.35	166.06	388.33
港澳台商投资股份有限公司			
其他港澳台投资企业	20.55	18.28	44.52
外商投资企业	383.31	263.33	801.93
中外合资经营企业	154.67	98.60	472.17
中外合作经营企业			
外资企业	227.95	164.60	327.38
外商投资股份有限公司	0.69	0.13	2.38
其他外商投资			
按单位规模分组			
大型	2534.38	1334.49	6347.52
中型	4057.84	2770.88	9221.09
小型	3346.30	2060.85	7037.04
微型	826.87	625.92	1615.54

1-A-5 零售业法人企业基本情况

分 组	法 人 单位数 (个)	从业人员 期末人数 (人)	年末零售 营业面积 (万平方米)
零售业	**103405**	**784071**	**2523.26**
按国民经济行业分组			
综合零售	4300	102090	553.07
百货零售	2279	37788	238.56
超级市场零售	533	51993	279.59
便利店零售	120	2366	4.67
其他综合零售	1368	9943	30.25
食品、饮料及烟草制品专门零售	15057	103438	234.05
粮油零售	391	5470	7.00
糕点、面包零售	437	6273	6.09
果品、蔬菜零售	1166	9349	28.99
肉、禽、蛋、奶及水产品零售	1536	10944	26.74
营养和保健品零售	748	3656	6.97
酒、饮料及茶叶零售	6701	43466	104.53
烟草制品零售	274	2354	4.25
其他食品零售	3804	21926	49.48
纺织、服装及日用品专门零售	16593	106882	235.26
纺织品及针织品零售	913	12780	30.01
服装零售	5373	36753	77.13
鞋帽零售	3262	19864	32.47
化妆品及卫生用品零售	995	5348	9.32
厨具卫具及日用杂品零售	1412	6387	9.90
钟表、眼镜零售	1245	6552	12.59
箱包零售	279	1707	2.35
自行车等代步设备零售	216	1261	3.28
其他日用品零售	2898	16230	58.23
文化、体育用品及器材专门零售	6660	40597	88.71
文具用品零售	878	4586	7.24
体育用品及器材零售	710	5029	10.50
图书、报刊零售	213	2368	11.86
音像制品、电子和数字出版物零售	23	100	0.18
珠宝首饰零售	1049	6568	11.36
工艺美术品及收藏品零售	3248	18792	41.48
乐器零售	170	1092	1.94
照相器材零售	40	258	0.24
其他文化用品零售	329	1804	3.92
医药及医疗器材专门零售	5544	44487	81.01

1-A-5 续表 1

分　组	法　人 单位数 (个)	从业人员 期末人数 (人)	年末零售 营业面积 (万平方米)
西药零售	3384	30994	54.17
中药零售	846	6920	14.38
动物用药品零售	341	1232	2.64
医疗用品及器材零售	908	4969	9.37
保健辅助治疗器材零售	65	372	0.45
汽车、摩托车、零配件和燃料及其他动力销售	9610	105693	689.57
汽车新车零售	4594	65142	364.22
汽车旧车零售	815	4079	15.83
汽车零配件零售	1915	11789	37.60
摩托车及零配件零售	477	3318	10.97
机动车燃油零售	1756	20880	258.03
机动车燃气零售	26	363	2.70
机动车充电销售	27	122	0.23
家用电器及电子产品专门零售	8047	58405	148.44
家用视听设备零售	226	2065	3.99
日用家电零售	2090	18874	85.54
计算机、软件及辅助设备零售	1830	11189	17.26
通信设备零售	990	9337	17.47
其他电子产品零售	2911	16940	24.18
五金、家具及室内装饰材料专门零售	12590	75639	311.79
五金零售	2794	14889	35.00
灯具零售	515	2886	7.17
家具零售	3078	22347	144.37
涂料零售	696	3450	8.23
卫生洁具零售	486	2681	6.47
木质装饰材料零售	474	2955	8.99
陶瓷、石材装饰材料零售	1437	8169	34.06
其他室内装饰材料零售	3110	18262	67.50
货摊、无店铺及其他零售业	25004	146840	181.34
流动货摊零售	4	38	0.05
互联网零售	21514	123686	109.21
邮购及电视、电话零售	24	166	0.23
自动售货机零售	24	88	0.14
旧货零售	17	87	1.38
生活用燃料零售	400	5104	32.04
宠物食品用品零售	50	248	0.43
其他未列明零售业	2971	17423	37.87

1-A-5　续表 2

分　组	法　人 单位数 (个)	从业人员 期末人数 (人)	年末零售 营业面积 (万平方米)
按登记注册类型分组			
内资企业	102998	734181	2183.46
国有企业	179	2377	5.08
集体企业	456	5508	24.70
股份合作企业	12	59	0.51
联营企业	34	350	0.90
国有联营企业	5	28	0.02
集体联营企业	16	207	0.26
国有与集体联营企业	NA	4	0.03
其他联营企业	12	111	0.59
有限责任公司	5856	96333	429.45
国有独资公司	54	2461	12.30
其他有限责任公司	5802	93872	417.14
股份有限公司	569	11546	97.25
私营企业	94747	610776	1569.53
私营独资企业	11130	50069	143.45
私营合伙企业	465	3055	13.82
私营有限责任公司	82421	550862	1396.21
私营股份有限公司	731	6790	16.04
其他企业	1145	7232	56.04
港、澳、台商投资企业	258	22606	74.99
与港澳台商合资经营企业	61	4039	23.68
与港澳台商合作经营企业	5	177	0.13
港澳台商独资经营企业	176	17137	48.39
港澳台商投资股份有限公司	5	145	1.04
其他港澳台投资企业	11	1108	1.75
外商投资企业	149	27284	264.81
中外合资经营企业	41	3834	80.13
中外合作经营企业			
外资企业	88	12517	61.88
外商投资股份有限公司	9	8909	102.24
其他外商投资	11	2024	20.56
按单位规模分组			
大型	80	80681	382.56
中型	1190	124637	464.16
小型	14384	239779	578.62
微型	87751	338974	1097.92

1-A-6 限额以上零售业法人企业基本情况

分组	法人单位数(个)	从业人员期末人数(人)	年末零售营业面积(万平方米)
零售业	**6410**	**271097**	**1350.79**
按国民经济行业分组			
综合零售	591	71475	461.54
百货零售	180	18581	186.04
超级市场零售	295	49029	263.86
便利店零售	13	1507	2.25
其他综合零售	103	2358	9.39
食品、饮料及烟草制品专门零售	1119	34406	56.07
粮油零售	52	3708	3.18
糕点、面包零售	31	3792	2.11
果品、蔬菜零售	106	2724	8.22
肉、禽、蛋、奶及水产品零售	144	3919	9.27
营养和保健品零售	27	447	1.36
酒、饮料及茶叶零售	560	15177	19.43
烟草制品零售	17	1200	1.76
其他食品零售	182	3439	10.73
纺织、服装及日用品专门零售	393	21768	61.23
纺织品及针织品零售	37	7730	18.77
服装零售	117	7281	25.75
鞋帽零售	57	1573	2.23
化妆品及卫生用品零售	38	950	1.96
厨具卫具及日用杂品零售	23	587	0.85
钟表、眼镜零售	17	936	0.98
箱包零售	9	259	0.30
自行车等代步设备零售	8	98	0.20
其他日用品零售	87	2354	10.19
文化、体育用品及器材专门零售	243	6038	20.14
文具用品零售	28	506	1.00
体育用品及器材零售	16	1364	3.57
图书、报刊零售	11	844	8.08
音像制品、电子和数字出版物零售			
珠宝首饰零售	78	1674	2.47
工艺美术品及收藏品零售	82	1219	3.24
乐器零售	10	162	0.26
照相器材零售	4	79	0.05
其他文化用品零售	14	190	1.47
医药及医疗器材专门零售	170	15041	26.48

1-A-6 续表 1

分 组	法 人 单位数 (个)	从业人员 期末人数 (人)	年末零售 营业面积 (万平方米)
西药零售	133	12685	21.33
中药零售	29	2177	4.19
动物用药品零售	NA	4	0.02
医疗用品及器材零售	5	140	0.93
保健辅助治疗器材零售	NA	35	0.02
汽车、摩托车、零配件和燃料及其他动力销售	1466	62288	504.02
汽车新车零售	1035	45761	278.29
汽车旧车零售	12	253	0.47
汽车零配件零售	57	2006	8.27
摩托车及零配件零售	106	1349	4.30
机动车燃油零售	249	12685	210.38
机动车燃气零售	7	234	2.31
机动车充电销售			
家用电器及电子产品专门零售	595	16824	79.18
家用视听设备零售	43	1109	2.49
日用家电零售	285	8714	63.12
计算机、软件及辅助设备零售	142	2209	6.04
通信设备零售	83	4092	6.55
其他电子产品零售	42	700	0.97
五金、家具及室内装饰材料专门零售	579	10364	93.26
五金零售	111	1333	4.70
灯具零售	32	471	1.09
家具零售	199	4777	53.71
涂料零售	14	225	0.40
卫生洁具零售	25	491	0.87
木质装饰材料零售	36	541	1.91
陶瓷、石材装饰材料零售	85	1299	9.62
其他室内装饰材料零售	77	1227	20.96
货摊、无店铺及其他零售业	1254	32893	48.87
流动货摊零售	NA	28	0.04
互联网零售	1128	29437	27.24
邮购及电视、电话零售	NA	65	0.10
自动售货机零售	NA	22	
旧货零售	NA	5	0.05
生活用燃料零售	72	2334	16.69
宠物食品用品零售	NA	31	0.02
其他未列明零售业	47	971	4.74

1-A-6 续表 2

分 组	法 人 单位数 (个)	从业人员 期末人数 (人)	年末零售 营业面积 (万平方米)
按登记注册类型分组			
内资企业	6268	224452	1018.85
国有企业	16	796	1.41
集体企业	66	1855	12.23
股份合作企业	3	25	0.45
联营企业	NA	34	0.30
国有联营企业			
集体联营企业			
国有与集体联营企业			
其他联营企业	NA	34	0.30
有限责任公司	1202	65017	369.63
国有独资公司	25	2332	11.90
其他有限责任公司	1177	62685	357.73
股份有限公司	61	8679	85.77
私营企业	4914	147562	548.82
私营独资企业	208	3270	21.12
私营合伙企业	27	529	4.59
私营有限责任公司	4632	140550	513.65
私营股份有限公司	47	3213	9.46
其他企业	4	484	0.24
港、澳、台商投资企业	81	20911	69.12
与港澳台商合资经营企业	18	3738	21.40
与港澳台商合作经营企业	NA	164	0.01
港澳台商独资经营企业	53	15798	45.05
港澳台商投资股份有限公司	3	137	1.02
其他港澳台投资企业	6	1074	1.63
外商投资企业	61	25734	262.83
中外合资经营企业	16	3689	79.94
中外合作经营企业			
外资企业	37	11939	60.30
外商投资股份有限公司	4	8859	102.17
其他外商投资	4	1247	20.42
按单位规模分组			
大型	77	74022	374.34
中型	1004	105398	443.67
小型	3644	76356	331.69
微型	1685	15321	201.09

1-A-7　零售业法人企业财务状况

单位：亿元

分　　组	资产总计	负债合计	营业收入
零售业	**3648.24**	**1642.65**	**7439.81**
按国民经济行业分组			
综合零售	583.72	253.65	862.04
百货零售	232.22	146.38	355.14
超级市场零售	310.60	93.34	420.17
便利店零售	5.25	2.37	8.36
其他综合零售	35.65	11.57	78.37
食品、饮料及烟草制品专门零售	345.03	103.53	725.96
粮油零售	13.90	6.77	56.01
糕点、面包零售	12.59	6.12	27.68
果品、蔬菜零售	25.24	6.54	50.64
肉、禽、蛋、奶及水产品零售	31.61	10.41	92.72
营养和保健品零售	13.92	4.38	22.16
酒、饮料及茶叶零售	173.12	44.32	337.89
烟草制品零售	11.99	2.61	19.64
其他食品零售	62.66	22.38	119.23
纺织、服装及日用品专门零售	319.16	123.42	676.94
纺织品及针织品零售	34.83	18.56	85.99
服装零售	113.98	44.93	221.81
鞋帽零售	66.46	23.48	136.98
化妆品及卫生用品零售	17.51	6.14	60.19
厨具卫具及日用杂品零售	13.58	4.86	33.12
钟表、眼镜零售	15.29	5.72	30.93
箱包零售	3.89	1.84	8.14
自行车等代步设备零售	3.83	1.71	5.97
其他日用品零售	49.79	16.19	93.81
文化、体育用品及器材专门零售	223.84	96.83	360.90
文具用品零售	14.18	5.53	24.83
体育用品及器材零售	19.44	8.90	23.47
图书、报刊零售	52.60	21.48	45.65
音像制品、电子和数字出版物零售	0.26	0.09	0.33
珠宝首饰零售	40.05	15.06	88.68
工艺美术品及收藏品零售	86.41	40.51	147.33
乐器零售	4.02	1.95	4.71
照相器材零售	1.08	0.75	1.84
其他文化用品零售	5.80	2.55	24.07
医药及医疗器材专门零售	116.03	48.63	215.03

1-A-7 续表 1

单位：亿元

分　　组	资产总计	负债合计	营业收入
西药零售	78.53	32.59	159.08
中药零售	17.09	8.31	26.39
动物用药品零售	2.81	0.63	4.86
医疗用品及器材零售	16.72	6.67	21.09
保健辅助治疗器材零售	0.88	0.43	3.61
汽车、摩托车、零配件和燃料及其他动力销售	873.78	511.13	2106.34
汽车新车零售	619.70	423.32	1637.71
汽车旧车零售	12.81	3.34	25.73
汽车零配件零售	46.46	19.87	89.07
摩托车及零配件零售	15.57	6.25	35.64
机动车燃油零售	174.75	56.99	312.09
机动车燃气零售	3.53	1.16	5.58
机动车充电销售	0.96	0.19	0.53
家用电器及电子产品专门零售	243.66	123.30	494.41
家用视听设备零售	8.06	4.24	30.07
日用家电零售	117.76	67.11	232.90
计算机、软件及辅助设备零售	37.76	15.54	78.44
通信设备零售	28.42	15.25	67.30
其他电子产品零售	51.65	21.16	85.71
五金、家具及室内装饰材料专门零售	327.44	141.08	647.85
五金零售	55.59	21.87	82.73
灯具零售	31.64	24.53	26.92
家具零售	92.58	33.00	258.93
涂料零售	11.48	4.27	19.21
卫生洁具零售	12.29	5.11	21.84
木质装饰材料零售	12.50	5.75	33.22
陶瓷、石材装饰材料零售	43.34	18.84	79.86
其他室内装饰材料零售	68.03	27.70	125.13
货摊、无店铺及其他零售业	615.57	241.08	1350.33
流动货摊零售	0.20	0.11	1.22
互联网零售	504.31	193.23	1211.38
邮购及电视、电话零售	0.98	0.65	0.99
自动售货机零售	0.49	0.17	1.61
旧货零售	0.15	0.04	0.45
生活用燃料零售	31.13	9.01	30.11
宠物食品用品零售	0.85	0.19	9.54
其他未列明零售业	77.46	37.67	95.03

1-A-7 续表 2

单位：亿元

分　组	资产总计	负债合计	营业收入
按登记注册类型分组			
内资企业	3231.48	1492.63	6908.98
国有企业	9.29	4.72	15.81
集体企业	13.47	4.99	47.67
股份合作企业	0.09	0.02	0.55
联营企业	0.73	0.17	0.89
国有联营企业	0.06	0.02	0.06
集体联营企业	0.30	0.04	0.30
国有与集体联营企业	0.04	0.01	0.04
其他联营企业	0.33	0.09	0.50
有限责任公司	658.09	394.04	1630.40
国有独资公司	20.04	12.12	47.21
其他有限责任公司	638.05	381.92	1583.19
股份有限公司	188.98	99.97	232.07
私营企业	2340.66	986.40	4956.10
私营独资企业	129.52	26.98	269.31
私营合伙企业	7.93	1.77	13.02
私营有限责任公司	2166.55	940.71	4595.16
私营股份有限公司	36.66	16.95	78.61
其他企业	20.17	2.33	25.49
港、澳、台商投资企业	130.44	82.62	235.37
与港澳台商合资经营企业	36.34	15.52	51.91
与港澳台商合作经营企业	7.27	2.74	14.49
港澳台商独资经营企业	82.63	61.27	153.38
港澳台商投资股份有限公司	2.58	1.90	11.27
其他港澳台投资企业	1.62	1.19	4.31
外商投资企业	286.32	67.40	295.46
中外合资经营企业	9.74	4.77	23.96
中外合作经营企业			
外资企业	65.74	42.79	125.31
外商投资股份有限公司	197.64	8.74	132.86
其他外商投资	13.20	11.11	13.34
按单位规模分组			
大型	589.99	239.68	838.60
中型	817.69	562.48	2142.64
小型	1011.20	440.49	2495.27
微型	1229.35	399.99	1963.29

1-A-8 限额以上零售业法人企业财务状况

单位：亿元

分　　组	资产总计	负债合计	营业收入
零售业	**2079.54**	**1160.46**	**5289.03**
按国民经济行业分组			
综合零售	504.80	228.72	720.80
百货零售	184.47	131.42	251.40
超级市场零售	305.24	91.54	413.79
便利店零售	3.97	1.80	6.60
其他综合零售	11.13	3.96	49.00
食品、饮料及烟草制品专门零售	146.36	49.49	478.47
粮油零售	7.40	4.40	47.16
糕点、面包零售	8.34	4.74	20.98
果品、蔬菜零售	6.64	2.95	26.68
肉、禽、蛋、奶及水产品零售	13.77	6.04	64.61
营养和保健品零售	3.07	0.88	10.00
酒、饮料及茶叶零售	81.98	21.40	242.96
烟草制品零售	8.58	1.48	15.15
其他食品零售	16.58	7.60	50.94
纺织、服装及日用品专门零售	96.61	57.49	329.67
纺织品及针织品零售	17.21	11.02	63.41
服装零售	33.82	21.08	107.82
鞋帽零售	18.89	13.84	50.79
化妆品及卫生用品零售	5.15	2.39	43.43
厨具卫具及日用杂品零售	3.13	1.32	13.30
钟表、眼镜零售	1.78	0.76	7.67
箱包零售	0.47	0.23	2.72
自行车等代步设备零售	0.38	0.30	1.53
其他日用品零售	15.78	6.55	39.00
文化、体育用品及器材专门零售	114.21	61.14	224.82
文具用品零售	3.48	1.56	8.92
体育用品及器材零售	9.33	5.79	10.02
图书、报刊零售	47.33	19.12	39.09
音像制品、电子和数字出版物零售			
珠宝首饰零售	16.38	6.71	71.34
工艺美术品及收藏品零售	33.72	25.45	74.33
乐器零售	1.52	0.96	2.11
照相器材零售	0.54	0.45	1.28
其他文化用品零售	1.89	1.10	17.73
医药及医疗器材专门零售	50.69	29.37	112.63

1-A-8　续表 1　　　　单位：亿元

分　组	资产总计	负债合计	营业收入
西药零售	41.02	22.49	96.94
中药零售	6.98	5.14	10.00
动物用药品零售	0.02		0.18
医疗用品及器材零售	2.45	1.57	2.88
保健辅助治疗器材零售	0.22	0.17	2.64
汽车、摩托车、零配件和燃料及其他动力销售	681.87	454.00	1867.53
汽车新车零售	530.08	392.30	1526.81
汽车旧车零售	1.45	0.88	7.63
汽车零配件零售	13.28	7.06	50.47
摩托车及零配件零售	8.82	4.75	24.77
机动车燃油零售	125.16	47.91	252.78
机动车燃气零售	3.07	1.09	5.07
机动车充电销售			
家用电器及电子产品专门零售	114.80	73.17	320.54
家用视听设备零售	5.42	3.06	26.02
日用家电零售	77.77	51.09	183.81
计算机、软件及辅助设备零售	11.60	5.38	41.13
通信设备零售	14.27	10.25	46.08
其他电子产品零售	5.74	3.38	23.50
五金、家具及室内装饰材料专门零售	102.40	57.96	369.40
五金零售	9.43	3.42	23.63
灯具零售	21.41	19.08	17.93
家具零售	39.03	18.50	193.87
涂料零售	1.20	0.41	5.07
卫生洁具零售	2.85	1.13	9.38
木质装饰材料零售	4.63	2.44	24.68
陶瓷、石材装饰材料零售	15.38	8.75	45.02
其他室内装饰材料零售	8.47	4.23	49.81
货摊、无店铺及其他零售业	267.80	149.13	865.17
流动货摊零售	0.18	0.11	1.19
互联网零售	248.04	139.48	808.78
邮购及电视、电话零售	0.60	0.55	0.59
自动售货机零售	0.32	0.14	1.22
旧货零售	0.02		0.14
生活用燃料零售	10.08	4.58	19.08
宠物食品用品零售	0.35	0.06	8.71
其他未列明零售业	8.21	4.20	25.47

1-A-8 续表 2 单位：亿元

分　　组	资产总计	负债合计	营业收入
按登记注册类型分组			
内资企业	1675.63	1016.62	4767.24
国有企业	2.02	0.98	9.57
集体企业	4.22	2.11	37.70
股份合作企业	0.05	0.01	0.37
联营企业	0.11	0.03	0.22
国有联营企业			
集体联营企业			
国有与集体联营企业			
其他联营企业	0.11	0.03	0.22
有限责任公司	540.24	342.64	1472.92
国有独资公司	16.39	9.95	46.62
其他有限责任公司	523.85	332.69	1426.30
股份有限公司	179.99	97.27	218.99
私营企业	948.34	573.12	3024.67
私营独资企业	11.33	4.47	69.35
私营合伙企业	1.49	0.58	4.17
私营有限责任公司	909.83	555.25	2887.53
私营股份有限公司	25.69	12.83	63.62
其他企业	0.66	0.45	2.79
港、澳、台商投资企业	123.73	79.69	230.92
与港澳台商合资经营企业	34.68	14.97	51.11
与港澳台商合作经营企业	7.23	2.71	14.47
港澳台商独资经营企业	77.82	58.99	150.04
港澳台商投资股份有限公司	2.57	1.90	11.21
其他港澳台投资企业	1.43	1.13	4.08
外商投资企业	280.18	64.15	290.88
中外合资经营企业	9.08	4.51	23.44
中外合作经营企业			
外资企业	61.18	40.60	123.15
外商投资股份有限公司	197.29	8.54	132.41
其他外商投资	12.63	10.50	11.89
按单位规模分组			
大型	576.29	234.14	782.89
中型	771.43	540.06	2075.62
小型	583.69	287.90	1904.36
微型	148.13	98.36	526.16

B. 地区部分

1-B-1　分地区批发业法人企业基本情况

地　区	法人单位数(个)	从业人员期末人数(人)
全　省	**132933**	**1089940**
福　州	28569	250816
#平潭	885	3203
厦　门	36981	249447
莆　田	7451	81582
三　明	5046	32818
泉　州	28453	258664
漳　州	10124	106349
南　平	4985	27929
龙　岩	6857	52456
宁　德	4467	29879

1-B-2　分地区批发业法人企业基本情况(按国民经济行业分)

(农、林、牧、渔产品批发)

地　区	法人单位数(个)	从业人员期末人数(人)
全　省	**4799**	**37023**
福　州	697	6558
#平潭	37	82
厦　门	665	4626
莆　田	156	1830
三　明	337	2268
泉　州	474	3910
漳　州	686	6045
南　平	520	3450
龙　岩	1098	7259
宁　德	166	1077

1-B-2 续表 1

(食品、饮料及烟草制品批发)

地 区	法人单位数(个)	从业人员期末人数(人)
全 省	**22347**	**206339**
福 州	3836	32102
#平潭	274	855
厦 门	5843	38376
莆 田	698	8843
三 明	585	7551
泉 州	3208	35073
漳 州	3455	48728
南 平	1995	11806
龙 岩	1191	11077
宁 德	1536	12783

1-B-2 续表 2

(纺织服装及家庭用品批发)

地 区	法人单位数(个)	从业人员期末人数(人)
全 省	**32834**	**262892**
福 州	6175	48012
#平潭	106	356
厦 门	8768	56019
莆 田	2690	29871
三 明	570	3023
泉 州	12139	110105
漳 州	1125	9206
南 平	311	1092
龙 岩	667	3783
宁 德	389	1781

1-B-2　续表 3

(文化、体育用品及器材批发)

地　区	法人单位数 (个)	从业人员期末人数 (人)
全　省	**5813**	**42195**
福　州	1650	13198
#平潭	22	46
厦　门	1916	11618
莆　田	634	5613
三　明	97	412
泉　州	921	7735
漳　州	258	2020
南　平	134	502
龙　岩	137	842
宁　德	66	255

1-B-2　续表 4

(医药及医疗器材批发)

地　区	法人单位数 (个)	从业人员期末人数 (人)
全　省	**2927**	**38543**
福　州	809	11732
#平潭	20	178
厦　门	655	8844
莆　田	427	4514
三　明	109	1245
泉　州	323	4390
漳　州	188	2701
南　平	98	1366
龙　岩	256	2577
宁　德	62	1174

1-B-2 续表 5

(矿产品、建材及化工产品批发)

地 区	法人单位数 (个)	从业人员期末人数 (人)
全 省	**27767**	**236391**
福 州	6436	61847
#平潭	202	953
厦 门	6877	54790
莆 田	1609	18050
三 明	2056	11700
泉 州	4507	41224
漳 州	2295	21081
南 平	1019	5673
龙 岩	1797	14931
宁 德	1171	7095

1-B-2 续表 6

(机械设备、五金产品及电子产品批发)

地 区	法人单位数 (个)	从业人员期末人数 (人)
全 省	**23238**	**173203**
福 州	6353	51701
#平潭	109	366
厦 门	8277	55756
莆 田	584	7132
三 明	845	4574
泉 州	3516	28545
漳 州	1315	10272
南 平	569	2680
龙 岩	1124	8808
宁 德	655	3735

1-B-2　续表 7

(贸易经纪与代理)

地　区	法人单位数 (个)	从业人员期末人数 (人)
全　省	**5898**	**43218**
福　州	1249	14610
#平潭	63	163
厦　门	1697	6987
莆　田	143	1323
三　明	208	785
泉　州	1819	15216
漳　州	258	2001
南　平	88	245
龙　岩	286	1402
宁　德	150	649

1-B-2　续表 8

(其他批发业)

地　区	法人单位数 (个)	从业人员期末人数 (人)
全　省	**7310**	**50136**
福　州	1364	11056
#平潭	52	204
厦　门	2283	12431
莆　田	510	4406
三　明	239	1260
泉　州	1546	12466
漳　州	544	4295
南　平	251	1115
龙　岩	301	1777
宁　德	272	1330

1-B-3 分地区批发业法人企业基本情况(按登记注册类型分)

(内资企业)

地 区	法人单位数(个)	从业人员期末人数(人)
全 省	**131619**	**1062848**
福 州	28266	245017
#平潭	803	2937
厦 门	36279	237525
莆 田	7431	77622
三 明	5033	32678
泉 州	28268	256062
漳 州	10068	104180
南 平	4981	27838
龙 岩	6835	52137
宁 德	4458	29789

1-B-3 续表 1

(国有企业)

地 区	法人单位数(个)	从业人员期末人数(人)
全 省	**352**	**15336**
福 州	75	2163
#平潭	NA	13
厦 门	26	865
莆 田	8	117
三 明	28	2302
泉 州	66	3128
漳 州	56	1464
南 平	42	2549
龙 岩	25	1694
宁 德	26	1054

1-B-3　续表 2

(集体企业)

地　区	法人单位数 (个)	从业人员期末人数 (人)
全　省	**560**	**7206**
福　州	99	1102
#平潭	5	63
厦　门	18	118
莆　田	20	271
三　明	60	464
泉　州	65	1038
漳　州	107	2353
南　平	69	425
龙　岩	63	643
宁　德	59	792

1-B-3　续表 3

(股份合作企业)

地　区	法人单位数 (个)	从业人员期末人数 (人)
全　省	**15**	**106**
福　州		
#平潭		
厦　门		
莆　田		
三　明	NA	12
泉　州	5	47
漳　州	7	38
南　平		
龙　岩	NA	9
宁　德		

1-B-3 续表 4

(联营企业)

地 区	法人单位数 (个)	从业人员期末人数 (人)
全 省	**27**	**247**
福 州	4	28
#平潭		
厦 门	NA	1
莆 田	NA	21
三 明	NA	6
泉 州	4	6
漳 州	6	85
南 平	4	46
龙 岩	4	33
宁 德	NA	21

1-B-3 续表 5

(有限责任公司)

地 区	法人单位数 (个)	从业人员期末人数 (人)
全 省	**8528**	**105451**
福 州	2114	25480
#平潭	255	1147
厦 门	3015	32018
莆 田	844	13894
三 明	276	4178
泉 州	864	11495
漳 州	420	6064
南 平	160	2073
龙 岩	615	7865
宁 德	220	2384

1-B-3　续表 6

(股份有限公司)

地　区	法人单位数 (个)	从业人员期末人数 (人)
全　省	**705**	**18196**
福　州	219	5666
#平潭	16	61
厦　门	121	8367
莆　田	35	616
三　明	71	504
泉　州	94	1610
漳　州	41	311
南　平	33	382
龙　岩	58	492
宁　德	33	248

1-B-3　续表 7

(私营企业)

地　区	法人单位数 (个)	从业人员期末人数 (人)
全　省	**118087**	**885262**
福　州	25705	210261
#平潭	523	1642
厦　门	33037	195911
莆　田	6499	62524
三　明	4556	24862
泉　州	26816	236346
漳　州	8182	75849
南　平	3978	17294
龙　岩	5350	38029
宁　德	3964	24186

1-B-3 续表 8

(其他企业)

地 区	法人单位数 (个)	从业人员期末人数 (人)
全 省	**3345**	**31044**
福 州	50	317
#平潭	NA	11
厦 门	61	245
莆 田	23	179
三 明	39	350
泉 州	354	2392
漳 州	1249	18016
南 平	695	5069
龙 岩	719	3372
宁 德	155	1104

1-B-3 续表 9

(港、澳、台商投资企业)

地 区	法人单位数 (个)	从业人员期末人数 (人)
全 省	**848**	**14995**
福 州	217	1863
#平潭	81	262
厦 门	438	6722
莆 田	15	3782
三 明	11	66
泉 州	106	1641
漳 州	39	576
南 平	3	84
龙 岩	15	184
宁 德	4	77

1-B-3　续表 10

(外商投资企业)

地　区	法人单位数(个)	从业人员期末人数(人)
全　省	**466**	**12097**
福　州	86	3936
#平潭	NA	4
厦　门	264	5200
莆　田	5	178
三　明	NA	74
泉　州	79	961
漳　州	17	1593
南　平	NA	7
龙　岩	7	135
宁　德	5	13

1-B-4　分地区批发业法人企业基本情况(按单位规模分)

(大型企业)

地　区	法人单位数(个)	从业人员期末人数(人)
全　省	**87**	**64740**
福　州	25	17544
#平潭		
厦　门	30	18929
莆　田	7	8091
三　明	NA	3787
泉　州	12	8819
漳　州	4	2594
南　平	NA	2414
龙　岩	NA	1033
宁　德	3	1529

1-B-4 续表 1

(中型企业)

地 区	法人单位数 (个)	从业人员期末人数 (人)
全 省	**2034**	**119373**
福 州	506	33925
#平潭	6	326
厦 门	584	35873
莆 田	154	8336
三 明	88	3749
泉 州	328	16804
漳 州	113	7600
南 平	42	1956
龙 岩	177	8457
宁 德	42	2673

1-B-4 续表 2

(小型企业)

地 区	法人单位数 (个)	从业人员期末人数 (人)
全 省	**20612**	**313322**
福 州	4250	64819
#平潭	34	498
厦 门	3794	59118
莆 田	1431	20875
三 明	369	5952
泉 州	7607	107469
漳 州	1669	30689
南 平	267	4848
龙 岩	968	14403
宁 德	257	5149

1-B-4　续表 3

(微型企业)

地　区	法人单位数 (个)	从业人员期末人数 (人)
全　省	**110200**	**592505**
福　州	23788	134528
#平潭	845	2379
厦　门	32573	135527
莆　田	5859	44280
三　明	4587	19330
泉　州	20506	125572
漳　州	8338	65466
南　平	4674	18711
龙　岩	5710	28563
宁　德	4165	20528

1-B-5　分地区批发业法人企业财务状况

单位：亿元

地　区	资产总计	负债合计	营业收入
全　省	**16817.95**	**9730.29**	**31371.03**
福　州	4163.96	2784.65	7128.85
#平潭	92.54	55.29	86.99
厦　门	6816.10	4556.51	12313.97
莆　田	548.21	251.57	1351.00
三　明	317.16	134.77	683.12
泉　州	2549.28	861.99	6055.59
漳　州	1472.75	671.77	1839.45
南　平	178.84	67.72	315.90
龙　岩	467.11	222.43	1259.55
宁　德	304.53	178.87	423.60

1-B-6 分地区批发业法人企业财务状况(按国民经济行业分)

(农、林、牧、渔产品批发) 单位：亿元

地 区	资产总计	负债合计	营业收入
全 省	**390.19**	**205.41**	**554.90**
福 州	110.78	70.34	111.42
#平潭	0.42	0.36	0.30
厦 门	90.18	63.41	132.79
莆 田	13.46	7.01	18.30
三 明	25.58	9.31	33.18
泉 州	24.93	12.48	45.47
漳 州	38.74	14.41	61.75
南 平	23.92	6.06	19.85
龙 岩	44.27	16.41	127.72
宁 德	18.32	5.98	4.41

1-B-6 续表 1

(食品、饮料及烟草制品批发) 单位：亿元

地 区	资产总计	负债合计	营业收入
全 省	**1760.53**	**804.97**	**3243.82**
福 州	337.72	182.95	558.55
#平潭	13.81	11.23	14.15
厦 门	713.35	421.89	1020.75
莆 田	47.02	11.56	154.41
三 明	59.71	14.64	113.37
泉 州	218.13	71.76	512.26
漳 州	182.99	60.52	491.78
南 平	68.39	13.14	97.54
龙 岩	70.16	14.58	187.20
宁 德	63.06	13.93	107.96

1-B-6　续表 2

(纺织、服装及家庭用品批发)　　单位：亿元

地　区	资产总计	负债合计	营业收入
全　省	**2936.19**	**1329.98**	**5359.88**
福　州	449.27	273.74	799.60
#平潭	13.14	1.52	5.42
厦　门	972.84	636.74	1446.94
莆　田	188.51	97.53	455.13
三　明	20.51	11.01	44.19
泉　州	1239.67	285.45	2428.32
漳　州	30.42	9.40	89.37
南　平	3.36	1.29	9.15
龙　岩	25.19	11.06	76.84
宁　德	6.42	3.76	10.33

1-B-6　续表 3

(文化、体育用品及器材批发)　　单位：亿元

地　区	资产总计	负债合计	营业收入
全　省	**388.15**	**214.53**	**650.49**
福　州	93.48	46.87	129.36
#平潭	0.07	0.05	0.06
厦　门	173.75	110.38	240.28
莆　田	29.46	5.32	84.07
三　明	4.00	2.88	12.42
泉　州	58.22	33.56	135.63
漳　州	12.99	4.86	25.82
南　平	1.85	0.77	3.82
龙　岩	12.68	9.01	17.33
宁　德	1.71	0.87	1.75

1-B-6 续表 4

(医药及医疗器材批发)

单位：亿元

地 区	资产总计	负债合计	营业收入
全 省	**462.63**	**313.74**	**700.48**
福 州	217.48	160.03	248.42
#平潭	0.64	0.31	1.07
厦 门	120.62	76.59	143.23
莆 田	23.62	13.89	75.13
三 明	7.35	4.15	19.88
泉 州	36.09	24.81	89.91
漳 州	24.87	14.13	46.78
南 平	9.05	5.90	19.97
龙 岩	13.92	8.85	36.65
宁 德	9.63	5.39	20.51

1-B-6 续表 5

(矿产品、建材及化工产品批发)

单位：亿元

地 区	资产总计	负债合计	营业收入
全 省	**8479.85**	**5395.09**	**16817.31**
福 州	2124.25	1517.34	3897.40
#平潭	49.52	37.43	56.89
厦 门	3833.79	2604.15	8121.73
莆 田	175.46	94.86	413.52
三 明	172.17	82.21	418.24
泉 州	686.36	330.47	2218.20
漳 州	1068.43	504.29	888.28
南 平	50.02	30.95	108.15
龙 岩	194.35	98.25	525.05
宁 德	175.01	132.58	226.75

1-B-6　续表 6

(机械设备、五金产品及电子产品批发)　　单位：亿元

地　区	资产总计	负债合计	营业收入
全　省	**1551.84**	**968.51**	**2601.92**
福　州	517.03	342.73	881.87
#平潭	3.53	2.07	6.17
厦　门	664.94	462.34	924.45
莆　田	36.12	14.59	70.99
三　明	18.85	6.91	30.22
泉　州	152.20	54.63	292.00
漳　州	46.36	18.35	111.21
南　平	11.13	3.87	19.34
龙　岩	91.89	58.39	250.56
宁　德	13.32	6.70	21.28

1-B-6　续表 7

(贸易经纪与代理)　　单位：亿元

地　区	资产总计	负债合计	营业收入
全　省	**325.28**	**158.05**	**468.48**
福　州	142.39	70.24	181.08
#平潭	10.43	1.77	0.42
厦　门	74.80	46.98	70.47
莆　田	6.05	1.26	7.98
三　明	2.62	0.85	2.56
泉　州	81.22	33.41	171.93
漳　州	8.04	1.95	20.68
南　平	1.30	0.74	1.41
龙　岩	5.59	1.95	9.82
宁　德	3.26	0.67	2.55

1-B-6 续表 8

(其他批发业)

单位：亿元

地 区	资产总计	负债合计	营业收入
全 省	**523.29**	**340.00**	**973.76**
福 州	171.57	120.41	321.15
#平潭	0.98	0.55	2.52
厦 门	171.82	134.03	213.34
莆 田	28.49	5.56	71.47
三 明	6.37	2.81	9.06
泉 州	52.47	15.43	161.86
漳 州	59.90	43.84	103.77
南 平	9.82	4.99	36.68
龙 岩	9.05	3.92	28.38
宁 德	13.80	9.00	28.06

1-B-7 分地区批发业法人企业财务状况(按登记注册类型分)

(内资企业)

单位：亿元

地 区	资产总计	负债合计	营业收入
全 省	**15346.55**	**8964.07**	**29708.28**
福 州	3916.87	2656.90	6469.27
#平潭	77.91	50.15	79.33
厦 门	6172.79	4161.60	11764.46
莆 田	519.40	237.08	1318.62
三 明	316.28	134.42	680.54
泉 州	2494.49	835.17	5958.64
漳 州	1024.53	504.74	1602.78
南 平	178.53	67.59	315.43
龙 岩	433.54	198.73	1191.02
宁 德	290.13	167.84	407.53

1-B-7　续表 1

(国有企业)　单位：亿元

地　区	资产总计	负债合计	营业收入
全　省	**331.70**	**85.72**	**625.66**
福　州	58.19	19.41	115.28
#平潭	0.09	0.05	0.01
厦　门	48.19	18.96	92.55
莆　田	1.11	0.46	0.68
三　明	39.95	6.22	49.44
泉　州	73.58	18.06	157.66
漳　州	35.22	7.10	77.74
南　平	28.18	7.15	44.66
龙　岩	30.46	5.60	52.20
宁　德	16.84	2.74	35.45

1-B-7　续表 2

(集体企业)　单位：亿元

地　区	资产总计	负债合计	营业收入
全　省	**37.64**	**15.61**	**52.79**
福　州	12.94	3.61	7.80
#平潭	0.09	0.06	0.09
厦　门	6.23	4.60	12.22
莆　田	1.27	0.59	1.73
三　明	1.87	1.06	1.68
泉　州	3.11	0.89	6.56
漳　州	4.61	1.11	13.68
南　平	2.19	0.49	1.78
龙　岩	2.61	1.35	4.02
宁　德	2.81	1.89	3.32

1-B-7 续表 3

(股份合作企业) 单位：亿元

地 区	资产总计	负债合计	营业收入
全 省	**0.83**	**0.32**	**0.88**
福 州			
#平潭			
厦 门			
莆 田			
三 明			0.03
泉 州	0.52	0.31	0.35
漳 州	0.23	0.01	0.44
南 平			
龙 岩	0.08		0.06
宁 德			

1-B-7 续表 4

(联营企业) 单位：亿元

地 区	资产总计	负债合计	营业收入
全 省	**0.77**	**0.18**	**1.02**
福 州	0.06	0.07	0.14
#平潭			
厦 门	0.03		0.01
莆 田	0.03		0.11
三 明			0.01
泉 州	0.02	0.01	0.02
漳 州	0.54	0.08	0.49
南 平	0.05		0.15
龙 岩	0.04	0.01	0.08
宁 德			0.03

1-B-7　续表 5

(有限责任公司)　单位：亿元

地　区	资产总计	负债合计	营业收入
全　省	**4241.74**	**2659.02**	**8931.57**
福　州	810.88	575.06	1843.31
#平潭	57.33	44.41	66.93
厦　门	1990.57	1285.03	4292.50
莆　田	188.20	111.23	580.57
三　明	94.02	49.37	156.96
泉　州	378.80	184.65	1169.55
漳　州	556.71	316.64	406.42
南　平	28.02	25.65	37.83
龙　岩	151.27	88.83	375.90
宁　德	43.27	22.56	68.53

1-B-7　续表 6

(股份有限公司)　单位：亿元

地　区	资产总计	负债合计	营业收入
全　省	**1703.77**	**952.25**	**3816.32**
福　州	198.58	62.52	319.55
#平潭	0.11	0.08	0.35
厦　门	1377.04	850.53	3434.62
莆　田	3.65	1.77	4.15
三　明	3.21	1.25	5.59
泉　州	103.13	32.19	32.17
漳　州	1.08	0.18	2.11
南　平	10.39	0.77	6.41
龙　岩	4.03	1.69	8.64
宁　德	2.66	1.34	3.08

1-B-7 续表 7

(私营企业) 单位：亿元

地 区	资产总计	负债合计	营业收入
全 省	**8951.08**	**5240.45**	**16145.02**
福 州	2835.16	1995.64	4181.43
#平潭	20.28	5.54	11.95
厦 门	2749.94	2002.22	3931.89
莆 田	324.78	122.95	730.83
三 明	176.48	76.44	465.32
泉 州	1928.81	597.76	4583.14
漳 州	390.02	174.21	1019.53
南 平	90.88	32.66	207.20
龙 岩	233.04	99.44	733.04
宁 德	221.97	139.13	292.63

1-B-7 续表 8

(其他企业) 单位：亿元

地 区	资产总计	负债合计	营业收入
全 省	**79.02**	**10.53**	**135.02**
福 州	1.06	0.59	1.76
#平潭	0.01		
厦 门	0.79	0.25	0.68
莆 田	0.36	0.07	0.54
三 明	0.75	0.08	1.52
泉 州	6.53	1.28	9.19
漳 州	36.13	5.40	82.37
南 平	18.81	0.87	17.40
龙 岩	12.02	1.81	17.08
宁 德	2.57	0.18	4.49

1-B-7　续表 9

(港、澳、台商投资企业)　　单位：亿元

地　区	资产总计	负债合计	营业收入
全　省	**573.61**	**312.37**	**611.11**
福　州	115.95	53.26	224.31
#平潭	12.14	2.75	5.76
厦　门	371.12	216.44	273.58
莆　田	27.32	12.01	30.34
三　明	0.42	0.21	0.40
泉　州	36.56	19.41	59.95
漳　州	13.40	7.03	13.68
南　平	0.17		0.18
龙　岩	2.17	0.49	2.50
宁　德	6.50	3.51	6.17

1-B-7　续表 10

(外商投资企业)　　单位：亿元

地　区	资产总计	负债合计	营业收入
全　省	**897.78**	**453.84**	**1051.65**
福　州	131.14	74.48	435.27
#平潭	2.48	2.40	1.90
厦　门	272.19	178.48	275.93
莆　田	1.49	2.48	2.05
三　明	0.47	0.14	2.18
泉　州	18.23	7.41	37.00
漳　州	434.82	160.00	222.99
南　平	0.14	0.12	0.29
龙　岩	31.40	23.21	66.03
宁　德	7.91	7.52	9.90

1-B-8 分地区批发业法人企业财务状况(按单位规模分)

(大型企业) 单位：亿元

地 区	资产总计	负债合计	营业收入
全 省	**3103.26**	**1577.09**	**6650.90**
福 州	502.27	220.69	1633.06
#平潭			
厦 门	1579.30	990.58	3933.41
莆 田	67.07	39.51	131.35
三 明	42.15	7.76	55.04
泉 州	297.53	66.39	465.05
漳 州	465.22	166.85	297.60
南 平	32.97	3.87	47.86
龙 岩	12.93	6.01	16.78
宁 德	103.82	75.43	70.76

1-B-8 续表 1

(中型企业) 单位：亿元

地 区	资产总计	负债合计	营业收入
全 省	**4394.63**	**2961.02**	**9747.87**
福 州	820.27	590.43	2031.47
#平潭	13.06	10.68	12.37
厦 门	2229.78	1508.21	4204.74
莆 田	108.35	62.50	391.25
三 明	58.24	34.19	266.63
泉 州	434.58	286.23	1786.65
漳 州	514.06	354.34	473.08
南 平	24.07	15.12	67.94
龙 岩	165.83	87.92	432.93
宁 德	39.46	22.10	93.19

1-B-8　续表 2

(小型企业)　　单位：亿元

地　区	资产总计	负债合计	营业收入
全　省	**5298.89**	**3050.44**	**10329.51**
福　州	1754.36	1267.63	2585.45
#平潭	38.15	16.92	64.27
厦　门	1473.60	1021.47	2700.78
莆　田	192.99	77.62	456.13
三　明	104.57	48.16	263.71
泉　州	1283.75	381.33	2886.44
漳　州	218.52	110.67	559.99
南　平	50.19	31.88	115.42
龙　岩	168.09	85.56	677.31
宁　德	52.81	26.13	84.29

1-B-8　续表 3

(微型企业)　　单位：亿元

地　区	资产总计	负债合计	营业收入
全　省	**4021.16**	**2141.74**	**4642.75**
福　州	1087.05	705.90	878.87
#平潭	41.33	27.69	10.35
厦　门	1533.42	1036.26	1475.05
莆　田	179.80	71.95	372.27
三　明	112.20	44.66	97.73
泉　州	533.42	128.04	917.45
漳　州	274.95	39.92	508.79
南　平	71.60	16.85	84.69
龙　岩	120.26	42.95	132.53
宁　德	108.45	55.21	175.37

1-B-9 分地区零售业法人企业基本情况

地区	法人单位数(个)	从业人员期末人数(人)	年末零售营业面积(万平方米)
全省	**103405**	**784071**	**2523.26**
福州	12044	144531	562.57
#平潭	490	3097	9.92
厦门	14354	121451	371.27
莆田	12899	96818	160.76
三明	4156	26604	133.93
泉州	36243	230873	667.29
漳州	8207	66712	255.30
南平	5424	26900	131.53
龙岩	5077	37573	158.76
宁德	5001	32609	81.85

1-B-10 分地区零售业法人企业基本情况(按国民经济行业分)

(综合零售)

地区	法人单位数(个)	从业人员期末人数(人)	年末零售营业面积(万平方米)
全省	**4300**	**102090**	**553.07**
福州	698	36071	216.80
#平潭	56	1226	4.04
厦门	433	15915	106.88
莆田	461	8080	17.83
三明	266	5295	29.33
泉州	1369	18838	91.73
漳州	438	7657	33.23
南平	220	3146	22.52
龙岩	264	4378	19.39
宁德	151	2710	15.36

1-B-10　续表 1

(食品、饮料及烟草制品专门零售)

地　区	法人单位数（个）	从业人员期末人数（人）	年末零售营业面积（万平方米）
全　省	**15057**	**103438**	**234.05**
福　州	1644	16919	22.39
#平潭	107	462	1.22
厦　门	2317	11297	19.64
莆　田	1171	6748	10.17
三　明	489	2856	7.98
泉　州	3774	31166	59.11
漳　州	1768	13463	38.96
南　平	1671	7031	44.86
龙　岩	953	6246	17.98
宁　德	1270	7712	12.97

1-B-10　续表 2

(纺织、服装及日用品专门零售)

地　区	法人单位数（个）	从业人员期末人数（人）	年末零售营业面积（万平方米）
全　省	**16593**	**106882**	**235.26**
福　州	1630	12730	26.02
#平潭	42	179	0.32
厦　门	2094	23258	49.38
莆　田	3071	19838	25.72
三　明	382	1592	8.72
泉　州	7241	36997	92.24
漳　州	871	6149	15.42
南　平	390	1389	3.46
龙　岩	456	2750	10.13
宁　德	458	2179	4.18

1-B-10 续表 3

(文化、体育用品及器材专门零售)

地 区	法人单位数(个)	从业人员期末人数(人)	年末零售营业面积(万平方米)
全 省	**6660**	**40597**	**88.71**
福 州	823	6479	17.98
#平潭	13	38	0.04
厦 门	1008	5721	11.17
莆 田	1278	9975	16.90
三 明	163	763	2.23
泉 州	2485	12719	30.05
漳 州	319	2075	4.38
南 平	225	815	1.94
龙 岩	197	1174	2.47
宁 德	162	876	1.60

1-B-10 续表 4

(医药及医疗器材专门零售)

地 区	法人单位数(个)	从业人员期末人数(人)	年末零售营业面积(万平方米)
全 省	**5544**	**44487**	**81.01**
福 州	1190	12769	18.75
#平潭	46	184	0.36
厦 门	551	5779	10.19
莆 田	439	3863	5.31
三 明	390	1817	4.18
泉 州	976	7337	17.14
漳 州	590	4800	11.05
南 平	377	1942	3.74
龙 岩	548	3204	6.47
宁 德	483	2976	4.20

1-B-10　续表 5

(汽车、摩托车、零配件和燃料及其他动力销售)

地　区	法人单位数(个)	从业人员期末人数(人)	年末零售营业面积(万平方米)
全　省	**9610**	**105693**	**689.57**
福　州	1515	20144	134.74
#平潭	55	285	0.95
厦　门	1126	17193	103.87
莆　田	511	7250	39.38
三　明	714	5289	53.62
泉　州	2514	26898	169.72
漳　州	1232	12365	77.95
南　平	613	3884	27.04
龙　岩	824	8757	61.97
宁　德	561	3913	21.27

1-B-10　续表 6

(家用电器及电子产品专门零售)

地　区	法人单位数(个)	从业人员期末人数(人)	年末零售营业面积(万平方米)
全　省	**8047**	**58405**	**148.44**
福　州	1285	11325	31.29
#平潭	48	267	0.46
厦　门	1581	11528	23.65
莆　田	532	3943	6.10
三　明	406	2321	10.00
泉　州	2029	14150	33.70
漳　州	788	5732	17.29
南　平	382	2115	6.31
龙　岩	547	4149	14.31
宁　德	497	3142	5.78

1-B-10 续表 7

(五金、家具及室内装饰材料专门零售)

地 区	法人单位数 (个)	从业人员期末人数 (人)	年末零售营业面积 (万平方米)
全 省	**12590**	**75639**	**311.79**
福 州	2036	15684	78.05
#平潭	60	184	0.86
厦 门	2502	12367	29.58
莆 田	1224	9249	24.44
三 明	448	2327	11.56
泉 州	3855	21838	89.89
漳 州	963	6599	38.49
南 平	463	1758	10.62
龙 岩	558	3293	19.55
宁 德	541	2524	9.60

1-B-10 续表 8

(货摊、无店铺及其他零售)

地 区	法人单位数 (个)	从业人员期末人数 (人)	年末零售营业面积 (万平方米)
全 省	**25004**	**146840**	**181.34**
福 州	1223	12410	16.55
#平潭	63	272	1.67
厦 门	2742	18393	16.92
莆 田	4212	27872	14.91
三 明	898	4344	6.31
泉 州	12000	60930	83.71
漳 州	1238	7872	18.53
南 平	1083	4820	11.03
龙 岩	730	3622	6.50
宁 德	878	6577	6.89

1-B-11 分地区零售业法人企业基本情况(按登记注册类型分)

(内资企业)

地 区	法人单位数 (个)	从业人员期末人数 (人)	年末零售营业面积 (万平方米)
全 省	**102998**	**734181**	**2183.46**
福 州	11935	125417	415.62
#平潭	454	3004	9.61
厦 门	14198	100510	277.77
莆 田	12889	96600	158.85
三 明	4147	25624	110.98
泉 州	36165	226545	634.17
漳 州	8187	64439	236.32
南 平	5417	26591	127.02
龙 岩	5063	36091	142.38
宁 德	4997	32364	80.33

1-B-11 续表 1

(国有企业)

地 区	法人单位数 (个)	从业人员期末人数 (人)	年末零售营业面积 (万平方米)
全 省	**179**	**2377**	**5.10**
福 州	36	826	1.47
#平潭	NA	73	0.11
厦 门	3	12	0.03
莆 田	3	111	0.33
三 明	19	137	0.47
泉 州	53	456	0.97
漳 州	27	360	0.41
南 平	14	134	0.26
龙 岩	6	62	0.17
宁 德	18	279	0.97

1-B-11 续表 2

(集体企业)

地 区	法人单位数 (个)	从业人员期末人数 (人)	年末零售营业面积 (万平方米)
全 省	**456**	**5508**	**24.70**
福 州	109	1287	5.10
#平潭	4	73	0.17
厦 门	18	113	0.23
莆 田	33	544	1.90
三 明	35	121	0.76
泉 州	111	1706	7.69
漳 州	60	735	3.28
南 平	31	164	2.55
龙 岩	36	631	2.80
宁 德	23	207	0.39

1-B-11 续表 3

(股份合作企业)

地 区	法人单位数 (个)	从业人员期末人数 (人)	年末零售营业面积 (万平方米)
全 省	**12**	**59**	**0.51**
福 州	NA	7	0.01
#平潭			
厦 门			
莆 田	NA	7	0.01
三 明	NA		
泉 州	NA		
漳 州	4	40	0.47
南 平	NA	5	0.02
龙 岩			
宁 德			

1-B-11　续表 4

(有限责任公司)

地　区	法人单位数 (个)	从业人员期末人数 (人)	年末零售营业面积 (万平方米)
全　省	**5856**	**96333**	**429.40**
福　州	782	27549	150.95
#平潭	128	1378	4.07
厦　门	1281	22119	97.81
莆　田	1181	12545	27.03
三　明	177	1713	11.70
泉　州	1198	15128	50.09
漳　州	348	6622	44.98
南　平	147	2224	11.08
龙　岩	424	4938	25.35
宁　德	318	3495	10.45

1-B-11　续表 5

(股份有限公司)

地　区	法人单位数 (个)	从业人员期末人数 (人)	年末零售营业面积 (万平方米)
全　省	**569**	**11546**	**97.25**
福　州	109	2062	8.91
#平潭	13	26	1.19
厦　门	56	966	21.49
莆　田	51	423	9.04
三　明	42	562	2.79
泉　州	130	5605	42.97
漳　州	67	962	7.23
南　平	35	290	1.05
龙　岩	38	239	1.55
宁　德	41	437	2.22

1-B-11 续表 6

(私营企业)

地 区	法人单位数 (个)	从业人员期末人数 (人)	年末零售营业面积 (万平方米)
全 省	**94747**	**610776**	**1569.53**
福 州	10858	93458	248.79
#平潭	306	1441	4.07
厦 门	12820	77201	157.65
莆 田	11610	82905	120.45
三 明	3862	23050	95.07
泉 州	34213	200494	514.01
漳 州	7412	53546	175.29
南 平	5061	23066	83.72
龙 岩	4410	29548	108.91
宁 德	4501	27508	65.65

1-B-11 续表 7

(其他企业)

地 区	法人单位数 (个)	从业人员期末人数 (人)	年末零售营业面积 (万平方米)
全 省	**1145**	**7232**	**56.04**
福 州	32	204	0.32
#平潭	NA	13	0.01
厦 门	14	44	0.13
莆 田	10	65	0.10
三 明	10	41	0.19
泉 州	446	2919	18.21
漳 州	269	2174	4.65
南 平	123	705	28.29
龙 岩	146	644	3.53
宁 德	95	436	0.63

1-B-11　续表 8

(外商投资企业)

地　区	法人单位数 (个)	从业人员期末人数 (人)	年末零售营业面积 (万平方米)
全　省	**149**	**27284**	**264.81**
福　州	31	14525	133.39
#平潭	NA	5	0.01
厦　门	64	8253	51.71
莆　田	5	100	1.24
三　明	4	112	19.07
泉　州	27	1796	23.12
漳　州	7	1188	16.10
南　平	4	7	3.58
龙　岩	4	1058	15.09
宁　德	3	245	1.51

1-B-12　分地区零售业法人企业基本情况(按单位规模分)

(大型企业)

地　区	法人单位数 (个)	从业人员期末人数 (人)	批发和零售业年末零售营业面积 (万平方米)
全　省	**80**	**80681**	**382.56**
福　州	28	38413	163.09
#平潭	NA	550	0.96
厦　门	30	24935	123.41
莆　田	4	3050	6.14
三　明	NA	1258	7.96
泉　州	9	8059	59.86
漳　州	5	3439	14.38
南　平	NA	592	5.03
龙　岩	NA	935	2.69
宁　德			

1-B-12 续表 1

(中型企业)

地 区	法人单位数 (个)	从业人员期末人数 (人)	年末零售营业面积 (万平方米)
全 省	**1190**	**124637**	**464.16**
福 州	287	31042	140.70
#平潭	6	431	2.15
厦 门	265	30798	97.47
莆 田	74	6870	32.61
三 明	50	4812	23.76
泉 州	247	25410	76.26
漳 州	89	9558	28.06
南 平	42	3967	12.91
龙 岩	66	6332	31.95
宁 德	70	5848	20.44

1-B-12 续表 2

(小型企业)

地 区	法人单位数 (个)	从业人员期末人数 (人)	年末零售营业面积 (万平方米)
全 省	**14384**	**239779**	**578.62**
福 州	2263	40133	103.88
#平潭	38	875	2.41
厦 门	1104	20784	41.13
莆 田	2630	39348	45.05
三 明	407	7999	34.01
泉 州	4788	77316	154.83
漳 州	1230	20291	93.18
南 平	426	7763	33.82
龙 岩	799	13515	48.30
宁 德	737	12630	24.42

1-B-12　续表 3

(微型企业)

地　区	法人单位数(个)	从业人员期末人数(人)	年末零售营业面积(万平方米)
全　省	**87751**	**338974**	**1097.92**
福　州	9466	34943	154.90
#平潭	445	1241	4.39
厦　门	12955	44934	109.26
莆　田	10191	47550	76.97
三　明	3697	12535	68.19
泉　州	31199	120088	376.35
漳　州	6883	33424	119.67
南　平	4955	14578	79.77
龙　岩	4211	16791	75.81
宁　德	4194	14131	36.99

1-B-13　分地区零售业法人企业基本情况(按零售业态分)

(有店铺零售)

地　区	法人单位数(个)	从业人员期末人数(人)	年末零售营业面积(万平方米)
全　省	**62502**	**562057**	**2274.16**
福　州	9369	122970	538.41
#平潭	366	2673	8.52
厦　门	7724	86856	342.41
莆　田	6504	54791	148.26
三　明	3010	21692	129.66
泉　州	18687	145317	544.19
漳　州	6694	56601	237.83
南　平	3704	20462	121.26
龙　岩	3677	30513	141.07
宁　德	3133	22855	71.08

注：零售业态普查设计为多选，下表同。

1-B-13 续表 1

(食杂店)

地 区	法人单位数（个）	从业人员期末人数（人）	年末零售营业面积（万平方米）
全 省	**3827**	**20937**	**58.31**
福 州	560	3315	8.49
#平潭	36	178	0.46
厦 门	396	1590	3.29
莆 田	617	3413	5.46
三 明	220	1035	3.84
泉 州	1033	5980	24.02
漳 州	445	2887	5.52
南 平	118	447	1.39
龙 岩	250	1334	5.10
宁 德	188	936	1.21

1-B-13 续表 2

(便利店)

地 区	法人单位数（个）	从业人员期末人数（人）	年末零售营业面积（万平方米）
全 省	**3937**	**42111**	**240.86**
福 州	742	20395	135.02
#平潭	23	177	0.35
厦 门	424	3578	31.61
莆 田	339	3078	5.25
三 明	333	1494	5.53
泉 州	890	6393	37.45
漳 州	441	3179	14.44
南 平	208	897	4.50
龙 岩	299	1935	5.07
宁 德	261	1162	1.99

1-B-13　续表 3

(折扣店)

地　区	法人单位数（个）	从业人员期末人数（人）	年末零售营业面积（万平方米）
全　省	**1379**	**9419**	**34.30**
福　州	268	1780	3.74
#平潭	10	30	0.09
厦　门	170	1267	2.15
莆　田	169	1288	2.45
三　明	72	307	2.10
泉　州	453	3583	20.39
漳　州	106	707	1.85
南　平	43	128	0.44
龙　岩	32	99	0.45
宁　德	66	260	0.74

1-B-13　续表 4

(超市)

地　区	法人单位数（个）	从业人员期末人数（人）	年末零售营业面积（万平方米）
全　省	**1957**	**38044**	**114.82**
福　州	431	12326	30.30
#平潭	16	557	1.95
厦　门	211	4551	11.55
莆　田	216	3963	8.63
三　明	148	2412	12.01
泉　州	400	6431	18.76
漳　州	173	2382	7.55
南　平	130	1836	8.88
龙　岩	127	1776	7.35
宁　德	121	2367	9.79

1-B-13 续表 5

(大型超市)

地 区	法人单位数 (个)	从业人员期末人数 (人)	年末零售营业面积 (万平方米)
全 省	**96**	**45723**	**301.06**
福 州	23	23105	147.98
#平潭	NA	605	1.76
厦 门	21	7881	49.27
莆 田	NA	1185	5.37
三 明	9	2039	14.97
泉 州	23	5126	48.81
漳 州	8	3221	16.14
南 平	5	1045	11.43
龙 岩	4	1870	5.88
宁 德	NA	251	1.21

1-B-13 续表 6

(仓储会员店)

地 区	法人单位数 (个)	从业人员期末人数 (人)	年末零售营业面积 (万平方米)
全 省	**1692**	**14162**	**35.00**
福 州	294	4985	7.21
#平潭	9	77	0.41
厦 门	125	714	2.14
莆 田	97	877	1.87
三 明	59	293	0.91
泉 州	768	5393	15.80
漳 州	124	738	2.81
南 平	92	364	1.94
龙 岩	68	422	1.14
宁 德	65	376	1.18

1-B-13　续表 7

(百货店)

地　区	法人单位数(个)	从业人员期末人数(人)	年末零售营业面积(万平方米)
全　省	**4198**	**40112**	**245.82**
福　州	553	6740	67.25
#平潭	70	297	0.89
厦　门	363	8244	69.04
莆　田	421	3523	7.26
三　明	197	1746	7.77
泉　州	1557	12353	54.43
漳　州	436	3327	15.55
南　平	205	947	3.81
龙　岩	327	2265	13.72
宁　德	139	967	6.99

1-B-13　续表 8

(专业店)

地　区	法人单位数(个)	从业人员期末人数(人)	年末零售营业面积(万平方米)
全　省	**26574**	**197416**	**713.90**
福　州	3639	34081	115.07
#平潭	122	597	1.56
厦　门	3000	25012	77.50
莆　田	3327	25353	64.40
三　明	1419	7615	55.35
泉　州	6776	48667	168.51
漳　州	3496	25965	114.53
南　平	1775	8634	32.57
龙　岩	1562	11088	56.94
宁　德	1580	11001	29.04

1-B-13 续表 9

(专卖店)

地 区	法人单位数(个)	从业人员期末人数(人)	年末零售营业面积(万平方米)
全 省	**18627**	**172894**	**609.50**
福 州	2868	31678	123.70
#平潭	78	410	1.49
厦 门	2526	36722	102.92
莆 田	1463	12772	40.33
三 明	750	5176	24.48
泉 州	6204	49351	149.31
漳 州	1859	16176	57.02
南 平	1197	6469	58.30
龙 岩	1011	9161	38.63
宁 德	749	5389	14.81

1-B-13 续表 10

(家居建材商店)

地 区	法人单位数(个)	从业人员期末人数(人)	年末零售营业面积(万平方米)
全 省	**4471**	**29701**	**153.25**
福 州	1033	8849	44.11
#平潭	32	100	0.61
厦 门	933	5177	15.87
莆 田	370	2559	7.59
三 明	158	921	5.71
泉 州	1244	7428	40.23
漳 州	272	2094	14.83
南 平	146	648	7.74
龙 岩	182	1291	11.47
宁 德	133	734	5.71

1-B-13　续表 11

(购物中心)

地　区	法人单位数(个)	从业人员期末人数(人)	年末零售营业面积(万平方米)
全　省	**451**	**9398**	**64.71**
福　州	75	1139	6.07
#平潭	8	73	0.06
厦　门	60	4837	37.44
莆　田	57	565	8.13
三　明	19	155	0.92
泉　州	138	1299	5.10
漳　州	35	383	3.23
南　平	19	471	2.37
龙　岩	33	412	0.99
宁　德	15	137	0.46

1-B-13　续表 12

(厂家直销中心)

地　区	法人单位数(个)	从业人员期末人数(人)	年末零售营业面积(万平方米)
全　省	**2921**	**23036**	**110.62**
福　州	300	3327	15.07
#平潭	6	72	0.27
厦　门	237	2324	10.96
莆　田	233	2249	7.63
三　明	75	639	5.69
泉　州	1556	10442	44.29
漳　州	205	1917	17.51
南　平	143	736	4.52
龙　岩	83	750	3.37
宁　德	89	652	1.58

1-B-13 续表 13

(无店铺零售)

地 区	法人单位数(个)	从业人员期末人数(人)	年末零售营业面积(万平方米)
全 省	**46221**	**258977**	**368.66**
福 州	3204	25601	35.09
#平潭	136	469	1.44
厦 门	6931	38006	54.66
莆 田	6875	45977	18.83
三 明	1361	5891	7.10
泉 州	20030	101743	173.47
漳 州	2133	14252	27.77
南 平	1928	7522	16.27
龙 岩	1643	8680	21.58
宁 德	2116	11305	13.88

1-B-13 续表 14

(电视购物)

地 区	法人单位数(个)	从业人员期末人数(人)	年末零售营业面积(万平方米)
全 省	**147**	**870**	**0.87**
福 州	29	167	0.11
#平潭	3	11	
厦 门	12	85	0.09
莆 田	17	125	0.06
三 明	6	11	0.04
泉 州	55	297	0.46
漳 州	9	67	0.07
南 平	3	22	0.01
龙 岩	3	12	0.02
宁 德	13	84	0.02

1-B-13　续表 15

(邮购)

地　区	法人单位数（个）	从业人员期末人数（人）	年末零售营业面积（万平方米）
全　省	**1360**	**6401**	**5.24**
福　州	66	446	0.43
#平潭	11	17	0.01
厦　门	117	498	0.28
莆　田	155	1020	0.60
三　明	39	85	0.15
泉　州	815	3437	2.63
漳　州	66	488	0.35
南　平	55	205	0.35
龙　岩	23	138	0.13
宁　德	24	84	0.30

1-B-13　续表 16

(网上商店)

地　区	法人单位数（个）	从业人员期末人数（人）	年末零售营业面积（万平方米）
全　省	**25620**	**147229**	**167.28**
福　州	849	10154	6.58
#平潭	35	108	0.07
厦　门	2124	15997	30.47
莆　田	5027	32105	12.90
三　明	797	3699	3.25
泉　州	13624	67326	90.81
漳　州	969	6081	10.39
南　平	901	3832	6.80
龙　岩	513	2509	3.21
宁　德	816	5526	2.88

1-B-13 续表 17

(自动售货亭)

地 区	法人单位数(个)	从业人员期末人数(人)	年末零售营业面积(万平方米)
全 省	**251**	**2026**	**6.50**
福 州	43	535	1.25
#平潭			
厦 门	20	83	0.09
莆 田	28	238	0.07
三 明	6	43	0.02
泉 州	104	879	4.41
漳 州	20	122	0.26
南 平	11	20	0.02
龙 岩	10	49	0.13
宁 德	9	57	0.25

1-B-13 续表 18

(电话购物)

地 区	法人单位数(个)	从业人员期末人数(人)	年末零售营业面积(万平方米)
全 省	**887**	**5032**	**12.98**
福 州	111	742	0.74
#平潭	4	13	
厦 门	103	421	0.36
莆 田	203	1344	0.54
三 明	25	67	0.20
泉 州	333	1761	9.42
漳 州	34	279	1.12
南 平	19	132	0.30
龙 岩	23	104	0.17
宁 德	36	182	0.12

1-B-13　续表 19

(其他)

地　区	法人单位数（个）	从业人员期末人数（人）	年末零售营业面积（万平方米）
全　省	**26609**	**142154**	**211.23**
福　州	2457	16112	28.75
#平潭	107	418	1.39
厦　门	5115	23605	24.85
莆　田	4046	25140	6.80
三　明	693	2663	4.27
泉　州	9279	48404	88.94
漳　州	1296	9055	18.23
南　平	1140	4269	9.95
龙　岩	1152	6234	18.54
宁　德	1431	6672	10.91

1-B-14　分地区零售业法人企业财务状况

单位：亿元

地　区	资产总计	负债合计	营业收入
全　省	**3648.24**	**1642.65**	**7439.81**
福　州	994.12	474.31	2145.10
#平潭	13.71	7.50	22.64
厦　门	674.82	486.46	1076.92
莆　田	358.35	109.52	719.10
三　明	111.30	44.59	252.75
泉　州	893.39	302.19	1859.23
漳　州	268.22	88.00	566.99
南　平	98.98	33.70	181.10
龙　岩	147.13	57.88	425.64
宁　德	101.93	45.99	213.00

1-B-15 分地区零售业法人企业财务状况(按国民经济行业分)

(综合零售)

单位：亿元

地 区	资产总计	负债合计	营业收入
全 省	**583.72**	**253.65**	**862.04**
福 州	351.09	110.05	405.66
#平潭	3.06	1.27	6.58
厦 门	88.80	65.79	117.60
莆 田	14.78	7.97	40.79
三 明	15.71	9.39	44.44
泉 州	57.19	30.04	118.31
漳 州	23.17	9.42	53.37
南 平	11.07	7.16	19.97
龙 岩	16.44	10.81	43.09
宁 德	5.47	3.04	18.79

1-B-15 续表 1

(食品、饮料及烟草制品专门零售)

单位：亿元

地 区	资产总计	负债合计	营业收入
全 省	**345.03**	**103.53**	**725.96**
福 州	52.21	26.34	172.38
#平潭	2.86	2.06	3.87
厦 门	38.15	21.54	32.43
莆 田	16.01	4.50	26.35
三 明	8.77	2.33	27.01
泉 州	119.03	21.37	240.77
漳 州	43.09	10.45	92.64
南 平	25.60	3.94	31.74
龙 岩	20.57	5.24	61.24
宁 德	21.61	7.82	41.38

1-B-15　续表 2

(纺织、服装及日用品专门零售)　　单位：亿元

地　区	资产总计	负债合计	营业收入
全　省	**319.16**	**123.42**	**676.94**
福　州	47.61	24.01	158.91
#平潭	0.16	0.08	0.24
厦　门	58.15	42.46	102.62
莆　田	62.24	21.38	107.44
三　明	12.84	3.49	11.37
泉　州	101.65	22.24	210.11
漳　州	16.71	4.38	50.35
南　平	3.27	0.65	8.21
龙　岩	12.76	3.48	19.24
宁　德	3.94	1.32	8.70

1-B-15　续表 3

(文化、体育用品及器材专门零售)　　单位：亿元

地　区	资产总计	负债合计	营业收入
全　省	**223.84**	**96.83**	**360.90**
福　州	100.51	55.52	160.98
#平潭	0.02		0.02
厦　门	29.94	20.09	18.00
莆　田	46.89	11.05	76.77
三　明	2.42	0.40	3.41
泉　州	25.87	4.83	59.83
漳　州	7.08	1.17	15.46
南　平	3.36	0.98	3.39
龙　岩	5.31	1.42	20.14
宁　德	2.46	1.37	2.92

1-B-15 续表 4

(医药及医疗器材专门零售) 单位：亿元

地 区	资产总计	负债合计	营业收入
全 省	**116.03**	**48.63**	**215.03**
福 州	41.04	21.28	83.91
#平潭	0.22	0.09	0.27
厦 门	12.91	8.20	15.84
莆 田	8.51	3.25	14.70
三 明	3.79	0.72	6.87
泉 州	21.20	5.00	40.25
漳 州	12.66	4.15	26.49
南 平	3.16	0.82	4.78
龙 岩	7.44	3.30	11.09
宁 德	5.33	1.91	11.11

1-B-15 续表 5

(汽车、摩托车、零配件和燃料及其他动力销售) 单位：亿元

地 区	资产总计	负债合计	营业收入
全 省	**873.78**	**511.13**	**2106.34**
福 州	197.79	131.81	614.20
#平潭	2.90	1.35	5.16
厦 门	194.41	129.01	371.39
莆 田	49.52	21.77	100.47
三 明	38.55	17.82	72.70
泉 州	225.45	129.98	506.85
漳 州	78.88	35.92	161.67
南 平	24.10	11.38	57.54
龙 岩	43.62	20.04	178.29
宁 德	21.46	13.40	43.24

1-B-15　续表 6

(家用电器及电子产品专门零售)　　单位：亿元

地　区	资产总计	负债合计	营业收入
全　省	**243.66**	**123.30**	**494.41**
福　州	65.72	35.98	163.77
#平潭	2.51	2.09	5.02
厦　门	62.46	44.69	67.25
莆　田	9.40	3.11	23.55
三　明	6.81	2.17	22.82
泉　州	44.28	16.40	93.48
漳　州	22.87	7.98	49.12
南　平	8.88	3.00	13.22
龙　岩	14.03	5.83	41.44
宁　德	9.20	4.13	19.76

1-B-15　续表 7

(五金、家具及室内装饰材料专门零售)　　单位：亿元

地　区	资产总计	负债合计	营业收入
全　省	**327.44**	**141.08**	**647.85**
福　州	80.85	38.30	273.20
#平潭	0.39	0.14	0.45
厦　门	46.12	32.50	32.22
莆　田	35.31	12.72	68.25
三　明	8.59	3.15	14.41
泉　州	96.38	34.06	147.45
漳　州	26.04	6.61	55.27
南　平	6.56	1.94	10.13
龙　岩	15.53	5.41	34.40
宁　德	12.07	6.38	12.52

1-B-15 续表 8

(货摊、无店铺及其他零售业) 单位：亿元

地 区	资产总计	负债合计	营业收入
全 省	**615.57**	**241.08**	**1350.33**
福 州	57.30	31.02	112.09
#平潭	1.60	0.41	1.03
厦 门	143.89	122.18	319.57
莆 田	115.69	23.76	260.79
三 明	13.82	5.13	49.71
泉 州	202.34	38.27	442.16
漳 州	37.73	7.92	62.61
南 平	12.99	3.83	32.12
龙 岩	11.43	2.35	16.71
宁 德	20.39	6.62	54.58

1-B-16 分地区零售业法人企业财务状况(按登记注册类型分)

(内资企业) 单位：亿元

地 区	资产总计	负债合计	营业收入
全 省	**3231.48**	**1492.63**	**6908.98**
福 州	750.58	433.72	1908.89
#平潭	13.06	7.01	21.33
厦 门	551.32	403.76	874.01
莆 田	356.97	108.79	713.35
三 明	109.04	42.79	247.95
泉 州	869.26	286.67	1797.28
漳 州	256.50	83.22	554.92
南 平	97.77	33.10	179.75
龙 岩	139.40	55.10	420.28
宁 德	100.64	45.48	212.55

1-B-16　续表 1

(国有企业)　　单位：亿元

地区	资产总计	负债合计	营业收入
全　省	**9.29**	**4.72**	**15.81**
福　州	3.62	2.32	8.57
#平潭	0.09	0.01	1.03
厦　门	0.13	0.11	0.09
莆　田	0.54	0.17	0.20
三　明	0.65	0.20	0.38
泉　州	1.64	0.44	1.86
漳　州	1.21	0.40	1.74
南　平	0.71	0.19	0.63
龙　岩	0.30	0.13	0.68
宁　德	0.48	0.77	1.65

1-B-16　续表 2

(集体企业)　　单位：亿元

地区	资产总计	负债合计	营业收入
全　省	**13.47**	**4.99**	**47.67**
福　州	3.65	1.76	11.94
#平潭	0.18	0.15	0.05
厦　门	0.26	0.08	0.26
莆　田	1.04	0.38	3.17
三　明	0.71	0.35	0.87
泉　州	4.15	1.04	9.48
漳　州	1.63	0.40	3.21
南　平	0.38	0.13	0.83
龙　岩	1.29	0.73	17.59
宁　德	0.37	0.14	0.31

1-B-16 续表 3

(股份合作企业) 单位：亿元

地 区	资产总计	负债合计	营业收入
全 省	**0.09**	**0.02**	**0.55**
福 州	0.02	0.01	0.02
#平潭			
厦 门			
莆 田	0.01		0.02
三 明			
泉 州			0.07
漳 州	0.05	0.01	0.42
南 平	0.01		0.02
龙 岩			
宁 德			

1-B-16 续表 4

(联营企业) 单位：亿元

地 区	资产总计	负债合计	营业收入
全 省	**0.73**	**0.17**	**0.89**
福 州	0.19	0.02	0.08
#平潭			
厦 门	0.24	0.08	0.36
莆 田			
三 明			
泉 州	0.22	0.05	0.37
漳 州			
南 平	0.01		
龙 岩	0.03		0.04
宁 德	0.04	0.02	0.04

1-B-16　续表 5

(有限责任公司)　　单位：亿元

地　区	资产总计	负债合计	营业收入
全　省	**658.09**	**394.04**	**1630.40**
福　州	195.06	108.88	579.16
#平潭	5.75	2.52	10.16
厦　门	187.22	131.29	405.93
莆　田	56.79	23.29	168.52
三　明	13.60	6.20	19.72
泉　州	111.89	71.85	226.84
漳　州	36.59	19.57	86.25
南　平	14.26	8.63	24.15
龙　岩	24.47	11.84	82.19
宁　德	18.21	12.48	37.65

1-B-16　续表 6

(股份有限公司)　　单位：亿元

地　区	资产总计	负债合计	营业收入
全　省	**188.98**	**99.97**	**232.07**
福　州	92.90	61.28	77.34
#平潭	0.04	0.03	0.02
厦　门	28.96	16.37	36.56
莆　田	5.56	1.48	11.07
三　明	4.45	1.09	11.73
泉　州	41.80	19.31	63.40
漳　州	6.03	-2.98	14.96
南　平	3.89	1.01	6.57
龙　岩	1.12	0.25	3.07
宁　德	4.27	2.15	7.38

1-B-16 续表 7

(私营企业) 单位：亿元

地 区	资产总计	负债合计	营业收入
全 省	**2340.66**	**986.40**	**4956.10**
福 州	454.67	259.37	1231.11
#平潭	6.98	4.30	10.06
厦 门	334.32	255.79	430.68
莆 田	292.86	83.42	530.13
三 明	89.58	34.94	215.17
泉 州	701.92	193.52	1488.05
漳 州	205.64	64.76	436.55
南 平	76.17	23.01	145.50
龙 岩	109.23	41.95	314.79
宁 德	76.28	29.63	164.11

1-B-16 续表 8

(其他企业) 单位：亿元

地 区	资产总计	负债合计	营业收入
全 省	**20.17**	**2.33**	**25.49**
福 州	0.48	0.07	0.68
#平潭	0.01		
厦 门	0.20	0.04	0.12
莆 田	0.18	0.05	0.24
三 明	0.05		0.08
泉 州	7.64	0.47	7.22
漳 州	5.34	1.07	11.78
南 平	2.35	0.13	2.05
龙 岩	2.95	0.20	1.92
宁 德	0.99	0.29	1.41

1-B-16　续表 9

(港、澳、台商投资企业)　　单位：亿元

地　区	资产总计	负债合计	营业收入
全　省	**130.44**	**82.62**	**235.37**
福　州	18.18	13.20	55.68
#平潭	0.65	0.48	1.30
厦　门	82.93	52.65	129.97
莆　田	1.34	0.71	5.66
三　明	2.20	1.76	4.77
泉　州	13.72	9.23	27.53
漳　州	9.25	3.52	5.92
南　平	1.16	0.60	1.30
龙　岩	1.48	0.95	4.54
宁　德	0.18		

1-B-16　续表 10

(外商投资企业)　　单位：亿元

地　区	资产总计	负债合计	营业收入
全　省	**286.32**	**67.40**	**295.46**
福　州	225.37	27.40	180.53
#平潭			0.01
厦　门	40.56	30.05	72.94
莆　田	0.03	0.02	0.09
三　明	0.07	0.04	0.03
泉　州	10.41	6.29	34.41
漳　州	2.47	1.26	6.15
南　平	0.05		0.04
龙　岩	6.25	1.83	0.82
宁　德	1.10	0.51	0.45

1-B-17 分地区零售业法人企业财务状况(按单位规模分)

(大型企业) 单位：亿元

地 区	资产总计	负债合计	营业收入
全 省	**589.99**	**239.68**	**838.60**
福 州	387.87	115.44	431.33
#平潭	0.58	0.49	2.69
厦 门	123.55	81.71	253.29
莆 田	2.70	1.95	18.85
三 明	4.47	4.12	6.75
泉 州	53.39	29.82	93.37
漳 州	11.03	0.56	26.94
南 平	5.17	5.14	3.60
龙 岩	1.81	0.94	4.48
宁 德			

1-B-17 续表 1

(中型企业) 单位：亿元

地 区	资产总计	负债合计	营业收入
全 省	**817.69**	**562.48**	**2142.64**
福 州	213.30	143.98	772.15
#平潭	1.55	0.22	2.44
厦 门	242.69	180.18	442.65
莆 田	38.70	20.10	92.43
三 明	23.80	13.32	92.55
泉 州	169.05	124.99	404.93
漳 州	55.76	36.37	126.07
南 平	17.75	9.01	47.83
龙 岩	38.53	23.35	112.06
宁 德	18.11	11.19	51.98

1-B-17　续表 2

(小型企业)　　单位：亿元

地　区	资产总计	负债合计	营业收入
全　省	**1011.20**	**440.49**	**2495.27**
福　州	248.99	149.74	705.68
#平潭	6.52	4.03	12.67
厦　门	108.66	88.39	147.12
莆　田	121.68	46.27	335.49
三　明	35.39	14.46	107.03
泉　州	292.29	65.59	673.42
漳　州	85.17	29.04	174.09
南　平	31.61	11.94	71.79
龙　岩	48.70	18.36	188.79
宁　德	38.72	16.70	91.86

1-B-17　续表 3

(微型企业)　　单位：亿元

地　区	资产总计	负债合计	营业收入
全　省	**1229.35**	**399.99**	**1963.29**
福　州	143.97	65.16	235.95
#平潭	5.06	2.76	4.85
厦　门	199.92	136.18	233.86
莆　田	195.27	41.20	272.33
三　明	47.64	12.70	46.41
泉　州	378.66	81.79	687.51
漳　州	116.26	22.02	239.88
南　平	44.45	7.62	57.88
龙　岩	58.09	15.23	120.32
宁　德	45.10	18.11	69.16

1-B-18 分地区零售业法人企业财务状况(按零售业态分)

(有店铺零售) 单位：亿元

地 区	资产总计	负债合计	营业收入
全 省	**2759.21**	**1256.24**	**5682.71**
福 州	897.27	423.14	1940.18
#平潭	9.80	5.69	17.16
厦 门	445.78	307.38	711.92
莆 田	193.46	73.77	380.10
三 明	93.84	38.72	198.98
泉 州	638.03	225.40	1294.72
漳 州	221.43	77.57	484.78
南 平	80.43	28.52	139.66
龙 岩	122.81	51.17	386.39
宁 德	66.18	30.58	146.00

1-B-18 续表 1

(食杂店) 单位：亿元

地 区	资产总计	负债合计	营业收入
全 省	**58.96**	**18.29**	**112.71**
福 州	11.67	5.23	20.97
#平潭	0.81	0.69	1.50
厦 门	5.55	3.64	3.13
莆 田	7.81	1.75	12.82
三 明	2.12	0.47	6.50
泉 州	17.81	2.82	35.61
漳 州	6.50	1.14	17.60
南 平	2.32	1.38	2.38
龙 岩	3.13	0.94	10.48
宁 德	2.05	0.92	3.22

1-B-18　续表 2

(便利店)　　单位：亿元

地　区	资产总计	负债合计	营业收入
全　省	**313.17**	**51.75**	**386.27**
福　州	238.13	28.85	244.55
#平潭	0.88	0.35	1.80
厦　门	24.55	9.78	35.94
莆　田	7.21	2.51	13.30
三　明	2.87	0.97	5.78
泉　州	15.36	3.58	28.54
漳　州	10.95	1.88	23.18
南　平	5.61	1.49	9.98
龙　岩	5.82	1.69	21.07
宁　德	2.66	0.99	3.95

1-B-18　续表 3

(折扣店)　　单位：亿元

地　区	资产总计	负债合计	营业收入
全　省	**24.99**	**8.63**	**46.98**
福　州	5.91	3.10	7.37
#平潭	0.05	0.02	0.16
厦　门	4.23	3.46	4.40
莆　田	2.72	0.43	6.64
三　明	0.48	0.09	0.85
泉　州	8.70	1.01	21.61
漳　州	1.69	0.15	4.10
南　平	0.28	0.08	0.64
龙　岩	0.37	0.14	0.50
宁　德	0.61	0.15	0.86

1-B-18 续表 4

(超市) 单位：亿元

地 区	资产总计	负债合计	营业收入
全 省	**84.71**	**43.36**	**301.95**
福 州	27.96	15.15	134.90
#平潭	1.01	0.45	3.18
厦 门	10.74	7.07	19.04
莆 田	6.01	4.83	27.90
三 明	5.26	1.76	25.99
泉 州	13.97	5.69	35.18
漳 州	5.26	1.87	12.73
南 平	5.84	2.39	15.78
龙 岩	5.10	2.12	16.03
宁 德	4.57	2.48	14.40

1-B-18 续表 5

(大型超市) 单位：亿元

地 区	资产总计	负债合计	营业收入
全 省	**306.84**	**92.13**	**372.01**
福 州	241.43	35.78	234.55
#平潭	1.66	0.56	3.01
厦 门	19.09	18.59	53.27
莆 田	1.11	0.91	3.33
三 明	6.70	4.05	12.00
泉 州	18.85	15.66	35.73
漳 州	6.50	5.03	14.77
南 平	5.90	5.70	5.74
龙 岩	6.87	5.69	11.56
宁 德	0.39	0.71	1.05

1-B-18　续表 6

(仓储会员店)　　单位：亿元

地　区	资产总计	负债合计	营业收入
全　省	**32.82**	**11.92**	**65.35**
福　州	12.44	6.38	25.65
#平潭	0.42	0.02	0.37
厦　门	2.20	1.59	1.75
莆　田	1.87	0.60	3.99
三　明	0.82	0.18	0.97
泉　州	9.29	1.57	22.41
漳　州	2.10	0.44	5.16
南　平	1.10	0.18	2.04
龙　岩	1.87	0.28	2.11
宁　德	1.15	0.71	1.27

1-B-18　续表 7

(百货店)　　单位：亿元

地　区	资产总计	负债合计	营业收入
全　省	**248.75**	**149.19**	**343.47**
福　州	95.18	68.80	102.00
#平潭	2.55	2.37	5.27
厦　门	69.63	48.43	75.12
莆　田	8.46	2.82	16.56
三　明	5.94	3.84	11.47
泉　州	42.36	14.91	74.30
漳　州	13.56	3.93	27.26
南　平	2.25	0.46	3.57
龙　岩	8.97	5.21	26.47
宁　德	2.39	0.79	6.71

1-B-18 续表 8

(专业店) 单位：亿元

地 区	资产总计	负债合计	营业收入
全 省	**961.13**	**401.26**	**1891.58**
福 州	229.84	123.77	504.19
#平潭	2.02	0.82	1.86
厦 门	127.16	87.85	209.51
莆 田	100.14	34.80	163.39
三 明	44.26	13.99	62.67
泉 州	261.78	82.93	489.32
漳 州	93.34	22.17	210.77
南 平	35.74	11.06	58.43
龙 岩	38.51	12.37	118.34
宁 德	30.35	12.34	74.96

1-B-18 续表 9

(专卖店) 单位：亿元

地 区	资产总计	负债合计	营业收入
全 省	**882.74**	**468.79**	**2121.61**
福 州	202.54	129.89	685.56
#平潭	1.03	0.60	1.89
厦 门	185.84	131.61	337.59
莆 田	52.04	20.82	119.67
三 明	22.71	11.34	60.84
泉 州	239.46	96.39	518.31
漳 州	88.66	40.70	165.83
南 平	25.43	7.06	41.44
龙 岩	46.59	20.68	157.24
宁 德	19.47	10.30	35.14

1-B-18　续表 10

(家居建材商店)　单位：亿元

地　区	资产总计	负债合计	营业收入
全　省	**137.23**	**60.49**	**346.11**
福　州	54.82	27.08	206.61
#平潭	0.19	0.08	0.27
厦　门	21.39	15.68	12.19
莆　田	9.50	3.70	17.64
三　明	4.21	1.86	6.78
泉　州	27.70	6.49	54.57
漳　州	8.08	2.64	20.89
南　平	2.60	0.75	4.13
龙　岩	6.66	1.76	19.31
宁　德	2.26	0.52	4.00

1-B-18　续表 11

(购物中心)　单位：亿元

地　区	资产总计	负债合计	营业收入
全　省	**108.98**	**72.79**	**83.46**
福　州	62.53	42.30	24.95
#平潭	0.22	0.20	0.86
厦　门	32.78	24.51	33.35
莆　田	2.90	0.46	2.65
三　明	0.36	0.20	0.47
泉　州	6.31	3.58	7.06
漳　州	1.08	0.30	6.38
南　平	0.97	0.67	2.05
龙　岩	1.13	0.31	5.00
宁　德	0.92	0.46	1.55

1-B-18 续表 12

(厂家直销中心) 单位：亿元

地 区	资产总计	负债合计	营业收入
全 省	**114.71**	**55.43**	**243.51**
福 州	37.61	25.10	77.00
#平潭	0.34	0.05	0.22
厦 门	18.81	12.34	14.39
莆 田	8.40	3.48	20.42
三 明	3.47	1.53	10.82
泉 州	30.95	6.57	79.84
漳 州	6.44	2.13	14.68
南 平	4.02	1.81	12.91
龙 岩	2.94	1.53	10.14
宁 德	2.07	0.94	3.29

1-B-18 续表 13

(无店铺零售) 单位：亿元

地 区	资产总计	负债合计	营业收入
全 省	**1074.08**	**449.86**	**2081.00**
福 州	124.83	68.01	262.95
#平潭	3.99	1.82	5.55
厦 门	253.85	192.33	408.15
莆 田	177.99	41.34	365.29
三 明	19.42	6.36	57.68
泉 州	340.27	95.97	697.15
漳 州	63.14	13.79	107.44
南 平	24.38	6.78	52.81
龙 岩	30.12	8.26	54.72
宁 德	40.08	17.02	74.80

1-B-18　续表 14

(电视购物)　　　　　　　　　　　　　　　　　　　　　　　　单位：亿元

地　区	资产总计	负债合计	营业收入
全　省	**2.00**	**0.42**	**5.43**
福　州	0.47	0.19	0.52
#平潭			0.02
厦　门	0.10	0.08	0.21
莆　田	0.35	0.01	0.63
三　明	0.01		0.02
泉　州	0.53	0.07	1.30
漳　州	0.18	0.01	0.34
南　平	0.02	0.01	0.04
龙　岩	0.09	0.03	0.06
宁　德	0.25	0.03	2.30

1-B-18　续表 15

(邮购)　　　　　　　　　　　　　　　　　　　　　　　　单位：亿元

地　区	资产总计	负债合计	营业收入
全　省	**16.87**	**3.61**	**57.44**
福　州	1.63	0.35	3.74
#平潭	0.03	0.01	0.02
厦　门	0.69	0.50	1.25
莆　田	2.94	0.87	6.68
三　明	0.26	0.02	0.27
泉　州	8.50	1.22	32.85
漳　州	1.34	0.41	4.60
南　平	0.29	0.04	1.18
龙　岩	0.25	0.10	0.70
宁　德	0.96	0.09	6.16

1-B-18 续表 16

(网上商店) 单位：亿元

地区	资产总计	负债合计	营业收入
全省	**584.65**	**212.59**	**1369.58**
福州	39.74	25.77	102.48
#平潭	0.61	0.34	0.59
厦门	133.16	103.32	318.20
莆田	138.00	28.34	289.97
三明	10.89	4.04	47.11
泉州	208.41	38.25	468.69
漳州	23.17	4.59	50.03
南平	9.46	2.43	30.13
龙岩	5.51	1.50	12.75
宁德	16.31	4.35	50.22

1-B-18 续表 17

(自动售货亭) 单位：亿元

地区	资产总计	负债合计	营业收入
全省	**16.33**	**11.44**	**24.62**
福州	11.57	10.50	11.94
#平潭			
厦门	0.13	0.10	0.14
莆田	0.40	0.14	1.07
三明	0.04	0.01	0.11
泉州	3.11	0.56	9.98
漳州	0.82	0.07	0.98
南平	0.02		0.08
龙岩	0.16	0.05	0.17
宁德	0.07	0.01	0.15

1-B-18　续表 18

(电话购物)　　单位：亿元

地　区	资产总计	负债合计	营业收入
全　省	**18.43**	**3.45**	**25.34**
福　州	2.27	0.49	4.20
#平潭			0.02
厦　门	0.63	0.47	0.83
莆　田	7.59	0.44	7.20
三　明	0.27	0.06	0.19
泉　州	5.03	0.90	8.87
漳　州	1.08	0.40	2.30
南　平	0.83	0.56	0.80
龙　岩	0.38	0.07	0.40
宁　德	0.33	0.07	0.54

1-B-18　续表 19

(其他)　　单位：亿元

地　区	资产总计	负债合计	营业收入
全　省	**623.37**	**263.93**	**953.06**
福　州	92.38	45.54	193.94
#平潭	3.82	1.79	5.26
厦　门	132.38	98.30	112.12
莆　田	123.28	21.34	157.15
三　明	9.14	2.39	11.87
泉　州	155.47	61.68	312.43
漳　州	42.84	9.96	64.55
南　平	16.40	4.65	26.08
龙　岩	24.46	6.79	42.18
宁　德	27.02	13.28	32.74

第2篇

住宿和餐饮业企业基本情况及财务状况篇

A. 行业部分

2-A-1　住宿业法人企业基本情况

分　组	法人单位数(个)	从业人员期末人数(人)
住宿业	**4586**	**122395**
按国民经济行业分组		
旅游饭店	1394	81100
一般旅馆	2708	36657
经济型连锁酒店	507	9051
其他一般旅馆	2201	27606
民宿服务	215	1283
露营地服务	NA	8
其他住宿业	267	3347
按登记注册类型分组		
内资企业	4475	106900
国有企业	80	5081
集体企业	61	525
股份合作企业	3	70
联营企业	10	593
国有联营企业	3	525
集体联营企业	3	20
国有与集体联营企业		
其他联营企业	4	48
有限责任公司	445	30798
国有独资公司	17	3098
其他有限责任公司	428	27700
股份有限公司	49	2560
私营企业	3820	67237
私营独资企业	1284	10657
私营合伙企业	132	2814
私营有限责任公司	2374	53319
私营股份有限公司	30	447
其他企业	7	36
港、澳、台商投资企业	71	9948
与港澳台商合资经营企业	22	3712
与港澳台商合作经营企业	3	947
港澳台商独资经营企业	43	4953
港澳台商投资股份有限公司	NA	297
其他港澳台投资企业	NA	39
外商投资企业	40	5547
中外合资经营企业	12	2357
中外合作经营企业	4	979
外资企业	21	2168
外商投资股份有限公司	NA	4
其他外商投资	NA	39
按单位规模分组		
大型	32	14541
中型	194	41964
小型	1608	51748
微型	2752	14142
按星级评定分组		
一星	92	1037
二星	165	2106
三星	518	14914
四星	206	21258
五星	87	18706
其他	3518	64374

2-A-2 限额以上住宿业法人企业基本情况

分　组	法人单位数(个)	从业人员期末人数(人)
住宿业	**967**	**87983**
按国民经济行业分组		
旅游饭店	581	70789
一般旅馆	365	16181
经济型连锁酒店	83	3838
其他一般旅馆	282	12343
民宿服务	4	246
露营地服务		
其他住宿业	17	767
按登记注册类型分组		
内资企业	888	73314
国有企业	38	4207
集体企业	4	222
股份合作企业	NA	48
联营企业	NA	469
国有联营企业	NA	469
集体联营企业		
国有与集体联营企业		
其他联营企业		
有限责任公司	205	27489
国有独资公司	15	3072
其他有限责任公司	190	24417
股份有限公司	20	1726
私营企业	619	39153
私营独资企业	82	2975
私营合伙企业	31	1934
私营有限责任公司	499	33973
私营股份有限公司	7	271
其他企业		
港、澳、台商投资企业	50	9498
与港澳台商合资经营企业	20	3696
与港澳台商合作经营企业	3	947
港澳台商独资经营企业	25	4520
港澳台商投资股份有限公司	NA	297
其他港澳台投资企业	NA	38
外商投资企业	29	5171
中外合资经营企业	10	2175
中外合作经营企业	3	978
外资企业	14	1978
外商投资股份有限公司	NA	1
其他外商投资	NA	39
按单位规模分组		
大型	29	13582
中型	186	40160
小型	716	34009
微型	36	232
按星级评定分组		
一星	NA	50
二星	14	796
三星	133	10259
四星	133	19521
五星	49	17271
其他	637	40086

2-A-3 住宿业法人企业财务状况

单位：亿元

分组	资产总计	负债合计	营业收入
住宿业	**711.18**	**427.83**	**295.32**
按国民经济行业分组			
旅游饭店	557.03	352.50	204.06
一般旅馆	123.36	63.32	82.18
经济型连锁酒店	25.02	14.47	18.62
其他一般旅馆	98.34	48.85	63.57
民宿服务	13.24	3.27	1.49
露营地服务	0.07		0.05
其他住宿业	17.48	8.74	7.54
按登记注册类型分组			
内资企业	562.40	320.22	255.13
国有企业	27.32	14.84	9.63
集体企业	1.70	0.70	1.18
股份合作企业	0.02	0.01	0.08
联营企业	3.15	1.21	1.21
国有联营企业	3.08	1.20	1.08
集体联营企业	0.04		0.02
国有与集体联营企业			
其他联营企业	0.03		0.11
有限责任公司	181.27	101.49	81.69
国有独资公司	9.89	4.23	6.38
其他有限责任公司	171.39	97.27	75.32
股份有限公司	17.83	3.91	5.07
私营企业	331.03	198.03	156.18
私营独资企业	20.04	4.64	22.71
私营合伙企业	5.85	1.90	5.75
私营有限责任公司	303.61	190.81	126.71
私营股份有限公司	1.53	0.68	1.00
其他企业	0.08	0.02	0.09
港、澳、台商投资企业	91.72	67.38	25.10
与港澳台商合资经营企业	32.20	28.97	10.90
与港澳台商合作经营企业	2.52	0.71	2.37
港澳台商独资经营企业	54.35	34.94	11.08
港澳台商投资股份有限公司	2.45	2.74	0.61
其他港澳台投资企业	0.20	0.03	0.14
外商投资企业	57.06	40.23	15.09
中外合资经营企业	38.81	29.29	8.27
中外合作经营企业	2.68	1.52	2.26
外资企业	14.58	9.05	4.43
外商投资股份有限公司	0.84	0.27	0.07
其他外商投资	0.15	0.10	0.08
按单位规模分组			
大型	128.59	90.41	59.66
中型	297.53	189.82	104.32
小型	182.35	99.82	109.08
微型	102.72	47.78	22.26
按星级评定分组			
一星	5.11	0.24	10.32
二星	5.08	1.72	6.77
三星	55.67	25.46	35.80
四星	118.64	65.80	47.97
五星	171.42	120.41	47.13
其他	355.26	214.20	147.32

2-A-4 限额以上住宿业法人企业财务状况

单位：亿元

分组	资产总计	负债合计	营业收入
住宿业	**552.95**	**356.15**	**231.31**
按国民经济行业分组			
旅游饭店	474.31	308.49	187.56
一般旅馆	67.62	45.01	40.67
经济型连锁酒店	13.85	9.61	9.95
其他一般旅馆	53.78	35.40	30.72
民宿服务	8.34	1.56	0.34
露营地服务			
其他住宿业	2.68	1.10	2.74
按登记注册类型分组			
内资企业	433.39	269.87	192.13
国有企业	23.50	13.38	8.38
集体企业	1.04	0.58	0.61
股份合作企业	0.02	0.01	0.05
联营企业	2.82	1.05	1.01
国有联营企业	2.82	1.05	1.01
集体联营企业			
国有与集体联营企业			
其他联营企业			
有限责任公司	159.37	91.13	76.01
国有独资公司	8.77	4.11	6.34
其他有限责任公司	150.60	87.02	69.67
股份有限公司	13.17	2.18	3.88
私营企业	233.46	161.55	102.18
私营独资企业	5.13	1.76	8.33
私营合伙企业	4.10	1.35	4.34
私营有限责任公司	223.52	158.02	88.77
私营股份有限公司	0.70	0.41	0.75
其他企业			
港、澳、台商投资企业	86.88	64.98	24.18
与港澳台商合资经营企业	31.92	28.90	10.88
与港澳台商合作经营企业	2.52	0.71	2.37
港澳台商独资经营企业	49.79	32.60	10.18
港澳台商投资股份有限公司	2.45	2.74	0.61
其他港澳台投资企业	0.20	0.03	0.14
外商投资企业	32.68	21.29	15.00
中外合资经营企业	17.27	12.69	8.25
中外合作经营企业	2.46	1.35	2.26
外资企业	12.48	7.12	4.37
外商投资股份有限公司	0.31	0.04	0.05
其他外商投资	0.15	0.10	0.08
按单位规模分组			
大型	124.67	90.00	48.80
中型	288.88	185.88	100.99
小型	131.29	74.06	79.90
微型	8.11	6.21	1.62
按星级评定分组			
一星	0.74	0.02	0.06
二星	1.95	0.83	4.13
三星	36.32	17.94	27.89
四星	106.98	60.01	45.02
五星	138.61	98.01	44.37
其他	268.35	179.33	109.84

2-A-5　餐饮业法人企业基本情况

分　组	法人单位数（个）	从业人员期末人数（人）	年末餐饮营业面积（万平方米）
餐饮业	**8274**	**134711**	**379.93**
按国民经济行业分组			
正餐服务	6402	91480	316.93
快餐服务	452	30914	31.66
饮料及冷饮服务	399	3333	8.35
茶馆服务	30	235	0.61
咖啡馆服务	113	1285	2.41
酒吧服务	89	876	3.50
其他饮料及冷饮服务	167	937	1.83
餐饮配送及外卖送餐服务	252	2653	6.92
餐饮配送服务	209	2331	5.78
外卖送餐服务	43	322	1.13
其他餐饮业	769	6331	16.07
小吃服务	529	3176	8.91
其他未列明餐饮业	240	3155	7.16
按登记注册类型分组			
内资企业	8136	104365	349.43
国有企业	17	608	3.24
集体企业	11	161	0.85
股份合作企业	NA	65	0.15
联营企业	NA	9	0.03
国有联营企业			
集体联营企业	NA	9	0.03
国有与集体联营企业			
其他联营企业			
有限责任公司	582	12078	48.46
国有独资公司	10	266	2.19
其他有限责任公司	572	11812	46.27
股份有限公司	46	552	1.69
私营企业	7462	90379	289.46
私营独资企业	1230	15615	55.78
私营合伙企业	119	2383	10.76
私营有限责任公司	6055	71460	219.64
私营股份有限公司	58	921	3.28
其他企业	16	513	5.55
港、澳、台商投资企业	99	12453	15.74
与港澳台商合资经营企业	24	696	2.36
与港澳台商合作经营企业			
港澳台商独资经营企业	73	11737	13.27
港澳台商投资股份有限公司	NA	17	0.10
其他港澳台投资企业	NA	3	0.01
外商投资企业	39	17893	14.77
中外合资经营企业	11	435	0.62
中外合作经营企业			
外资企业	23	7627	7.46
外商投资股份有限公司	NA		0.02
其他外商投资	4	9831	6.68
按单位规模分组			
大型	10	28108	20.40
中型	92	18977	46.86
小型	2406	60531	185.76
微型	5766	27095	126.91

2-A-6 限额以上餐饮业法人企业基本情况

分组	法人单位数（个）	从业人员期末人数（人）	年末餐饮营业面积（万平方米）
餐饮业	**1092**	**80039**	**185.96**
按国民经济行业分组			
正餐服务	997	47841	154.27
快餐服务	50	28121	23.37
饮料及冷饮服务	14	1301	1.77
茶馆服务	NA	87	0.21
咖啡馆服务	4	821	0.64
酒吧服务	5	182	0.77
其他饮料及冷饮服务	3	211	0.14
餐饮配送及外卖送餐服务	13	881	1.66
餐饮配送服务	13	881	1.66
外卖送餐服务			
其他餐饮业	18	1895	4.90
小吃服务	12	257	2.67
其他未列明餐饮业	6	1638	2.24
按登记注册类型分组			
内资企业	1048	50516	157.53
国有企业	5	420	0.77
集体企业	NA	88	0.42
股份合作企业	NA	65	0.15
联营企业			
国有联营企业			
集体联营企业			
国有与集体联营企业			
其他联营企业			
有限责任公司	141	8182	30.91
国有独资公司	4	169	1.86
其他有限责任公司	137	8013	29.04
股份有限公司	4	183	0.44
私营企业	894	41168	120.75
私营独资企业	211	6844	25.06
私营合伙企业	33	1495	5.02
私营有限责任公司	640	32461	88.60
私营股份有限公司	10	368	2.07
其他企业	NA	410	4.10
港、澳、台商投资企业	28	11994	14.13
与港澳台商合资经营企业	6	555	1.96
与港澳台商合作经营企业			
港澳台商独资经营企业	21	11422	12.06
港澳台商投资股份有限公司	NA	17	0.10
其他港澳台投资企业			
外商投资企业	16	17529	14.30
中外合资经营企业	4	390	0.52
中外合作经营企业			
外资企业	9	7310	7.11
外商投资股份有限公司			
其他外商投资	3	9829	6.67
按单位规模分组			
大型	10	28108	20.40
中型	88	18328	45.45
小型	883	32746	112.98
微型	111	857	7.13

2-A-7　餐饮业法人企业财务状况

单位：亿元

分　组	资产总计	负债合计	营业收入
餐饮业	**217.17**	**97.44**	**317.06**
按国民经济行业分组			
正餐服务	174.17	76.22	231.21
快餐服务	25.80	13.96	62.42
饮料及冷饮服务	4.37	3.10	5.55
茶馆服务	0.23	0.09	0.26
咖啡馆服务	1.29	1.48	1.13
酒吧服务	1.27	0.40	2.54
其他饮料及冷饮服务	1.58	1.13	1.62
餐饮配送及外卖送餐服务	3.29	1.39	4.78
餐饮配送服务	2.82	1.24	4.32
外卖送餐服务	0.47	0.14	0.46
其他餐饮业	9.53	2.77	13.09
小吃服务	4.28	1.41	6.43
其他未列明餐饮业	5.25	1.36	6.66
按登记注册类型分组			
内资企业	183.61	75.23	264.50
国有企业	1.76	0.35	1.24
集体企业	0.21	0.02	0.39
股份合作企业	0.06	0.02	0.10
联营企业	0.02	0.01	0.01
国有联营企业			
集体联营企业	0.02	0.01	0.01
国有与集体联营企业			
其他联营企业			
有限责任公司	16.03	8.26	26.38
国有独资公司	0.64	0.25	0.63
其他有限责任公司	15.40	8.01	25.75
股份有限公司	0.96	0.55	1.36
私营企业	164.15	65.82	234.17
私营独资企业	20.26	4.69	53.24
私营合伙企业	3.44	1.40	7.38
私营有限责任公司	137.02	58.63	158.84
私营股份有限公司	3.43	1.10	14.71
其他企业	0.43	0.19	0.86
港、澳、台商投资企业	19.11	12.14	22.89
与港澳台商合资经营企业	3.42	2.53	1.31
与港澳台商合作经营企业			
港澳台商独资经营企业	15.56	9.57	21.52
港澳台商投资股份有限公司	0.08	0.04	0.06
其他港澳台投资企业	0.04	0.01	
外商投资企业	14.45	10.07	29.67
中外合资经营企业	1.55	0.87	0.69
中外合作经营企业			
外资企业	4.99	4.43	13.67
外商投资股份有限公司	0.04		
其他外商投资	7.88	4.78	15.31
按单位规模分组			
大型	21.13	11.47	49.28
中型	37.16	24.99	55.25
小型	97.72	43.33	164.26
微型	61.16	17.66	48.26

2-A-8 限额以上餐饮业法人企业财务状况

单位：亿元

分 组	资产总计	负债合计	营业收入
餐饮业	**118.36**	**66.44**	**229.09**
按国民经济行业分组			
正餐服务	91.07	51.31	162.71
快餐服务	21.49	12.12	57.18
饮料及冷饮服务	1.40	1.62	2.57
茶馆服务	0.06	0.05	0.08
咖啡馆服务	0.65	1.12	0.54
酒吧服务	0.33	0.10	1.41
其他饮料及冷饮服务	0.36	0.36	0.54
餐饮配送及外卖送餐服务	0.81	0.36	1.55
餐饮配送服务	0.81	0.36	1.55
外卖送餐服务			
其他餐饮业	3.58	1.02	5.08
小吃服务	0.64	0.28	0.92
其他未列明餐饮业	2.94	0.74	4.16
按登记注册类型分组			
内资企业	85.87	44.75	177.50
国有企业	1.18	0.19	0.97
集体企业	0.06		0.25
股份合作企业	0.06	0.02	0.10
联营企业			
国有联营企业			
集体联营企业			
国有与集体联营企业			
其他联营企业			
有限责任公司	10.60	5.25	21.40
国有独资公司	0.58	0.23	0.37
其他有限责任公司	10.02	5.02	21.02
股份有限公司	0.38	0.22	0.67
私营企业	73.33	38.89	153.38
私营独资企业	8.63	1.92	37.63
私营合伙企业	1.82	0.77	5.89
私营有限责任公司	59.77	35.14	95.98
私营股份有限公司	3.10	1.06	13.88
其他企业	0.26	0.17	0.73
港、澳、台商投资企业	18.68	11.90	22.36
与港澳台商合资经营企业	3.31	2.47	1.11
与港澳台商合作经营企业			
港澳台商独资经营企业	15.29	9.40	21.19
港澳台商投资股份有限公司	0.08	0.04	0.06
其他港澳台投资企业			
外商投资企业	13.82	9.79	29.24
中外合资经营企业	1.46	0.79	0.64
中外合作经营企业			
外资企业	4.48	4.22	13.29
外商投资股份有限公司			
其他外商投资	7.88	4.78	15.31
按单位规模分组			
大型	21.13	11.47	49.28
中型	36.51	24.34	53.84
小型	58.94	30.12	119.97
微型	1.77	0.51	6.01

B. 地区部分

2-B-1　分地区住宿业法人企业基本情况

地　区	法人单位数 (个)	年末从业人数 (人)
全　省	**4586**	**122395**
福　州	1025	28820
#平潭	95	1749
厦　门	1209	32889
莆　田	229	4850
三　明	196	4909
泉　州	810	24725
漳　州	380	8813
南　平	317	7294
龙　岩	155	5207
宁　德	265	4888

2-B-2　分地区住宿业法人企业基本情况(按国民经济行业分)

(旅游饭店)

地　区	法人单位数 (个)	从业人员期末人数 (人)
全　省	**1394**	**81100**
福　州	300	20569
#平潭	19	1229
厦　门	277	19064
莆　田	42	2195
三　明	69	3105
泉　州	278	17513
漳　州	125	6182
南　平	181	5395
龙　岩	64	3977
宁　德	58	3100

2-B-2 续表 1

(一般旅馆)

地 区	法人单位数 (个)	从业人员期末人数 (人)
全 省	**2708**	**36657**
福 州	622	7395
#平潭	39	232
厦 门	787	12094
莆 田	103	2339
三 明	118	1653
泉 州	477	6664
漳 州	215	2171
南 平	111	1486
龙 岩	85	1195
宁 德	190	1660

2-B-2 续表 2

(民宿服务)

地 区	法人单位数 (个)	从业人员期末人数 (人)
全 省	**215**	**1283**
福 州	20	107
#平潭	10	74
厦 门	74	572
莆 田	75	223
三 明	4	22
泉 州	18	67
漳 州	8	220
南 平	NA	16
龙 岩	3	12
宁 德	11	44

2-B-2　续表 3

(其他住宿业)

地　区	法人单位数 (个)	从业人员期末人数 (人)
全　省	**267**	**3347**
福　州	83	749
#平潭	27	214
厦　门	71	1159
莆　田	9	93
三　明	5	129
泉　州	37	481
漳　州	31	232
南　平	22	397
龙　岩	3	23
宁　德	6	84

2-B-3　分地区住宿业法人企业基本情况(按登记注册类型分)

(内资企业)

地　区	法人单位数 (个)	从业人员期末人数 (人)
全　省	**4475**	**106900**
福　州	1003	25976
#平潭	92	1730
厦　门	1171	26010
莆　田	223	4227
三　明	193	4788
泉　州	782	20849
漳　州	373	8119
南　平	314	7046
龙　岩	153	5185
宁　德	263	4700

2-B-3 续表 1

(国有企业)

地 区	法人单位数 (个)	从业人员期末人数 (人)
全 省	**80**	**5081**
福 州	14	1030
#平潭		
厦 门	11	1727
莆 田	NA	28
三 明	7	418
泉 州	9	397
漳 州	11	382
南 平	16	334
龙 岩	NA	330
宁 德	9	435

2-B-3 续表 2

(集体企业)

地 区	法人单位数 (个)	从业人员期末人数 (人)
全 省	**61**	**525**
福 州	11	194
#平潭	NA	10
厦 门	8	69
莆 田		
三 明	NA	10
泉 州	13	91
漳 州	9	50
南 平	13	70
龙 岩	NA	13
宁 德	4	28

2-B-3　续表 3

(联营企业)

地　区	法人单位数 (个)	从业人员期末人数 (人)
全　省	**10**	**593**
福　州	NA	13
#平潭		
厦　门	NA	470
莆　田		
三　明	NA	50
泉　州	3	40
漳　州	NA	12
南　平	NA	8
龙　岩		
宁　德		

2-B-3　续表 4

(有限责任公司)

地　区	法人单位数 (个)	从业人员期末人数 (人)
全　省	**445**	**30798**
福　州	105	7404
#平潭	25	646
厦　门	147	8769
莆　田	25	1359
三　明	15	501
泉　州	46	4064
漳　州	30	3259
南　平	33	2025
龙　岩	25	2249
宁　德	19	1168

2-B-3 续表 5

(私营企业)

地 区	法人单位数 (个)	从业人员期末人数 (人)
全 省	**3820**	**67237**
福 州	858	16350
#平潭	64	1030
厦 门	984	14096
莆 田	195	2788
三 明	166	3779
泉 州	697	15832
漳 州	321	4412
南 平	247	4436
龙 岩	124	2494
宁 德	228	3050

2-B-3 续表 6

(其他企业)

地 区	法人单位数 (个)	从业人员期末人数 (人)
全 省	**7**	**36**
福 州		
#平潭		
厦 门	3	10
莆 田		
三 明		
泉 州		
漳 州	NA	4
南 平	NA	3
龙 岩		
宁 德	NA	19

2-B-3　续表 7

(港、澳、台商投资企业)

地　区	法人单位数 (个)	从业人员期末人数 (人)
全　省	**71**	**9948**
福　州	12	2143
#平潭	NA	13
厦　门	22	4393
莆　田	4	322
三　明	3	121
泉　州	21	2278
漳　州	4	245
南　平	NA	237
龙　岩	NA	22
宁　德	NA	187

2-B-3　续表 8

(外商投资企业)

地　区	法人单位数 (个)	从业人员期末人数 (人)
全　省	**40**	**5547**
福　州	10	701
#平潭	NA	6
厦　门	16	2486
莆　田	NA	301
三　明		
泉　州	7	1598
漳　州	3	449
南　平	NA	11
龙　岩		
宁　德	NA	1

2-B-4 分地区住宿业法人企业基本情况(按单位规模分)

(大型企业)

地 区	法人单位数 (个)	从业人员期末人数 (人)
全 省	**32**	**14541**
福 州	12	5197
#平潭		
厦 门	14	6499
莆 田		
三 明		
泉 州	5	1991
漳 州	NA	854
南 平		
龙 岩		
宁 德		

2-B-4 续表 1

(中型企业)

地 区	法人单位数 (个)	从业人员期末人数 (人)
全 省	**194**	**41964**
福 州	47	9284
#平潭	NA	409
厦 门	49	11200
莆 田	9	1645
三 明	4	720
泉 州	42	10359
漳 州	11	2711
南 平	9	1574
龙 岩	10	2338
宁 德	13	2133

2-B-4　续表　2

(小型企业)

地　区	法人单位数 (个)	从业人员期末人数 (人)
全　省	**1608**	**51748**
福　州	390	11284
#平潭	21	891
厦　门	326	10755
莆　田	80	2575
三　明	90	3615
泉　州	317	10065
漳　州	122	3901
南　平	132	4840
龙　岩	69	2566
宁　德	82	2147

2-B-4　续表 3

(微型企业)

地　区	法人单位数 (个)	从业人员期末人数 (人)
全　省	**2752**	**14142**
福　州	576	3055
#平潭	72	449
厦　门	820	4435
莆　田	140	630
三　明	102	574
泉　州	446	2310
漳　州	246	1347
南　平	176	880
龙　岩	76	303
宁　德	170	608

2-B-5 分地区住宿业法人企业基本情况(按星级分)

(一星)

地 区	法人单位数 (个)	从业人员期末人数 (人)
全 省	**92**	**1037**
福 州	29	483
#平潭	3	14
厦 门	8	59
莆 田	5	34
三 明	5	27
泉 州	21	232
漳 州	7	45
南 平	12	94
龙 岩	NA	20
宁 德	3	43

2-B-5 续表 1

(二星)

地 区	法人单位数 (个)	从业人员期末人数 (人)
全 省	**165**	**2106**
福 州	47	681
#平潭	3	10
厦 门	18	271
莆 田	7	91
三 明	8	194
泉 州	37	373
漳 州	26	190
南 平	9	179
龙 岩	8	51
宁 德	5	76

2-B-5 续表 2

(三星)

地 区	法人单位数 (个)	从业人员期末人数 (人)
全 省	**518**	**14914**
福 州	110	4248
#平潭	12	297
厦 门	92	2042
莆 田	15	526
三 明	23	596
泉 州	136	3996
漳 州	61	1113
南 平	42	815
龙 岩	22	844
宁 德	17	734

2-B-5 续表 3

(四星)

地 区	法人单位数 (个)	从业人员期末人数 (人)
全 省	**206**	**21258**
福 州	38	4605
#平潭	NA	48
厦 门	43	3711
莆 田	7	1061
三 明	19	1146
泉 州	40	5559
漳 州	21	1130
南 平	20	1616
龙 岩	14	1754
宁 德	4	676

2-B-5 续表 4

(五星)

地 区	法人单位数 (个)	从业人员期末人数 (人)
全 省	**87**	**18706**
福 州	14	3307
#平潭		
厦 门	35	7329
莆 田	4	482
三 明	NA	463
泉 州	21	5324
漳 州	3	1305
南 平	6	369
龙 岩	NA	5
宁 德	NA	122

2-B-5 续表 5

(其他)

地 区	法人单位数 (个)	从业人员期末人数 (人)
全 省	**3518**	**64374**
福 州	787	15496
#平潭	75	1380
厦 门	1013	19477
莆 田	191	2656
三 明	139	2483
泉 州	555	9241
漳 州	262	5030
南 平	228	4221
龙 岩	108	2533
宁 德	235	3237

2-B-6　分地区住宿业法人企业财务状况

单位：亿元

地　区	资产总计	负债合计	营业收入
全　省	**711.18**	**427.83**	**295.32**
福　州	189.98	110.06	97.59
#平潭	13.96	5.38	1.95
厦　门	202.43	150.13	68.06
莆　田	29.62	15.26	10.39
三　明	32.39	16.42	13.38
泉　州	107.69	59.45	50.73
漳　州	65.86	34.18	21.37
南　平	36.56	21.80	11.55
龙　岩	29.81	10.68	11.94
宁　德	16.84	9.86	10.32

2-B-7　分地区住宿业法人企业财务状况(按国民经济行业分)

(旅游饭店)　　单位：亿元

地　区	资产总计	负债合计	营业收入
全　省	**557.03**	**352.50**	**204.06**
福　州	156.57	102.38	70.40
#平潭	5.51	4.66	1.54
厦　门	152.21	112.57	45.50
莆　田	17.02	9.60	4.50
三　明	23.56	11.63	9.54
泉　州	85.29	49.47	34.84
漳　州	57.40	30.76	14.52
南　平	27.74	18.15	8.09
龙　岩	25.33	9.54	9.44
宁　德	11.91	8.41	7.24

2-B-7 续表 1

(一般旅馆) 单位：亿元

地 区	资产总计	负债合计	营业收入
全 省	**123.36**	**63.32**	**82.18**
福 州	24.20	6.69	25.88
#平潭	0.37	0.11	0.19
厦 门	43.12	33.49	19.63
莆 田	10.85	5.54	5.27
三 明	7.00	3.14	3.65
泉 州	20.26	9.27	14.02
漳 州	6.54	1.80	5.80
南 平	3.25	1.11	2.59
龙 岩	3.90	1.10	2.46
宁 德	4.24	1.19	2.88

2-B-7 续表 2

(民宿服务) 单位：亿元

地 区	资产总计	负债合计	营业收入
全 省	**13.24**	**3.27**	**1.49**
福 州	7.84	0.56	0.11
#平潭	7.76	0.51	0.06
厦 门	2.16	1.29	0.55
莆 田	1.53	0.01	0.17
三 明	0.09	0.03	0.03
泉 州	0.24	0.03	0.19
漳 州	0.86	1.15	0.35
南 平	0.03		0.01
龙 岩	0.15	0.02	0.02
宁 德	0.34	0.19	0.06

2-B-7　续表 3

(其他住宿业)　　单位：亿元

地　区	资产总计	负债合计	营业收入
全　省	**17.48**	**8.74**	**7.54**
福　州	1.37	0.43	1.20
#平潭	0.31	0.10	0.17
厦　门	4.93	2.78	2.39
莆　田	0.23	0.10	0.45
三　明	1.75	1.63	0.16
泉　州	1.89	0.70	1.69
漳　州	0.99	0.47	0.65
南　平	5.54	2.55	0.85
龙　岩	0.43	0.01	0.02
宁　德	0.36	0.07	0.14

2-B-8　分地区住宿业法人企业财务状况(按登记注册类型分)

(内资企业)　　单位：亿元

地　区	资产总计	负债合计	营业收入
全　省	**562.40**	**320.22**	**255.13**
福　州	167.12	97.45	86.61
#平潭	13.92	5.37	1.93
厦　门	115.17	85.53	51.11
莆　田	23.37	11.93	8.77
三　明	31.92	16.08	13.20
泉　州	81.86	36.95	42.45
漳　州	63.73	32.85	20.22
南　平	34.42	20.11	11.05
龙　岩	29.53	10.67	11.85
宁　德	15.27	8.64	9.87

2-B-8 续表 1

(国有企业) 单位：亿元

地 区	资产总计	负债合计	营业收入
全 省	**27.32**	**14.84**	**9.63**
福 州	8.43	1.44	2.19
#平潭			
厦 门	11.99	10.23	3.64
莆 田			0.03
三 明	1.91	0.38	0.99
泉 州	0.61	0.14	0.61
漳 州	0.95	0.65	0.50
南 平	1.19	0.32	0.40
龙 岩	0.95	0.81	0.80
宁 德	1.28	0.86	0.47

2-B-8 续表 2

(集体企业) 单位：亿元

地 区	资产总计	负债合计	营业收入
全 省	**1.70**	**0.70**	**1.18**
福 州	1.09	0.54	0.46
#平潭	0.02		0.01
厦 门	0.14	0.06	0.14
莆 田			
三 明	0.01		0.01
泉 州	0.14	0.02	0.16
漳 州	0.09		0.18
南 平	0.20	0.07	0.12
龙 岩	0.01		0.02
宁 德	0.03		0.09

2-B-8 续表 3

(联营企业) 单位：亿元

地 区	资产总计	负债合计	营业收入
全 省	**3.15**	**1.21**	**1.21**
福 州	0.01		0.01
#平潭			
厦 门	2.83	1.05	1.02
莆 田			
三 明	0.26	0.16	0.06
泉 州	0.04		0.10
漳 州	0.01		0.02
南 平	0.02		
龙 岩			
宁 德			

2-B-8 续表 4

(有限责任公司) 单位：亿元

地 区	资产总计	负债合计	营业收入
全 省	**181.27**	**101.49**	**81.69**
福 州	63.53	46.99	27.94
#平潭	4.44	3.97	0.59
厦 门	34.21	17.58	22.23
莆 田	8.44	6.68	3.08
三 明	1.92	1.26	1.61
泉 州	25.80	9.19	7.88
漳 州	25.73	9.81	7.98
南 平	4.93	3.75	3.50
龙 岩	14.06	4.83	4.81
宁 德	2.65	1.40	2.68

2-B-8 续表 5

(股份有限公司) 单位：亿元

地 区	资产总计	负债合计	营业收入
全 省	**17.83**	**3.91**	**5.07**
福 州	14.49	1.96	1.49
#平潭	7.64	0.49	0.03
厦 门	2.07	1.74	2.13
莆 田	0.27	0.01	0.08
三 明	0.07	0.05	0.03
泉 州	0.56	0.07	0.72
漳 州			
南 平	0.13	0.06	0.25
龙 岩	0.23	0.02	0.37
宁 德			

2-B-8 续表 6

(私营企业) 单位：亿元

地 区	资产总计	负债合计	营业收入
全 省	**331.03**	**198.03**	**156.18**
福 州	79.58	46.51	54.50
#平潭	1.82	0.91	1.28
厦 门	63.91	54.86	21.93
莆 田	14.66	5.23	5.59
三 明	27.75	14.25	10.50
泉 州	54.71	27.53	32.96
漳 州	36.95	22.38	11.53
南 平	27.91	15.89	6.72
龙 岩	14.30	5.01	5.85
宁 德	11.26	6.37	6.60

2-B-8　续表 7

(其他企业)　　单位：亿元

地　区	资产总计	负债合计	营业收入
全　省	**0.08**	**0.02**	**0.09**
福　州			
#平潭			
厦　门	0.01		0.04
莆　田			
三　明			
泉　州			
漳　州	0.01	0.01	0.01
南　平	0.01	0.01	
龙　岩			
宁　德	0.05		0.03

2-B-8　续表 8

(港、澳、台商投资企业)　　单位：亿元

地　区	资产总计	负债合计	营业收入
全　省	**91.72**	**67.38**	**25.10**
福　州	19.98	11.13	5.94
#平潭	0.01		0.01
厦　门	44.50	34.21	11.35
莆　田	1.84	1.82	0.97
三　明	0.48	0.34	0.18
泉　州	19.33	16.23	5.05
漳　州	1.94	0.78	0.63
南　平	2.13	1.69	0.49
龙　岩	0.28		0.09
宁　德	1.26	1.18	0.40

2-B-8 续表 9

(外商投资企业)

单位：亿元

地区	资产总计	负债合计	营业收入
全省	**57.06**	**40.23**	**15.09**
福州	2.89	1.48	5.04
#平潭	0.03	0.01	0.01
厦门	42.75	30.39	5.60
莆田	4.41	1.51	0.65
三明			
泉州	6.49	6.27	3.23
漳州	0.19	0.55	0.52
南平	0.02		0.01
龙岩			
宁德	0.31	0.04	0.05

2-B-9 分地区住宿业法人企业财务状况(按单位规模分)

(大型企业)

单位：亿元

地区	资产总计	负债合计	营业收入
全省	**128.59**	**90.41**	**59.66**
福州	48.51	34.00	30.43
#平潭			
厦门	71.28	51.35	21.48
莆田			
三明			
泉州	6.33	4.15	6.18
漳州	2.47	0.90	1.57
南平			
龙岩			
宁德			

2-B-9　续表 1

(中型企业)　　单位：亿元

地　区	资产总计	负债合计	营业收入
全　省	**297.53**	**189.82**	**104.32**
福　州	87.15	53.96	30.57
#平潭	0.89	0.68	0.77
厦　门	52.77	37.94	24.00
莆　田	13.26	10.07	4.64
三　明	6.97	2.89	2.74
泉　州	63.89	41.56	19.42
漳　州	39.84	24.64	8.26
南　平	6.84	6.38	3.63
龙　岩	19.13	6.23	5.49
宁　德	7.69	6.14	5.58

2-B-9　续表 2

(小型企业)　　单位：亿元

地　区	资产总计	负债合计	营业收入
全　省	**182.35**	**99.82**	**109.08**
福　州	39.02	16.46	31.99
#平潭	8.83	1.45	0.94
厦　门	35.55	29.33	18.88
莆　田	10.22	4.90	4.88
三　明	23.57	13.14	10.04
泉　州	30.27	12.40	19.14
漳　州	13.15	7.03	7.93
南　平	15.20	9.17	6.65
龙　岩	8.55	4.27	5.86
宁　德	6.82	3.12	3.72

2-B-9 续表 3

(微型企业)

单位：亿元

地 区	资产总计	负债合计	营业收入
全 省	**102.72**	**47.78**	**22.26**
福 州	15.31	5.63	4.60
#平潭	4.24	3.25	0.24
厦 门	42.82	31.51	3.70
莆 田	6.14	0.29	0.87
三 明	1.85	0.39	0.60
泉 州	7.20	1.34	6.00
漳 州	10.40	1.61	3.60
南 平	14.53	6.25	1.27
龙 岩	2.14	0.17	0.60
宁 德	2.34	0.59	1.02

2-B-10 分地区住宿业法人企业财务状况(按星级分)

(一星)

单位：亿元

地 区	资产总计	负债合计	营业收入
全 省	**5.11**	**0.24**	**10.32**
福 州	2.42	0.07	8.90
#平潭	0.01		0.01
厦 门	0.07	0.06	0.03
莆 田	0.05	0.03	0.05
三 明	0.04	0.01	0.02
泉 州	1.23	0.02	0.96
漳 州	0.73	0.02	0.13
南 平	0.53		0.11
龙 岩	0.03	0.03	0.03
宁 德	0.02		0.09

2-B-10　续表 1

(二星)　　单位：亿元

地　区	资产总计	负债合计	营业收入
全　省	**5.08**	**1.72**	**6.77**
福　州	1.39	0.48	3.96
#平潭	0.01		0.01
厦　门	0.52	0.40	0.32
莆　田	0.16	0.05	0.18
三　明	0.58	0.33	0.43
泉　州	1.10	0.25	0.81
漳　州	0.50	0.07	0.53
南　平	0.26	0.12	0.32
龙　岩	0.48	0.02	0.06
宁　德	0.08	0.01	0.14

2-B-10　续表 2

(三星)　　单位：亿元

地　区	资产总计	负债合计	营业收入
全　省	**55.67**	**25.46**	**35.80**
福　州	12.12	5.25	15.49
#平潭	0.24	0.02	0.29
厦　门	6.35	3.64	3.61
莆　田	3.38	1.70	1.04
三　明	3.87	2.19	1.30
泉　州	11.92	5.62	7.13
漳　州	7.15	1.62	1.95
南　平	3.98	1.56	1.21
龙　岩	3.26	1.57	2.58
宁　德	3.63	2.31	1.49

2-B-10 续表 3

(四星)

单位：亿元

地 区	资产总计	负债合计	营业收入
全 省	**118.64**	**65.80**	**47.97**
福 州	38.84	14.98	14.22
#平潭	7.73	0.49	0.04
厦 门	16.33	9.99	6.95
莆 田	6.53	3.67	2.16
三 明	12.88	8.13	3.40
泉 州	21.92	13.85	10.37
漳 州	6.00	4.77	1.86
南 平	4.28	3.16	2.87
龙 岩	7.93	3.97	3.88
宁 德	3.92	3.29	2.25

2-B-10 续表 4

(五星)

单位：亿元

地 区	资产总计	负债合计	营业收入
全 省	**171.42**	**120.41**	**47.13**
福 州	36.28	28.87	11.01
#平潭			
厦 门	82.82	60.96	19.45
莆 田	2.80	5.53	1.17
三 明	4.58	2.12	1.55
泉 州	21.66	16.38	10.90
漳 州	16.50	1.75	2.51
南 平	6.63	4.41	0.34
龙 岩			
宁 德	0.16	0.39	0.22

2-B-10　续表 5

(其他)　　单位：亿元

地　区	资产总计	负债合计	营业收入
全　省	**355.26**	**214.20**	**147.32**
福　州	98.93	60.41	44.01
#平潭	5.96	4.87	1.60
厦　门	96.32	75.08	37.70
莆　田	16.70	4.28	5.79
三　明	10.45	3.65	6.67
泉　州	49.85	23.33	20.55
漳　州	34.98	25.95	14.39
南　平	20.88	12.56	6.69
龙　岩	18.10	5.09	5.38
宁　德	9.03	3.86	6.14

2-B-11　分地区餐饮业法人企业基本情况

地　区	法人单位数（个）	从业人员期末人数（人）	年末餐饮营业面积（万平方米）
全　省	**8274**	**134711**	**379.93**
福　州	1894	40476	92.02
#平潭	60	812	4.59
厦　门	2222	43971	93.28
莆　田	619	7849	22.24
三　明	224	2680	13.18
泉　州	1620	16583	64.17
漳　州	648	8032	32.71
南　平	212	2794	13.88
龙　岩	510	7339	28.47
宁　德	325	4987	19.99

2-B-12 分地区餐饮业法人企业基本情况(按国民经济行业分)

(正餐服务)

地 区	法人单位数(个)	从业人员期末人数(人)	年末餐饮营业面积(万平方米)
全 省	**6402**	**91480**	**316.93**
福 州	1548	23430	73.07
#平潭	46	761	4.37
厦 门	1543	24909	68.12
莆 田	399	6454	19.56
三 明	184	2466	11.88
泉 州	1273	13292	54.19
漳 州	532	6575	29.65
南 平	173	2534	13.30
龙 岩	476	7070	27.70
宁 德	274	4750	19.46

2-B-12 续表 1

(快餐服务)

地 区	法人单位数(个)	从业人员期末人数(人)	年末餐饮营业面积(万平方米)
全 省	**452**	**30914**	**31.66**
福 州	103	14988	13.82
#平潭	NA	15	0.03
厦 门	150	13372	12.30
莆 田	25	199	0.36
三 明	11	69	0.21
泉 州	95	1097	3.05
漳 州	40	960	1.40
南 平	7	40	0.13
龙 岩	11	88	0.21
宁 德	10	101	0.18

2-B-12　续表 2

(饮料及冷饮服务)

地　区	法人单位数 (个)	从业人员期末人数 (人)	年末餐饮营业面积 (万平方米)
全　省	**399**	**3333**	**8.35**
福　州	60	739	1.25
#平潭	NA	4	0.02
厦　门	201	1632	3.17
莆　田	19	122	0.75
三　明	6	41	0.10
泉　州	72	556	2.17
漳　州	23	136	0.62
南　平	6	45	0.15
龙　岩	6	51	0.13
宁　德	6	11	0.03

2-B-12　续表 3

(餐饮配送及外卖送餐服务)

地　区	法人单位数 (个)	从业人员期末人数 (人)	年末餐饮营业面积 (万平方米)
全　省	**252**	**2653**	**6.92**
福　州	44	254	0.55
#平潭	NA	1	0.01
厦　门	76	1216	2.77
莆　田	9	84	0.15
三　明	9	29	0.73
泉　州	62	762	2.29
漳　州	24	170	0.25
南　平	11	84	0.09
龙　岩	3	9	0.01
宁　德	14	45	0.08

2-B-12 续表 4

(其他餐饮业)

地 区	法人单位数(个)	从业人员期末人数(人)	年末餐饮营业面积(万平方米)
全 省	**769**	**6331**	**16.07**
福 州	139	1065	3.33
#平潭	9	31	0.16
厦 门	252	2842	6.93
莆 田	167	990	1.43
三 明	14	75	0.26
泉 州	118	876	2.47
漳 州	29	191	0.79
南 平	15	91	0.20
龙 岩	14	121	0.41
宁 德	21	80	0.24

2-B-13 分地区餐饮业法人企业基本情况(按登记注册类型分)

(内资企业)

地 区	法人单位数(个)	从业人员期末人数(人)	年末餐饮营业面积(万平方米)
全 省	**8136**	**104365**	**349.43**
福 州	1861	26363	80.09
#平潭	58	810	4.52
厦 门	2145	29046	78.55
莆 田	618	7630	22.05
三 明	224	2680	13.18
泉 州	1605	15933	61.87
漳 州	638	7921	31.72
南 平	211	2793	13.87
龙 岩	510	7339	28.47
宁 德	324	4660	19.64

2-B-13　续表 1

(国有企业)

地　区	法人单位数 (个)	从业人员期末人数 (人)	年末餐饮营业面积 (万平方米)
全　省	**17**	**608**	**3.24**
福　州	NA	4	
#平潭	NA	4	
厦　门	3	228	1.57
莆　田			
三　明	NA	22	0.02
泉　州	3	16	0.03
漳　州	4	171	0.41
南　平	3	113	1.08
龙　岩	NA	39	0.11
宁　德	NA	15	0.01

2-B-13　续表 2

(有限责任公司)

地　区	法人单位数 (个)	从业人员期末人数 (人)	年末餐饮营业面积 (万平方米)
全　省	**582**	**12078**	**48.46**
福　州	123	2055	8.96
#平潭	17	241	2.77
厦　门	218	4590	13.69
莆　田	45	1205	4.06
三　明	9	42	0.60
泉　州	66	1325	7.40
漳　州	37	957	4.80
南　平	9	190	1.16
龙　岩	60	1466	6.42
宁　德	15	248	1.37

2-B-13 续表 3

(股份有限公司)

地 区	法人单位数(个)	从业人员期末人数(人)	年末餐饮营业面积(万平方米)
全 省	**46**	**552**	**1.69**
福 州	10	96	0.30
#平潭	NA	14	0.14
厦 门	9	115	0.32
莆 田	3	37	0.05
三 明	NA	4	0.03
泉 州	10	200	0.55
漳 州	4	27	0.06
南 平	NA	5	
龙 岩	5	40	0.30
宁 德	NA	28	0.07

2-B-13 续表 4

(私营企业)

地 区	法人单位数(个)	从业人员期末人数(人)	年末餐饮营业面积(万平方米)
全 省	**7462**	**90379**	**289.46**
福 州	1722	24149	70.49
#平潭	37	539	1.57
厦 门	1907	23671	58.70
莆 田	567	6350	16.84
三 明	211	2602	12.49
泉 州	1523	14303	53.50
漳 州	591	6760	26.39
南 平	197	2482	11.59
龙 岩	439	5696	21.38
宁 德	305	4366	18.07

2-B-13　续表 5

（其他企业）

地　区	法人单位数（个）	从业人员期末人数（人）	年末餐饮营业面积（万平方米）
全　省	**16**	**513**	**5.55**
福　州			
#平潭			
厦　门	7	441	4.26
莆　田	NA	17	1.00
三　明	NA	10	0.03
泉　州			
漳　州	NA	6	
南　平	NA	3	0.03
龙　岩	4	33	0.11
宁　德	NA	3	0.12

2-B-13　续表 6

（港、澳、台商投资企业）

地　区	法人单位数（个）	从业人员期末人数（人）	年末餐饮营业面积（万平方米）
全　省	**99**	**12453**	**15.74**
福　州	23	4506	6.02
#平潭	NA	2	0.06
厦　门	58	7101	7.56
莆　田			
三　明			
泉　州	9	473	1.07
漳　州	7	45	0.73
南　平	NA	1	0.01
龙　岩			
宁　德	NA	327	0.35

2-B-13 续表 7

(外商投资企业)

地区	法人单位数(个)	从业人员期末人数(人)	年末餐饮营业面积(万平方米)
全省	**39**	**17893**	**14.77**
福州	10	9607	5.91
#平潭			
厦门	19	7824	7.17
莆田	NA	219	0.20
三明			
泉州	6	177	1.23
漳州	3	66	0.27
南平			
龙岩			
宁德			

2-B-14 分地区餐饮业法人企业基本情况(按单位规模分)

(大型企业)

地区	法人单位数(个)	从业人员期末人数(人)	年末餐饮营业面积(万平方米)
全省	**10**	**28108**	**20.40**
福州	5	15573	10.15
#平潭			
厦门	5	12535	10.25
莆田			
三明			
泉州			
漳州			
南平			
龙岩			
宁德			

2-B-14　续表 1

(中型企业)

地　区	法人单位数 (个)	从业人员期末人数 (人)	年末餐饮营业面积 (万平方米)
全　省	**92**	**18977**	**46.86**
福　州	21	3009	11.03
#平潭	NA	130	0.33
厦　门	40	9802	22.00
莆　田	9	1909	3.52
三　明			
泉　州	9	1621	3.68
漳　州	3	627	1.49
南　平			
龙　岩	6	1118	2.58
宁　德	4	891	2.55

2-B-14　续表 2

(小型企业)

地　区	法人单位数 (个)	从业人员期末人数 (人)	年末餐饮营业面积 (万平方米)
全　省	**2406**	**60531**	**185.76**
福　州	631	16187	44.82
#平潭	10	444	1.05
厦　门	401	13027	31.85
莆　田	203	3996	11.15
三　明	79	2071	8.86
泉　州	465	9704	31.68
漳　州	225	5301	20.31
南　平	71	2232	8.34
龙　岩	203	4799	16.54
宁　德	128	3214	12.23

2-B-14 续表 3

(微型企业)

地　区	法人单位数 (个)	从业人员期末人数 (人)	年末餐饮营业面积 (万平方米)
全　省	**5766**	**27095**	**126.91**
福　州	1237	5707	26.02
#平潭	49	238	3.21
厦　门	1776	8607	29.18
莆　田	407	1944	7.58
三　明	145	609	4.32
泉　州	1146	5258	28.81
漳　州	420	2104	10.91
南　平	141	562	5.54
龙　岩	301	1422	9.35
宁　德	193	882	5.21

2-B-15 分地区餐饮业法人企业财务状况

单位：亿元

地　区	资产总计	负债合计	营业收入
全　省	**217.17**	**97.44**	**317.06**
福　州	53.42	27.47	111.51
#平潭	0.71	0.46	1.12
厦　门	46.96	27.36	68.28
莆　田	15.27	8.30	18.53
三　明	5.84	1.30	5.91
泉　州	42.97	8.09	39.66
漳　州	14.91	5.43	31.57
南　平	6.06	0.93	5.54
龙　岩	17.71	8.15	24.63
宁　德	14.03	10.41	11.44

2-B-16　分地区餐饮业法人企业财务状况(按国民经济行业分)

(正餐服务)　　单位：亿元

地　区	资产总计	负债合计	营业收入
全　省	**174.17**	**76.22**	**231.21**
福　州	36.47	15.99	69.94
#平潭	0.64	0.45	1.07
厦　门	30.99	20.50	39.37
莆　田	13.38	7.53	15.23
三　明	5.50	1.22	5.47
泉　州	37.54	6.60	32.48
漳　州	13.37	5.05	28.35
南　平	5.93	0.90	5.18
龙　岩	17.16	8.07	24.19
宁　德	13.83	10.37	10.99

2-B-16　续表 1

(快餐服务)　　单位：亿元

地　区	资产总计	负债合计	营业收入
全　省	**25.80**	**13.96**	**62.42**
福　州	13.09	9.35	37.17
#平潭			0.01
厦　门	9.38	3.44	20.18
莆　田	0.23	0.15	0.41
三　明	0.07	0.03	0.18
泉　州	1.88	0.65	2.33
漳　州	0.89	0.29	1.74
南　平	0.03	0.01	0.05
龙　岩	0.15	0.02	0.15
宁　德	0.10	0.01	0.21

2-B-16 续表 2

(饮料及冷饮服务) 单位：亿元

地 区	资产总计	负债合计	营业收入
全 省	**4.37**	**3.10**	**5.55**
福 州	1.55	1.40	2.02
#平潭	0.01		
厦 门	1.21	1.29	1.23
莆 田	0.18	0.07	0.32
三 明	0.10		0.04
泉 州	1.04	0.28	1.52
漳 州	0.20	0.04	0.31
南 平	0.02		0.03
龙 岩	0.07		0.06
宁 德	0.01	0.01	0.03

2-B-16 续表 3

(餐饮配送及外卖送餐服务) 单位：亿元

地 区	资产总计	负债合计	营业收入
全 省	**3.29**	**1.39**	**4.78**
福 州	0.58	0.26	0.47
#平潭			
厦 门	1.38	0.81	2.00
莆 田	0.16	0.10	0.25
三 明	0.04	0.02	0.07
泉 州	0.80	0.16	1.39
漳 州	0.25	0.01	0.36
南 平	0.02	0.01	0.13
龙 岩	0.01		0.01
宁 德	0.04	0.01	0.12

2-B-16　续表 4

(其他餐饮业)　　单位：亿元

地　区	资产总计	负债合计	营业收入
全　省	**9.53**	**2.77**	**13.09**
福　州	1.74	0.47	1.92
#平潭	0.05	0.01	0.04
厦　门	4.00	1.31	5.50
莆　田	1.32	0.45	2.32
三　明	0.13	0.03	0.16
泉　州	1.72	0.39	1.94
漳　州	0.21	0.03	0.80
南　平	0.06	0.01	0.15
龙　岩	0.31	0.06	0.22
宁　德	0.05	0.01	0.09

2-B-17　分地区餐饮业法人企业财务状况(按登记注册类型分)

(内资企业)　　单位：亿元

地　区	资产总计	负债合计	营业收入
全　省	**183.61**	**75.23**	**264.50**
福　州	43.35	18.97	90.58
#平潭	0.70	0.45	1.12
厦　门	29.34	18.11	39.94
莆　田	14.21	7.63	18.26
三　明	5.84	1.30	5.91
泉　州	41.74	7.65	38.00
漳　州	14.71	5.37	30.91
南　平	6.06	0.93	5.54
龙　岩	17.71	8.15	24.63
宁　德	10.65	7.11	10.73

2-B-17 续表 1

(国有企业)　　单位：亿元

地区	资产总计	负债合计	营业收入
全省	**1.76**	**0.35**	**1.24**
福州	0.01	0.01	0.01
#平潭	0.01	0.01	0.01
厦门	1.10	0.19	0.59
莆田			
三明	0.05	0.01	0.02
泉州	0.02		0.03
漳州	0.31	0.04	0.29
南平	0.24	0.08	0.20
龙岩	0.02	0.01	0.07
宁德			0.03

2-B-17 续表 2

(集体企业)　　单位：亿元

地区	资产总计	负债合计	营业收入
全省	**0.21**	**0.02**	**0.39**
福州	0.11	0.02	0.10
#平潭	0.01		0.04
厦门			
莆田	0.04		0.05
三明			
泉州	0.06		0.24
漳州			
南平			
龙岩			
宁德			

2-B-17　续表 3

(有限责任公司)　　单位：亿元

地　区	资产总计	负债合计	营业收入
全　省	**16.03**	**8.26**	**26.38**
福　州	3.21	2.15	3.80
#平潭	0.14	0.10	0.55
厦　门	4.39	2.84	6.42
莆　田	1.14	0.47	2.43
三　明	0.09	0.02	0.09
泉　州	2.16	0.59	2.97
漳　州	2.12	1.25	3.20
南　平	0.08	0.01	0.29
龙　岩	2.49	0.75	6.39
宁　德	0.35	0.19	0.80

2-B-17　续表 4

(股份有限公司)　　单位：亿元

地　区	资产总计	负债合计	营业收入
全　省	**0.96**	**0.55**	**1.36**
福　州	0.13	0.20	0.10
#平潭	0.01	0.14	0.01
厦　门	0.11	0.12	0.10
莆　田	0.06	0.01	0.08
三　明			0.01
泉　州	0.50	0.17	0.89
漳　州	0.06	0.02	0.05
南　平			0.02
龙　岩	0.04	0.01	0.07
宁　德	0.06	0.01	0.05

2-B-17 续表 5

(私营企业) 单位：亿元

地 区	资产总计	负债合计	营业收入
全 省	**164.15**	**65.82**	**234.17**
福 州	39.88	16.60	86.57
#平潭	0.53	0.20	0.52
厦 门	23.48	14.78	32.09
莆 田	12.95	7.13	15.65
三 明	5.66	1.27	5.79
泉 州	39.01	6.88	33.87
漳 州	12.21	4.05	27.38
南 平	5.68	0.83	5.02
龙 岩	15.07	7.37	17.95
宁 德	10.23	6.91	9.84

2-B-17 续表 6

(其他企业) 单位：亿元

地 区	资产总计	负债合计	营业收入
全 省	**0.43**	**0.19**	**0.86**
福 州			
#平潭			
厦 门	0.27	0.17	0.75
莆 田	0.01		0.04
三 明	0.05		0.01
泉 州			
漳 州	0.01	0.01	
南 平	0.05		
龙 岩	0.02		0.05
宁 德	0.01		

2-B-17 续表 7

(港、澳、台商投资企业) 单位：亿元

地 区	资产总计	负债合计	营业收入
全 省	**19.11**	**12.14**	**22.89**
福 州	4.51	3.32	7.66
#平潭			
厦 门	10.34	5.30	13.29
莆 田			
三 明			
泉 州	0.73	0.17	1.09
漳 州	0.14	0.04	0.14
南 平			
龙 岩			
宁 德	3.38	3.31	0.71

2-B-17 续表 8

(外商投资企业) 单位：亿元

地 区	资产总计	负债合计	营业收入
全 省	**14.45**	**10.07**	**29.67**
福 州	5.56	5.18	13.27
#平潭			
厦 门	7.28	3.95	15.04
莆 田	1.06	0.67	0.26
三 明			
泉 州	0.50	0.26	0.57
漳 州	0.06	0.01	0.52
南 平			
龙 岩			
宁 德			

2-B-18 分地区餐饮业法人企业财务状况(按单位规模分)

(大型企业) 单位：亿元

地 区	资产总计	负债合计	营业收入
全 省	**21.13**	**11.47**	**49.28**
福 州	8.48	7.45	24.25
#平潭			
厦 门	12.66	4.01	25.03
莆 田			
三 明			
泉 州			
漳 州			
南 平			
龙 岩			
宁 德			

2-B-18 续表 1

(中型企业) 单位：亿元

地 区	资产总计	负债合计	营业收入
全 省	**37.16**	**24.99**	**55.25**
福 州	6.12	3.15	20.73
#平潭	0.06	0.04	0.51
厦 门	13.74	9.54	18.21
莆 田	4.22	2.72	4.00
三 明			
泉 州	3.08	0.95	5.84
漳 州	0.60	0.49	1.49
南 平			
龙 岩	5.01	4.11	3.01
宁 德	4.40	4.03	1.98

2-B-18　续表 2

(小型企业)　　单位：亿元

地　区	资产总计	负债合计	营业收入
全　省	**97.72**	**43.33**	**164.26**
福　州	23.87	10.38	56.93
#平潭	0.44	0.18	0.44
厦　门	13.16	8.18	19.01
莆　田	7.81	4.64	10.02
三　明	4.12	1.14	4.79
泉　州	15.40	4.80	20.39
漳　州	10.24	4.27	22.52
南　平	5.17	0.84	4.74
龙　岩	9.96	3.36	17.89
宁　德	7.98	5.73	7.96

2-B-18　续表 3

(微型企业)　　单位：亿元

地　区	资产总计	负债合计	营业收入
全　省	**61.16**	**17.66**	**48.26**
福　州	14.96	6.49	9.60
#平潭	0.21	0.23	0.17
厦　门	7.41	5.63	6.02
莆　田	3.24	0.93	4.51
三　明	1.72	0.16	1.11
泉　州	24.49	2.34	13.44
漳　州	4.07	0.67	7.55
南　平	0.89	0.09	0.80
龙　岩	2.73	0.69	3.73
宁　德	1.65	0.66	1.49

第3篇

房地产开发经营业生产经营及财务状况篇

3-1 各地区按登记注册类型

地 区	总 计	内资企业					
			国有企业	集体企业	股份合作企业	国有联营企业	集体联营企业
全 省	**5727**	**5290**	**71**	**22**			
福 州	1071	975	21	9			
#平潭	61	53					
厦 门	722	610	5	2			
莆 田	324	308	4				
三 明	409	398	6	3			
泉 州	1289	1186	9	6			
漳 州	814	751	12	1			
南 平	366	344	7	1			
龙 岩	383	373	2				
宁 德	349	345	5				

注：表3-1、3-2、3-3统计范围为全部房地产开发经营业法人单位，本篇其他表统计范围为有开发经营活动的房地产开发经营业法人单位。

3-1 续表

地 区			港、澳、台商投资企业				
	私营股份有限公司	其他内资企业		合资经营企业(港、澳、台资)	合作经营企业(港、澳、台资)	港、澳、台商独资经营企业	港、澳、台商投资股份有限公司
全 省	**83**		**313**	**103**	**8**	**196**	**5**
福 州	8		74	22	2	48	1
#平潭	1		7	3		3	
厦 门	8		85	19	4	62	
莆 田	6		11	1		8	2
三 明	12		7	4		2	1
泉 州	21		72	31	1	39	1
漳 州	8		36	16		20	
南 平	9		19	9	1	9	
龙 岩	7		6	1		5	
宁 德	4		3			3	

分房地产开发企业个数

单位：个

国有与集体联营企业	其他联营企业	国有独资公司	其他有限责任公司	股份有限公司	私营独资企业	私营合伙企业	私营有限责任公司
1		**177**	**1884**	**97**	**1**	**7**	**2947**
1		26	338	18		3	551
		1	40				11
		50	277	12		1	255
		9	163	4	1		121
		13	74	9			281
		21	412	15		1	701
		28	284	25		2	391
		6	108	10			203
		17	116	2			229
		7	112	2			215

单位：个

其他港、澳、台投资企业	外商投资企业	中外合资经营企业	中外合作经营企业	独资企业	外商投资股份有限公司	其他外商投资企业
1	**124**	**33**	**1**	**79**	**7**	**4**
1	22	6		14	1	1
1	1			1		
	27	5	1	17	2	2
	5			3	2	
	4	4				
	31	7		22	1	1
	27	7		19	1	
	3			3		
	4	3		1		
	1	1				

3-2 各地区按登记注册类型分房地产

地 区	总 计	内资企业					
			国有企业	集体企业	股份合作企 业	国有联营企 业	集体联营企 业
全 省	**124962**	**114741**	**2720**	**376**			
福 州	27397	25123	739	219			
#平潭	1413	1135					
厦 门	15694	13070	190	10			
莆 田	6643	5947	60				
三 明	9293	9143	86	17			
泉 州	22588	20361	226	120			
漳 州	20085	18406	1238	10			
南 平	9926	9513	97				
龙 岩	5993	5897	21				
宁 德	7343	7281	63				

3-2 续表

地 区			港、澳、台商投资企 业				
	私营股份有限公司	其他内资企 业		合资经营企业(港、澳、台资)	合作经营企业(港、澳、台资)	港、澳、台商独资经营企业	港、澳、台商投资股份有限公司
全 省	**1644**		**7557**	**2962**	**127**	**4351**	**69**
福 州	92		1787	677	23	1009	30
#平潭	11		213	50		115	
厦 门	165		1900	663	58	1179	
莆 田	125		557	75		454	28
三 明	175		75	26		48	1
泉 州	356		1657	766	8	873	10
漳 州	232		1088	557		531	
南 平	260		367	176	38	153	
龙 岩	92		64	22		42	
宁 德	147		62			62	

开发企业年末从业人数

单位：人

国有与集体联营企业	其他联营企业	国有独资公司	其他有限责任公司	股份有限公司	私营独资企业	私营合伙企业	私营有限责任公司
7		**8075**	**50245**	**2084**	**5**	**18**	**49567**
7		1052	12547	611		7	9849
		38	938				148
		2869	7421	175		3	2237
		206	3305	53	5		2193
		399	2313	109			6044
		481	8707	350		4	10117
		2109	7592	527		4	6694
		225	2948	189			5794
		559	2170	55			3000
		175	3242	15			3639

单位：人

其他港、澳、台投资企业	外商投资企业	中外合资经营企业	中外合作经营企业	独资企业	外商投资股份有限公司	其他外商投资企业
48	**2664**	**597**	**9**	**1780**	**154**	**124**
48	487	165		275	28	19
48	65			65		
	724	33	9	552	43	87
	139			61	78	
	75	75				
	570	180		367	5	18
	591	117		474		
	46			46		
	32	27		5		

3-3 各地区按登记注册类型

地 区	总 计	内资企业					
			国有企业	集体企业	股份合作企业	国有联营企业	集体联营企业
全 省	**419121390**	**376660719**	**10339474**	**371815**			
福 州	136294330	123090348	8396571	277109			
#平潭	4915476	3544176					
厦 门	98427534	80887181	482525	5306			
莆 田	47125370	45922169	34849				
三 明	11977280	11761467	76993	3906			
泉 州	59932385	52320585	526280	58891			
漳 州	31276416	29282701	788802	26602			
南 平	10065305	9674626	21514				
龙 岩	15490166	15223531	1265				
宁 德	8532604	8498110	10674				

3-3 续表

地 区			港、澳、台商投资企业				
	私营股份有限公司	其他内资企业		合资经营企业(港、澳、台资)	合作经营企业(港、澳、台资)	港、澳、台商独资经营企业	港、澳、台商投资股份有限公司
全 省	**2533459**		**33662083**	**20666404**	**162318**	**12527138**	**280327**
福 州	152852		12089457	8121871	19163	3887216	35311
#平潭	2002		1305950	1066530		213525	
厦 门	998813		12911456	7891091	111499	4908866	
莆 田	92277		930872	132051		573372	225450
三 明	66560		144294	106439		28700	9156
泉 州	322115		5627684	3199682	19123	2398469	10411
漳 州	221793		1385902	897257		488645	
南 平	222610		346247	253903	12533	79812	
龙 岩	111124		191675	64112		127563	
宁 德	345315		34495			34495	

分房地产开发企业资产总计

单位：万元

国有与集体联营企业	其他联营企业	国有独资公司	其他有限责任公司	股份有限公司	私营独资企业	私营合伙企业	私营有限责任公司
5217		**62577560**	**194566077**	**8915380**	**286**	**41344**	**97310107**
5217		10016153	52359613	5372605		41207	46469022
		248979	3058158				235036
		21452702	45633195	873740			11440900
		1515972	41298433	125740	286		2854613
		4388628	2238113	82396			4904870
		11236056	26170083	1097421		30	12909708
		4929525	13542528	1062766		107	8710578
		2867427	3047504	76841			3438731
		5580459	6157156	202813			3170714
		590638	4119452	21059			3410971

单位：万元

其他港、澳、台投资企业	外商投资企业	中外合资经营企业	中外合作经营企业	独资企业	外商投资股份有限公司	其他外商投资企业
25895	**8798588**	**1484581**	**4660**	**6195995**	**862531**	**250820**
25895	1114525	91193		560307	414081	48943
25895	65351			65351		
	4628897	598139	4660	3573686	344029	108383
	272328			198865	73463	
	71519	71519				
	1984115	525212		1334452	30957	93494
	607813	127355		480458		
	44432			44432		
	74959	71163		3796		

3-4 房地产开发企业主要指标情况

指　标	计量单位	2018年	2017年	2018年比2017年增减(%)
企业个数	**个**	**3351**	**3240**	**3.4**
大型企业	个	29	32	-9.4
中型企业	个	1468	1136	29.2
小微型企业	个	1854	2072	-10.5
资产总计	**亿元**	**378454.40**	**304611.14**	**24.2**
大型企业	亿元	29949.04	24241.54	23.5
中型企业	亿元	207486.62	161702.72	28.3
小微型企业	亿元	141018.73	118666.88	18.8
房屋建筑面积				
施工面积	万平方米	32813.28	31939.55	2.7
#住宅	万平方米	21014.21	20378.76	3.1
#办公楼	万平方米	2227.45	2203.83	1.1
#商业营业用房	万平方米	3488.13	3534.90	-1.3
新开工面积	万平方米	7166.42	5528.75	29.6
#住宅	万平方米	5044.17	3826.31	31.8
#办公楼	万平方米	235.50	241.34	-2.4
#商业营业用房	万平方米	555.24	432.02	28.5
竣工面积	万平方米	3762.12	4266.69	-11.8
#住宅	万平方米	2362.08	2891.33	-18.3
#办公楼	万平方米	261.45	144.64	80.8
#商业营业用房	万平方米	375.16	390.35	-3.9
房屋竣工价值	**亿元**	**1137.24**	**1305.56**	**-12.9**
商品房销售				
商品房销售面积	万平方米	6217.02	5854.05	6.2
#住宅	万平方米	4784.62	4526.13	5.7
#办公楼	万平方米	304.59	354.25	-14.0
#商业营业用房	万平方米	458.42	412.26	11.2
商品房销售额	亿元	6579.88	5705.19	15.3
#住宅	亿元	5076.66	4202.00	20.8
#办公楼	亿元	480.77	622.06	-22.7
#商业营业用房	亿元	583.54	506.23	15.3
商品房待售面积	万平方米	1890.39	2079.59	-9.1
#住宅	万平方米	531.56	643.78	-17.4
#办公楼	万平方米	157.63	148.18	6.4
#商业营业用房	万平方米	514.66	567.82	-9.4
负债合计	**亿元**	**28799.67**	**23094.58**	**24.7**

3-5　各地区按资质等级分房地产开发企业个数

单位：个

地　区	总　计	一　级	二　级	三　级	四　级	暂　定	其　他
全　省	**3351**	**32**	**174**	**718**	**601**	**1581**	**245**
福　州	598	15	47	132	59	321	24
#平潭	34		2	12	3	13	4
厦　门	422	12	36	27	143	97	107
莆　田	224		13	63	39	100	9
三　明	273		7	70	59	132	5
泉　州	644	4	31	117	61	424	7
漳　州	503	1	16	125	100	202	59
南　平	262		9	69	50	116	18
龙　岩	248		8	69	57	110	4
宁　德	177		7	46	33	79	12

3-6　各地区按资质等级分房地产开发企业年末从业人数

单位：人

地　区	总　计	一　级	二　级	三　级	四　级	暂　定	其　他
全　省	**102548**	**5063**	**9414**	**24477**	**12796**	**45457**	**5341**
福　州	23133	2351	2835	5084	1393	10956	514
#平潭	1209		145	391	50	534	89
厦　门	13743	2353	3091	1043	3303	2073	1880
莆　田	5300		479	1499	882	2335	105
三　明	8269		179	2232	1377	4466	15
泉　州	15242	295	1140	2987	942	9700	178
漳　州	16905	64	794	5925	2068	6201	1853
南　平	9531		265	2695	1201	4866	504
龙　岩	4879		290	1230	915	2372	72
宁　德	5546		341	1782	715	2488	220

3-7 各地区按资质等级分房地产开发企业资产总计

单位：万元

地区	总计	一级	二级	三级	四级	暂定	其他
全省	**378454404**	**46205066**	**52195823**	**57798146**	**31405956**	**167009456**	**23839956**
福州	120604468	28392381	24025745	19377541	3547207	43728294	1533301
#平潭	4555644		588329	1910929	393938	1252763	409686
厦门	91964469	16342373	17369831	4535461	17777787	21947217	13991800
莆田	46498810		1642969	3575049	1487491	38559452	1233850
三明	10690897		508567	2948077	840800	6379543	13911
泉州	50299574	1227938	4448030	9202709	1856782	33207187	356927
漳州	27197259	242375	1977057	6972343	2954523	9080074	5970887
南平	9878009		401508	2422280	737249	6058813	258159
龙岩	13833311		1323475	5930412	1488075	5061548	29801
宁德	7487607		498641	2834275	716042	2987329	451320

3-8 各地区按用途分房地产开发企业房屋施工面积

单位：平方米

地区	房屋施工面积	住宅	#别墅、高档公寓	办公楼	商业营业用房	其他
全省	**328132787**	**210142138**	**8717444**	**22274463**	**34881317**	**60834869**
福州	79289304	49143286	1374822	6424442	9518877	14202699
#平潭	6173993	3962494	123559	515668	734900	960931
厦门	43453001	19649618	1396869	7600780	4138867	12063736
莆田	24158416	15710418	335285	1601618	2376535	4469845
三明	14539140	9370599	227460	505252	2005751	2657538
泉州	68727997	45922312	2928490	3989235	7665389	11151061
漳州	43446178	31560095	979034	833969	3454944	7597170
南平	18005718	12866095	570921	317744	2515120	2306759
龙岩	20060649	13735537	149152	531072	1725314	4068726
宁德	16452384	12184178	755411	470351	1480520	2317335

3-9　各地区按资质等级分房地产开发企业房屋施工面积

单位：平方米

地区	总计	一级	二级	三级	四级	暂定	其他
全省	**328132787**	**13879022**	**34851138**	**76844008**	**27552134**	**157568619**	**17437866**
福州	79289304	7158378	10221752	18965554	3079014	38712367	1152239
#平潭	6173993		464049	2044383	891890	2280636	493035
厦门	43453001	4922369	7228694	2866872	12882801	9905192	5647073
莆田	24158416		1631117	5200285	886691	13935528	2504795
三明	14539140		748907	4925353	1703687	7161193	
泉州	68727997	1227551	6117445	16575142	1952126	42130866	724867
漳州	43446178	570724	3964087	12318925	3050214	17458206	6084022
南平	18005718		1271030	4883596	1011014	10148012	692066
龙岩	20060649		2485327	5021447	1727672	10809336	16867
宁德	16452384		1182779	6086834	1258915	7307919	615937

3-10　各地区按用途分房地产开发企业房屋新开工面积

单位：平方米

地区	房屋新开工面积	住宅	#别墅、高档公寓	办公楼	商业营业用房	其他
全省	**71664188**	**50441695**	**1752251**	**2355023**	**5552390**	**13315080**
福州	18220031	10936243	446477	1204740	2091826	3987222
#平潭	1203930	627016		131325	122333	323256
厦门	4143605	2228342	72744	195625	259545	1460093
莆田	4463003	3128438	75997	282506	195457	856602
三明	2313570	1806633	6423	56783	118273	331881
泉州	18503458	14191826	552313	418365	1040086	2853181
漳州	11035715	8551685	444998	90514	593063	1800453
南平	5030063	3649866	101151	42922	665687	671588
龙岩	4200409	3167771	11022	5256	301846	725536
宁德	3754334	2780891	41126	58312	286607	628524

3-11 各地区按资质等级分房地产开发企业房屋新开工面积

单位：平方米

地 区	总 计	一 级	二 级	三 级	四 级	暂 定	其 他
全 省	**71664188**	**1625806**	**4596725**	**10834269**	**2392211**	**46142459**	**6072718**
福 州	18220031	358399	1965852	1954775	274285	13161016	505704
#平潭	1203930			39797		1027025	137108
厦 门	4143605	597844	187058		297364	2364061	697278
莆 田	4463003		218301	645122	185516	2788014	626050
三 明	2313570		146669	290373	166788	1709740	
泉 州	18503458	669563	760634	4078818	366535	12276034	351874
漳 州	11035715		619199	1565871	452946	5174628	3223071
南 平	5030063		163565	981444	271909	3104427	508718
龙 岩	4200409		418483	214218	212348	3355360	
宁 德	3754334		116964	1103648	164520	2209179	160023

3-12 各地区按用途分房地产开发企业房屋竣工面积

单位：平方米

地 区	房屋竣工面 积	住 宅	#别墅、高档公 寓	办公楼	商业营业用 房	其 他
全 省	**37621164**	**23620835**	**877941**	**2614463**	**3751612**	**7634254**
福 州	7199446	4390184	30131	666093	548316	1594853
#平潭	48595	8181		2912	24012	13490
厦 门	6717643	3683472	212448	706086	508763	1819322
莆 田	1259690	832133	51304	47422	137922	242213
三 明	1061958	623162	1290	18569	166754	253473
泉 州	7124919	4367078	42151	636260	1064435	1057146
漳 州	6805178	4834390	113922	131256	509067	1330465
南 平	1834831	1438473	18381	8442	173726	214190
龙 岩	2866976	1444224	93727	361920	373544	687288
宁 德	2750523	2007719	314587	38415	269085	435304

3-13　各地区按资质等级分房地产开发企业房屋竣工面积

单位：平方米

地　区	总　计	一　级	二　级	三　级	四　级	暂　定	其　他
全　省	**37621164**	**1754042**	**2909484**	**13355621**	**5922605**	**12437814**	**1241598**
福　州	7199446	211892	516643	2833139	529014	3108758	
#平潭	48595			48595			
厦　门	6717643	1202210	974566	484471	3355131	499186	202079
莆　田	1259690			363234	112787	409977	373692
三　明	1061958		255794	127080	249595	429489	
泉　州	7124919	73458	415794	2719694	363749	3522853	29371
漳　州	6805178	266482	407713	3385481	530819	1638905	575778
南　平	1834831			819123	157081	797949	60678
龙　岩	2866976		76349	1155790	418439	1216398	
宁　德	2750523		262625	1467609	205990	814299	

3-14　各地区按用途分房地产开发企业房屋竣工价值

单位：万元

地　区	房屋竣工价　值	住　宅	#别墅、高档公　寓	办公楼	商业营业用　房	其　他
全　省	**11372354**	**7130761**	**378045**	**887974**	**1297759**	**2055860**
福　州	2009083	1248605	7726	195136	166942	398400
#平潭	22308	3755		1337	11023	6193
厦　门	2138386	1223401	53664	238795	167849	508341
莆　田	502071	291806	28412	13278	57205	139782
三　明	199059	109844	194	4941	36854	47420
泉　州	2369635	1413992	18319	236613	492532	226498
漳　州	2062930	1472734	46062	46560	158728	384908
南　平	427413	328238	5134	3062	51229	44884
龙　岩	758941	353421	25676	138555	85861	181104
宁　德	904836	688720	192858	11034	80559	124523

3-15 各地区按资质等级分房地产开发企业房屋竣工价值

单位：万元

地区	总计	一级	二级	三级	四级	暂定	其他
全省	**11372354**	**639299**	**889173**	**3961610**	**1732034**	**3618307**	**531931**
福州	2009083	50500	145838	817855	140765	854125	
#平潭	22308			22308			
厦门	2138386	387369	314589	99876	1075629	198273	62650
莆田	502071			111017	33727	127315	230012
三明	199059		47449	24877	41663	85070	
泉州	2369635	63596	184384	864855	77314	1165822	13664
漳州	2062930	137834	96642	937979	144136	533072	213267
南平	427413			185634	61005	168436	12338
龙岩	758941		16880	359561	100265	282235	
宁德	904836		83391	559956	57530	203959	

3-16 各地区房地产开发企业建造的房屋面积和造价

地区	房屋施工面积（平方米）	房屋竣工面积（平方米）	房屋竣工价值（万元）	房屋竣工造价（元/平方米）
全省	**328132787**	**37621164**	**11372354**	**3023**
福州	79289304	7199446	2009083	2791
#平潭	6173993	48595	22308	4591
厦门	43453001	6717643	2138386	3183
莆田	24158416	1259690	502071	3986
三明	14539140	1061958	199059	1874
泉州	68727997	7124919	2369635	3326
漳州	43446178	6805178	2062930	3031
南平	18005718	1834831	427413	2329
龙岩	20060649	2866976	758941	2647
宁德	16452384	2750523	904836	3290

3-17 各地区按用途分房地产开发企业商品房销售面积

单位：平方米

地区	商品房销售面积	住宅	#别墅、高档公寓	办公楼	商业营业用房	其他
全省	**62170207**	**47846203**	**1823708**	**3045872**	**4584197**	**6693935**
福州	17112935	12556171	296908	1017937	1264235	2274592
#平潭	787660	647097	823	20000	49110	71453
厦门	5302760	1709185	237506	1340120	515766	1737689
莆田	4098825	3486267	33866	117482	315579	179497
三明	2672155	2444532	14897	34627	137436	55560
泉州	14161923	11875176	648199	388575	887870	1010302
漳州	8635753	6966133	131639	68393	664607	936620
南平	3655317	3133164	397211	20441	399404	102308
龙岩	3758990	3104695	13727	13401	279268	361626
宁德	2771549	2570880	49755	44896	120032	35741

3-18 各地区按资质等级分房地产开发企业商品房销售面积

单位：平方米

地区	总计	一级	二级	三级	四级	暂定	其他
全省	**62170207**	**1374146**	**5503653**	**14161339**	**3871307**	**33994594**	**3265168**
福州	17112935	587583	2313684	4396158	384805	9165423	265282
#平潭	787660		20000	286753	28543	377704	74660
厦门	5302760	524855	276454	718245	1670922	1646206	466078
莆田	4098825		122754	924368	162771	2455808	433124
三明	2672155		375617	580424	90686	1625428	
泉州	14161923	166939	1045526	2812042	349949	9611550	175917
漳州	8635753	94769	751239	2150851	633449	3339241	1666204
南平	3655317		153454	791170	134511	2459102	117080
龙岩	3758990		323779	765108	362343	2300588	7172
宁德	2771549		141146	1022973	81871	1391248	134311

3-19 各地区按用途分房地产开发企业商品房期房销售面积

单位：平方米

地 区	商品房期房销售面积	住 宅		办公楼	商业营业用 房	其 他
			#别墅、高档公 寓			
全 省	**53401838**	**43617262**	**1658741**	**2532472**	**3209117**	**4042987**
福 州	15149158	11552071	287814	964589	1008054	1624444
#平潭	767660	627097	823	20000	49110	71453
厦 门	3604589	1476633	213007	1019195	302035	806726
莆 田	3691227	3129825	23043	103766	291736	165900
三 明	2466602	2308856	9615	27158	106309	24279
泉 州	12867795	11229371	578149	312928	564650	760846
漳 州	6483940	5764544	106497	56204	344394	318798
南 平	3349356	2953610	389305	8091	308586	79069
龙 岩	3235175	2799799	10680	9371	197816	228189
宁 德	2553996	2402553	40631	31170	85537	34736

3-20 各地区按用途分房地产开发企业房屋出租面积

单位：平方米

地 区	房屋出租面 积	住 宅		办公楼	商业营业用 房	其 他
			#别墅、高档公 寓			
全 省	**1031343**	**67311**	**29233**	**79643**	**647056**	**237333**
福 州	113980			9506	97915	6559
#平潭						
厦 门	219904	46228	29233	16781	129783	27112
莆 田	46154				46100	54
三 明	5607			1855	3752	
泉 州	169420				99221	70199
漳 州	39201				39201	
南 平						
龙 岩	404851			51501	219941	133409
宁 德	32226	21083			11143	

3-21　各地区按用途分房地产开发企业商品房销售额

单位：万元

地区	商品房销售额	住宅	#别墅、高档公寓	办公楼	商业营业用房	其他
全省	**65798757**	**50766640**	**2648691**	**4807715**	**5835355**	**4389047**
福州	23128524	18056585	402644	1698391	1873608	1499940
#平潭	970703	836774	1566	24000	78563	31366
厦门	11071752	5755585	1044704	2535631	1310003	1470533
莆田	3458735	2970642	27058	101033	257068	129992
三明	1847343	1712782	16068	18931	93784	21846
泉州	12276483	10277246	728378	336382	933631	729224
漳州	6396442	5353953	172331	52529	669783	320177
南平	2422185	2036393	202100	10645	340793	34354
龙岩	2978273	2603828	13986	12584	214395	147466
宁德	2219020	1999626	41422	41589	142290	35515

3-22　各地区按资质等级分房地产开发企业商品房销售额

单位：万元

地区	总计	一级	二级	三级	四级	暂定	其他
全省	**65798757**	**2344400**	**6020780**	**13269101**	**4777587**	**35988084**	**3398805**
福州	23128524	746161	2876009	4843766	382708	13928556	351324
#平潭	970703		25000	332583	13623	501283	98214
厦门	11071752	1287084	613290	1560396	3136817	3260338	1213827
莆田	3458735		114137	678619	149223	2216983	299773
三明	1847343		342655	376485	51201	1077002	
泉州	12276483	219648	951851	2388455	276314	8287882	152333
漳州	6396442	91507	691579	1504971	427312	2535065	1146008
南平	2422185		85771	473169	92815	1675080	95350
龙岩	2978273		242167	609517	212965	1907858	5766
宁德	2219020		103321	833723	48232	1099320	134424

3-23 各地区房地产开发企业商品房待售情况

单位：平方米

地区	商品房待售面积	#待售1-3年面积	#待售3年以上面积
全省	**18903914**	**7262683**	**7323803**
福州	3803440	930016	1867885
#平潭			
厦门	2650868	1344189	983350
莆田	1555509	424551	725497
三明	789565	353256	211145
泉州	3805271	1597817	1218198
漳州	2619566	1087193	887224
南平	1109819	473355	502549
龙岩	2013445	832725	746139
宁德	556431	219581	181816

3-24 各地区按用途分房地产开发企业商品房待售面积

单位：平方米

地区	商品房待售面积	住宅	#别墅、高档公寓	办公楼	商业营业用房	其他
全省	**18903914**	**5315620**	**557491**	**1576279**	**5146635**	**6865380**
福州	3803440	958648	129490	93898	649500	2101394
#平潭						
厦门	2650868	468028	65065	578334	654395	950111
莆田	1555509	668061	62679	96419	455784	335245
三明	789565	230549	15972	41456	302737	214823
泉州	3805271	1002470	70167	410664	1283728	1108409
漳州	2619566	965484	128547	61760	619211	973111
南平	1109819	418283	51936	39645	421999	229892
龙岩	2013445	353903	31152	238909	502415	918218
宁德	556431	250194	2483	15194	256866	34177

3-25　各地区房地产开发企业土地开发及其购置情况

地　区	待开发土地面积（平方米）	本年土地购置面积（平方米）	本年土地成交价款（万元）
全　省	**10871990**	**12854956**	**11648189**
福　州	1889931	3394349	2562904
#平潭	12724	270074	291500
厦　门	545567	740781	3643510
莆　田	103135	503234	461945
三　明	493212	422144	151541
泉　州	1490140	1477057	938139
漳　州	3481233	2574733	2094504
南　平	1084661	1257599	475579
龙　岩	1316010	1542407	936045
宁　德	468101	942652	384022

3-26　各地区房地产开发企业主营业务收入及其构成

单位：万元

地　区	主营业务收入总计	土地转让收入	商品房销售收入	房屋出租收入	其他收入
全　省	**45125974**	**115590**	**43347988**	**358934**	**1303462**
福　州	11857494	13412	11476547	90928	276608
#平潭	433961		433571	151	239
厦　门	7971786	2324	7195456	159875	614132
莆　田	2496516	10482	2462077	12155	11802
三　明	1375838	33672	1250022	2456	89688
泉　州	8745514	47114	8543744	58713	95943
漳　州	6120337	2748	6007708	7414	102466
南　平	2195179	1621	2104071	1916	87571
龙　岩	1710127	1217	1667866	18782	22263
宁　德	2653184	3000	2640497	6696	2990

3-27 各地区按登记注册类型

地区	总计	内资企业	国有企业	集体企业	股份合作企业	国有联营企业	集体联营企业
全省	**45125974**	**40526066**	**323702**	**8582**			
福州	11857494	11084627	303021	6580			
#平潭	433961	307815					
厦门	7971786	6237795	4228				
莆田	2496516	2261817	1503				
三明	1375838	1358779	126				
泉州	8745514	7436887	7064	1923			
漳州	6120337	5709961	7096	80			
南平	2195179	2124216	284				
龙岩	1710127	1666606					
宁德	2653184	2645379	379				

3-27 续表

地区	私营股份有限公司	其他内资企业	港、澳、台商投资企业	合资经营企业(港、澳、台资)	合作经营企业(港、澳、台资)	港、澳、台商独资经营企业	港、澳、台商投资股份有限公司
全省	**554198**		**4052636**	**2377130**	**21603**	**1648487**	**5158**
福州	30901		689131	477352		211521	
#平潭			126146	125301		586	
厦门	49022		1679851	996831	5581	677438	
莆田	12037		148927	106051		42875	1
三明	3085		2482	599		1883	
泉州	130928		1114109	568288	8497	532167	5157
漳州	35867		305893	181348		124545	
南平	33339		61817	46661	7525	7632	
龙岩	8698		42622			42622	
宁德	250322		7805			7805	

分房地产开发企业主营业务收入

单位：万元

国有与集体联营企业	其他联营企业	国有独资公司	其他有限责任公司	股份有限公司	私营独资企业	私营合伙企业	私营有限责任公司
		2849772	**24160254**	**1267340**			**11362219**
		941486	6540303	716915			2545421
		239	307576				
		1046181	4374538	6038			757789
		105723	1758533	77300			306722
		155865	524866	3311			671527
		145257	4562565	48639			2540511
		192124	3330326	372059			1772410
		81889	830855	29369			1148479
		116133	944244	8899			588633
		65114	1294024	4812			1030727

单位：万元

其他港、澳、台投资企业	外商投资企业	中外合资经营企业	中外合作经营企业	独资企业	外商投资股份有限公司	其他外商投资企业
259	**547272**	**113913**		**301553**	**124104**	**7702**
259	83736	474		4653	72295	6313
259						
	54140	2830		39084	10838	1389
	85772			50628	35144	
	14578	14578				
	194518	95806		92885	5827	
	104482			104482		
	9146			9146		
	899	225		674		

3-28 各地区按登记注册类型

地区	总计	内资企业	国有企业	集体企业	股份合作企业	国有联营企业	集体联营企业
全省	**287996691**	**258805902**	**4676417**	**304020**			
福州	96596749	86047007	3569727	241756			
#平潭	3746104	2576089					
厦门	60680162	49756528	66436				
莆田	42055528	41175333	23445				
三明	7955317	7821922	71755				
泉州	35929589	30882553	221926	35691			
漳州	21270007	20035528	706599	26573			
南平	7328619	7070832	8055				
龙岩	9942574	9804156					
宁德	6238147	6212043	8474				

3-28 续表

地区	私营股份有限公司	其他内资企业	港、澳、台商投资企业	合资经营企业(港、澳、台资)	合作经营企业(港、澳、台资)	港、澳、台商独资经营企业	港、澳、台商投资股份有限公司
全省	**2031356**		**23869543**	**15617973**	**78322**	**7952098**	**202613**
福州	126414		9765667	7181971		2565158	
#平潭			1136455	932182		185735	
厦门	879451		8300183	5263791	53849	2982544	
莆田	56177		684425	124613		364016	195796
三明	28759		71364	48702		22336	326
泉州	165076		3767242	2100193	14468	1646090	6491
漳州	183953		959706	674101		285605	
南平	200257		225850	169671	10005	46174	
龙岩	100140		69002	54931		14071	
宁德	291131		26104			26104	

分房地产开发企业负债合计

单位：万元

国有与集体联营企业	其他联营企业	国有独资公司	其他有限责任公司	股份有限公司	私营独资企业	私营合伙企业	私营有限责任公司
5593		**30171226**	**146715855**	**6223019**			**68678417**
5593		6317892	38356491	3477833			33951301
		166109	2282921				127059
		10878104	30889365	540373			6502801
		1139649	37794737	116505			2044821
		2209316	1578599	53683			3879810
		2769000	17918653	1017893			8754315
		1796309	10148227	802664			6371203
		1913724	2414006	8577			2526213
		2734110	4469923	190366			2309619
		413123	3145856	15125			2338335

单位：万元

其他港、澳、台投资企业	外商投资企业	中外合资经营企业	中外合作经营企业	独资企业	外商投资股份有限公司	其他外商投资企业
18538	**5321246**	**1037226**		**3522043**	**568064**	**193914**
18538	784075	81120		372977	315934	14045
18538	33559			33559		
	2623451	545291		1804082	185236	88842
	195770			143429	52341	
	62032	62032				
	1279794	177101		997114	14553	91027
	274772	103579		171193		
	31937			31937		
	69416	68104		1312		

第4篇

服务业企业财务状况篇

4-1　服务业法人单位基本情况

行　业	单位数 （个）	从业人员 （万人）
总　计	**289324**	**459.34**
交通运输、仓储和邮政业	**16697**	**44.75**
企业	16499	44.26
行政事业及非企业法人	198	0.49
信息传输、软件和信息技术服务业	**32783**	**40.01**
企业	32516	39.65
行政事业及非企业法人	267	0.36
房地产业	**18142**	**38.14**
企业	18069	37.98
行政事业及非企业法人	73	0.16
租赁和商务服务业	**69384**	**82.17**
企业	67928	81.09
行政事业及非企业法人	1456	1.08
科学研究和技术服务业	**27304**	**31.14**
企业	24804	28.42
行政事业及非企业法人	2500	2.72
水利、环境和公共设施管理业	**4835**	**10.75**
企业	3846	8.73
行政事业及非企业法人	989	2.03
居民服务、修理和其他服务业	**15466**	**20.87**
企业	15115	20.56
行政事业及非企业法人	351	0.31
教育	**20857**	**71.05**
企业	9468	13.33
行政事业及非企业法人	11389	57.72
卫生和社会工作	**6253**	**29.00**
企业	2655	5.53
行政事业及非企业法人	3598	23.48
文化、体育和娱乐业	**19012**	**18.44**
企业	16836	15.82
行政事业及非企业法人	2176	2.62
公共管理、社会保障和社会组织	**58591**	**73.02**
企业		
行政事业及非企业法人	58591	73.02

注：不含金融业及铁路部门实施普查的铁路运输业。

4-2 交通运输、仓储和邮政业企业法人单位主要指标

行业	单位数(个)	资产总计(亿元)	负债合计(亿元)	营业收入(亿元)	从业人员(万人)
总计	**16499**	**8946.15**	**4557.38**	**2371.24**	**44.26**
铁路运输业	NA	3.62	2.72	0.83	0.01
道路运输业	9505	5317.01	2573.28	863.73	25.09
城市公共交通运输	354	1284.05	548.60	99.32	5.45
公路旅客运输	378	210.54	121.96	56.77	3.05
道路货物运输	8178	680.46	306.76	568.46	14.89
道路运输辅助活动	595	3141.95	1595.97	139.18	1.69
水上运输业	952	1498.62	771.49	395.57	3.20
水上旅客运输	48	32.32	10.86	11.50	0.21
水上货物运输	580	399.17	239.50	314.22	1.81
水上运输辅助活动	324	1067.13	521.14	69.85	1.18
航空运输业	90	824.58	464.83	315.86	2.85
航空客货运输	43	661.29	419.56	282.67	2.14
通用航空服务	26	4.10	2.12	1.25	0.06
航空运输辅助活动	21	159.18	43.15	31.94	0.65
管道运输业	7	9.81	5.69	1.81	0.01
海底管道运输					
陆地管道运输	7	9.81	5.69	1.81	0.01
多式联运和运输代理业	3455	464.28	260.84	529.02	4.97
多式联运	27	2.92	1.91	3.66	0.05
运输代理业	3428	461.35	258.93	525.36	4.92
装卸搬运和仓储业	1541	752.94	448.68	129.39	3.44
装卸搬运	717	209.58	95.07	60.71	2.02
通用仓储	297	311.65	212.42	27.71	0.56
低温仓储	60	11.86	7.06	2.91	0.11
危险品仓储	29	42.08	23.81	4.27	0.08
谷物、棉花等农产品仓储	168	88.86	60.92	18.02	0.21
中药材仓储	NA				
其他仓储业	269	88.92	49.39	15.77	0.45
邮政业	948	75.29	29.84	135.02	4.69
邮政基本服务	60	30.09	10.83	47.28	1.74
快递服务	871	44.30	18.49	85.89	2.87
其他寄递服务	17	0.90	0.52	1.85	0.07

注：不含铁路部门实施普查的铁路运输业。

4-3　交通运输、仓储和邮政业企业法人单位分地区主要指标

地　区	单位数（个）	资产总计（亿元）	负债合计（亿元）	营业收入（亿元）	从业人员（万人）
全　省	**16499**	**8946.15**	**4557.38**	**2371.24**	**44.26**
福　州	3329	1836.96	1027.16	573.11	10.10
#平潭	349	87.70	68.62	129.64	0.70
厦　门	4412	3269.07	1608.37	959.15	12.98
莆　田	620	174.43	90.79	57.71	1.49
三　明	968	615.17	309.06	56.07	2.03
泉　州	2952	880.14	451.13	413.79	8.15
漳　州	1622	659.78	346.59	133.48	3.40
南　平	927	286.19	223.99	42.27	1.77
龙　岩	860	953.58	368.81	89.57	2.48
宁　德	809	270.83	131.48	46.09	1.86

注：不含铁路部门实施普查的铁路运输业。

4-4　交通运输、仓储和邮政业企业法人单位分登记注册类型主要指标

登记注册类型	单位数（个）	资产总计（亿元）	负债合计（亿元）	营业收入（亿元）	从业人员（万人）
总　计	**16499**	**8946.15**	**4557.38**	**2371.24**	**44.26**
内资企业	**16300**	**8374.44**	**4325.71**	**2275.87**	**43.06**
国有企业	190	71.21	39.50	61.55	2.39
集体企业	133	5.18	1.41	5.10	0.27
股份合作企业	6	0.23	0.15	0.24	0.02
联营企业	12	1.08	0.62	0.32	0.01
有限责任公司	1688	6571.44	3406.22	916.25	13.57
股份有限公司	173	493.63	253.29	178.70	1.77
私营企业	14083	1231.46	624.44	1113.46	25.03
其他企业	15	0.22	0.08	0.24	0.01
港、澳、台商投资企业	**117**	**329.22**	**112.48**	**59.43**	**0.80**
外商投资企业	**82**	**242.49**	**119.19**	**35.94**	**0.40**

注：不含铁路部门实施普查的铁路运输业。

4-5 信息传输、软件和信息技术服务业企业法人单位主要指标

行　业	单位数（个）	资产总计（亿元）	负债合计（亿元）	营业收入（亿元）	从业人员（万人）
总　计	**32516**	**2792.97**	**1189.17**	**1816.35**	**39.65**
电信、广播电视和卫星传输服务	567	1010.01	340.93	535.96	5.41
电信	497	926.11	281.16	494.52	4.32
广播电视传输服务	60	83.27	59.48	41.06	1.08
卫星传输服务	10	0.63	0.29	0.38	0.01
互联网和相关服务	6205	374.18	210.11	325.55	7.10
互联网接入及相关服务	539	23.81	8.86	16.10	0.48
互联网信息服务	3052	154.82	95.42	138.57	3.17
互联网平台	511	129.81	78.88	121.72	1.68
互联网安全服务	55	1.16	1.26	1.38	0.04
互联网数据服务	126	31.26	12.35	6.18	0.17
其他互联网服务	1922	33.33	13.34	41.59	1.55
软件和信息技术服务业	25744	1408.78	638.13	954.84	27.14
软件开发	13993	812.56	365.84	551.02	15.43
集成电路设计	216	30.10	6.90	7.06	0.18
信息系统集成和物联网技术服务	2114	183.57	78.72	126.81	2.98
运行维护服务	193	9.37	5.71	9.61	0.34
信息处理和存储支持服务	218	38.69	21.04	11.89	0.27
信息技术咨询服务	7023	176.92	73.79	163.18	5.60
数字内容服务	456	76.23	27.34	41.30	0.77
其他信息技术服务业	1531	81.33	58.78	43.97	1.57

4-6 信息传输、软件和信息技术服务业企业法人单位分地区主要指标

地　区	单位数（个）	资产总计（亿元）	负债合计（亿元）	营业收入（亿元）	从业人员（万人）
全　省	**32516**	**2792.97**	**1189.17**	**1816.35**	**39.65**
福　州	8908	1205.42	449.34	678.29	15.04
#平潭	190	24.57	12.65	12.56	0.15
厦　门	11991	936.77	483.00	558.24	13.38
莆　田	1296	86.11	33.77	87.03	1.52
三　明	908	45.35	17.61	28.38	0.73
泉　州	4743	275.54	107.16	250.00	5.13
漳　州	1630	91.75	33.78	103.79	1.69
南　平	965	49.84	19.19	31.67	0.58
龙　岩	1282	54.37	25.83	45.71	0.95
宁　德	793	47.82	19.48	33.24	0.63

4-7　信息传输、软件和信息技术服务业企业法人单位分登记注册类型主要指标

登记注册类型	单位数(个)	资产总计(亿元)	负债合计(亿元)	营业收入(亿元)	从业人员(万人)
总　计	**32516**	**2792.97**	**1189.17**	**1816.35**	**39.65**
内资企业	**32172**	**2509.80**	**1076.56**	**1657.91**	**37.93**
国有企业	22	13.31	3.04	8.89	0.10
集体企业	12	0.85	0.60	0.17	0.02
股份合作企业	NA	0.02		0.02	
联营企业	NA	0.01		0.03	
有限责任公司	2814	552.87	344.41	443.28	7.02
股份有限公司	317	950.28	258.78	341.88	4.23
私营企业	29002	992.46	469.72	863.59	26.57
其他企业	NA	0.01		0.04	
港、澳、台商投资企业	**235**	**183.20**	**85.71**	**96.48**	**1.13**
外商投资企业	**109**	**99.97**	**26.90**	**61.97**	**0.59**

4-8　金融业企业法人单位主要指标

行　业	单位数(个)	资产总计(亿元)	营业收入(亿元)	从业人员(万人)
总　计	**3344**	**64184.16**	**3681.66**	**44.95**
货币金融服务	1178	57029.57	2361.87	
资本市场服务	1189	3001.59	115.10	
保险业	479	2642.15	1074.36	
其他金融业	498	1510.85	130.32	

4-9 房地产业企业法人单位主要指标

行业	单位数(个)	资产总计(亿元)	负债合计(亿元)	营业收入(亿元)	从业人员(万人)
总计	**18069**	**44657.91**	**33083.29**	**5292.10**	**37.98**
房地产开发经营	5727	41912.14	31753.26	4838.70	12.50
物业管理	5148	470.46	281.26	219.44	17.61
房地产中介服务	4465	303.04	169.69	98.68	5.06
房地产租赁经营	2403	1687.34	750.75	118.08	2.29
其他房地产业	326	284.93	128.33	17.20	0.52

4-10 房地产业企业法人单位分地区主要指标

地区	单位数(个)	资产总计(亿元)	负债合计(亿元)	营业收入(亿元)	从业人员(万人)
全省	**18069**	**44657.91**	**33083.29**	**5292.10**	**37.98**
福州	3862	14744.97	11462.38	1419.73	10.14
#平潭	163	641.73	439.02	45.71	0.31
厦门	4161	10655.49	6905.20	944.81	10.37
莆田	924	4835.55	4277.08	281.52	1.57
三明	995	1313.45	939.06	154.40	1.61
泉州	3453	6215.84	4345.12	1013.48	5.69
漳州	1708	3228.07	2456.38	680.87	3.71
南平	995	1039.24	760.69	252.14	1.62
龙岩	1047	1720.85	1199.87	224.03	1.70
宁德	924	904.45	737.52	321.11	1.57

4-11 房地产业企业法人单位分登记注册类型主要指标

登记注册类型	单位数(个)	资产总计(亿元)	负债合计(亿元)	营业收入(亿元)	从业人员(万人)
总 计	**18069**	**44657.91**	**33083.29**	**5292.10**	**37.98**
内资企业	**17316**	**40104.44**	**29780.45**	**4780.07**	**35.68**
国有企业	353	1121.79	530.24	50.36	0.66
集体企业	450	92.92	57.27	9.38	0.43
股份合作企业	3	0.62	0.03	0.12	
联营企业	16	1.27	0.71	0.36	0.01
有限责任公司	3475	27047.06	19904.06	2986.96	13.55
股份有限公司	196	957.65	676.17	132.42	0.42
私营企业	12788	10861.41	8605.14	1599.17	20.55
其他企业	35	21.71	6.83	1.30	0.04
港、澳、台商投资企业	**524**	**3555.74**	**2583.23**	**438.04**	**1.73**
外商投资企业	**229**	**997.73**	**719.62**	**73.99**	**0.57**

4-12 租赁和商务服务业企业法人单位主要指标

行 业	单位数(个)	资产总计(亿元)	负债合计(亿元)	营业收入(亿元)	从业人员(万人)
总 计	**67928**	**21111.24**	**10979.86**	**2244.40**	**81.09**
租赁业	5078	385.22	256.78	156.16	5.20
机械设备经营租赁	4835	377.73	254.23	151.42	4.99
文体设备和用品出租	202	5.32	2.01	3.80	0.16
日用品出租	41	2.17	0.54	0.94	0.04
商务服务业	62850	20726.02	10723.07	2088.24	75.89
组织管理服务	15303	18055.32	9526.10	450.72	11.31
综合管理服务	1456	723.30	382.95	61.65	1.80
法律服务	1267	27.33	12.09	47.90	1.86
咨询与调查	18088	841.51	322.17	388.95	14.52
广告业	13493	298.06	128.61	355.65	11.90
人力资源服务	3205	111.58	45.24	306.66	15.36
安全保护服务	1038	59.23	22.48	76.11	9.59
会议、展览及相关服务	1366	137.66	70.78	52.75	1.32
其他商务服务业	7634	472.03	212.64	347.84	8.25

4-13 租赁和商务服务业企业法人单位分地区主要指标

地 区	单位数（个）	资产总计（亿元）	负债合计（亿元）	营业收入（亿元）	从业人员（万人）
全 省	**67928**	**21111.24**	**10979.86**	**2244.40**	**81.09**
福 州	17740	9775.47	5598.76	800.07	27.25
#平潭	951	813.27	416.10	17.41	0.93
厦 门	19367	4185.60	1955.89	521.61	20.43
莆 田	2864	792.96	421.52	120.67	3.91
三 明	2346	531.86	250.00	29.70	1.75
泉 州	11474	1760.68	586.75	344.35	13.04
漳 州	4940	1380.82	739.33	228.13	6.10
南 平	3453	928.99	498.29	53.41	1.88
龙 岩	2937	781.35	343.78	93.50	3.82
宁 德	2807	973.52	585.54	52.96	2.91

4-14 租赁和商务服务业企业法人单位分登记注册类型主要指标

登记注册类型	单位数（个）	资产总计（亿元）	负债合计（亿元）	营业收入（亿元）	从业人员（万人）
总 计	**67928**	**21111.24**	**10979.86**	**2244.40**	**81.09**
内资企业	**67379**	**20631.45**	**10769.13**	**2202.01**	**80.44**
国有企业	332	267.40	72.23	28.66	2.06
集体企业	974	58.32	19.83	10.31	0.65
股份合作企业	9	0.11	0.03	0.23	0.01
联营企业	25	0.55	0.19	0.46	0.02
有限责任公司	6531	13326.46	6713.96	590.02	17.37
股份有限公司	533	2719.03	2077.13	52.55	0.82
私营企业	57754	4224.72	1878.24	1496.59	58.55
其他企业	1221	34.85	7.52	23.20	0.96
港、澳、台商投资企业	**368**	**336.95**	**165.29**	**25.14**	**0.32**
外商投资企业	**181**	**142.84**	**45.44**	**17.26**	**0.33**

4-15　科学研究和技术服务业企业法人单位主要指标

行　业	单位数(个)	资产总计(亿元)	负债合计(亿元)	营业收入(亿元)	从业人员(万人)
总　计	**24804**	**2045.92**	**906.79**	**803.02**	**28.42**
研究和试验发展	2881	300.68	95.67	65.23	2.35
自然科学研究和试验发展	230	5.23	1.33	3.37	0.15
工程和技术研究和试验发展	1968	256.24	80.83	45.39	1.60
农业科学研究和试验发展	307	13.24	3.95	6.35	0.22
医学研究和试验发展	342	25.37	9.27	9.45	0.36
社会人文科学研究	34	0.60	0.29	0.67	0.02
专业技术服务业	13124	1291.47	678.21	549.62	19.47
气象服务	20	0.37	0.08	0.38	0.02
地震服务	3	0.08	0.02	0.05	
海洋服务	55	2.23	1.48	1.42	0.05
测绘地理信息服务	325	20.52	9.06	15.40	0.53
质检技术服务	1102	54.87	19.13	46.85	2.16
环境与生态监测检测服务	278	23.73	14.14	7.28	0.34
地质勘查	124	30.87	11.57	7.52	0.23
工程技术与设计服务	7058	1032.73	556.92	375.61	12.53
工业与专业设计及其他专业技术服务	4159	126.08	65.79	95.11	3.63
科技推广和应用服务业	8799	453.77	132.92	188.16	6.59
技术推广服务	6597	385.55	108.98	152.76	5.16
知识产权服务	709	15.45	3.98	12.89	0.56
科技中介服务	241	21.37	7.22	4.04	0.15
创业空间服务	112	6.04	0.95	2.68	0.08
其他科技推广服务业	1140	25.36	11.79	15.80	0.64

4-16　科学研究和技术服务业企业法人单位分地区主要指标

地　区	单位数(个)	资产总计(亿元)	负债合计(亿元)	营业收入(亿元)	从业人员(万人)
全　省	**24804**	**2045.92**	**906.79**	**803.02**	**28.42**
福　州	6517	844.03	279.35	341.03	10.17
#平潭	142	1.62	0.70	0.94	0.09
厦　门	7317	703.73	418.78	157.88	7.45
莆　田	1097	32.31	8.52	38.66	1.17
三　明	997	66.21	30.67	15.77	0.79
泉　州	4422	159.01	59.02	136.23	4.72
漳　州	1629	45.18	12.00	60.99	1.86
南　平	923	57.09	15.44	11.08	0.56
龙　岩	1089	101.81	59.52	26.77	1.00
宁　德	813	36.56	23.49	14.59	0.71

4-17 科学研究和技术服务业企业法人单位分登记注册类型主要指标

登记注册类型	单位数(个)	资产总计(亿元)	负债合计(亿元)	营业收入(亿元)	从业人员(万人)
总　计	**24804**	**2045.92**	**906.79**	**803.02**	**28.42**
内资企业	**24429**	**1760.52**	**842.37**	**791.12**	**27.93**
国有企业	262	60.19	16.07	41.85	0.99
集体企业	86	5.75	1.58	2.55	0.10
股份合作企业	10	0.20	0.06	0.48	0.02
联营企业	7	0.26	0.10	0.27	0.01
有限责任公司	2185	857.32	503.30	162.17	4.69
股份有限公司	218	143.63	27.63	22.38	0.58
私营企业	21485	689.29	292.51	558.43	21.43
其他企业	176	3.88	1.12	3.00	0.12
港、澳、台商投资企业	**253**	**82.96**	**10.20**	**7.32**	**0.22**
外商投资企业	**122**	**202.44**	**54.22**	**4.58**	**0.27**

4-18 水利、环境和公共设施管理业企业法人单位主要指标

行　业	单位数(个)	资产总计(亿元)	负债合计(亿元)	营业收入(亿元)	从业人员(万人)
总　计	**3846**	**2945.74**	**1560.96**	**213.97**	**8.73**
水利管理业	232	218.28	98.88	11.49	0.25
防洪除涝设施管理	50	66.04	44.59	1.63	0.05
水资源管理	47	82.40	32.03	2.54	0.06
天然水收集与分配	42	43.85	11.93	4.61	0.05
水文服务	7	0.20	0.09	0.10	0.01
其他水利管理业	86	25.79	10.25	2.61	0.08
生态保护和环境治理业	567	103.80	50.30	23.79	0.68
生态保护	71	17.97	9.56	2.23	0.11
环境治理业	496	85.83	40.74	21.56	0.58
公共设施管理业	2975	2024.67	1096.43	150.27	7.66
市政设施管理	249	1534.51	853.40	31.32	0.87
环境卫生管理	643	64.38	36.17	44.22	3.65
城乡市容管理	39	0.52	0.14	0.89	0.05
绿化管理	979	87.40	45.53	36.61	1.36
城市公园管理	37	6.36	2.49	1.21	0.05
游览景区管理	1028	331.49	158.71	36.02	1.68
土地管理业	72	598.99	315.34	28.41	0.13
土地整治服务	17	102.41	40.84	16.92	0.05
土地调查评估服务	10	0.12	0.06	0.29	0.01
土地登记服务	4			0.01	
土地登记代理服务	4	0.34	0.18	0.27	0.01
其他土地管理服务	37	496.11	274.26	10.92	0.06

4-19　水利、环境和公共设施管理业企业法人单位分地区主要指标

地　区	单位数（个）	资产总计（亿元）	负债合计（亿元）	营业收入（亿元）	从业人员期末人数（万人）
全　省	**3846**	**2945.74**	**1560.96**	**213.97**	**8.73**
福　州	608	341.53	200.88	41.34	1.77
#平潭	22	138.46	91.80	1.85	0.08
厦　门	619	771.25	403.09	50.22	2.46
莆　田	179	34.35	21.00	8.08	0.64
三　明	422	175.61	95.52	8.85	0.47
泉　州	608	267.53	138.06	31.28	0.87
漳　州	478	529.87	293.54	40.77	0.88
南　平	349	333.49	158.43	13.74	0.51
龙　岩	330	221.39	105.04	13.86	0.65
宁　德	253	270.71	145.40	5.83	0.48

4-20　水利、环境和公共设施管理业企业法人单位分登记注册类型主要指标

登记注册类型	单位数（个）	资产总计（亿元）	负债合计（亿元）	营业收入（亿元）	从业人员（万人）
总　计	**3846**	**2945.74**	**1560.96**	**213.97**	**8.73**
内资企业	**3804**	**2901.00**	**1528.29**	**209.32**	**8.49**
国有企业	73	53.23	18.04	5.40	0.14
集体企业	48	0.59	0.16	0.61	0.03
股份合作企业	NA	0.02		0.02	
联营企业	NA	0.10		0.06	
有限责任公司	681	2522.07	1383.17	98.32	3.46
股份有限公司	58	79.92	33.66	8.07	0.45
私营企业	2897	243.59	93.17	96.14	4.37
其他企业	45	1.50	0.09	0.70	0.03
港、澳、台商投资企业	**31**	**26.88**	**20.42**	**1.17**	**0.05**
外商投资企业	**11**	**17.85**	**12.25**	**3.48**	**0.19**

4-21 居民服务、修理和其他服务业企业法人单位主要指标

行业	单位数(个)	资产总计(亿元)	负债合计(亿元)	营业收入(亿元)	从业人员(万人)
总计	**15115**	**356.39**	**152.86**	**328.70**	**20.56**
居民服务业	6486	151.81	67.77	150.98	9.30
家庭服务	1930	32.01	13.43	48.81	4.14
托儿所服务	163	0.87	0.23	1.35	0.11
洗染服务	193	8.96	2.82	6.12	0.31
理发及美容服务	1116	12.97	5.28	16.14	0.98
洗浴和保健养生服务	1195	29.28	11.48	24.96	1.66
摄影扩印服务	696	11.24	5.82	18.05	0.86
婚姻服务	442	4.81	1.62	7.06	0.37
殡葬服务	294	41.44	23.21	19.05	0.46
其他居民服务业	457	10.25	3.88	9.42	0.40
机动车、电子产品和日用产品修理业	6367	164.36	70.76	124.15	5.61
汽车、摩托车等修理与维护	4986	144.56	61.27	101.01	4.55
计算机和办公设备维修	620	9.01	5.00	11.21	0.44
家用电器修理	653	9.36	3.97	10.38	0.54
其他日用产品修理业	108	1.44	0.53	1.54	0.09
其他服务业	2262	40.21	14.33	53.57	5.66
清洁服务	1871	29.78	8.83	46.00	4.30
宠物服务	92	0.92	0.23	1.02	0.05
其他未列明服务业	299	9.52	5.26	6.55	1.30

4-22 居民服务、修理和其他服务业企业法人单位分地区主要指标

地区	单位数(个)	资产总计(亿元)	负债合计(亿元)	营业收入(亿元)	从业人员(万人)
全省	**15115**	**356.39**	**152.86**	**328.70**	**20.56**
福州	3461	140.42	61.86	100.77	6.82
#平潭	145	0.97	0.41	1.22	1.15
厦门	4561	82.47	55.19	67.73	5.95
莆田	788	17.29	6.58	19.05	0.80
三明	488	5.42	1.41	6.10	0.49
泉州	2699	54.68	12.57	64.26	2.95
漳州	1164	24.95	6.31	40.09	1.47
南平	649	8.07	2.01	7.81	0.61
龙岩	643	12.45	3.12	13.91	0.72
宁德	662	10.65	3.81	8.98	0.77

4-23　居民服务、修理和其他服务业企业法人单位分登记注册类型主要指标

登记注册类型	单位数（个）	资产总计（亿元）	负债合计（亿元）	营业收入（亿元）	从业人员（万人）
总　计	**15115**	**356.39**	**152.86**	**328.70**	**20.56**
内资企业	**15039**	**341.15**	**144.27**	**320.92**	**20.41**
国有企业	40	6.56	3.25	2.10	0.09
集体企业	89	2.72	0.86	1.47	0.08
股份合作企业	3	0.06	0.01	0.07	
联营企业	13	0.30	0.01	0.04	0.01
有限责任公司	933	95.39	56.34	40.22	2.39
股份有限公司	97	7.96	3.23	2.54	0.13
私营企业	13839	226.98	80.44	273.96	17.67
其他企业	25	1.18	0.12	0.54	0.02
港、澳、台商投资企业	**51**	**5.42**	**4.06**	**1.72**	**0.08**
外商投资企业	**25**	**9.82**	**4.54**	**6.06**	**0.08**

4-24　教育企业法人单位主要指标

行　业	单位数（个）	资产总计（亿元）	负债合计（亿元）	营业收入（亿元）	从业人员（万人）
总　计	**9468**	**243.84**	**102.12**	**201.17**	**13.33**
学前教育	2973	66.20	20.14	67.69	5.39
初等教育	106	6.42	2.71	2.39	0.21
中等教育	102	33.47	19.21	13.99	1.14
高等教育	6	19.84	14.04	3.25	0.17
特殊教育	23	0.48	0.12	0.29	0.02
技能培训、教育辅助及其他教育	6258	117.44	45.90	113.57	6.40

4-25 教育企业法人单位分地区主要指标

地 区	单位数(个)	资产总计(亿元)	负债合计(亿元)	营业收入(亿元)	从业人员(万人)
全 省	**9468**	**243.84**	**102.12**	**201.17**	**13.33**
福 州	1655	63.90	34.39	45.71	3.08
#平潭	71	4.08	0.93	1.25	0.14
厦 门	2884	44.44	27.35	33.68	2.71
莆 田	609	14.51	4.11	17.31	0.89
三 明	402	5.61	1.48	4.08	0.48
泉 州	1676	62.26	17.85	51.03	2.70
漳 州	819	26.04	6.96	27.74	1.37
南 平	440	5.93	1.63	4.24	0.44
龙 岩	525	8.98	1.90	9.02	0.75
宁 德	458	12.16	6.45	8.35	0.92

4-26 教育企业法人单位分登记注册类型主要指标

登记注册类型	单位数(个)	资产总计(亿元)	负债合计(亿元)	营业收入(亿元)	从业人员(万人)
总 计	**9468**	**243.84**	**102.12**	**201.17**	**13.33**
内资企业	**9410**	**238.83**	**100.05**	**199.33**	**13.24**
国有企业	125	5.08	1.30	3.52	0.24
集体企业	75	2.72	0.24	3.07	0.22
股份合作企业	9	0.35	0.02	0.29	0.02
联营企业	9	0.09	0.01	0.20	0.01
有限责任公司	537	23.69	15.42	18.44	0.91
股份有限公司	54	2.44	0.46	1.51	0.08
私营企业	7176	134.64	47.88	128.42	8.48
其他企业	1425	69.80	34.72	43.87	3.30
港、澳、台商投资企业	**45**	**4.41**	**1.34**	**0.96**	**0.06**
外商投资企业	**13**	**0.60**	**0.72**	**0.88**	**0.03**

4-27　卫生和社会工作企业法人单位主要指标

行　业	单位数(个)	资产总计(亿元)	负债合计(亿元)	营业收入(亿元)	从业人员(万人)
总　计	**2655**	**210.69**	**89.47**	**128.33**	**5.53**
卫生	2088	173.06	79.10	118.43	4.89
医院	364	120.30	58.58	75.12	2.85
基层医疗卫生服务	1533	22.30	8.38	31.13	1.49
专业公共卫生服务	57	1.44	0.66	1.02	0.06
其他卫生活动	134	29.02	11.48	11.16	0.49
社会工作	567	37.63	10.36	9.90	0.64
提供住宿社会工作	458	35.59	9.88	8.41	0.55
不提供住宿社会工作	109	2.04	0.48	1.50	0.09

4-28　卫生和社会工作企业法人单位分地区主要指标

地　区	单位数(个)	资产总计(亿元)	负债合计(亿元)	营业收入(亿元)	从业人员(万人)
全　省	**2655**	**210.69**	**89.47**	**128.33**	**5.53**
福　州	966	51.24	19.16	41.34	1.71
#平潭	20	3.64	1.53	0.21	0.03
厦　门	385	76.49	30.43	40.15	1.21
莆　田	100	13.84	3.92	3.76	0.19
三　明	133	3.88	1.35	1.91	0.16
泉　州	464	34.29	15.14	17.89	0.94
漳　州	159	8.31	5.25	9.81	0.44
南　平	194	3.85	1.42	2.64	0.19
龙　岩	150	13.31	8.92	7.74	0.45
宁　德	104	5.48	3.88	3.11	0.23

4-29 卫生和社会工作企业法人单位分登记注册类型主要指标

登记注册类型	单位数(个)	资产总计(亿元)	负债合计(亿元)	营业收入(亿元)	从业人员(万人)
总　计	**2655**	**210.69**	**89.47**	**128.33**	**5.53**
内资企业	**2640**	**185.14**	**75.75**	**120.68**	**5.34**
国有企业	53	9.31	3.95	3.43	0.11
集体企业	70	1.24	0.30	1.25	0.05
股份合作企业	3	0.02		0.03	
联营企业	10	5.15	3.61	0.98	0.06
有限责任公司	130	37.39	17.96	20.89	0.62
股份有限公司	20	13.79	2.43	1.51	0.03
私营企业	1953	101.91	38.57	76.49	3.68
其他企业	401	16.31	8.93	16.10	0.79
港、澳、台商投资企业	**12**	**11.92**	**3.07**	**0.13**	**0.02**
外商投资企业	**3**	**13.63**	**10.65**	**7.52**	**0.17**

4-30 文化、体育和娱乐业企业法人单位主要指标

行　业	单位数(个)	资产总计(亿元)	负债合计(亿元)	营业收入(亿元)	从业人员(万人)
总　计	**16836**	**742.46**	**376.32**	**373.53**	**15.82**
新闻和出版业	135	79.22	24.64	20.30	0.48
新闻业	13	0.11	0.09	0.30	0.01
出版业	122	79.11	24.56	20.00	0.47
广播、电视、电影和录音制作业	1487	98.23	52.80	67.23	1.88
广播	23	1.01	0.42	0.46	0.02
电视	13	0.21	0.04	0.27	0.01
影视节目制作	1049	57.62	27.44	36.59	1.14
广播电视集成播控	5	2.68	1.83	4.44	0.03
电影和广播电视节目发行	50	8.89	8.02	2.81	0.06
电影放映	294	27.08	14.84	22.11	0.59
录音制作	53	0.74	0.23	0.54	0.04
文化艺术业	4197	150.09	80.00	71.66	3.48
文艺创作与表演	1297	37.43	16.91	28.53	1.46
艺术表演场馆	25	8.80	6.77	2.03	0.11
图书馆与档案馆	114	1.66	0.54	1.78	0.09
文物及非物质文化遗产保护	74	53.17	39.22	1.30	0.07
博物馆	30	10.57	5.64	1.06	0.03
烈士陵园、纪念馆	5	0.15	0.11	0.06	
群众文体活动	349	4.48	0.75	4.97	0.24
其他文化艺术业	2303	33.84	10.08	31.93	1.48
体育	2085	75.23	36.79	35.77	1.77
体育组织	358	14.17	10.02	6.99	0.29
体育场地设施管理	169	19.00	7.37	6.12	0.18
健身休闲活动	1499	41.13	19.10	21.83	1.25
其他体育	59	0.93	0.30	0.83	0.04
娱乐业	8932	339.70	182.08	178.58	8.22
室内娱乐活动	3142	66.04	20.32	80.47	3.84
游乐园	170	119.23	104.84	9.35	0.37
休闲观光活动	1071	73.54	23.44	19.22	0.98
彩票活动	4	0.01		0.64	0.01
文化体育娱乐活动与经纪代理服务	4480	75.00	32.33	67.89	2.97
其他娱乐业	65	5.88	1.15	1.01	0.05

4-31　文化、体育和娱乐业企业法人单位分地区主要指标

地　区	单位数（个）	资产总计（亿元）	负债合计（亿元）	营业收入（亿元）	从业人员（万人）
全　省	**16836**	**742.46**	**376.32**	**373.53**	**15.82**
福　州	3576	267.62	155.81	113.83	4.30
#平潭	138	1.30	0.55	0.97	0.09
厦　门	4505	193.66	112.27	72.08	3.27
莆　田	686	18.71	4.51	19.43	0.73
三　明	690	20.48	6.20	8.65	0.50
泉　州	3597	99.36	37.53	74.59	3.11
漳　州	1301	67.69	32.64	41.05	1.61
南　平	889	30.63	14.05	11.31	0.59
龙　岩	877	33.73	9.65	22.18	0.99
宁　德	715	10.60	3.68	10.41	0.72

4-32　文化、体育和娱乐业企业法人单位分登记注册类型主要指标

登记注册类型	单位数（个）	资产总计（亿元）	负债合计（亿元）	营业收入（亿元）	从业人员（万人）
总　计	**16836**	**742.46**	**376.32**	**373.53**	**15.82**
内资企业	**16649**	**700.78**	**342.48**	**367.27**	**15.49**
国有企业	98	53.15	20.18	18.64	0.56
集体企业	51	5.02	5.03	1.24	0.06
股份合作企业	3	0.06	0.01	0.14	0.01
联营企业	4	0.01		0.02	
有限责任公司	1221	205.06	112.05	56.01	1.61
股份有限公司	121	17.40	4.14	7.70	0.17
私营企业	14980	416.12	196.76	281.02	12.95
其他企业	171	3.96	4.31	2.48	0.13
港、澳、台商投资企业	**142**	**34.70**	**28.79**	**4.22**	**0.22**
外商投资企业	**45**	**6.97**	**5.05**	**2.04**	**0.11**

4-33 国有控股企业分行业主要指标

行 业	单位数(个)	资产总计(亿元)	负债合计(亿元)	营业收入(亿元)	从业人员(万人)
总 计	**3878**	**23492.19**	**11476.01**	**2190.83**	**41.59**
交通运输、仓储和邮政业	**670**	**6705.24**	**3392.69**	**931.02**	**14.28**
道路运输业	274	4405.40	2123.96	207.21	7.56
水上运输业	85	1030.01	504.24	179.19	1.05
航空运输业	12	795.70	456.30	294.52	2.62
管道运输业					
多式联运和运输代理业	69	115.57	70.92	151.86	0.54
装卸搬运和仓储业	176	324.93	223.74	50.35	0.76
邮政业	53	30.01	10.82	47.06	1.74
信息传输、软件和信息技术服务业	**136**	**1039.79**	**384.87**	**530.60**	**5.33**
电信、广播电视和卫星传输服务	59	913.72	312.26	456.01	4.47
互联网和相关服务	18	22.48	12.73	20.56	0.07
软件和信息技术服务业	59	103.59	59.88	54.04	0.78
房地产业	**547**	**1109.84**	**445.03**	**71.81**	**4.20**
物业管理	159	84.37	57.87	38.86	3.53
房地产中介服务	21	21.19	12.97	3.32	0.09
房地产租赁经营	326	774.39	285.87	21.74	0.49
其他房地产业	41	229.89	88.32	7.90	0.08
租赁和商务服务业	**1401**	**11812.05**	**5629.50**	**427.91**	**12.24**
租赁业	46	97.82	87.43	9.17	0.04
商务服务业	1355	11714.24	5542.06	418.74	12.20
科学研究和技术服务业	**462**	**732.05**	**403.55**	**125.50**	**2.59**
研究和试验发展	12	3.66	2.87	1.11	0.04
专业技术服务业	377	640.91	382.30	120.76	2.48
科技推广和应用服务业	73	87.48	18.38	3.64	0.07
水利、环境和公共设施管理业	**338**	**1915.63**	**1139.10**	**66.35**	**2.09**
水利管理业	66	149.65	59.14	4.92	0.08
生态保护和环境治理业	20	9.45	4.61	2.15	0.04
公共设施管理业	216	1392.14	889.24	46.09	1.88
土地管理业	36	364.39	186.10	13.19	0.09
居民服务、修理和其他服务业	**68**	**71.52**	**38.90**	**7.33**	**0.22**
居民服务业	37	18.79	9.09	4.36	0.13
机动车、电子产品和日用产品修理业	20	50.61	28.99	2.42	0.08
其他服务业	11	2.11	0.82	0.55	0.01
教育	**37**	**3.73**	**0.62**	**1.57**	**0.07**
学前教育	3	0.74	0.01	0.06	
初等教育					
中等教育	NA	0.26	0.24	0.11	
高等教育					
特殊教育					
技能培训、教育辅助及其他教育	33	2.72	0.38	1.40	0.07
卫生和社会工作	**32**	**8.85**	**2.98**	**1.70**	**0.05**
卫生	10	7.59	1.99	1.47	0.03
社会工作	22	1.25	0.99	0.23	0.02
文化、体育和娱乐业	**187**	**93.50**	**38.76**	**27.03**	**0.51**
新闻和出版业	38	42.46	10.16	11.06	0.17
广播、电视、电影和录音制作业	71	8.79	3.86	8.13	0.11
文化艺术业	42	25.35	18.15	2.87	0.11
体育	15	8.73	3.84	3.00	0.08
娱乐业	21	8.17	2.75	1.97	0.03

注：不含铁路运输业、金融业、房地产开发经营。

4-34　非公有控股企业分行业主要指标

行　业	单位数（个）	资产总计（亿元）	负债合计（亿元）	营业收入（亿元）	从业人员（万人）
总　计	**189048**	**17848.26**	**9417.63**	**6456.11**	**226.00**
交通运输、仓储和邮政业	**15618**	**2224.61**	**1157.53**	**1428.10**	**29.40**
道路运输业	9116	903.18	445.49	650.02	17.17
水上运输业	840	467.19	266.62	213.79	2.08
航空运输业	76	25.66	7.10	20.90	0.21
管道运输业	7	9.81	5.69	1.81	0.01
多式联运和运输代理业	3376	348.16	189.80	376.93	4.42
装卸搬运和仓储业	1314	426.30	224.57	77.42	2.58
邮政业	889	44.32	18.26	87.23	2.93
信息传输、软件和信息技术服务业	**32333**	**1749.70**	**802.87**	**1279.96**	**33.93**
电信、广播电视和卫星传输服务	499	96.20	28.65	79.61	0.91
互联网和相关服务	6179	351.67	197.36	304.97	7.02
软件和信息技术服务业	25655	1301.83	576.87	895.39	26.00
房地产业	**11249**	**1511.91**	**830.98**	**368.39**	**20.65**
物业管理	4898	376.57	220.07	176.96	13.84
房地产中介服务	4431	274.87	151.48	95.12	4.96
房地产租赁经营	1652	814.73	427.84	88.35	1.45
其他房地产业	268	45.74	31.59	7.97	0.41
租赁和商务服务业	**63411**	**8971.43**	**5210.19**	**1745.53**	**65.70**
租赁业	4996	286.24	169.15	146.52	5.14
商务服务业	58415	8685.18	5041.04	1599.02	60.56
科学研究和技术服务业	**23960**	**1279.26**	**489.63**	**659.19**	**25.25**
研究和试验发展	2828	295.48	92.65	63.35	2.28
专业技术服务业	12622	623.75	284.86	415.53	16.61
科技推广和应用服务业	8510	360.03	112.12	180.31	6.36
水利、环境和公共设施管理业	**3360**	**984.40**	**401.69**	**143.70**	**6.49**
水利管理业	111	51.59	30.91	4.44	0.12
生态保护和环境治理业	539	86.53	39.32	21.32	0.61
公共设施管理业	2683	611.98	204.12	102.83	5.72
土地管理业	27	234.30	127.33	15.11	0.04
居民服务、修理和其他服务业	**14878**	**278.27**	**112.33**	**317.07**	**20.17**
居民服务业	6345	128.69	57.60	144.03	9.08
机动车、电子产品和日用产品修理业	6306	111.97	41.35	120.39	5.47
其他服务业	2227	37.60	13.38	52.65	5.62
教育	**6055**	**108.72**	**40.37**	**98.35**	**5.84**
学前教育	518	11.77	4.67	10.80	0.70
初等教育	31	0.38	0.17	0.50	0.02
中等教育	15	0.69	0.31	0.35	0.04
高等教育					
特殊教育	10	0.13	0.01	0.10	0.01
技能培训、教育辅助及其他教育	5481	95.74	35.20	86.61	5.07
卫生和社会工作	**1877**	**151.12**	**62.92**	**91.07**	**3.98**
卫生	1517	119.80	55.06	84.97	3.59
社会工作	360	31.31	7.86	6.10	0.39
文化、体育和娱乐业	**16307**	**588.85**	**309.11**	**324.76**	**14.58**
新闻和出版业	80	2.80	0.70	1.53	0.07
广播、电视、电影和录音制作业	1398	74.18	40.39	49.58	1.51
文化艺术业	4029	122.05	61.29	66.84	3.26
体育	2010	65.08	32.35	32.17	1.66
娱乐业	8790	324.74	174.37	174.64	8.09

注：不含铁路运输业、金融业、房地产开发经营。

4-35 规模以上交通运输、仓储和

行 业	固定资产原价(亿元)	累计折旧(亿元)	资产总计(亿元)	负债合计(亿元)	所有者权益合计(亿元)	营业收入(亿元)
总 计	**3340.45**	**779.23**	**6569.15**	**3448.66**	**3120.49**	**1582.90**
铁路运输业	637.31	76.25	625.31	341.76	283.55	71.86
铁路旅客运输	567.14	46.25	578.85	298.37	280.48	65.76
铁路货物运输	67.24	29.41	42.84	40.68	2.16	5.26
铁路运输辅助活动	2.93	0.60	3.62	2.72	0.90	0.83
道路运输业	1338.16	239.03	3228.38	1617.56	1610.83	405.94
城市公共交通运输	169.36	54.86	1204.37	503.18	701.19	87.20
公路旅客运输	70.11	35.19	152.42	87.20	65.22	41.71
道路货物运输	99.88	45.57	172.35	90.57	81.77	183.23
道路运输辅助活动	998.80	103.41	1699.25	936.60	762.65	93.80
水上运输业	492.12	122.34	1226.87	650.36	576.51	248.40
水上旅客运输	15.91	7.37	21.92	7.15	14.77	9.70
水上货物运输	191.76	54.77	264.15	173.71	90.45	185.29
水上运输辅助活动	284.45	60.20	940.81	469.51	471.29	53.42
航空运输业	529.85	209.52	776.97	459.83	317.15	313.47
航空客货运输	438.74	169.10	660.16	419.01	241.15	281.00
通用航空服务	1.16	0.71	0.79	0.41	0.38	0.96
航空运输辅助活动	89.95	39.70	116.02	40.41	75.62	31.51
管道运输业	2.21	1.10	1.84	0.38	1.46	0.71
海底管道运输						
陆地管道运输	2.21	1.10	1.84	0.38	1.46	0.71
多式联运和运输代理业	82.64	26.87	285.96	183.44	102.52	374.54
多式联运	0.37	0.17	2.30	1.66	0.64	3.02
运输代理业	82.27	26.70	283.66	181.78	101.88	371.53
装卸搬运和仓储业	204.30	71.46	373.97	174.78	199.19	74.94
装卸搬运	108.98	43.06	136.35	52.32	84.03	34.49
通用仓储	27.37	8.28	116.73	53.05	63.68	18.10
低温仓储	4.28	1.02	5.77	4.04	1.73	0.82
危险品仓储	27.56	8.74	29.28	15.49	13.80	3.07
谷物、棉花等农产品仓储	17.90	6.15	58.65	40.82	17.83	12.49
中药材仓储						
其他仓储业	18.20	4.21	27.18	9.06	18.12	5.97
邮政业	53.86	32.66	49.84	20.55	29.29	93.04
邮政基本服务	49.87	30.57	28.38	10.67	17.71	45.71
快递服务	3.84	2.06	20.70	9.43	11.27	46.26
其他寄递服务	0.15	0.04	0.76	0.45	0.31	1.06

邮政业企业法人单位主要指标

营业成本（亿元）	税金及附加（亿元）	销售费用、管理费用、财务费用合计（亿元）	投资收益（亿元）	营业利润（亿元）	利润总额（亿元）	应付职工薪酬（亿元）	应交增值税（亿元）	平均用工人数（万人）
1367.47	**7.67**	**188.54**	**63.33**	**146.18**	**154.53**	**237.55**	**14.81**	**23.67**
75.87	0.17	13.47	0.22	-17.24	-17.58	0.39	0.32	0.03
66.82	0.04	12.69	0.23	-13.56	-13.72	0.16	0.17	0.01
8.36	0.13	0.66		-3.69	-3.86	0.15	0.12	0.01
0.69	0.01	0.12	-0.01	0.01		0.07	0.03	0.01
326.02	2.71	65.13	4.25	51.28	55.83	91.31	9.22	12.19
103.12	0.48	10.78	0.37	2.53	6.72	37.49	2.21	4.78
37.79	0.57	6.10	1.10	3.34	3.63	15.63	1.23	2.64
151.82	1.34	21.24	0.24	9.12	9.07	29.54	4.20	3.93
33.29	0.32	27.01	2.55	36.30	36.41	8.65	1.58	0.84
207.21	1.31	29.16	20.15	34.46	34.25	25.54	1.54	1.96
7.46	0.11	1.12	0.02	3.07	3.24	2.63	0.21	0.18
164.87	0.54	12.03	1.35	9.86	9.76	11.42	0.46	1.00
34.89	0.66	16.02	18.78	21.53	21.25	11.48	0.87	0.78
273.32	1.54	36.29	6.08	27.24	30.90	54.29	-0.27	2.77
252.43	0.57	34.04	5.09	16.20	19.81	45.90	-0.91	2.11
0.73		0.11		0.12	0.12	0.57	0.02	0.04
20.17	0.96	2.14	0.99	10.92	10.98	7.82	0.62	0.62
0.42	0.01	0.11		0.17	0.22	0.05	0.01	0.01
0.42	0.01	0.11		0.17	0.22	0.05	0.01	0.01
351.09	0.51	18.65	32.39	38.91	39.54	15.77	1.37	1.62
2.24	0.01	0.51	0.01	0.27	0.27	0.28	0.01	0.03
348.85	0.50	18.14	32.38	38.64	39.27	15.49	1.36	1.59
56.29	0.76	15.04	0.24	6.89	7.01	13.92	1.43	1.41
23.62	0.26	4.22	0.06	7.22	7.11	8.09	0.77	0.89
13.81	0.27	3.86	0.16	0.66	0.69	2.23	0.34	0.24
0.53	0.03	0.43		-0.16	-0.17	0.19	0.02	0.03
2.63	0.03	1.44	0.01	-1.03	-1.02	0.51	0.06	0.04
12.42	0.03	2.54		0.17	0.35	1.00	0.06	0.06
3.27	0.14	2.55	0.02	0.03	0.04	1.89	0.19	0.16
77.24	0.66	10.67	0.01	4.48	4.36	36.29	1.18	3.69
37.89	0.54	5.05		2.11	1.96	21.13	0.56	1.91
38.44	0.12	5.49	0.01	2.35	2.36	14.96	0.62	1.74
0.91		0.13		0.02	0.03	0.20	0.01	0.04

4-36 规模以上信息传输、软件和

行业	固定资产原价(亿元)	累计折旧(亿元)	资产总计(亿元)	负债合计(亿元)	所有者权益合计(亿元)	营业收入(亿元)
总计	**1515.76**	**904.65**	**1868.03**	**722.46**	**1145.58**	**1159.25**
电信、广播电视和卫星传输服务	1430.13	872.45	960.63	319.99	640.64	502.80
电信	1352.58	831.40	879.88	261.24	618.64	463.31
广播电视传输服务	77.40	40.95	80.27	58.52	21.75	39.26
卫星传输服务	0.15	0.11	0.49	0.24	0.25	0.23
互联网和相关服务	23.38	5.86	217.82	106.79	111.03	211.77
互联网接入及相关服务	1.01	0.25	12.09	3.26	8.83	6.50
互联网信息服务	7.68	2.40	75.36	25.21	50.16	83.26
互联网平台	8.26	2.60	113.31	69.47	43.84	111.45
互联网安全服务						
互联网数据服务	6.36	0.59	14.76	7.81	6.95	3.26
其他互联网服务	0.06	0.02	2.29	1.03	1.26	7.29
软件和信息技术服务业	62.25	26.34	689.58	295.68	393.91	444.68
软件开发	33.69	16.09	435.20	187.82	247.38	294.25
集成电路设计	0.06	0.02	7.02	1.21	5.80	1.30
信息系统集成和物联网技术服务	14.09	5.37	128.34	55.57	72.76	80.87
运行维护服务	0.35	0.13	5.02	4.22	0.80	6.08
信息处理和存储支持服务	6.00	0.90	22.14	15.52	6.62	6.35
信息技术咨询服务	2.99	1.53	23.81	8.77	15.04	17.07
数字内容服务	4.91	2.20	66.82	22.40	44.41	34.36
其他信息技术服务业	0.16	0.10	1.23	0.16	1.08	4.40

信息技术服务业企业法人单位主要指标

营业成本（亿元）	税金及附加（亿元）	销售费用、管理费用、财务费用合计（亿元）	投资收益（亿元）	营业利润（亿元）	利润总额（亿元）	应付职工薪酬（亿元）	应交增值税（亿元）	平均用工人数（万人）
727.29	**5.29**	**293.61**	**16.24**	**147.40**	**151.03**	**200.27**	**16.45**	**14.62**
341.14	1.89	83.41	0.75	76.79	76.89	69.77	0.30	4.98
310.82	1.74	74.86	0.60	75.90	75.99	59.12	-0.55	3.97
30.20	0.14	8.46	0.15	0.87	0.88	10.60	0.84	1.00
0.12		0.09		0.02	0.02	0.04	0.01	0.01
126.10	0.82	64.52	1.25	18.26	19.35	25.47	3.20	2.20
4.53	0.03	1.15	0.13	0.89	0.92	0.72	0.13	0.07
49.13	0.46	20.28	0.67	10.06	10.39	11.84	1.49	0.88
62.97	0.30	41.59	0.44	7.71	8.40	12.12	1.63	1.16
2.74	0.02	1.17	0.01	-0.62	-0.62	0.66	-0.08	0.07
6.74	0.01	0.33		0.22	0.25	0.14	0.04	0.02
260.05	2.59	145.68	14.24	52.36	54.80	105.03	12.94	7.45
163.74	1.78	107.06	10.38	33.30	34.90	72.68	9.35	4.81
1.02		0.30		-0.03	-0.03	0.17	0.03	0.01
57.26	0.50	18.81	1.83	6.54	6.69	16.59	2.26	1.34
2.86	0.03	3.48		-0.30	-0.27	1.28	0.14	0.17
4.24	0.02	1.04	0.08	1.15	1.18	0.93	0.10	0.06
9.47	0.08	3.52	0.09	4.09	5.47	3.20	0.45	0.35
17.64	0.12	11.03	1.85	7.54	6.78	6.31	0.40	0.39
3.83	0.05	0.45		0.06	0.08	3.87	0.22	0.32

4-37 规模以上物业管理、房地产中介服务、房地产租赁经营和

行业	固定资产原价(亿元)	累计折旧(亿元)	资产总计(亿元)	负债合计(亿元)	所有者权益合计(亿元)	营业收入(亿元)
总计	**110.92**	**32.02**	**861.93**	**494.79**	**367.15**	**171.75**
物业管理	20.50	8.29	140.82	100.81	40.01	99.07
房地产中介服务	3.28	0.84	17.36	9.61	7.75	15.58
房地产租赁经营	87.06	22.86	702.19	383.87	318.32	56.25
其他房地产业	0.07	0.02	1.56	0.50	1.06	0.86

4-38 规模以上租赁和

行业	固定资产原价(亿元)	累计折旧(亿元)	资产总计(亿元)	负债合计(亿元)	所有者权益合计(亿元)	营业收入(亿元)
总计	**281.43**	**68.03**	**6714.93**	**4038.82**	**2676.10**	**688.95**
租赁业	68.08	12.42	88.44	69.70	18.74	18.07
机械设备经营租赁	67.04	12.05	87.32	68.90	18.42	17.33
文体设备和用品出租	1.03	0.37	1.12	0.80	0.32	0.74
日用品出租						
商务服务业	213.35	55.61	6626.49	3969.12	2657.36	670.88
组织管理服务	116.72	24.62	5899.65	3546.24	2353.41	90.86
综合管理服务	24.05	6.31	387.11	234.65	152.46	23.30
法律服务	1.94	1.13	7.12	4.48	2.64	13.55
咨询与调查	2.90	0.87	48.89	22.28	26.61	39.31
广告业	7.13	3.26	64.02	39.39	24.63	76.50
人力资源服务	2.99	1.22	26.77	15.63	11.15	159.33
安全保护服务	8.74	4.84	32.99	15.94	17.05	48.99
会议、展览及相关服务	40.37	10.76	101.82	52.14	49.67	29.60
其他商务服务业	8.52	2.59	58.11	38.36	19.75	189.42

其他房地产业企业法人单位主要指标

营业成本（亿元）	税金及附加（亿元）	销售费用、管理费用、财务费用合计（亿元）	投资收益（亿元）	营业利润（亿元）	利润总额（亿元）	应付职工薪酬（亿元）	应交增值税（亿元）	平均用工人数（万人）
110.34	**3.73**	**45.83**	**12.21**	**24.27**	**23.26**	**67.53**	**6.08**	**11.21**
72.76	0.89	20.75	0.69	5.92	6.22	53.72	3.95	9.53
7.30	0.14	7.28	0.29	1.13	1.10	7.82	0.67	1.02
30.03	2.69	17.56	11.23	16.85	15.58	5.82	1.42	0.64
0.25	0.01	0.24		0.36	0.36	0.17	0.03	0.03

商务服务业企业法人单位主要指标

营业成本（亿元）	税金及附加（亿元）	销售费用、管理费用、财务费用合计（亿元）	投资收益（亿元）	营业利润（亿元）	利润总额（亿元）	应付职工薪酬（亿元）	应交增值税（亿元）	平均用工人数（万人）
532.77	**5.27**	**139.17**	**90.25**	**101.97**	**100.46**	**175.89**	**12.38**	**17.74**
11.03	0.18	4.76	0.02	2.69	2.84	1.86	0.62	0.23
10.61	0.17	4.43	0.03	2.69	2.84	1.76	0.61	0.22
0.42		0.32				0.10	0.01	0.02
521.74	5.10	134.42	90.23	99.28	97.61	174.03	11.77	17.51
55.77	1.65	57.50	80.75	54.69	53.10	17.06	2.30	1.27
13.02	0.80	10.17	5.90	5.20	5.31	4.16	0.85	0.43
3.10	0.09	8.64	0.01	1.71	1.72	5.14	0.65	0.37
18.73	0.28	7.50	1.50	13.89	13.96	5.18	1.47	0.50
56.82	0.95	12.19	0.05	6.88	6.19	10.05	1.24	1.23
144.45	0.54	12.58	0.25	2.13	2.26	83.06	2.94	4.50
39.47	0.18	6.50	0.10	3.34	3.32	35.80	0.61	7.39
21.44	0.28	5.55	1.63	4.59	4.70	3.61	0.66	0.37
168.96	0.32	13.78	0.04	6.84	7.05	9.99	1.04	1.45

4-39 规模以上科学研究和

行业	固定资产原价(亿元)	累计折旧(亿元)	资产总计(亿元)	负债合计(亿元)	所有者权益合计(亿元)	营业收入(亿元)
总计	**59.13**	**24.22**	**602.85**	**350.67**	**252.19**	**210.33**
研究和试验发展	2.89	1.60	9.00	2.45	6.55	3.40
自然科学研究和试验发展						
工程和技术研究和试验发展	0.11	0.05	0.81	0.24	0.57	0.55
农业科学研究和试验发展	0.63	0.31	1.03	0.42	0.60	0.67
医学研究和试验发展	2.15	1.23	7.17	1.79	5.38	2.18
社会人文科学研究						
专业技术服务业	45.23	20.78	527.27	330.10	197.17	196.86
气象服务						
地震服务						
海洋服务	0.02	0.01	0.24	0.20	0.05	0.13
测绘地理信息服务	2.22	0.94	8.41	1.70	6.71	6.97
质检技术服务	9.35	4.55	23.20	8.13	15.07	18.19
环境与生态监测检测服务	0.23	0.11	0.32	0.06	0.26	0.44
地质勘查	2.35	1.02	4.38	2.31	2.08	3.19
工程技术与设计服务	26.67	12.08	462.81	295.08	167.73	151.48
工业与专业设计及其他专业技术服务	4.39	2.07	27.90	22.62	5.28	16.45
科技推广和应用服务业	11.02	1.85	66.58	18.12	48.46	10.08
技术推广服务	1.73	0.38	50.64	13.80	36.84	8.07
知识产权服务	0.04	0.02	0.25	0.19	0.06	0.73
科技中介服务	9.25	1.45	15.67	4.12	11.55	1.10
创业空间服务			0.02		0.02	0.17
其他科技推广服务业						

技术服务业企业法人单位主要指标

营业成本（亿元）	税金及附加（亿元）	销售费用、管理费用、财务费用合计（亿元）	投资收益（亿元）	营业利润（亿元）	利润总额（亿元）	应付职工薪酬（亿元）	应交增值税（亿元）	平均用工人数（万人）
143.58	**1.70**	**41.32**	**2.42**	**25.63**	**25.94**	**65.23**	**7.16**	**5.41**
1.76	0.02	1.04		0.68	0.68	0.60	0.12	0.07
0.17	0.01	0.24		0.21	0.22	0.14	0.04	0.01
0.53		0.09		0.06	0.06	0.06		0.01
1.05	0.01	0.71		0.41	0.40	0.40	0.09	0.05
135.82	1.48	37.71	1.34	22.45	22.70	63.30	6.68	5.14
0.04		0.03		0.06	0.06	0.02	0.01	
3.94	0.05	1.10	0.02	1.90	1.91	2.01	0.27	0.13
10.89	0.11	4.68	0.34	2.89	2.94	7.61	0.56	0.78
0.28		0.16			0.01	0.18	0.01	0.02
2.66	0.03	0.38	0.01	0.13	0.13	0.52	0.12	0.06
103.90	1.23	29.71	0.96	16.76	16.91	50.26	5.58	3.94
14.12	0.05	1.64	0.01	0.70	0.74	2.70	0.14	0.21
6.00	0.20	2.58	1.09	2.50	2.56	1.34	0.36	0.19
5.01	0.05	1.96	1.04	2.08	2.15	0.95	0.28	0.17
0.39	0.01	0.34				0.22	0.02	0.02
0.44	0.14	0.28	0.05	0.42	0.41	0.16	0.05	0.01
0.17						0.01	0.01	

4-40 规模以上水利、环境和

行业	固定资产原价(亿元)	累计折旧(亿元)	资产总计(亿元)	负债合计(亿元)	所有者权益合计(亿元)	营业收入(亿元)
总计	**94.92**	**26.77**	**697.26**	**501.12**	**196.14**	**69.73**
水利管理业	9.49	1.93	9.65	5.57	4.08	0.87
防洪除涝设施管理						
水资源管理						
天然水收集与分配	9.49	1.93	9.65	5.57	4.08	0.87
水文服务						
其他水利管理业						
生态保护和环境治理业	7.00	2.90	26.78	11.88	14.90	9.29
生态保护	1.28	0.71	3.09	0.56	2.53	0.89
环境治理业	5.72	2.19	23.69	11.33	12.37	8.40
公共设施管理业	75.84	21.54	611.79	459.18	152.61	54.12
市政设施管理	6.37	1.73	399.95	334.63	65.32	8.87
环境卫生管理	8.36	2.52	21.73	12.12	9.60	17.41
城乡市容管理						
绿化管理	2.43	0.81	16.88	9.56	7.32	9.41
城市公园管理	0.12	0.10	0.14	0.04	0.10	0.02
游览景区管理	58.57	16.38	173.08	102.83	70.26	18.41
土地管理业	2.59	0.40	49.04	24.48	24.56	5.45
土地整治服务	1.63	0.18	16.94	3.10	13.84	3.89
土地调查评估服务						
土地登记服务						
土地登记代理服务	0.06		0.29	0.17	0.12	0.19
其他土地管理服务	0.89	0.20	31.82	21.21	10.60	1.37

公共设施管理业企业法人单位主要指标

营业成本（亿元）	税金及附加（亿元）	销售费用、管理费用、财务费用合计（亿元）	投资收益（亿元）	营业利润（亿元）	利润总额（亿元）	应付职工薪酬（亿元）	应交增值税（亿元）	平均用工人数（万人）
44.87	**0.72**	**17.39**	**3.19**	**11.15**	**11.63**	**22.21**	**2.18**	**3.68**
0.85	0.00	0.17		-0.15	-0.15	0.12	0.03	0.01
0.85		0.17		-0.15	-0.15	0.12	0.03	0.01
4.57	0.11	1.98	0.10	2.71	2.82	1.24	0.39	0.12
0.01	0.01	0.33		0.52	0.52	0.14	0.03	0.02
4.56	0.10	1.65	0.10	2.19	2.30	1.09	0.35	0.10
35.10	0.52	14.64	1.98	7.19	7.56	20.61	1.60	3.53
7.07	0.08	0.74	0.48	2.47	2.51	4.36	0.25	0.48
14.09	0.12	1.88	1.42	2.73	2.84	8.83	0.61	1.94
7.72	0.11	0.96	0.08	0.68	0.72	1.54	0.21	0.26
		0.03		-0.01	-0.01	0.02		0.01
6.21	0.21	11.03	0.01	1.32	1.49	5.87	0.52	0.84
4.36	0.08	0.60	1.11	1.40	1.40	0.25	0.17	0.02
3.68	0.06	0.22	1.11	0.92	0.91	0.16	0.15	0.01
0.11								
0.57	0.02	0.35		0.44	0.45	0.06	0.01	0.01

4-41 规模以上居民服务、修理和

行业	固定资产原价(亿元)	累计折旧(亿元)	资产总计(亿元)	负债合计(亿元)	所有者权益合计(亿元)	营业收入(亿元)
总计	**25.44**	**9.89**	**130.77**	**70.17**	**60.60**	**92.67**
居民服务业	15.33	6.42	55.58	33.71	21.87	57.88
家庭服务	0.99	0.31	12.25	7.64	4.62	19.91
托儿所服务			0.08		0.07	0.19
洗染服务	2.08	0.76	3.24	1.46	1.78	2.28
理发及美容服务	0.30	0.13	0.64	0.33	0.30	1.77
洗浴和保健养生服务	2.87	0.67	6.13	2.81	3.31	6.85
摄影扩印服务	0.18	0.02	4.13	2.48	1.64	10.57
婚姻服务	0.16	0.03	0.49	0.17	0.32	0.61
殡葬服务	8.33	4.38	27.28	18.25	9.02	13.27
其他居民服务业	0.43	0.13	1.35	0.55	0.80	2.43
机动车、电子产品和日用产品修理业	8.22	2.70	69.84	34.15	35.69	20.05
汽车、摩托车等修理与维护	8.00	2.53	68.93	33.78	35.15	18.00
计算机和办公设备维修	0.18	0.14	0.71	0.30	0.40	1.61
家用电器修理	0.02	0.01	0.13	0.01	0.12	0.35
其他日用产品修理业	0.02	0.01	0.07	0.05	0.02	0.09
其他服务业	1.89	0.78	5.35	2.32	3.04	14.75
清洁服务	1.89	0.78	5.35	2.32	3.04	14.75
宠物服务						
其他未列明服务业						

4-42 规模以上教育企业

行业	固定资产原价(亿元)	累计折旧(亿元)	资产总计(亿元)	负债合计(亿元)	所有者权益合计(亿元)	营业收入(亿元)
总计	**18.59**	**7.79**	**28.14**	**23.47**	**4.67**	**23.33**
学前教育	1.37	0.50	1.88	1.79	0.10	0.88
初等教育						
中等教育	9.80	4.24	8.20	7.06	1.14	3.75
高等教育	1.76	0.45	2.90	3.02	-0.12	0.43
特殊教育						
技能培训、教育辅助及其他教育	5.67	2.60	15.16	11.61	3.56	18.27

其他服务业企业法人单位主要指标

营业成本（亿元）	税金及附加（亿元）	销售费用、管理费用、财务费用合计（亿元）	投资收益（亿元）	营业利润（亿元）	利润总额（亿元）	应付职工薪酬（亿元）	应交增值税（亿元）	平均用工人数（万人）
59.79	**0.78**	**25.63**	**0.09**	**6.61**	**6.65**	**33.56**	**1.93**	**5.92**
36.11	0.37	17.04	0.07	4.45	4.45	20.07	0.74	3.33
15.06	0.10	4.47		0.28	0.29	11.31	0.21	2.02
0.12		0.06		0.01	0.01	0.02		
1.12	0.06	0.67		0.43	0.43	0.55	0.02	0.08
0.99	0.02	0.61		0.15	0.15	0.46	0.03	0.09
3.26	0.06	3.16		0.38	0.37	2.49	0.10	0.44
5.36	0.03	4.19		0.99	0.99	2.89	0.28	0.36
0.35	0.01	0.19		0.06	0.06	0.14	0.01	0.04
8.44	0.07	2.98	0.06	1.84	1.84	1.84	0.05	0.23
1.40	0.02	0.70		0.32	0.31	0.38	0.02	0.05
13.78	0.24	4.55	0.01	1.50	1.55	4.58	0.76	0.68
12.61	0.23	3.77	0.01	1.41	1.44	4.02	0.68	0.60
0.85	0.01	0.69		0.06	0.08	0.38	0.07	0.05
0.26		0.06		0.03	0.03	0.12	0.01	0.02
0.07		0.02				0.05	0.01	0.01
9.90	0.17	4.04	0.01	0.66	0.65	8.91	0.43	1.92
9.90	0.17	4.04	0.01	0.66	0.65	8.91	0.43	1.92

法人单位分行业主要指标

营业成本（亿元）	税金及附加（亿元）	销售费用、管理费用、财务费用合计（亿元）	投资收益（亿元）	营业利润（亿元）	利润总额（亿元）	应付职工薪酬（亿元）	应交增值税（亿元）	平均用工人数（万人）
16.61	**0.13**	**6.77**	**-0.05**	**-0.20**	**-0.27**	**10.96**	**0.51**	**1.27**
0.53	0.01	0.32		0.03	0.03	0.46	0.01	0.09
2.88		1.15		-0.26	-0.23	2.55		0.34
0.35		0.11		-0.03	-0.12	0.16		0.02
12.85	0.12	5.20	-0.05	0.06	0.05	7.80	0.49	0.83

4-43 规模以上卫生和社会工作

行　业	固定资产原价(亿元)	累计折旧(亿元)	资产总计(亿元)	负债合计(亿元)	所有者权益合计(亿元)	营业收入(亿元)
总　计	**40.76**	**17.10**	**81.68**	**44.39**	**37.29**	**56.41**
卫生	40.45	16.99	80.65	43.48	37.17	55.74
医院	37.37	15.60	65.36	37.09	28.27	47.11
基层医疗卫生服务	0.22	0.10	0.59	0.72	-0.12	2.39
专业公共卫生服务	0.01		0.04	0.06	-0.01	0.14
其他卫生活动	2.85	1.28	14.66	5.62	9.04	6.10
社会工作	0.31	0.11	1.03	0.91	0.12	0.67
提供住宿社会工作	0.30	0.10	1.00	0.89	0.11	0.59
不提供住宿社会工作	0.01	0.01	0.04	0.03	0.01	0.09

4-44 规模以上文化、体育和

行　业	固定资产原价(亿元)	累计折旧(亿元)	资产总计(亿元)	负债合计(亿元)	所有者权益合计(亿元)	营业收入(亿元)
总　计	**139.28**	**42.71**	**307.84**	**195.98**	**111.86**	**118.38**
新闻和出版业	8.00	3.38	53.40	12.78	40.62	16.28
新闻业	0.02	0.01	0.06	0.05	0.01	0.22
出版业	7.98	3.37	53.34	12.74	40.61	16.06
广播、电视、电影和录音制作业	32.23	18.27	60.07	37.76	22.31	39.23
广播	0.01	0.01	0.30	0.13	0.17	0.24
电视	0.03	0.01	0.05	0.01	0.03	0.10
影视节目制作	22.35	13.33	31.77	16.37	15.39	16.18
广播电视集成播控	0.27	0.10	2.52	1.83	0.69	4.43
电影和广播电视节目发行	0.44	0.11	6.88	7.05	-0.17	1.96
电影放映	9.13	4.70	18.55	12.37	6.19	16.33
录音制作						
文化艺术业	16.84	2.85	36.65	23.63	13.02	12.30
文艺创作与表演	8.34	1.93	16.63	10.90	5.73	8.79
艺术表演场馆	7.33	0.80	8.25	6.55	1.70	1.64
图书馆与档案馆						
文物及非物质文化遗产保护	0.06	0.02	0.73	0.21	0.52	0.33
博物馆	0.71	0.07	10.20	5.56	4.64	0.74
烈士陵园、纪念馆						
群众文体活动	0.12	0.03	0.24	0.05	0.20	0.48
其他文化艺术业	0.27		0.60	0.37	0.24	0.31
体育	13.55	4.64	25.84	14.12	11.72	10.59
体育组织	0.41	0.18	0.75	0.10	0.64	1.69
体育场地设施管理	3.56	0.97	9.22	3.22	6.00	3.39
健身休闲活动	9.58	3.49	15.87	10.79	5.07	5.52
其他体育						
娱乐业	68.65	13.58	131.89	107.69	24.20	39.98
室内娱乐活动	6.59	2.26	9.88	2.62	7.26	21.25
游乐园	57.73	10.70	109.78	100.28	9.50	7.04
休闲观光活动	2.54	0.24	4.01	1.82	2.20	1.60
彩票活动	1.05	0.10	0.01			0.62
文化体育娱乐活动与经纪代理服务	0.74	0.27	8.21	2.97	5.24	9.46
其他娱乐业						

企业法人单位分行业主要指标

营业成本（亿元）	税金及附加（亿元）	销售费用、管理费用、财务费用合计（亿元）	投资收益（亿元）	营业利润（亿元）	利润总额（亿元）	应付职工薪酬（亿元）	应交增值税（亿元）	平均用工人数（万人）
35.31	**0.10**	**16.85**	**2.76**	**6.88**	**7.16**	**17.47**	**0.10**	**1.95**
34.81	0.09	16.64	2.76	6.92	7.19	17.08	0.10	1.82
29.16	0.08	13.34	2.80	7.30	7.57	14.16	0.06	1.51
1.52		0.89		-0.02	-0.03	0.55	0.02	0.07
0.06		0.08				0.08		0.02
4.06	0.01	2.34	-0.05	-0.36	-0.36	2.29	0.02	0.22
0.51		0.21		-0.04	-0.03	0.39	0.01	0.13
0.45		0.20		-0.06	-0.05	0.34	0.01	0.08
0.06	0.00	0.01		0.02	0.02	0.05		0.05

娱乐业法人单位主要指标

营业成本（亿元）	税金及附加（亿元）	销售费用、管理费用、财务费用合计（亿元）	投资收益（亿元）	营业利润（亿元）	利润总额（亿元）	应付职工薪酬（亿元）	应交增值税（亿元）	平均用工人数（万人）
78.28	**2.41**	**32.08**	**0.39**	**7.45**	**8.21**	**25.77**	**2.91**	**3.37**
10.42	0.32	4.61	0.29	1.95	2.23	5.08	0.46	0.33
0.17		0.05				0.02		
10.25	0.32	4.57	0.29	1.95	2.23	5.06	0.46	0.33
29.60	0.73	7.83	0.01	1.16	1.38	6.55	0.84	0.77
0.22				0.01	0.01	0.01		
0.09				0.01	0.01	0.01		
11.77	0.21	3.39		0.83	0.85	4.09	0.32	0.36
3.93		0.28		0.21	0.22	0.37	-0.01	0.02
2.33	0.01	0.40		-0.77	-0.74	0.14	0.01	0.01
11.26	0.50	3.76	0.01	0.87	1.02	1.93	0.52	0.38
7.93	0.17	2.99	0.03	1.62	1.77	2.73	0.24	0.43
5.78	0.10	1.64	0.03	1.28	1.44	1.80	0.17	0.28
1.04	0.06	0.81		0.12	0.12	0.56	0.05	0.09
0.30		0.02		0.02	0.02	0.03	0.01	0.01
0.33		0.31		0.09	0.09	0.15		0.02
0.28		0.13		0.07	0.07	0.13	0.01	0.02
0.20		0.07		0.04	0.04	0.06	0.01	0.02
5.00	0.46	4.79	0.02	0.39	0.38	2.96	0.43	0.43
1.07	0.01	0.26		0.34	0.34	0.16	0.01	0.03
0.84	0.21	2.35	0.02	0.05	0.03	0.93	0.27	0.06
3.09	0.24	2.19			0.01	1.87	0.14	0.34
25.33	0.73	11.86	0.04	2.33	2.46	8.45	0.95	1.41
12.39	0.36	6.16		2.37	2.39	4.95	0.34	0.88
4.81	0.25	3.80		-1.68	-1.69	1.97	0.23	0.25
1.03	0.01	0.44		0.12	0.18	0.46	0.01	0.11
0.36	0.05	0.12		0.08	0.08	0.02	0.04	
6.74	0.06	1.33	0.04	1.43	1.49	1.05	0.32	0.16

第5篇

服务业行政事业及非企业法人单位篇

5-1　服务业行政事业及非企业法人单位分行业主要指标

行　业	单位数(个)	资产总计(亿元)	非企业单位支出(费用)(亿元)	从业人员(万人)
总　计	**81588**	**11808.50**	**6040.84**	**163.98**
交通运输、仓储和邮政业	**198**	**48.06**	**35.02**	**0.49**
道路运输业	156	27.94	27.02	0.37
水上运输业	25	15.45	4.69	0.06
航空运输业	NA	3.08	3.00	0.05
多式联运和运输代理业	NA	0.12	0.12	0.01
装卸搬运和仓储业	9	1.46	0.19	0.01
邮政业	4	0.01	0.01	
信息传输、软件和信息技术服务业	**267**	**24.14**	**10.09**	**0.36**
电信、广播电视和卫星传输服务	176	16.32	7.25	0.29
互联网和相关服务	34	3.77	1.38	0.03
软件和信息技术服务业	57	4.04	1.46	0.04
房地产业	**73**	**26.17**	**5.96**	**0.16**
物业管理	15	1.55	0.40	0.03
房地产中介服务	4	0.02	0.02	
房地产租赁经营	9	0.97	0.14	0.01
其他房地产业	45	23.64	5.41	0.12
租赁和商务服务业	**1456**	**146.16**	**99.67**	**1.08**
租赁业	3	0.09	0.02	
机械设备经营租赁	NA	0.08	0.02	
文体设备和用品出租	NA			
商务服务业	1453	146.07	99.65	1.07
组织管理服务	575	95.65	69.82	0.33
综合管理服务	101	10.45	4.56	0.16
法律服务	213	6.18	2.74	0.14
咨询与调查	230	4.84	5.88	0.15
广告业	7	0.19	0.21	
人力资源服务	229	10.59	14.05	0.21
安全保护服务	14	0.05	0.06	0.01
会议、展览及相关服务	36	15.53	0.50	0.02
其他商务服务业	48	2.59	1.83	0.05
科学研究和技术服务业	**2500**	**355.27**	**99.68**	**2.72**
研究和试验发展	219	53.42	19.27	0.48
专业技术服务业	1394	249.08	61.49	1.77
科技推广和应用服务业	887	52.77	18.92	0.48
水利、环境和公共设施管理业	**989**	**244.65**	**142.70**	**2.03**
水利管理业	366	68.64	12.39	0.38
防洪除涝设施管理	74	29.37	2.50	0.08
水资源管理	119	16.27	2.35	0.08

注：不含铁路运输业、金融业、房地产开发经营。

5-1 续表 1

行　　业	单位数 (个)	资产总计 (亿元)	非企业单位 支出(费用) (亿元)	从业人员 (万人)
天然水收集与分配	67	9.66	3.23	0.12
水文服务	18	5.03	1.02	0.03
其他水利管理业	88	8.31	3.29	0.08
生态保护和环境治理业	112	16.14	8.00	0.19
生态保护	101	14.48	3.48	0.14
环境治理业	11	1.67	4.52	0.05
公共设施管理业	382	129.07	84.39	1.38
市政设施管理	65	31.54	18.82	0.18
环境卫生管理	110	47.78	32.69	0.69
城乡市容管理	9	3.31	1.41	0.04
绿化管理	52	21.83	11.69	0.15
城市公园管理	41	9.65	11.56	0.16
游览景区管理	105	14.96	8.23	0.17
土地管理业	129	30.79	37.92	0.07
土地整治服务	14	6.27	2.51	
土地调查评估服务	3	0.45	0.24	0.01
土地登记服务	19	0.40	0.67	0.05
土地登记代理服务	NA	0.35	0.34	
其他土地管理服务	92	23.32	34.16	0.01
居民服务、修理和其他服务业	**351**	**30.24**	**4.90**	**0.31**
居民服务业	323	13.55	4.41	0.25
机动车、电子产品和日用产品修理业	3	0.04	0.01	
其他服务业	25	16.65	0.48	0.05
教育	**11389**	**2392.47**	**1174.23**	**57.72**
学前教育	4155	119.49	93.50	9.37
初等教育	3816	414.30	322.72	20.23
中等教育	1893	668.61	389.34	19.57
高等教育	153	1050.17	316.28	6.46
特殊教育	94	11.32	5.56	0.32
技能培训、教育辅助及其他教育	1278	128.57	46.83	1.77
卫生和社会工作	**3598**	**1223.13**	**908.62**	**23.48**
卫生	2683	1189.63	888.27	22.63
医院	326	876.30	665.86	14.94
基层医疗卫生服务	1479	177.45	143.86	5.34
专业公共卫生服务	846	135.13	77.96	2.32
其他卫生活动	32	0.75	0.60	0.03
社会工作	915	33.49	20.35	0.85
提供住宿社会工作	560	24.60	16.10	0.60
不提供住宿社会工作	355	8.89	4.25	0.25
文化、体育和娱乐业	**2176**	**195.23**	**61.51**	**2.62**
新闻和出版业	126	15.90	8.55	0.22

5-1　续表 2

行　业	单位数(个)	资产总计(亿元)	非企业单位支出(费用)(亿元)	从业人员(万人)
新闻业	77	3.49	3.74	0.07
出版业	49	12.41	4.82	0.16
广播、电视、电影和录音制作业	103	31.22	9.49	0.48
广播	26	7.18	2.03	0.11
电视	32	20.30	5.83	0.28
影视节目制作	5	1.73	0.81	0.04
广播电视集成播控	4	0.36	0.28	0.02
电影和广播电视节目发行	NA	0.01		
电影放映	35	1.65	0.53	0.03
录音制作				
文化艺术业	1634	115.92	31.81	1.54
文艺创作与表演	158	11.89	6.45	0.33
艺术表演场馆	13	1.50	0.49	0.03
图书馆与档案馆	237	18.30	9.15	0.26
文物及非物质文化遗产保护	181	12.33	2.26	0.15
博物馆	143	24.29	5.19	0.21
烈士陵园、纪念馆	45	1.90	0.57	0.04
群众文体活动	727	41.75	5.80	0.46
其他文化艺术业	130	3.96	1.91	0.08
体育	226	24.08	8.71	0.30
体育组织	135	15.59	6.75	0.20
体育场地设施管理	26	7.69	1.60	0.07
健身休闲活动	62	0.71	0.35	0.03
其他体育	3	0.10		
娱乐业	87	8.11	2.95	0.08
室内娱乐活动	12	0.14	0.04	
游乐园	NA	0.02		
休闲观光活动	NA	0.31	0.22	
彩票活动	11	6.21	1.87	0.03
文化体育娱乐活动与经纪代理服务	58	0.76	0.74	0.04
其他娱乐业	3	0.68	0.07	
公共管理、社会保障和社会组织	**58591**	**7122.98**	**3498.46**	**73.02**
中国共产党机关	1566	85.24	154.51	2.81
国家机构	14722	5026.26	2881.38	45.39
人民政协、民主党派	273	5.49	11.91	0.34
社会保障	248	4.17	102.36	0.36
群众团体、社会团体和其他成员组织	24526	659.27	142.87	9.82
基层群众自治组织	17256	1342.55	205.43	14.30

5-2 交通运输、仓储和邮政业行政事业及非企业法人单位分地区主要指标

地 区	单位数(个)	资产总计(亿元)	非企业单位支出(费用)(亿元)	从业人员(人)
全 省	**198**	**48.06**	**35.02**	**4933**
福 州	36	8.70	9.15	1182
#平潭	NA			
厦 门	8	13.06	5.15	749
莆 田	21	2.39	1.70	372
三 明	34	4.14	1.54	590
泉 州	13	2.76	1.86	395
漳 州	42	11.21	11.93	868
南 平	27	1.95	1.96	395
龙 岩	6	0.17	0.21	16
宁 德	11	3.69	1.52	366

注：不含铁路运输业。

5-3 信息传输、软件和信息技术服务业行政事业及非企业法人单位分地区主要指标

地 区	单位数(个)	资产总计(亿元)	非企业单位支出(费用)(亿元)	从业人员(人)
全 省	**267**	**24.14**	**10.09**	**3607**
福 州	56	9.80	4.25	1669
#平潭	3	0.18	0.29	159
厦 门	14	3.71	2.30	349
莆 田	7	0.93	0.36	89
三 明	17	0.24	0.22	111
泉 州	36	3.74	0.88	365
漳 州	60	3.34	1.10	419
南 平	26	1.36	0.29	181
龙 岩	36	0.68	0.37	228
宁 德	15	0.32	0.32	196

5-4　租赁和商务服务业行政事业及非企业法人单位分地区主要指标

地　区	单位数(个)	资产总计(亿元)	非企业单位支出(费用)(亿元)	从业人员(人)
全　省	**1456**	**146.16**	**99.67**	**10755**
福　州	385	58.08	68.31	3296
#平潭	6	0.10	0.14	93
厦　门	99	17.41	12.85	1391
莆　田	93	4.30	1.71	744
三　明	158	15.14	1.54	726
泉　州	171	24.28	3.74	1107
漳　州	203	5.99	3.73	1135
南　平	130	13.49	1.81	678
龙　岩	110	5.08	4.62	856
宁　德	107	2.39	1.36	822

5-5　科学研究和技术服务业行政事业及非企业法人单位分地区主要指标

地　区	单位数(个)	资产总计(亿元)	非企业单位支出(费用)(亿元)	从业人员(人)
全　省	**2500**	**355.27**	**99.68**	**27249**
福　州	464	200.34	43.89	11632
#平潭	16	1.48	0.65	153
厦　门	95	59.79	22.36	3437
莆　田	127	4.45	1.88	732
三　明	465	19.53	6.74	2775
泉　州	278	20.36	6.22	2292
漳　州	368	18.18	5.35	2239
南　平	402	8.80	3.69	1815
龙　岩	151	13.78	4.11	1630
宁　德	150	10.03	5.43	697

5-6 水利、环境和公共设施管理业行政事业及非企业法人单位分地区主要指标

地 区	单位数(个)	资产总计(亿元)	非企业单位支出(费用)(亿元)	从业人员(人)
全 省	**989**	**244.65**	**142.70**	**20272**
福 州	203	45.14	64.20	4770
#平潭	6	10.10	31.18	101
厦 门	42	71.48	27.92	2480
莆 田	70	12.94	9.45	1077
三 明	125	15.89	5.44	2678
泉 州	107	36.37	10.53	2712
漳 州	161	12.95	7.45	2759
南 平	105	5.48	4.07	1001
龙 岩	91	36.95	9.08	1346
宁 德	85	7.44	4.57	1449

5-7 居民服务、修理和其他服务业行政事业及非企业法人单位分地区主要指标

地 区	单位数(个)	资产总计(亿元)	非企业单位支出(费用)(亿元)	从业人员(人)
全 省	**351**	**30.24**	**4.90**	**3075**
福 州	68	2.99	0.93	488
#平潭	NA		0.01	4
厦 门	25	17.62	0.69	462
莆 田	12	0.76	0.15	80
三 明	22	1.44	0.55	249
泉 州	137	2.20	0.89	584
漳 州	32	3.57	0.91	459
南 平	28	0.49	0.17	103
龙 岩	11	0.62	0.38	500
宁 德	16	0.57	0.22	150

5-8　教育行政事业及非企业法人单位分地区主要指标

地区	单位数(个)	资产总计(亿元)	非企业单位支出(费用)(亿元)	从业人员(人)
全省	**11389**	**2392.47**	**1174.23**	**577223**
福州	2126	709.31	286.71	122178
#平潭	112	11.21	7.69	4586
厦门	820	535.92	255.66	68754
莆田	941	103.74	65.43	39480
三明	713	119.26	64.66	39381
泉州	2445	412.02	194.15	114573
漳州	1919	178.25	121.33	68368
南平	903	85.46	55.41	38564
龙岩	848	143.62	70.01	44574
宁德	674	104.89	60.88	41351

5-9　卫生和社会工作行政事业及非企业法人单位分地区主要指标

地区	单位数(个)	资产总计(亿元)	非企业单位支出(费用)(亿元)	从业人员(人)
全省	**3598**	**1223.13**	**908.62**	**234750**
福州	692	352.24	284.50	56558
#平潭	42	7.91	5.58	2185
厦门	203	144.11	156.03	26468
莆田	195	56.93	46.93	14707
三明	432	89.77	46.02	17459
泉州	506	183.85	127.31	35765
漳州	432	118.47	77.78	25971
南平	486	82.00	52.39	19297
龙岩	349	113.83	60.72	19571
宁德	303	81.94	56.94	18954

5-10 文化、体育和娱乐业行政事业及非企业法人单位分地区主要指标

地 区	单位数(个)	资产总计(亿元)	非企业单位支出(费用)(亿元)	从业人员(人)
全 省	**2176**	**195.23**	**61.51**	**26158**
福 州	493	62.83	20.32	8094
#平潭	16	0.22	0.20	115
厦 门	160	28.70	15.55	3504
莆 田	148	13.40	2.86	1566
三 明	168	7.12	2.71	1587
泉 州	439	28.56	8.88	4594
漳 州	205	8.19	3.82	1962
南 平	267	5.50	2.14	1728
龙 岩	147	36.33	3.52	1984
宁 德	149	4.61	1.71	1139

5-11 公共管理、社会保障和社会组织行政事业及非企业法人单位分地区主要指标

地 区	单位数(个)	资产总计(亿元)	非企业单位支出(费用)(亿元)	从业人员(人)
全 省	**58591**	**7122.98**	**3498.46**	**730210**
福 州	10786	1350.17	865.31	146600
#平潭	978	74.34	39.45	8189
厦 门	2560	1002.51	578.99	64914
莆 田	4345	293.90	160.34	49243
三 明	6303	381.13	193.03	63105
泉 州	9354	1416.58	446.62	116721
漳 州	6708	678.57	489.52	84265
南 平	6767	414.40	270.79	64474
龙 岩	5111	980.00	228.56	67719
宁 德	6657	605.71	265.31	73169

第6篇

企业信息化和电子商务交易情况篇

6-1 分行业企业使用计算机情况

行业	企业数(个)	使用计算机的企业		期末在用计算机数(台)	每百人拥有计算机数(台)
		数量(个)	比重(%)		
总　计	**46357**	**46230**	**99.7**	**1645811**	**17.3**
采矿业	**316**	**316**	**100.0**	**5410**	**10.7**
煤炭开采和洗选业	59	59	100.0	2352	10.5
石油和天然气开采业					
黑色金属矿采选业	68	68	100.0	1210	14.7
有色金属矿采选业	40	40	100.0	659	16.2
非金属矿采选业	149	149	100.0	1189	7.4
开采专业及辅助性活动					
其他采矿业					
制造业	**16111**	**16089**	**99.9**	**711366**	**18.3**
农副食品加工业	1111	1111	100.0	21386	10.4
食品制造业	592	590	99.7	17850	12.5
酒、饮料和精制茶制造业	565	562	99.5	14120	13.7
烟草制品业	7	7	100.0	3238	61.0
纺织业	883	883	100.0	26233	11.6
纺织服装、服饰业	1237	1231	99.5	42028	12.2
皮革、毛皮、羽毛及其制品和制鞋业	1232	1231	99.9	52738	10.1
木材加工和木、竹、藤、棕、草制品业	746	746	100.0	5738	6.3
家具制造业	328	328	100.0	8396	13.6
造纸和纸制品业	428	428	100.0	13691	16.6
印刷和记录媒介复制业	248	248	100.0	6962	17.6
文教、工美、体育和娱乐用品制造业	988	988	100.0	26025	12.0
石油、煤炭及其他燃料加工业	42	42	100.0	3701	36.2
化学原料和化学制品制造业	714	713	99.9	21820	23.4
医药制造业	147	146	99.3	9869	30.8
化学纤维制造业	101	101	100.0	5995	15.6
橡胶和塑料制品业	760	760	100.0	23582	14.5
非金属矿物制品业	1643	1641	99.9	38405	11.9
黑色金属冶炼和压延加工业	126	126	100.0	8746	13.5
有色金属冶炼和压延加工业	131	131	100.0	14656	26.6
金属制品业	793	793	100.0	25847	19.4
通用设备制造业	581	578	99.5	34790	28.6
专用设备制造业	547	547	100.0	27907	29.7

注：本表统计范围为规模以上工业、有资质的建筑业、限额以上批发和零售业、限额以上住宿和餐饮业、有开发经营活动的全部房地产开发经营业、规模以上服务业法人单位，第六篇的其他表式统计范围与本表相同。

6-1 续表 1

行业	企业数(个)	使用计算机的企业		期末在用计算机数(台)	每百人拥有计算机数(台)
		数量(个)	比重(%)		
汽车制造业	361	361	100.0	26838	25.5
铁路、船舶、航空航天和其他运输设备制造业	163	163	100.0	7264	22.8
电气机械和器材制造业	650	649	99.8	68001	33.7
计算机、通信和其他电子设备制造业	596	594	99.7	135862	46.2
仪器仪表制造业	157	157	100.0	10094	36.6
其他制造业	149	149	100.0	4754	11.1
废弃资源综合利用业	56	56	100.0	693	16.4
金属制品、机械和设备修理业	29	29	100.0	4137	44.0
电力、热力、燃气及水生产和供应业	**320**	**319**	**99.7**	**35662**	**31.6**
电力、热力生产和供应业	217	216	99.5	26981	28.7
燃气生产和供应业	39	39	100.0	3631	59.1
水的生产和供应业	64	64	100.0	5050	39.8
建筑业	**5493**	**5480**	**99.8**	**147996**	**3.9**
房屋建筑业	2770	2764	99.8	70776	2.8
土木工程建筑业	1418	1417	99.9	45381	6.9
建筑安装业	344	344	100.0	15615	22.1
建筑装饰、装修和其他建筑业	961	955	99.4	16224	2.9
批发和零售业	**13273**	**13242**	**99.8**	**235130**	**48.4**
批发业	7033	7014	99.7	117915	53.3
零售业	6240	6228	99.8	117215	44.3
交通运输、仓储和邮政业	**1185**	**1181**	**99.7**	**79484**	**35.9**
铁路运输业	5	5	100.0	127	46.2
道路运输业	597	596	99.8	27842	24.1
水上运输业	138	137	99.3	6477	35.4
航空运输业	14	14	100.0	12140	46.5
管道运输业	3	3	100.0	31	54.4
多式联运和运输代理业	225	224	99.6	10832	71.5
装卸搬运和仓储业	132	131	99.2	4818	34.0
邮政业	71	71	100.0	17217	54.6
住宿和餐饮业	**2027**	**2024**	**99.9**	**44693**	**27.3**
住宿业	955	955	100.0	34384	39.3
餐饮业	1072	1069	99.7	10309	13.5

6-1 续表 2

行业	企业数(个)	使用计算机的企业		期末在用计算机数(台)	每百人拥有计算机数(台)
		数量(个)	比重(%)		
信息传输、软件和信息技术服务业	**819**	**818**	**99.9**	**179636**	**123.9**
电信、广播电视和卫星传输服务	48	48	100.0	76979	157.0
互联网和相关服务	172	172	100.0	19860	90.8
软件和信息技术服务业	599	598	99.8	82797	111.8
房地产业	**3734**	**3696**	**99.0**	**83970**	**39.4**
房地产业	3734	3696	99.0	83970	39.4
租赁和商务服务业	**1175**	**1163**	**99.0**	**37607**	**18.5**
租赁业	60	50	83.3	745	34.1
商务服务业	1115	1113	99.8	36862	18.3
科学研究和技术服务业	**411**	**411**	**100.0**	**36340**	**67.1**
研究和试验发展	9	9	100.0	388	54.0
专业技术服务业	353	353	100.0	35132	68.3
科技推广和应用服务业	49	49	100.0	820	41.0
水利、环境和公共设施管理业	**198**	**198**	**100.0**	**4760**	**12.9**
水利管理业	4	4	100.0	88	59.5
生态保护和环境治理业	14	14	100.0	701	55.4
公共设施管理业	173	173	100.0	3805	10.8
土地管理业	7	7	100.0	166	91.7
居民服务、修理和其他服务业	**470**	**470**	**100.0**	**7554**	**12.8**
居民服务业	241	241	100.0	4591	13.8
机动车、电子产品和日用产品修理业	148	148	100.0	2187	33.1
其他服务业	81	81	100.0	776	4.1
教育	**108**	**108**	**100.0**	**9495**	**74.2**
教育	108	108	100.0	9495	74.2
卫生和社会工作	**113**	**113**	**100.0**	**11013**	**57.6**
卫生	102	102	100.0	10767	59.4
社会工作	11	11	100.0	246	24.7
文化、体育和娱乐业	**604**	**602**	**99.7**	**15695**	**47.4**
新闻和出版业	31	31	100.0	3347	102.4
广播、电视、电影和录音制作业	137	137	100.0	5193	67.9
文化艺术业	71	69	97.2	1164	27.4
体育	65	65	100.0	1227	30.3
娱乐业	300	300	100.0	4764	34.2

6-2 分地区企业使用计算机情况

地 区	企业数(个)	使用计算机的企业		期末在用计算机数(台)	每百人拥有计算机数(台)
		数量(个)	比重(%)		
全 省	**46357**	**46230**	**99.7**	**1645811**	**17.3**
福 州	8975	8965	99.9	442653	17.3
#平潭	228	228	100.0	6365	24.5
厦 门	6951	6899	99.3	493851	25.1
莆 田	3843	3838	99.9	76637	13.2
三 明	3265	3261	99.9	57109	14.0
泉 州	9679	9656	99.8	280745	13.5
漳 州	4679	4666	99.7	100438	13.2
南 平	2372	2365	99.7	46065	16.5
龙 岩	4065	4059	99.9	72089	12.4
宁 德	2528	2521	99.7	76224	24.6

6-3 分行业企业信息化

行业	企业数(个)	使用信息化管理的企业		财务管理		购销存管理	
		数量(个)	比重(%)	数量(个)	占使用信息化管理企业比重(%)	数量(个)	占使用信息化管理企业比重(%)
总　计	**46357**	**44860**	**96.8**	**37930**	**84.6**	**20650**	**46.0**
采矿业	**316**	**311**	**98.4**	**273**	**87.8**	**110**	**35.4**
煤炭开采和洗选业	59	58	98.3	52	89.7	21	36.2
石油和天然气开采业							
黑色金属矿采选业	68	68	100.0	66	97.1	24	35.3
有色金属矿采选业	40	39	97.5	34	87.2	18	46.2
非金属矿采选业	149	146	98.0	121	82.9	47	32.2
开采专业及辅助性活动							
其他采矿业							
制造业	**16111**	**15795**	**98.0**	**13516**	**85.6**	**9155**	**58.0**
农副食品加工业	1111	1098	98.8	942	85.8	622	56.6
食品制造业	592	584	98.6	509	87.2	375	64.2
酒、饮料和精制茶制造业	565	559	98.9	471	84.3	323	57.8
烟草制品业	7	7	100.0	6	85.7	4	57.1
纺织业	883	872	98.8	764	87.6	493	56.5
纺织服装、服饰业	1237	1198	96.8	960	80.1	582	48.6
皮革、毛皮、羽毛及其制品和制鞋业	1232	1198	97.2	990	82.6	647	54.0
木材加工和木、竹、藤、棕、草制品业	746	734	98.4	622	84.7	302	41.1
家具制造业	328	323	98.5	280	86.7	163	50.5
造纸和纸制品业	428	419	97.9	357	85.2	251	59.9
印刷和记录媒介复制业	248	245	98.8	203	82.9	162	66.1
文教、工美、体育和娱乐用品制造业	988	978	99.0	792	81.0	555	56.7
石油、煤炭及其他燃料加工业	42	41	97.6	35	85.4	29	70.7
化学原料和化学制品制造业	714	704	98.6	623	88.5	410	58.2
医药制造业	147	146	99.3	131	89.7	96	65.8
化学纤维制造业	101	98	97.0	89	90.8	66	67.3
橡胶和塑料制品业	760	744	97.9	632	84.9	442	59.4
非金属矿物制品业	1643	1606	97.7	1365	85.0	801	49.9
黑色金属冶炼和压延加工业	126	123	97.6	107	87.0	78	63.4
有色金属冶炼和压延加工业	131	129	98.5	117	90.7	89	69.0
金属制品业	793	766	96.6	661	86.3	441	57.6
通用设备制造业	581	564	97.1	480	85.1	362	64.2
专用设备制造业	547	539	98.5	471	87.4	356	66.0

管理情况

生产制造管理		物流配送管理		客户关系管理		人力资源管理		其他	
数量（个）	占使用信息化管理企业比重（%）	数量（个）	占使用信息化管理企业比重（%）	数量（个）	占使用信息化管理企业比重（%）	数量（个）	占使用信息化管理企业比重（%）	数量（个）	占使用信息化管理企业比重（%）
7945	**17.7**	**5037**	**11.2**	**15550**	**34.7**	**14527**	**32.4**	**8850**	**19.7**
65	**20.9**	**17**	**5.5**	**73**	**23.5**	**81**	**26.0**	**61**	**19.6**
18	31.0	3	5.2	12	20.7	19	32.8	7	12.1
15	22.1	5	7.4	15	22.1	16	23.5	12	17.6
8	20.5	1	2.6	11	28.2	17	43.6	9	23.1
24	16.4	8	5.5	35	24.0	29	19.9	33	22.6
6088	**38.5**	**2029**	**12.8**	**5755**	**36.4**	**5210**	**33.0**	**2426**	**15.4**
323	29.4	135	12.3	405	36.9	305	27.8	203	18.5
193	33.0	98	16.8	218	37.3	185	31.7	92	15.8
161	28.8	113	20.2	250	44.7	163	29.2	93	16.6
5	71.4	3	42.9	2	28.6	4	57.1	2	28.6
317	36.4	108	12.4	320	36.7	287	32.9	152	17.4
463	38.6	129	10.8	352	29.4	381	31.8	207	17.3
433	36.1	110	9.2	382	31.9	428	35.7	148	12.4
144	19.6	51	6.9	241	32.8	135	18.4	148	20.2
108	33.4	40	12.4	122	37.8	111	34.4	41	12.7
177	42.2	71	16.9	163	38.9	143	34.1	57	13.6
108	44.1	29	11.8	96	39.2	72	29.4	40	16.3
342	35.0	125	12.8	406	41.5	293	30.0	134	13.7
16	39.0	6	14.6	17	41.5	12	29.3	5	12.2
269	38.2	101	14.3	271	38.5	255	36.2	110	15.6
64	43.8	37	25.3	63	43.2	65	44.5	25	17.1
41	41.8	9	9.2	27	27.6	34	34.7	8	8.2
289	38.8	98	13.2	253	34.0	239	32.1	113	15.2
622	38.7	181	11.3	561	34.9	426	26.5	274	17.1
40	32.5	11	8.9	37	30.1	34	27.6	16	13.0
59	45.7	23	17.8	51	39.5	59	45.7	22	17.1
298	38.9	78	10.2	248	32.4	244	31.9	124	16.2
240	42.6	66	11.7	210	37.2	193	34.2	85	15.1
243	45.1	52	9.6	212	39.3	218	40.4	74	13.7

6-3 续表 1

行业	企业数(个)	使用信息化管理的企业		财务管理		购销存管理	
		数量(个)	比重(%)	数量(个)	占使用信息化管理企业比重(%)	数量(个)	占使用信息化管理企业比重(%)
汽车制造业	361	355	98.3	325	91.5	258	72.7
铁路、船舶、航空航天和其他运输设备制造业	163	161	98.8	132	82.0	92	57.1
电气机械和器材制造业	650	633	97.4	582	91.9	456	72.0
计算机、通信和其他电子设备制造业	596	587	98.5	541	92.2	475	80.9
仪器仪表制造业	157	152	96.8	130	85.5	106	69.7
其他制造业	149	148	99.3	117	79.1	87	58.8
废弃资源综合利用业	56	55	98.2	54	98.2	18	32.7
金属制品、机械和设备修理业	29	29	100.0	28	96.6	14	48.3
电力、热力、燃气及水生产和供应业	**320**	**316**	**98.8**	**295**	**93.4**	**146**	**46.2**
电力、热力生产和供应业	217	214	98.6	200	93.5	83	38.8
燃气生产和供应业	39	38	97.4	37	97.4	27	71.1
水的生产和供应业	64	64	100.0	58	90.6	36	56.3
建筑业	**5493**	**5246**	**95.5**	**4529**	**86.3**	**919**	**17.5**
房屋建筑业	2770	2638	95.2	2286	86.7	424	16.1
土木工程建筑业	1418	1345	94.9	1176	87.4	218	16.2
建筑安装业	344	340	98.8	290	85.3	105	30.9
建筑装饰、装修和其他建筑业	961	923	96.0	777	84.2	172	18.6
批发和零售业	**13273**	**12819**	**96.6**	**10423**	**81.3**	**7436**	**58.0**
批发业	7033	6739	95.8	5762	85.5	3592	53.3
零售业	6240	6080	97.4	4661	76.7	3844	63.2
交通运输、仓储和邮政业	**1185**	**1148**	**96.9**	**1007**	**87.7**	**264**	**23.0**
铁路运输业	5	5	100.0	5	100.0		
道路运输业	597	571	95.6	493	86.3	112	19.6
水上运输业	138	134	97.1	120	89.6	27	20.1
航空运输业	14	14	100.0	14	100.0	7	50.0
管道运输业	3	3	100.0	3	100.0	1	33.3
多式联运和运输代理业	225	223	99.1	202	90.6	45	20.2
装卸搬运和仓储业	132	129	97.7	118	91.5	52	40.3
邮政业	71	69	97.2	52	75.4	20	29.0
住宿和餐饮业	**2027**	**1931**	**95.3**	**1502**	**77.8**	**788**	**40.8**
住宿业	955	930	97.4	774	83.2	417	44.8
餐饮业	1072	1001	93.4	728	72.7	371	37.1

生产制造管理		物流配送管理		客户关系管理		人力资源管理		其他	
数量（个）	占使用信息化管理企业比重（%）	数量（个）	占使用信息化管理企业比重（%）	数量（个）	占使用信息化管理企业比重（%）	数量（个）	占使用信息化管理企业比重（%）	数量（个）	占使用信息化管理企业比重（%）
176	49.6	57	16.1	119	33.5	145	40.8	40	11.3
49	30.4	14	8.7	56	34.8	51	31.7	20	12.4
350	55.3	108	17.1	265	41.9	273	43.1	76	12.0
387	65.9	128	21.8	276	47.0	317	54.0	73	12.4
78	51.3	23	15.1	62	40.8	50	32.9	17	11.2
69	46.6	20	13.5	52	35.1	59	39.9	21	14.2
13	23.6	1	1.8	12	21.8	15	27.3	4	7.3
11	37.9	4	13.8	6	20.7	14	48.3	2	6.9
157	**49.7**	**19**	**6.0**	**68**	**21.5**	**167**	**52.8**	**60**	**19.0**
114	53.3	9	4.2	31	14.5	116	54.2	46	21.5
15	39.5	8	21.1	21	55.3	27	71.1	6	15.8
28	43.8	2	3.1	16	25.0	24	37.5	8	12.5
394	**7.5**	**157**	**3.0**	**1370**	**26.1**	**1929**	**36.8**	**1600**	**30.5**
206	7.8	71	2.7	673	25.5	963	36.5	835	31.7
94	7.0	38	2.8	359	26.7	519	38.6	410	30.5
31	9.1	20	5.9	105	30.9	134	39.4	106	31.2
63	6.8	28	3.0	233	25.2	313	33.9	249	27.0
683	**5.3**	**2086**	**16.3**	**4596**	**35.9**	**3100**	**24.2**	**2090**	**16.3**
333	4.9	967	14.3	2245	33.3	1610	23.9	1109	16.5
350	5.8	1119	18.4	2351	38.7	1490	24.5	981	16.1
103	**9.0**	**401**	**34.9**	**334**	**29.1**	**441**	**38.4**	**273**	**23.8**
2	40.0					3	60.0		
36	6.3	229	40.1	151	26.4	199	34.9	140	24.5
19	14.2	13	9.7	30	22.4	56	41.8	29	21.6
5	35.7	2	14.3	6	42.9	10	71.4	4	28.6
						2	66.7	1	33.3
10	4.5	79	35.4	91	40.8	90	40.4	61	27.4
19	14.7	32	24.8	29	22.5	63	48.8	26	20.2
12	17.4	46	66.7	27	39.1	18	26.1	12	17.4
87	**4.5**	**123**	**6.4**	**754**	**39.0**	**670**	**34.7**	**534**	**27.7**
41	4.4	25	2.7	457	49.1	414	44.5	269	28.9
46	4.6	98	9.8	297	29.7	256	25.6	265	26.5

6-3 续表 2

行业	企业数(个)	使用信息化管理的企业		财务管理		购销存管理	
		数量(个)	比重(%)	数量(个)	占使用信息化管理企业比重(%)	数量(个)	占使用信息化管理企业比重(%)
信息传输、软件和信息技术服务业	**819**	**805**	**98.3**	**738**	**91.7**	**316**	**39.3**
电信、广播电视和卫星传输服务	48	48	100.0	46	95.8	35	72.9
互联网和相关服务	172	169	98.3	149	88.2	48	28.4
软件和信息技术服务业	599	588	98.2	543	92.3	233	39.6
房地产业	**3734**	**3582**	**95.9**	**3212**	**89.7**	**774**	**21.6**
房地产业	3734	3582	95.9	3212	89.7	774	21.6
租赁和商务服务业	**1175**	**1104**	**94.0**	**955**	**86.5**	**197**	**17.8**
租赁业	60	54	90.0	47	87.0	12	22.2
商务服务业	1115	1050	94.2	908	86.5	185	17.6
科学研究和技术服务业	**411**	**380**	**92.5**	**323**	**85.0**	**55**	**14.5**
研究和试验发展	9	8	88.9	4	50.0	4	50.0
专业技术服务业	353	342	96.9	296	86.5	41	12.0
科技推广和应用服务业	49	30	61.2	23	76.7	10	33.3
水利、环境和公共设施管理业	**198**	**189**	**95.5**	**167**	**88.4**	**49**	**25.9**
水利管理业	4	4	100.0	4	100.0		
生态保护和环境治理业	14	14	100.0	13	92.9	7	50.0
公共设施管理业	173	164	94.8	143	87.2	39	23.8
土地管理业	7	7	100.0	7	100.0	3	42.9
居民服务、修理和其他服务业	**470**	**443**	**94.3**	**348**	**78.6**	**138**	**31.2**
居民服务业	241	224	92.9	166	74.1	55	24.6
机动车、电子产品和日用产品修理业	148	142	95.9	120	84.5	68	47.9
其他服务业	81	77	95.1	62	80.5	15	19.5
教育	**108**	**106**	**98.1**	**82**	**77.4**	**14**	**13.2**
教育	108	106	98.1	82	77.4	14	13.2
卫生和社会工作	**113**	**109**	**96.5**	**87**	**79.8**	**69**	**63.3**
卫生	102	99	97.1	80	80.8	66	66.7
社会工作	11	10	90.9	7	70.0	3	30.0
文化、体育和娱乐业	**604**	**576**	**95.4**	**473**	**82.1**	**220**	**38.2**
新闻和出版业	31	31	100.0	29	93.5	12	38.7
广播、电视、电影和录音制作业	137	133	97.1	116	87.2	60	45.1
文化艺术业	71	65	91.5	51	78.5	14	21.5
体育	65	63	96.9	56	88.9	13	20.6
娱乐业	300	284	94.7	221	77.8	121	42.6

生产制造管理		物流配送管理		客户关系管理		人力资源管理		其他	
数量（个）	占使用信息化管理企业比重（%）	数量（个）	占使用信息化管理企业比重（%）	数量（个）	占使用信息化管理企业比重（%）	数量（个）	占使用信息化管理企业比重（%）	数量（个）	占使用信息化管理企业比重（%）
74	**9.2**	**60**	**7.5**	**387**	**48.1**	**426**	**52.9**	**201**	**25.0**
8	16.7	14	29.2	37	77.1	38	79.2	17	35.4
6	3.6	9	5.3	93	55.0	93	55.0	45	26.6
60	10.2	37	6.3	257	43.7	295	50.2	139	23.6
121	**3.4**	**51**	**1.4**	**1139**	**31.8**	**1348**	**37.6**	**830**	**23.2**
121	3.4	51	1.4	1139	31.8	1348	37.6	830	23.2
49	**4.4**	**34**	**3.1**	**409**	**37.0**	**452**	**40.9**	**265**	**24.0**
4	7.4	2	3.7	23	42.6	14	25.9	13	24.1
45	4.3	32	3.0	386	36.8	438	41.7	252	24.0
41	**10.8**	**17**	**4.5**	**113**	**29.7**	**188**	**49.5**	**125**	**32.9**
1	12.5	2	25.0	2	25.0	2	25.0	1	12.5
38	11.1	10	2.9	102	29.8	176	51.5	118	34.5
2	6.7	5	16.7	9	30.0	10	33.3	6	20.0
11	**5.8**	**4**	**2.1**	**54**	**28.6**	**72**	**38.1**	**40**	**21.2**
1	25.0			1	25.0	1	25.0	1	25.0
				3	21.4	6	42.9	3	21.4
9	5.5	4	2.4	48	29.3	64	39.0	35	21.3
1	14.3			2	28.6	1	14.3	1	14.3
31	**7.0**	**21**	**4.7**	**197**	**44.5**	**142**	**32.1**	**105**	**23.7**
13	5.8	9	4.0	111	49.6	88	39.3	67	29.9
17	12.0	9	6.3	59	41.5	30	21.1	22	15.5
1	1.3	3	3.9	27	35.1	24	31.2	16	20.8
5	**4.7**			**38**	**35.8**	**48**	**45.3**	**40**	**37.7**
5	4.7			38	35.8	48	45.3	40	37.7
5	**4.6**	**3**	**2.8**	**39**	**35.8**	**42**	**38.5**	**43**	**39.4**
5	5.1	3	3.0	35	35.4	40	40.4	39	39.4
				4	40.0	2	20.0	4	40.0
31	**5.4**	**15**	**2.6**	**224**	**38.9**	**211**	**36.6**	**157**	**27.3**
8	25.8	1	3.2	7	22.6	10	32.3	11	35.5
7	5.3	3	2.3	50	37.6	62	46.6	39	29.3
5	7.7	1	1.5	35	53.8	20	30.8	21	32.3
1	1.6			38	60.3	25	39.7	7	11.1
10	3.5	10	3.5	94	33.1	94	33.1	79	27.8

6-4 分地区企业

地 区	企业数(个)	使用信息化管理的企业 数量(个)	使用信息化管理的企业 比重(%)	财务管理 数量(个)	财务管理 占使用信息化管理企业比重(%)	购销存管理 数量(个)	购销存管理 占使用信息化管理企业比重(%)
全 省	**46357**	**44860**	**96.8**	**37930**	**84.6**	**20650**	**46.0**
福 州	8975	8722	97.2	7598	87.1	3761	43.1
#平潭	228	211	92.5	185	87.7	64	30.3
厦 门	6951	6752	97.1	6045	89.5	3401	50.4
莆 田	3843	3668	95.4	2963	80.8	1566	42.7
三 明	3265	3197	97.9	2843	88.9	1300	40.7
泉 州	9679	9334	96.4	7399	79.3	4678	50.1
漳 州	4679	4521	96.6	3780	83.6	2130	47.1
南 平	2372	2298	96.9	1984	86.3	988	43.0
龙 岩	4065	3995	98.3	3328	83.3	1819	45.5
宁 德	2528	2373	93.9	1990	83.9	1007	42.4

信息化管理情况

生产制造管理		物流配送管理		客户关系管理		人力资源管理		其他	
数量(个)	占使用信息化管理企业比重(%)	数量(个)	占使用信息化管理企业比重(%)	数量(个)	占使用信息化管理企业比重(%)	数量(个)	占使用信息化管理企业比重(%)	数量(个)	占使用信息化管理企业比重(%)
7945	**17.7**	**5037**	**11.2**	**15550**	**34.7**	**14527**	**32.4**	**8850**	**19.7**
1306	15.0	863	9.9	2915	33.4	3024	34.7	1670	19.1
20	9.5	6	2.8	47	22.3	61	28.9	54	25.6
1477	21.9	902	13.4	2298	34.0	3014	44.6	1375	20.4
521	14.2	403	11.0	1329	36.2	1081	29.5	783	21.3
451	14.1	265	8.3	1071	33.5	769	24.1	552	17.3
2076	22.2	1057	11.3	3085	33.1	2824	30.3	1728	18.5
856	18.9	513	11.3	1622	35.9	1369	30.3	834	18.4
391	17.0	247	10.7	911	39.6	645	28.1	507	22.1
523	13.1	543	13.6	1532	38.3	1201	30.1	925	23.2
344	14.5	244	10.3	787	33.2	600	25.3	476	20.1

6-5 分行业企业使用网络情况

行业	企业数(个)	使用局域网的企业		使用互联网的企业		窄带接入		宽带接入	
		数量(个)	比重(%)	数量(个)	比重(%)	数量(个)	占接入互联网企业比重(%)	数量(个)	占接入互联网企业比重(%)
总计	**46357**	**33791**	**72.9**	**46244**	**99.8**	**2375**	**5.1**	**46005**	**99.5**
采矿业	**316**	**213**	**67.4**	**316**	**100.0**	**16**	**5.1**	**315**	**99.7**
煤炭开采和洗选业	59	46	78.0	59	100.0	3	5.1	59	100.0
石油和天然气开采业									
黑色金属矿采选业	68	40	58.8	68	100.0	2	2.9	68	100.0
有色金属矿采选业	40	25	62.5	40	100.0	3	7.5	40	100.0
非金属矿采选业	149	102	68.5	149	100.0	8	5.4	148	99.3
开采专业及辅助性活动									
其他采矿业									
制造业	**16111**	**12611**	**78.3**	**16084**	**99.8**	**903**	**5.6**	**16031**	**99.7**
农副食品加工业	1111	801	72.1	1111	100.0	43	3.9	1108	99.7
食品制造业	592	489	82.6	590	99.7	33	5.6	586	99.3
酒、饮料和精制茶制造业	565	391	69.2	562	99.5	28	5.0	562	100.0
烟草制品业	7	7	100.0	7	100.0			7	100.0
纺织业	883	734	83.1	883	100.0	40	4.5	881	99.8
纺织服装、服饰业	1237	888	71.8	1232	99.6	81	6.6	1222	99.2
皮革、毛皮、羽毛及其制品和制鞋业	1232	997	80.9	1230	99.8	94	7.6	1225	99.6
木材加工和木、竹、藤、棕、草制品业	746	455	61.0	746	100.0	38	5.1	744	99.7
家具制造业	328	264	80.5	328	100.0	21	6.4	328	100.0
造纸和纸制品业	428	349	81.5	428	100.0	16	3.7	427	99.8
印刷和记录媒介复制业	248	205	82.7	248	100.0	12	4.8	248	100.0
文教、工美、体育和娱乐用品制造业	988	803	81.3	988	100.0	59	6.0	983	99.5
石油、煤炭及其他燃料加工业	42	33	78.6	42	100.0	1	2.4	42	100.0
化学原料和化学制品制造业	714	564	79.0	712	99.7	37	5.2	710	99.7
医药制造业	147	130	88.4	146	99.3	9	6.2	146	100.0
化学纤维制造业	101	88	87.1	101	100.0	9	8.9	101	100.0
橡胶和塑料制品业	760	613	80.7	760	100.0	40	5.3	758	99.7
非金属矿物制品业	1643	1215	74.0	1641	99.9	105	6.4	1636	99.7
黑色金属冶炼和压延加工业	126	89	70.6	126	100.0	6	4.8	125	99.2
有色金属冶炼和压延加工业	131	107	81.7	130	99.2	4	3.1	130	100.0
金属制品业	793	583	73.5	792	99.9	38	4.8	789	99.6
通用设备制造业	581	471	81.1	576	99.1	42	7.3	575	99.8
专用设备制造业	547	459	83.9	546	99.8	27	4.9	545	99.8

6-5　续表 1

行　　业	企业数(个)	使用局域网的企业		使用互联网的企业		窄带接入		宽带接入	
		数量(个)	比重(%)	数量(个)	比重(%)	数量(个)	占接入互联网企业比重(%)	数量(个)	占接入互联网企业比重(%)
汽车制造业	361	320	88.6	361	100.0	14	3.9	357	98.9
铁路、船舶、航空航天和其他运输设备制造业	163	110	67.5	162	99.4	6	3.7	162	100.0
电气机械和器材制造业	650	567	87.2	650	100.0	47	7.2	649	99.8
计算机、通信和其他电子设备制造业	596	552	92.6	595	99.8	36	6.1	594	99.8
仪器仪表制造业	157	134	85.4	157	100.0	6	3.8	157	100.0
其他制造业	149	126	84.6	149	100.0	7	4.7	149	100.0
废弃资源综合利用业	56	47	83.9	56	100.0	1	1.8	56	100.0
金属制品、机械和设备修理业	29	20	69.0	29	100.0	3	10.3	29	100.0
电力、热力、燃气及水生产和供应业	**320**	**284**	**88.8**	**320**	**100.0**	**18**	**5.6**	**318**	**99.4**
电力、热力生产和供应业	217	187	86.2	217	100.0	11	5.1	215	99.1
燃气生产和供应业	39	37	94.9	39	100.0	4	10.3	39	100.0
水的生产和供应业	64	60	93.8	64	100.0	3	4.7	64	100.0
建筑业	**5493**	**3883**	**70.7**	**5476**	**99.7**	**258**	**4.7**	**5447**	**99.5**
房屋建筑业	2770	1934	69.8	2761	99.7	123	4.5	2747	99.5
土木工程建筑业	1418	987	69.6	1416	99.9	71	5.0	1406	99.3
建筑安装业	344	285	82.8	344	100.0	20	5.8	343	99.7
建筑装饰、装修和其他建筑业	961	677	70.4	955	99.4	44	4.6	951	99.6
批发和零售业	**13273**	**9011**	**67.9**	**13245**	**99.8**	**596**	**4.5**	**13157**	**99.3**
批发业	7033	4723	67.2	7016	99.8	300	4.3	6971	99.4
零售业	6240	4288	68.7	6229	99.8	296	4.8	6186	99.3
交通运输、仓储和邮政业	**1185**	**954**	**80.5**	**1183**	**99.8**	**50**	**4.2**	**1179**	**99.7**
铁路运输业	5	5	100.0	5	100.0			5	100.0
道路运输业	597	465	77.9	597	100.0	23	3.9	594	99.5
水上运输业	138	105	76.1	138	100.0	7	5.1	138	100.0
航空运输业	14	14	100.0	14	100.0	1	7.1	13	92.9
管道运输业	3	3	100.0	3	100.0			3	100.0
多式联运和运输代理业	225	196	87.1	224	99.6	13	5.8	224	100.0
装卸搬运和仓储业	132	109	82.6	131	99.2	1	0.8	131	100.0
邮政业	71	57	80.3	71	100.0	5	7.0	71	100.0
住宿和餐饮业	**2027**	**1338**	**66.0**	**2022**	**99.8**	**131**	**6.5**	**2010**	**99.4**
住宿业	955	777	81.4	954	99.9	72	7.5	951	99.7
餐饮业	1072	561	52.3	1068	99.6	59	5.5	1059	99.2

6-5 续表 2

行业	企业数(个)	使用局域网的企业		使用互联网的企业					
						窄带接入		宽带接入	
		数量(个)	比重(%)	数量(个)	比重(%)	数量(个)	占接入互联网企业比重(%)	数量(个)	占接入互联网企业比重(%)
信息传输、软件和信息技术服务业	**819**	**708**	**86.4**	**818**	**99.9**	**59**	**7.2**	**816**	**99.8**
电信、广播电视和卫星传输服务	48	45	93.8	48	100.0	6	12.5	48	100.0
互联网和相关服务	172	144	83.7	172	100.0	11	6.4	171	99.4
软件和信息技术服务业	599	519	86.6	598	99.8	42	7.0	597	99.8
房地产业	**3734**	**2607**	**69.8**	**3708**	**99.3**	**209**	**5.6**	**3679**	**99.2**
房地产业	3734	2607	69.8	3708	99.3	209	5.6	3679	99.2
租赁和商务服务业	**1175**	**843**	**71.7**	**1170**	**99.6**	**52**	**4.4**	**1167**	**99.7**
租赁业	60	36	60.0	55	91.7	3	5.5	55	100.0
商务服务业	1115	807	72.4	1115	100.0	49	4.4	1112	99.7
科学研究和技术服务业	**411**	**331**	**80.5**	**411**	**100.0**	**14**	**3.4**	**410**	**99.8**
研究和试验发展	9	8	88.9	9	100.0	1	11.1	9	100.0
专业技术服务业	353	306	86.7	353	100.0	13	3.7	352	99.7
科技推广和应用服务业	49	17	34.7	49	100.0			49	100.0
水利、环境和公共设施管理业	**198**	**132**	**66.7**	**198**	**100.0**	**4**	**2.0**	**196**	**99.0**
水利管理业	4	4	100.0	4	100.0			4	100.0
生态保护和环境治理业	14	12	85.7	14	100.0			14	100.0
公共设施管理业	173	111	64.2	173	100.0	4	2.3	171	98.8
土地管理业	7	5	71.4	7	100.0			7	100.0
居民服务、修理和其他服务业	**470**	**281**	**59.8**	**470**	**100.0**	**25**	**5.3**	**465**	**98.9**
居民服务业	241	145	60.2	241	100.0	11	4.6	238	98.8
机动车、电子产品和日用产品修理业	148	87	58.8	148	100.0	11	7.4	147	99.3
其他服务业	81	49	60.5	81	100.0	3	3.7	80	98.8
教育	**108**	**76**	**70.4**	**108**	**100.0**	**5**	**4.6**	**108**	**100.0**
教育	108	76	70.4	108	100.0	5	4.6	108	100.0
卫生和社会工作	**113**	**97**	**85.8**	**113**	**100.0**	**5**	**4.4**	**113**	**100.0**
卫生	102	89	87.3	102	100.0	4	3.9	102	100.0
社会工作	11	8	72.7	11	100.0	1	9.1	11	100.0
文化、体育和娱乐业	**604**	**422**	**69.9**	**602**	**99.7**	**30**	**5.0**	**594**	**98.7**
新闻和出版业	31	27	87.1	31	100.0	2	6.5	31	100.0
广播、电视、电影和录音制作业	137	105	76.6	136	99.3	5	3.7	136	100.0
文化艺术业	71	52	73.2	70	98.6	3	4.3	70	100.0
体育	65	47	72.3	65	100.0	5	7.7	63	96.9
娱乐业	300	191	63.7	300	100.0	15	5.0	294	98.0

6-6 分地区企业使用网络情况

地区	企业数(个)	使用局域网的企业		使用互联网的企业		窄带接入		宽带接入	
		数量(个)	比重(%)	数量(个)	比重(%)	数量(个)	占接入互联网企业比重(%)	数量(个)	占接入互联网企业比重(%)
全省	**46357**	**33791**	**72.9**	**46244**	**99.8**	**2375**	**5.1**	**46005**	**99.5**
福州	8975	6893	76.8	8966	99.9	297	3.3	8930	99.6
#平潭	228	174	76.3	226	99.1	9	4.0	225	99.6
厦门	6951	5624	80.9	6921	99.6	423	6.1	6887	99.5
莆田	3843	2507	65.2	3838	99.9	209	5.4	3815	99.4
三明	3265	2184	66.9	3260	99.8	116	3.6	3254	99.8
泉州	9679	7419	76.7	9653	99.7	649	6.7	9579	99.2
漳州	4679	3119	66.7	4667	99.7	248	5.3	4646	99.6
南平	2372	1657	69.9	2361	99.5	157	6.6	2342	99.2
龙岩	4065	3074	75.6	4060	99.9	156	3.8	4049	99.7
宁德	2528	1314	52.0	2518	99.6	120	4.8	2503	99.4

6-7 分行业企业建网站情况

行业	企业数(个)	建立网站的企业		网站数量(个)	每百家拥有网站数(个)
		数量(个)	比重(%)		
总计	**46357**	**18723**	**40.4**	**20261**	**43.7**
采矿业	**316**	**69**	**21.8**	**70**	**22.2**
煤炭开采和洗选业	59	14	23.7	14	23.7
石油和天然气开采业					
黑色金属矿采选业	68	12	17.6	12	17.6
有色金属矿采选业	40	10	25.0	11	27.5
非金属矿采选业	149	33	22.1	33	22.1
开采专业及辅助性活动					
其他采矿业					
制造业	**16111**	**8580**	**53.3**	**9209**	**57.2**
农副食品加工业	1111	533	48.0	563	50.7
食品制造业	592	381	64.4	403	68.1
酒、饮料和精制茶制造业	565	292	51.7	303	53.6
烟草制品业	7	6	85.7	8	114.3
纺织业	883	438	49.6	470	53.2
纺织服装、服饰业	1237	551	44.5	584	47.2
皮革、毛皮、羽毛及其制品和制鞋业	1232	631	51.2	670	54.4
木材加工和木、竹、藤、棕、草制品业	746	241	32.3	250	33.5
家具制造业	328	155	47.3	163	49.7
造纸和纸制品业	428	213	49.8	234	54.7
印刷和记录媒介复制业	248	124	50.0	131	52.8
文教、工美、体育和娱乐用品制造业	988	519	52.5	551	55.8
石油、煤炭及其他燃料加工业	42	29	69.0	29	69.0
化学原料和化学制品制造业	714	406	56.9	433	60.6
医药制造业	147	110	74.8	119	81.0
化学纤维制造业	101	64	63.4	71	70.3
橡胶和塑料制品业	760	407	53.6	443	58.3
非金属矿物制品业	1643	779	47.4	849	51.7
黑色金属冶炼和压延加工业	126	65	51.6	68	54.0
有色金属冶炼和压延加工业	131	79	60.3	89	67.9
金属制品业	793	393	49.6	414	52.2
通用设备制造业	581	361	62.1	391	67.3

6-7　续表 1

行　业	企业数(个)	建立网站的企业		网站数量(个)	每百家拥有网站数(个)
		数量(个)	比重(%)		
专用设备制造业	547	378	69.1	403	73.7
汽车制造业	361	228	63.2	252	69.8
铁路、船舶、航空航天和其他运输设备制造业	163	81	49.7	87	53.4
电气机械和器材制造业	650	449	69.1	493	75.8
计算机、通信和其他电子设备制造业	596	433	72.7	481	80.7
仪器仪表制造业	157	110	70.1	124	79.0
其他制造业	149	89	59.7	97	65.1
废弃资源综合利用业	56	20	35.7	20	35.7
金属制品、机械和设备修理业	29	15	51.7	16	55.2
电力、热力、燃气及水生产和供应业	**320**	**136**	**42.5**	**150**	**46.9**
电力、热力生产和供应业	217	83	38.2	91	41.9
燃气生产和供应业	39	19	48.7	25	64.1
水的生产和供应业	64	34	53.1	34	53.1
建筑业	**5493**	**1691**	**30.8**	**1784**	**32.5**
房屋建筑业	2770	743	26.8	775	28.0
土木工程建筑业	1418	415	29.3	448	31.6
建筑安装业	344	185	53.8	198	57.6
建筑装饰、装修和其他建筑业	961	348	36.2	363	37.8
批发和零售业	**13273**	**4020**	**30.3**	**4310**	**32.5**
批发业	7033	1931	27.5	2069	29.4
零售业	6240	2089	33.5	2241	35.9
交通运输、仓储和邮政业	**1185**	**484**	**40.8**	**518**	**43.7**
铁路运输业	5	2	40.0	2	40.0
道路运输业	597	187	31.3	198	33.2
水上运输业	138	66	47.8	72	52.2
航空运输业	14	12	85.7	12	85.7
管道运输业	3	3	100.0	3	100.0
多式联运和运输代理业	225	132	58.7	145	64.4
装卸搬运和仓储业	132	58	43.9	60	45.5
邮政业	71	24	33.8	26	36.6
住宿和餐饮业	**2027**	**726**	**35.8**	**767**	**37.8**
住宿业	955	468	49.0	491	51.4
餐饮业	1072	258	24.1	276	25.7

6-7 续表 2

行　业	企业数(个)	建立网站的企业		网站数量(个)	每百家拥有网站数(个)
		数量(个)	比重(%)		
信息传输、软件和信息技术服务业	**819**	**617**	**75.3**	**798**	**97.4**
电信、广播电视和卫星传输服务	48	32	66.7	37	77.1
互联网和相关服务	172	139	80.8	191	111.0
软件和信息技术服务业	599	446	74.5	570	95.2
房地产业	**3734**	**1180**	**31.6**	**1275**	**34.1**
房地产业	3734	1180	31.6	1275	34.1
租赁和商务服务业	**1175**	**476**	**40.5**	**563**	**47.9**
租赁业	60	16	26.7	18	30.0
商务服务业	1115	460	41.3	545	48.9
科学研究和技术服务业	**411**	**232**	**56.4**	**251**	**61.1**
研究和试验发展	9	6	66.7	7	77.8
专业技术服务业	353	208	58.9	223	63.2
科技推广和应用服务业	49	18	36.7	21	42.9
水利、环境和公共设施管理业	**198**	**74**	**37.4**	**80**	**40.4**
水利管理业	4	1	25.0	1	25.0
生态保护和环境治理业	14	8	57.1	9	64.3
公共设施管理业	173	63	36.4	68	39.3
土地管理业	7	2	28.6	2	28.6
居民服务、修理和其他服务业	**470**	**132**	**28.1**	**144**	**30.6**
居民服务业	241	79	32.8	87	36.1
机动车、电子产品和日用产品修理业	148	34	23.0	36	24.3
其他服务业	81	19	23.5	21	25.9
教育	**108**	**45**	**41.7**	**52**	**48.1**
教育	108	45	41.7	52	48.1
卫生和社会工作	**113**	**83**	**73.5**	**97**	**85.8**
卫生	102	80	78.4	93	91.2
社会工作	11	3	27.3	4	36.4
文化、体育和娱乐业	**604**	**178**	**29.5**	**193**	**32.0**
新闻和出版业	31	24	77.4	26	83.9
广播、电视、电影和录音制作业	137	49	35.8	51	37.2
文化艺术业	71	22	31.0	23	32.4
体育	65	18	27.7	20	30.8
娱乐业	300	65	21.7	73	24.3

6-8　分地区企业建网站情况

地　区	企业数(个)	建立网站的企业		网站数量(个)	每百家拥有网站数(个)
		数量(个)	比重(%)		
全　省	**46357**	**18723**	**40.4**	**20261**	**43.7**
福　州	8975	3752	41.8	4127	46.0
#平潭	228	94	41.2	107	46.9
厦　门	6951	3736	53.7	4253	61.2
莆　田	3843	1257	32.7	1337	34.8
三　明	3265	719	22.0	724	22.2
泉　州	9679	4723	48.8	5064	52.3
漳　州	4679	1886	40.3	2023	43.2
南　平	2372	805	33.9	825	34.8
龙　岩	4065	1205	29.6	1242	30.6
宁　德	2528	640	25.3	666	26.3

6-9 分行业企业通过

行业	企业数(个)	使用互联网开展活动的企业			
				收发电子邮件	
		数量(个)	比重(%)	数量(个)	占使用互联网企业的比重(%)
总计	**46357**	**46244**	**99.8**	**41891**	**90.6**
采矿业	**316**	**316**	**100.0**	**293**	**92.7**
煤炭开采和洗选业	59	59	100.0	55	93.2
石油和天然气开采业					
黑色金属矿采选业	68	68	100.0	65	95.6
有色金属矿采选业	40	40	100.0	35	87.5
非金属矿采选业	149	149	100.0	138	92.6
开采专业及辅助性活动					
其他采矿业					
制造业	**16111**	**16084**	**99.8**	**15104**	**93.9**
农副食品加工业	1111	1111	100.0	1032	92.9
食品制造业	592	590	99.7	557	94.4
酒、饮料和精制茶制造业	565	562	99.5	520	92.5
烟草制品业	7	7	100.0	7	100.0
纺织业	883	883	100.0	840	95.1
纺织服装、服饰业	1237	1232	99.6	1128	91.6
皮革、毛皮、羽毛及其制品和制鞋业	1232	1230	99.8	1146	93.2
木材加工和木、竹、藤、棕、草制品业	746	746	100.0	687	92.1
家具制造业	328	328	100.0	309	94.2
造纸和纸制品业	428	428	100.0	398	93.0
印刷和记录媒介复制业	248	248	100.0	230	92.7
文教、工美、体育和娱乐用品制造业	988	988	100.0	927	93.8
石油、煤炭及其他燃料加工业	42	42	100.0	41	97.6
化学原料和化学制品制造业	714	712	99.7	672	94.4
医药制造业	147	146	99.3	139	95.2
化学纤维制造业	101	101	100.0	96	95.0
橡胶和塑料制品业	760	760	100.0	726	95.5
非金属矿物制品业	1643	1641	99.9	1524	92.9
黑色金属冶炼和压延加工业	126	126	100.0	111	88.1
有色金属冶炼和压延加工业	131	130	99.2	125	96.2
金属制品业	793	792	99.9	744	93.9
通用设备制造业	581	576	99.1	547	95.0
专用设备制造业	547	546	99.8	518	94.9

互联网开展活动情况

了解商品和服务的信息		从政府机构获取信息		与政府机构互动		使用网上银行	
数量（个）	占使用互联网企业的比重（%）	数量（个）	占使用互联网企业的比重（%）	数量（个）	占使用互联网企业的比重（%）	数量（个）	占使用互联网企业的比重（%）
23802	**51.5**	**22446**	**48.5**	**10525**	**22.8**	**35690**	**77.2**
133	**42.1**	**149**	**47.2**	**59**	**18.7**	**208**	**65.8**
28	47.5	26	44.1	7	11.9	37	62.7
34	50.0	36	52.9	14	20.6	42	61.8
19	47.5	19	47.5	12	30.0	31	77.5
52	34.9	68	45.6	26	17.4	98	65.8
8908	**55.4**	**8310**	**51.7**	**4115**	**25.6**	**12967**	**80.6**
640	57.6	568	51.1	283	25.5	904	81.4
354	60.0	312	52.9	162	27.5	484	82.0
371	66.0	288	51.2	111	19.8	404	71.9
4	57.1	4	57.1	3	42.9	4	57.1
473	53.6	456	51.6	221	25.0	749	84.8
569	46.2	481	39.0	225	18.3	958	77.8
555	45.1	536	43.6	264	21.5	941	76.5
370	49.6	304	40.8	122	16.4	536	71.8
168	51.2	162	49.4	72	22.0	258	78.7
233	54.4	222	51.9	113	26.4	347	81.1
135	54.4	132	53.2	63	25.4	206	83.1
543	55.0	539	54.6	319	32.3	754	76.3
23	54.8	28	66.7	16	38.1	36	85.7
439	61.7	410	57.6	194	27.2	602	84.6
108	74.0	99	67.8	55	37.7	126	86.3
58	57.4	58	57.4	28	27.7	85	84.2
436	57.4	430	56.6	207	27.2	616	81.1
788	48.0	751	45.8	354	21.6	1284	78.2
81	64.3	72	57.1	34	27.0	109	86.5
85	65.4	75	57.7	45	34.6	112	86.2
447	56.4	409	51.6	180	22.7	649	81.9
337	58.5	326	56.6	165	28.6	508	88.2
332	60.8	317	58.1	152	27.8	451	82.6

6-9 续表 1

行业	企业数(个)	使用互联网开展活动的企业		收发电子邮件	
		数量(个)	比重(%)	数量(个)	占使用互联网企业的比重(%)
汽车制造业	361	361	100.0	351	97.2
铁路、船舶、航空航天和其他运输设备制造业	163	162	99.4	152	93.8
电气机械和器材制造业	650	650	100.0	626	96.3
计算机、通信和其他电子设备制造业	596	595	99.8	580	97.5
仪器仪表制造业	157	157	100.0	147	93.6
其他制造业	149	149	100.0	145	97.3
废弃资源综合利用业	56	56	100.0	50	89.3
金属制品、机械和设备修理业	29	29	100.0	29	100.0
电力、热力、燃气及水生产和供应业	**320**	**320**	**100.0**	**300**	**93.8**
电力、热力生产和供应业	217	217	100.0	202	93.1
燃气生产和供应业	39	39	100.0	37	94.9
水的生产和供应业	64	64	100.0	61	95.3
建筑业	**5493**	**5476**	**99.7**	**5030**	**91.9**
房屋建筑业	2770	2761	99.7	2534	91.8
土木工程建筑业	1418	1416	99.9	1298	91.7
建筑安装业	344	344	100.0	324	94.2
建筑装饰、装修和其他建筑业	961	955	99.4	874	91.5
批发和零售业	**13273**	**13245**	**99.8**	**11554**	**87.2**
批发业	7033	7016	99.8	6264	89.3
零售业	6240	6229	99.8	5290	84.9
交通运输、仓储和邮政业	**1185**	**1183**	**99.8**	**1103**	**93.2**
铁路运输业	5	5	100.0	5	100.0
道路运输业	597	597	100.0	546	91.5
水上运输业	138	138	100.0	130	94.2
航空运输业	14	14	100.0	14	100.0
管道运输业	3	3	100.0	3	100.0
多式联运和运输代理业	225	224	99.6	219	97.8
装卸搬运和仓储业	132	131	99.2	128	97.7
邮政业	71	71	100.0	58	81.7
住宿和餐饮业	**2027**	**2022**	**99.8**	**1648**	**81.5**
住宿业	955	954	99.9	813	85.2
餐饮业	1072	1068	99.6	835	78.2

了解商品和服务的信息		从政府机构获取信息		与政府机构互动		使用网上银行	
数量（个）	占使用互联网企业的比重（%）	数量（个）	占使用互联网企业的比重（%）	数量（个）	占使用互联网企业的比重（%）	数量（个）	占使用互联网企业的比重（%）
212	58.7	223	61.8	126	34.9	309	85.6
91	56.2	82	50.6	34	21.0	138	85.2
415	63.8	386	59.4	220	33.8	576	88.6
415	69.7	426	71.6	247	41.5	514	86.4
108	68.8	96	61.1	41	26.1	134	85.4
77	51.7	74	49.7	34	22.8	110	73.8
25	44.6	27	48.2	11	19.6	41	73.2
16	55.2	17	58.6	14	48.3	22	75.9
136	**42.5**	**187**	**58.4**	**111**	**34.7**	**238**	**74.4**
87	40.1	118	54.4	65	30.0	158	72.8
23	59.0	28	71.8	20	51.3	32	82.1
26	40.6	41	64.1	26	40.6	48	75.0
2359	**43.1**	**3340**	**61.0**	**1467**	**26.8**	**4594**	**83.9**
1146	41.5	1721	62.3	741	26.8	2342	84.8
589	41.6	879	62.1	416	29.4	1189	84.0
196	57.0	207	60.2	90	26.2	285	82.8
428	44.8	533	55.8	220	23.0	778	81.5
7313	**55.2**	**5100**	**38.5**	**2134**	**16.1**	**9556**	**72.1**
3653	52.1	2806	40.0	1170	16.7	5240	74.7
3660	58.8	2294	36.8	964	15.5	4316	69.3
534	**45.1**	**623**	**52.7**	**313**	**26.5**	**961**	**81.2**
2	40.0	4	80.0	2	40.0	5	100.0
235	39.4	289	48.4	151	25.3	487	81.6
63	45.7	83	60.1	30	21.7	111	80.4
8	57.1	11	78.6	5	35.7	8	57.1
		2	66.7			3	100.0
132	58.9	124	55.4	70	31.3	193	86.2
57	43.5	79	60.3	37	28.2	107	81.7
37	52.1	31	43.7	18	25.4	47	66.2
909	**45.0**	**749**	**37.0**	**327**	**16.2**	**1358**	**67.2**
484	50.7	419	43.9	189	19.8	710	74.4
425	39.8	330	30.9	138	12.9	648	60.7

6-9 续表 2

行业	企业数(个)	使用互联网开展活动的企业			
		数量(个)	比重(%)	收发电子邮件	
				数量(个)	占使用互联网企业的比重(%)
信息传输、软件和信息技术服务业	**819**	**818**	**99.9**	**773**	**94.5**
电信、广播电视和卫星传输服务	48	48	100.0	45	93.8
互联网和相关服务	172	172	100.0	158	91.9
软件和信息技术服务业	599	598	99.8	570	95.3
房地产业	**3734**	**3708**	**99.3**	**3415**	**92.1**
房地产业	3734	3708	99.3	3415	92.1
租赁和商务服务业	**1175**	**1170**	**99.6**	**1044**	**89.2**
租赁业	60	55	91.7	50	90.9
商务服务业	1115	1115	100.0	994	89.1
科学研究和技术服务业	**411**	**411**	**100.0**	**367**	**89.3**
研究和试验发展	9	9	100.0	9	100.0
专业技术服务业	353	353	100.0	331	93.8
科技推广和应用服务业	49	49	100.0	27	55.1
水利、环境和公共设施管理业	**198**	**198**	**100.0**	**173**	**87.4**
水利管理业	4	4	100.0	4	100.0
生态保护和环境治理业	14	14	100.0	11	78.6
公共设施管理业	173	173	100.0	151	87.3
土地管理业	7	7	100.0	7	100.0
居民服务、修理和其他服务业	**470**	**470**	**100.0**	**395**	**84.0**
居民服务业	241	241	100.0	198	82.2
机动车、电子产品和日用产品修理业	148	148	100.0	129	87.2
其他服务业	81	81	100.0	68	84.0
教育	**108**	**108**	**100.0**	**95**	**88.0**
教育	108	108	100.0	95	88.0
卫生和社会工作	**113**	**113**	**100.0**	**106**	**93.8**
卫生	102	102	100.0	95	93.1
社会工作	11	11	100.0	11	100.0
文化、体育和娱乐业	**604**	**602**	**99.7**	**491**	**81.6**
新闻和出版业	31	31	100.0	30	96.8
广播、电视、电影和录音制作业	137	136	99.3	121	89.0
文化艺术业	71	70	98.6	58	82.9
体育	65	65	100.0	55	84.6
娱乐业	300	300	100.0	227	75.7

了解商品和服务的信息		从政府机构获取信息		与政府机构互动		使用网上银行	
数量（个）	占使用互联网企业的比重（%）	数量（个）	占使用互联网企业的比重（%）	数量（个）	占使用互联网企业的比重（%）	数量（个）	占使用互联网企业的比重（%）
614	**75.1**	**506**	**61.9**	**307**	**37.5**	**699**	**85.5**
37	77.1	35	72.9	24	50.0	32	66.7
131	76.2	106	61.6	64	37.2	149	86.6
446	74.6	365	61.0	219	36.6	518	86.6
1469	**39.6**	**2038**	**55.0**	**981**	**26.5**	**2819**	**76.0**
1469	39.6	2038	55.0	981	26.5	2819	76.0
555	**47.4**	**528**	**45.1**	**269**	**23.0**	**889**	**76.0**
28	50.9	28	50.9	17	30.9	45	81.8
527	47.3	500	44.8	252	22.6	844	75.7
215	**52.3**	**259**	**63.0**	**131**	**31.9**	**332**	**80.8**
7	77.8	3	33.3	2	22.2	8	88.9
189	53.5	237	67.1	116	32.9	299	84.7
19	38.8	19	38.8	13	26.5	25	51.0
83	**41.9**	**107**	**54.0**	**48**	**24.2**	**148**	**74.7**
		4	100.0	2	50.0	3	75.0
9	64.3	9	64.3	8	57.1	12	85.7
73	42.2	89	51.4	37	21.4	127	73.4
1	14.3	5	71.4	1	14.3	6	85.7
197	**41.9**	**178**	**37.9**	**77**	**16.4**	**328**	**69.8**
93	38.6	88	36.5	34	14.1	166	68.9
72	48.6	61	41.2	28	18.9	108	73.0
32	39.5	29	35.8	15	18.5	54	66.7
45	**41.7**	**66**	**61.1**	**37**	**34.3**	**82**	**75.9**
45	41.7	66	61.1	37	34.3	82	75.9
47	**41.6**	**66**	**58.4**	**33**	**29.2**	**88**	**77.9**
40	39.2	60	58.8	30	29.4	82	80.4
7	63.6	6	54.5	3	27.3	6	54.5
285	**47.3**	**240**	**39.9**	**116**	**19.3**	**423**	**70.3**
20	64.5	22	71.0	12	38.7	28	90.3
74	54.4	65	47.8	28	20.6	113	83.1
35	50.0	34	48.6	11	15.7	51	72.9
29	44.6	26	40.0	15	23.1	52	80.0
127	42.3	93	31.0	50	16.7	179	59.7

6-9 续表 3

行业	使用其他金融服务		提供客户服务		拨打互联网电话或召开视频会议	
	数量（个）	占使用互联网企业的比重（%）	数量（个）	占使用互联网企业的比重（%）	数量（个）	占使用互联网企业的比重（%）
总　计	**3558**	**7.7**	**17618**	**38.1**	**6300**	**13.6**
采矿业	**20**	**6.3**	**57**	**18.0**	**25**	**7.9**
煤炭开采和洗选业	2	3.4	10	16.9	8	13.6
石油和天然气开采业						
黑色金属矿采选业	4	5.9	10	14.7	4	5.9
有色金属矿采选业	6	15.0	7	17.5	7	17.5
非金属矿采选业	8	5.4	30	20.1	6	4.0
开采专业及辅助性活动						
其他采矿业						
制造业	**1432**	**8.9**	**6439**	**40.0**	**2144**	**13.3**
农副食品加工业	110	9.9	430	38.7	149	13.4
食品制造业	54	9.2	252	42.7	91	15.4
酒、饮料和精制茶制造业	34	6.0	242	43.1	59	10.5
烟草制品业			1	14.3	5	71.4
纺织业	82	9.3	352	39.9	77	8.7
纺织服装、服饰业	93	7.5	392	31.8	95	7.7
皮革、毛皮、羽毛及其制品和制鞋业	69	5.6	426	34.6	107	8.7
木材加工和木、竹、藤、棕、草制品业	33	4.4	210	28.2	24	3.2
家具制造业	25	7.6	137	41.8	30	9.1
造纸和纸制品业	42	9.8	185	43.2	50	11.7
印刷和记录媒介复制业	15	6.0	105	42.3	21	8.5
文教、工美、体育和娱乐用品制造业	74	7.5	401	40.6	82	8.3
石油、煤炭及其他燃料加工业	4	9.5	17	40.5	8	19.0
化学原料和化学制品制造业	74	10.4	290	40.7	122	17.1
医药制造业	23	15.8	71	48.6	48	32.9
化学纤维制造业	13	12.9	32	31.7	19	18.8
橡胶和塑料制品业	71	9.3	338	44.5	93	12.2
非金属矿物制品业	131	8.0	599	36.5	154	9.4
黑色金属冶炼和压延加工业	13	10.3	49	38.9	14	11.1
有色金属冶炼和压延加工业	17	13.1	54	41.5	25	19.2
金属制品业	72	9.1	300	37.9	94	11.9
通用设备制造业	54	9.4	271	47.0	102	17.7
专用设备制造业	52	9.5	237	43.4	102	18.7

在线提供产品		发布消息或即时消息		员工培训		对外或对内招聘	
数量（个）	占使用互联网企业的比重（%）	数量（个）	占使用互联网企业的比重（%）	数量（个）	占使用互联网企业的比重（%）	数量（个）	占使用互联网企业的比重（%）
7685	**16.6**	**14288**	**30.9**	**12021**	**26.0**	**18347**	**39.7**
20	**6.3**	**48**	**15.2**	**68**	**21.5**	**42**	**13.3**
2	3.4	9	15.3	20	33.9	8	13.6
4	5.9	7	10.3	10	14.7	6	8.8
2	5.0	9	22.5	11	27.5	10	25.0
12	8.1	23	15.4	27	18.1	18	12.1
2921	**18.2**	**4631**	**28.8**	**3488**	**21.7**	**6458**	**40.2**
231	20.8	341	30.7	237	21.3	428	38.5
146	24.7	187	31.7	150	25.4	255	43.2
128	22.8	142	25.3	143	25.4	163	29.0
1	14.3	6	85.7	5	71.4	4	57.1
144	16.3	229	25.9	162	18.3	327	37.0
194	15.7	250	20.3	166	13.5	384	31.2
182	14.8	269	21.9	192	15.6	424	34.5
79	10.6	113	15.1	88	11.8	139	18.6
67	20.4	71	21.6	64	19.5	140	42.7
82	19.2	122	28.5	100	23.4	168	39.3
30	12.1	69	27.8	48	19.4	103	41.5
209	21.2	231	23.4	178	18.0	327	33.1
4	9.5	16	38.1	13	31.0	25	59.5
118	16.6	221	31.0	196	27.5	324	45.5
42	28.8	72	49.3	64	43.8	85	58.2
13	12.9	38	37.6	27	26.7	53	52.5
131	17.2	221	29.1	149	19.6	333	43.8
224	13.7	411	25.0	309	18.8	573	34.9
18	14.3	36	28.6	32	25.4	47	37.3
23	17.7	46	35.4	42	32.3	66	50.8
120	15.2	225	28.4	169	21.3	326	41.2
127	22.0	213	37.0	140	24.3	296	51.4
122	22.3	201	36.8	156	28.6	265	48.5

6-9 续表 4

行业	使用其他金融服务		提供客户服务		拨打互联网电话或召开视频会议	
	数量(个)	占使用互联网企业的比重(%)	数量(个)	占使用互联网企业的比重(%)	数量(个)	占使用互联网企业的比重(%)
汽车制造业	42	11.6	171	47.4	100	27.7
铁路、船舶、航空航天和其他运输设备制造业	21	13.0	57	35.2	28	17.3
电气机械和器材制造业	89	13.7	319	49.1	164	25.2
计算机、通信和其他电子设备制造业	87	14.6	337	56.6	225	37.8
仪器仪表制造业	19	12.1	84	53.5	30	19.1
其他制造业	9	6.0	51	34.2	10	6.7
废弃资源综合利用业	7	12.5	19	33.9	5	8.9
金属制品、机械和设备修理业	3	10.3	10	34.5	11	37.9
电力、热力、燃气及水生产和供应业	**20**	**6.3**	**72**	**22.5**	**102**	**31.9**
电力、热力生产和供应业	14	6.5	22	10.1	73	33.6
燃气生产和供应业	4	10.3	20	51.3	21	53.8
水的生产和供应业	2	3.1	30	46.9	8	12.5
建筑业	**394**	**7.2**	**1514**	**27.6**	**536**	**9.8**
房屋建筑业	177	6.4	726	26.3	260	9.4
土木工程建筑业	113	8.0	383	27.0	135	9.5
建筑安装业	30	8.7	125	36.3	46	13.4
建筑装饰、装修和其他建筑业	74	7.7	280	29.3	95	9.9
批发和零售业	**877**	**6.6**	**5358**	**40.5**	**1511**	**11.4**
批发业	494	7.0	2651	37.8	812	11.6
零售业	383	6.1	2707	43.5	699	11.2
交通运输、仓储和邮政业	**91**	**7.7**	**481**	**40.7**	**234**	**19.8**
铁路运输业			3	60.0	3	60.0
道路运输业	38	6.4	207	34.7	84	14.1
水上运输业	11	8.0	41	29.7	23	16.7
航空运输业	2	14.3	8	57.1	9	64.3
管道运输业					1	33.3
多式联运和运输代理业	23	10.3	137	61.2	58	25.9
装卸搬运和仓储业	9	6.9	44	33.6	32	24.4
邮政业	8	11.3	41	57.7	24	33.8
住宿和餐饮业	**74**	**3.7**	**832**	**41.1**	**168**	**8.3**
住宿业	46	4.8	497	52.1	106	11.1
餐饮业	28	2.6	335	31.4	62	5.8

在线提供产品		发布消息或即时消息		员工培训		对外或对内招聘	
数量(个)	占使用互联网企业的比重(%)	数量(个)	占使用互联网企业的比重(%)	数量(个)	占使用互联网企业的比重(%)	数量(个)	占使用互联网企业的比重(%)
57	15.8	147	40.7	98	27.1	205	56.8
20	12.3	48	29.6	21	13.0	60	37.0
182	28.0	269	41.4	213	32.8	371	57.1
153	25.7	312	52.4	243	40.8	397	66.7
38	24.2	54	34.4	37	23.6	86	54.8
28	18.8	36	24.2	23	15.4	53	35.6
5	8.9	19	33.9	9	16.1	14	25.0
3	10.3	16	55.2	14	48.3	17	58.6
20	**6.3**	**126**	**39.4**	**128**	**40.0**	**125**	**39.1**
12	5.5	77	35.5	89	41.0	79	36.4
6	15.4	17	43.6	23	59.0	22	56.4
2	3.1	32	50.0	16	25.0	24	37.5
316	**5.8**	**1807**	**33.0**	**1811**	**33.1**	**2379**	**43.4**
143	5.2	915	33.1	958	34.7	1145	41.5
74	5.2	460	32.5	440	31.1	622	43.9
34	9.9	130	37.8	124	36.0	176	51.2
65	6.8	302	31.6	289	30.3	436	45.7
2706	**20.4**	**3690**	**27.9**	**3178**	**24.0**	**4451**	**33.6**
1098	15.6	1847	26.3	1451	20.7	2363	33.7
1608	25.8	1843	29.6	1727	27.7	2088	33.5
123	**10.4**	**460**	**38.9**	**359**	**30.3**	**561**	**47.4**
		1	20.0	3	60.0		
52	8.7	200	33.5	161	27.0	242	40.5
8	5.8	50	36.2	34	24.6	58	42.0
4	28.6	10	71.4	8	57.1	9	64.3
		1	33.3	1	33.3	2	66.7
36	16.1	122	54.5	69	30.8	145	64.7
5	3.8	51	38.9	51	38.9	67	51.1
18	25.4	25	35.2	32	45.1	38	53.5
402	**19.9**	**594**	**29.4**	**577**	**28.5**	**847**	**41.9**
278	29.1	347	36.4	341	35.7	496	52.0
124	11.6	247	23.1	236	22.1	351	32.9

6-9 续表 5

行业	使用其他金融服务		提供客户服务		拨打互联网电话或召开视频会议	
	数量(个)	占使用互联网企业的比重(%)	数量(个)	占使用互联网企业的比重(%)	数量(个)	占使用互联网企业的比重(%)
信息传输、软件和信息技术服务业	**123**	**15.0**	**556**	**68.0**	**372**	**45.5**
电信、广播电视和卫星传输服务	3	6.3	39	81.3	32	66.7
互联网和相关服务	34	19.8	129	75.0	80	46.5
软件和信息技术服务业	86	14.4	388	64.9	260	43.5
房地产业	**306**	**8.3**	**1029**	**27.8**	**718**	**19.4**
房地产业	306	8.3	1029	27.8	718	19.4
租赁和商务服务业	**111**	**9.5**	**517**	**44.2**	**202**	**17.3**
租赁业	6	10.9	23	41.8	15	27.3
商务服务业	105	9.4	494	44.3	187	16.8
科学研究和技术服务业	**32**	**7.8**	**164**	**39.9**	**88**	**21.4**
研究和试验发展			6	66.7	4	44.4
专业技术服务业	28	7.9	145	41.1	81	22.9
科技推广和应用服务业	4	8.2	13	26.5	3	6.1
水利、环境和公共设施管理业	**16**	**8.1**	**61**	**30.8**	**24**	**12.1**
水利管理业					1	25.0
生态保护和环境治理业	2	14.3	5	35.7	4	28.6
公共设施管理业	14	8.1	54	31.2	19	11.0
土地管理业			2	28.6		
居民服务、修理和其他服务业	**29**	**6.2**	**191**	**40.6**	**44**	**9.4**
居民服务业	11	4.6	107	44.4	24	10.0
机动车、电子产品和日用产品修理业	11	7.4	59	39.9	16	10.8
其他服务业	7	8.6	25	30.9	4	4.9
教育	**4**	**3.7**	**42**	**38.9**	**13**	**12.0**
教育	4	3.7	42	38.9	13	12.0
卫生和社会工作	**5**	**4.4**	**53**	**46.9**	**31**	**27.4**
卫生	5	4.9	46	45.1	27	26.5
社会工作			7	63.6	4	36.4
文化、体育和娱乐业	**24**	**4.0**	**252**	**41.9**	**88**	**14.6**
新闻和出版业	3	9.7	16	51.6	7	22.6
广播、电视、电影和录音制作业	9	6.6	67	49.3	40	29.4
文化艺术业	3	4.3	29	41.4	8	11.4
体育	1	1.5	25	38.5	10	15.4
娱乐业	8	2.7	115	38.3	23	7.7

在线提供产品		发布消息或即时消息		员工培训		对外或对内招聘	
数量（个）	占使用互联网企业的比重（%）	数量（个）	占使用互联网企业的比重（%）	数量（个）	占使用互联网企业的比重（%）	数量（个）	占使用互联网企业的比重（%）
361	**44.1**	**518**	**63.3**	**437**	**53.4**	**594**	**72.6**
27	56.3	35	72.9	35	72.9	39	81.3
93	54.1	112	65.1	93	54.1	120	69.8
241	40.3	371	62.0	309	51.7	435	72.7
285	**7.7**	**1218**	**32.8**	**979**	**26.4**	**1450**	**39.1**
285	7.7	1218	32.8	979	26.4	1450	39.1
235	**20.1**	**455**	**38.9**	**382**	**32.6**	**547**	**46.8**
9	16.4	19	34.5	24	43.6	27	49.1
226	20.3	436	39.1	358	32.1	520	46.6
60	**14.6**	**199**	**48.4**	**161**	**39.2**	**236**	**57.4**
3	33.3	4	44.4	3	33.3	6	66.7
48	13.6	182	51.6	150	42.5	213	60.3
9	18.4	13	26.5	8	16.3	17	34.7
30	**15.2**	**75**	**37.9**	**53**	**26.8**	**89**	**44.9**
				1	25.0	1	25.0
4	28.6	8	57.1	4	28.6	9	64.3
24	13.9	65	37.6	45	26.0	77	44.5
2	28.6	2	28.6	3	42.9	2	28.6
59	**12.6**	**142**	**30.2**	**136**	**28.9**	**180**	**38.3**
33	13.7	77	32.0	77	32.0	92	38.2
21	14.2	40	27.0	39	26.4	56	37.8
5	6.2	25	30.9	20	24.7	32	39.5
15	**13.9**	**48**	**44.4**	**46**	**42.6**	**50**	**46.3**
15	13.9	48	44.4	46	42.6	50	46.3
15	**13.3**	**53**	**46.9**	**40**	**35.4**	**67**	**59.3**
12	11.8	48	47.1	35	34.3	62	60.8
3	27.3	5	45.5	5	45.5	5	45.5
117	**19.4**	**224**	**37.2**	**178**	**29.6**	**271**	**45.0**
10	32.3	21	67.7	9	29.0	18	58.1
49	36.0	67	49.3	58	42.6	73	53.7
15	21.4	26	37.1	18	25.7	25	35.7
4	6.2	31	47.7	23	35.4	30	46.2
39	13.0	79	26.3	70	23.3	125	41.7

6-10 分地区企业通过

地区	企业数(个)	使用互联网开展活动的企业			
		数量(个)	比重(%)	收发电子邮件	
				数量(个)	占使用互联网企业的比重(%)
全省	**46357**	**46244**	**99.8**	**41891**	**90.6**
福州	8975	8966	99.9	8044	89.7
#平潭	228	226	99.1	202	89.4
厦门	6951	6921	99.6	6579	95.1
莆田	3843	3838	99.9	3356	87.4
三明	3265	3260	99.8	3026	92.8
泉州	9679	9653	99.7	8541	88.5
漳州	4679	4667	99.7	4207	90.1
南平	2372	2361	99.5	2198	93.1
龙岩	4065	4060	99.9	3712	91.4
宁德	2528	2518	99.6	2228	88.5

6-10 续表

地区	使用其他金融服务		提供客户服务		拨打互联网电话或召开视频会议	
	数量(个)	占使用互联网企业的比重(%)	数量(个)	占使用互联网企业的比重(%)	数量(个)	占使用互联网企业的比重(%)
全省	**3558**	**7.7**	**17618**	**38.1**	**6300**	**13.6**
福州	746	8.3	3525	39.3	1566	17.5
#平潭	19	8.4	79	35.0	33	14.6
厦门	841	12.2	3140	45.4	1864	26.9
莆田	208	5.4	1368	35.6	338	8.8
三明	180	5.5	948	29.1	213	6.5
泉州	674	7.0	3557	36.8	940	9.7
漳州	326	7.0	1706	36.6	512	11.0
南平	163	6.9	902	38.2	216	9.1
龙岩	274	6.7	1558	38.4	384	9.5
宁德	146	5.8	914	36.3	267	10.6

互联网开展活动情况

了解商品和服务的信息		从政府机构获取信息		与政府机构互动		使用网上银行	
数量(个)	占使用互联网企业的比重(%)	数量(个)	占使用互联网企业的比重(%)	数量(个)	占使用互联网企业的比重(%)	数量(个)	占使用互联网企业的比重(%)
23802	**51.5**	**22446**	**48.5**	**10525**	**22.8**	**35690**	**77.2**
4560	50.9	4092	45.6	1894	21.1	7036	78.5
107	47.3	102	45.1	54	23.9	168	74.3
4146	59.9	4485	64.8	2353	34.0	5958	86.1
1778	46.3	1994	52.0	1243	32.4	2727	71.1
1595	48.9	1532	47.0	673	20.6	2479	76.0
4765	49.4	4099	42.5	1853	19.2	6932	71.8
2321	49.7	2113	45.3	886	19.0	3505	75.1
1268	53.7	1163	49.3	466	19.7	1950	82.6
2064	50.8	1886	46.5	698	17.2	3095	76.2
1305	51.8	1082	43.0	459	18.2	2008	79.7

在线提供产品		发布消息或即时消息		员工培训		对外或对内招聘	
数量(个)	占使用互联网企业的比重(%)	数量(个)	占使用互联网企业的比重(%)	数量(个)	占使用互联网企业的比重(%)	数量(个)	占使用互联网企业的比重(%)
7685	**16.6**	**14288**	**30.9**	**12021**	**26.0**	**18347**	**39.7**
1454	16.2	3173	35.4	2688	30.0	4125	46.0
26	11.5	88	38.9	68	30.1	121	53.5
1419	20.5	3230	46.7	2447	35.4	4256	61.5
758	19.7	957	24.9	903	23.5	1206	31.4
320	9.8	652	20.0	658	20.2	778	23.9
1633	16.9	2516	26.1	2058	21.3	3384	35.1
705	15.1	1321	28.3	988	21.2	1713	36.7
378	16.0	575	24.4	628	26.6	724	30.7
609	15.0	1154	28.4	1116	27.5	1287	31.7
409	16.2	710	28.2	535	21.2	874	34.7

6-11 分行业企业互联网

行业	企业数（个）	使用互联网的企业 数量（个）	使用互联网的企业 比重（%）	通过互联网进行宣传推广的企业 数量（个）	通过互联网进行宣传推广的企业 占使用互联网企业的比重（%）	自有网站 数量（个）	自有网站 占使用互联网企业的比重（%）
总　计	**46357**	**46244**	**99.8**	**38906**	**84.1**	**10287**	**22.2**
采矿业	**316**	**316**	**100.0**	**241**	**76.3**	**23**	**7.3**
煤炭开采和洗选业	59	59	100.0	46	78.0	6	10.2
石油和天然气开采业							
黑色金属矿采选业	68	68	100.0	47	69.1	3	4.4
有色金属矿采选业	40	40	100.0	32	80.0	3	7.5
非金属矿采选业	149	149	100.0	116	77.9	11	7.4
开采专业及辅助性活动							
其他采矿业							
制造业	**16111**	**16084**	**99.8**	**14213**	**88.4**	**5008**	**31.1**
农副食品加工业	1111	1111	100.0	977	87.9	305	27.5
食品制造业	592	590	99.7	543	92.0	218	36.9
酒、饮料和精制茶制造业	565	562	99.5	518	92.2	154	27.4
烟草制品业	7	7	100.0	6	85.7	4	57.1
纺织业	883	883	100.0	763	86.4	260	29.4
纺织服装、服饰业	1237	1232	99.6	1013	82.2	241	19.6
皮革、毛皮、羽毛及其制品和制鞋业	1232	1230	99.8	1062	86.3	307	25.0
木材加工和木、竹、藤、棕、草制品业	746	746	100.0	647	86.7	113	15.1
家具制造业	328	328	100.0	294	89.6	64	19.5
造纸和纸制品业	428	428	100.0	371	86.7	116	27.1
印刷和记录媒介复制业	248	248	100.0	224	90.3	56	22.6
文教、工美、体育和娱乐用品制造业	988	988	100.0	904	91.5	246	24.9
石油、煤炭及其他燃料加工业	42	42	100.0	37	88.1	21	50.0
化学原料和化学制品制造业	714	712	99.7	644	90.4	263	36.9
医药制造业	147	146	99.3	139	95.2	78	53.4
化学纤维制造业	101	101	100.0	87	86.1	40	39.6
橡胶和塑料制品业	760	760	100.0	673	88.6	256	33.7
非金属矿物制品业	1643	1641	99.9	1398	85.2	413	25.2
黑色金属冶炼和压延加工业	126	126	100.0	102	81.0	36	28.6
有色金属冶炼和压延加工业	131	130	99.2	115	88.5	54	41.5
金属制品业	793	792	99.9	678	85.6	242	30.6
通用设备制造业	581	576	99.1	533	92.5	250	43.4
专用设备制造业	547	546	99.8	507	92.9	271	49.6

宣传和推广情况

互联网广告		搜索引擎		电子商务平台		电子邮件		社交网站或即时通讯社交工具	
数量（个）	占使用互联网企业的比重（%）	数量（个）	占使用互联网企业的比重（%）	数量（个）	占使用互联网企业的比重（%）	数量（个）	占使用互联网企业的比重（%）	数量（个）	占使用互联网企业的比重（%）
14336	**31.0**	**6737**	**14.6**	**5071**	**11.0**	**15217**	**32.9**	**9528**	**20.6**
64	**20.3**	**34**	**10.8**	**22**	**7.0**	**147**	**46.5**	**48**	**15.2**
11	18.6	3	5.1	5	8.5	30	50.8	6	10.2
9	13.2	8	11.8	3	4.4	33	48.5	2	2.9
8	20.0	7	17.5	2	5.0	18	45.0	10	25.0
36	24.2	16	10.7	12	8.1	66	44.3	30	20.1
4682	**29.1**	**2328**	**14.5**	**1861**	**11.6**	**6573**	**40.9**	**2968**	**18.5**
322	29.0	133	12.0	142	12.8	433	39.0	222	20.0
180	30.5	81	13.7	114	19.3	214	36.3	111	18.8
186	33.1	79	14.1	114	20.3	215	38.3	103	18.3
						1	14.3		
246	27.9	121	13.7	100	11.3	326	36.9	186	21.1
379	30.8	164	13.3	130	10.6	445	36.1	188	15.3
330	26.8	139	11.3	102	8.3	478	38.9	199	16.2
173	23.2	73	9.8	76	10.2	350	46.9	121	16.2
106	32.3	43	13.1	31	9.5	147	44.8	59	18.0
120	28.0	56	13.1	57	13.3	165	38.6	82	19.2
67	27.0	31	12.5	26	10.5	103	41.5	43	17.3
314	31.8	182	18.4	123	12.4	449	45.4	146	14.8
12	28.6	7	16.7	3	7.1	10	23.8	5	11.9
199	27.9	112	15.7	70	9.8	305	42.8	127	17.8
45	30.8	36	24.7	21	14.4	52	35.6	31	21.2
29	28.7	13	12.9	8	7.9	32	31.7	21	20.8
198	26.1	112	14.7	95	12.5	347	45.7	136	17.9
483	29.4	207	12.6	137	8.3	619	37.7	322	19.6
39	31.0	10	7.9	13	10.3	46	36.5	24	19.0
33	25.4	20	15.4	13	10.0	56	43.1	32	24.6
219	27.7	103	13.0	62	7.8	321	40.5	136	17.2
174	30.2	86	14.9	63	10.9	241	41.8	122	21.2
159	29.1	107	19.6	68	12.5	241	44.1	119	21.8

6-11 续表 1

行 业	企业数(个)	使用互联网的企业		通过互联网进行宣传推广的企业		自有网站	
		数量(个)	比重(%)	数量(个)	占使用互联网企业的比重(%)	数量(个)	占使用互联网企业的比重(%)
汽车制造业	361	361	100.0	330	91.4	162	44.9
铁路、船舶、航空航天和其他运输设备制造业	163	162	99.4	135	83.3	51	31.5
电气机械和器材制造业	650	650	100.0	608	93.5	315	48.5
计算机、通信和其他电子设备制造业	596	595	99.8	550	92.4	330	55.5
仪器仪表制造业	157	157	100.0	152	96.8	80	51.0
其他制造业	149	149	100.0	134	89.9	43	28.9
废弃资源综合利用业	56	56	100.0	48	85.7	7	12.5
金属制品、机械和设备修理业	29	29	100.0	21	72.4	12	41.4
电力、热力、燃气及水生产和供应业	**320**	**320**	**100.0**	**251**	**78.4**	**103**	**32.2**
电力、热力生产和供应业	217	217	100.0	164	75.6	59	27.2
燃气生产和供应业	39	39	100.0	33	84.6	15	38.5
水的生产和供应业	64	64	100.0	54	84.4	29	45.3
建筑业	**5493**	**5476**	**99.7**	**4205**	**76.8**	**889**	**16.2**
房屋建筑业	2770	2761	99.7	2095	75.9	365	13.2
土木工程建筑业	1418	1416	99.9	1075	75.9	239	16.9
建筑安装业	344	344	100.0	300	87.2	118	34.3
建筑装饰、装修和其他建筑业	961	955	99.4	735	77.0	167	17.5
批发和零售业	**13273**	**13245**	**99.8**	**10979**	**82.9**	**1673**	**12.6**
批发业	7033	7016	99.8	5493	78.3	916	13.1
零售业	6240	6229	99.8	5486	88.1	757	12.2
交通运输、仓储和邮政业	**1185**	**1183**	**99.8**	**944**	**79.8**	**301**	**25.4**
铁路运输业	5	5	100.0	3	60.0	1	20.0
道路运输业	597	597	100.0	467	78.2	104	17.4
水上运输业	138	138	100.0	109	79.0	44	31.9
航空运输业	14	14	100.0	13	92.9	11	78.6
管道运输业	3	3	100.0	3	100.0	1	33.3
多式联运和运输代理业	225	224	99.6	202	90.2	91	40.6
装卸搬运和仓储业	132	131	99.2	90	68.7	36	27.5
邮政业	71	71	100.0	57	80.3	13	18.3
住宿和餐饮业	**2027**	**2022**	**99.8**	**1757**	**86.9**	**321**	**15.9**
住宿业	955	954	99.9	875	91.7	235	24.6
餐饮业	1072	1068	99.6	882	82.6	86	8.1

互联网广告		搜索引擎		电子商务平台		电子邮件		社交网站或即时通讯社交工具	
数量（个）	占使用互联网企业的比重（%）	数量（个）	占使用互联网企业的比重（%）	数量（个）	占使用互联网企业的比重（%）	数量（个）	占使用互联网企业的比重（%）	数量（个）	占使用互联网企业的比重（%）
88	24.4	57	15.8	36	10.0	155	42.9	64	17.7
47	29.0	24	14.8	11	6.8	73	45.1	25	15.4
210	32.3	130	20.0	108	16.6	311	47.8	122	18.8
207	34.8	134	22.5	87	14.6	275	46.2	161	27.1
50	31.8	37	23.6	28	17.8	68	43.3	26	16.6
47	31.5	20	13.4	19	12.8	63	42.3	25	16.8
16	28.6	7	12.5	1	1.8	19	33.9	6	10.7
4	13.8	4	13.8	3	10.3	13	44.8	4	13.8
53	**16.6**	**43**	**13.4**	**8**	**2.5**	**72**	**22.5**	**46**	**14.4**
31	14.3	33	15.2	6	2.8	49	22.6	21	9.7
13	33.3	7	17.9	2	5.1	10	25.6	14	35.9
9	14.1	3	4.7			13	20.3	11	17.2
1192	**21.8**	**725**	**13.2**	**293**	**5.4**	**1788**	**32.7**	**1116**	**20.4**
602	21.8	347	12.6	140	5.1	901	32.6	591	21.4
299	21.1	190	13.4	83	5.9	434	30.6	290	20.5
76	22.1	46	13.4	25	7.3	143	41.6	62	18.0
215	22.5	142	14.9	45	4.7	310	32.5	173	18.1
4359	**32.9**	**2053**	**15.5**	**1897**	**14.3**	**3848**	**29.1**	**2670**	**20.2**
1828	26.1	1008	14.4	693	9.9	2273	32.4	1254	17.9
2531	40.6	1045	16.8	1204	19.3	1575	25.3	1416	22.7
278	**23.5**	**126**	**10.7**	**60**	**5.1**	**395**	**33.4**	**259**	**21.9**
				1	20.0	3	60.0	1	20.0
139	23.3	46	7.7	26	4.4	187	31.3	135	22.6
21	15.2	13	9.4	3	2.2	50	36.2	23	16.7
2	14.3	5	35.7	1	7.1	5	35.7	3	21.4
1	33.3	2	66.7			1	33.3		
62	27.7	41	18.3	17	7.6	104	46.4	61	27.2
26	19.8	12	9.2	5	3.8	31	23.7	21	16.0
27	38.0	7	9.9	7	9.9	14	19.7	15	21.1
799	**39.5**	**273**	**13.5**	**371**	**18.3**	**491**	**24.3**	**490**	**24.2**
423	44.3	156	16.4	275	28.8	233	24.4	241	25.3
376	35.2	117	11.0	96	9.0	258	24.2	249	23.3

6-11 续表 2

行业	企业数(个)	使用互联网的企业		通过互联网进行宣传推广的企业		自有网站	
		数量(个)	比重(%)	数量(个)	占使用互联网企业的比重(%)	数量(个)	占使用互联网企业的比重(%)
信息传输、软件和信息技术服务业	**819**	**818**	**99.9**	**788**	**96.3**	**494**	**60.4**
电信、广播电视和卫星传输服务	48	48	100.0	48	100.0	26	54.2
互联网和相关服务	172	172	100.0	167	97.1	107	62.2
软件和信息技术服务业	599	598	99.8	573	95.8	361	60.4
房地产业	**3734**	**3708**	**99.3**	**2995**	**80.8**	**682**	**18.4**
房地产业	3734	3708	99.3	2995	80.8	682	18.4
租赁和商务服务业	**1175**	**1170**	**99.6**	**949**	**81.1**	**311**	**26.6**
租赁业	60	55	91.7	42	76.4	11	20.0
商务服务业	1115	1115	100.0	907	81.3	300	26.9
科学研究和技术服务业	**411**	**411**	**100.0**	**341**	**83.0**	**169**	**41.1**
研究和试验发展	9	9	100.0	8	88.9	6	66.7
专业技术服务业	353	353	100.0	307	87.0	151	42.8
科技推广和应用服务业	49	49	100.0	26	53.1	12	24.5
水利、环境和公共设施管理业	**198**	**198**	**100.0**	**160**	**80.8**	**52**	**26.3**
水利管理业	4	4	100.0	2	50.0	1	25.0
生态保护和环境治理业	14	14	100.0	12	85.7	8	57.1
公共设施管理业	173	173	100.0	141	81.5	41	23.7
土地管理业	7	7	100.0	5	71.4	2	28.6
居民服务、修理和其他服务业	**470**	**470**	**100.0**	**373**	**79.4**	**69**	**14.7**
居民服务业	241	241	100.0	196	81.3	40	16.6
机动车、电子产品和日用产品修理业	148	148	100.0	113	76.4	16	10.8
其他服务业	81	81	100.0	64	79.0	13	16.0
教育	**108**	**108**	**100.0**	**89**	**82.4**	**31**	**28.7**
教育	108	108	100.0	89	82.4	31	28.7
卫生和社会工作	**113**	**113**	**100.0**	**103**	**91.2**	**58**	**51.3**
卫生	102	102	100.0	94	92.2	55	53.9
社会工作	11	11	100.0	9	81.8	3	27.3
文化、体育和娱乐业	**604**	**602**	**99.7**	**518**	**86.0**	**103**	**17.1**
新闻和出版业	31	31	100.0	31	100.0	17	54.8
广播、电视、电影和录音制作业	137	136	99.3	127	93.4	30	22.1
文化艺术业	71	70	98.6	57	81.4	17	24.3
体育	65	65	100.0	57	87.7	10	15.4
娱乐业	300	300	100.0	246	82.0	29	9.7

互联网广告		搜索引擎		电子商务平台		电子邮件		社交网站或即时通讯社交工具	
数量（个）	占使用互联网企业的比重（%）	数量（个）	占使用互联网企业的比重（%）	数量（个）	占使用互联网企业的比重（%）	数量（个）	占使用互联网企业的比重（%）	数量（个）	占使用互联网企业的比重（%）
420	**51.3**	**235**	**28.7**	**155**	**18.9**	**230**	**28.1**	**280**	**34.2**
36	75.0	13	27.1	13	27.1	19	39.6	24	50.0
102	59.3	60	34.9	56	32.6	42	24.4	57	33.1
282	47.2	162	27.1	86	14.4	169	28.3	199	33.3
1451	**39.1**	**426**	**11.5**	**175**	**4.7**	**927**	**25.0**	**879**	**23.7**
1451	39.1	426	11.5	175	4.7	927	25.0	879	23.7
420	**35.9**	**185**	**15.8**	**86**	**7.4**	**284**	**24.3**	**282**	**24.1**
17	30.9	5	9.1	4	7.3	15	27.3	14	25.5
403	36.1	180	16.1	82	7.4	269	24.1	268	24.0
101	**24.6**	**67**	**16.3**	**21**	**5.1**	**139**	**33.8**	**85**	**20.7**
2	22.2	1	11.1	1	11.1	4	44.4	3	33.3
87	24.6	60	17.0	18	5.1	122	34.6	79	22.4
12	24.5	6	12.2	2	4.1	13	26.5	3	6.1
62	**31.3**	**28**	**14.1**	**22**	**11.1**	**47**	**23.7**	**44**	**22.2**
						1	25.0	1	25.0
4	28.6	2	14.3			2	14.3	4	28.6
56	32.4	26	15.0	22	12.7	41	23.7	39	22.5
2	28.6					3	42.9		
169	**36.0**	**74**	**15.7**	**29**	**6.2**	**112**	**23.8**	**113**	**24.0**
93	38.6	48	19.9	18	7.5	50	20.7	65	27.0
50	33.8	16	10.8	9	6.1	40	27.0	31	20.9
26	32.1	10	12.3	2	2.5	22	27.2	17	21.0
39	**36.1**	**17**	**15.7**	**3**	**2.8**	**32**	**29.6**	**31**	**28.7**
39	36.1	17	15.7	3	2.8	32	29.6	31	28.7
44	**38.9**	**32**	**28.3**	**5**	**4.4**	**15**	**13.3**	**27**	**23.9**
40	39.2	29	28.4	5	4.9	14	13.7	21	20.6
4	36.4	3	27.3			1	9.1	6	54.5
203	**33.7**	**91**	**15.1**	**63**	**10.5**	**117**	**19.4**	**190**	**31.6**
11	35.5	7	22.6	6	19.4	4	12.9	12	38.7
49	36.0	23	16.9	23	16.9	24	17.6	51	37.5
17	24.3	11	15.7	4	5.7	11	15.7	20	28.6
26	40.0	12	18.5	7	10.8	16	24.6	25	38.5
100	33.3	38	12.7	23	7.7	62	20.7	82	27.3

6-12 分地区企业互联网

地区	企业数(个)	使用互联网的企业		通过互联网进行宣传推广的企业		自有网站	
		数量(个)	比重(%)	数量(个)	占使用互联网企业的比重(%)	数量(个)	占使用互联网企业的比重(%)
全省	**46357**	**46244**	**99.8**	**38906**	**84.1**	**10287**	**22.2**
福州	8975	8966	99.9	7507	83.7	2223	24.8
#平潭	228	226	99.1	178	78.8	53	23.5
厦门	6951	6921	99.6	5848	84.5	2594	37.5
莆田	3843	3838	99.9	3202	83.4	519	13.5
三明	3265	3260	99.8	2741	84.1	364	11.2
泉州	9679	9653	99.7	8238	85.3	2347	24.3
漳州	4679	4667	99.7	3923	84.1	956	20.5
南平	2372	2361	99.5	1987	84.2	381	16.1
龙岩	4065	4060	99.9	3526	86.8	581	14.3
宁德	2528	2518	99.6	1934	76.8	322	12.8

宣传和推广情况

互联网广告		搜索引擎		电子商务平台		电子邮件		社交网站或即时通讯社交工具	
数量（个）	占使用互联网企业的比重（%）	数量（个）	占使用互联网企业的比重（%）	数量（个）	占使用互联网企业的比重（%）	数量（个）	占使用互联网企业的比重（%）	数量（个）	占使用互联网企业的比重（%）
14336	**31.0**	**6737**	**14.6**	**5071**	**11.0**	**15217**	**32.9**	**9528**	**20.6**
2887	32.2	1353	15.1	830	9.3	2688	30.0	1965	21.9
57	25.2	24	10.6	10	4.4	63	27.9	49	21.7
2066	29.9	1128	16.3	979	14.1	2435	35.2	1698	24.5
1220	31.8	646	16.8	439	11.4	1169	30.5	702	18.3
899	27.6	371	11.4	255	7.8	1338	41.0	599	18.4
3274	33.9	1612	16.7	1023	10.6	2851	29.5	1642	17.0
1355	29.0	549	11.8	526	11.3	1517	32.5	1005	21.5
640	27.1	254	10.8	340	14.4	1016	43.0	447	18.9
1294	31.9	530	13.1	376	9.3	1444	35.6	933	23.0
701	27.8	294	11.7	303	12.0	759	30.1	537	21.3

6-13 分行业企业开展

行业	有电子商务交易的企业数（个）	有电子商务销售的企业			
				B2B	
		数量（个）	金额（万元）	企业数量（个）	金额（万元）
总 计	**5028**	**4174**	**34809588**	**2489**	**21156615**
采矿业	**6**	**NA**	**103**	**NA**	**2**
煤炭开采和洗选业					
石油和天然气开采业					
黑色金属矿采选业					
有色金属矿采选业	NA				
非金属矿采选业	5	NA	103	NA	2
开采专业及辅助性活动					
其他采矿业					
制造业	**1369**	**1020**	**4475242**	**787**	**3778828**
农副食品加工业	134	110	377477	83	250924
食品制造业	110	100	204145	72	164159
酒、饮料和精制茶制造业	98	87	56852	62	35492
烟草制品业	3	NA	1079526	NA	1079526
纺织业	49	38	58001	29	46533
纺织服装、服饰业	61	55	107305	42	46338
皮革、毛皮、羽毛及其制品和制鞋业	50	42	80143	27	45745
木材加工和木、竹、藤、棕、草制品业	57	37	34896	28	23595
家具制造业	26	21	135506	16	64114
造纸和纸制品业	45	36	87445	26	49058
印刷和记录媒介复制业	19	13	10324	11	9876
文教、工美、体育和娱乐用品制造业	86	73	151490	61	124368
石油、煤炭及其他燃料加工业	NA	NA	12671	NA	12671
化学原料和化学制品制造业	63	41	53593	32	38329
医药制造业	22	13	5203	10	4448
化学纤维制造业	NA	NA	14877	NA	14877
橡胶和塑料制品业	54	37	66342	27	50832
非金属矿物制品业	77	48	821587	40	709016
黑色金属冶炼和压延加工业	4	NA	1759	NA	1759
有色金属冶炼和压延加工业	5	3	232	NA	159
金属制品业	48	32	58440	23	51493
通用设备制造业	52	40	373536	32	370094

电子商务交易情况

B2C		向大陆以外区域销售		有电子商务采购的企业		从大陆以外区域采购	
企业数量（个）	金额（万元）	企业数量（个）	金额（万元）	数量（个）	金额（万元）	企业数量（个）	金额（万元）
2627	**13652973**	**478**	**1871237**	**1966**	**9980961**	**90**	**308566**
NA	**101**			**5**	**481**		
				NA	10		
NA	101			4	471		
444	**696413**	**265**	**1184190**	**730**	**1430813**	**47**	**279319**
52	126552	15	53499	62	34327	6	108
47	39987	9	10112	43	41925	4	89
51	21360	6	1691	46	8971	NA	61
		NA	5749	NA	125573		
13	11467	10	27347	28	2840	NA	10
22	60966	10	19799	20	10911	NA	1
24	34398	11	40312	23	8506	3	398
16	11301	7	5003	38	6915	NA	8
10	71391	NA	10497	15	259	NA	19
17	38387	9	13852	19	17269	NA	1
7	448	NA	7650	9	1276		
31	27122	29	90209	40	45284	NA	10726
15	15265	9	17611	38	17613	NA	35
7	755	3	210	19	2000	NA	610
		NA	2253				
19	15510	18	24785	29	10802	NA	1267
14	112571	19	242366	48	238051	3	5787
		NA	197	4	276500		
NA	73			4	967		
14	6947	10	13689	28	25317	NA	4791
17	3443	15	272930	28	255340	4	205930

6-13 续表 1

行业	有电子商务交易的企业数(个)	有电子商务销售的企业			
				B2B	
		数量(个)	金额(万元)	企业数量(个)	金额(万元)
专用设备制造业	44	27	37446	22	28466
汽车制造业	37	17	70237	15	70097
铁路、船舶、航空航天和其他运输设备制造业	16	4	401	4	401
电气机械和器材制造业	78	57	187189	44	137201
计算机、通信和其他电子设备制造业	75	41	346391	32	308052
仪器仪表制造业	29	22	23733	21	23114
其他制造业	19	18	14170	18	13767
废弃资源综合利用业					
金属制品、机械和设备修理业	5	NA	4326	NA	4326
电力、热力、燃气及水生产和供应业	**16**	**NA**	**403983**	**NA**	**403969**
电力、热力生产和供应业	11	NA	403969	NA	403969
燃气生产和供应业					
水的生产和供应业	5	NA	14		
建筑业	**172**	**17**	**5827**	**16**	**5775**
房屋建筑业	83	8	533	8	526
土木工程建筑业	38	3	1657	3	1654
建筑安装业	22	4	3074	3	3032
建筑装饰、装修和其他建筑业	29	NA	563	NA	563
批发和零售业	**2185**	**2111**	**25618037**	**1012**	**15147706**
批发业	555	522	14573307	393	12441546
零售业	1630	1589	11044730	619	2706160
交通运输、仓储和邮政业	**70**	**35**	**1784271**	**20**	**728632**
铁路运输业					
道路运输业	21	13	516932	5	14433
水上运输业	9	NA	17756	NA	616
航空运输业	4	3	1172615	3	669833
管道运输业					
多式联运和运输代理业	16	9	56702	7	36158
装卸搬运和仓储业	10	NA	7108	NA	4009
邮政业	10	6	13158	3	3583
住宿和餐饮业	**660**	**644**	**288518**	**434**	**129702**
住宿业	505	497	199023	346	103432
餐饮业	155	147	89495	88	26270

B2C		向大陆以外区域销售		有电子商务采购的企业		从大陆以外区域采购	
企业数量（个）	金额（万元）	企业数量（个）	金额（万元）	数量（个）	金额（万元）	企业数量（个）	金额（万元）
12	8981	11	13577	26	7690	3	73
NA	140	6	9297	28	9791	NA	11
				14	986		
24	49989	25	62855	42	48536	3	493
18	38339	11	206538	48	223374	4	48900
6	619	13	19055	19	5545		
5	403	11	9908	6	2267	NA	1
		NA	3200	5	1979		
NA	**14**			**15**	**276119**		
				11	275922		
NA	14			4	197		
4	**53**			**165**	**141909**	**3**	**13**
NA	7			79	27533	NA	11
NA	4			36	108024		
NA	42			21	5213		
				29	1137	NA	2
1615	**10470332**	**132**	**617959**	**509**	**7883489**	**14**	**23587**
235	2131762	41	395168	112	4635838	5	20148
1380	8338570	91	222791	397	3247651	9	3439
20	**1055639**	**6**	**33268**	**42**	**47028**	**NA**	**1**
8	502498			9	126	NA	1
NA	17140			7	44		
NA	502783	NA	18369	NA	10		
4	20544	3	4909	10	45124		
NA	3099	NA	580	8	293		
3	9575	NA	9410	6	1431		
331	**158816**	**53**	**4843**	**193**	**7516**	**10**	**182**
249	95591	50	4738	163	6973	8	126
82	63225	3	105	30	545	NA	56

6-13 续表 2

行　业	有电子商务交易的企业数(个)	有电子商务销售的企业			
		数量(个)	金额(万元)	B2B	
				企业数量(个)	金额(万元)
信息传输、软件和信息技术服务业	**176**	**126**	**1852724**	**84**	**827432**
电信、广播电视和卫星传输服务	7	5	388257	NA	18829
互联网和相关服务	65	61	523803	39	130668
软件和信息技术服务业	104	60	940663	43	677934
房地产业	**105**	**4**	**262**	**3**	**246**
房地产业	105	4	262	3	246
租赁和商务服务业	**104**	**78**	**146167**	**54**	**76110**
租赁业	NA	NA	2055		
商务服务业	102	77	144112	54	76110
科学研究和技术服务业	**21**	**9**	**4919**	**5**	**3268**
研究和试验发展	NA	NA	100	NA	80
专业技术服务业	16	4	372	NA	164
科技推广和应用服务业	4	4	4448	NA	3025
水利、环境和公共设施管理业	**24**	**22**	**46263**	**17**	**18239**
水利管理业					
生态保护和环境治理业	NA				
公共设施管理业	22	22	46263	17	18239
土地管理业					
居民服务、修理和其他服务业	**32**	**27**	**91459**	**15**	**7039**
居民服务业	25	23	87215	12	5846
机动车、电子产品和日用产品修理业	4	NA	1150		
其他服务业	3	3	3094	3	1194
教育	**3**	**NA**	**36656**	**NA**	**7296**
教育	3	NA	36656	NA	7296
卫生和社会工作	**6**	**3**	**244**	**NA**	**181**
卫生	6	3	244	NA	181
社会工作					
文化、体育和娱乐业	**79**	**72**	**54913**	**38**	**22190**
新闻和出版业	7	6	1088	NA	743
广播、电视、电影和录音制作业	40	38	44381	20	16361
文化艺术业	12	10	3732	5	2388
体育	3	NA	29	NA	5
娱乐业	17	16	5683	10	2694

B2C		向大陆以外区域销售		有电子商务采购的企业		从大陆以外区域采购	
企业数量（个）	金额（万元）	企业数量（个）	金额（万元）	数量（个）	金额（万元）	企业数量（个）	金额（万元）
78	**1025292**	**14**	**28620**	**86**	**142925**	**6**	**953**
4	369428			5	50350		
40	393134	3	3295	17	15201	NA	703
34	262729	11	25325	64	77374	4	250
NA	**16**			**103**	**5028**	**3**	**22**
NA	16			103	5028	3	22
45	**70057**	**7**	**2156**	**49**	**41905**	**5**	**4431**
NA	2055			NA	1		
44	68002	7	2156	48	41904	5	4431
7	**1651**			**15**	**916**		
NA	20						
3	208			15	916		
3	1423						
10	**28024**			**12**	**482**		
				NA	125		
10	28024			10	357		
19	**84420**	**NA**	**201**	**15**	**844**	**NA**	**58**
17	81370	NA	201	11	544	NA	58
NA	1150			3	290		
NA	1900			NA	10		
NA	**29360**			**NA**	**300**		
NA	29360			NA	300		
NA	**63**			**4**	**35**		
NA	63			4	35		
48	**32723**			**21**	**1171**		
5	345			NA	2		
23	28021			10	548		
9	1344			3	59		
NA	24			NA	57		
10	2989			5	506		

6-14 分地区企业开展电子商务交易情况

地区	有电子商务交易的企业数(个)	有电子商务销售的企业		B2B		B2C	
		数量(个)	金额(万元)	企业数量(个)	金额(万元)	企业数量(个)	金额(万元)
全省	**5028**	**4174**	**34809588**	**2489**	**21156615**	**2627**	**13652973**
福州	770	601	8126377	380	4119160	337	4007217
#平潭	16	15	492752	7	5489	12	487263
厦门	1001	764	12469255	426	8398723	479	4070532
莆田	668	644	3640691	302	1788785	504	1851906
三明	239	168	1105787	123	709393	92	396394
泉州	839	749	4890461	441	2817528	484	2072933
漳州	496	414	1806075	280	1383057	233	423018
南平	304	234	947983	146	683513	155	264471
龙岩	396	321	732146	246	594300	155	137846
宁德	315	279	1090813	145	662157	188	428655

6-14 续表

地区	向大陆以外区域销售		有电子商务采购的企业		从大陆以外区域采购	
	企业数量(个)	金额(万元)	数量(个)	金额(万元)	企业数量(个)	金额(万元)
全省	**478**	**1871237**	**1966**	**9980961**	**90**	**308566**
福州	74	383459	325	3130344	18	9517
#平潭	NA	67	4	962		
厦门	117	781268	445	2817209	24	278250
莆田	58	193570	122	429834	4	111
三明	5	2638	144	456999	NA	12
泉州	108	223824	215	1051918	9	340
漳州	46	170051	203	732445	10	1189
南平	15	26768	168	314192	8	9198
龙岩	12	14632	189	537550	3	67
宁德	43	75026	155	510472	12	9883

附　录

主要指标解释

主要指标解释

房屋施工面积 指报告期内施工的全部房屋建筑面积。包括本期新开工的房屋建筑面积、上期跨入本期继续施工的房屋建筑面积、上期停缓建在本期恢复施工的房屋建筑面积、本期竣工的房屋建筑面积以及本期施工后又停缓建的房屋建筑面积。多层建筑应填各层建筑面积之和。

房屋新开工面积 指报告期内新开工建设的房屋建筑面积，以单位工程为核算对象，即整栋房屋的全部建筑面积，不能分割计算。不包括在上期开工跨入本期继续施工的房屋建筑面积和上期停缓建而在本期复工的房屋建筑面积。房屋的开工应以房屋正式开始破土刨槽（地基处理或打永久桩）的日期为准。

房屋竣工面积 指报告期内房屋建筑按照设计要求已全部完工，达到住人和使用条件，经验收鉴定合格或达到竣工验收标准，可正式移交使用的各栋房屋建筑面积的总和。

竣工面积以房屋单位工程（栋）为核算对象，在整栋房屋符合竣工条件后按其全部建筑面积一次性计算，而不是按各栋施工房屋中已完成的部分或层次分割计算。

商品房销售面积 指报告期内出售商品房屋的合同总面积（即双方签署的正式买卖合同中所确定的建筑面积）。商品房销售面积由现房销售面积和期房销售面积两部分组成。

（1）现房销售面积：指在报告期内正式签订买卖合同、已经竣工达到入住条件的商品房屋建筑面积。包括以一次性付款方式和分期付款方式销售的现房建筑面积。

（2）期房销售面积：指在报告期内正式签订买卖合同、正在建设尚未竣工交付使用的商品房屋建筑面积。包括以一次性付款方式和分期付款方式销售的商品房屋建筑面积。期房销售建筑面积竣工后不再结转为现房销售建筑面积。

商品房销售额 指报告期内出售商品房屋的合同总价款（即双方签署的正式买卖合同中所确定的合同总价）。该指标与商品房销售面积同口径，由现房销售额和期房销售额两部分组成。

（1）现房销售额：指报告期内销售的已竣工商品房屋的合同总价款。包括现房销售前期预收的定金、预收款、首付款及全部按揭贷款的本金等款项。该指标与现房销售面积同口径。

（2）期房销售额：指报告期内销售的正在建设尚未竣工的商品房屋的合同总价款。包括预售房屋前期预收的定金、预收款、首付款及全部按揭贷款的本金等项。该指标与期房销售面积同口径。

房屋竣工价值 指报告期内按规定已经上报竣工的房屋本身的建造价值。一般按房屋设计和预算规定的内容计算。包括竣工房屋本身的基础、结构、屋面、装修以及水、电、卫等附属工程的建筑价值；也包括作为房屋建筑组成部分而列入房屋建筑工程预算内的设备（如电梯、通风设备等）的购置和安装费用。不包括厂房内的工艺设备、工艺管线的购置和安装，工艺设备基础的建造；室外的水、暖、电、卫、道路工程、挡土墙等环境工程的费用；办公和生活用家具的购置等费用；购置土地的费用；迁移补偿费和场地平整的费用及城市建设配套投资。

房屋竣工价值不仅包括该竣工房屋在报告期内完成的价值，也包括跨年施工的房屋在本期以前完成的价值。未竣工而转让给其他单位的房屋建筑工程，出让单位不计算竣工价值，待接受单位继续施工并符合竣工条件后，由接受单位计算其竣工价值，包括出让单位在出让前所完成的价值。房屋竣工价值一般按结算价格（或中标价）计算。

待开发土地面积 指经有关部门批准，通过各种方式获得土地使用权，但尚未开工建设的土地面积。

本年土地购置面积 指在本年内通过各种方式获得土地使用权的土地面积。

资产总计 指企业过去的交易或者事项形成的、由企业拥有或者控制的、预期会给企业带来经济利益的资源。包括企业拥有的土地、办公楼、厂房、机器、运输工具、存货等实物资产和现金、存款、应收账款和预付账款等金融资产。资产一般按流动性（资产的变现或耗用时间长短）分为流动资产和非流动资产。其中流动资产可分为货币资金、交易性金融资产、应收票据、应收账款、预付款项、其他应收款、存货等；非流动资产可分为长期股权投资、固定资产、无形资产及其他非流动资产等。根据会计“资产负债表”中“资产总计”项目的期末余额数填报。

负债合计 指企业过去的交易或者事项形成的，预期会导致经济利益流出企业的现时义务。包括银行贷款、借款、应付账款、应付职工工资、应付职工福利费、应交税金等企业负有偿还责任的债务。

负债一般按偿还期长短分为流动负债和非流动负债。根据会计资产负债表中“负债合计”项目的期末余额数填报。执行企业会计准则或《小企业会计准则》的企业：负债合计=流动负债合计+非流动负债合计；执行其他企业会计制度的企业负债包括流动负债和长期负债。

主营业务收入 指企业确认的销售商品、提供劳务等主营业务的收入。根据会计“主营业务收入”科目的期末贷方余额填报。执行 2006 年《企业会计准则》的企业，如未设置该科目，以“营业收入”代替填报。

土地转让收入 指房地产开发企业按国家规定在报告

期转让已经开发的土地和未经开发的土地所得到的收入。根据会计“利润表”和相关核算资料计算填报。

商品房屋销售收入 指房地产开发企业在报告期售出商品房屋的收入，一次收款的，一次性全部计入销售收入，按合同规定分期收款的，可按合同规定的时间分次计入收入。根据会计“利润表”和相关核算资料计算填报。

房屋出租收入 指房地产开发企业在报告期内，在不改变现有财产所有权关系的条件下，将企业的全部或部分房屋出租给其他单位或个人使用所得到的租金收入。根据会计“利润表”和相关核算资料计算填报。

其他（主营业务）收入 指房地产开发企业在报告期内从事除以上收入外的其他业务活动所得到的收入，包括配套设施销售收入、代建工程结算收入等。根据会计“利润表”和相关核算资料计算填报。

年末从业人数 指报告期末最后一日在本单位工作，并取得工资或其他形式劳动报酬的人员数。

年末零售营业面积 指批发和零售业企业用于本企业从事零售业务的对外营业的面积，不包括其办公用房、仓库、加工场地以及对外出租场地。按年末实有建筑面积统计。

年末餐饮营业面积 指住宿和餐饮业企业对外提供餐饮服务的就餐面积和从事食品加工、烹饪、调制的厨房面积，不包括办公用房和仓库等面积。按年末实有建筑面积统计。

营业收入 指企业经营主要业务和其他业务所确认的收入总额。营业收入包括“主营业务收入”和“其他业务收入”。根据会计“利润表”中“营业收入”项目的本年累计数填报。